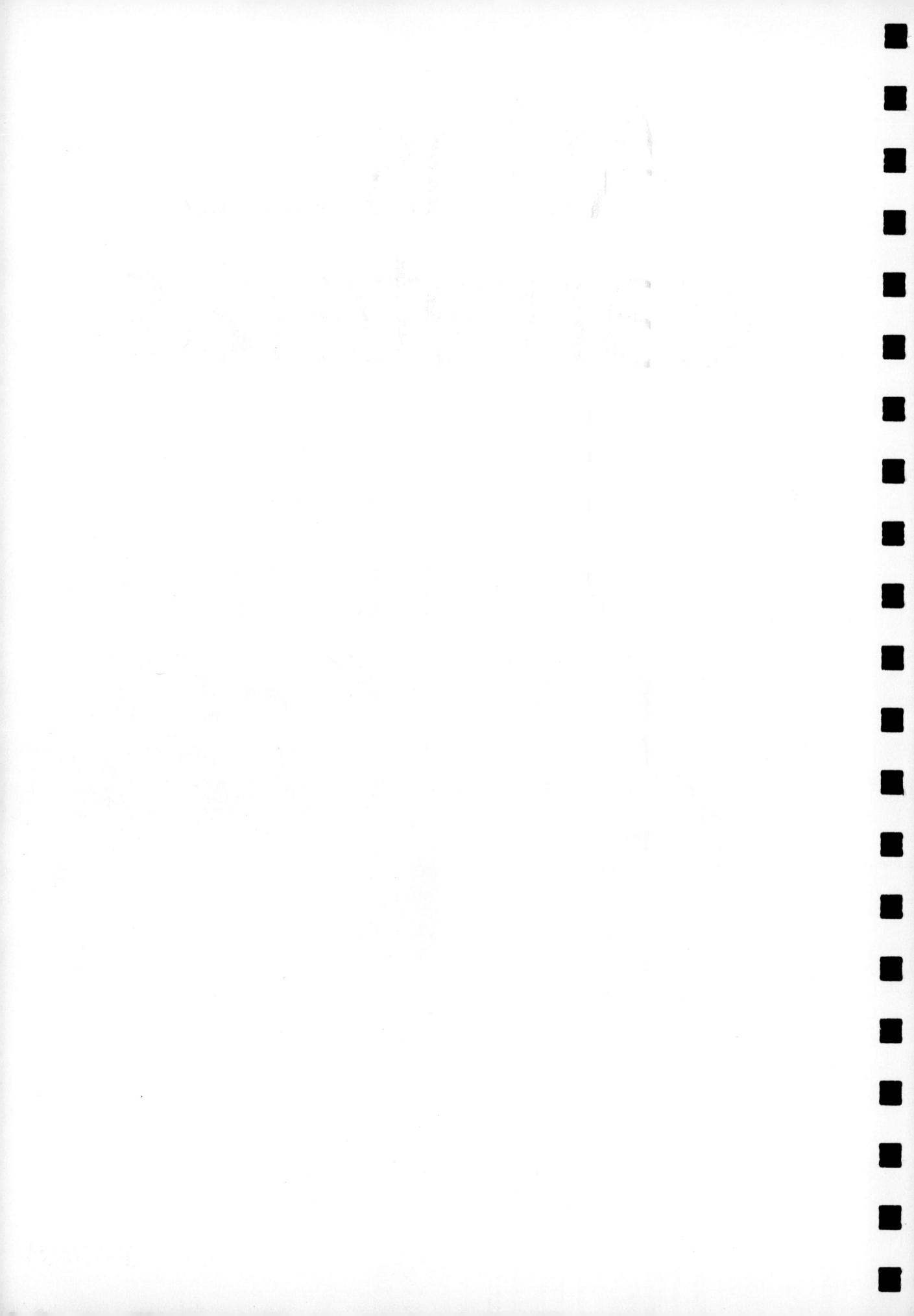

Atlas de carreteras

España
y Portugal
2008

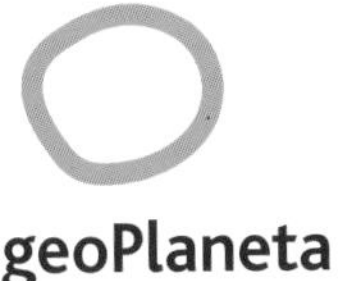

geoPlaneta

Atlas de carreteras
de España y Portugal
Road Atlas. Spain & Portugal

Sumario / *Contents*

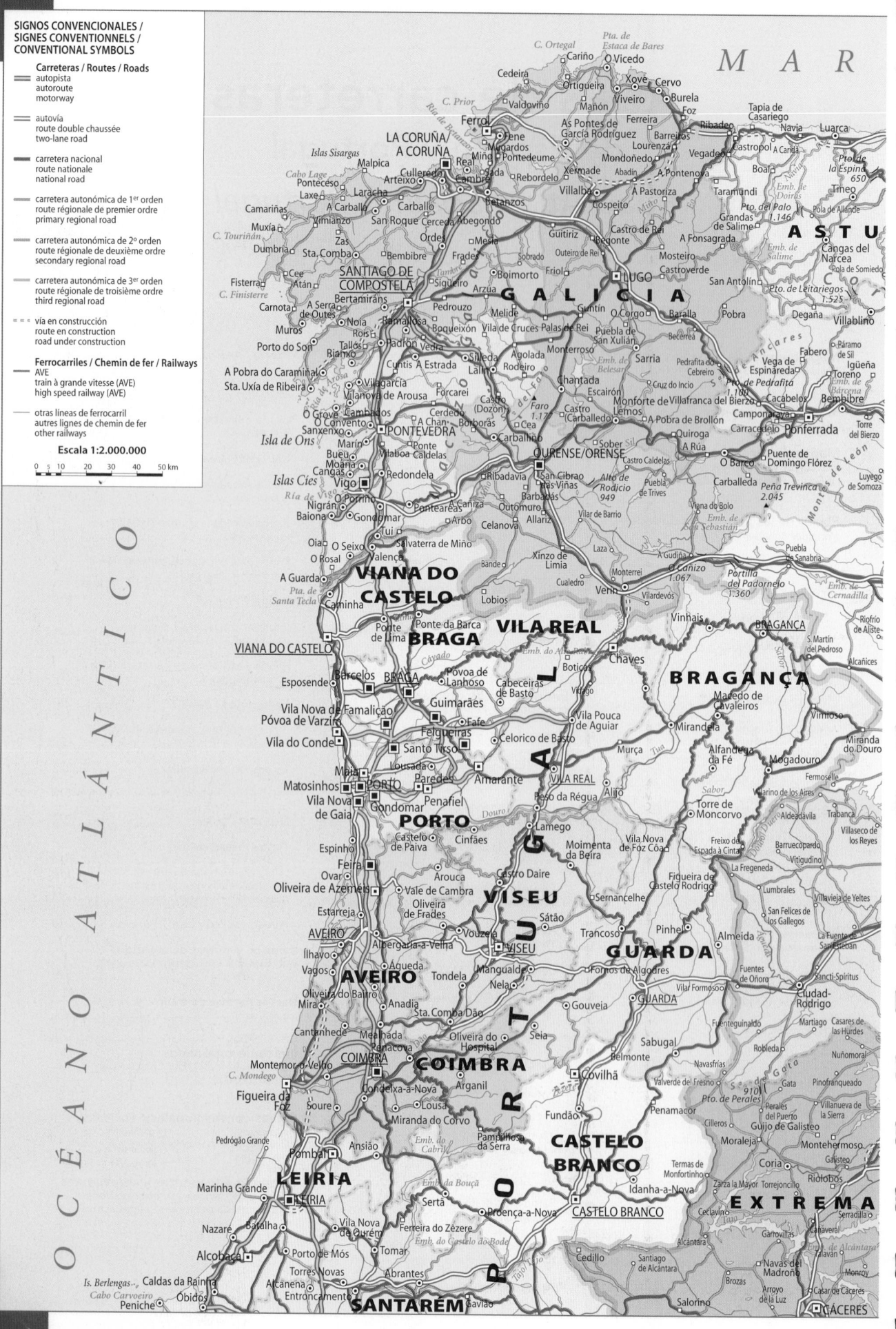
SIGNOS CONVENCIONALES / SIGNES CONVENTIONNELS / CONVENTIONAL SYMBOLS
Carreteras / Routes / Roads
autopista
autoroute
motorway
autovía
route double chaussée
two-lane road
carretera nacional
route nationale
national road
carretera autonómica de 1er orden
route régionale de premier ordre
primary regional road
carretera autonómica de 2º orden
route régionale de deuxième ordre
secondary regional road
carretera autonómica de 3er orden
route régionale de troisième ordre
third regional road
vía en construcción
route en construction
road under construction
Ferrocarriles / Chemin de fer / Railways
AVE
train à grande vitesse (AVE)
high speed railway (AVE)
otras líneas de ferrocarril
autres lignes de chemin de fer
other railways
Escala 1:2.000.000
0 5 10 20 30 40 50 km
OCÉANO ATLÁNTICO
MAR
GALICIA
PORTUGAL
ASTU
EXTREMA
LA CORUÑA/ A CORUÑA
SANTIAGO DE COMPOSTELA
LUGO
OURENSE/ORENSE
PONTEVEDRA
VIANA DO CASTELO
BRAGA
VILA REAL
BRAGANÇA
PORTO
AVEIRO
VISEU
GUARDA
COIMBRA
CASTELO BRANCO
LEIRIA
SANTARÉM
Ferrol
Vigo
Chaves
Guimarães
Lamego
Covilhã
Figueira da Foz
Ponferrada
Ciudad-Rodrigo
Cáceres

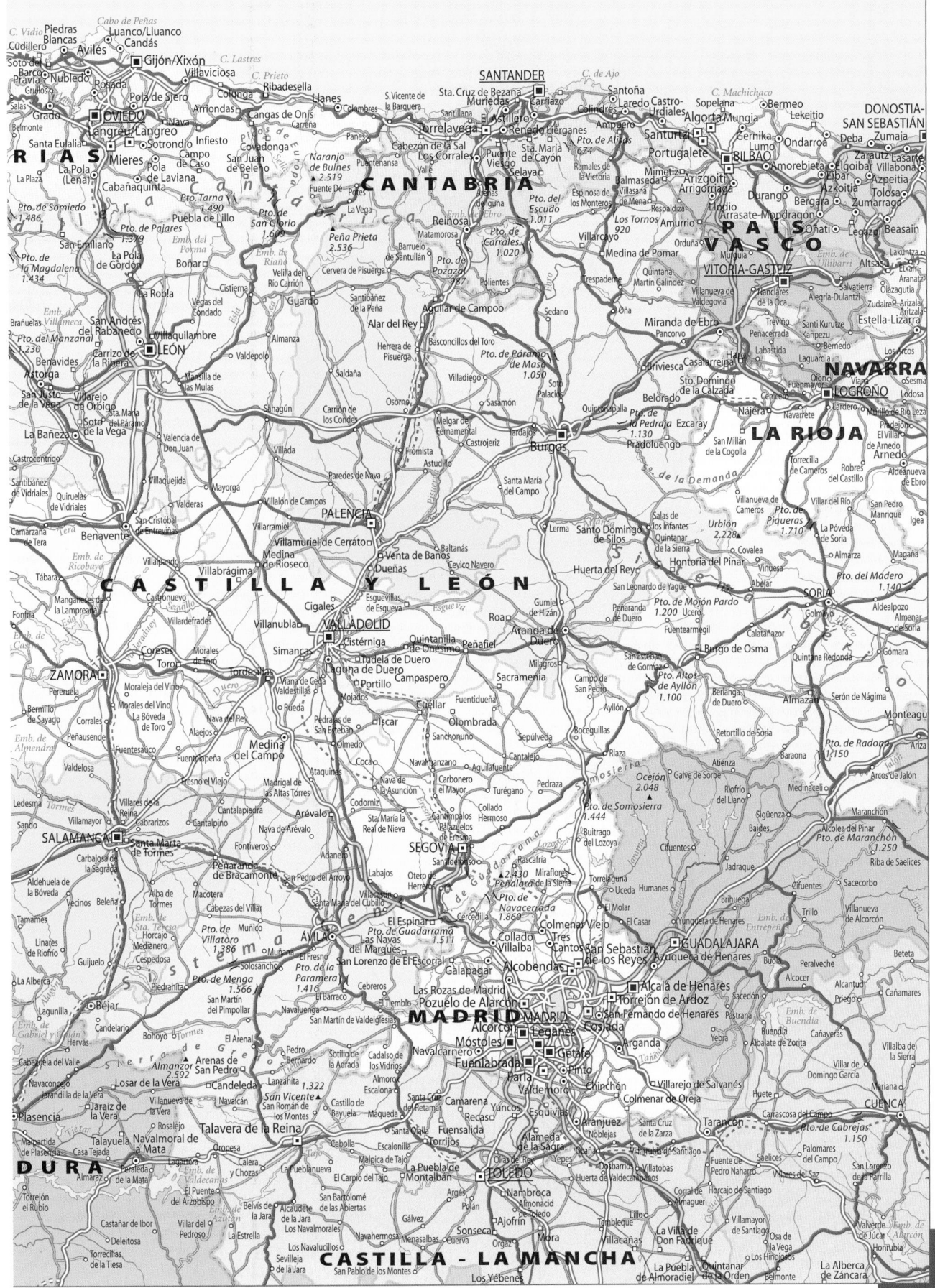

C. Vidio Piedras
Cudillero Blancas
Cabo de Peñas
Luanco/Lluanco
Candás
Soto del Barco
Pravia Nubledo Posada
Grullos
Salas
Belmonte
Santa Eulalia
La Plaza
OVIEDO
Grado
Gijón/Xixón
C. Lastres
Villaviciosa
Ribadesella
Colunga
Llanes
Colombres
Arriondas
Cangas de Onís
S. Vicente de
la Barquera
Santillana
Torrelavega
Mieres
Langréu/Langreo
Sotrondio Infiesto
Pola
de Laviana
Campo
de Caso
San Juan
de Beleño
Cabañaquinta
Covadonga
Naranjo
de Bulnes
▲2.519
Fuente Dé
Pola
(Lena)
Pto. Tarna
1.490
Pto. de Pajares
1.379
Puente de
Viesgo
Sta. María
de Cayón
SANTANDER
Renedo Liérganes
Muriedas
Selaya
Cabezón de la Sal
Los Corrales
PTO. de Alisas
Ramales de
la Victoria
C. de Ajo
Santoña
Carriazo
Colindres Laredo Castro-
Urdiales
Ampuero
Sta. Cruz de Bezana
Peñas
de Europa
La Vega
Potes
Pto. de
San Glorio
1.609
Peña Prieta
2.536
Barruelo de
santullán
Reinosa
Matamorosa
Barcena
de Pie de
Concha
Pto. del
Escudo
1.011
Pto. de
Carrales
1.020
Villacarriedo
C. Machichaco
Bermeo
Sopelana Algorta Mungia Lekeitio
Santurtzi Portugalete
Getxo
BILBAO
Lumo
Gernika
Ondarroa
Deba
Zumaia
DONOSTIA-
SAN SEBASTIÁN
Zarautz
Tolosa
Zarautz
Zumárraga
Pto. de
la Magdalena
1.434
Puebla
de Lillo
Emb. del
Porma
Pto. de
Somiedo
1.486
Boñar
Cistierna
Guardo
Velilla del
Río Carrión
Cervera de Pisuerga
Santibáñez
de la Peña
Aguilar de Campoo
Sedano
Espinosa de
los Monteros
Villasana
de Mena
Los Tornos
Amurrio
Villarcayo
Medina de Pomar
Orduña
Arrasate-Mondragón
Eibar
Azpeitia
Elgoibar Villabona
Amorebieta
Durango
Bergara
Oñati
Beasain
PAÍS
VASCO
Emb. de
Ullibarri
Legazpi
Altsasu
Peñacerrada
VITORIA-GASTEIZ

5

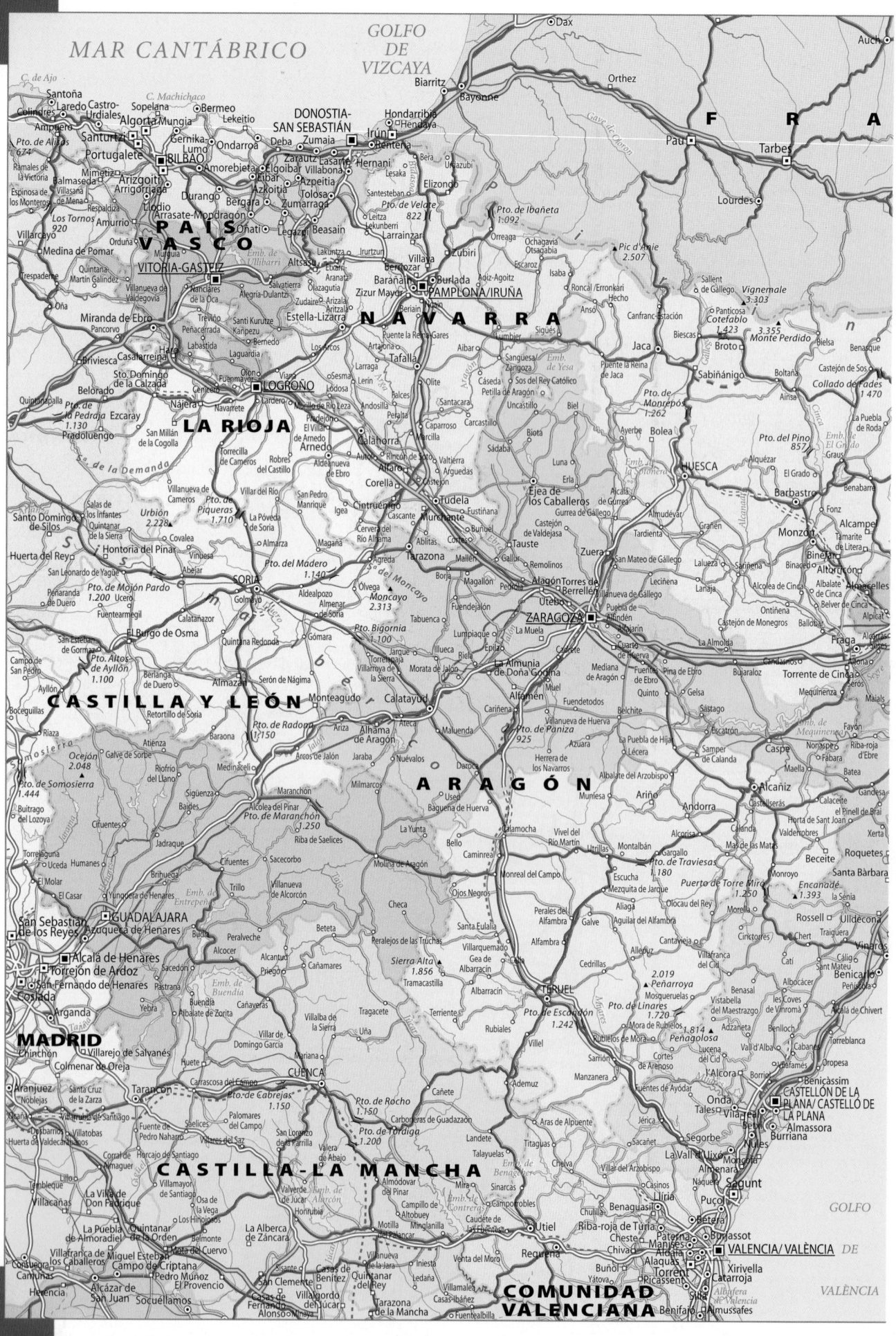

MAR CANTÁBRICO

GOLFO DE VIZCAYA

FRANCIA

PAÍS VASCO

NAVARRA

LA RIOJA

CASTILLA Y LEÓN

ARAGÓN

MADRID

CASTILLA-LA MANCHA

COMUNIDAD VALENCIANA

TOULOUSE
Castres
Muret
Béziers
N   C   I   A
Narbonne
Carcassonne
Pamiers
GOLFO
Saint-Gaudens
Garona
Foix
DE
Perpignan
LEÓN
Pico de Maubermé
▲2.880
Bossòst
Salardú
Puerto de
la Bonaigua
2.072
Pica d'Estats
3.143
Vielha
Esterri d'Aneu
Encamp
les Escaldes-Engordany
ANDORRA
Collado del Perthus
la Jonquera
Portbou
Aneto
▲3.404
Alins
St. Julià
de Lòira
ANDORRA LA VELLA
Puigcerdà
Peralada
Cadaqués
Cabo de Creus
Barruera
la Torre
de Capdella
Llavorsí
Bellver de Cerdanya
Puigmal▲
2.913
Ribes de
Freser
Camprodon
Figueres
Vilafont
Roses
Castelló d'Empúries
el Pont
de Suert
Sort
la Seu d'Urgell
Sant Joan
de les Abadesses
Sant Pere
Pescador
l'Escala
Gerri de la Sal
Organyà
Sierra del Cadí
Bagà
Campdevànol
Ripoll
Olot
Bas
Besalú
Banyoles
Sant Gregori
Islas Medes
Torroella de Montgrí
Golfo de Rosas
Celra
la Pobla de Segur
Isona
Emb. de Talarn
Oliana
Berga
Prats de
Llucanès
Sant Quirze
de Besora
Torelló
Sant Feliu
de Pallarols
Anglès
GIRONA
Salt
GERONA
la Bisbal d'Empordà
C. de Begur
Tremp
Puente de
Montañana
Emb. de
Rialb
Solsona
Gironella
Puig-reig
Manlleu
Roda de Ter
VIC
Sant Hilari
Sacalm
Sta. Coloma
de Farners
Cassà de
la Selva
Palafrugell
Palamós
Platja d'Aro
Ager
Emb. de
Camarasa
Cardona
Balsareny
Avinyó
Tona
Turó de l'Home
1.712 ▲
Arbúcies
Vidreres
Llagostera
Sant Feliu de Guíxols
Camarasa
Ponts
Súria
Sant Joan
de Vilatorrada
la Garriga
Sant Celoni
Tossa
Alfarràs
Balaguer
Agramunt
Torà
Calaf
Sant Vicenç
de Castellet
Caldes de
Montbui
Centelles
Blanes
Lloret de Mar
Almenar
Bellcaire d'Urgell
Guissona
la Panadella
702
Igualada
Manresa
Terrassa
Sabadell
Cardedeu
Granollers
Calella
Pineda de Mar
CATALUÑA
Alguaire
Bellvís
Linyola
Tàrrega
Cervera
Olesa de
Montserrat
Mollet del V.
Arenys de Mar
LLEIDA
LERIDA
Bell-lloc d'Urgell
Mollerussa
Juneda
Arbeca
Verdú
Santa Coloma
de Queralt
Vilanova del Camí
Esparreguera
Rubí
Cerdanyola del V.
Mataró
l'Albagés
les Borges Blanques
Sarral
Sant Martí
Sarroca
Martorell
Cornellà de Ll.
Badalona
Sta. Coloma de Gramenet
l'Albi
Montblanc
l'Espluga
de Francolí
Vilafranca
del Penedès
Sant Pere
de Ribes
BARCELONA
Juncosa
la Granadella
la Selva
del Camp
Valls
el Vendrell
Gavà
Viladecans
Hospitalet de Llobregat
el Prat de Llobregat
Flix
Alforja
Reus
Calafell
Cunit
Sitges
Ascó
Falset
Riudoms
Constantí
Torredembarra
Vilanova i
la Geltrú
Móra
d'Ebre
Tivissa
Vila-seca
TARRAGONA
Mont-roig
del Camp
Salou
Cambrils
Cabo de Salou
Vandellòs
el Perelló
l'Ametlla de Mar
MAR MEDITERRÁNEO
Tortosa
Camarles
Golfo de
Sant Jordi
Cabo de Tortosa
Deltebre
Amposta
Sant Jaume d'Enveja
Sant Carles de la Ràpita
Alcanar
Islas
Baleares
B   a   l   e   a   r   e   s
ISLAS
BALEARES
Menorca
Fornells
Es Mercadal
Ciutadella
de Menorca
Ferreries
mt. Toro
385 ▲
Alaior
Maó/Mahón
Es Migjorn
Gran
Es Castell
Cabo de Artrutx
Cabo d'en Font
Punta
Prima
Is. Columbretes
Pollença
Alcúdia
Bahía
de
Alcúdia
C. des Freu
Puig Major
1.241 ▲
Mallorca
Selva
Sa Pobla
Sóller
Inca
Santa
Margarita
Artà
Capdepera
Esporles
Alaró
Binissalem
Sineu
Son Servera
I. Sa Dragonera
Andratx
Bunyola
La Cabaneta
Sant Llorenç des Cadassar
Calvià
Algaida
Manacor
PALMA DE MALLORCA
Porreres
Felanitx
Bahía
de
Palma
Llucmajor
Campos
Santanyí
Ses Salines
Cala Santanyí
C. de Ses Salines
Cabrera
Isla Conillera

7

OCÉANO ATLÁNTICO

PORTUGAL

LEIRIA
SANTARÉM
LISBOA
PORTALEGRE
ÉVORA
SETÚBAL
BEJA
FARO

Nazaré
Batalha
Vila Nova de Ourém
Ferreira do Zêzere
Emb. do Castelo do Bode
Alcobaça
Porto de Mós
Tomar
Is. Berlengas
Caldas da Rainha
Cabo Carvoeiro
Peniche
Óbidos
Torres Novas
Alcanena
Entroncamento
Abrantes
Gavião
Bombarral
Rio Maior
SANTARÉM
Chamusca
Lourinhã
Cadaval
Almeirim
Ponte de Sor
Torres Vedras
Alenquer
Cartaxo
Azambuja
Salvaterra de Magos
Benavente
Coruche
Ericeira
Mafra
Vila Franca de Xira
Loures
Sintra
Santo Estevão
C. da Roca
Amadora
LISBOA
Cascais
Oeiras
Almada
Seixal
Barreiro
Montijo
Moita
Palmela
Marateca
Sesimbra
SETÚBAL
C. Espichel
Bahía de Setúbal
Vendas Novas
Montemor-o-Novo
Alcácer do Sal
Comporta
Torrão
Sado
Grândola
Odivelas
Ferreira do Alentejo
Santiago do Cacém
C. de Sines
Sines
Vila Nova de Milfontes
Mira
C. Sardão
Odemira
Ourique
Castro Verde
Aljustrel
Emb. do Roxo
Emb. de Santa Clara
Odeceixe
Almodôvar
São Bartolomeu de Messines
Silves
Portimão
Lagoa
Lagos
Cabo de S. Vicente
Sagres
Albufeira
Loulé
FARO
Olhão
C. de Santa Maria
Tavira
Barranco Velho
Ameixial
Emb. de Odeleite
Odeleite
Vila Real de Santo António
Mértola
Emb. del Chanza
Guadiana
BEJA
Serpa
Vidigueira
Viana do Alentejo
Portel
Emb. do Alqueva
Moura
ÉVORA
Redondo
Arraiolos
Reguengos de Monsaraz
Mourão
Vimeiro
Estremoz
Vila Viçosa
Sousel
Mora
Emb. do Maranhão
Emb. de Montargil
Montargil
Crato
PORTALEGRE
Castelo de Vide
Tajo/Tejo
Elvas
Olivenza
Arronches
Valencia de Alcántara
Cedillo
Santiago de Alcántara
Alcántara
Brozas
Salorino
San Vicente de Alcántara
Aliseda
La Codosera
Alburquerque
Villar del Rey
Puebla de Obando
La Roca de la Sierra
BADAJOZ
Montijo
Talavera la Real
Puebla de la Calzada
La Albuera
Valverde de Leganés
Santa Marta
Fuente del Maestre
Cheles
Alconchel
Barcarrota
Higuera de Vargas
Salvaleón
Salvatierra de los Barros
Jerez de los Caballeros
Villanueva del Fresno
Zahinos
Oliva de la Frontera
Fregenal de la Sierra
Encinasola
Higuera la Real
Barrancos
Rosal de la Frontera
Cumbres Mayores
Vila Nova de São Bento
Aroche
Cortegana
Jabugo
Aracena
Santa Bárbara de Casa
Almonaster la Real
Paymogo
Minas de Riotinto
El Campillo
Nerva
Cabezas Rubias
Puebla de Guzmán
Calañas
Zalamea la Real
Villanueva de los Castillejos
Alosno
San Bartolomé de la Torre
Valverde del Camino
Beas
Trigueros
La Palma del Condado
Gibraleón
Niebla
Villablanca
Cartaya
Ayamonte
HUELVA
Bollullos Par del Condado
Aljaraque
Lepe
Moguer
Palos de la Frontera
Isla Cristina
Punta Umbría
GOLFO DE CÁDIZ

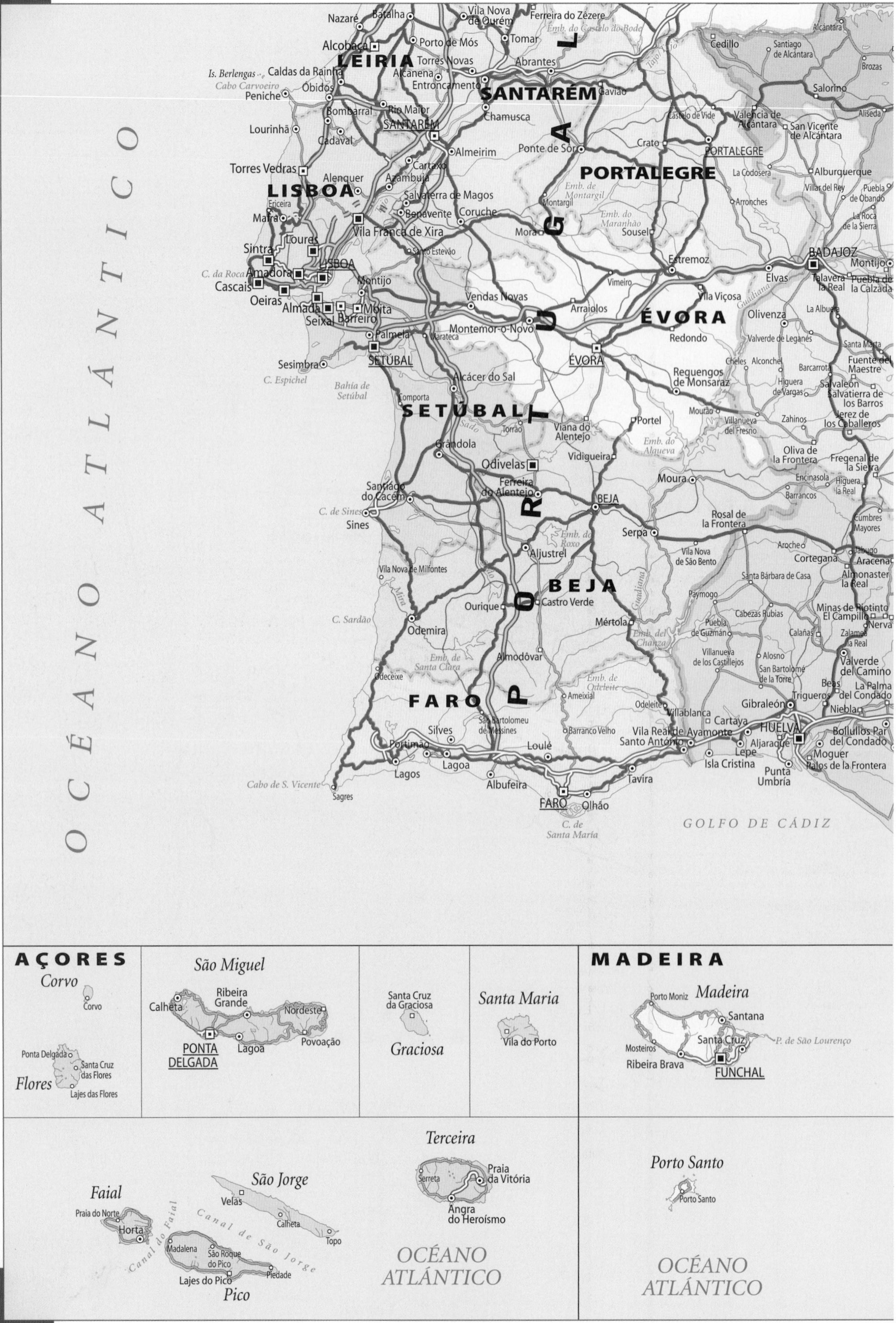

CASTILLA-LA MANCHA
EXTREMADURA
ANDALUCIA
MAR MEDITERRÁNEO
CÁCERES
Trujillo
Miajadas
MÉRIDA
Medellín
Don Benito
Villanueva de la Serena
Almendralejo
Zafra
Villafranca de los Barros
Llerena
Azuaga
Fuente Obejuna
Peñarroya-Pueblonuevo
Pozoblanco
Villanueva de Córdoba
Almadén
Chillón
Cabeza del Buey
Castuera
Puertollano
CIUDAD REAL
Almodóvar del Campo
Daimiel
Manzanares
Valdepeñas
Tomelloso
Alcázar de San Juan
Campo de Criptana
Villarrobledo
Madridejos
Consuegra
Mora
Sonseca
Urda
Herencia
Socuéllamos
Miguelturra
Bolaños de Calatrava
Almagro
La Solana
Membrilla
Malagón
Piedrabuena
La Carolina
Bailén
Linares
Andújar
Úbeda
Baeza
JAÉN
Martos
Alcalá la Real
CÓRDOBA
Montoro
Lucena
Cabra
Priego de Córdoba
Puente Genil
Aguilar de la Frontera
Montilla
Baena
Palma del Río
Écija
Carmona
SEVILLA
Dos Hermanas
Utrera
Alcalá de Guadaíra
Osuna
Estepa
Morón de la Frontera
Antequera
Archidona
Loja
GRANADA
Santa Fe
Guadix
Baza
Motril
Almuñécar
Nerja
Vélez-Málaga
MÁLAGA
Torremolinos
Benalmádena
Fuengirola
Marbella
Estepona
Ronda
Coín
Mijas
Jerez de la Frontera
El Puerto de Santa María
CÁDIZ
San Fernando
Chiclana de la Frontera
Conil de la Frontera
Vejer de la Frontera
Barbate
San Roque
La Línea de la Concepción
Gibraltar (R.U.)
Los Barrios
Algeciras
Tarifa
Sanlúcar de Barrameda
Chipiona
Rota
Lebrija
Huelva
Adra
El Ejido
Roquetas de Mar
Berja
Órgiva
Veleta 3.392
Mulhacén 3.481
Chullo 2.609
Bañuela 1.323
Yelmo 1.809
Torrecilla 1.918
Ceuta (Esp.)
I. de Alborán (Esp.)
Estrecho de Gibraltar
Bahía de Algeciras
Ensenada de Málaga
Cabo Trafalgar
Punta de Tarifa
Cabo Espartel
Cabo Negro
Cabo Tres Forcas
Punta Sabinar
Bahía de Cádiz
Sierra Morena
Montes de Toledo
Sierra Nevada
Desfiladero de Despeñaperros

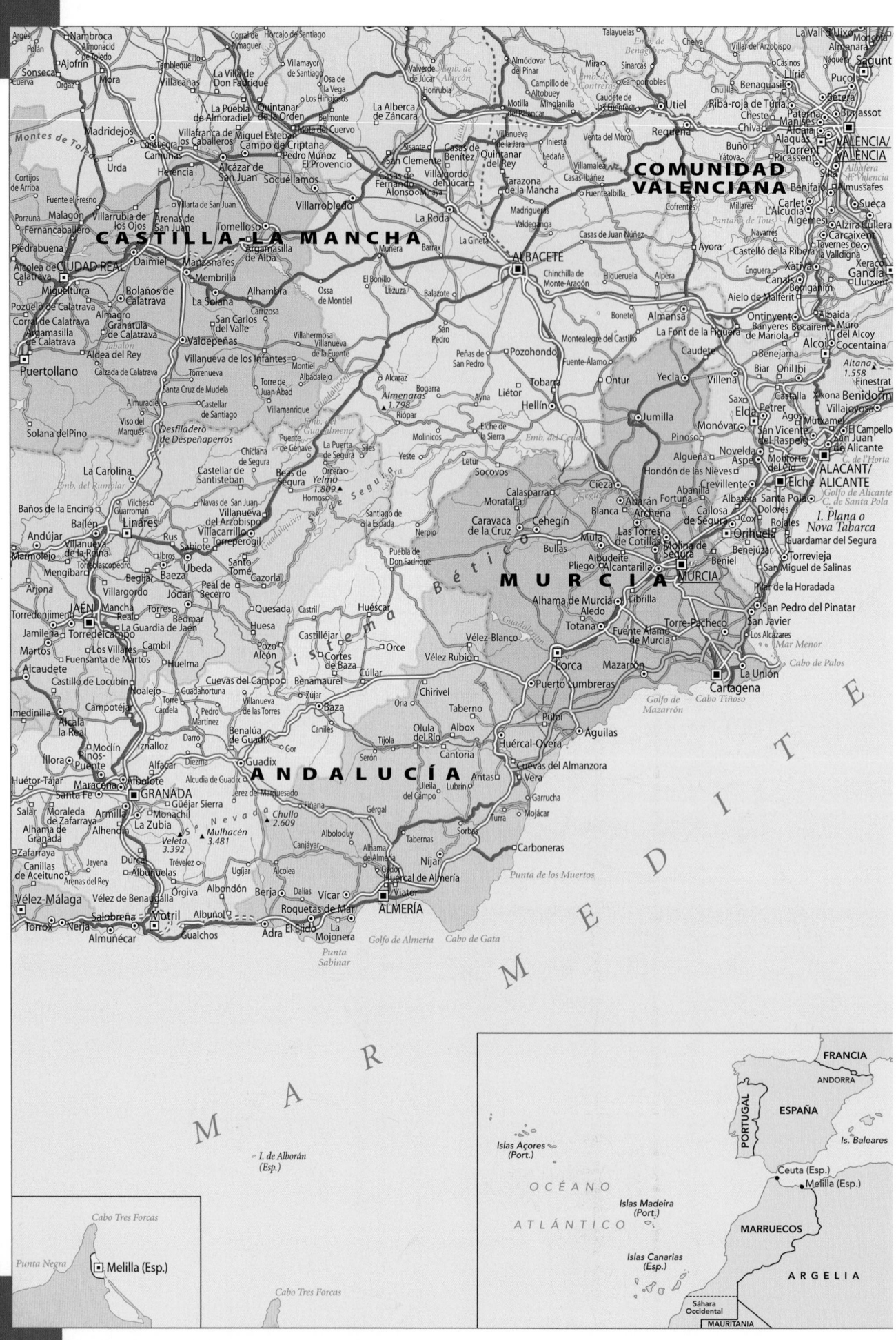

CASTILLA-LA MANCHA
COMUNIDAD VALENCIANA
MURCIA
ANDALUCÍA
MAR MEDITERRÁNEO
Sistema Bético
S. Nevada
Montes de Toledo
Desfiladero de Despeñaperros
CIUDAD REAL
Puertollano
Valdepeñas
Tomelloso
Manzanares
Daimiel
Alcázar de San Juan
Campo de Criptana
Villarrobledo
La Roda
ALBACETE
Hellín
Almansa
Requena
Utiel
VALENCIA/ VALÈNCIA
Sagunt
Gandía
Alcoi
Benidorm
ALACANT/ ALICANTE
Elche
Elda
Villena
Yecla
Jumilla
Cieza
Orihuela
Torrevieja
MURCIA
Cartagena
Lorca
Águilas
Caravaca de la Cruz
Linares
JAÉN
Úbeda
Baeza
Andújar
Bailén
GRANADA
Guadix
Baza
ALMERÍA
Roquetas de Mar
El Ejido
Motril
Vélez-Málaga
Nerja
Almuñécar
Mulhacén 3.481
Veleta 3.392
Chullo 2.609
Aitana 1.558
Almenaras 1.798
Yelmo 1.809
Cabo de Palos
Cabo de Gata
Golfo de Almería
Golfo de Mazarrón
Punta de los Muertos
Mar Menor
I. Plana o Nova Tabarca
I. de Alborán (Esp.)
Cabo Tres Forcas
Punta Negra
Melilla (Esp.)
FRANCIA
ANDORRA
PORTUGAL
ESPAÑA
Is. Baleares
Islas Açores (Port.)
OCÉANO ATLÁNTICO
Islas Madeira (Port.)
Islas Canarias (Esp.)
Ceuta (Esp.)
MARRUECOS
ARGELIA
Sáhara Occidental
MAURITANIA

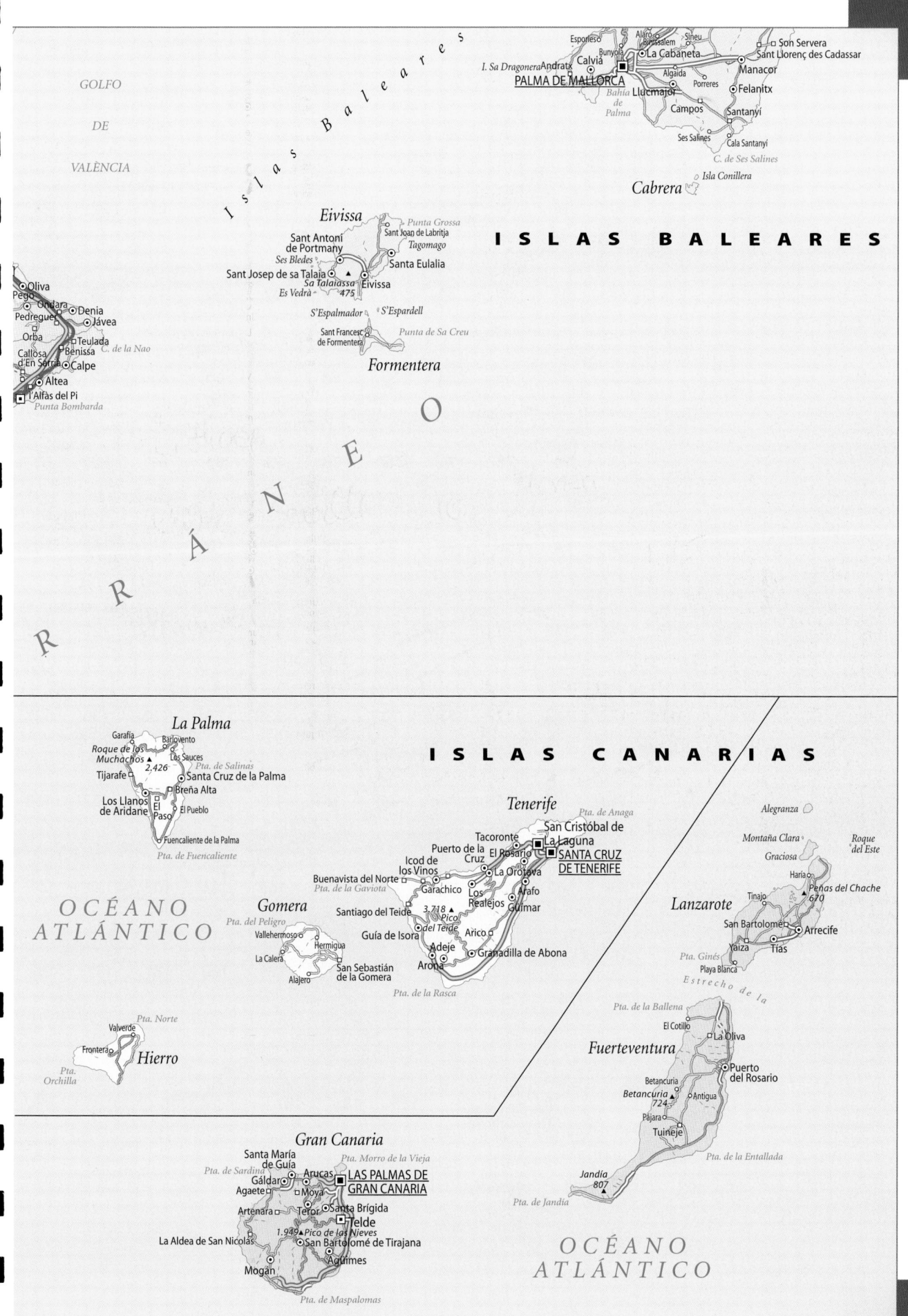

GOLFO
DE
VALÈNCIA

Islas Baleares

Esporleo
Alaró Binissalem
Bunyola Sineu
Andratx Calvià La Cabaneta Son Servera
I. Sa Dragonera Algaida Sant Llorenç des Cadassar
PALMA DE MALLORCA Porreres Manacor
Bahía Llucmajor Felanitx
de Campos Santanyí
Palma
Ses Salines Cala Santanyí
C. de Ses Salines

ISLAS BALEARES

Cabrera Isla Conillera

Eivissa
Sant Joan de Labritja
Punta Grossa
Sant Antoni *Tagomago*
de Portmany
Ses Bledes Santa Eulalia
Sant Josep de sa Talaia
Sa Talaiassa Eivissa
Es Vedrà 475
S'Espalmador *S'Espardell*
Sant Francesc *Punta de Sa Creu*
de Formentera

Formentera

Oliva
Pego Ondara
Pedreguer Denia
Orba Jávea
Teulada *C. de la Nao*
Callosa Benissa
d'En Sarrià Calpe
Altea
l'Alfàs del Pi
Punta Bombarda

RRÁNEO

OCÉANO ATLÁNTICO

La Palma
Garafía
Roque de los Barlovento
Muchachos Los Sauces
2,426 *Pta. de Salinas*
Tijarafe Santa Cruz de la Palma
Breña Alta
Los Llanos El
de Aridane Paso
El Pueblo
Fuencaliente de la Palma
Pta. de Fuencaliente

OCÉANO
ATLÁNTICO

Gomera
Pta. del Peligro
Vallehermoso
Hermigua
La Calera
San Sebastián
Alajeró de la Gomera
Pta. de la Rasca

Valverde *Pta. Norte*
Frontera
Hierro
Pta.
Orchilla

ISLAS CANARIAS

Tenerife *Pta. de Anaga*
San Cristóbal de
Tacoronte La Laguna
Puerto de la El Rosario **SANTA CRUZ**
Cruz **DE TENERIFE**
Icod de La Orotava
los Vinos
Buenavista del Norte Los Arafo
Pta. de la Gaviota Garachico Realejos Güimar
3,718 ▲
Santiago del Teide *Pico*
del Teide Arico
Guía de Isora
Adeje Granadilla de Abona
Arona

Alegranza
Montaña Clara *Roque*
del Este
Graciosa
Haría
Lanzarote Peñas del Chache
670
Tinajo
San Bartolomé
Yaiza Tías Arrecife
Pta. Ginés
Playa Blanca
Estrecho de la

El Cotillo
Pta. de la Ballena La Oliva
Fuerteventura
Puerto
Betancuria del Rosario
Betancuria Antigua
724 ▲
Pájara
Tuineje
Pta. de la Entallada

Jandía
807 ▲
Pta. de Jandía

Gran Canaria
Santa María *Pta. Morro de la Vieja*
de Guía
Pta. de Sardina Arucas **LAS PALMAS DE**
Gáldar **GRAN CANARIA**
Agaete Moya
Artenara Teror Santa Brígida
Telde
1,949 *Pico de las Nieves*
La Aldea de San Nicolás San Bartolomé de Tirajana
Agüimes
Mogán

OCÉANO
ATLÁNTICO

Pta. de Maspalomas

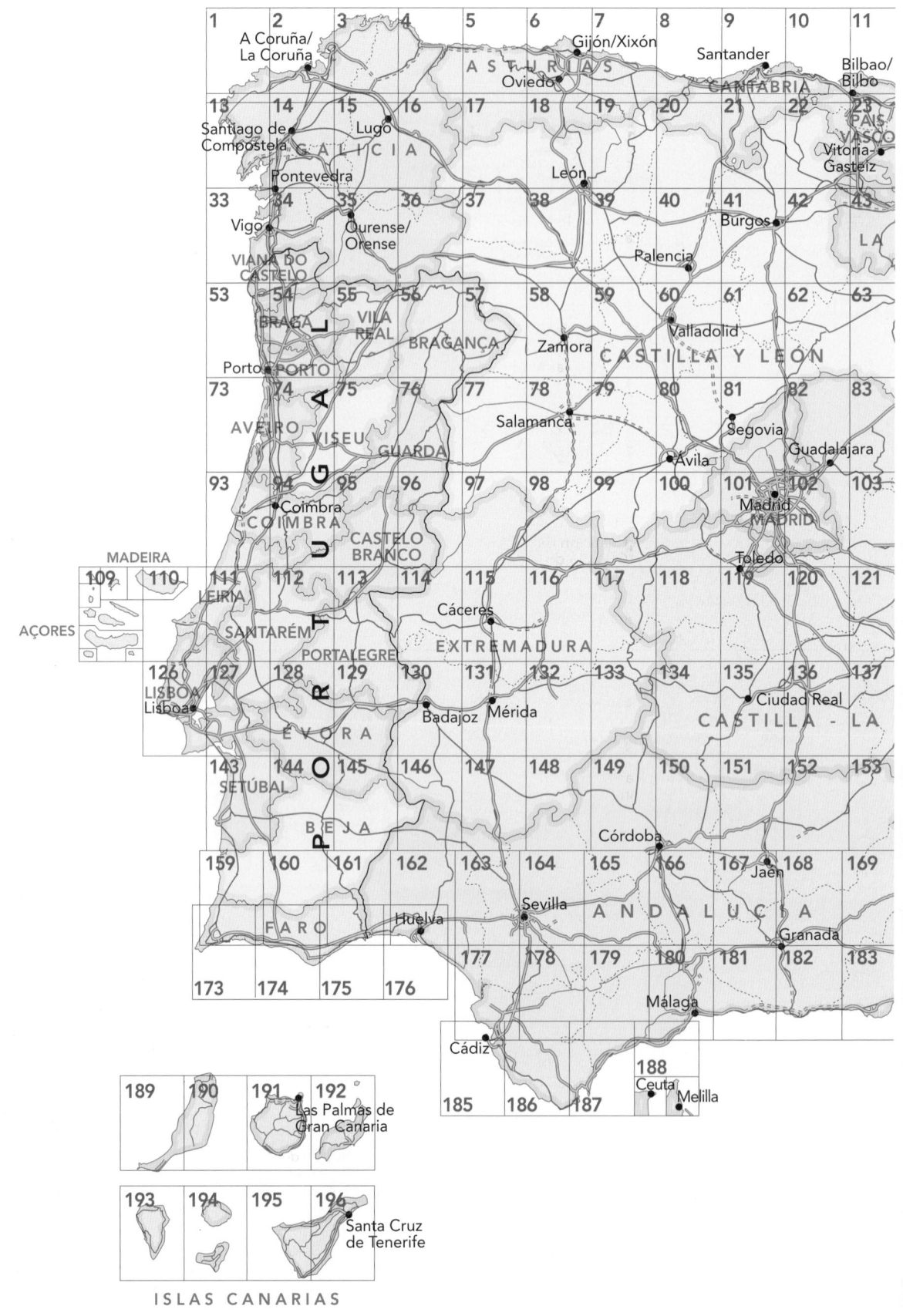
A Coruña/
La Coruña
Gijón/Xixón
Santander
Bilbao/
Bilbo
ASTURIAS
Oviedo
CANTABRIA
Santiago de
Compostela
Lugo
GALICIA
PAIS VASCO
Vitoria-
Gasteiz
León
Pontevedra
Burgos
Vigo
Ourense/
Orense
Palencia
VIANA DO
CASTELO
BRAGA
VILA
REAL
BRAGANÇA
Valladolid
Zamora
CASTILLA Y LEÓN
Porto
PORTO
AVEIRO
VISEU
Salamanca
Segovia
GUARDA
Guadalajara
Avila
Coimbra
COIMBRA
Madrid
MADRID
CASTELO
BRANCO
PORTUGAL
MADEIRA
Toledo
AÇORES
LEIRIA
Cáceres
SANTARÉM
EXTREMADURA
PORTALEGRE
LISBOA
Lisboa
Badajoz
Mérida
Ciudad Real
CASTILLA - LA
ÉVORA
SETÚBAL
BEJA
Córdoba
Jaén
Sevilla
ANDALUCIA
FARO
Huelva
Granada
Málaga
Cádiz
Ceuta
Melilla
Las Palmas de
Gran Canaria
Santa Cruz
de Tenerife
ISLAS CANARIAS

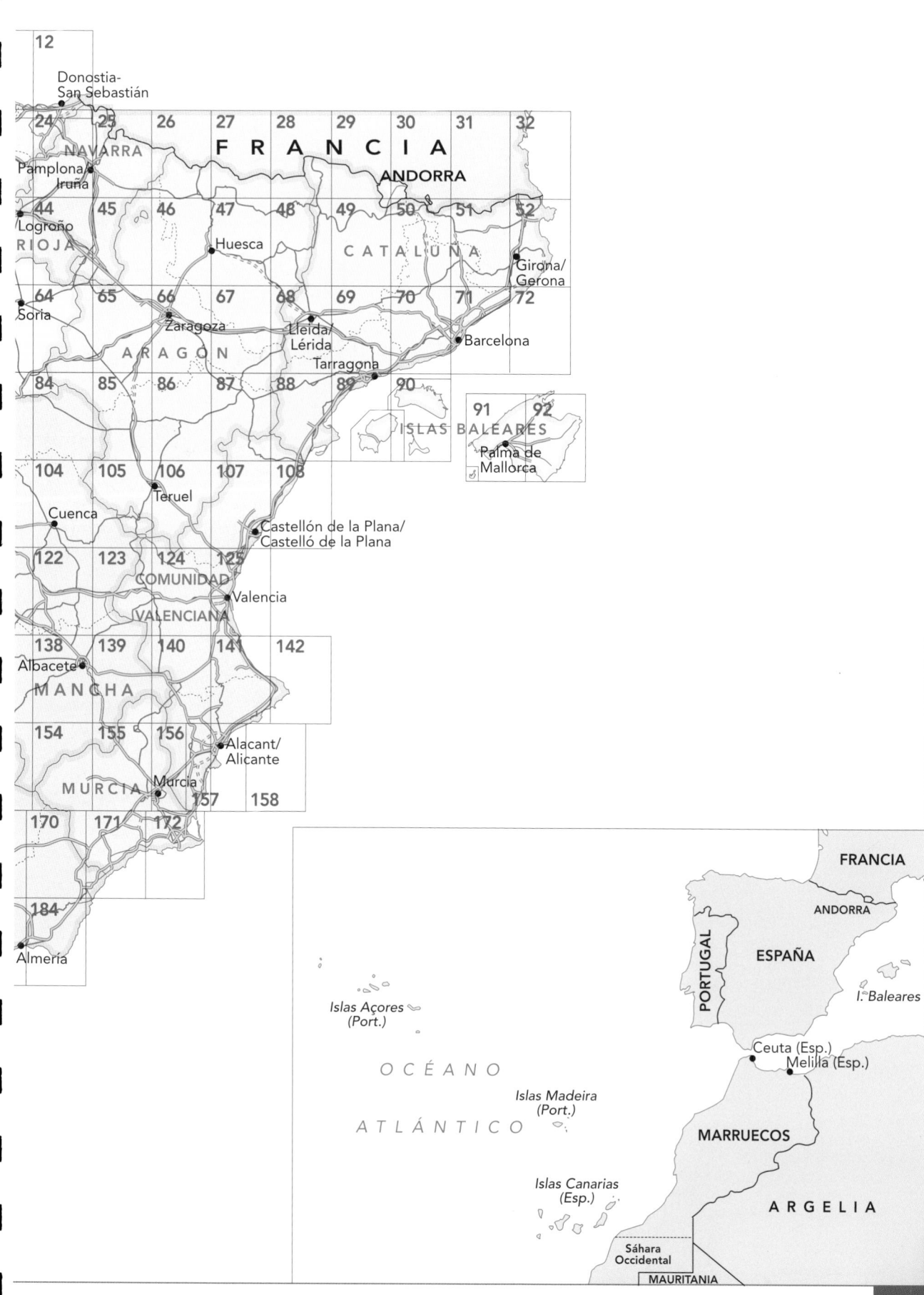

12
Donostia-
San Sebastián
24
25
26
27
28
29
30
31
32
NAVARRA
F R A N C I A
ANDORRA
Pamplona/
Iruña
44
45
46
47
48
49
50
51
52
Logroño
RIOJA
Huesca
C A T A L U Ñ A
Girona/
Gerona
64
65
66
67
68
69
70
71
72
Soria
Zaragoza
Lleida/
Lérida
Barcelona
A R A G Ó N
Tarragona
84
85
86
87
88
89
90
91
92
ISLAS BALEARES
Palma de
Mallorca
104
105
106
107
108
Teruel
Cuenca
Castellón de la Plana/
Castelló de la Plana
122
123
124
125
COMUNIDAD
VALENCIANA
Valencia
138
139
140
141
142
Albacete
MANCHA
154
155
156
Alacant/
Alicante
MURCIA
Murcia
157
158
170
171
172
184
Almería
FRANCIA
ANDORRA
PORTUGAL
ESPAÑA
I. Baleares
Islas Açores
(Port.)
O C É A N O
A T L Á N T I C O
Islas Madeira
(Port.)
Ceuta (Esp.)
Melilla (Esp.)
MARRUECOS
Islas Canarias
(Esp.)
A R G E L I A
Sáhara
Occidental
MAURITANIA

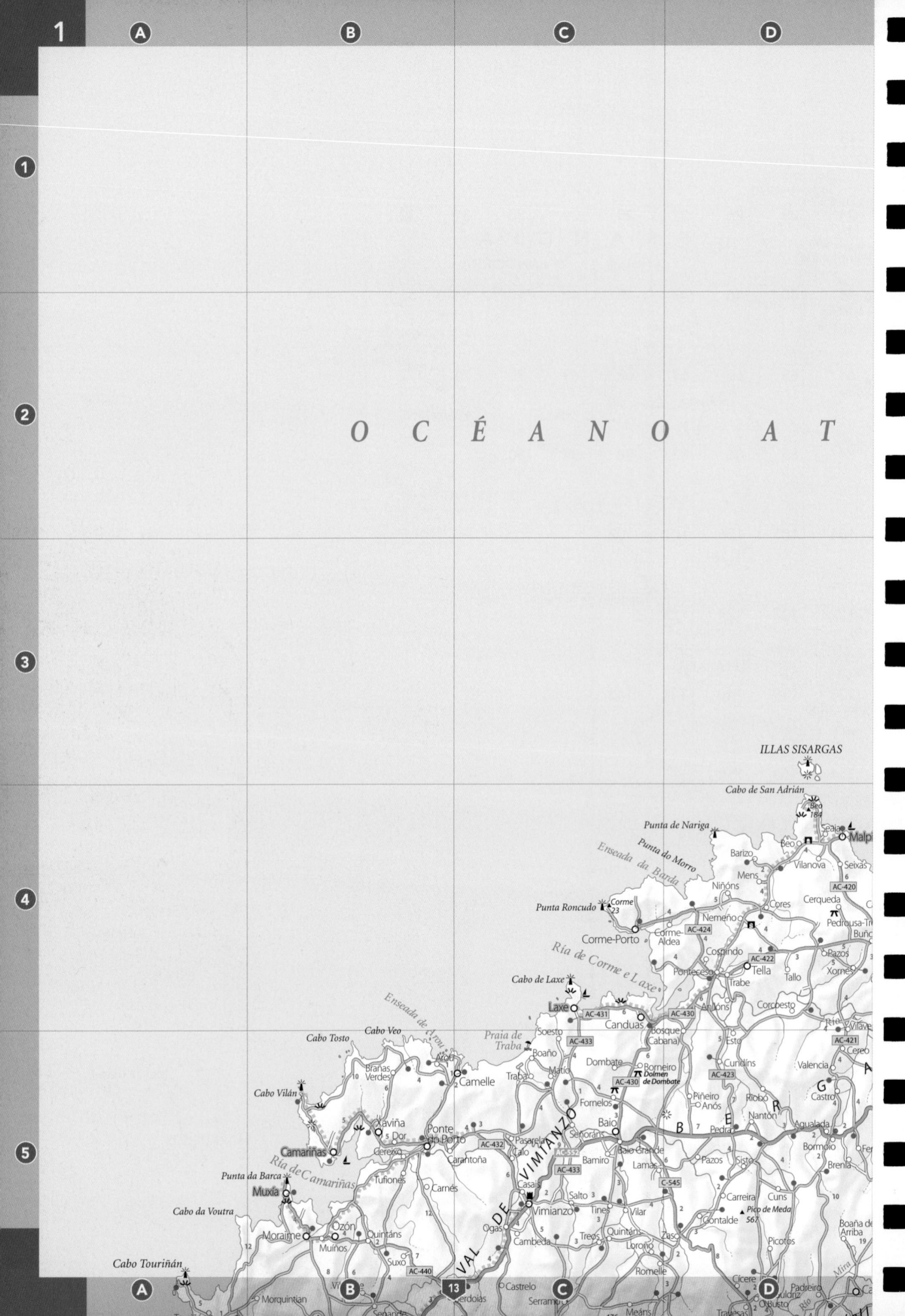

A   B   C   D

1

2

OCÉANO AT

3

ILLAS SISARGAS

Cabo de San Adrián

Beo
184
Ceaia   Malp

Punta de Nariga

Punta do Morro   Barizo   Beo

Enseada da Barda   Mens   Vilanova   Seixas

Niñóns   AC-420

5   Cores   Cerqueda

4   Nemeño   Pedrousa-Tr
Punta Roncudo   Corme   Corme-   Buñc
23   Aldea   AC-424

Corme-Porto   Cospindo   AC-422   Pazos

Ría de Corme e Laxe   Tella   Xornes
Ponteceso   Tallo

Cabo de Laxe   Trabe   Corcobeso

AC-431   Laxe   Vilave
AC-430   AC-421
Canduas   Esto   Cereo
Cabo Veo   Soesto   Bosque
Cabo Tosto   Praia de   (Cabana)   5
Traba   Boaño   AC-433   Cundíns   Valencia   A
Brañas   Boaño   Dombate   AC-423   G
Verdes   Atou   Mato   Borneiro   Castro   Castro
10   Camelle   Dolmen   Piñeiro   Ríobó   R
Cabo Vilán   Traba   de Dombate   Anós   Nantón   E   Agualada
AC-430   B   Pedra
Xaviña   Fornelos   Bormoio
5 Dor   Baio   Brenla
Ponte   Señoráns   Pazos   Sisto
Camariñas   do Porto   AC-432   Pasarela   Calo   Baio Grande
Cerexo   Carantoña   AC-552   Bamiro   Fer
Ría de Camariñas   AC-433   Lama   C-545   Carreira   Cuns
Punta da Barca   Tuñones   Carnés   Casais   Salto   Tines   Vilar   Gontalde   Pico de Meda   Boaña de
Muxía   Ogas   Vimianzo   Zasc   567   Arriba
Cabo da Voutra   Cambeda   Treos   Quintáns   Loroño   Picotos   19
Moraime   Ozón   Quintáns   Romelle
Muíños   Suxo   AC-440   Cícere   Ca
Cabo Touriñán   Castrelo   Serramo   Padreiro
Morquintian   Verdoias   Meáns   Busto
Touri   476   Travesas
476   Mira   Rio

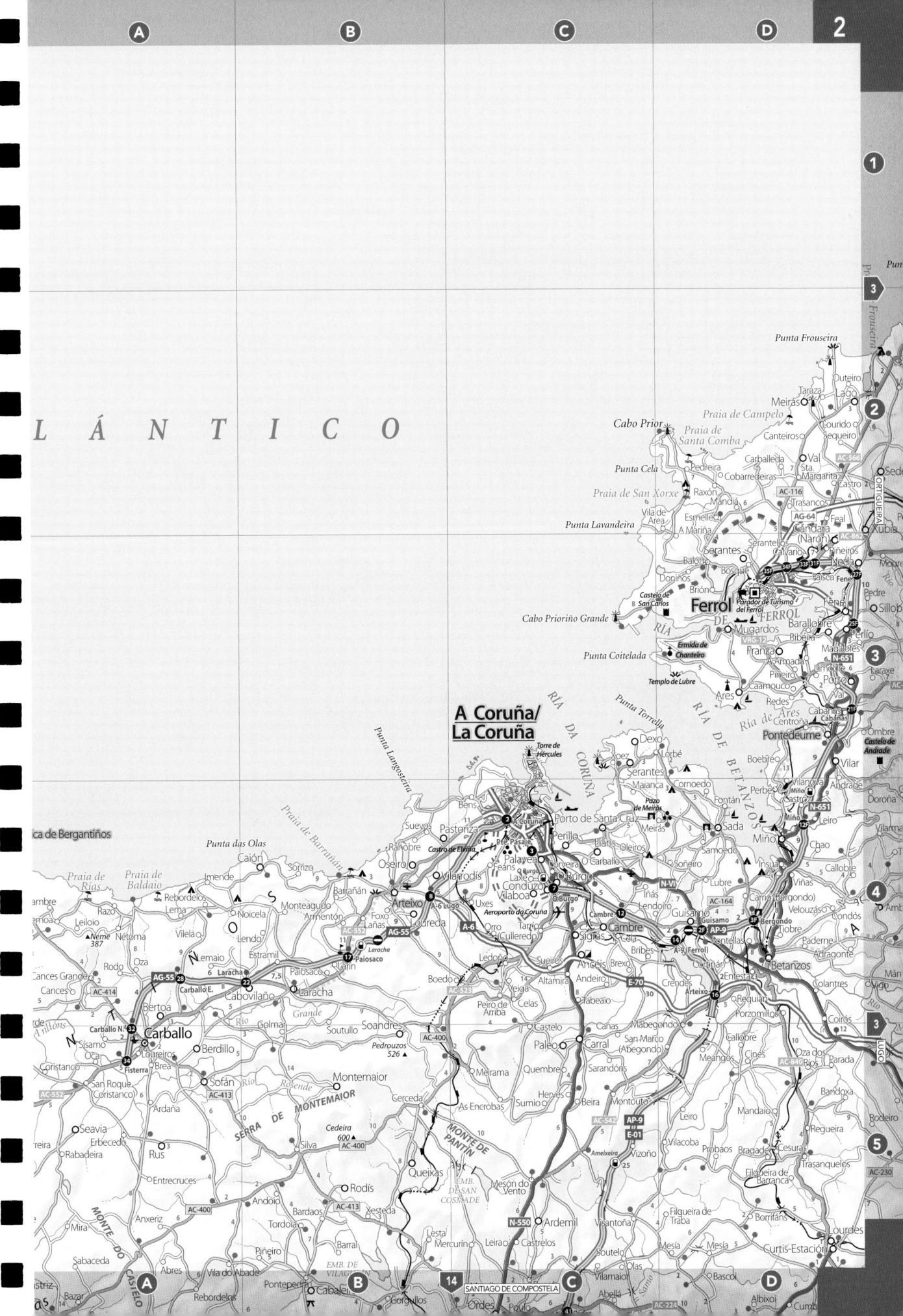
A
B
C
D
1
2
3
4
5
LÁNTICO
A Coruña/
La Coruña
Torre de Hércules
Ferrol
Parador de Turismo del Ferrol
Castelo de San Carlos
Ermida de Chanteiro
Templo de Lubre
Cabo Prior
Cabo Prioriño Grande
Punta Frouseira
Punta Cela
Punta Lavandeira
Punta Coitelada
Punta Torrella
Punta Langosteira
Punta das Olas
Praia de Campelo
Praia de Santa Comba
Praia de San Xorxe
Praia de Barrañán
Praia de Rías
Praia de Baldaio
RÍA DA CORUÑA
RÍA DE FERROL
RÍA DE BETANZOS
Ría de Ares
Meirás
Taraza
Outeiro
Lago
Lourido
Sequeiro
Canteiros
Carballeda
Val
Sta. Margarita
Pedreira
Cobarredeiras
Raxón
Mandiá
Trasancos
Castro
Vila de Area
Esmelle
A Mariña
Sandaría (Narón)
Feal
Xubia
Serantellos
Calvario
Piñeiros
Serantes
Neda
Balón
Bosque
Doniños
Brión
Fene
Mugardos
Barallobre
Perlío
Franza
Ribeira
Magalofes
A Armada
Limodre
Pineiro
Porto
Caamouco
Ares
Redes
Val
Cabanas
Centroña
Pontedeume
Ombre
Castelo de Andrade
Boebre
Vilar
Dexo
Lorbé
Serantes
Maianca
Cornoedo
Pazo de Meirás
Meirás
Fontán
Sada
Porto de Santa Cruz
Perbes
Vilanova
Miño
Castro
Andrade
Doroña
Leiro
Bens
Suevos
Pastoriza
Castro de Elviña
Pte. Pasaje
Palavea
Perillo
Lians
Oleiros
O Carballo
Samoedo
Soñeiro
Insua
Chao
Callobre
Viñas
Carrío (Bergondo)
Velouzás
Bergondo
Tiobre
Condós
Paderne
Adragonte
Betanzos
Ranobre
Oseiro
Vilarrodís
Eirís
Corveira
O Burgo
Laxe
Conduzo
Vilaboa
Uxes
Aeroporto da Coruña
Lubre
Iñás
Lendoiro
Guísamo
Cambre
Sigrás
Cela
Bribes
Cortiñán
Enfesta
Arteixo
Loureda
Foxo
Lañas
Barrañán
Armentón
Monteagudo
Orro
Tarrío (Culleredo)
Ledoño
Sueiros
Ancéis
Brexo
Andeiro
Altamira
Crendes
Requián
Colantes
Caión
Sorrizo
Imende
Rebordelos
Lema
Noicela
Razo
Leiloio
Neme 387
Nétoma
Vilela
Lendo
Estramil
Lemaio
Oza
Rodo
Cances Grande
Cances
Paiosaco
Laracha
Lañn
Cabovilaño
Bertoa
Carballo
Carballo N.
Carballo E.
Sísamo
Oca
Loureiros
Fisterra
Brea
Berdillo
Coristanco
San Roque (Coristanco)
Sofán
Ardaña
Seavia
Erbecedo
Rabadeira
Rus
Entrecruces
Mira
Anxeriz
Sabaceda
Abres
Vila do Abade
Pontepedra
Rebordelos
Golmar
Soutullo
Soandres
Pedrouzos 526
Montemaior
SERRA DE MONTEMAIOR
Cerceda
Cedeira 600
Silva
Queixas
Rodís
Andoio
Bardaos
Tordoia
Xesteda
Piñeiro
Barral
EMB. DE VILAGUDÍN
Lesta
Mercurín
Leirao
Castrelos
Ardemil
Mesón do Vento
EMB. DE SAN COSMADE
MONTE DE PANTÍN
As Encrobas
Meirama
Quembre
Herves
Sumio
Beira
Montouto
Castelo
Paleo
Carral
Peiro de Arriba
Celas
Veiga
Boedo
Tabeaio
Cañas
Mabegondo
San Marco (Abegondo)
Sarandóns
Callobre
Cines
Meangos
Oza dos Ríos
Parada
Bandoxa
Mandaio
Leiro
Vilacoba
Probaos
Bragade
Cesuras
Regueira
Trasanquelos
Filgueira de Barranca
Ameixeira
Vizoño
Visantoña
Filgueira de Traba
Borrifáns
Mesía
Soutelo
Olas
Vilamaior
Bascoi
Lourdes
Curtis-Estación
Albixoi
Ordes
Gorgullos
Cabalen
Bazar
ORTIGUEIRA
LUGO
SANTIAGO DE COMPOSTELA
AG-55
AG-64
AP-9
E-01
E-70
A-6
N-VI
N-550
N-651
AC-552
AC-400
AC-413
AC-414
AC-523
AC-542
AC-164
AC-840
AC-116
AC-566
AC-862
AC-230
AC-224
VRG-1.2
14
3

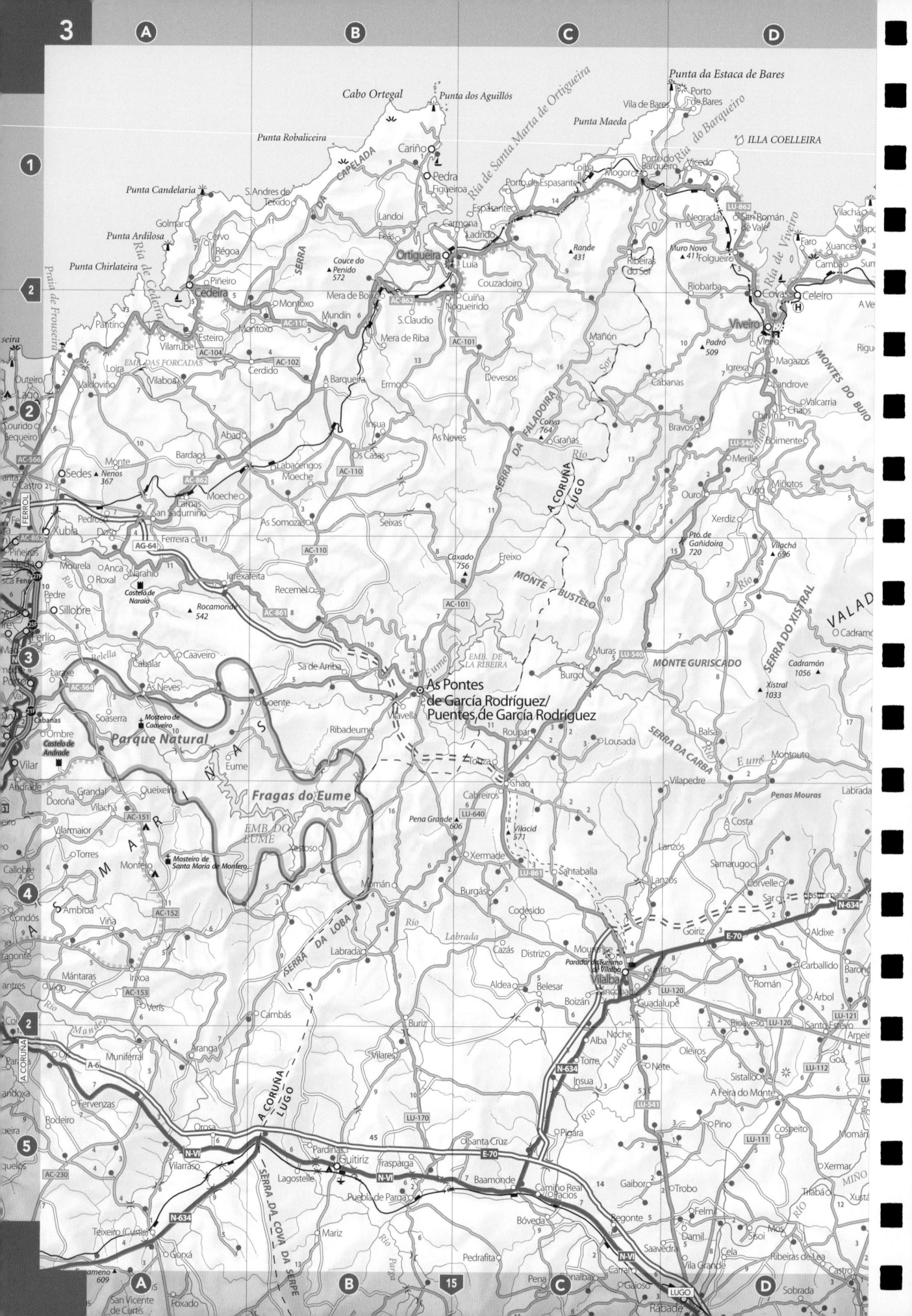
A
B
C
D
Cabo Ortegal
Punta dos Aguillós
Punta da Estaca de Bares
Porto de Bares
Vila de Bares
Punta Maeda
Ría do Barqueiro
ILLA COELLEIRA
Punta Robaliceira
Ría de Santa Marta de Ortigueira
Cariño
Pedra
Figueiroa
Punta Candelaria
S. Andres de Teixido
SERRA DA CAPELADA
Porto de Espasante
Loiba
Mogor
Porto do Barqueiro
Vicedo
Espasante
Carmona
Ladrido
Landoi
Feás
Golmar
Punta Ardilosa
Cervo
Régoa
Ría de Cedeira
Punta Chirlateira
Piñeiro
Cedeira
Praia de Frouseira
Ortigueira
Luía
Couce do Penido 572
Rande 431
Ribeiras do Sor
Muro Novo 411
Folgueiro
Negradas
San Román de Vale
Ría de Viveiro
Faro
Xuances
Cambao
Couzadoiro
Mera de Bojo
Cuíña
Nogueirido
S. Claudio
Montoxo
Mundín
Pantín
Esteiro
Vilarrube
EMB. DAS FORCADAS
Loira
Vilaboa
Cerdido
Mera de Riba
Riobarba
Covas
Celeiro
Viveiro
Vieiro
Padró 509
Mañón
Magazos
MONTES DO BUIO
Igrexa
Cabanas
Landrove
Valcarria
Chaos
Chavín
Devesos
Ermo
A Barqueira
Outeiro
Lago
Valdoviño
Lourido
Bequeiro
Insua
As Neves
SERRA DA FALADOIRA
Corva 764
Grañas
Bravos
Boimente
Abad
Bardaos
Monte
Sedes
Nenos 367
Os Casas
Labacengos
Moeche
Merille
Ourol
Vigo
Minotos
FERROL
Castro
Laraxe
Xubia
Pedroso
Doso
San Sadurniño
Ferreira
As Somozas
Seixas
A CORUÑA
LUGO
Xerdiz
Pto. de Gañidoira 720
Vilachá 696
Piñeiros
Neda
Mourela
Anca
Narahío
O Roxal
Castelo de Naraio
Igrexafeita
Recemel
Caxado 756
Freixo
MONTE BUSTELO
Pedre
Sillobre
Rocamonde 542
VALADOURO
Cadramon
SERRA DO XISTRAL
Perlío
Caaveiro
Cabalar
Sa de Arriba
EMB. DE LA RIBEIRA
Muras
Burgo
MONTE GURISCADO
Cadramón 1056
Xistral 1033
As Neves
Coente
As Pontes de García Rodríguez/ Puentes de García Rodríguez
Vilavella
Soaserra
Mosteiro de Caaveiro
Parque Natural
Fragas do Eume
Cabanas
Ombre
Castelo de Andrade
Ribadeume
Eume
Roupar
Lousada
SERRA DA CARBA
Balsa
Montouto
Vilar
Andrade
Touza
Ghao
Cabreiros
Vilapedre
Penas Mouras
Labrada
Grandal
Queixeiro
Doroña
Vilachá
EMB. DO EUME
Xestoso
Pena Grande 606
Vilacid 571
Xermade
Santaballa
A Costa
Lanzós
Samarugo
Vilarmaior
Torres
Monfero
Mosteiro de Santa María de Monfero
MARIÑAS
Callobre
Ambroa
Momán
Burgás
Codesido
Corvelle
Castromaior
Viña
SERRA DA LOBA
Labrada
Cazás
Distriz
Mourence
Parador de Turismo de Vilalba
Vilalba
Guitiriz
Goiriz
Aldixe
Carballido
Mántaras
Irixoa
Vigo
Aldea
Belesar
Boizán
Sancobade
Guadalupe
Román
Árbol
Veris
Cambás
Buriz
Riocaveso
Santo Estevo
Alba
Noche
Oleiros
Torre
Nete
Ladra
Muniferral
Aranga
Vilares
Insua
Sistallo
Goá
Fervenzas
A Feira do Monte
Rodeiro
Orosa
SERRA DA COVA DA SERPE
Pardiñas
Guitiriz
Santa Cruz
Pígara
Pino
Cospeito
Momán
Vilarraso
Lagostelle
Trasparga
Baamonde
Camiño Real
Pacios
Gaibor
Trobo
Xermar
Triabá
Xustás
Puebla de Parga
Teixeiro (Curtis)
Bóveda
Begonte
Felmi
Damil
Saavedra
Sisoi
Mos
Cela
Ribeiras de Lea
Mariz
Gorxá
Pedrafita
Carralo
Gajoso
Vila Grande
Castro
San Vicente de Curtis
Foxado
Pena
Sobrada
LUGO
Rábade
15

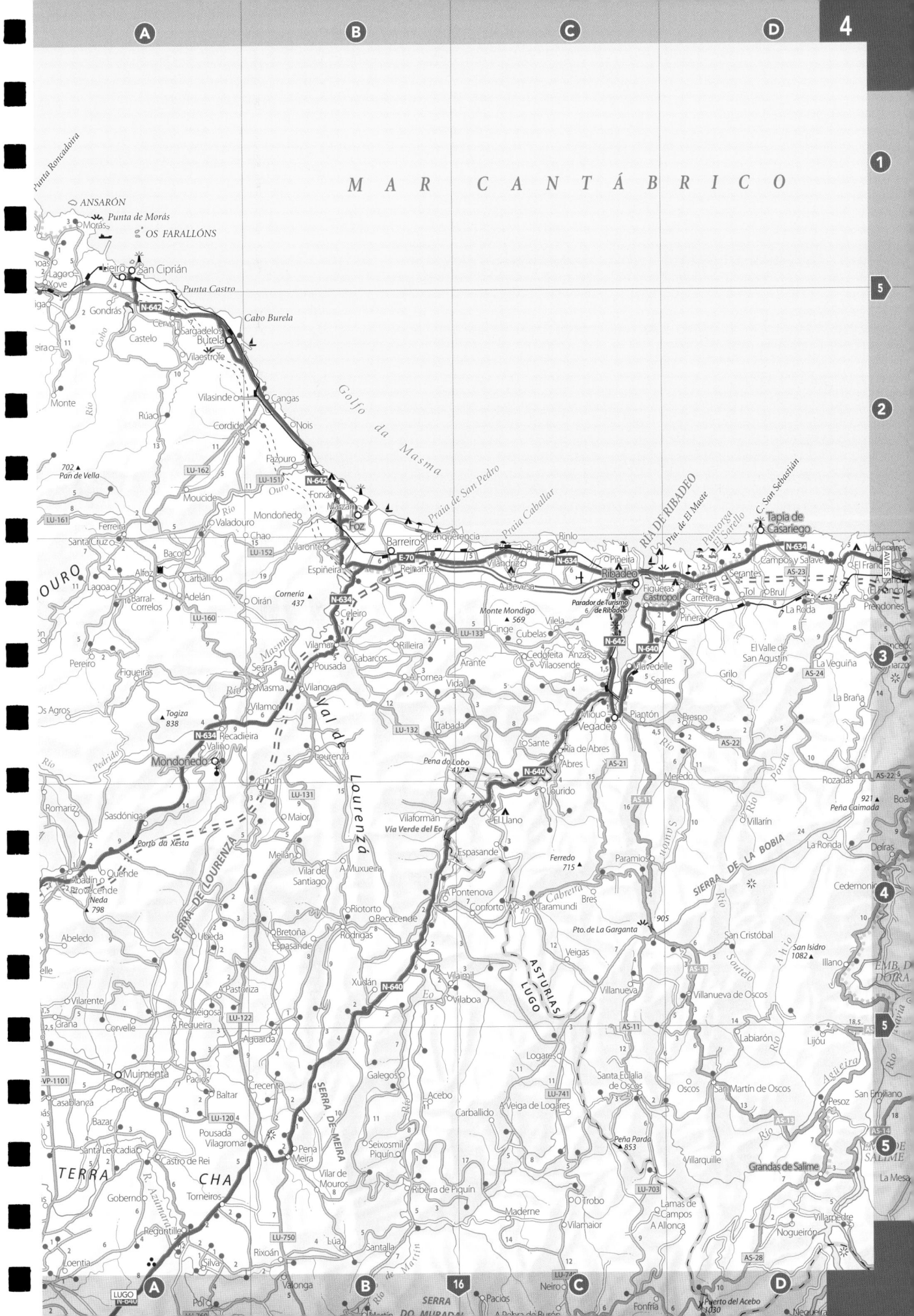

A
B
C
D
MAR CANTÁBRICO
ANSARÓN
Punta de Morás
OS FARALLÓNS
San Ciprián
Punta Castro
Cabo Burela
Burela
Golfo da Masma
Foz
Barreiros
Ribadeo
RÍA DE RIBADEO
Castropol
Tapia de Casariego
Vegadeo
Mondoñedo
Val de Lourenzá
SERRA DE LOURENZA
SERRA DE MEIRA
SIERRA DE LA BOBIA
ASTURIAS
LUGO
TERRA CHA
Muimenta
Grandas de Salime
San Martín de Oscos
Santa Eulalia de Oscos
Villanueva de Oscos
Taramundi
Pto. de La Garganta
Puerto del Acebo 1030
Peña Parda 853
LUGO
SERRA DO MURADAL
16

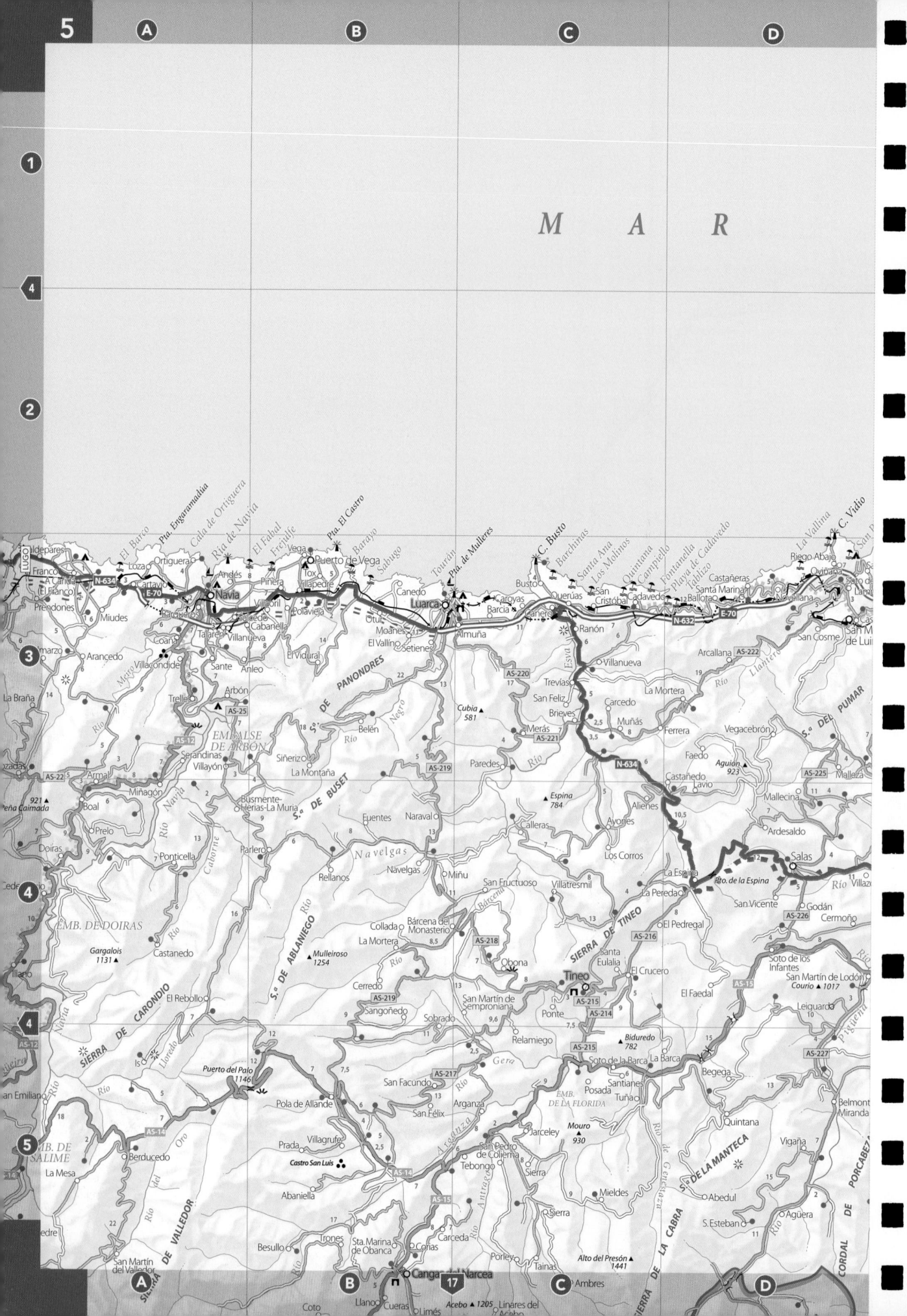

A
B
C
D
1
2
3
4
5
M A R
Pta. Engaramadiia
Cala de Ortiguera
Ría de Navia
El Barco
El Fabal
Frejulfe
Pta. El Castro
Barayo
Sabugo
Tourán
Pta. de Mulleres
C. Busto
Barchinas
Santa Ana
Los Molinos
Quintana
Campiello
Fontanella
Playa de Cadavedo
Tablizo
La Vallina
C. Vidio
LUGO
Valdepares
Franco
A Caridá
El Franco
Prendones
Miudes
Loza
Cartavio
Ortiguera
Andés
Navia
Barqueros
Vega
Puerto de Vega
Tox
Villapedre
Pinera
Villaoril
Polavieja
Cabanella
Salcedo
Talarén
Villanueva
Coaña
Canedo
Luarca
Otur
Moanes
El Vallín
Setienes
Almuña
Caroyas
Barcia
Busto
Querúas
Canero
San Cristóbal
Cadavedo
Ballota
Castañeras
Santa Marina
Novellana
Riego Abajo
Oviñana
N-634
E-70
N-632
Ranón
Arancedo
Villacondide
Sante
Anleo
El Vidural
La Braña
Trelles
Arbón
AS-25
EMBALSE DE ARBÓN
Serandinas
Villayón
AS-12
AS-22
Armal
Miñagón
Boal
Prelo
Doiras
921
Peña Caimada
S.ª DE PANONDRES
Belén
Siñerizo
La Montaña
Busmente-Herias-La Muria
S.ª DE BUSET
Río Navia
Parlero
Ponticella
Caborne
Fuentes
Naraval
Navelgas
Rellanos
Miñu
AS-219
AS-220
Cubia 581
Trevías
San Feliz
Brieves
Merás
AS-221
Paredes
Villanueva
Carcedo
Muñás
Ferrera
La Mortera
Arcallana
AS-222
San Cosme
Vegacebrón
S.ª DEL PUMAR
Faedo
Aguion 923
Castañedo
Lavio
AS-225
Malleza
Mallecina
Espina 784
Calleras
Ayones
Alienes
Ardesaldo
Los Corros
Salas
La Espina
Pto. de la Espina
La Pereda
San Vicente
Godán
Cermoño
AS-226
San Fructuoso
Villatresmil
El Pedregal
AS-216
SIERRA DE TINEO
Santa Eulalia
El Crucero
Tineo
AS-215
AS-214
El Faedal
Soto de los Infantes
San Martín de Lodón
Courio 1017
Leiguarda
AS-15
Colllada
Bárcena del Monasterio
La Mortera
AS-218
Obona
S.ª DE ABLANIEGO
Mulleiroso 1254
ÉMB. DE DOIRAS
Gargalois 1131
Castanedo
Illano
Cerredo
SIERRA DE CARONDIO
El Rebollo
Sangoñedo
San Martín de Semproniana
Sobrado
Ponte
Relamiego
Biduredo 782
Soto de la Barca
La Barca
AS-227
Begega
Santianes
Tuña
Posada
EMB. DE LA FLORIDA
Gera
Puerto del Palo 1146
Pola de Allande
San Facundo
AS-217
San Félix
Arganza
Is
Lloredo
San Emiliano
Río Oro
AS-14
EMB. DE SALIME
Berducedo
La Mesa
Villagrufe
Prada
Castro San Luis
Abaniella
Jarceley
San Pedro de Coliema
Tebongo
Sierra
Mouro 930
Mieldes
Quintana
S.ª DE LA MANTECA
Abedul
Viganã
Belmonte de Miranda
Agüera
S. Esteban
CORDAL DE PORCABEZA
AS-15
Trones
Besullo
Sta. Marina de Obanca
Carceda
Corias
Cangas del Narcea
Porley
Tainás
Alto del Presón 1441
SIERRA DE VALLEDOR
San Martín del Valledor
SIERRA DE LA CABRA
Ambres
Coto
Llano
Cueras
Limés
17
Acebo 1205
Linares del Acebo

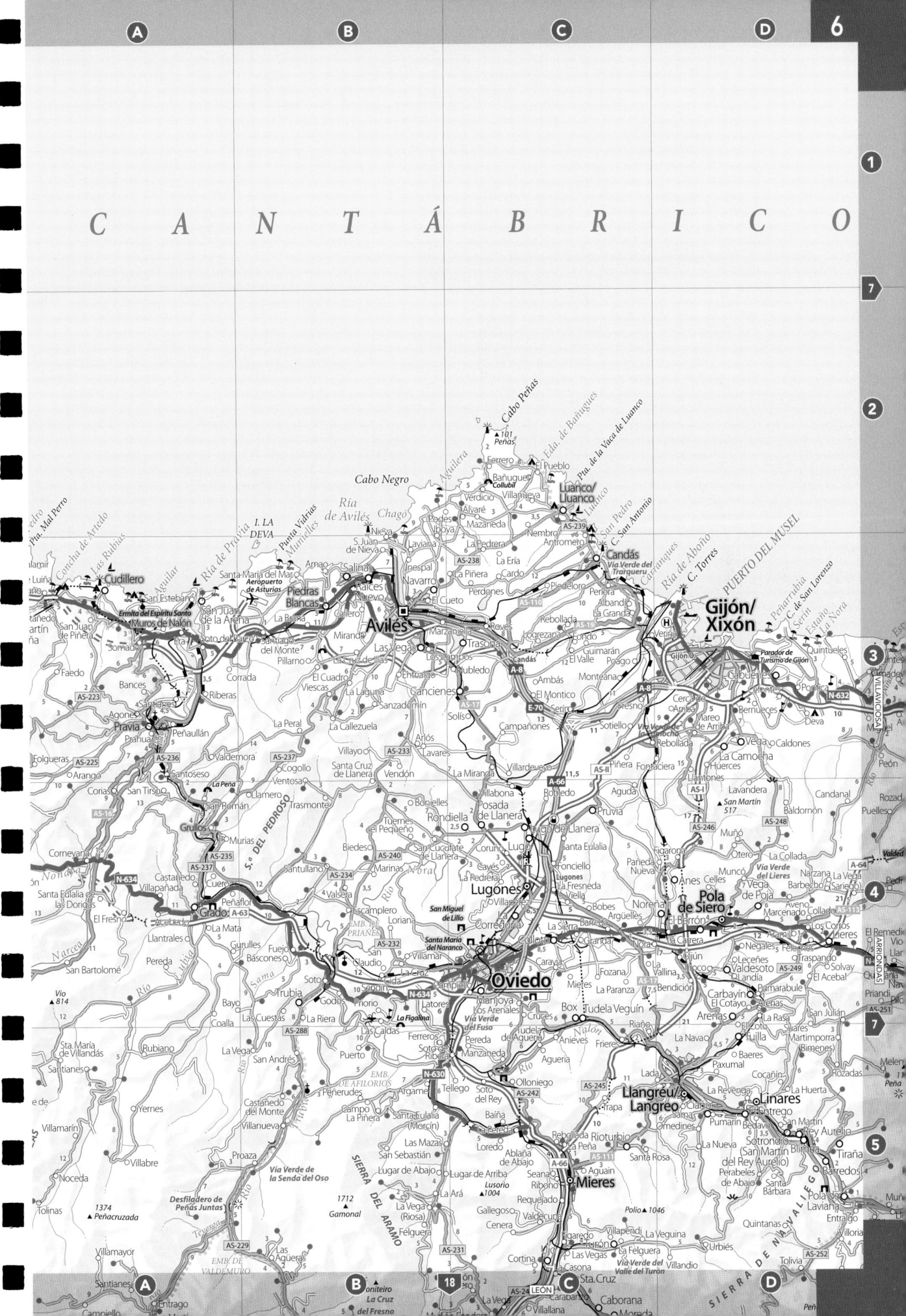
A
B
C
D
1
2
3
4
5
7
C A N T Á B R I C O
Cabo Peñas
101 Peñas
Eda. de Bañugues
Pta. de la Vaca de Luanco
Ferrero
El Pueblo
Bañugues
Collubil
Verdicio
Villanueva
Luanco/ Lluanco
Luanco
Cabo Negro
Aguilera
Ría de Avilés
Chagó
Alvaré
Podes
Mazaneda
Iboya
Nembro
Antromero
S. Pedro
C. San Antonio
Candás
Vía Verde del Trarqueru
Pta. Mal Perro
Concha de Artedo
Las Rubias
Cudillero
Aguilar
Ría de Pravia
I. LA DEVA
Punta Vidrias
Muniellos
Nieva
S. Juan de Nieva
Laviana
La Pedrera
La Ería
Santa María del Mar
Arnao
Salinas
Aeropuerto de Asturias
San Esteban
Piedras Blancas
Raíces Nuevo
Navarro
La Piñera
Cardo
Perdones
Piedeloro
Perlora
Carranques
Ría de Abono
C. Torres
PUERTO DEL MUSEL
Gijón/ Xixón
Peñarrubia
C. de San Lorenzo
Serín
Estaño
La Nora
Ermita del Espíritu Santo
Muros de Nalón
San Juan de la Arena
Soto del Barco
El Cueto
Avilés
Albandi
La Granda
Rebollada
Logrezana
Veriña
San Juan de Piñera
La Braña
Callero
Miranda
Santiago del Monte
Marzaniella
Trasona
Roves
Somado
Faedo
Bances
Corrada
Riberas
Pillarno
Las Vegas
Los Campos
La Cruz de Illas
Nubledo
Candás
Guimarán
El Valle
Pogo
Parador de Turismo de Gijón
Quintueles
Cabueñes
Cefontes
Pontica
Deva
Bernueces
El Cuadro
Viescas
La Laguna
Entrialgo
Cancienes
Sanzadornín
Ambás
El Montico
Serín
Monteana
Fresno
Cerdeño
Arriba
Mareo de Arriba
Agones
Pravia
Prahua
Peñaullán
La Peral
La Callezuela
Solís
Campañones
Sotiello
Vía Verde de la Camocha
Rebollada
Vega
Caldones
La Camocha
Folgueras
Arango
Valdemora
Cogollo
Ventosa
Villayo
Santa Cruz de Llanera
Vendón
Arlós
Lavares
La Miranda
Villardeveyo
Piñera
Fontaciera
Huerces
Llantones
Santoseso
Corias
San Tirso
La Peña
Llamero
Trasmonte
S.ª DEL PEDROSO
Bonielles
Villabona
Posada de Llanera
Robledo
Aguda
Pruvia
Lavandera
San Martín 517
Candanal
Baldornón
San Román
Grullos
Murias
Tuernes el Pequeño
Rondiella
Lugo de Llanera
Muñó
Corneyana
Nonaya
Biedes
San Cucufate de Llanera
Coruño
Lugo
Santa Eulalia
Figaredo
La Collada
Otero
Castañedo
Villapañada
Cuero
Santullano
Marinas
Valsera
Cayés
La Pedrera
Fonciello
Lugones
La Fresneda
Viella
Paneda Nueva
Anes
Celles
Vía Verde del Lieres
Muncó
Vega de Poja
Barbecho
Narzana
La Vega (Sariego)
Santa Eulalia de las Dorigas
El Fresno
Acebedo
Grado
Peñaflor
La Mata
Escamplero
Loriana
San Miguel de Lillo
Villapérez
Corredoria
Bobes
Argüelles
Noreña
Pola de Siero
El Berrón
Aveno
Marcenado
Collado
Los Corros
Lieres
Narcea
Llantrales
Gurulles
Fuejo
Básones
EMB. DE PRIAÑES
San Claudio
Santa María del Naranco
Villamar
Colloto
Granda
La Sierra
Barreda
Nora
La Carrera
Negales
Felechos
Aramil
El Remedio
San Bartolomé
Pereda
Cubia
Sama
Soto
Trubia
Sendín
La Cruz
Cida
Campiello
Oviedo
Caravia
Fozana
La Paranza
Mieres
Vallina
Bendición
Güjún
Tiroco
Valdesoto
Landía
Leceñes
Traspando
Solvay
El Acebal
Vio 814
Bayo
Coalla
Godos
Priorio
Las Cuestas
La Riera
Latores
Manjoya
Los Arenales
Box
Tudela Veguín
Cruces
Carbayín
El Cotayo
Pumarabule
Arenas
La Rasa
San Julián
Sta. María de Villandás
Rubiano
Santianes
La Vega
San Andrés
Las Caldas
La Figalina
Vía Verde del Fuso
Ferreros
Soto de Ribera
Pereda
Manzaneda
Tudela de Agüera
Anieves
Agüeria
Frieres
Riaño
La Nava
El Coto
Tuilla
Suares
Martimporra (Bimenes)
Baeres
Paxumal
Puerto
EMB. DE AFILORIOS
Peñerudes
Argame
Tellego
Soto del Rey
Olloniego
Lada
La Revenga
Cocañín
La Huerta
Rozadas
Yernes
Castañedo del Monte
Campo
La Piñera
Santa Eulalia (Morcín)
Villanueva
Baíña
La Pereda
Trapa
Llangréu/ Langreo
Ciaño
Sama
Pumarín
Linares
El Entrego
Bedavo
San Martín
Rey Aurelio
Villamarín
Las Mazas
San Sebastián
Loredo
Ablaña de Abajo
Rebollada
Riotuerbio
La Peña
Santa Rosa
Omedines
La Nueva
Sotrondio (San Martín del Rey Aurelio)
Blimea
Tiraña
Barredos
Villabre
Noceda
Proaza
Vía Verde de la Senda del Oso
SIERRA DEL ARAMO
Lugar de Abajo
Lugar de Arriba
Seana
Ribono
Aguain
Mieres
Perabeles de Abajo
Santa Bárbara
Tolinas
1374 Peñacruzada
Desfiladero de Peñas Juntas
1712 Gamonal
Lusorio 1004
La Ará
La Vega (Riosa)
Gallegos
Requejado
Valdecuna
Polio 1046
Pola de Laviana
Entralgo
Quintanas
Villoria
Teverga
Villamayor
Las Agüeras
Felguera
Cenera
Cortina
Ujo
Figaredo
Turón
Villapendi
La Veguina
La Felguera
Las Vegas
Urbiés
Vía Verde del Valle del Turón
Villandio
Tolivia
EMB. DE VALDEMURIO
La Casona
Santianes
Entrago
Campiello
Moniteiro
La Cruz del Fresno
18
La Vega
LEÓN
Carabanzo
Sta. Cruz
Caborana
Villallana
SIERRA DE NAVALIEGO
VILLAVICIOSA
ARRIONDAS
Miguel
Peón
Rozadas
Puelles
Valdediós
Pedroso
Quintana
Priandi
Melendreros
Peña
Murias
AS-223
AS-225
AS-236
AS-237
AS-233
AS-235
AS-234
AS-240
AS-232
AS-288
AS-229
AS-231
AS-238
AS-239
AS-110
AS-19
AS-17
AS-II
AS-I
AS-246
AS-248
AS-249
AS-113
AS-251
AS-252
AS-242
AS-245
AS-111
A-8
A-63
A-66
A-64
E-70
N-632
N-634
N-630

A   B   C   D

1

M A R

6

2

3

Quinte · Cimadevilla · Castiello · Argüero · Tuero Tazones · El Puntal · Pta. del Olivo · RIA DE VILLAVICIOSA · Rodiles · Pta. de las Llastras · C. Lastres
Pta. Corbero · Merón
España
GIJÓN · Venta las Rañas · AS-256 · Mar · Oles · Selorio · Luces · Pta. Misiera · El Astillero
N-
San Miguel · Arroes · E-70 · Bedriñana · San Justo · Tornón · A-8 · Lué · Huerres · Lastres · AS-257
Peón · N-632 · Villaviciosa · Miravalles · Toroyes · Colunga · La Isla · Dueso · N-632 · Arenal de Vega · San Pedro · Ribadesella
Rozadas · Palacio · Amandi · Rales · Gobiendes · Loroñe · Prado · Leces · Ucio · AS-263 · Camango · Llames · Pría · Hontoria
Puelleso · A-64 · Lavares · 3,5 · 18 · Pivierda · Reserva Nacional de Monte Sueve · Mirador del Fito · Cueva de Tito Bustillo · Collera · E-70 · Cuerres · A-8 · Nueva
Valdebárzana · AS-255 · Poreño · Santa Eulalia (Cabranes) · Libardón · Pienzu 1144 · AS-260 · 891 Monfrecho
Valdediós · Pedrosa · San Román · Sietes · Villar de la Cuesta · Margolles · N-634 · Mestas Riocaliente
La Vega · AS-250 · Verdera · Carnás · Fresnedo · Torazo · Anayo · Sieres · S.ª DE SUEVE · Collía · Castañera · Triongo · Ardisana
El Remedio · Viobes · Cuerya · Pruneda · Borines · AS-259 · Cereceda · Arriondas · Coviella · Cueva del Buxu · Hibeo 967
OVIEDO · N-634 · Llames Alto · Monga · Villarriba · Villabajo · AS-255 · Miyares · Pintueles · Valles · Arobes · Las Rozas
Acebal · Quintana · Nava · Tresali · Ceceda · Coya · 4,5 · San Román de Villa · La Goleta · Viabaño · Parador de Cangas de Onís
Priandi · Piloñeta · AS-251 · Biedes · Villamayor · Villar de Huergo · San Juan de Parres · Cangas de Onís · Corao · Mestas de Con · Bobia
Castañera · Infiesto · San Antonio · Mones · Mesta · Cardes · Valle · Huera de Dego · Caño · Soto de Cangas · AS-114 · Con · Bénia de Onís · Ortiguero
Melendreros · Beloncio · Arenas · Montes de Sebares · AS-262 · Llano de Con · Avín
Peña Mayor 1115 · Maza · Río Sella · SIERRA DE CARNEDES · Covadonga · Covadonga · PARQUE NACIONAL DE
La Triguera 1291 · AS-254 · Espinaredo · Vízcares 1420 · Sames · Bescoba 1067 · Priniello 1228 · LAGO ENOL · LAGO ERCINA · Cabezo Llo
Abedul · Tozo · Ambingue · AS-261 · Cazo · Sebarga · Mian · Buferrera · Peña Santa de Enol 247?
Ferrera · Muñera · Sellaño · Argolibio · N-625 · Parque Nacional de los Picos de Europa
Ribota · EMB. DE RIOSECO · Villamoreyo · Rioseco · AS-17 · Pierzo 1552 · Peña Santa de Enol
Acebal · San Andrés de Agües · Tanes · Bueres · Parque Natural de Ponga · LEÓN · Caín de Valdeón

4

6

5

A Parque Natural de Redes · Peña Arallo 1389 · El Bolu (Caso) · B SIERRA DE TANDEMULES · Campo de Caso · 19 · C · LEÓN · D

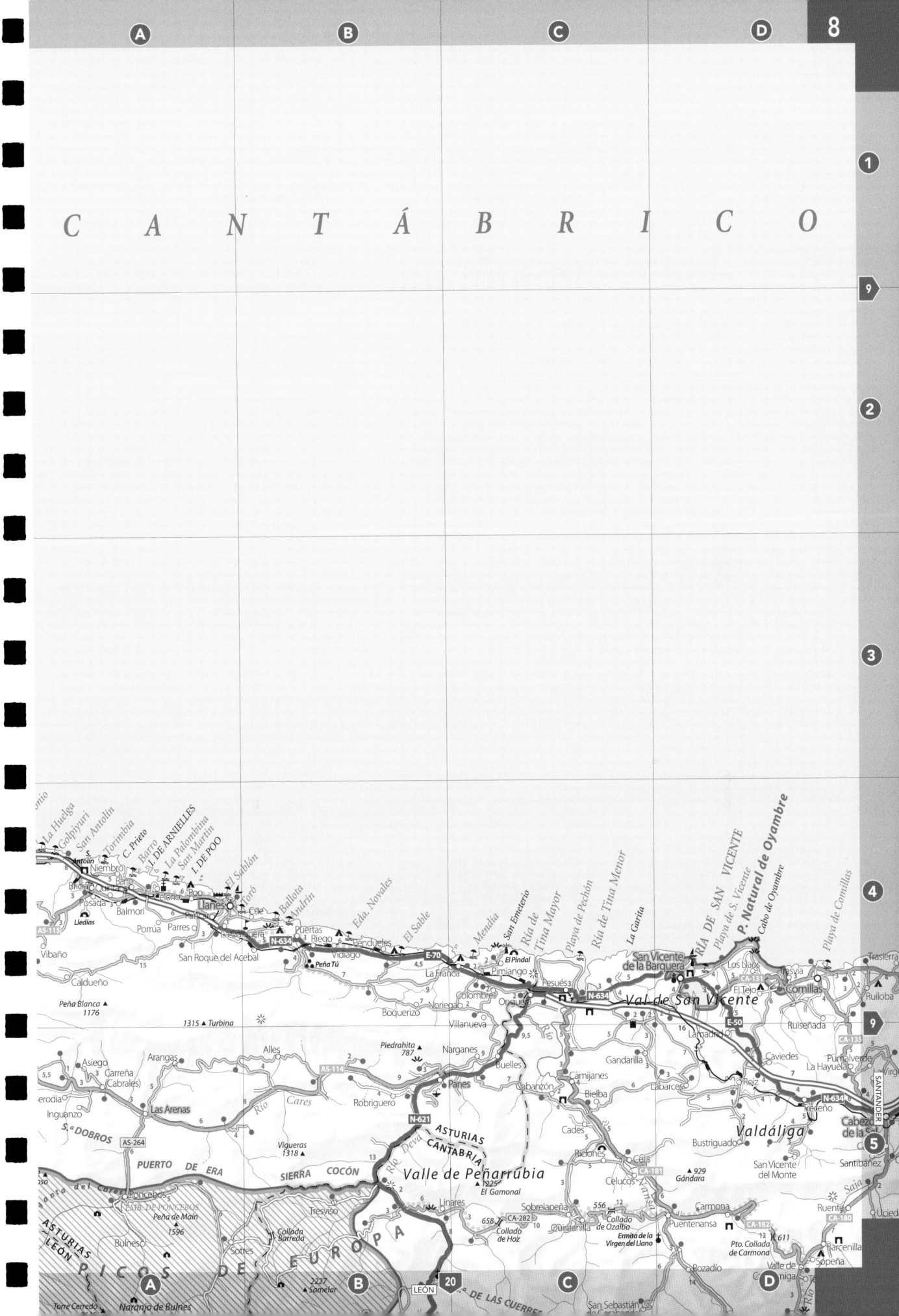
A
B
C
D
1
2
3
4
5
9
C A N T Á B R I C O
La Huelga
Golpiyuri
San Antolín
Torimbia
C. Prieto
Barro
I. DE ARNIELLES
La Palombina
San Martín
I. DE POO
El Sablón
Toró
Ballota
Andrín
Eda. Novales
El Sable
Mendía
San Emeterio
Ría de Tina Mayor
Playa de Pechón
Ría de Tina Menor
La Garita
RÍA DE SAN VICENTE
Playa de S. Vicente
P. Natural de Oyambre
Cabo de Oyambre
Playa de Comillas
Niembro
Posada
Balmori
Llanes
Porrúa
Parres
Cue
Lledías
Vibaño
San Roque del Acebal
Puertas
Riego
Pendueles
Vidiago
Peña Tú
La Franca
El Pindal
Pimiango
Colombres
Noriega
Boquerizo
Villanueva
Pesués
Unquera
Val de San Vicente
San Vicente de la Barquera
Los Llaos
El Tejo
Trasvía
Comillas
Ruiloba
Trasierra
Caldueño
Peña Blanca 1176
1315 Turbina
Asiego
Carreña (Cabrales)
Arangas
Alles
Las Arenas
Inguanzo
S.ª DOBROS
Piedrahita 787
Narganes
Buelles
Panes
Robriguero
Vigueras 1318
Río Cares
Río Deva
ASTURIAS
CANTABRIA
Valle de Peñarrubia
1225 El Gamonal
Cabanzón
Camijanes
Bielba
Gandarilla
Labarces
La Madrid
Caviedes
Ruiseñada
Pumalverde
La Hayuela
Roiz
Treceño
Valdáliga
Bustriguado
Cades
Riclones
Celis
Celucos
929 Gándara
San Vicente del Monte
Santibáñez
Cabezón de la Sal
SANTANDER
PUERTO DE ERA
SIERRA COCÓN
Poncebos
EMB. DE PONCEBOS
Peña de Main 1596
Tresviso
Collada Barreda
Bulnes
Sotres
Linares
Sobrelapeña
Quintanilla
Collado de Hoz
Collado de Ozalba
Ermita de la Virgen del Llano
Puentenansa
Carmona
Pto. Collada de Carmona
Rozadío
Ruente
Barcenilla
Sopeña
Valle de Cabuérniga
Ucieda
Saja
PICOS DE EUROPA
ASTURIAS
LEÓN
2227 Samelar
Torre Cerredo
Naranjo de Bulnes
LEÓN
20
DE LAS CUERRES
San Sebastián de Garabandal
AS-115
AS-264
AS-114
N-634
E-70
N-621
E-50
CA-131
CA-135
CA-181
CA-182
CA-180
CA-282

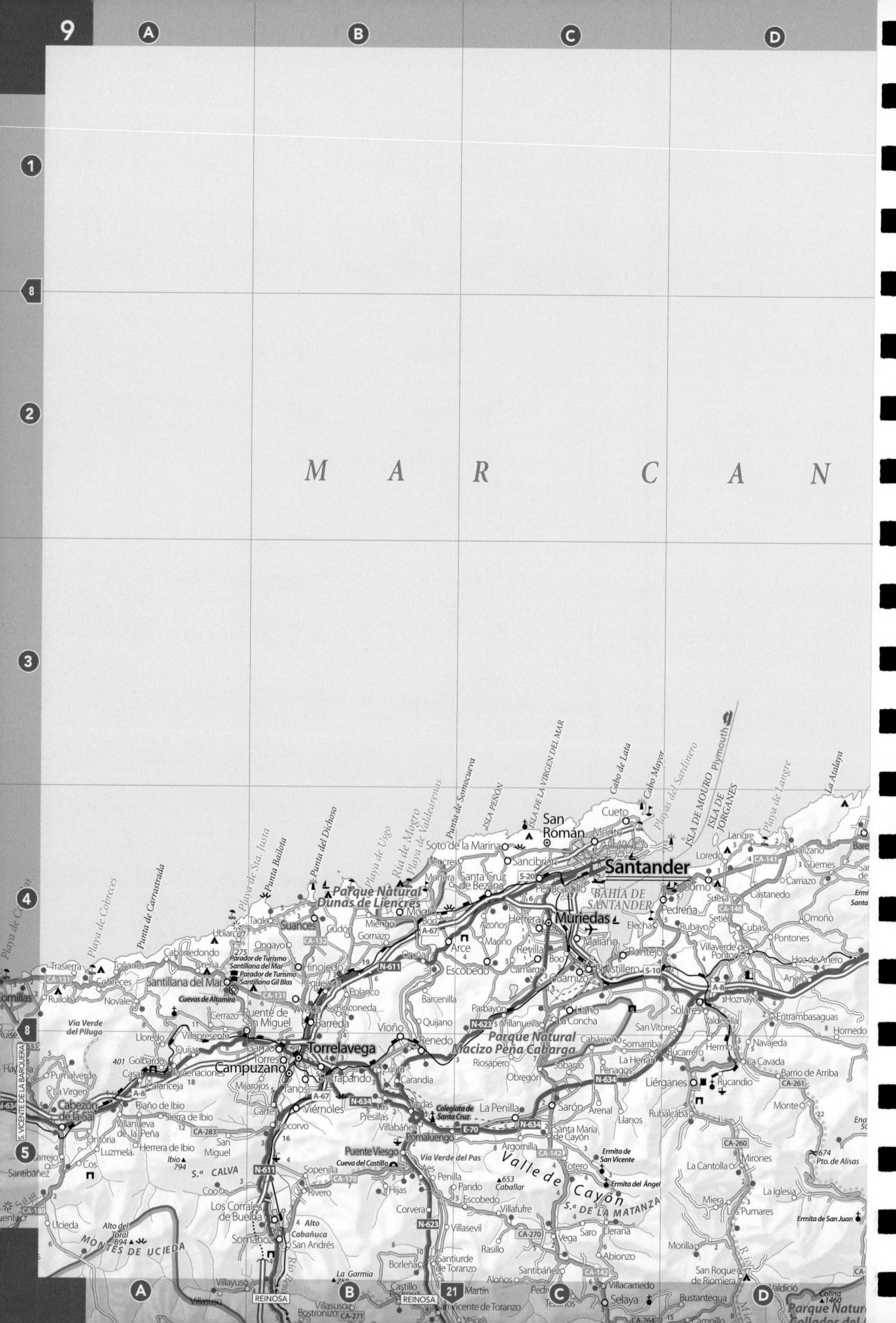

A · B · C · D

1

8

2

M A R   C A N

3

4

8

5

A · B · 21 · C · D

Playa de Oyambre

MONTES DE UCIEDA

Villasusó
REINOSA
Villasuso
Bostronizo   CA-271

Santibáñez
S.VICENTE DE LA BARQUERA
I-634
Cabezón
de la Sal
CA-180
Ucieda

Trasierra
Cóbreces
Novales
Cabrejo
Toñanes
Oreña
Ruiloba
Cóbreces
Novales
omillas
Puralverde
la Virgen
A-8
Casar
Luzmela
Ontoria
Herrera de Ibio
San
Miguel
S.ª CALVA
Ibio
794
Sopenilla
Rivero
Los Corrales
de Buelna
Somahoz
San Andrés
Alto
Cabañuca
Alto del
Toral
894
401 Golbardo
Barcenaciones
Quijas
Mijarojos
Viérnoles
Tanos
Bárcorvo
Cartes
Villanueva
de la Peña
Riaño de Ibio
Sierra de Ibio
CA-283
Villapresente
Lloredo
Puente de
San Miguel
Santillana del Mar
Cuevas de Altamira
Cerrazo
Barreda
Ganzo
Torres
Campuzano
Torrelavega
Serrapando
Coo
Puente Viesgo
Cueva del Castillo
Vía Verde
del Pas
N-611
Ongayo
Caborredondo
Ubiarco
Tagle
Suances
Hinojedo
Requejada
Viveda
Barreda
Polanco
Rinconeda
Vioño
Renedo
Zurita
Carandia
Villabáñez
Pomaluengo
Argomilla
Aes
Penilla
Pando
Escobedo
Corvera
Villasevil
CA-170
E-70
N-623
Cudón
Gornazo
Miengo
Mogro
Boo
Oruña
Arce
Escobedo
Camargo
Guarnizo
Quijano
Barcenilla
Parbayón
Villanueva
La Concha
Llano
Riosapero
Sobarzo
Obregón
Sarón
Arenal
Santa María
de Cayón
La Penilla
Colegiata de
Santa Cruz
Cabárceno
Parque Natural
Macizo Peña Cabarga
Caballar
653
Valle de
Cayón
S.ª DE LA MATANZA
Totero
Ermita de
San Vicente
Ermita del Ángel
Vega
Saro
Llerana
Abionzo
Rasillo
Santiurde
de Toranzo
Aloños
Santibáñez
Borleña
Castillo
S.Vicente de Toranzo
Martín
Selaya
Pedro
Villacarriedo
CA-142
La Cantolla
Miera
Morilla
San Roque
de Riomiera
CA-264
Parque Natura
Collados del

Parque Natural
Dunas de Liencres
CA-132
Herrera
Azoños
Maoño
Revilla
Boo
Maliaño
El Astillero
S-10
Liaño
Solares
Valdecilla
Hoznayo
A-8
Entrambasaguas
Hornedo
Navajeda
La Cavada
Barrio de Arriba
CA-261
Monte
Liérganes
Rucandio
Hermosa
Somarriba
La Herrán
Penagos
Bucarrero
Rubalcaba
CA-260
Mirones
La Iglesia
Los Pumares
Ermita de San Juan
674
Pto. de Alisas
Ena
50

Playa de Sta. Justa
Punta Ballota
Punta del Dichoso
Playa de Usgo
Ría de Mogro
Playa de Valdearenas
Punta de Somocueva
ISLA PEÑÓN
ISLA DE LA VIRGEN DEL MAR
Soto de la Marina
Liencres
Mortera
Santa Cruz
de Bezana
San
Román
Sancibrián
Monte
S-20
Peñacastillo
Cueto
Santander
BAHÍA DE
SANTANDER
Muriedas
Pedreña
Elechas
CA-146
Rubayo
Setién
Cubas
Omoño
Pontones
Villaverde
de Pontones
Hoz de Anero
Anero
Cabo de Lata
Cabo Mayor
Playas del Sardinero
ISLA DE MOURO
ISLA DE
ORGANES
Plymouth
Playa de Langre
La Atalaya
Somo
Loredo
Langre
Galizano
Güemes
Carriazo
Castañedo
Bare
de
Ermi
Santa
CA-141
4

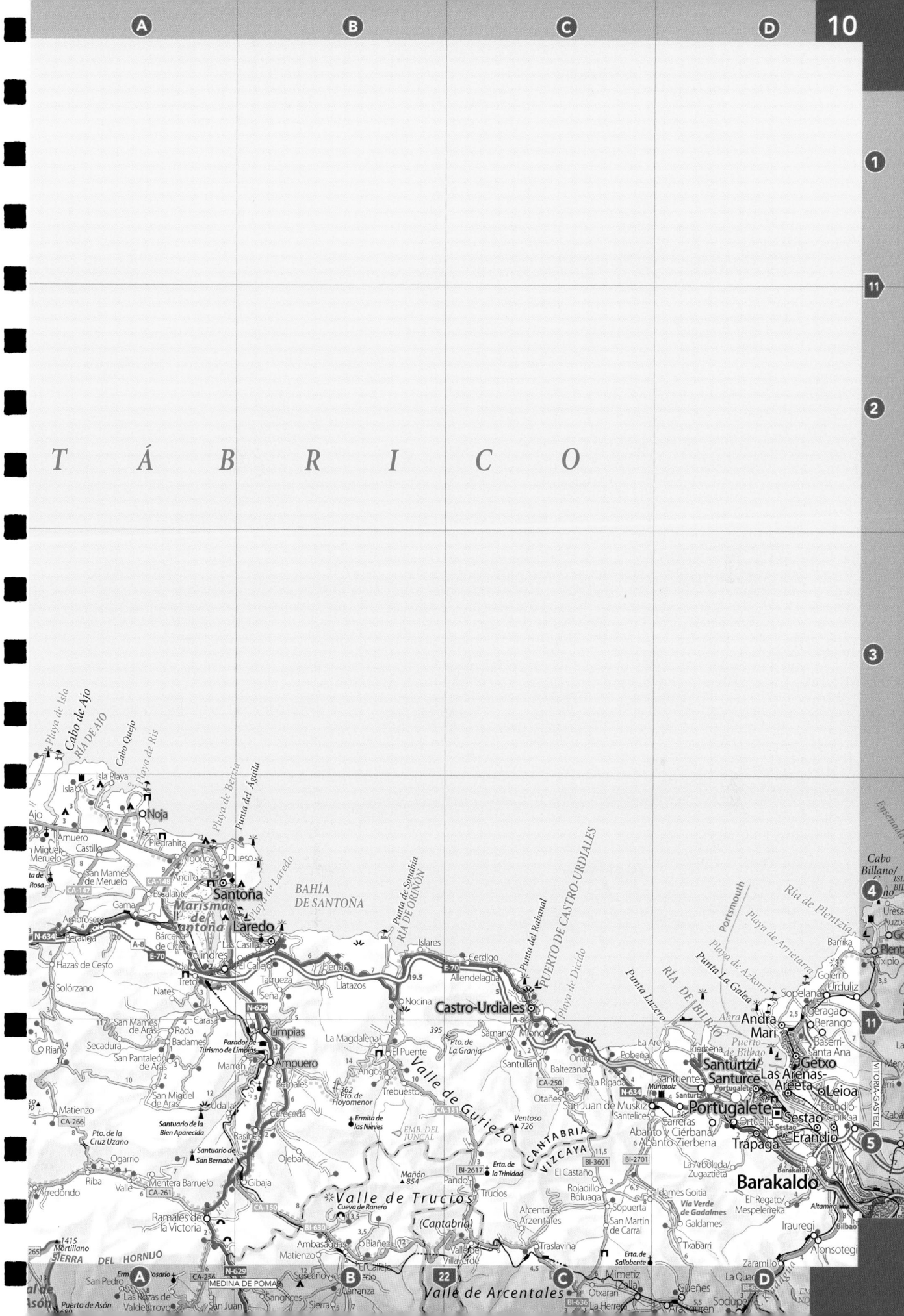

A B C D

1

11

2

3

4

11

5

T Á B R I C O

Playa de Isla
Cabo de Ajo
RÍA DE AJO
Cabo Quejo
Playa de Ris
Isla Playa
Isla
Ajo
Arnuero
Castillo
San Miguel
Meruelo
Noja
Piedrahita
Argoños
Ancilla
Dueso
Playa de Berria
Punta del Águila
Playa de Laredo
San Mamés
de Meruelo
CA-148
Gama
CA-147
Escalante
Santoña
BAHÍA
DE SANTOÑA
ta de
Rosa
Ambrosero
Marisma
de
Santoña
Bárcena
Laredo
N-634
Beranga
A-8
de Cicero
Punta de Sonabia
RÍA DE ORIÑON
PUERTO DE CASTRO-URDIALES
Cabo
Billano
ISL
BIL
E-70
Colindres
Treto
El Callejo
Islares
Uresar
Auzoa
Go
Hazas de Cesto
Adal
Tatrueza
Cierdo
E-70
Cerdigo
Plentz
txipio
Playa de Arrietarra
Barrika
Solórzano
Nates
Seña
Llatazos
19.5
Allendelagua
Punta del Rabanal
Playa de Azkorri
Golerio
Urduliz
San Mamés
de Aras
Carasa
Nocina
Castro-Urdiales
Playa de Dicido
Punta La Galea
Sopelana
2,5
Riaño
Rada
Badames
Limpias
La Magdalena
395
Pto. de
La Granja
Sámano
Mioño
A-8
Santurtzi
Andra
Mari
Igeraga
Berango
Secadura
San Pantaleón
de Aras
Parador de
Turismo de Limpias
Marrón
Ampuero
Bernales
Angostina
14
El Puente
Santullán
Ontón
Baltezana
La Arena
Pobeña
Abra
Puerto
de Bilbao
Zierbena
Santa Ana
La
Santurtzi/
Santurce
Las Arenas-
Areeta
Leioa
Matienzo
SO
10
CA-266
San Miguel
de Aras
Udalla
1 362
Pto. de
Hoyomenor
Trebuesto
10
Ventoso
726
CA-250
La Rigada
San Juan de Muskiz
Muñatolz
Portugalete
Portugalete
Las
Carreras
Santurtzi
Ortuella
Sestao
Erandio
Trápaga
Etxebalde
Txikoa
Ogarrio
Pto. de la
Cruz Uzano
Santuario de la
Bien Aparecida
Santuario de
San Bernabé
Rasines
Cefeceda
Ojebar
EMB. DEL
JUNCAL
CANTABRIA
San Juan de Muskiz
Santelices
Abanto y Ciérbana
Abanto Zierbena
El Regato/
Mespelerreka
Barakaldo
Arredondo
Riba
Valle
Mentera Barruelo
CA-261
Gibaja
Mañón
854
BI-2617
Pando
Trucios
El Castaño
Rojadillo
Boluaga
VIZCAYA
BI-3601
BI-2701
La Arboleda/
Zugaztieta
Galdames
El Regato/
Mespelerreka
Altamira
Bilbao
1415
Mortillano
SIERRA
DEL
HORNIJO
Ramales de
la Victoria
CA-150
Cueva de Ranero
Valle de Trucios
(Cantabria)
BI-630
3,5
Bañez
12
Valle de
Villaverde
Traslaviña
Erta. de
Sallobente
Galdames Goitia
Goitia
Sopuerta
San Martín
de Carral
Txabarri
Irauregi
Zaramillo
Alonsotegi
al de
són
San Pedro
Las Rozas de
Valdearroyo
San Juan
Erm
osario
CA-256
N-629
MEDINA DE POMAR
Sangrices
Matienzo
Ambasaguas
Sierra
El Callejo
Baranza
Carranza
BI-636
La Herrera
Otxaran
Mimetiz
(Zalla)
Güeñes
Soduper
22
Valle de Arcentales
Arcentales
Arzentales
5,5
A B C D

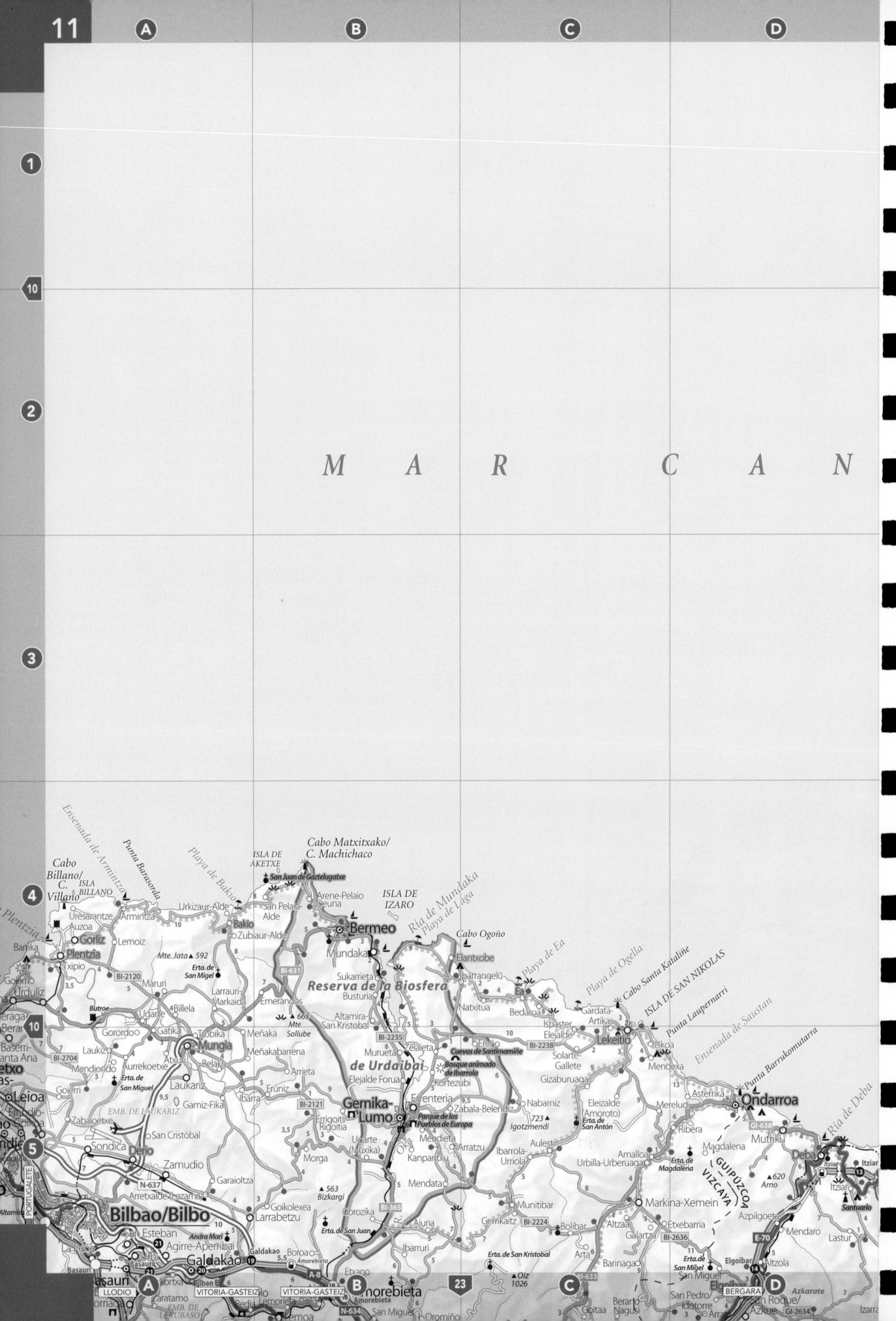
A
B
C
D
1
2
3
4
5
10
M A R   C A N
Cabo Matxitxako/
C. Machichaco
ISLA DE
AKETXE
San Juan de Gaztelugatxe
Cabo
Billano/
C.
Villano
ISLA
BILLANO
Ensenada de Armintza
Punta Barasorda
Playa de Bakio
ISLA DE
IZARO
Ría de Mundaka
Playa de Laga
Cabo Ogoño
Playa de Ea
Playa de Ogella
Cabo Santa Katalin̄e
ISLA DE SAN NIKOLAS
Punta Laupernarri
Ensenada de Saustan
Punta Barrukomutarra
Ría de Deba
Uresarantze
Armintza
Urkizaur-Alde
San Pelaio-
Alde
Arene-Pelaio
Deuna
Auzoa
Gorliz
Lemoiz
Bakio
Zubiaur-Alde
Bermeo
Barrika
Plentzia
Txipio
Mte. Jata 592
Erta. de
San Migel
Mundaka
Elantxobe
Ibarrangelu
Ea
Gorliz
Urduliz
BI-2120
Maruri
Larrauri-
Markaida
Emerandos
Sukarrieta
Reserva de la Biosfera
Busturia
Natxitua
Bedaroa
Gardata-
Artikas
Ispaster
Elejalde
Lekeitio
Isikoa
Butroe
Ugarte
Billela
663
Mte.
Sollube
Altamira-
San Kristobal
Gorordo
Gatika
Trobika
Mungia
Meñaka
10
BI-2238
Laukiz
Aurrekoetxe
Atxuri
Belako
Meñakabarrena
Murueta
BI-2235
Zelaieta
Ereño
Cuevas de Santimamiñe
Solarte-
Gallete
Mendexa
BI-2704
Mendiondo
Erta. de
San Miguel
Laukariz
Arrieta
de Urdaibai
Elejalde Forua
Bosque animado
de Ibarrola
Kortezubi
Gizaburuaga
Asterrika
Ondarroa
Leioa
Goierri
Gamiz-Fika
EMB. DE LAUKARIZ
Ibarra
Frúniz
BI-2121
Gernika-
Lumo
Errenteria
Zabala-Belendiz
Parque de los
Pueblos de Europa
Nabarniz
723
Igotzmendi
Eleizalde
(Amoroto)
Erta. de
San Antón
Mereludi
Ribera
GI-638
Mutriku
Zabaloetxe
San Cristóbal
Errigoiti
Rigoitia
Ugarte
(Muxika)
Mendieta
Arratzu
Ibarrola-
Urriola
Aulesti
Urbilla-Urberuaga
Amalloa
Erta. de
Magdalena
Magdalena
GUIPÚZCOA
VIZCAYA
620
Arno
Deba
Itziar
Sondica
Derio
Zamudio
Morga
Kanpantxu
Garaioltza
N-637
Arretxalde (Lezama)
563
Bizkargi
Mendata
Munitibar
Markina-Xemein
Santuario
Bilbao/Bilbo
Goikolexea
Larrabetzu
Gorozika
BI-365
Ajuria
Gerrikaitz
BI-2224
Bolibar
Altzaa
Etxebarria
Azpilgoeta
Galartza
BI-2636
Mendaro
Lastur
San Esteban
Andra Mari
Agirre-Aperribai
Erta. de San Juan
Galdakao
Boroa
Amorebieta
Ibarruri
Erta. de San Kristobal
Arta
Barinaga
Erta. de
San Migel
Elgoibar
Altzola
E-70
Basauri
LLODIO
Bilbao E
VITORIA-GASTEIZ
A-8
Etxano
Amorebieta
N-634
San Miguel
Oromiño
23
Oiz
1026
Goitaa
Berano
Nagusi
San Pedro/
Idotorre
San Miguel
Elgoibar
BERGARA
San Roque/
Azkue
GI-2634
Azkarate
Izarra
PORTUGALETE
Altamira
La Peña
Caratamo
EMB. DE
LEKUBASO
Bedia
Lemoriet
Lemoa
Etxebarri
Plentzia

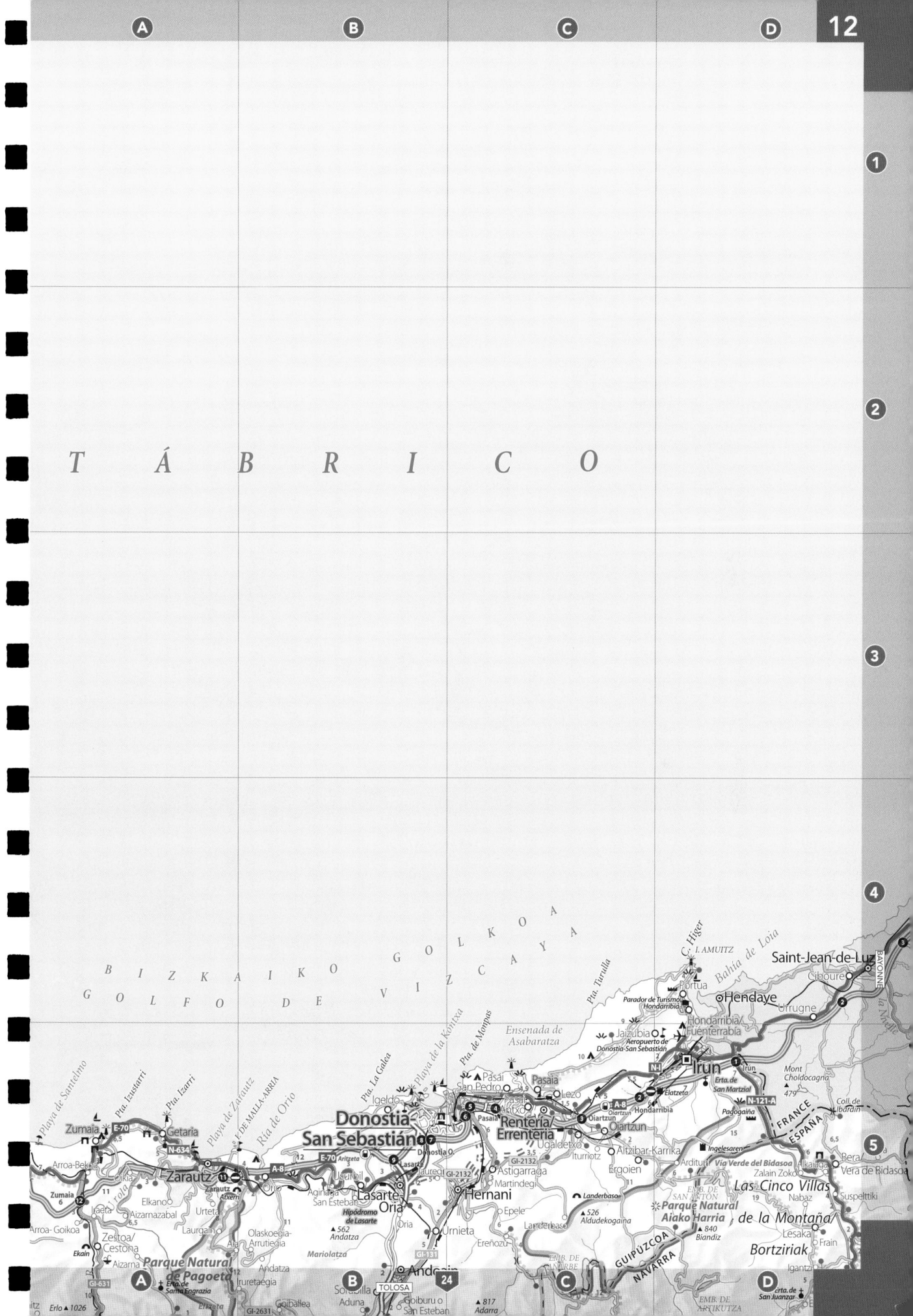
A
B
C
D
1
2
3
4
5
T Á B R I C O
BIZKAIKO GOLKOA
GOLFO DE VIZCAYA
Saint-Jean-de-Luz
Ciboure
Hendaye
Urrugne
BAYONNE
Bahía de Loia
C. Higer
I. AMUITZ
Portua
Parador de Turismo Hondarribia
Hondarribia/ Fuenterrabía
Jaizubia
Aeropuerto de Donostia-San Sebastián
Irun
Erta. de San Martzial
Mont Choldocagna
479
Pta. Turulla
Ensenada de Asabaratza
Pasai San Pedro
Pasaia
Lezo
Antxo
Rentería/ Errenteria
Oiartzun
Ugaldetxo
Iturriotz
Altzibar-Karrika
Ergoien
Elatzeta
Hondarribia
Pagogaina
N-121-A
FRANCE
ESPAÑA
Coll. de Ibardin
Ingelesaren
Vía Verde del Bidasoa
Zalain Zoko
Alkaiaga
Bera/ Vera de Bidasoa
Las Cinco Villas de la Montaña/ Bortziriak
Nabaz
Suspelttiki
Lesaka
Frain
Igantzi
Arditurri
EMB. DE SAN ANTÓN
Parque Natural Aiako Harria
840 Biandiz
526 Aldudekogaina
Landerbaso
GUIPÚZCOA
NAVARRA
EMB. DE ARTIKUTZA
Crta. de San Juanzar
Pta. de Mompas
Playa de la Kontxa
Pta. La Galea
Igeldo
Donostia- San Sebastián
Donostia O.
Aritzeta
Usurbil
Lasarte
Lasarte- Oria
Aginaga
San Esteban
Hipódromo de Lasarte
562 Andatza
Mariolatza
Oria
Urnieta
Hernani
Astigarraga
Martindegi
Epele
Ereñozu
Andoain
TOLOSA
Sorabilla
Aduna
Goiburu o San Esteban
817 Adarra
Goiballea
GI-2132
GI-131
GI-2631
Ría de Orio
I. DE MALLA-ARRIA
Playa de Zarautz
Pta. Izarri
Pta. Izustarri
Playa de Santelmo
Zumaia
Getaria
N-634
E-70
A-8
Zarautz
Orio
Arroa-Beko
Oikia
Elkano
Aizarnazabal
Urteta
Laurgain
Aia
Olaskoegia- Arrutiegia
Andatza
Iruretaegia
Arroa- Goikoa
Zestoa/ Cestona
Aizarna
Ekain
Parque Natural de Pagoeta
Erta. de Santa Engrazia
Erlo 1026
Urola
GI-631

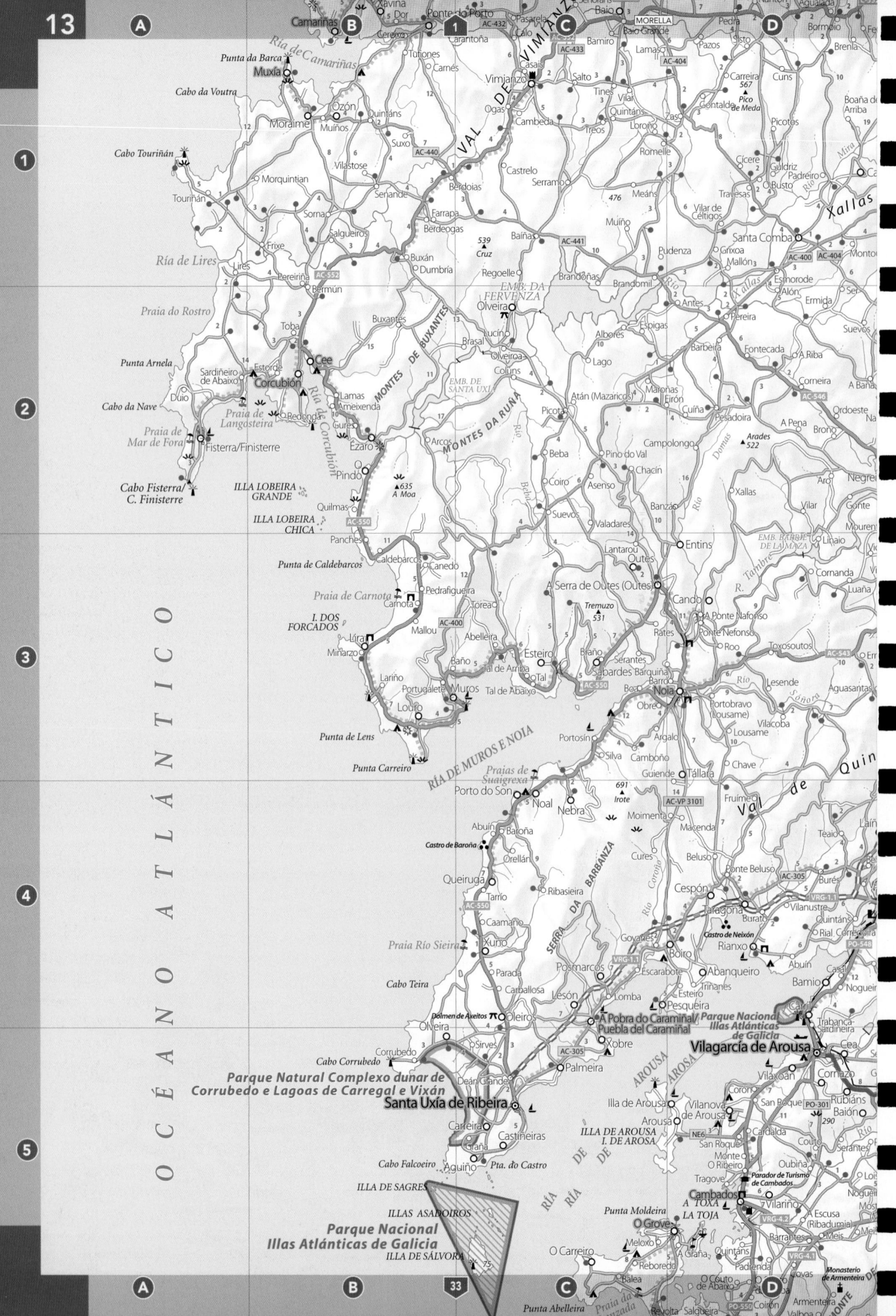
A
B
C
D
1
2
3
4
5
33
OCÉANO ATLÁNTICO
Camariñas
Xaviña
Dor
Ponte do Porto
Cereixo
Carantoña
AC-432
Pasarela
Calo
Baio
Baio Grande
MORELLA
Bamiro
AC-433
Lamas
AC-404
Pazos
Pedra
Sisto
Nanton
Agualada
Bormoio
Brenla
Ría de Camariñas
Punta da Barca
Muxía
Tufiones
Carnés
Vimianzo
VAL DE VIMIANZO
Casais
Salto
Tines
Vilar
Carreira
Pico de Meda
Cuns
Cabo da Voutra
Ozón
Moraime
Muíños
Quintáns
Ogas
Cambeda
Treos
Quintáns
Loroño
Zas
Contalde
Picotos
Boaña de Arriba
Suxo
AC-440
Romelle
Cabo Touriñán
Vilastose
Castrelo
Serramo
Cícere
Guldriz
Padreiro
Busto
Mira
Morquintian
Berdoias
Touriñán
Senande
Sorna
Farrapa
Berdeogas
Meáns
Travesas
Vilar de Céltigos
Xallas
Muíño
Salgueiros
Cruz
Baíña
AC-441
Santa Comba
Frixe
Buxán
Dumbría
Pudenza
Grixoa
Mallón
AC-400
AC-404
Ría de Lires
Lires
Pereiriña
AC-552
Regoelle
Brandoñas
Brandomil
Esmorode
Bermún
EMB. DA FERVENZA
Olveira
Alón
Ermida
Antes
Praia do Rostro
Toba
Buxantes
Pereira
Espigas
Albores
Suevos
Brasal
Lucín
Barbeira
Fontecada
A Riba
Punta Arnela
Sardiñeiro de Abaixo
Estorde
Cee
MONTES DE BUXANTES
Olveiroa
Lago
Corcubión
Coluns
EMB. DE SANTA UXÍA
Maroñas
Eirón
Corneira
AC-546
A Baña
Duio
Cabo da Nave
Praia de Langosteira
Lamas
Ameixenda
Redonda
Ría de Corcubión
Atán (Mazaricos)
Picota
Cuíña
Pesadoira
Ordoeste
A Pena
Broño
Praia de Mar de Fora
Fisterra/Finisterre
Gures
Ézaro
MONTES DA RUÑA
Arcos
Campolongo
Arades
Beba
Pino do Val
Domas
Cabo Fisterra/ C. Finisterre
ILLA LOBEIRA GRANDE
O Pindo
A Moa
Chacín
Coiro
Asenso
Aro
Negreira
Xallas
Quilmas
Banzas
Vilar
Gonte
ILLA LOBEIRA CHICA
AC-550
Suevos
Valadares
Panches
Entins
EMB. BARRIE DE LA MAZA
Liñaio
Mourente
Punta de Caldebarcos
Caldebarcos
Canedo
Lantarón
Outes
Tambre
Cornanda
Luaña
Pedrafigueira
A Serra de Outes (Outes)
Praia de Carnota
Carnota
Tórea
Tremuzo
Cando
I. DOS FORCADOS
Mallou
AC-400
Abelleira
A Ponte Nafonso
Rates
Ponte Nefonso
Lira
Miñarzo
Esteiro
Braño
Serantes
Roo
Toxosoutos
AC-543
Baño
Tal de Arriba
Tal
Sabardes
Barquiña
Barro
Lariño
Portugalete
Muros
Tal de Abaixo
AC-550
Boa
Noia
Lesende
Aguasantas
Louro
Obre
Portobravo (Lousame)
Vilacoba
Lousame
Punta de Lens
Portosín
Argalo
RÍA DE MUROS E NOIA
Silva
Camboño
Punta Carreiro
Praias de Suaigrexa
Guiende
Tállara
Chave
Val de Quin
Porto do Son
Noal
Nebra
Irote
AC-VP 3101
Fruíme
Moimenta
Macenda
Abuín
Baroña
Castro de Baroña
Teaio
Orellán
Cures
Beluso
Ponte Beluso
SERRA DA BARBANZA
Queiruga
Ribasieira
Coroño
Cespón
AC-305
Burés
Tarrío
VRG-1.1
AC-550
Taragoña
Vilanustre
Quintáns
Caamaño
Castro de Neixón
Rial
Praia Río Sieira
Xuño
Goyanes
Boiro
Rianxo
Abuín
PO-548
Posmarcos
VRG-1.1
Escarabote
Abanqueiro
Parada
Cabo Teira
Carballosa
Trinanes
Bamio
Lesón
Lomba
Esteiro
Pesqueira
Nogueira
Dolmen de Axeitos
Oleiros
A Pobra do Caramiñal/ Puebla del Caramiñal
Parque Nacional Illas Atlánticas de Galicia
Carril
Olveira
Sirves
Xobre
Vilagarcía de Arousa
Cea
Cabo Corrubedo
Corrubedo
AC-305
Palmeira
AROUSA
Vilaxoán
Cornazo
Parque Natural Complexo dunar de Corrubedo e Lagoas de Carregal e Vixán
Deán Grande
Santa Uxía de Ribeira
Illa de Arousa
Vilanova de Arousa
Coron
San Roque
PO-301
Rubiáns
Baión
Arousa
Carreira
Castiñeiras
ILLA DE AROUSA I. DE AROSA
NE6
Cardalda
San Roque
Couto
Serantes
Graña
Monte
O Ribeiro
Cabo Falcoeiro
Aguiño
Pta. do Castro
RÍA DE
RÍA DE
Oubiña
Parador de Turismo de Cambados
ILLA DE SAGRES
Tragove
Cambados
A TOXA
LA TOJA
Vilariño
Punta Moldeira
ILLAS ASADOIROS
O Grove
VRG-4.2
A Escusa (Ribadumia)
Parque Nacional Illas Atlánticas de Galicia
Barrantes
Meis
ILLA DE SÁLVORA
Meloxo
Quintáns
VRG-4.1
O Carreiro
Reboredo
A Graña
Padrenda
Covas
Monasterio de Armenteira
Balea
O Couto de Abaixo
Punta Abelleira
Praia da Lanzada
Revolta
Salgueira
PO-550
Coirón
Armenteira
Valboa
MONTE DE

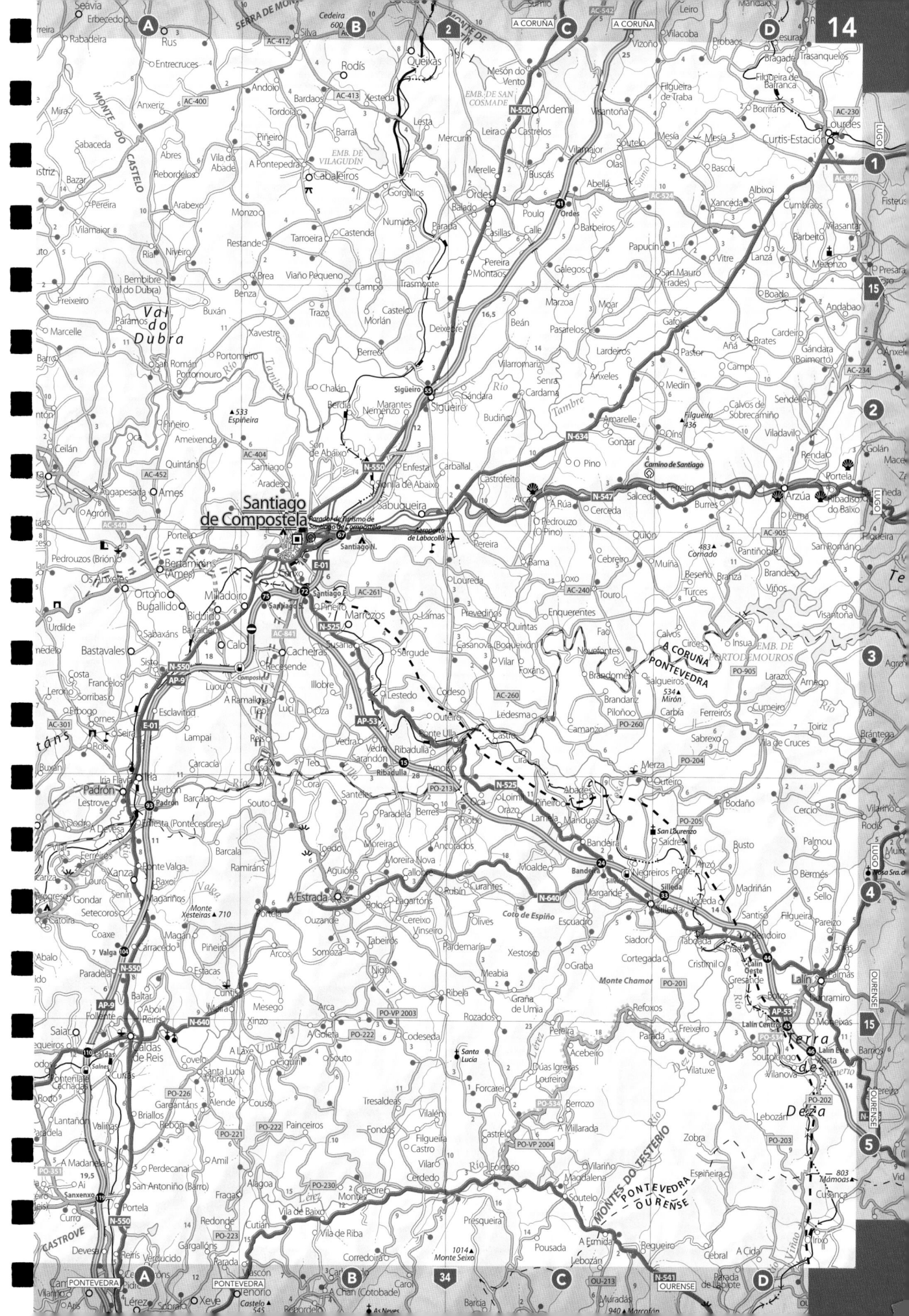
Seavia
Erbecedo
Rus
Cedeira 600
Silva
Serra de Monte
Queixas
A Coruña
Leiro
Vilacoba
Probaos
Mandalo
Rabadeira
AC-412
Rodís
Monte de
Mesón do Vento
Vizoño
Bragade
Trasanquelos
Entrecruces
Andoio
Bardaos
AC-413
Xesteda
Emb. de San Cosmade
N-550
Ardemil
Filgueira de Traba
Filgueira de Barranca
Mira
Anxeriz
AC-400
Tordoia
Lesta
Visantoña
Borrifáns
Monte do Castelo
Sabaceda
Piñeiro
Barral
Mercurín
Leira
Castrelos
Soutelo
Mesía
Curtis-Estación
Lourdes
AC-230
Lugo
Abres
Vila de Abade
A Pontepedra
Emb. de Vilagudín
Vilamaior
Olas
Bascoi
Bazar
Rebordelos
Cabaleiros
Merelle
Buscás
Abellá
Sarno
AC-840
Pereira
Arabexo
Gorgullos
Ordes
AC-524
Albixoi
Xanceda
Cumbraos
Fisteus
Monzo
Balado
Poulo
Numide
Parada
Casillas
Calle
Barbeiros
Barbeito
Vilasantar
Vilamaior
Tarroeira
Castenda
Restande
Papucín
Lanzá
Vitre
Mezonzo
Rial
Niveiro
Pereira
Montaos
Galegos
San Mauro (Frades)
Presaras
Bembibre (Val do Dubra)
Brea
Viaño Pequeno
Campo
Trasmonte
Freixeiro
Benza
Marzoa
Moar
Boado
Val do Dubra
Buxán
Trazo
Castelo
Morlán
Deixebre
Beán
Pasarelos
Gafoi
Andabao
Páramos
Marcelle
Xavestre
Cardeiro
Portomeiro
Berreo
Vilarromariz
Lardeiros
Pastor
Añá
Brates
Gándara (Boimorto)
San Román
Portomouro
Río Tambre
Campo
Anxeles
Senra
Cardama
AC-234
Chalán
Sigüeiro
Gándara
Medín
Sendelle
533 Espiñeira
Berdía
Marantes
Nemenzo
Budiño
Calvos de Sobrecamiño
Piñeiro
Amarelle
Filgueira 436
Oíns
Viladavil
Ceilán
Ameixenda
Son de Abaixo
N-634
Gonzar
AC-404
Pino
Rendal
Golán
Quintáns
Enfesta
Carballal
Camino de Santiago
AC-452
Santiago
Aradés
Castrofeito
Portela
Augapesada
Ames
Sionlla de Abaixo
Arca
N-547
Salceda
Ferreiro
Arzúa
Ribadiso do Baixo
Agrón
Santiago de Compostela
Parador de Turismo de Santiago de Compostela
Sabugueira
A Rúa
Cerceda
Burres
Lugo
AC-544
Portela
Aeropuerto de Labacolla
Pedrouzo (O Pino)
Lema
Figueira
Pedrouzos (Brión)
Santiago N.
Pereira
Quión
AC-905
San Román
Bertamiráns (Ames)
Bama
Cebreiro
483 Cornado
Pantiñobre
Os Anxeles
E-01
Loureda
Loxo
Muiña
Beseño
Branzá
Brandeso
Ortoño
Milladoiro
Conxo
AC-261
AC-240
Touro
Turces
Viños
Bugallido
Santiago E.
Santiago S.
Pineiro
Marrozos
Lamas
Prevediños
Enquerentes
Visantoña
Urdilde
Biduido
N-525
Quintas
Fao
Insua
Emb. de Portodemouros
Sabaxáns
Balcaide
AC-841
Susana
Casanova (Boqueixón)
Calvos
Circes
Bastavales
Calo
Cacheiras
Sergude
Novefontes
A Coruña
Pontevedra
PO-905
Sisto
N-550
Recesende
Compostela
Vilar
Foxáns
Costa
AP-9
Luou
Illobre
Brandomés
Salgueiros
Larazo
Arnego
Francelos
534 Mirón
Lerono
Sorribas
A Ramallosa (Teo)
Lestedo
Codeso
AC-260
Brandariz
Cumeiro
Erbogo
Cornes
Esclavitud
Luci
Oza
Ledesma
Piloñoo
Carbia
Ferreiros
AC-301
E-01
Outeiro
Camanzo
PO-260
Val
Bréntega
Seira
Lampai
AP-53
Castro
Toiriz
Rois
Reis
Vedra
Ponte Ulla
Sabrexo
Vila de Cruces
Ribadulla
Cira
Buxán
Carcacía
Couso
Teo
Sarandón
Merza
PO-204
Iria Flavia
Iria
Cora
Arnois
Outeiro
Padrón
Herbón
Barcala
Santeles
PO-213
N-525
Loimil
Abades
Bodaño
Lestrove
Souto
Paradela
Berres
Oca
Piñeiro
Lamela
Manduas
PO-205
Cercio
Vilariño
Dodro
A Devesa
Enfesta (Pontecesures)
Riobó
San Lourenzo
Rodís
Orazo
Vilar
Barcala
Toedo
Moreira
Ancorados
Bandeira
Saidres
Busto
Palmou
Ferreiros
Ponte Valga
Moreira Nova
Moalde
Lugo
Xanza
Ramiráns
Aguións
Callobre
Negreiros
Ponte
Anzó
Bermés
Nosa Sra. de
Lourio
Raxoi
Rubín
Curantes
Margande
Silleda
Madriñán
Progreso
Gondar
Senín
Magariños
A Estrada
N-640
Sello
Setecoros
Monte Xesteiras 710
Portela
Lagartóns
Coto de Espiño
Noceda
Santiso
Filgueira
Pareizo
Catoira
Ouzande
Bolos
Cereixo
Olives
Escuadro
Coaxe
Magán
Vinseiro
Siador
Taboada
Bendoiro
Valga
Carracedo
Piñeiro
Tabeirós
Pardemarín
Xestoso
Prado
Golás
Abalo
Arcos
Somoza
Cortegada
Cristimil
Estacas
Nigoi
Graba
Monte Chamor
PO-201
Gresande
Lalín
Palmás
Ourense
Paradela
N-550
Meabia
Baltar
Cuntis
Ribela
Graña de Umia
Refoxos
Bolos
Donramiro
AP-9
Abol
Reiris
Mesego
Arca
AP-53
Follente
Xinzo
N-640
PO-VP 2003
Rozados
Lalín Centro
Moneixas
Saiar
A Goleta
PO-222
Codeseda
Pereira
Parada
Freixeiro
Terra de Deza
Caldas de Reis
A Laxe
Souto
Acebeiro
PO-534
Soutolongo
Barrios
Santa Lucía
Lalín Este
Covelo
Cuiñil
Dúas Igrexas
Vilatuxe
Vilanova
Pontenlate
Cachadas
Santa Lucía
Morana
Loureiro
Rodo
PO-226
Gargantáns
Alende
Couso
Tresaldeas
Forcarei
Berrozo
PO-202
Lantañón
Briallos
Valiñas
Rebón
Vilalén
Lebozán
Paradela
PO-221
PO-222
Painceiros
Fondós
Filgueira
Castrelo
A Millarada
Zobra
PO-203
Castro
PO-VP 2004
Montes do Testeiro
A Madanela
Perdecanai
Amil
Vilaro
Folgoso
Vilariño
Espiñeira
803 Mámoas
19,5
Ai
San Antoniño (Barro)
Alagoa
PO-230
Cerdedo
Magdalena
Cusanca
Sanxenxo
Fraga
Montes
Pedre
Pontevedra
Ourense
Soutelo
Curro
Portela
Redondo
Cutián
Vila de Baixo
Presqueira
N-550
Castrove
PO-223
Vila de Riba
Devesa
Gargallóns
Pousada
A Ermida
Regueiro
A Cida
Irixo
Verducido
1014 Monte Seixo
Parada
Corredoira
Cebral
Reiris
Vascón
Lebozán
Pontevedra
Pontevedra
A Chan (Cotobade)
OU-213
N-541
Ourense
Parada de Labiote
Lérez
Sobral
Xeve
Tenorio
Castelo 545
Rebordelo
As Neves
Barcia
Muradás
940 Marcofán
34
2
15

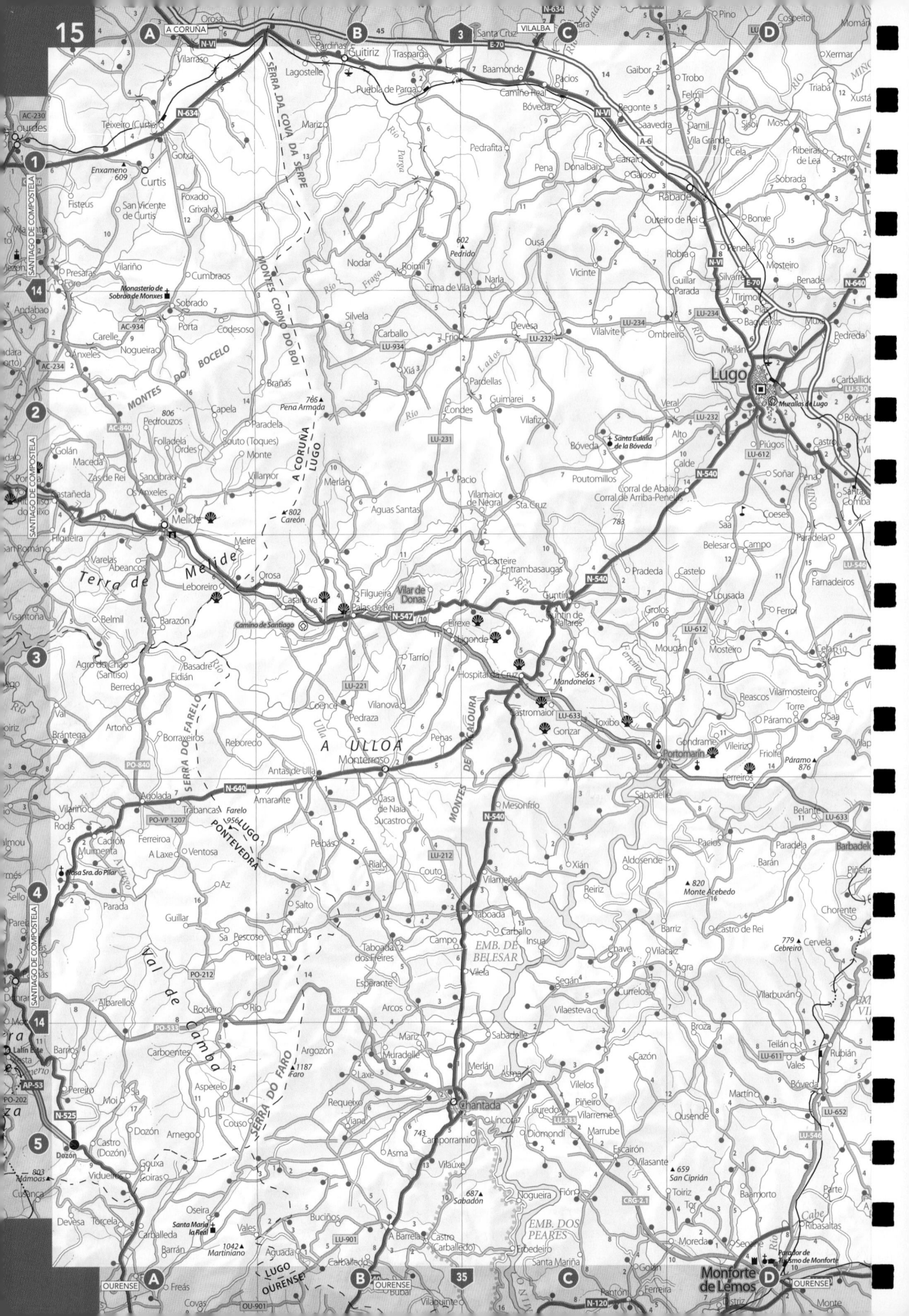
A CORUÑA
VILALBA
Guitiriz
Baamonde
Lugo
Muralllas de Lugo
Rábade
Outeiro de Rei
Curtis
Sobrado
Monasterio de Sobrado de Monxes
Melide
Terra de Melide
Palas de Rei
Vilar de Donas
Camino de Santiago
Portomarín
Monterroso
A ULLOA
Antas de Ulla
Agolada
Chantada
Taboada
EMB. DE BELESAR
EMB. DOS PEARES
Monforte de Lemos
Parador de Turismo de Monforte
Lalín
Dozón
Rodeiro
Val de Camba
SERRA DO FARO
SERRA DO FARELO
MONTES DE VACALOURA
MONTES CORNO DO BOI
SERRA DA COVA DA SERPE
MONTES DO BOCELO
A CORUÑA LUGO
LUGO PONTEVEDRA
LUGO OURENSE
SANTIAGO DE COMPOSTELA
OURENSE
Santa Eulália de la Bóveda
Santa María la Real
Nosa Sra. do Pilar
Guntín
Hospital da Cruz
Castromaior
Gonzar
Toxibo
Pena Armada
Pedrido
Careón
Mandonelas
Monte Acebedo
San Ciprián
Cebreiro
Faro
Martiniano
Sabadón
Páramo
Mámoas
N-VI
N-634
N-540
N-547
N-640
N-525
N-120
E-70
A-6
AP-53
LU-934
LU-232
LU-231
LU-221
LU-212
LU-612
LU-633
LU-533
LU-901
LU-611
LU-652
LU-546
LU-530
LU-234
AC-840
AC-934
AC-234
AC-230
PO-840
PO-VP 1207
PO-212
PO-533
PO-202
CRG-2.1
OU-901
3
35
14

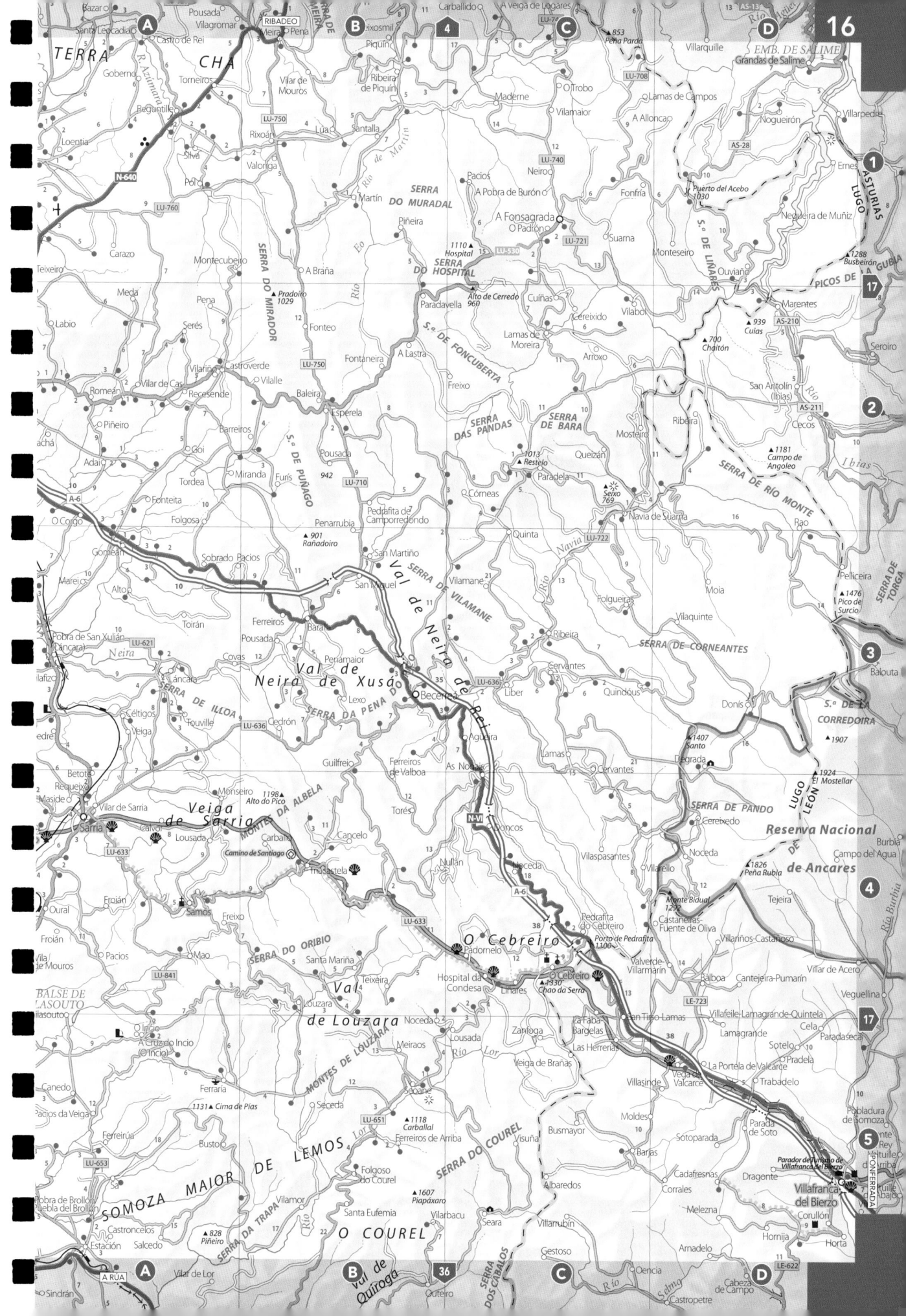

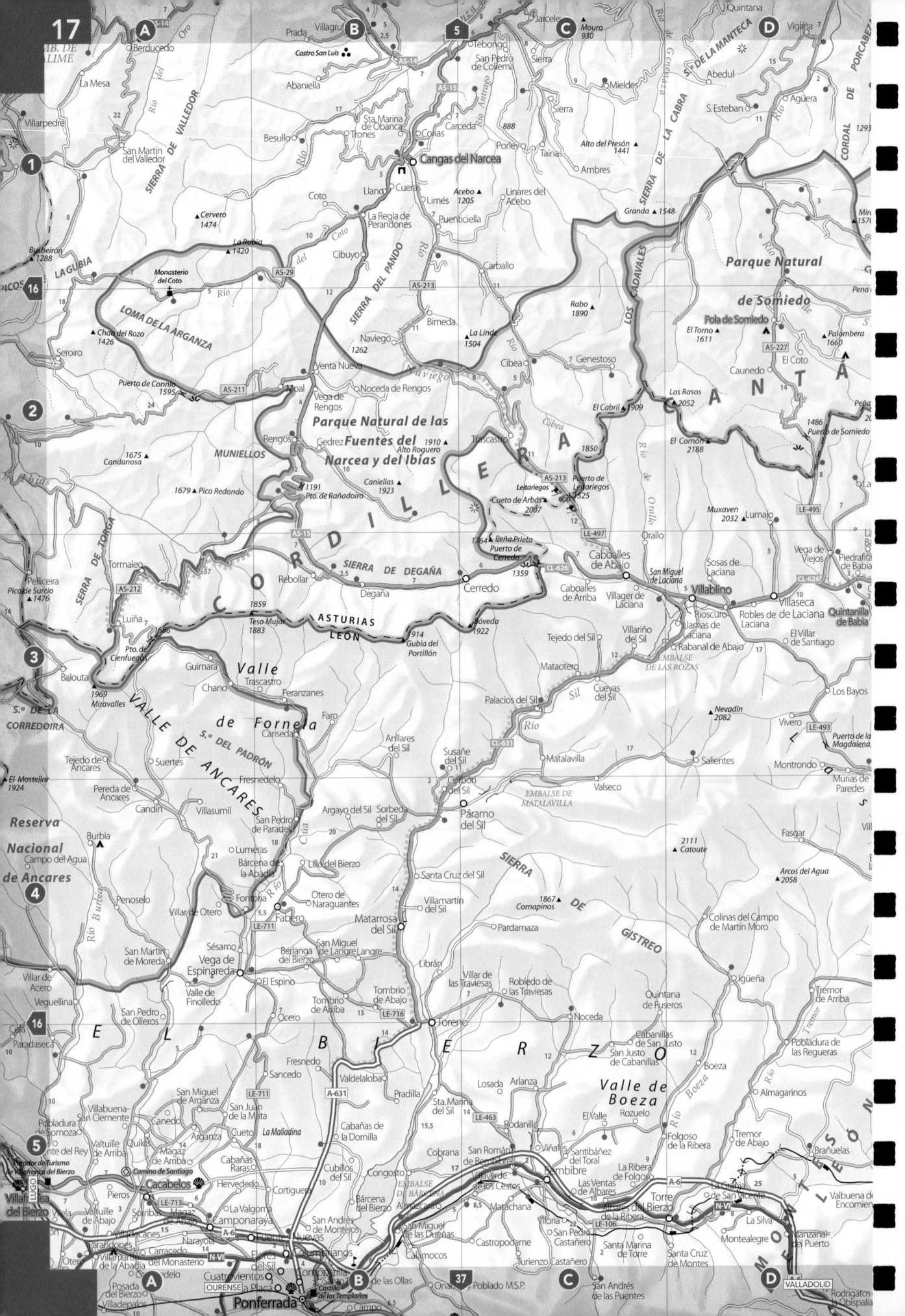
A
B
C
D
5
AS-14
Berducedo
Prada
Villagruf
Castro San Luis
Tebongo
Jarcele
Mouro
930
Quintana
S.ª DE LA MANTECA
Vigaña
San Pedro de Coliema
Sierra
Abedul
La Mesa
Abaniella
AS-15
Mieldes
Aguera
S.Esteban
Villarpedre
SIERRA DE VALLEDOR
Sta Marina de Obanca
Trones
Besullo
Corias
Carceda
888
Porley
Sierra
Alto del Presón
1441
Tainas
SIERRA DE LA CABRA
CORDAL DE
San Martín del Valledor
Cangas del Narcea
Ambres
1
Coto
Llano
Cueras
Limés
Acebo
1205
Linares del Acebo
Cervero
1474
La Regla de Perandones
Puenticiella
Granda
1548
Busbeiro
1288
La Rubia
1420
Cibuyo
SIERRA DEL PANDO
Carballo
LA GUBIA
Monasterio del Coto
AS-29
AS-213
LOS CADAVALES
Parque Natural de Somiedo
16
LOMA DE LA ARGANZA
Bimeda
Rabo
1890
Chao del Rozo
1426
Naviego
1262
La Linde
1504
Pola de Somiedo
El Torno
1611
Palombera
1660
AS-227
Seroiro
Venta Nueva
Cibea
Genestoso
Caunedo
El Coto
Puerto de Connio
1595
AS-211
Moal
Vega de Rengos
Noceda de Rengos
Naviego
Los Rasos
2052
C A N T Á
2
El Cabril
1909
Parque Natural de las Fuentes del Narcea y del Ibias
Rengos
Gedrez
1910
Alto Roguero
Trascastro
1486
Puerto de Somiedo
El Cornón
2188
1675
Candanosa
MUNIELLOS
1850
Caniellas
1923
AS-213
Puerto de Leitariegos
1525
Leitariegos
1679
Pico Redondo
1191
Pto. de Rañadoiro
Cueto de Arbás
2007
C O R D I L L E R A
Muxaven
2032
Lumajo
LE-495
SERRA DE TORGA
AS-15
LE-497
Orallo
1764
Peña Prieta
Puerto de Cerredo
Tormaleo
SIERRA DE DEGAÑA
Caboalles de Abajo
Sosas de Laciana
Vega de Viejos
Piedrafita de Babia
Pelliceira
Pico de Surcio
1476
AS-212
Rebollar
Degaña
Cerredo
1359
CL-626
San Miguel de Laciana
Villablino
Villaseca
Caboalles de Arriba
Villager de Laciana
Rioscuro
Robles de Laciana
Quintanilla de Babia
Luiña
1859
Teso Mujar
1883
ASTURIAS
LEÓN
Bóveda
1922
1914
Gubia del Portillón
Llamas de Laciana
Tejedo del Sil
Villariño del Sil
El Villar de Santiago
1686
Pto. de Cienfuegos
Rabanal de Abajo
3
Guimara
Valle de Fornela
Trascastro
Mataotero
EMBALSE DE LAS ROZAS
Balouta
Chano
Peranzanes
Palacios del Sil
Cuevas del Sil
Los Bayos
1969
Miravalles
S.ª DE LA CORREDOIRA
VALLE DE ANCARES
Faro
Cariseda
Nevadín
2082
Vivero
LE-493
Puerto de la Magdalena
S.ª DEL PADRÓN
Anllares del Sil
CL-631
Tejedo de Ancares
Suertes
Susañe del Sil
Matalavilla
Salientes
Montrondo
El Mostellar
1924
Fresnedelo
Corbón del Sil
Valseco
Murias de Paredes
Pereda de Ancares
EMBALSE DE MATALAVILLA
Candín
Villasumil
Argayo del Sil
Sorbeda del Sil
Páramo del Sil
Reserva Nacional de Ancares
San Pedro de Paradela
Burbia
Fasgar
Lumeras
2111
Catoute
Campo del Agua
SIERRA DE GISTREO
Bárcena de la Abadía
Lillo del Bierzo
Santa Cruz del Sil
Arcos del Agua
2058
4
Penoselo
Fontoria
Otero de Naraguantes
Villar de Otero
Fabero
Villamartín del Sil
1867
Cornapinos
LE-711
Matarrosa del Sil
Pardamaza
Colinas del Campo de Martín Moro
Sésamo
San Miguel de Langre
Langre
San Martín de Moreda
Vega de Espinareda
Berlanga del Bierzo
Librán
Igüeña
Villar de Acero
El Espino
Villar de las Traviesas
Robledo de las Traviesas
Tremor de Arriba
Valle de Finolledo
Tombrio de Abajo
Quintana de Fuseros
Veguellina
San Pedro de Olleros
Tombrio de Arriba
LE-716
Ocero
Toreno
Noceda
Cela
E L B I E R Z O
Paradaseca
Cabanillas de San Justo
San Justo de Cabanillas
Pobladura de las Regueras
Fresnedo
Sancedo
Boeza
Valdelaloba
Losada
Arlanza
Valle de Boeza
San Miguel de Arganza
A-631
Pradilla
Villabuena-San Clemente
LE-711
San Juan de la Mata
Sta. Marina del Sil
LE-463
El Valle
Rozuelo
Almagarinos
Canedo
Pobladura de Somoza
Rodanillo
Arganza
Cueto
La Malladina
Cabañas de la Dornilla
Valtuille de Arriba
Quilós
Folgoso de la Ribera
Tremor de Abajo
Magaz de Arriba
Viñales
Santibáñez del Toral
5
Puente del Rey
Cobrana
San Román de Bembibre
Brañuelas
Cabañas Raras
Bembibre
La Ribera de Folgoso
Parador de Turismo de Villafranca del Bierzo
Camino de Santiago
Cubillos del Sil
Congosto
EMBALSE DE BÁRCENA
Villaverde de los Cestos
Las Ventas de Albares
A-6
La Granja de San Vicente
LUGO
Cacabelos
Hervededo
Villafranca del Bierzo
Pieros
Cortiguera
Torre del Bierzo
Valtuille de Abajo
LE-713
Bárcena del Bierzo
Almázcara
Albares de la Ribera
Valbuena de Encomienda
Sorribas
Magaz de Abajo
La Valgoma
Matachana
N-VI
Villadecanes
Camponaraya
San Andrés de Montejos
Viloria
LE-106
La Silva
Narayola
San Miguel de las Dueñas
San Pedro Castañero
Manzanal del Puerto
Carracedo del Monasterio
Fuentesnuevas
Montealegre
Villamartín de la Abadía
Flores del Sil
Columbrianos
Castropodame
Santa Marina de Torre
Santa Cruz de Montes
Calamocos
Turienzo Castañero
MONTES DE LEÓN
Posada del Bierzo
Cuatrovientos
Compostilla
de las Ollas
37
Onamio y Poblado M.S.P.
San Andrés de las Puentes
VALLADOLID
OURENSE
La Placa
Castillo de los Templarios
Ponferrada
Villadepalos
Campo
Rodrigatos de la Obispalía

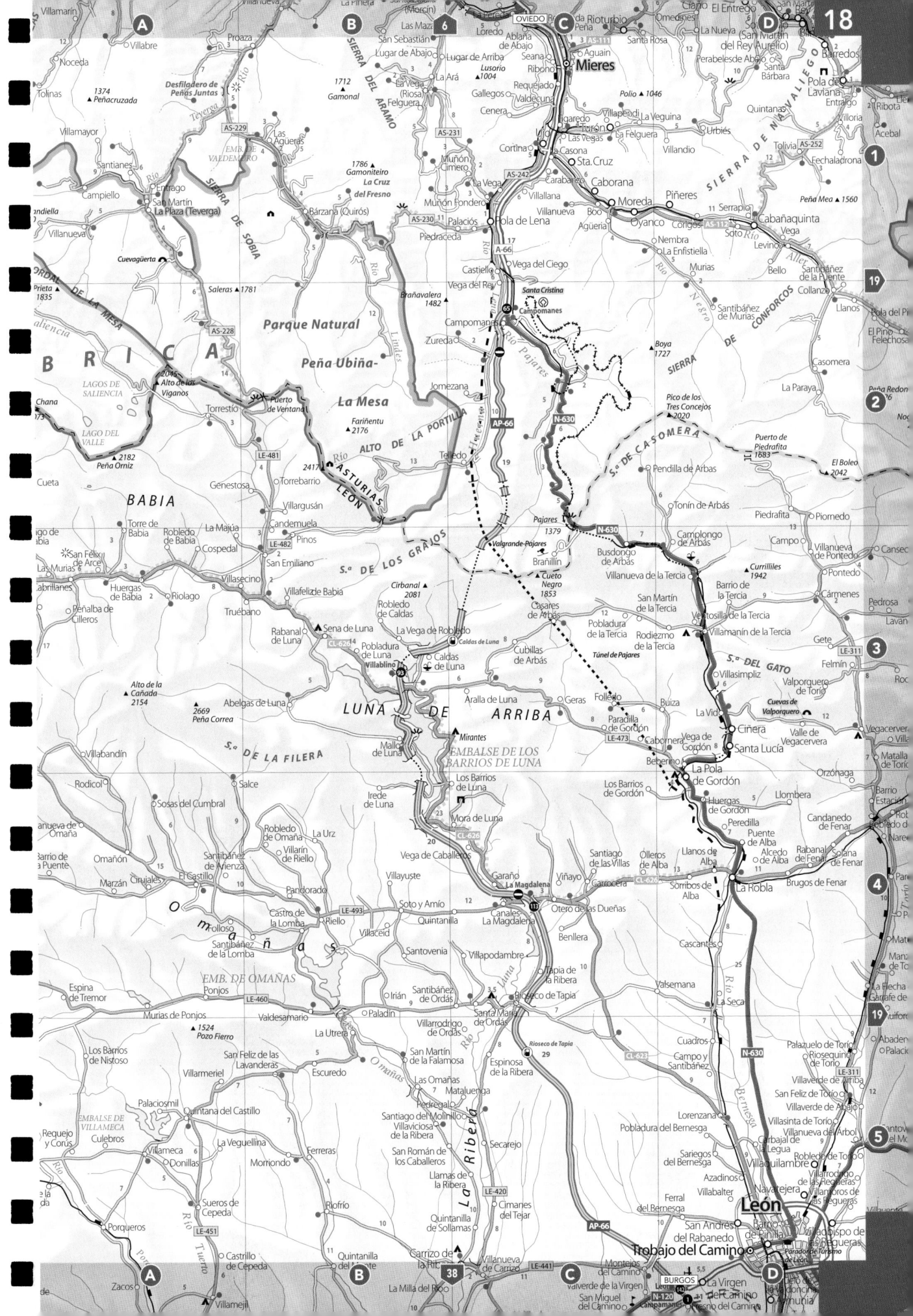

A
B
C
D
6
OVIEDO
Mieres
Villamarín
Villabre
Proaza
Noceda
Tolinas
1374 Peñacruzada
Desfiladero de Peñas Juntas
Villamayor
Santianes
Campiello
Entrago
San Martín
La Plaza (Teverga)
Villanueva
Cuevagüerta
Saleras 1781
AS-229
AS-228
EMB. DE VALDEMURIO
Las Agüeras
SIERRA DE SOBIA
Bárzana (Quirós)
San Sebastián
Lugar de Abajo
La Vega (Riosa)
Felguera
1712 Gamonal
SIERRA DEL ARAMO
Lugar de Arriba
La Ará
Lusorio 1004
Gallegos
Cenera
Reguejado
Valdecuna
Ablana de Abajo
Seana
Ribono
Aguain
Rioturbio
Santa Rosa
Polio 1046
Villapendi
La Veguina
Figaredo
Turón
Las Vegas
La Felguera
Urbiés
Villandio
AS-231
Cortina
La Casona
Sta. Cruz
Caborana
Carabanzo
Moreda
Piñeres
Villallana
Villanueva
Boo
Agüeria
Oyanco
Corigos
Serrapio
Cabañaquinta
AS-112
Soto
Vega
Levinco
Nembra
La Enfistiella
Murias
Bello
Santibáñez de la Fuente
Collanzo
Llanos
Santibáñez de Murias
1786 Gamoniteiro
La Cruz del Fresno
Muñón Cimero
La Vega
Muñón Fondero
AS-242
AS-230
Palacios
Pola de Lena
Piedraceda
A-66
Castiello
Vega del Ciego
Vega del Rey
Santa Cristina
Campomanes
Brañavalera 1482
Zureda
Jomezana
Tellego
AP-66
N-630
Pajares 1379
Valgrande-Pajares
Brañillín
Cueto Negro 1853
Boya 1727
SIERRA DE CONFORCOS
Casomera
La Paraya
Pico de los Tres Concejos 2020
S.ª DE CASOMERA
Puerto de Piedrafita 1683
El Boleo 2042
Peña Mea 1560
SIERRA DE NAVALIEGO
Perabeles de Abajo
Santa Bárbara
Pola de Laviana
Entralgo
Quintanas
Tolivia
Fechaladrona
AS-252
El Entrego
Barredos
Villoria
Acebal
Ribota
Pendilla de Arbas
Tonín de Arbás
Piedrafita
Piornedo
Campo
Camplongo de Arbás
Busdongo de Arbás
Villanueva de la Tercia
Villanueva de Pontedo
Pontedo
Currilliles 1942
Barrio de la Tercia
Cármenes
Pedrosa
San Martín de la Tercia
Pobladura de la Tercia
Rodiezmo de la Tercia
Ventosilla de la Tercia
Villamanín de la Tercia
Túnel de Pajares
Gete
LE-311
S.ª DEL GATO
Felmín
Villasimpliz
Valporquero de Torío
Cuevas de Valporquero
La Vid
Ciñera
Santa Lucía
Valle de Vegacervera
Vegacervera
Buiza
Folledo
Geras
Paradilla de Gordón
Cabornera
Vega de Gordón
LE-473
Beberino
La Pola de Gordón
Los Barrios de Gordón
Huergas de Gordón
Llombera
Orzónaga
Matallana de Torío
Candanedo de Fenar
Peredilla
Puente de Alba
Alcedo de Alba
Rabanal de Fenar
Solana de Fenar
La Robla
Brugos de Fenar
Llanos de Alba
Sorribos de Alba
Santiago de las Villas
Olleros de Alba
Carrocera
Viñayo
CL-626
Parque Natural
Peña Ubiña-
La Mesa
Fariñentu 2176
ALTO DE LA PORTILLA
ASTURIAS
LEÓN
B R I C A
CORDAL DE LA MESA
Prieta 1835
LAGOS DE SALIENCIA
LAGO DEL VALLE
Alto de los Viganos 2045
Puerto de Ventana
Torrestío
2182 Peña Orniz
Chana
Cueta
BABIA
Genestosa
Torrebarrio
2417
LE-481
LE-482
Villargusán
Candemuela
Pinos
Torre de Babia
Robledo de Babia
La Majúa
Cospedal
San Emiliano
San Félix de Arce
Las Murias
Cabrillanes
Huergas de Babia
Riolago
Villasecino
Villafeliz de Babia
Peñalba de Cilleros
Truébano
S.ª DE LOS GRAJOS
Cirbanal 2081
Robledo de Caldas
Casares de Arbás
Rabanal de Luna
Sena de Luna
CL-626
Pobladura de Luna
La Vega de Robledo
Caldas de Luna
Villablino
Cubillas de Arbás
Alto de la Cañada 2154
2669 Peña Correa
Abelgas de Luna
Aralla de Luna
LUNA DE ARRIBA
Mirantes
Mallo de Luna
EMBALSE DE LOS BARRIOS DE LUNA
S.ª DE LA FILERA
Villabandín
Rodicol
Salce
Los Barrios de Luna
Sosas del Cumbral
Irede de Luna
Mora de Luna
Villanueva de Omaña
Robledo de Omaña
La Urz
Villarín de Riello
Barrio de la Puente
Omañón
Santibáñez de Arienza
El Castillo
Marzán
Cirujales
Pandorado
Villayuste
Vega de Caballeros
Garaño
La Magdalena
Otero de las Dueñas
O m a ñ a s
Castro de la Lomba
Riello
LE-493
Soto y Amío
Quintanilla
Canales-La Magdalena
Folloso
Santibáñez de la Lomba
Villaceid
Benllera
Santovenia
Villapodambre
EMB. DE OMAÑAS
Espina de Tremor
Ponjos
Irián
Santibáñez de Ordás
Tapia de la Ribera
Rioseco de Tapia
Murias de Ponjos
LE-460
Valdesamario
Paladín
Santa María de Ordás
1524 Pozo Fierro
Villarrodrigo de Ordás
La Utrera
Los Barrios de Nistoso
San Feliz de las Lavanderas
San Martín de la Falamosa
Escuredo
Espinosa de la Ribera
Villarmeriel
Las Omañas
Mataluenga
Palaciosmil
Quintana del Castillo
Pedregal
Santiago del Molinillo
Villaviciosa de la Ribera
EMBALSE DE VILLAMECA
Requejo y Corús
Culebros
La Veguellina
Villameca
Donillas
Ferreras
Morriondo
San Román de los Caballeros
Secarejo
Llamas de la Ribera
La Ribera
LE-420
Sueros de Cepeda
Riofrío
Cimanes del Tejar
Quintanilla de Sollamas
Porqueros
LE-451
Río Tuerto
Castrillo de Cepeda
Quintanilla del Monte
Carrizo de la Ribera
Villanueva de Carrizo
LE-441
38
Zacos
Villamejil
La Milla del Río
Valverde de la Virgen
San Miguel del Camino
Montejos del Camino
BURGOS
N-120
La Virgen del Camino
Fresno del Camino
Campamento
Trobajo del Camino
León
Parador de Turismo de León
Armunia
Villabalter
San Andrés del Rabanedo
Ferral del Bernesga
Azadinos
Sariegos del Bernesga
Pobladura del Bernesga
Lorenzana
Villaquilambre
Navatejera
Villarrodrigo de las Regueras
Villanueva del Árbol
Villasinta de Torío
Carbajal de la Legua
Robledo de Torío
Villaverde de Abajo
San Feliz de Torío
Villaverde de Arriba
Palazuelo de Torío
Riosequino de Torío
LE-311
Campo y Santibáñez
Cuadros
CL-623
N-630
La Seca
Valsemana
Cascantes
AP-66
Río Bernesga
Río Luna
Río Omañas
19
1
2
3
4
5

A
B
C
D
OVIEDO
7
18
39
LEÓN
Parque Natural de Redes
Parque Natural de Ponga
Parque Nacional de
Valdeón
Parque Regional Picos de Europa
SIERRA CARNEDES
SIERRA DE COVADONGA
SIERRA DE AMIEVA
PICOS DE CORNIÓN
SIERRA DE PANDEMULES
S.ª DE CORTEGUERO
SIERRA DE MANGAYO
ASTURIAS
LEÓN
S.ª DE LA CUERNA
PICOS DE MAMPODRE
SIERRA DE RIAÑO
Valdeburón
Valle de Curueño
PALENCIA
LEÓN
EMBALSE DE RIAÑO
EMB. DE TOLIBIA
EMBALSE DEL PORMA
EMB. DE JOCICA
EMB. DE RIOSECO
LAGO ENOL
LAGO ERCINA
La Triguera 1291
Sellón
Vízcares 1420
Ambingue
Sames
Bescoba 1067
Buferrera
Cabezo Llorosos 1792
Ferrera
Abedul
Tozo
Cazo
Sellaño
Sebarga
Mian
Priniello 1228
Muñera
Llera de Lorio
Ribota
Entralgo
Villoria
Acebal
Villamorey
Rioseco
Pierzo 1552
Argolibio
Tanes
Bueres
Taranes
San Andrés de Agues
Peña Argallo 1389
El Bolu
Campo de Caso (Caso)
Orle
Beleño
Viboli
Los Beyos
Peña Santa de Enol 2478
Caín de Valdeón
Tiatordos 1951
Bañio
Soto
Sobrecastiello
Caleao
Felguerina
Pendones
Bezanes
Sobrefoz
1807 Peña de Beza
Soto de Sajambre
Desfiladero de los Beyos
Cordiñanes de Valdeón
Posada de Valdeón
Los Llanos de Valdeón
Soto de Valdeón
Caldevilla de Valdeón
Braña Vieja
Retriñón 1862
Bustantio 1787
Ribota de Sajambre
Oseja de Sajambre
Pío de Sajambre
Llanos
Pola del Pino
El Pino
Felechosa
Canto del Oso 1800
Valdevezón
Peña del Viento 2060
Puerto de la Fonfría 1648
Puerto del Pontón 1290
Gildar 2078
Torres 2104
Peña Redonda 1826
1520 Pto. de San Isidro
Puerto de Tarna 1480
El Abedular 1914
San Isidro
Nogales 2076
Toneo 2094
Isoba
San Justo 2007
La Uña
Polvoredo
Retuerto
Cuénabres
Casasuertes
El Boleo 2042
Maraña
Mampodre 2190
Acebedo
Lario
Vegacerneja
Liegos
Burón
Cofiñal
La Fitona 2110
Redipuertas
Puebla de Lillo
Escaro
Redipollos
Susarón 1879
Solle
Lois
Los Espejos de la Reina
Riaño
Boca de Huérgano
Villafrea
Canseco
Pontedo
Redilluera
Lugueros
Tolibia de Arriba
Rucayo
Ciguera
Peñas Pintas 1983
Salamón
Pedrosa
Genicera
Lavandera
Valverde de Curueño
Reyero
Pallide
Viego
Primajas
Horcadas
Carande
Las Salas
La Braña
Valdehuesa
Rodillazo
Remolina
Tejerina
Oville
Valdecastillo
Corniero
Monte Pardamín
Crémenes
Argovejo
Villayandre
Nocedo de Curueño
Vegacervera
Villalfeide
Correcillas
Peña Rionda 1834
Prioro
Matallana de Torío
Vozmediano
La Mata de Bérbula
Valdepiélago
Adrados
Aviados
Otero de Curueño
Boñar
Voznuevo
Barrio de las Ollas
Grandoso
Valdoré
Ocejo de la Peña
Caminayo
Verdiago
Aleje
Barrio
Estación
Campohermoso
La Valcueva-Palazuelo
Robledo de la Valcueva
Robledo de Fenar
Naredo de Fenar
Solana de Fenar
La Vecilla
La Mata de la Riba
La Losilla
San Adrián
Las Bodas
Colle
Llama
Sotillos de Sabero
Saelices de Sabero
Sabero
La Mata de Monteagudo
El Otero de Valdetuéjar
Morgovejo
La Candana de Curueño
Palazuelo de Boñar
La Devesa de Boñar
Olleros de Sabero
Santa Olaja de la Varga
La Sota de Valderrueda
Vegaquemada
La Ercina
Oceja de Valdellorma
1822 Peña Corada
San Martín de Valdetuéjar
Valderrueda
Pardavé
Sopeña de Curueño
Corral de las Arrimadas
Barrillos de las Arrimadas
Candanedo de Boñar
Yugueros
Cistierna
Villacorta
Fresnedo de Valdellorma
San Pedro de Foncollada
Valmartino
Prado de la Guzpeña
Taranilla
La Espina
Pedrún de Torío
Sorriba
Puente Almuhey
Matueca de Torío
La Mata de Curueño
Palacio de Valdellorma
Cerezal de la Guzpeña
Carrizal
Manzaneda de Torío
Lugán
Modino
Vidanes
Valle de las Casas
La Flecha de Torío
Santa Colomba de Curueño
Valporquero de Rueda
Villamorisca
Garrafe de Torío
Gallegos de Curueño
Ruiforco de Torío
San Bartolomé de Rueda
La Vega de Almanza
Abadengo de Torío
Palacio de Torío
Barrillos
Ambasaguas de Curueño
Cerezales del Condado
Santibáñez de Rueda
Cebanico
Calaveras de Arriba
Barrio de Nuestra Señora
Villapadierna
Santa María del Monte del Condado
Devesa de Curueño
Carbajal de Rueda
Mondreganes
Vegas del Condado
Quintanilla de Rueda
Corcos
Calaveras de Abajo
Garfín
Villanueva del Condado
Villacidayo
Santovenia del Monte
Canalejas
San Cipriano del Condado
Cubillas de Rueda
Valdealcón
Villanófar
Almanza
San Vicente del Condado
San Cipriano de Rueda
Villalboñe
Moral del Condado
Valdealiso
Villavente
Valduvieco
Nava de los Caballeros
Gradefes
Sahechores de Rueda
Llamas de Rueda
Secos de Porma
Villafruela de Porma
Castrillo de Porma
Cifuentes de Rueda
Valdefresno
Navafría
Santa Olaja de Porma
Herreros de Rueda
Villahibiera
Castromudarra
Villaseca de la Sobarriba
Santibáñez de Porma
Rueda del Almirante
Quintana de Rueda
Villaverde la Chiquita
Quintana del Monte
Villaverde de Arcayos
Renedo de Valderaduey
Paradilla de la Sobarriba
Villimer
Santa Olaja de Eslonza
Villamondrín de Rueda
Valdepolo
Valdavida
Río Nalón
Río Esla
Río Curueño
Río Torío
Río Porma
Riacho de Nava
Río de Isoba
Río del Infierno
Río Ponga
Río Dobra
AS-17
AS-261
AS-253
N-625
N-621
CL-635
CL-626
CL-624
LE-333
LE-331
LE-321
LE-311
LE-215
LE-233
LE-211
LE-232
LE-231
LE-213
C-611

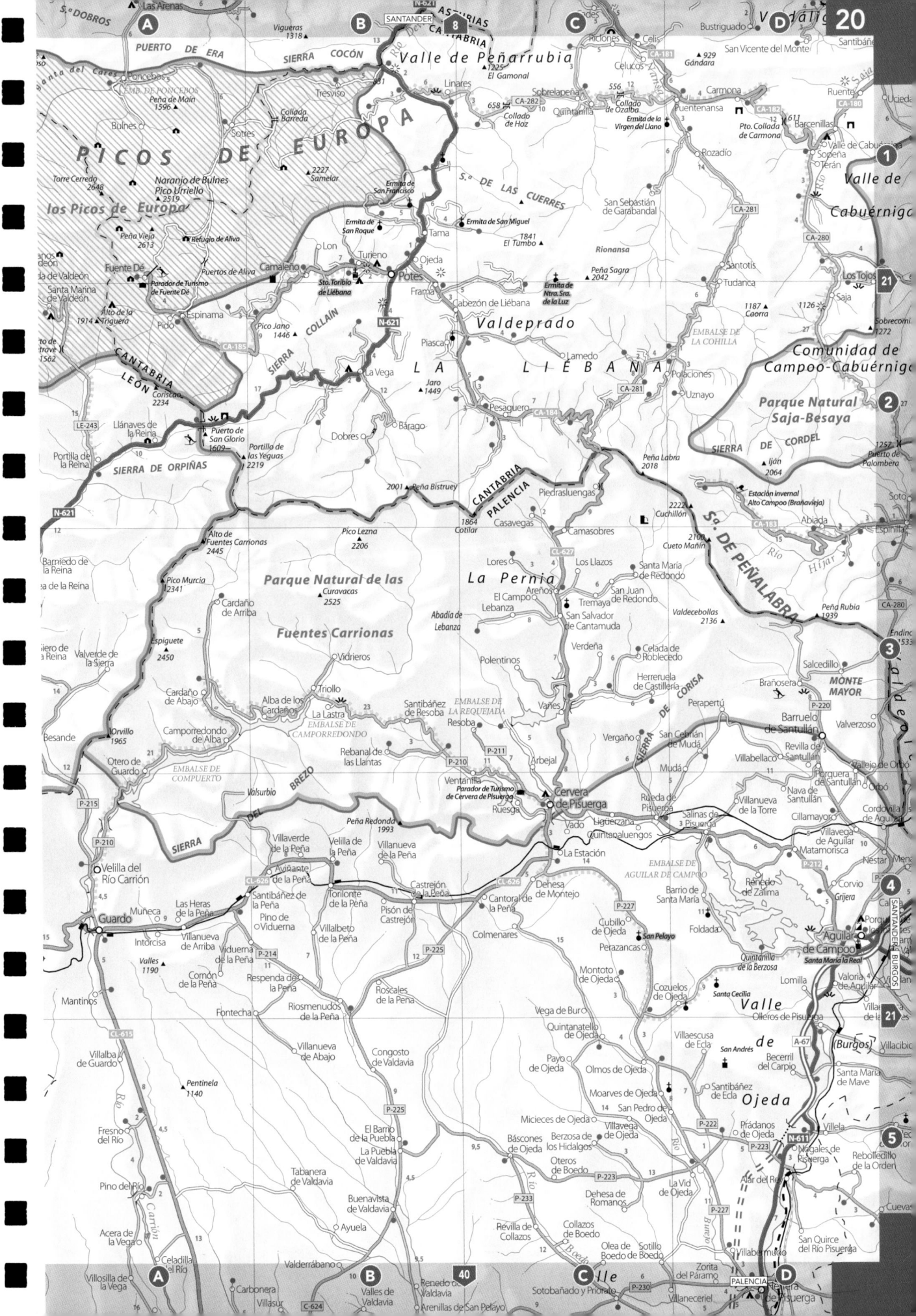
PICOS DE EUROPA
Parque Nacional de los Picos de Europa
Valle de Peñarrubia
LA LIÉBANA
Valdeprado
Parque Natural de las Fuentes Carrionas
La Pernía
Parque Natural Saja-Besaya
Comunidad de Campoo-Cabuérniga
Valle de Cabuérniga
Valle de Ojeda
SIERRA DE ORPIÑAS
SIERRA DEL BREZO
Sª DE PEÑALABRA
SIERRA DE CORISA
SIERRA DE CORDEL
Sª DE LAS CUERRES
SIERRA COCÓN
SIERRA COLLAÍN
PUERTO DE ERA
CANTABRIA
LEÓN
PALENCIA
ASTURIAS
Potes
Cervera de Pisuerga
Guardo
Aguilar de Campoo
Barruelo de Santullán
Velilla del Río Carrión
Camaleño
Fuente Dé
Espinama
Tresviso
Bulnes
Sotres
Poncebos
Linares
Puentenansa
Tudanca
Saja
Piedrasluengas
Salinas de Pisuerga
Alar del Rey
SANTANDER
PALENCIA
N-621
N-611
A-67
CL-626
CL-627
CL-615
CA-281
CA-184
CA-185
P-210
P-212
P-215
P-220
P-223
P-225
P-227
Torre Cerredo 2648
Peña Vieja 2613
Naranjo de Bulnes Pico Urriello 2519
Curavacas 2525
Espiguete 2450
Peña Labra 2018
Peña Sagra 2042
Cuchillón 2222
Puerto de San Glorio 1609
Alto de Fuentes Carrionas 2445
EMBALSE DE CAMPORREDONDO
EMBALSE DE COMPUERTO
EMBALSE DE LA REQUEJADA
EMBALSE DE AGUILAR DE CAMPOO
EMBALSE DE LA COHILLA
Parador de Turismo de Fuente Dé
Parador de Turismo de Cervera de Pisuerga
Sto. Toribio de Liébana
Estación invernal Alto Campoo (Brañavieja)
Santa María la Real
8
21
40
1
2
3
4
5
A
B
C
D

Reinosa
Parque Natural Saja-Besaya
Parque Natural de Collados del Asón
CORDILLERA CANTÁBRICA
Embalse del Ebro
Valle de Cabuérniga
Valle de Cayón
Valle de Pas
Valle de Luena
Sierra del Escudo
Valderredible
Páramo de la Lora
La Lora
Valdelucio
Valle de Sedano
Valle de Manzanedo
Valle de Sotoscueva
Pata del Cid
Montes de Ucieda
S.ª de la Matanza
Santander
Burgos
Aguilar de Campoo
Sedano
Selaya
Espinama
N-611
N-623
N-627
N-232
A-67

Portugalete
Barakaldo
Trápaga
Sestao
SANTANDER
CASTRO-URDIALES
Valle de Trucios
Trucios
Arcentales/Artzentales
Valle de Arcentales
(Cantabria)
Karrantza
Balmaseda
Valle de Gordexola
Güeñes
Sodupe
Mimetiz (Zalla)
Aranguren
Zalla
Ramales de la Victoria
SIERRA DEL HORNIJO
CANTABRIA
BURGOS
MONTES DE ORDUNTE
EMBALSE DE ORDUNTE
Espinosa de los Monteros
Villasana de Mena
Artziniega
Llodio/Laudio
Amurrio
Valle de Aiara
MONTES LA PEÑA
Valle de Mena
S.ª GAROBEL
ÁLAVA
BURGOS
Urduña-Orduña
(VIZ.)
LA LOSA
Valle de Arrastaria
Puerto de Orduña
Villarcayo
Medina de Pomar
Parque Natural Valle de Erexo de Valderejo
SIERRA DE ARCENA
S.ª DE GILLARTE
Valle de Kuartango
S.ª ARKAMO
SIERRA DE LA TESLA
Puente-Arenas
LA BUREBA
Trespaderne
Valle de Tobalina
Frías
SIERRA DE PANCORVO
EBRO
Oña
SIERRA DE OÑA
Parque Natural de los Montes Obarenes-San Zadornil
MONTES OBARENES
Añana-Gesaltza/Salinas de Añana
Miranda de Ebro
Pancorbo
Poza de la Sal
Briviesca
N-629
N-232
A-2622
A-2625
A-2122
AP-1
N-1
BU-550
BU-551
BU-552
BU-553
BU-554
BU-526
BU-504
BI-636
BI-630
BI-624
CL-629
CL-628
CL-632
CA-150
CA-151
CA-152
CA-256
CA-261
10
23
42
BILBAO
BURGOS
LOGROÑO
BILBAO VITORIA
A
B
C
D
1
2
3
4
5

A
B
C
D
11
43
1
2
3
4
5
22
Ondarroa
Gernika-Lumo
Parque de los Pueblos de Europa
Bilbao/Bilbo
Derio
Zamudio
San Cristóbal
Garaioltza
Larrabetzu
Goikolexea
Morga
Ugarte (Muxika)
Kanpantxu
Mendata
Munitibar
Markina-Xemein
Etxebarria
Deba
Itziar
Santuario
Arno
Amalloa
Ribera
Magdalena
Erta. de Magdalena
Aulesti
Ibarrola-Urriola
Urbilla-Urberuaga
Bolibar
Gerrikaitz
Azpilgoeta
Mendaro
Lastur
Altzola
Elgoibar
Azkarate
San Miguel
Erta. de San Miguel
Barinaga
Arta
Altzaa
Galartza
San Pedro/Idotorre
San Roque/Azkue
San Lorenzo
Ormaola/Mendi
Eibar
Ermua
Mallabia
Zaldibar
Berriz
Osma
San Lorenzo
Garay
Oromiño
Oiz 1026
Erta. de San Kristobal
Gorozika
Erta. de San Juan
Ajuria
Ibarruri
Etxano
Boroa
Amorebieta
San Miguel
Astepe
Lemoa
Lemorieta
Bedia
Usansolo
Galdakao
Zaratamo
Basauri
Arrigorriaga
Elexalde
La Peña
San Esteban
Agirre-Aperribai
Arkotxa
Arteaxalde (Lezama)
Andra Mari
Bizkargi 563
Ugao-Miraballes
Arrankudiaga
Arensandiaga
Emb. de Lekubaso
Sa Mendoia
Erta. de San Martin
Urkizu
Leguate
Bernagoitia
Durango
Iurreta
Traña-Matiena
Abadiño-Zelaieta
Muntsaratz
Izurtza/Izurtza
Lenganan
Basauntz
Igorre
Arantzazu
Arakaldo
Areta
Llodio
Areiltza-Olazar
Ermitabarri-Ibarra
Zeberio
Gezala
Artea
Ugarana (Dima)
Bikarregi
Mañaria
Balzola
Eskuagatx
Valle de Indusi
Saibi 932
Mendiolao
Atxondo
Bolinkoba
Elorrio
Elgeta
Ubera
Bergara
Angiozar
Antzuola
Erta. de Santa Barbara
Pto. de Deskarga 417
Legazpi
Osintxu
Soraluze/Placencia de las Armas
Eitzaga
Emb. de Aixola
Pto. de Elgeta
Bengoetxea
Sa Mendiguna 670
Albizuelexaga-San Martín
Orozko
Valle de Orozko
Ibarra
Ugarte
Areatza
Uribe
Zeanuri
Asterria
Altzusta
Emb. de Undurraga
Undurraga
Pto. de Urkiola
Erta. de Santa Barbara de Larrano
Peña Anboto 1296
Axpe
Parque Natural de Urkiola
Valle de Aramaio
Garagartza
Gesalibar
Arrasate o Mondragón
Pto. de Kanpazar
Zubillaga
Cuevas de Soperlegor
Lekanda 1302
Peñas de Itxina
Puerto de Barazar 604
Larrinbe
Baranbio
Parque Natural del Gorbeia
Gorbeia Gorbea 1481
Larrako
Ibarra (Aramaio)
Otxandio
Azkoaga
Aretxabaleta
Bedoña
Oñati
Olabarrieta
Telleria
Garagaltza
Gorostiaga 947
Erta. de San Kristobal
Pto. de Kruzeta 710
Ubidea
Eskoriatza
Mazmela
Brinkola
Pto. Udana
Lezama
Ziorraga
Mairuelegorreta
Erta. de Santa Luzia
Emb. de Urrunaga
Marin
Bolibar
Muera
Larreakorta
Emb. de Gorbeia
Pto. de Altube
Leintz-Gatzaga/Salinas de Léniz
Montes Vascos
Valle de Leintz
Erta. de Santi Kurutz
Bustraitz 1321
Monasterio de Arantzazu
Arantzazu
Aizkirri
Valle de Arrastaria
Delika
Cascada de Gouri
Ojardo
Goiuri
Landadui 866
Murua
Zestafe
Legutiano
Andre Maria de Gaztelu
Saiturri 1190
Guipúzcoa
Álava
Erta. de Urbia
Aizkorri 1544
Erta. de Orduña
Sarria
Zarate
Gopegi
Belunza
Izarra
Bitoriano
Murgia/Murgia
Buruaga
Erta. de San Bernabe
Parque Natural de Aizkorri
Sa de Urkilla
La Lobera
Betolatza
Urbina
Elgea
Ozaeta/Ozeta
Barriako Monastegia
Lukiao
Andre Mariaren de Oro
Aperregi
Cruz de Garalto 900
Ziriano
Illarte
Valle de Kuartango
Sendadiano
Oto Goien
Foronda
Miñao Goien
Emb. de Ullibarri-Ganboa
Vía Verde del Zadorra
Berein 783
Zalduondo
Aeropuerto de Foronda
Uribarri-Dibina
Concha de Álava
Durana
Heredia
San Millán Domeniliaga
Jokano
Zuazo de Cuartango/Zuhatzu Kuartango
Martioda
Gamarra Nagusia
Urbao
Argomaiz
Parador de Turismo de Argómaniz
Salvatierra/Agurain
Mendoza
Aztegieta
Vitoria-Gasteiz
Elburgo/Burgelu
Gazeo
Barboa
Aprikano
Trasponte
Askartza
Argandoña
Andre Mariaren de Estibalitz
Alegría-Dulantzi
Iruraitz Gauna
Haizkoeta
Otero 1042
Basotxarte
Iruña
Villodas
Zuazo de Vitoria
Armentia
Aretxabaleta
Nanclares de la Oca/Billoda
Gometxa
Vía Verde de Estibaliz
Aberasturi
Alaiza
Sorginetxe Trikuharria
Pobes
Langraiz Oka
Berroztegieta
Mendiola
Erta. de San Biktor
Pto. 1025
Subilana Gasteiz
Monasterioguren
Mtes. de Iturrieta
Tuiu 806
Montes de Vitoria
Izartza
Erta. de Santa Isabel
Pto. de Zaita 890
Vía Verde de Maeztu
Erroitegi
Valle de Arana
Argnzón
Villanueva de la Oca
Cuervo 998
Doroño
Musitu
Bitigarra 1147
Erta. de Santa Teodosia
Turiso
La Puebla de Arganzón
Ocilla y Ladrera
Golernio
Ascarza
Okia
Ajarte
Izartza 1135
Kapildui 1180
Valle de Laminoria
Molinilla
Añastro
Busto de Treviño
Araia-Maeztu
Done Bikendi
Salcedo
Igaegi
San Esteban de Treviño
Cucho
Aguillo
Sáseta
Apinaniz
Zubillaga
Ribabellosa
Armiñón
Muergas
Treviño
Condado de Treviño
Parque Natural de Izkiz
Erta. de Beolarra
Erta. de San Kristobal
Valle de Kanpezu
Grandival
Dordoniz
Armentia
Ogueta
Saraso
Urarte
Mtes. de Izkiz
Urbiso
Miranda de Ebro
Eskantzana
Santurde
(Burgos)
Hornillos 996
Antoñana
El Cruce
Berantevilla/Beranturi
Villanueva Tobera
San Martín de Galvarín
Samiano
Albaina
Uriatxa
Durruma Kanpezu
Portilla
Zambrana
Sierra de Portilla
Bayas
Baroja
Laño
Bajauri
Obécuri
Urturi
Santa Cruz de Campezo/Santi Kurutze Kanpezu
Bardauri
Berganzo
Payueta
Obarenes
Ircio
Inglares
Sierra de Toloño
Peñacerrada/Urizaharra
Lagran
Río Ega
Genevilla/Uxanuri
Sierra de Codés
Salinillas de Buradon/Gatzaga Burandon
Toloño 1264
Erta. de San Bartolomé
Nitra. Sra. de Ocón
Bernedo
Marañón
Cabredo
Aguilar de Codés
Codés 1414
Villalba de Rioja
Briñas
Labastida
Logroño
Erta. de San Ginés
Puerto de Herrera 1110
Peña del Castillo 1436
Erta. de San Tirso
Puerto de la Aldea
Lapoblación
Azuelo
Valle de Aguilar
Burgos
Portugalete
Bilbao/Bilbo
A-8
A-68
AP-68
N-240
N-622
N-634
N-637
N-102
N-104
N-124
N-I
E-05
E-70
E-805
A-623
A-627
A-132
A-2124
A-2130
A-2128
A-3100
A-2622
A-2521
A-624
A-126
CL-127
BU-742
BU-744
BU-750
BI-365
BI-2224
BI-2636
BI-633
BI-632
BI-623
BI-2543
GI-638
GI-627
GI-632
GI-631
GI-2632
GI-2634
GI-2639
GI-2630

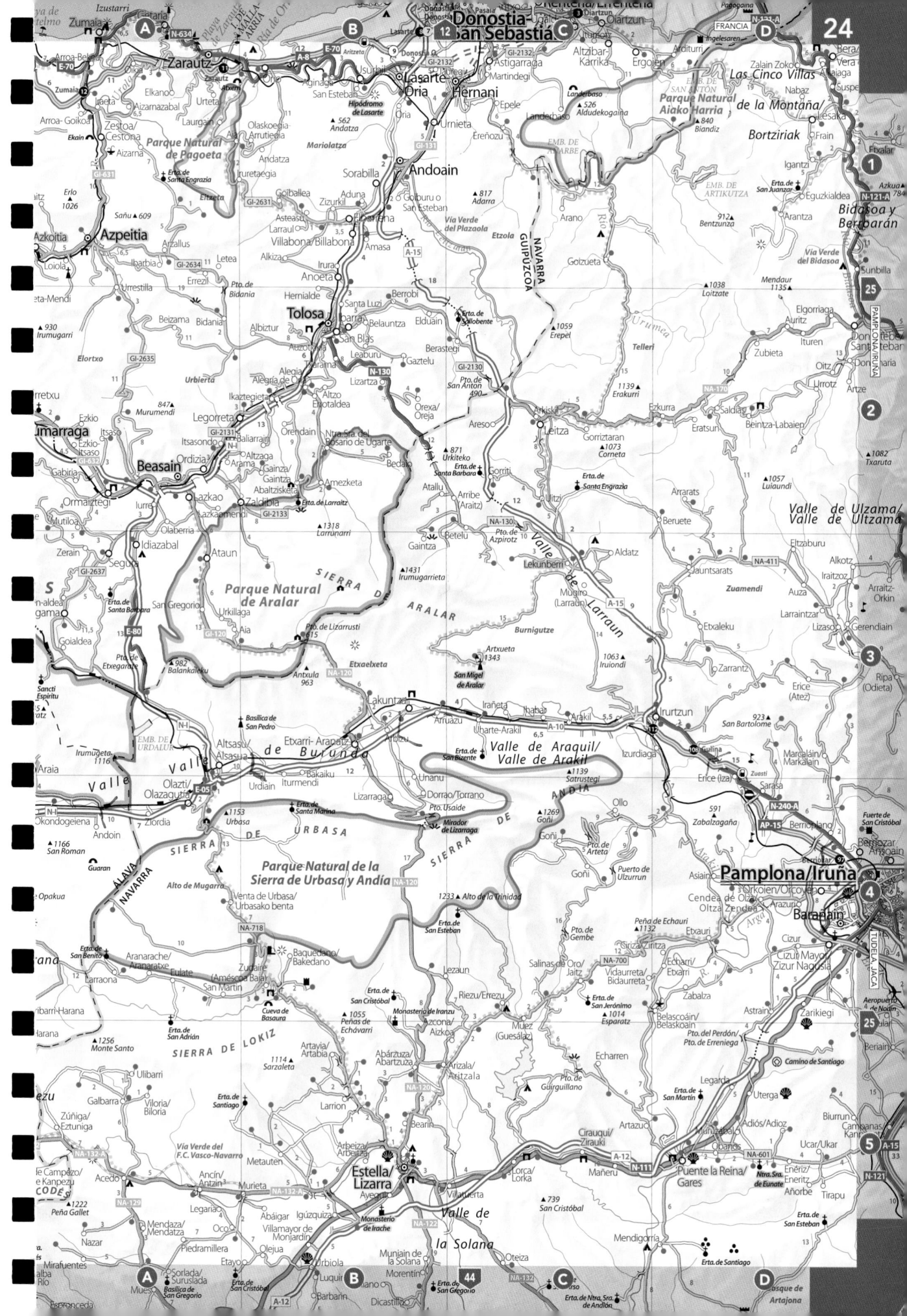
Donostia-San Sebastián
Zumaia
Zarautz
Getaria
Lasarte-Oria
Hernani
Astigarraga
Oiartzun
Errenteria
Urnieta
Andoain
Azpeitia
Tolosa
Beasain
Ordizia
Legorreta
Lazkao
Zaldibia
Idiazabal
Segura
Ataun
Parque Natural de Aralar
Sierra de Aralar
Parque Natural de Pagoeta
Parque Natural Aiako Harria
Las Cinco Villas de la Montaña/Bortziriak
Bidasoa y Berroarán
Lesaka
Leitza
Lekunberri
Valle de Larraun
Valle de Ulzama/Valle de Ultzama
Irurtzun
Altsasu/Alsasua
Olazti/Olazagutía
Valle de Burunda
Lakuntza
Etxarri-Aranatz
Valle de Araquil/Valle de Arakil
Sierra de Andía
Sierra de Urbasa
Parque Natural de la Sierra de Urbasa y Andía
Pamplona/Iruña
Barañáin
Zizur Mayor/Zizur Nagusia
Puente la Reina/Gares
Estella/Lizarra
Sierra de Lokiz
Valle de la Solana
Camino de Santiago
Navarra
Guipúzcoa
Álava
Francia
A-15
N-I
A-10
N-130
NA-120
NA-132
A-12
N-111
AP-15
N-121-A
E-5
E-80

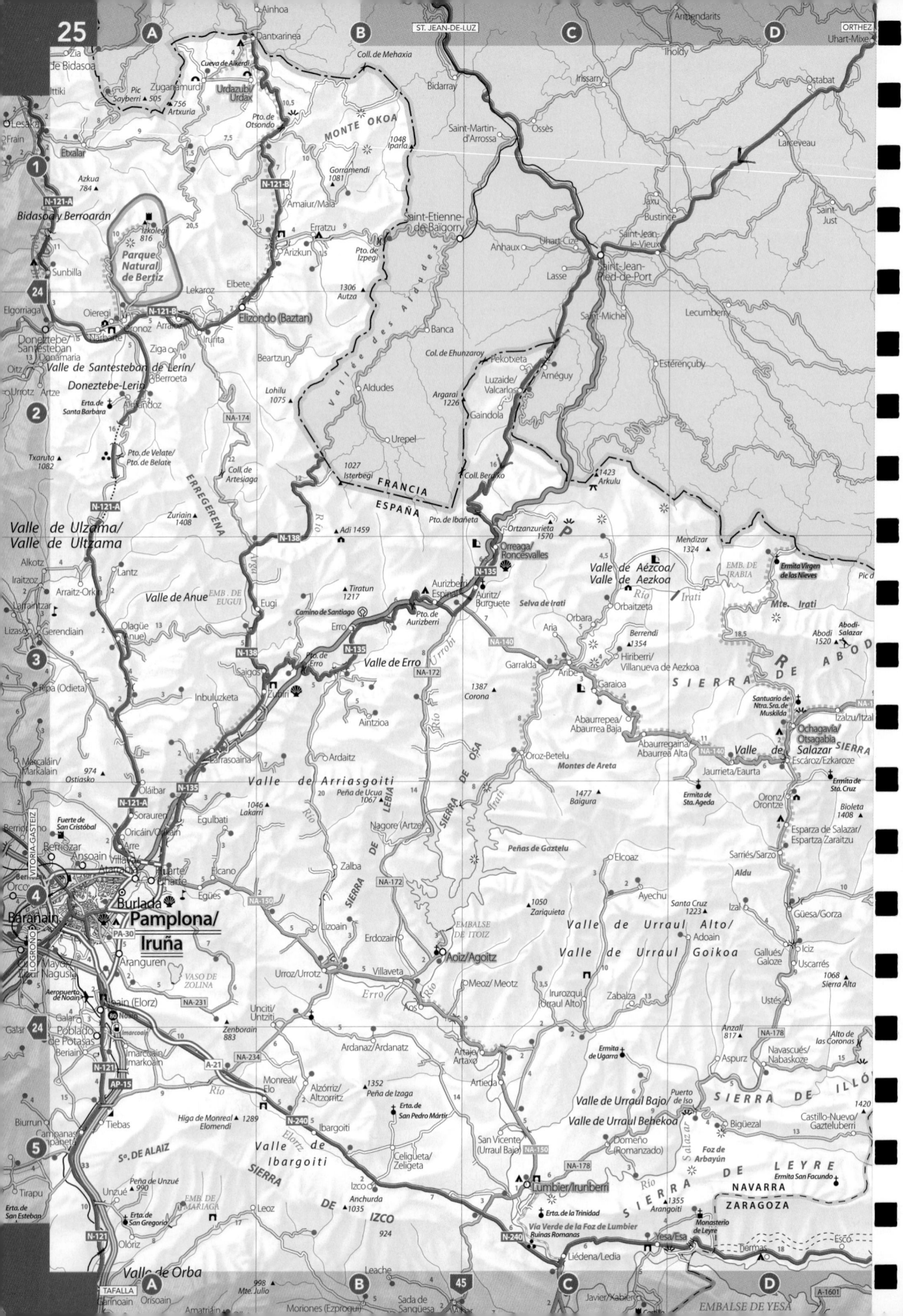
A
B
C
D
ST. JEAN-DE-LUZ
ORTHEZ
Ainhoa
Dantxarinea
Armendarits
Uhart-Mixe
Iholdy
Zia
de Bidasoa
Cueva de Alkerdi
Coll. de Mehaxia
Bidarray
Irissarry
Ostabat
Ittiki
Pic Sayberri 505
756 Artxuria
Zugarramurdi
Urdazubi/ Urdax
Pto. de Otsondo
MONTE OKOA
Saint-Martin-d'Arrossa
Ossès
Lesaka
Frain
Etxalar
1048 Iparla
Larceveau
Azkua 784
Gorramendi 1081
N-121-A
N-121-B
Amaiur/Maia
Jaxu
Bustince
Saint-Just
Bidasoa y Berroarán
Izkolegi 816
Saint-Etienne-de-Baigorry
Erratzu
Arizkun
Pto. de Izpegi
Anhaux
Uhart-Cize
Saint-Jean-le-Vieux
Saint-Jean-Pied-de-Port
Parque Natural de Bertiz
Sunbilla
Lasse
24
1306 Autza
Lekaroz
Elbete
Vallée des Aldudes
Elgorriaga
Oieregi
Oronoz
Arraioz
Elizondo (Baztan)
Saint-Michel
Lecumberry
Doneztebe/ Santesteban
Narbarte
Irurita
Banca
Donamaria
Ziga
Beartzun
Col. de Ehunzaroy
Pekotxeta
Estérençuby
Oitz
Valle de Santesteban de Lerín/ Doneztebe-Lerín
Berroeta
Arnéguy
Urrotz
Artze
Aldudes
Argarai 1226
Luzaide/ Valcarlos
Lohilu 1075
Erta. de Santa Barbara
Almandoz
Gaindola
NA-174
Urepel
Txaruta 1082
Pto. de Velate/ Pto. de Belate
Coll. de Artesiaga
1027 Isterbegi
Coll. Beraiko
1423 Arkulu
ERREGERENA
FRANCIA
ESPAÑA
Valle de Ulzama/ Valle de Ultzama
Zuriain 1408
Pto. de Ibañeta
Ortzanzurieta 1570
Adi 1459
N-138
Mendizar 1324
Orreaga/ Roncesvalles
Alkotz
Lantz
Iraitzoz
Valle de Aézcoa/ Valle de Aezkoa
EMB. DE IRABIA
Ermita Virgen de las Nieves
Arraitz-Orkin
Tiratun 1217
N-135
Aurizberri Espinal
Auritz/ Burguete
Irati
Lanz
Valle de Anue
EMB. DE EUGUI
Selva de Irati
Orbaitzeta
Mte. Irati
Camino de Santiago
Pto. de Aurizberri
Orbara
Eugi
Olagüe (Anue)
Erro
Aria
Berrendi 1354
Abodi-Salazar
Abodi 1520
Lizaso
Gerendiain
NA-140
SIERRA DE ABODI
Pto. de Erro
Valle de Erro
Garralda
Aribe
Hiriberri/ Villanueva de Aezkoa
Saigos
NA-172
1387 Corona
Garaioa
Ripa (Odieta)
Zubiri
Inbuluzketa
Aintzioa
Abaurrepea/ Abaurrea Baja
Santuario de Ntra. Sra. de Muskilda
Izalzu/Itzal
Ochagavía/ Otsagabia
Abaurregaina/ Abaurrea Alta
Valle de Salazar
Ardaitz
Oroz-Betelu
Jaurrieta/Eaurta
Escároz/Ezkaroze
Larrasoaina
Montes de Areta
Marcaláin/ Markalain
974 Ostiasko
Valle de Arriasgoiti
SIERRA DE OSA
Ermita de Sta. Cruz
Ermita de Sta. Ageda
Oláibar
Peña de Ucua 1067
1477 Baigura
Oronz/ Orontze
Bioleta 1408
N-121-A
1046 Lakarri
Sorauren
Egulbati
Fuerte de San Cristóbal
Nagore (Artze)
Esparza de Salazar/ Espartza Zaraitzu
Oricáin/Orikain
SIERRA DE LEBIA
VITORIA-GASTEIZ
Berriozar
Arre
Peñas de Gaztelu
Ansoain
Villava/ Atarrabia
Huarte/ Uharte
Sarriés/Sarzo
Elcoaz
Aldu
Elcano
Zalba
Orcoyen
Egües
Ayechu
NA-150
1050 Zariquieta
Santa Cruz 1223
Izal
Burlada
Pamplona/ Iruña
Güesa/Gorza
Barañain
SIERRA DE ALAIZ
Lizoain
Valle de Urraul Alto/ Valle de Urraul Goikoa
Adoain
PA-30
EMBALSE DE ITOIZ
LOGROÑO
Erdozain
Iciz
Cizur Mayor/ Zizur Nagusia
Aranguren
Aoiz/Agoitz
Gallués/ Galoze
Uscarrés
VASO DE ZOLINA
Urroz/Urrotz
Villaveta
1068 Sierra Alta
Aeropuerto de Noain
Meoz/ Meotz
Noain (Elorz)
NA-231
Erro
Irurozqui (Urraul Alto)
Zabalza
Ustés
Unciti/ Untziti
Aos
Galar
Poblado de Potasas
Zenborain 883
Anzall 817
NA-178
Alto de las Coronas
Beriain
Imarcoain/ Imarkoain
NA-234
Ardanaz/Ardanatz
Artajo/ Artaxo
Ermita de Ugarra
Aspurz
Navascués/ Nabaskoze
A-21
N-121
AP-15
Monreal/ Elo
Alzórriz/ Altzorritz
1352 Peña de Izaga
Artieda
SIERRA DE ILLÓN
Erta. de San Pedro Mártir
Puerto de Iso
Valle de Urraul Bajo/ Valle de Urraul Behekoa
1420
Biurrun
Higa de Monreal 1289 Elomendi
N-240
Tiebas
Campanas
Ibargoiti
Bigüezal
Castillo-Nuevo/ Gazteluberri
Valle de Ibargoiti
San Vicente (Urraul Bajo)
Domeño (Romanzado)
Foz de Arbayún
Sº. DE ALAIZ
Celigueta/ Zeligeta
NA-150
SIERRA DE LEYRE
Peña de Unzué 990
SIERRA DE IBARGOITI
Izco
Lumbier/Irunberri
Ermita San Facundo
NAVARRA
Unzué
Anchurda 1035
EMB. DE MARIAGA
SIERRA DE IZCO
1355 Arangoiti
Erta. de la Trinidad
ZARAGOZA
Tirapu
Erta. de San Esteban
Erta. de San Gregorio
Leoz
924
Monasterio de Leyre
Vía Verde de la Foz de Lumbier
Ruinas Romanas
Yesa/Esa
Tiermas
Esco
Olóriz
Liédena/Ledia
Valle de Orba
998 Mte. Julio
Leache
45
TAFALLA
Garínoain
Orisoain
Amatriáin
Moriones (Ezprogui)
Sada de Sangüesa
Javier/Xabier
EMBALSE DE YESA
A-1601
1
2
3
4
5

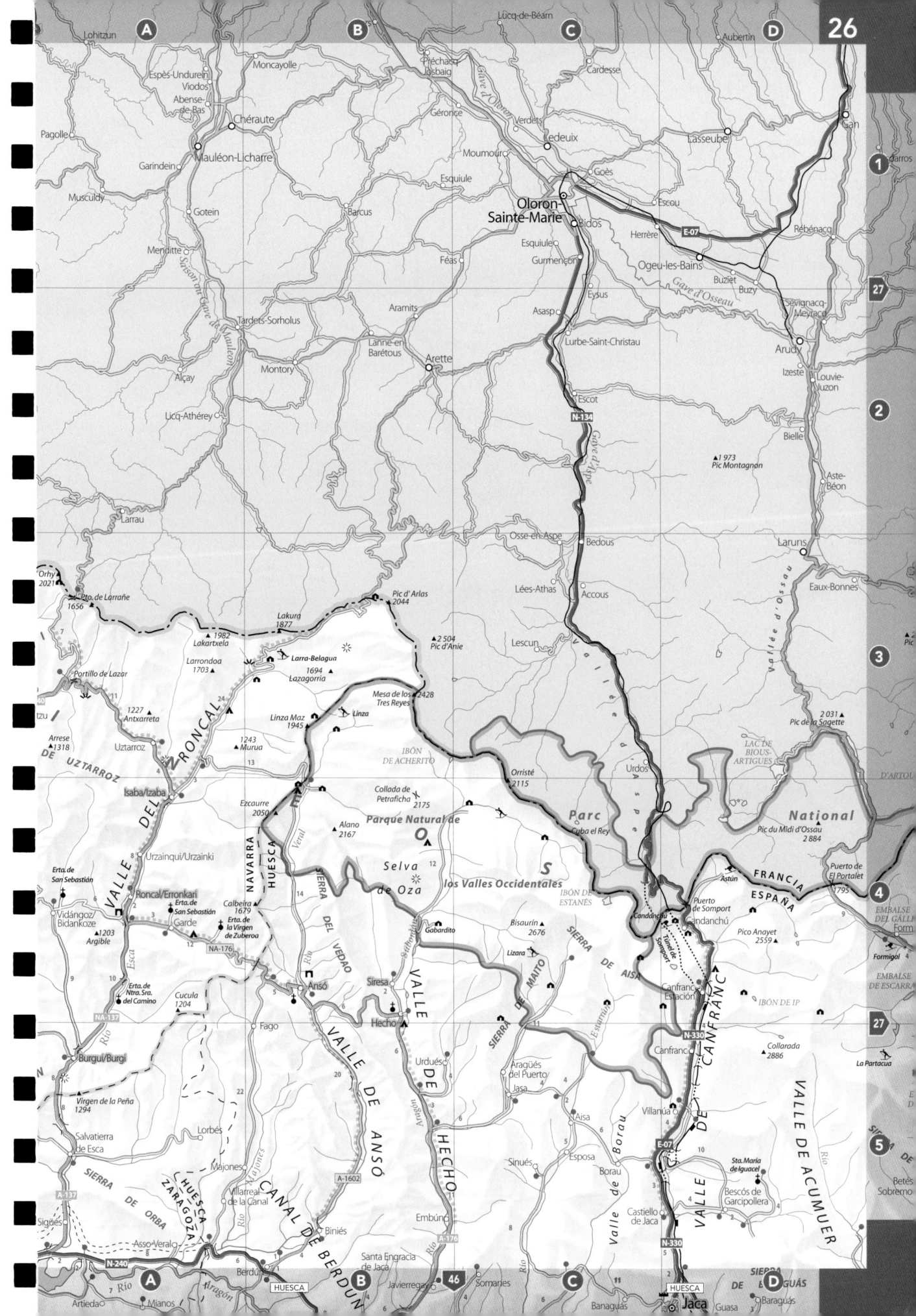
A
B
C
D
1
2
3
4
5
27
46
Lohitzun
Lucq-de-Béarn
Aubertin
Moncayolle
Préchacq-Josbaig
Cardesse
Espès-Undurein
Viodos
Abense-de-Bas
Chéraute
Géronce
Gave d'Oloron
Verdets
Gan
Pagolle
Mauléon-Licharre
Ledeuix
Lasseube
Moumour
Garindein
Esquiule
Goès
Musculdy
Gotein
Barcus
Oloron-Sainte-Marie
Escou
Bidos
Herrère
Rébénacq
E-07
Menditte
Esquiule
Féas
Gurmençon
Ogeu-les-Bains
Buziet
Buzy
Saison ou Gave de Mauléon
Gave d'Osseau
Eysus
Aramits
Asasp
Sévignacq-Meyracq
Tardets-Sorholus
Lanne-en-Barétous
Lurbe-Saint-Christau
Arudy
Arette
Montory
Izeste
Louvie-Juzon
Alçay
Escot
Licq-Athérey
N-134
Gave d'Aspe
Bielle
1 973
Pic Montagnon
Aste-Béon
Larrau
Osse-en-Aspe
Bedous
Laruns
Orhy
2021
Pto. de Larrañe
1656
Pic d'Arlas
2044
Lées-Athas
Accous
Eaux-Bonnes
Lakura
1877
1982
Lakartxela
2 504
Pic d'Anie
Lescun
Vallée d'Ossau
Larrondoa
1703
Larra-Belagua
1694
Lazagorria
Portillo de Lazar
Vallée d'Aspe
1227
Antxarreta
Mesa de los Tres Reyes
2428
Linza Maz
1945
Linza
Arrese
1318
1243
Murua
2 031
Pic de la Sagette
Uztarroz
LAC DE BIOUS-ARTIGUES
IBÓN DE ACHERITO
DE UZTARROZ
RONCAL
Orristé
2115
Urdos
D'ARTOU
Isaba/Izaba
Collada de Petrafitcha
2175
Ezcaurre
2050
Parc
National
Alano
2167
Parque Natural de
Cuba el Rey
Pic du Midi d'Ossau
2 884
VALLE DEL
Urzainqui/Urzainki
Selva de Oza
Puerto de El Portalet
Erta. de San Sebastián
NAVARRA
HUESCA
SIERRA DEL VEDAO
los Valles Occidentales
Astún
FRANCIA
ESPAÑA
1795
Roncal/Erronkari
Erta. de San Sebastián
Calbeira
1679
IBÓN DE ESTANÉS
Puerto de Somport
Vidángoz/Bidankoze
Garde
Erta. de la Virgen de Zuberoa
Gabardito
Bisaurín
2676
Candanchú
EMBALSE DEL GÁLLEGO
1203
Argible
NA-176
Lizara
SIERRA DE AISA
Túnel de Somport
Pico Anayet
2559
Formigal
SIERRA DE MAITO
Erta. de Ntra. Sra. del Camino
Ansó
Siresa
VALLE
Canfranc-Estación
EMBALSE DE ESCARRA
Cucula
1204
IBÓN DE IP
NA-137
Fago
Hecho
CANFRANC
N-330
Burgui/Burgi
VALLE DE ANSÓ
Aragüés del Puerto
Canfranc
Collarada
2886
La Partacua
Urdués
Jasa
Virgen de la Peña
1294
HECHO
Aisa
Villanúa
VALLE DE ACUMUER
Salvatierra de Esca
Lorbés
Valle de Borau
VALLE DE
SIERRA DE ORBA
Majones
Sinués
Esposa
Borau
E-07
HUESCA
ZARAGOZA
CANAL DE BERDUN
A-1602
Sta. María de Iguacel
Betés
Sobremo
Sigüés
A-137
Villarreal de la Canal
Embún
Castiello de Jaca
Bescós de Garcipollera
Asso-Veral
Biniés
A-176
N-330
N-240
Berdún
Santa Engracia de Jaca
SIERRA DE BIGUÁS
Artieda
Mianos
Aragón
HUESCA
Javierregay
Somanes
Banaguás
Jaca
Guasa
Baraguás

27
A
B
C
D
1
2
3
4
5
26
26
47
PAU
PAU
Soumoulou
Limendous
Noustv
Aressy
Meillon
Assat
Angaïs
Bordes
Boeil-Bezing
Beuste
Gan
Bosdarros
Pardies-Piétat
Bordères
Bénéjacq
Labatmale
Nay
Coarraze
Saint-Vincent
Asson
Lestelle-Bétharram
Montaut
Bruges
Saint-Pé-de-Bigorre
Peyrouse
Poueyferré
Loubajac
Pontacq
Barzun
Espoey
Ger
Ibos
N-117
A-64
E-80
Azereix
Ossun
Tarbes
Aureilhan
N-21
AUCH
Orleix
Pouyastruc
Boulin
Séméac
Sarrouilles
Laslades
Goudon
Bordes
Laloubère
Soues
Juillan
Odos
Horgues
Mascaras
Tourna
Ozon
Louey
Momères
Bernac-Debat
Saint-Martin
Vielle-Adour
Luc
Bénac
Orincles
Montgaillard
Orignac
Cieutat
Adé
Ordizan
Lézignan
Lourdes
Gave de Pau
Astugue
Pouzac
Castillon
Arthez-d'Asson
Aspin-en-Lavedan
Jarret
Ségus
Labassère
Bagnères-de-Bigorre
Gerde
Louvie-Juzon
N-21
1 349
Pic de Pibeste
Geu
Agos
Asté
Asque
Beaudéan
Salles
Boô-Silhen
Gazost
Campan
Aste-Béon
2 050
Moulle de Jaout
Argelès-Gazost
Arcizans-Avant
Arbéost
Aucun
Beaucens
Pierrefitte-Nestalas
Villelongue
Eaux-Bonnes
Arrens
LAC BLEU
2 872
Pic du Midi de Bigorre
2 613
Pic de Ger
2 267
Pic du Midi d'Arrens
Barèges
2 724
Moun Né
Cauterets
Esquièze
Betpouey
2 031
Sagette
LAC DE MIGOUÉLOU
Luz-Saint-Sauveur
MASSIF DE NÉOUVIELLE
LAC D'ARTOUSTE
LAC D'AUBERT
LAC DE L'OULE
3 091
Pic de Néouvielle
2 988
Pic d'Ardiden
des
Pyrénées
FRANCE
ESPAÑA
IBÓN DEL RECICO
Puerto de Marcadau
IBÓN DE RESPUMOSO
LAC DE CAP DE LONG
Puerto de El Portalet
Gèdre
Aragnouet
IBÓN DE BACHIMAÑA
IBÓN BRAMATUERO ALTO
EMBALSE DEL GÁLLEGO
Formigal
Sallent de Gállego
Argualas 3046
Baños de Panticosa
3 298
Vignemale
MACIZO DE VIGNEMALE
EMBALSE DE LANUZA
Balneario de Panticosa
Puerto de Bielsa 2429
Túnel de Bielsa
EMBALSE DE ESCARRA
Panticosa-Los Lagos
Escarrilla
El Pueyo de Jaca
Gavarnie
Puerto Viejo
Sandiniés
Panticosa
Tramacastilla de Tena
Pico de las Escuelas 2510
SIERRA DE LIENA
La Partacua
Piedrafita de Jaca
Taillón 3144
Circ de Gavarnie
Cilindro de Marboré
Pineta
Valle de Otal
Parador de Turismo de Bielsa
Ntra. Sra. de Pineta
EMBALSE DE BÚBAL
Hoz de Jaca
Tendeñera 2853
Marboré 3335
Monte Perdido 3355
VALLE DE TENA
Parque Nacional
Chisagües
Parzán
SIERRA TENDEÑERA
Refugio de Ordesa
Espierba
SIERRA DE LIMES
A-136
Valle de Pineta
Bielsa
Circo de Cotatuero
de Ordesa
SIERRA DE LAS TUCAS
EMBALSE DE PINETA
A-135
Betés de Sobremonte
Torla
Valle de Vio
Garganta de Añisclo
A-138
Biescas
Gavín
N-260
Viu
Fanlo
Vasones 2130
Revilla
Pico de Asún 1624
Barranco
Yésero
Puerto de Cotefablo
Linás de Broto
Fragén
Broto
y Monte Perdido
Salinas (Tella-Sin)
Oto
Pueyo 2028
Fanlo
Valle de Puértolas
Escuer
Buesa
Tella
HUESCA
EL SERRABLO
Sarvisé
AINSA
Nerín
Oliván
Manchoya
Bestué

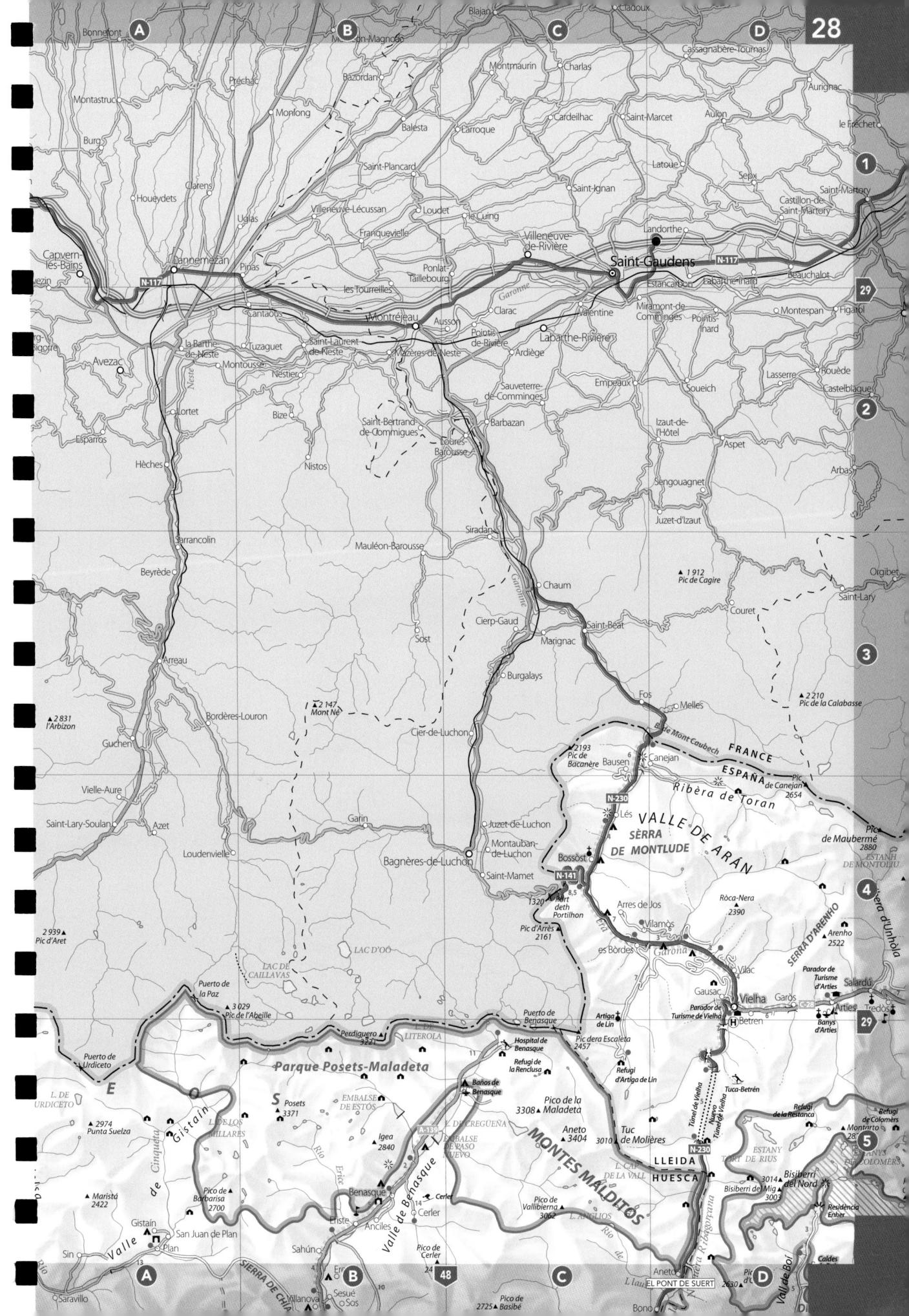
A
B
C
D
Bonnefont
Monléon-Magnoac
Blajan
Cladoux
Cassagnabère-Tournas
Montastruc
Préchac
Bazordan
Montmaurin
Charlas
Aurignac
Burg
Monlong
Balesta
Larroque
Cardeilhac
Saint-Marcet
Aulon
le Fréchet
Saint-Plancard
Latoue
Sepx
Houeydets
Clarens
Saint-Ignan
Saint-Martory
Castillon-de-Saint-Martory
Villeneuve-Lécussan
Loudet
le Cuing
Uglas
Franquevielle
Villeneuve-de-Rivière
Landorthe
Capvern-les-Bains
Lannemezan
Pinas
Saint-Gaudens
N-117
Ponlat-Taillebourg
Beauchalot
les Tourreilles
Estancarbon
Labarthe-Inard
Garonne
29
Cantaous
Montréjeau
Ausson
Clarac
Valentine
Miramont-de-Comminges
Pointis-Inard
Montespan
Figarol
Bigorre
la Barthe-de-Neste
Tuzaguet
Saint-Laurent-de-Neste
Mazères-de-Neste
Pointis-de-Rivière
Labarthe-Rivière
Ardiège
Avezac
Montoussé
Nestier
Neste
Sauveterre-de-Comminges
Empeaux
Soueich
Lasserre
Rouède
Castelbiague
Lortet
Bize
Saint-Bertrand-de-Comminges
Barbazan
Izaut-de-l'Hôtel
Esparros
Loures-Barousse
Aspet
Hèches
Nistos
Arbas
Sengouagnet
Juzet-d'Izaut
Sarrancolin
Siradan
Mauléon-Barousse
Beyrède
1 912 Pic de Cagire
Orgibet
Chaum
Saint-Lary
Cierp-Gaud
Couret
Saint-Béat
Sost
Marignac
Arreau
Burgalays
2 210 Pic de la Calabasse
2 831 l'Arbizon
2 147 Mont Né
Bordères-Louron
Fos
Melles
Guchen
Cier-de-Luchon
Bc de Mont Caubech
FRANCE
ESPAÑA
2193 Pic de Bacanère
Bausen
Canejan
Pic de Canejan 2654
Ribèra de Toran
N-230
Vielle-Aure
Lés
VALLE DE ARÁN
SÈRRA DE MONTLUDE
Saint-Lary-Soulan
Azet
Garin
Juzet-de-Luchon
Pic de Mauberme 2880
ESTANH DE MONTOLIU
Loudenvielle
Montauban-de-Luchon
Bagnères-de-Luchon
Bossòst
Saint-Mamet
N-141
1320
Port deth Portilhon
Arres de Jos
Ròca-Nera 2390
Vilamòs
SERRA D'ARENHO
Arenho 2522
Pic d'Arrès 2161
2 939 Pic d'Aret
LAC D'OÔ
es Bòrdes
Garona
Vilac
LAC DE CAILLAVAS
Parador de Turisme d'Arties
Salardú
Puerto de la Paz
3 029 Pic de l'Abeille
Puerto de Benasque
Gausac
Vielha
Garòs
Artiga de Lin
Parador de Turisme de Vielha
Betren
Arties
Tredòs
C-28
Banys d'Arties
Perdiguero 3221
L. DE LITEROLA
Hospital de Benasque
Pic dera Escaleta 2457
Puerto de Urdiceto
Refugi de la Renclusa
Refugi d'Artiga de Lin
Parque Posets-Maladeta
Tuca-Betrén
E
S
O
L. DE URDICETO
Posets 3371
EMBALSE DE ESTÓS
Baños de Benasque
Pico de la Maladeta
3308
Refugi de la Restanca
Refugi de Colomèrs
2974 Punta Suelza
Gistaín
L. DE LOS MILLARES
L. DE CREGÜEÑA
Túnel de Vielha
Nuevo Túnel de Vielha
Montarto
A-139
Igea 2840
EMBALSE DE PASO NUEVO
Aneto 3404
3010
Tuc de Molières
MONTES MALDITOS
LLEIDA
HUESCA
N-230
ESTANY TORT DE RIUS
ESTANYS DE COLOMÈRS
Ginqueta
Valle de Gistaín
L. CAP DE LA VALL
Bisiberri del Nord
3014
Bisiberri del Mig 3003
Pico de Barbarisa 2700
Benasque
Cerler
Pico de Vallibierna 3062
L. ANGLIOS
Maristá 2422
Residència Enher
Eriste
Anciles
Valle de Benasque
Sin
San Juan de Plan
Plan
Sahún
Pico de Cerler
Noguera Ribagorzana
Caldes
Saravillo
SIERRA DE CHIA
Eresué
Sesué
Sos
Villanova
48
Pico de Basibé 2725
Aneto
EL PONT DE SUERT
Bono
2630
Vall de Boí
1
2
3
4
5

A
B
C
D
1
2
3
4
5
28
49
TOULOUSSE
A-64
TARBES, PAU
E-80
Saint-Julien
Latrape
Castagnac
Alan
Montesquieu-Volvestre
Durfort
Brie
Palaminy
Cazères
Martres-Tolosane
Garonne
Couladère
Saint-Christaud
le Fréchet
le Fossat
Saint-Martin-d'Oydes
Boussens
le Plan
la Bastide-de-Besplas
Roquefort-sur-Garonne
Carla-Bayle
Saint-Martory
Belbèze-en-Comminges
Montbrun-Bocage
Daumazan-sur-Arize
Campagne-sur-Arize
Artigat
Escosse
Mazères-sur-Salat
Sainte-Croix-Volvestre
Cassagne
Montsaunès
Fabas
Sabarat
Pailhès
Salies-du-Salat
Betchat
Tourtouse
Camarade
le Mas-d'Azil
Montégut-Plantaurel
Figarol
Mane
Touille
Lasserre
MONTAGNE
LAC DE MONDELY
Rouède
Mercenac
Clermont
Montesquieu-Avantès
la Bastide-de-Sérou
Brassac
Castelbiague
Prat-Bonrepaux
Lorp-Sentaraille
Salat
Saleich
Saint-Lizier
Lescure
Castelnau-Durban
Saint-Martin-de-Caralp
Arbas
Saint-Girons
Serres-sur-Arget
Moulis
Eycheil
Rivèrenert
Balaguères
MASSIF DE L'APRI
le Bosc
Engomer
Lacourt
Orgibet
Argein
Saint-Lary
Soulan
Castillon-en-Couserans
Alos
Biert
Boussenac
les Bordes-sur-Lez
Aleu
Massat
le Port
Seix
Oust
Sentein
Ercé
1 762
Pic du Midi de Bordes
2 199
Pic des 3 Seigneurs
Ustou
Aulus-les-Bains
Pic de Maubermé
2880
2 838
Mont Valier
Couflens
Auzat
Vicdessos
ESTANH. DE MONTOLIU
Tuc dels Tres Comtes
2689
FRANCE
ESPAÑA
Tuc de Parros
2727
Ribera d'Unhòla
Val de Montgarri
Pic de Montaud
2496
2 277
Pic de Soubirou
2 676
Pic Rouge de Bassiès
SERRA D'ARENHO
Arenho
2522
Bosc de Bonabé
Beret
2580
Port de Tavascan
Pic de Bacivier
2547
Pic de Certascan
2854
Refugi de Certascan
Port de Lladorre
ÉTANG DE GNIOURE
C-142b
Parador de Turisme d'Arties
Salardú
C-28
Tuc de Bonabé
2720
Bonabé
Mont-roig
2864
Baqueira-Beret
Alós d'Isil
Vall d'Isil
SERRA MITJANA
Tredòs
Vaqueira
Còstes de Ruda
SERRA D'AIROTO
C-13
Tuc del Calbo
2552
Pic de Montcalm
3077
Bany d'Arties
E. DE GABARREIA
Isil
Tavascan
Pica d'Estats
3143
2 865
Pic de Malcaras
Val de Ruda
Port de la Bonaigua
2072
Ermita de Sant Joan de Gil
Refugi d'Artamont
BARRAGE DE PLA DE SOULCEM
la M. de D. de les Ares
Vall d'Àneu
Tavascan
EMB. DE TAVASCAN
Parc Natural
Sorpe
Gavàs
Montarenyo
2593
Ref. de Vall Ferrera
Pica Roja
2902
Ordino-Arcalís
Montarto
2826
Refugi de Colomèrs
Pui de la Bonaigua
2776
València d'Àneu
Esterri d'Àneu
SERRA DE CAMPIRME
Vall d'Estaon
Lladorre
Vall de Cardós
de l'Alt Pirineu
Pic d'Arcalís
2780
ESTANYS DE COLOMÈRS
Son
Llavorre
SERRA DEL MONTEIXO
Monteixo
2905
Parc Natural de les Valls de Coma Pedrosa
Lladrós
Esterri de Cardós
Pic de Coma Pedrosa
2942
la Creu de Colomèrs
2930
Montcaubo
2290
Areu
Arinsal
Xalet d'Arnitges
Sant Maurici
la Guingueta d'Àneu
Vall d'Espot
Pla de Negua
Vall de Tor
Tor
Erts
Residència
Portarró d'Espot
Refugi Ernest Mallafré
Gran Encantat
2745
Espot
Noguera Pallaresa
Vall Ferrera
Arinsal
c Nacional d'Aigüestortes i Estany de Sant Maurici
Ribera de Cardós
SERRAT DE CAPIFONTS
2328
Port de Cabús
Escàs
la Ma
Refugi J.M. Blanc
Espot Esquí
Alins
Pal
Sispony
Escaló
Sant Pere de Burgal
Pic de la Peguera
2982
Bosc de Virós
Pic de Salòria
2789
ANDORRA LA VELLA
PIRINEOS
PYRÉNÉES

TOULOUSSE
Saverdun
Pech-Luna
la Cassaigne
Fanjeaux
Montréal
Belpech
Ribouisse
L'Asserre-de-Prouille
Montaut
le Vernet
Gaudiès
Plaigne
Orsans
Bonnac
Cailhau
Plavilla
Viviès
Lapenne
Hounoux
Belvèze-du-Razès
Malviès
Bézac
Hers
Bellegarde-du-Razès
Lauraguel
Alaigne
Pamiers
Manses
la Tour-du-Crieu
Mirepoix
Saint-Jean-du-Falga
les Pujols
Rieucros
Besset
Caudeval
Vernolle
Malras
Villelongue-d'Aude
Benagues
Tourtrol
Lagarde
la Digne-d'Aval
Arvigna
la Bastide-de-Bousignac
la Digne-d'Amont
Magrie
Varilhes
Rieux-de-Pelleport
Saint-Félix-de-Rieutord
Dalou
Camon
Roquetai
Dun
Saint-Quentin-la-Tour
Saint-Benoît
Crampagna
Aigues-Vives
BARRAGE DE MONTBEL
Bouriège
Léran
Tabre
Montbel
Chalabre
Col del Bouich 599
Varnajoul
Carla-de-Roquefort
Sautel
Laroque-d'Olmes
la Bastide-sur-l'Hers
le Peyrat
Sainte-Colombe-sur-l'Hers
Rivel
Rouvenac
Foix
Soula
Lesparrou
Ganac
Péreille
Lavelanet
Puivert
Montgaillard
Montségur
Saint-Jean-d'Aigues-Vives
l'Aiguillon
Nébias
Col de la Babourade 655
Bélesta
Col du Portel 601
Quillan
Saint-Paul-de-Jarrat
Montferrier
Villeneuve-d'Olmes
Ginoles
Montoulieu
N-20
Fougax-et-Barrineuf
Montségur
Belvis
Arignac
Mercus-Garrabet
E-09
Arnave
Tarascon-sur-Ariège
Belcaire
Espezel
▲2 348 Pic de Saint Barthélemy
Camurac
Rodome
Niaux
Verdun
les Cabannes
Vèbre
Aston
Garanou
1 851▲ Pic de Serembarre
Escouloubre
Siguer
Luzenac
Ax-les-Thermes
Rouze
Ax-les-Thermes
Quérigut
Orlu
2 542▲ le Roc Blanc
Puyvalador
Mérens-les-Vals
LAC DE NAGUILLES
Formiguères
▲2 783 Pic de Ruille
▲2 810 Pic Peric
Pic de la Serrera
2911
FRANCE
ANDORRA
Port d'Alba
Parc Natural de la Vall de Sorteny
2915 Pic de l'Estanyó
l'Hospitalet-près-l'Andorre
▲2 818 Pic de la Cabanette
2 842▲ Pic Pédrous
ÉTANG DE LANOUS
Matemale
les Angles
LA PORTELLA
Tunnel de Puimorens
2 921▲ Pic Carlit
LAC DE BOUILLOUSES
LAC DE MATEMALE
la Solana
Col de Puymorens 1 915
Soldeu
Soldeu-el Tarter
Cànillo
Tossal de la Llosada 2548 ▲
Ordino
Túnel d'Envalira
Pas de la Casa
Porté-Puymorens
la Llagonne
Port d'Envalira 2409
Encamp
Pas de la Casa-Grau Roig
Porta
Mont-Louis
Bolquère
CG-2
LA SEU D'URGELL
ESTANY DE PESSONS
SERRA DE
PUIGCERDÀ
50
PUIGCERDÀ
Egat
Font-Romeu
Pic de Pessons 2865
Escaldes
31
31
1
2
3
4
5
A
B
C
D
A
B
C
D
S D U P L A N T A U R E L
É E S P Y R É N É E S
N-20
A-66
E-09

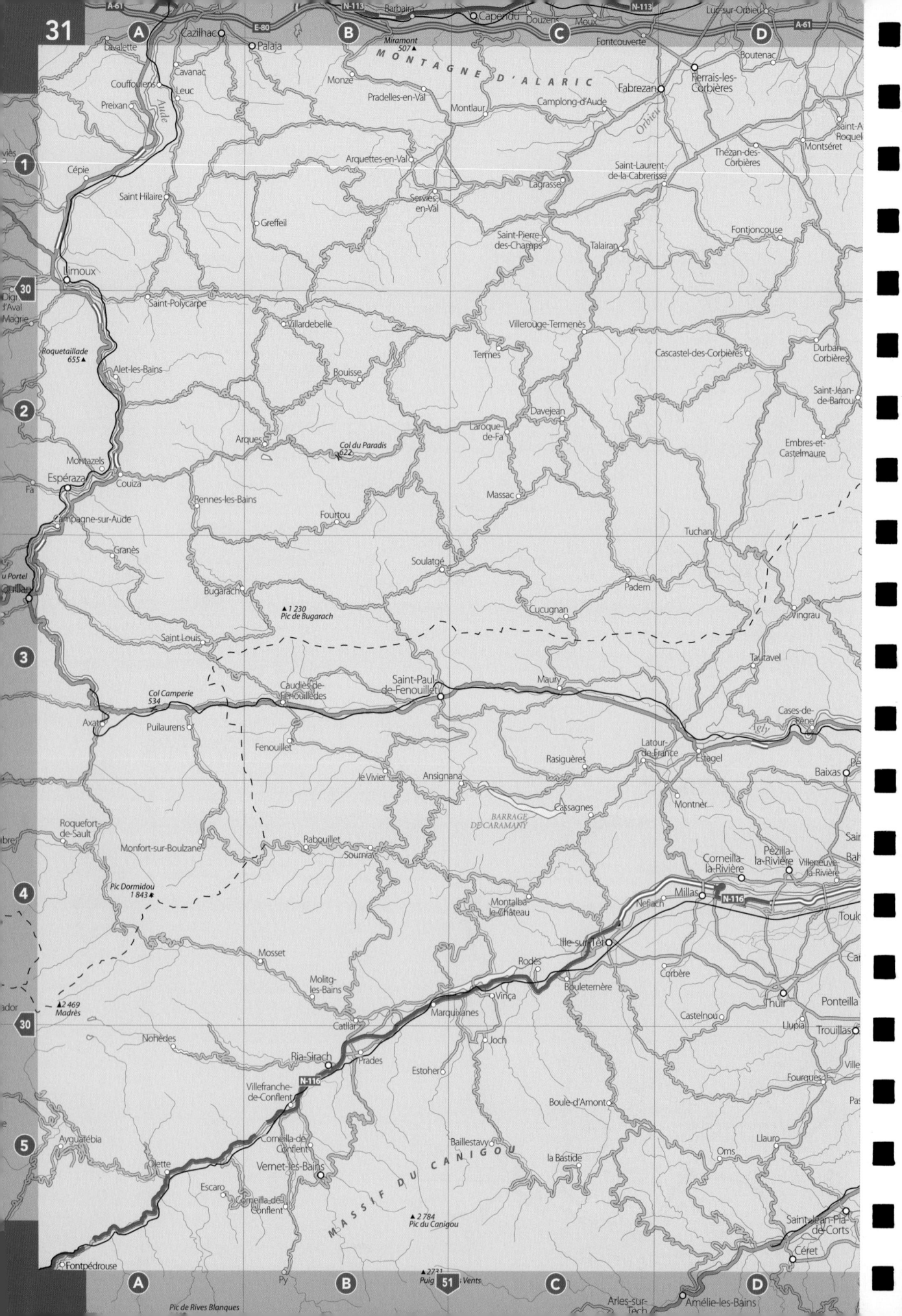
31
A
B
C
D
1
2
3
4
5
30
51
A-61
E-80
N-113
N-116
Cazilhac
Palaja
Lavalette
Barbaira
Capendu
Douzens
Moux
Luc-sur-Orbieu
Fontcouverte
Miramont
507
MONTAGNE D'ALARIC
Boutenac
Ferrais-les-Corbières
Fabrezan
Cavanac
Couffoulens
Leuc
Monze
Pradelles-en-Val
Montlaur
Camplong-d'Aude
Preixan
Aude
Orbieu
Saint-A
Roquel
Montséret
Thézan-des-Corbières
Arquettes-en-Val
Cépie
Saint Hilaire
Saint-Laurent-de-la-Cabrerisse
Lagrasse
Serviès-en-Val
Greffeil
Saint-Pierre-des-Champs
Talairan
Fontjoncouse
Limoux
Saint-Polycarpe
Villardebelle
Villerouge-Termenès
Roquetaillade
655
Termes
Cascastel-des-Corbières
Durban-Corbières
Alet-les-Bains
Bouisse
Saint-Jean-de-Barrou
Davejean
Laroque-de-Fa
Arques
Col du Paradis
622
Embres-et-Castelmaure
Montazels
Espéraza
Couiza
Massac
Rennes-les-Bains
Fourtou
Campagne-sur-Aude
Tuchan
Granès
Soulatgé
Padern
Bugarach
1 230
Pic de Bugarach
Cucugnan
Vingrau
Saint Louis
Tautavel
Col Camperie
534
Caudiès-de-Fenouillèdes
Saint-Paul-de-Fenouillet
Maury
Axat
Puilaurens
Cases-de-Pène
Agly
Fenouillet
Latour-de-France
Estagel
Rasiguères
le Vivier
Ansignana
Baixas
Montner
BARRAGE DE CARAMANY
Cassagnes
Roquefort-de-Sault
Monfort-sur-Boulzane
Rabouillet
Sournia
Corneilla-la-Rivière
Pézilla-la-Rivière
Villeneuve-la-Rivière
Pic Dormidou
1 843
Millas
Néfiach
Montalba-le-Château
Ille-sur-Têt
Mosset
Rodès
Corbère
Molitg-les-Bains
Bouleternère
Thuir
Ponteilla
2 469
Madrès
Vinça
Marquixanes
Castelnou
Catllar
Llupia
Trouillas
Nohèdes
Joch
Ria-Sirach
Prades
Estoher
Villefranche-de-Conflent
Fourques
Boule-d'Amont
Ayguatébia
Corneilla-de-Conflent
Baillestavy
Llauro
Oms
Olette
Vernet-les-Bains
MASSIF DU CANIGOU
la Bastide
Escaro
2 784
Pic du Canigou
Saint-Jean-Pla-de-Corts
Céret
Fontpédrouse
Py
2 731
Puig
Vents
Pic de Rives Blanques
Arles-sur-Tech
Amélie-les-Bains

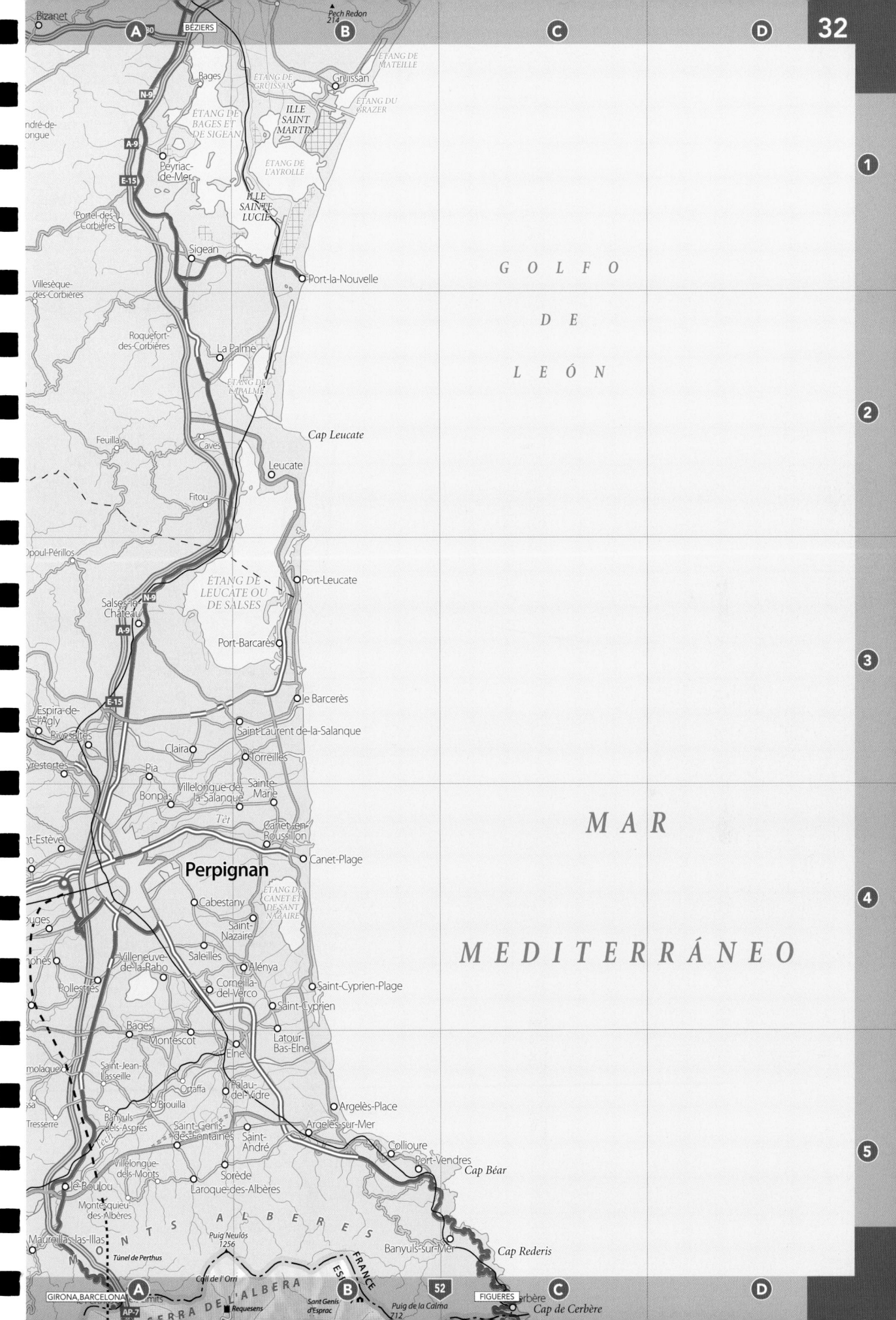
GOLFO
DE
LEÓN
MAR
MEDITERRÁNEO
Perpignan
Béziers
Bizanet
Pech Redon
214
Bages
ÉTANG DE GRUISSAN
Gruissan
ÉTANG DE MATEILLE
ÉTANG DU GRAZER
ILLE SAINT MARTIN
ÉTANG DE BAGES ET DE SIGEAN
Peyriac-de-Mer
ÉTANG DE L'AYROLLE
ILLE SAINTE LUCIE
Portel-des-Corbières
Sigean
Port-la-Nouvelle
Villesèque-des-Corbières
Roquefort-des-Corbières
La Palme
ÉTANG DE LA PALME
Feuilla
Caves
Cap Leucate
Leucate
Fitou
Opoul-Périllos
ÉTANG DE LEUCATE OU DE SALSES
Port-Leucate
Salses-le-Château
Port-Barcarès
le Barcarès
Espira-de-l'Agly
Rivesaltes
Saint-Laurent-de-la-Salanque
Claira
Torreilles
Pia
Villelongue-de-la-Salanque
Sainte-Marie
Bonpas
Têt
Canet-en-Roussillon
Canet-Plage
Cabestany
ÉTANG DE CANET ET DE SAINT NAZAIRE
Saint-Nazaire
Saleilles
Villeneuve-de-la-Raho
Alénya
Pollestres
Corneilla-del-Vercol
Saint-Cyprien-Plage
Saint-Cyprien
Bages
Montescot
Latour-Bas-Elne
Elne
Saint-Jean-Lasseille
Ortaffa
Palau-del-Vidre
Brouilla
Argelès-Plage
Tresserre
Banyuls-dels-Aspres
Saint-Genis-des-Fontaines
Saint-André
Argelès-sur-Mer
Tech
Collioure
Port-Vendres
Cap Béar
Villelongue-dels-Monts
Sorède
le Boulou
Laroque-des-Albères
Montesquieu-des-Albères
MONTS ALBERES
Maureillas-las-Illas
Puig Neulós
1256
Túnel de Perthus
Banyuls-sur-Mer
Cap Rederis
Coll de l'Orri
SERRA DE L'ALBERA
FRANCE
ESPAÑA
Requesens
Sant Genís d'Esprac
Puig de la Calma
712
Cerbère
Cap de Cerbère
GIRONA, BARCELONA
FIGUERES
A-9
N-9
E-15
AP-7
52
A
B
C
D
1
2
3
4
5

A   B   C   D

ILLA DE SÁLVO 13

Punta Abelleira

O Correiro
Meloxo
A Graña   Reboredo   Balea

Praia da Lanzada

Aeródromo
da Lanzada
Vilalonga

Nosa Sra. da Lanzada

Punta Faxilda

Parque Nacional
ILLA DE ONS
Illas Atlánticas
de Galicia

Puntal da Porta

ILLA DE ONCETA

Quintáns Barrantes Meis

VRG-4.1 Covas

O Couto
de Abaixo   O Couto
de Arriba   Monasterio

PO-550   Armenteira   MONTE

Salgueiró   Valboa   As Covas (Meaño)

Empalme   Lores   Combarro

Adina   Nantes   Samieira   PO-308   Po

Barrosa   Padriñán   Dorrón

Sanxenxo   Raxó   Marín

Portonovo

Punta de Elmo   PONTEVEDRA

Baguín

Montecelo   Seixo

RÍA DE   Piñeiro

Punta Arbosa   PO-551   Allariz

Beluso   Bueu   Sabariño   MORRAZO   Do
624

Punta de Osas   Bono   PO-315   Broullón   Palmás

Ría de Aldán   Portela   Meira   Dor

Vilanova   Menduíña   Piñeiro   PENÍNSULA DO   Ribeira

Pinténso   Aldán   Vilariño   Coiro   Moaña

Donóns   Hío   Darbo   San Pedro   Espírito Santo   Estreito   Ar

Nerga   Cangas   Vilela   A Guía   Cha

Faro de las Islas Cíes

Punta Caballo   VIGO   Vigo

Punta Subrido   DE   Alcabre

ILLAS CÍES   Cabo do Mar   Castrelos   Lava

Gándara   Navia

Cabo Bicos   Rochaso   Coruxo   PO-552   Matama   Beade
Comesaña   Babio

RÍA   Esténz   Fragoselo   VG-20   Valadares

Outeiro   Freixo   10

Ferro   Navás   Garrida   AG-57   Zamáns

Panxón   Vilameán (Nigrán)   Salgueiro   17

Ría de Baiona   PO-332   Camos   Vincios

VAL   Nigrán   Vincios   Erbia

Baiona   MIÑOR   Parada

Monterreal   11   Barada

Parador de Turismo   Nigrán   Vilaza   Vilas

de Baiona   Gondomar   Mo

Cabo Silleiro   Ramallosa   Río

Baredo   Sabarís   Donas   San Xosé   Miñor

Belesar   Urxal   Peiteiros

Punta Centinela   Granxa   Couso

PO-552   San Cibrán   PO-340

Parque Natural
Monte Aloia

Mougás   Malvás   Balnea
Caldas

San T

Viladesuso   Lousado   Tebra

Punta Orelluda   613   Peseglueiro

Torroña   Cristelos   Vilameán   Tebra

Pedornes   Are

Oia   Barrantes   PO-351   Piñeiro

Arrabal (Oia)   Burgueira   Vilachán   Seixo   Cur
Tomiño

San Sebastián   Loureza   Vilachán   Amorín

Tomiño   Vila Me

Sta. Comba   Estáos   Campos   E-01

Sanxián   Figueiró   Reboreda   Noqueira

S. Martiño   Goián   PO-552   Lovelhe   Cornes   A3-IP1

Viso dos Eidos   Fornelos   Vila Nova   Candemil
de Cerveira

Punta Bazar   Calvario   Amorín   Lóivo   302   Gondar
Bagoada   EN 303   13

Pancenteo   As Eiras   Pousada de   Gondarém   Gavea   Gondar
Gándara   Dom Dinis   IC-1   Valinho

A Guarda/   Salcidos   Tabagón   Lanhelas   Sopo   Mentréstido
La Guardia   France   Covas

Pasaxe   Seixas   Vilar de   Río   Cou

Castro de Sta. Tegra   Camposáncos   Mauros   ARGA

Punta dos Picos   Caminha   301   Arga de
São João

Praia de Moledo   13   Cristelo   Venade   Arga de Baixo

Moledo   Azevedo   Chão do Porto   Arga de Cima

Vilarinho   Vila Praia   Vila Verde   So DE
de Âncora   Gondar

A28-IC1   Vila

Praia de Ancora   305   Âncora   Orbacém

Viso   Amonde   Covas
Lariã
PORTO   Amonde   Estorão
13   Valadares

O   C   É   A   N   O   A   T   L   Á   N   T   I   C   O

A   B   53   C   D

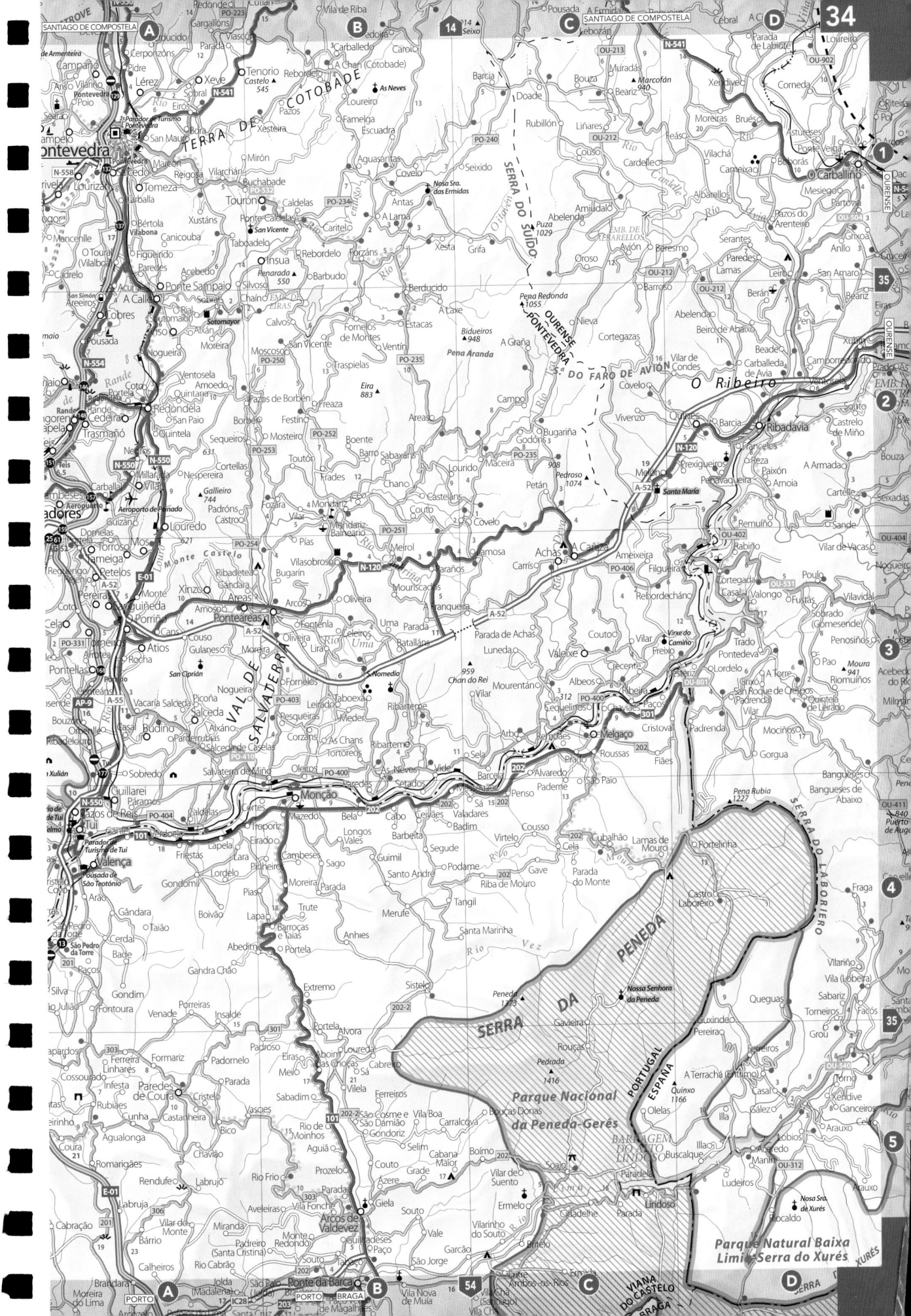
SANTIAGO DE COMPOSTELA
A
B
C
D
14
Seixo
Pontevedra
TERRA DE COTOBADE
Tenorio
Xeve
Lérez
Campaño
Parador de Turismo Pontevedra
N-541
N-550
N-554
N-558
N-120
A-52
AP-9
A-55
E-01
PO-223
PO-240
PO-532
PO-234
PO-250
PO-235
PO-252
PO-253
PO-254
PO-251
PO-403
PO-404
PO-400
PO-410
PO-406
PO-331
OU-213
OU-212
OU-902
OU-504
OU-402
OU-531
OU-801
OU-404
OU-411
OU-540
OU-312
Mirón
Tourón
Caldelas
Ponte Caldelas
San Vicente
Insua
Penarada 550
Barbudo
Ponte Sampaio
Sotomayor
Redondela
Rande
Cedeira
Trasmañó
Aeroporto de Peinado
Gallieiro 744
Louredo
Mos
Monte Castelo
Porriño
Ponteareas
Atios
San Ciprián
Budiño
Salceda
VAL DE SALVATERRA
Salvaterra de Miño
Tui
Parador de Turismo de Tui
Valença
Pousada de São Teotónio
Monção
Mondariz
Mondariz-Balneario
Covelo
Eira 883
Pena Aranda
Bidueiros 948
Pena Redonda 1055
SERRA DO SUÍDO
Puza 1029
EMB. DE ALBARELLOS
Nosa Sra. das Ermidas
As Neves
O Carballiño
Pazos do Arenteiro
Ribadavia
O Ribeiro
S.a DO FARO DE AVIÓN
OURENSE
PONTEVEDRA
Pedroso 1074
Santa María
A Cañiza
Melón
Marcofán 940
Castelo 545
Arbo
Melgaço
Cortegada
Virxe do Camiño
Chan do Rei 959
Moura 941
Pena Rubia 1227
SERRA DO LABOREIRO
SERRA DA PENEDA
Peneda 1373
Nossa Senhora da Peneda
Castro Laboreiro
Pedrada 1416
Quinxo 1166
PORTUGAL
ESPAÑA
Parque Nacional da Peneda-Gerês
BARRAGEM DO ALTO LINDOSO
Lindoso
Soajo
Arcos de Valdevez
Ponte da Barca
Paredes de Coura
Parque Natural Baixa Limia-Serra do Xurés
Nosa Sra. de Xurés
Rio Vez
Rio Lima
Rio Minho
Rio Avia
Rio Miño
VIANA DO CASTELO
BRAGA
PORTO
54
35
1
2
3
4
5

A
B
C
D
1
2
3
4
5
34
15
55
LUGO
OURENSE
SANTIAGO DE COMPOSTELA
VIGO
VILA REAL
Monforte de Lemos
Parador de Turismo de Monforte
Ourense/
Orense
Celanova
Allariz
Maceda
Xinzo de Limia/
Ginzo de Limia
Verín
Bande
Montalegre
VAL DE PEROXA
VAL DE LEMOS
A LIMIA
Val de Laza
SERRA DE SAN MAMEDE
Monteira
ESPAÑA
PORTUGAL
EMB. DE CASTRELO DE MIÑO
EMBALSE DAS SALAS
EMB. DAS CONCHAS
EMB. DE CHANDREXA DE QUEIXA
EMB. DE LEBOREIRO
EMB. DE EDRADA
EMBALSE DOS PEARES
Río Sil
Río Miño
Río Limia
Río Arnoia
Río Loña
Río Támega
N-120
N-525
N-540
N-541
N-532
A-52
LU-901
LU-546
LU-601
OU-901
OU-204
OU-536
OU-540
OU-404
OU-531
OU-300
OU-301
OU-302
OU-304
OU-101
OU-104
OU-103
OU-110
OU-113
OU-411
Parador de Turismo de Santo Estevo
Mosteiro de San Pedro de Rocas
Parador de Turismo Monterrei
Paço de los Fidalgos de Vilar de Perdizes
Antiguas mamoas
Os Milagres do Medo
Alto de Couso 701
Alto do Rodicio 950
Alto de Vieiro 850
Puerto de Outeiro de Augas 840
porto de Estivadas 849
Meda 1323
Canteras 752
Penadedra 1023
Taboazas 998
Santomé 1070
Cabeço Alto 1399
Larouco 1525
Moura 941
Cudioso 680
Martiniano 1042
Barrán
Piñor
Freás
Covas
San Cristovo de Cea
Biduedo
Faramontaos
Boimorto
Reádegos
Vilarrubín
Cinconogueiras
Carracedo
A Peroxa
Tamallancos
Cambeo
Bóveda
Rouzós
Amoeiro
Loureiro
Vilamarín
Armental
Búbal
Vilaquinte
Oleiros
Ferreirúa
Luíntra
San Estevo de Ribas de Sil
Pombeiro
Acedre
Pantón
Ferreira
Canaval
Sober
Proendos
Gundibós
Marcelle
Bolmente
Brosmos
Santiorxo
Lobios
Doade
Parada de Sil
Vilar de Cerreda
Vilatuxe
Loña do Monte
Gomariz
Faramontaos
Velle
San Benito
Sabadelle
Pereiro de Aguiar
Castadón
Cachamuíña
Cudeiro
Canedo
Untes
Reza
Requeixo
Mugares
Roma
Toén
Parada
Moreiras
Airas
Barbadás
Cima de Vila
Trasalba
Palmés
Punxín
Arrabaldo
Barbantes
Eiras
Rabazamonde
Puga
Freás
Macendo
Meixo
Xestosa
Ramirás
Bouza
Santo Tomé
Trelle
Bentraces
Vilanova
Rante
Noalla
Ponte Noalla
Reboredo
Belmonte
San Cibrao das Viñas
Calvos
Pereiras
Santa Locaia
Solveira
Siabal
Mourisco
Zorelle
Niñodaguía
Folgoso
Calvelle
Esgos
Ordelles
Rocas
Cebreiros
Trios
Covas
Pardeconde
Xunqueira de Espadanedo
Seoane Vello
Pradomao
Forcas
Celeirós
Marrubio
Montederramo
Paredes
Queixa
Tioira
Foncuberta
Baños de Molgas
Xinzo da Costa
Castro de Escuadro
Vide
Froufe
Santa Eufemia
Sanguñedo
Betán
Paderne de Allariz
Armariz
Vilar de Flores
Coira
Gundiás
Urrós
Proente
Queiroás
Soutomaior
Taboadela
Touza
Currás
Vereo
Xinzo de Teixugueiras
Soutopenedo
Sabucedo de Montes
Parderrubias
A Seara
Seixadas
Outomuro
Nogueira
Anfeoz
Espiñoso
Solveira
A Merca
A Manchica
Penela
Picouto
Mosteiro
Vilanova
Barxa
Olás de Vilariño
Soutomel
Corvillón
Podentes
A Bola
Acebedo do Río
Milmanda
Amoroce
A Veiga
Berredo
Barracel
Torneiros
San Martiño de Pazo
Amiadoso
Orraca
Xunqueira de Ambía
Cerdeira
Pazos de Abeleda
Bustelo
A Graña
Casasoá
Bustelino
Sobradelo
Miamán
Calvelo
Seiró
Maus
Porto
Bóveda
Gomareites
Vilar de Barrio
Rebordechao
Riobó
Prado
Codesedo
Pazos
Pineira de Arcos
Cardeita
Pegas
Laioso
Nigueiroá
Guillamil
Lampaza
Gontán
Cexo
Orille
Carballo (Verea)
Candás
Outeiro
Cerredelo
Couso
Sandiás
Cortegada
Folgoso
Albergueria
Padroso
Perrelos
A Pena
Solveira
Sarreaus
Freande
Freixo
Carrajo
Castro de Laza
Souteio Verde
Lodoselo
Nocelo da Pena
Vilaseca
Abavides
Escornabois
Cima de Vila
Trez
Laza
Souteliño
Retorta
Matamá
Rairiz de Veiga
Vilar de Santos
Vilariño das Poldras
Casas de Veiga
Santabaia
Saínza de Abaixo
Ordes
Morgade
Baronzás
Aldea de Arriba
Corvelle
Martiñán
Santa Comba
Nigueiroá
Montelongo
Santa Comba
San Vitorio
Toxal
Sabucedo
As Lamas
Rebordechao
Paredes
Porqueira
Ganade
A Forxa
Parada de Ribeira
San Pedro
Sobreganade
Vilar
Covelas
Blancos
Laroá
Fiestras
Loureses
Rasmiras
Vilar de Rei
Rabal
A Saúde
Arcucelos
Nocedo do Val
Vilá
Fontearcada
Lobás
Serois
Barxes
Mugueimes
Muíños
Pintás
Pexeiros
Vilar de Lebres
Cualedro
Panaverde
Rebordondo
Vences
Castrelo
Enfesta
Estevesiños
Tintores
Vilamaior
Mixós
Caldeliña
Montes
Guimarei
San Martiño
Albarellos
Monterreio
Pousa
Pazos
Calvos de Randín
Feás
Covas
Baltar
Niñodaguía
Lucenza
Prado
Rioseco
San Antonio
Tosende
Vilamaior da Boullosa
Saceda
Sandín
A Caridade
Vilaza
Rubiás dos Mistos
Abades
San Paio
Pedrosa
Flariz
Salgueira
Queizás
Veiga das Meás
Redelas
Guntumil
Tourém
Randín
A Madanela
Xironda
San Cristovo
Medeiros
O Rosal
Tamagos
Vilar
Sendim
Padrosos
Padornelos
Vilar de Perdizes
A Granxa
Casas dos Montes
Oímbra
Vilar de Cervos
Pitões das Júnias
Sabuzedo
Gralhas
Santo André
Espiño
Tamaguelos
Mourilhe
Donões
Meixedo
Solveira
Videferre
Bousés
Cambedo
Mandín
Soutelinho da Raia
Vilarelho da Raia
Sezelhe
Bueinos
Vales
Aguada
Carballo
A Barrela
Castro Carballo
Erbedeiro
Santa Marina
Golán
Seoane
Ribasaltas
Distriz
Pineira
Monte
Gullade
Meda
Lobanes
Lamas
Piteira
Pol
Seoane
Arcos
Bolo
Louredo
Dacón
Maside
Lago
Touza
Parada
Vilamoureo
Cruceiro
Salamonde
Fontefría
Vilarnazo
Gustei
Sobral
Ribela
Vilar
Condado
Melias
Graices
Ferreiras
Vilarchao
Cova
Pombaro
Areixeiro
Chandrexa
Abelenda

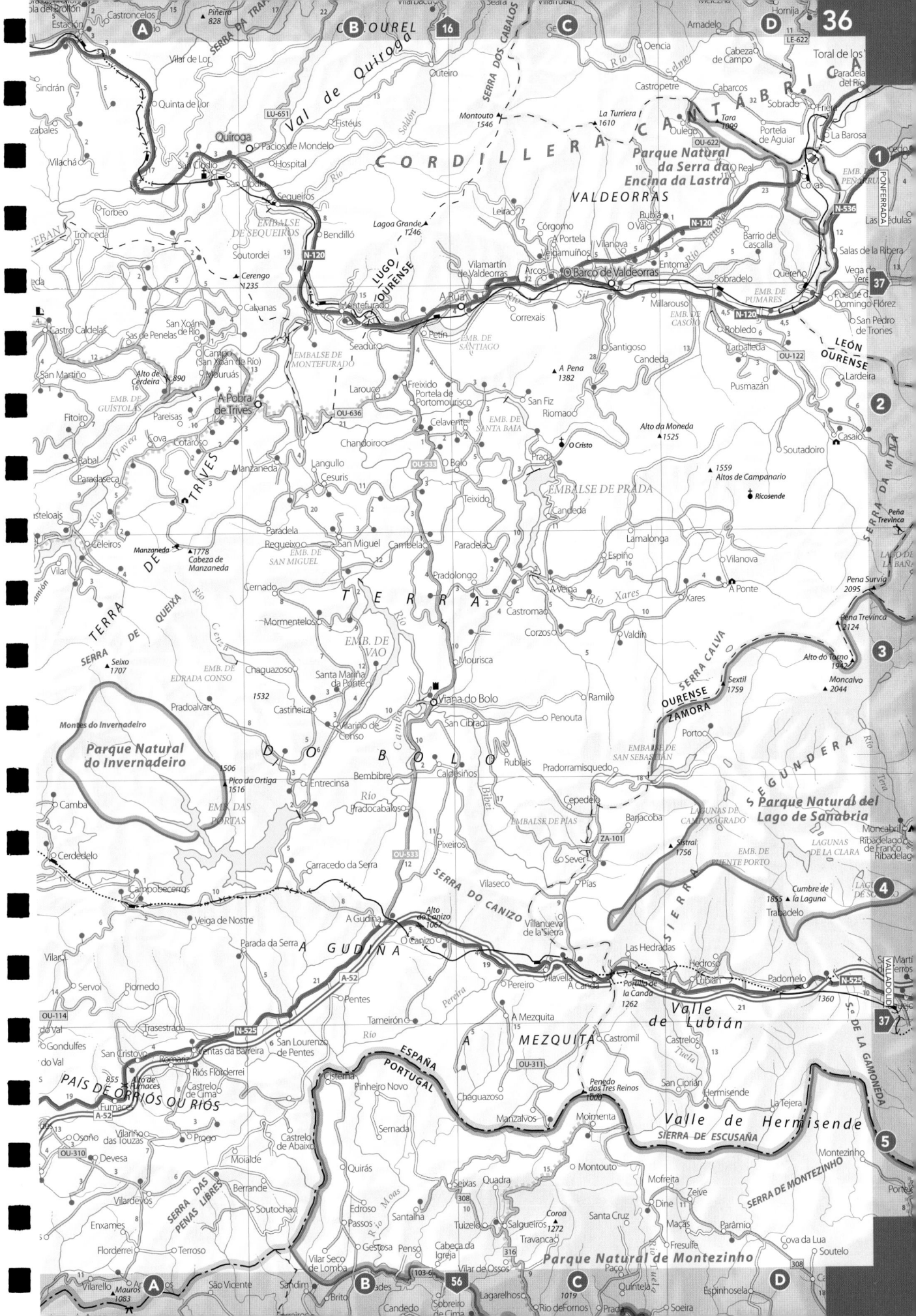
A
B
C
D
COUREL
16
Castroncelos
Estación
Piñeiro 828
SERRA DA TRAPA
Val de Quiroga
SERRA DOS CABALOS
Oencia
Arnadelo
Hornija
LE-622
Toral de los
Cabeza de Campo
Paradela del Río
Castropetre
Cabarcos
Sobrado
Friera
Vilar de Lor
Outeiro
Sindrán
Quinta de Lor
LU-651
Fisteús
Soldón
Montouto 1546
La Turriera 1610
Tara 1099
Oulego
Portela de Aguiar
La Barosa
Vilachá
Quiroga
Pacios de Mondelo
Hospital
CORDILLERA CANTÁBRICA
OU-622
Parque Natural da Serra da Encina da Lastra
Real
Covas
PONFERRADA
San Clodio
Sequeiros
VALDEORRAS
Torbeo
Tronceda
EMBALSE DE SEQUEIROS
Bendilló
Lagoa Grande 1246
Leira
Córgomo
A Portela
Rubiá
O Val
N-120
N-536
Las Médulas
Barrio de Cascalla
Salas de la Ribera
Soutordei
Veigamuíños
Vilanova
Entoma
Cerengo 1235
LUGO
OURENSE
Vilamartín de Valdeorras
Arcos
Barco de Valdeorras
Sobradelo
Quereño
Vega de Yeres
37
Cabanas
Montefurado
A Rúa
Correxais
Sil
Millarouso
EMB. DE PUMARES
Puente de Domingo Flórez
San Xoán de Río
Castro Caldelas
Sas de Penelas
Campo (San Xoán de Río)
Mouruás
Seadur
Petín
EMB. DE SANTIAGO
EMB. DE CASOIO
Robledo
San Pedro de Trones
Santigoso
Candeda
Carballeda
OU-122
LEÓN
OURENSE
EMBALSE DE MONTEFURADO
San Martiño
Alto de Cerdeira 890
A Pena 1382
Lardeira
Pusmazán
Freixido
Portela de Portomourisco
Larouco
San Fiz
Riomao
EMB. DE GUÍSTOLAS
A Pobra de Trives
OU-636
Fitoiro
Pareisas
Celavente
EMB. DE SANTA BAIA
Alto da Moneda 1525
Casaio
Cova
Cotaroso
Chandoiro
O Cristo
Soutadoiro
Rabal
TRIVES
Langullo
O Bolo
Prada
OU-533
Manzaneda
Paradaseca
Cesuris
1559 Altos de Campanario
EMBALSE DE PRADA
Ricosende
SERRA DA MINA
Teixido
Candeda
Peña Trevinca
Paradela
Lamalonga
Requeixo
San Miguel
Cambela
Paradela
Celeiros
Manzaneda
1778 Cabeza de Manzaneda
EMB. DE SAN MIGUEL
Espiño
Vilanova
Vilar
TERRA DE QUEIXA
Pradolongo
Pena Survia 2095
Cernado
TERRA
A Veiga
Río Xares
A Ponte
Xares
Castromao
Mormentelos
Corzos
Valdín
Pena Trevinca 2124
EMB. DE VAO
SERRA CALVA
Seixo 1707
Mourisca
Alto do Torno 1942
EMB. DE EDRADA CONSO
Chaguazoso
Santa Mariña da Ponte
Sextil 1759
Moncalvo 2044
1532
Viana do Bolo
Ramilo
OURENSE
ZAMORA
Pradoalvar
Castiñeira
Penouta
Montes do Invernadeiro
Vilariño de Conso
San Cibrao
Porto
DO BOLO
EMBALSE DE SAN SEBASTIÁN
SEGUNDERA
Parque Natural do Invernadeiro
1506
Pico da Ortiga 1516
Rubiais
Pradorramisquedo
Entrecinsa
Bembibre
Caldesiños
Cepedelo
Parque Natural del Lago de Sanabria
Camba
EMB. DAS PORTAS
Pradocabalos
EMBALSE DE PÍAS
Barjacoba
LAGUNAS DE CAMPOSAGRADO
Moncabril
Ribadelago de Franco
Ribadelago
Pixeiros
ZA-101
Sistral 1756
LAGUNAS DE LA CLARA
Cerdedelo
Sever
EMB. DE PUENTE PORTO
Carracedo da Serra
SERRA DO CANIZO
Vilaseco
Pías
Campobecerros
Cumbre de la Laguna 1855
Trabadelo
Veiga de Nostre
A Gudiña
Alto do Canizo 1067
Villanueva de la Sierra
SIERRA
Parada da Serra
A GUDIÑA
Canizo
Las Hedradas
Hedroso
Vilar
Vilavella
A Canda
Lubián
Padornelo
N-525
VALLADOLID
Servoi
Piornedo
Pereiro
Portilla de la Canda 1262
1360
A-52
Pentes
Valle de Lubián
OU-114
Tameirón
A Mezquita
37
Trasestrada
A MEZQUITA
Castromil
Castrelos
Gondulfes
San Lorenzo de Pentes
SIERRA DE LA GAMONEDA
San Cristovo
Romariz
Ventas da Barreira
OU-311
ESPAÑA
PORTUGAL
Ríos Florderrei
Alto de Fumaces
Castrelo de Cima
Cisterna
Pinheiro Novo
Penedo dos Tres Reinos 1000
San Ciprián
PAÍS DE ORRIÓS OU RÍOS
Fumaces
Chaguazoso
Hermisende
La Tejera
Manzalvos
Moimenta
Valle de Hermisende
Sernada
SIERRA DE ESCUSAÑA
Osoño
Vilariño das Touzas
Progo
Castrelo de Abaixo
OU-310
Devesa
Moialde
Montouto
Montezinho
Quirás
SERRA DE MONTEZINHO
Mofreita
SERRA DAS PENAS LIBRES
Berrande
Seixas
Quadra
Zeive
Vilardevós
Soutochao
308
Dine
Edroso
Santalha
Santa Cruz
Enxames
Passos
Tuizelo
Salgueiros
Coroa 1272
Maças
Parâmio
Travanca
Florderrei
Terroso
Gestosa
Penso
Cabeça da Igreja
Fresulfe
Cova da Lua
Soutelo
316
Vilar Seco de Lomba
Vilar de Ossos
Parque Natural de Montezinho
Paço
308
Vilarello
Mauros 1083
São Vicente
Sandim
103-6
56
Quintela
Espinhosela
Brito
Sobreiro de Cima
Lagarelhos
1019
Rio de Fornos
Prada
Soeira
Candedo
1
2
3
4
5

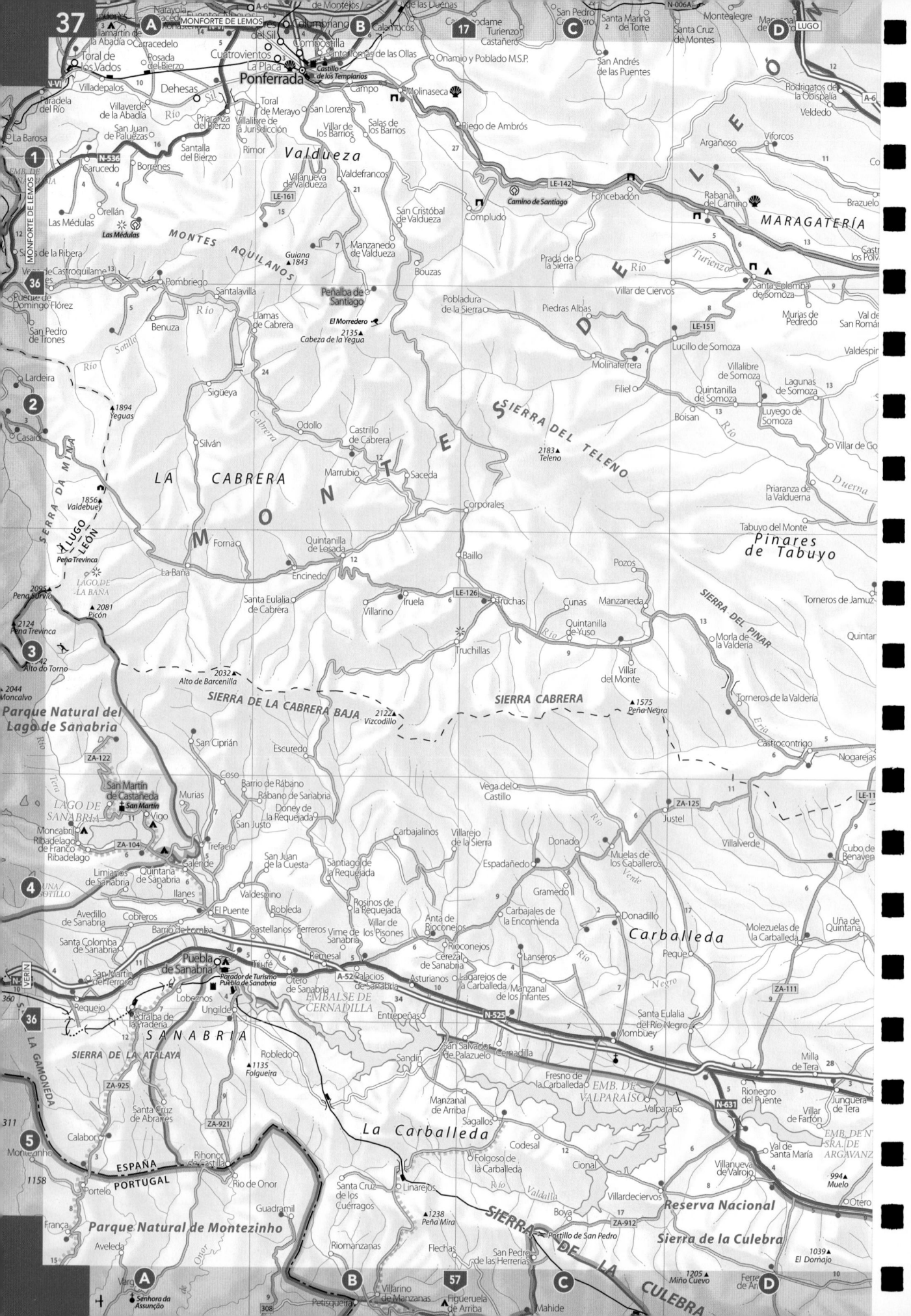
MONFORTE DE LEMOS
Ponferrada
Columbrianos
Compostilla
Cuatrovientos
La Placa
Castillo de los Templarios
Santo Tomás de las Ollas
Onamio y Poblado M.S.P.
Camponaraya
Carracedelo
Toral de los Vados
Posada del Bierzo
Villadepalos
Dehesas
Paradela del Río
Villaverde de la Abadía
San Juan de Paluezas
Priaranza del Bierzo
Villalibre de la Jurisdicción
Toral de Merayo
San Lorenzo
Campo
Molinaseca
Villar de los Barrios
Salas de los Barrios
Riego de Ambrós
Rimor
Santalla del Bierzo
Borrenes
La Barosa
Carucedo
Valdueza
Villanueva de Valdueza
Valdefrancos
Orellán
Las Médulas
San Cristóbal de Valdueza
Compludo
Camino de Santiago
Foncebadón
Rabanal del Camino
MARAGATERÍA
Turienzo Castañero
San Pedro Castañero
Santa Marina de Torre
Montealegre
Santa Cruz de Montes
San Andrés de las Puentes
LUGO
Rodrigatos de la Obispalía
Veldedo
Argañoso
Viforcos
Brazuelo
MONTES AQUILANOS
Guiana 1843
Manzanedo de Valdueza
Bouzas
Peñalba de Santiago
Prada de la Sierra
Santa Colomba de Somoza
Villar de Ciervos
Sorbeda de la Ribera
Castroquilame
Pombriego
Santalavilla
Puente de Domingo Flórez
San Pedro de Trones
Benuza
Llamas de Cabrera
El Morredero
2135 Cabeza de la Yegua
Pobladura de la Sierra
Piedras Albas
Lucillo de Somoza
Murias de Pedredo
Val de San Román
Valdespino
Molinaferrera
Villalibre de Somoza
Quintanilla de Somoza
Lagunas de Somoza
Filiel
Boisán
Luyego de Somoza
Lardeira
Sigüeya
1894 Yeguas
Casaio
Odollo
Castrillo de Cabrera
SIERRA DEL TELENO
2183 Teleno
Villar de Golfer
Silván
LA CABRERA
Marrubio
Saceda
MONTES DE LEÓN
SERRA DA MINA
1856 Valdebuey
LUGO LEÓN
Peña Trevinca
Priaranza de la Valduerna
Corporales
Tabuyo del Monte
Pinares de Tabuyo
Forna
Quintanilla de Losada
Baillo
La Baña
Encinedo
Lago de la Baña
Pozos
2095 Peña Surbia
2081 Picón
2124 Peña Trevinca
Santa Eulalia de Cabrera
Iruela
Villarino
Truchas
Cunas
Manzaneda
Torneros de Jamuz
Quintanilla de Yuso
SIERRA DEL PINAR
Morla de la Valdería
Truchillas
Alto do Torno
2044 Moncalvo
2032 Alto de Barcenilla
Villar del Monte
SIERRA DE LA CABRERA BAJA
2122 Vizcodillo
SIERRA CABRERA
1575 Peña Negra
Torneros de la Valdería
Parque Natural del Lago de Sanabria
San Ciprián
Escuredo
Castrocontrigo
Nogarejas
Coso
Barrio de Rábano
Rábano de Sanabria
Murias
San Martín de Castañeda
Lago de Sanabria
Vigo
Doney de la Requejada
San Justo
Vega del Castillo
Justel
Villalverde
Moncabril
Ribadelago de Franco
Ribadelago
Trefacio
Galende
Carbajalinos
Villarejo de la Sierra
Donado
Muelas de los Caballeros
Cubo de Benavente
Espadañedo
Limianos de Sanabria
Quintana de Sanabria
San Juan de la Cuesta
Santiago de la Requejada
Gramedo
Ilanes
Valdespino
Rosinos de la Requejada
Avedillo de Sanabria
Cobreros
El Puente
Robleda
Carbajales de la Encomienda
Donadillo
Barrio de Lomba
Castellanos
Ferreros
Vime de Sanabria
Villar de los Pisones
Anta de Rioconejos
Carballeda
Molezuelas de la Carballeda
Uña de Quintana
Santa Colomba de Sanabria
Rioconejos
Puebla de Sanabria
Triufé
Remesal
Cerezal de Sanabria
Lanseros
Peque
San Martín del Terroso
Parador de Turismo Puebla de Sanabria
Otero de Sanabria
Palacios de Sanabria
Asturianos
Lagarejos de la Carballeda
Manzanal de los Infantes
Requejo
Lobeznos
Ungilde
EMBALSE DE CERNADILLA
Entrepeñas
Santa Eulalia del Río Negro
Mombuey
Pedralba de la Pradería
SANABRIA
SIERRA DE LA ATALAYA
Robledo
1135 Folgueira
Sandín
San Salvador de Palazuelo
Cernadilla
Milla de Tera
Fresno de la Carballeda
EMB. DE VALPARAÍSO
Valparaíso
Rionegro del Puente
Junquera de Tera
Villar de Farfón
Santa Cruz de Abranes
Manzanal de Arriba
Sagallos
La Carballeda
Calabor
Codesal
EMB. DE NTRA. SRA. DE ARGAVANZA
Val de Santa María
Montezinho
Rihonor de Castilla
Folgoso de la Carballeda
Cional
Villanueva de Valrojo
ESPAÑA
PORTUGAL
Rio de Onor
Santa Cruz de los Cuérragos
Linarejos
Villardeciervos
994 Muelo
Portelo
Guadramil
1238 Peña Mira
Boya
Reserva Nacional
Otero
França
Parque Natural de Montezinho
SIERRA DE LA CULEBRA
Portillo de San Pedro
Sierra de la Culebra
Aveleda
Riomanzanas
Flechas
San Pedro de las Herrerías
1039 El Dornajo
1205 Miño Cuevo
Ferreras de Arriba
Senhora da Assunção
Villarino de Manzanas
Petisqueira
Figueruela de Arriba
Mahide
SIERRA DE LA GAMONEDA

17
36
57

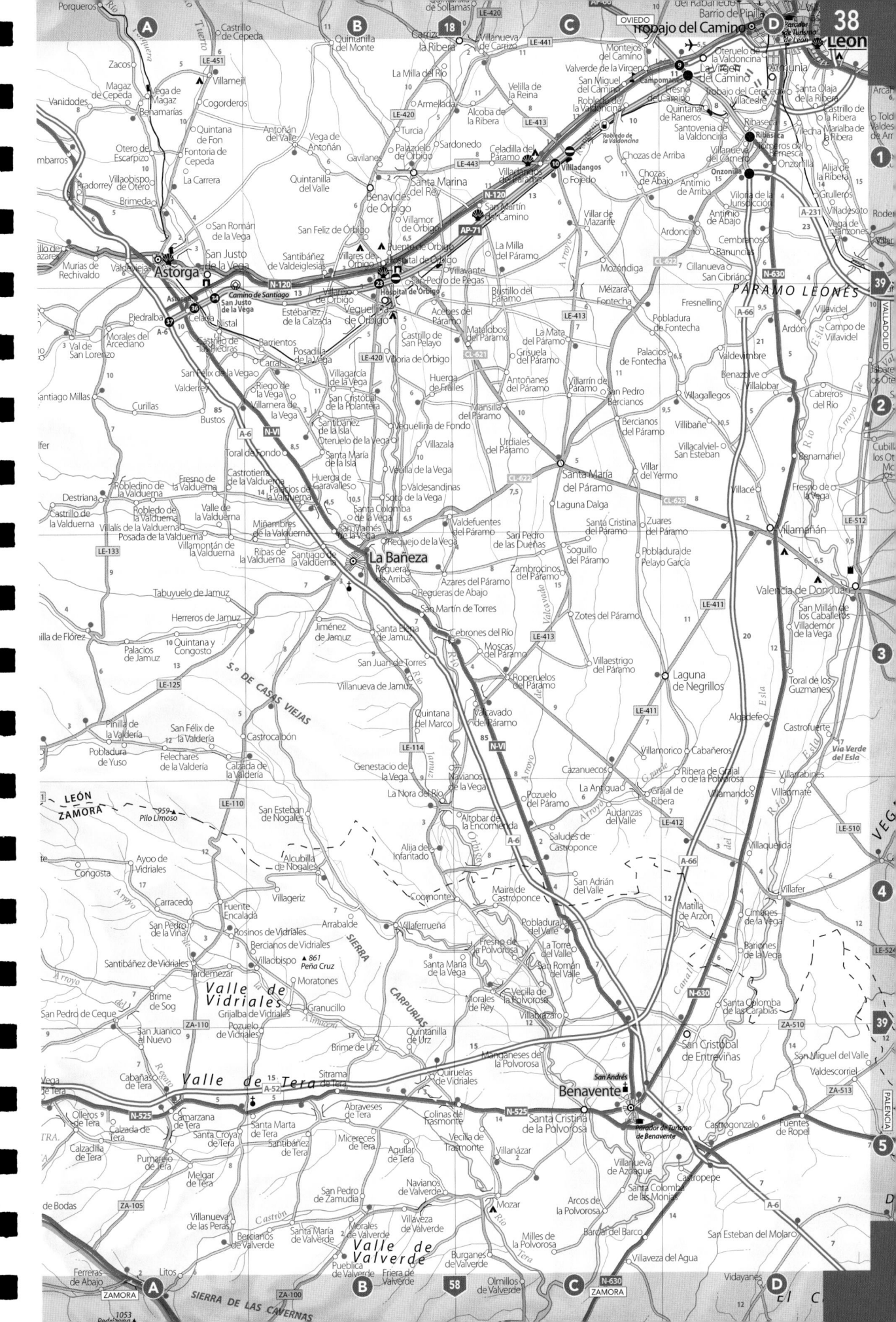
A
B
C
D
León
Trobajo del Camino
La Virgen del Camino
Armunia
Astorga
La Bañeza
Benavente
Santa María del Páramo
Laguna de Negrillos
Valencia de Don Juan
Villamañán
Hospital de Órbigo
Veguellina de Órbigo
Benavides de Órbigo
Santa Marina del Rey
San Justo de la Vega
Villadangos
Onzonilla
Ribaseca
PÁRAMO LEONÉS
S.ª DE CASAS VIEJAS
SIERRA CARPURIAS
Valle de Vidriales
Valle de Tera
Valle de Valverde
SIERRA DE LAS CAVERNAS
LEÓN
ZAMORA
959 Pilo Limoso
861 Peña Cruz
Camino de Santiago
Parador de Turismo de León
Parador de Turismo de Benavente
Vía Verde del Esla
San Cristóbal de Entreviñas
Santa Cristina de la Polvorosa
Camarzana de Tera
Porqueros
Castrillo de Cepeda
Quintanilla del Monte
Carrizo de la Ribera
Villanueva de Carrizo
Villamejil
Vega de Magaz
Cogorderos
Quintana de Fon
Fontoria de Cepeda
La Carrera
Brimeda
San Román de la Vega
Murias de Rechivaldo
Valdeviejas
Celada
Nistal
Piedralba
Morales del Arcediano
Val de San Lorenzo
Santiago Millas
Curillas
Bustos
Riego de la Vega
Toral de Fondo
Destriana
Robledino de la Valduerna
Fresno de la Valduerna
Robledo de la Valduerna
Posada de la Valduerna
Villamontán de la Valduerna
Palacios de la Valduerna
Santiago de la Valduerna
Ribas de la Valduerna
Tabuyuelo de Jamuz
Herreros de Jamuz
Quintana y Congosto
Palacios de Jamuz
Jiménez de Jamuz
Santa Elena de Jamuz
San Juan de Torres
Villanueva de Jamuz
Quintana del Marco
Castrocalbón
San Félix de la Valdería
Pinilla de la Valdería
Felechares de la Valdería
Calzada de la Valdería
Pobladura de Yuso
Genestacio de la Vega
La Nora del Río
Navianos de la Vega
San Esteban de Nogales
Alcubilla de Nogales
Altobar de la Encomienda
Alija del Infantado
Ayoo de Vidriales
Congosta
Carracedo
Fuente Encalada
San Pedro de la Viña
Rosinos de Vidriales
Bercianos de Vidriales
Villaobispo
Moratones
Santibáñez de Vidriales
Tardemezar
Brime de Sog
San Pedro de Ceque
Grijalba de Vidriales
Granucillo
Pozuelo de Vidriales
San Juanico el Nuevo
Brime de Urz
Quintanilla de Urz
Quiruelas de Vidriales
Sitrama de Tera
Manganeses de la Polvorosa
Villaferrueña
Arrabalde
Coomonte
Villageriz
Cabañas de Tera
Olleros de Tera
Calzada de Tera
Calzadilla de Tera
Pumarejo de Tera
Melgar de Tera
Santa Croya de Tera
Santa Marta de Tera
Santibáñez de Tera
Micereces de Tera
Abraveses de Tera
Colinas de Trasmonte
Vecilla de Trasmonte
Aguilar de Tera
Villanázar
Navianos de Valverde
San Pedro de Zamudia
Mozar
Villanueva de las Peras
Bercianos de Valverde
Santa María de Valverde
Morales de Valverde
Villaveza de Valverde
Burganes de Valverde
Pueblica de Valverde
Friera de Valverde
Olmillos de Valverde
Milles de la Polvorosa
Arcos de la Polvorosa
Barcial del Barco
Villaveza del Agua
Villanueva de Azoague
Castropepe
Santa Colomba de las Monjas
Castrogonzalo
Fuentes de Ropel
San Esteban del Molar
Vidayanes
Ferreras de Abajo
Litos
Santa Colomba de las Carabias
San Miguel del Valle
Valdescorriel
Barciales de la Vega
Cimanes de la Vega
Villafer
Matilla de Arzón
Villaquejida
San Adrián del Valle
Maire de Castroponce
Pobladura del Valle
La Torre del Valle
San Román del Valle
Fresno de la Polvorosa
Santa María de la Vega
Morales de Rey
Vecilla de la Polvorosa
Villabrázaro
Saludes de Castroponce
Audanzas del Valle
Pozuelo del Páramo
Grajal de Ribera
Ribera de Grajal o de la Polvorosa
La Antigua
Cazanuecos
Villamorico
Cabañeros
Villamandos
Villarrabines
Villaornate
Algadefe
Castrofuerte
Toral de los Guzmanes
San Millán de los Caballeros
Villademor de la Vega
Zotes del Páramo
Villaestrigo del Páramo
Roperuelos del Páramo
Valcavado del Páramo
Moscas del Páramo
Cebrones del Río
San Martín de Torres
Regueras de Arriba
Regueras de Abajo
Azares del Páramo
Zambroncinos del Páramo
San Pedro de las Dueñas
Soguillo del Páramo
Pobladura de Pelayo García
Santa Cristina del Páramo
Zuares del Páramo
Laguna Dalga
Villacé
Fresno de la Vega
Benamariel
Cabreros del Río
Villalobar
Benazolve
Valdevimbre
Ardón
Villavidel
Campo de Villavidel
Fresnellino
Pobladura de Fontecha
Palacios de Fontecha
Villagallegos
Villibañe
Villacalviel-San Esteban
Villar del Yermo
Bercianos del Páramo
San Pedro Bercianos
Villarrín del Páramo
Urdiales del Páramo
Mansilla del Páramo
Antoñanes del Páramo
Grisuela del Páramo
La Mata del Páramo
Matalobos del Páramo
Huerga de Frailes
Acebes del Páramo
Bustillo del Páramo
Fontecha
Méizara
Mozóndiga
Cillanueva
San Cibrián
Banuncias
Cembranos
Ardoncino
Antimio de Abajo
Antimio de Arriba
Viloria de la Jurisdicción
Chozas de Abajo
Chozas de Arriba
Villar de Mazarife
Fojedo
La Milla del Páramo
San Martín del Camino
Villavante
San Pedro de Pegas
Puente de Órbigo
Villares de Órbigo
Villamor de Órbigo
San Feliz de Órbigo
Santibáñez de Valdeiglesias
Villarejo de Órbigo
Estébanez de la Calzada
Castrillo de San Pelayo
Barrientos
Posadilla de la Vega
Carral
Viloria de Órbigo
Villagarcía de la Vega
San Cristóbal de la Polantera
Santibáñez de la Isla
Oteruelo de la Vega
Santa María de la Isla
Huerga de Garaballes
Veguellina de Fondo
Villazala
Vecilla de la Vega
Valdesandinas
Soto de la Vega
Santa Colomba de la Vega
San Mamés de la Vega
Requejo de la Vega
Miñambres de la Valduerna
Valdefuentes del Páramo
Villanueva de Carrizo
La Milla del Río
Armellada
Turcia
Palazuelo de Órbigo
Sardonedo
Celadilla del Páramo
Velilla de la Reina
Alcoba de la Ribera
Antoñán del Valle
Vega de Antoñán
Gavilanes
Quintanilla del Valle
Montejos del Camino
Valverde de la Virgen
San Miguel del Camino
Robledo de la Valdoncina
Fresno del Camino
Oteruelo de la Valdoncina
Trobajo del Cerecedo
Villacedré
Quintana de Raneros
Santovenia de la Valdoncina
Villanueva del Carnero
Torneros del Bernesga
Santa Olaja de la Ribera
Castrillo de la Ribera
Marialba de la Ribera
Vilecha
Alija de la Ribera
Grulleros
Villadesoto
Vega de Infanzones
Zacos
Magaz de Cepeda
Vanidodes
Benamarías
Otero de Escarpizo
Villaobispo de Otero
Pradorrey
AP-71
N-120
A-6
N-VI
A-66
N-630
N-525
A-52
A-231
CL-621
CL-622
CL-623
LE-420
LE-441
LE-451
LE-413
LE-443
LE-411
LE-412
LE-512
LE-510
LE-524
LE-110
LE-114
LE-125
LE-133
ZA-100
ZA-105
ZA-110
ZA-510
ZA-513
VALLADOLID
PALENCIA
OVIEDO
ZAMORA
18
39
58
1
2
3
4
5

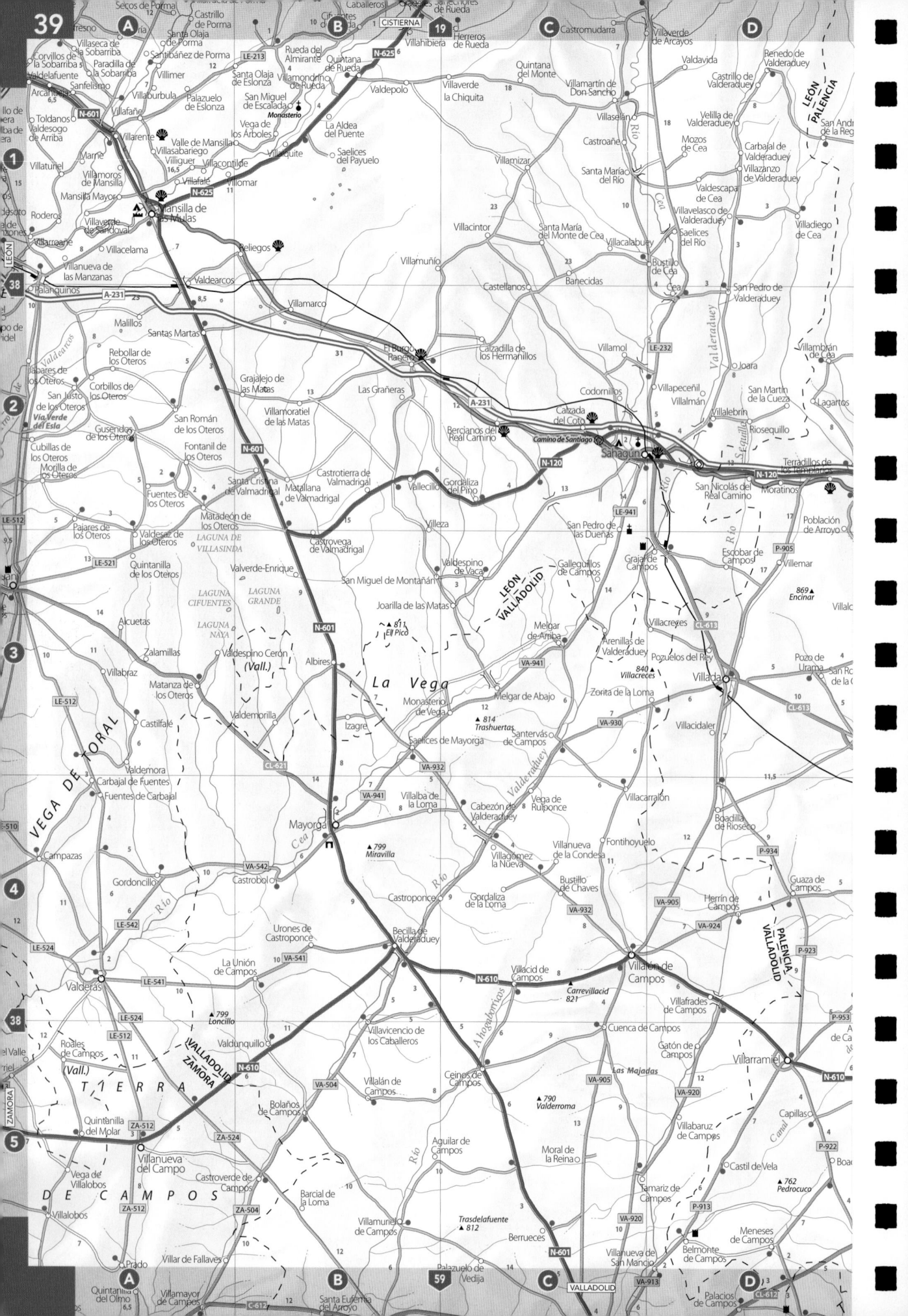
A
B
C
D
1
2
3
4
5
38
19
59
CISTIERNA
VALLADOLID
Secos de Porma
Castrillo de Porma
Cifuentes de Rueda
Valle
Villahibiera
Herreros de Rueda
Castromudarra
Villaverde de Arcayos
Villaseca de la Sobarriba
Santa Olaja de Porma
Corvillos de la Sobarriba
Paradilla de la Sobarriba
Santibáñez de Porma
Valdelafuente
Villimer
Rueda del Almirante
Quintana de Rueda
Santa Olaja de Eslonza
Villamondrino de Rueda
Sanfelismo
Arcahueja
Villaburbula
Palazuelo de Eslonza
San Miguel de Escalada
Monasterio
Valdepolo
Villaverde la Chiquita
Quintana del Monte
Villamartín de Don Sancho
Valdavida
Renedo de Valderaduey
Castrillo de Valderaduey
LEÓN
PALENCIA
Villafañe
Toldanos
Valdesogo de Arriba
Villarente
Vega de los Árboles
La Aldea del Puente
Villaselán
Velilla de Valderaduey
Castroañe
Mozos de Cea
Carbajal de Valderaduey
Valle de Mansilla
Villasabariego
Villiguer
Villacontilde
Villalquite
Saelices del Payuelo
Villamizar
Villatuiel
Marne
Villamoros de Mansilla
Villafale
Villomar
Santa María del Río
Villazanzo de Valderaduey
Valdescapa de Cea
Mansilla Mayor
Mansilla de las Mulas
Roderos
Villaverde de Sandoval
Villarroañe
Villacelama
Reliegos
Villacintor
Santa María del Monte de Cea
Villacalabuey
Villavelasco de Valderaduey
Saelices del Río
Villadiego de Cea
Villanueva de las Manzanas
Villamuñío
Bustillo de Cea
Cea
Valdearcos
Palanquinos
Castellanos
Banecidas
San Pedro de Valderaduey
Villamarco
Malillos
Santas Martas
Rebollar de los Oteros
El Burgo Ranero
Calzadilla de los Hermanillos
Villamol
Villambrán de Cea
Jabares de los Oteros
Corbillos de los Oteros
Grajalejo de las Matas
Joara
San Justo de los Oteros
Las Grañeras
Villapeceñil
Villalmán
San Martín de la Cueza
Villamoratiel de las Matas
Cordornillos
Calzada del Coto
Villalebrín
Lagartos
Gusendos de los Oteros
San Román de los Oteros
Bercianos del Real Camino
Riosequillo
Cubillas de los Oteros
Fontanil de los Oteros
Camino de Santiago
Sahagún
Terradillos de los Templarios
Morilla de los Oteros
Castrotierra de Valmadrigal
Santa Cristina de Valmadrigal
Matallana de Valmadrigal
Vallecillo
Gordaliza del Pino
San Nicolás del Real Camino
Moratinos
Fuentes de los Oteros
Matadeón de los Oteros
Población de Arroyo
Pajares de los Oteros
Valdesaz de los Oteros
Villeza
San Pedro de las Dueñas
LAGUNA DE VILLASINDA
Castrovega de Valmadrigal
Grajal de Campos
Escobar de Campos
Villemar
Quintanilla de los Oteros
Valverde-Enrique
Valdespino de Vaca
Galleguillos de Campos
San Miguel de Montañán
LAGUNA CIFUENTES
LAGUNA GRANDE
Joarilla de las Matas
869 Encinar
LEÓN
VALLADOLID
Alcuetas
LAGUNA NAYA
811 El Pico
Melgar de Arriba
Villacreces
Arenillas de Valderaduey
Zalamillas
Valdespino Cerón
(Vall.)
Albires
Pozuelos del Rey
Pozo de Urama
Villabraz
840 Villacreces
Villada
La Vega
Matanza de los Oteros
Monasterio de Vega
Melgar de Abajo
Zorita de la Loma
Valdemorilla
814 Trashuertas
Castilfalé
Izagre
Santervás de Campos
Villacidaler
Saelices de Mayorga
VEGA DE TORAL
Valdemora
Carbajal de Fuentes
Fuentes de Carbajal
Villalba de la Loma
Villacarralón
Cabezón de Valderaduey
Vega de Ruiponce
Boadilla de Rioseco
Mayorga
Cea
799 Miravilla
Villanueva de la Condesa
Fontihoyuelo
Campazas
Villagómez la Nueva
Gordoncillo
Castrobol
Bustillo de Chaves
Guaza de Campos
Castroponce
Gordaliza de la Loma
Herrín de Campos
Urones de Castroponce
Becilla de Valderaduey
PALENCIA
VALLADOLID
La Unión de Campos
Villacid de Campos
Villalón de Campos
Valderas
Carrevillacid 821
799 Loncillo
Villafrades de Campos
Villavicencio de los Caballeros
Cuenca de Campos
Roales de Campos
Valdunquillo
Gatón de Campos
VALLADOLID
ZAMORA
Villarramiel
Ceinos de Campos
Las Majadas
TIERRA
DE CAMPOS
Villalán de Campos
790 Valderroma
Bolaños de Campos
Villabaruz de Campos
Quintanilla del Molar
Capillas
Villanueva del Campo
Aguilar de Campos
Moral de la Reina
Castil de Vela
Vega de Villalobos
Castroverde de Campos
762 Pedrocuco
Barcial de la Loma
Tamariz de Campos
Villalobos
Trasdelafuente 812
Villamuriel de Campos
Berrueces
Meneses de Campos
Belmonte de Campos
Villanueva de San Mancio
Prado
Villar de Fallaves
Palazuelo de Vedija
Quintanilla del Olmo
Villamayor de Campos
Santa Eufemia del Arroyo
Palacios de Campos
Valderaduey
Seguillo
Ahogaborricas
Canal
N-601
N-625
N-120
N-610
A-231
LE-213
LE-232
LE-941
LE-512
LE-521
LE-542
LE-524
LE-541
CL-613
CL-621
CL-612
C-612
VA-941
VA-930
VA-932
VA-542
VA-541
VA-504
VA-905
VA-924
VA-920
VA-913
P-905
P-934
P-923
P-953
P-922
P-913
ZA-512
ZA-524
ZA-504

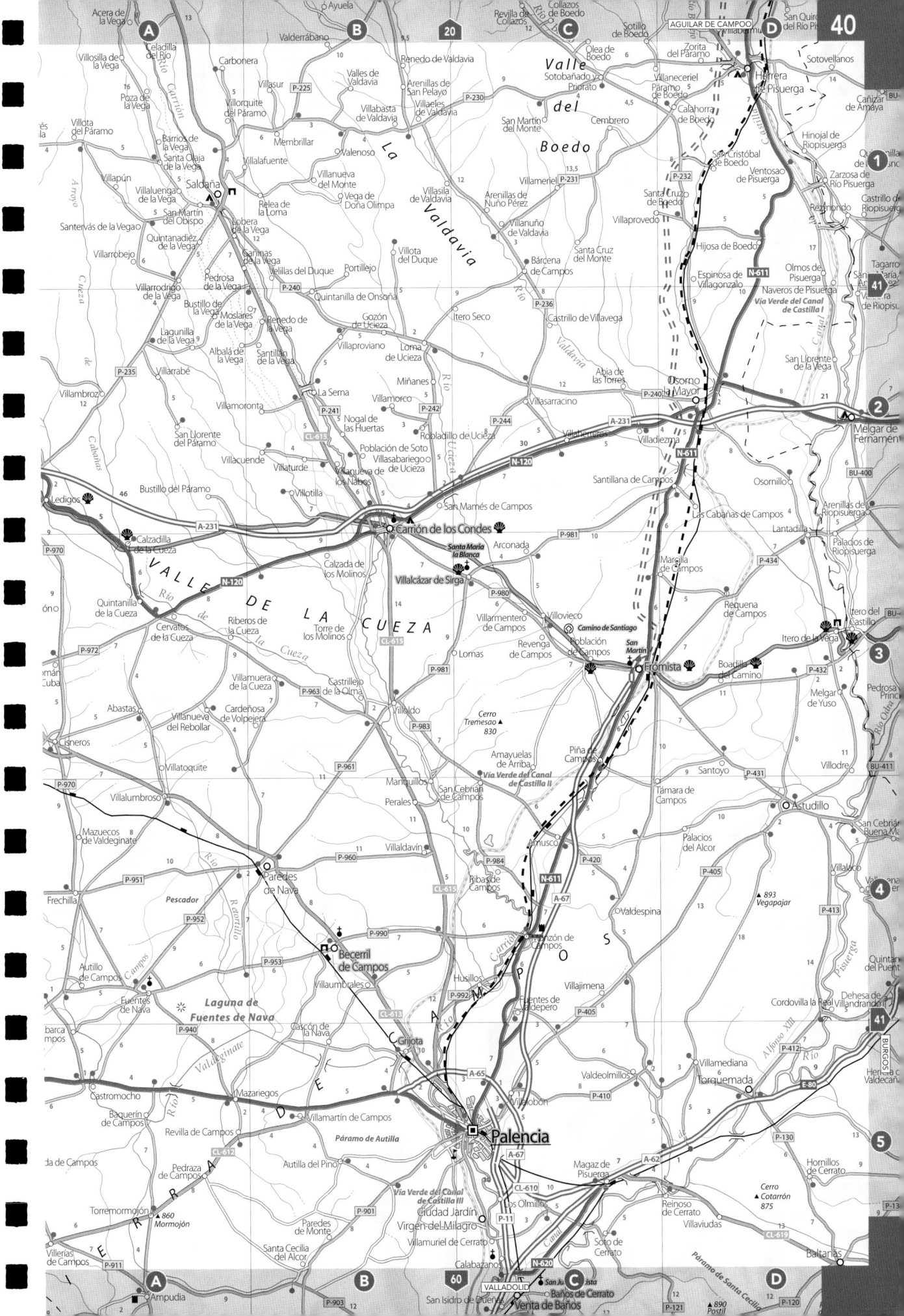

Valle del Boedo
La Valdavia
Valle de la Cueza
Tierra de Campos
Saldaña
Carrión de los Condes
Santa María la Blanca
Villalcázar de Sirga
Camino de Santiago
Frómista
Osorno la Mayor
Herrera de Pisuerga
Astudillo
Paredes de Nava
Becerril de Campos
Laguna de Fuentes de Nava
Palencia
Torquemada
Dueñas
Venta de Baños
Baños de Cerrato
Magaz de Pisuerga
Monzón de Campos
Amusco
Vía Verde del Canal de Castilla I
Vía Verde del Canal de Castilla II
Vía Verde del Canal de Castilla III
Cerro Tremesao 830
893 Vegapajar
860 Mormojón
Cerro Cotarrón 875
Páramo de Autilla
Páramo de Santa Cecilia
AGUILAR DE CAMPOO
VALLADOLID
BURGOS
A-231
N-120
N-611
A-67
A-65
A-62
E-80
N-620

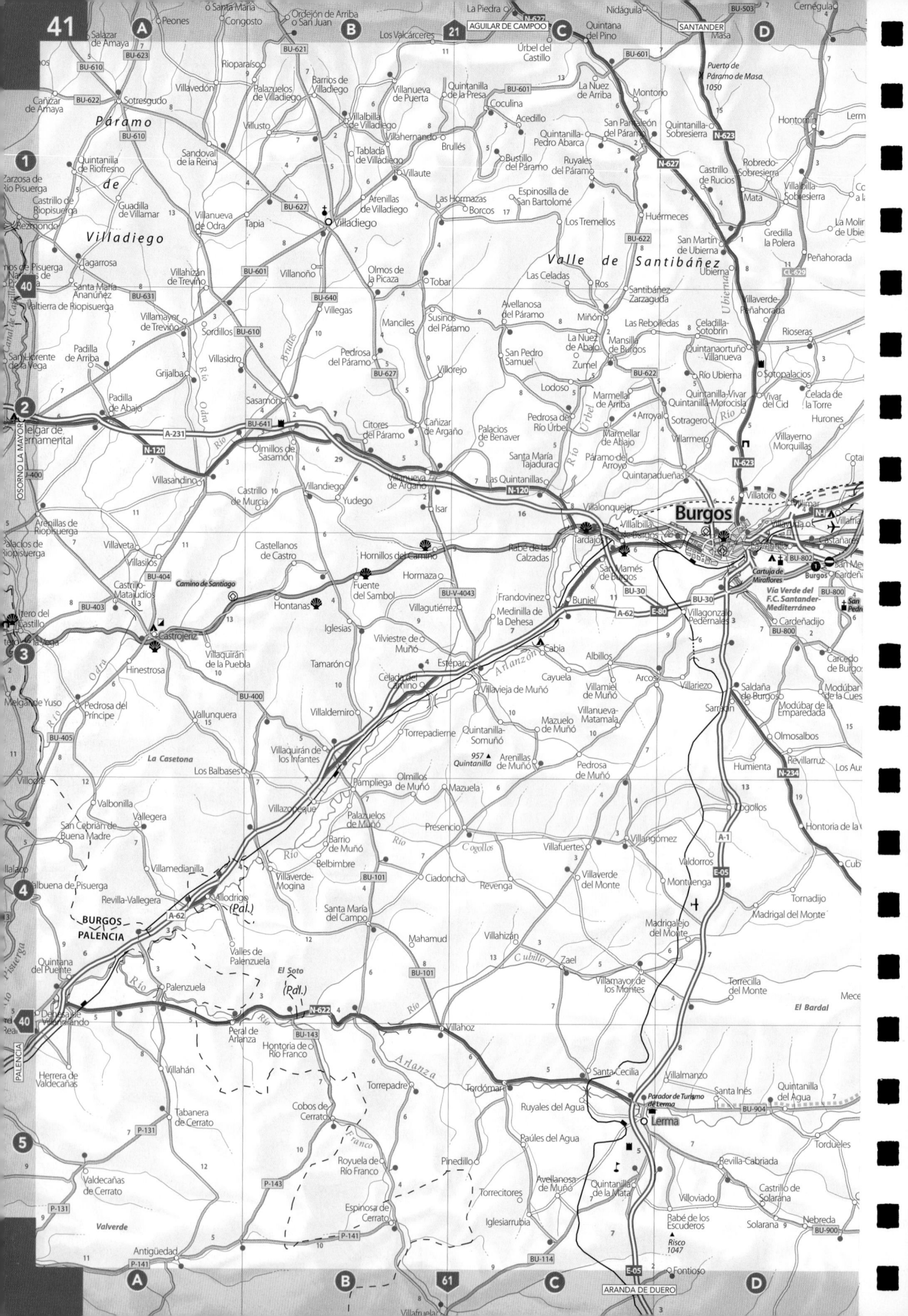
A
B
C
D
1
2
3
4
5
21
AGUILAR DE CAMPOO
SANTANDER
40
OSORNO LA MAYOR
PALENCIA
61
ARANDA DE DUERO
BURGOS
PALENCIA
Páramo de Villadiego
Valle de Santibáñez
Camino de Santiago
La Casetona
Valverde
El Bardal
Puerto de Páramo de Masa 1050
957 Quintanilla
Risco 1047
El Soto (Pal.)
Villodrigo (Pal.)
Parador de Turismo de Lerma
Cartuja de Miraflores
Vía Verde del F.C. Santander-Mediterráneo
Burgos
Lerma
Villadiego
Castrojeriz
Sasamón
Tardajos
Hontanas
Hornillos del Camino
Rabé de las Calzadas
Fuente del Sambol
Castellanos de Castro
Buniel
Villagonzalo Pedernales
Cabia
Estépar
Celada del Camino
Pampliega
Villazopeque
Villaquirán de los Infantes
Palenzuela
Peral de Arlanza
Villahoz
Tordómar
Santa Cecilia
Villalmanzo
Santa Inés
Quintanilla del Agua
Revilla-Cabriada
Castrillo de Solarana
Solarana
Nebreda
Villoviado
Rabé de los Escuderos
Fontioso
Quintanilla de la Mata
Avellanosa de Muñó
Torrecitores
Iglesiarrubia
Pinedillo
Espinosa de Cerrato
Royuela de Río Franco
Cobos de Cerrato
Torrepadre
Hontoria de Río Franco
Tabanera de Cerrato
Villahán
Herrera de Valdecañas
Valdecañas de Cerrato
Antigüedad
Villafruela
Quintana del Puente
Dehesa de Villandrando
Valles de Palenzuela
Revilla-Vallegera
Villamedianilla
Vallegera
San Cebrián de Buena Madre
Valbonilla
Los Balbases
Vallunquera
Pedrosa del Príncipe
Hinestrosa
Villaquirán de la Puebla
Castrillo-Matajudíos
Villasilos
Villaveta
Arenillas de Riopisuerga
Villasandino
Olmillos de Sasamón
Castrillo de Murcia
Villandiego
Yudego
Isar
Villanueva de Argaño
Citores del Páramo
Cañizar de Argaño
Palacios de Benaver
Las Quintanillas
Villalonquejar
Villalbilla de Burgos
San Mamés de Burgos
Frandovínez
Medinilla de la Dehesa
Villagutiérrez
Hormaza
Iglesias
Vilviestre de Muñó
Tamarón
Villaldemiro
Torrepadierne
Quintanilla-Somuñó
Arenillas de Muñó
Villavieja de Muñó
Cayuela
Albillos
Arcos
Villariezo
Villamiel de Muñó
Villanueva-Matamala
Mazuelo de Muñó
Pedrosa de Muñó
Olmillos de Muñó
Mazuela
Palazuelos de Muñó
Barrio de Muñó
Belbimbre
Villaverde-Mogina
Presencio
Ciadoncha
Revenga
Santa María del Campo
Mahamud
Villahizán
Zael
Villamayor de los Montes
Villafuertes
Villangómez
Villaverde del Monte
Valdorros
Montuenga
Madrigalejo del Monte
Madrigal del Monte
Torrecilla del Monte
Cogollos
Humienta
Revillarruz
Olmosalbos
Saldaña de Burgos
Sarracín
Modúbar de la Emparedada
Modúbar de la Cuesta
Carcedo de Burgos
Cardeñadijo
Hontoria de la Cantera
Tornadijo
Ruyales del Agua
Paúles del Agua
Torduelles
Villatoro
Villímar
Villafría
Castañares
Cardeña
Villayerno Morquillas
Hurones
Celada de la Torre
Vivar del Cid
Sotopalacios
Quintanilla-Vivar
Quintanilla-Morocisla
Sotragero
Villarmero
Quintanadueñas
Páramo de Arroyo
Marmellar de Abajo
Marmellar de Arriba
Arroyal
Santa María Tajadura
Pedrosa de Río Úrbel
Lodoso
Zumel
San Pedro Samuel
Avellanosa del Páramo
La Nuez de Abajo
Mansilla de Burgos
Miñón
Las Rebolledas
Celadilla-Sotobrín
Quintanaortuño
Villanueva
Río Ubierna
Rioseras
Villaverde-Peñahorada
Peñahorada
Gredilla la Polera
San Martín de Ubierna
Ubierna
Santibáñez-Zarzaguda
Ros
Las Celadas
Los Tremellos
Huérmeces
Espinosilla de San Bartolomé
Las Hormazas
Borcos
Ruyales del Páramo
Bustillo del Páramo
Quintanilla-Pedro Abarca
San Pantaleón del Páramo
Acedillo
Coculina
Quintanilla de la Presa
La Nuez de Arriba
Montorio
Quintanilla-Sobresierra
Castrillo de Rucios
Robredo-Sobresierra
Mata
Villalbilla-Sobresierra
Hontomín
Úrbel del Castillo
Quintana del Pino
Masa
La Piedra
Nidáguila
Cernégula
Los Valcárceres
Ordejón de Arriba
o San Juan
Congosto
o Santa María
Peones
Salazar de Amaya
Cañizar de Amaya
Sotresgudo
Villavedón
Rioparaíso
Palazuelos de Villadiego
Barrios de Villadiego
Villanueva de Puerta
Villalbilla de Villadiego
Villahernando
Brullés
Tablada de Villadiego
Villaute
Villusto
Arenillas de Villadiego
Sandoval de la Reina
Quintanilla de Riofresno
Guadilla de Villamar
Villanueva de Odra
Tapia
Castrillo de Riopisuerga
Zarzosa de Río Pisuerga
Rezmondo
Tagarrosa
Santa María Ananúñez
Villahizán de Treviño
Villanoño
Olmos de la Picaza
Tobar
Villegas
Villamayor de Treviño
Sordillos
Manciles
Susinos del Páramo
Pedrosa del Páramo
Villorejo
Villasidro
Grijalba
Padilla de Arriba
Padilla de Abajo
San Llorente de la Vega
Valtierra de Riopisuerga
Melgar de Fernamental
Palacios de Riopisuerga
Melgar de Yuso
Villodre
Albuena de Pisuerga
Itero de la Vega
Itero del Castillo
Río Odra
Río Úrbel
Río Arlanzón
Río Arlanza
Río Franco
Río Cubillo
Río Cogollos
Río Pisuerga
Ubierna
Brullés
A-231
N-120
A-62
E-80
N-627
N-623
N-622
N-234
A-1
E-05
BU-30
BU-601
BU-610
BU-622
BU-623
BU-621
BU-627
BU-631
BU-640
BU-641
BU-400
BU-403
BU-404
BU-405
BU-V-4043
BU-101
BU-143
BU-114
BU-800
BU-802
BU-900
BU-904
BU-503
CL-629
P-131
P-141
P-143

Briviesca
Belorado
Pradoluengo
Ezcaray
Salas de los Infantes
Quintanar de la Sierra
Covarrubias
MIRANDA DE EBRO
Reserva Nacional de la Sierra de la Demanda
SIERRA DE LA DEMANDA
SIERRA DE MENCILLA
MONTES DE OCA
MONTES DE YUSO
SIERRA DE LAS MAMBLAS
SIERRA DE NEILA
Valle de las Navas
Valdelaguna
BURGOS
LA RIOJA
Camino de Santiago
Atapuerca
Valle del Sol
Vía Verde de la Sierra de la Demanda
Vía Verde del Río Oja
Monasterio de Santo Domingo de Silos
San Pedro de Arlanza
Torre de Doña Urraca
Parador de Turismo de Santo Domingo de la Calzada
EMB. DE UZQUIZA
EMB. DEL ARLANZÓN
LAGUNA NEGRA
LAGUNA LARGA
SORIA
LOGROÑO

43
A
B
C
D
BILBAO, VITORIA
Salinillas de Buradón
SIERRA DE TOLOÑO
1264 Toloño
A-2124
23
Erta. de San Bartolomé
Lagran
Erta. de San Tirso
Ntra. Sra. de Ocón
A-126
Bernedo
Río Ega de Bernedo
Genevilla/ Uxanuri
Cábrega
1414 Ntra. Sr. de Codés
Marañón
Aguilar de Codés
Azuelo
(Burgos)
Villalba de Rioja
Briñas
Erta. de San Ginés
Pipaón
Puerto de Herrera 1110
1436 Peña del Castillo
Puerto de la Aldea
Lapoblación
Valle de Aguilar
839 Figueras
Ternero
AP-68
A-124
Erta. de Santa María
Labastida/ Bastida
Cripán/ Kripan
Ermita de Atamauri
Haro
Erta. de San Martín
Ábalos
LA SONSIERRA
Elvillar/ Bilar
Poblado de la Hoya
Yécora/ Iekora
NAVARRA
ALAVA
PANCORVO
LR-202
Anguciana
Cihuri
A-124
N-124
San Vicente de la Sonsierra
Samaniego
Leza
Laguardia/Biasteri
Lanciego/ Lantziego
Gorrebusto
A-2126
Aras
N-125
Haro
Gimileo
LA
RÍO
Uriona/ Villabuena de Álava
RIOJA ALAVESA
610 Valdibáñez
Erta. de San Juan
Tirgo
Casalarreina
Ollauri
Briones
Davalillo
Navaridas/Nabaridas
E-804
N-232
Erta. de Los Mártires
Baños de Ebro/ Mañueta
A-124
Erta. del Santo Espíritu
Moreda/ Moreta
LR-111
Baños de Rioja
Zarratón
Rodezno
La Estrella
Elciego/Eltziego
Viana
Castañares de Rioja
Ermita de La Concepción
EBRO
Erta. de San Vicente
Lapuebla de Labarca
LR-203
Torremontalbo
San Asensio
Oyón/Oion
NA-632
N-111
Cidamón
AP-68
Cenicero
El Cortijo
478 Cascajos de Venta
42
San Torcuato
LA RIOJA
EMB. DE SALOBRE
Logroño
Salinillas 705
Hormilleja
Cenicero
Fuenmayor
Bañares
Varea
PANTANO DE LA GRAJERA
BURGOS
Ermita Mesa del Santo
Hervías
LR-113
Uruñuela
Navarrete
N-232
Santo Domingo de la Calzada
Hormilla
786 Dehesa
A-12
Logroño
Puente Madre
Logroño
Parador de Turismo Santo Domingo de la Calzada
Parador de Turismo Fray Bernardo de Fresneda
Navarrete
E-804
AP-68
Lardero
Villamediana de Iregua
Azofra
Huércanos
Camino de Santiago
N-120
Murillo de Río Leza
Ciruena
Torrecilla sobre Alesanco
Alesanco
Nájera
N-120
EMB. DE VALBORNEDO
LR-254
Alberite
Manzanares de Rioja
Tricio
Alesón
Ventosa
Sotés
Hornos de Moncalvillo
Entrena
N-111
LR-255
Cañas
Canillas de Río Tuerto
Manjarrés
VALLE DE CAÑAS
Monasterio de Cañas
Cordovín
Arenzana de Abajo
Arenzana de Arriba
Medrano
La Unión de los Tres Ejércitos
Santurdejo
Cárdenas
Sojuela
LR-137
Ermita San Grego
Villarejo
Villar de Torre
Badarán
Bezares
Santa Coloma
Daroca de Rioja
Erta. de Santa Fe de Palazuelos
Albelda de Iregua
Ribafrecha
LR-205
Revillas 730
LR-113
Camprovín
Ermita de Las Santitas
1033 Fonfría
Berceo
Sorzano
Clavijo
Lagunilla del Jubera
Monasterio de Suso
Estollo
Baños de Río Tobía
Castroviejo
1491 El Serradero
Islallana
Nalda
Leza de Río Leza
Santa Engracia del
San Millán de la Cogolla
Monasterio de Suso y Yuso
Bobadilla
Ledesma de la Cogolla
SIERRA DE MONCALVILLO
1199 La Nevera
Pazuengos
Villaverde de Rioja
1237 Peña de Aldera
Viguera
Pedroso
Tobía
Matute
VALLE DE SAN MILLÁN
1500 Pradilla
Ermita de San Bartolomé
Soto en Cameros
Ermita de San Quirico
N-111
Río Iregua
Bucesta
3
Nestares
Ermita de San Millán
Anguiano
Torrecilla en Cameros
1406 Cerroyera
Terroba
Garciabargara 1060
Santa Marina
1550 Valdeloshaces
Ermita de la Magdalena
1469 Muélago
Ermita de Nta. Sra. de Tómalos
Torre en Cameros
San Román de Cameros
LR-250
Ermita de San Blas
Cabeza Parda 2106
LR-113
VALLE DE VALVANERA
2075 Pancrudo
Nieva de Cameros
Monasterio de Valvanera
1661 Los Butrones
SIERRA DE CAMERO NUEVO
LR-253
Almarza de Cameros
Muro en Cameros
Jalón de Cameros
Hornillos de Cameros
1913 Gomare
El Rasillo de Cameros
Ermita de San Julián
Cabezón de Cameros
Pinillos
1408 Brabujo
San Cristóbal 1759
EMB. DE GONZÁLEZ LACASA
Rabanera
Ortigosa de Cameros
Laguna de Cameros
LR-232
Pradillo
Gallinero de Cameros
Ajamil
1328 Corralejos
Zarzosa
Mansilla de la Sierra
Brieva de Cameros
Villanueva de Cameros
Horquín 1585
Reserva Nacional de Cameros
Ventrosa
Viniegra de Abajo
Ermita de Santo Domingo
CAMERO VIEJO
4
EMB. DE MANSILLA
1854 Cabezo del Santo
1391 Collado de Sancho Leza
Alto de la Majada
1761 Canto Hincado
Villavelayo
1881 Cuervo
CAMEROS
1785 Caste
Villoslada de Cameros
SIERRA DE
Reserva Nacional de Cameros
LAGUNA LA NAVA
Lumbreras
Viniegra de Arriba
DE
Diustes
Puerto de Montenegro
TIERRA
Ermita de Santa María
1643 Pinocho
Villar de Maya
1766
Ermita de San Millán
1698 Llanadas
Montenegro de Cameros
EMB. DE PAJARES
Ermita de Piqueras
42
Lobos 1762
Puerto Piqueras-Cabezo
Villar del Río
Parque Natural Sierra Cebollera
Puerto de Piqueras 1710
Santa Cruz de Yanguas
Bretún
SO-615
Punto de Nieve Santa Inés
Ermita de la Virgen de Lomos de Orios
Villartoso
PICOS DE URBIÓN
1758 Puerto de Santa Inés
2025 Peña Negra
Hoyos del Iregua
Verguizas
Picacho del Camperón 2093
2049 Tres Provincias
S.ª DE MONTES CLAROS
N-111
2074 Muñalba
2228 Urbión
SIERRA CEBOLLERA
Vizmanos
Ledrado
5
UMBRÍA
SO-830
2142 Pico de la Cebollera
La Póveda de Soria
Valloria
LAGUNA NEGRA
LAGUNA HELADA
SIERRA DE DURUELO
1835 Terrazas
SIERRA TABANERA
Barriomartín
Las Aldehuelas
Los Campos
LAGUNA DEL HORNILLO
El Quintanarejo
La Sierra
Reserva Nacional de la Sierra de Urbión
Duruelo de la Sierra
Molinos de Razón
Torrearévalo
Puerto de Oncala
Valdeavellano de Tera
Almarza
Arévalo de la Sierra
Covaleda
63
San Andrés de Soria
Gallinero
Sotillo del Rincón
Rollamienta
SORIA
Ventosa de la Sierra
Aldehuela del Rincón
Segovela

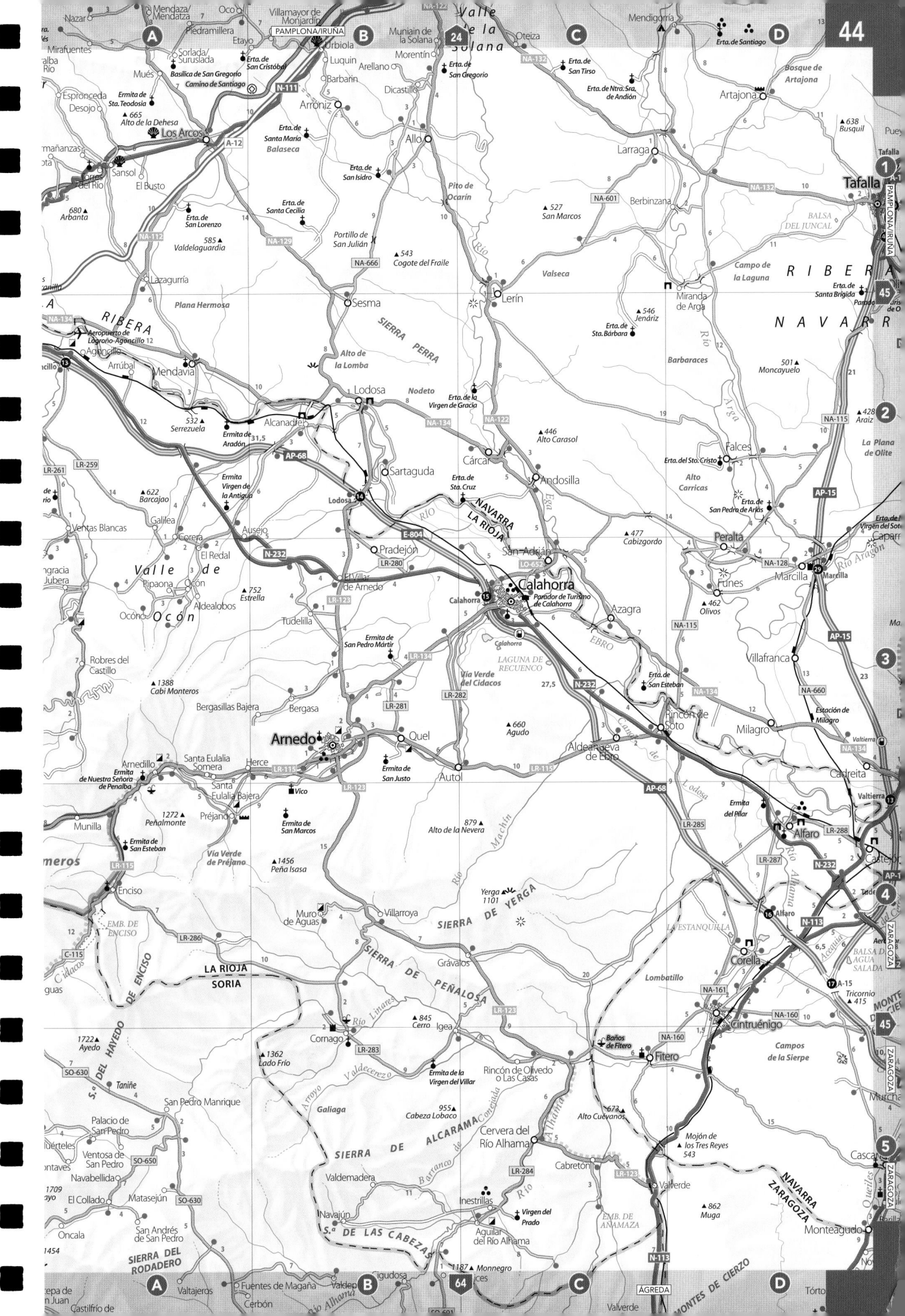
A
B
C
D
Nazar
Mendaza/
Mendatza
Oco
Villamayor de
Monjardín
PAMPLONA/IRUÑA
Valle de la Solana
Mendigorría
Erta. de Santiago
Piedramillera
Etayo
Muniain de la Solana
24
Oteiza
Mirafuentes
Sorlada/
Suruslada
Erta. de
San Cristóbal
Urbiola
Luquin
Morentín
Erta. de
San Gregorio
NA-132
Erta. de
San Tirso
Bosque de
Artajona
Basílica de San Gregorio
Camino de Santiago
Mués
Barbarin
Arellano
Erta. de Ntra. Sra.
de Andión
N-111
Dicastillo
Espronceda
Ermita de
Sta. Teodosia
Arróniz
Artajona
Desojo
665
Alto de la Dehesa
638
Busquil
Los Arcos
Erta. de
Santa María
Balaseca
Allo
A-12
Larraga
Sansol
Erta. de
San Isidro
El Busto
Pito de
Ocarín
Tafalla
NA-132
NA-601
Berbinzana
680
Arbanta
Erta. de
San Lorenzo
Erta. de
Santa Cecilia
527
San Marcos
BALSA
DEL JUNCAL
NA-112
585
Valdelaguardia
NA-129
Portillo de
San Julián
543
Cogote del Fraile
NA-666
Río
Valseca
Campo de
la Laguna
RIBERA
Lazagurría
Lerín
Miranda
de Arga
Erta. de
Santa Brígida
45
Plana Hermosa
Sesma
546
Jenáriz
NA-134
RIBERA
Aeropuerto de
Logroño-Agoncillo
SIERRA PERRA
Erta. de
Sta. Bárbara
NAVARRA
Agoncillo
Alto de
la Lomba
Barbaraces
501
Moncayuelo
Arrúbal
Mendavia
Lodosa
Nodeto
Erta. de la
Virgen de Gracia
Arga
532
Serrezuela
Ermita de
Aradón
Alcanadre
NA-134
NA-122
446
Alto Carasol
NA-115
428
Araiz
La Plana
de Olite
LR-259
LR-261
AP-68
Cárcar
Falces
Erta. del Sto. Cristo
Sartaguda
Andosilla
Alto
Carricas
622
Barcajao
Ermita
Virgen de
la Antigua
Lodosa
14
Erta. de
Sta. Cruz
NAVARRA
LA RIOJA
Erta. de
San Pedro de Arlas
AP-15
Erta. de la
Virgen del Soto
Ventas Blancas
Galilea
Corera
Ausejo
E-804
477
Cabizgordo
Peralta
Caparroso
El Redal
N-232
Pradejón
San Adrián
Valle de Ocón
LR-280
LO-652
NA-128
Marcilla
Río Aragón
Santa Engracia
de Jubera
Pipaona
Ocón
752
Estrella
El Villar
de Arnedo
Calahorra
Funes
Parador de Turismo
de Calahorra
Aldealobos
LR-123
Azagra
462
Olivos
Ocón
Tudelilla
NA-115
EBRO
AP-15
Ermita de
San Pedro Mártir
LR-134
LAGUNA DE
RECUENCO
Robres del
Castillo
Vía Verde
del Cidacos
Villafranca
1388
Cabi Monteros
Erta. de
San Esteban
NA-134
NA-660
27,5
N-232
LR-282
Bergasillas Bajera
Bergasa
LR-281
660
Agudo
Estación de
Milagro
Rincón de
Soto
Milagro
Arnedo
Quel
Aldeanueva
de Ebro
Valtierra
NA-134
Arnedillo
Santa Eulalia
Somera
Herce
LR-115
Autol
LR-115
Cadreita
Ermita
de Nuestra Señora
de Peñalba
Santa
Eulalia Bajera
Vico
Ermita de
San Justo
LR-123
AP-68
Valtierra
Préjano
Ermita
del Pilar
Munilla
1272
Peñalmonte
Ermita de
San Marcos
879
Alto de la Nevera
Alfaro
LR-288
LR-285
Ermita de
San Esteban
Vía Verde
de Préjano
1456
Peña Isasa
LR-287
N-232
Castejón
Cameros
LR-115
AP-1
Enciso
Yerga
1101
Alfaro
EMB. DE
ENCISO
Muro
de Aguas
Villarroya
SIERRA DE YERGA
LA ESTANQUILLA
N-113
LR-286
C-115
Cidacos
Gravalos
Corella
ZARAGOZA
BALSA DE
AGUA
SALADA
LA RIOJA
SORIA
SIERRA DE PEÑALOSA
Lombatillo
A-15
Tricornio
415
NA-161
LR-123
Cintruénigo
NA-160
Río Linares
845
Cerro
Igea
Baños
de Fitero
Fitero
1722
Ayedo
Cornago
LR-283
1362
Lado Frío
Campos
de la Sierpe
SO-630
Ermita de la
Virgen del Villar
Rincón de Olivedo
o Las Casas
S.ª DEL HAYEDO DE ENCISO
Taniñe
Arroyo Valdecerezo
Galiaga
955
Cabeza Lobaco
Alto Cuévanos
Mojón de
los Tres Reyes
543
San Pedro Manrique
Palacio de
San Pedro
Ventosa de
San Pedro
SIERRA DE ALCARAMA
Cervera del
Río Alhama
SO-650
Navabellida
Valdemadera
LR-284
Cabretón
LR-123
Valverde
NAVARRA
ZARAGOZA
1709
El Collado
Matasejún
SO-630
Inestrillas
862
Muga
Navajún
Virgen del
Prado
EMB. DE
AÑAMAZA
Oncala
San Andrés
de San Pedro
S.ª DE LAS CABEZAS
Aguilar
del Río Alhama
Monteagudo
1454
SIERRA DEL
RODADERO
1187
Monnegro
N-113
A
Valtajeros
Fuentes de Magaña
Valdeprado
B
Cigudosa
64
C
ÁGREDA
MONTES DE CIERZO
D
Tórtoles
Castilfrío de
Cerbón
Río Alhama
Valverde
1
2
3
4
5

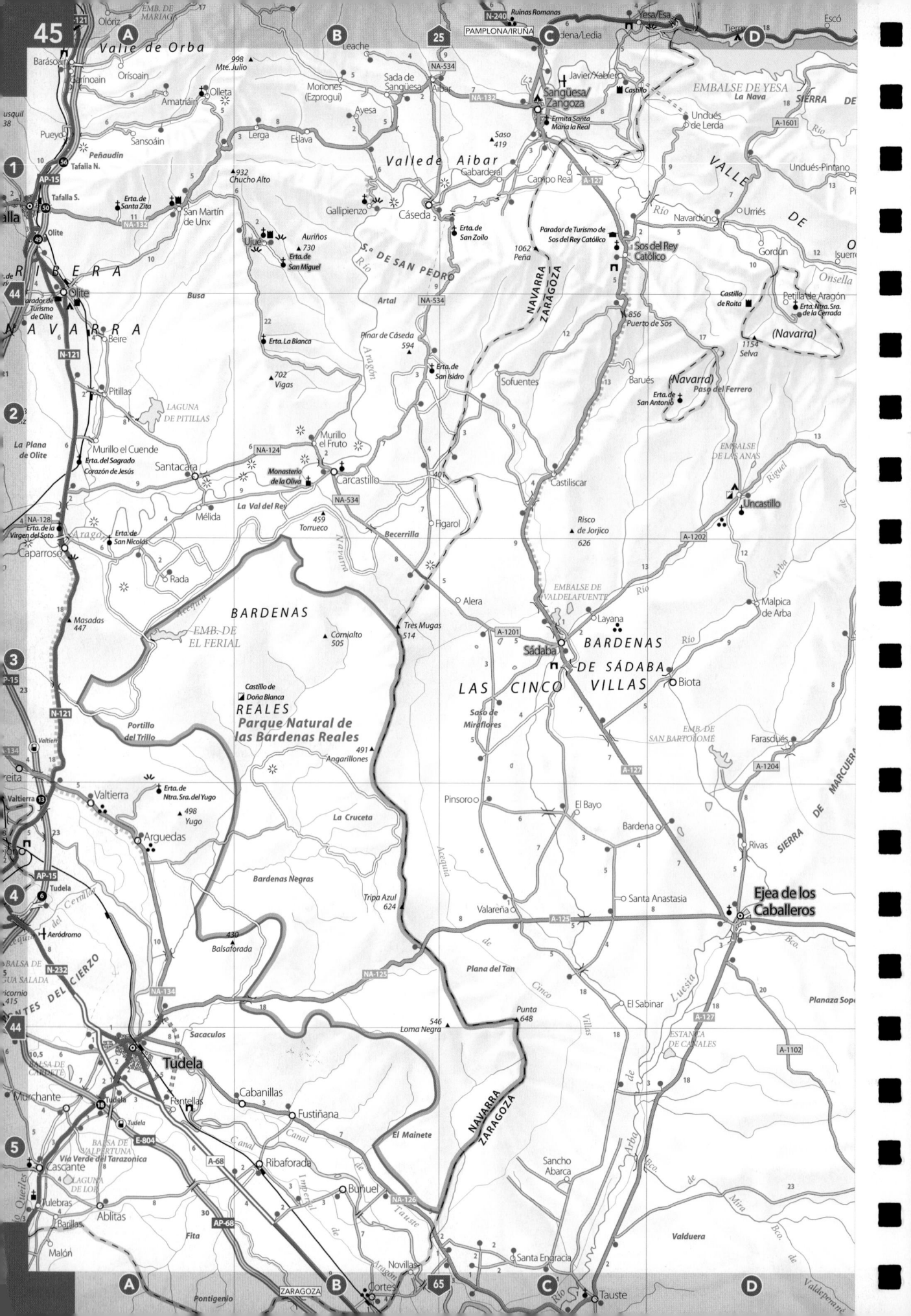
A
B
C
D
1
2
3
4
5
44
25
65
Valle de Orba
Olóriz
Emb. de Mariaga
Barásoain
Garínoain
Orísoain
998 Mte. Julio
Olleta
Amatriáin
Pueyo
Sansoáin
Peñaudin
Tafalla N.
Tafalla S.
AP-15
N-121
Erta. de Santa Zita
San Martín de Unx
NA-132
Olite
Ribera
Navarra
Parador de Turismo de Olite
Beire
Busa
Leache
Moriones (Ezprogui)
Sada de Sangüesa
Aibar
Ayesa
Lerga
Eslava
Valle de Aibar
932 Chucho Alto
Gallipienzo
Cáseda
Ujué
Auriños 730
Erta. de San Miguel
Erta. de San Zoilo
S.ª de San Pedro
Artal
NA-534
Erta. La Blanca
Pinar de Cáseda 594
Erta. de San Isidro
702 Vigas
N-240
Ruinas Romanas
Pamplona/Iruña
Yesa/Esa
Liédena/Ledia
Tiermas
Escó
Javier/Xabier
Castillo
Sangüesa/Zangoza
Ermita Santa María la Real
Embalse de Yesa
La Nava
Sierra de
Undués de Lerda
A-1601
Saso 419
Gabarderal
Campo Real
A-127
Undués-Pintano
Valle de
Río
Urriés
Navardún
Parador de Turismo de Sos del Rey Católico
Sos del Rey Católico
1062 Peña
Gordún
Isuerre
Onsella
Castillo de Roita
Petilla de Aragón
Erta. Ntra. Sra. de la Cerrada
(Navarra)
1154 Selva
Navarra
Zaragoza
856 Puerto de Sos
Sofuentes
Barués
(Navarra)
Paso del Ferrero
Erta. de San Antonio
Pitillas
Laguna de Pitillas
La Plana de Olite
Murillo el Cuende
Erta. del Sagrado Corazón de Jesús
Santacara
NA-124
Murillo el Fruto
Monasterio de la Oliva
Carcastillo
NA-534
Mélida
La Val del Rey
459 Torrueco
Figarol
Castiliscar
Embalse de las Anas
Uncastillo
Riguel
NA-128
Erta. de la Virgen del Soto
Erta. de San Nicolás
Caparroso
Aragón
Rada
Becerrilla
Risco de Jorjico 626
A-1202
Bardenas
Emb. de El Ferial
Masadas 447
Cornialto 505
Tres Mugas 514
Alera
Embalse de Valdelafuente
Layana
Malpica de Arba
A-1201
Sádaba
Bardenas de Sádaba
Las Cinco Villas
Biota
Castillo de Doña Blanca
Reales
Parque Natural de las Bardenas Reales
Portillo del Trillo
491 Angarillones
Saso de Miraflores
Emb. de San Bartolomé
Farasdués
A-1204
Valtierra
Erta. de Ntra. Sra. del Yugo
498 Yugo
Arguedas
La Cruceta
Pinsoro
El Bayo
Bardena
Sierra de Marcuera
Rivas
Bardenas Negras
Tripa Azul 624
Santa Anastasia
Valareña
A-125
Ejea de los Caballeros
Aeródromo
Balsa de Agua Salada
430 Balsaforada
N-232
NA-134
NA-125
Plana del Tan
Montes del Cierzo
El Sabinar
Luesia
Planaza Sopez
Sacaculos
546 Loma Negra
Punta 648
Estanca de Canales
A-1102
Tudela
Balsa de Cardete
Murchante
Fontellas
Cabanillas
Fustiñana
Navarra
Zaragoza
El Mainete
Balsa de Valpertuna
Vía Verde del Tarazonica
E-804
Cascante
Laguna de Lor
A-68
Ribaforada
Canal Imperial de Aragón
Buñuel
NA-126
Tulebras
Ablitas
Barillas
AP-68
Fita
Malón
Sancho Abarca
Valduera
Novillas
Santa Engracia
Tauste
Cortes
Zaragoza
Pontigenio
Valdepeñane

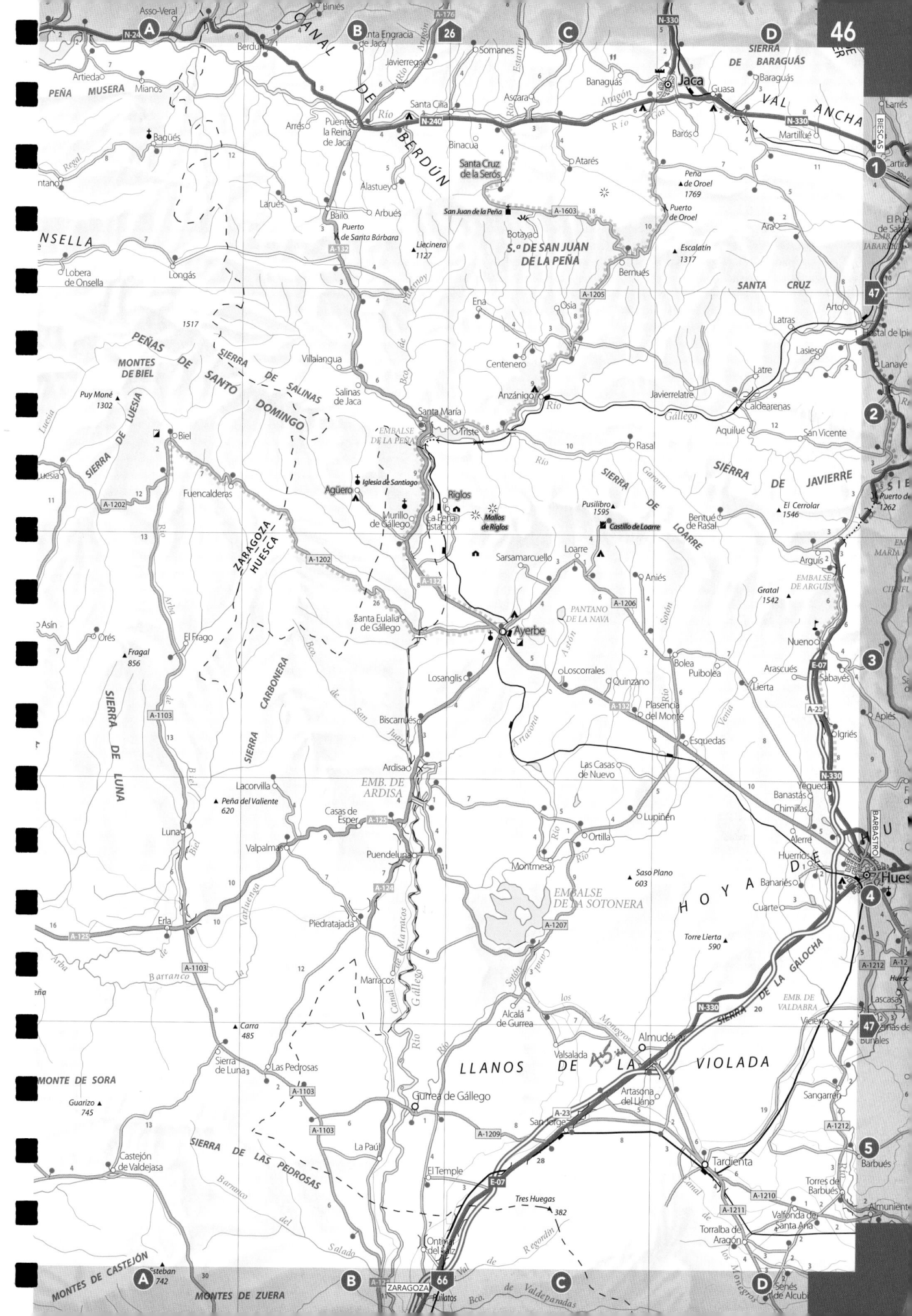
A
B
C
D
N-240
N-330
A-176
26
Asso-Veral
Biniés
CANAL DE BERDÚN
Santa Engracia de Jaca
Río Aragón
Somanes
Estarrún
SIERRA DE BARAGUÁS
Baraguás
Banaguás
Jaca
Guasa
VAL ANCHA
Larrés
BIESCAS
Artieda
Mianos
PEÑA MUSERA
Berdún
Javierregay
Santa Cilia
Ascara
Aragón
Río Gas
Barós
Martillué
Arrés
Puente la Reina de Jaca
Binacua
Atarés
Cartirana
Bagüés
Regal
Santa Cruz de la Serós
Peña de Oroel 1769
Alastuey
Arbués
Laruès
Bailo
San Juan de la Peña
A-1603
Puerto de Oroel
Puerto de Santa Bárbara
Botaya
Ara
El Pueyo de Jaca
ONSELLA
Liecinera 1127
S.ª DE SAN JUAN DE LA PEÑA
Escalatín 1317
A-132
Lobera de Onsella
Longás
Bernués
SANTA CRUZ
Arto
47
Ena
A-1205
Osia
1517
Latras
Hostal de Ipiés
PEÑAS DE SANTO DOMINGO
MONTES DE BIEL
SIERRA DE SALINAS
Villalangua
Centenero
Lasieso
Lanave
Latre
Puy Moné 1302
Salinas de Jaca
Anzánigo
Río Gállego
Javierrelatre
Caldearenas
SIERRA DE LUESIA
Santa María
EMBALSE DE LA PEÑA
Triste
Aquilué
San Vicente
Biel
Rasal
Luesia
Iglesia de Santiago
SIERRA DE LOARRE
SIERRA DE JAVIERRE
Agüero
Riglos
Río Garona
Puerto de Monrepós 1262
Fuencalderas
A-1202
Murillo de Gállego
La Peña Estación
Mallos de Riglos
Pusilibro 1595
Castillo de Loarre
Bentué de Rasal
El Cerrolar 1546
ZARAGOZA HUESCA
Sarsamarcuello
Loarre
Arguis
EMBALSE DE ARGUIS
Aniés
Gratal 1542
A-1206
PANTANO DE LA NAVA
Santa Eulalia de Gállego
Asín
Orés
El Fragó
Ayerbe
Nueno
Fragal 856
SIERRA CARBONERA
Bco. de San Juan
Losanglis
Loscorrales
Quinzano
Bolea
Puibolea
Arascués
Sabayés
E-07
Lierta
A-1103
Plasencia del Monte
A-23
Apiés
Biscarrués
Esquedas
Igriés
SIERRA DE LUNA
Río Arba de Biel
Ardisa
EMB. DE ARDISA
Las Casas de Nuevo
N-330
Lacorvilla
Yéqueda
Banastás
Chimillas
Peña del Valiente 620
Casas de Esper
A-125
Lupiñén
BARBASTRO
Luna
Valpalmas
Ortilla
Alerre
Puendeluna
Huerrios
Montmesa
Saso Plano 603
HOYA DE HUESCA
Banariés
Huesca
A-124
EMBALSE DE LA SOTONERA
Cuarte
Erla
Piedratajada
A-1207
Torre Lierta 590
Varluenga
Barranco de Arba
Marracos
Canal de Marracos
Río Gállego
Río Sotón
SIERRA DE LA GALOCHA
EMB. DE VALDABRA
A-1212
Lascasas
Carra 485
Alcalá de Gurrea
Los Monegros
N-330
Vicién
Almudévar
Bellestar
Monflorite
Sierra de Luna
Las Pedrosas
Valsalada
LLANOS DE LA VIOLADA
Bunales
MONTE DE SORA
A-1103
Guarizo 745
Gurrea de Gállego
Artasona del Llano
Sangarrén
A-23
San Jorge
A-1209
SIERRA DE LAS PEDROSAS
La Paúl
Castejón de Valdejasa
Tardienta
Barbués
El Temple
E-07
A-1210
Torres de Barbués
Tres Huegas 382
A-1211
Almuniente
Barranco del Salado
Valfonda de Santa Ana
Torralba de Aragón
Val de Regordin
Ontinar del Salz
MONTES DE CASTEJÓN
Esteban 742
66
ZARAGOZA
Bco. de Valdeparadas
Senés de Alcubierre
MONTES DE ZUERA
Pulatos
1
2
3
4
5

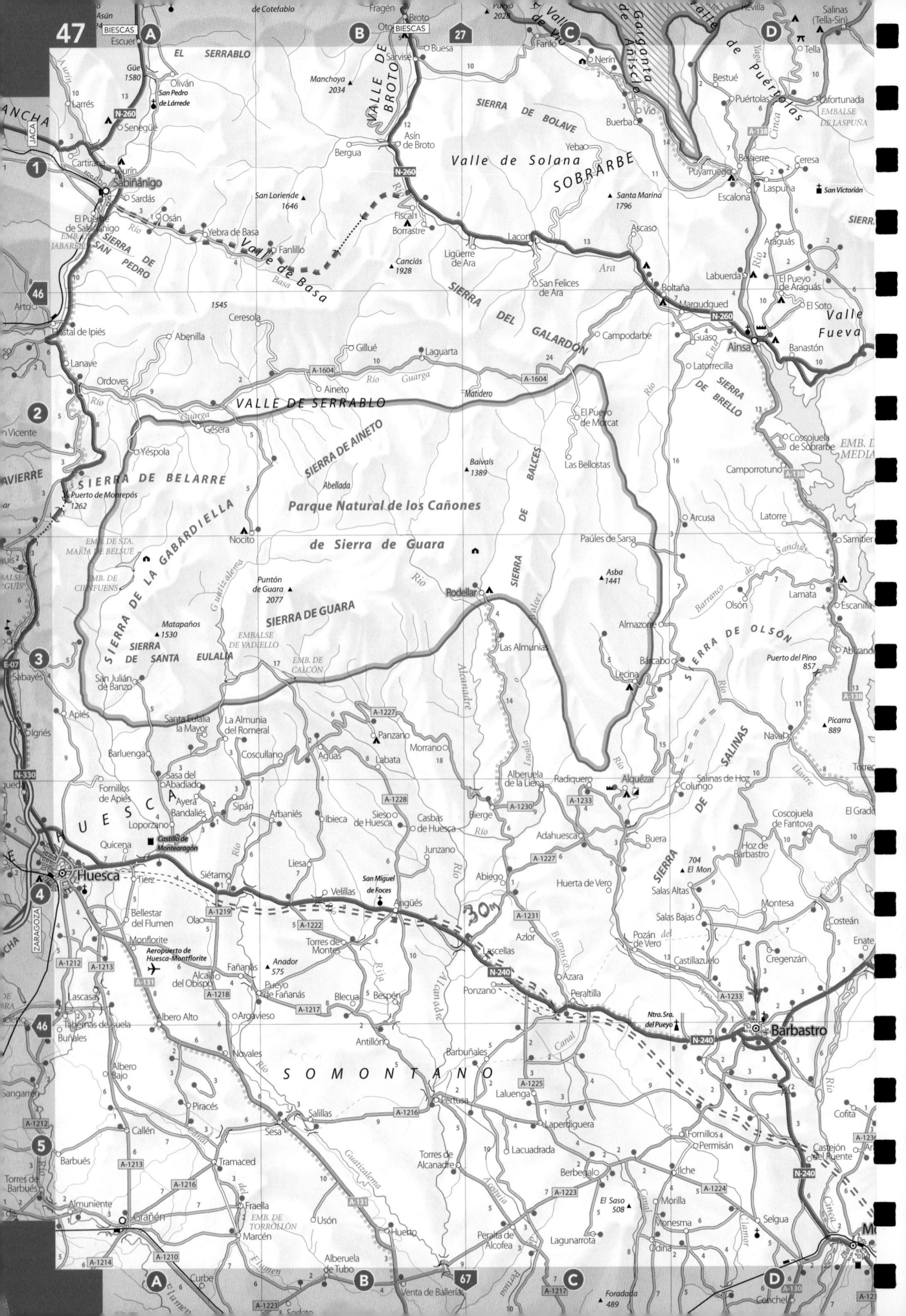
BIESCAS
Escuer
EL SERRABLO
Oliván
San Pedro de Lárrede
Larrés
N-260
Senegüé
JACA
Cartirana
Aurín
Sabiñánigo
Sardás
Osán
El Puente de Sabiñánigo
EMB. DE JABARRELLA
SIERRA DE SAN PEDRO
Yebra de Basa
Fanlillo
Valle de Basa
Arto
Hostal de Ipiés
Lanave
Ordoves
Abenilla
Ceresola
San Loriende 1646
Manchoya 2034
VALLE DE BROTO
Broto
Oto
Sarvisé
Buesa
Asín de Broto
Bergua
Fiscal
Borrastre
Cancías 1928
Fanlo
Nerín
Garganta de Añisclo
Vió
Buerba
SIERRA DE BOLAVE
Yeba
Valle de Solana
SOBRARBE
Santa Marina 1796
Lacort
Ligüerre de Ara
San Felices de Ara
Ascaso
Boltaña
Margudgued
SIERRA DEL GALARDÓN
Campodarbe
Gillué
Laguarta
A-1604
Aineto
Matidero
VALLE DE SERRABLO
Gésera
Yéspola
SIERRA DE AINETO
Abellada
Baivals 1389
El Pueyo de Morcat
Las Bellostas
SIERRA DE BELARRE
Puerto de Monrepós 1262
Parque Natural de los Cañones
de Sierra de Guara
SIERRA DE LA GABARDIELLA
Nocito
EMB. DE STA. MARÍA DE BELSUÉ
EMB. DE CIENFUENS
Puntón de Guara 2077
SIERRA DE GUARA
Matapaños 1530
SIERRA DE SANTA EULALIA
EMBALSE DE VADIELLO
EMB. DE CALCÓN
San Julián de Banzo
Rodellar
SIERRA DE BALCES
Paúles de Sarsa
Asba 1441
Las Almunias
Almazorre
Bárcabo
Lecina
Valle de Puértolas
Tella
Bestué
Puértolas
Lafortunada
EMBALSE DE LASPUÑA
Puyarruego
Escalona
Belsierre
Ceresa
Laspuña
San Victorián
Araguás
Labuerda
El Pueyo de Araguás
El Soto
Valle Fueva
Aínsa
Banastón
Guaso
Latorrecilla
SIERRA DE BRELLO
Cossojuela de Sobrarbe
Camporrotuno
A-138
Arcusa
Latorre
Samitier
Lamata
Olsón
Escanilla
SIERRA DE OLSÓN
Abizanda
Puerto del Pino 857
Picarra 889
Naval
SIERRA DE SALINAS
Salinas de Hoz
Colungo
Coscojuela de Fantova
El Grado
Hoz de Barbastro
704 El Mon
Salas Altas
Salas Bajas
Montesa
Costeán
Enate
Pozán de Vero
Castillazuelo
Cregenzán
Apiés
Igriés
Santa Eulalia la Mayor
La Almunia del Romeral
Barluenga
Coscullano
Panzano
Morrano
Aguas
Labata
Sasa del Abadiado
Fornillos de Apiés
HUESCA
Ayera
Bandaliés
Sipán
Arbaniés
Ibieca
Sieso de Huesca
Casbas de Huesca
Bierge
Alberuela de la Liena
Radiquero
Alquézar
A-1230
A-1233
Adahuesca
Buera
Loporzano
Quicena
Castillo de Montearagón
Huesca
Tierz
Siétamo
Liesa
Junzano
Abiego
A-1227
Huerta de Vero
Velillas
San Miguel de Foces
Angüés
Bellestar del Flumen
Olas
A-1219
A-1222
Monflorite
Aeropuerto de Huesca-Montflorite
Torres de Montes
Anador 575
Lascellas
Azlor
A-1231
N-240
Fañanás
Alcalá del Obispo
Pueyo de Fañanás
Blecua
Bespén
Ponzano
Azara
Peraltilla
Ntra. Sra. del Pueyo
Barbastro
A-1212
A-1213
A-131
A-1218
A-1217
Lascasas
Tabernas de Isuela
Buñales
Albero Alto
Argavieso
Novales
Antillón
Barbuñales
SOMONTANO
Albero Bajo
Piracés
A-1225
Laluenga
Pertusa
A-1216
Salillas
Sesa
Sangarrén
Callén
Laperdiguera
Lacuadrada
Fornillos
Permisán
Barbués
Tramaced
Torres de Alcanadre
Berbegal
Ilche
Castejón del Puente
Torres de Barbués
Almuniente
Fraella
EMB. DE TORROLLÓN
Grañén
Usón
Marcén
Huerto
Peralta de Alcofea
Lagunarrota
El Saso 508
Morilla
Monesma
Odina
Selgua
Cofita
A-1223
A-1224
A-1210
A-1214
Curbe
Alberuela de Tubo
Venta de Ballerías
Foradada 489
Conchel
ZARAGOZA
A
B
C
D
1
2
3
4
5
27
46
67

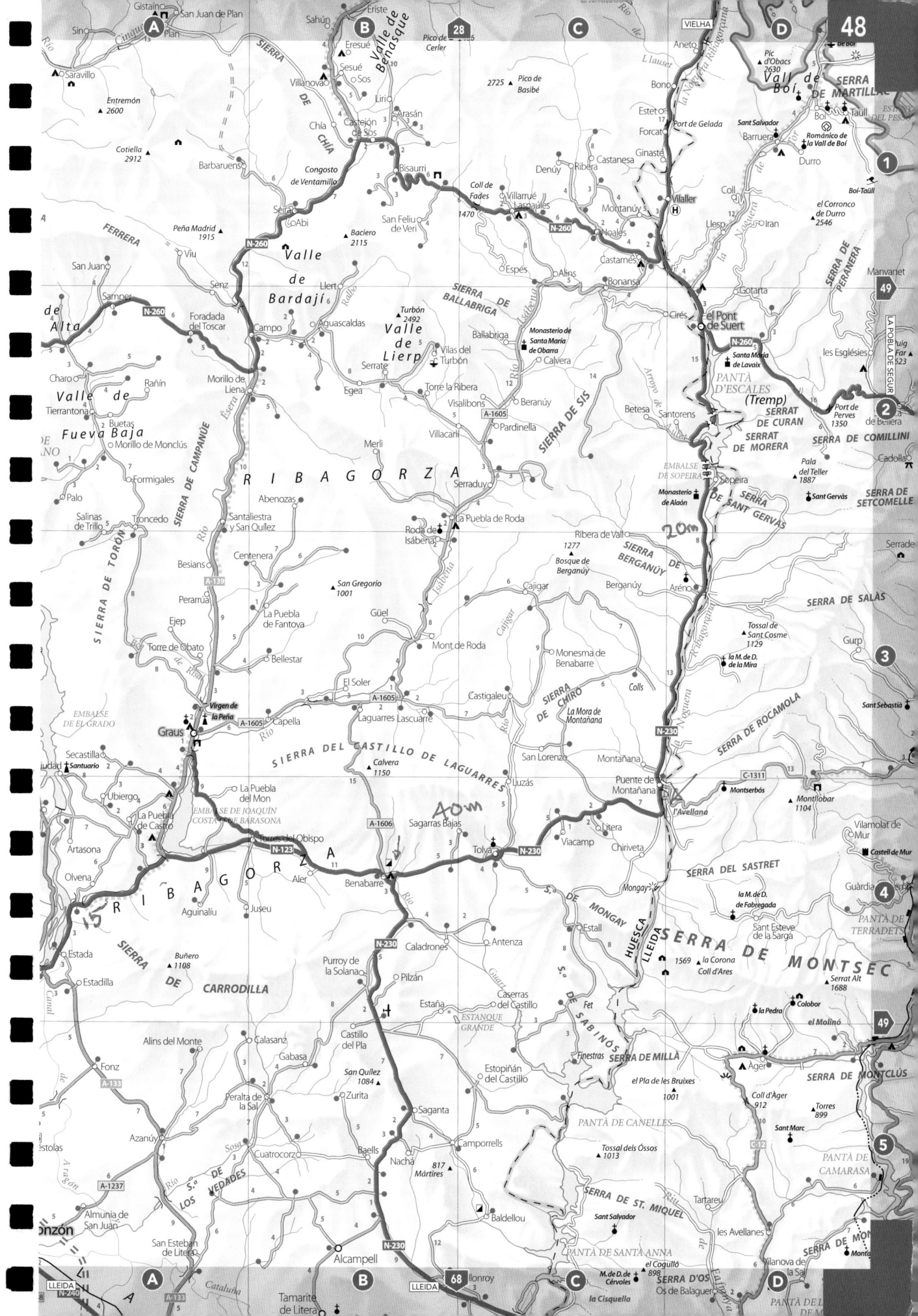

Valle de Benasque
Valle de Bardají
Valle de Lierp
Valle de Fueva Baja
Vall de Boí
RIBAGORZA
SIERRA DE CHÍA
SIERRA DE BALLABRIGA
SIERRA DE SIS
SIERRA DE CAMPANÚE
SIERRA DE TORÓN
SIERRA DEL CASTILLO DE LAGUARRES
SIERRA DE CARRODILLA
SIERRA DE CHIRO
SIERRA BERGANÚY
SERRA DE MONTSEC
SERRA DEL SASTRET
SERRA DE ROCAMOLA
SERRA DE SALÀS
SERRA DE SANT GERVÀS
SERRA DE MILLÀ
SERRA DE ST. MIQUEL
SERRA DE COMILLINI
SERRAT DE CURAN
SERRAT DE MORERA
SERRA DE PERANERA
SERRA DE SETCOMELLE
SERRA DE MONTCLÚS
Graus
El Pont de Suert
Benabarre
Tolva
Puente de Montañana
Àger
Alcampell
Tamarite de Litera
Pantà d'Escales
Pantà de Canelles
Pantà de Santa Anna
Embalse de Joaquín Costa o de Barasona
Embalse de El Grado
N-260
N-230
N-123
A-1605
A-1606
A-139
A-133
C-1311
Vielha
Lleida
La Pobla de Segur
HUESCA
LLEIDA

A
B
C
D
Ribera de Cardós
29
SERRAT DE CAPIFONTS
2328
Port de Cabús
Escàs
Pal
Sispony
Refugi J.M.ª Blanc
Espot Esquí
Escart
Escaló
Sant Pere de Burgal
Vall Ferrera
Alins
Vi rós-Vallferrera
Bosc de Virós
ANDORRA LA VELLA
Sant Nicolau
Pic de la Peguera
2982
ESTANY GENTO
Refugi de Colomina
Pic del Pessó
2790
Cap Major
2055
Baiasca
Llavorsí
Tírvia
Coma de Burg
Farrera
Pic de Salòria
2789
Os de Civís
Santa
Montsent
2881
Pic de Matanegra
2082
Pic d'Urdossa
2223
Parc Natural
Santa Magdalena
de l'Alt Pirineu
SERRA PLANA
Cap de la Devesa
2136
Aixovall
Civís
Sant Julià de Lòria
1
Boí-Taüll
Capdella
Caregue
Roní
SERRA D'ALTARS
Llessui
Rialp
SERRA D'AOLO
Port Ainé
Bosc de la Pega
Sant Joan de l'Erm
la Farga de Moles
Arcavell
la M. de D. de Far
Tossal de Serradet
2482
la Torre de Cabdella
Flamicell
la Bastida de Sort
Sort
Sant Joan de l'Erm
Solanell
1864
Roc de la Guardia
N-145
Manyanet
48
Vall de Flamicell o Vall Fosca
Enviny
les Collades
2028
Sant Andreu de Castellbó
Vall de Castellbò
Sant Serni de Tavèrnoles
Anserall
EL PONT DE SUERT
Oveix
St. Quirí de Sas
la Plana
SERRA DE SOLANA
el Soler
SERRA DE RUBIÓ
Coll del Cantó
N-260
Canturri
Castellbò
el Poblet
Sant Antoni
Puig de Far
1623
Escós
Tornafort
Soriguera
la Seu d'Urgell
el Cogulló
1571
Parador de Turisme de la Seu d'Urgell
2
Sarroca de Bellera
N-260
Pic de les Planes
1913
Santa Maria d'Arboló
Montferrer de Segre
Arfa
Adrall
SERRA DE COMILLINI
Cadolla
Senterada
Gerri de la Sal
Monestir de Santa Maria
Castellàs
SERRA DE TAÜS
el Pla de Sant Tirs
C-14
Espaén
Noves de Segre
Sant Quirze
Tossal de Can Franc
1343
SERRA DE SETCOMELLES
Roca de Sant Aventí
1480
SERRA DE PERACALÇ
Peracalç
Buseu
els Castells
Montcan
1797
la M. de D. de Sagàs
SERRA DE SANT ALEIX
Congost de Collegats
Pallaresa
Esplà
1534
la Guàrdia d'Ares
el Pla Redon
1848
Pic de Serreines
1689
MONTSEC DE TOST
Serradell
SERRA D'ARES
Castellar de Tost
Sisquer
Sorribes
SERRA DE SALÀS
la Pobla de Segur
el Pont de Claverol
Cap del Boumort
2070
Sant Cristòfol
Cabó
Montan de Tost
Ossera
3
Gurp
Salàs de Pallars
SERRA
DEL
BOUMORT
Puig d'Espies
1519
Santa Fe d'Organyà
Organyà
Puig de Ginestar
1730
PANTÀ DE TALARN
CONCA
SERRA DE PESSONADA
Carreu
Fígols
SERRA DE CARREU
C-13
Aramunt
el Bonyet
1792
Montanissell
Sant Ponç
Sant Sebastià
Talarn
DE
Gallinove
1689
Sant Maximí
Alinyà
Bosc de Sallent
Coll de Nargó
SERRA DE SANT CORNELI
la M. de D. de Carrànima
Bòixols
1380
Sant Martí de la Plana
Tremp
Orcau
Abella de la Conca
Coll de Gavarri
Turp
1621
SERRA DE PORT DEL COMTE
TREMP
Puig Sobirà
1924
C-1311
PANTÀ D'OLIANA
Odèn
Palau de Noguera
Sant Romà d'Abella
Figuerola d'Orcau
C-1412
la M. de D. de la Posa
les Anoves
el Coscollet
1810
Fosa
1253
Vilamolat de Mur
Gavet de la Conca
Conques
Isona
S.ª DEL GRAU DE MOLES
Collada de Maimorta
Castell de Mur
Santa Maria de Covet
Montpolo
Timoneda
4
Guàrdia de Tremp
Covet
Cortiuda
Sant Honorat
Oliana
PANTÀ DE TERRADETS
Llimiana
Castell de Sant Gervàs
Sant Miquel
1188
l'Alt
723
Perolet
Santa Coloma
Peramola
Sant Miquel de la Vall
Merea
Coll de Comiols
1102
SERRA D'OLIANA
880
Castellar de la Ribera
SERRA DE MONTSEC
SERRA DE COMIOLS
Pallerols
PANTÀ DE RIALB
Ogern
Coll de Clarà
C-26
Serrat Alt
1688
Sant Salvador de Montsec
Bassella
Mirapallars
1677
Santa Anna de Montadó
Sant Pere
Rubies
els Apòstols
Coll d'Orenga
Vilanova de Meià
SERRA DEL MORT
la Baronia de Rialb
SERRA DE MONTCLÚS
Santa Maria de Meià
Llùçars
Montmagastre
Tiurana
Pinell de Solsonès
Sant Mamet
1388
C-1412
Sant Pere de Madrona
Llobera
Santes Creus
782
Sant Climenç
SERRA DE SANT MAMET
SERRA DEL PUBILL
5
la Clua
Castell de Sant Joan
Canabail
894
Santa Maria de Gualter
Peracamps
Ponts
Sant Pere
Masdenforn
PANTÀ DE CAMARASA
Baldomar
Alentorn
Alòs de Balaguer
Collfred
Vilanova de l'Aguda
Segre
MONT-ROIG
SERRA CARBONERA
Artesa de Segre
Sant Pere Sasserra
Rubió del Mig
Sant Jordi
C-26
Sanaüja
Llanera
SERRA NEGRA
Foradada
Seró
Tudela de Segre
Oliola
l'Alzina
Santa Maria
Camarasa
C-14
69
C-1412
SERRA DE COMÈS
SERRA DEL MAS VELL
Cabanabona
Cubells
Biosca
659

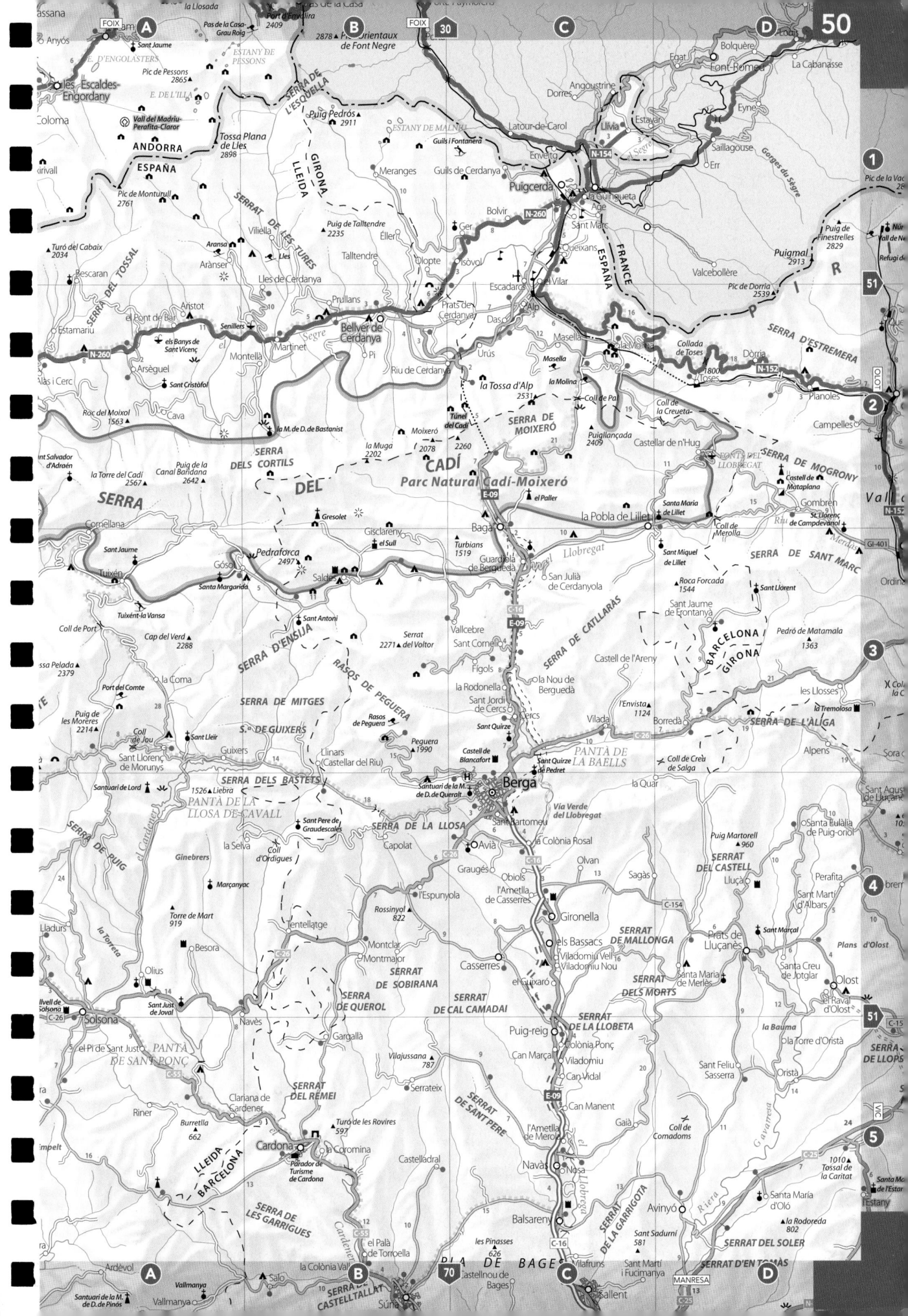

50
A
B
C
D
1
2
3
4
5
FOIX
30
51
70
OLOT
VIC
MANRESA
Anyós
Sant Jaume
Port d'Envalira
2409
Pas de la Casa-Grau Roig
2878 Pic Orientaux de Font Negre
Bolquère
Egat
Font-Romeu
La Cabanasse
E. D'ENGOLASTERS
Pic de Pessons 2865
ESTANY DE PESSONS
les Escaldes-Engordany
E. DE L'ILLA
Angoustrine
Dorres
Estavar
Llívia
Eyne
Coloma
Vall del Madriu-Perafita-Claror
SERRA DE L'ESQUELLA
Puig Pedrós 2911
ESTANY DE MALNIU
Latour-de-Carol
Saillagouse
ANDORRA
ESPAÑA
Tossa Plana de Lles 2898
Guils i Fontanera
Enveitg
N-154
el Segre
Err
Gorges du Sègre
GIRONA
LLEIDA
Meranges
Guils de Cerdanya
Puigcerdà
la Guingueta
Age
Pic de Monturull 2761
SERRAT DE LES TURES
Bolvir
N-260
Sant Marc
Puig de Talltendre 2235
Ger
Puig de Finestrelles 2829
Viliella
Éller
Queixans
ESPAÑA
FRANCE
Turó del Cabaix 2034
Aransa
Lles
Talltendre
Puigmal 2913
Arànser
Olopte
Isòvol
Valcebollère
Bescaran
Lles de Cerdanya
Escadarcs
el Vilar
Pic de Dorria 2539
SERRA DEL TOSSAL
Prullans
Prats de Cerdanya
Alp
Aristot
el Pont de Bar
Senillers
Bellver de Cerdanya
Das
Estamariu
els Banys de Sant Vicenç
Segre
Masella
la Molina
Collada de Toses
Dòrria
SERRA D'ESTREMERA
Martinet
Montellà
Pi
Urús
Arsèguel
Riu de Cerdanya
Masella
Toses 1800
N-152
Alàs i Cerc
Sant Cristòfol
la Tossa d'Alp 2531
Coll de Pal
Coll de la Creueta
Planoles
Roc del Moixol 1563
Cava
Túnel del Cadí
SERRA DE MOIXERÓ
Campelles
la M. de D. de Bastanist
Moixeró 2078
2260
Puigllançada 2409
Castellar de n'Hug
Sant Salvador d'Adraén
SERRA DELS CORTILS
la Muga 2202
CADÍ
FONTS DEL LLOBREGAT
SERRA DE MOGRONY
la Torre del Cadí 2567
Puig de la Canal Bandana 2642
DEL
Parc Natural Cadí-Moixeró
Castell de Mataplana
SERRA
E-09
el Paller
Santa Maria de Lillet
Gombrèn
Cornellana
Gresolet
la Pobla de Lillet
St. Llorenç de Campdevànol
Gisclareny
Bagà
Coll de Merolla
el Sull
Turbians 1519
el Llobregat
GI-401
Sant Jaume
Pedraforca 2497
Guardiola de Berguedà
Sant Miquel de Lillet
SERRA DE SANT MARC
Tuixén
Gósol
Saldes
Santa Margarida
San Julià de Cerdanyola
Roca Forcada 1544
Sant Llorent
Ordina
Tuixént-la Vansa
C-16
Sant Jaume de Frontanyà
Sant Antoni
SERRA DE CATLLARÀS
Coll de Port
E-09
Vallcebre
Pedró de Matamala 1363
Cap del Verd 2288
SERRA D'ENSIJA
Serrat del Voltor 2271
BARCELONA
GIRONA
Sant Corneli
Castell de l'Areny
Pessa Pelada 2379
RASOS DE PEGUERA
Fígols
la Coma
la Nou de Berguedà
la Rodonella
les Llosses
Port del Comte
SERRA DE MITGES
Sant Jordi de Cercs
l'Envista 1124
Cercs
la Tremolosa
Puig de les Moreres 2214
Rasos de Peguera
Sant Quirze
Viladà
Borredà
SERRA DE L'ÀLIGA
S.ª DE GUIXERS
C-26
Coll de Jou
Sant Lleïr
Peguera 1990
PANTÀ DE LA BAELLS
Alpens
Guixers
Castell de Blancafort
Sant Quirze de Pedret
Coll de Salga
Sant Llorenç de Morunys
Llinars (Castellar del Riu)
la Quar
SERRA DELS BASTETS
Berga
Santuari de Lord
1526 Liebra
Santuari de la M. de D. de Queralt
PANTÀ DE LA LLOSA DE CAVALL
Via Verde del Llobregat
Sant Agustí de Lluçanès
Sant Pere de Graudescales
SERRA DE LA LLOSA
Sant Bartomeu
Santa Eulàlia de Puig-oriol
SERRA DE PUIG
la Selva
Capolat
Avià
la Colònia Rosal
Puig Martorell 960
Ginebrers
Coll d'Ordigues
el Cardener
SERRAT DEL CASTELL
Olvan
Graugés
Obiols
Sagàs
Perafita
Marçanyac
l'Ametlla de Casserres
Lluçà
l'Espunyola
Sant Martí d'Albars
Torre de Mart 919
Rossinyol 822
Gironella
C-154
Lladurs
Tentellatge
SERRAT DE MALLONGA
Sant Marçal
la Torreta
Montclar
els Bassacs
Prats de Lluçanès
Plans d'Olost
Besora
Montmajor
Viladomiu Vell
Viladomiu Nou
Casserres
Santa Creu de Jotglar
Olius
SERRAT DE SOBIRANA
SERRAT DELS MORTS
Santa Maria de Merlès
Olost
Sant Just de Joval
SERRA DE QUEROL
el Guixaró
el Raval d'Olost
Solsona
SERRAT DE CAL CAMADAI
Navès
SERRAT DE LA LLOBETA
la Bauma
Puig-reig
Gargallà
la Torre d'Oristà
el Pi de Sant Just
PANTÀ DE SANT PONÇ
Colònia Ponç
SERRA DE LLOPS
Vilajussana 787
Can Marçal
Viladomiu
C-55
Sant Feliu Sasserra
Oristà
Can Vidal
Serrateix
SERRAT DEL REMEI
Claraná de Cardener
SERRAT DE SANT PERE
Can Manent
Riner
Turó de les Rovires 597
Gaià
Coll de Comadoms
Burretlla 662
l'Ametlla de Merola
Gavarresa
Cardona
la Coromina
Navàs
Nosa
C-25
1010 Tossal de la Caritat
Parador de Turisme de Cardona
Castelladral
el Llobregat
LLEIDA
BARCELONA
Santa Maria de l'Estany
Santa Maria d'Oló
SERRA DE LES GARRIGUES
Avinyó
SERRA DE LA GARRIGOTA
Riera
l'Estany
la Rodoreda 802
Balsareny
Sant Sadurní 581
Cardener
el Palà de Torroella
les Pinasses 626
SERRAT DEL SOLER
Ardèvol
la Colònia Valls
PLA DE BAGES
Vilafruns
Sant Martí i Fucimanya
SERRAT D'EN TOMÀS
Vallmanya
Salo
SERRA DE CASTELLTALLAT
Castellnou de Bages
Santuari de la M. de D. de Pinós
Súria
Sallent

A
B
C
D
31
Py
2731
Puig des Très Vents
Amélie-les-Bains
Céret
Arles-sur-Tech
Pic de Rives Blanques
2445
2403
Puig de la Collada Verde
Montferrer
Pic de la Dona
2702
Pic de la Vache
2826
2881
Puig de Bastiments
Valter 2000
Refugi d'Ulldeter
Pic de Costabonne
2465
la Pestre
Prats-de-Mollo
le Tech
Coll de la Seille
1185
Serralongue
Saint Laurent-de-Cerdans
Coll Sant Martí
Castell de Cabrera
Sant Bernabé
Coll del Faig
Tapis
Maçanet de Cabrenys
Puig de Finestrelles
2829
Núria
Vall de Núria
SERRA DE COSTABONA
Espinavell
SERRA DEL CATLLAR
Refugi de Coma de Vaca
Freser
Puig de Balandrau
2585
Setcases
Puig de les Agudes
1978
Coll d'Ares
1513
Mont Nègre
1425
Lamanère
SERRA DE BUXEDA
Sant Bartomeu
Faitús
Molló
C-38
Rocabruna
1561
Puig Comanegra
Queralbs
Puig de Cerverís
2125
Tregurà de Dalt
Vilallonga de Ter
Castell de Rocabruna
Beget
Puig de Bassegoda
1376
Albanyà
Muga
Llanars
Ter
Camprodon
Coma Negra
PUIGCERDÀ
Ribes de Freser
Pardines
Bestracà
1060
SERRA DE BESTRACÀ
Puig del 613
SERRA CAVALLERA
Colònia Estevenell
Puig Ou
1299
Oix
Sadernes
SERRA DEL MONT
St. Andreu de Porreres
Campelles
el Taga
2032
Sant Martí de Surroca
la M. de D. del Mont
Segueró
Ogassa
St. Pau de Segúries
Coll de Capsacosta
Puig Sacreu
589
Castell de Sales
Vall de Ribes
Puig Creus
1135
Turó d'Espaldats
Montagut
Tortellà
Sales de Llierca
Beuda
Maià de
Via Verde de la Ruta del Ferro
Castellfollit de la Roca
el St. Sepulcre de Palera
C-17
C-26
St. Joan de les Abadesses
Sant Joan les Fonts
N-260
GI-401
Campdevànol
Coll de Santigosa
la Vall de Bianya
St. Jaume de Llierca
Argelaguer
Besalú
1064
la Canya
A-26
Rocafiguera
Begudà
Sant Ferriol
C-66
Ordina
Sant Bartomeu
Coll de Canes
Batet de la Serra
S.a DE SANT JULIÀ DEL MONT
Serinyà
Ripoll
Vallfogona de Ripollès
Riudaura
Olot
la Trinitat
la M. de D. de Loreto
Brucs
la Pinya
Sant Cristòfol de les Fonts
Coll de Salom
Artigues
1451
Boscdetosca
Urb. Can Blanc
Sant Martí
Sant Miquel de Campmajor
Urb. Caselles d'Avall
Sant Privat d'en Bas
Pladevall
Fageda d'en Jordà
el Mallol
C-63
Sant Miquel Sacot
Volcà Sta. Margarida
682
Santa Pau
ESTANY DE BANYOLES
Porqueres
CINGLES DE BEVÍ
Coll de la Carolina
Puigpardines
les Preses
Vilallonga
Parc Natural de la Zona Volcànica de la Garrotxa
Mieres
Sant Patllari
Font Pudosa
Santa Maria de Besora
la Farga de Bebié
Puigsacalm
1515
Vidrà
Bas
Coll d'en Bas
Montfalgons
618
Miane
SERRA DE FINESTRES
SERRA LLONGA
Camós
Sora
Montesquiu
els Hostalets d'en Bas
Sant Aniol de Finestres
Bellmunt
1246
Sant Quirze de Besora
C-153
Sant Feliu de Pallerols
Granollers de Rocacorba
Rocacorba
994
Sant Agustí de Lluçanès
GIRONA
BARCELONA
Castell d'Hostoles
Sant Pere de Torelló
els Munts
1057
Puig d'Aiats
1303
la Salut
Adri
Santa Eulàlia de Puig-oriol
Borgonyà
Sant Vicenç de Torelló
les Planes d'Hostoles
Canet d'Adri
Sant Boi de Lluçanès
SERRA DE LA CREU
Via Verde del Carrilet
Torelló
Pruit
Sant Martí de Llémena
Collet de l'Escaleta
Vinyoles d'Orís
Santa Maria de Corcó
Puig de la Batalla
1146
Llorà
Sobremunt
Quatre Camins
Cantonigròs
Rupit
el Far
Puig de Sant Roc
603
Can Bondia (les Masies de Voltregà)
C-37
Sant Martí Sescorts
Sant Martí Sacalm
Amer
Santa Afra
Sant Hipòlit de Voltregà
el Despujol
el Poble-sec
Rocallarga
1187
Solivent
Sant Gregori
PANTÀ DEL PASTERAL
la Gleva
Manlleu
SERRAT DEL MIG
Plans d'Olost
Tavertet
el Pasteral
Collet de l'Aulet
Santa Cecília de Voltregà
les Masies de Roda
Parador de Turisme de Vic-Sau
Montdois
930
Sant Julià del Llor
Bonmatí
Olost
Sant Bartomeu del Grau
Roda de Ter
Granollers de la Plana
PANTÀ DE SAU
PANTÀ DE SUSQUEDA
Plademunt
la Cellera de Ter
N-141
Bescanó
el Raval d'Olost
Pladevall
C-17
la Creu de Codines
Urb. el Coll
Anglès
Estanyol
Vespella
Sant Benet
1149
Pla d'Amunt
C-154
Gurb
PLANA DE VIC
Osor
Pla d'Avall
l'Oristà
Vilanova de Sau
Puig Gros d'en Capella
276
SERRA DE LLOPS
Folgueroles
Tavèrnoles
SERRAT DE LA BAGA
Sant Miquel
Girona-Costa
Sant Dalmai
Santa Bàrbara
Vic
Sant Julià de Vilatorta
Puig d'Ases
971
Brunyola
MANRESA
SERRAT DE PUIG-ORIOL
Calldetenes
Raval de Calldetenes
Castell de Montsolís
LES GUILLERIES
SERRAT DEL CORB
SERRAT DEL GABATXO
Vilobí d'Onyar
Santa Eulàlia de Riuprimer
Sant Sadurní d'Osormort
Pla Goteres
929
Castanyet
C-25
Sta. Coloma Residencial
Santa Eugènia de Berga
SERRAT DE LA GUARDIA
Sant Hilari Sacalm
Santa Coloma de Farners
Malla
Sant Quirze
Vilalleons
Puig Sapera
1064
1010
Tossal de la Caritat
Espinelves
el Veïnat d'Avall
Santa Maria de l'Estany
Taradell
Castell de Farners
Termes Orion
Muntanyola
Masvidal
Viladrau
Vallcaner
Tona
Sant Miquel
Sant Pere Desplà
Joanet
Sant Pere Cercada
Puig Rodors
1056
SERRA DE L'OLLER
Balenyà
Seva
SERRAT DEL SENTINELLA
l'Esparra
Riudarenes
Lliors
Sant Segimon del Bosc
SERRA DE CLARÀ
Moianès
Coll de la Pullosa
Arbúcies
el Brull
Sant Segimon
71
Sant Marçal del Montseny
el Rieral
GRANOLLERS/BARCELONA
Hostalets de Balenyà
Coll Formic
1282
Matagalls
1700
el Vidal
Sant Feliu de Buixalleu
Maçanet de la Selva
GI-555
Centelles
N-152

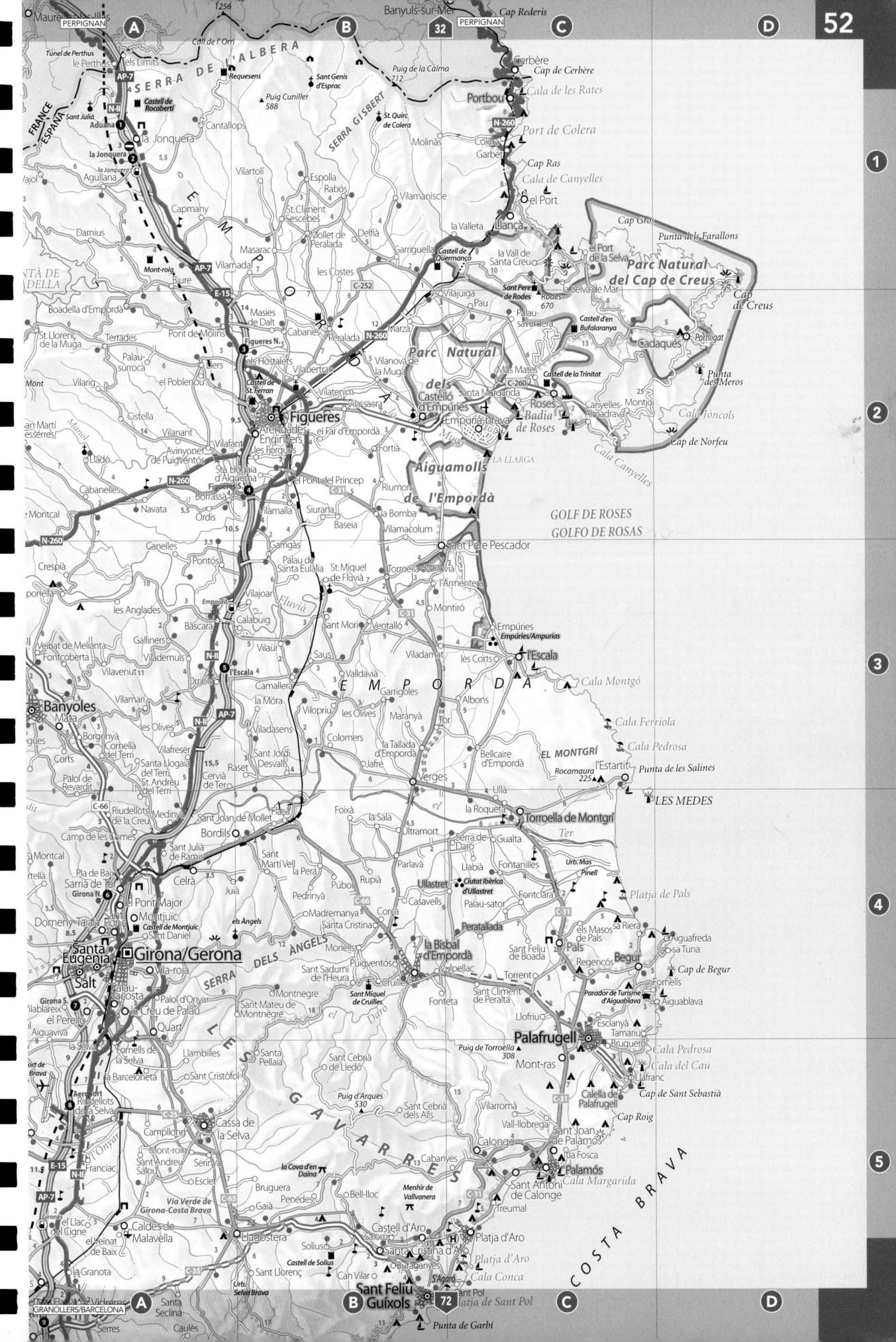
PERPIGNAN
A
B
C
D
Banyuls-sur-Mer
32
Cap Rederis
Col de l'Orri
SERRA DE L'ALBERA
Túnel de Perthus
le Perthus
els Límits
AP-7
Requesens
Sant Genís d'Esprac
Puig de la Calma 712
Cerbère
Cap de Cerbère
Cala de les Rates
Portbou
N-260
Port de Colera
Colera
Garbet
Cap Ras
Cala de Canyelles
el Port
Llançà
la Valleta
Castell de Rocabertí
Puig Cuniller 588
SERRA GISBERT
St. Quirc de Colera
Molinàs
Sant Julià
Aduana
FRANCE
ESPAÑA
la Jonquera
Cantallops
Agullana
Vilartolí
Espolla
Rabós
Vilamaniscle
Capmany
St. Climent Sescebes
Mollet de Peralada
Delfià
Darnius
Masarac
Garriguella
Castell de Quermançó
Mont-roig
Vilarnadal
les Costes
C-252
Biure
E-15
Boadella d'Empordà
Masies de Dalt
Cabanes
Peralada
Vilajuïga
Pau
St. Llorenç de la Muga
Terrades
Pont de Molins
Figueres N.
Marzà
N-260
Palau-surroca
els Hostalets
Vilabertran
Vilanova de la Muga
Parc Natural dels
Mont
Vilarig
el Poblenou
Castell de St. Ferran
Vilatenim
Castelló d'Empúries
Vilasacra
Santa Margarida
Cistella
Figueres
Arenyades
Enginyers
el Far d'Empordà
Empúria-brava
Vilanant
Vilafant
Avinyonet de Puigventós
les Forques
Fortià
Lladó
Sta. Llogaia d'Àlguema
Aiguamolls de l'Empordà
Cabanelles
N-260
Figueres S.
el Pont del Príncep
Riumors
Borrassà
C-31
Navata
Ordis
Vilamalla
Siurana
la Bomba
Montcal
Baseia
Vilamacolum
Canelles
Garrigàs
Sant Pere Pescador
Crespià
Pontós
Palau de Santa Eulàlia
St. Miquel de Fluvià
Torroella de Fluvià
l'Armentera
les Anglades
Empordà
Vilajoan
Calabuig
Fluvià
C-31
Montiró
Bàscara
Sant Mori
Ventalló
Empúries
Empúries/Ampurias
Gallinters
Vilaür
Viladamat
les Corts
l'Escala
Veïnat de Melianta
Fontcoberta
Viladermuls
Vilavenut
Orriols
N-II
l'Escala
Saus
Valldavià
Camallera
EMPORDÀ
Garrigoles
Cala Montgó
Vilamarí
Albons
Banyoles
Mata
AP-7
la Mora
Vilopriu
les Olives
Maranyà
Tor
Borgonyà
les Olives
Viladasens
Colomers
Cala Ferriola
Cornellà del Terri
Vilafreser
Sant Jordi Desvalls
la Tallada d'Empordà
Bellcaire d'Empordà
EL MONTGRÍ
Cala Pedrosa
Corts
Santa Llogaia del Terri
Raset
Jafre
Rocamaura 225
l'Estartit
Punta de les Salines
Palol de Revardit
St. Andreu del Terri
Cervià de Ter
Verges
Ullà
LES MEDES
C-66
Riudellots de la Creu
Medinyà
Sant Joan de Mollet
Flaçà
Foixà
la Sala
la Roqueta
Torroella de Montgrí
Bordils
Ultramort
Ter
Camp de les Comes
Sant Julià de Ramis
Serra de Daró
Gualta
Montcal
Sant Martí Vell
Llabià
Fontanilles
Urb. Mas Pinell
Pla de Baix
Celrà
la Pera
Parlavà
Sarrià de Ter
Juià
Rupià
Ullastret
Ciutat Ibèrica d'Ullastret
Platja de Pals
Girona N.
el Pont Major
Pedrinyà
Púbol
Fontclara
Palau-sator
Casavells
Domeny-Taialà
Montjuïc
Madremanya
Corçà
Castell de Montjuïc
Santa Cristina
els Àngels
Peratallada
els Masos de Pals
Sa Riera
Aiguafreda
Sant Daniel
Monells
la Bisbal d'Empordà
Pals
sa Tuna
Santa Eugènia
Girona/Gerona
DELS ÀNGELS
Sant Feliu de Boada
Begur
Salt
Vila-roja
SERRA
Sant Sadurní de l'Heura
Puigventós
Cruïlles
Vulpellac
Regencós
Torrent
Cap de Begur
Fornells
Palau-sacosta
Montnegre
Sant Climent de Peralta
Parador de Turisme d'Aiguablava
Aiguablava
Girona S.
Palol d'Onyar
Sant Mateu de Montnègre
Sant Miquel de Cruïlles
Fonteta
Vilablareix
la Creu de Palau
Llofriu
el Perelló
Quart
Esclanyà
Aiguaviva
Palafrugell
Tamariu
la Selva
Fornells de la Selva
Llambilles
Santa Pellaia
Sant Cebrià de Lledó
Puig de Torroella 308
Bruguera
Cala Pedrosa
Mont-ras
Cala del Cau
la Barceloneta
Sant Cristòfol
Llafranc
Aeroport
Riudellots de la Selva
Puig d'Arques 530
Sant Cebrià dels Alls
Calella de Palafrugell
Cap de Sant Sebastià
GAVARRES
Vilarromà
Cap Roig
C-25
Cassà de la Selva
Vall-llobrega
Campllong
Calonge
Sant Joan de Palamós
la Fosca
Mont-roig
Sant Andreu Salou
Serinyà
Cabanyes
Palamós
Franciac
la Cova d'en Daina
Cala Margarida
E-15
N-II
Esclet
Bruguera
Menhir de Vallvanera
Sant Antoni de Calonge
COSTA BRAVA
AP-7
Via Verde de Girona-Costa Brava
Penedes
Bell-lloc
C-31
Treumal
C-65
Gaià
el Llac del Cigne
Caldes de Malavella
Castell d'Aro
Salomó
Platja d'Aro
el Veïnat de Baix
Llagostera
Solius
Santa Cristina d'Aro
Platja d'Aro
la Granota
Castell de Solius
Bufaganyes
Cala Conca
C-35
Sant Llorenç
Can Vilar
S'Agaró
Santa Seclina
Urb. Selva Brava
Sant Feliu de Guíxols
72
Sant Pol
Platja de Sant Pol
GRANOLLERS/BARCELONA
Serres
Caulès
Punta de Garbí
Cap Gros
Punta dels Farallons
el Port de la Selva
la Vall de Santa Creu
Parc Natural del Cap de Creus
Sant Pere de Rodes
Rodes 670
la Selva de Mar
Cap de Creus
Palau-saverdera
Castell d'en Bufalaranya
Cadaqués
Portlligat
Mas Mates
Castell de la Trinitat
Punta des Meros
Roses
Canyelles-Almadrava
Montjoi
Badia de Roses
Cala Jóncols
Cap de Norfeu
LA LLARGA
Cala Canyelles
GOLF DE ROSES
GOLFO DE ROSAS
1
2
3
4
5

A   B   33   C   D

1

2

O C É A N O

A T L Á N T I C O

3

4

5

Viana do Castelo

Pousada Monte de Santa Luzia

Portuzelo

Parque Natural do Litoral Norte

Praia de Suave Mar

Esposende

Apulia

Praia de Sto Andres

A-Ver-o-Mar

Póvoa de Varzim

Vila do Conde

Praia da Arvore

Praia de Labruge

Praia de Agudela

Aeropuerto Sá Carneiro

Praia Boa Nova

Leça da Palmeira

Praia de Leça

Matosinhos

Porto de Leixões

Porto

Praia de Lavadores

Lavadores

Vila Nova de Gaia

A   B   73   C   D

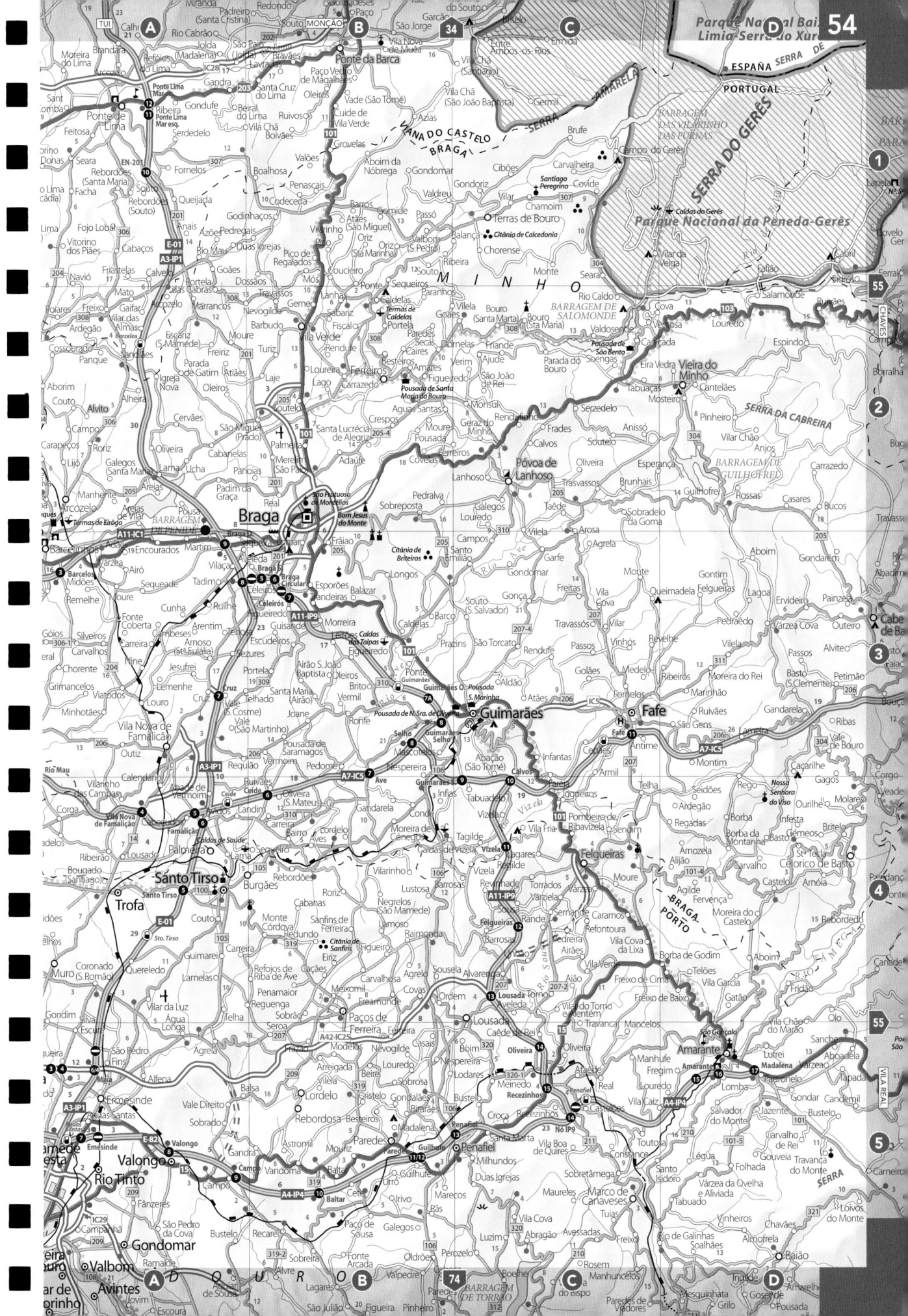
Parque Nacional Baixa Limia-Serra do Xurés
ESPAÑA
PORTUGAL
SERRA DO GERÊS
Parque Nacional da Peneda-Gerês
BARRAGEM DAS VILARINHO DAS FURNAS
VIANA DO CASTELO
BRAGA
SERRA AMARELA
M I N H O
BARRAGEM DE SALAMONDE
SERRA DA CABREIRA
BARRAGEM DE GUILHOFREI
BRAGA
PORTO
A D O U R O
BARRAGEM DE TORRÃO
TUI
MONÇÃO
CHAVES
VILA REAL
Ponte da Barca
Ponte de Lima
Arcos de Valdevez
Terras de Bouro
Caldas do Gerês
Campo do Gerês
Vieira do Minho
Vila Verde
Braga
Bom Jesus do Monte
Barcelinhos
Póvoa de Lanhoso
Guimarães
Fafe
Celorico de Basto
Felgueiras
Vila Nova de Famalicão
Santo Tirso
Trofa
Lousada
Paços de Ferreira
Amarante
Penafiel
Paredes
Valongo
Rio Tinto
Gondomar
Ermesinde
Marco de Canaveses
Baião
Caldas das Taipas
Caldas de Vizela
Citânia de Briteiros
Citânia de Sanfins
Citânia de Calcedonia
Pousada de Santa Maria do Bouro
Pousada de São Bento
Pousada de N. Sra. de Oliveira
Pousada S. Marinha
Termas de Caldelas
A3-IP1
A11-IC1
A11-IP9
A7-IC5
A42-IC25
A4-IP4
E-01
E-82
Nossa Senhora do Viso
Serra
Valbom
Avintes
A
B
C
D
1
2
3
4
5
55
34
74

A
B
C
D
1
2
3
4
5
35
54
75
Montalegre
Sezelhe
Travassos
Covelães
Paredes
São Pedro
BARRAGEM DE PARADELA
Outeiro
Contim
Fiães do Rio
Paradela
Lapela
Nª Sª de Fátima
Ponteira
Brandim
Fervidelas
Pisões
Covelo do Gerês
Ladrugães
Vila da Ponte
Reigoso
Ferral
Cambeses do Rio
Medeiros
Chã
Aldeia Nova do Barroso
Travassos de Chã
Parafita
Morgade
Rebordelo
Negrões
BARRAGEM DO ALTO RABAGÃO
Cornos das Alturas
Lama Chã
Atilhó
Alturas do Barroso
Ormeche
Pondras
BARRAGEM DE VENDA NOVA
Padrões
Codeçoso
Venda Nova
Pereira
SERRA DO BARROSO
Cerdedo
Vila Pequena
Vilarinho Seco
Viveiro
Agrelos
Caldas Santas de Carvalhelhos
Carvalhelhos
Pedrinha
Boticas
Quintas
Ruínas romanas
Vilar
Campos
Codessoso
Secerigo
Penalonga
Covas do Barroso
Dornelas
Salto
Borralha
Tabuadela
Bugalhão
Seixa
1174
Moscoso
Seara
VILA REAL
BRAGA
Gondiães
Bragadas
Rio Beça
Canedo
Curros
Fiães do Tâmega
Seirós
Melhe
Travasso
Juguelhe
Samão
Vilela
Vilar de Cunhas
Cunhas
Rio Douro
Abadim
Asnela
Leiradas
Santo Aleixo de Além-Tâmega
Granja Nova
Santa Marinha
Ribeira de Pena
Cabeceiras de Basto
Arosa
Cavês
Escarei
Pedraça
Faiai
Arco de Baúlhe
Agunchos
Rio Louredo
Santa Marta da Montanha
Lixa do Alvão
Carrazedo do Alvão
Cemeterio medieval
Vila Pouca de Aguiar
Bouça Fria
Cerva
Atei
Vila Nune
Minas de São João
Alvite
Cabriz
Gouvães da Serra
Limões
Favais
Lamas
Alvadia
Parada de Atei
Canedo de Basto
Corgo
Veade
Nossa Senhora da Graça
Vilarinho
Travassos
Mondim de Basto
Marco
1283
Bilhó
Vilar de Ferreiros
Bobal
Vila Chã
Paradança
Ponte de Olo
Fervença
Lamas de Olo
Parque Natural do Alvão
Ermelo
Fisgas
Vaqueiro
1315
SERRA ALVÃO
Vilarinho de Samardã
Samardã
Soutelinho do Amésio
Tourencinho
Benagouro
Pardelhas
Canadelo
Campanhó
Vila Cova
Pêpe
VILA REAL
PORTO
Covelo do Monte
Pousada de São Gonçalo
Campeã
Quintã
Pousadas
Torgueda
Pena
Mondrões
Parada de Cunhos
Soutelo
Louredo
Paradela do Monte
MARÃO
Cimo de Vila
Fontes
Fornelos
Ermida
Vinhós
Sever
Carneiro
Sedielos
Medrões
Moura Morta
Sanhoane
Santa Marta de Penaguião
Ordem
Teixeira
Ramadas
Lobrigos
Fontelas
Gestaço
Pousada do Solar da Rede
Mesão Frio
Oliveira
Loureiro
Godim
Cidadelhe
Vila Marim
Lordelo
Vila Real
Mouçós
Mateus
Arroios
Solar Mateus
Constantim
Folhadela
Portela
Sabrosa
Cumeeira
Nogueira
Abaças
Vila Seca
Alvações do Corgo
Alvações de Tanha
Poiares
Vilarinho dos Freires
Galafura
Canelas
Covelinhas
Folgosa
LAMEGO
Régua
Caldas de Moledo
Peso da Régua
TRÁS-OS-MONTES
CORGO
Adoufe
Borbela
Sanguinhedo
Sigarrosa
Fortunho
Leirós
Justes
Lamares
Parada de Pinhão
Pinhão Cele
Torre do Pinhão
Aguas Santas
São Tomé do Castelo
Cache
São Lourenço de Ribapinhão
Ludares
Arcã
Vale de Nogueiras
Garganta
Andrães
São Cibrão
São Martinho de Antas
Sabrosa
Souto Maior
Passos
Fonteira
Magalhã
Vilarinho de São Romão
Sobrados
Paradelha de Guiães
Vale de Mendiz
Provesende
São Cristóvão do Douro
Gouvinhas
Covas do Douro
Gouvães do Douro
Pinhão
Guiães
Donelo
Ervedosa do Douro
Valença do Douro
Sanfins do Douro
Cheires
Soutelinho
Favaios
Alijó
Pousada do Barao de Forrester
Granja
Celeirós
Vilarinho de Cotas
Cotas
Casal de Loivos
VILA REAL
VISEU
Região Vinícola do Alto Douro
Castedo
São Mamede de Ribatua
Safres
Amieiro
Pombal
Franzilhal
Tralhariz
Ribalonga
Linhares
Soutelo do Douro
Nagozelo do Douro
Caldas do Carlão
Carlão
Chã
Vila Chã
Agrelos
Santa Eugénia
Porrais
Francelos
Vilar de Maçada
Carvalho
Pegarinhos
Ribalonga
Pópulo
Vila Verde
Vale de Cunho
Balsa
Martim
Candedo
Noura
Sobredo
Codaval
Murça
Palheiros
Varges
Fiolhoso
Parafita
Serra Preta
1031
Barrela
Moreira
Vreia de Jales
Cabreiro
1132
Quintas
Cerdeira
Alfarela de Jales
Cidadelha de Jales
Castelo dos Mouros
Vilares
Carvas
Ruínas romanas
Valongo de Milhais
Reboredo de Jades
Vales
Serapicos
Toubres
Zebras
Penabeice
Jou
Covas
Vilarelho
Riberinha
Curros
Vale de Égua
Cabanas
Rendufe
Tinhela de Cima
Bornes de Aguiar
Vila Meã
Vreia de Bornes
Padrela e Tazém
Carrazedo de Montenegro
São João da Corveira
Rio Bom
Junqueira
Nozelos
SERRA DA PADRELA
Silva
São Nicolau
Paradela
Eiriz
Valoura
Soutelinho
Sabroso
Pensalvos
Lago Bom
Termas de Pedras Salgadas
Cabanas
Afonsim
Parada de Monteiros
Bragado
Carrazedo da Cabugueira
Freixeda
Oura
Capeludos
Vidago
Termas de Vidago
Vila Verde
Sobradelo
Arcossó
Vilarinho das Paranheiras
Pinho
Valdegas
Anelhe
Rebordondo
Redondelo
Matosinhos
Santa Leocádia
Vila do Conde
Póvoa de Agrações
Dorna
Pradela
1146
Moreiras
Seixo
France
Vilaranda
Vila Nova
Vilela
Serapicos
Esturãos
Lagarelhos
Nogueira da Montanha
Friões
São Pedro de Agostém
Samaiões
Tresmundes
Vilar de Nantes
Maços
Paranhos
Mosteiro de Cima
Chaves
Ponte romana de Trajano
Monforte
Eiras
São Lourenço
Nantes
Cela
Caldas de Chaves
Curalha
Abobeleira
Vale de Anta
Outeiro Seco
Soutelo
Santo Estêvão
Faiões
Calzada romana
Sanjurge
Grabados rupestres
Bustelo
Vila Verde da Raia
Feces de Abaixo
Ervededo
Calvão
Castelãos
Meixide
Pedrario
Sarraquinhos
Zebral
Firvedas
Codeçoso
Antigo
Corticô
Arcos
Ardãos
Seara Velha
Nogueira
Bobadela
Terva
Pastoria
Noval
Sapelos
Sapiãos
Granja
Mourilhe
Donões
Meixedo
Solveira
Sabuzedo
Padroso
Padornelos
Antiguas mamoas
Paço de los Fidalgos de Vilar de Perdizes
Videferre
Soutelinho da Raia
Bousés
Espiño
Cambedo
Vilarelho da Raia
Mandên
VERÍN
A24-IP3
IP4
E-82
Rio Tâmega
Rio Pinhão
Rio Tua
Murça
Mondim de Basto

ESPAÑA
PORTUGAL
Florderrei
Terroso
Vilar Seco de Lomba
Penso
Cabeça da Igreja
Vilar de Ossos
Fresulfe
Maçãs
Cova da Lua
Vilarello
Arzádegos
São Vicente
1083 Mauros
Sandim
Frades
Sobreiro de Cima
Lagarelhos
Paço
Rio de Fornos
Prada
Quintela
Soeira
Espinhosela
Carragosa
Rabal
Meixedo
Lama de Arcos
Travancas
Mairos
Argemil
Orjais
Brito
Ferreiros
Edral
Candedo
Sobreiro de Baixo
Vinhais
Vila Verde
Castrelos
Gondosende
Oleiros
Portela
Donai
Lagomar
Vila Nova
Santo António de Monforte
Paradela
Roriz
Cimo de Vila de Castanheira
Vilar de Lomba
Espinhosa
Valpaços
Curopos
Alvaredos
Conlelas
Vila Boa de Ousilhão
Fontes Barrosas
Grandais
S. Bartolomeu
Pousada São Bartolomeu
Ermida
Alimonde
Formil
Castro de Avelãs
Bragança
ZAMORA
Pedra Bulidera
Tronco
Sanfins
São Jomil
Maçaira
Nunes
Ousilhão
Gostei
Águas Frias
Bobadela
Vilar de Peregrinos
Vale de Janeiro
Carrazedo
Nogueira
Samil
Lebução
Lampaça
Brito de Baixo
Edrosa
Alfaião
Oucidres
Fiães
Bouçoães
Penhas Juntas
Zoio
São Pedro de Sarracenos
Tinhela
Rebordãos
Sarzeda
Alvarelhos
Soutilha
Vale das Fontes
Falgueiras
São Bartolomeu
Sonim
Fornos de Ledra
Ervedosa
Negreda
Celas
SERRA DA NOGUEIRA
Fraílde
Mós
São Pedro Velho
Argana
Agrochão
Sortes
Lanção
Santa Valha
Barreiros
Murçós
Paredes
Vilarandelo
Fornos do Pinhal
Lamalonga
Vilarinho de Agrochão
Santa Comba de Rossas
Fradizela
Torre de Dona Chama
Espadanedo
Soutelo Mourisco
Vale de Casas
Lagoas
Bouçoa
Ferradosa
Arcas
Pinela
Nossa Senhora da Saúde
Vassal
Vale de Gouvinhas
Mosteiro
Vilares
Ferreira
Moredo
Carçãozinho
Vale de Nogeira
Salsas
Possacos
Vale de Telhas
Edroso
Bragada
Valpaços
Valverde
Vale de Prados
Meles
Fermentães
Serapicos
Vale de Salgueiro
Múrias
Ala
Corujas
Lamas de Podence
Podence
Sendas
Sanfins
Cabanelas
Castro
Miradeses
Alvites
Sezulfe
Combinha
Macedo do Mato
Rio Torto
Abambres
Mascarenhas
Vale de Lagoa
Amendoeira
Vale de Prados
BARRAGEM DO AZIBO
Izeda
Valongo das Meadas
Valbom dos Figos
Paradela
Avantos
Vale de Pradinhos
Vale da Porca
Salselas
Vinhas
Bagueixe
Fonte Mercê
Lilela
Pinhovelo
Macedo de Cavaleiros
Veiga de Lila
Póvoa de Lila
Contins
Travanca
Castro Roupal
Carvalhais
Romeu
Cortiços
Carrapatas
Gralhós
Talhinhas
São Pedro de Veiga de Lila
VILA REAL
BRAGANÇA
Succães
Eivados
Castelãos
Vilar do Monte
Mirandela
Grijó de Vale Benfeito
Vale Benfeito
Sobreda
Morais
Olmos
Maltã
DE SANTA COMBA
Passos
Cedães
Vale de Asnes
Paradinha de Besteiros
Ladaino 1174
Bornes
Balsemão
Chacim
São Salvador
Vila Verde
Cedaênhos
Franco
Lamas de Orelhão
Lombo
Marmelos
MONTES
Caravelas
SERRA DE BORNES
São Pedro de Vale do Conde
Vila Nova
Gebelim
Lagoa
Pereira
Rego de Vide
Cobro
Burga
Soeima
Santa Bárbara
Freixeda
Peredo
São Gonçalo
Frechas
Felgueiras
Sambade
Vila Boa
Avidagos
Trindade
Vilares de Vilariça
Saldonha
Porrais
Vales
Vale de Sancha
Agrobom
Soutelo
TRÁS OS
Barcel
Benlhevai
BARRAGEM DA BURGA
BARRAGEM DA ALFÂNDEGA DA FÉ
Navalho
Vilarinho das Azenhas
Pombal
Vale Pereiro
Castro Vicente
Remondes
Milhais
Abreiro
Vale Frechoso
Santa Comba de Vilariça
Castelo
VIMIOSO
Alfândega da Fé
Bruhoso
Sobreira
Vieiro
Vilas Boas
Vilarelhos
Vilar Seco
Assares
BARRAGEM DO SALGUEIRO
Brunheda
Codeçais
Vilar Chão
Paradela
Pereiros
Valverde
Mogadouro
Roios
Lodões
Santa Justa
Eucísia
Freixiel
Samões
Vila Flor
MIRANDA DO DOURO
Sendim da Ribeira
Pinhal do Norte
Sampaio
Parada
Figueira
Areias
Zedes
Nozelos
Gouveia
Sendim da Serra
Cerejais
Santo André
Valverde
Candoso
Carvalho de Egas
Arco
Mogo de Malta
Adeganha
Amedo
Samorinha
Nabo
Junqueira
Ferradosa
Castelo Branco
Belver
Vale de Torno
Seixo de Manhoses
Meirinhos
Carrazeda de Ansiães
Cardanha
Fonte Longa
Mourão
Castedo
Estevais
Picões
SERRA DO MOGADOURO
Horta da Vilariça
Selores
Póvoa
Rio Sabor
Ribeira de Vilariça
Cabanas de Cima
Larinho
Felgar
Souto da Velha
Estevais
Seixo de Ansiães
Vilarinho da Castanheira
Lavandeira
Cabanas de Baixo
Beira Grande
Cabeça Boa
Torre de Moncorvo
GUARDA
Carviçais
Pinhal do Douro
Lousa
Carvalhal
Fornos
Rio Tuela
Rio Rabaçal
Rio Mente
Rio Mousse
Rio Calvo
Rio de Guide
Rio Azibo
Ribeira de Zacarias
Rio Vale de Moinhos

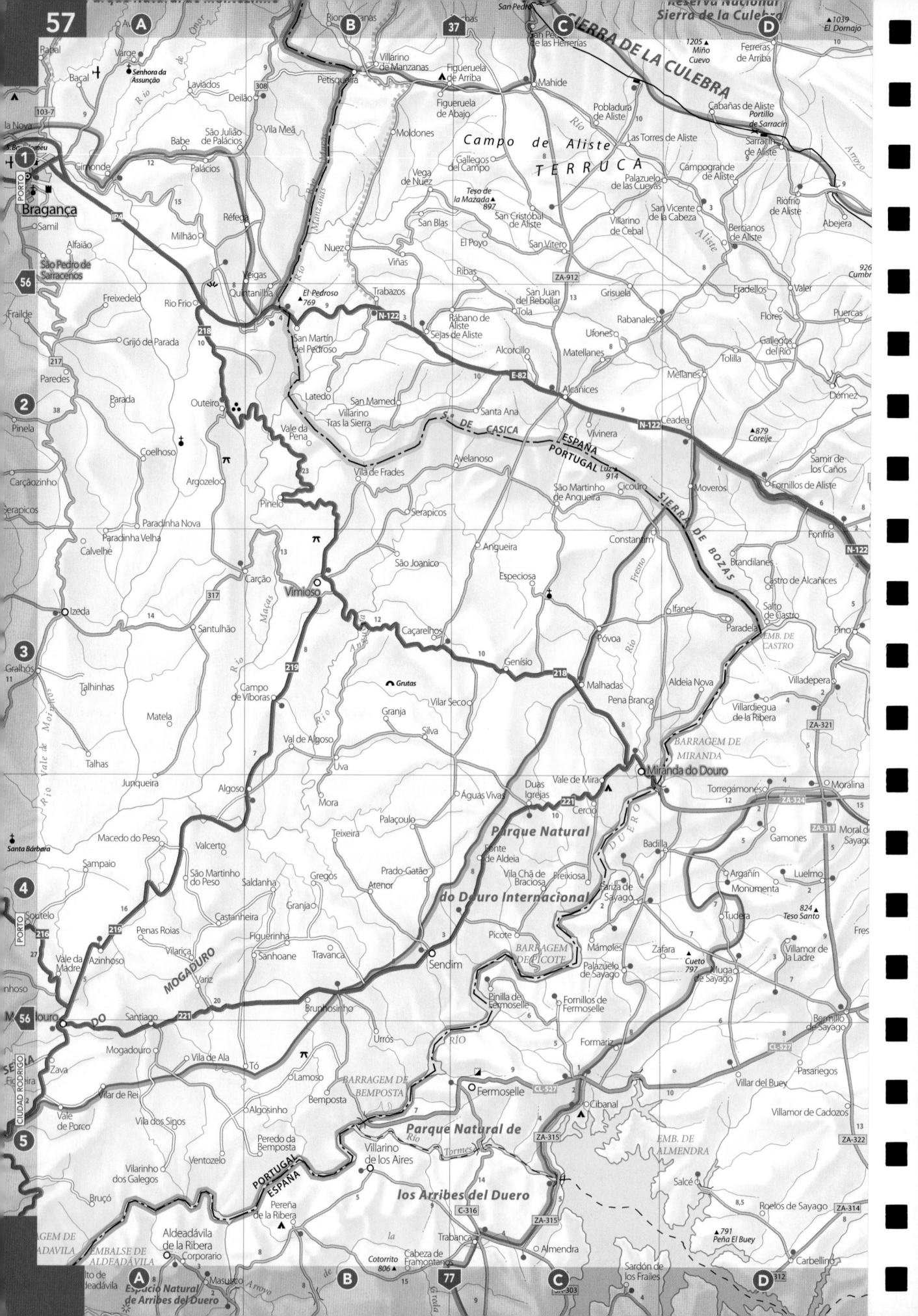
Bragança
Vimioso
Miranda do Douro
Sendim
Mogadouro
Fermoselle
Alcañices
Campo de Aliste
Sierra de la Culebra
Parque Natural do Douro Internacional
Parque Natural de los Arribes del Duero
Barragem de Miranda
Barragem de Picote
Barragem de Bemposta
Emb. de Almendra
Emb. de Castro
Sierra de Bozas
Sª de Casica
España
Portugal
N-122
E-82
IP4
ZA-912
ZA-321
ZA-324
ZA-311
ZA-315
ZA-322
ZA-314
CL-527
C-316

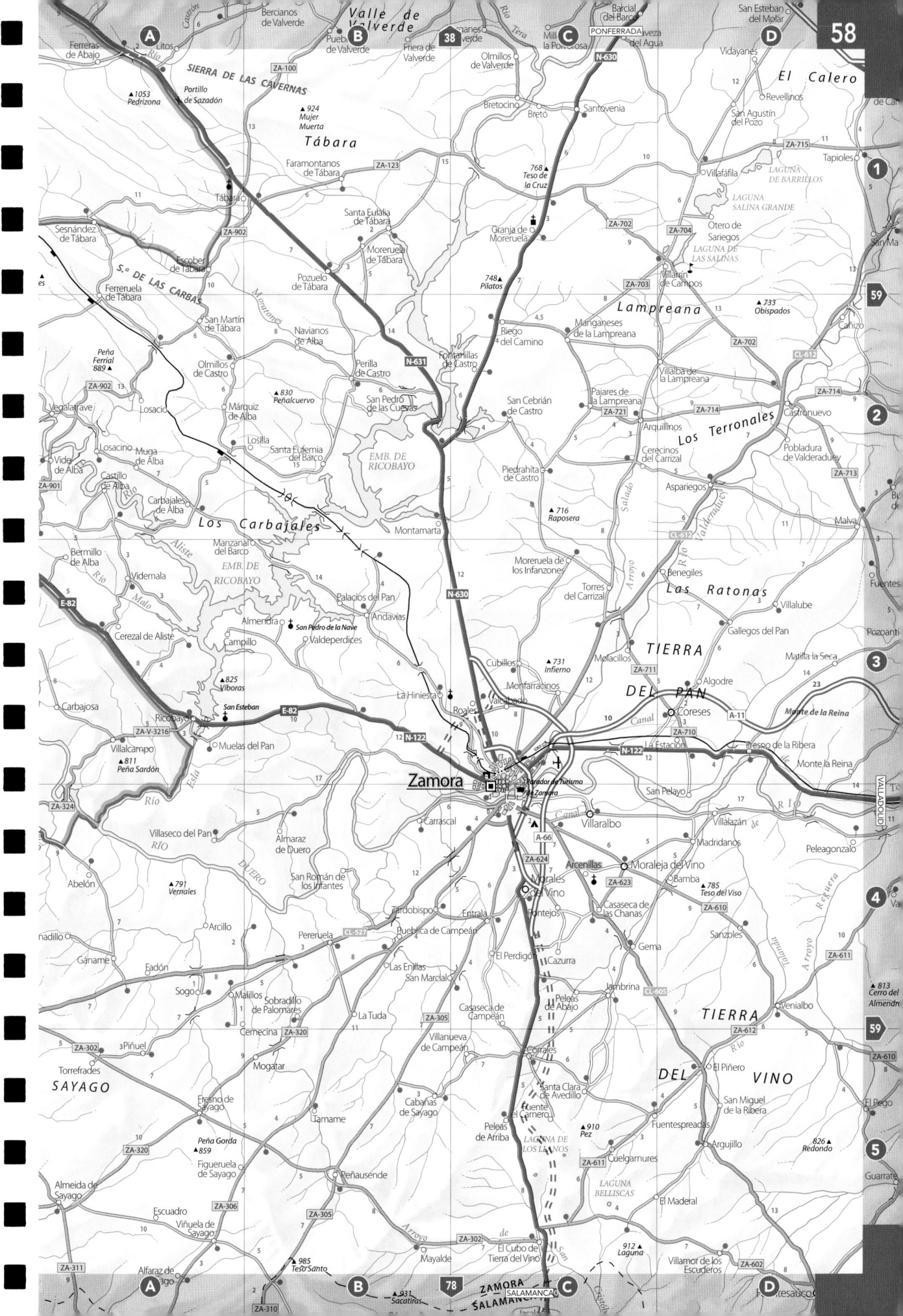
A
B
C
D
38
78
PONFERRADA
N-630
Valle de Valverde
Bercianos de Valverde
Ferreras de Abajo
Litos
Puebla de Valverde
Friera de Valverde
Olmillos de Valverde
Milla de la Polvorosa
Barcial del Barco
Navianos de Valverde
San Esteban del Molar
Vidayanes
El Calero
Revellinos
San Agustín del Pozo
SIERRA DE LAS CAVERNAS
Portillo de Sazadón
1053 Pedrizona
924 Mujer Muerta
Tábara
Bretocino
Bretó
Santovenia
Faramontanos de Tábara
ZA-123
ZA-100
768 Teso de la Cruz
Villafáfila
ZA-715
Tapioles
LAGUNA DE BARRILLOS
LAGUNA SALINA GRANDE
Otero de Sariegos
Tábara
Sesnández de Tábara
ZA-902
Escober de Tábara
Santa Eulalia de Tábara
Moreruela de Tábara
Granja de Moreruela
ZA-702
ZA-704
LAGUNA DE LAS SALINAS
Villarrín de Campos
ZA-703
S.ª DE LAS CARBAS
Ferreruela de Tábara
Pozuelo de Tábara
748 Pilatos
Lampreana
733 Obispados
59
Cañizo
San Martín de Tábara
Navianos de Alba
Riego del Camino
Manganeses de la Lampreana
ZA-702
CL-612
Peña Ferrial 889
Olmillos de Castro
Perilla de Castro
N-631
Fontanillas de Castro
Villalba de la Lampreana
ZA-902
Vegalatrave
Losacio
Márquiz de Alba
830 Peñalcuervo
San Pedro de las Cuevas
San Cebrián de Castro
Pajares de la Lampreana
ZA-721
ZA-714
Arquillinos
Castronuevo
Los Terronales
Losacino
Muga de Alba
Losilla
Santa Eufemia del Barco
EMB. DE RICOBAYO
Piedrahíta de Castro
Cerecinos del Carrizal
Pobladura de Valderaduey
Vide de Alba
Castillo de Alba
ZA-901
Carbajales de Alba
Asperiegos
ZA-713
716 Raposera
Los Carbajales
Montamarta
Malva
Manzanal del Barco
EMB. DE RICOBAYO
Bermillo de Alba
Videmala
Moreruela de los Infanzones
Benegiles
Las Ratonas
Torres del Carrizal
N-630
Palacios del Pan
Andavías
Villalube
Fuentes
E-82
Almendra
San Pedro de la Nave
Cerezal de Aliste
Campillo
Valdeperdices
Gallegos del Pan
Pozoantiguo
TIERRA
Molacillos
731 Infierno
Matilla la Seca
Cubillos
825 Víboras
ZA-711
Algodre
Monfarracinos
DEL PAN
Carbajosa
San Esteban
E-82
La Hiniesta
Valcabado
Coreses
Monte de la Reina
Ricobayo
Roales
A-11
ZA-V-3216
N-122
ZA-710
Villalcampo
Muelas del Pan
La Estación
Fresno de la Ribera
811 Peña Sardón
N-122
Monte la Reina
Zamora
Parador de Turismo de Zamora
San Pelayo
VALLADOLID
ZA-324
Villaseco del Pan
Almaraz de Duero
Carrascal
Villaralbo
Villalazán
A-66
Madridanos
Peleagonzalo
ZA-624
791 Vernales
Abelón
San Román de los Infantes
Arcenillas
Moraleja del Vino
Bamba
785 Teso del Viso
Morales del Vino
ZA-623
Casaseca de las Chanas
ZA-610
Tardobispo
Entrala
Pontejos
Arcillo
Pereruela
CL-527
Pueblica de Campeán
Gema
Sanzoles
ZA-611
Gáname
El Perdigón
Cazurra
Fadón
Las Enillas
San Marcial
813 Cerro del Almendro
Sogo
Malillos
Sobradillo de Palomares
Jambrina
CL-605
Peleas de Abajo
Casaseca de Campeán
Venialbo
La Tuda
ZA-305
TIERRA
Cernecina
ZA-320
ZA-612
59
ZA-302
Piñuel
Villanueva de Campeán
ZA-610
Mogatar
Corrales
El Piñero
Torrefrades
DEL
VINO
SAYAGO
Santa Clara de Avedillo
Fresno de Sayago
San Miguel de la Ribera
Cabañas de Sayago
Fuente el Carnero
El Pego
Tamame
Peleas de Arriba
910 Pez
Fuentespreadas
LAGUNA DE LOS LLANOS
Peña Gorda 859
ZA-320
Arguijo
826 Redondo
Figueruela de Sayago
Cuelgamures
ZA-611
Peñausende
Almeida de Sayago
LAGUNA BELLISCAS
Guarrate
Escuadro
ZA-306
El Maderal
ZA-305
Viñuela de Sayago
ZA-302
El Cubo de Tierra del Vino
Mayalde
912 Laguna
Villamor de los Escuderos
ZA-311
985 Teso Santo
ZA-602
Alfaraz de Sayago
931 Sacatiras
ZAMORA
SALAMANCA
ZA-310
1
2
3
4
5

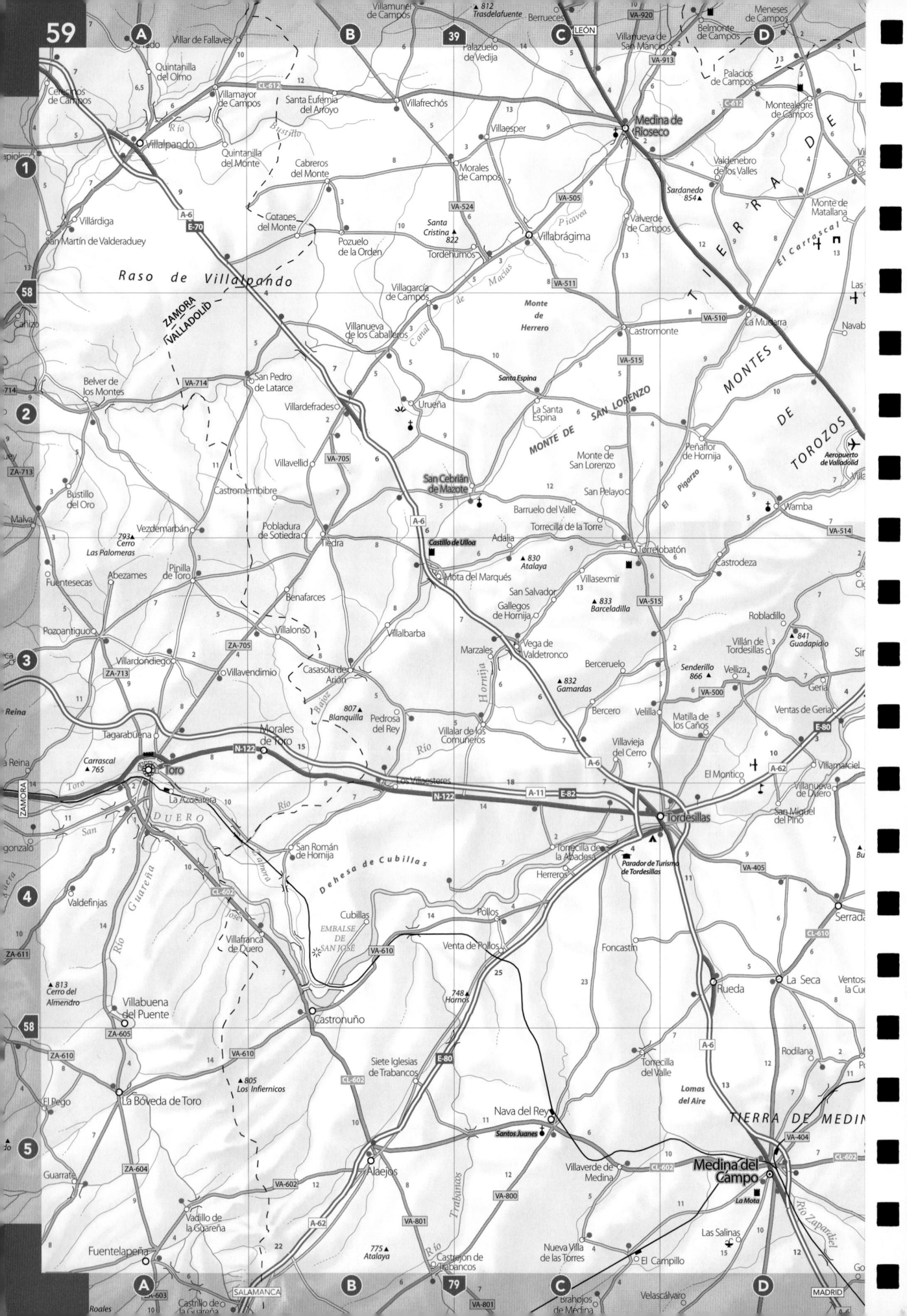
A
B
C
D
39
79
58
1
2
3
4
5
LEÓN
ZAMORA
SALAMANCA
MADRID
Villamuriel de Campos
812 Trasdelafuente
Berrueces
VA-920
Meneses de Campos
Belmonte de Campos
Villanueva de San Mancio
VA-913
Palazuelo de Vedija
Arrado
Villar de Fallaves
Quintanilla del Olmo
Cerecinos de Campos
CL-612
Villamayor de Campos
Santa Eufemia del Arroyo
Villafrechós
Palacios de Campos
Montealegre de Campos
C-612
Río Bustillo
Villalpando
Quintanilla del Monte
Villaesper
Medina de Rioseco
Cabreros del Monte
Morales de Campos
Valdenebro de los Valles
Sardanedo 854
VA-524
VA-505
Monte de Matallana
Villárdiga
San Martín de Valderaduey
A-6
E-70
Cotanes del Monte
Pozuelo de la Orden
Santa Cristina 822
Tordehumos
Villabrágima
Picavea
Valverde de Campos
El Carrascal
T I E R R A   D E
Raso de Villalpando
Villagarcía de Campos
Canal de Macías
VA-511
Monte de Herrero
Las
ZAMORA
VALLADOLID
Cañizo
Villanueva de los Caballeros
VA-510
Castromonte
La Mudarra
Navab
Belver de los Montes
VA-714
San Pedro de Latarce
VA-515
Santa Espina
MONTES DE TOROZOS
Villardefrades
Urueña
La Santa Espina
MONTE DE SAN LORENZO
Aeropuerto de Valladolid
ZA-713
Villavellid
VA-705
Monte de San Lorenzo
Peñaflor de Hornija
Bustillo del Oro
Castromembibre
San Cebrián de Mazote
San Pelayo
El Pigarzo
Malva
Vezdemarbán
793 Cerro Las Palomeras
Pobladura de Sotiedra
Tiedra
A-6
Barruelo del Valle
Torrecilla de la Torre
Wamba
VA-514
Castillo de Ulloa
Adalia
Torrelobatón
830 Atalaya
Fuentesecas
Abezames
Pinilla de Toro
Mota del Marqués
Villasexmir
Castrodeza
San Salvador
Benafarces
Gallegos de Hornija
833 Barceladilla
Pozoantiguo
Villalonso
Villalbarba
Robladillo
841 Guadapidio
Villardondiego
ZA-705
Marzales
Vega de Valdetronco
Villán de Tordesillas
Villavendimio
Casasola de Arión
Berceruelo
Senderillo 866
Velliza
832 Gamardas
VA-500
Geria
Reina
Río Bajoz
807 Blanquilla
Pedrosa del Rey
Hornija
Bercero
Velilla
Matilla de los Caños
Ventas de Geria
Tagarabuena
Morales de Toro
Villalar de los Comuneros
E-80
Carrascal 765
N-122
Río
Villavieja del Cerro
A-62
Toro
Los Villaesteres
A-6
El Montico
Villamarciel
La Azucarera
A-11
E-82
Villanueva de Duero
Río Duero
Tordesillas
San Miguel del Pino
San Román de Hornija
Torrecilla de la Abadesa
Parador de Turismo de Tordesillas
Dehesa de Cubillas
Herreros
VA-405
Valdefinjas
CL-602
Río Guareña
Zamora
Cubillas
Pollos
Serrada
EMBALSE DE SAN JOSÉ
Villafranca de Duero
VA-610
Venta de Pollos
CL-610
Foncastín
ZA-611
813 Cerro del Almendro
748 Hornos
Rueda
La Seca
Villabuena del Puente
Castronuño
ZA-605
ZA-610
VA-610
Siete Iglesias de Trabancos
Torrecilla del Valle
Rodilana
805 Los Infiernicos
E-80
CL-602
Lomas del Aire
El Pego
La Bóveda de Toro
TIERRA DE MEDINA
Nava del Rey
Santos Juanes
VA-404
ZA-604
Alaejos
Villaverde de Medina
CL-602
Medina del Campo
Guarrate
VA-602
VA-800
La Mota
Vadillo de la Guareña
A-62
VA-801
Trabancos
Río Zapardiel
775 Atalaya
Las Salinas
Fuentelapeña
Castrejón de Trabancos
Nueva Villa de las Torres
El Campillo
ZA-603
Roales
Castrillo de la Guareña
VA-801
Brahojos de Medina
Velascálvaro

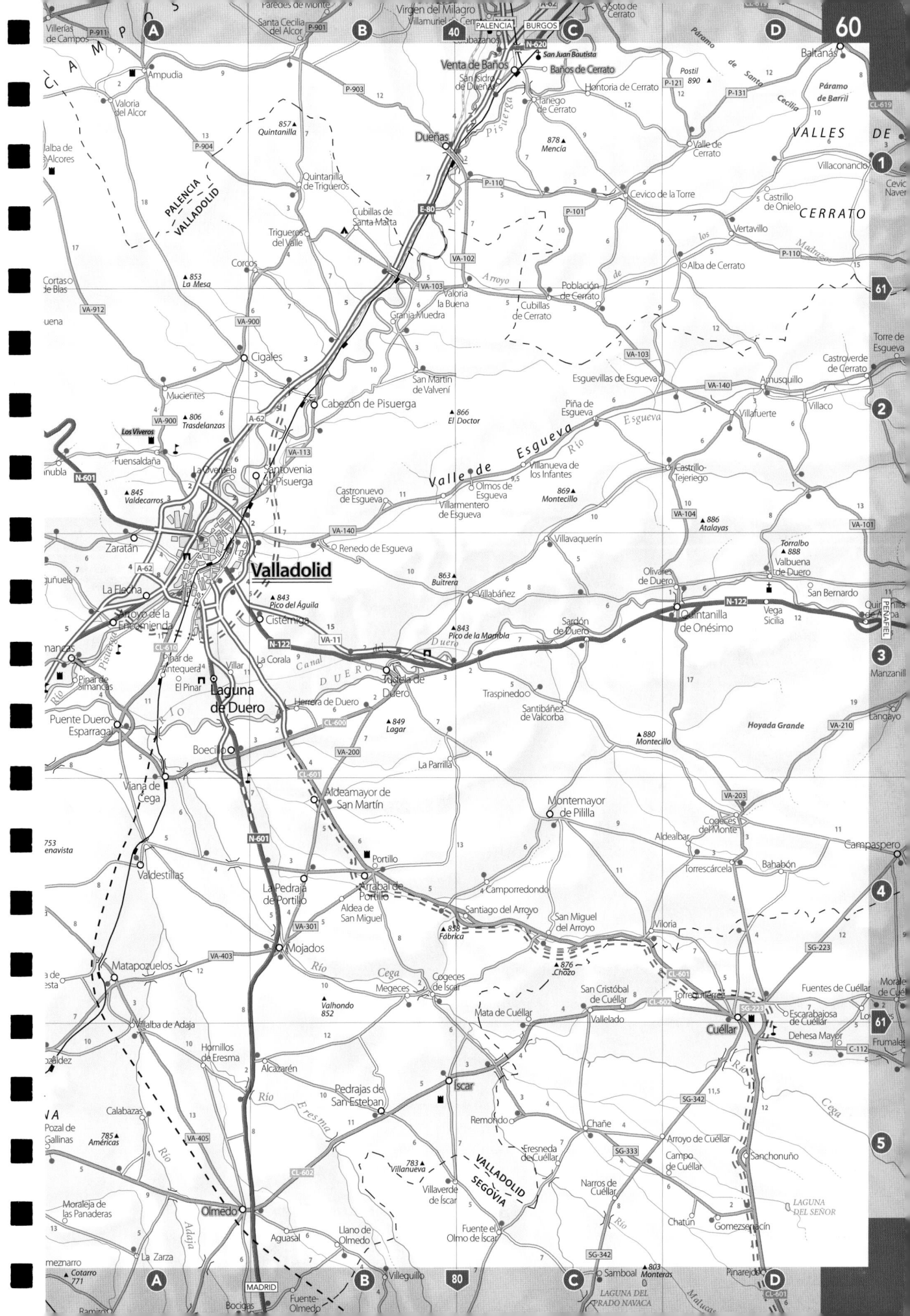
Valladolid
Venta de Baños
Dueñas
Cigales
Cabezón de Pisuerga
Santovenia de Pisuerga
Laguna de Duero
Tudela de Duero
Boecillo
Viana de Cega
Aldeamayor de San Martín
Portillo
Arrabal de Portillo
La Pedraja de Portillo
Mojados
Valdestillas
Matapozuelos
Íscar
Pedrajas de San Esteban
Olmedo
Cuéllar
Quintanilla de Onésimo
Montemayor de Pililla
Cogeces del Monte
Campaspero
Baltanás
Cevico de la Torre
Esguevillas de Esgueva
Valle de Esgueva
Valles de Cerrato
Simancas
Arroyo de la Encomienda
Zaratán
La Flecha
Fuensaldaña
Mucientes
Ampudia
Valoria del Alcor
Trigueros del Valle
Cubillas de Santa Marta
Valoria la Buena
Renedo de Esgueva
Cistérniga
Villabáñez
Sardón de Duero
Olivares de Duero
Valbuena de Duero
Villafuerte
Castrillo-Tejeriego
Amusquillo
Alba de Cerrato
Vertavillo
Hontoria de Cerrato
Valle de Cerrato
Villaconancio
Castrillo de Onielo
Torrescárcela
Bahabón
Viloria
Aldealbar
Camporredondo
Santiago del Arroyo
San Miguel del Arroyo
Cogeces de Íscar
Megeces
Mata de Cuéllar
San Cristóbal de Cuéllar
Vallelado
Chañe
Remondo
Arroyo de Cuéllar
Sanchonuño
Chatún
Gomezserracín
Samboal
Pinarejos
Villaverde de Íscar
Fuente el Olmo de Íscar
Narros de Cuéllar
Llano de Olmedo
Aguasal
Villeguillo
Fuente Olmedo
Bocigas
La Zarza
Moraleja de las Panaderas
Pozal de Gallinas
Calabazas
Alcazarén
Hornillos de Eresma
Villalba de Adaja
Puente Duero-Esparragal
Pinar de Antequera
La Parrilla
Traspinedo
Santibáñez de Valcorba
Castronuevo de Esgueva
Villanueva de los Infantes
Olmos de Esgueva
Villarmentero de Esgueva
Piña de Esgueva
Villavaquerín
Población de Cerrato
Cubillas de Cerrato
San Martín de Valvení
Granja Muedra
Quintanilla de Trigueros
Corcos
Tariego de Cerrato
Baños de Cerrato
San Isidro de Dueñas
Hoyada Grande
Escarabajosa de Cuéllar
Dehesa Mayor
Fuentes de Cuéllar
Torregutiérrez
Campo de Cuéllar
Fresneda de Cuéllar
PALENCIA
VALLADOLID
SEGOVIA
MADRID
BURGOS
N-601
N-122
N-620
A-62
E-80
CL-601
CL-602
CL-600
CL-610
VA-140
VA-113
VA-900
VA-103
VA-102
VA-210
VA-203
SG-223
SG-342
SG-333
VA-405
VA-403
VA-301
VA-200
VA-11
VA-104
VA-101
P-110
P-101
P-903
P-904
P-911
P-121
P-131
Río Duero
Río Pisuerga
Río Cega
Río Eresma
Río Adaja
Río Esgueva
Canal del Duero
Laguna del Señor
Laguna del Prado Navaca
Páramo de Santa Cecilia
Páramo de Barril
843 Pico del Águila
866 El Doctor
849 Lagar
880 Montecillo
886 Atalayas
869 Montecillo
863 Buitrera
843 Pico de la Mambla
858 Fábrica
876 Chozo
852 Valhondo
783 Villanueva
785 Américas
803 Monteras
857 Quintanilla
878 Mencía
853 La Mesa
806 Trasdelanzas
845 Valdecarros
888 Torralbo
890 Postil
A B C D
1 2 3 4 5
40
80
61

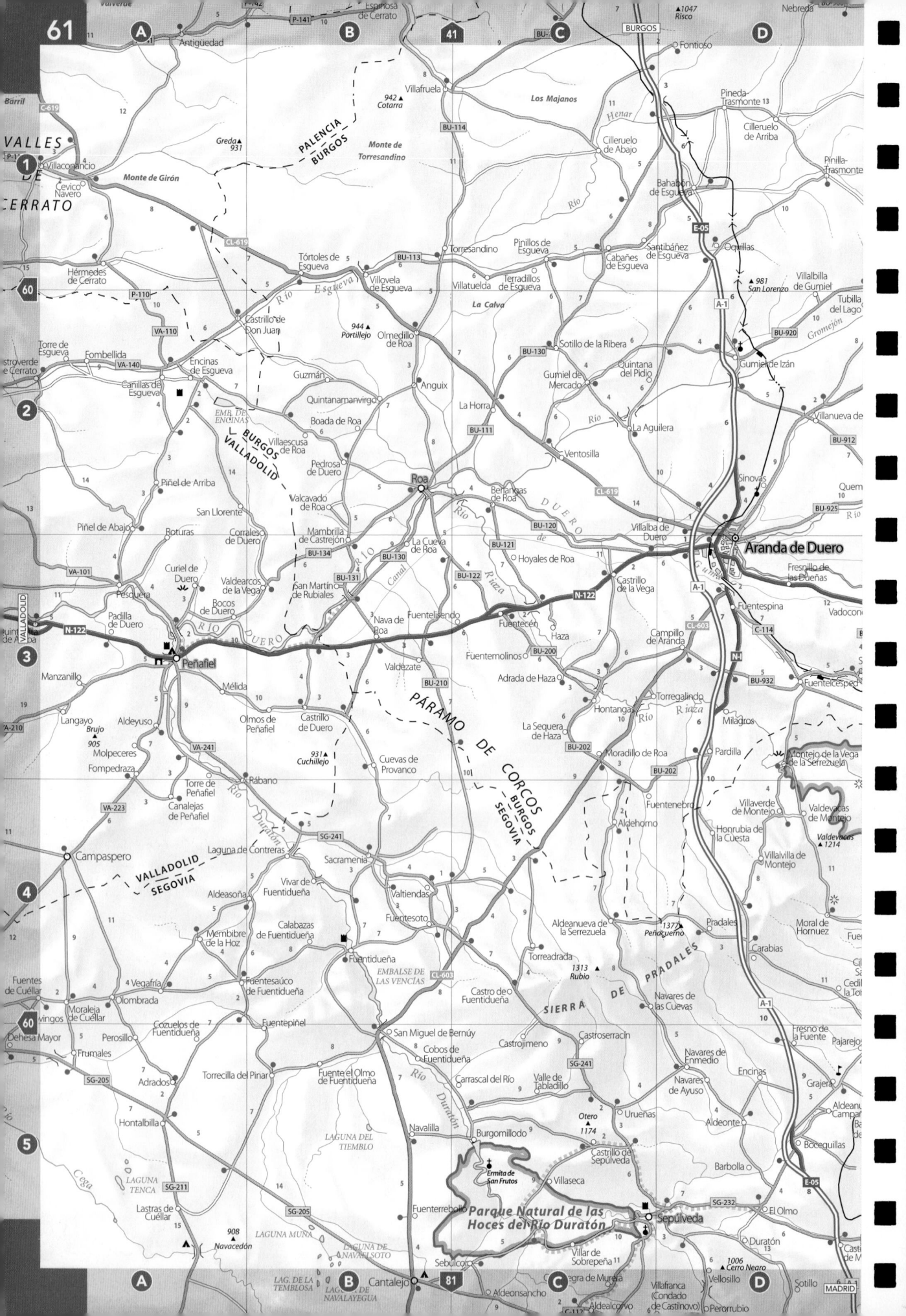
A
B
C
D
41
Antigüedad
Espinosa de Cerrato
BURGOS
Fontioso
1047 Risco
Nebreda
Barril
VALLES DE CERRATO
Villaconancio
Cevico Navero
Monte de Girón
Greda 931
PALENCIA
BURGOS
Monte de Torresandino
942 Cotarra
Villafruela
Los Majanos
Henar
Pineda-Trasmonte
Cilleruelo de Arriba
Cilleruelo de Abajo
Pinilla-Trasmonte
Bahabón de Esgueva
Hérmedes de Cerrato
Tórtoles de Esgueva
Torresandino
Pinillos de Esgueva
Cabañes de Esgueva
Santibáñez de Esgueva
Oquillas
Villovela de Esgueva
Villatuelda
Terradillos de Esgueva
981 San Lorenzo
Villalbilla de Gumiel
Tubilla del Lago
La Calva
Castrillo de Don Juan
944 Portillejo
Olmedillo de Roa
Sotillo de la Ribera
Gromejón
Torre de Esgueva
Fombellida
Castroverde de Cerrato
Encinas de Esgueva
Guzmán
Quintana del Pidio
Gumiel de Mercado
Gumiel de Izán
Canillas de Esgueva
Quintanamanvirgo
Anguix
La Horra
EMB. DE ENCINAS
Boada de Roa
La Aguilera
Villanueva de
BURGOS
VALLADOLID
Villaescusa de Roa
Ventosilla
Pedrosa de Duero
Piñel de Arriba
Roa
Berlangas de Roa
Sinovas
Quem
Valcavado de Roa
San Llorente
DUERO
Piñel de Abajo
Roturas
Corrales de Duero
Mambrilla de Castrejón
Villalba de Duero
Aranda de Duero
La Cueva de Roa
Hoyales de Roa
Fresnillo de las Dueñas
Curiel de Duero
Valdearcos de la Vega
San Martín de Rubiales
Castrillo de la Vega
Canal
Riaza
Pesquera
Bocos de Duero
Fuentespina
Vadocon
VALLADOLID
Padilla de Duero
Nava de Roa
Fuentelisendo
Fuentecén
Haza
Campillo de Aranda
Quintanilla de Arriba
RÍO DUERO
Peñafiel
Fuentemolinos
Valdezate
Adrada de Haza
Fuentelcésped
Manzanillo
Mélida
Torregalindo
Hontangas
Langayo
Brujo 905
Aldeyuso
Olmos de Peñafiel
Castrillo de Duero
La Sequera de Haza
Milagros
PÁRAMO DE CORCOS
Molpeceres
Fompedraza
931 Cuchillejo
Cuevas de Provanco
Moradillo de Roa
Pardilla
Montejo de la Vega de la Serrezuela
Rábano
Torre de Peñafiel
Canalejas de Peñafiel
BURGOS
SEGOVIA
Fuentenebro
Villaverde de Montejo
Valdevacas de Montejo
Valdevacas 1214
Duratón
Aldehorno
Honrubia de la Cuesta
Laguna de Contreras
Campaspero
Sacramenia
VALLADOLID
SEGOVIA
Villalvilla de Montejo
Vivar de Fuentidueña
Aldeasoña
Valtiendas
Fuentesoto
Aldeanueva de la Serrezuela
1377 Peñacuerno
Pradales
Moral de Hornuez
Membibre de la Hoz
Calabazas de Fuentidueña
Fuentidueña
Torreadrada
Carabias
1313 Rubio
SIERRA DE PRADALES
Vegafría
Fuentesaúco de Fuentidueña
EMBALSE DE LAS VENCÍAS
Castro de Fuentidueña
Navares de las Cuevas
Fuentes de Cuéllar
Olombrada
Moraleja de Cuéllar
Navalmanzano
Cozuelos de Fuentidueña
Fuentepiñel
San Miguel de Bernúy
Castroserracín
Fresno de la Fuente
Pajarejo
Dehesa Mayor
Perosillo
Frumales
Cobos de Fuentidueña
Castrojimeno
Navares de Enmedio
Torrecilla del Pinar
Fuente el Olmo de Fuentidueña
Adrados
Carrascal del Río
Valle de Tabladillo
SG-241
Navares de Ayuso
Encinas
Grajera
Aldeanueva de la Campana
Urueñas
Aldeonte
Otero 1174
Hontalbilla
Navalilla
Burgomillodo
LAGUNA DEL TIEMBLO
Castrillo de Sepúlveda
Boceguillas
Barbolla
Cega
LAGUNA TENCA
Ermita de San Frutos
Villaseca
Lastras de Cuéllar
Fuenterrebollo
Parque Natural de las Hoces del Río Duratón
Sepúlveda
El Olmo
908 Navacedón
LAGUNA MUÑA
LAGUNA DE NAVALLSOTO
Villar de Sobrepeña
Duratón
Sebulcor
1006 Cerro Negro
Vellosillo
LAG. DE LA TEMBLOSA
LAGUNA DE NAVALAYEGUA
Cantalejo
81
Aldeonsancho
Aldealcorvo
Villafranca (Condado de Castilnovo)
Perorrubio
Sotillo
MADRID
N-122
A-1
E-05
CL-619
CL-603
BU-113
BU-114
BU-130
BU-111
BU-120
BU-121
BU-122
BU-131
BU-134
BU-200
BU-202
BU-210
BU-912
BU-920
BU-925
BU-932
VA-101
VA-110
VA-140
VA-210
VA-223
VA-241
SG-205
SG-211
SG-232
SG-241
P-110
P-141
C-114
C-619
1
2
3
4
5
60

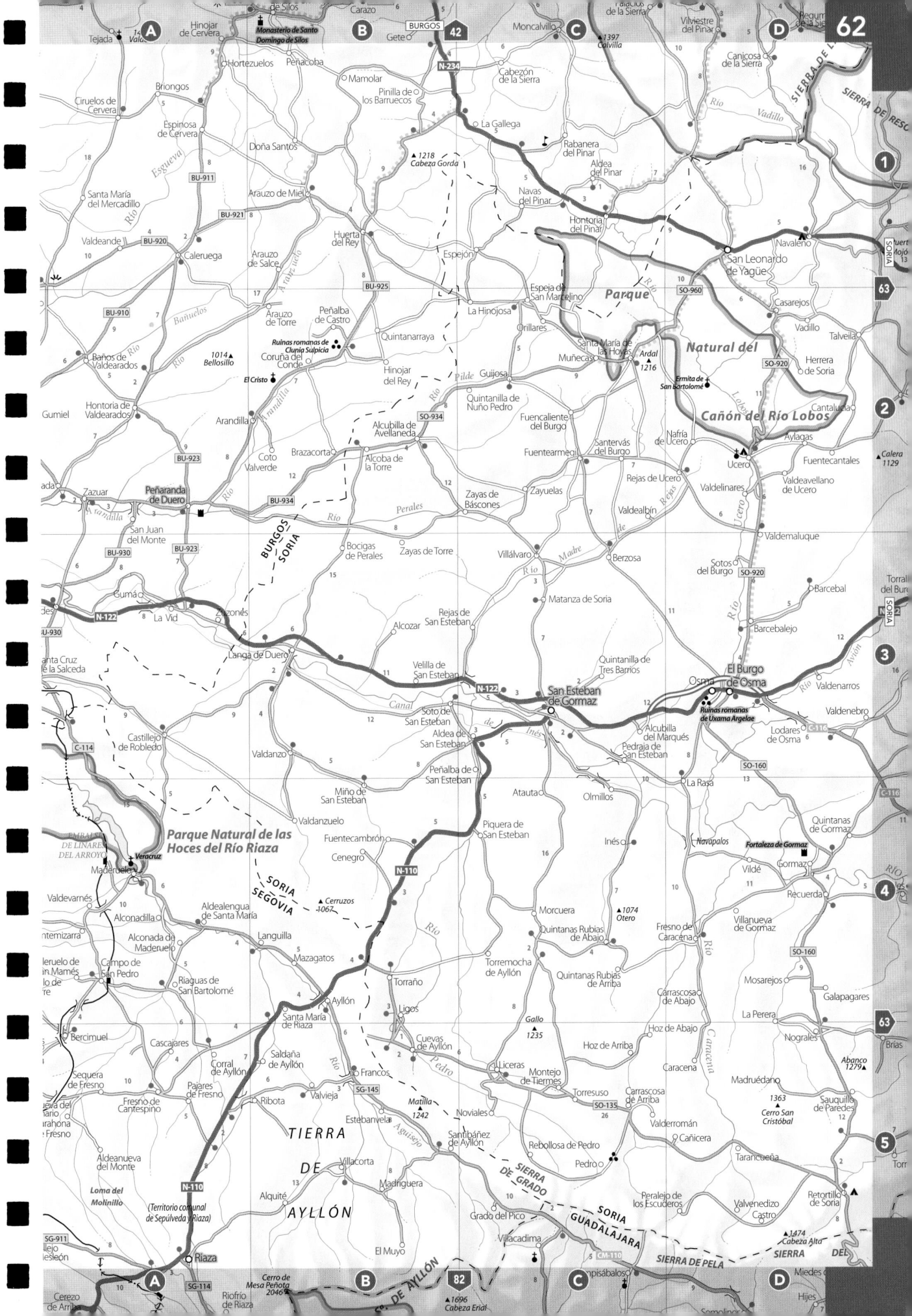
Tejada
Hinojar de Cervera
Monasterio de Santo Domingo de Silos
de Silos
Carazo
BURGOS
42
Gete
Moncalvillo
1397 Calvilla
de la Sierra
Vilviestre del Pinar
Canicosa de la Sierra
SIERRA DE RESO
Hortezuelos
Peñacoba
Mamolar
N-234
Cabezón de la Sierra
Briongos
Pinilla de los Barruecos
Ciruelos de Cervera
Espinosa de Cervera
La Gallega
Río Vadillo
Doña Santos
Rabanera del Pinar
1218 Cabeza Gorda
Aldea del Pinar
Esgueva
BU-911
Arauzo de Miel
Navas del Pinar
Santa María del Mercadillo
BU-921
Hontoria del Pinar
Navaleno
Huerta del Rey
San Leonardo de Yagüe
Valdeande
BU-920
Caleruega
Arauzo de Salce
Espejón
SORIA
Arandilla
BU-925
Espeja de San Marcelino
Parque
SO-960
Casarejos
BU-910
Bañuelos
Arauzo de Torre
Peñalba de Castro
La Hinojosa
63
Quintanarraya
Orillares
Vadillo
Talveila
Ruinas romanas de Clunia Sulpicia
Natural del
Baños de Valdearados
1014 Bellosillo
Coruña del Conde
Santa María de las Hoyas
Muñecas
Ardal 1216
SO-920
Herrera de Soria
El Cristo
Hinojar del Rey
Pilde
Guijosa
Ermita de San Bartolomé
Gumiel
Hontoria de Valdearados
Quintanilla de Nuño Pedro
Cantalucia
Cañón del Río Lobos
Arandilla
SO-934
Fuencaliente del Burgo
Alcubilla de Avellaneda
Nafría de Ucero
Aylagas
Calera 1129
Coto Valverde
Brazacorta
Alcoba de la Torre
Fuentearmegil
Santervás del Burgo
Ucero
Fuentecantales
BU-923
Rejas de Ucero
Valdeavellano de Ucero
Valdelinares
Zazuar
Peñaranda de Duero
BU-934
Zayas de Báscones
Zayuelas
Valdealbín
Perales
San Juan del Monte
BURGOS SORIA
Valdemaluque
BU-930
BU-923
Bocigas de Perales
Zayas de Torre
Villálvaro
Río Madre
Berzosa
Sotos del Burgo
Gumá
Matanza de Soria
Barcebal
Torral del Burgo
N-122
La Vid
Zuzones
Rejas de San Esteban
Alcozar
Barcebalejo
Langa de Duero
Quintanilla de Tres Barrios
Santa Cruz de la Salceda
Velilla de San Esteban
El Burgo de Osma
Osma
Valdenarros
San Esteban de Gormaz
Ruinas romanas de Uxama Argelae
Valdenebro
Canal
Soto de San Esteban
Alcubilla del Marqués
Castillejo de Robledo
Aldea de San Esteban
Lodares de Osma
C-116
C-114
Pedraja de San Esteban
Valdanzo
SO-160
Peñalba de San Esteban
La Rasa
Miño de San Esteban
Atauta
Olmillos
EMBALSE DE LINARES DEL ARROYO
Valdanzuelo
Piquera de San Esteban
Quintanas de Gormaz
Parque Natural de las Hoces del Río Riaza
Fuentecambrón
Inés
Navapalos
Fortaleza de Gormaz
Veracruz
Maderuelo
Cenegro
N-110
Gormaz
Vildé
Valdevarnés
SORIA SEGOVIA
Cerruzos 1067
Recuerda
Alconadilla
Aldealengua de Santa María
Morcuera
1074 Otero
Villanueva de Gormaz
Alconada de Maderuelo
Languilla
Quintanas Rubias de Abajo
Fresno de Caracena
Mazagatos
Torremocha de Ayllón
SO-160
Campo de San Pedro
Riaguas de San Bartolomé
Torraño
Quintanas Rubias de Arriba
Mosarejos
Carrascosa de Abajo
Galapagares
Ayllón
Ligos
Santa María de Riaza
La Perera
Bercimuel
Cascajares
Cuevas de Ayllón
Gallo 1235
Hoz de Abajo
Hoz de Arriba
Nograles
Brías
Corral de Ayllón
Saldaña de Ayllón
Liceras
Caracena
Abanco 1279
Sequera de Fresno
Francos
Montejo de Tiermes
Pajares de Fresno
SG-145
Torresuso
Carrascosa de Arriba
Madruédano
Fresno de Cantespino
Ribota
Valvieja
SO-135
Matilla 1242
Noviales
1363 Cerro San Cristóbal
Sauquillo de Paredes
Estebanvela
Valderromán
TIERRA
Aguisejo
Cañicera
Santibáñez de Ayllón
Rebollosa de Pedro
Tarancueña
Aldeanueva del Monte
DE
Villacorta
SIERRA DE GRADO
Pedro
Madriguera
Loma del Molinillo
N-110
Alquité
Peralejo de los Escuderos
Valvenedizo
Retortillo de Soria
(Territorio comunal de Sepúlveda y Riaza)
AYLLÓN
Grado del Pico
SORIA GUADALAJARA
Castro
1474 Cabeza Alta
SG-911
Villacadima
CM-110
SIERRA DE PELA
SIERRA
El Muyo
Riaza
SG-114
Cerro de Mesa Peñota 2046
82
Campisábalos
Miedes
Cerezo de Arriba
Riofrío de Riaza
DE AYLLÓN
1696 Cabeza Erial
Hijes
Somolinos

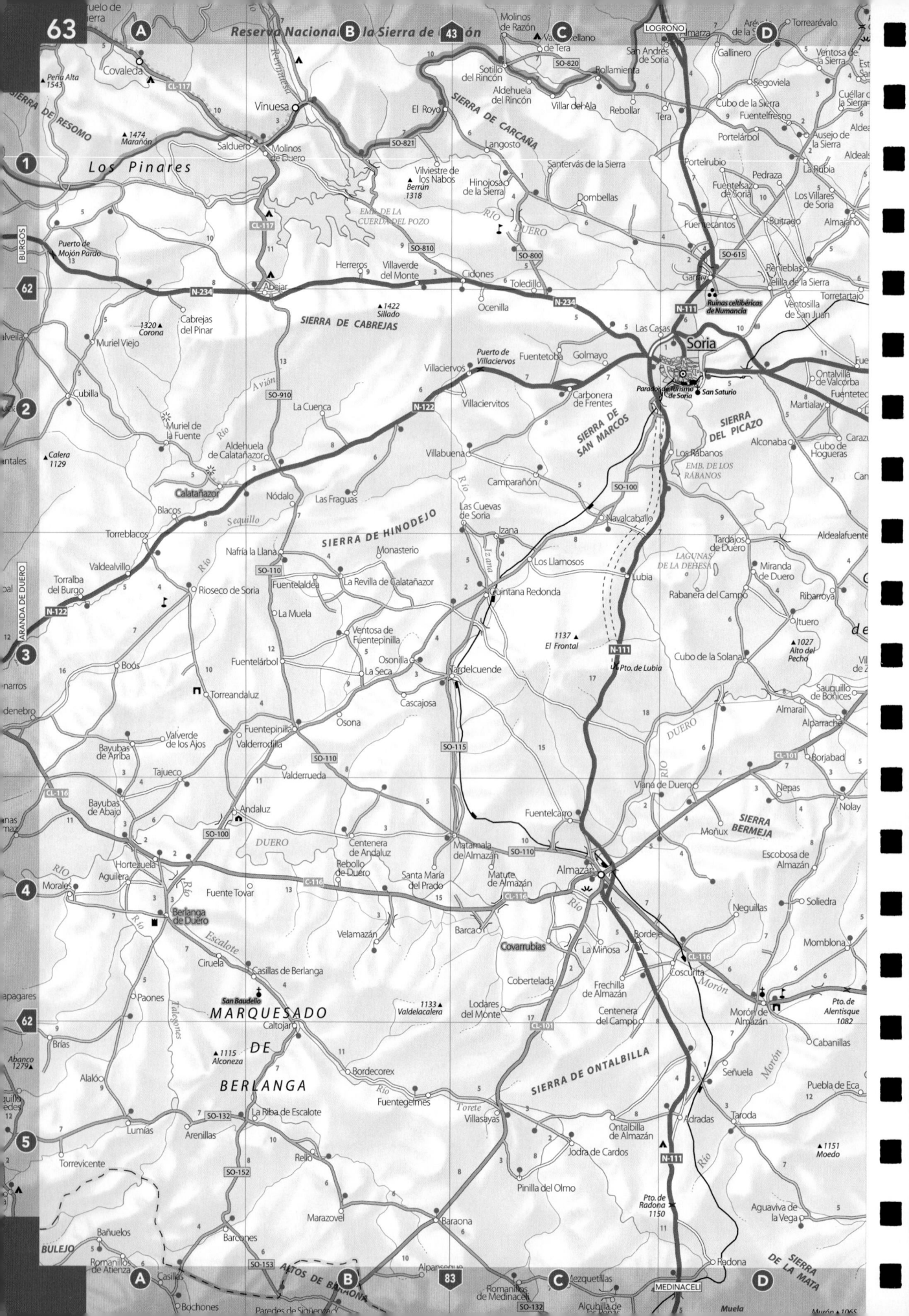
Reserva Nacional de la Sierra de Urbión
43
LOGROÑO
Covaleda
Vinuesa
Los Pinares
Sierra de Resomo
Salduero
Molinos de Duero
El Royo
Sierra de Carcaña
Sotillo del Rincón
Aldehuela del Rincón
Villar del Ala
Rebollar
Tera
San Andrés de Soria
Almarza
Gallinero
Segoviela
Cubo de la Sierra
Fuentelfresno
Portelárbol
Langosto
Vilviestre de los Nabos
Hinojosa de la Sierra
Santervás de la Sierra
Dombellas
Portelrubio
Pedraza
La Rubia
Fuentelsaz de Soria
Los Villares de Soria
Fuentecantos
Buitrago
Almajano
Emb. de la Cuerda del Pozo
Río Duero
Puerto de Mojón Pardo
BURGOS
62
Herreros
Villaverde del Monte
Cidones
Toledillo
Abejar
Garray
Renieblas
Velilla de la Sierra
Ruinas celtibéricas de Numancia
Ventosilla de San Juan
Torretartajo
N-234
Ocenilla
Sierra de Cabrejas
Cabrejas del Pinar
Muriel Viejo
Las Casas
Soria
Puerto de Villaciervos
Villaciervos
Fuentetoba
Golmayo
Ontalvilla de Valcorba
Parador de Turismo de Soria
San Saturio
Carbonera de Frentes
Villaciervitos
La Cuenca
N-122
Cubilla
Muriel de la Fuente
Sierra de San Marcos
Sierra del Picazo
Martialay
Aldehuela de Calatañazor
Villabuena
Los Rábanos
Emb. de los Rábanos
Alconaba
Cubo de Hogueras
Calatañazor
Nódalo
Las Fraguas
Camparañón
Blacos
Las Cuevas de Soria
Navalcaballo
Sierra de Hinodejo
Torreblacos
Izana
Tardajos de Duero
Aldealafuente
ARANDA DE DUERO
Nafría la Llana
Monasterio
Los Llamosos
Lagunas de la Dehesa
Miranda de Duero
Valdealvillo
Torralba del Burgo
Rioseco de Soria
Fuentelaldea
La Revilla de Calatañazor
Quintana Redonda
Lubia
Rabanera del Campo
Ribarroya
La Muela
Ventosa de Fuentepinilla
Ituero
El Frontal
N-111
Pto. de Lubia
Alto del Pecho
Fuentelárbol
Osonilla
La Seca
Tardelcuende
Cubo de la Solana
Boós
Torreandaluz
Cascajosa
Sauquillo de Boñices
Almarail
Alparrache
Osona
Fuentepinilla
Valverde de los Ajos
Valderrodilla
Bayubas de Arriba
Tajueco
Valderrueda
Borjabad
Viana de Duero
Nepas
Nolay
Bayubas de Abajo
Andaluz
Fuentelcarro
Sierra Bermeja
Moñux
Centenera de Andaluz
Matamala de Almazán
Escobosa de Almazán
Hortezuela
Aguilera
Morales
Rebollo de Duero
Santa María del Prado
Matute de Almazán
Almazán
Fuente Tovar
Berlanga de Duero
Soliedra
Neguillas
Velamazán
Barca
Covarrubias
La Miñosa
Bordeje
Momblona
Ciruela
Casillas de Berlanga
Coscurita
Cobertelada
Frechilla de Almazán
Paones
San Baudelio
Marquesado de Berlanga
Caltojar
Valdelacalera
Lodares del Monte
Centenera del Campo
Morón de Almazán
Pto. de Alentisque
Cabanillas
Brías
Alconeza
Abanco
Sierra de Ontalbilla
Bordecorex
Señuela
Alaló
Puebla de Eca
Fuentegelmes
Villasayas
La Riba de Escalote
Adradas
Taroda
Lumías
Arenillas
Ontalbilla de Almazán
Jodra de Cardos
Moedo
Torrevicente
Rello
Pinilla del Olmo
Pto. de Radona
Marazovel
Baraona
Aguaviva de la Vega
Bañuelos
Barcones
Bulejo
Romanillos de Atienza
Casillas
Altos de Barahona
Alpanseque
83
Romanillos de Medinaceli
Mezquetillas
Radona
Medinaceli
Sierra de la Mata
Alcubilla de las Peñas
Bochones
Paredes de Sigüenza
Muela

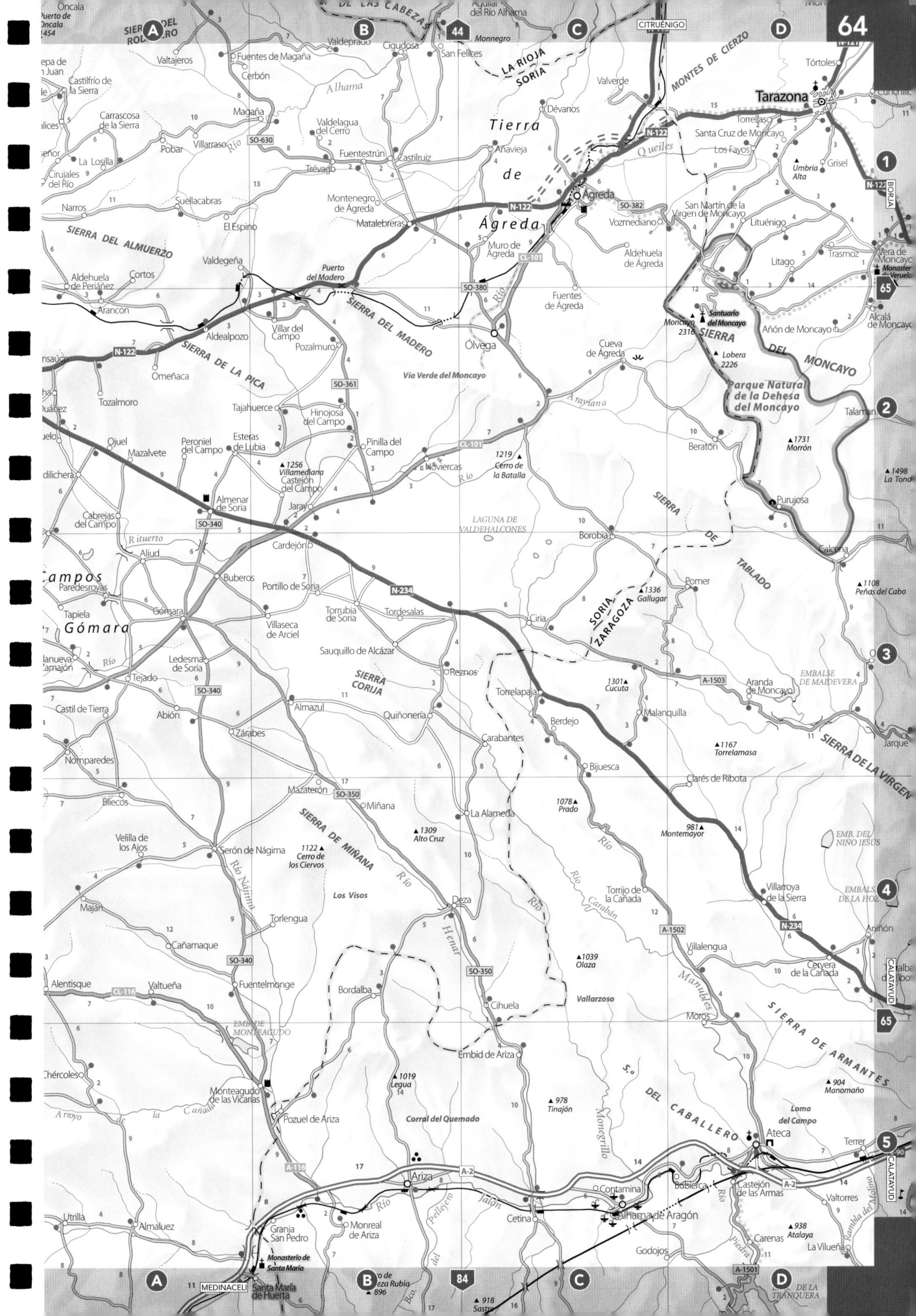

Tarazona
Tierra de Ágreda
Ágreda
Ólvega
SIERRA DEL MONCAYO
Parque Natural de la Dehesa del Moncayo
Moncayo 2316
SIERRA DEL ALMUERZO
SIERRA DEL MADERO
SIERRA DE LA PICA
Vía Verde del Moncayo
Campos Gómara
Gómara
Almenar de Soria
SIERRA DE TABLADO
SORIA ZARAGOZA
LA RIOJA SORIA
MONTES DE CIERZO
SIERRA CORIJA
SIERRA DE MIÑANA
SIERRA DE ARMANTES
S.ª DEL CABALLERO
SIERRA DE LA VIRGEN
Deza
Ariza
Ateca
Alhama de Aragón
Monteagudo de las Vicarías
Santa María de Huerta
MEDINACELI
CITRUÉNIGO
CALATAYUD
BORJA
N-122
N-234
A-2
CL-101
CL-116
SO-340
SO-350
A-1502
A-1503

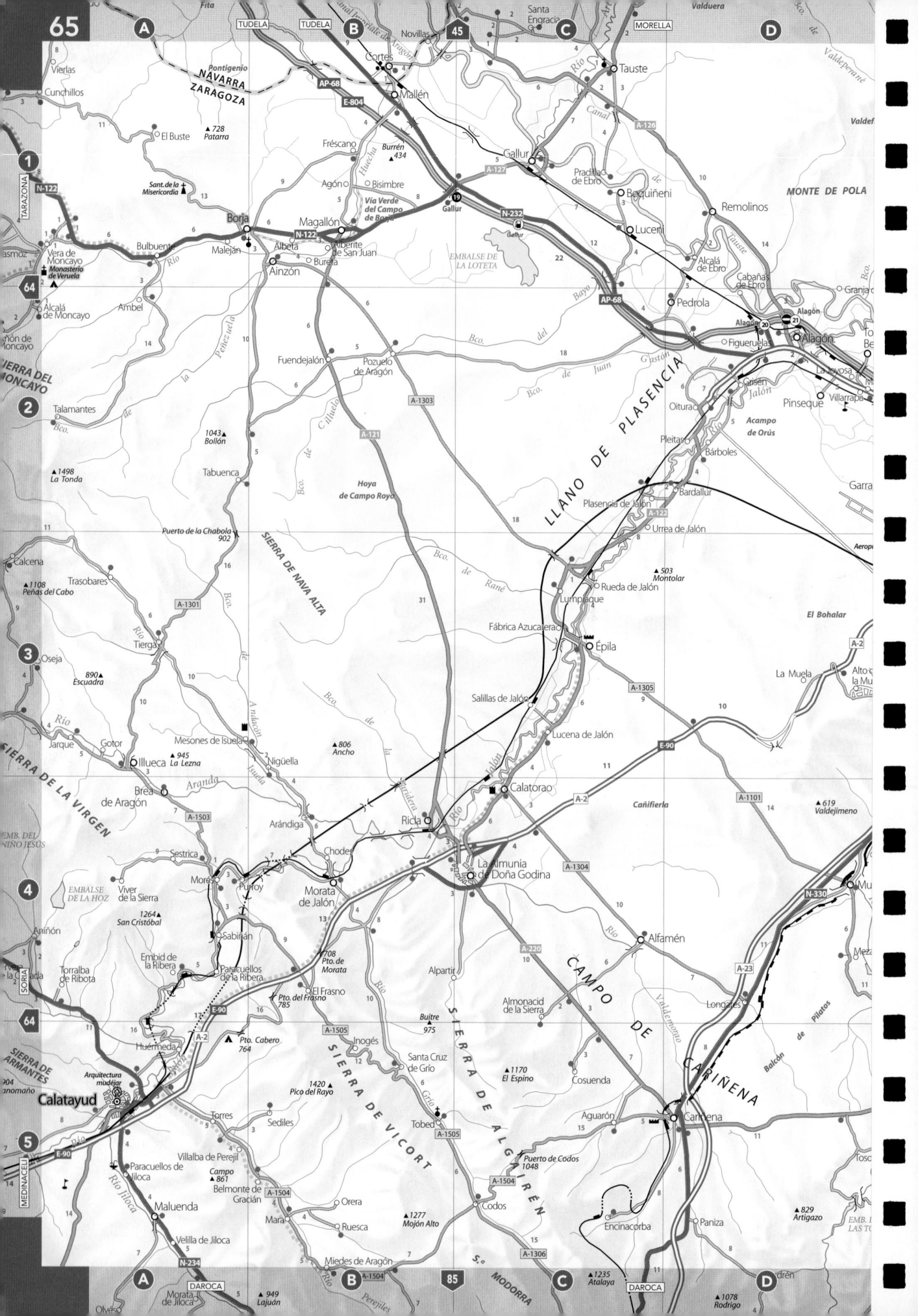
NAVARRA
ZARAGOZA
TUDELA
MORELLA
DAROCA
TARAZONA
SORIA
MEDINACELI
Novillas
Cortes
Mallén
Santa Engracia
Tauste
Vierlas
Cunchillos
Pontigenio
El Buste
728 Patarra
Fréscano
Burrén 434
Gallur
Pradilla de Ebro
Boquiñeni
Remolinos
MONTE DE POLA
Sant. de la Misericordia
Agón
Bisimbre
Vía Verde del Campo de Borja
Borja
Magallón
Bulbuente
Maleján
Albeta
Alberite de San Juan
Bureta
Ainzón
Vera de Moncayo
Monasterio de Veruela
EMBALSE DE LA LOTETA
Luceni
Alcalá de Ebro
Cabañas de Ebro
Pedrola
Alagón
Figueruelas
Alcalá de Moncayo
Ambel
SIERRA DEL MONCAYO
Fuendejalón
Pozuelo de Aragón
La Joyosa
Pinseque
Villarrapa
Talamantes
Grisén
Oitura
Acampo de Orús
Pleitas
Bárboles
1043 Bollón
1498 La Tonda
Tabuenca
Hoya de Campo Royo
LLANO DE PLASENCIA
Bardallur
Plasencia de Jalón
Urrea de Jalón
Puerto de la Chabola 902
SIERRA DE NAVA ALTA
Calcena
Trasobares
1108 Peñas del Cabo
503 Montolar
Rueda de Jalón
Lumpiaque
El Bohalar
Fábrica Azucarera
Épila
Tierga
Oseja
890 Escuadra
La Muela
Salillas de Jalón
Lucena de Jalón
Mesones de Isuela
Jarque
Gotor
Illueca
945 La Lezna
806 Ancho
Nigüella
SIERRA DE LA VIRGEN
Brea de Aragón
Calatorao
Cañifierla
619 Valdejimeno
Arándiga
Ricla
EMB. DEL NIÑO JESÚS
Sestrica
Chodes
La Almunia de Doña Godina
Morés
Purroy
Morata de Jalón
EMBALSE DE LA HOZ
Viver de la Sierra
1264 San Cristóbal
Alfamén
Sabiñán
Aniñón
Embid de la Ribera
Paracuellos de la Ribera
708 Pto. de Morata
Alpartir
CAMPO DE CARIÑENA
Torralba de Ribota
El Frasno
Pto. del Frasno 785
Almonacid de la Sierra
Longares
Balcón de Pilatos
Buitre 975
SIERRA DE ARMANTES
Huérmeda
Pto. Cabero 764
Inogés
SIERRA DE VICORT
SIERRA DE ALGAIRÉN
Santa Cruz de Grío
1170 El Espino
Cosuenda
Arquitectura mudéjar
Calatayud
1420 Pico del Rayo
Torres
Sediles
Tobed
Aguarón
Cariñena
Villalba de Perejil
Puerto de Codos 1048
Paracuellos de Jiloca
Campo 861
Belmonte de Gracián
Orera
Codos
Maluenda
Mara
Ruesca
1277 Mojón Alto
Encinacorba
Paniza
829 Artigazo
Velilla de Jiloca
Miedes de Aragón
S.ª MODORRA
1235 Atalaya
Morata de Jiloca
949 Lajuán
1078 Rodrigo
Olvés
A-1303
A-121
A-1301
A-1305
A-1503
A-1304
A-1101
A-220
A-1505
A-1504
A-1306
A-122
A-126
A-127
A-23
A-2
N-122
N-232
N-234
N-330
AP-68
E-804
E-90

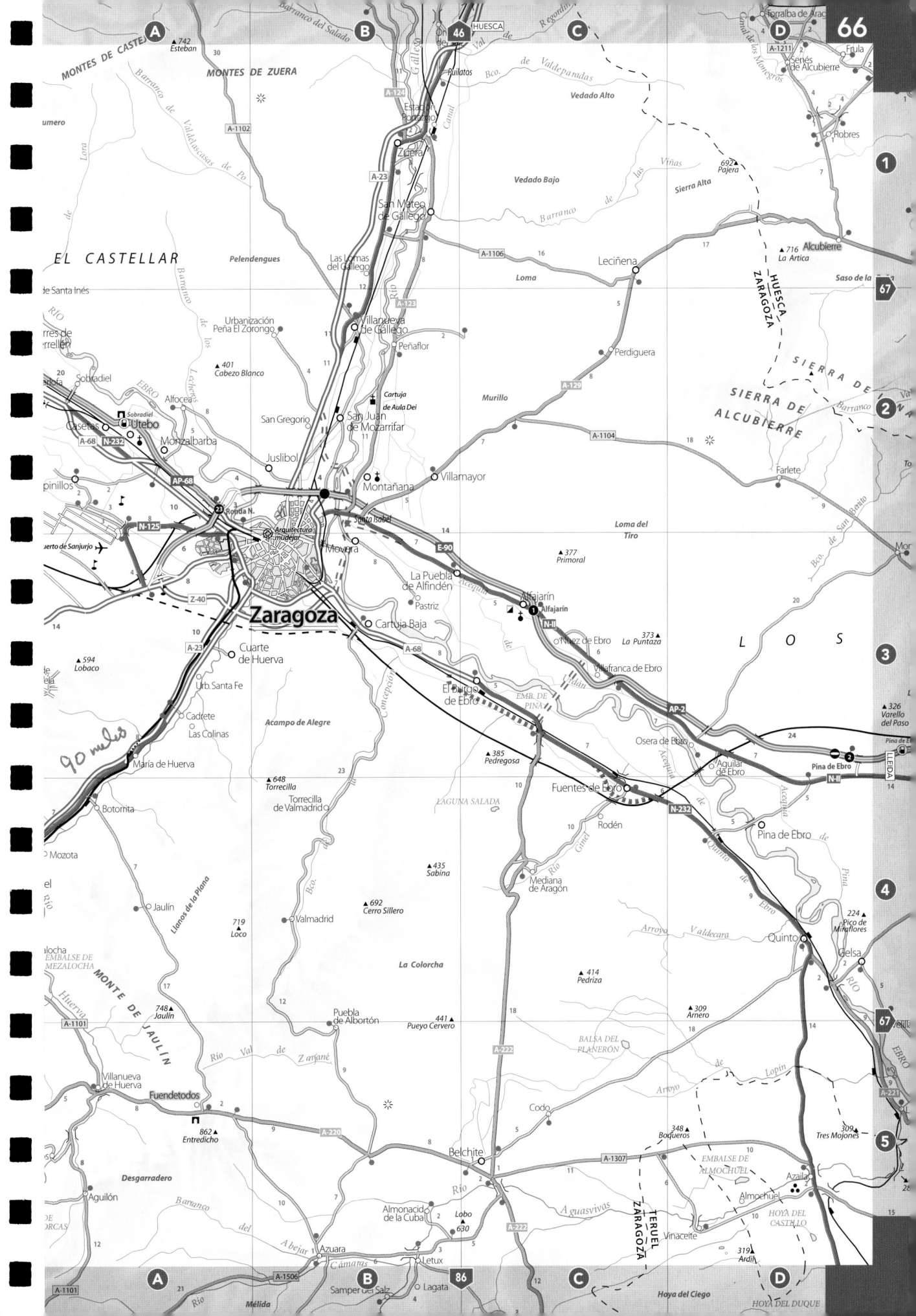

Zaragoza
MONTES DE ZUERA
EL CASTELLAR
SIERRA DE ALCUBIERRE
LOS
MONTE DE JAULÍN
HUESCA
ZARAGOZA
TERUEL
Zuera
San Mateo de Gállego
Villanueva de Gállego
Peñaflor
San Juan de Mozarrifar
Leciñena
Perdiguera
Alcubierre
Robres
Senés de Alcubierre
Farlete
Villamayor
Montañana
Movera
Utebo
Casetas
Sobradiel
Alfocea
Monzalbarba
Juslibol
San Gregorio
La Puebla de Alfindén
Pastriz
Alfajarín
Nuez de Ebro
Villafranca de Ebro
Cartuja Baja
Cuarte de Huerva
Urb. Santa Fe
Cadrete
Las Colinas
María de Huerva
Botorrita
Mozota
Jaulín
El Burgo de Ebro
Osera de Ebro
Aguilar de Ebro
Pina de Ebro
Fuentes de Ebro
Rodén
Mediana de Aragón
Quinto
Gelsa
Torrecilla de Valmadrid
Valmadrid
Puebla de Albortón
Villanueva de Huerva
Fuendetodos
Codo
Belchite
Azaila
Almochuel
Vinaceite
Almonacid de la Cuba
Azuara
Letux
Lagata
Samper del Salz
Aguilón
Mélida
A-23
A-68
AP-68
AP-2
N-II
N-232
N-125
Z-40
E-90
A-222
A-220
A-1307
A-1104
A-1106
A-129
A-1102
A-1101
A-1506
A-124
A-123
LLEIDA
90 mls

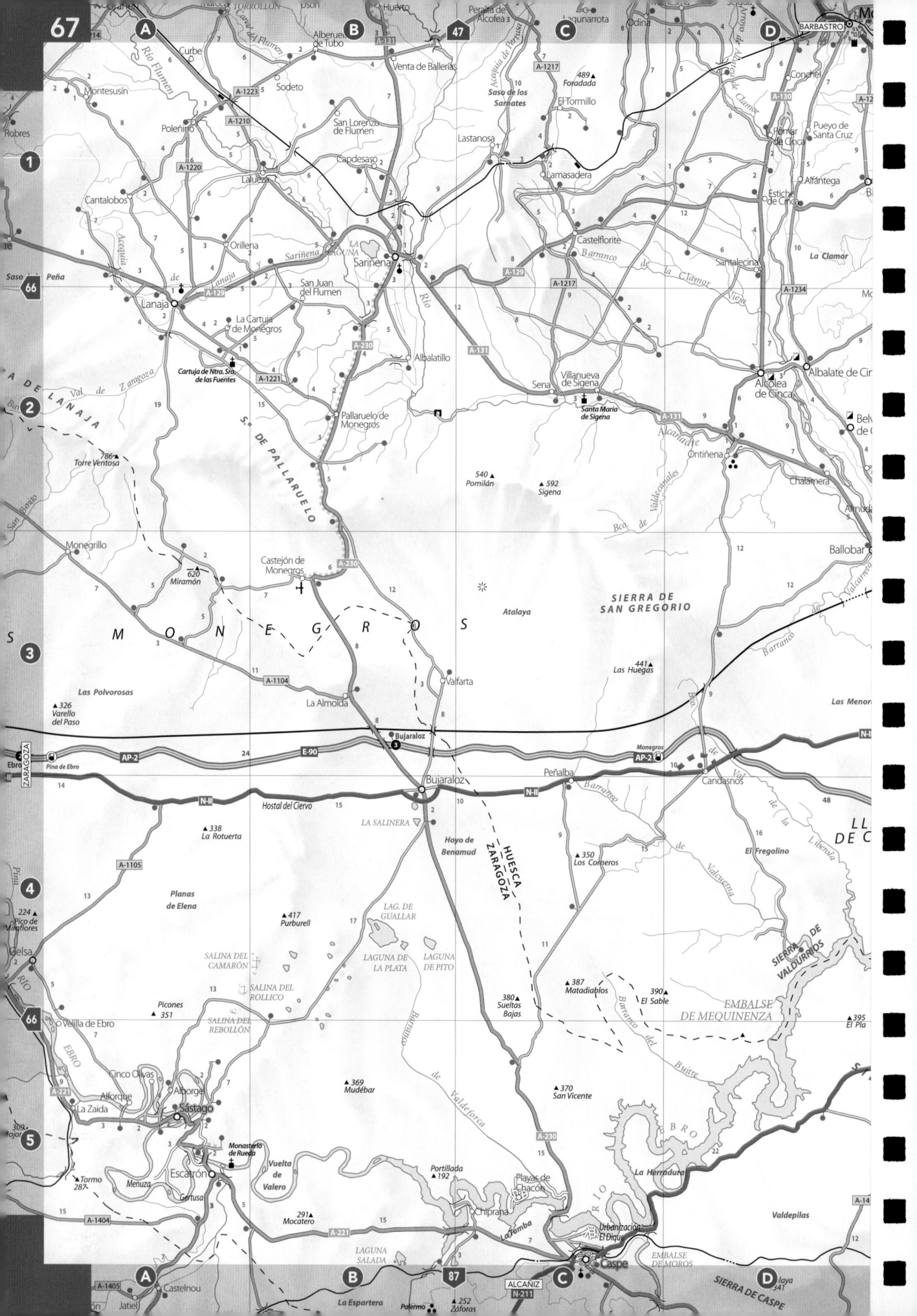

A
B
C
D
1
2
3
4
5
47
66
87
BARBASTRO
Curbe
Alberuela de Tubo
Venta de Ballerías
Peralta de Alcofea
Lagunarrota
Odina
Río Flumen
Canal del Flumen
Sodeto
Montesusín
Robres
Poleñino
San Lorenzo de Flumen
Lastanosa
Lamasadera
El Tormillo
489 Foradada
Saso de los Sarnates
Acequia de Perusa
Arroyo de Alcanadre
Clamor
Conchel
Pomar de Cinca
Pueyo de Santa Cruz
Alfántega
Estiche de Cinca
Capdesaso
Lalueza
Cantalobos
Orillena
Sariñena
LA LAGUNA
Castelflorite
Barranco de la Clamor
Santalecina
La Clamor
Lanaja
Saso
Peña
San Juan del Flumen
La Cartuja de Monegros
Cartuja de Ntra. Sra. de las Fuentes
Río
Val de Zaragoza
Albalatillo
Villanueva de Sigena
Sena
Santa María de Sigena
Alcolea de Cinca
Albalate de Cinca
Pallaruelo de Monegros
S.ª DE PALLARUELO
786 Torre Ventosa
540 Pomilán
592 Sigena
Ontiñena
Chalamera
Alcanadre
Bco. de Valdecanales
Monegrillo
620 Miramón
Castejón de Monegros
Atalaya
SIERRA DE SAN GREGORIO
Ballobar
M O N E G R O S
441 Las Huegas
Valfarta
La Almolda
Las Polvorosas
326 Varello del Paso
Las Menores
Bujaraloz
ZARAGOZA
Pina de Ebro
Monegros
Peñalba
Candasnos
Hostal del Ciervo
LA SALINERA
338 La Rotuerta
Hoyo de Benamud
HUESCA ZARAGOZA
350 Los Comeros
El Fregolino
Planas de Elena
224 Pico de Miraflores
417 Purburell
LAG. DE GUALLAR
LAGUNA DE LA PLATA
LAGUNA DE PITO
SALINA DEL CAMARÓN
SALINA DEL ROLLICO
SALINA DEL REBOLLÓN
Gelsa
Picones 351
380 Sueltas Bajas
387 Matadiablos
390 El Sable
SIERRA DE VALDURRIOS
EMBALSE DE MEQUINENZA
395 El Pla
Velilla de Ebro
EBRO
Cinco Olivas
Alborge
Alforque
La Zaida
Sástago
369 Mudébar
370 San Vicente
Barranco de Valdeforca
Barranco del Buitre
Monasterio de Rueda
Escatrón
Menuza
Gertusa
Vuelta de Valero
Tormo 287
Portillada 192
Playas de Chacón
La Herradura
Chiprana
291 Mocatero
La Tamba
Urbanización El Dique
Caspe
Valdepilas
EMBALSE DE MOROS
LAGUNA SALADA
Castelnou
Jatiel
La Espartera
Palermo
252 Záforas
ALCAÑIZ
SIERRA DE CASPE
A-1223
A-1210
A-1220
A-131
A-1217
A-129
A-230
A-1221
A-1234
A-1104
AP-2
E-90
N-II
A-1105
A-221
A-1404
A-1405
N-211

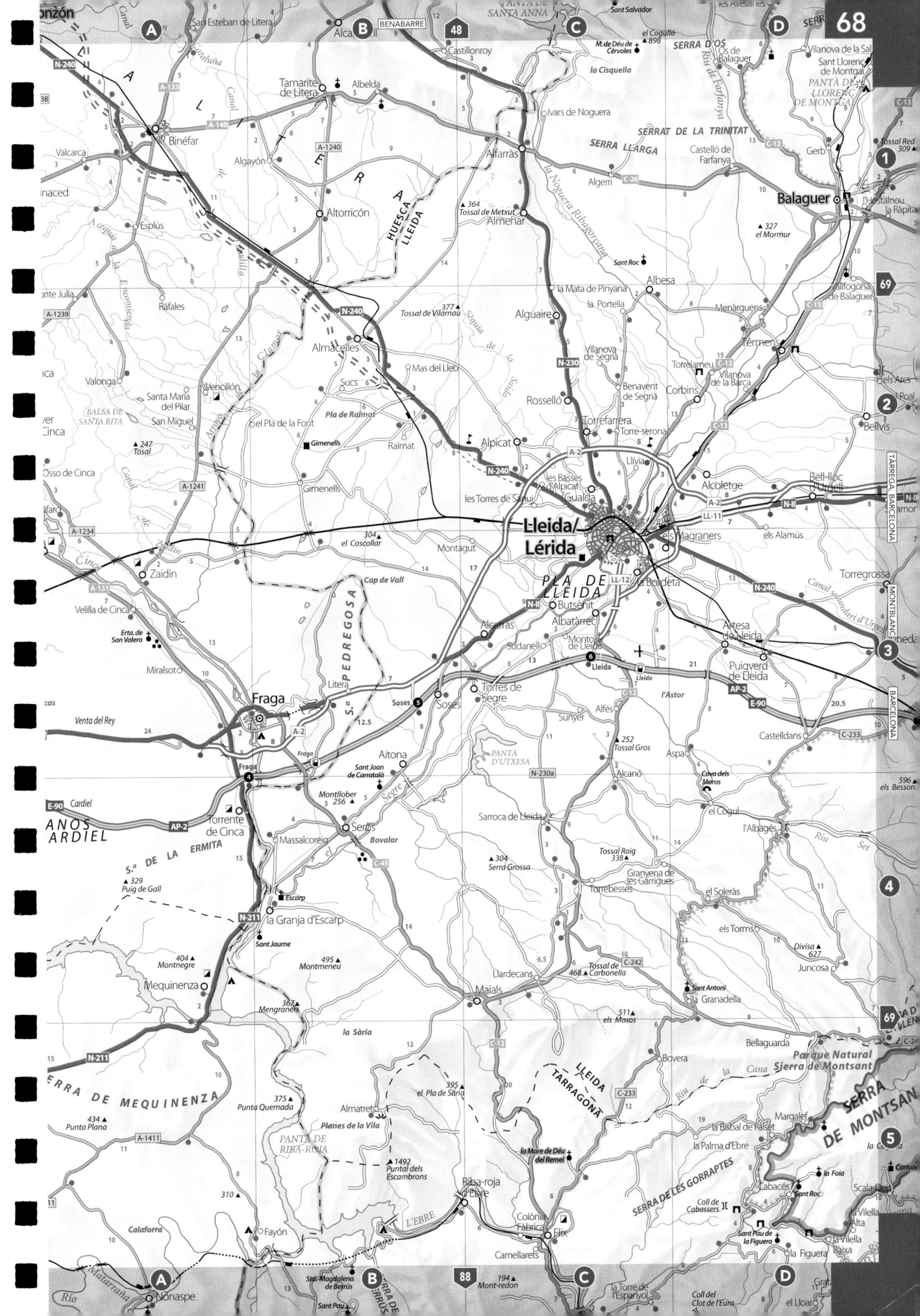

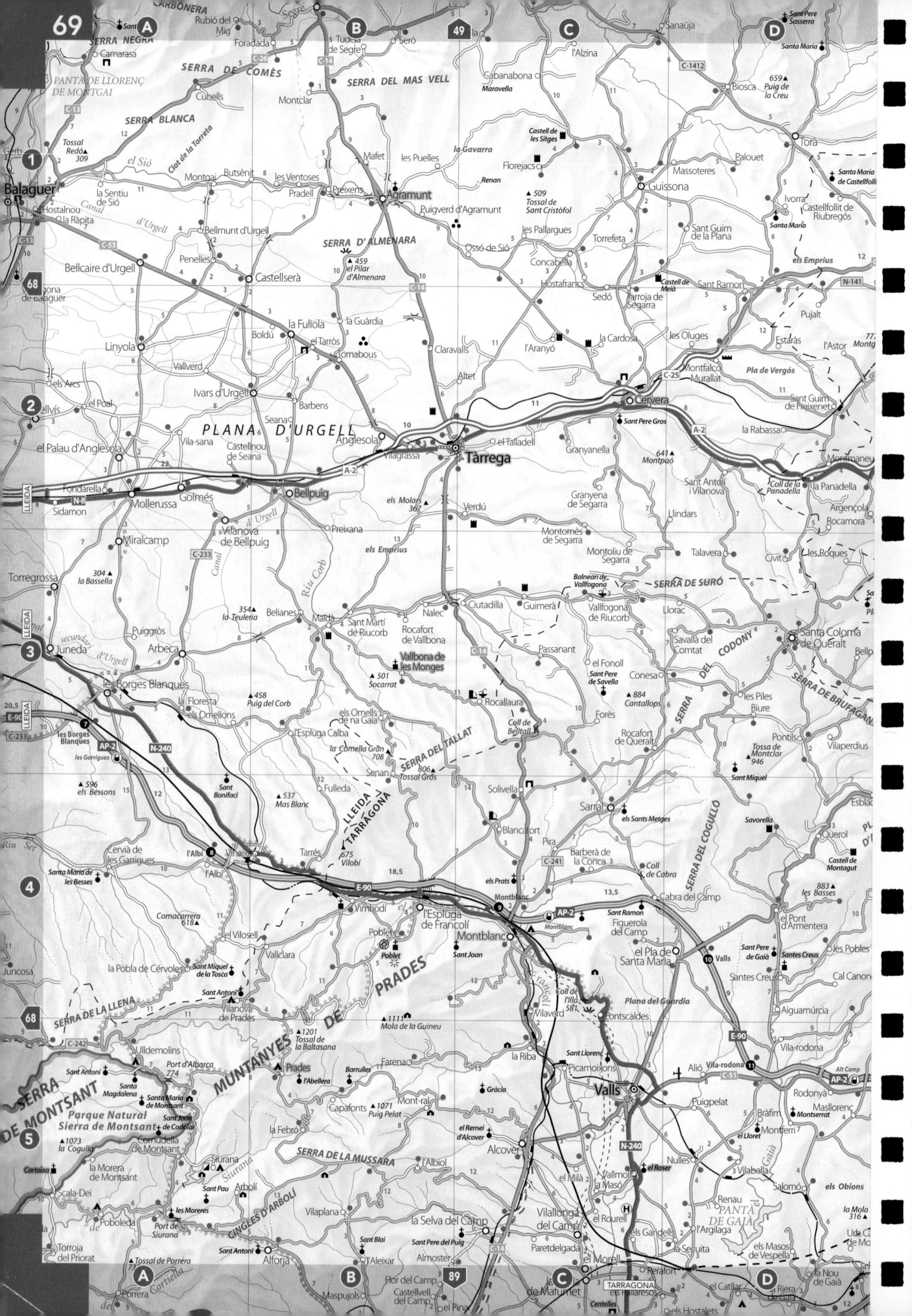
A
B
C
D
49
68
89
1
2
3
4
5
Balaguer
Camarasa
SERRA NEGRA
PANTÀ DE LLORENÇ DE MONTGAI
Rubió del Mig
Foradada
Tudela de Segre
Seró
Sanaüja
Sant Pere Sasserra
Santa Maria
l'Alzina
C-1412
C-26
C-14
SERRA DE COMÈS
SERRA DEL MAS VELL
Cabanabona
Maravella
Biosca
659 Puig de la Creu
Cubells
Montclar
C-13
SERRA BLANCA
Tossal Redó 309
Clot de la Torreta
el Sió
Castell de les Sitges
la Gavarra
Torà
Mafet
les Puelles
Florejacs
Palouet
Massoteres
Santa Maria de Castellfollit
Gerb
Montgai
Butsènit
les Ventoses
Preixens
Agramunt
Renan
Guissona
la Sentiu de Sió
Pradell
509 Tossal de Sant Cristòfol
Puigverd d'Agramunt
Ivorra
Castellfollit de Riubregós
Hostalnou
la Ràpita
Canal d'Urgell
Santa Maria
Bellmunt d'Urgell
les Pallargues
Sant Guim de la Plana
Torrefeta
Ossó de Sió
SERRA D'ALMENARA
C-53
Penelles
459 el Pilar d'Almenara
Concabella
els Emprius
Bellcaire d'Urgell
Castellserà
Hostafrancs
Castell de Meià
Sant Ramon
N-141
Sedó
Tarroja de Segarra
Pujalt
la Fuliola
la Guàrdia
Linyola
Boldú
el Tarròs
Tornabous
Claravalls
l'Aranyó
la Cardosa
les Oluges
Estaràs
l'Astor
Vallverd
Montfalcó Murallat
Pla de Vergós
C-25
els Arcs
Altet
Ivars d'Urgell
el Poal
Bellvís
Barbens
Cervera
Sant Guim de Freixenet
Seana
Sant Pere Gros
la Rabassa
PLANA D'URGELL
el Palau d'Anglesola
Vila-sana
Castellnou de Seana
Anglesola
Vilagrassa
el Talladell
Tàrrega
Granyanella
641 Montpaó
Montmaneu
A-2
LLEIDA
Fondarella
N-II
Mollerussa
Golmés
Bellpuig
Sidamon
els Molars 367
Verdú
Granyena de Segarra
Sant Antolí i Vilanova
Coll de la Panadella
la Panadella
Argençola
Rocamora
Llindars
Vilanova de Bellpuig
Preixana
Miralcamp
els Emprius
Montornès de Segarra
Montoliu de Segarra
Talavera
Civit
les Roques
C-233
Canal d'Urgell
Torregrossa
304 la Bassella
Riu Corb
Balneari de Vallfogona
SERRA DE SURÓ
354 la Teuleria
Belianes
Maldà
Nalec
Ciutadilla
Guimerà
Vallfogona de Riucorb
Llorac
Puiggròs
Sant Martí de Riucorb
Rocafort de Vallbona
Savallà del Comtat
SERRA DEL CODONY
Santa Coloma de Queralt
Juneda
Arbeca
Vallbona de les Monges
Passanant
el Fonoll
Sant Pere de Savella
Conesa
501 Socarrat
les Borges Blanques
SERRA DE BRUFAGANYA
la Floresta
458 Puig del Corb
Rocallaura
884 Cantallops
les Piles
Biure
els Omellons
els Omells de na Gaia
Forès
E-90
Coll de Belltall
l'Espluga Calba
SERRA
Rocafort de Queralt
Pontils
Vilaperdius
les Borges Blanques
AP-2
N-240
les Garrigues
la Comella Gran 708
SERRA DEL TALLAT
Tossa de Montclar 946
806 Tossal Gros
Sant Miquel
596 els Bessons
Sant Bonifaci
Senan
537 Mas Blanc
Fulleda
LLEIDA TARRAGONA
Solivella
Sarral
els Sants Metges
SERRA DEL COGULLÓ
Savorella
Blancafort
Riu Set
Cervià de les Garrigues
l'Albi
Vinaixa
Tarrés
675 Vilobí
Pira
Barberà de la Conca
C-241
Coll de Cabra
Querol
Castell de Montagut
Santa Maria de les Besses
els Prats
Montblanc
Cabra del Camp
883 les Basses
Vimbodí
l'Espluga de Francolí
AP-2
Sant Ramon
Figuerola del Camp
el Pont d'Armentera
Comacarrera 618
Poblet
Montblanc
el Vilosell
Vallclara
el Pla de Santa Maria
Valls
Sant Pere de Gaià
Santes Creus
les Pobles
Juncosa
la Pobla de Cérvoles
Sant Miquel de la Tosca
Sant Joan
Cal Canonge
Sant Antoni
PRADES
Coll de l'Illa 581
Plana del Guàrdia
Aiguamúrcia
SERRA DE LA LLENA
Vilanova de Prades
Vilaverd
Fontscaldes
C-242
1201 Tossal de la Baltasana
1111 Mola de la Guineu
MUNTANYES DE PRADES
Ulldemolins
la Riba
Vila-rodona
Sant Antoni
Port d'Albarca 774
Prades
Farena
Sant Llorenç
Picamoixons
Alió
Vila-rodona
Alt Camp
SERRA DE MONTSANT
Santa Magdalena
Santa Maria de Montsant
l'Abellera
Barrulles
Gràcia
Valls
C-51
Rodonya
Parque Natural Sierra de Montsant
Sant Joan de Codolar
Capafonts
1071 Puig Pelat
Mont-ral
Puigpelat
Masllorenç
Montserrat
1073 la Cogulla
Cornudella de Montsant
la Febró
el Remei d'Alcover
Bràfim
el Lloret
Montferri
Cartoixa
la Morera de Montsant
Siurana
SERRA DE LA MUSSARA
l'Albiol
Alcover
N-240
Nulles
Vilabella
Salomó
els Obions
Scala-Dei
Sant Pau
Arbolí
el Milà
Vallmoll
la Masó
el Roser
Renau
PANTÀ DE GAIÀ
la Mola 316
Poboleda
les Moreres
Port de Siurana
GINGLES D'ARBOLÍ
Vilaplana
la Selva del Camp
Vilallonga del Camp
el Rourell
els Garidells
l'Argilaga
Torroja del Priorat
Sant Antoni
Alforja
Sant Blai
Sant Pere del Puig
Paretdelgada
la Secuita
els Masos de Vespella
Tossal de Porrera
l'Aleixar
Almoster
el Morell
Perafort
la Nou de Gaià
Porrera
Maspujols
Castellvell del Camp
el Pina
de Matamet
TARRAGONA
els Pallaresos
el Catllar
la Riera de Gaià
els Hostalets
Centelles
Sant Guim

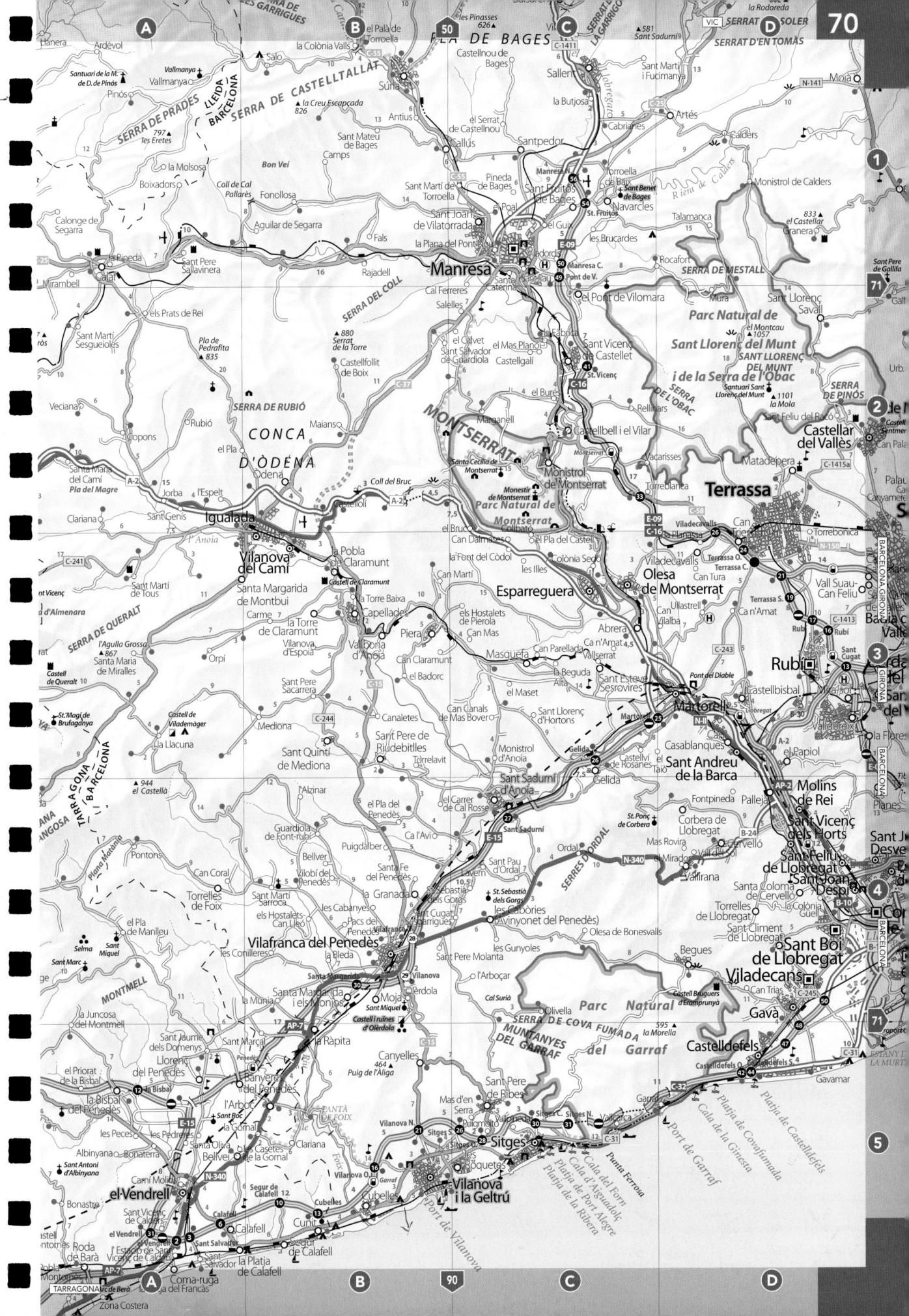
A
B
C
D
PLA DE BAGES
SERRAT D'EN TOMÀS
SERRA DE CASTELLTALLAT
SERRA DE PRADES
LLEIDA
BARCELONA
Hanera
Ardèvol
el Palà de Torroella
la Colònia Valls
Salo
Súria
Castellnou de Bages
Sallent
Sant Martí i Fucimanya
Moià
Santuari de la M. de D. de Pinós
Vallmanya
Pinós
la Creu Escapçada 826
Antius
la Butjosa
Artés
797 les Eretes
Sant Mateu de Bages
Camps
el Serrat de Castellnou
Callús
Santpedor
Cabrianes
Calders
la Molsosa
Bon Veí
Boixadors
Coll de Cal Pallarès
Fonollosa
Pineda de Bages
Sant Martí de Torroella
Sant Fruitós de Bages
Torroella de Baix
Sant Benet de Bages
Navarcles
Riera de Calders
Monistrol de Calders
Calonge de Segarra
Aguilar de Segarra
Fals
Sant Joan de Vilatorrada
el Poal
el Guix
Talamanca
833 el Castellar
Granera
la Pineda
Calaf
Sant Pere Sallavinera
la Plana del Pont
Manresa
Rajadell
Rocafort
SERRA DE MESTALL
Mirambell
Cal Ferreres
Santa Caterina
el Pont de Vilomara
Mura
Sant Llorenç Savall
els Prats de Rei
SERRA DEL COLL
Salelles
Parc Natural de Sant Llorenç del Munt i de la Serra de l'Obac
el Montcau 1057
SANT LLORENÇ DEL MUNT
Sant Martí Sesgueioles
Pla de Pedrafita 835
880 Serrat de la Torre
el Calvet
Sant Salvador de Guardiola
el Mas Planoi
Castellgalí
la Fàbrica
Sant Vicenç de Castellet
Castellfollit de Boix
SERRA DE L'OBAC
Santuari Sant Llorenç del Munt
1101 la Mola
SERRA DE PINÓS
Veciana
SERRA DE RUBIÓ
el Burés
Rellinars
Sant Feliu del Racó
Castellar del Vallès
Rubió
Maians
Marganell
Castellbell i el Vilar
Copons
CONCA D'ÒDENA
MONTSERRAT
Santa Cecília de Montserrat
Monistrol de Montserrat
Vacarisses
Matadepera
Santa Maria del Camí
Pla del Magre
el Pla
Òdena
Coll del Bruc
Monestir de Montserrat
Parc Natural de Montserrat
Torreblanca
Terrassa
Jorba
l'Espelt
Castellolí
Clariana
Sant Genís
Igualada
el Bruc
Can Dalmases
Collbató
el Pla del Castell
Viladecavalls
Can Trias
Torrebonica
Vilanova del Camí
la Pobla de Claramunt
la Font del Còdol
Colònia Sedó
les Illes
Olesa de Montserrat
Can Tura
Sant Martí de Tous
Santa Margarida de Montbui
Castell de Claramunt
Can Martí
Esparreguera
Vall Suau-Can Feliu
la Torre Baixa
Capellades
Carme
la Torre de Claramunt
els Hostalets de Pierola
Can Mas
Piera
Can Ullastrell
Can Vilalba
Ca n'Amat
Abrera
SERRA DE QUERALT
Vallbona d'Anoia
Vilanova d'Espoia
Masquefa
Can Parellada
Vallserrat
Rubí
l'Agulla Grossa 867
Santa Maria de Miralles
Orpí
Can Claramunt
el Badorc
la Beguda Alta
Sant Esteve Sesrovires
Pont del Diable
Martorell
Castellbisbal
Mira-sol
Valldoreix
Castell de Queralt
Sant Pere Sacarrera
el Maset
St. Magí de Brufaganya
Castell de Vilademàger
Canaletes
Can Canals de Mas Bover
Sant Llorenç d'Hortons
la Llacuna
Mediona
Sant Pere de Riudebitlles
Sant Quintí de Mediona
Torrelavit
Monistrol d'Anoia
Castellví de Rosanes
Casablanques
Sant Andreu de la Barca
el Papiol
TARRAGONA
BARCELONA
944 el Castellà
l'Alzinar
Sant Sadurní d'Anoia
Gelida
el Pla del Penedès
el Carrer de Cal Rossell
Fontpineda
Palleja
Molins de Rei
St. Ponç de Corbera
Corbera de Llobregat
Sant Vicenç dels Horts
Guardiola de Font-rubí
Ca l'Avi
Puigdàlber
Ordal
SERRES D'ORDAL
Mas Rovira
Cervelló
Pontons
Plana Matana
Bellver
Vilobí del Penedès
Santa Fe del Penedès
Sant Pau d'Ordal
el Mirador
Vall del Sol
Vallirana
Sant Feliu de Llobregat
Sant Joan Despí
Can Coral
Torrelles de Foix
Sant Martí Sarroca
la Granada
Sant Sebastià dels Gorgs
Santa Coloma de Cervelló
la Colònia Güell
Torrelles de Llobregat
els Hostalets-Can Lleó
les Cabanyes
Pacs del Penedès
Sant Cugat Sesgarrigues
les Cabòries (Avinyonet del Penedès)
Sant Climent de Llobregat
el Pla de Manlleu
Selma
Sant Miquel
Vilafranca del Penedès
Olesa de Bonesvalls
les Gunyoles
Sant Boi de Llobregat
Sant Marc
les Conilleres
la Bleda
Sant Pere Molanta
Begues
MONTMELL
Santa Margarida
Santa Margarida i els Monjos
Moja
l'Arboçar
Olèrdola
Cal Surià
Viladecans
Castell Bruguers d'Eramprunyà
Can Trias
la Múnia
Sant Miquel
Castell i ruïnes d'Olèrdola
Olivella
Parc Natural del Garraf
Gavà
la Juncosa del Montmell
SERRA DE COVA FUMADA
595 la Morella
MUNTANYES DEL GARRAF
Sant Jaume dels Domenys
Sant Marçal
la Ràpita
Castelldefels
Llorenç del Penedès
Canyelles
464 Puig de l'Àliga
el Priorat de la Bisbal
Banyeres del Penedès
Sant Pere de Ribes
Gavamar
la Bisbal del Penedès
l'Arboç
Mas d'en Serra
Garraf
Platja de Covafumada
Platja de Castelldefels
Cala de la Ginesta
Port de Garraf
Sant Roc
la Gornal
Vallcarca
les Peces
les Pedreres
Santa Oliva
Clariana
Sitges
Albinyana
Bonaterra
Bellvei
les Casetes de la Gornal
les Roquetes
Punta Ferrosa
Cala del Forn
Cala d'Aiguadolç
Platja de Port Alegre
Platja de la Ribera
Sant Antoni d'Albinyana
Camí Molins
el Vendrell
Segur de Calafell
Cubelles
Vilanova i la Geltrú
Bonastre
Sant Vicenç de Calders
Calafell
Cunit
Port de Vilanova
Roda de Barà
l'Estació de Sant Vicenç de Calders
Segur de Calafell
Sant Salvador
la Platja de Calafell
Coma-ruga
Platja del Francàs
Zona Costera
TARRAGONA
90
50
71
1
2
3
4
5

Barcelona
Badalona
Sabadell
Mataró
Granollers
Sant Celoni
l'Hospitalet de Llobregat
Sta. Coloma de Gramenet
Parc Natural del Montseny
Parc Natural del Montnegre i el Corredor
MONTSENY
MAR ME

A
B
C
D
1
2
3
4
5
Castell de Solius
Sant Llorenç
Platja d'Aro
Cala Conca
GIRONA
la Granota
Mas Flacià
Santa Seclina
Urb. Selva Brava
Sant Feliu de Guíxols
Sant Pol
Platja de Sant Pol
Punta de Garbí
Vidreres
Serres
Caulès
423 Puig Ventós
Urb. Font Bona
Sant Grau
Canyet de Mar
Cala de Salionç
518 Puig de les Cadiretes
Salionç
Aiguaviva Parc
Montbarbat
Urb. Lloret Blau
Montbarbat 331
Cala Giverola
Cala Bona
GIRONA
BARCELONA
l'Hostalet
Sta. Maria de Llorell
Tossa de Mar
Urb. Rosello
Cap de Tossa
el Vilar
Canyelles
Platja de Llorell
Platja Canyelles
Sant Pere del Bosc
Lloret de Mar
Papalús
Platja de Fenals
Platja de Santa Cristina
Tordera
Palafolls
Blanes
Punta de la Tordera
Malgrat de Mar
Santa Susanna
eda de Mar
COSTA BRAVA
MEDITERRÁNEO

A   B   53   C   D

Porto   Canidelo   Gu...
Praia de Lavadores   VIANA DO CASTELO
Lavado

Vila Nova   Oli...
de Gaia   do D...
Madalena
Valadares   Vilar...
Meada

Francelos   1-15   Canela...
Praia de Miramar   **1**   Bresa   Perosir
Arcozelo
Aguda   A29-IC1   Crasto...
Praia da Aguda   **7**
Gran...   **2**   Serzedo
S.Félix da Marinha   Pó...
Guetimo   **3**

Espinho   Nogueira d...
Regedoura
A41-IC24...
Praia de Espinho   Olvade   M...

Barrinha de Esmoriz   Páramos
Praia de Esmoriz   15   Paços
Esmoriz   Brand
Praia de Cortegaça   Cortegaça   IC1   Rio
Maceda   Mea

Praia de S. Pedro de Maceda   Aradão   4
Olho-Marinho   Aldeia
Murte
109   223
Sobral

Furadouro   3
Praia de Furadouro   2   327   2
Ovar   3   327-2   Guil...
Praia de Areinho   Marinha   S.Martinho
da Gândara   8
Rorrao do Lameiro   Regedoura
8   Mourdo

Quintas do Norte   224-2   Saltadour
Pardilhó
Praia de Torreira   Bunheiro   6
12   Vessadas   Estarreja
Bestida   Monte   109-5
Torreira   16   Veiros   Cabeças
Praia de Monte Branco   Pardelhas   **Murtosa**
13

Pousada da Ria   **RIA DE AVEIRO**

Reserva Natural   327
das Dunas de S. Jacinto   Vitorinha   Ferme...

S.Jacinto   Sarrazola
Praia de São Jacinto   A25-IP5
Gafanha   Mataducos   Quinta do...
Praia da Barra   **da Nazaré**   5
Praia da Barra   **Aveiro**   S.João de...
Vardemilho   230
Gafanha da Encarnação   A25-IP5   Aradas   Azurva
Costa Nova do Prado   Gafanha   Solposta   Eixo
Costa Nova do Prado   d'Aquém   Oliveirinha
Gafanha do Carmo   **Ílhavo**
Vista Alegre   Quintas   Costa do Valade
Praia da Vagueira   335   PATE
FERMENT
Pedricosa   Póvoa do Valado   Aveiro 5   15
Lavandeira   Salgueiro   Fe...
Gafanha da   Verba
Boa Hora   Vagos   2   A17-IC1
105   Sosa   Carris
Boca   Nariz
333   6
Gafanha do Areão   Sto André   Carregosa   Palhaça
Vegia   Albergue   Arieiro   Póvoa do Forno
Ouca   Azurveira   Feitera
Parada de B...   15   Bustos   Treviscal
Praia de Mira   Choca do Mar   Sanchequias   Tabuaco   335   Lavar
Praia de Mira   AVEIRO   Río Tinto   Mamarrosa
COIMBRA   Ponte de Vagos   Arne...
Cabeças Verdes   Calvão   Espinhoa   Picoto   Madu...
Seixo   Covão de   Marvão
Portomar   Cantod Calvão   Parada de   Covões   Chão de Cima Campa...
Lagoa   Cabeço   Presa   Labren...
Barrinha   334

A   B   93   C   FIGUEIRA DA FOZ   D
C. de   Gândara
S. Torre

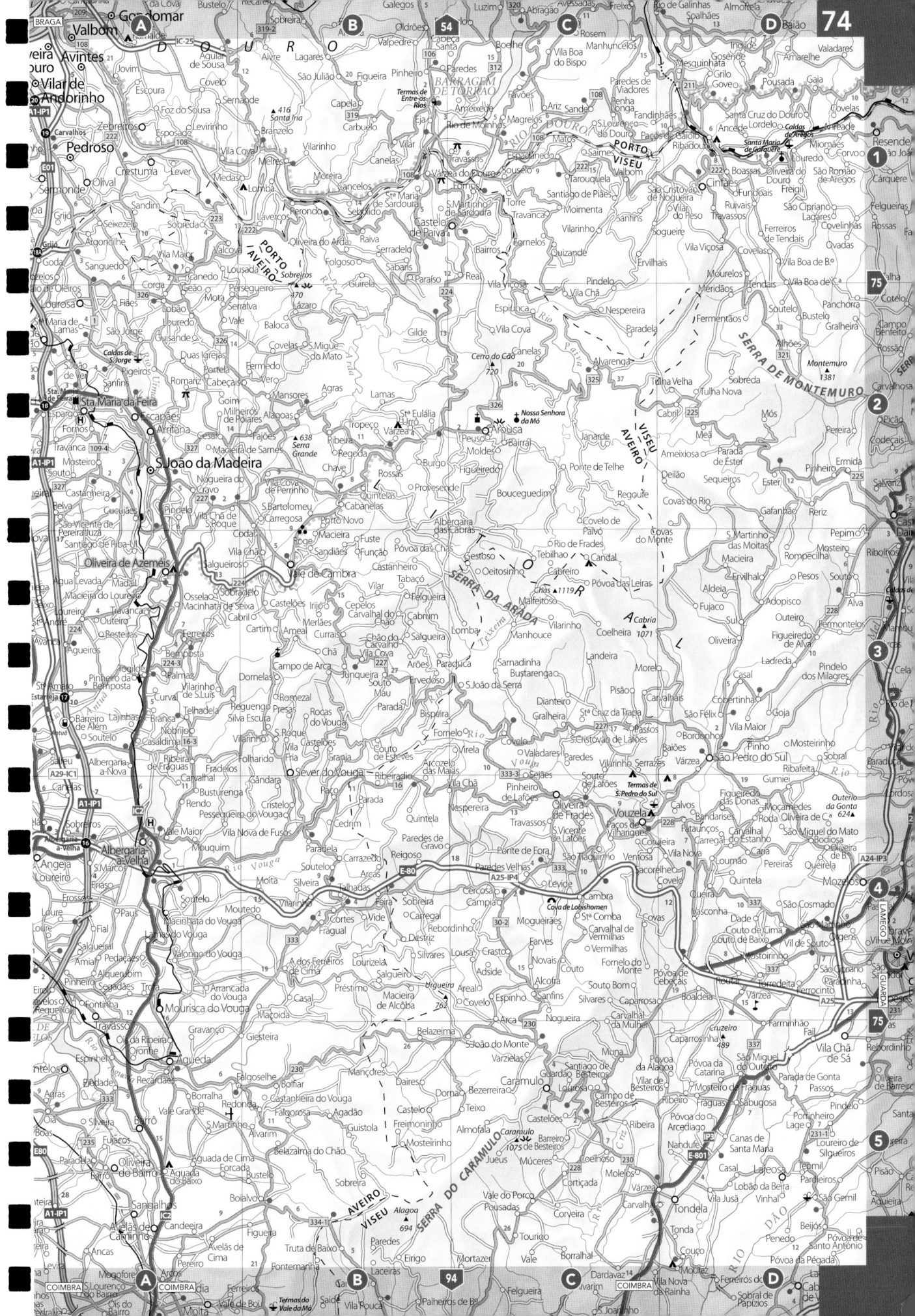

A
B
C
D
1
2
3
4
5
75
DOURO
Gondomar
Valbom
Avintes
Vilar de Andorinho
Pedroso
Crestuma
Lever
Olival
Sermonde
Sandim
Grijó
Seixezelo
Argoncilhe
Sanguedo
Lourosa
Fiães
Canedo
Lobão
Mota
Vale
Louredo
Guisande
Duas Igrejas
Pigeiros
Romariz
Sanfins
Espargo
Sta Maria da Feira
Escapães
Arrifana
S.João da Madeira
Fornos
Travanca
Mosteiro
Souto
Castanheira
Cucujães
Pindelo
Nogueira do Cravo
Oliveira de Azeméis
Macieira de Sarnes
Fajões
Milheirós de Poiares
Cesar
Carregosa
Codal
Vila Chã
S.Roque
Salgueiros
Vale de Cambra
Macieira
Roge
Junqueira
Rossas
Arouca
Burgo
Moldes
Figueiredo
Albergaria das Cabras
Serra da Arada
Covelo de Paivô
Rio de Frades
Tebilhao
Candal
Cabreiro
Póvoa das Leiras
Chãs 1119
Cabria 1071
Manhouce
Vilarinho
Coelheira
Landeira
Janarde
Regoufe
Covas do Rio
Covas do Monte
Alvarenga
Tulha Velha
Tulha Nova
Sobreda
Cabril
Mós
Pereira
Meã
Parada de Ester
Ester
Pinheiro
Ermida
Serra de Montemuro
Montemuro 1381
Gralheira
Alhões
Bustelo
Panchorra
Soutelo
Fermentãos
Meridãos
Paradela
Nespereira
Canelas
Cerro do Cão 720
Vila Cova
Espiunca
Rio Paiva
Vila Viçosa
Pindelo
Vila Chã
Real
Paraíso
Castelo de Paiva
Bairros
Raiva
Serradelo
Sabariz
Folgoso
Oliveira do Arda
Pedorido
Sobrado
Sardoura
Fornos
Fornelos
Quizande
Travanca
Torre
Moimenta
Santiago de Piães
Sanfins
Vilarinho
Sogueira
Ervilhais
Cinfães
Ribadouro
Santa Cruz do Douro
Lordelo
Caldas de Arêgos
Anreade
Resende
Miomães
Oliveira do Douro
São Romão de Arêgos
Fundoais
Freigil
Ruivais
Travassos
São Cipriano
Lagares
Covelinhas
Ferreiros de Tendais
Tendais
Vila Boa de Bº
Vila Boa de Cª
Ovadas
Covelas
Mourelos
Baião
Almofrela
Valadares
Gosende
Mesquinhata
Grilo
Gove
Pousada
Gaia
Porto
Viseu
Aveiro
Sobreiros 470
Lázaro
Baloca
Covelas
S.Miguel do Mato
Gilde
Fermedo
Vero
Mansores
Agras
Lamas
Stª Eulália
Urrô
Várzea
Tropeço
Ribeira
Regoda
Chave
638 Serra Grande
Quintelas
Cabanelas
S.Bartolomeu
Porto Novo
Fuste
Função
Sandiães
Póvoa das Chãs
Castanheiro
Tabaçó
Gestoso
Oeitosinho
Malfeitoso
Felgueira
Cepelos
Carvalhal do Chão
Cabrum
Irijó
Merlães
Currais
Ameal
Cartim
Chão do Carvalho
Vila Cova
Salgueira
Lomba
Arões
Paraduça
Chã
Campo de Arca
Dornelas
Souto Mau
Erveiroso
S.João da Serra
Bustarenga
Sarnadinha
Morelo
Pisão
Dianteiro
Gralheira
Stª Cruz da Trapa
Carvalhais
São Félix
Cobertinha
Goja
Vila Maior
Pinho
Mosteirinho
Sobral
São Pedro do Sul
Ribafeita
Gumiei
Figueiredo das Donas
Calvos
Bandarises
Moçâmedes
Roda
Oliveira de Cª
Outeiro da Gonta 624
São Miguel do Mato
Bodiosa
Pataunços
Carvalhal do Estanho
Carregal
Vila Nova
Loumão
Cara
Pereiras
Queirela
Covelo
Quintela
Mozelos
Queira
Vasconha
Dade
Couto de Cima
Couto de Baixo
Vil de Souto
Mostoirinho
Torredeita
Farminhão
Fail
Vila Chã de Sá
Rebordinho
Parada de Gonta
Passos
Pindelo
Portinheiro
Lage
Loureiro de Silgueiros
Teomil
Pardieiros
São Gemil
Vinhal
Lobão da Beira
Vila Jusã
Tondela
Tonda
Couço
Mouraz
Penedo
Beijós
Santo António
Póvoa da Pégada
Ferreirós do Dão
Sobral de Papízios
Vila Nova da Rainha
Dardavaz
Rio Dão
Lajeosa
Casal
Canas de Santa Maria
Nandufe
Póvoa do Arcediago
Sabugosa
Fráguas
Ribeiro
Mosteiro de Fráguas
São Miguel do Outeiro
Póvoa da Catarina
Vilar de Besteiros
Póvoa da Alagoa
Muna
Cruzeiro 489
Caparrosinha
Carvalhal da Mulher
Boaldeia
Póvoa de Cebeçais
Caparrosa
Silvares
Souto Bom
Fornelo do Monte
Vermilhas
Carvalhal de Vermilhas
Stª Comba
Cova de Lobishomen
Cambra
Moqueirães
Farves
Novais
Couto
Alcofra
Sanfins
Espinho
Nogueira
Arca
Areal
Covelo
Urgueira 762
Adsíde
Lousa
Crasto
Rebordinho
Destriz
Silvares
Carregal
Sobreira
Vide
Feira
Cortes
Fráguas
Talhadas
Arcas
Silveira
Vilarinho
Moita
Soutelo
Carrazedo
Reigoso
Paradela
Paredes de Gravo
Ponte de Fora
Paredes Velhas
Cercosa
Campia
Levide
Travassos
S.Vicente de Lafões
Oliveira de Frades
Vouzela
Paços de Vilharigues
Pinheiro de Lafões
Souto de Lafões
Termas de S.Pedro do Sul
Vilarinho
Serrazes
Várzea
Baiões
Bordonhos
Sejães
Valadares
Paredes
S.Cristóvão de Lafões
Covelo
Nespereira
Quintela
Cedrim
Parada
Paço
Ribeiradio
Vila Chã
Arcozelo das Maias
Virela
Couto de Esteves
Fornelo
Bispeira
Sever do Vouga
Granja
Castelões
Vila Fria
Rocas do Vouga
Romezal
Presas
Parada
Reguengo
Silva Escura
Folharido
Vilarinho
Fradelos
Gândara
Cristelo
Carvalhal
Busturenga
Rendo
Pessegueiro do Vouga
Vila Nova de Fusos
Vale Maior
Mouquim
Albergaria-a-Velha
Angeja
Loureiro
S.Marcos
Frossos
Soutelo
Moutedo
Macinhata do Vouga
Lamas do Vouga
Valongo do Vouga
Arrancada do Vouga
Mourisca do Vouga
Paus
Fial
Loure
Salgueiral
Amial
Pedaçães
Alquerubim
Pinheiro
Segadães
Trofa
Fontinha
Requeixo
Travassô
Óis da Ribeira
Oronhe
Águeda
Espinhel
Recardães
Borralha
Vale Grande
Barrô
Aguada de Cima
Aguada de Baixo
Oliveira do Bairro
Sangalhos
Avelãs de Caminho
Avelãs de Cima
Candeeira
Ancas
Levira
Mogofores
Arcos
S.Lourenço do Bairro
Óis do Bairro
Moita
Vale de Boi
Termas do Vale da Mó
Saide
Vila Pouca
Palheiros de Bº
Felgueira
S.Joaninho
Fontemanha
Laceiras
Eirigo
Mortazel
Truta de Baixo
Paredes
Alagoa 694
Serra do Caramulo
Caramulo 1075
Barreiro de Besteiros
Jueus
Múceres
Coelhoso
Molelos
Cortiçada
Corveira
Tourigo
Vale
Borralhal
Vale do Porco
Pousadas
Figueira
Pereiro
Boialvo
Sobreira
Bustelo
Forcada
Belazaima do Chão
Mosteirinho
Almofala
Teixo
Castelo
Freimoninho
Guistola
Agadão
Falgorosa
Alvarim
S.Martinho
Redonda
Castanheira do Vouga
Bolfiar
Falgoselhe
Manções
Daires
Dornas
Bezerreira
Caramulo
Guardão
Santiago de Besteiros
Lourosa
Campo de Besteiros
Castelões
Ribeira
Várzea
Carvalhal
Belazeima
S.João do Monte
Varzielas
Giesteira
Gravanço
Macoida
Casal
Macieira de Alcôba
Préstimo
Salgueiro
Lourizela
A dos Ferreiros de Cima
Termas de Entre-os-Rios
Barragem de Torrão
Luzim
Abragão
Boelhe
Paredes
Sobreira
Oldrões
Galegos
Valpedre
Lagares
São Julião
Figueira
Pinheiro
Capela
Carbuelo
Ameixede
Eja
Rio de Moinhos
Magrelos
Travassos
Várzea do Douro
Vilar
Canelas
Moreira
Cancelos
Sebolido
Stª Maria de Sardoura
S.Martinho de Sardoura
Perondo
Lavercos
Melres
Vilarinho
Branzelo
416 Santa Iria
Lomba
Medas
Foz do Sousa
Sernande
Covelo
Jovim
Escoura
Aguiar de Sousa
Alvre
Zebreiros
Esposade
Levirinho
Vila Cova
Sobreda
Vila Maior
Valcova
Lousada
Corga
Perseguerio
Serralva
Vila Boa do Bispo
Rosem
Manhuncelos
Paredes de Viadores
Penha Longa
Favões
Ariz
Sande
S.Lourenço do Douro
Matos
Espadanedo
Souselo
Saimes
Tarouquela
Valbom
Fandinhães
Paços de Gaiolo
São Cristóvão de Nogueira
Vilar do Peso
Rio de Galinhas
Soalhães
Ingilde
Amarelhe
Covelas
Corvoo
Cárquere
Felgueiras
Rossas
Cotelo
Campo Benfeito
Rossão
Carvalhosa
Picão
Codeçais
Salvariz
Reriz
Gafanhão
Sequeiros
Deilão
Ameixiosa
Pepim
S.Martinho das Moitas
Mosteiro
Rompecilha
Ribolhos
Macieira
Pesos
Ervilhal
Souto
Aldeia
Fujaco
Adopisco
Alva
Sul
Outeiro
Fermontelos
Oliveira
Figueiredo de Alva
Ladreda
Pindelo dos Milagres
Casal
Cela
Termas de S.Pedro do Sul
Lamego
Guarda
Viseu
Coimbra
Braga
A1-IP1
A29-IC1
A25-IP4
A24-IP3
E-80
E-801
IP3
IC2
IC-25

VILA REAL
Peso da Régua
Lamego
Nossa Senhora dos Remédios
Armamar
Tabuaço
ALTO DOURO
São João da Pesqueira
Resende
Tarouca
SERRA DE BIGORNE
SERRA DE LEOMIL
Moimenta da Beira
Penedono
SERRA DO SAMPAIO
Castro Daire
Vila Nova de Paiva
Sernancelhe
SERRA DO PEREIRO
SERRA DA LAPA
BEIRA ALTA
Aguiar da Beira
Sátão
Trancoso
Viseu
Penalva do Castelo
Mangualde
Fornos de Algodres
Celorico da Beira
Nelas
Canas de Senhorim
Gouveia
Parque Natural da Serra da Estrela

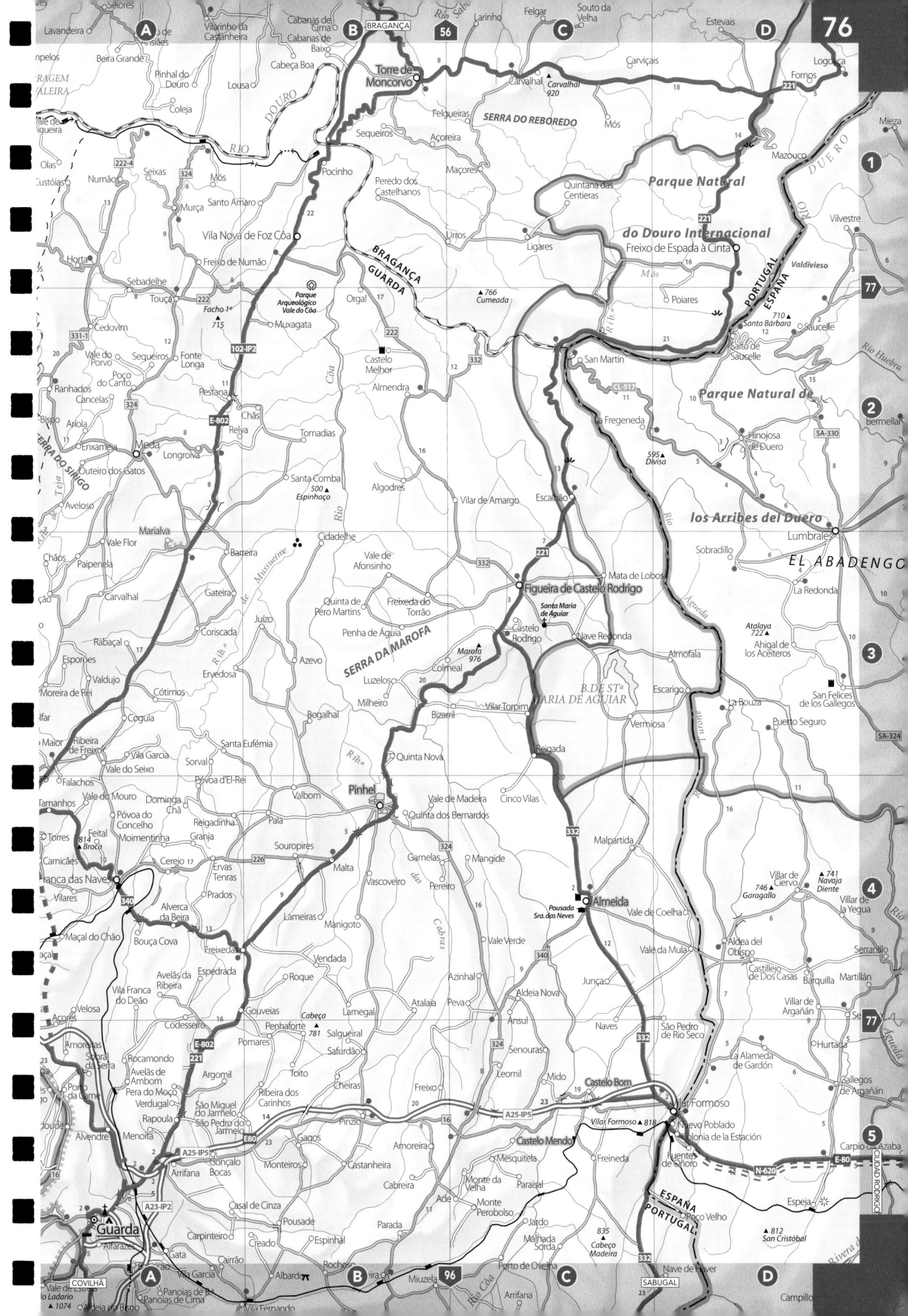
A
B
C
D
BRAGANÇA
56
Torre de Moncorvo
Carvalhal
Carvalhal 920
Carviçais
Fornos
Logoaça
SERRA DO REBOREDO
Felgueiras
Açoreira
Sequeiros
Lousa
Cabeça Boa
Pinhal do Douro
Beira Grande
Lavandeira
Cabanas de Cima
Cabanas de Baixo
Larinho
Felgar
Souto da Velha
Estevais
Mós
Maçores
Mazouco
Mieza
Pocinho
Peredo dos Castelhanos
Quintana das Centieras
Parque Natural do Douro Internacional
Freixo de Espada à Cinta
Poiares
Ligares
Urros
Vila Nova de Foz Côa
Numão
Seixas
Murça
Santo Amaro
Freixo de Numão
Horta
Sebadelhe
Touça
Parque Arqueológico Vale do Côa
Orgal
BRAGANÇA
GUARDA
766 Cumeada
PORTUGAL
ESPAÑA
Vilvestre
Valdivieso
Santa Bárbara
Saucelle
Salto de Saucelle
San Martín
CL-517
Parque Natural de los Arribes del Duero
La Fregeneda
Hinojosa de Duero
Bermellar
595 Divisa
Lumbrales
EL ABADENGO
Sobradillo
La Redonda
Cedovim
Muxagata
Castelo Melhor
Almendra
Vale do Porvo
Sequeiros
Fonte Longa
Poço do Canto
Ranhados
Cancelas
Pestana
Chãs
Relva
Tomadias
Meda
Longroiva
Ariola
Enxameia
Outeiro dos Gatos
SERRA DO SIRIGO
Aveloso
Santa Comba
500 Espinhaço
Algodres
Vilar de Amargo
Escalhão
Marialva
Vale Flor
Barreira
Cidadelhe
Vale de Afonsinho
Mata de Lobos
Figueira de Castelo Rodrigo
Santa Maria de Aguiar
Castelo Rodrigo
Nave Redonda
Chãos
Paipenela
Gateira
Carvalhal
Quinta de Pero Martins
Freixeda do Torrão
Penha de Águia
SERRA DA MAROFA
Marofa 976
Colmeal
Juízo
Rabaçal
Coriscada
Esporões
Valdujo
Erverdosa
Azevo
Luzelos
Milheiro
Atalaya 722
Ahigal de los Aceiteros
Almofala
Escarigo
B. DE STª MARIA DE AGUIAR
Vilar Torpim
Bizarril
La Bouza
San Felices de los Gallegos
Puerto Seguro
Vermiosa
Moreira de Rei
Cótimos
Cogula
Bogalhal
Ribeira de Freixo
Vila Garcia
Santa Eufémia
Vale do Seixo
Sorval
Reigada
Quinta Nova
Falachos
Póvoa d'El-Rei
Tamanhos
Vale do Mouro
Dominga Chã
Valbom
Pinhel
Vale de Madeira
Cinco Vilas
Quinta dos Bernardos
Póvoa do Concelho
Reigadinha
Pala
Torres
Feital
814 Broca
Moimentinha
Granja
Carnicães
Cerejo
Ervas Tenras
Souropires
Malta
Gamelas
Mangide
Malpartida
Trancoso
França das Naves
Vilares
Prados
Vascoveiro
Pereiro
Villar de Ciervo
746 Garagallo
741 Navaja Diente
Almeida
Pousada Sra. das Neves
Vale de Coelha
Villar de la Yegua
Alverca da Beira
Lameiras
Manigoto
Maçal do Chão
Bouça Cova
Freixeda
Vale Verde
Vendada
Vale da Mula
Aldea del Obispo
Serranillo
Castillejo de Dos Casas
Barquilla
Martillán
Avelãs da Ribeira
Espedrada
Roque
Azinhal
Junça
Aldeia Nova
Vila Franca do Deão
Velosa
Açores
Gouveias
Cabeça 781
Lamegal
Atalaia
Peva
Ansul
Naves
São Pedro de Rio Seco
Villar de Argañán
Codesseiro
Penhaforte
Salgueiral
Pomares
Safurdão
Hurtada
Amoreiras
Sobral da Serra
Rocamondo
Avelãs de Ambom
Argomil
Toito
Senouras
Leomil
La Alameda de Gardón
Porto da Carne
Pera do Moço
Verdugal
Cheiras
Freixo
Mido
Castelo Bom
Gallegos de Argañán
Rapoula
São Miguel do Jarmelo
São Pedro do Jarmelo
Ribeira dos Carinhos
Pinzio
Vilar Formoso
Vilar Formoso 818
Nuevo Poblado
Colonia de la Estación
Alvendre
Menoita
Gagos
Amoreira
Castelo Mendo
Fuentes de Oñoro
Carpio de Azaba
Arrifana
Gonçalo Bocas
Monteiros
Castanheira
Mesquitela
Freineda
Cabreira
Monte da Velha
Paraisal
Ade
Monte Perobolso
Espeja
Casal de Cinza
Guarda
Pousade
Parada
Jardo
Poço Velho
812 San Cristóbal
Alfarazes
Carpinteiro
Creado
Espinhal
Malhada Sorda
835 Cabeço Madeira
Gata
Cairrão
Vila Garcia
Albardo
Rochoso
Miuzela
96
Porto de Ovelha
Nave de Haver
Panoias de Cima
Vila Fernando
Arrifana
Campillo
Aldeia do Bispo
COVILHÃ
SABUGAL
CIUDAD RODRIGO
Vale de Ladario
1074
DOURO
RIO
Rio Huebra
Águeda
Turones
Côa
Rio Côa
A25-IP5
A23-IP2
E-802
E-80
E80
N-620
102-IP2
221
222
324
332
340
SA-330
SA-324
77
1
2
3
4
5

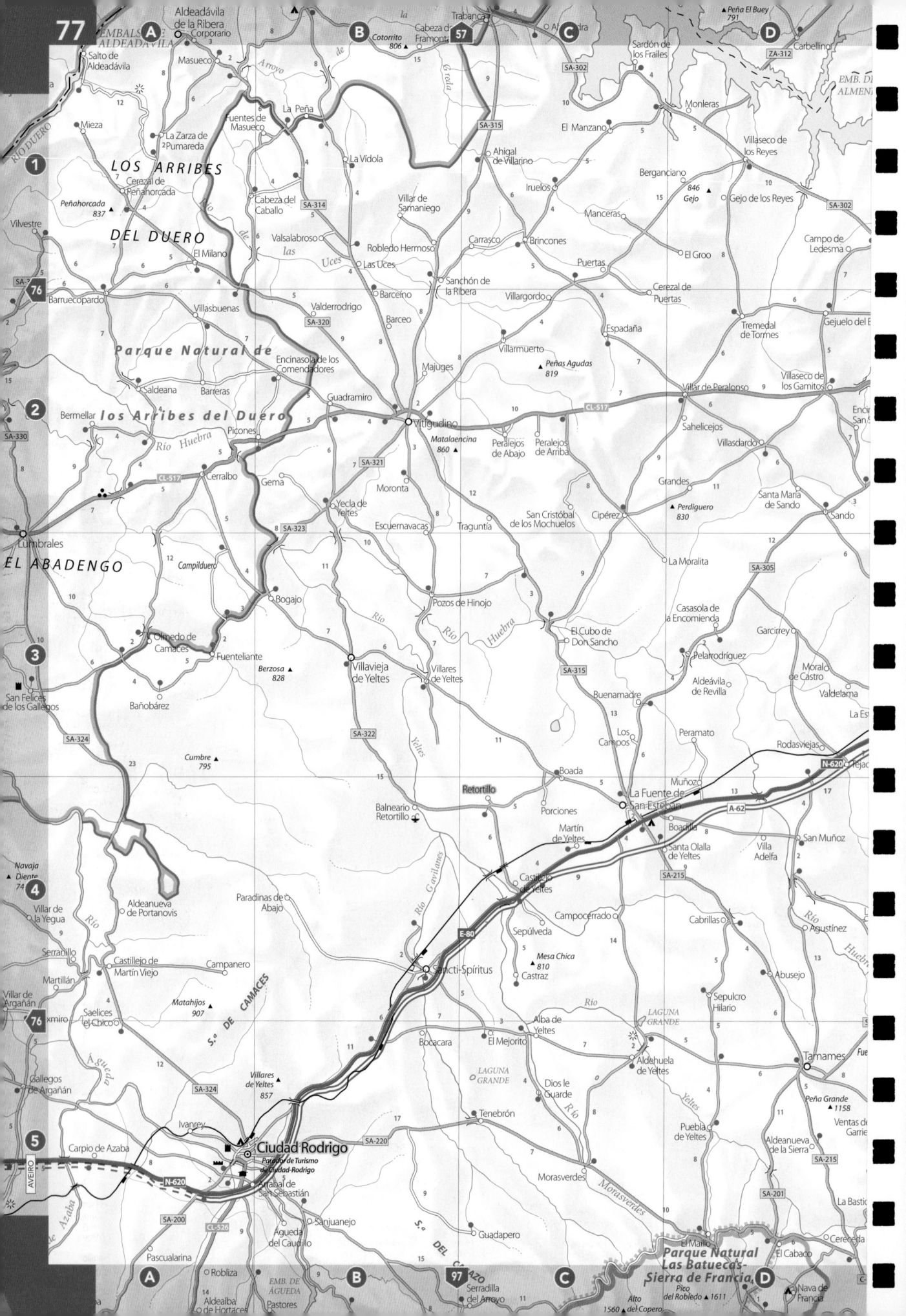
A
B
C
D
1
2
3
4
5
Aldeadávila de la Ribera
Corporario
Embalse de Aldeadávila
Salto de Aldeadávila
Masueco
Trabanca
Cabeza de Framontanos
Cotorrito 806
Peña El Buey 791
Sardón de los Frailes
Carbellino
ZA-312
SA-302
Emb. de Almendra
Río Duero
Mieza
La Zarza de Pumareda
La Peña
Fuentes de Masueco
Arroyo de la Greda
SA-315
Monleras
El Manzano
Villaseco de los Reyes
LOS ARRIBES DEL DUERO
Cerezal de Peñahorcada
Peñahorcada 837
La Vídola
Ahigal de Villarino
Bergancíano
846 Gejo
Gejo de los Reyes
Iruelos
Cabeza del Caballo
SA-314
Villar de Samaniego
Manceras
Vilvestre
Valsalabroso
Carrasco
Brincones
Campo de Ledesma
El Milano
Río de las Uces
Robledo Hermoso
Las Uces
El Groo
Puertas
76
Barruecopardo
Sanchón de la Ribera
Barceíno
Villargordo
Cerezal de Puertas
Villasbuenas
Valderrodrigo
SA-320
Barceo
Espadaña
Tremedal de Tormes
Gejuelo del Barro
Parque Natural de los Arribes del Duero
Villarmuerto
Peñas Agudas 819
Encinasola de los Comendadores
Majuges
Saldeana
Barreras
Villaseco de los Gamitos
Villar de Peralonso
Guadramiro
CL-517
Bermellar
Vitigudino
Picones
Sahelicejos
SA-330
Río Huebra
Matalaencina 860
Peralejos de Abajo
Peralejos de Arriba
Villasdardo
Cerralbo
SA-321
Gema
Moronta
Grandes
Santa María de Sando
Yecla de Yeltes
San Cristóbal de los Mochuelos
Cipérez
Perdiguero 830
Sando
Lumbrales
SA-323
Escuernavacas
Traguntía
EL ABADENGO
Campilduero
La Moralita
SA-305
Bogajo
Pozos de Hinojo
Casasola de la Encomienda
Río Huebra
El Cubo de Don Sancho
Garcirrey
Olmedo de Camaces
Fuenteliante
Pelarrodríguez
Berzosa 828
Villavieja de Yeltes
Villares de Yeltes
SA-315
Moral de Castro
San Felices de los Gallegos
Aldeávila de Revilla
Bañobárez
Valdelama
Buenamadre
Los Campos
Peramato
SA-324
SA-322
Yeltes
Cumbre 795
Rodasviejas
Boada
N-620
Muñoz
Retortillo
La Fuente de San Esteban
Balneario Retortillo
Porciones
A-62
Boadilla
San Muñoz
Navaja Diente
Martín de Yeltes
Santa Olalla de Yeltes
Villa Adelfa
SA-215
Castillejo de Yeltes
Aldeanueva de Portanovis
Paradinas de Abajo
Río Gavilanes
Campocerrado
Cabrillas
Agustínez
Villar de la Yegua
E-80
Sepúlveda
Río Huebra
Serranillo
Castillejo de Martín Viejo
Campanero
Mesa Chica 810
Castraz
Sancti-Spíritus
Abusejo
Martillán
Villar de Argañán
Sª de Camaces
Matahíjos 907
Sepulcro Hilario
Río
Laguna Grande
Saelices el Chico
Alba de Yeltes
Bocacara
El Mejorito
Aldehuela de Yeltes
Tamames
Águeda
Villares de Yeltes 857
Laguna Grande
Dios le Guarde
Río Yeltes
Peña Grande 1158
Gallegos de Argañán
SA-324
Tenebrón
Ivanrey
Puebla de Yeltes
Ventas de Garriel
Carpio de Azaba
Ciudad Rodrigo
SA-220
Aldeanueva de la Sierra
Parador de Turismo de Ciudad-Rodrigo
SA-215
Aveiro
N-620
Arrabal de San Sebastián
Morasverdes
SA-201
Río Azaba
SA-200
CL-526
Sª del Guadapero
Sanjuanejo
Águeda del Caudillo
Guadapero
La Bastida
El Maíllo
Cereceda
Pascualarina
Parque Natural Las Batuecas-Sierra de Francia
El Cabaco
Robliza
Emb. de Águeda
97
Serradilla del Arroyo
Pico del Robledo 1611
Alto del Copero 1560
Nava de Francia
Aldealba de Hortaces
Pastores

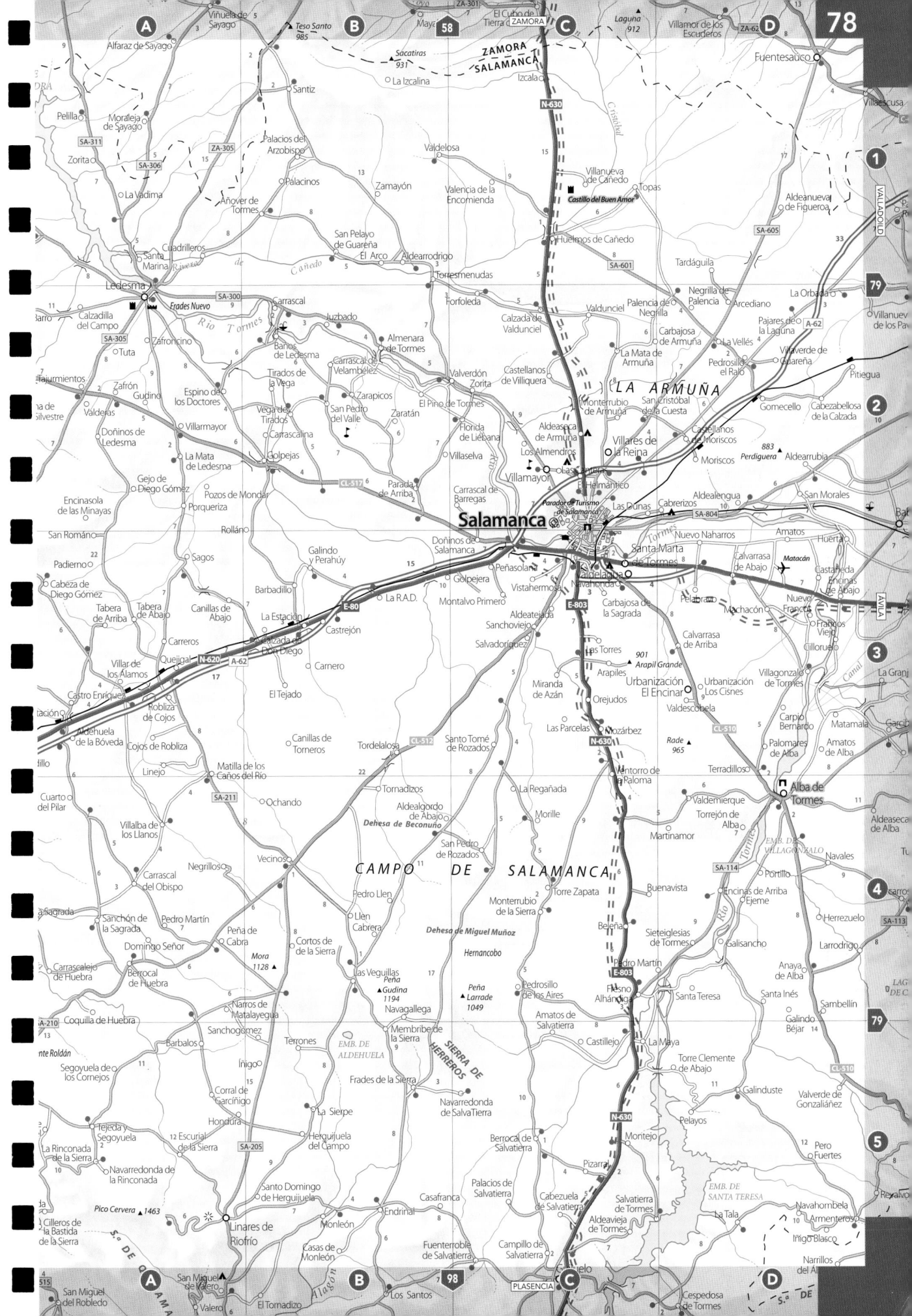
ZAMORA
SALAMANCA
Viñuela de Sayago
Teso Santo 985
El Cubo de Tierra del Vino
ZAMORA
Laguna 912
Villamor de los Escuderos
Alfaraz de Sayago
Sacatiras 931
La Izcalina
Izcala
Fuentesaúco
Santiz
Villaescusa
Pelilla
Moraleja de Sayago
Palacios del Arzobispo
Valdelosa
Zorita
La Vadima
Palacinos
Zamayón
Valencia de la Encomienda
Villanueva de Cañedo
Topas
Castillo del Buen Amor
Aldeanueva de Figueroa
Añover de Tormes
San Pelayo de Guareña
El Arco
Aldearrodrigo
Huelmos de Cañedo
Cuadrilleros
Santa Marina
Río Cañedo
Torresmenudas
Tardáguila
Ledesma
Frades Nuevo
Carrascal
Forfoleda
Valdunciel
Palencia de Negrilla
Negrilla de Palencia
Arcediano
La Orbada
Villanueva de los Pavones
Calzadilla del Campo
Juzbado
Calzada de Valdunciel
Carbajosa de Armuña
La Vellés
Pajares de la Laguna
Tuta
Zafroncino
Río Tormes
Baños de Ledesma
Almenara de Tormes
La Mata de Armuña
Villaverde de Guareña
Pedrosillo el Ralo
Pitiegua
Tajurmientos
Carrascal de Velambélez
Tirados de la Vega
Valverdón
Zorita
Castellanos de Villiquera
LA ARMUÑA
Zafrón
Gudino
Espino de los Doctores
Zarapicos
Monterrubio de Armuña
San Cristóbal de la Cuesta
Gomecello
Cabezabellosa de la Calzada
Valderas
Vega de Tirados
San Pedro del Valle
Zaratán
El Pino de Tormes
Doñinos de Ledesma
Villarmayor
Carrascalina
Florida de Liébana
Aldeaseca de Armuña
Castellanos de Moriscos
Villares de la Reina
Moriscos
Perdiguera 883
Aldearrubia
La Mata de Ledesma
Golpejas
Villaselva
Los Almendros
Las Canteras
Villamayor
Gejo de Diego Gómez
CL-517
Parada de Arriba
El Helmántico
Aldealengua
San Morales
Encinasola de las Minayas
Pozos de Mondar
Porqueriza
Carrascal de Barregas
Parador de Turismo de Salamanca
Las Dunas
Cabrerizos
SA-804
Salamanca
Rollán
Nuevo Naharros
Amatos
Huerta
San Román
Doñinos de Salamanca
Galindo y Perahúy
Santa Marta de Tormes
Padierno
Sagos
Peñasolana
Calvarrasa de Abajo
Matacán
Castañeda
Encinas de Abajo
Cabeza de Diego Gómez
Barbadillo
Golpejera
Valdelagua
Navahonda
Vistahermosa
Pelabravo
Machacón
Nuevo Francos
ÁVILA
Tabera de Arriba
Tabera de Abajo
Canillas de Abajo
La Estación
La R.A.D.
Montalvo Primero
Aldeatejada
Carbajosa de la Sagrada
E-80
E-803
Castrejón
Sanchoviejo
Calvarrasa de Arriba
Francos Viejo
Carreros
Calzada de Don Diego
Salvadoríquez
Las Torres
Arapil Grande 901
Cilloruelo
Villar de los Álamos
Quejigal
N-620
A-62
Carnero
Arapiles
Villagonzalo de Tormes
Castro Enríquez
El Tejado
Miranda de Azán
Urbanización El Encinar
Urbanización Los Cisnes
Orejudos
Valdescobela
Robliza de Cojos
Carpio Bernardo
Matamala
Aldehuela de la Bóveda
Canillas de Torneros
Tordelalosa
CL-512
Santo Tomé de Rozados
Las Parcelas
Mozárbez
Rade 965
Palomares de Alba
Amatos de Alba
Cojos de Robliza
N-630
Linejo
Matilla de los Caños del Río
Ventorro de la Paloma
Terradillos
Cuarto del Pilar
Tornadizos
La Regañada
Valdemierque
Alba de Tormes
Ochando
SA-211
Aldealgordo de Abajo
Dehesa de Beconuño
Morille
Torrejón de Alba
Aldeaseca de Alba
Villalba de los Llanos
San Pedro de Rozados
Martinamor
EMB. DE VILLAGONZALO
Navales
Negrillos
Vecinos
CAMPO DE SALAMANCA
SA-114
Portillo
Carrascal del Obispo
Pedro Llen
Monterrubio de la Sierra
Torre Zapata
Buenavista
Encinas de Arriba
Ejeme
Sanchón de la Sagrada
Pedro Martín
Llen Cabrera
Dehesa de Miguel Muñoz
Beleña
Sieteiglesias de Tormes
Herrezuelo
SA-113
Peña de Cabra
Cortos de la Sierra
Galisancho
Domingo Señor
Hernancobo
Larrodrigo
Mora 1128
Pedro Martín
Carrascalejo de Huebra
Berrocal de Huebra
Las Veguillas
Peña Gudina 1194
Peña Larrade 1049
Pedrosillo de los Aires
Anaya de Alba
Fresno Alhándiga
Santa Teresa
Santa Inés
Sambellín
Narros de Matalayegua
Navagallega
Amatos de Salvatierra
Galindo Béjar
SA-210
Coquilla de Huebra
Sanchogómez
Membribe de la Sierra
Castillejo
La Maya
Barbalos
Terrones
EMB. DE ALDEHUELA
SIERRA DE HERREROS
Monte Roldán
Segoyuela de los Cornejos
Íñigo
Torre Clemente de Abajo
Frades de la Sierra
Corral de Garcíñigo
Galindoste
Valverde de Gonzaliáñez
CL-510
Navarredonda de Salvatierra
Hondura
Tejeda y Segoyuela
Escurial de la Sierra
Herguijuela del Campo
Berrocal de Salvatierra
Pelayos
Montejo
La Rinconada de la Sierra
SA-205
Pero Fuertes
Navarredonda de la Rinconada
Pizarral
Santo Domingo de Herguijuela
Palacios de Salvatierra
Cabezuela de Salvatierra
Salvatierra de Tormes
EMB. DE SANTA TERESA
Casafranca
Endrinal
Navahombela
Armenteros
Pico Cervera 1463
Linares de Riofrío
La Tala
Cilleros de la Bastida
Monleón
Aldeavieja de Tormes
Íñigo Blasco
Casas de Monleón
Fuenterroble de Salvatierra
Campillo de Salvatierra
Narrillos del Álamo
San Miguel de Valero
Guijuelo
PLASENCIA
San Miguel del Robledo
Valero
El Tornadizo
Los Santos
Cespedosa de Tormes
Río Alagón
Sª DE QUILAMA
Sª DE
A
B
C
D
58
98
79
VALLADOLID
SA-300
SA-305
SA-311
SA-306
ZA-305
SA-601
SA-605
A-62
CL-510

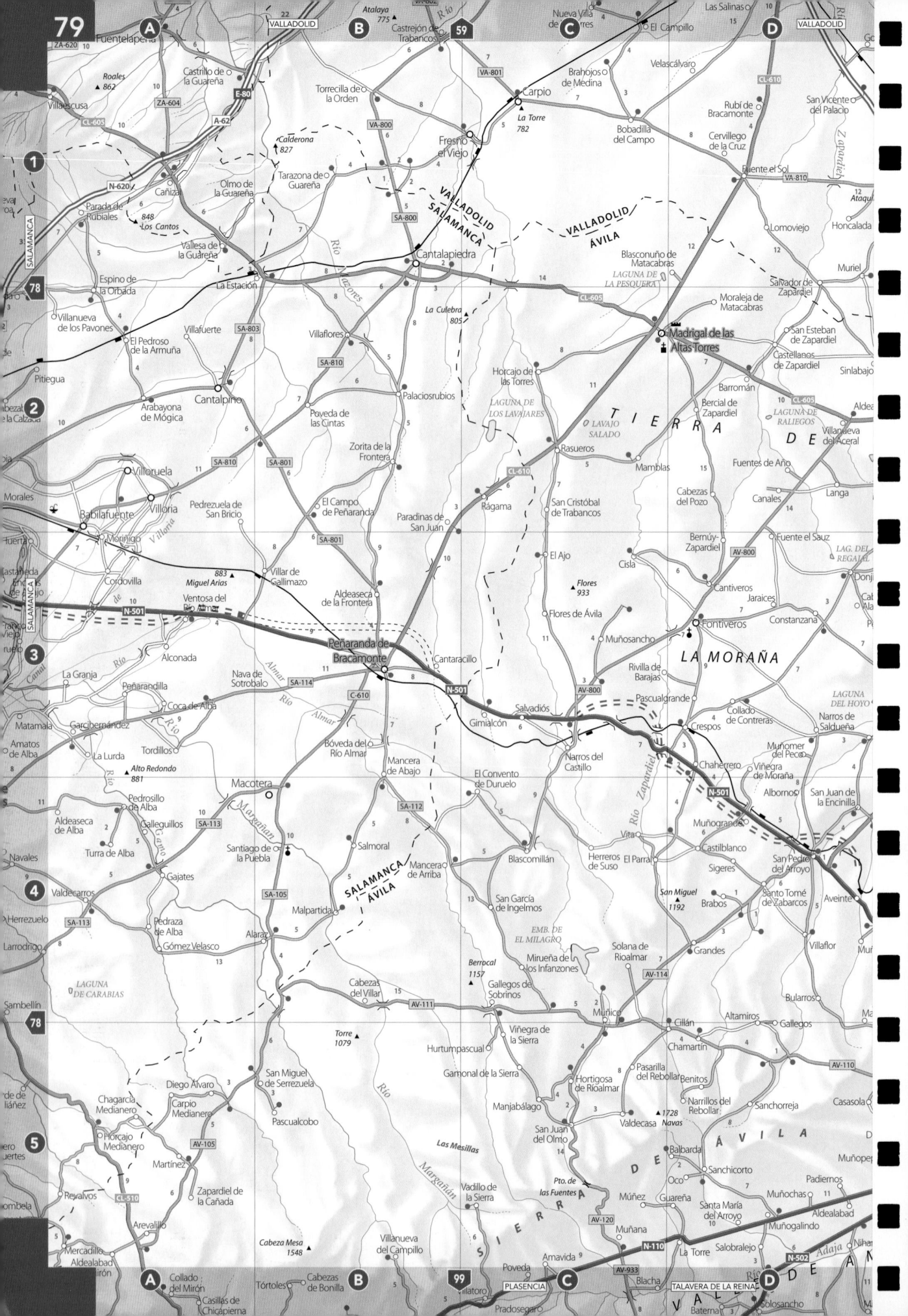
Fuentelapeña
Castrillo de la Guareña
Villaescusa
Roales 862
Calderona 827
Torrecilla de la Orden
Castrejón de Trabancos
Atalaya 775
Nueva Villa de las Torres
El Campillo
Las Salinas
Brahojos de Medina
Carpio
La Torre 782
Velascálvaro
Fresno el Viejo
Bobadilla del Campo
Rubí de Bracamonte
San Vicente del Palacio
Cervillego de la Cruz
Fuente el Sol
Tarazona de Guareña
Olmo de la Guareña
Cañizal
Parada de Rubiales
848 Los Cantos
VALLADOLID SALAMANCA
VALLADOLID ÁVILA
Lomoviejo
Honcalada
Vallesa de la Guareña
Cantalapiedra
Blasconuño de Matacabras
Laguna de la Pesquera
Muriel
Espino de la Orbada
La Estación
Salvador de Zapardiel
Villanueva de los Pavones
La Culebra 805
Moraleja de Matacabras
El Pedroso de la Armuña
Villafuerte
Villaflores
Madrigal de las Altas Torres
San Esteban de Zapardiel
Castellanos de Zapardiel
Pitiegua
Horcajo de las Torres
Sinlabajos
Barromán
Cantalpino
Palaciosrubios
Arabayona de Mógica
Poveda de las Cintas
Laguna de los Lavajares
Bercial de Zapardiel
Laguna de Raliegos
TIERRA DE
Lavajo Salado
Villanueva del Aceral
Zorita de la Frontera
Rasueros
Mamblas
Fuentes de Año
Villoruela
Villoria
Pedrezuela de San Bricio
Morales
Babilafuente
Moriñigo
El Campo de Peñaranda
Rágama
Paradinas de San Juan
San Cristóbal de Trabancos
Cabezas del Pozo
Canales
Langa
Bernúy-Zapardiel
Fuente el Sauz
Lag. del Regajal
Cordovilla
883 Miguel Arias
Villar de Gallimazo
El Ajo
Cisla
Flores 933
Cantiveros
Jaraíces
Constanzana
Aldeaseca de la Frontera
Ventosa del Río Almar
Flores de Ávila
Fontiveros
Muñosancho
Peñaranda de Bracamonte
Cantaracillo
Alconada
LA MORAÑA
Rivilla de Barajas
La Granja
Nava de Sotrobal
Peñarandilla
Coca de Alba
Pascualgrande
Laguna del Hoyo
Salvadiós
Gimialcón
Collado de Contreras
Narros de Saldueña
Matamala
Garcihernández
Crespos
Amatos de Alba
La Lurda
Tordillos
Bóveda del Río Almar
Narros del Castillo
Muñomer del Peco
Alto Redondo 881
Mancera de Abajo
Chaherrero
Viñegra de Moraña
Macotera
El Convento de Duruelo
Albornos
San Juan de la Encinilla
Pedrosillo de Alba
Aldeaseca de Alba
Galleguillos
Muñogrande
Santiago de la Puebla
Salmoral
Vita
Castilblanco
Turra de Alba
Navales
Mancera de Arriba
Blascomillán
Herreros de Suso
El Parral
Sigeres
San Pedro del Arroyo
Gajates
Valdecarros
SALAMANCA ÁVILA
San Miguel 1192
Brabos
Santo Tomé de Zabarcos
Aveinte
Herrezuelo
Malpartida
San García de Ingelmos
Pedraza de Alba
Alaraz
Emb. de El Milagro
Villaflor
Larrodrigo
Gómez Velasco
Solana de Rioalmar
Grandes
Berrocal 1157
Mirueña de los Infanzones
Laguna de Carabias
Cabezas del Villar
Gallegos de Sobrinos
Bularros
Sambellín
Muñico
Cillán
Altamiros
Gallegos
Torre 1079
Viñegra de la Sierra
Hurtumpascual
Chamartín
Gamonal de la Sierra
Pasarilla del Rebollar
Benitos
San Miguel de Serrezuela
Hortigosa de Rioalmar
Diego Álvaro
Chagarcía Medianero
Carpio Medianero
Manjabálago
Narrillos del Rebollar
Sanchorreja
Casasola
Pascualcobo
Valdecasa
1728 Navas
Horcajo Medianero
San Juan del Olmo
SIERRA DE ÁVILA
Las Mesillas
Balbarda
Martínez
Sanchicorto
Muñopepe
Oco
Zapardiel de la Cañada
Pto. de las Fuentes
Padiernos
Vadillo de la Sierra
Múñez
Guareña
Muñochas
Revalvos
Santa María del Arroyo
Aldealabad
Arevalillo
Muñana
Muñogalindo
Mercadillo
Cabeza Mesa 1548
Villanueva del Campillo
La Torre
Salobralejo
Aldealabad del Mirón
Amavida
Poveda
Collado del Mirón
Casillas de Chicapierna
Tórtoles
Cabezas de Bonilla
Villatoro
Pradosegar
Blacha
Baterna
Solosancho
VALLE DE AMBLÉS
VALLADOLID
PLASENCIA
TALAVERA DE LA REINA
SALAMANCA
Río Guareña
Río Mazores
Río Almar
Río Zapardiel
Río Margañán
Río Gamo
Río Adaja
Zapardiel
Canal
59
78
99
A B C D
1 2 3 4 5
N-620 A-62 E-80 CL-605 CL-610 N-501 N-110 N-502 SA-114 SA-810 SA-801 SA-803 SA-800 SA-113 SA-105 SA-112 C-610 AV-800 AV-114 AV-111 AV-110 AV-105 AV-120 AV-933 CL-510 VA-800 VA-801 VA-810 ZA-604 ZA-620

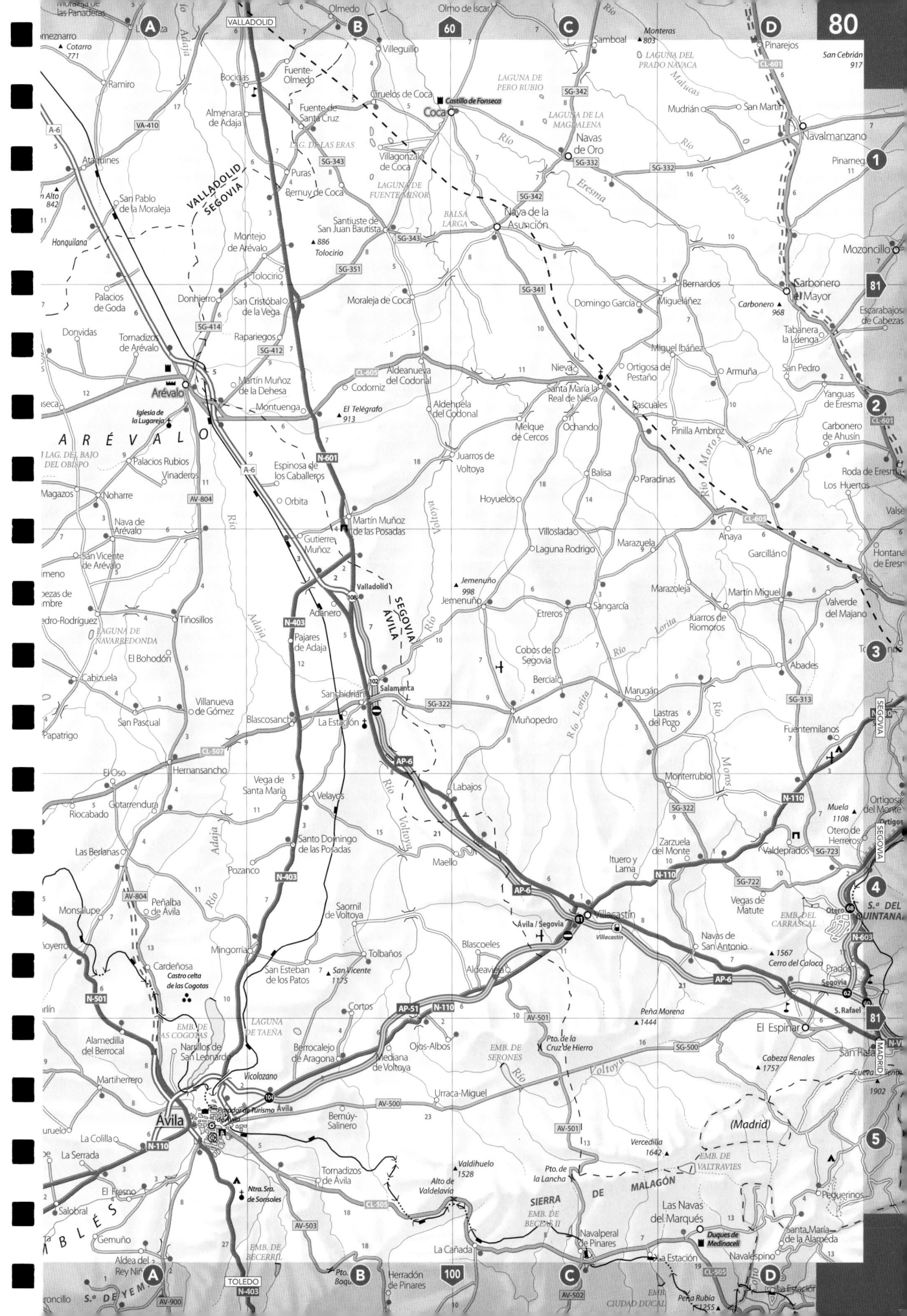
A
B
C
D
VALLADOLID
60
Olmedo
Olmo de Íscar
Samboal
Monteras 803
Pinarejos
San Cebrián 917
Cotarro 771
Ramiro
Villeguillo
Fuente-Olmedo
Bocigas
Almenara de Adaja
Fuente de Santa Cruz
Ciruelos de Coca
Coca
Castillo de Fonseca
LAGUNA DEL PRADO NAVACA
LAGUNA DE PERO RUBIO
LAGUNA DE LA MAGDALENA
Navas de Oro
Mudrián
San Martín
Navalmanzano
Pinarnegrillo
Ataquines
Puras
Villagonzalo de Coca
LAG. DE LAS ERAS
LAGUNA DE FUENTE MIÑOR
Bernuy de Coca
VALLADOLID
SEGOVIA
San Pablo de la Moraleja
Honquilana
Santiuste de San Juan Bautista
BALSA LARGA
Nava de la Asunción
Montejo de Arévalo
886 Tolocirio
Tolocirio
Mozoncillo
Palacios de Goda
Donhierro
San Cristóbal de la Vega
Moraleja de Coca
Bernardos
Domingo García
Migueláñez
Carbonero el Mayor
Carbonero 968
Escarabajosa de Cabezas
Donvidas
Tornadizos de Arévalo
Rapariegos
Tabanera la Luenga
Miguel Ibáñez
Aldeanueva del Codonal
Nieva
Ortigosa de Pestaño
Armuña
San Pedro
Martín Muñoz de la Dehesa
Codorniz
Arévalo
Santa María la Real de Nieva
Yanguas de Eresma
Montuenga
El Telégrafo 913
Aldehuela del Codonal
Pascuales
Iglesia de la Lugareja
Melque de Cercos
Ochando
Pinilla Ambroz
Carbonero de Ahusín
ARÉVALO
LAG. DEL BAJO DEL OBISPO
Palacios Rubios
Vinaderos
Espinosa de los Caballeros
Juarros de Voltoya
Balisa
Paradinas
Añe
Roda de Eresma
Los Huertos
Magazos
Noharre
Orbita
Hoyuelos
Nava de Arévalo
Martín Muñoz de las Posadas
Villosladao
Anaya
San Vicente de Arévalo
Gutierre Muñoz
Laguna Rodrigo
Marazuela
Garcillán
Hontanares de Eresma
Jemenuño 998
Valladolid
SEGOVIA
ÁVILA
Jemenuño
Etreros
Sangarcía
Marazoleja
Martín Miguel
Valverde del Majano
Pedro-Rodríguez
LAGUNA DE NAVARREDONDA
Tiñosillos
Adanero
Pajares de Adaja
Juarros de Riomoros
El Bohodón
Cobos de Segovia
Abades
Cabizuela
Bercial
Salamanca
Sanchidrián
Marugán
Villanueva de Gómez
Blascosancho
La Estación
Muñopedro
Lastras del Pozo
Fuentemilanos
San Pascual
Papatrigo
El Oso
Hernansancho
Vega de Santa María
Labajos
Monterrubio
Riocabado
Gotarrendura
Velayos
Muela 1108
Ortigosa del Monte
Otero de Herreros
Las Berlanas
Santo Domingo de las Posadas
Maello
Zarzuela del Monte
Valdeprados
Itero y Lama
Pozanco
Peñalba de Ávila
Monsalupe
Saornil de Voltoya
Villacastín
Ávila / Segovia
Vegas de Matute
EMB. DEL CARRASCAL
Otero
S.ª DEL QUINTANAR
Mingorría
Blascoeles
Cardeñosa
Castro celta de las Cogotas
Tolbaños
Navas de San Antonio
1567 Cerro del Caloco
San Esteban de los Patos
San Vicente 1175
Aldeavieja
Prados
Segovia
S. Rafael
Cortos
LAGUNA DE TAEÑA
EMB. DE LAS COGOTAS
Peña Morena 1444
Pto. de la Cruz de Hierro
El Espinar
Alamedilla del Berrocal
Narrillos de San Leonardo
Berrocalejo de Aragona
Mediana de Voltoya
Ojos-Albos
EMB. DE SERONES
Cabeza Renales 1757
San Rafael
Vicolozano
Martiherrero
Urraca-Miguel
Ávila
Parador de Turismo de Ávila
Bernúy-Salinero
(Madrid)
La Colilla
Vercedilla 1642
La Serrada
Tornadizos de Ávila
Valdihuelo 1528
Pto. de la Lancha
EMB. DE VALTRAVIES
Ntra. Sra. de Sonsoles
El Fresno
Alto de Valdelavía
SIERRA DE MALAGÓN
Peguerinos
Salobral
Las Navas del Marqués
Duques de Medinaceli
EMB. DE BECEAS II
Navalperal de Pinares
Santa María de la Alameda
Gemuño
EMB. DE BECERRIL
La Cañada
La Estación
Navalespino
Aldea del Rey Niño
Herradón de Pinares
TOLEDO
100
S.ª DE YEMAS
Pto. Boqu
EMB. CIUDAD DUCAL
Peña Rubia 1255
MADRID
SEGOVIA
1
2
3
4
5
81

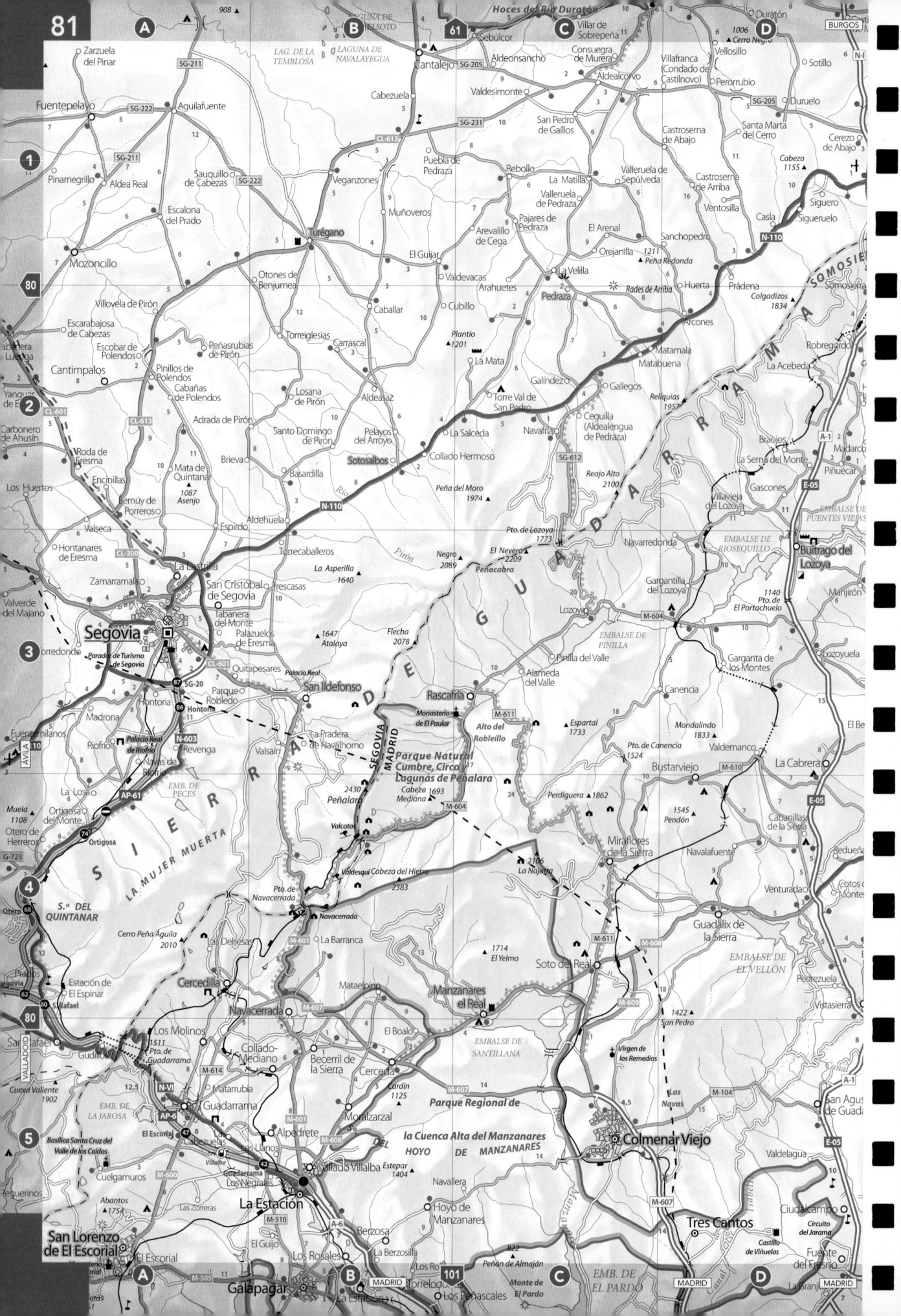
A
B
C
D
1
2
3
4
5
Hoces del Río Duratón
Villar de Sobrepeña
Duratón
BURGOS
Sebúlcor
Cantalejo
Aldeonsancho
Consuegra de Murera
Villafranca (Condado de Castilnovo)
Vellosillo
Cerro Negro
Sotillo
Zarzuela del Pinar
LAG. DE LA TEMBLOSA
LAGUNA DE NAVALAYEGUA
Aldealcorvo
Perorrubio
Duruelo
Fuentepelayo
Aguilafuente
Cabezuela
Valdesimonte
San Pedro de Gaíllos
Castroserna de Abajo
Santa Marta del Cerro
Cerezo de Abajo
Cabeza 1155
Pinarnegrillo
Aldea Real
Sauquillo de Cabezas
Veganzones
Puebla de Pedraza
Rebollo
La Matilla
Valleruela de Sepúlveda
Castroserna de Arriba
Siguero
Sigueruelo
Escalona del Prado
Muñoveros
Valleruela de Pedraza
Ventosilla
Casla
Mozoncillo
Turégano
El Guijar
Arevalillo de Cega
Pajares de Pedraza
El Arenal
Orejanilla
Peña Redonda
Sanchopedro
Otones de Benjumea
Valdevacas
Arahuetes
La Velilla
Pedraza
Rades de Arriba
Huerta
Prádena
Somosierra
Colgadizos 1834
Villovela de Pirón
Caballar
Cubillo
Arcones
Escarabajosa de Cabezas
Torreiglesias
Plantío 1201
Matamala
Matabuena
Robregordo
SOMOSIERRA
Escobar de Polendos
Peñasrubias de Pirón
Carrascal
La Mata
La Acebeda
Cantimpalos
Pinillos de Polendos
Cabañas de Polendos
Losana de Pirón
Aldeasaz
Torre Val de San Pedro
Galíndez
Gallegos
Relquias 1957
Adrada de Pirón
Santo Domingo de Pirón
Pelayos del Arroyo
La Salceda
Navafría
Ceguilla (Aldealengua de Pedraza)
Carbonero de Ahusín
Roda de Eresma
Brieva
Sotosalbos
Collado Hermoso
Braojos
La Serna del Monte
Madarcos
Piñuécar
Mata de Quintanar
Basardilla
Peña del Moro 1974
Reajo Alto 2100
Encinillas
Bernúy de Porreros
Asenjo 1087
Gascones
Los Huertos
Villavieja del Lozoya
EMBALSE DE PUENTES VIEJAS
Valseca
Espirdo
Aldehuela
Pto. de Lozoya 1773
Hontanares de Eresma
Torrecaballeros
Pirón
Negro 2089
El Nevero 2209
Navarredonda
EMBALSE DE RIOSEQUILLO
Buitrago del Lozoya
La Lastrilla
La Asperilla 1640
Peñacabra
Zamarramala
San Cristóbal de Segovia
Trescasas
Gargantilla del Lozoya
Valverde del Majano
Tabanera del Monte
Lozoya
1140 Pto. de El Portachuelo
Manjirón
Segovia
Palazuelos de Eresma
1647 Atalaya
Flecha 2078
EMBALSE DE PINILLA
Torredondo
Parador de Turismo de Segovia
Quitapesares
Pinilla del Valle
Garganta de los Montes
Lozoyuela
Palacio Real
San Ildefonso
Alameda del Valle
Hontoria
Parque Robledo
Rascafría
Canencia
Madrona
Monasterio de El Paular
Alto del Robleillo
Espartal 1733
Mondalindo 1833
Fuentemilanos
Palacio Real de Riofrío
Revenga
La Pradera de Navalhorno
Riofrío
Navas de Riofrío
Valsaín
Pto. de Canencia 1524
Valdemanco
La Cabrera
SEGOVIA
MADRID
Parque Natural Cumbre, Circo y Lagunas de Peñalara
Bustarviejo
La Losa
EMB. DE PECES
2430 Peñalara
Cabeza Mediana 1693
Perdiguera 1862
1545 Pendón
Cabanillas de la Sierra
Muela 1108
Ortigosa del Monte
Otero de Herreros
Ortigosa
Valcotos
Miraflores de la Sierra
Navalafuente
Redueña
SIERRA DE GUADARRAMA
LA MUJER MUERTA
2106 La Najarra
Valdesquí
Cabeza del Hierro 2383
Venturada
Cotos de Monterrey
S.ª DEL QUINTANAR
Pto. de Navacerrada
Navacerrada
Guadalix de la Sierra
Cerro Peña Águila 2010
Las Dehesas
La Barranca
1714 El Yelmo
Soto del Real
EMBALSE DE EL VELLÓN
Cercedilla
Estación de El Espinar
Mataelpino
Manzanares el Real
Pedrezuela
San Rafael
Navacerrada
1422 San Pedro
Vistasierra
Los Molinos
1511 Pto. de Guadarrama
Collado-Mediano
El Boalo
EMBALSE DE SANTILLANA
Virgen de los Remedios
San Rafael
Gudillos
Becerril de la Sierra
Cerceda
Cuevas Valiente 1902
Matarrubia
Cardín 1125
Parque Regional de la Cuenca Alta del Manzanares
Las Navas
EMB. DE LA JAROSA
Guadarrama
Moralzarzal
San Agustín de Guadalix
El Escorial
Basílica Santa Cruz del Valle de los Caídos
Cabezuelas
Alpedrete
Los Llanos
HOYO DE MANZANARES
Colmenar Viejo
Villalba
Cuelgamuros
Guadarrama
Los Negrales
Collado Villalba
Estepar 1404
Valdelagua
Navallera
Abantos 1754
Las Zorreras
La Estación
Hoyo de Manzanares
Ciudalcampo
Tres Cantos
Circuito del Jarama
San Lorenzo de El Escorial
El Guijo
Berzosa
La Berzosilla
Castillo de Viñuelas
Fuente del Fresno
El Escorial
Los Rosales
822 Peñón de Almaján
Monte de El Pardo
EMB. DE EL PARDO
Galapagar
Torrelodones
Los Peñascales
La Estación
MADRID
La Granja
N-110
N-603
N-VI
A-1
E-05
A-6
AP-6
AP-61
M-601
M-604
M-607
M-608
M-611
M-610
SG-205
SG-211
SG-222
SG-231
SG-612
CL-601
CL-613
CL-300
SG-20
ÁVILA
VALLADOLID
61
80
101

Parque Natural del Hayedo de Tejera Negra
Reserva Nacional de Sonsaz
LA SIERRA
SIERRA DE PELA
Sª DE AYLLÓN
SIERRA DEL OCEJÓN
SIERRA DE ALTO REY
SIERRA GORDA
MONTES DE BELEÑA
CAMPIÑA
SEGOVIA
GUADALAJARA
MADRID
Riaza
El Muyo
Villacadima
Campisábalos
Miedes de Atienza
Hijes
Somolinos
Ujados
Albendiego
Condemios de Abajo
Condemios de Arriba
Galve de Sorbe
Cantalojas
Cerezo de Arriba
Riofrío de Riaza
Cerro de Mesa Peñota 2046
Cabeza Erial 1696
Calamorro
Villarejo (Santo Tomé del Puerto)
La Pinilla
Lobo 2273
Peña Cebollera 2129
Cerro de Rocín 2049
Cerrón 2199
Pto. de Somosierra 1444
Peña del Pinarejo 1685
Aldeanueva de Atienza
Prádena de Atienza
Alto Rey 1852
Valdepinillos
La Huerce
Gascueña de Bornova
El Ordial
Bustares
Valverde de los Arroyos
Santuy 1930
Bocígano
Cabida
Majaelrayo
El Cardoso de la Sierra
Ocejón 2048
Arroyo de las Fraguas
Las Navas de Jadraque
Villares de Jadraque
Hiendelaencina
Cerro de la Parrilla 1537
La Hiruela
Corralejo
Campillo de Ranas
La Nava de Jadraque
Colmenar de la Sierra
Palancares
Zarzuela de Jadraque
Horcajuelo de la Sierra
Montejo de la Sierra
Campillejos
Semillas
Prádena del Rincón
Almiruete
AZUD DEL POZO DE LOS RAMOS
EMB. DE ALCORLO
Alcorlo
Congostrina
Pinilla de Jadraque
EMB. DE EL VADO
Vallosera
Peña de la Cabra 1834
Puebla de la Sierra
Tamajón
Serrada de la Fuente
Muriel
Monasterio
San Andrés del Congosto
La Toba
Collado Cimero 1275
Torrecilla 1165
Berzosa del Lozoya
Retiendas
Monasterio de Bonaval
EMB. DE BELEÑA
Arbancón
Cabeza Antón 1399
Collado de la Pinilla
Valdesotos
Robledillo de la Jara
El Atazar
Tortuero
Puebla de Vallés
Cogolludo
Membrillera
Cervera de Buitrago
La Mierla
Beleña de Sorbe
Aleas
Mesa 937
Alpedrete de la Sierra
Valdepeñas de la Sierra
Fuencemillán
Montarrón
Carrascosa de Henares
Cueva del Reguerillo
EMBALSE DE EL ATAZAR
PRESA DEL PONTÓN DE LA OLIVA
LAGUNA CHICA
LAGUNA GRANDE
Torrebeleña
Espinosa de Henares
Puebla de Beleña
EMB. DE VALDENTALES
Patones de Arriba
Patones de Abajo
Matarrubia
Cerezo de Mohernando
Valdeancheta
Copernal
Padilla de Hita
Casa de Uceda
Razbona
Uceda
Torremocha de Jarama
Torrelaguna
Robledillo de Mohernando
Alarilla
Humanes
Taragudo
Hita
El Cubillo de Uceda
Villaseca de Uceda
Malaguilla
Mohernando
Valdearenas
Viñuelas
Fuentelahiguera de Albatages
Málaga del Fresno
Heras de Ayuso
Torre del Burgo
Badiel
Cerro del Castillo
El Espartal
Mesones
Valdepiélagos
Valdenuño Fernández
EMB. DE EL FRESNO
El Fresno
Yunquera de Henares
Cañizar
Trijueque
Talamanca de Jarama
El Molar
Ciruelas
Torija
Fontanar
Usanos
El Casar
Tórtola de Henares
Valdegrudas
Valdetorres de Jarama
El Coto 818
Muela
Galápagos
Pol. Ind. Guadalajara
Carravieja 963
Valdenoches
Aldeanueva de Guadalajara
Caspueñas
Monte de Valdeolmos
Ribatejada
Marchamalo
Taracena
Atanzón
Valdeavellano
Fuente el Saz de Jarama
Torrejón del Rey
Cabanillas del Campo
Guadalajara
Centenera
Valdeaveruelo
Valdeolmos
Alalpardo
Santo Domingo
Valdeavero
Iriépal
Miraval
791 Santa María
Serracines
Quer
Lupiana
Valderrey
Algete
Alovera
Monasterio de San Bartolomé
Fresno de Torote
Villanueva de la Torre
Azuqueca de Henares
Chiloeches
Albolleque
Cobeña
SORIA
MADRID
CUENCA
ZARAGOZA
SG-115
CM-110
CM-1006
CM-1001
CM-1000
CM-1004
CM-1003
CM-101
CM-1002
CM-2011
CM-9100
CM-2005
M-131
M-103
M-111
M-100
N-320
A-2
E-90
R-2
62
83
102
A
B
C
D
1
2
3
4
5

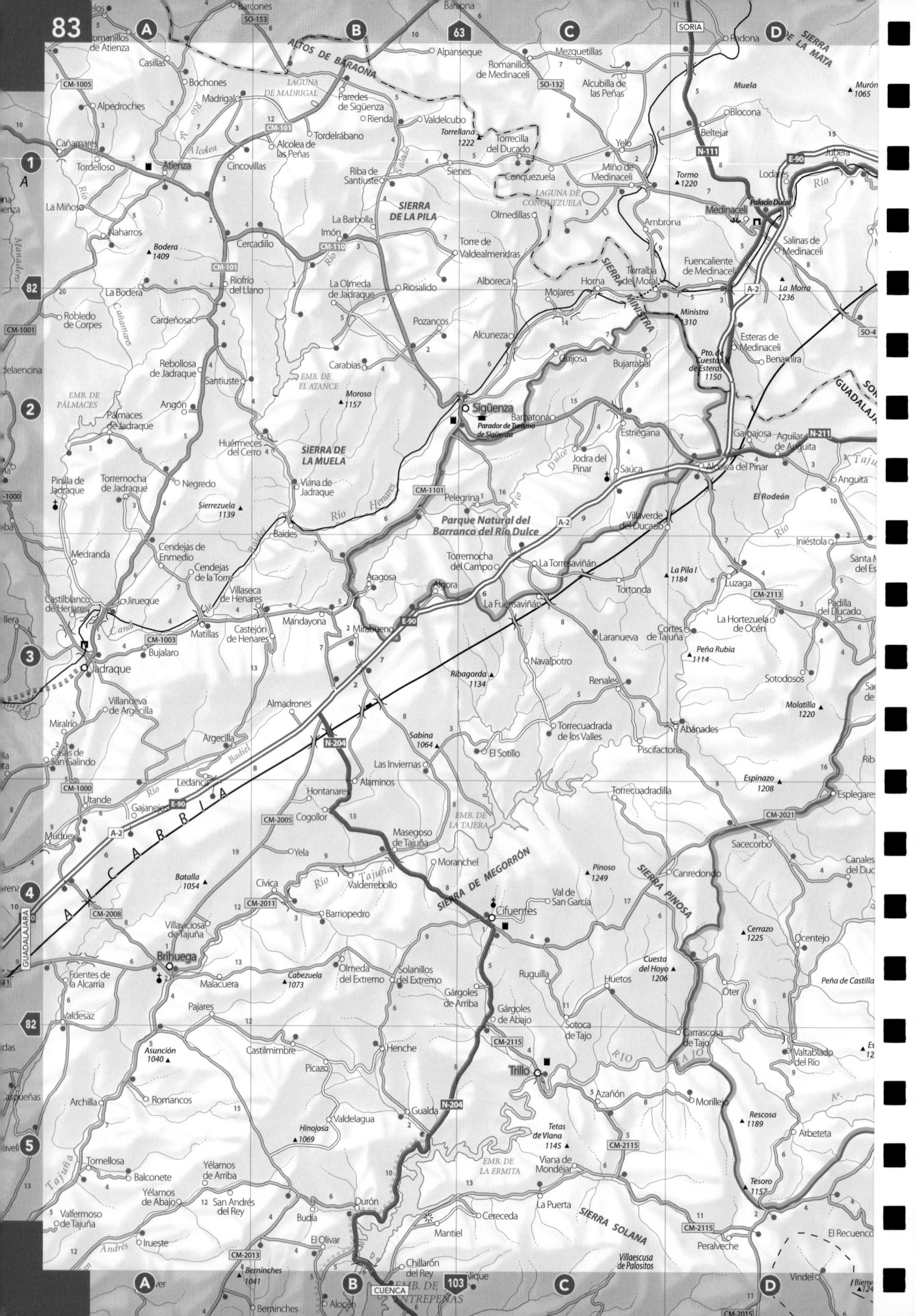
Barcones
SO-153
Baraona
63
SORIA
Radona
SIERRA DE LA MATA
Romanillos de Atienza
Casillas
Bochones
ALTOS DE BARAONA
Alpanseque
Romanillos de Medinaceli
Mezquetillas
SO-132
Alcubilla de las Peñas
Muela
Murón 1065
CM-1005
Alpedroches
Madrigal
LAGUNA DE MADRIGAL
Paredes de Sigüenza
Rienda
Valdelcubo
Blocona
Beltejar
Cañamares
CM-101
Tordelrábano
Alcolea de las Peñas
Torrellana 1222
Torrecilla del Ducado
Yelo
N-111
Jubera
E-90
Tordelloso
Atienza
Cincovillas
Riba de Santiuste
Sienes
Conquezuela
Miño de Medinaceli
Tormo 1220
Lodares
LAGUNA DE CONQUEZUELA
La Miñosa
SIERRA DE LA PILA
Olmedillas
Medinaceli
Palacio Ducal
La Barbolla
Ambrona
Naharros
Imón
CM-110
Salinas de Medinaceli
Bodera 1409
Cercadillo
Torre de Valdealmendras
CM-101
Fuencaliente de Medinaceli
Manadero
82
Riofrío del Llano
La Olmeda de Jadraque
Riosalido
Alboreca
Horna
Torralba del Moral
La Bodera
Mojares
A-2
La Morra 1236
Robledo de Corpes
Cañamares
Cardeñosa
Pozancos
Alcuneza
SIERRA MINISTRA
Ministra 1310
CM-1001
SO-4
Esteras de Medinaceli
Quijosa
Bujarrabal
Pto. de Cuestas de Esteras 1150
Benamira
Carabias
Rebollosa de Jadraque
EMB. DE EL ATANCE
Santiuste
Moroso 1157
Sigüenza
Barbatona
GUADALAJARA
EMB. DE PÁLMACES
Angón
Parador de Turismo de Sigüenza
Garbajosa
Aguilar de Anguita
N-211
Estriégana
Pálmaces de Jadraque
SIERRA DE LA MUELA
Huérmeces del Cerro
Jodra del Pinar
Saúca
Alcolea del Pinar
Anguita
Pinilla de Jadraque
Torremocha de Jadraque
Negredo
Viana de Jadraque
CM-1101
Pelegrina
El Rodeón
Sierrezuela 1139
Río Henares
Parque Natural del Barranco del Río Dulce
A-2
Villaverde del Ducado
Baides
Iniéstola
Cendejas de Enmedio
Medranda
Cendejas de la Torre
Torremocha del Campo
La Torresaviñán
La Pila I 1184
Aragosa
Luzaga
Algora
Tortonda
Castilblanco de Henares
Jirueque
Villaseca de Henares
La Fuensaviñán
CM-2113
Padilla del Ducado
Mandayona
E-90
La Hortezuela de Océn
Cortes de Tajuña
Matillas
Castejón de Henares
Mirabueno
Laranueva
CM-1003
Bujalaro
Peña Rubia 1114
Jadraque
Navalpotro
Ribagorda 1134
Renales
Sotodosos
Villanueva de Argecilla
Almadrones
Molatilla 1220
Miralrío
Sabina 1064
Torrecuadrada de los Valles
Abánades
Argecilla
N-204
Casas de San Galindo
El Sotillo
Piscifactoría
Las Inviernas
Ledanca
Alaminos
Espinazo 1208
CM-1000
Utande
Hontanares
Torrecuadradilla
Esplegares
Gajanejos
E-90
EMB. DE LA TAJERA
CM-2021
A-2
CM-2005
Cogollor
Mudueх
Masegoso de Tajuña
Sacecorbo
A L C A R R I A
Yela
Moranchel
SIERRA DE MEGORRÓN
Pinoso 1249
Canales del Ducado
Batalla 1054
Cívica
Valderrebollo
Canredondo
Río Tajuña
Val de San García
SIERRA PINOSA
CM-2011
Cifuentes
CM-2008
Barriopedro
Cerrazo 1225
Villaviciosa de Tajuña
Ocentejo
Brihuega
GUADALAJARA
Cuesta del Hoyo 1206
Fuentes de la Alcarria
Olmeda del Extremo
Solanillos del Extremo
Ruguilla
Peña de Castilla
Malacuera
Cabezuela 1073
Huetos
Oter
Gárgoles de Arriba
Gárgoles de Abajo
Pajares
Valdesaz
82
Sotoca de Tajo
Carrascosa de Tajo
Asunción 1040
Castilmimbre
Henche
CM-2115
RÍO TAJO
Valtablado del Río
Picazo
Trillo
Archilla
Romancos
Azañón
Morillejo
Valdelagua
Gualda
N-204
Rescosa 1189
Hinojosa 1069
Tetas de Viana 1145
Arbeteta
Tomellosa
Yélamos de Arriba
EMB. DE LA ERMITA
Viana de Mondéjar
CM-2115
Balconete
Yélamos de Abajo
San Andrés del Rey
Durón
Tesoro 1157
Valfermoso de Tajuña
Budia
Cereceda
La Puerta
SIERRA SOLANA
Irueste
Mantiel
CM-2115
Peralveche
El Recuenco
El Olivar
CM-2013
Villaescusa de Palositos
Chillarón del Rey
Berninches 1041
CUENCA
EMB. DE ENTREPEÑAS
103
Vindel
Alocén
Berninches
CM-2015

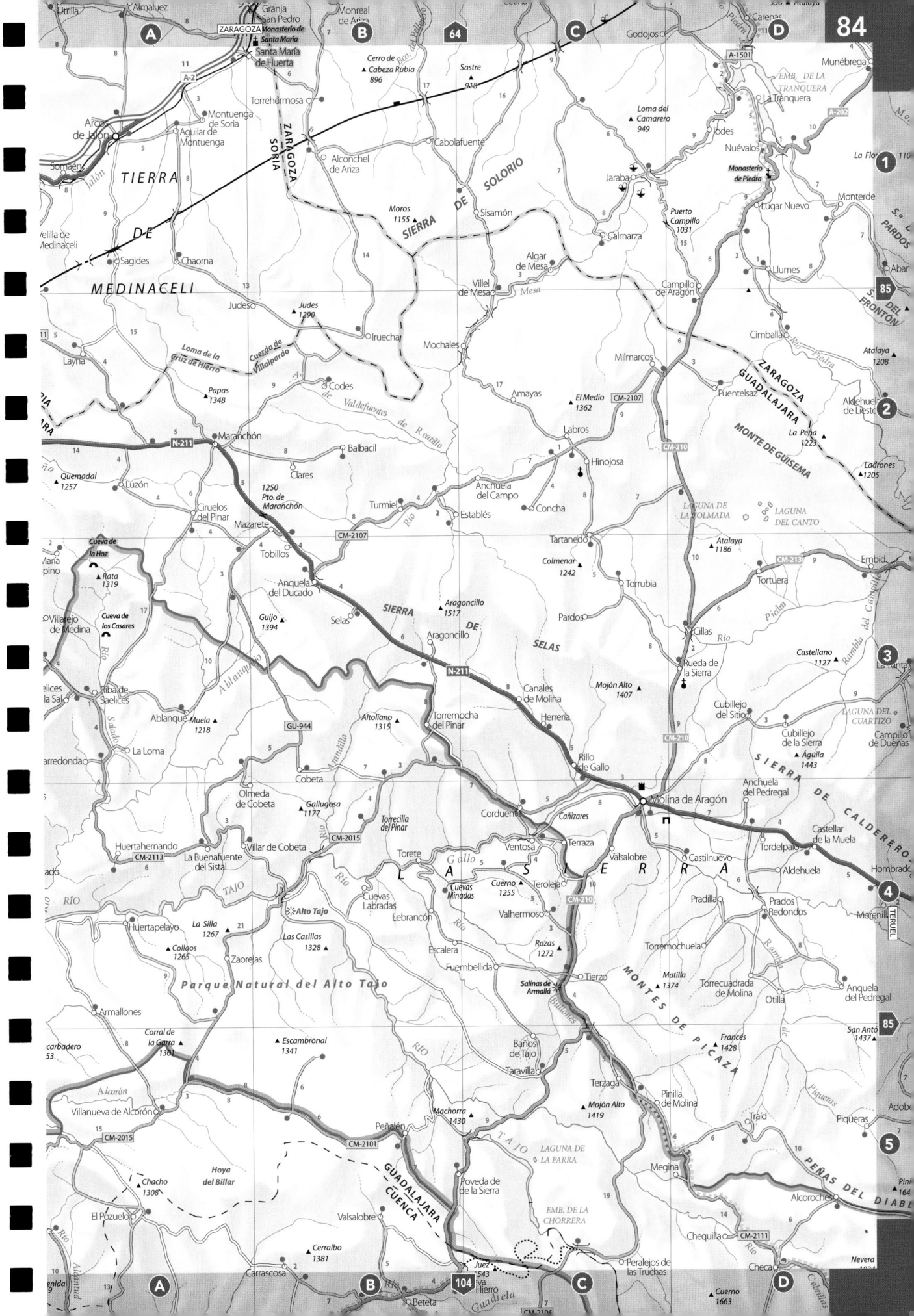
Molina de Aragón
Sierra de Solorio
Tierra de Medinaceli
Sierra de Selas
La Sierra
Montes de Picaza
Parque Natural del Alto Tajo
Sierra de Caldereros
Peñas del Diablo
Monte de Guisema
Zaragoza
Guadalajara
Cuenca
Soria
Teruel
N-211
CM-210
CM-2107
CM-2015
CM-2101
CM-2111
CM-2113
GU-944
A-2
A-1501
A-202
Santa María de Huerta
Arcos de Jalón
Maranchón
Milmarcos
Embid
Checa
Chequilla
Peralejos de las Truchas
Poveda de la Sierra
Peñalén
Villanueva de Alcorón
El Pozuelo
Monasterio de Piedra
Nuévalos
Ibdes
Jaraba
Calmarza
Campillo de Aragón
Sisamón
Cabolafuente
Alconchel de Ariza
Torrehermosa
Montuenga de Soria
Aguilar de Montuenga
Somaén
Sagides
Chaorna
Judes
Iruecha
Mochales
Villel de Mesa
Algar de Mesa
Labros
Hinojosa
Amayas
Codes
Balbacil
Clares
Luzón
Ciruelos del Pinar
Mazarete
Tobillos
Anquela del Ducado
Selas
Turmiel
Anchuela del Campo
Concha
Establés
Tartanedo
Torrubia
Pardos
Cillas
Rueda de la Sierra
Tortuera
Fuentelsaz
Cimballa
Llumes
Lugar Nuevo
Monterde
Munébrega
Godojos
Carenas
La Tranquera
Aragoncillo
Canales de Molina
Herrería
Rillo de Gallo
Torremocha del Pinar
Cobeta
Olmeda de Cobeta
Corduente
Cañizares
Ventosa
Terraza
Valsalobre
Castilnuevo
Tordelpalo
Castellar de la Muela
Aldehuela
Prados Redondos
Pradilla
Torremochuela
Torrecuadrada de Molina
Otilla
Anquela del Pedregal
Anchuela del Pedregal
Cubillejo de la Sierra
Cubillejo del Sitio
Teroleja
Valhermoso
Torete
Cuevas Labradas
Lebrancón
Escalera
Fuembellida
Tierzo
Baños de Tajo
Taravilla
Terzaga
Pinilla de Molina
Traíd
Megina
Alcoroches
Piqueras
Villar de Cobeta
La Buenafuente del Sistal
Huertahernando
Huertapelayo
Zaorejas
Armallones
Riba de Saelices
Ablanque
La Loma
Villarejo de Medina
Layna
Valsalobre
Carrascosa
Beteta
Hoya del Billar
Laguna de la Colmada
Laguna del Canto
Laguna del Cuartizo
Laguna de la Parra
Emb. de la Tranquera
Emb. de la Chorrera
Salinas de Armallá
Cueva de la Hoz
Cueva de los Casares
Cuevas Minadas
Alto Tajo
Pto. de Maranchón 1250
Puerto Campillo 1031
Moros 1155
Sastre 918
Cerro de Cabeza Rubia 896
Loma del Camarero 949
Judes 1290
Papas 1348
El Medio 1362
Quemadal 1257
Rata 1319
Guijo 1394
Aragoncillo 1517
Colmenar 1242
Atalaya 1186
Mojón Alto 1407
Castellano 1127
Águila 1443
Muela 1218
Altoliano 1315
Gallugosa 1177
Torrecilla del Pinar
Cuerno 1255
Rozas 1272
Matilla 1374
La Silla 1267
Collaos 1265
Las Casillas 1328
Corral de la Garra 1301
Escambronal 1341
Machorra 1430
Mojón Alto 1419
Francés 1428
Chacho 1308
Cerralbo 1381
Cuerno 1663
Atalaya 1208
La Peña 1223
Ladrones 1205
San Antón 1437
Loma de la Cruz de Hierro
Cuerda de Villalpardo
Río Tajo
Río Gallo
Río Piedra
Río Mesa
Río Jalón
Río Ablanquejo
Río Arandilla
Río Bullones
Río Alcorón
64
85
104
A
B
C
D
1
2
3
4
5

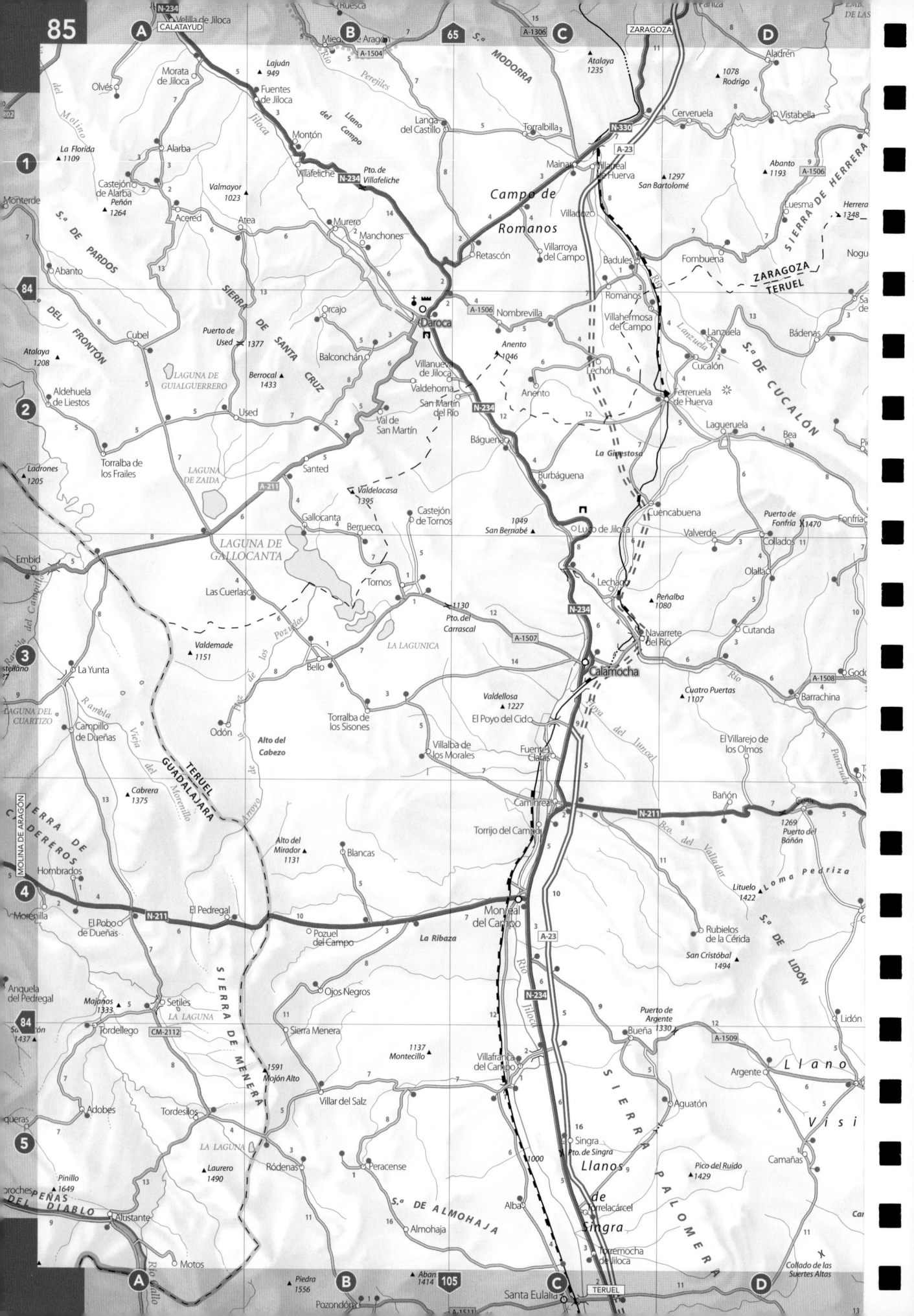
Calatayud
Zaragoza
Teruel
Daroca
Calamocha
Campo de Romanos
Laguna de Gallocanta
Sierra de Santa Cruz
S.ª de Pardos
S.ª del Frontón
S.ª de Cucalón
Sierra de Herrera
Sierra de Menera
Sierra Palomera
S.ª de Almohaja
S.ª de Lidón
Llanos de Singra
Monreal del Campo
Santa Eulalia
Molina de Aragón
Teruel Guadalajara
Zaragoza Teruel
N-234
N-211
N-330
A-23
A-211
A-1506
A-1507
A-1508
A-1509
A-1504
A-1306
CM-2112

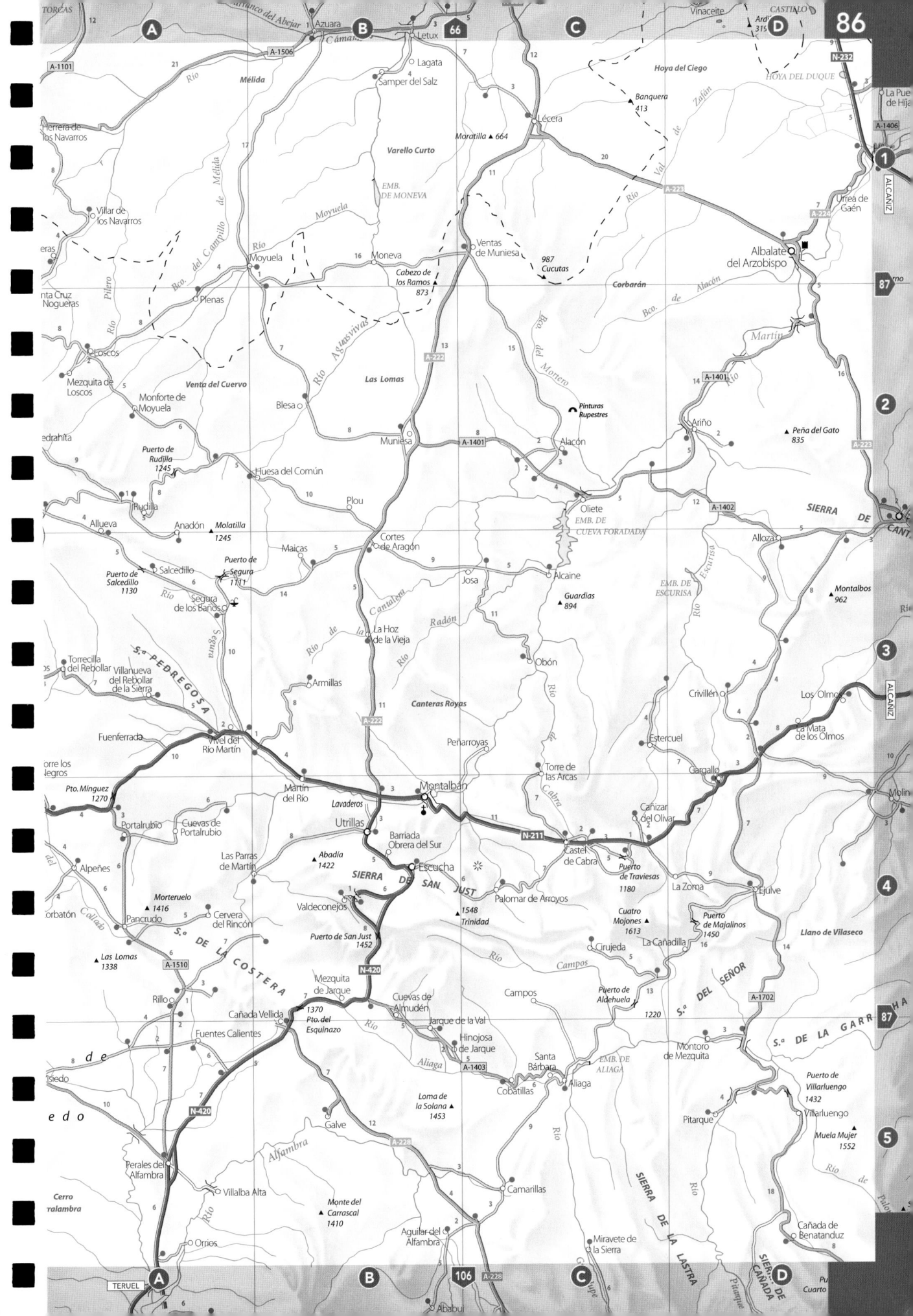
Azuara
Letux
Lagata
Samper del Salz
Lécera
Hoya del Ciego
Banquera 413
Moratilla 664
Varello Curto
EMB. DE MONEVA
Villar de los Navarros
Moyuela
Moneva
Ventas de Muniesa
Plenas
Loscos
Mezquita de Loscos
Monforte de Moyuela
Blesa
Las Lomas
Muniesa
Alacón
Albalate del Arzobispo
Urrea de Gaén
Corbarán
Ariño
Peña del Gato 835
Pinturas Rupestres
Huesa del Común
Plou
Oliete
EMB. DE CUEVA FORADADA
Alloza
SIERRA DE CANTAVIEJA
Rudilla
Allueva
Anadón
Molatilla 1245
Cortes de Aragón
Maicas
Salcedillo
Segura de los Baños
Josa
Alcaine
Guardias 894
EMB. DE ESCURISA
Montalbos 962
La Hoz de la Vieja
Obón
Torrecilla del Rebollar
Villanueva del Rebollar de la Sierra
Armillas
Canteras Royas
Crivillén
Los Olmos
La Mata de los Olmos
Fuenferrada
Vivel del Río Martín
Peñarroyas
Estercuel
Torre de las Arcas
Gargallo
Martín del Río
Montalbán
Utrillas
Cañizar del Olivar
Castel de Cabra
Portalrubio
Cuevas de Portalrubio
Las Parras de Martín
Escucha
La Zoma
Ejulve
Alpeñes
Pancrudo
Cervera del Rincón
Valdeconejos
Palomar de Arroyos
Cirujeda
La Cañadilla
Rillo
Cañada Vellida
Mezquita de Jarque
Cuevas de Almudén
Campos
Jarque de la Val
Hinojosa de Jarque
Fuentes Calientes
Santa Bárbara
Aliaga
Cobatillas
Montoro de Mezquita
Villarluengo
Pitarque
Galve
Perales del Alfambra
Villalba Alta
Camarillas
Aguilar del Alfambra
Orrios
Miravete de la Sierra
Cañada de Benatanduz
Teruel
Ababuj
SIERRA DE SAN JUST
S.ª DE LA COSTERA
SIERRA DE LA LASTRA
S.ª DEL SEÑOR
S.ª PEDREGOSA
S.ª DE LA GARRAPATA
N-211
N-420
N-232
A-222
A-223
A-1401
A-1402
A-1403
A-1510
A-228
A-1702
A-1506
A-1101
ALCAÑIZ
66
87
106

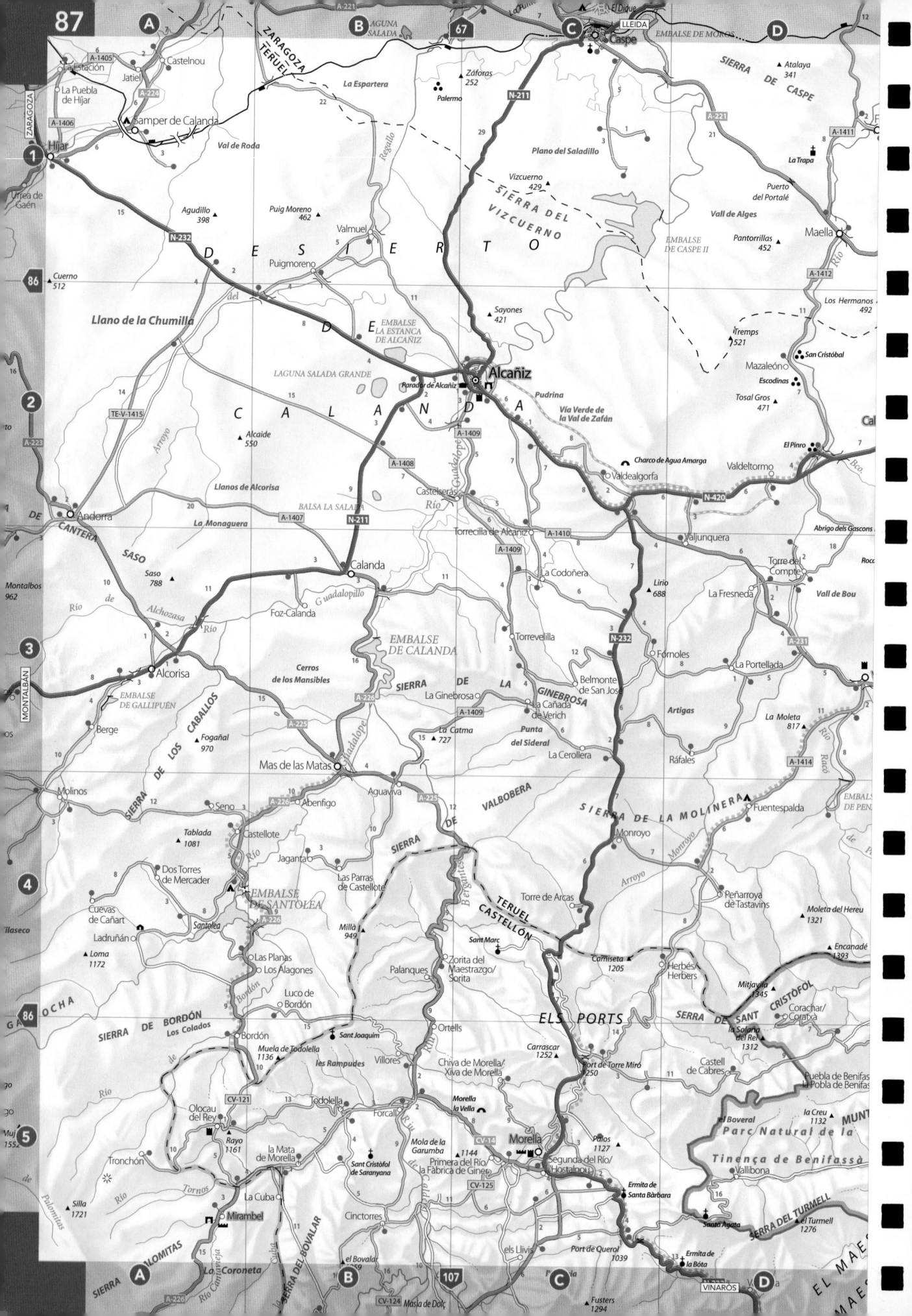

A
B
C
D
AGUNA SALADA
67
LLEIDA
El Dique
Caspe
EMBALSE DE MOROS
ZARAGOZA TERUEL
A-1405
La Estación
Castelnou
Jatiel
A-224
La Puebla de Híjar
ZARAGOZA
A-1406
Samper de Calanda
Híjar
Val de Roda
La Espartera
Zàforas 252
Palermo
N-211
SIERRA DE CASPE
Atalaya 341
A-221
A-1411
La Trapa
Plano del Saladillo
Vizcuerno 429
SIERRA DEL VIZCUERNO
Urrea de Gaén
Agudillo 398
Puig Moreno 462
Valmuel
Regallo
N-232
DESIERTO DE CALANDA
Puerto del Portalé
Vall de Alges
EMBALSE DE CASPE II
Pantorrillas 452
Maella
A-1412
86
Cuerno 512
Puigmoreno
Llano de la Chumilla
Sayones 421
EMBALSE LA ESTANCA DE ALCAÑIZ
Los Hermanos 492
Tremps 521
San Cristóbal
Mazaleón
Escodinas
LAGUNA SALADA GRANDE
Alcañiz
Parador de Alcañiz
Pudrina
Tosal Gros 471
Vía Verde de la Val de Zafán
TE-V-1415
A-223
Alcaide 550
A-1409
El Pinro
Charco de Agua Amarga
Valdeltormo
A-1408
Valdealgorfa
N-420
Llanos de Alcorisa
Castelserás
Guadalope
Río
BALSA LA SALADA
Andorra
La Monaguera
A-1407
Torrecilla de Alcañiz
A-1410
Abrigo dels Gascons
CANTERA
SASO
Valjunquera
Calanda
Torre del Compte
Saso 788
La Codoñera
Lirio 688
Montalbos 962
La Fresneda
Vall de Bou
Río de Alchozasa
Guadalopillo
Foz-Calanda
Torrevelilla
A-231
EMBALSE DE CALANDA
Fórnoles
La Portellada
Alcorisa
MONTALBÁN
Cerros de los Mansibles
Belmonte de San José
EMBALSE DE GALLIPUÉN
SIERRA DE LA GINEBROSA
La Ginebrosa
La Cañada de Verich
Artigas
A-226
A-225
A-1409
La Catma 727
Punta del Sideral
La Moleta 817
Berge
Fogañal 970
SIERRA DE LOS CABALLOS
La Cerollera
Ráfales
A-1414
Mas de las Matas
Molinos
Aguaviva
VALBOBERA
Seno
Abenfigo
SIERRA DE LA MOLINERA
Fuentespalda
Tablada 1081
Castellote
Monroyo
Jaganta
SIERRA DE BERGANTES
Dos Torres de Mercader
Las Parras de Castellote
Peñarroya de Tastavins
EMBALSE DE SANTOLEA
Torre de Arcas
Cuevas de Cañart
Santolea
TERUEL CASTELLÓN
Moleta del Hereu 1321
Ladruñán
Millà 949
Sant Marc
Encanadé 1393
Loma 1172
Las Planas
Los Alagones
Zorita del Maestrazgo/ Sorita
Camiseta 1205
Herbés/ Herbers
Palanques
Mitjavila 1345
Luco de Bordón
CRISTÒFOL
Corachar/ Coratxà
SIERRA DE BORDÓN
Los Colados
ELS PORTS
Ortells
SERRA DE SANT
Bordón
Sant Joaquim
La Solana del Rei 1312
Muela de Todolella 1136
les Rampudes
Villores
Carrascar 1252
Port de Torre Miró 1250
Castell de Cabres
Puebla de Benifasar/ la Pobla de Benifassà
Chiva de Morella/ Xiva de Morella
CV-121
Todolella
Olocau del Rey
Forcall
Morella la Vella
el Boveral
la Creu 1132
Parc Natural de la Tinença de Benifassà
Rayo 1161
Morella
Palos 1127
Tronchón
la Mata de Morella
Mola de la Garumba 1144
Sant Cristòfol de Saranyana
Primera del Río/ la Fàbrica de Giner
Segunda del Río/ l'Hostalnou
Vallibona
CV-14
CV-125
Ermita de Santa Bàrbara
La Cuba
Silla 1721
Mirambel
Cinctorres
Santa Àgata
SERRA DEL TURMELL
el Turmell 1276
els Llivis
Port de Querol 1039
Ermita de la Bóta
SIERRA DE PALOMITAS
La Coronetta
el Bovalar
SERRA DEL BOVALAR
107
VINARÒS
Fusters 1294
CV-124
Masía de Dolç
A-226
Río Cantavieja

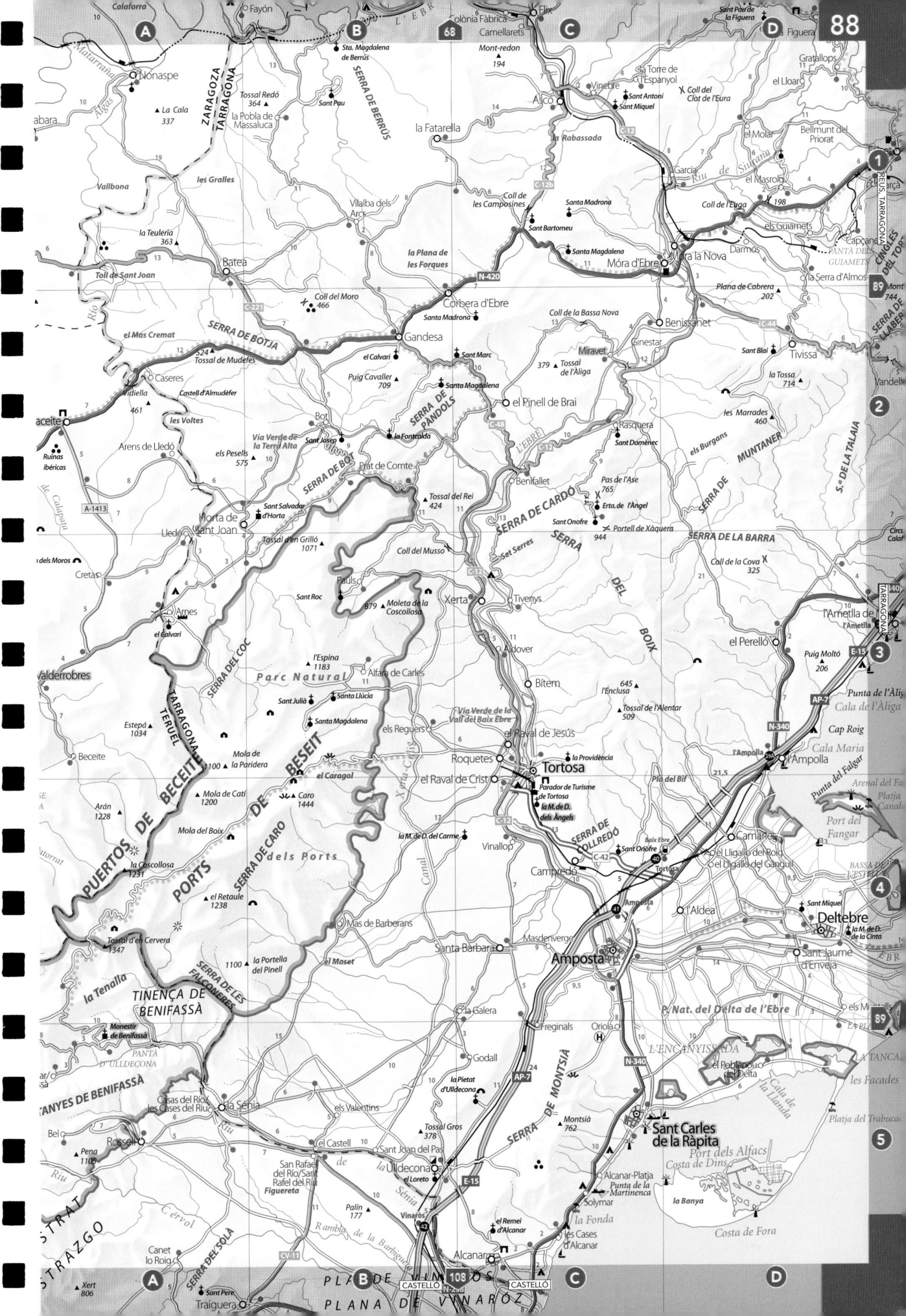

Calaforra
Fayón
L'EBRE
68
Colònia Fàbrica
Camellarets
Flix
Sant Pau de la Figuera
Figuera
A
B
C
D
Matarraña
Nonaspe
ZARAGOZA
TARRAGONA
Sta. Magdalena de Berrús
Mont-redon
194
SERRA DE BERRÚS
Tossal Redó
364
Sant Pau
La Cala
337
la Pobla de Massaluca
Algas
Ascó
Vinebre
la Torre de l'Espanyol
Sant Antoni
Sant Miquel
Coll del Clot de l'Eura
Gratallops
el Lloar
la Fatarella
la Rabassada
C-12
el Molar
Bellmunt del Priorat
Vallbona
les Gralles
Garcia
Riu de Siurana
el Masroig
REUS, TARRAGONA
Vilalba dels Arcs
Coll de les Camposines
Santa Madrona
Coll de l'Euga
198
els Guiamets
la Teuleria
363
Sant Bartomeu
Capçanes
Darmós
PANTÀ DELS GUIAMETS
CINGLES DEL TORT
Batea
Toll de Sant Joan
la Plana de les Forques
Santa Magdalena
Móra d'Ebre
Móra la Nova
la Serra d'Almos
N-420
Plana de Cabrera
202
89
Coll del Moro
466
Corbera d'Ebre
Santa Madrona
Coll de la Bassa Nova
Benissanet
C-221
SERRA DE BOTJA
el Mas Cremat
Gandesa
el Calvari
Sant Marc
Miravet
Ginestar
C-44
Sant Blai
Tivissa
524
Tossal de Mudefes
379
Tossal de l'Àliga
SERRA DE LLABERIA
Caseres
Puig Cavaller
709
la Tossa
714
Vandellòs
Vidiella
461
Castell d'Almudèfer
Santa Magdalena
el Pinell de Brai
Maceite
les Voltes
Bot
SERRA DE PÀNDOLS
les Marrades
460
2
Rasquera
Arens de Lledó
Via Verde de la Terra Alta
Sant Josep
la Fontcalda
C-48
L'EBRE
Sant Domènec
els Burgans
SERRA DE MUNTANER
Ruinas ibéricas
els Pesells
575
Prat de Comte
SERRA DE BOT
Benifallet
Pas de l'Ase
765
S.ª DE LA TALAIA
A-1413
Tossal del Rei
424
Erta. de l'Àngel
SERRA DE
Horta de Sant Joan
Sant Salvador d'Horta
SERRA DE CARDÓ
Sant Onofre
944
Portell de Xàquera
Lledó
Tossal d'en Grilló
1071
Set Serres
SERRA
SERRA DE LA BARRA
Coll del Musso
Coll de la Cova
325
Creta
Paüls
DEL
Sant Roc
879
Moleta de la Coscollosa
Xerta
Tivenys
Arnes
el Calvari
l'Ametlla de Mar
BOIX
TARRAGONA
Aldover
el Perelló
3
Valderrobres
l'Espina
1183
Puig Moltó
206
SERRA DEL COC
Parc Natural
Alfara de Carles
E-15
Bítem
645
l'Enclusa
Punta de l'Àliga
Cala de l'Àliga
Sant Julià
Santa Llúcia
Tossal de l'Alentar
509
AP-7
TARRAGONA
TERUEL
Santa Magdalena
Via Verde de la Vall del Baix Ebre
Estepá
1034
els Reguers
el Raval de Jesús
N-340
Cap Roig
Beceite
Mola de la Paridera
1100
PORTS DE BESEIT
Roquetes
la Providència
Tortosa
l'Ampolla
Cala Maria
l'Ampolla
el Caragol
el Raval de Crist
Pla del Bif
21,5
Punta del Falgar
Arenal del Fangar
Mola de Catí
1200
Caro
1444
Parador de Turisme de Tortosa
la M. de D. dels Àngels
Arán
1228
PUERTOS DE BECEITE
SERRA DE COLLREDÓ
Port del Fangar
Mola del Boix
SERRA DE CARO
la M. de D. del Carme
C-12
Vinallop
Sant Onofre
Baix Ebre
Camarles
el Lligallo del Roig
el Lligallo del Ganguil
dels Ports
C-42
Tortosa
la Coscollosa
1231
PORTS
Canal
Campredó
9,5
BASSA DE L'ESTELLA
4
el Retaule
1238
Amposta
Sant Miquel
l'Aldea
Deltebre
la M. de D. de la Cinta
Mas de Barberans
Tossal d'en Cervera
1347
Santa Bàrbara
Masdenverge
Amposta
Sant Jaume d'Enveja
1100
la Portella del Pinell
el Maset
la Tenalla
SERRA DE LES FALCONERES
TINENÇA DE BENIFASSÀ
P. Nat. del Delta de l'Ebre
els Muntells
la Galera
Monestir de Benifassà
Freginals
Oriola
PANTÀ D'ULLDECONA
Godall
L'ENCANYISSADA
N-340
LA TANCADA
el Poblenou del Delta
les Fascades
AP-7
la Pietat d'Ulldecona
Cala de la Llanda
TANYES DE BENIFASSÀ
Casas del Río/les Cases del Riu
la Sénia
els Valentins
SERRA DE MONTSIÀ
Montsià
762
Platja del Trabucador
Bel
Rossell
Tossal Gros
378
Sant Carles de la Ràpita
5
Riu
el Castell
Sant Joan del Pas
Port dels Alfacs
Costa de Dins
Pena
1105
San Rafael del Río/Sant Rafel del Riu
Ulldecona
el Loreto
E-15
Alcanar-Platja
Figuereta
Sénia
Punta de la Martinenca
la Banya
MAESTRAZGO
Cérvol
Palín
177
Vinaròs
Solymar
la Fonda
Rambla de la Barbiguera
el Remei d'Alcanar
les Cases d'Alcanar
Costa de Fora
Canet lo Roig
SERRA DEL SOLÀ
CV-11
Alcanar
108
CASTELLÓ
CASTELLÓ
PLANA DE VINARÒS
Xert
806
Sant Pere
Traiguera
PLANA DE VINARÒZ

MAR MEDITERRÁNEO
Reus
Tarragona
Cambrils
Salou
Vila-seca
Torreforta
Riudoms
les Borges del Camp
Alforja
Falset
Pradell
Duesaigües
l'Argentera
la Torre de Fontaubella
Riudecanyes
Montbrió del Camp
Vinyols i els Arcs
Mont-roig del Camp
Colldejou
Capçanes
Marça
Vilanova d'Escornalbou
SERRA DE PRADELL
CINGLES DEL TORTÓ
SERRA DE LLABERIA
Mont-redon 862
Montalt 744
Pratdip
Coll Roig
Santa Marina
Vandellòs
Masriudoms
l'Hospitalet
l'Hospitalet de l'Infant
Miami Platja
Cala Bot
Cala Figuera
el Puntaire 727
Coll de Balaguer
Punta de Cala Bea
Cala Gestell
l'Almadrava
Circuit Calafat
Cap de Terme
Cala de Sant Jordi
les Tres Cales
Punta de Cala Mosques
l'Ametlla de Mar
el Port de l'Estany Gras
GOLF DE SANT JORDI
Arenal del Far
Platja del Canalot
Parc Natural del Delta de l'Ebre
Riumar
Cap de Tortosa
ILLA DE BUDA
Calaix de Mar
Gola de Migjorn
Platja de la Platjola
LA TANCADA
les Façades
Platja del Trabucador
les Pobles
Punta de la Pixerota
Platja de Rifà
Platja dels Penyals
Ardiaca
Platja de Cambrils
la Llosa
Vilafortuny
el Mas d'en Bosc
la Pineda
Port Aventura
Platja de la Canonja
Cap de Salou
Sant Joan dels Arcs
Bonavista
la Canonja
la Plana
Constantí
els Pallaresos
la Pobla de Mafumet
el Morell
Sant Salvador
Sant Pere i Sant Pau
els Boscos de Tarragona
Monnars
Altafulla
Tamarit
Arrabassada i Savinosa
Punta del Miracle
Platja Llarga
Torre dels Escipions
el Catllar
la Riera de Gaià
la Nou de Gaià
Perafort
la Secuita
Maspujols
Castellvell del Camp
el Pinar
Flor del Camp
Sant Joan
Pelai
Mas Carpa
els Montgons
Botarell
Cap d'Aubarca
Cala d'en Sardina
Ses Balandres
Santa Agnès de Corona
Sant Mateu d'Eubarca
Port de Sant Miquel
Sant Miquel de Balansat
Sant Joan de Labritja
Sant Llorenç de Balàfia
Cap Nunó
Sa Foradada
Cala Salada
ES AMUNTS
Santa Gertrudis
Buscastell
Sant Antoni de Portmany
Badia de Sant Antoni de Portmany
SA CONILLERA CONEJERA
SES BLEDES
ILLA DE S'ESPARTAR
Parc Natural de Cala d'Hort, Cap Llentrisca i sa talaia
Cala d'en Bou
Sant Rafel
Cana Negreta
Cana Ventura
Puig d'en Valls
Can Negre
Ntra. Sra. de Jesús
Sant Agustí
Cala Tarida
Cala Molí
Sant Josep de sa Talaia
Cala Vadella
Sa Talaiassa 475
Cala Carbó
Cala d'Hort
ES VEDRA
Cap Llentrisca
Es Cubells
Sa Carroca
Eivissa
Punta Grossa
Badia d'Eivissa
Sant Jordi
Platja d'en Bossa
Aeroport des Codolar
Sant Francesc de ses Salines
Es Codolar
Platja des Cavallet
Cala des Cubells
Punta Port Roig
Punta de la Rama
Punta de ses Portes
Freu Petit
ILLA DES PENJATS
Freu Gros
ES FREUS
Parc Natural ses Salines
S'ESPALMADOR
Punta des Borronar
FORMENTERA
Santa Eulària des Riu
Can Guasch
Punta de Xarraca
Cala de Portinatx
Cap de Balansat
Es Portitxol
Dénia
Valencia
Alicante

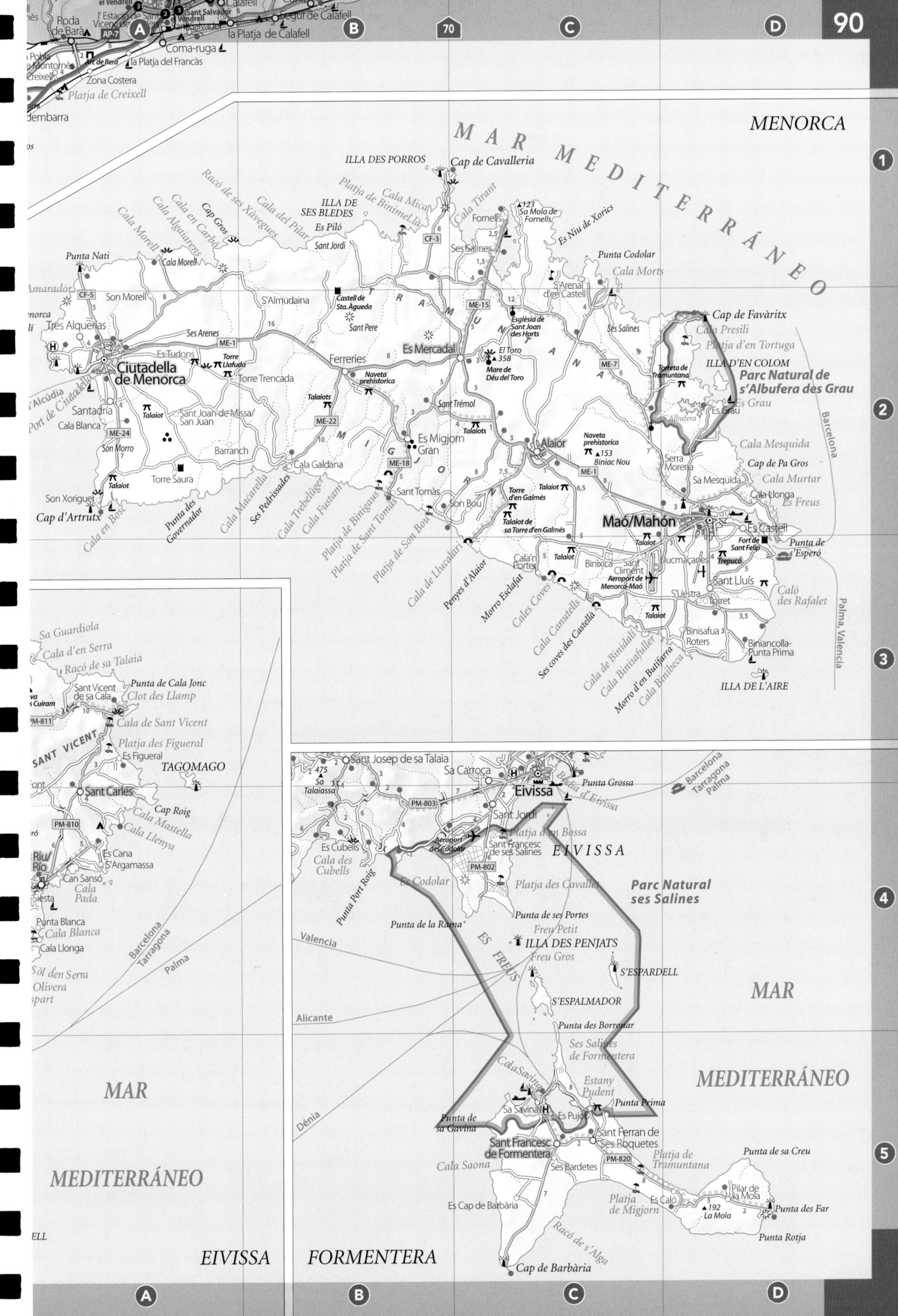

MENORCA

MAR MEDITERRÁNEO

ILLA DES PORROS
Cap de Cavalleria
Cala Mica
ILLA DE SES BLEDES
Es Piló
Platja de Binimel·la
Cala Tirant
Fornells
Cala del Pilar
Sant Jordi
Ses Salines
CF-3
Es Niu de Xorics
▲123
Sa Mola de Fornells
Punta Codolar
Cala Morts
Racó de ses Xàvegues
Cala Morell
Cala en Carbó
Cap Gros
Cala Algaiarens
Cala Morell
Punta Nati
▲ Amarador
CF-5
Son Morell
S'Almudaina
Castell de Sta. Águeda
ME-15
12
Església de Sant Joan des Horts
S'Arenal d'en Castell
Ses Salines
Cap de Favàritx
Cala Presili
Platja d'en Tortuga
ILLA D'EN COLOM
Tres Alquerias
Ses Arenes
ME-1
Torre Llafuda
Sant Pere
Es Mercadal
El Toro ▲ 358
Mare de Déu del Toro
ME-7
Toreta de Tramuntana
Parc Natural de s'Albufera des Grau
Es Grau
Ferreries
Torre Trencada
Naveta prehistorica
Sant Trémol
Albufera
H
Ciutadella de Menorca
Port de Ciutadella
Santàndria
Cala Blanca
ME-24
Són Morro
Talaiot
Sant Joan de Missa/San Juan
Barranch
ME-22
Talaiots
Es Migjorn Gran
ME-18
Talaiots
Alaior
Naveta prehistorica
▲153
Biniac Nou
ME-1
Serra Morena
Sa Mesquida
Cap de Pa Gros
Cala Mesquida
Cala Llonga
Cala Murtar
Es Freus
Son Xoriguet
Talaiot
Torre Saura
Cala Galdana
Sant Tomàs
Son Bou
Talaiot
Torre d'en Galmés
Talaiot de sa Torre d'en Galmés
6,5
Maó/Mahón
Binixica
Es Castell
Fort de Sant Felip
Punta de s'Esperó
Punta des Governador
Cala Macarella
Ses Pedrissades
Cala Trebeluger
Cala Fustam
Platja de Binigaus
Platja de Sant Tomàs
Platja de Son Bou
Cala Lucalari
Cala'n Porter
Talaiot
Talaiot
Sant Climent
Aeroport de Menorca-Maó
S'Uestra
Talaiot
Llucmaçanes
Sant Lluís
Trepucó
Caló des Rafalet
Penyes d'Alaior
Morro d'en Escafat
Cales Coves
Cala Canutells
Ses coves des Castellà
Cala de Binidalí
Cala Binisafuller
Binisafua
Roters
Biniancolla-Punta Prima
Morro d'en Butifarra
Cala Binibeca
ILLA DE L'AIRE
Barcelona
Palma, Valencia

MAR MEDITERRÁNEO

el Vendrell
Roda de Bará
AP-7
A
Calafell
l'Estació de Sant Salvador
Cunit
Segur de Calafell
la Platja de Calafell
70
C
D
Coma-ruga
Arc de Berà
la Platja del Francàs
Zona Costera
Platja de Creixell
la Pobla de Montornès
Creixell
Roda
embarra

Sa Guardiola
Cala d'en Serra
Racó de sa Talaia
Ses Cuiram
PM-811
Sant Vicent de sa Cala
Punta de Cala Jonc
Clot des Llamp
Cala de Sant Vicent
Es Figueral
Platja des Figueral
TAGOMAGO
SANT VICENT
Sant Carles
Cap Roig
Cala Mastella
PM-810
Es Cana
S'Argamassa
Cala Llenya
Riu de Sant Riu
Can Sansó
Cala Pada
Punta Blanca
Cala Blanca
Cala Llonga
Sòl d'en Serra
Olivera
spart

Sant Josep de sa Talaia
▲475 Sa Talaiassa
Sa Carroca
H
Eivissa
Punta Grossa
Platja d'Eivissa
Barcelona Tarragona Palma
PM-803
Sant Jordi
Es Cubells
Cala des Cubells
Aeroport des Codola
Sant Francesc de ses Salines
Platja d'en Bossa
EIVISSA
Parc Natural ses Salines
PM-802
Es Codolar
Platja des Cavallet
Punta Port Roig
Punta de ses Portes
Freu Petit
ILLA DES PENJATS
Freu Gros
S'ESPARDELL
Punta de la Rama
ES FREUS
S'ESPALMADOR
Punta des Borronar
Valencia
Alicante
Ses Salines de Formentera
MAR MEDITERRÁNEO
Cala Savina
Estany Pudent
Sa Savina
Punta Prima
H
Es Pujols
Dénia
Punta de sa Gavina
Sant Ferran de Ses Roquetes
Platja de Tramuntana
Punta de sa Creu
Sant Francesc de Formentera
Ses Bardetes
PM-820
Platja de Migjorn
Es Caló
Pilar de la Mola
Punta des Far
Cala Saona
Es Cap de Barbària
▲192 La Mola
Punta Rotja
Racó de s'Alga
Cap de Barbària

MAR MEDITERRÁNEO

EIVISSA
FORMENTERA

A
B
C
D

A   B   C   D

1

2

3

4

5

MAR MEDITERRÁNEO

Es Musclos de ses
Es Racó de Mor

Racó de sa Figuera

Es Morro de sa Vaca
Cala des Codolar
Cala des Capellans

Es Morro de sa Corda
Sa Calobra

▲ 1002
Puig Roig

Es Morro de Cala Rotja

Cala Tuent

Sa Taleca

Oratori de
Sant Pere

Monestir
de Lluc

Escorca   Llu

Puig Major
▲ 1445

1348

PANTÀ DEL GORC BLAU

Port de Sóller

Cap Gros

Santuari de
Sta. Mª. de l'Olivar

El Port

Fornalutx

MA-10

PANTÀ DE CUBER

Punta de sa Foradada

Sóller

Biniaraix

▲ 1090
L'Ofre

Mancor de la Vall

Cain

Cala de Deià

Punta de Deià

Deyà/Deià

MA-11

Orient

Castell
d'Alaró

Mare de Déu
del Refugi

Biniamar

Lloseta

Cala de Valldemossa

Es Teix
1064 ▲

MA-10

Túnel
de Sóller

MA-2100

MA-2110

Es Port

Ermita de
la Trinitat

Valldemossa

Alaró

Binissalem

M

Sa Platja de son Bunyola

Cartuja de
Valldemossa

Bunyola

▲ 666
Puig de na Marit

Es Racó de s'Algar

S'Arenal

MA-1110

Palmanyola

MA-2020

MA-13A

Consell

Sa Punta de Son Serralta

Banyalbufar

Esporles

Palmanyola

MA-2040

Santa Maria del Camí

Binial

MA-30

Cala d'Estellencs

Mirador de
Ses Ánimes

Erta. de
Mavistela

MA-1040

MA-11

Son Sardina

MA-13

Marratxí

Santa Eugènia

Punta de s'Encletxa

Estellencs

Puig de Galatzó
1026

MA-1032

Es Secar de la Real

MA-13A

Pòrtol

Erta. de
la Pau

Cala de ses Ortigues

MA-10

Puigpunyent

Son Roca
Son Ximelis

Santa Maria del Camí

MA-20

Es Pla de Na Tesa

MA-3011

Punta Fabioler

Galilea

Galatzó

Establiments

Sa Vileta

Palma de
Mallorca

Aeroport de
Son Bonet

Sa Creu Vermella

MA-3

Cala d'en Basset

Sa Grua
▲ 482

Puig de sa Font

Palma de Mallorca

Es Capdellà

MA-1016

MA-15

Parc Nat.
Sa Dragonera

SA DRAGONERA

Sant Telm

Andratx

S'Arracó

Calvià

Son Ferriol

Ma Casa Blanca

MA-15

Sant Jordi

MA-15

Gènova

Castell
de Bellver

MA-19

MA-30

Aeroport de
Son Sant Joan

S'Aranjassa

MASSIS DE R

Cala d'en Tió
Cala d'Egos

Es Port

Peguera

MA-1

Costa
d'en Blanes

Sant Agustí

Portals
Nous

Sa Caleta

Cala Gamba

Can Pastilla

Es Pil·lari

Port d'Andratx
Es Cap de Sa Mola

Cala Llamp

Santa Ponça

Capella de sa
Sagrada Pedra

MA-1

Palma Nova

BADIA
DE PALMA

"Las Maravillas"

MA-19a

Es Cadenes

Magalluf

Punta de Sa Porrassa

Coll d'en Rabassa

S'Arenal

Llucm

Son Ferrer

Cala Vinyes
Badia de Palma

Platja de S'Arenal

MA-19

El Toro

Cala Falcó

Cala Mosques

Cala Blava

Es Camp de Mar

Es Cap Andritxol

Cala Penyes Rotges

Cala Pòrtals Vells

Elvissa

Cap Enderrocat

Bellavista

Les Palmeres

SA MARINA

Cala Figuera

Cala Rafeubetx

Cap de Cala Figuera

Cala Vella
La Fossa

Badia Blava

Sa Torre

Badia Gran

Cap de Regana

MA-6014

Barcelona, Tarragona, Valencia, Génova

Sa Cova dès Lladres

Cap Blanc

Es Carril

Cala

Ca

Punta de Cala Beltran

Me

Parque Nacional
Archipiélago
de Cabrera

ILLA DES CONILLS
O CONILLERA

Cap de Llebeig

Cap Ventós

CABRERA

L'Olla

Cala Coll Roig
Punta de n' Ensiola

A   B   C   D

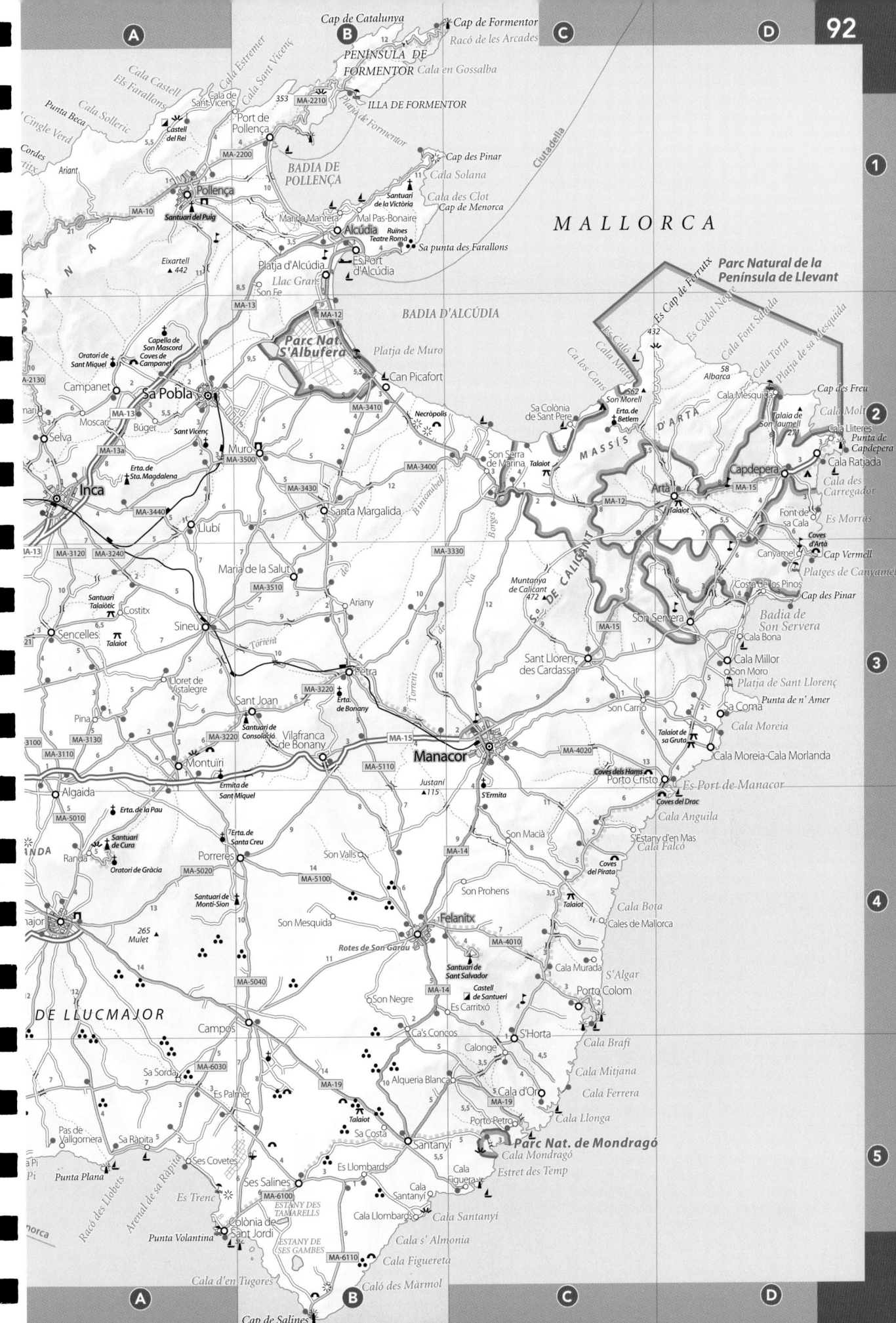

MALLORCA
Cap de Catalunya
Cap de Formentor
Racó de les Arcades
PENÍNSULA DE FORMENTOR
Cala en Gossalba
ILLA DE FORMENTOR
Platja de Formentor
Port de Pollença
BADIA DE POLLENÇA
Cap des Pinar
Cala Solana
Cala des Clot
Cap de Menorca
Pollença
Santuari del Puig
Alcúdia
Es Port d'Alcúdia
Sa punta des Farallons
Platja d'Alcúdia
BADIA D'ALCÚDIA
Parc Nat. S'Albufera
Platja de Muro
Can Picafort
Sa Pobla
Campanet
Inca
Muro
Santa Margalida
Llubí
Maria de la Salut
Ariany
Sineu
Sencelles
Costitx
Petra
Sant Joan
Vilafranca de Bonany
Manacor
Montuïri
Algaida
Porreres
Randa
Felanitx
Campos
Santanyí
Ses Salines
Colònia de Sant Jordi
Cap de Salines
Parc Natural de la Península de Llevant
MASSÍS D'ARTÀ
Artà
Capdepera
Cala Ratjada
Son Servera
Cala Millor
Sant Llorenç des Cardassar
Porto Cristo
Coves dels Hams
Coves del Drac
Porto Colom
Cala d'Or
Parc Nat. de Mondragó
Cala Figuera
Cala Llombards
Es Trenc
DE LLUCMAJOR
Ciutadella

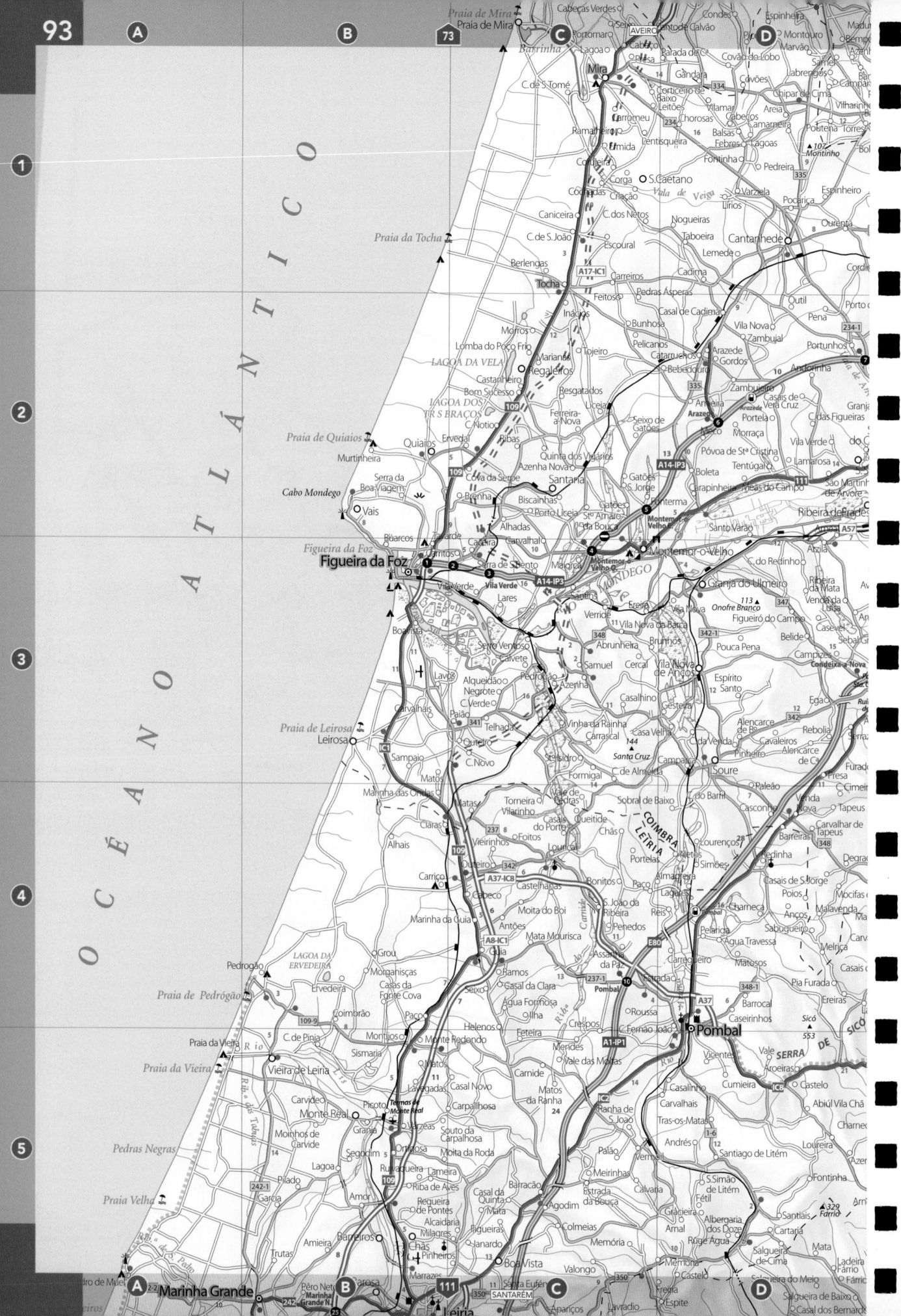
A
B
C
D
73
1
2
3
4
5
OCÉANO ATLÂNTICO
Praia de Mira
Barrinha
Cabeças Verdes
Portomar
Seixo
AVEIRO
Santo de Calvão
Condes
Espinheira
Montouro
Marvão
Lagoa
Parada de C.
Covão do Lobo
Mira
Gândara
Corticeiro de Baixo
Leitões
Vilamar
Covões
Areia
Chipar de Cima
Vilharinho
C. de S. Tomé
Carromeu
Chorosas
Cabeços
Camarneira
Poutena
Torres
Ramalheira
Lentisqueira
Balsas
Febres
Lagoas
Fontinha
Montinho
Pedreira
Corujeira
S. Caetano
Corga
Cochadas
Criação
Vala de Veiga
Varziela
Lírios
Pocariça
Espinheiro
Caniceira
C. dos Netos
Nogueiras
Ourentã
Praia da Tocha
C. de S. João
Taboeira
Cantanhede
Escoural
Lemede
Berlengas
A17-IC1
Cadima
Tocha
Carreiros
Feitosa
Pedras Ásperas
Outil
Inácios
Casal de Cadima
Pena
Morros
Bunhosa
Vila Nova
Zambujal
Lomba do Poço Frio
Tojeiro
Pelicanos
Arazede
Gordos
Portunhos
LAGOA DA VELA
Marianos
Regaleiros
Catarruchos
Bebedouro
Andorinha
Castanheiro
Bom Sucesso
Resgatados
Zambujeiro
Casais de Vera Cruz
LAGOA DOS TRÊS BRAÇOS
109
Liceia
Ferreira-a-Nova
Seixo de Gatões
Arazede
Portela
C. das Figueiras
C. Notícia
Meco
Morraça
Praia de Quiaios
Quiaios
Erveda
Ribas
Póvoa de Sta Cristina
Vila Verde
Murtinheira
Quinta dos Vigários
A14-IP3
Tentúgal
Lamarosa
Serra da Boa Viagem
Azenha Nova
Boleta
Cabo Mondego
Cova da Serpe
Santana
Gatões
S. Jorge
Carapinheira
Meãs do Campo
111
São Martinho de Árvore
Brenha
Biscainhas
Fonterma
Vais
Porto Liceia
Gatões
Sto Amaro da Bouça
Montemor-o-Velho
Ribeira de Frades
Alhadas
Santo Varão
Ameal
A57
Figueira da Foz
Buarcos
Tavarede
Carvalhal
Caceira
Montemor-o-Velho
Arzila
Serra de Sto Ento
C. do Redinho
Maiorca
Granja do Ulmeiro
Ribeira da Mata
Vila Verde
Lares
RIO MONDEGO
Santos
Ereira
Vila Nova
Onofre Branco
Verride
Vila Nova da Barca
Figueiró do Campo
Boavista
348
Abrunheira
Brunhós
342-1
Belide
Casevel
Serro Ventoso
Calvete
Samuel
Cercal
Vila Nova de Anços
Pouca Pena
Campizes
Condeixa-a-Nova
Lavos
Alqueidão
Negrote
Pedrogão
Azenha
Espírito Santo
C. Verde
Casalhino
Gesteira
Egas
Carvalhais
Paião
341
Telhada
Vinha da Rainha
Alencarce de Baixo
Rebolia
Praia de Leirosa
Leirosa
Carrascal
Casa Velha
Cavaleiros
Outeiro
144
Santa Cruz
Pinheiro
Alencarce de Cima
IC1
Sampaio
C. Novo
S. Isidro
Camparca
Soure
Matos
Formigal
C. de Almeida
Furadouro
Marinha das Ondas
Vale de Pedras
Torneira
Sobral de Baixo
Paleão
Matas
Vilarinho
C. do Barril
Casconha
Venda Nova
Tapeus
Claras
Casais do Porto
Queitide
Chãs
COIMBRA
LEIRIA
Barreiras
Carvalhar de Tapeus
Alhais
237
Vieirinhos
Foitos
Louriçal
Lourenços
Redinha
109
Outeiro
342
Portelas
Netos
Simões
Carriço
A37-IC8
Castelhanas
Bonitos
Paço
Almagreira
Casais de S. Jorge
Cabeço
Lagares
Poios
Marinha da Guia
Moita do Boi
S. João da Ribeira
Reis
Charneca
Anços
Malavenda
Antões
Penedos
Sabugueiro
Mata Mourisca
Pelariga
Água Travessa
A8-IC1
E80
Melriça
Grou
Guia
Assanha da Paz
Carregueiro
Matosos
Pedrogão
LAGOA DA ERVEDEIRA
Morganiscas
Ramos
237-1
Estrada
Pia Furada
Praia de Pedrógão
Ervedeira
Casas da Fonte Cova
Seixo
Casal da Clara
Pombal
348-1
Barrocal
Ereiras
Água Formosa
A37
Coimbrão
Paço
Ilha
Roussa
Caseirinhos
109-9
Sicó
553
Helenos
Crespos
Fernão João
Pombal
Praia da Vieira
C. de Pinja
Montijos
Monte Redondo
Feteira
A1-IP1
Vale
SERRA DE SICÓ
Sismaria
Mendes
Vale das Moitas
Vicentes
Praia da Vieira
Vieira de Leiria
Matos
Carnide
Aroeiras
Cumieira
IC8
Castelo
Lavagadas
Casal Novo
Matos da Ranha
Casalinho
Carvide
Picoto
Termas de Monte Real
Carpalhosa
Carvalhais
Abiul
Vila Chã
Monte Real
Ranha de S. João
Tras-os-Matas
Granja
Várzeas
Souto da Carpalhosa
Moinhos de Carvide
Andrés
Pedras Negras
Segodim
Ortigosa
Moita da Roda
Palão
Vermoil
1-6
Santiago de Litém
Loureira
Lagoa
Ruivaqueira
Lameira
Meirinhas
S. Simão de Litém
Fontinha
Pilado
Riba de Aves
Casal da Quinta
Barracão
Calvaria
242-1
Fétil
Garcia
Amor
Regueira de Pontes
Mata
Estrada da Bouça
Praia Velha
Agodim
Gracieira
Albergaria dos Doze
329
Farrio
Santiais
Alcaidaria
Milagres
Figueiras
Colmeias
Arnal
Cartaria
Amieira
Barreiros
Chãs
Janardo
Memória
Rugé Água
Mata
Trutas
Pinheiros
Salgueira de Cima
Boa Vista
Valongo
Memória
Ladeira
Fárrio
Marrazes
Castelo
Salgueira do Meio
Pedro de Muel
Marinha Grande
Pêro Neto
Marinha Grande N.
Carosa
111
Santa Eufémia
350
SANTARÉM
Freixia
Espite
Salgueira de Baixo
Casal dos Bernardos
Leiria
Aparícios
Lavradio
242
25

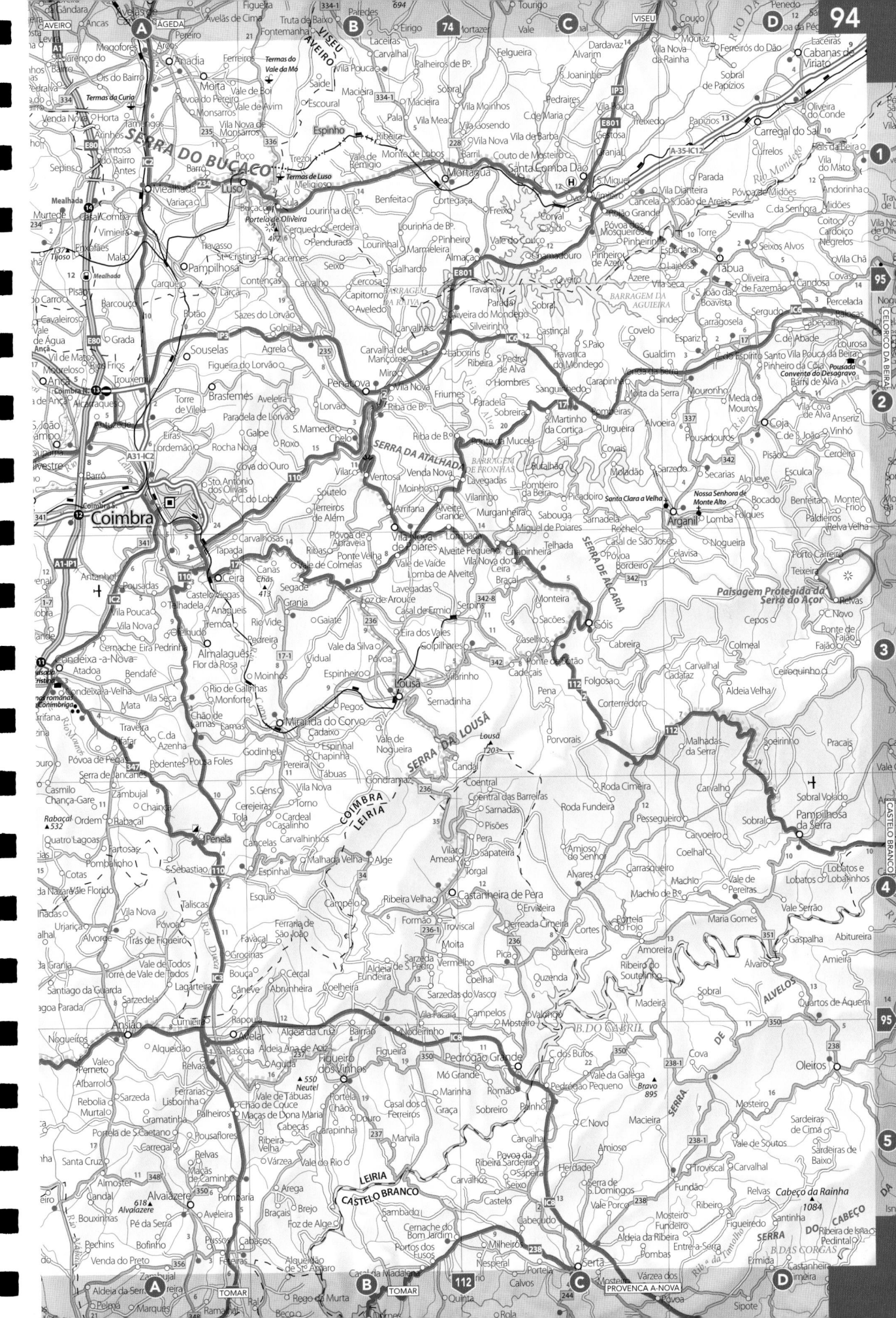
AVEIRO
ÁGEDA
VISEU
Viseu
Aveiro
SERRA DO BUÇACO
Termas do Vale da Mó
Termas da Curia
Termas de Luso
Portela de Oliveira
Anadia
Mealhada
Luso
Buçaco
Mortágua
Santa Comba Dão
Carregal do Sal
Cabanas de Viriato
Tábua
BARRAGEM DA RAIVA
BARRAGEM DA AGUIEIRA
Pampilhosa
Souselas
Brasfemes
Penacova
Coimbra
SERRA DA ATALHADA
BARRAGEM DE FRONHAS
Vila Nova de Poiares
Arganil
Nossa Senhora de Monte Alto
Santa Clara a Velha
Coja
Pousada Convento do Desagravo
Paisagem Protegida da Serra do Açor
SERRA DE ALCARIA
Góis
Ceira
Condeixa-a-Nova
Condeixa-a-Velha
Ruínas romanas de Conímbriga
Almalaguês
Lousã
Miranda do Corvo
SERRA DA LOUSÃ
Lousã 1203
COIMBRA
LEIRIA
Penela
Rabaçal 532
Pampilhosa da Serra
Castanheira de Pera
Ansião
Avelar
Figueiró dos Vinhos
Neutel 550
Pedrógão Grande
B. DO CABRIL
SERRA DE ALVELOS
Bravo 895
Oleiros
Alvaiázere
Alvaiázere 618
LEIRIA
CASTELO BRANCO
Cabeço da Rainha 1084
SERRA DO CABEÇO
B. DAS CORGAS
Sertã
TOMAR
PROVENCA A-NOVA
CELORICO DA BEIRA
CASTELO BRANCO
A
B
C
D
1
2
3
4
5
74
95
112

CELORICO DA BEIRA
Girabolhos
Vila Nova de Tazem
Rio Torto
Nespereira
São Paio
Folgosinho
Maçainhas de Baixo
Ortigueira
Carvalhal da Louça
Tazem
Vide de Madeiros
Caldas da Felgueira
Lapa do Lobo
Paranhos da Beira
Lajes
Lagarinhos
Vinhó
Gouveia
Moimenta da Serra
Corujeira
Trinta
Vale de Estrela
Chaveiral
Tourais
Pinhanços
Meios
Seixo da Beira
Lapa de Tourais
S. Cosmado
Parque Natural
da Serra da Estrela
Fernão Joanes
Seixas
Aldeia Formosa
Vila Verde
Figueiredo
Mangualde da Serra
Aldeias
Póvoa de São Cosme
Sobreda
Pereiro
Santa Comba
Paços da Serra
Vila Franca da Beira
Santa Marinha
1222 Cerro do Gato
Vila Chã
Seixo Amarelo
Sameice
Folgosa do Salvador
Arrifana
São Martinho
Ervedal
Travancinha
Vodra
Póvoa Nova
Famalicão
Vela
Casal
Folgosa da Madalena
Santiago
Seia
Póvoa Velha
Santa Eulália
Maceira
1378 Santo Estevão
Pousada de S. Lourenço
Lagares
Carragosela
Travanca de Lagos
Meruge
Várzea de Meruge
São Romão
Vale da Amoreira
Gonçalo
Sameiro
Sabugueiro
Manteigas
Valhelhas
Vila Nova de Oliveirinha
Gravinhas de B.º
Lajeosa
Lagos da Beira
Torrozelo
Vila Cova à Coelheira
Paço do Inferno
Serra de V
Maçaínhas
Bobadela
Folhadosa
Lapa dos Dinheiros
Caldas de Manteigas
Gravinhas de C.ª
Verdelhos
Colmeal da Torre
Oliveira do Hospital
S. Paio de Gramaços
Chamusca
Sandomil
Vale Formoso
Sarzedo
Valezim
Vale Glaciário do Zêzere
Gramaços
Corgas
Sazes da Beira
B. Lagoa Comprida
Aldeia do Souto
Ruínas romanas Centum Cellas
Belmonte
Nogueira do Cravo
S. Gião
Vilela
Galizes
Penalva de Alva
ESTRELA
Cascatas da Candieira
Loriga
Pousada do Convento de Belmonte
Orjais
Santa Ovaia
S. Sebastião da Feira
Rio de Mel
Vendas de Galizes
Cabeça
Estrela 1993
DA
1656 Curral do Vento
Inguias
Teixoso
Malpique
Alvoco das Várzeas
Casal do Rei
Fontão
B. Covão do Feiro
Avô
Aldeia das Dez
Vide
Barreosa
Alvoco da Serra
SERRA
Aldeia de Carvalho
Carvalhal
Chão Sobral
Vasco Esteves de B.º
Caria
Pomares
Covilhã
Vasco Esteves de C.ª
Muralha 1487
Foz da Moura
GUARDA
COIMBRA
Unhais da Serra
Cortes do Meio
Bouça
CASTELO B
Sobral Magro
Teixeira
Terra da Senhora
Sorgaçosa
Sobral Gordo
Chãs de Égua
Boidobra
Peraboa
Moura da Serra
Souto da Ruiva
Trigais
Cortes de B.º
Mourísia
Piódão
1061 Fonte Espinho
Tortozendo
Quintas
Salgueiro
Erada
Tójo
Malhada Chã
Sobral de Casegas
Ferro
B. de Capinha
Fornea
Paul
Dominguizo
SERRA DA CEBOLA
Pêro Viseu
Vale da Cerdeira
Coutada
Peso
Alcaria
Vales de Pero Viseu
Camba
Minas da Panasqueira
Pesinho
Capinha
S. Jorge da Beira
Casegas
Ceiroco
Barco
Meãs
Barroca Grande
Relvas
Telhado
1086 Chiqueiro
Valverde
Carvalhal
Fatela
Enxames
Unhais-o-Velho
Aldeia São Francisco de Assis
Ourondo
Vale Verde
Barragem de St.ª Luzia
Silvares
Lavacolhos
Freixial
Aldeia de Joanes
Fundão
Vidual
Aldeia Nova do Cabo
Chãos
Alcaide
Póvoa da Palhaça
Dornelas do Zêzere
Barroca
Castelejo
Souto da Casa
Donas
Cabril
Quinta do Monte Leal
São Martinho
Enxabarda
Alcongosta
Vale Grande
Souto do Brejo
Esteiro
Carregal
Alqueidão
Túnel de Gardunha
Vale de Prazeres
Corticada
ZÊZERE
GARDUNHA
Alpedrinha
Boxinos
Mata da
Vale d'Urso
Armadouro
Bogas de Cima
Janeiro de Cima
Malhada Velha
Castelo Novo
1227 Gardunha
Bogas do Meio
Póvoa de Atalaia
COIMBRA
CASTELO BRANCO
Rochas de Cima
Casal da Serra
Bogas de Baixo
Descoberto
Maxial
Partida
Nossa Senhora da Orada
Lourical do Campo
Aldeia de Santa Margarida
Atalaia do Campo
Orca
Pereiros
Torre
Carreiros
Ladeira
Ingarnal
São Vicente da Beira
Orvalho
Soalheira
Cambas
Adgiraldo
Mourelo
Barragem do Pisco
RIO
Foz Giraldo
Almaceda
Zebras
Casas da Zebreira
São Miguel de Acha
Pisoria
Sobral do Campo
Barragem da Marateca
Vale da Torre
Vilarinho
A23-IP-2
Roqueiro
Vilar Barroco
Lardosa
Rochas de Baixo
Paiágua
Ninho do Açor
Silvosa
Estreito
Oledo
Sarnadas de S. Simão
Tinalhas
860 Cardal
Cardosa
Póvoa de Rio de Moinhos
Mougueiras de Cima
Barbaído
Freixial do Campo
Escalos de Cima
Lousa
Pousaflores
Juncal do Campo
Cafede
Bafareira
Chão da Vã
Alcains
Idanha
Malhada do Cervo
Salgueiro do Campo
Mata
Escalos de Baixo
DA RAINHA
Palvarinho
Daspera
Esfrega
Sesmo
Isna
Herdade
Sarzedas
São Domingos
Taberna Seca
Alvito da Beira
Sobrainho dos Baios
Conqueiros
Cerejeira
Vales
Santo André das Tojeiras
Aboboreira
ALPALHÃO
Castelo Branco
Nossa Senhora de Mércoles
Ladoeiro
C. da Ribeira

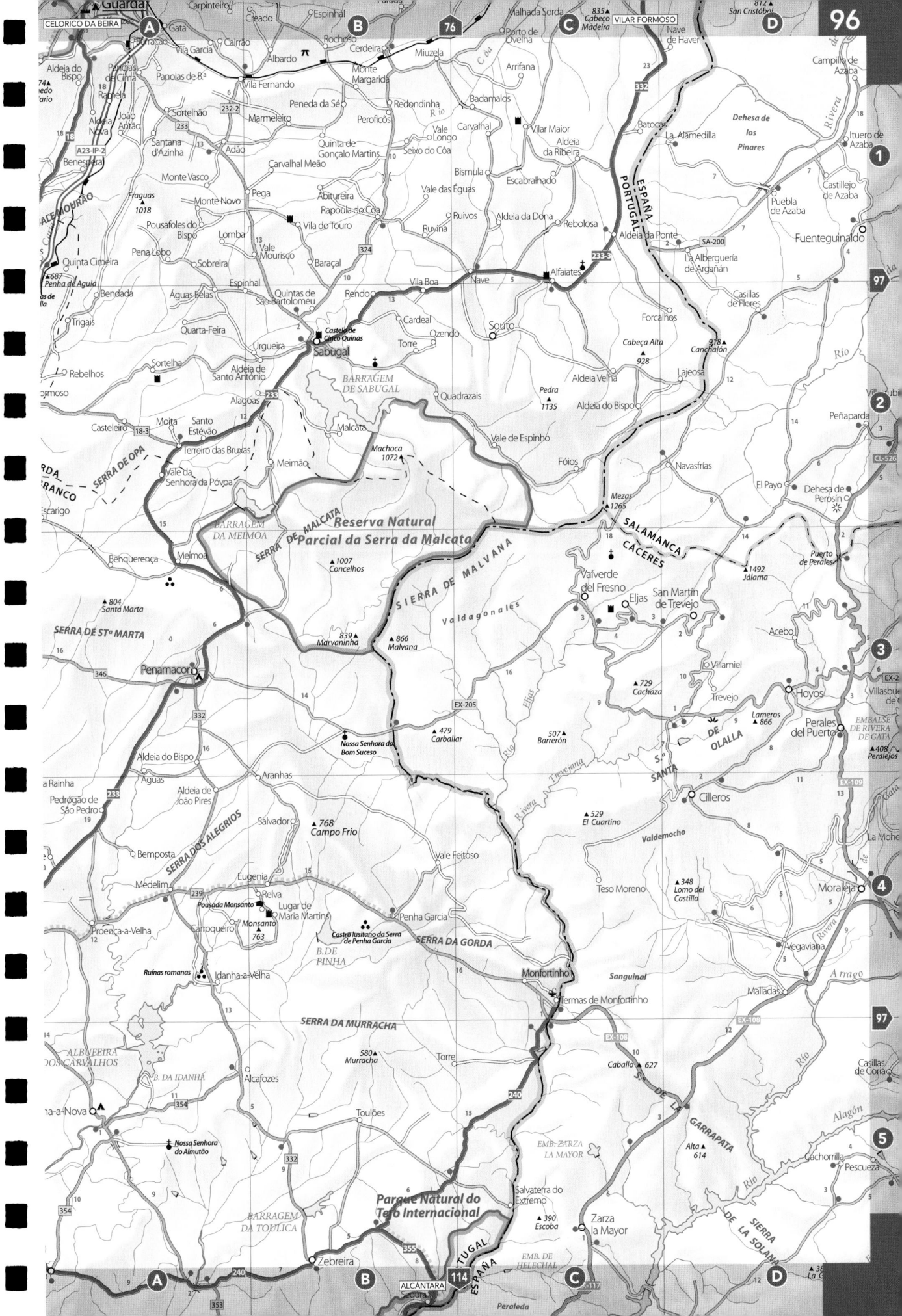

A
B
C
D
1
2
3
4
5
97
Guarda
CELORICO DA BEIRA
VILAR FORMOSO
Carpinteiro
Creado
Espinhal
Malhada Sorda
Cabeço Madeira
San Cristóbal
Gata
Porto de Ovelha
Nave de Haver
Barração
Vila Garcia
Cairrão
Rochoso
Cerdeira
Miuzela
Aldeia do Bispo
Panoias de Cima
Panoias de B.ª
Albardo
Monte Margarida
Arrifana
Campillo de Azaba
Vila Fernando
Ramela
Peneda da Sé
Redondinha
Badamalos
Sortelhão
Marmeleiro
Perofiços
Vale Longo
Carvalhal
Vilar Maior
Dehesa de los Pinares
Aldeia Nova
João Antão
Quinta de Gonçalo Martins
Seixo do Côa
Aldeia da Ribeira
Batocas
La Alamedilla
Ituero de Azaba
Santana d'Azinha
Adão
Benespera
A23-IP-2
Carvalhal Meão
Bismula
Monte Vasco
Escabralhado
Castillejo de Azaba
Puebla de Azaba
Fraguas 1018
Pega
Vale das Éguas
Monte Novo
Abitureira
Rapoula do Côa
Ruivos
Aldeia da Dona
Rebolosa
Pousafoles do Bispo
Vila do Touro
Ruvina
Aldeia da Ponte
Fuenteguinaldo
Lomba
SA-200
Vale Mourisco
ESPAÑA
PORTUGAL
Pena Lobo
Quinta Cimeira
Sobreira
Baraçal
La Alberguería de Argañán
Alfaiates
Penha de Aguia
Vila Boa
Nave
Espinhal
Águas Belas
Quintas de São Bartolomeu
Rendo
Bendada
Casillas de Flores
Trigais
Cardeal
Ozendo
Forcalhos
Quarta-Feira
Castelo de Cinco Quinas
Souto
Urgueira
Sabugal
Torre
Cabeça Alta 928
Canchalón
Sortelha
Rebelhos
Aldeia de Santo António
BARRAGEM DE SABUGAL
Aldeia Velha
Lajeosa
Pedra 1135
Quadrazais
Alagoas
Aldeia do Bispo
Peñaparda
Castelero
Moita
Santo Estêvão
Malcata
Terreiro das Bruxas
Machoca 1072
Vale de Espinho
SERRA DE OPA
Meimão
Fóios
Navasfrías
Vale da Senhora da Póvoa
El Payo
Dehesa de Perosín
Mezas 1265
BARRAGEM DA MEIMOA
SERRA DE MALCATA
Reserva Natural Parcial da Serra da Malcata
SALAMANCA
CÁCERES
Escarigo
Benquerença
Meimoa
1007 Concelhos
SIERRA DE MALVANA
Puerto de Perales
1492 Jálama
Valverde del Fresno
Eljas
San Martín de Trevejo
804 Santa Marta
Valdagonales
SERRA DE Sta MARTA
839 Marvaninha
866 Malvana
Acebo
Penamacor
Villamiel
729 Cachaza
Trevejo
Hoyos
EX-205
Lameros 866
Perales del Puerto
EMBALSE DE RIVERA DE GATA
479 Carballar
507 Barrerón
Nossa Senhora do Bom Suceso
SANTA
OLALLA
408 Peralejos
Aldeia do Bispo
Águas
Aranhas
Rainha
Rivera Trevejana
Pedrógão de São Pedro
Aldeia de João Pires
Cilleros
EX-109
Salvador
768 Campo Frio
529 El Cuartino
Valdemocho
SERRA DOS ALEGRIOS
Bemposta
Vale Feitoso
Medelim
Eugenia
Relva
Teso Moreno
348 Lomo del Castillo
Moraleja
Pousada Monsanto
Lugar de Maria Martins
Penha Garcia
Proença-a-Velha
Carroqueiro
Monsanto 763
Castro lusitano da Serra de Penha Garcia
SERRA DA GORDA
Vegaviana
B.DE PINHA
Monfortinho
Sanguinal
Ruínas romanas
Idanha-a-Velha
Malladas
Termas de Monfortinho
SERRA DA MURRACHA
EX-108
ALBUFEIRA DOS CARVALHOS
580 Murracha
Torre
Caballo 627
Casillas de Coria
B. DA IDANHA
Alcafozes
S.ª DE LA GARRAPATA
Toulões
Alagón
Nossa Senhora do Almurtão
EMB. ZARZA LA MAYOR
Alta 614
Cachorrilla
Pescueza
Salvaterra do Extremo
Parque Natural do Tejo Internacional
390 Escoba
Zarza la Mayor
BARRAGEM DA TOULICA
SIERRA DE LA SOLANA
Zebreira
EMB. DE HELECHAL
ALCÁNTARA
Segura
Peraleda

Parque Natural
Las Batuecas-Sierra de Francia
LAS BATUECAS
SIERRA DE LA PEÑA DE FRANCIA
LAS HURDES
SIERRA DE VILLASRUBIAS
S.ª DE LAS PILAS
S.ª DE GATA
SALAMANCA
CÁCERES
S.ª DE LAS JAÑONAS
S.ª DE LOS ÁNGELES
S.ª DEL CANCHAL
S.ª TRAOGUERA
S.ª DEL CASTILLEJO
S.ª DEL CORDÓN
S.ª DE LAGUNI
S.ª DE MERENGUE
Fuenteguinaldo
Robleda
Villasrubias
Gata
Cadalso
Torre de Don Miguel
Villasbuenas de Gata
Perales del Puerto
Pozuelo de Zarzón
Guijo de Coria
Montehermoso
Coria
Torrejoncillo
Riolobos
Holguera
Carcaboso
Galisteo
Plasencia
Mohedas de Granadilla
La Pesga
Caminomorisco
Pinofranqueado
Nuñomoral
La Alberca
Ahigal
Santibáñez el Bajo
Oliva de Plasencia
Embalse de Gabriel y Galán
Embalse de Borbollón
Embalse de Rivera de Gata
Emb. de Valdeobispo
Cáparra
Parador de Turismo de Plasencia
EX-204
EX-205
EX-370
EX-108
EX-109
EX-208
N-630
A-66
CÁCERES

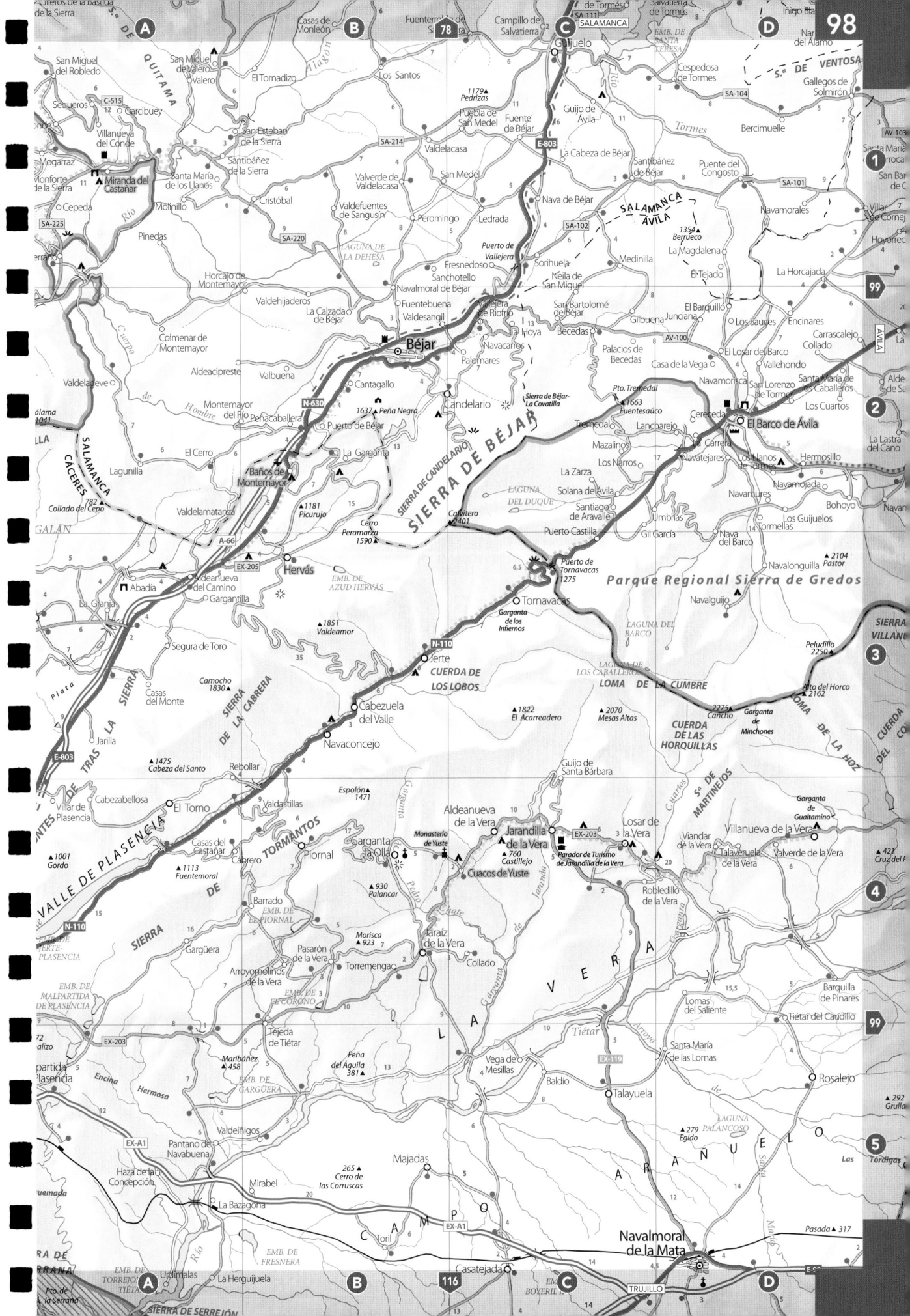
A
B
C
D
Casas de Monleón
Fuenterroble de Salvatierra
78
Campillo de Salvatierra
SALAMANCA
Guijuelo
EMB. DE SANTA TERESA
Íñigo Blasco
Narros del Álamo
S.ª DE VENTOSA
San Miguel del Robledo
S.ª DE QUITAMA
San Miguel de Valero
Valero
El Tornadizo
Alagón
Los Santos
1179 Pedrizas
Cespedosa de Tormes
Gallegos de Solmirón
SA-104
Sequeros
C-515
Garcibuey
San Esteban de la Sierra
Puebla de San Medel
Fuente de Béjar
Guijo de Ávila
Río
Tormes
Bercimuelle
Villanueva del Conde
SA-214
Valdelacasa
E-803
La Cabeza de Béjar
Mogarraz
Monforte de la Sierra
Miranda del Castañar
Santibáñez de la Sierra
Santa María de los Llanos
Valverde de Valdelacasa
San Medel
Santibáñez de Béjar
Puente del Congosto
SA-101
Cepeda
Molinillo
Cristóbal
Valdefuentes de Sangusín
Peromingo
Ledrada
Nava de Béjar
SALAMANCA
ÁVILA
Navamorales
SA-225
Pinedas
SA-220
LAGUNA DE LA DEHESA
Puerto de Vallejera
SA-102
1354 Berrueco
La Magdalena
Fresnedoso
Sorihuela
Medinilla
El Tejado
La Horcajada
Horcajo de Montemayor
Sanchotello
Neila de San Miguel
99
Navalmoral de Béjar
Valdehijaderos
La Calzada de Béjar
Fuentebuena
Valdesangil
Vallejera de Riofrío
San Bartolomé de Béjar
Gilbuena
Junciana
El Barquillo
Los Sauces
Encinares
La Hoya
Becedas
AV-100
Colmenar de Montemayor
Béjar
Navacarros
Palacios de Becedas
El Losar del Barco
Carrascalejo
Collado
ÁVILA
Palomares
Casa de la Vega
Vallehondo
Aldeacipreste
Valbuena
Cantagallo
Navamorisca
San Lorenzo de Tormes
Santa María de los Caballeros
Valdelageve
Candelario
Pto. Tremedal
1663 Fuentesaúco
N-630
1637 Peña Negra
Sierra de Béjar-La Covatilla
Cereceda
Los Cuartos
Montemayor del Río
Peñacaballera
Puerto de Béjar
Tremedal
Lancharejo
El Barco de Ávila
La Garganta
La Carrera
SIERRA DE CANDELARIO
SIERRA DE BÉJAR
Mazalinos
Navatejares
Los Llanos de Tormes
Hermosillo
La Lastra del Cano
El Cerro
Los Narros
SALAMANCA
CÁCERES
Lagunilla
Baños de Montemayor
La Zarza
LAGUNA DEL DUQUE
Solana de Ávila
Navamures
Navamojada
782 Collado del Cepo
1181 Picurujo
Santiago de Aravalle
Bohoyo
Valdelamatanza
Calvitero 2401
Umbrías
Los Guijuelos
Tormellas
Cerro Peramarza 1590
Puerto Castilla
Gil García
Nava del Barco
A-66
EX-205
Hervás
Puerto de Tornavacas 1275
Navalonguilla
2104 Pastor
EMB. DE AZUD HERVÁS
Parque Regional Sierra de Gredos
Abadía
Aldeanueva del Camino
Gargantilla
La Granja
Tornavacas
Navalguijo
Garganta de los Infiernos
1851 Valdeamor
LAGUNA DEL BARCO
Segura de Toro
N-110
Jerte
Peludillo 2250
LAGUNA DE LOS CABALLEROS
CUERDA DE LOS LOBOS
LOMA DE LA CUMBRE
Camocho 1830
Casas del Monte
Plata
Alto del Horco 2162
SIERRA DE LA CABRERA
Cabezuela del Valle
1822 El Acarreadero
2070 Mesas Altas
2275 Cancho
Garganta de Minchones
CUERDA DE LAS HORQUILLAS
LOMA DE LA HOZ
Jarilla
Navaconcejo
SIERRA DE TRAS LA SIERRA
E-803
1475 Cabeza del Santo
Rebollar
Guijo de Santa Bárbara
S.ª DE MARTINEJOS
Espolón 1471
Cabezabellosa
Villar de Plasencia
El Torno
Valdastillas
Aldeanueva de la Vera
Jarandilla de la Vera
Losar de la Vera
Garganta de Gualtamino
Viandar de la Vera
Villanueva de la Vera
Monasterio de Yuste
EX-203
VALLE DE PLASENCIA
Casas del Castañar
Cabrero
TORMANTOS
Piornal
Garganta la Olla
760 Castillejo
Parador de Turismo de Jarandilla de la Vera
Talaveruela de la Vera
Valverde de la Vera
421 Cruz del P
1001 Gordo
1113 Fuentemoral
Cuacos de Yuste
930 Palancar
Robledillo de la Vera
Barrado
EMB. DE EL PIORNAL
N-110
EMB. DE JERTE-PLASENCIA
SIERRA DE TORMANTOS
Morisca 923
Jaraíz de la Vera
Gargüera
Pasarón de la Vera
Torremenga
Collado
LA VERA
Arroyomolinos de la Vera
EMB. DE EL CORONO
Barquilla de Pinares
EMB. DE MALPARTIDA DE PLASENCIA
Lomas del Saliente
Tejeda de Tiétar
Tiétar
Tiétar del Caudillo
EX-203
Maribáñez 458
Peña del Águila 381
Vega de Mesillas
EX-119
Santa María de las Lomas
Malpartida de Plasencia
Encina
Hermosa
EMB. DE GARGÜERA
Baldío
Talayuela
Rosalejo
292 Grullo
Valdeíñigos
LAGUNA PALANCOSO
279 Egido
EX-A1
Pantano de Navabuena
ARAÑUELO
Haza de la Concepción
265 Cerro de las Corruscas
Majadas
Las Tórdigas
Mirabel
La Bazagona
CAMPO
EX-A1
Toril
Pasada 317
Navalmoral de la Mata
EMB. DE FRESNERA
Río
EMB. DE TORREJÓN-TIÉTAR
Urdimalas
La Herguijuela
116
Casatejada
EMB. DE BOYERIL
TRUJILLO
Pto. de la Serrana
SIERRA DE SERREJÓN
1
2
3
4
5
99

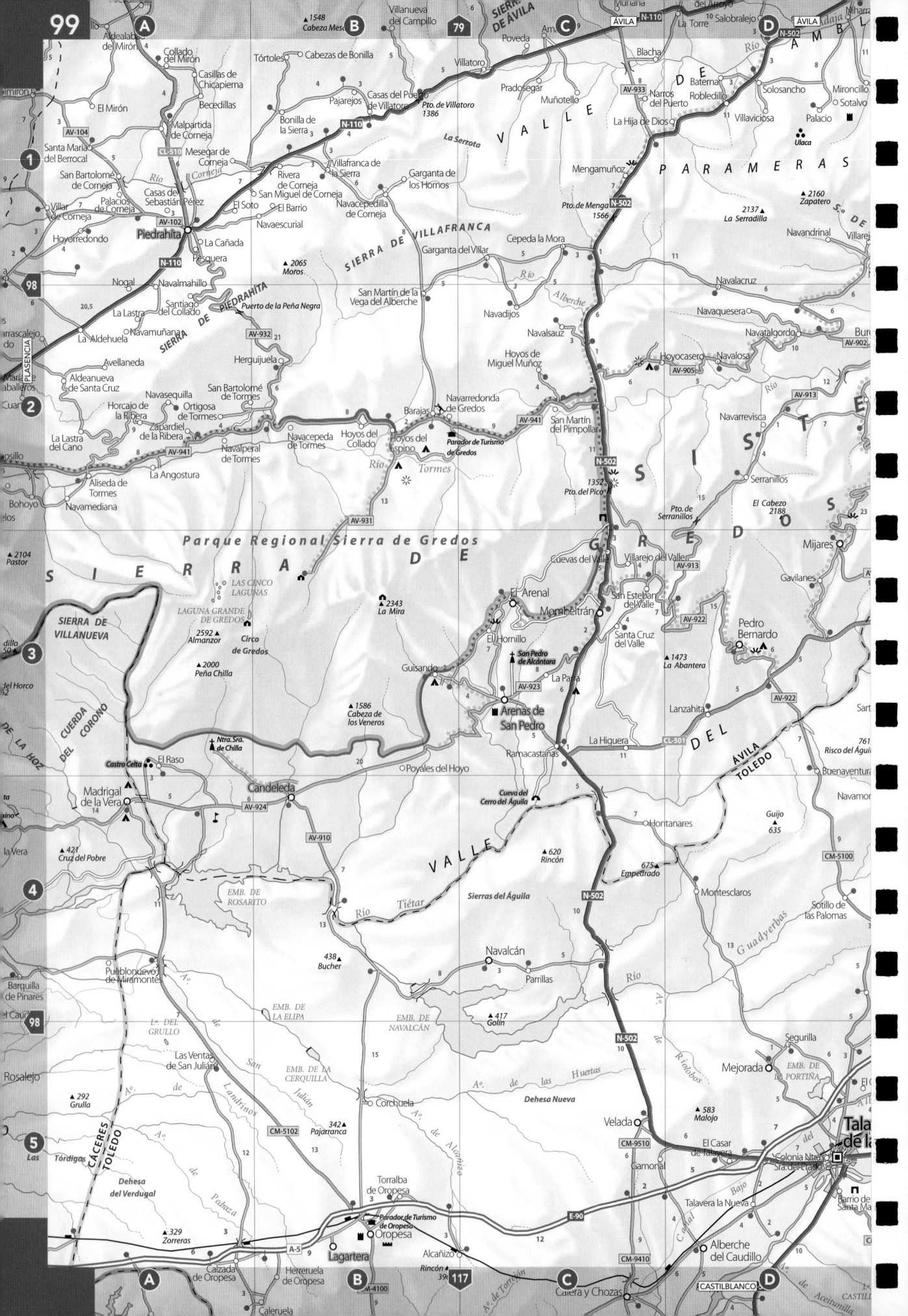
A
B
C
D
79
1
2
3
4
5
98
117
ÁVILA
N-110
N-502
AV-104
CL-510
AV-102
AV-932
AV-941
AV-931
AV-905
AV-902
AV-913
AV-922
AV-923
AV-933
CL-501
AV-924
AV-910
CM-5100
CM-5102
CM-9510
CM-9410
CM-4100
E-90
A-5
CASTILBLANCO
PLASENCIA
Aldealabad del Mirón
Collado del Mirón
Casillas de Chicapierna
El Mirón
Becedillas
Malpartida de Corneja
Santa María del Berrocal
Mesegar de Corneja
San Bartolomé de Corneja
Casas de Sebastián Pérez
Villar de Corneja
Palacios de Corneja
Hoyorredondo
Piedrahíta
La Cañada
Pesquera
Nogal
Navalmahillo
Santiago del Collado
La Lastra
La Aldehuela
Navamuñana
Avellaneda
Aldeanueva de Santa Cruz
Herguijuela
Navasequilla
San Bartolomé de Tormes
Horcajo de la Ribera
Ortigosa de Tormes
Zapardiel de la Ribera
La Lastra del Cano
Navalperal de Tormes
Navacepeda de Tormes
Hoyos del Collado
Hoyos del Espino
Barajas
Navarredonda de Gredos
Parador de Turismo de Gredos
La Angostura
Aliseda de Tormes
Bohoyo
Navamediana
Villanueva del Campillo
Cabeza Mesa
1548
Tórtoles
Cabezas de Bonilla
Casas del Puerto de Villatoro
Pajarejos
Bonilla de la Sierra
Villatoro
Pto. de Villatoro 1386
Poveda
Villafranca de la Sierra
Rivera de Corneja
San Miguel de Corneja
Garganta de los Hornos
Navacepedilla de Corneja
El Soto
El Barrio
Navaescurial
SIERRA DE VILLAFRANCA
SIERRA DE PIEDRAHITA
Puerto de la Peña Negra
2065 Moros
Garganta del Villar
San Martín de la Vega del Alberche
Cepeda la Mora
Navadijos
Navalsauz
Hoyos de Miguel Muñoz
San Martín del Pimpollar
La Serrota
VALLE DE AMBLÉS
Pradosegar
Muñotello
Blacha
Narros del Puerto
Baterna
Robledillo
La Hija de Dios
Solosancho
Mironcillo
Sotalvo
Villaviciosa
Palacio
Ulaca
La Torre
Salobralejo
Mengamuñoz
Pto. de Menga 1566
PARAMERAS
2160 Zapatero
2137 La Serradilla
Navandrinal
Navalacruz
Navaquesera
Navatalgordo
Hoyocasero
Navalosa
Navarrevisca
Serranillos
Pto. de Serranillos
El Cabezo 2188
1352 Pto. del Pico
Río Alberche
Río Tormes
Parque Regional Sierra de Gredos
SIERRA DE GREDOS
2104 Pastor
LAS CINCO LAGUNAS
LAGUNA GRANDE DE GREDOS
2592 Almanzor
Circo de Gredos
2000 Peña Chilla
2343 La Mira
1586 Cabeza de los Veneros
SIERRA DE VILLANUEVA
CUERDA DEL CORONO
Cuevas del Valle
Villarejo del Valle
El Arenal
Mombeltrán
San Esteban del Valle
Santa Cruz del Valle
El Hornillo
San Pedro de Alcántara
Guisando
La Parra
1473 La Abantera
Mijares
Gavilanes
Pedro Bernardo
Arenas de San Pedro
Lanzahita
La Higuera
Ramacastañas
Ntra. Sra. de Chilla
Castro Celta
El Raso
Madrigal de la Vera
Candeleda
Poyales del Hoyo
Cueva del Cerro del Águila
VALLE DEL TIÉTAR
Hontanares
761 Risco del Águila
Buenaventura
Guijo 635
620 Rincón
675 Empedrado
Sierras del Águila
Montesclaros
Sotillo de las Palomas
421 Cruz del Pobre
EMB. DE ROSARITO
Río Tiétar
Río Guadyerbas
438 Bucher
Navalcán
Parrillas
Pueblonuevo de Miramontes
Barquilla de Pinares
EMB. DE LA ELIPA
EMB. DE NAVALCÁN
417 Golín
L.ª DEL GRULLO
Las Ventas de San Julián
EMB. DE LA CERQUILLA
Aº. de las Huertas
Dehesa Nueva
Segurilla
Mejorada
EMB. DE LA PORTIÑA
Rosalejo
292 Grulla
Corchuela
342 Pajarranca
583 Malojo
Velada
El Casar de Talavera
Gamonal
Colonia Ntra. Sra. del Prado
Talavera de la Reina
Talavera la Nueva
Barrio de Santa María
CÁCERES
TOLEDO
ÁVILA TOLEDO
Las Tórdigas
Dehesa del Verdugal
329 Zorreras
Torralba de Oropesa
Parador de Turismo de Oropesa
Oropesa
Lagartera
Alcañizo
Rincón 390
Calzada de Oropesa
Herreruela de Oropesa
Caleruela
Calera y Chozas
Alberche del Caudillo
Canal Bajo del Alberche
Aº. de Aceitunilla
Aº. de Torrejón

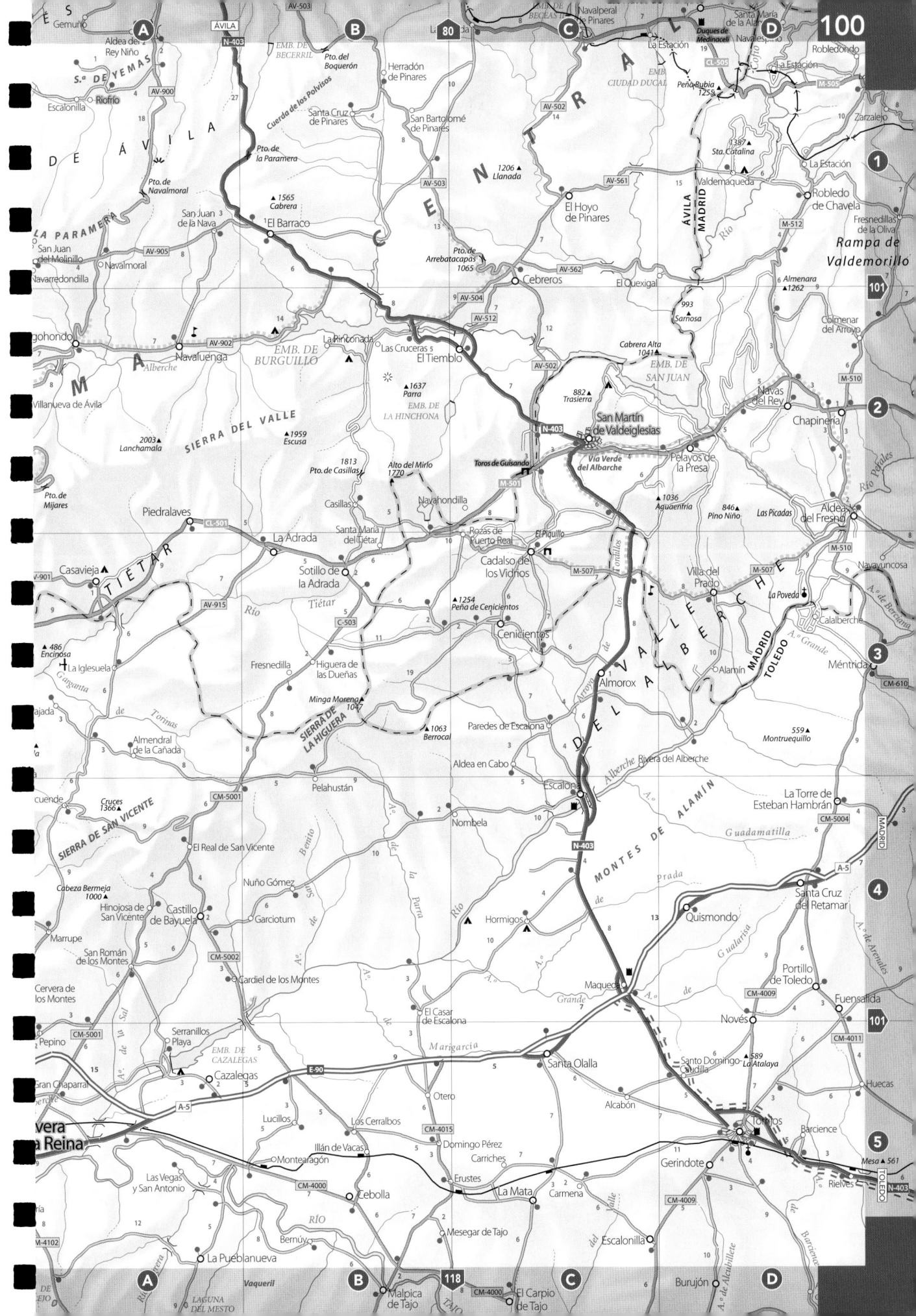

A
B
C
D
1
2
3
4
5
80
101
118
Gemuño
Aldea del Rey Niño
S.ª DE YEMAS
Riofrío
Escalonilla
DE ÁVILA
ÁVILA
N-403
AV-503
EMB. DE BECERRIL
Pto. del Boquerón
Herradón de Pinares
Cuerda de los Polvisos
Santa Cruz de Pinares
San Bartolomé de Pinares
Pto. de la Paramera
Pto. de Navalmoral
1565 Cabrera
El Barraco
San Juan de la Nava
LA PARAMERA
San Juan del Molinillo
Navalmoral
Navarredonilla
AV-900
AV-905
AV-902
AV-502
AV-503
AV-561
AV-562
AV-504
AV-512
CENTRAL
1206 Llanada
El Hoyo de Pinares
Pto. de Arrebatacapas 1065
Cebreros
El Quexigal
Navalperal de Pinares
Santa María de la Alameda
Duques de Medinaceli
La Estación
Navalespino
Robledondo
CL-505
M-505
EMB. CIUDAD DUCAL
Peña Rubia 1255
Zarzalejo
1387 Sta. Catalina
Valdemaqueda
ÁVILA
MADRID
Robledo de Chavela
Fresnedillas de la Oliva
Rampa de Valdemorillo
M-512
Almenara 1262
993 Sarnosa
Colmenar del Arroyo
Navaluenga
Alberche
EMB. DE BURGUILLO
La Rinconada
Las Cruceras
El Tiemblo
1637 Parra
EMB. DE LA HINCHONA
Cabrera Alta 1041
EMB. DE SAN JUAN
882 Trasierra
San Martín de Valdeiglesias
Navas del Rey
Chapinería
M-510
Villanueva de Ávila
SIERRA DEL VALLE
2003 Lanchamala
1959 Escusa
1813 Pto. de Casillas
Alto del Mirlo 1770
Toros de Guisando
Vía Verde del Albarche
Pelayos de la Presa
Río Perales
Pto. de Mijares
Piedralaves
CL-501
La Adrada
Casillas
Navahondilla
M-501
Santa María del Tiétar
Rozas de Puerto Real
El Piquillo
1036 Aguaenfría
846 Pino Niño
Las Picadas
Aldea del Fresno
Casavieja
TIÉTAR
AV-901
Sotillo de la Adrada
Cadalso de los Vidrios
M-507
Villa del Prado
La Poveda
Navayuncosa
AV-915
Río Tiétar
C-503
1254 Peña de Cenicientos
Cenicientos
VALLE DEL ALBERCHE
Arroyo de los Tordillos
Calalberche
A.º de Berciana
486 Encinosa
La Iglesuela
Fresnedilla
Higuera de las Dueñas
Almorox
Alamín
MADRID
TOLEDO
A.º Grande
Méntrida
CM-610
Garganta de Torinas
Minga Morena 1047
SIERRA DE LA HIGUERA
1063 Berrocal
Paredes de Escalona
559 Montruequillo
Almendral de la Cañada
Aldea en Cabo
Rivera del Alberche
Pelahustán
Escalona
CM-5001
Cruces 1366
SIERRA DE SAN VICENTE
Nombela
MONTES DE ALAMÍN
La Torre de Esteban Hambrán
CM-5004
Guadamatilla
El Real de San Vicente
Benito
A.º de la Parra
Cabeza Bermeja 1000
Nuño Gómez
Hinojosa de San Vicente
Castillo de Bayuela
Garciotum
Marrupe
Hormigos
Prada
A-5
Santa Cruz del Retamar
Quismondo
San Román de los Montes
CM-5002
Cardiel de los Montes
A.º de Gualarisa
A.º de Arenales
Cervera de los Montes
Portillo de Toledo
Maqueda
A.º Grande
Fuensalida
CM-4009
El Casar de Escalona
Novés
CM-4011
Pepino
Serranillos Playa
EMB. DE CAZALEGAS
A.º de Margarcía
Santa Olalla
Santo Domingo-Caudilla
589 La Atalaya
Gran Chaparral
Cazalegas
E-90
Huecas
Otero
Alcabón
Lucillos
Los Cerralbos
CM-4015
Torrijos
Barcience
Talavera de la Reina
Domingo Pérez
Illán de Vacas
Montearagón
Carriches
Gerindote
Mesa 561
Las Vegas y San Antonio
CM-4000
Erustes
Cebolla
La Mata
Carmena
Rielves
TOLEDO
RÍO
Mesegar de Tajo
Valle
Escalonilla
CM-4102
Bernuy
La Pueblanueva
A.º de Acebuilla
Barcience
Vaqueril
LAGUNA DEL MESTO
Malpica de Tajo
TAJO
El Carpio de Tajo
Burujón

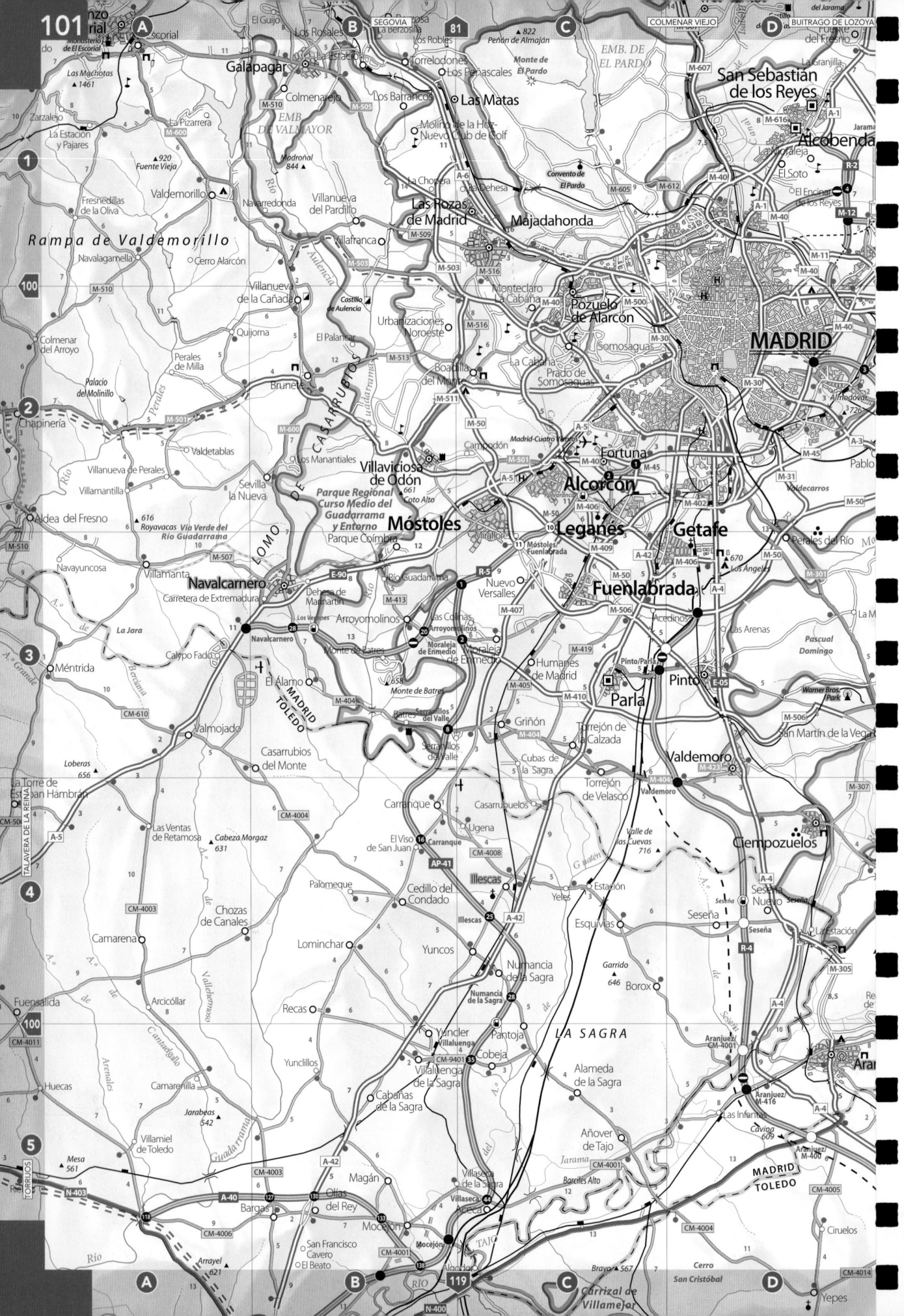

SEGOVIA
COLMENAR VIEJO
BUITRAGO DE LOZOYA
Monasterio de El Escorial
Galapagar
Los Rosales
La Berzosilla
Los Robles
Torrelodones
Los Peñascales
Peñón de Almaján
Monte de El Pardo
EMB. DE EL PARDO
San Sebastián de los Reyes
Alcobendas
La Moraleja
El Soto
El Encinar de los Reyes
Las Machotas
Zarzalejo
La Estación y Pajares
Colmenarejo
EMB DE VALMAYOR
Los Barrancos
Las Matas
Molino de la Hoz-Nuevo Club de Golf
La Pizarrera
Fuente Vieja
Madroñal
Valdemorillo
Fresnedillas de la Oliva
Navarredonda
Villanueva del Pardillo
La Chopera
La Dehesa
Convento de El Pardo
Las Rozas de Madrid
Majadahonda
Rampa de Valdemorillo
Navalagamella
Cerro Alarcón
Villafranca
Villanueva de la Cañada
Castillo de Aulencia
Monteclaro
La Cabaña
Pozuelo de Alarcón
Urbanizaciones Noroeste
Colmenar del Arroyo
Quijorna
El Palancar
Somosaguas
Prado de Somosaguas
MADRID
Perales de Milla
Brunete
Boadilla del Monte
Palacio del Molinillo
Almodóvar
Chapinería
LOMO DE CASARRUBIOS
Valdetablas
Campodón
Madrid-Cuatro Vientos
Fortuna
Villanueva de Perales
Los Manantiales
Villaviciosa de Odón
Alcorcón
Villamantilla
Sevilla la Nueva
Parque Regional Curso Medio del Guadarrama y Entorno
Coto Alto
Valdecarros
Aldea del Fresno
Royavacas
Vía Verde del Río Guadarrama
Móstoles
Leganés
Getafe
Perales del Río
Parque Coímbra
Miraflores
Móstoles/Fuenlabrada
Navayuncosa
Villamanta
Navalcarnero
Río Guadarrama
Los Ángeles
Carretera de Extremadura
Dehesa de Marmartín
Nuevo Versalles
Fuenlabrada
La Jara
Arroyomolinos
Las Colinas
Acedinos
Las Arenas
Pascual Domingo
Méntrida
Calypo Fado
Monte de Batres
Moraleja de Enmedio
Humanes de Madrid
Pinto/Parla
Pinto
Warner Bros. Park
El Álamo
Parla
MADRID TOLEDO
Batres
Serranillos del Valle
Griñón
Torrejón de la Calzada
San Martín de la Vega
Valmojado
Casarrubios del Monte
Cubas de la Sagra
Valdemoro
Loberas
La Torre de Esteban Hambrán
Torrejón de Velasco
Carranque
Casarrubuelos
TALAVERA DE LA REINA
Las Ventas de Retamosa
Cabeza Morgaz
Ugena
Valle de las Cuevas
Ciempozuelos
El Viso de San Juan
Palomeque
Cedillo del Condado
Illescas
Yeles
Estación
Seseña
Seseña Nuevo
Chozas de Canales
Esquivias
La Estación
Camarena
Lominchar
Yuncos
Numancia de la Sagra
Garrido
Borox
Fuensalida
Arcicóllar
Recas
Yuncler
Villaluenga
Pantoja
LA SAGRA
Aranjuez/CM-4001
Yunclillos
Cobeja
Huecas
Camarenilla
Villaluenga de la Sagra
Alameda de la Sagra
Aranjuez/M-416
Jarabeas
Cabañas de la Sagra
Las Infantas
Villamiel de Toledo
Añover de Tajo
Caviña
Aranjuez/M-400
Mesa
TORRIJOS
Magán
Villaseca de la Sagra
Barciles Alto
MADRID TOLEDO
Bargas
Olías del Rey
Aceca
Mocejón
San Francisco Cavero
El Beato
Ciruelos
Arrayel
Algodor
TAJO
Bravo
Cerro San Cristóbal
Carrizal de Villamejor
Yepes

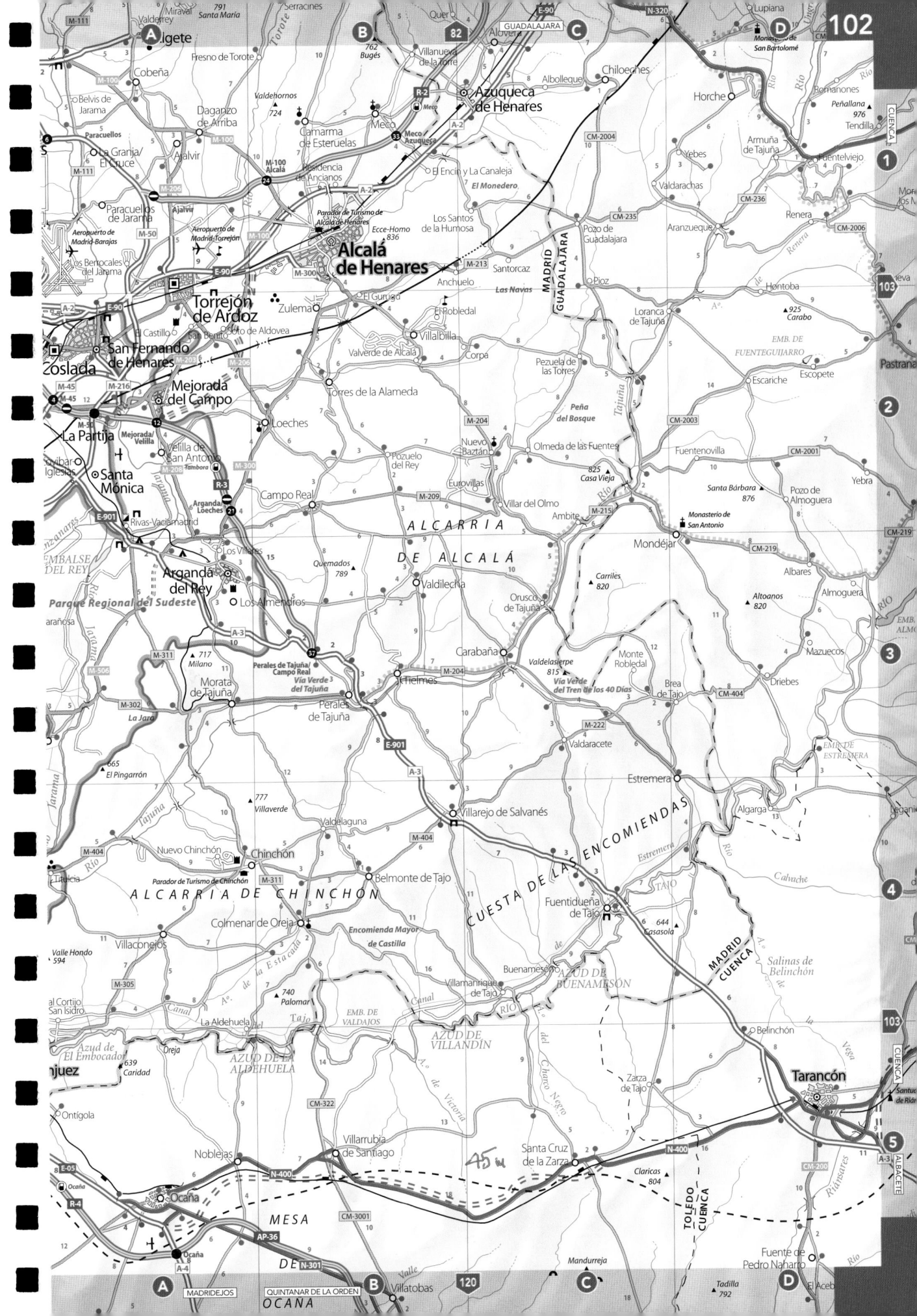
Algete
Alcalá de Henares
Torrejón de Ardoz
San Fernando de Henares
Coslada
Mejorada del Campo
La Partija
Santa Mónica
Arganda del Rey
Azuqueca de Henares
Chinchón
Tarancón
Ocaña
Alovera
GUADALAJARA
Horche
Chiloeches
Mondéjar
Estremera
Villarejo de Salvanés
Colmenar de Oreja
Belmonte de Tajo
Fuentidueña de Tajo
Perales de Tajuña
Morata de Tajuña
Campo Real
Loeches
Villalbilla
Valdilecha
Carabaña
Noblejas
Villarrubia de Santiago
Santa Cruz de la Zarza
Belinchón
ALCARRIA DE ALCALÁ
ALCARRIA DE CHINCHON
CUESTA DE LAS ENCOMIENDAS
MESA DE OCAÑA
MADRID GUADALAJARA
MADRID CUENCA
TOLEDO CUENCA
Parque Regional del Sudeste
EMBALSE DEL REY
AZUD DE BUENAMESÓN
AZUD DE VILLANDÍN
AZUD DE LA ALDEHUELA
EMB. DE VALDAJOS
EMB. DE ESTREMERA
EMB. DE FUENTEGUIJARRO
Salinas de Belinchón
Encomienda Mayor de Castilla
Vía Verde del Tajuña
Vía Verde del Tren de los 40 Días
MADRIDEJOS
QUINTANAR DE LA ORDEN
CUENCA
ALBACETE
103
82
120
45 km

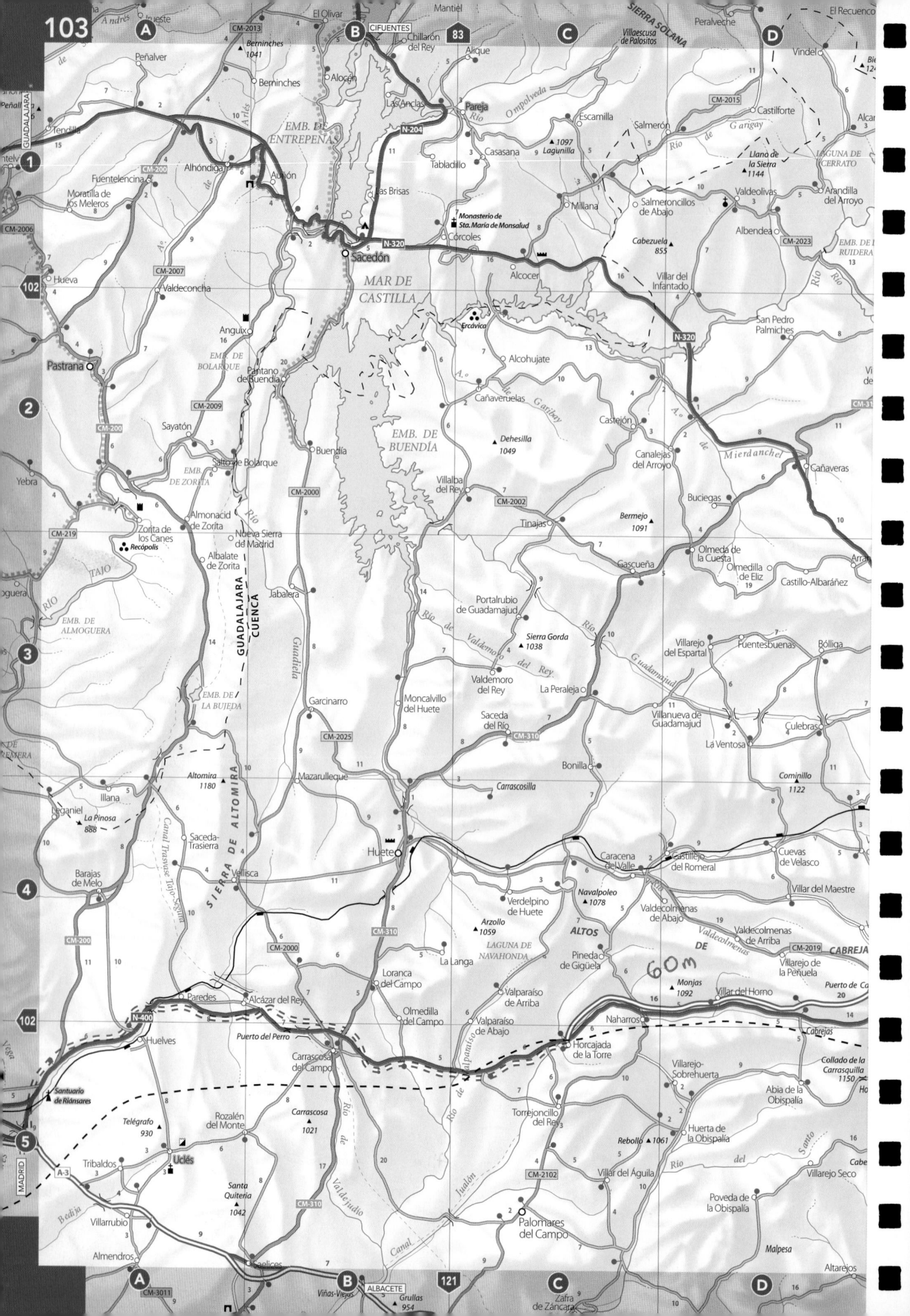

CIFUENTES
Sacedón
MAR DE CASTILLA
EMB. DE ENTREPEÑAS
EMB. DE BUENDÍA
Pastrana
Huete
Uclés
Palomares del Campo
Alcocer
Pareja
Buendía
Cañaveras
Zorita de los Canes
Recópolis
Ercávica
Monasterio de Sta. María de Monsalud
SIERRA DE ALTOMIRA
GUADALAJARA
CUENCA
ALTOS DE CABREJAS
N-320
N-400
N-204
A-3
CM-310
CM-2000
CM-200
Santuario de Riánsares
Saelices
ALBACETE
MADRID

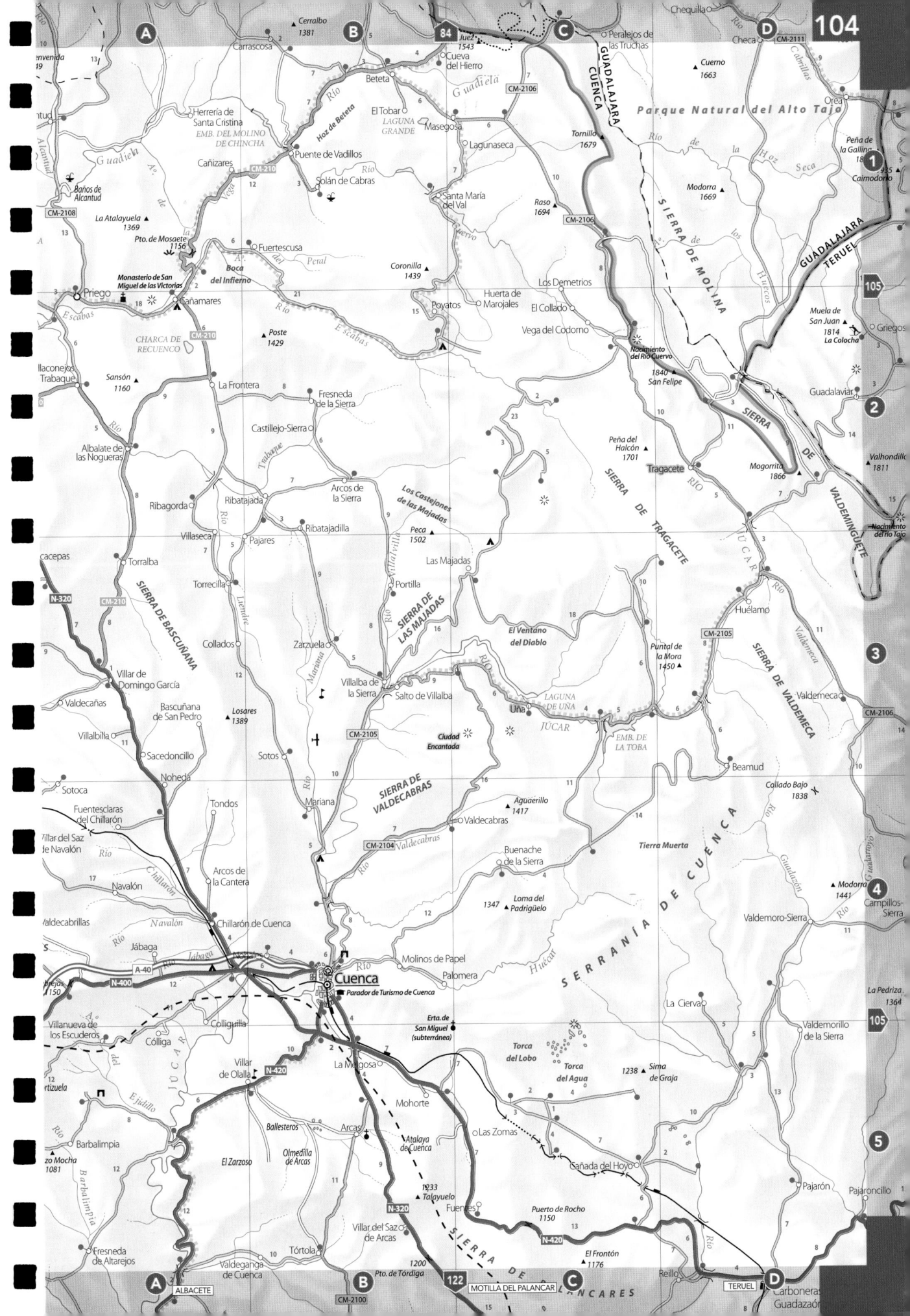

Cerralbo 1381
Carrascosa
Juez 1543
Chequilla
Peralejos de las Truchas
Checa
CM-2111
Cueva del Hierro
Beteta
Cuerno 1663
Orea
Guadiela
CM-2106
GUADALAJARA
CUENCA
Herrería de Santa Cristina
EMB. DEL MOLINO DE CHINCHA
Hoz de Beteta
El Tobar
LAGUNA GRANDE
Masegosa
Parque Natural del Alto Tajo
Peña de la Gallina
Tornillo 1679
Lagunaseca
Puente de Vadillos
Cañizares
CM-210
Solán de Cabras
Caimodorro
Baños de Alcantud
Modorra 1669
Santa María del Val
Raso 1694
CM-2108
La Atalayuela 1369
Pto. de Mosaete 1156
SIERRA DE MOLINA
Fuertescusa
Peral
Coronilla 1439
Boca del Infierno
Monasterio de San Miguel de las Victorias
Los Demetrios
GUADALAJARA
TERUEL
Priego
Cañamares
Escabas
Huerta de Marojales
Poyatos
El Collado
Muela de San Juan 1814
La Colocha
Griegos
CHARCA DE RECUENCO
Poste 1429
Vega del Codorno
Nacimiento del Río Cuervo
Villaconejos de Trabaque
Sansón 1160
La Frontera
Fresneda de la Sierra
1840 San Felipe
Guadalaviar
SIERRA DE
Castillejo-Sierra
Albalate de las Nogueras
Peña del Halcón 1701
Tragacete
Mogorrita 1866
Valhondillo 1811
VALDEMINGUETE
Arcos de la Sierra
Los Castejones de las Majadas
Ribagorda
Ribatajada
SIERRA DE TRAGACETE
Nacimiento del Río Tajo
Ribatajadilla
Peca 1502
Villaseca
Pajares
Las Majadas
Torralba
Portilla
Torrecilla
SIERRA DE BASCUÑANA
N-320
CM-210
SIERRA DE LAS MAJADAS
Huélamo
El Ventano del Diablo
CM-2105
SIERRA DE VALDEMECA
Collados
Zarzuela
Puntal de la Mora 1450
Villar de Domingo García
Villalba de la Sierra
Salto de Villalba
Valdemeca
Valdecañas
Bascuñana de San Pedro
Losares 1389
LAGUNA DE UÑA
Uña
JÚCAR
Villalbilla
Ciudad Encantada
EMB. DE LA TOBA
CM-2106
Sacedoncillo
Sotos
Beamud
Noheda
Sotoca
SIERRA DE VALDECABRAS
Collado Bajo 1838
Fuentesclaras del Chillarón
Tondos
Mariana
Aguaerillo 1417
Villar del Saz de Navalón
Valdecabras
CM-2104
Buenache de la Sierra
Tierra Muerta
Arcos de la Cantera
Navalón
Loma del Padrigüelo 1347
Modorra 1441
Campillos-Sierra
Valdecabrillas
Chillarón de Cuenca
Valdemoro-Sierra
SERRANÍA DE CUENCA
Jábaga
Nohales
A-40
N-400
Cuenca
Molinos de Papel
Palomera
Parador de Turismo de Cuenca
La Pedriza 1364
La Cierva
Villanueva de los Escuderos
Colliguilla
Cólliga
Erta. de San Miguel (subterránea)
Valdemorillo de la Sierra
Villar de Olalla
N-420
La Melgosa
Torca del Lobo
Torca del Agua
1238 Sima de Graja
Mohorte
Ballesteros
Arcas
Atalaya de Cuenca
Las Zomas
Barbalimpia
Mocha 1081
El Zarzoso
Olmedilla de Arcas
Cañada del Hoyo
1233 Talayuelo
Pajarón
Pajaroncillo
Fuentes
Puerto de Rocho 1150
N-320
Villar del Saz de Arcas
Fresneda de Altarejos
Tórtola
El Frontón 1176
Valdeganga de Cuenca
1200 Pto. de Tórdiga
SIERRA DE PALANCARES
Reillo
ALBACETE
CM-2100
MOTILLA DEL PALANCAR
TERUEL
Carboneras de Guadazaón
105

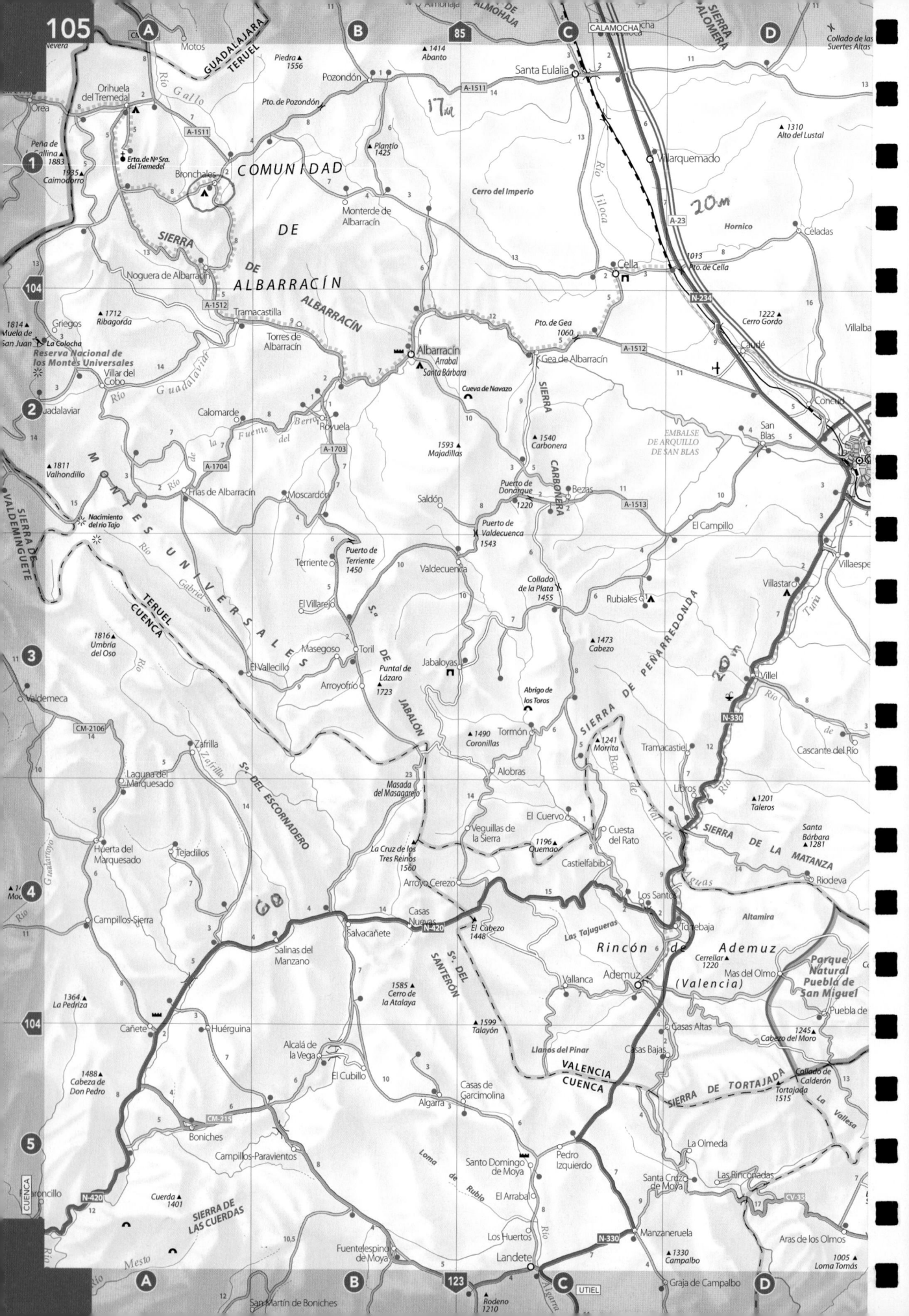
A
B
C
D
85
CALAMOCHA
SIERRA MENERA
Collado de las Suertes Altas
Nevera
Motos
GUADALAJARA
TERUEL
Piedra 1556
1414 Abanto
Pozondón
Santa Eulalia
Orihuela del Tremedal
Orea
Río Gallo
Pto. de Pozondón
A-1511
1310 Alto del Lustal
Peña de la Gallina 1883
1935 Caimodorro
Erta. de Nª Sra. del Tremedel
Plantío 1425
Villarquemado
Bronchales
COMUNIDAD
DE
ALBARRACÍN
Monterde de Albarracín
Cerro del Imperio
Río Jiloca
A-23
Hornico
Celadas
SIERRA
Noguera de Albarracín
Cella
1013 Pto. de Cella
104
A-1512
N-234
Tramacastilla
Torres de Albarracín
ALBARRACÍN
1712 Ribagorda
1814 Muela de San Juan
Griegos
La Colocha
Reserva Nacional de los Montes Universales
Pto. de Gea 1060
1222 Cerro Gordo
Villalba
Albarracín
Arrabal
Santa Bárbara
Gea de Albarracín
Caudé
Villar del Cobo
Río Guadalaviar
Guadalaviar
Calomarde
Cueva de Navazo
SIERRA
Concud
Royuela
Río de la Fuente del Berro
A-1703
1540 Carbonera
EMBALSE DE ARQUILLO DE SAN BLAS
San Blas
1593 Majadillas
1811 Valhondillo
MONTES UNIVERSALES
A-1704
Frías de Albarracín
Moscardón
Saldón
Puerto de Donarque 1220
Bezas
CARBONERA
A-1513
El Campillo
SIERRA DE VALDEMINGUETE
Nacimiento del río Tajo
Puerto de Valdecuenca 1543
Puerto de Terriente 1450
Terriente
Valdecuenca
Villaespesa
Collado de la Plata 1455
Rubiales
Villastar
Río Gabriel
TERUEL
CUENCA
El Villarejo
Sª DE JABALÓN
SIERRA DE PEÑARREDONDA
Río Turia
1816 Umbría del Oso
1473 Cabezo
Masegoso
Toril
Puntal de Lázaro 1723
El Vallecillo
Jabaloyas
Villel
Arroyofrío
Abrigo de los Toros
Valdemeca
N-330
CM-2106
1490 Coronillas
Tormón
1241 Morrita
Tramacastiel
Cascante del Río
Zafrilla
Sª. DEL ESCORNADERO
Alobras
Laguna del Marquesado
Masada del Masagarejo
Libros
1201 Taleros
El Cuervo
Cuesta del Rato
Veguillas de la Sierra
Bco. de Val de Aguas
SIERRA DE LA MATANZA
Santa Bárbara 1281
Huerta del Marquesado
Tejadillos
La Cruz de los Tres Reinos 1560
1196 Quemao
Castielfabib
Riodeva
Arroyo Cerezo
Los Santos
Campillos-Sierra
Casas Nuevas
N-420
Salvacañete
El Cabezo 1448
Las Tajugueras
Torrebaja
Altamira
Salinas del Manzano
Sª. DEL SANTERÓN
Rincón de Ademuz (Valencia)
Cerrellar 1220
Mas del Olmo
Parque Natural Puebla de San Miguel
1585 Cerro de la Atalaya
Vallanca
Ademuz
1364 La Pedriza
Puebla de San Miguel
Cañete
Huérguina
1599 Talayón
Casas Altas
1245 Cabezo del Moro
Alcalá de la Vega
Llanos del Pinar
Casas Bajas
1488 Cabeza de Don Pedro
El Cubillo
VALENCIA
CUENCA
Collado de Calderón
Tortajada 1515
SIERRA DE TORTAJADA
Algarra
Casas de Garcimolina
CM-215
La Vallesa
Boniches
Campillos-Paravientos
La Olmeda
Loma de Rubio
Santo Domingo de Moya
Pedro Izquierdo
Santa Cruz de Moya
Las Rinconadas
CV-35
Paracuellos
Curda 1401
SIERRA DE LAS CUERDAS
El Arrabal
N-420
Los Huertos
Manzaneruela
N-330
Aras de los Olmos
Fuentelespino de Moya
Landete
1330 Campalbo
1005 Loma Tomás
Río Mesto
123
UTIEL
Graja de Campalbo
San Martín de Boniches
Rodeno 1210
Río Algarra
1
2
3
4
5

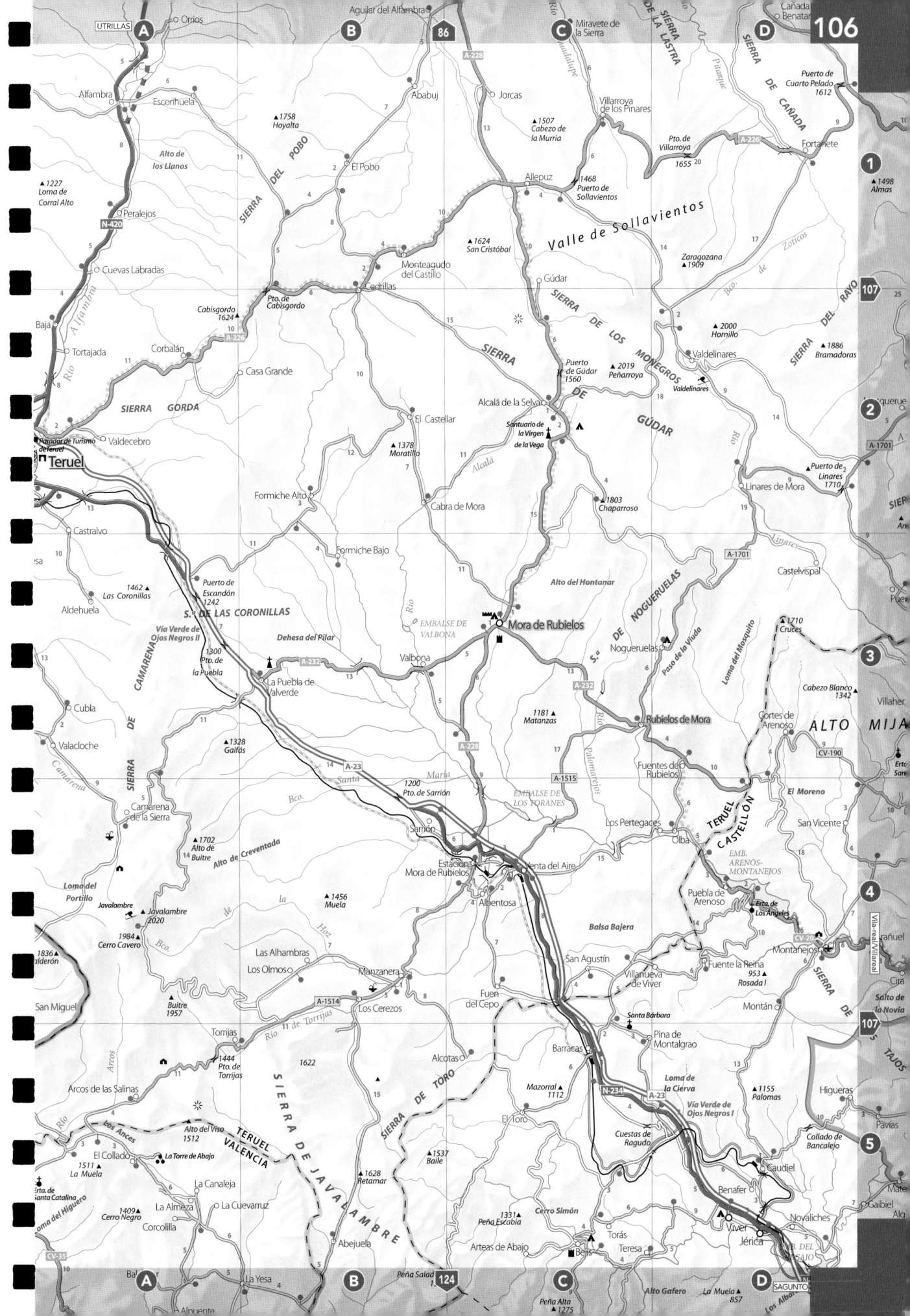
UTRILLAS
A
Orrios
Aguilar del Alfambra
B
86
C
Miravete de la Sierra
SIERRA DE LA LASTRA
D
Cañada de Benatanduz
Alfambra
Escorihuela
Ababuj
Jorcas
A-228
Río Guadalope
Villarroya de los Pinares
Pitarque
SIERRA DE CAÑADA
Puerto de Cuarto Pelado 1612
1758 Hoyalta
1507 Cabezo de la Murria
Pto. de Villarroya 1655
A-226
Fortanete
1
1498 Almas
Alto de los Llanos
SIERRA DEL POBO
El Pobo
Allepuz
1468 Puerto de Sollavientos
1227 Loma de Corral Alto
Peralejos
N-420
Valle de Sollavientos
1624 San Cristóbal
Zaragozana 1909
Bco. de Zoticos
Monteagudo del Castillo
Cuevas Labradas
Gúdar
Cedrillas
Pto. de Cabisgordo
Cabisgordo 1624
SIERRA DE LOS MONEGROS
107
SIERRA DEL RAYO
Baja
Río Alfambra
2000 Hornillo
Tortajada
Corbalán
A-226
SIERRA
Puerto de Gúdar 1560
2019 Peñarroya
Valdelinares
1886 Bramadoras
Casa Grande
DE
Valdelinares
SIERRA GORDA
Alcalá de la Selva
GÚDAR
2
Santuario de la Virgen de la Vega
El Castellar
Parador de Turismo de Teruel
Valdecebro
Teruel
1378 Moratillo
Río Alcalá
Puerto de Linares 1710
A-1701
Linares de Mora
Formiche Alto
Cabra de Mora
1803 Chaparroso
Castralvo
Formiche Bajo
Río Linares
A-1701
Castelvispal
Puerto de Escandón 1242
1462 Las Coronillas
Alto del Hontanar
Aldehuela
S.ª DE LAS CORONILLAS
Vía Verde de Ojos Negros II
Río
EMBALSE DE VALBONA
Mora de Rubielos
S.ª DE NOGUERUELAS
1710 Cruces
Dehesa del Pilar
1300 Pto. de la Puebla
A-232
Valbona
Noguerueelas
Paso de la Viuda
Loma del Mosquito
3
La Puebla de Valverde
A-232
Cabezo Blanco 1342
Cubla
SIERRA DE CAMARENA
1181 Matanzas
Río Palomarejos
Rubielos de Mora
Cortes de Arenoso
ALTO MIJARES
Valacloche
1328 Gaifás
A-228
CV-190
A-23
Santa María
Fuentes de Rubielos
Río Camarena
1200 Pto. de Sarrión
A-1515
El Moreno
Bco.
EMBALSE DE LOS TORANES
Camarena de la Sierra
TERUEL
CASTELLÓN
San Vicente
Sarrión
Los Pertegaces
1702 Alto de Buitre
Alto de Creventada
Olba
EMB. ARENÓS-MONTANEJOS
Estación Mora de Rubielos
Venta del Aire
Loma del Portillo
1456 Muela
Albentosa
Puebla de Arenoso
Erta. de Los Ángeles
4
Javalambre
Javalambre 2020
Bco. de la Hoz
Balsa Bajera
Vila-real/Villarreal
1984 Cerro Cavero
CV-20
Montanejos
1836 Calderón
Las Alhambras
San Agustín
Fuente la Reina
Los Olmos
Manzanera
953 Rosada I
Villanueva de Viver
SIERRA DE ESPADÁN
San Miguel
A-1514
Los Cerezos
Fuen del Cepo
Montán
Salto de la Novia
Buitre 1957
Santa Bárbara
107
Torrijas
Río de Torrijas
Pina de Montalgrao
1444 Pto. de Torrijas
Barracas
TAJOS
Arcos
1622
Alcotas
SIERRA DE TORO
Loma de la Cierva
N-234
A-23
Arcos de las Salinas
Mazorral 1112
1155 Palomas
Higueras
Vía Verde de Ojos Negros I
Río Los Ances
Alto del Viso 1512
TERUEL VALENCIA
SIERRA DE JAVALAMBRE
El Toro
Pavías
Cuestas de Ragudo
Collado de Bancalejo
5
El Collado
La Torre de Abajo
1511 La Muela
1537 Baile
Caudiel
Erta. de Santa Catalina
La Canaleja
1628 Retamar
Loma del Higuero
1409 Cerro Negro
La Almeza
La Cuevarruz
Benafer
Gaibiel
Corcolilla
Cerro Simón
1331 Peña Escabia
Viver
Novaliches
CV-35
Abejuela
Arteas de Abajo
Torás
Jérica
Teresa
Bejís
EMB. DEL REGAJO
A
La Yesa
B
Peña Salada
124
C
D
SAGUNTO
Alto Gafero
La Muela 857
Alpuente
Peña Alta 1275

Morella 1039
Cinctorres
Serra del Bovalar
Sierra Palomitas
La Coroneta
Cantavieja
Portell de Morella
Puerto de Cabrillas 1320
Castellfort
Mare de Déu de la Font
La Iglesuela del Cid
S.ª de las Dehesas
Loma del Pinar
1737 Tarayuela
1498 Almas
Santa Helena
1315 Arriello
Ares del Maestre/ Ares del Maestrat
Santuari Mare de Déu del Llosar
Villafranca del Cid/ Vilafranca del Maestrat
Carbó
Castellón
Teruel
Pla de Masorro
el Picaio 1300
Serra Negra
1475 Puerto de Mosqueruela
1886 Bramadoras
Mosqueruela
Benasal/ Benassal
Fuente En-Segures/ la Font d'en Segures
Remígia
Serra d'en Segures
Culla
Vilar de Canes
el Molinell
la Torre d'En Besora
1223 el Boi
la Vall d'Usera
Mayabona
Sierra
1698 Ampolas
Puerto de Linares 1710
Masía de Toni/ Mas d'en Toni
Vistabella del Maestrazgo/ Vistabella del Maestrat
Parc Natural de Penyagolosa
S.ª de la Batalla
Benafigos
Coll del Vidre
1195 Nevera
Puertomingalvo
Chodos/Xodos
l'Estret
L' Alcalatén
Penyagolosa 1814
Atzeneta del Maestrat
S.ª de Montordí
1172 Bernat
Villahermosa del Río
Alto Mijares
Erta. de San Bartolomé
Roques de Lleó
696 Tossal del Roquís
Meanes
la Torre de Matella
Las Crevadas/ les Crevades
els Ibarsos
Boca
636 el Bovalar
La Pelechaneta/ Pelejaneta
Vall d'Alba
la Barona
Useras/ les Useres
el Pla
Montalbà
Arc Romà
Cabanes
Sierra Engarcerán/ la Serra d'En Galceran
els Bancalàs
Paulo
els Rosildos
1081 Tossal de Saragossa
Torre Endomenech/ la Torre dels Domenges
Erta. de Sant Miquel
Sarratella
les Coves de Vinromà
Vilanova d'Alcolea
Benlloch/ Bell-lloc del Pla
500 Subarra
1294 Fusters
l'Ombria
Ermita de la Bòta
Vallivana
Serra del Turmell
el Turmell
Muixacre
La Avella/ l'Avellà
Catí
Serra de Vallivana
El Maestrat
1286 la Nevera
1232 el Morral de la Mariana
871 Morral del Voltor
Tírig
les Socarrades
Mare de Déu del Pilar
La Masía de Brusca/ Masía d'en Brusca
829 el Puig
el Civil
els Cavalls la Saltadora
Albocácer/ Albocàsser
l'Esperança
Anroig
Port del Remolcador
Castillo de Villamalefa
Duc d'Híjar
Lucena del Cid/Llucena
Foios poblat ibèric
Zucaina
Sierra del Cabezo
Figueroles
Costur
Vilafamés
la Pobla Tornesa
La Foya/la Foia
Ludiente
868 Gazelda
La Muela
Alcora/ l'Alcora
la Penya 726
Serra de Moró
San Juan de Moró/ Sant Joan de Moró
Mas de la Correntilla
Borriol
Arañuel
El Tormo
Argelita
Cirat
Torrechiva
Toga
Vallat
Salto de la Novia
la Serreta
Emb. de María Cristina
Espadilla
Fanzara
Ribesalbes
Fuentes de Ayódar
Ayódar
Collado de Ayódar
Pantà de Sitjar
342 la Talaia
El Salvador
la Mola 704
Higueras
Torralba del Pinar
Parque Natural de la Sierra de Espadán
Pavías
Villamalur
965 Lobonar
Onda
Artesa
Bassolar de Matilda
Monte Blanco
el Tosalet
Monestir del Carme
Sueras/Suera
Tales
Monti
Matet
Gaibiel
Ràpita 1106
La Alfàndiga
672 Espino
Betxí
Algimia de Almonacid
757 Costalata
l'Alcúdia de Veo
Vall de Almonacid
Aín
Artana
Restes ibèriques
Erta. de Sant Antoni
Vila-real
Santa Cristina
Almedíjar
Port d'Eslida
Eslida
Nevera
Villavieja/ la Vila Vella
València
Castellón de la Plana/ Castelló de la Plana
Grao/el Grau de Castelló
Erta. de Sant Josep
Mare de Déu del Lledó
Castellón N.
Castellón S.
Virgen de Gràcia/ la Verge de Gràcia
Almazora/Almassora
Villarreal/ Vila-real
Erta. de Sant Antoni
Alquerías del Niño Perdido/ les Alqueries
Burriana/ Borriana
Poblados Marítimos/ el Port de Borriana
Benicasim/ Benicàssim
Las Villas/les
Mas dels Frares
Voltans de Montornès
Montornés
les Santes
Desert 729
Miravet
501 Ferradura
les Torres
Mas d'e
Tossal E
Mas d'en Ramona
Mas d'en Reires
Mora de Rubielos
Teruel
Los Tajos
Collado Rancale
1342 Cabezo Blanco
A-226
A-227
A-1701
CV-190
CV-15
CV-12
CV-124
CV-165
CV-166
CV-170
CV-129
CV-10
CV-16
CV-20
CV-205
CV-21
CV-18
N-232
N-225
AP-7
87
106
125

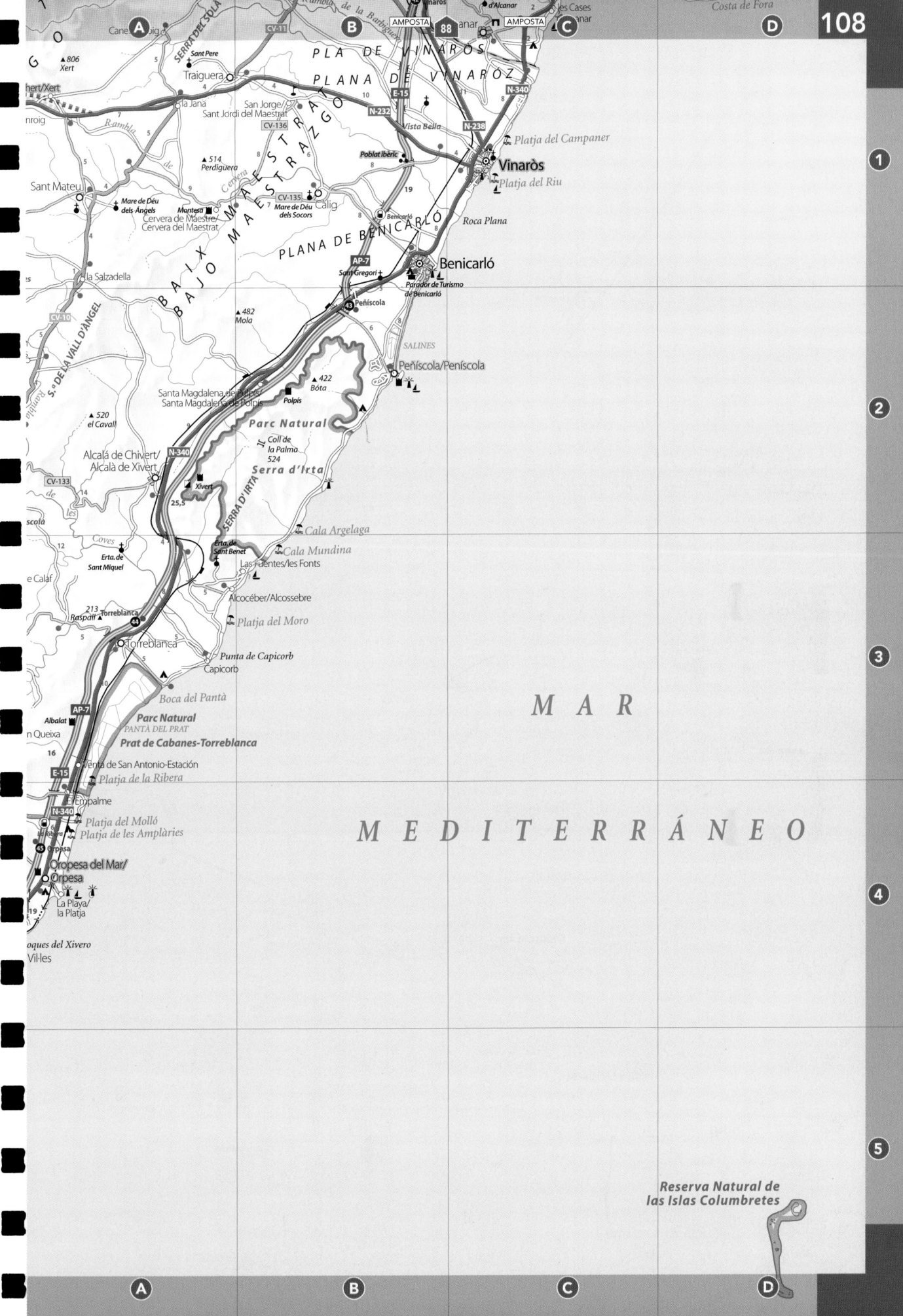

MAR

MEDITERRÁNEO

Reserva Natural de
las Islas Columbretes

Costa de Fora

Vinaròs
Platja del Campaner
Platja del Riu

Benicarló
Parador de Turismo
de Benicarló
San Gregori
Peñíscola
Mola
SALINES
Peñíscola/Peníscola

PLA DE VINARÒS
PLANA DE VINARÒZ
Vista Bella
Poblat ibèric

PLANA DE BENICARLÓ
Calig
Roca Plana
Mare de Déu
dels Socors

CV-136
Sant Jorge/
Sant Jordi del Maestrat
la Jana
Traiguera
Sant Pere
Cane

Xert/Xert
roig
Sant Mateu
Mare de Déu
dels Àngels
Cervera de Maestre/
Cervera del Maestrat
Montesa
Perdiguera
la Salzadella

Parc Natural
Coll de
la Palma
Serra d'Irta
Xivert
Santa Magdalena de Pulpis/
Santa Magdalena de Polpis
Polpís
Bóta

Alcalá de Chivert/
Alcalà de Xivert
el Caval
Coves
Erta. de
Sant Miquel
Caláf
Erta. de
Sant Benet
Cala Argelaga
Cala Mundina
Las Fuentes/les Fonts
Alcocéber/Alcossebre
Platja del Moro

Raspall
Torreblanca
Punta de Capicorb
Capicorb
Boca del Pantà
Albalat
Queixa
Parc Natural
PANTÀ DEL PRAT
Prat de Cabanes-Torreblanca
Venta de San Antonio-Estación
Platja de la Ribera
El Empalme
Platja del Molló
Platja de les Amplàries
Orpesa
Oropesa del Mar/
Orpesa
La Playa/
la Platja
oques del Xivero
Vil·les

AMPOSTA   88   AMPOSTA
d'Alcanar   Les Cases
anar
N-340
N-238
N-340
N-232
E-15
AP-7
CV-11
CV-10
CV-133
CV-135
44
45
43

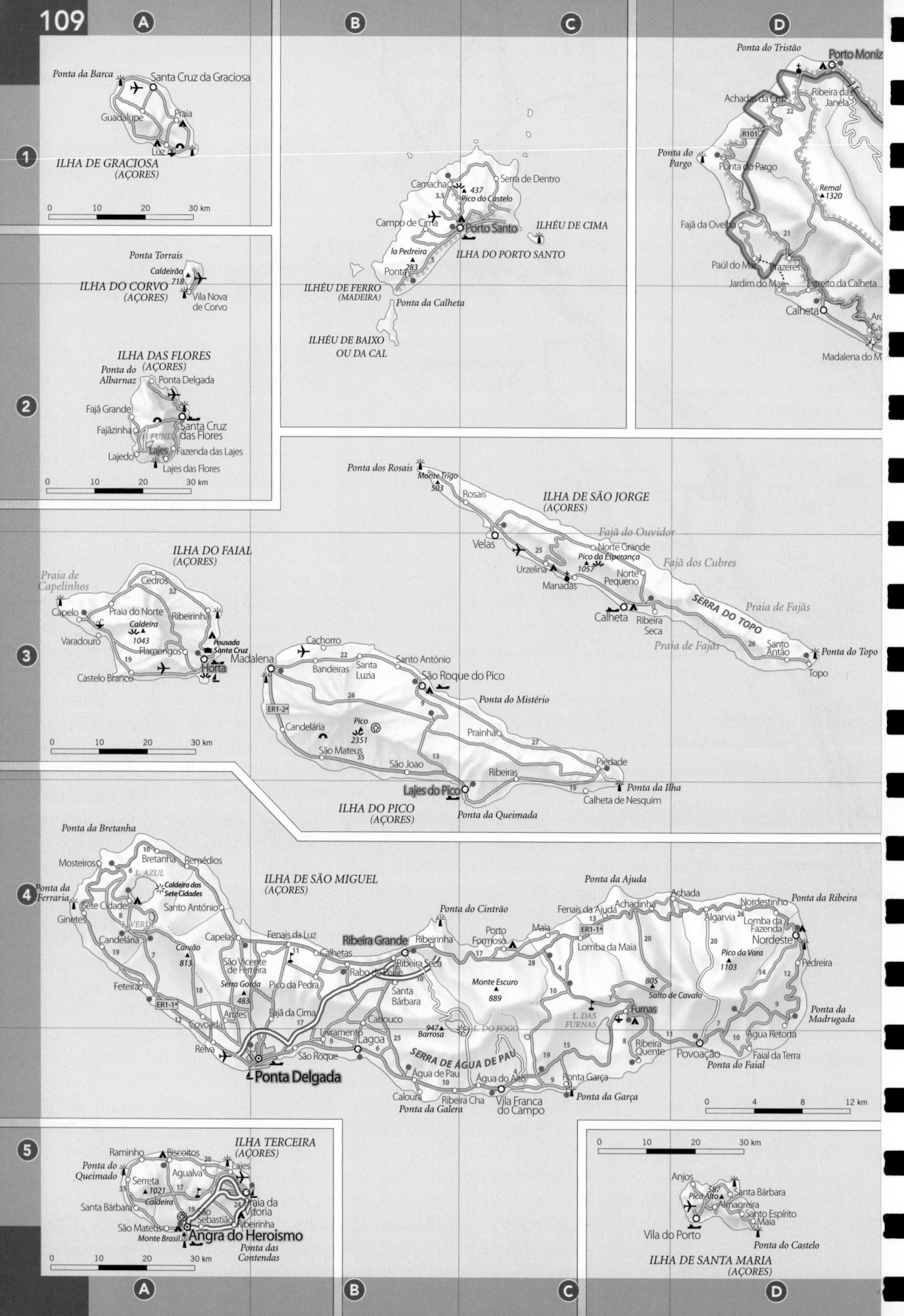

A
B
C
D

1

Ponta da Barca
Santa Cruz da Graciosa
Guadalupe
Praia
Luz
ILHA DE GRACIOSA
(AÇORES)

0 — 10 — 20 — 30 km

Camacha
Serra de Dentro
▲ 437
Pico do Castelo
3.5
Campo de Cima
Porto Santo
ILHÉU DE CIMA
la Pedreira
▲ 283
Ponta
ILHA DO PORTO SANTO

Ponta do Tristão
Porto Moniz
Achadas da Cruz
Ribeira da Janela
22
R101
Ponta do Pargo
Ponta do Pargo
Remal
▲ 1320
Fajã da Ovelha
21
Paúl do Mar
Trazeres
Jardim do Mar
Estreito da Calheta
Calheta
Arc
Madalena do M

2

Ponta Torrais
Caldeirão
▲ 718
ILHA DO CORVO
(AÇORES)
Vila Nova
de Corvo

ILHA DAS FLORES
(AÇORES)
Ponta do
Albarnaz
Ponta Delgada
Fajã Grande
Fajãzinha
FUNDA
Santa Cruz
das Flores
Lajes
Fazenda das Lajes
Lajedo
Lajes das Flores

0 — 10 — 20 — 30 km

ILHÉU DE FERRO
(MADEIRA)
Ponta da Calheta

ILHÉU DE BAIXO
OU DA CAL

3

Praia de
Capelinhos
ILHA DO FAIAL
(AÇORES)
Cedros
32
Capelo
Praia do Norte
Ribeirinha
Caldeira
▲ 1043
Varadouro
Flamengos
19
Castelo Branco
Pousada
Santa Cruz
Horta
Madalena
ER1-2ª
Cachorro
22
Bandeiras
Santa Antónío
Santa
Luzia
São Roque do Pico
Candelária
26
9
Pico
▲ 2351
Ponta do Mistério
São Mateus
35
São Joao
13
Ribeiras
Prainha
27
Piedade
Lajes do Pico
19
Calheta de Nesquim
Ponta da Ilha
ILHA DO PICO
(AÇORES)
Ponta da Queimada

Ponta dos Rosais
Monte Trigo
▲ 503
Rosais
ILHA DE SÃO JORGE
(AÇORES)
Fajã do Ouvidor
Velas
25
Norte Grande
Fajã dos Cubres
Pico da Esperança
▲ 105
Urzelina
Manadas
Norte
Pequeno
Calheta
Ribeira
Seca
Praia de Fajãs
SERRA DO TOPO
Praia de Fajãs
Santo
Antão
26
Ponta do Topo
Topo

0 — 10 — 20 — 30 km

4

Ponta da Bretanha
Mosteiros
16
Bretanha
Remédios
6
L. AZUL
Caldeira das
Sete Cidades
Ponta da
Ferraria
Sete Cidades
Santo António
8
L. VERDE
Ginetes
Candelária
Carvão
▲ 813
19
7
São Vicente
de Ferreira
Feteiras
Serra Gorda
▲ 483
ER1-1ª
18
12
Arrifes
Covoada
17
Relva
Ponta Delgada

ILHA DE SÃO MIGUEL
(AÇORES)
Capelas
Fenais da Luz
11
Calhetas
Ribeira Grande
Ribeirinha
Rabo de Peixe
Ribeira Seca
Santa
Bárbara
Fajã de Cima
10
Pico da Pedra
Livramento
Lagoa
São Roque
São Vicente
25
Água de Pau
Caloura
Lagoa
Ponta da Galera
Ribeira Cha
Vila Franca
do Campo
Ponta do Cintrão
Porto
Formoso
17
28
9
Monte Escuro
▲ 889
947 ▲
Barrosa
L. DO FOGO
SERRA DE ÁGUA DE PAU
Água do Alto
10
19
15
Ponta Garça
Ponta da Garça
Ponta da Ajuda
Fenais da Ajuda
Achadinha
Maia
ER1-1ª
Achada
Nordestinho
Ponta da Ribeira
Lomba da Maia
Algarvia
26
Lomba da
Fazenda
Nordeste
20
Pico da Vara
▲ 1103
805
Salto de Cavalo
Furnas
Pedreira
14
12
9
7
Ribeira
Quente
Povoação
11
Faial da Terra
Ponta da
Madrugada
Água Retorta
Ponta do Faial

0 — 4 — 8 — 12 km

5

ILHA TERCEIRA
(AÇORES)
Raminho
Biscoitos
20
Agualva
Lajes
Ponta do
Queimado
Serreta
▲ 1021
17
Caldeira
Santa Bárbara
19
São
Sebastião
Praia da
Vitória
24
São Mateus
Ribeirinha
Monte Brasil
Angra do Heroismo
Ponta das
Contendas

0 — 10 — 20 — 30 km

0 — 10 — 20 — 30 km

Anjos
Pico Alto
▲ 58
Santa Bárbara
Almagreira
Santo Espírito
Maia
Vila do Porto
Ponta do Castelo
ILHA DE SANTA MARIA
(AÇORES)

A
B
C
D

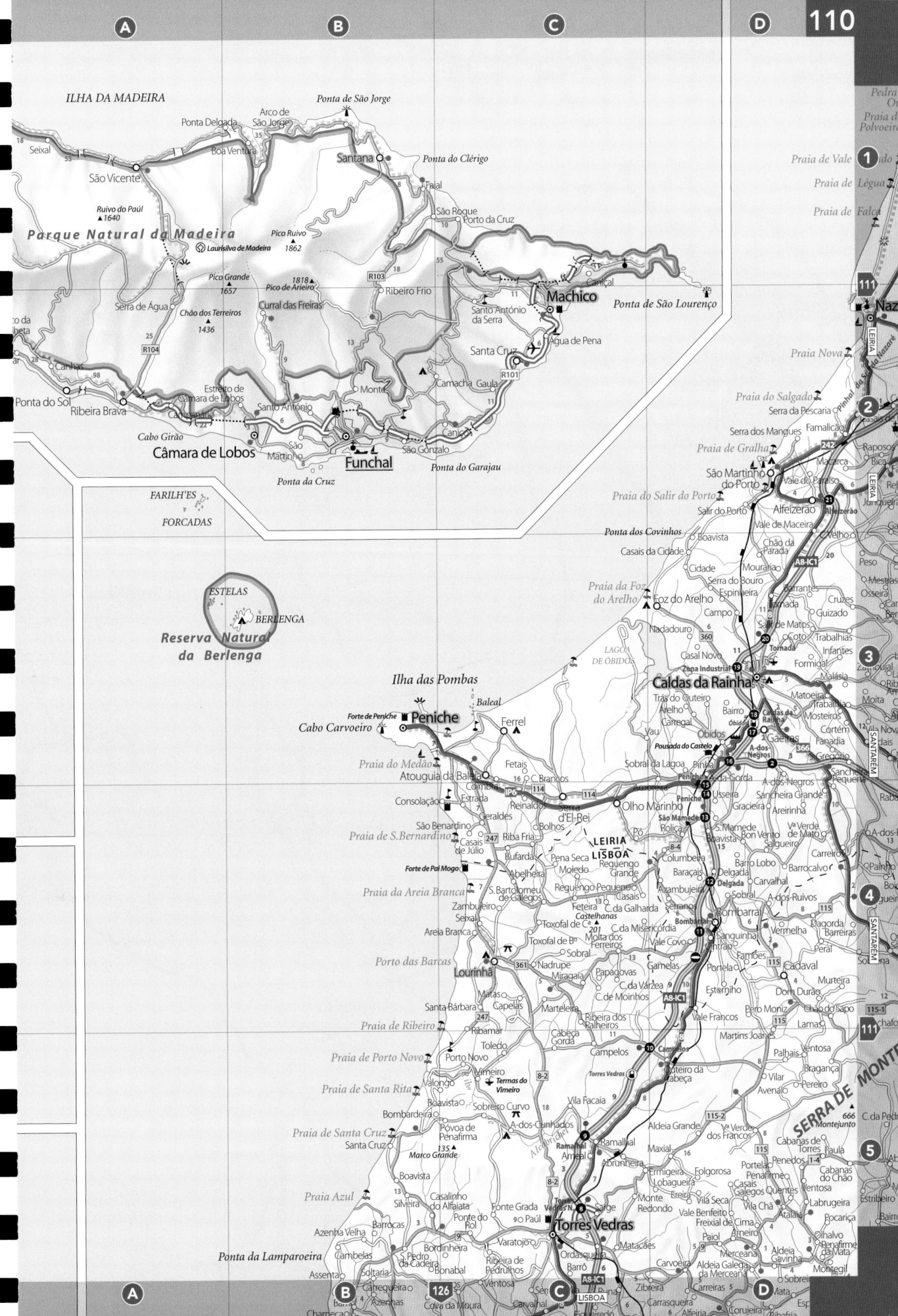

ILHA DA MADEIRA

Ponta Delgada
Arco de São Jorge
Ponta de São Jorge
Ponta do Clérigo
Boa Ventura
Santana
São Vicente
Faial
Seixal
São Roque
Porto da Cruz
Ruivo do Paúl 1640
Pico Ruivo 1862
Caniçal
Laurisilva de Madeira
Parque Natural da Madeira
Machico
Ponta de São Lourenço
Pico Grande 1657
Pico de Arieiro 1818
Ribeiro Frio
Santo António da Serra
Serra de Água
Chão dos Terreiros 1436
Curral das Freiras
Água de Pena
Santa Cruz
Canhas
Camacha Gaula
Estreito de Câmara de Lobos
Santo António
Monte
Ponta do Sol
Ribeira Brava
Canico
Cabo Girão
Câmara de Lobos
São Martinho
Funchal
São Gonçalo
Ponta do Garajau
Ponta da Cruz

FARILH'ES
FORCADAS

ESTELAS
BERLENGA
Reserva Natural da Berlenga

Ilha das Pombas

Baleal
Forte de Peniche
Peniche
Cabo Carvoeiro
Ferrel

Praia do Medão
Atouguia da Baleia
Consolação
São Bernardino
Praia de S.Bernardino
Casais de Júlio
Forte de Pai Mogo
Abelheira
Praia da Areia Branca
Zambujeira
Areia Branca
Porto das Barcas
Lourinhã
Santa Bárbara
Praia de Ribeiro
Toledo
Praia de Porto Novo
Porto Novo
Vimeiro
Praia de Santa Rita
Valongo
Boavista
Bombardeira
Sobreiro Curvo
Póvoa de Penafirma
Praia de Santa Cruz
Santa Cruz
Marco Grande
Boavista
Praia Azul
Silveira
Casalinho do Alfaiata
Azenha Velha
Ponte do Rol
Barrocas
Bordinheira
Ponta da Lamparoeira
Cambelas
S. Pedro da Cadeira
Assenta
Soltaria

Pedra d' Our
Praia de Polvoeira
Praia de Vale do
Praia de Légua
Praia de Falca
Nazaré
Praia Nova
Praia do Salgado
Serra da Pescaria
Famalicão
Praia de Gralha
Serra dos Mangues
São Martinho do Porto
Vale de Paraíso
Alfeizerão
Praia do Salir do Porto
Salir do Porto
Vale de Maceira
Ponta dos Covinhos
Boavista
Casais da Cidade
Cidade
Chão da Parada
Mourarião
Praia da Foz do Arelho
Foz do Arelho
Espinheira
Campo
Serra do Bouro
Batrantes
Cruzes
Nadadouro
Serra de Matos
Guizado
Casal Novo
Trabalhias
Infantes
Formigal
Zona Industrial
Caldas da Rainha
Trás do Outeiro
Avelho
Matoeira
Trabalhias
Mosteiros
Carregal
Bairro
Cortém
Fanadia
Óbidos
Gaeiras
Gregório
Pousada do Castelo
A-dos-Negros
Sobral da Lagoa
Pinhal
A-dos-Negros
Sancheira Pequena
Coimbra
C. Brancos
Estrada
Reinaldos
Serra d'El-Rei
Olho Marinho
Usseira
Gracieira
Areinha
Geraldes
Bolhos
São Mamede
S.Mamede
Bon Vento de Mato
Riba Fria
Pena Seca
Póvoa
Roliça
Boavista
Salgueiro
Bufarda
LEIRIA
LISBOA
Reguengo Grande
Columbeira
Barro Lobo
Barrocalvo
Carreiros
Moledo
S. Bartolomeu de Galegos
Reguengo Pequeno
Azambujeira
Baraçal
Delgada
Carvalhal
A-dos-Ruivos
Feteira
C.da Galharda
Serrano
Bombarral
Molta dos Ferreiros
C.da Misericórdia
Sanguinha
Vermelha
Barreiras
Toxofal de Cima
Sobral
Peral
Toxofal de B°
Vale Covo
Gamelas
Portela
Cadaval
Nadrupe
Dom Durão
Miragaia
Papágovas
Murteira
Matas
Capelas
C. da Várzea
Estorninho
Péro Moniz
Chão do Sapo
Marteleira
Ramões
Lamas
Ribeira dos Palheiros
Cabeça Gorda
Martins Joanes
Ventosa
Campelos
Palhais
Vilar
Bragança
Monteiro da Cabeça
Pereiro
Termos do Vimeiro
Avenaló
Torres Vedras
Vila Facaia
SERRA DE MONTE
Aldeia Grande
V° Verde dos Francos
Montejunto 666
C.da Pedrei
A-dos-Cunhados
Maxial
Cabanas de Torres Paulá
Ramalhal
Ramalhal
Abrunheira
Ermigeira
Folgorosa
Portelo
Penedos
Cabanas do Chão
Ameal
Lobagueira
Casais Penafirme
Galegos Quentes
Ventosa
Fonte Grada
Sarge
Monte Redondo
Vila Seca
Vila Chã
Labrugeira
Pocariça
Paúl
Vale Benfeito
Freixial de Cima
Olhalvo
Penafirme da Mata
Torres Vedras
Matacães
Paiol
Arneiro
Aldeia Galega da Mercoana
Varatojo
Ordasqueira
Carvoeira
Merceana
Montejil
Gavinha
Bonabal
Ribeira de Pedrulhos
Barró
Corujeira
Sobrei
Carregueira
Azenhas
Ventosa
Serr
LISBOA
Zibreira
Carraria
Mata
Charneca
Colva da Moura
Carvalhal
Figueiredo
Caveira
Alfeiria
Ribafria

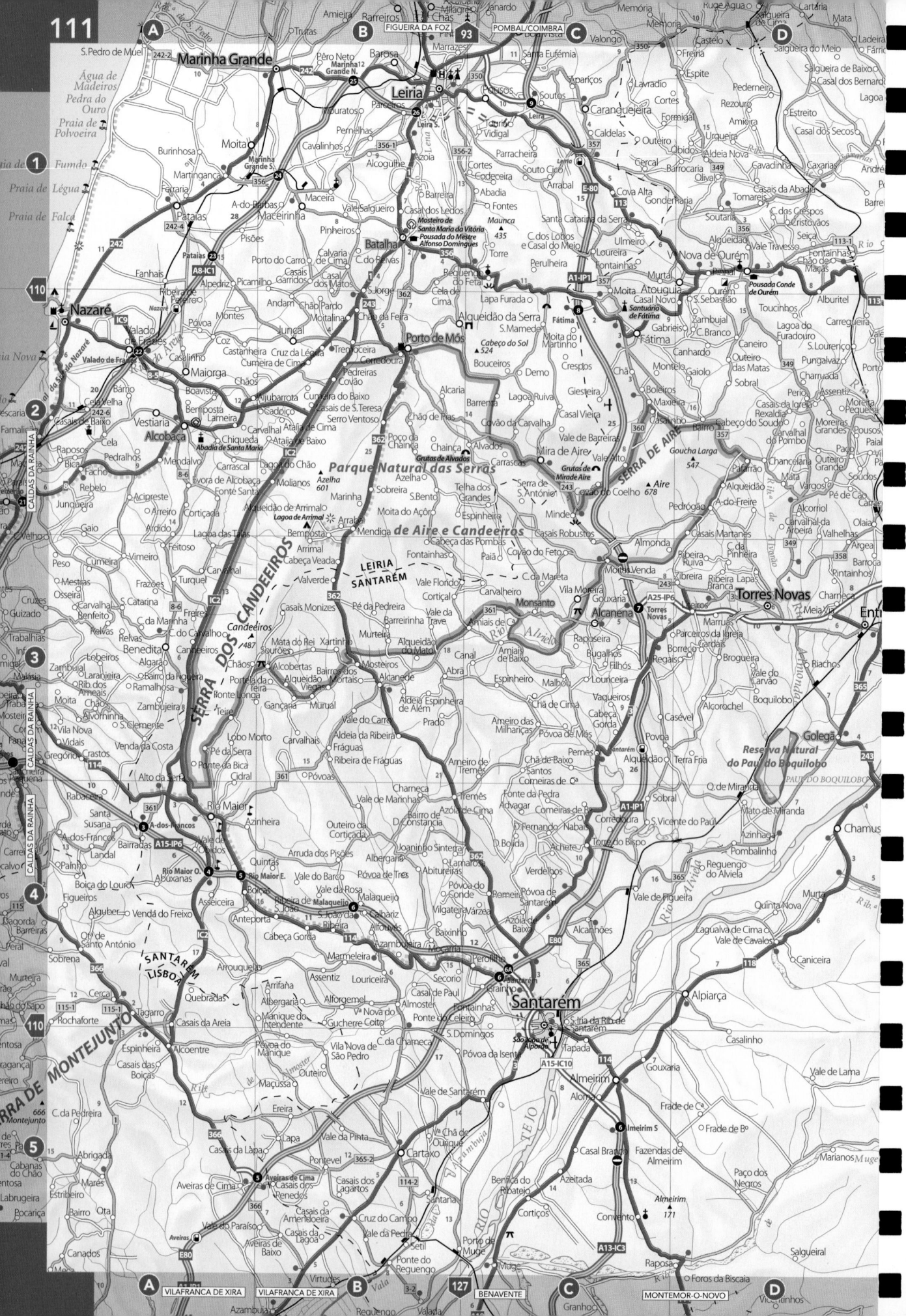
FIGUEIRA DA FOZ
93
POMBAL/COIMBRA
Marinha Grande
Leiria
Batalha
Nazaré
Alcobaça
Porto de Mós
Fátima
V. Nova de Ourém
Ourém
Torres Novas
Alcanena
Golegã
Santarém
Almeirim
Alpiarça
Cartaxo
Rio Maior
Benedita
Caldas da Rainha
Parque Natural das Serras de Aire e Candeeiros
Serra dos Candeeiros
Serra de Aire
Serra de Montejunto
Reserva Natural do Paul do Boquilobo
Mosteiro de Santa Maria da Vitória
Pousada do Mestre Afonso Domingues
Santuário de Fátima
Pousada Conde de Ourém
Abadia de Santa Maria
Grutas de Alvados
Grutas de Mira de Aire
Lagoa de Arrimal
LEIRIA
SANTARÉM
LISBOA
Tejo
A
B
C
D
1
2
3
4
5
110
VILAFRANCA DE XIRA
127
BENAVENTE
MONTEMOR-O-NOVO

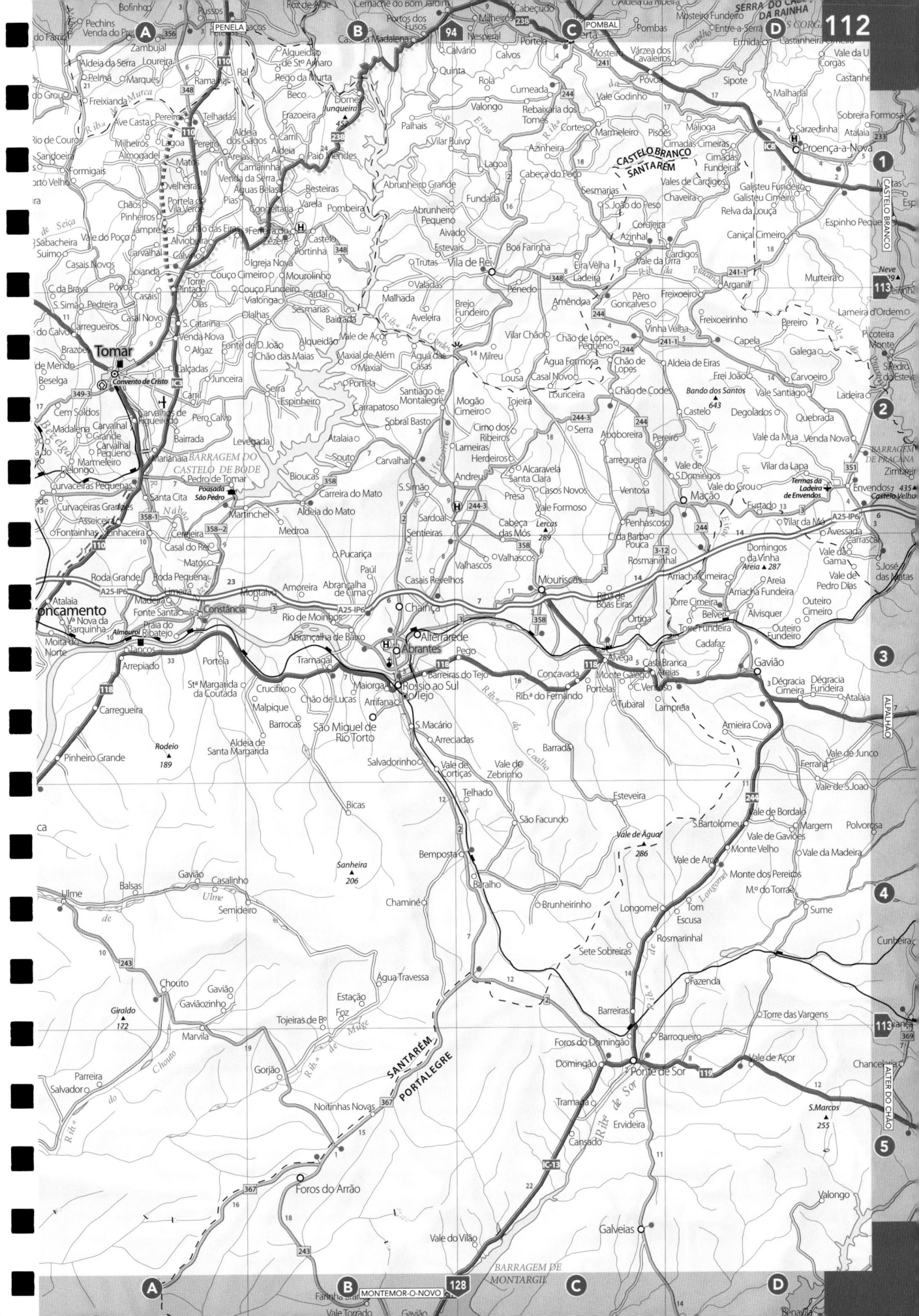
PENELA
POMBAL
94
238
SERRA DO CABEÇO DA RAINHA
Tomar
Convento de Cristo
Vila de Rei
Proença-a-Nova
CASTELO BRANCO
SANTARÉM
BARRAGEM DO CASTELO DE BODE
Pousada São Pedro
Constância
Entroncamento
Abrantes
Rossio ao Sul do Tejo
Mação
Mouriscas
Chainça
Alferrarede
Gavião
Ponte de Sor
Foros do Arrão
Galveias
SANTARÉM
PORTALEGRE
BARRAGEM DE MONTARGIL
MONTEMOR-O-NOVO
128
ALPALHÃO
ALTER DO CHÃO
113
BARRAGEM DE PRACANA
Termas da Ladeira de Envendos
A25-IP6
IC3
IC8
IC13
118
119
244
358
Junqueira 452
Rodeio 189
Sanheira 206
Giraldo 172
Vale de Água 286
Bando dos Santos 643
Lercas 289
S.Marcos 255

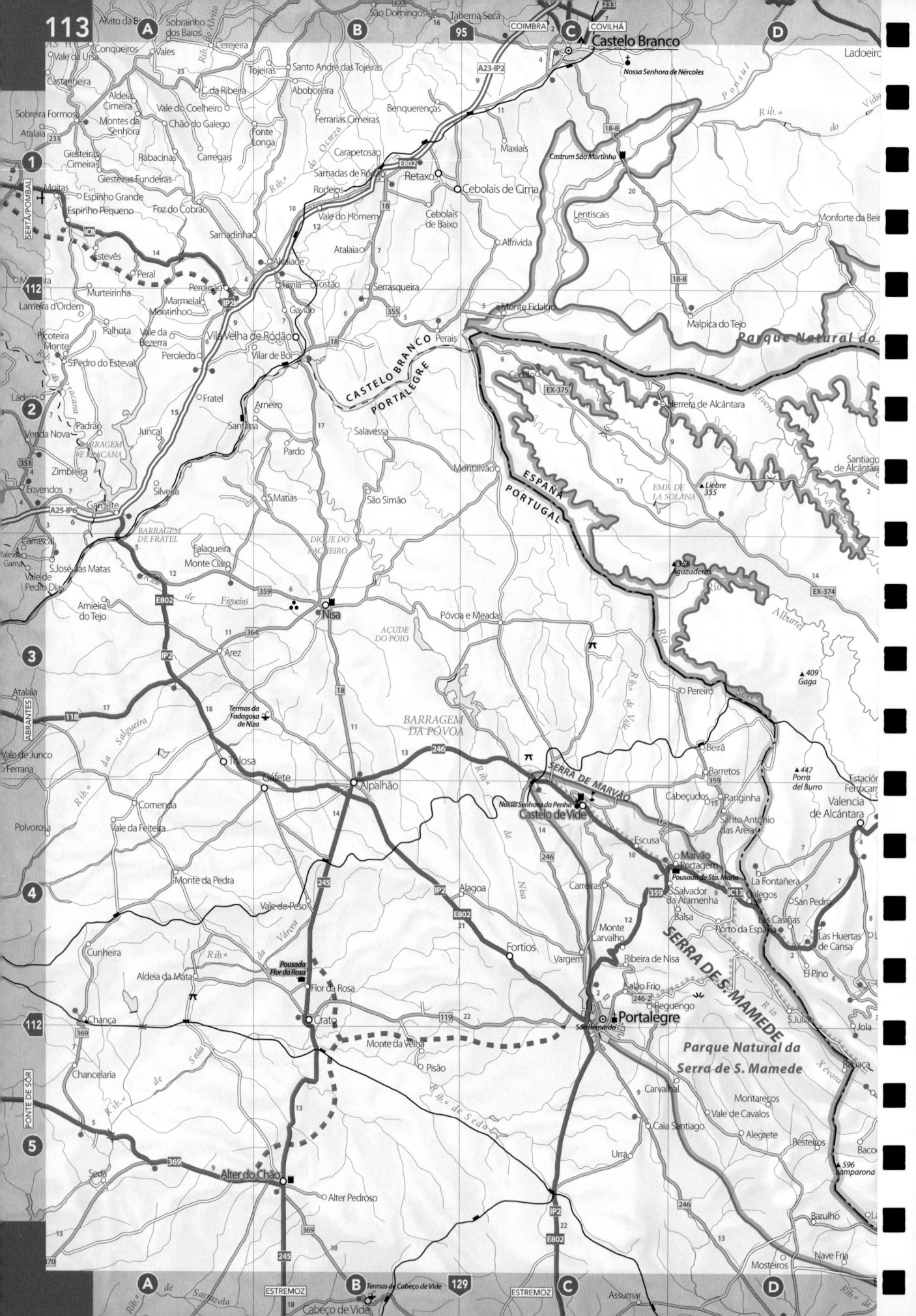

Castelo Branco
COIMBRA
COVILHÃ
Nossa Senhora de Nércoles
Castrum São Martinho
Vila Velha de Ródão
CASTELO BRANCO
PORTALEGRE
ESPAÑA
PORTUGAL
Parque Natural do
Herrera de Alcántara
Nisa
Póvoa e Meadas
BARRAGEM DA PÓVOA
Termas da Fadagosa de Niza
SERRA DE MARVÃO
Nossa Senhora da Penha
Castelo de Vide
Marvão
Portagem
Pousada de Sta. Maria
Valencia de Alcántara
Alpalhão
Gáfete
Tolosa
Pousada Flor da Rosa
Flor da Rosa
Crato
Portalegre
SERRA DE S. MAMEDE
Parque Natural da Serra de S. Mamede
Alter do Chão
Alter Pedroso
ESTREMOZ
Termas de Cabeço de Vide
Cabeço de Vide
ABRANTES
PONTE DE SÔR
SERTÃ/POMBAL

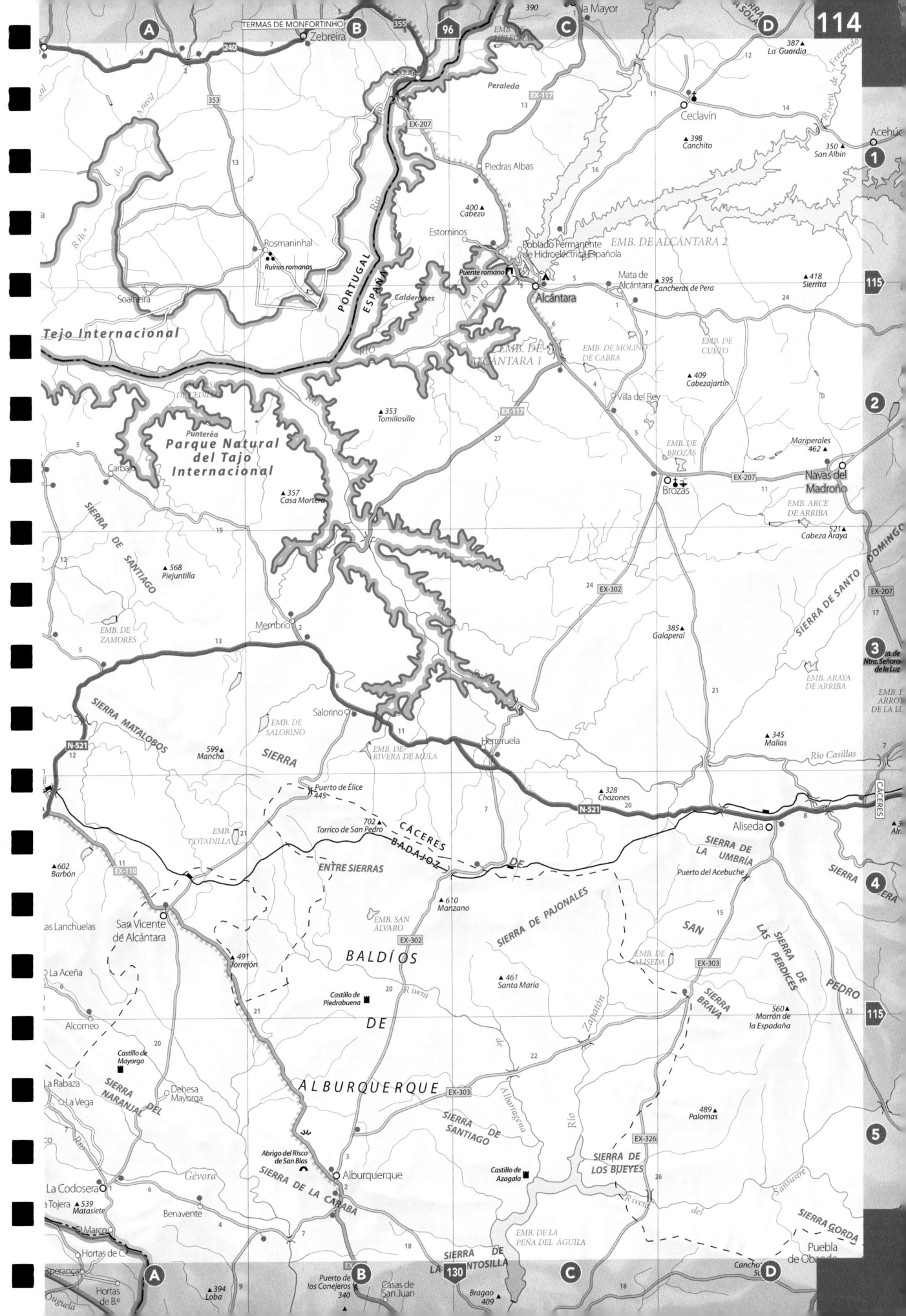

TERMAS DE MONFORTINHO
Zebreira
Segura
Peraleda
Ceclavín
La Guardia
Canchito
San Albín
Acehúche
Piedras Albas
Cabezo
Estorninos
Rosmaninhal
Ruínas romanas
Soalheira
Poblado Permanente de Hidroeléctrica Española
EMB. DE ALCÁNTARA 2
Puente romano
Alcántara
Mata de Alcántara
Cancheras de Pera
Sierrita
Calderones
PORTUGAL
ESPAÑA
TAJO
Tejo Internacional
EMB. DE ALCÁNTARA 1
EMB. DE MOLINO DE CABRA
EMB. DE CUETO
Cabezajartín
Villa del Rey
EMB. DE CEDILLO
Punterêa
Parque Natural del Tajo Internacional
Tomillosillo
Carbajo
EMB. DE BROZAS
Mariperales
Brozas
Navas del Madroño
EMB. ARCE DE ARRIBA
Cabeza Araya
Casa Mortera
SIERRA DE SANTIAGO
Piejuntilla
SIERRA DE SANTO DOMINGO
Galaperal
Membrío
EMB. DE ZAMORES
EMB. DE ARAYA DE ARRIBA
Ntra. Señora de la Luz
SIERRA MATALOBOS
EMB. DE SALORINO
Salorino
Herreruela
Mallas
Río Casillas
Mancha
SIERRA
EMB. DE RIVERA DE MULA
Puerto de Élice
Chozones
CÁCERES
Aliseda
Torrico de San Pedro
EMB. COTADILLA
BADAJOZ
Barbón
ENTRE SIERRAS
SIERRA DE LA UMBRÍA
Puerto del Acebuche
Manzano
San Vicente de Alcántara
Las Lanchuelas
EMB. SAN ÁLVARO
SIERRA DE PAJONALES
SAN
SIERRA DE LAS PERDICES
Torrejón
BALDÍOS
EMB. DE ALISEDA
La Aceña
Santa María
PEDRO
Castillo de Piedrabuena
SIERRA BRAVA
Morrón de la Espadaña
Alcorneo
DE
Castillo de Mayorga
La Rabaza
ALBURQUERQUE
La Vega
SIERRA DEL NARANJAL
Dehesa Mayorga
SIERRA DE SANTIAGO
Palomas
Abrigo del Risco de San Blas
Castillo de Azagala
SIERRA DE LOS BUEYES
Gévora
Alburquerque
La Codosera
Tojera
Matasiete
SIERRA DE LA CARABA
Benavente
El Marco
EMB. DE LA PEÑA DEL ÁGUILA
SIERRA GORDA
Puebla de Obando
Hortas de C.a
SIERRA DE LA CANTOSILLA
Esperança
Hortas de B.o
Loba
Puerto de los Conejeros
Casas de San Juan
Bragao
Ouguela

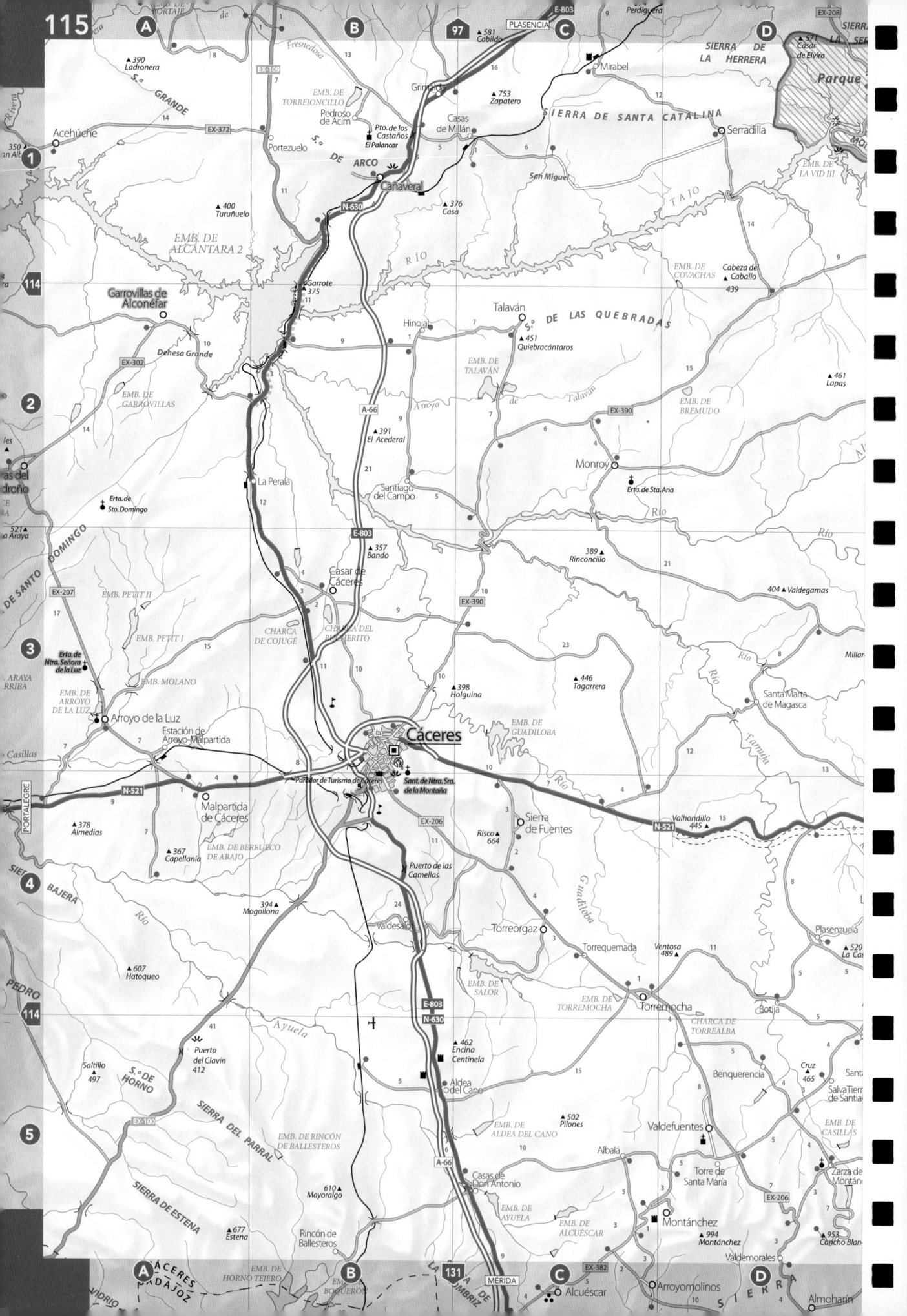

Cáceres
Cañaveral
Garrovillas de Alconéfar
Acehúche
Portezuelo
Grimaldo
Casas de Millán
Mirabel
Serradilla
Talaván
Hinojal
Monroy
Santiago del Campo
La Perala
Casar de Cáceres
Arroyo de la Luz
Estación de Arroyo-Malpartida
Malpartida de Cáceres
Sierra de Fuentes
Santa Marta de Magasca
Valdesalor
Torreorgaz
Torrequemada
Torremocha
Botija
Plasenzuela
Benquerencia
Aldea del Cano
Valdefuentes
Albalá
Torre de Santa María
Casas de Don Antonio
Montánchez
Rincón de Ballesteros
Arroyomolinos
Alcuéscar
Valdemorales
Almoharín
Zarza de Montánchez
SIERRA DE SANTA CATALINA
S.ª DE LAS QUEBRADAS
SIERRA DE LA HERRERA
SIERRA DEL PARRAL
SIERRA DE ESTENA
EMB. DE ALCÁNTARA 2
PLASENCIA
MÉRIDA
PORTALEGRE
N-630
N-521
A-66
E-803
EX-390
EX-206
EX-100

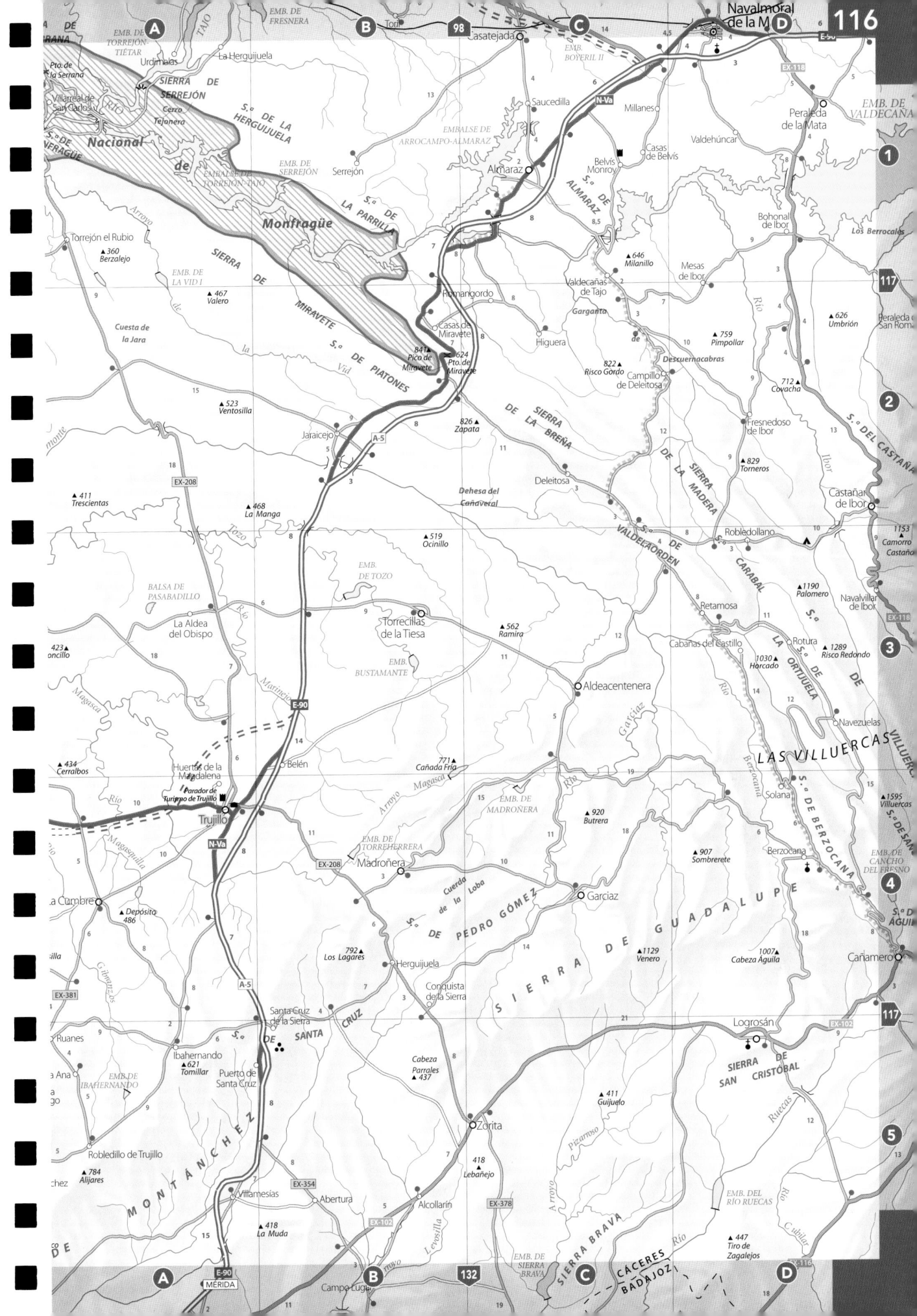
Navalmoral de la Mata
Casatejada
Toril
La Herguijuela
Urdimalas
SIERRA DE SERREJÓN
Nacional de Monfragüe
S.ª DE LA HERGUIJUELA
EMBALSE DE TORREJÓN-TAJO
Serrejón
Saucedilla
EMBALSE DE ARROCAMPO-ALMARAZ
Almaraz
Belvís de Monroy
Casas de Belvís
Millanes
Valdehúncar
Peraleda de la Mata
S.ª DE ALMARAZ
S.ª DE LA PARRILLA
SIERRA DE MIRAVETE
S.ª DE PIATONES
Torrejón el Rubio
Bohonal de Ibor
Mesas de Ibor
Valdecañas de Tajo
Romangordo
Casas de Miravete
Higuera
Campillo de Deleitosa
Pico de Miravete
Pto. de Miravete
Jaraicejo
SIERRA DE LA BREÑA
Deleitosa
Fresnedoso de Ibor
Castañar de Ibor
Robledollano
SIERRA DE LA MADERA
S.ª DE VALDELAORDEN
S.ª DE CARABAL
Retamosa
Cabañas del Castillo
Navalvillar de Ibor
Torrecillas de la Tiesa
La Aldea del Obispo
Aldeacentenera
Navezuelas
LAS VILLUERCAS
Belén
Huertas de la Magdalena
Parador de Turismo de Trujillo
Trujillo
Solana
S.ª DE BERZOCANA
Madroñera
Berzocana
La Cumbre
Garciaz
S.ª DE PEDRO GÓMEZ
SIERRA DE GUADALUPE
Herguijuela
Conquista de la Sierra
Cañamero
Santa Cruz de la Sierra
S.ª DE SANTA CRUZ
Logrosán
SIERRA DE SAN CRISTÓBAL
Ibahernando
Puerto de Santa Cruz
Zorita
Robledillo de Trujillo
MONTÁNCHEZ
Villamesías
Abertura
Alcollarín
SIERRA BRAVA
CÁCERES
BADAJOZ
Campo Lugar
MÉRIDA

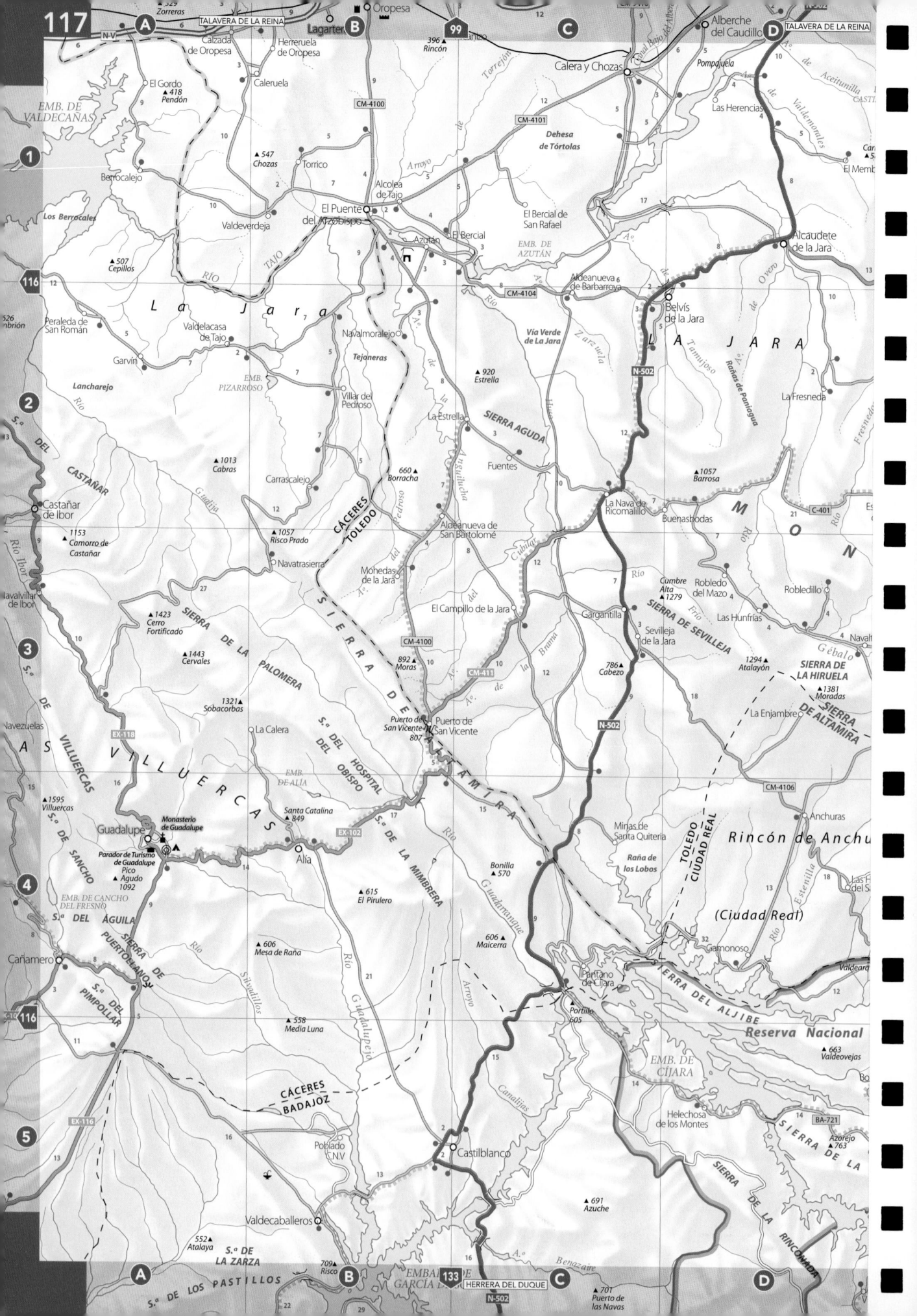

TALAVERA DE LA REINA
Oropesa
Lagartera
Calzada de Oropesa
Herreruela de Oropesa
Alberche del Caudillo
Calera y Chozas
Pompajuela
Caleruela
El Gordo
418 Pendón
EMB. DE VALDECAÑAS
CM-4100
CM-4101
Dehesa de Tórtolas
Las Herencias
547 Chozas
Torrico
Berrocalejo
Alcolea de Tajo
El Puente del Arzobispo
Valdeverdeja
Los Berrocales
El Bercial de San Rafael
Azután
El Bercial
EMB. DE AZUTÁN
Alcaudete de la Jara
507 Cepillos
RÍO TAJO
CM-4104
Aldeanueva de Barbarroya
Belvís de la Jara
La Jara
Peraleda de San Román
Valdelacasa de Tajo
Garvín
Navalmoralejo
Tejoneras
Vía Verde de La Jara
LA JARA
N-502
EMB. PIZARROSO
Lancharejo
Villar del Pedroso
920 Estrella
Rañas de Paniagua
La Fresneda
La Estrella
SIERRA AGUDA
S.ª DEL CASTAÑAR
1013 Cabras
Carrascalejo
660 Borracha
Fuentes
1057 Barrosa
Castañar de Ibor
La Nava de Ricomalillo
Buenasbodas
C-401
1153 Camorro de Castañar
1057 Risco Prado
CÁCERES
TOLEDO
Aldeanueva de San Bartolomé
MON
Navatrasierra
Mohedas de la Jara
Cumbre Alta 1279
Robledo del Mazo
Robledillo
Navalvillar de Ibor
1423 Cerro Fortificado
SIERRA DE LA PALOMERA
SIERRA DE ALTAMIRA
El Campillo de la Jara
Gargantilla
Sevilleja de la Jara
SIERRA DE SEVILLEJA
Las Hunfrías
1443 Cervales
CM-4100
892 Moras
CM-411
786 Cabezo
1294 Atalayón
SIERRA DE LA HIRUELA
1381 Moradas
1321 Sobacorbas
Puerto de San Vicente
807
La Enjambre
SIERRA DE ALTAMIRA
Navezuelas
EX-118
La Calera
S.ª DEL HOSPITAL DEL OBISPO
N-502
LAS VILLUERCAS
EMB. DE ALÍA
CM-4106
1595 Villuercas
Santa Catalina 849
Minas de Santa Quiteria
Anchuras
Guadalupe
Monasterio de Guadalupe
EX-102
Rincón de Anchu
Parador de Turismo de Guadalupe
Alía
S.ª DE LA MIMBRERA
Bonilla 570
Raña de los Lobos
TOLEDO
CIUDAD REAL
Pico Agudo 1092
S.ª DE SANCHO
615 El Pirulero
EMB. DE CANCHO DEL FRESNO
S.ª DEL ÁGUILA
(Ciudad Real)
606 Maicerra
SIERRA DE PUERTOLLANO
Gamonoso
Cañamero
606 Mesa de Raña
Pantano de Cíjara
SIERRA DEL ALJIBE
S.ª DEL PIMPOLLAR
Portillo 605
Reserva Nacional
558 Media Luna
663 Valdeovejas
EMB. DE CÍJARA
CÁCERES
BADAJOZ
EX-116
Helechosa de los Montes
BA-721
Poblado C.N.V.
Castilblanco
SIERRA DE LA RINCONADA
Azorejo 763
691 Azuche
Valdecaballeros
552 Atalaya
S.ª DE LA ZARZA
709 Risco
S.ª DE LOS PASTILLOS
EMBALSE DE GARCÍA DE SOLA
HERRERA DEL DUQUE
N-502
701 Puerto de las Navas

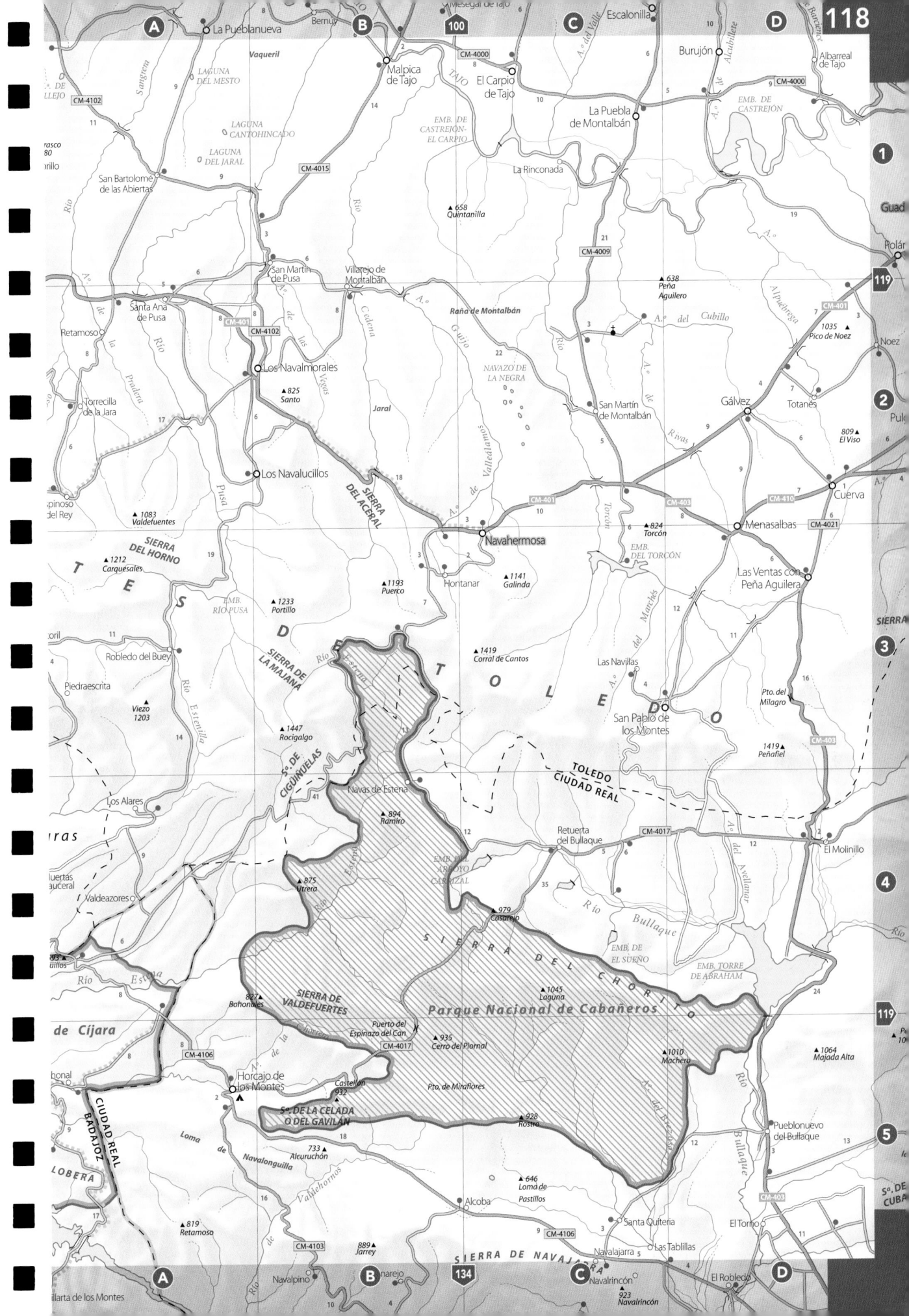
La Pueblanueva
Malpica de Tajo
El Carpio de Tajo
Escalonilla
Burujón
Albarreal de Tajo
La Puebla de Montalbán
San Bartolomé de las Abiertas
La Rinconada
Quintanilla
San Martín de Pusa
Villarejo de Montalbán
Santa Ana de Pusa
Retamoso
Los Navalmorales
Torrecilla de la Jara
Los Navalucillos
Raña de Montalbán
Peña Aguilero
Pico de Noez
Noez
Gálvez
Totanes
San Martín de Montalbán
El Viso
Cuerva
Menasalbas
Navahermosa
Hontanar
Galinda
Torcón
Las Ventas con Peña Aguilera
Valdefuentes
Sierra del Horno
Carquesales
Sierra del Aceral
Puerco
Portillo
Robledo del Buey
Piedraescrita
Sierra de la Majana
Corral de Cantos
Las Navillas
San Pablo de los Montes
Rocigalgo
Sª. de Cigüiñuelas
Navas de Estena
Ramiro
Toledo
Ciudad Real
Retuerta del Bullaque
El Molinillo
Los Alares
Valdeazores
Utrera
Casarejo
Sierra del Chorito
Emb. Torre de Abraham
Sierra de Valdefuertes
Parque Nacional de Cabañeros
Puerto del Espinazo del Can
Cerro del Plomal
Machero
Majada Alta
Horcajo de los Montes
Castellón
Pto. de Miraflores
Sª. de la Celada o del Gavilán
Rostro
Pueblonuevo del Bullaque
Alcuruchón
Loma de Navalonguilla
Loma de Pastillos
Alcoba
Retamoso
Santa Quiteria
El Torno
Jarrey
Sierra de Navajarra
Navalajarra
Las Tablillas
Navalpino
Navalrincón
El Robledo
Ciudad Real
Badajoz

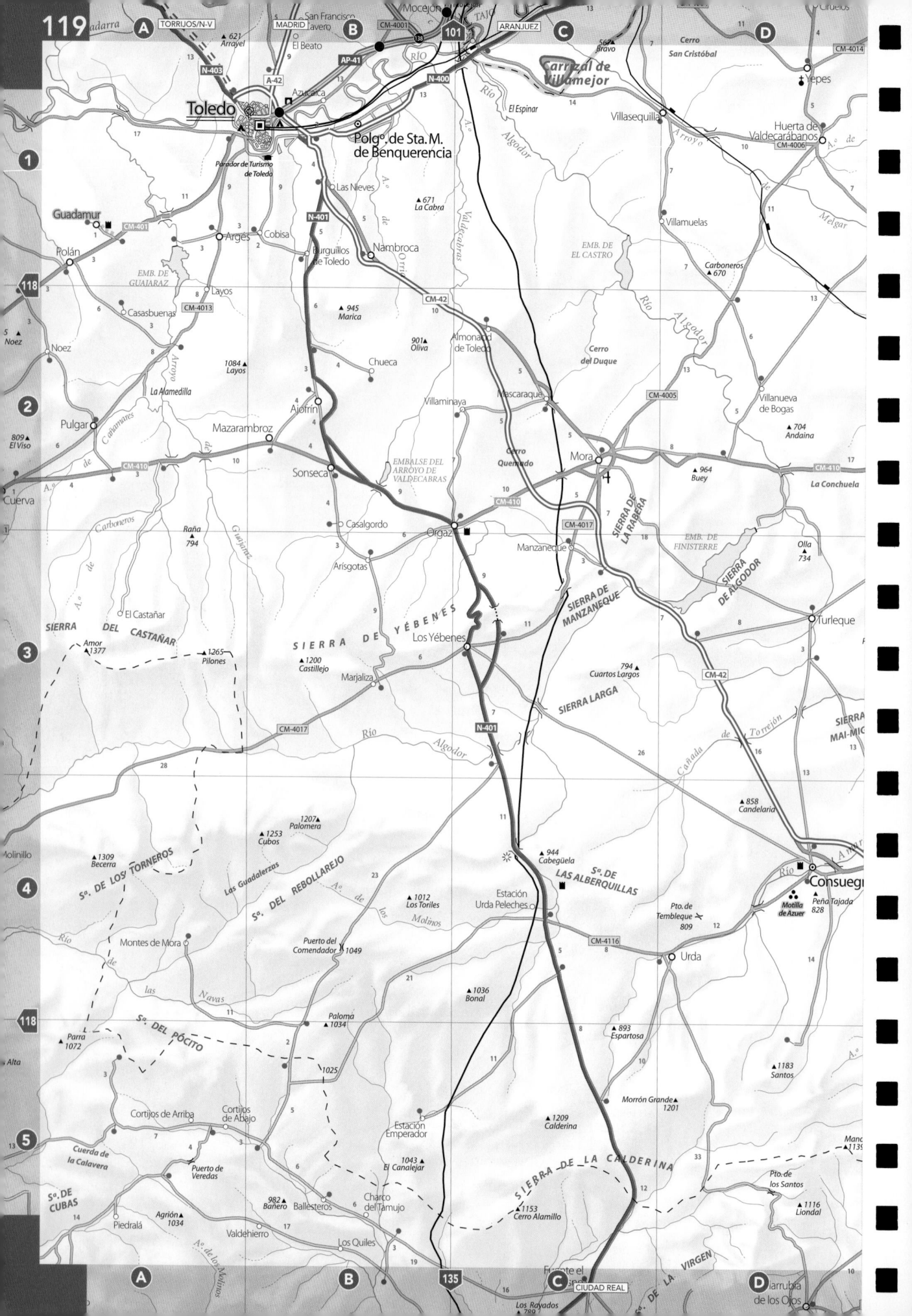

TORRIJOS/N-V
MADRID
San Francisco Javero
CM-4001
Mocejón
101
TAJO
ARANJUEZ
Yepes
Cerro San Cristóbal
CM-4014
Bravo
Carrizal de Villamejor
El Beato
AP-41
N-403
A-42
N-400
Azucaica
Toledo
Polgº. de Sta. M. de Benquerencia
Parador de Turismo de Toledo
Río Algodor
El Espinar
Villasequilla
Huerta de Valdecarábanos
CM-4006
Arroyo de Melgar
Las Nieves
671 La Cabra
Guadamur
CM-401
Argés
Cobisa
N-401
Nambroca
Burguillos de Toledo
Villamuelas
EMB. DE EL CASTRO
Polán
EMB. DE GUAJARAZ
Carboneros 670
Lavos
CM-4013
Casasbuenas
945 Marica
CM-42
901 Oliva
Almonacid de Toledo
Noez
Chueca
1084 Layos
Cerro del Duque
La Alamedilla
Villanueva de Bogas
Mascaraque
CM-4005
Ajofrín
Villaminaya
Pulgar
Mazarambroz
809 El Viso
704 Andaina
Mora
CM-410
Sonseca
EMBALSE DEL ARROYO DE VALDECABRAS
Cerro Quemado
964 Buey
La Conchuela
Cuerva
Casalgordo
Orgaz
CM-4017
SIERRA DE LA RABERA
EMB. DE FINISTERRE
Raña 794
Manzaneque
Olla 734
Arísgotas
SIERRA DE MANZANEQUE
SIERRA DE ALGODOR
El Castañar
Turleque
SIERRA DEL CASTAÑAR
SIERRA DE YÉBENES
Los Yébenes
Amor 1377
1265 Pilones
1200 Castillejo
794 Cuartos Largos
Marjaliza
CM-42
SIERRA LARGA
Cañada de Torrejón
Río Algodor
858 Candelaria
1207 Palomera
1253 Cubos
1309 Becerra
944 Cabegüela
Sª. DE LAS ALBERQUILLAS
Consuegra
Sª. DE LOS TORNEROS
Las Guadalerzas
Sª. DEL REBOLLAREJO
1012 Los Toriles
Estación Urda Peleches
Pto. de Tembleque 809
Motilla de Azuer
Peña Tajada 828
Montes de Mora
Puerto del Comendador 1049
CM-4116
Urda
Río de las Navas
1036 Bonal
118
Sª. DEL PÓCITO
Paloma 1034
893 Espartosa
Parra 1072
1183 Santos
1025
Morrón Grande 1201
Cortijos de Arriba
Cortijos de Abajo
Estación Emperador
1209 Calderina
Cuerda de la Calavera
Puerto de Veredas
1043 El Canalejar
SIERRA DE LA CALDERINA
Pto. de los Santos
Sª. DE CUBAS
Agrión 1034
982 Bañero
Ballesteros
Charco del Tamujo
1153 Cerro Alamillo
1116 Liondal
Piedralá
Valdehierro
Los Quiles
A. de los Molinos
135
CIUDAD REAL
Sª. DE LA VIRGEN
Fuente el Fresno
Villarrubia de los Ojos
Los Rayados 789

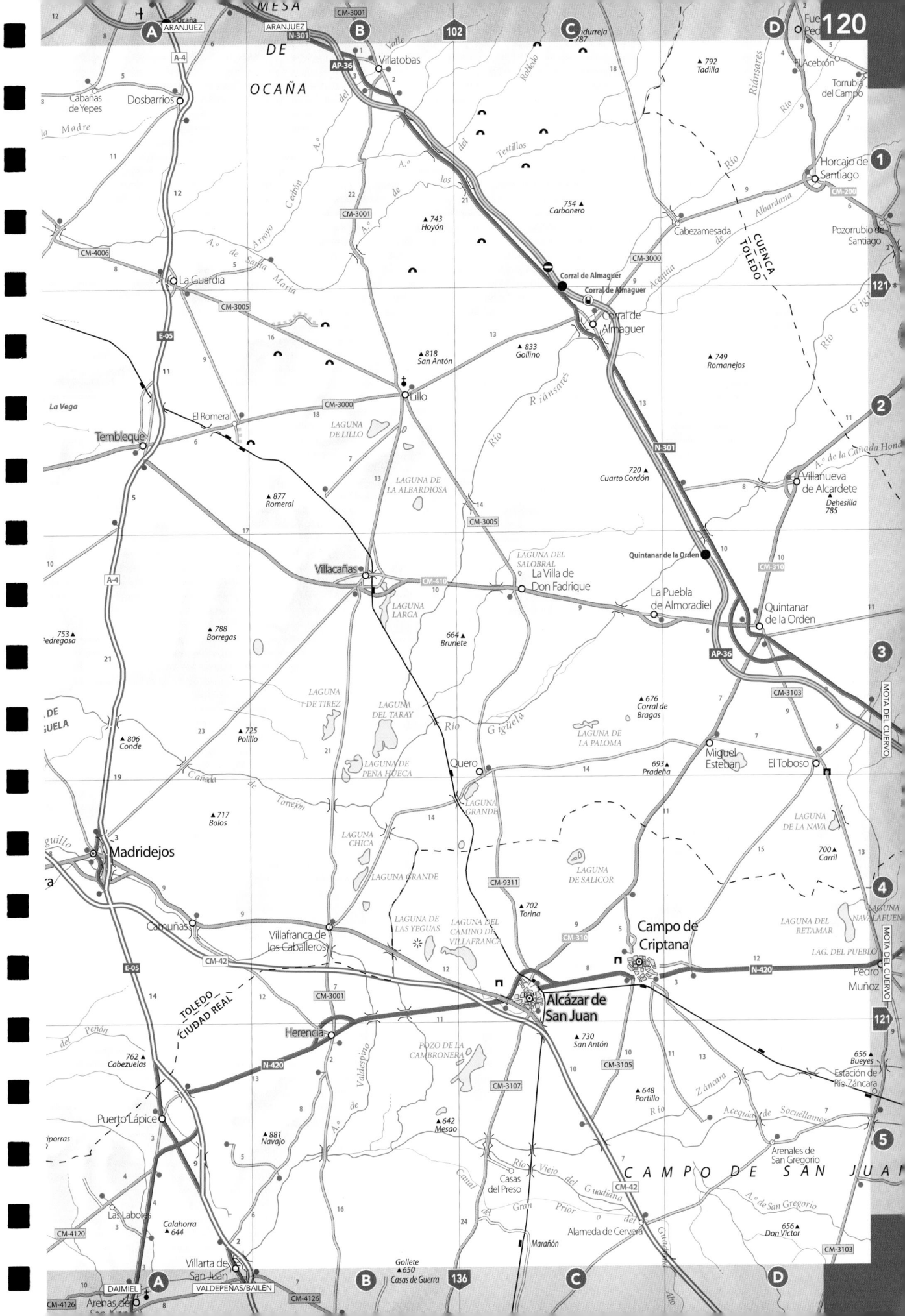

MESA DE OCAÑA
Ocaña
ARANJUEZ
CM-3001
N-301
102
AP-36
Villatobas
Dosbarrios
Cabañas de Yepes
Tadilla
El Acebrón
Torrubia del Campo
Horcajo de Santiago
CM-200
Pozorrubio de Santiago
Carbonero
Hoyón
Testillos
Cabezamesada
CUENCA
TOLEDO
CM-3000
Corral de Almaguer
CM-4006
La Guardia
CM-3005
E-05
San Antón
Gollino
Romanejos
Lillo
El Romeral
La Vega
Tembleque
LAGUNA DE LILLO
Río Riánsares
LAGUNA DE LA ALBARDIOSA
Romeral
Cuarto Cordón
Villanueva de Alcardete
Dehesilla
Villacañas
CM-410
LAGUNA DEL SALOBRAL
La Villa de Don Fadrique
La Puebla de Almoradiel
Quintanar de la Orden
CM-310
A-4
LAGUNA LARGA
Borregas
Brunete
Pedregosa
LAGUNA DE TIREZ
LAGUNA DEL TARAY
Corral de Bragas
CM-3103
MOTA DEL CUERVO
Río Gigüela
LAGUNA DE LA PALOMA
Conde
Polillo
LAGUNA DE PEÑA HUECA
Quero
Pradeña
Miguel Esteban
El Toboso
Cañada de Torrejón
LAGUNA GRANDE
Bolos
LAGUNA CHICA
LAGUNA DE LA NAVA
Carril
Madridejos
CM-9311
LAGUNA DE SALICOR
Torina
Camuñas
Villafranca de los Caballeros
LAGUNA DE LAS YEGUAS
LAGUNA DEL CAMINO DE VILLAFRANCA
Campo de Criptana
LAGUNA DEL RETAMAR
LAG. DEL PUEBLO
CM-42
N-420
Pedro Muñoz
TOLEDO
CIUDAD REAL
Alcázar de San Juan
Herencia
San Antón
POZO DE LA CAMBRONERA
Bueyes
Estación de Río Záncara
Cabezuelas
CM-3105
CM-3107
Portillo
Río Záncara
Acequia de Socuéllamos
Puerto Lápice
Mesao
Navajo
Arenales de San Gregorio
CAMPO DE SAN JUAN
Casas del Preso
Río Viejo del Guadiana
Canal del Gran Prior
Alameda de Cervera
Las Labores
Calahorra
A.º de San Gregorio
Don Víctor
CM-4120
Marañón
Villarta de San Juan
Gollete
Casas de Guerra
136
DAIMIEL
VALDEPEÑAS/BAILÉN
CM-4126
Arenas de San Juan
121

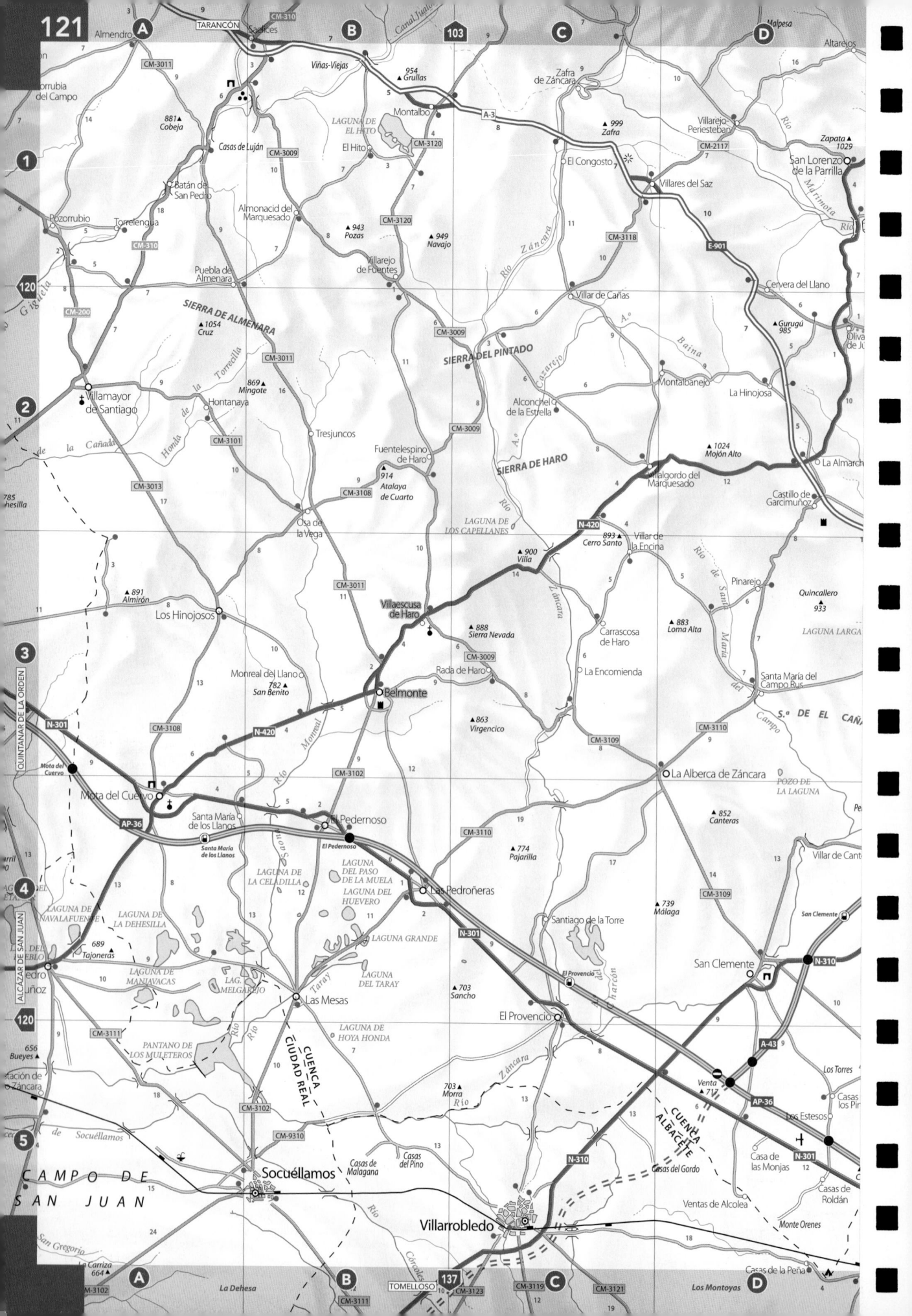
A
B
C
D
1
2
3
4
5
120
103
137
TARANCÓN
Saelices
Almendro
Viñas-Viejas
Canal Jualón
Malpesa
Altarejos
954 Grullas
Zafra de Záncara
Pozorrubia del Campo
881 Cobeja
Casas de Luján
Montalbo
A-3
LAGUNA DE EL HITO
El Hito
999 Zafra
Villarejo-Periesteban
Zapata 1029
San Lorenzo de la Parrilla
El Congosto
Villares del Saz
Batán de San Pedro
Pozorrubio
Torrelengua
Almonacid del Marquesado
943 Pozas
949 Navajo
Río Záncara
E-901
Río Marimota
Puebla de Almenara
Villarejo de Fuentes
Villar de Cañas
Cervera del Llano
Río Gigüela
SIERRA DE ALMENARA
1054 Cruz
Gurugú 985
Oliva de Jú
SIERRA DEL PINTADO
Baina
Villamayor de Santiago
869 Mingote
Hontanaya
Montalbanejo
La Hinojosa
Alconchel de la Estrella
Río Cañada
Tresjuncos
Fuentelespino de Haro
914 Atalaya de Cuarto
SIERRA DE HARO
1024 Mojón Alto
La Almarcha
Villalgordo del Marquesado
Castillo de Garcimuñoz
785 Dehesilla
Osa de la Vega
LAGUNA DE LOS CAPELLANES
N-420
893 Cerro Santo
Villar de la Encina
900 Villa
891 Almirón
Pinarejo
Quincallero 933
Los Hinojosos
Villaescusa de Haro
888 Sierra Nevada
Carrascosa de Haro
883 Loma Alta
LAGUNA LARGA
Monreal del Llano
782 San Benito
Rada de Haro
La Encomienda
Santa María del Campo Rus
Belmonte
863 Virgencico
S.ª DE EL CAÑ
QUINTANAR DE LA ORDEN
N-301
Mota del Cuervo
La Alberca de Záncara
POZO DE LA LAGUNA
Santa María de los Llanos
El Pedernoso
852 Canteras
AP-36
774 Pajarilla
Villar de Cant
LAGUNA DE LA CELADILLA
LAGUNA DEL PASO DE LA MUELA
LAGUNA DEL HUEVERO
Las Pedroñeras
739 Málaga
LAGUNA DE NAVALAFUENTE
LAGUNA DE LA DEHESILLA
Santiago de la Torre
San Clemente
689 Tajoneras
LAGUNA GRANDE
N-310
Pedro Muñoz
LAGUNA DE MANJAVACAS
LAG. MELGAREJO
LAGUNA DEL TARAY
El Provencio
703 Sancho
Las Mesas
Río Záncara
A-43
ALCÁZAR DE SAN JUAN
LAGUNA DE HOYA HONDA
El Provencio
656 Bueyes
PANTANO DE LOS MULETEROS
CUENCA CIUDAD REAL
Los Torres
Estación de Záncara
703 Morra
Venta 7
CUENCA ALBACETE
Casas de los Pinos
Los Estesos
de Socuéllamos
Casas de Malagana
Casas del Pino
Casa de las Monjas
CAMPO DE SAN JUAN
Socuéllamos
Casas del Gordo
Ventas de Alcolea
Casas de Roldán
Villarrobledo
Monte Orenes
San Gregorio
La Carriza 664
Casas de la Peña
La Dehesa
TOMELLOSO
Los Montoyas
CM-3011
CM-3009
CM-310
CM-200
CM-3120
CM-2117
CM-3118
CM-3101
CM-3013
CM-3108
CM-3102
CM-3110
CM-3109
CM-3111
CM-9310
CM-3111
CM-3123
CM-3119
CM-3121

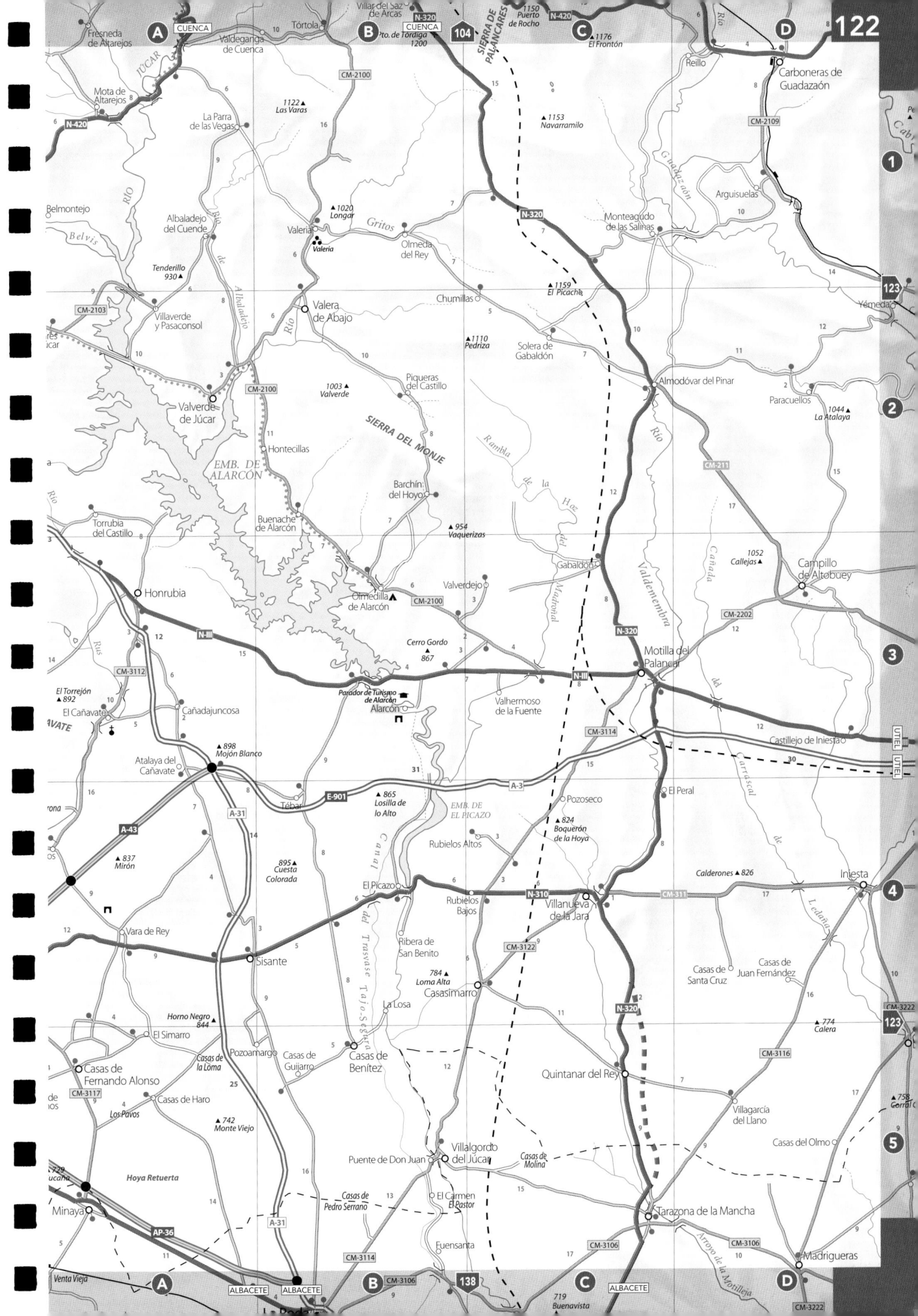

CUENCA
Fresneda de Altarejos
Valdeganga de Cuenca
Tórtola
Villar del Saz de Arcas
Pto. de Tórdiga 1200
N-320
104
SIERRA DE PALANCARES
1150 Puerto de Rocho
N-420
1176 El Frontón
Reillo
Carboneras de Guadazaón
Mota de Altarejos
N-420
JÚCAR
CM-2100
1122 Las Varas
La Parra de las Vegas
1153 Navarramilo
CM-2109
Guadazaón
Arguisuelas
Belmontejo
Albaladejo del Cuende
1020 Longar
Gritos
Valeria
Valeria
Olmeda del Rey
N-320
Monteagudo de las Salinas
Belvís
Tenderillo 930
Río de Albaladejo
1159 El Picacho
Chumillas
Yémeda
CM-2103
Villaverde y Pasaconsol
Valera de Abajo
Río
1110 Pedriza
Solera de Gabaldón
Almodóvar del Pinar
Paracuellos
1044 La Atalaya
CM-2100
1003 Valverde
Piqueras del Castillo
Valverde de Júcar
SIERRA DEL MONJE
Rambla de la Hoz del Madroñal
Río
Hontecillas
EMB. DE ALARCÓN
CM-211
Barchín del Hoyo
Buenache de Alarcón
954 Vaquerizas
Torrubia del Castillo
Gabaldón
Valdemembra
Cañada
1052 Callejas
Campillo de Altobuey
Honrubia
Olmedilla de Alarcón
CM-2100
Valverdejo
N-III
N-320
CM-2202
Rus
Cerro Gordo 867
Motilla del Palancar
CM-3112
N-III
El Torrejón 892
Parador de Turismo de Alarcón
Alarcón
Valhermoso de la Fuente
El Cañavate
Cañadajuncosa
CM-3114
Castillejo de Iniesta
UTIEL
898 Mojón Blanco
Atalaya del Cañavate
A-3
Carrascal de Ledaña
E-901
Tébar
A-31
865 Losilla de lo Alto
EMB. DE EL PICAZO
Pozoseco
El Peral
A-43
824 Boquerón de la Hoya
Rubielos Altos
837 Mirón
895 Cuesta Colorada
Canal del Trasvase Tajo-Segura
El Picazo
Rubielos Bajos
N-310
Villanueva de la Jara
CM-311
Calderones 826
Iniesta
Vara de Rey
Ribera de San Benito
CM-3122
Sisante
784 Loma Alta
Casasimarro
Casas de Santa Cruz
Casas de Juan Fernández
La Losa
N-320
CM-3222
Horno Negro 844
774 Calera
123
El Simarro
Casas de la Loma
Pozoamargo
Casas de Guijarro
Casas de Benítez
CM-3116
Casas de Fernando Alonso
Quintanar del Rey
CM-3117
Casas de Haro
Villagarcía del Llano
758 Corral
Los Pavos
742 Monte Viejo
Casas del Olmo
729 Tucana
Hoya Retuerta
Puente de Don Juan
Villalgordo del Júcar
Casas de Molina
Casas de Pedro Serrano
El Carmen
El Pastor
Minaya
Tarazona de la Mancha
AP-36
A-31
CM-3106
CM-3106
Fuensanta
Arroyo de la Motilleja
CM-3114
Madrigueras
Venta Vieja
ALBACETE
ALBACETE
CM-3106
138
719 Buenavista
ALBACETE
CM-3222

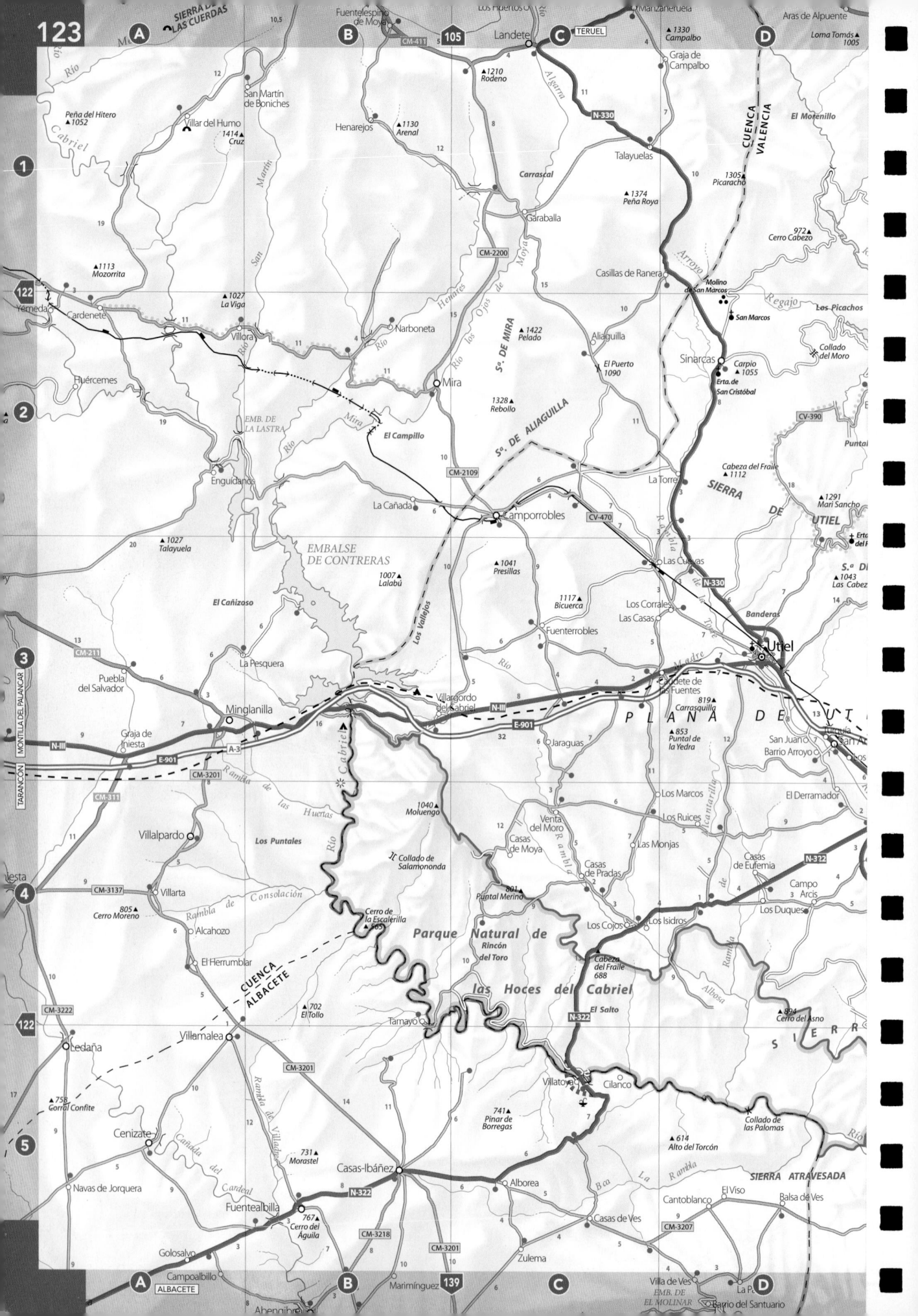
SIERRA DE LAS CUERDAS
Fuentelespino de Moya
Los Huertos
Manzaneruela
Aras de Alpuente
Landete
TERUEL
CM-411
105
1330 Campalbo
Loma Tomás 1005
Graja de Campalbo
1210 Rodeno
San Martín de Boniches
Peña del Hitero 1052
Villar del Humo
1414 Cruz
Henarejos
1130 Arenal
Algarra
N-330
CUENCA
VALENCIA
El Morenillo
Talayuelas
Cabriel
Carrascal
1305 Picaracho
1374 Peña Royá
Garaballa
972 Cerro Cabezo
CM-2200
1113 Mozorrita
Casillas de Ranera
Molino de San Marcos
Arroyo
122
Yémeda
Cardenete
1027 La Viga
Villora
Narboneta
1422 Pelado
Sª. DE MIRA
Aliaguilla
San Marcos
Regajo
Los Picachos
Sinarcas
Carpio 1055
Collado del Moro
Erta. de San Cristóbal
El Puerto 1090
Huércemes
Mira
1328 Rebollo
Sª. DE ALIAGUILLA
CV-390
EMB. DE LA LASTRA
El Campillo
Río Mira
Puntal
Cabeza del Fraile 1112
SIERRA DE UTIEL
CM-2109
La Torre
Enguídanos
La Cañada
Camporrobles
1291 Mari Sancho
CV-470
1027 Talayuela
EMBALSE DE CONTRERAS
1041 Presillas
Las Cuevas
N-330
1007 Lalabú
1043 Las Cabezas
El Cañizoso
1117 Bicuerca
Los Corrales
Las Casas
Banderas
Los Vallejos
Fuenterrobles
CM-211
Utiel
La Pesquera
Puebla del Salvador
Caudete de las Fuentes
819 Carrasquilla
Villargordo del Cabriel
Minglanilla
N-III
E-901
PLANA DE UTIEL
Graja de Iniesta
A-3
Jaraguas
853 Puntal de la Yedra
San Juan
Barrio Arroyo
MONTILLA DEL PALANCAR
TARANCÓN
CM-3201
Rambla de las Huertas
CM-311
Los Marcos
El Derramador
1040 Moluengo
Venta del Moro
Los Ruices
Villalpardo
Los Puntales
Casas de Moya
Las Monjas
Río Cabriel
Collado de Salamononda
Casas de Pradas
Casas de Eufemia
N-322
Campo Arcis
CM-3137
Villarta
Rambla de Consolación
801 Puntal Merino
Los Duques
805 Cerro Moreno
Alcahozo
Cerro de la Escalerilla 565
Los Cojos
Los Isidros
Parque Natural de Rincón del Toro las Hoces del Cabriel
El Herrumblar
Cabeza del Fraile 688
CUENCA
ALBACETE
El Salto
Albosa
894 Cerro del Asno
CM-3222
702 El Tollo
Tamayo
SIERRA
Ledaña
Villamalea
CM-3201
Villatoya
Cilanco
758 Corral Confite
741 Pinar de Borregas
Collado de las Palomas
Rambla de Villadiego
Cenizate
Cañada del Cardeal
731 Morastel
614 Alto del Torcón
Casas-Ibáñez
SIERRA ATRAVESADA
Navas de Jorquera
Alborea
Bca. La Rambla
Fuentealbilla
N-322
El Viso
Cantoblanco
Balsa de Ves
767 Cerro del Águila
CM-3218
Casas de Ves
CM-3207
CM-3201
Golosalvo
Zulema
Campoalbillo
ALBACETE
Marimínguez
139
Villa de Ves
EMB. DE EL MOLINAR
Barrio del Santuario
Abengibre

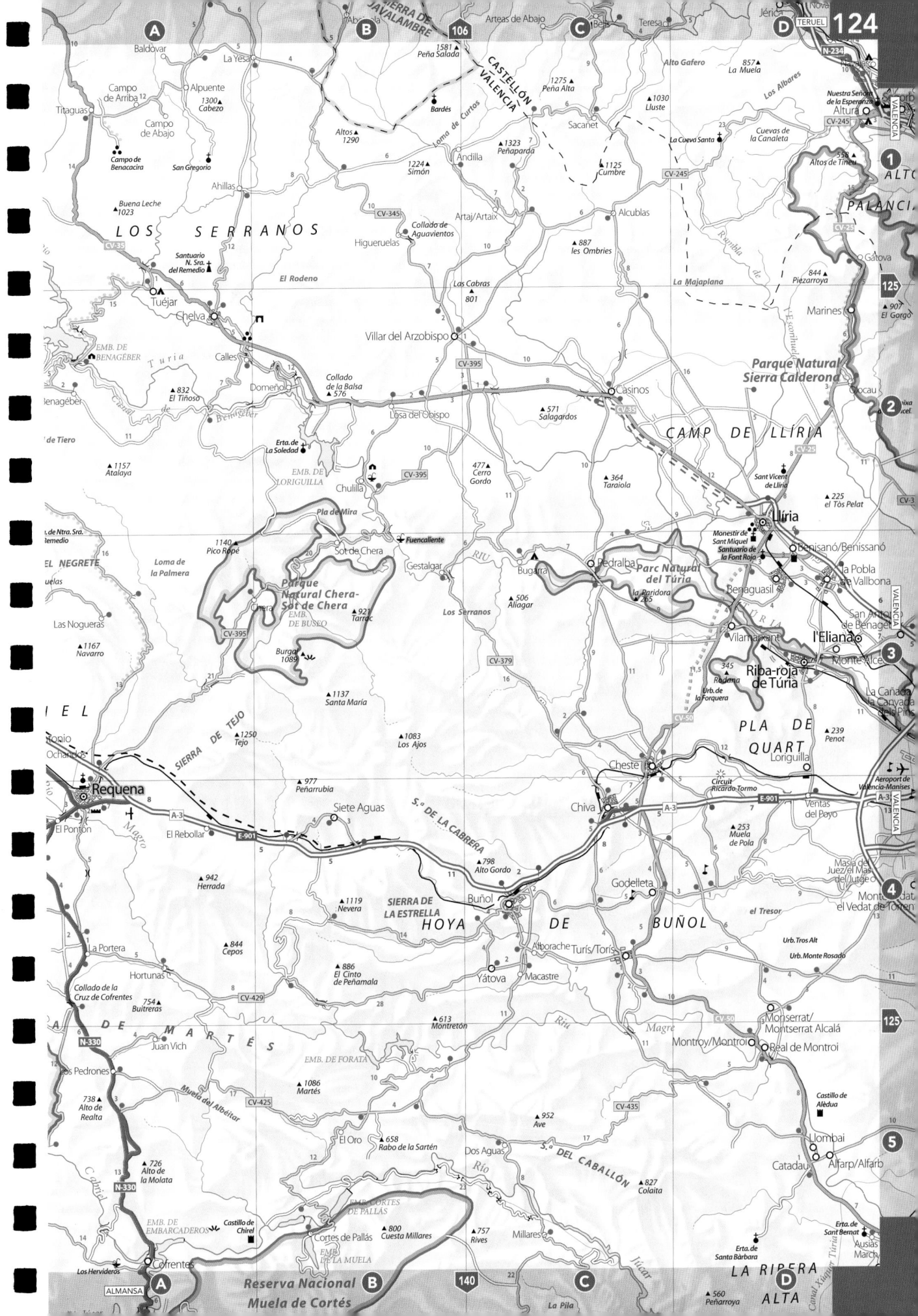

SIERRA DE JAVALAMBRE
CASTELLÓN
VALENCIA
LOS SERRANOS
Baldovar
La Yesa
Alpuente
Titaguas
Tuéjar
Chelva
Calles
Domeño
Villar del Arzobispo
Andilla
Alcublas
Sacañet
Casinos
Losa del Obispo
Chulilla
Sot de Chera
Gestalgar
Bugarra
Pedralba
Llíria
Benisanó/Benissanó
La Pobla de Vallbona
Benaguasil
Vilamarxant
l'Eliana
Riba-roja de Túria
CAMP DE LLÍRIA
Parque Natural Sierra Calderona
Parc Natural del Túria
Parque Natural Chera-Sot de Chera
Chera
SIERRA DE TEJO
Requena
Siete Aguas
El Rebollar
El Pontón
Cheste
Chiva
Loriguilla
PLA DE QUART
Buñol
HOYA DE BUÑOL
Godelleta
Turís/Torís
Alborache
Yátova
Macastre
La Portera
Hortunas
Juan Vich
Los Pedrones
Montroy/Montroi
Real de Montroi
Monserrat/Montserrat Alcalá
Llombai
Catadau
Alfarp/Alfarb
Dos Aguas
El Oro
Millares
Cortes de Pallás
Cofrentes
S.ª DE LA CABRERA
S.ª DEL CABALLÓN
Reserva Nacional Muela de Cortés
LA RIBERA ALTA
Marines
Altura
Gátova
Olocau
Ventas del Poyo
Aeroport de València-Manises
A-3
E-901
N-330
CV-35
CV-25
CV-50

Parque Natural de la Sierra de Espadán
ALTO PALANCIA
Segorbe
Castellnovo
Soneja
Sot de Ferrer
Algar de Palancia
Eslida
Nevera 856
Chóvar
Castro
Azuébar
Alfondeguilla/ Fondeguilla
els Sants de Pedra
la Vall d'Uixó
Sant Josep
Villavieja/ la Vila Vella
Nules
Burriana/ Borriana
Poblados Marítimos/ el Port de Borriana
Alquerías Valencia
Mascarell
Moncofa
El Grao/el Grau
Chilches/Xilxes
la Llosa
Almenara
N-225
Cerro de la Salinera 378
la Vall de Segó
Quart de les Valls
Benavites
Quartell
Benifairó de les Valls
Faura
Barrio-Mar/ Barri de Mar
Vía Verde de Ojos Negros I
Alfara de Algimia
Algimia de Alfara
Torres Torres
CASTELLÓN VALENCIA
El Gorgó 907
Parque Natural Sierra Calderona
Rebalsadors 798
Porta Coeli
EL CAMP DE TÚRIA
Cartoixa de Portaceli
Serra
Estivella
Albalat dels Tarongers
EL CAMP DE MORVEDRE
Petrés
Segart
Gilet
Sagunto/ Sagunt
Canet d'en Berenguer
Almarda
El Puerto/ el Port de Sagunt
Gola de Colomer
Nàquera
Los Monasterios
Alfinach
Pla de l'Espartar
238 Cabeçó Bord
Puçol
Gola d'Estany
Vía Verde de Xurra
Cartoixa d'Aracristi
Gola dels Plans
la Malla
Bétera
Rafelbuñol/ Rafelbunyol
Puig
la Pobla de Farnals
el Baró
San Isidro de Benagéber
Museros
Massamagrell
La Providència
Moncada/ Montcada de l'Horta
Alfara del Patriarca
Emperador
Massalfassar
Parc Natural del Túria
Masarrochos/ Massarrojos
Foios
Albalat dels Sorells
Albuixech
Vinalesa
Rocafort
Meliana
Godella
Bonrepòs i Mirambell
Almàssera
La Cañada/ la Canyada
dels Pins
Burjassot
Borbotó
Tavernes Blanques
San Francisco/ Sant Francesc
Paterna
Pueblo Nuevo/ Poble Nou
Alboraya/Alboraia
Manises
Quart de Poblet
Benimàmet
Beniferri
Platja de la Malva-rosa
Aeroport de València-Manises
Valencia/València
Aldaia
Alaquàs
Mislata
Xirivella
Torrent
Picanya
Palma de Mallorca, Eivissa (Ibiza), Maó
Paiporta
Sedaví
Castellar l'Oliveral
Benetússer
Llocnou de la Corona
Pinedo
Monte Vedat/ el Vedat de Torrent
Massanassa
Alfafar
Platja de Pinedo
Albal
Catarroja
Cases del Caló
Beniparrell
el Saler
Platja del Saler
Alcàcer/Alcàsser
Picassent
Silla
Omet
Parque Natural de la Albufera
L'ALBUFERA
Platja de la Devesa
Parador de Turismo de El Saler
el Palmar
el Perellonet
el Romaní
Platja del Recatí
Almussafes
Sollana
Benifaió
el Perelló
LLAC DE LA PLANA
Platja del Perelló
Alginet
Erta. Sants de la Pedra
el Tarimal
Mareny de Barraquetes
Mareny Blau
RIBERA DEL XÚQUER
Carlet
Alzira
Albalat de la Ribera
Riola
Polinyà
Algemesí
MAR MEDITERRÁNEO
CASTELLÓ DE LA PLANA
GÁNDIA
N-340
A-7
AP-7
E-15
CV-230
A-23
N-234
CV-333
CV-35
V-21
A-3
CV-500
V-31
N-332
CV-515
107
124
141
A
B
C
D
1
2
3
4
5

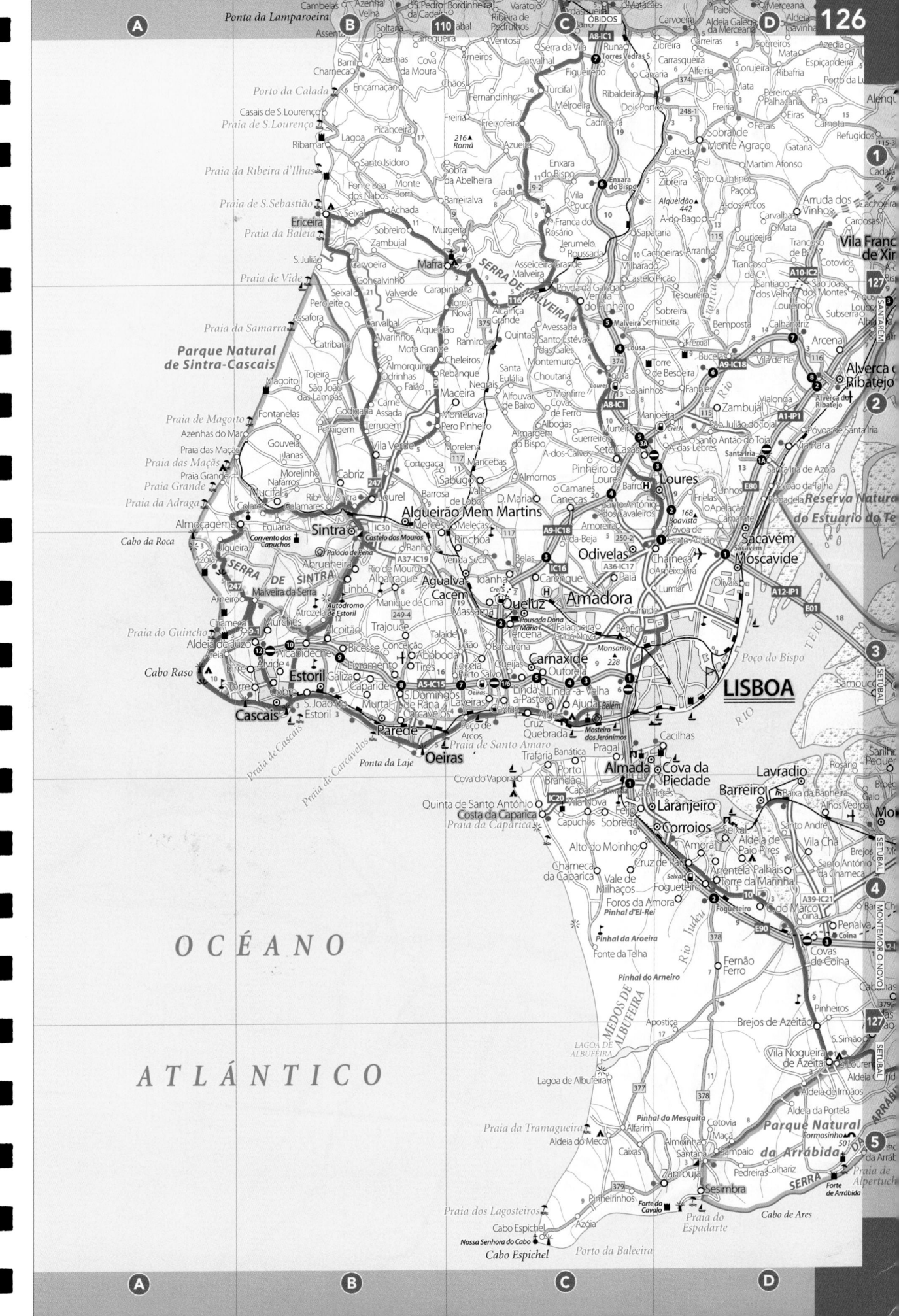

OCÉANO
ATLÁNTICO
LISBOA
Parque Natural de Sintra-Cascais
SERRA DE SINTRA
SERRA DE MALVEIRA
Parque Natural da Arrábida
Reserva Natural do Estuário do Tejo
Sintra
Cascais
Estoril
Oeiras
Amadora
Odivelas
Loures
Sacavém
Moscavide
Almada
Barreiro
Sesimbra
Mafra
Ericeira
Queluz
Algueirão Mem Martins
Cabo da Roca
Cabo Raso
Cabo Espichel
Costa da Caparica
Ponta da Lamparoeira

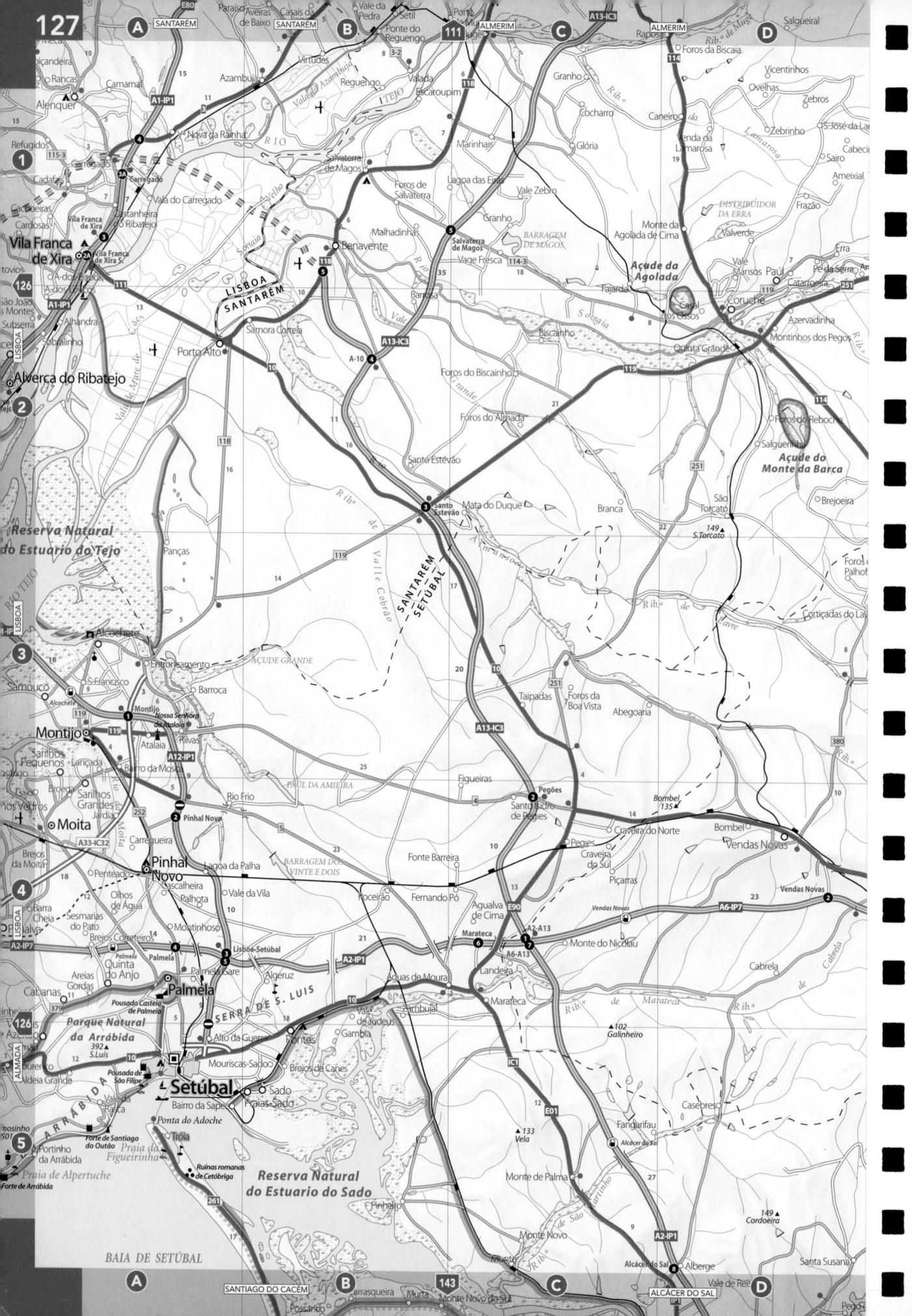
SANTARÉM
ALMERIM
Alenquer
Azambuja
Virtudes
Ponte do Reguengo
Valada
Reguengo
Escaroupim
Vila Nova da Rainha
Carregado
Castanheira do Ribatejo
Vila Franca de Xira
Alhandra
Sobralinho
Alverca do Ribatejo
Salvaterra de Magos
Foros de Salvaterra
Lagoa das Eiras
Vale Zebro
Benavente
Malhadinhas
Vage Fresca
BARRAGEM DE MAGOS
Granho
Glória
Marinhais
Cocharro
Foros da Biscaia
Vicentinhos
Ovelhas
Zebros
Caneiro
Zebrinho
Venda da Lamarosa
Sairo
Ameixial
Frazão
DISTRIBUIDOR DA ERRA
Monte da Agolada de Cima
Valverde
Erra
Açude da Agolada
Fajarda
Casal dos Ossos
Coruche
Paúl
Catarroeira
Azervadinha
Montinhos dos Pegos
Quinta Grande
Biscainho
Barrosa
LISBOA
SANTARÉM
Samora Correia
Porto Alto
Foros do Biscainho
Foros do Almada
Santo Estévão
Foros do Rebocho
Salgueirinha
Açude do Monte da Barca
Mata do Duque
Branca
São Torcato
Brejoeira
Reserva Natural do Estuario do Tejo
Panças
SANTARÉM
SETÚBAL
Alcochete
Entroncamento
AÇUDE GRANDE
Samouco
S. Francisco
Barroca
Montijo
Atalaia
Rilvas
Taipadas
Foros da Boa Vista
Abegoaria
Corticadas do Lavre
Sarilhos Pequenos
Lançada
Barro da Mosca
PAUL DA AMIEIRA
Figueiras
Pegões
Santo Isidro de Pegões
Bombel
Vendas Novas
Craveira do Norte
Craveira do Sul
Piçarras
Moita
Sarilhos Grandes
Rio Frio
Pinhal Novo
Carregueira
Lagoa da Palha
BARRAGEM DOS VINTE E DOIS
Fonte Barreira
Penteado
Olhos de Água
Cascalheira
Palhota
Vale da Vila
Poceirão
Fernando Pó
Agualva de Cima
Monte do Nicolau
Marateca
Montinhoso
Brejos Carreteiros
Quinta do Anjo
Palmela
Algeruz
Águas de Moura
Landeira
Cabrela
Parque Natural da Arrábida
SERRA DE S. LUIS
Vale de Judeus
Zambujal
Gambia
Pontes
Alto da Guerra
Mouriscas-Sadoo
Brejos de Canes
Setúbal
Sado
Praias-Sado
Bairro da Sapec
Ponta do Adoche
Tróia
Galinheiro
Casebres
Fangarifau
Vela
Monte de Palma
Cordoeira
Portinho da Arrábida
Praia de Alpertuche
Forte de Arrábida
Forte de Santiago do Outão
Praia da Figueirinha
Ruínas romanas de Cetóbriga
Reserva Natural do Estuario do Sado
Pinheiro
Monte Novo
Alcácer do Sal
Alberge
Santa Susana
BAIA DE SETÚBAL
SANTIAGO DO CACÉM
Carrasqueira
Possanco
Monte Novo do Sul
ALCÁCER DO SAL
Vale de Reis

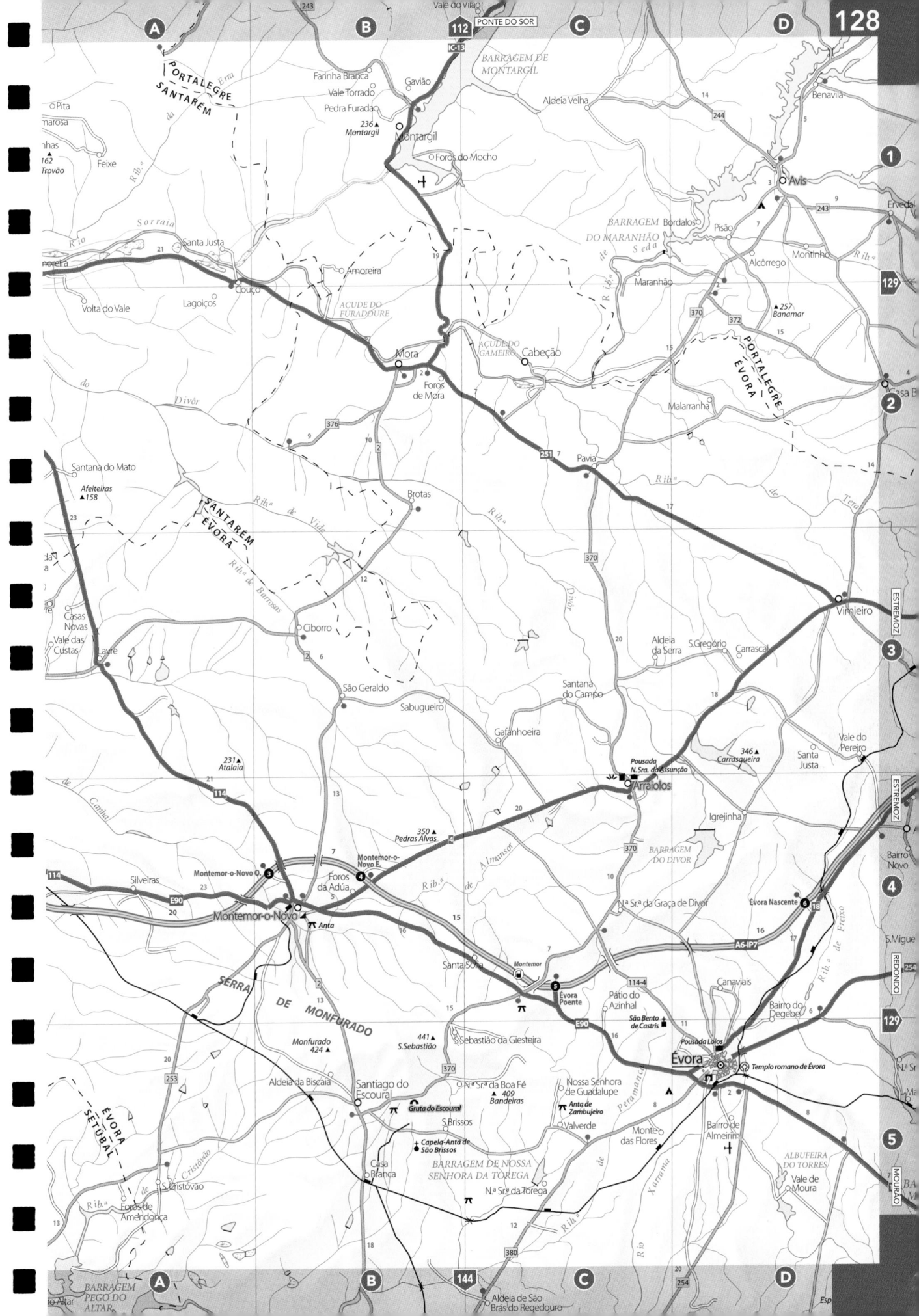
PONTE DO SOR
BARRAGEM DE MONTARGIL
Montargil
Mora
Cabeção
Avis
Pavia
Brotas
Ciborro
Lavre
Vimieiro
Arraiolos
Montemor-o-Novo
SERRA DE MONFURADO
Santiago do Escoural
Évora
PORTALEGRE
SANTARÉM
ÉVORA
SETÚBAL
ESTREMOZ
REDONDO
MOURÃO
BARRAGEM DO MARANHÃO
BARRAGEM DO DIVOR
BARRAGEM DE NOSSA SENHORA DA TOREGA
ALBUFEIRA DO TORRES
BARRAGEM PEGO DO ALTAR
Pousada N. Sra. da Assunção
Pousada Loios
Templo romano de Évora
Gruta do Escoural
Capela-Anta de São Brissos
Anta de Zambujeiro
São Bento de Castris
Aldeia de São Brás do Regedouro

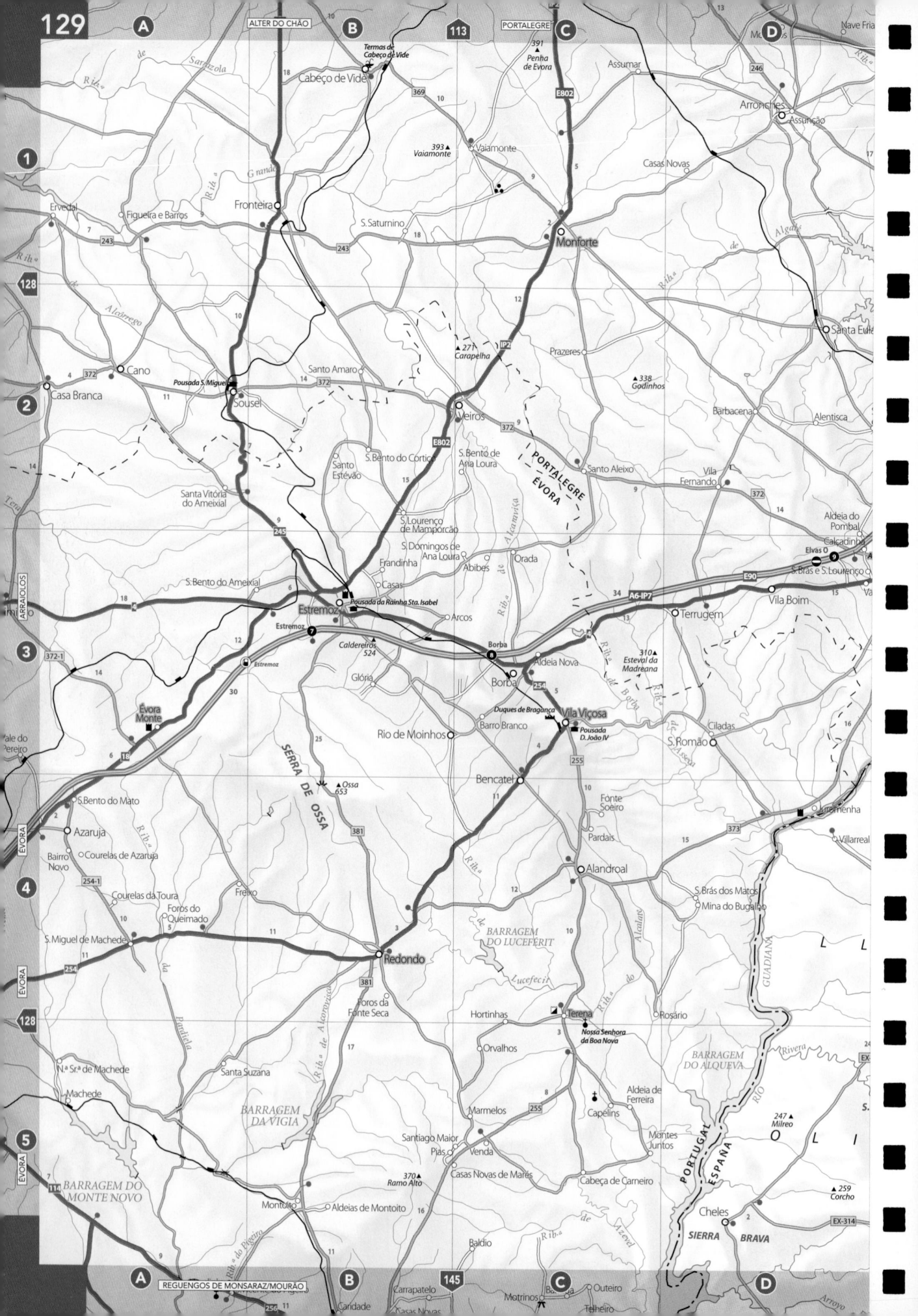

ALTER DO CHÃO
PORTALEGRE
113
Termas de Cabeço de Vide
Cabeço de Vide
391 Penha de Evora
Assumar
Nave Fria
Arronches
Assunção
E802
369
393 Vaiamonte
Vaiamonte
Casas Novas
Fronteira
Ervedal
Figueira e Barros
S. Saturnino
243
Monforte
Alcôrrego
Santa Eulália
271 Carapelha
IP2
Prazeres
Cano
Casa Branca
Pousada S. Miguel
Sousel
Santo Amaro
372
338 Godinhos
Veiros
Barbacena
Alentisca
Santo Estêvão
S. Bento do Cortiço
S. Bento de Ana Loura
PORTALEGRE
ÉVORA
Santo Aleixo
Vila Fernando
Santa Vitória do Ameixial
S. Lourenço de Mamporcão
Aldeia do Pombal
Calçadinha
245
S. Domingos de Ana Loura
Frandinha
Abibes
Orada
Elvas O
S. Brás e S. Lourenço
S. Bento do Ameixial
Casas
E90
A6-IP7
Vila Boim
ARRAIOLOS
Estremoz
Pousada da Rainha Sta. Isabel
Arcos
Terrugem
Caldeireiros 524
Borba
310 Estevai da Madreana
372-1
Glória
Aldeia Nova
254
Évora Monte
Duques de Bragança
Vila Viçosa
Pousada D. João IV
Rio de Moinhos
Barro Branco
Ciladas
S. Romão
Vale do Pereiro
SERRA DE OSSA
Ossa 653
Bencatel
255
S. Bento do Mato
Fonte Soeiro
Juromenha
Azaruja
381
Pardais
373
Villarreal
ÉVORA
Bairro Novo
Courelas de Azaruja
Alandroal
254-1
Courelas da Toura
Freixo
S. Brás dos Matos
Mina do Bugalho
Foros do Queimado
S. Miguel de Machede
BARRAGEM DO LUCEFÉCIT
Redondo
GUADIANA
Foros da Fonte Seca
Hortinhas
Terena
Nossa Senhora da Boa Nova
Rosário
128
Orvalhos
Nª Srª de Machede
Santa Suzana
BARRAGEM DO ALQUEVA
Machede
BARRAGEM DA VIGIA
Marmelos
Aldeia de Ferreira
Capelins
247 Milreo
Santiago Maior
Pias
Venda
Montes Juntos
370 Ramo Alto
Casas Novas de Mares
Cabeça de Carneiro
PORTUGAL
ESPAÑA
259 Corcho
BARRAGEM DO MONTE NOVO
Montoito
Aldeias de Montoito
Cheles
EX-314
SIERRA BRAVA
Baldio
REGUENGOS DE MONSARAZ/MOURÃO
145
Carrapatelo
Motrinos
Outeiro
Telheiro
Caridade

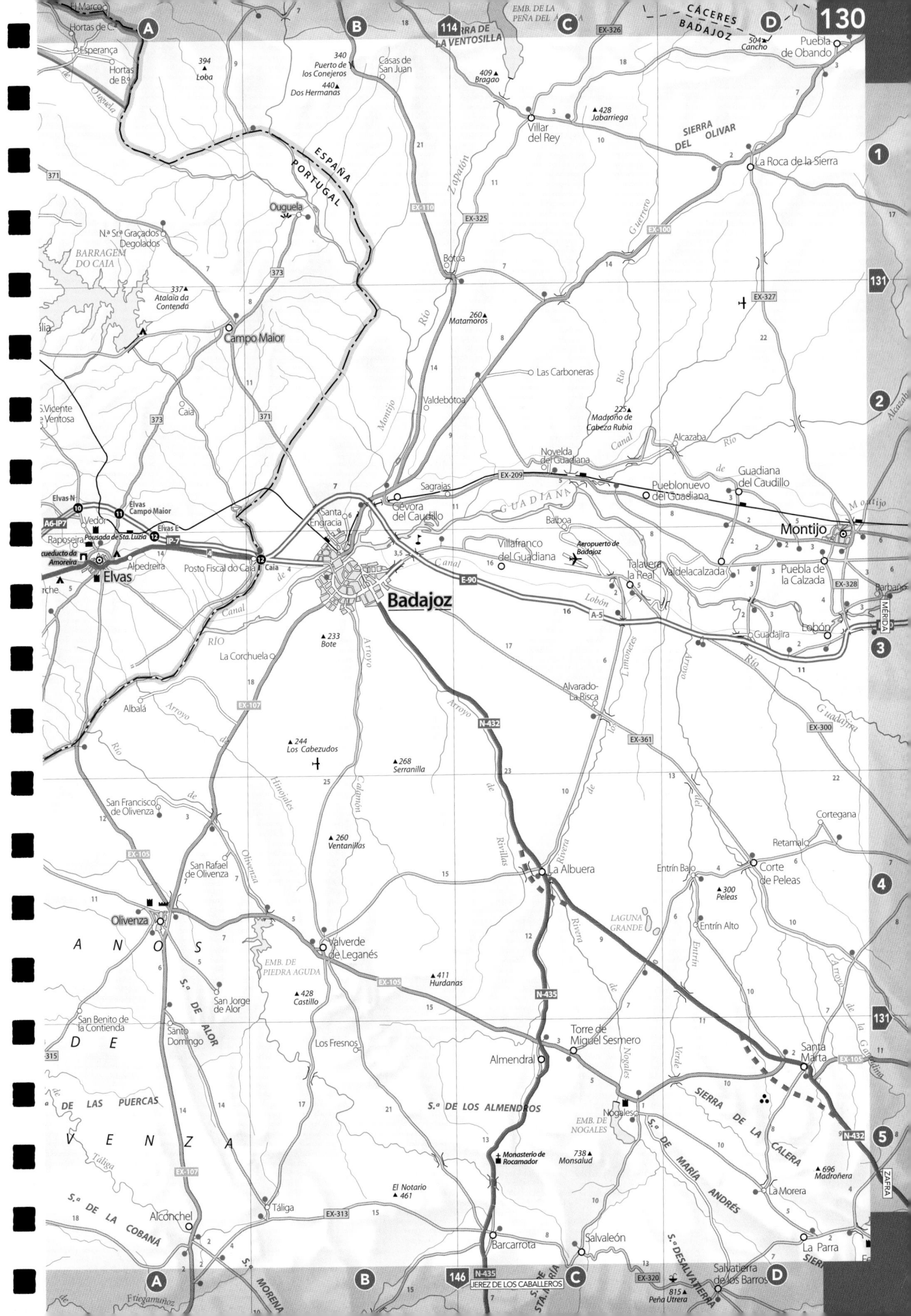
CÁCERES
BADAJOZ
ESPAÑA
PORTUGAL
SIERRA DEL OLIVAR
Puebla de Obando
Villar del Rey
La Roca de la Sierra
Casas de San Juan
Puerto de los Conejeros
Dos Hermanas
Bragao
Jabarriega
Cancho
Loba
Hortas de B.º
Esperança
El Marco
Ouguela
N.ª Sr.ª Graçados Degolados
BARRAGEM DO CAIA
Atalaia da Contenda
Campo Maior
Caia
S.Vicente e Ventosa
Botoa
Matamoros
Las Carboneras
Valdebótoa
Madroño de Cabeza Rubia
Alcazaba
Novelda del Guadiana
Sagrajas
Gévora del Caudillo
Pueblonuevo del Guadiana
Guadiana del Caudillo
Montijo
Elvas N
Elvas Campo Maior
Elvas E
Vedor
Raposeira
Pousada de Sta. Luzia
Aqueducto da Amoreira
Elvas
Alpedreira
Posto Fiscal do Caia
Santa Engracia
Balboa
Villafranco del Guadiana
Aeropuerto de Badajoz
Talavera la Real
Valdelacalzada
Puebla de la Calzada
Barbaño
Badajoz
GUADIANA
Lobón
Guadajira
MÉRIDA
Bote
La Corchuela
Albalá
Alvarado-La Risca
Los Cabezudos
Serranilla
San Francisco de Olivenza
San Rafael de Olivenza
Ventanillas
La Albuera
Cortegana
Retamal
Corte de Peleas
Entrín Bajo
Peleas
Entrín Alto
LAGUNA GRANDE
Olivenza
Valverde de Leganés
EMB. DE PIEDRA AGUDA
Hurdanas
Castillo
San Jorge de Alor
San Benito de la Contienda
Santo Domingo
S.ª DE ALOR
Los Fresnos
Torre de Miguel Sesmero
Almendral
Santa Marta
S.ª DE LOS ALMENDROS
Nogales
EMB. DE NOGALES
SIERRA DE LA CALERA
S.ª DE MARÍA ANDRÉS
Monasterio de Rocamador
Monsalud
Madroñera
La Morera
El Notario
Táliga
Alconchel
S.ª DE LA COBANA
DE LAS PUERCAS
Barcarrota
Salvaleón
S.ª DESALVATIERRA
La Parra
Salvatierra de los Barros
Peña Utrera
JEREZ DE LOS CABALLEROS
ZAFRA
Friegamuñoz
MORENA
E-90
A-5
N-432
N-435
EX-107
EX-105
EX-313
EX-320
EX-361
EX-300
EX-328
EX-209
EX-100
EX-110
EX-325
EX-327
EX-326
131
114
146

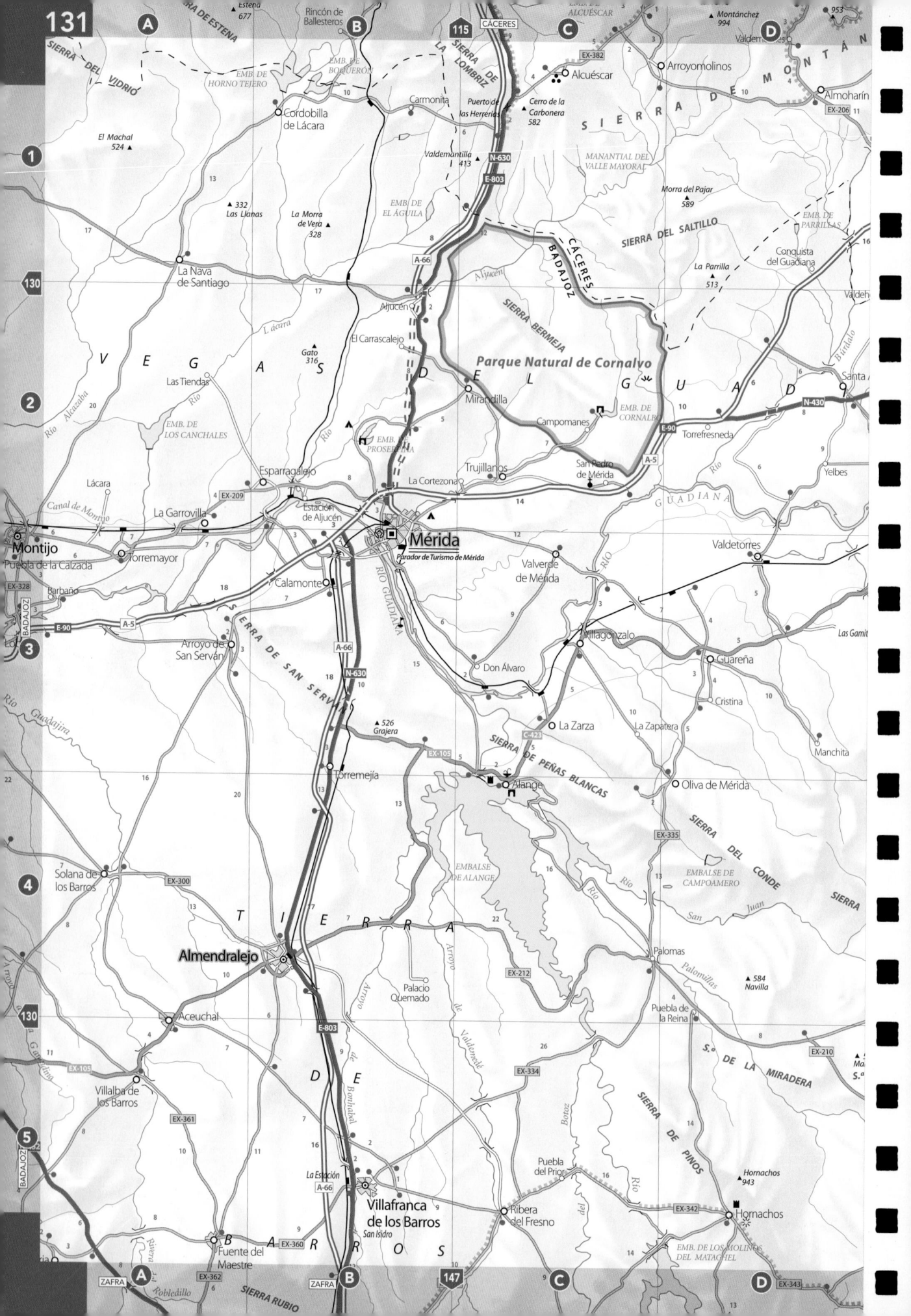

Mérida
Parador de Turismo de Mérida
Parque Natural de Cornalvo
Almendralejo
Montijo
Puebla de la Calzada
Villafranca de los Barros
Cáceres
Badajoz
Alcuéscar
Arroyomolinos
Almoharín
Cordobilla de Lácara
Carmonita
La Nava de Santiago
Aljucén
El Carrascalejo
Mirandilla
Campomanes
Trujillanos
San Pedro de Mérida
Esparragalejo
La Garrovilla
Torremayor
Calamonte
Arroyo de San Serván
Valverde de Mérida
Villagonzalo
Don Álvaro
La Zarza
Alange
Torremejía
Guareña
Cristina
Oliva de Mérida
Valdetorres
Torrefresneda
Yelbes
Manchita
Palomas
Puebla de la Reina
Solana de los Barros
Aceuchal
Villalba de los Barros
Fuente del Maestre
Ribera del Fresno
Puebla del Prior
Hornachos
Palacio Quemado
La Zapatera
Conquista del Guadiana
Embalse de Alange
Embalse de Campoamero
Emb. de Cornalbo
Emb. de Proserpina
Emb. de Los Canchales
Emb. de Boquerón
Emb. de Horno Tejero
Emb. de El Águila
Emb. de los Molinos del Matachel
Sierra de Montánchez
Sierra del Saltillo
Sierra Bermeja
Sierra de San Serván
Sierra de Peñas Blancas
Sierra del Conde
Sierra de Pinos
S.ª de la Miradera
Sierra del Vidrio
Sierra de la Lombriz
Sierra Rubio
Vegas del Guadiana
Tierra de Barros
Río Guadiana

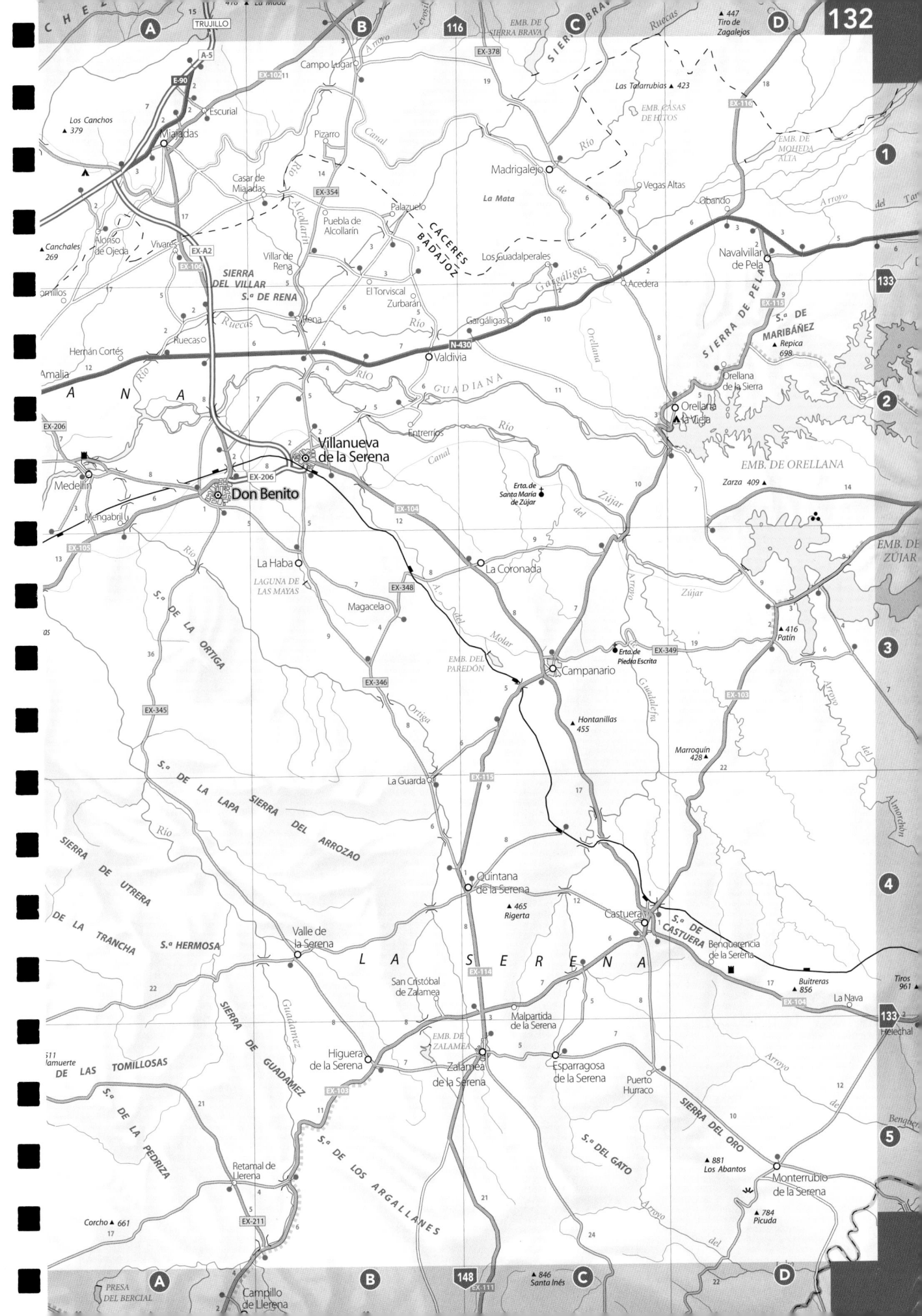

Miajadas
Escurial
Los Canchos 379
Campo Lugar
Pizarro
Casar de Miajadas
Alonso de Ojeda
Vivares
Villar de Rena
Puebla de Alcollarín
Palazuelo
CÁCERES
BADAJOZ
Madrigalejo
Vegas Altas
Obando
Navalvillar de Pela
Los Guadalperales
Acedera
El Torviscal
Zurbarán
Gargáligas
Rena
Ruecas
Hernán Cortés
Valdivia
SIERRA DEL VILLAR
S.ª DE RENA
SIERRA DE PELA
S.ª DE MARIBÁÑEZ
Repica 698
Orellana de la Sierra
Orellana la Vieja
EMB. DE ORELLANA
Zarza 409
Entrerríos
Villanueva de la Serena
Medellín
Don Benito
Mengabril
Erta. de Santa María de Zújar
La Haba
LAGUNA DE LAS MAYAS
La Coronada
Magacela
EMB. DE ZÚJAR
Patín 416
EMB. DEL PAREDÓN
Campanario
Erta. de Piedra Escrita
Hontanillas 455
Marroquín 428
S.ª DE LA ORTIGA
S.ª DE LA LAPA
SIERRA DEL ARROZAO
La Guarda
SIERRA DE UTRERA
DE LA TRANCHA
S.ª HERMOSA
Quintana de la Serena
Rigerta 465
Castuera
S.ª DE CASTUERA
Benquerencia de la Serena
Valle de la Serena
LA SERENA
Buitreras 856
La Nava
Tiros 961
San Cristóbal de Zalamea
Malpartida de la Serena
EMB. DE ZALAMEA
Higuera de la Serena
Zalamea de la Serena
Esparragosa de la Serena
Puerto Hurraco
SIERRA DE GUADÁMEZ
DE LAS TOMILLOSAS
S.ª DE LA PEDRIZA
S.ª DE LOS ARGALLANES
SIERRA DEL ORO
S.ª DEL GATO
Los Abantos 881
Monterrubio de la Serena
Picuda 784
Retamal de Llerena
Corcho 661
PRESA DEL BERCIAL
Santa Inés 846
Campillo de Llerena
Las Talarrubias 423
Tiro de Zagalejos 447
EMB. DE SIERRA BRAVA
EMB. CASAS DE HITOS
EMB. DE MOHEDA ALTA
La Mata
TRUJILLO
A-5
E-90
EX-A2
EX-102
EX-354
EX-378
EX-116
EX-115
EX-106
N-430
EX-206
EX-105
EX-104
EX-348
EX-346
EX-345
EX-349
EX-103
EX-114
EX-211
EX-111
116
133
148
A
B
C
D
1
2
3
4
5

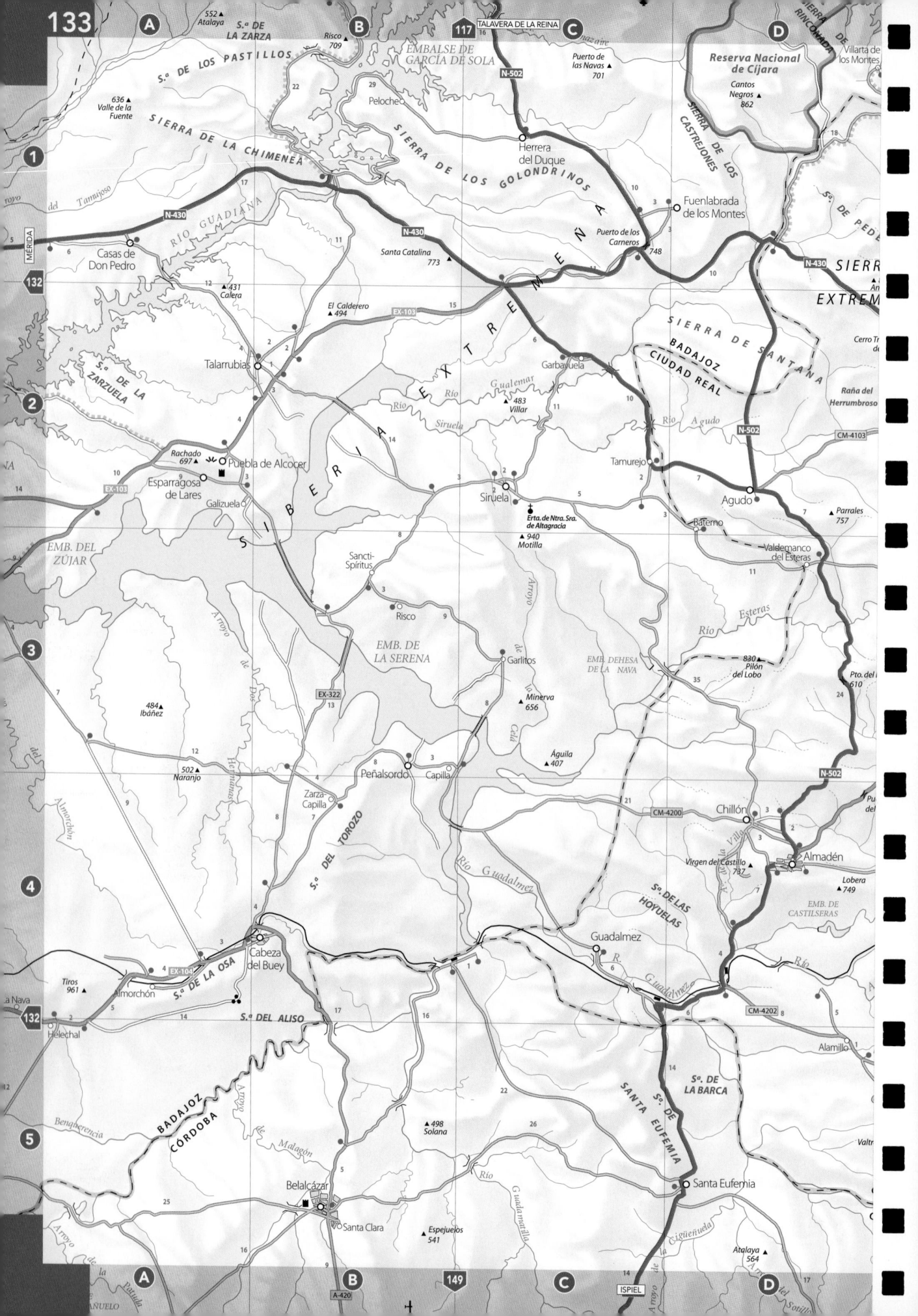

Sierra de la Chimenea
Sierra de los Golondrinos
Embalse de García de Sola
Reserva Nacional de Cijara
Herrera del Duque
Fuenlabrada de los Montes
Casas de Don Pedro
Talarrubias
Puebla de Alcocer
Esparragosa de Lares
Siruela
Agudo
Garbayuela
Tamurejo
Emb. del Zújar
Emb. de la Serena
Garlitos
Peñalsordo
Capilla
Zarza-Capilla
Chillón
Almadén
Guadalmez
Cabeza del Buey
Almorchón
Helechal
Belalcázar
Santa Clara
Santa Eufemia
Siberia Extremeña
Badajoz
Ciudad Real
Córdoba
N-430
N-502
EX-103
EX-104
EX-322
CM-4200
CM-4202
CM-4103
A-420
Talavera de la Reina
Mérida
Ispiel

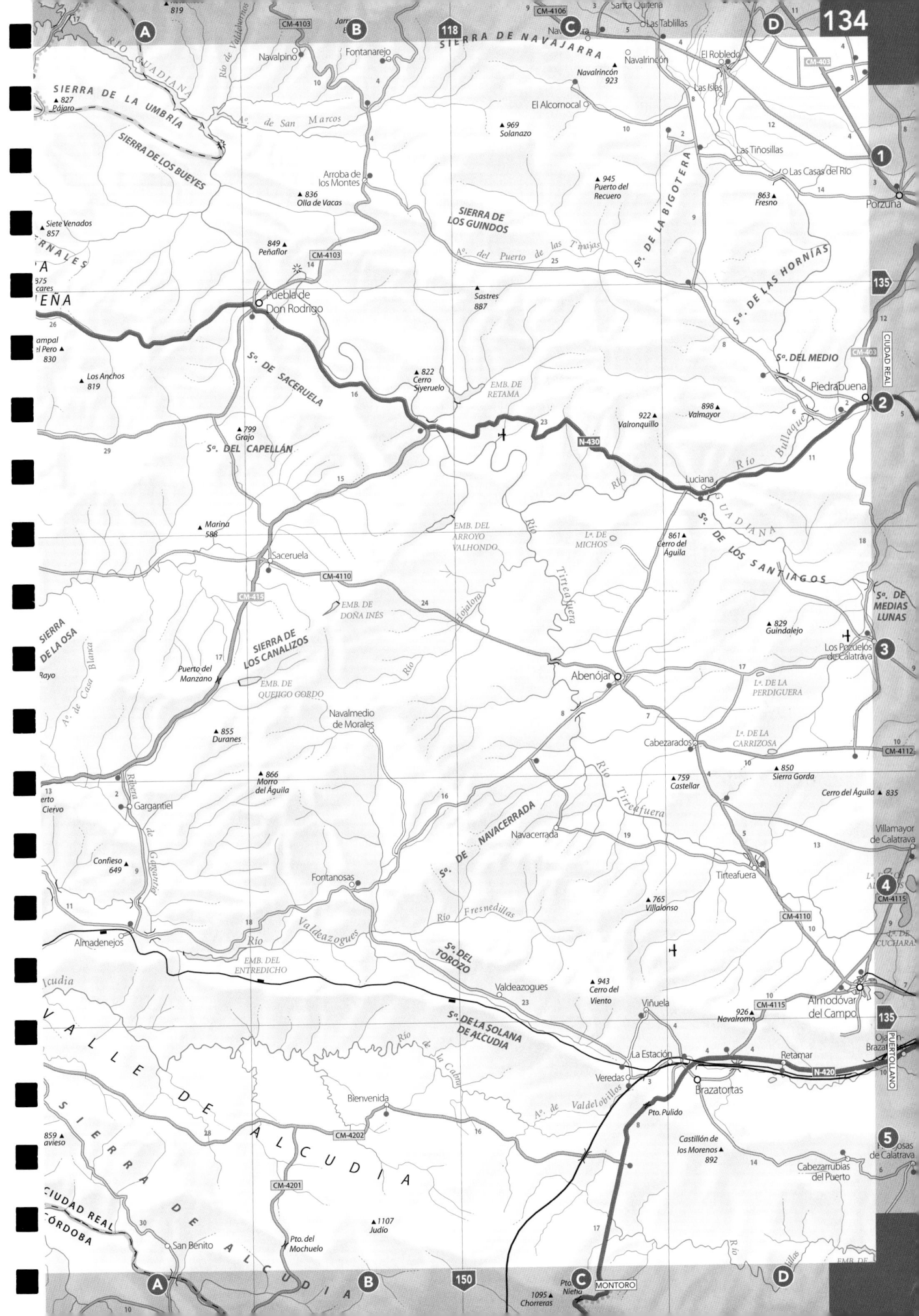

Sierra de Navajarra
Sierra de la Umbría
Sierra de los Bueyes
Río Guadiana
Navalpino
Fontanarejo
Navalrincón
El Robledo
Las Islas
El Alcornocal
Solanazo
Las Tiñosillas
Las Casas del Río
Porzuna
Arroba de los Montes
Olla de Vacas
Sierra de los Guindos
Puerto del Recuero
Sª. de la Bigotera
Sª. de las Hornías
Peñaflor
Puebla de Don Rodrigo
Sastres
Sª. de Saceruela
Sª. del Medio
Cerro Siyeruelo
Emb. de Retama
Piedrabuena
Valronquillo
Valmayor
Río Bullaque
Grajo
Sª. del Capellán
N-430
Luciana
Sª. de los Santiagos
Marina
Emb. del Arroyo Valhondo
Lª. de Michos
Cerro del Águila
Saceruela
CM-4110
CM-415
Emb. de Doña Inés
Sierra de la Osa
Sierra de los Canalizos
Guindalejo
Sª. de Medias Lunas
Los Pozuelos de Calatrava
Puerto del Manzano
Emb. de Quejigo Gordo
Abenójar
Lª. de la Perdiguera
Navalmedio de Morales
Duranes
Cabezarados
Lª. de la Carrizosa
CM-4112
Morro del Águila
Castellar
Sierra Gorda
Gargantiel
Sª. de Navacerrada
Navacerrada
Río Tirteafuera
Villamayor de Calatrava
Confieso
Fontanosas
Tirteafuera
Villalonso
Río Fresnedillas
Almadenejos
Río Valdeazogues
Sª. del Torozo
Emb. del Entredicho
Valdeazogues
Cerro del Viento
Viñuela
Navalromo
Almodóvar del Campo
Sª. de la Solana de Alcudia
La Estación
Retamar
N-420
Veredas
Brazatortas
Bienvenida
Aº. de Valdelobillos
Pto. Pulido
Valle de Alcudia
CM-4202
Castillón de los Morenos
Cabezarrubias del Puerto
Sierra de Alcudia
CM-4201
Ciudad Real
Córdoba
Judío
San Benito
Pto. del Mochuelo
Montoro
Chorreras
Puertollano

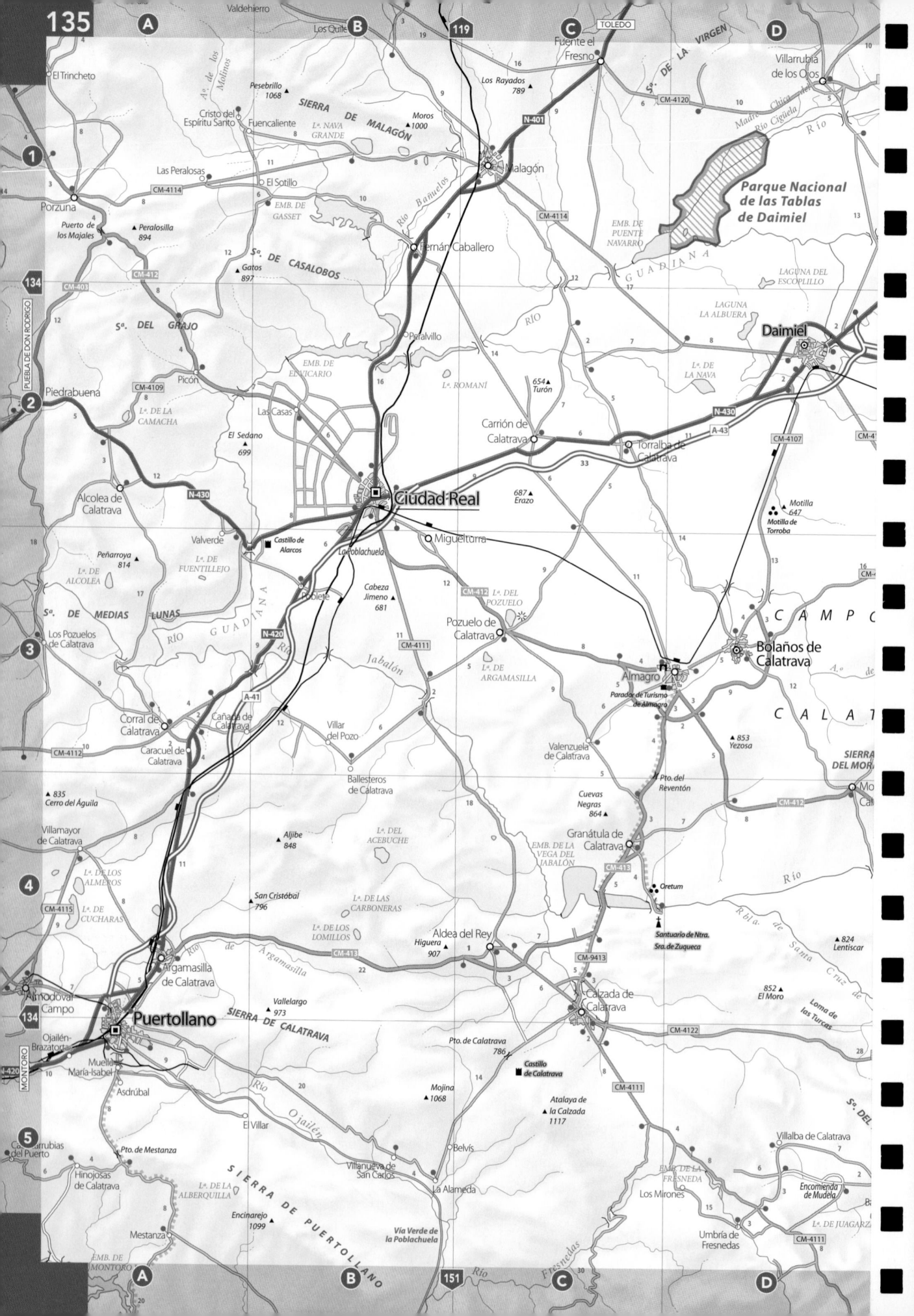
Ciudad Real
Puertollano
Daimiel
Malagón
Almagro
Bolaños de Calatrava
Parque Nacional de las Tablas de Daimiel
Miguelturra
Carrión de Calatrava
Torralba de Calatrava
Fernán Caballero
Piedrabuena
Porzuna
Picón
Alcolea de Calatrava
Valverde
Castillo de Alarcos
La Poblachuela
Poblete
Pozuelo de Calatrava
Corral de Calatrava
Cañada de Calatrava
Caracuel de Calatrava
Villar del Pozo
Ballesteros de Calatrava
Valenzuela de Calatrava
Granátula de Calatrava
Aldea del Rey
Calzada de Calatrava
Argamasilla de Calatrava
Almodóvar del Campo
Villamayor de Calatrava
Los Pozuelos de Calatrava
Fuente el Fresno
Villarrubia de los Ojos
Fuencaliente
Cristo del Espíritu Santo
Las Peralosas
El Sotillo
Peralvillo
Las Casas
El Trincheto
Valdehierro
Los Quiles
Ojailén-Brazatortas
Muelle María-Isabel
Asdrúbal
El Villar
Belvís
Villanueva de San Carlos
La Alameda
Hinojosas de Calatrava
Cabezarrubias del Puerto
Mestanza
Los Mirones
Umbría de Fresnedas
Villalba de Calatrava
Encomienda de Mudela
SIERRA DE MALAGÓN
Sª. DE CASALOBOS
Sª. DEL GRAJO
Sª. DE MEDIAS LUNAS
SIERRA DE CALATRAVA
SIERRA DE PUERTOLLANO
Sª. DE LA VIRGEN
CAMPO DE CALATRAVA
RÍO GUADIANA
Río Jabalón
Río Ojailén
Río de Argamasilla
Río Bañuelos
EMB. DE GASSET
EMB. DE EL VICARIO
EMB. DE PUENTE NAVARRO
EMB. DE LA VEGA DEL JABALÓN
EMB. DE LA FRESNEDA
EMB. DE MONTORO
Santuario de Ntra. Sra. de Zuqueca
Oretum
Motilla de Torroba
Parador de Turismo de Almagro
Castillo de Calatrava
Vía Verde de la Poblachuela
Pto. del Reventón
Pto. de Calatrava 786
Pto. de Mestanza
Puerto de los Majales
Cuevas Negras 864
Atalaya de la Calzada 1117
Mojina 1068
Encinarejo 1099
Vallelargo 973
San Cristóbal 796
Aljibe 848
Higuera 907
Cabeza Jimeno 681
El Sedano 699
Peñarroya 814
Gatos 897
Peralosilla 894
Pesebrillo 1068
Moros 1000
Los Rayados 789
654 Turón
687 Erazo
853 Yezosa
824 Lentiscar
852 El Moro
835 Cerro del Águila
N-401
N-430
N-420
A-41
A-43
CM-4114
CM-412
CM-403
CM-4109
CM-4111
CM-4112
CM-413
CM-9413
CM-4115
CM-4122
CM-4107
CM-4120
TOLEDO
MONTORO
PUEBLA DE DON RODRIGO
119
151
134

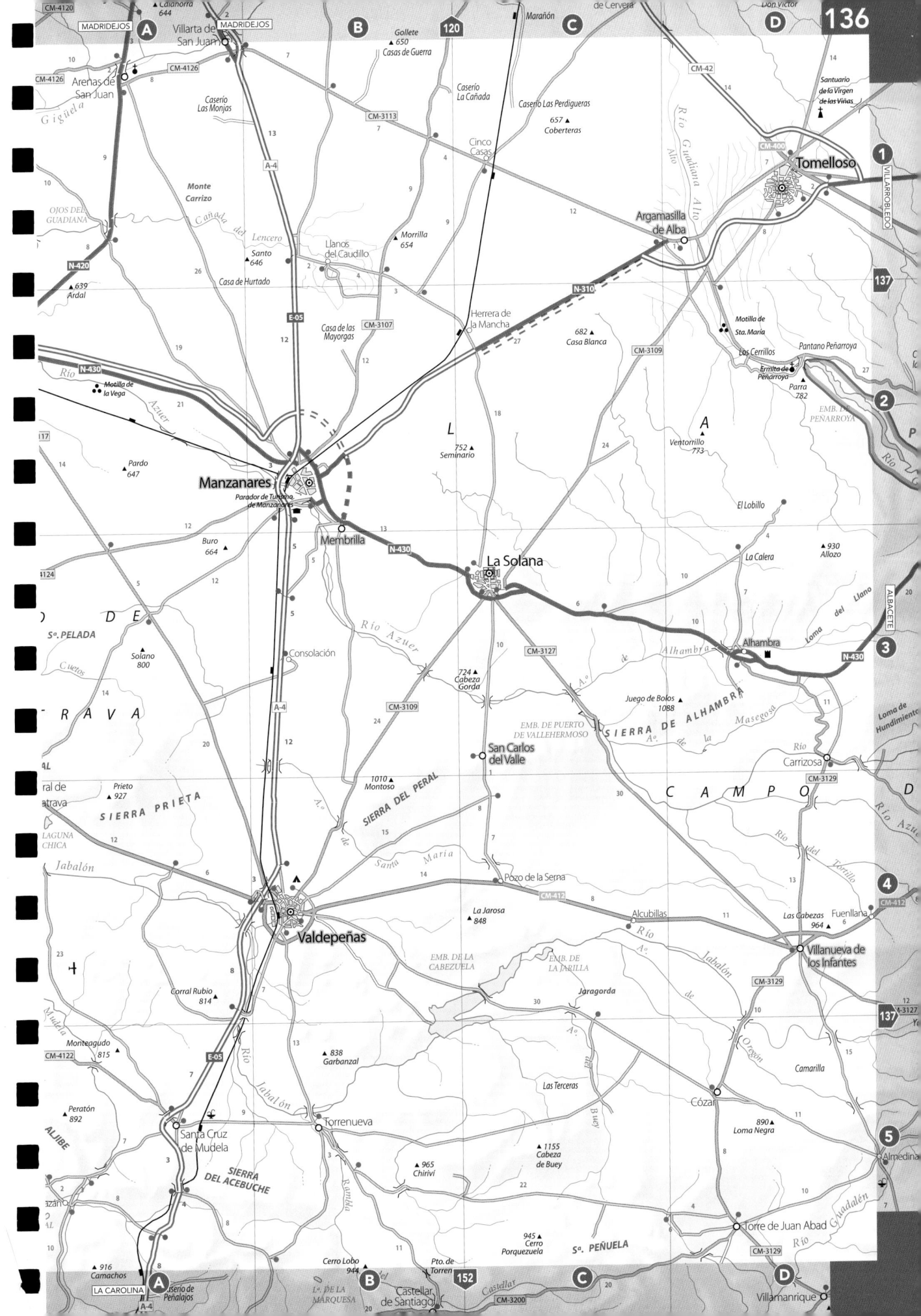
MADRIDEJOS
Villarta de San Juan
Arenas de San Juan
Gollete 650
Casas de Guerra
Marañón
Casería La Cañada
Casería Las Monjas
Casería Las Perdigueras
657 Coberteras
Santuario de la Virgen de las Viñas
Cinco Casas
Tomelloso
VILLARROBLEDO
Monte Carrizo
OJOS DEL GUADIANA
Cañada del Lencero
Morrilla 654
Llanos del Caudillo
Santo 646
Argamasilla de Alba
Río Guadiana Alto
Casa de Hurtado
639 Ardal
Herrera de la Mancha
Casa de las Mayorgas
682 Casa Blanca
Motilla de Sta. María
Los Cerrillos
Pantano Peñarroya
Ermita de Peñarroya
Parra 782
EMB. DE PEÑARROYA
Río Azuer
Motilla de la Vega
752 Seminario
Ventorrillo 773
Pardo 647
Manzanares
Parador de Turismo de Manzanares
El Lobillo
Membrilla
Buro 664
La Solana
La Calera
930 Allozo
ALBACETE
Loma del Llano
Sª. PELADA
Solano 800
Consolación
Alhambra
Cuetos
724 Cabeza Gorda
Juego de Bolos 1088
Loma de Hundimiento
EMB. DE PUERTO DE VALLEHERMOSO
SIERRA DE ALHAMBRA
Aº. de la Masegosa
San Carlos del Valle
Carrizosa
Prieto 927
SIERRA PRIETA
1010 Montoso
SIERRA DEL PERAL
C A M P O
LAGUNA CHICA
Jabalón
Aº. de Santa María
Río del Tortillo
Pozo de la Serna
La Jarosa 848
Alcubillas
Las Cabezas 964
Fuenllana
Valdepeñas
EMB. DE LA CABEZUELA
EMB. DE LA JARILLA
Villanueva de los Infantes
Corral Rubio 814
Jaragorda
Mudela
Monteagudo 815
838 Garbanzal
Aº. del Buey
Río Orgón
Camarilla
Las Terceras
Cózar
Peratón 892
ALJIBE
Santa Cruz de Mudela
Torrenueva
890 Loma Negra
1155 Cabeza de Buey
Almedina
965 Chiriví
SIERRA DEL ACEBUCHE
Rambla
945 Cerro Porquezuela
Sª. PEÑUELA
Torre de Juan Abad
Río Guadalén
916 Camachos
Cerro Lobo 944
Pto. de Torren
LA CAROLINA
Caserío de Peñalajos
Lª. DE LA MARQUESA
Castellar de Santiago
Villamanrique

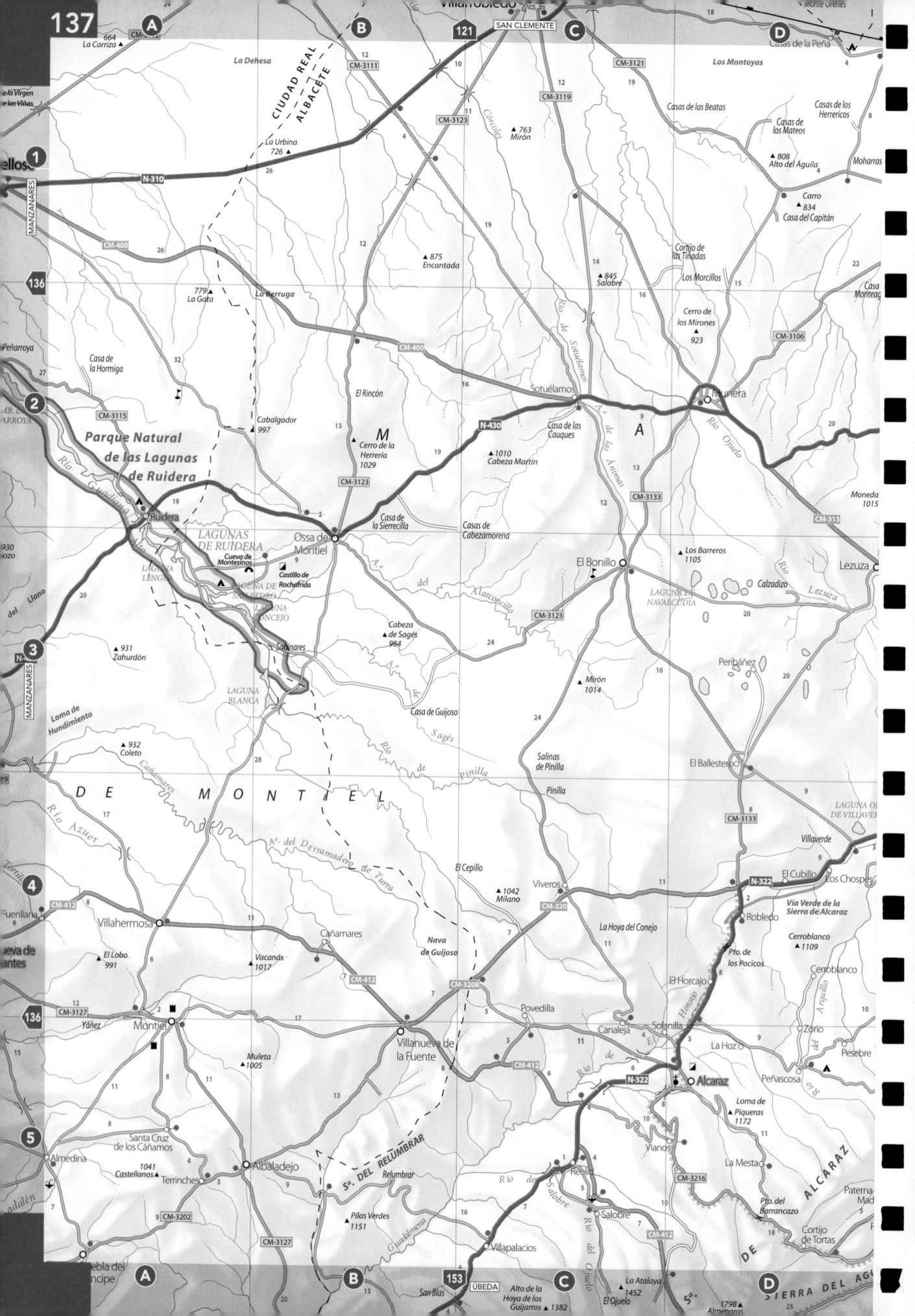

SAN CLEMENTE
121
CIUDAD REAL
ALBACETE
La Carriza
La Dehesa
CM-3111
CM-3121
CM-3119
CM-3123
Los Montoyas
Casas de la Peña
Casas de las Beatas
Casas de los Herrericos
Casas de los Mateos
Alto del Águila
Moharras
La Urbina
Córcoles
Mirón
N-310
MANZANARES
CM-400
Carro
Casa del Capitán
Encantada
Cortijo de las Tinadas
Los Morcillos
Salobre
La Gata
La Berruga
Cerro de los Mirones
CM-3106
Peñarroya
Casa de la Hormiga
Río de Sotuélamos
El Rincón
Sotuélamos
Munera
CM-3115
Parque Natural de las Lagunas de Ruidera
Cabalgador
N-430
Casa de las Cauques
Cerro de la Herrería
Cabeza Martín
A° de las Ánimas
Río Ojuelo
CM-3133
Moneda
Río Guadiana
Ruidera
CM-3123
Casa de la Sierrecilla
Casas de Cabezamorena
CM-313
LAGUNAS DE RUIDERA
Ossa de Montiel
Cueva de Montesinos
Castillo de Rochafrida
LAGUNA LENGUA
LAGUNA DE SAN PEDRO
LAGUNA CONCEJO
A° del Alarconcillo
Los Barreros
El Bonillo
Lezuza
Calzadizo
LAGUNA DE NAVALCUDIA
Río Lezuza
Cabeza de Sagés
Sabinares
Zahurdón
Mirón
Peribáñez
LAGUNA BLANCA
Casa de Guijoso
Loma de Hundimiento
Coleto
Río de Sagés
Salinas de Pinilla
Río de Pinilla
El Ballestero
Pinilla
DE MONTIEL
Cañamares
Río Azuer
A° del Derramadero de Turra
CM-3133
LAGUNA DE VILLAVERDE
Villaverde
El Cepillo
Milano
Viveros
N-322
El Cubillo
Los Chospes
Fuenllana
CM-412
Villahermosa
CM-320
La Hoya del Conejo
Vía Verde de la Sierra de Alcaraz
Robledo
Cañamares
Nava de Guijoso
Cerroblanco
Pto. de los Pocicos
El Lobo
Vacanás
CM-412
El Horcajo
Cerroblanco
CM-3208
Povedilla
CM-3127
Yáñez
Montiel
Villanueva de la Fuente
Canaleja
Solanilla
La Hoz
Zorio
Pesebre
Muleta
CM-412
Río de El Horcajo
N-322
Alcaraz
Peñascosa
Loma de Piqueras
Santa Cruz de los Cáñamos
Viános
Almedina
Sª. DEL RELUMBRAR
Relumbrar
Albaladejo
Castellanos
Terrinches
Reolid
La Mesta
CM-3216
Río de Salobre
Pilas Verdes
CM-3202
Río del Ojuelo
Salobre
Pto. del Barrancazo
SIERRA DE ALCARAZ
Cortijo de Tortas
CM-3127
Guadalmena
Villapalacios
CM-412
153
ÚBEDA
San Blas
Alto de la Hoya de los Guijarros
La Atalaya
El Ojuelo
Almenaras
SIERRA DEL AG

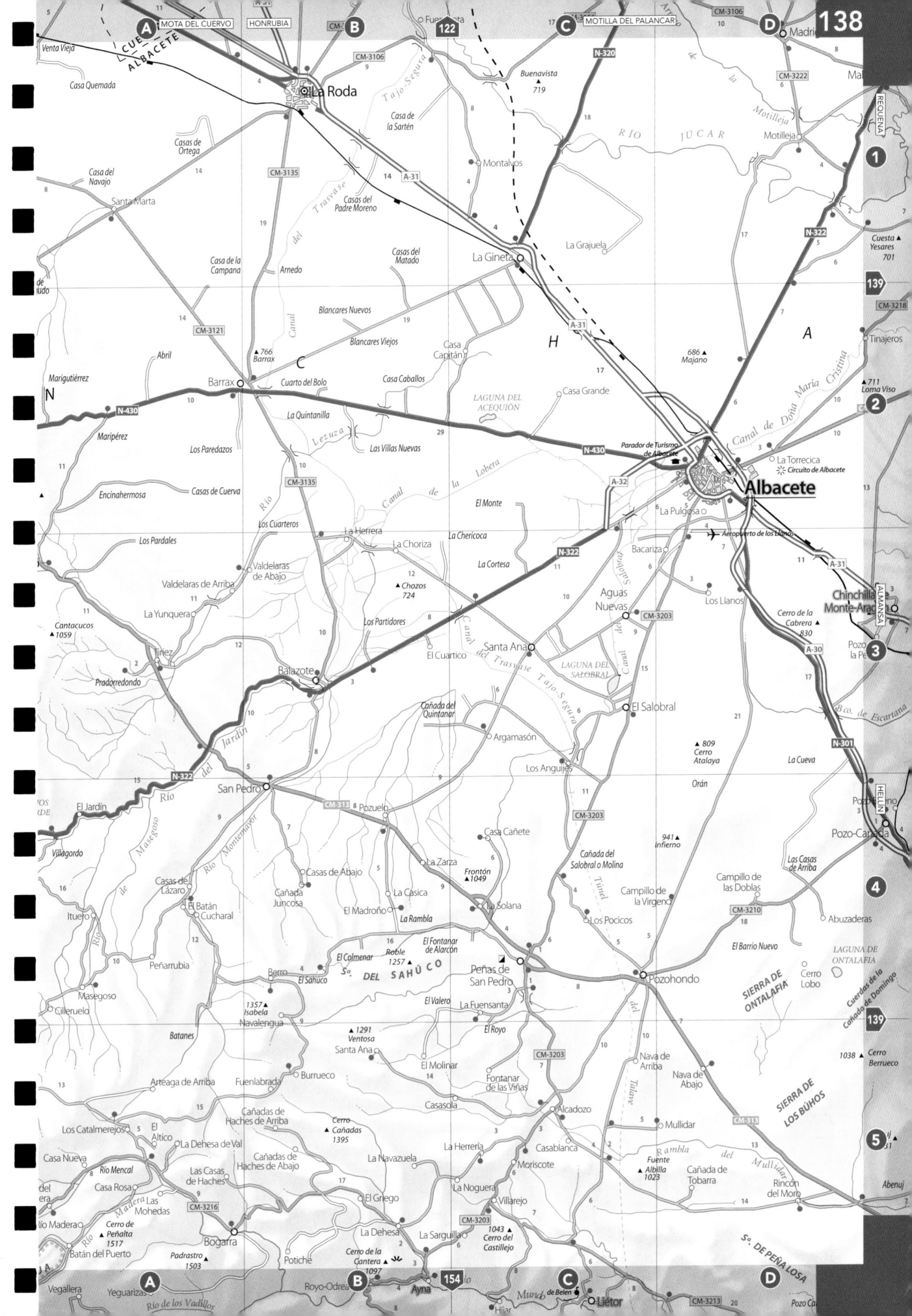

La Roda
Albacete
La Gineta
Barrax
Balazote
San Pedro
Peñas de San Pedro
Pozohondo
El Salobral
Santa Ana
Aguas Nuevas
Chinchilla de Monte-Aragón
Pozo-Cañada
Bogarra
Ayna
Liétor
Motilleja
Río Júcar
Sierra de Ontalafia
Sierra de los Búhos
Sº. del Sahúco
Laguna del Acequión
Laguna del Salobral
Laguna de Ontalafia
Aeropuerto de los Llanos
Circuito de Albacete
Parador de Turismo de Albacete
N-430
N-322
N-320
N-301
A-31
A-32
A-30
CM-3135
CM-3121
CM-3203
CM-313
CM-3210
CM-3216
CM-3106
CM-3222
CM-3218
CM-3213
MOTA DEL CUERVO
HONRUBIA
MOTILLA DEL PALANCAR
REQUENA
ALMANSA
HELLÍN
122
154
139

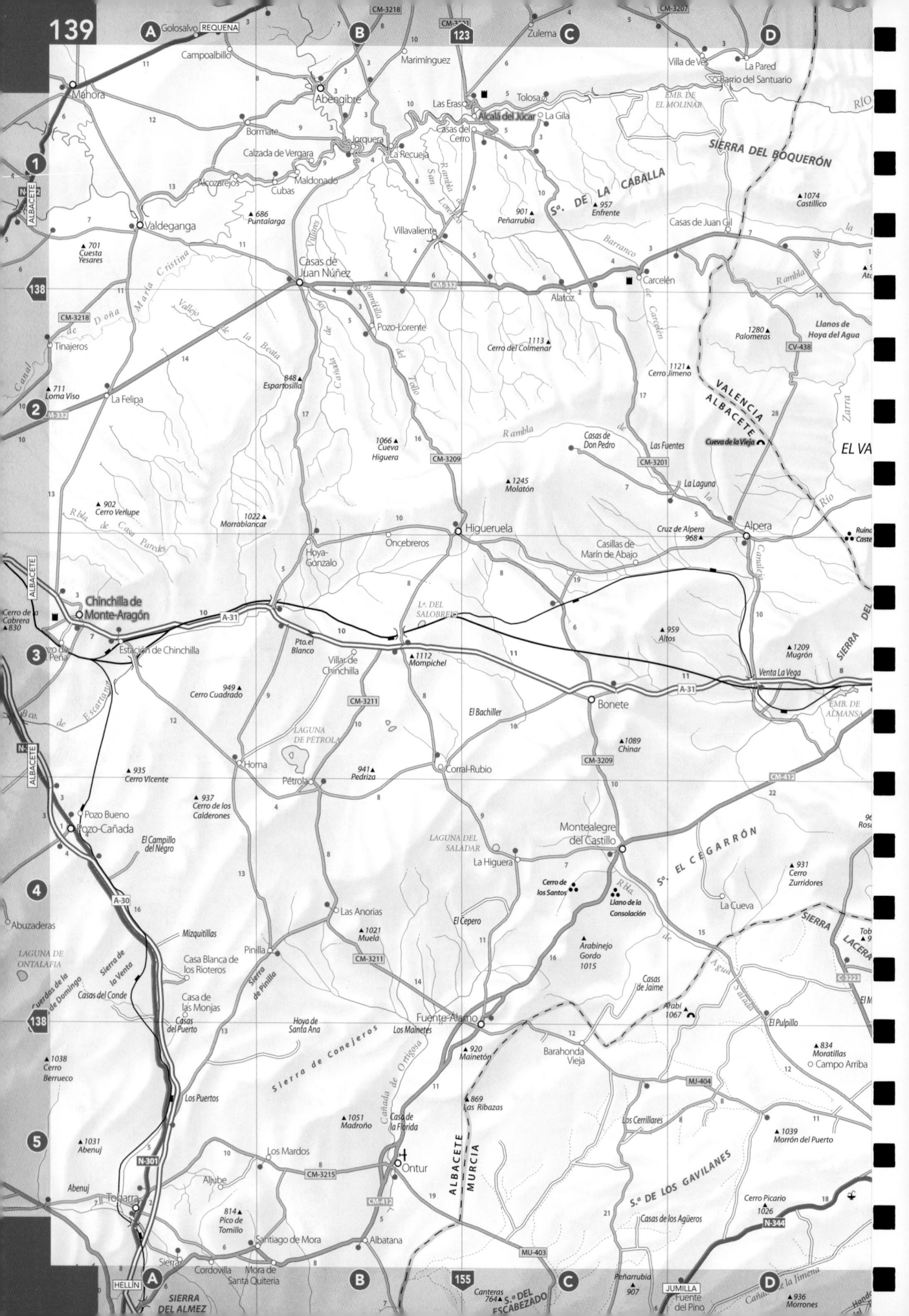

Golosalvo
REQUENA
CM-3218
123
Zulema
CM-3207
Campoalbillo
Marimínguez
Villa de Ves
La Pared
Barrio del Santuario
Mahora
Abengibre
Las Eras
Tolosa
Alcalá del Júcar
La Gila
EMB. DE EL MOLINAR
Bormate
Jorquera
Casas del Cerro
La Recueja
Calzada de Vergara
SIERRA DEL BOQUERÓN
Alcozarejos
Cubas
Maldonado
Sª. DE LA CABALLA
Valdeganga
686 Puntalarga
901 Peñarrubia
957 Enfrente
1074 Castillico
Casas de Juan Gil
701 Cuesta Yesares
Villavaliente
Casas de Juan Núñez
Carcelén
Alatoz
CM-332
CM-3218
Tinajeros
Pozo-Lorente
1113 Cerro del Colmenar
1280 Palomeras
Llanos de Hoya del Agua
CV-438
711 Loma Viso
La Felipa
848 Espartosilla
1121 Cerro Jimeno
VALENCIA
ALBACETE
1066 Cueva Higuera
CM-3209
Casas de Don Pedro
Las Fuentes
Cueva de la Vieja
EL VA
CM-3201
1245 Molatón
La Laguna
902 Cerro Verlupe
1022 Morrablancar
Higueruela
Cruz de Alpera 968
Alpera
Oncebreros
Hoya-Gonzalo
Casillas de Marín de Abajo
Chinchilla de Monte-Aragón
Cerro de la Cabrera 830
A-31
Lª. DEL SALOBREJO
Estación de Chinchilla
Pto. el Blanco
Villar de Chinchilla
1112 Mompichel
959 Altos
1209 Mugrón
Venta La Vega
949 Cerro Cuadrado
CM-3211
El Bachiller
Bonete
EMB. DE ALMANSA
LAGUNA DE PÉTROLA
1089 Chinar
CM-3209
Horna
Pétrola
941 Pedriza
Corral-Rubio
935 Cerro Vicente
CM-412
937 Cerro de los Calderones
Pozo Bueno
Pozo-Cañada
El Campillo del Negro
LAGUNA DEL SALADAR
Montealegre del Castillo
La Higuera
Sª. EL CEGARRÓN
931 Cerro Zurridores
Cerro de los Santos
Llano de la Consolación
La Cueva
A-30
Las Anorias
1021 Muela
El Cepero
Abuzaderas
Mizquitillas
Arabinejo Gordo 1015
SIERRA LACERA
LAGUNA DE ONTALAFIA
Pinilla
Casa Blanca de los Rioteros
CM-3211
Sierra de la Venta
Sierra de Pinilla
Casas del Conde
Casa de las Monjas
Casas de Jaime
C-3223
Arabí 1067
Casas del Puerto
Hoya de Santa Ana
Los Mainetes
Fuente-Álamo
El Pulpillo
Barahonda Vieja
920 Mainetón
834 Moratillas
Campo Arriba
1038 Cerro Berrueco
Sierra de Conejeros
Cañada de Orrigosa
MJ-404
Los Puertos
869 Las Ribazas
1051 Madroño
Casa de la Florida
Los Cerrillares
1039 Morrón del Puerto
1031 Abenuj
Los Mardos
ALBACETE
MURCIA
Sª. DE LOS GAVILANES
N-301
Ontur
CM-3215
Aljube
Abenuj
Tobarra
CM-412
Cerro Picario 1026
N-344
814 Pico de Tomillo
Casas de los Agüeros
Santiago de Mora
Albatana
MU-403
Sierra
Cordovilla
Mora de Santa Quiteria
HELLÍN
155
SIERRA DEL ALMEZ
Canteras 764
Sª. DEL ESCABEZADO
Peñarrubia 907
JUMILLA
Fuente del Pino
936 Morrones

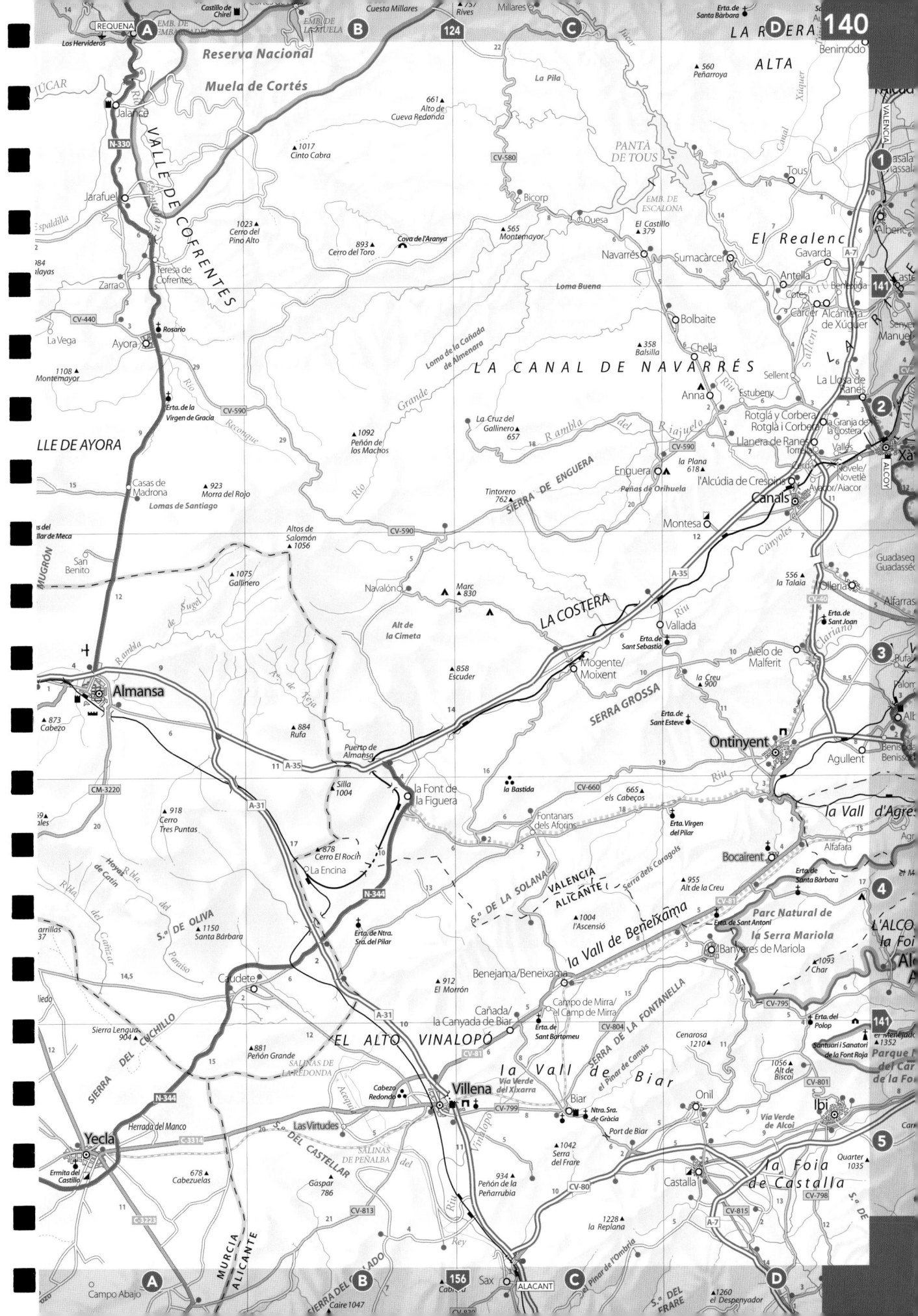
Reserva Nacional
Muela de Cortés
VALLE DE COFRENTES
Requena
Jalance
Jarafuel
Teresa de Cofrentes
Zarra
Ayora
Rosario
La Vega
LLE DE AYORA
Casas de Madrona
Lomas de Santiago
Almansa
Caudete
Yecla
Villena
EL ALTO VINALOPÓ
SIERRA DEL CUCHILLO
LA CANAL DE NAVARRÉS
LA COSTERA
SIERRA DE ENGUERA
SERRA GROSSA
Bicorp
Quesa
Navarrés
Sumacàrcer
Bolbaite
Chella
Anna
Enguera
Montesa
Canals
Vallada
Mogente/Moixent
Ontinyent
Navalón
La Font de la Figuera
Fontanars dels Alforins
Bocairent
Banyeres de Mariola
Benejama/Beneixama
Cañada/la Canyada de Biar
Biar
Onil
Castalla
Ibi
Sax
la Vall de Beneixama
la Vall de Biar
la Foia de Castalla
El Realenc
Tous
Alberic
Gavarda
Antella
Càrcer
Alcàntera de Xúquer
Sellent
Estubeny
Rotglà y Corbera/Rotglà i Corbera
Llanera de Ranes
l'Alcúdia de Crespins
Aielo de Malferit
Agullent
Parc Natural de la Serra Mariola
VALENCIA
ALICANTE
MURCIA
ALICANTE
Puerto de Almansa
PANTÀ DE TOUS
Cova de l'Aranya
La Pila
Loma Buena
Peñas de Orihuela
Alt de la Cimeta
SALINAS DE LA REDONDA
SALINAS DE PEÑALBA
Las Virtudes
Campo Abajo
ALACANT
ALCOY
N-330
N-344
A-31
A-35
A-7
CV-590
CV-580
CV-440
CV-660
CV-81
CV-799
CV-813
CV-80
CV-815
CV-798
CV-795
CV-801
CV-804
CM-3220
C-3314
C-3223
124
141
156

141
A
B
C
D
VALENCIA
125
Albalat de la Ribera
Riola
Sueca
l'Alcúdia
el Carrascalet
Polinyà de Xúquer
Fortaleny
Cullera
Guadassuar
Algemesí
Benicull de Xúquer
LA RIBERA
BAIXA
Corbera
Alzira
Llaurí
Torre del Marenyet
Masalavés/Massalavés
Benimuslem
L'ESTANY GRAN
Favara
Carcaixent
Monestir de la Murta
Alberic
la Cogullada
Torre de la Vall
la Barraca d'Aigües Vives
la Pobla Llarga
Tavernes de la Valldigna
Monestir d'Aigües Vives
Platja de Tavernes
Villanueva de Castellón
San Juan de Enova/Sant Joan de l'Ènova
Alcàntera de Xúquer
Senyera
Manuel
Benifairó de la Valldigna
Coll d'en Serafí
Riu-rau
Rafelguaraf
Tosalnou/Tossalnou
l'Ènova
Monestir de Santa Maria de la Valldigna
Simat de la Valldigna
Xeraco
Torre Lloris/la Torre d'en Lloris
Riu de Barxeta
Barxeta
Xeresa
Barx
el Parpalló
Platja del Grau de Gandia
Lugar Nuevo de Fenollet/Llocnou d'en Fenollet
SERRA DE REQUENA
673 Alt de l'Heura
la Drova
Bairén
Grao/el Grau
S.ª DEL BUIXCARRÓ
la Granja de la Costera
Pinet
Platja de Venècia
Xàtiva
Genovés
Marxuquera Baixa
Gandia
Marxuquera Alta
Novele/Novetlè
LA SAFOR
Daimús
Benirredrà
Guardamar de la Safor
595 Puig-Agut
Real de Gandia
Miramar
Quatretonda
Monestir de Sant Jeroni de Cotalba
Bellreguard
Bellús
Almoines
Palmera
Piles
Benigànim
Llutxent
Ròtova
Benarjó
Alqueria de la Condesa/l'Alqueria de la Comtessa
Alfauir
Palma de Gandia
Beniflà
Rafelcofer
Oliva
Playa/Platja
Guadasequies/Guadasséquies
Sempere
Benicolet
Riu Vernissa
Almiserà
Ador
la Font d'en Carròs
Potries
Costa Blanca
Llocnou de Sant Jeroni
Castellonet de la Conquesta
Benisuera/Benissuera
la Pobla del Duc
Alfarrasí
Montichelvo/Montitxelvo
Erta. de Sant Joan
Terrateig
Sant Pere
Montaberner/Montaverner
Villallonga/Villalonga
Vía Verde del Serpis
Ayelo de Rugat/Aielo de Rugat
LA VALL D'ALBAIDA
Parque Natural del Marjal de Pego-Oliva
Rugat
S.ª DE LA SAFOR
Bufali
Castelló de Rugat
la Safor 1013
VALENCIA
ALICANTE
Adsubia/l'Atzúvia
els Poblets
Miraflor
Ràfol de Salem
Palomar
Bèlgida
Otos
Salem
la Vall de Gallinera
Pego
el Verger
Albaida
Beniatjar
Lorcha/l'Orxa
Gallinera
Almiserà
Benimeli
Beniarbeig
Ondara
Carrícola
l'Ombria
Alpatró
Vall de Gallinera
Ràfol de Almunia/el Ràfol d'Almúnia
Adzaneta de Albaida/l'Atzeneta d'Albaida
Beniarrés
Sanet y Negrals/Sanet i els Negrals
Agullent
Benisoda/Benissoda
Gaianes
Sagra
Tormos
Vía Verde del Xixarra
Cela de Núñez/Sela de Nunyes
PANTÀ DE BENIARRÉS
Vall de Ebo/la Vall d'Ebo
Pedreguer
la Vall d'Agres
Alcocer de Planes/Alcosser de Planes
la Vall d'Alcalà
PANTÀ D'ISBER
Benidoleig
Campell
Fontilles
Orba
LA MARINA ALTA
Agres
Muro de Alcoy/Muro del Comtat
l'Alqueria d'Asnar
Planes
Benimarfull
Pla de Tollos
Benimaurell
la Vall de Laguar
Llosa de Camacho/la Llosa de Camatxo
S.ª DEL PENYAL DE LAGUAR
Murla
Alfafara
l'Alcúdia
Almudaina
Tollos
S.ª D'ALFARO
Alfaro 1166
Parcent
Alcalalí
Llíber
1390 el Montcabrer
Benimassot
Benichembla/Benigembla
Cocentaina
Benillup
Jalón/Xaló
Parc Natural de la Serra Mariola
Alquerias de Benifloret
Balones
EL COMTAT
Facheca/Fageca
Senija
Millena
Famorca
Castell de Castells
Coll de Rates 780
L'ALCOIÀ
Gormaig
Quatretondeta
la Foia d'Alcoi
Algars
Gorga
la Vall de Seta
1361 la Mallada del Llop
Alcoy/Alcoi
Benilloba
Coll d'Ares
Cerro de los Parados 1218
Castell dels Moros
Alto de Planises
la Serreta
Abdet
PANTÀ DE GUADALEST
Benasau
Beniarda
Tàrbena
Penàguila
Guadalest
Confrides
Bolulla
Alcoleja
Benimantell
Benifató
1129 Bèrnia
Erta. de Sant Antoni
el Menejador 1352
Benifallim
la Vall de Guadalest
el Vicari
Calp
Alhama
Erta. de Seguró
Aitana 1558
Callosa d'en Sarrià
Vía Verde de Alcoi
Parque Natural del Carrascar de la Font Roja
Port de Benifallim
Port dels Tudons
SERRA D'AITANA
Chirles/Xirles
Altea la Vieja/Altea la Vella
la Sarga
Maimó
Morro
els Plans 1381
Polop
la Nucia
Castell de Santa Bàrbara
Altea
La Olla/l'Olla
1204 Carrasqueta
Port de la Carrasqueta 1020
Torremanzanas/la Torre de les Maçanes
Sella
els Captivadors
Quarter 1035
1410 Puig Campana
LA MARINA BAIXA
Relleu
la Grana 1095
l'Alfàs del Pi
l'Albir
Bugaia
Finestrat
Punta Bombarda
S.ª DEL CABEÇÓ D'OR
Orxeta
Terra Mítica
Benidorm
Parque Natural de la Serra Gelada y su entorno litoral
Serena
Jijona/Xixona
Carcondo 533
EMB. DE AMADORIO
la Vila-joiosa
la Marina
736 Almaens
1208 Cabeçó d'Or
ALACANT
157
Punta de l'Escaleta
Villajoyosa/la Vila Joiosa
Torres
Cala Morales
ILLOT DE BENIDORM (L'ILLA)
Canalobre

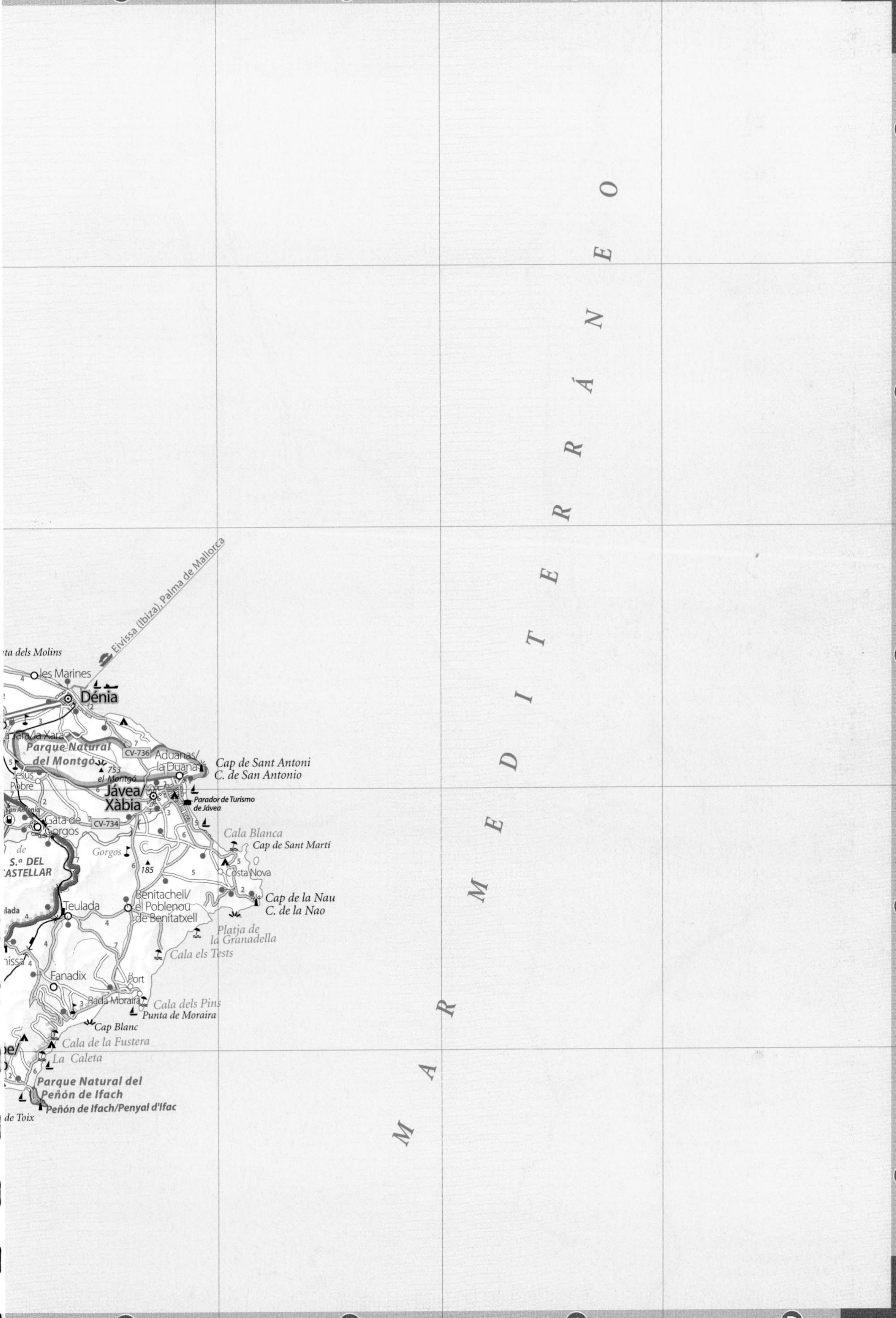
A
B
C
D
1
2
3
4
5
MAR MEDITERRÁNEO
Eivissa (Ibiza), Palma de Mallorca
ta dels Molins
les Marines
Dénia
Jara/la Xara
Parque Natural del Montgó
753
el Montgó
CV-736
Aduanas/ la Duana
Cap de Sant Antoni
C. de San Antonio
Jávea/ Xàbia
Parador de Turismo de Jávea
Jesús Pobre
Gata de Gorgos
CV-734
Gorgos
S.ª DEL CASTELLAR
185
Cala Blanca
Cap de Sant Martí
Costa Nova
Cap de la Nau
C. de la Nao
Teulada
Benitachell/ el Poblenou de Benitatxell
Platja de la Granadella
Cala els Tests
Fanadix
Port
Rada Moraira
Cala dels Pins
Punta de Moraira
Cap Blanc
Cala de la Fustera
La Caleta
Parque Natural del Peñón de Ifach
Peñón de Ifach/Penyal d'Ifac
de Toix

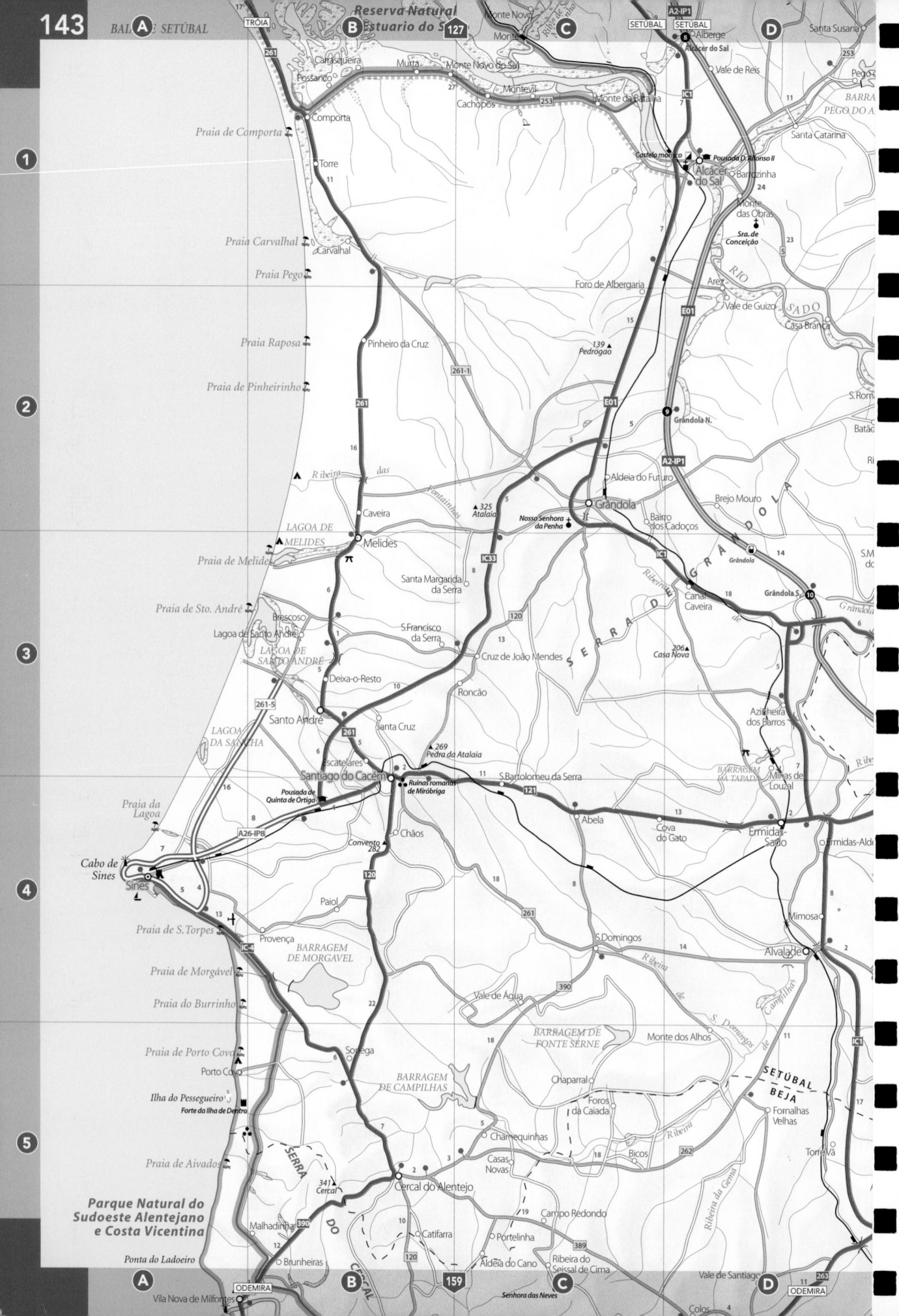

Reserva Natural Estuario do Sado
Tróia
Setúbal
Comporta
Praia de Comporta
Torre
Praia Carvalhal
Carvalhal
Praia Pego
Praia Raposa
Praia de Pinheirinho
Pinheiro da Cruz
Alcácer do Sal
Pousada D. Afonso II
Castelo mourisco
Barrozinha
Monte das Obras
Sra. de Conceição
Foro de Albergaria
Arez
Vale de Guizo
Casa Branca
Rio Sado
139 Pedrogão
Grândola N.
Aldeia do Futuro
Grândola
Nossa Senhora da Penha
Bairro dos Cadoços
Brejo Mouro
Serra de Grândola
Grândola S.
Canal Caveira
325 Atalaia
Caveira
Lagoa de Melides
Melides
Praia de Melides
Santa Margarida da Serra
Praia de Sto. André
Brescoso
Lagoa de Santo André
S.Francisco da Serra
Cruz de João Mendes
206 Casa Nova
Deixa-o-Resto
Roncão
Santo André
Santa Cruz
Lagoa da Sancha
Azinheira dos Barros
269 Pedra da Atalaia
Escatelares
Santiago do Cacém
Ruínas romanas de Miróbriga
Pousada de Quinta de Ortiga
S.Bartolomeu da Serra
Barragem da Tapada
Minas de Louzal
Praia da Lagoa
Abela
Cova do Gato
Ermidas-Sado
Ermidas-Aldeia
Convento 282
Chãos
Cabo de Sines
Sines
Paiol
Mimosa
Praia de S.Torpes
Provença
Barragem de Morgavel
S.Domingos
Alvalade
Praia de Morgável
Vale de Água
Praia do Burrinho
Barragem de Fonte Serne
Monte dos Alhos
Ribeira de S. Domingos
Praia de Porto Covo
Sonega
Porto Covo
Barragem de Campilhas
Chaparral
Setúbal
Beja
Ilha do Pessegueiro
Forte da Ilha de Dentro
Foros da Caiada
Fornalhas Velhas
Chamequinhas
Casas Novas
Bicos
Torre Vã
Praia de Aivados
Serra do Cercal
341 Cercal
Cercal do Alentejo
Parque Natural do Sudoeste Alentejano e Costa Vicentina
Malhadinha
Campo Redondo
Catifarra
Portelinha
Ribeira da Gema
Ponta do Ladoeiro
Brunheiras
Aldeia do Cano
Ribeira do Seissal de Cima
Vale de Santiago
Odemira
Vila Nova de Milfontes
Senhora das Neves
Colos
Carrasqueira
Possanco
Murta
Monte Novo do Sul
Montevil
Cachopos
Monte da Batalha
Monte Novo
Monte
Alberge
Vale de Reis
Santa Susana
Santa Catarina
Pego do Altar

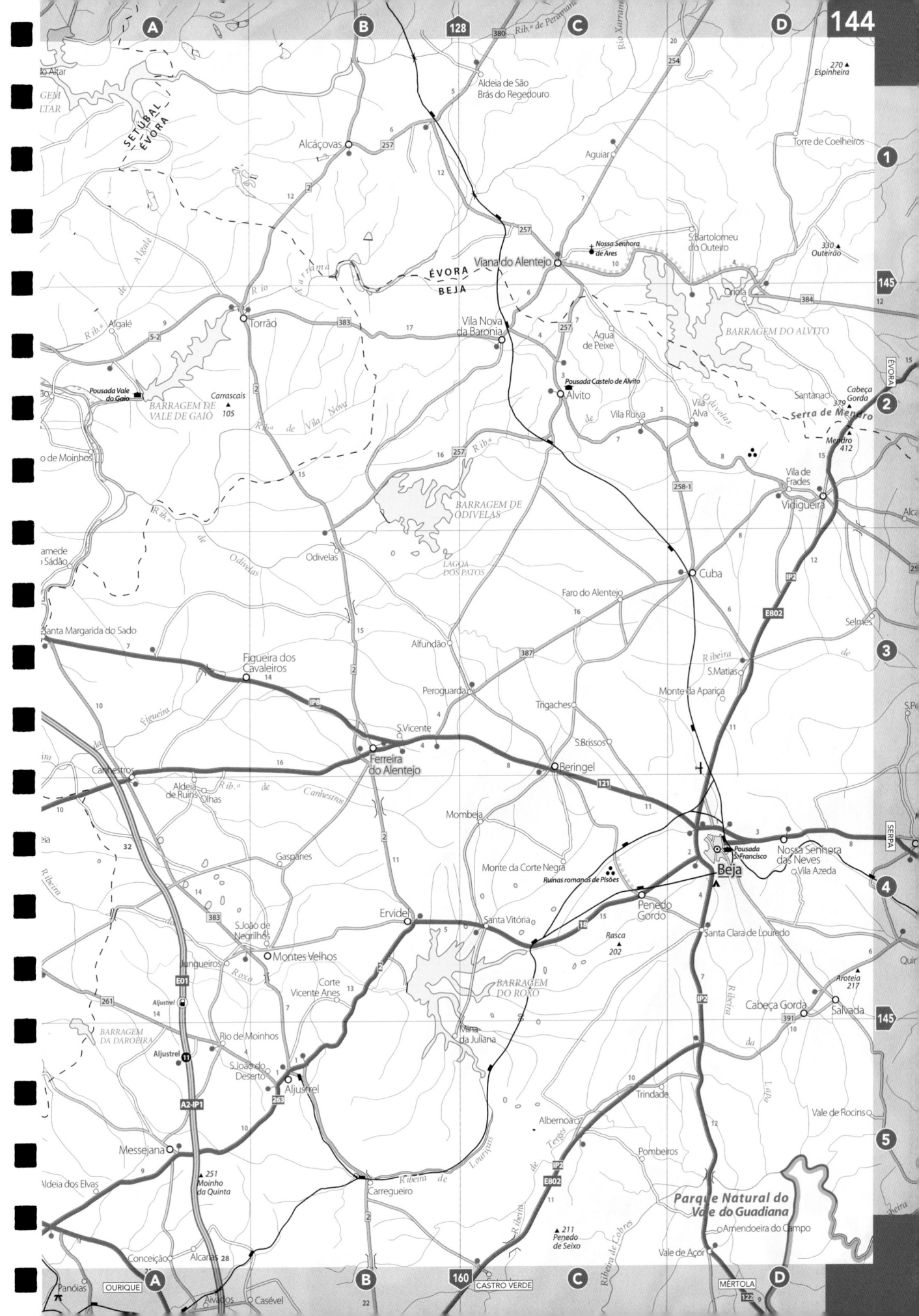

A   B   128   C   D

1

2

3

4

5

ÉVORA

BEJA

SERPA

MÉRTOLA

Espinheira 270

Torre de Coelheiros

S.Bartolomeu do Outeiro

Aldeia de São Brás do Regedouro

Aguiar

Nossa Senhora de Ares

Outeirão 330

Alcáçovas   257

Oriola   384   145

BARRAGEM DO ALVITO

Viana do Alentejo

Vila Nova da Baronia   257

Água de Peixe

Cabeça Gorda   379

Santana   Serra de Mendro

Torrão   383

Algalé   5-2

Carrascais 105

Pousada Vale do Gaio

BARRAGEM DE VALE DE GAIO

Pousada Castelo de Alvito

Alvito

Vila Ruiva

Vila Alva

Mendro 412

Vila de Frades

de Moinhos

Odivelas

BARRAGEM DE ODIVELAS

LAGOA DOS PATOS

Faro do Alentejo

Vidigueira   258-1

Cuba   IP2

Selmes

Santa Margarida do Sado

Figueira dos Cavaleiros

Alfundão   387

Peroguarda

S.Matias

Monte da Apariça

Ribeira   E802

Canhestros

Aldeia de Ruins   Olhas

S.Vicente

Ferreira do Alentejo

Beringel   121

Trigaches

S.Brissos

Mombeja

Gaspares

Monte da Corte Negra

Ruínas romanas de Pisões

Pousada S.Francisco

Beja

Nossa Senhora das Neves

Vila Azeda

Ervidel

Santa Vitória   18   15

Penedo Gordo

Santa Clara de Louredo

Rasca 202

Aroteia 217

S.João de Negrilhos

Montes Velhos

Corte Vicente Anes   13

BARRAGEM DO ROXO

IP2

Cabeça Gorda   391

Salvada   145

Junqueiros

E01   261

Aljustrel

Rio de Moinhos

BARRAGEM DA DAROEIRA

Aljustrel   11

S.João do Deserto

Aljustrel   263

Mina da Juliana

Trindade

Vale de Rocins

A2-IP1

Messejana

Moinho da Quinta 251

Albernoa

IP2   E802

Pombeiros

Aldeia dos Elvas

Carregueiro

Parque Natural do Vale do Guadiana

Conceição

Alcarias 28

Penedo de Seixo 211

Amendoeira do Campo

Vale de Açor

Panóias   OURIQUE

Alvados   Casével

CASTRO VERDE   160

Quir

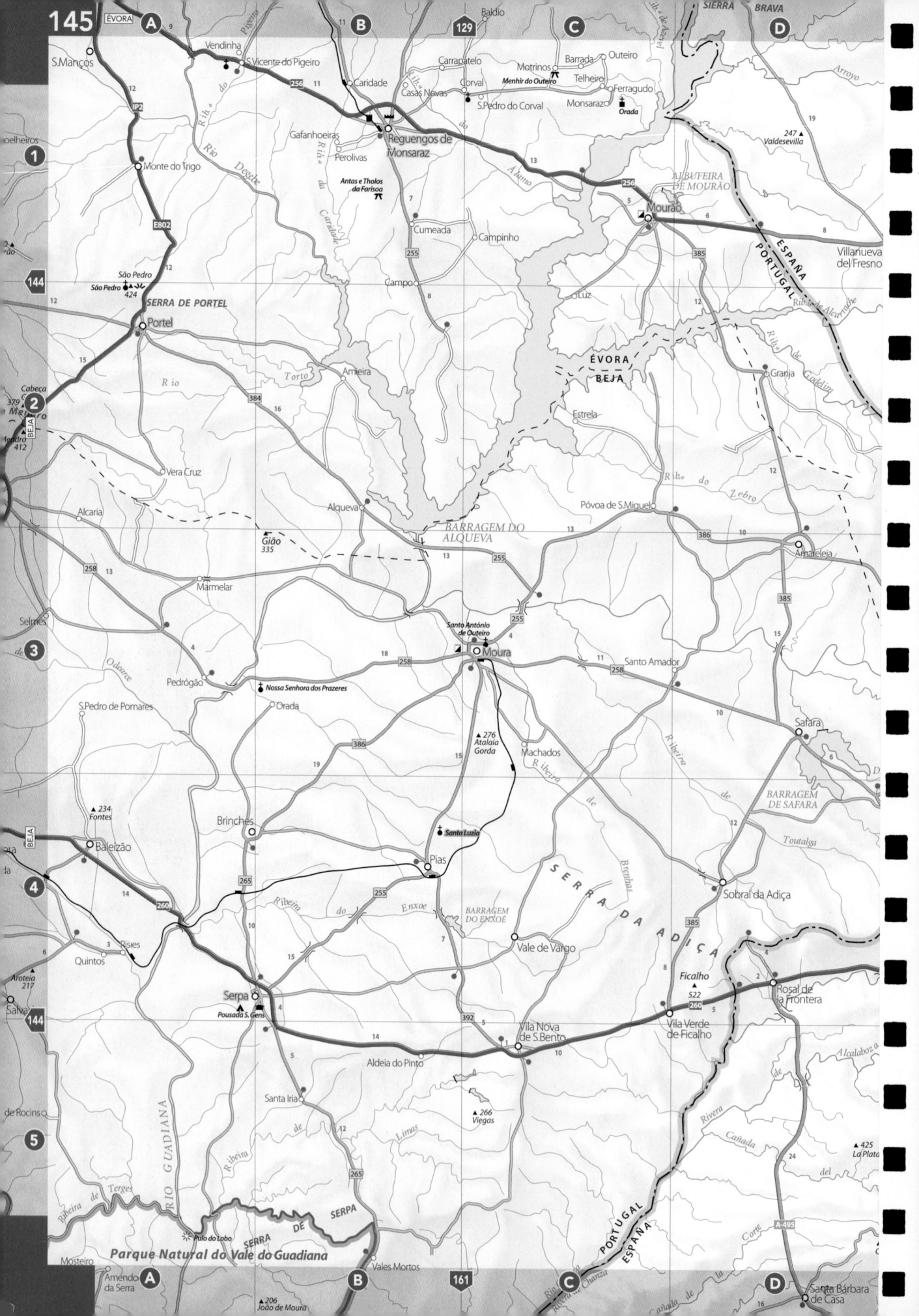
145
ÉVORA
A
B
C
D
SIERRA BRAVA
Baldio
129
S.Manços
Vendinha
S.Vicente do Pigeiro
Carrapatelo
Motrinos
Barrada
Outeiro
Caridade
Casas Novas
Corval
Menhir do Outeiro
Telheiro
Ferragudo
S.Pedro do Corval
Monsaraz
Orada
Gafanhoeiras
Reguengos de Monsaraz
Perolivas
Monte do Trigo
Antas e Tholos da Farisoa
ALBUFEIRA DE MOURÃO
Mourão
Valdesevilla
Cumeada
Campinho
Villanueva del Fresno
ESPAÑA
PORTUGAL
São Pedro
424
SERRA DE PORTEL
Campo
Luz
Portel
ÉVORA
BEJA
Amieira
Granja
Estrela
Vera Cruz
Póvoa de S.Miguel
Alcaria
Alqueva
BARRAGEM DO ALQUEVA
Gião
335
Amareleja
Marmelar
Selmes
Santo António de Outeiro
Moura
Santo Amador
Pedrógão
Nossa Senhora dos Prazeres
Orada
S.Pedro de Pomares
Safara
Atalaia Gorda
276
Machados
BARRAGEM DE SAFARA
Fontes
234
Brinches
Santa Luzia
Baleizão
Pias
SERRA DA ADIÇA
Sobral da Adiça
BARRAGEM DO ENXOÉ
Risies
Quintos
Vale de Vargo
Ficalho
522
Aroteia
217
Serpa
Pousada S. Gens
Rosal de la Frontera
Vila Nova de S.Bento
Vila Verde de Ficalho
Aldeia do Pinto
Santa Iria
Viegas
266
La Plata
425
RIO GUADIANA
SERRA DE SERPA
Pulo do Lobo
Parque Natural do Vale do Guadiana
Mosteiro
Amendoeira da Serra
Vales Mortos
161
Santa Bárbara de Casa
João de Moura
206
144

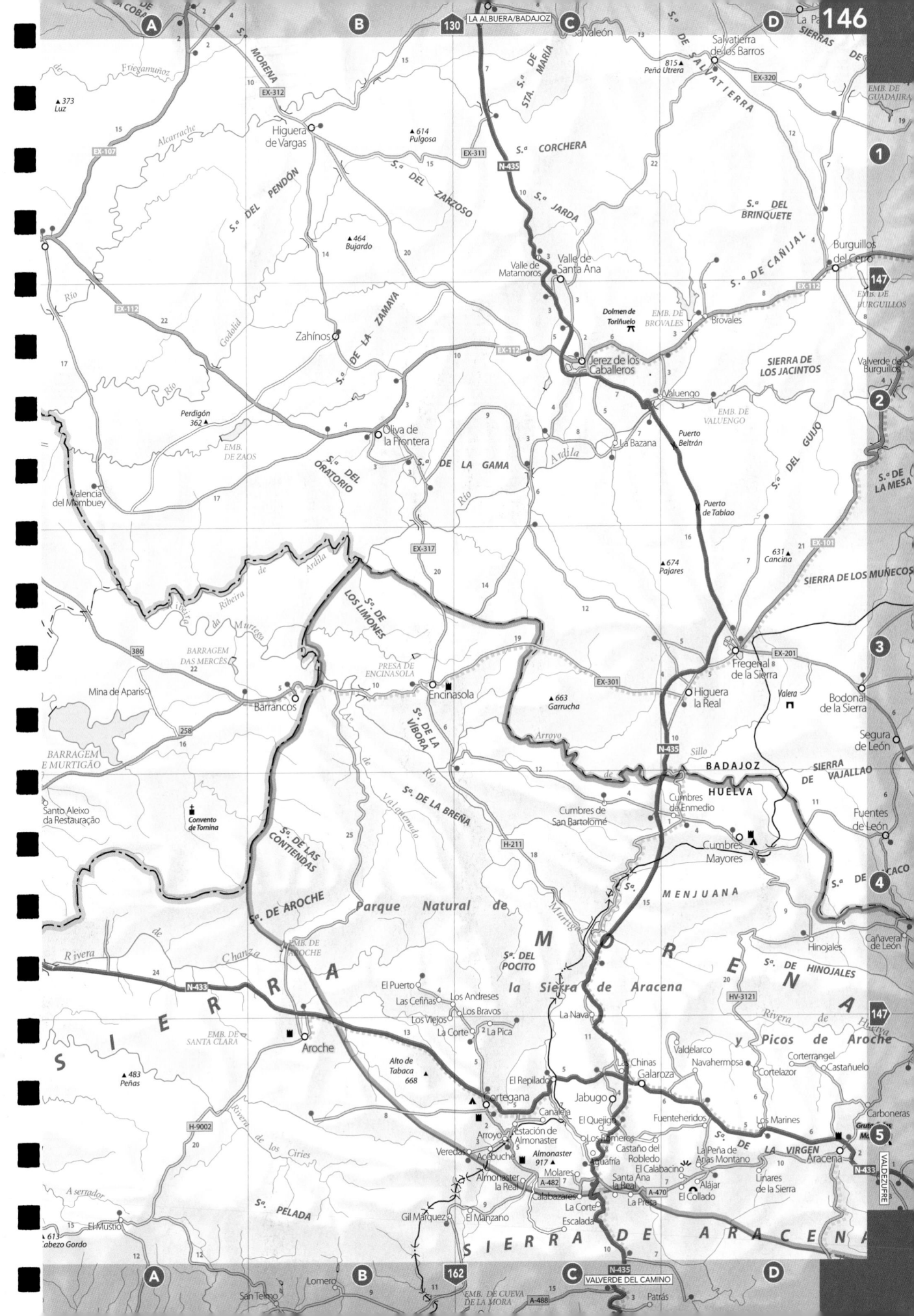
LA ALBUERA/BADAJOZ
Salvaleón
Salvatierra de los Barros
Peña Utrera
Higuera de Vargas
Valle de Matamoros
Valle de Santa Ana
Burguillos del Cerro
Zahínos
Jerez de los Caballeros
Brovales
Valverde de Burguillos
Valuengo
Oliva de la Frontera
La Bazana
Valencia del Mombuey
Encinasola
Barrancos
Mina de Aparis
Fregenal de la Sierra
Higuera la Real
Bodonal de la Sierra
Segura de León
Fuentes de León
BADAJOZ
HUELVA
Cumbres de Enmedio
Cumbres de San Bartolomé
Cumbres Mayores
Santo Aleixo da Restauração
Convento de Tomina
Hinojales
Cañaveral de León
Parque Natural de la Sierra de Aracena y Picos de Aroche
SIERRA MORENA
El Puerto
Las Cefiñas
Los Andreses
Los Bravos
Los Viejos
La Corte
La Pica
La Nava
Aroche
Valdelarco
Navahermosa
Corterrangel
Cortelazor
Castañuelo
Galaroza
El Repilado
Cortegana
Jabugo
Canaleja
El Quejigo
Fuenteheridos
Los Marines
Carboneras
Arroyo
Estación de Almonaster
Los Romeros
Castaño del Robledo
La Peña de Arias Montano
Aracena
Veredas
Acebuche
Almonaster 917
Aguafría
El Calabacino
Almonaster la Real
Molares
Santa Ana la Real
Alájar
Linares de la Sierra
Calabazares
La Presa
El Collado
La Corte
Escalada
Gil Márquez
El Manzano
El Mustio
SIERRA DE ARACENA
Lomero
San Telmo
VALVERDE DEL CAMINO
Patrás
EMB. DE CUEVA DE LA MORA
VALDEZUFRE
147

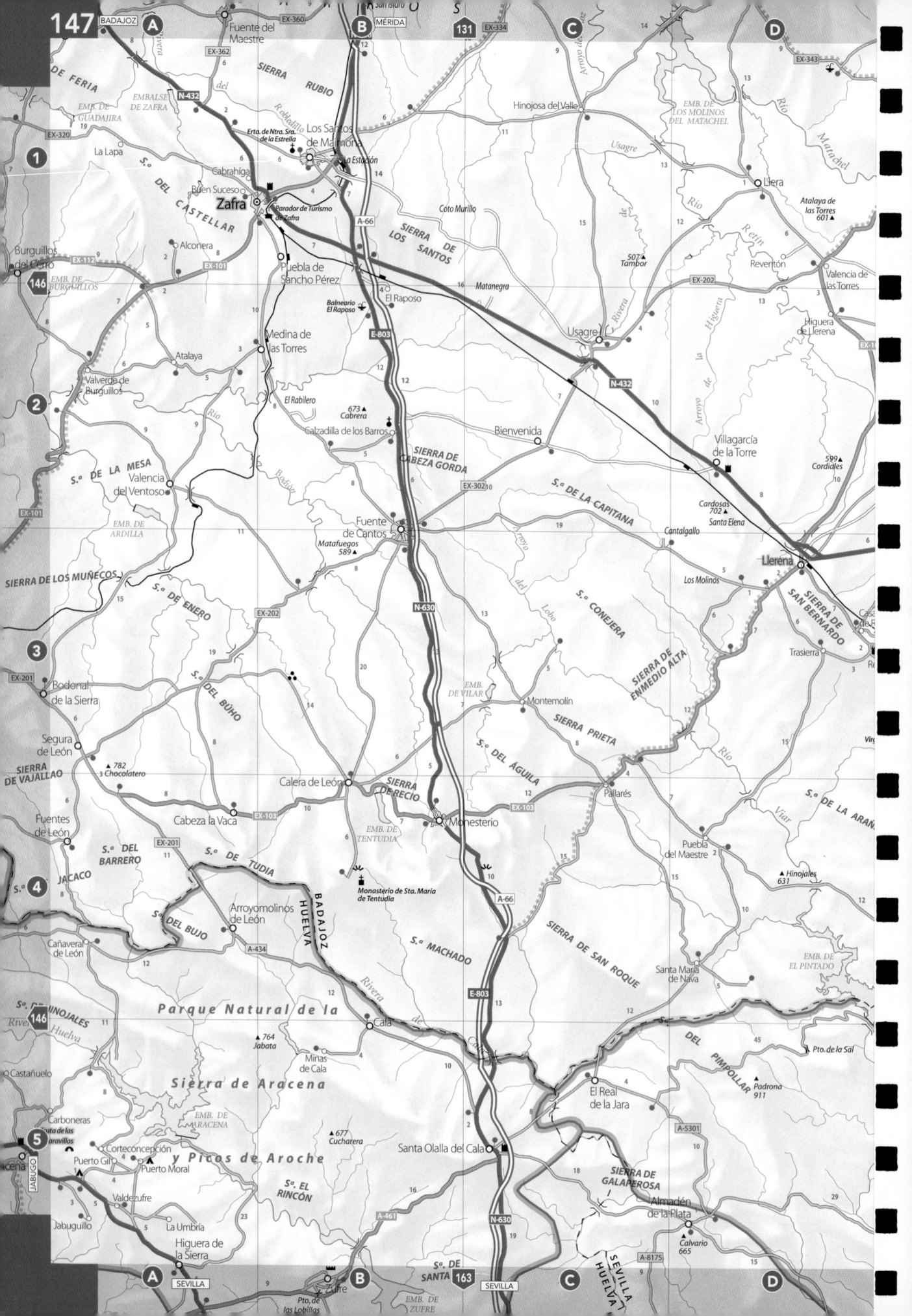

Zafra
Los Santos de Maimona
Fuente de Cantos
Llerena
Monesterio
Usagre
Bienvenida
Villagarcía de la Torre
Medina de las Torres
Puebla de Sancho Pérez
Valencia del Ventoso
Calzadilla de los Barros
Segura de León
Bodonal de la Sierra
Fuentes de León
Calera de León
Cabeza la Vaca
Montemolín
Pallarés
Puebla del Maestre
Arroyomolinos de León
Cañaveral de León
Cala
Santa Olalla del Cala
El Real de la Jara
Almadén de la Plata
Santa María de Nava
Higuera de la Sierra
Zufre
Parque Natural de la Sierra de Aracena y Picos de Aroche

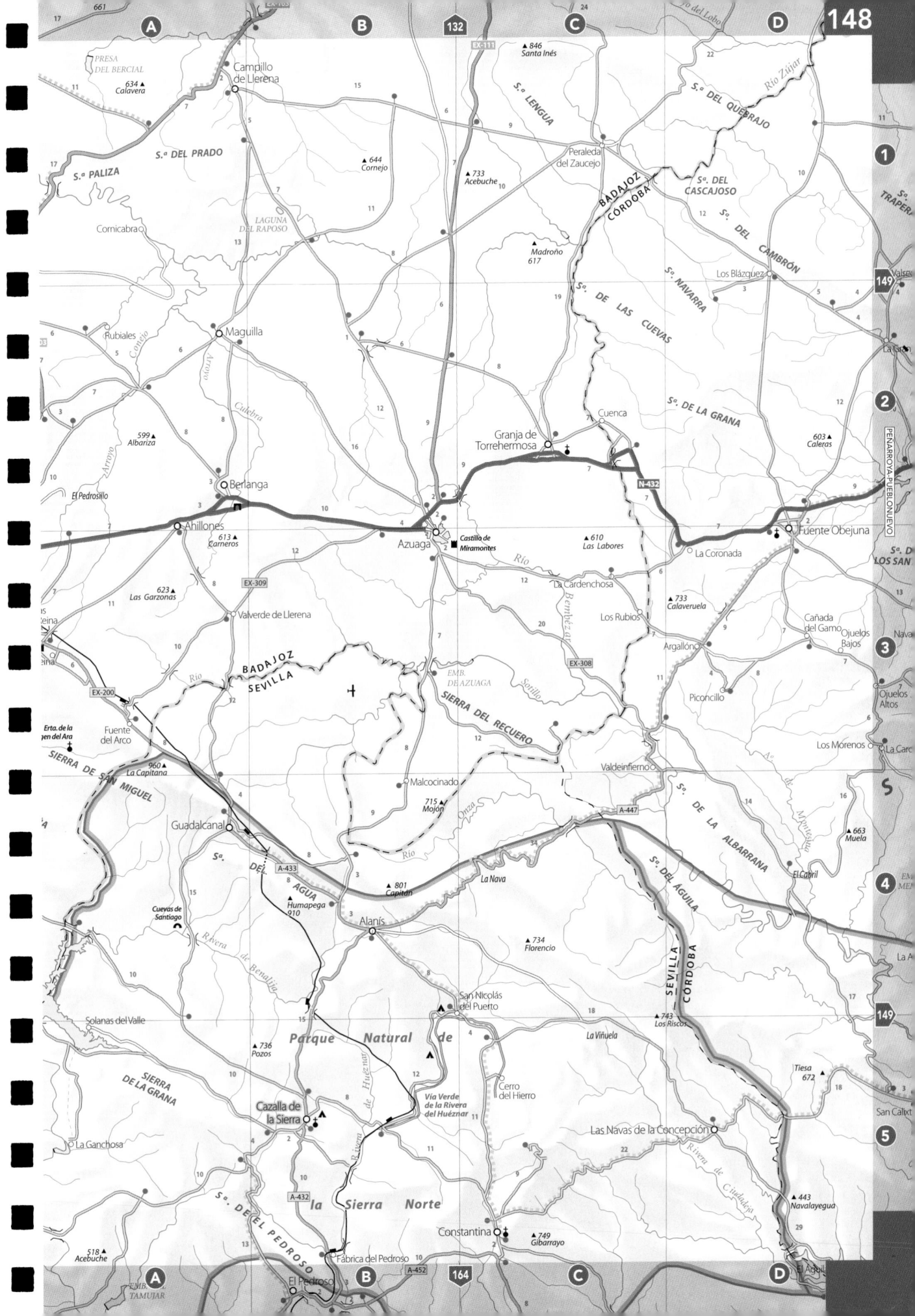
Campillo de Llerena
Peraleda del Zaucejo
S.ª DEL PRADO
S.ª PALIZA
S.ª LENGUA
S.ª DEL QUEBRAJO
Sª. DEL CASCAJOSO
Sº. DEL CAMBRÓN
Cornicabra
LAGUNA DEL RAPOSO
Los Blázquez
Sº. DE LAS CUEVAS
Sº. NAVARRA
Rubiales
Maguilla
Cuenca
Sª. DE LA GRANA
Granja de Torrehermosa
Berlanga
Ahillones
Azuaga
Castillo de Miramontes
Fuente Obejuna
La Coronada
La Cardenchosa
Los Rubios
Valverde de Llerena
Argallón
Cañada del Gamo
Ojuelos Bajos
Ojuelos Altos
Piconcillo
BADAJOZ SEVILLA
BADAJOZ CÓRDOBA
SIERRA DEL RECUERO
EMB. DE AZUAGA
Fuente del Arco
SIERRA DE SAN MIGUEL
Los Morenos
Valdeinfierno
Malcocinado
Sº. DE LA ALBARRANA
Guadalcanal
Sª. DEL AGUA
Sº. DEL ÁGUILA
La Nava
El Cabril
Alanís
Cuevas de Santiago
SEVILLA CÓRDOBA
San Nicolás del Puerto
Solanas del Valle
Parque Natural de la Sierra Norte
La Viñuela
Cerro del Hierro
SIERRA DE LA GRANA
Cazalla de la Sierra
Vía Verde de la Rivera del Huéznar
Las Navas de la Concepción
La Ganchosa
Sª. DE EL PEDROSO
Constantina
Fábrica del Pedroso
El Pedroso
PEÑARROYA-PUEBLONUEVO
EX-111
N-432
EX-309
EX-308
EX-200
A-447
A-433
A-432
A-452
132
149
164
A B C D
1 2 3 4 5

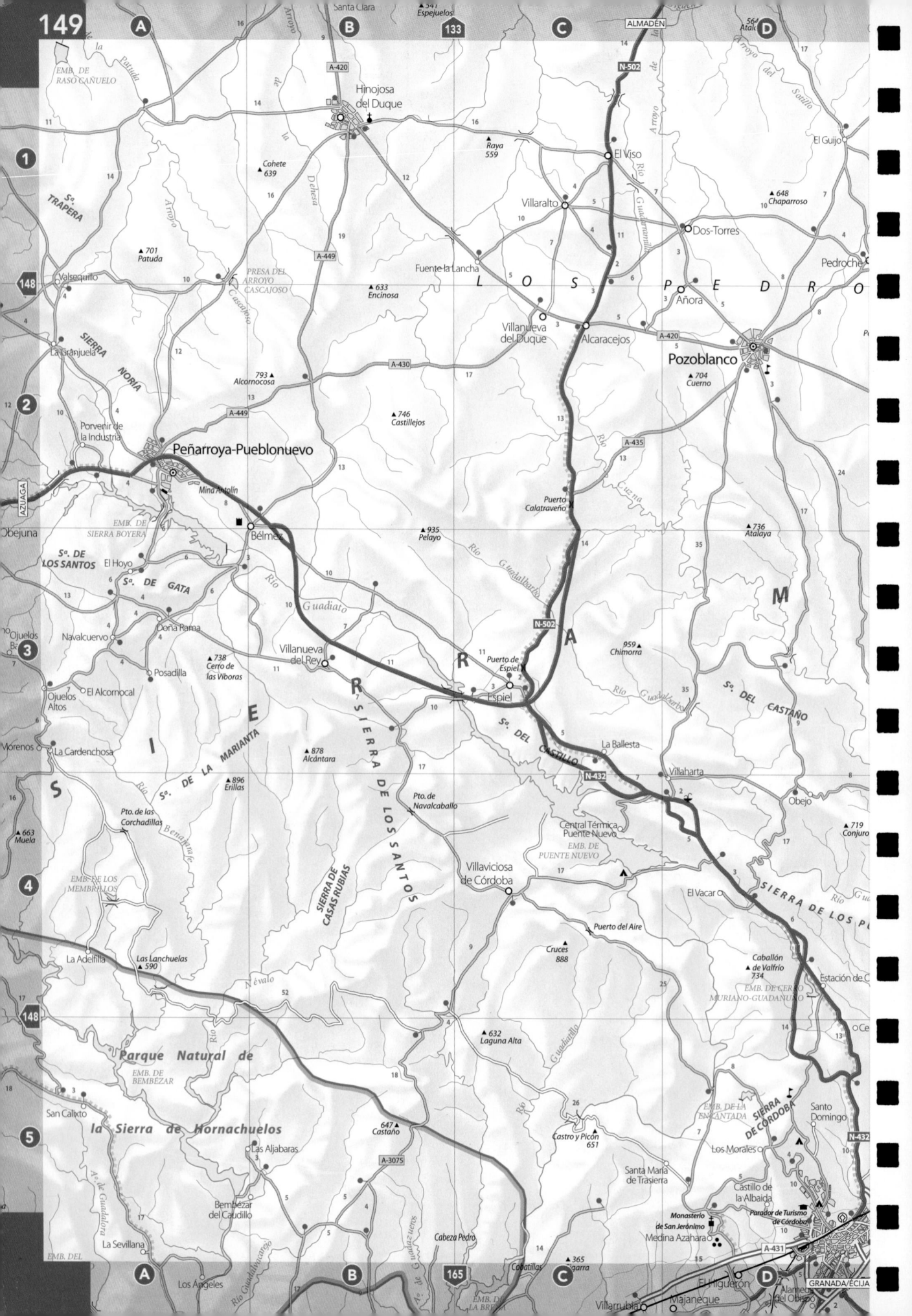

Hinojosa del Duque
El Viso
Villaralto
Dos-Torres
Pedroche
El Guijo
Añora
Pozoblanco
Alcaracejos
Villanueva del Duque
Fuente la Lancha
Valsequillo
La Granjuela
Peñarroya-Pueblonuevo
Porvenir de la Industria
Bélmez
El Hoyo
Doña Rama
Navalcuervo
Villanueva del Rey
Espiel
Posadilla
El Alcornocal
Ojuelos Altos
La Cardenchosa
La Ballesta
Villaharta
Obejo
Central Térmica Puente Nuevo
Villaviciosa de Córdoba
El Vacar
Estación de C
La Adelfilla
San Calixto
Las Aljabaras
Bembézar del Caudillo
La Sevillana
Los Ángeles
Santo Domingo
Los Morales
Santa María de Trasierra
Castillo de la Albaida
Medina Azahara
Monasterio de San Jerónimo
Parador de Turismo de Córdoba
El Higuerón
Majaneque
Villarrubia
Alameda del Obispo
LOS PEDROCHES
SIERRA MORENA
SIERRA NORIA
Sª. TRAPERA
Sª. DE LOS SANTOS
Sª. DE GATA
Sª. DE LA MARIANTA
SIERRA DE LOS SANTOS
SIERRA DE CASAS RUBIAS
Sª. DEL CASTILLO
Sª. DEL CASTAÑO
SIERRA DE LOS P
SIERRA DE CÓRDOBA
Parque Natural de la Sierra de Hornachuelos
EMB. DE RASO CAÑUELO
PRESA DEL ARROYO CASCAJOSO
EMB. DE SIERRA BOYERA
EMB. DE PUENTE NUEVO
EMB. DE LOS MEMBRILLOS
EMB. DE BEMBÉZAR
EMB. DE CERRO MURIANO-GUADANUÑO
EMB. DE LA ENCANTADA
Río Guadiato
Río Guadalbarbo
Río Cuzna
Río Guadarramilla
Río Bembézar
Puerto Calatraveño
Puerto de Espiel
Pto. de Navalcaballo
Pto. de las Corchadillas
Puerto del Aire
Mina Antolín
701 Patuda
639 Cohete
559 Raya
633 Encinosa
793 Alcornocosa
746 Castillejos
704 Cuerno
648 Chaparroso
935 Pelayo
736 Atalaya
959 Chimorra
738 Cerro de las Víboras
878 Alcántara
896 Erillas
663 Muela
719 Conjuro
888 Cruces
734 Caballón de Valfrío
590 Las Lanchuelas
632 Laguna Alta
647 Castaño
651 Castro y Picón
365 Cigarra
Cabeza Pedro
Cobatillas
N-502
N-432
A-420
A-430
A-449
A-435
A-431
A-3075
133
148
165
ALMADÉN
AZUAGA
GRANADA/ÉCIJA
Obejuna
Ojuelos
Morenos

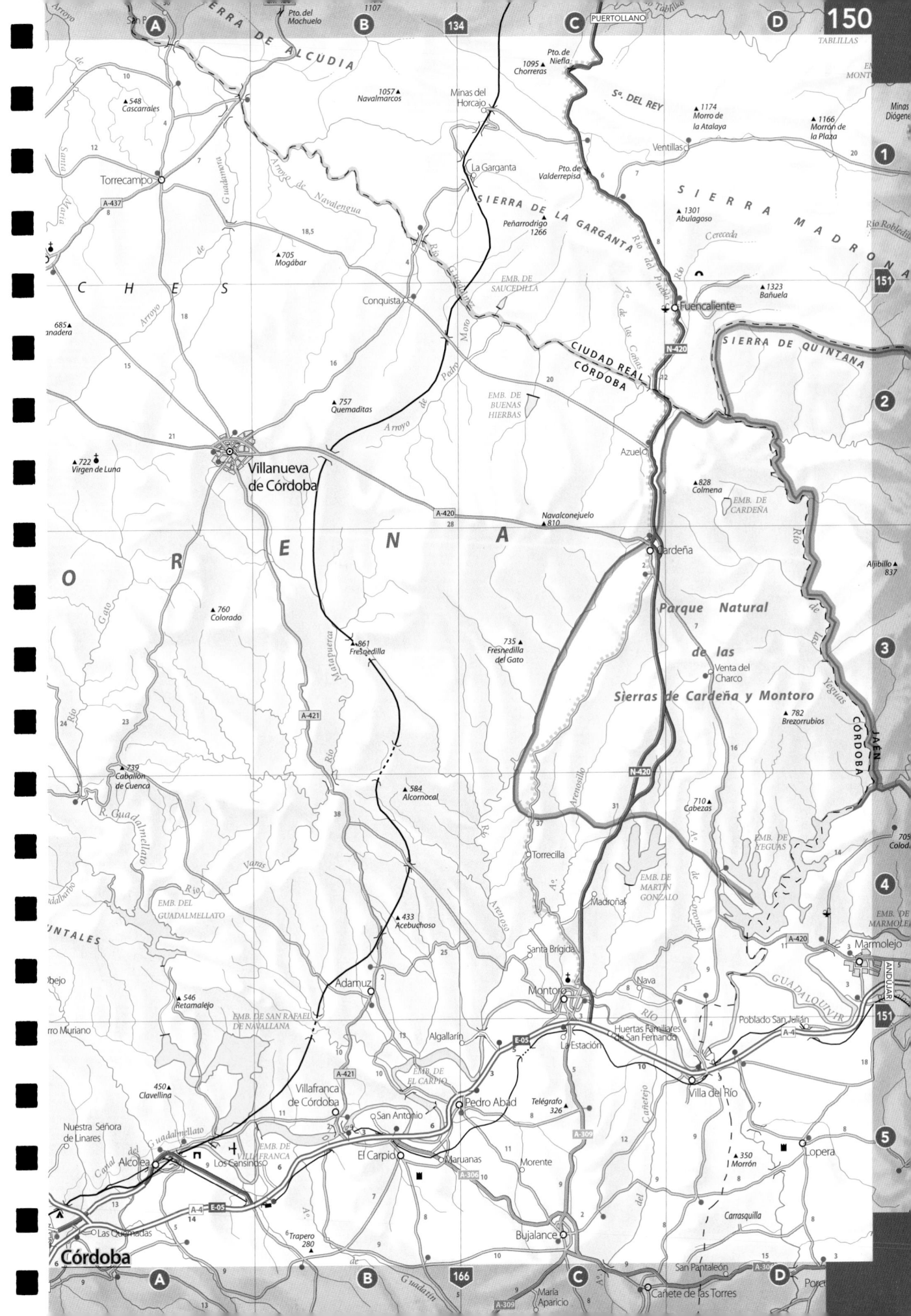
Pto. del Mochuelo
1107
134
PUERTOLLANO
TABLILLAS
SIERRA DE ALCUDIA
1095 Chorreras
Pto. de Niefla
1057 Navalmarcos
Minas del Horcajo
Sª. DEL REY
1174 Morro de la Atalaya
1166 Morrón de la Plaza
548 Cascarrales
Ventillas
Torrecampo
A-437
La Garganta
Pto. de Valderrepisa
SIERRA DE LA GARGANTA
Peñarrodrigo 1266
1301 Abulagoso
SIERRA MADROÑA
705 Mogábar
EMB. DE SAUCEDILLA
1323 Bañuela
Fuencaliente
151
Conquista
CIUDAD REAL
CÓRDOBA
N-420
SIERRA DE QUINTANA
757 Quemaditas
EMB. DE BUENAS HIERBAS
722 Virgen de Luna
Villanueva de Córdoba
Azuel
828 Colmena
EMB. DE CARDEÑA
A-420
Navalconejuelo 810
Cardeña
Aljibillo 837
760 Colorado
Parque Natural de las Sierras de Cardeña y Montoro
861 Fresnedilla
735 Fresnedilla del Gato
Venta del Charco
782 Brezorrubios
A-421
JAÉN
CÓRDOBA
739 Caballón de Cuenca
584 Alcornocal
710 Cabezas
Torrecilla
EMB. DE YEGUAS
EMB. DE MARTÍN GONZALO
EMB. DEL GUADALMELLATO
433 Acebuchoso
Madroñas
Marmolejo
Santa Brígida
Adamuz
Montoro
Nava
546 Retamalejo
EMB. DE SAN RAFAEL DE NAVALLANA
Poblado San Julián
Algallarín
Huertas Familiares de San Fernando
La Estación
E-05
A-4
EMB. DE EL CARPIO
Villafranca de Córdoba
Pedro Abad
Villa del Río
450 Clavellina
Telégrafo 326
Nuestra Señora de Linares
San Antonio
A-309
Alcolea
Los Cansinos
El Carpio
Maruanas
Morente
350 Morrón
Lopera
A-306
Carrasquilla
Las Quemadas
Trapero 280
Bujalance
Córdoba
166
San Pantaleón
María Aparicio
Cañete de las Torres
A B C D
1 2 3 4 5

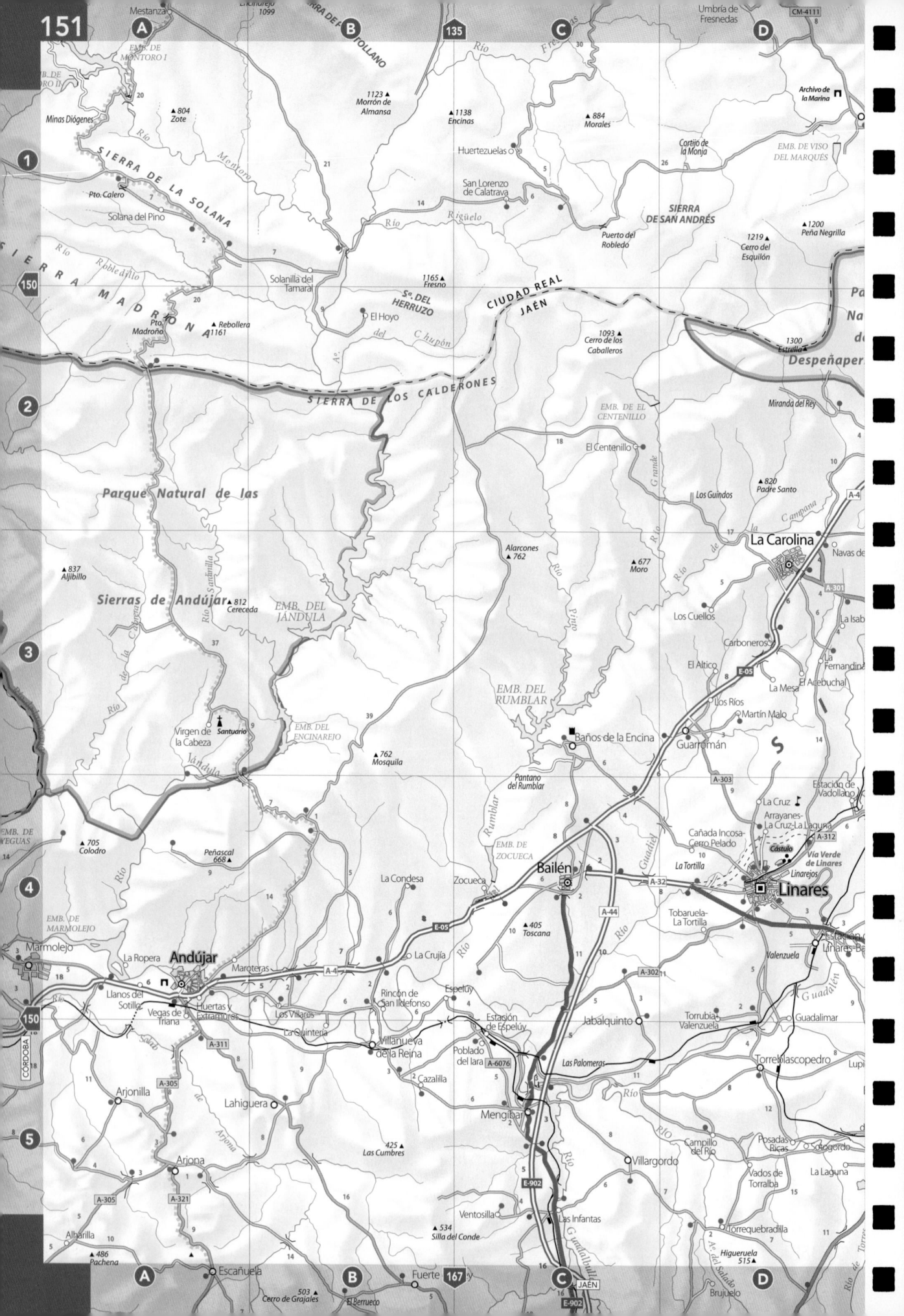
Mestanza
Umbría de Fresnedas
CM-4111
135
Sierra de la Solana
Sierra Madrona
Minas Diógenes
Pto. Calero
Solana del Pino
804 Zote
1123 Morrón de Almansa
1138 Encinas
884 Morales
Archivo de la Marina
Huertezuelas
Cortijo de la Monja
EMB. DE VISO DEL MARQUÉS
San Lorenzo de Calatrava
Sierra de San Andrés
Puerto del Robledo
1219 Cerro del Esquilón
1200 Peña Negrilla
Solanilla del Tamaral
1165 Fresno
Sª. del Herruzo
El Hoyo
Ciudad Real
Jaén
Pto. Madroño
Rebollera 1161
1093 Cerro de los Caballeros
1300 Estrella
Despeñaperros
Sierra de los Calderones
EMB. DE EL CENTENILLO
Miranda del Rey
El Centenillo
820 Padre Santo
Los Guindos
Parque Natural de las Sierras de Andújar
La Carolina
Navas de
Alarcones 762
677 Moro
837 Aljibillo
812 Cereceda
EMB. DEL JÁNDULA
A-301
Los Cuellos
Carboneros
El Altico
La Mesa
El Acebuchal
E-05
Los Ríos
Martín Malo
EMB. DEL RUMBLAR
Virgen de la Cabeza
Santuario
EMB. DEL ENCINAREJO
Baños de la Encina
Guarromán
762 Mosquila
Pantano del Rumblar
A-303
Estación de Vadollano
La Cruz
Arrayanes-La Cruz-La Laguna
EMB. DE YEGUAS
705 Colodro
Peñascal 668
EMB. DE ZOCUECA
Cañada Incosa-Cerro Pelado
A-312
Cástulo
Vía Verde de Linares
Linarejos
La Tortilla
Bailén
A-32
Linares
La Condesa
Zocueca
A-44
Tobaruela-La Tortilla
405 Toscana
EMB. DE MARMOLEJO
Marmolejo
La Ropera
Andújar
Maroteras
A-4
La Crujía
A-302
Valenzuela
Estación de Linares-Baeza
Llanos del Sotillo
Rincón de San Ildefonso
Espelúy
Vegas de Triana
Huertas y Extramuros
Los Villares
La Quintería
Estación de Espelúy
Jabalquinto
Torrubia-Valenzuela
Guadalimar
150
Córdoba
A-311
Villanueva de la Reina
Poblado del Iara
A-6076
Las Palomeras
Torreblascopedro
A-305
Arjonilla
Cazalilla
Lahiguera
Mengíbar
Posadas Ricas
Sotogordo
425 Las Cumbres
Campillo del Río
Arjona
Villargordo
La Laguna
Vados de Torralba
A-321
E-902
Ventosilla
Las Infantas
534 Silla del Conde
Torrequebradilla
Alharilla
486 Pachena
Higueruela 515
Escañuela
Fuerte del Rey
167
Jaén
503 Cerro de Grajales
El Berrueco
Brujuelo
Río Guadalquivir
Río Rumblar
Río Jándula
Río Guadiel
Río Guadalén
Río Pinto
Río Grande
Río Salado
A B C D
1 2 3 4 5

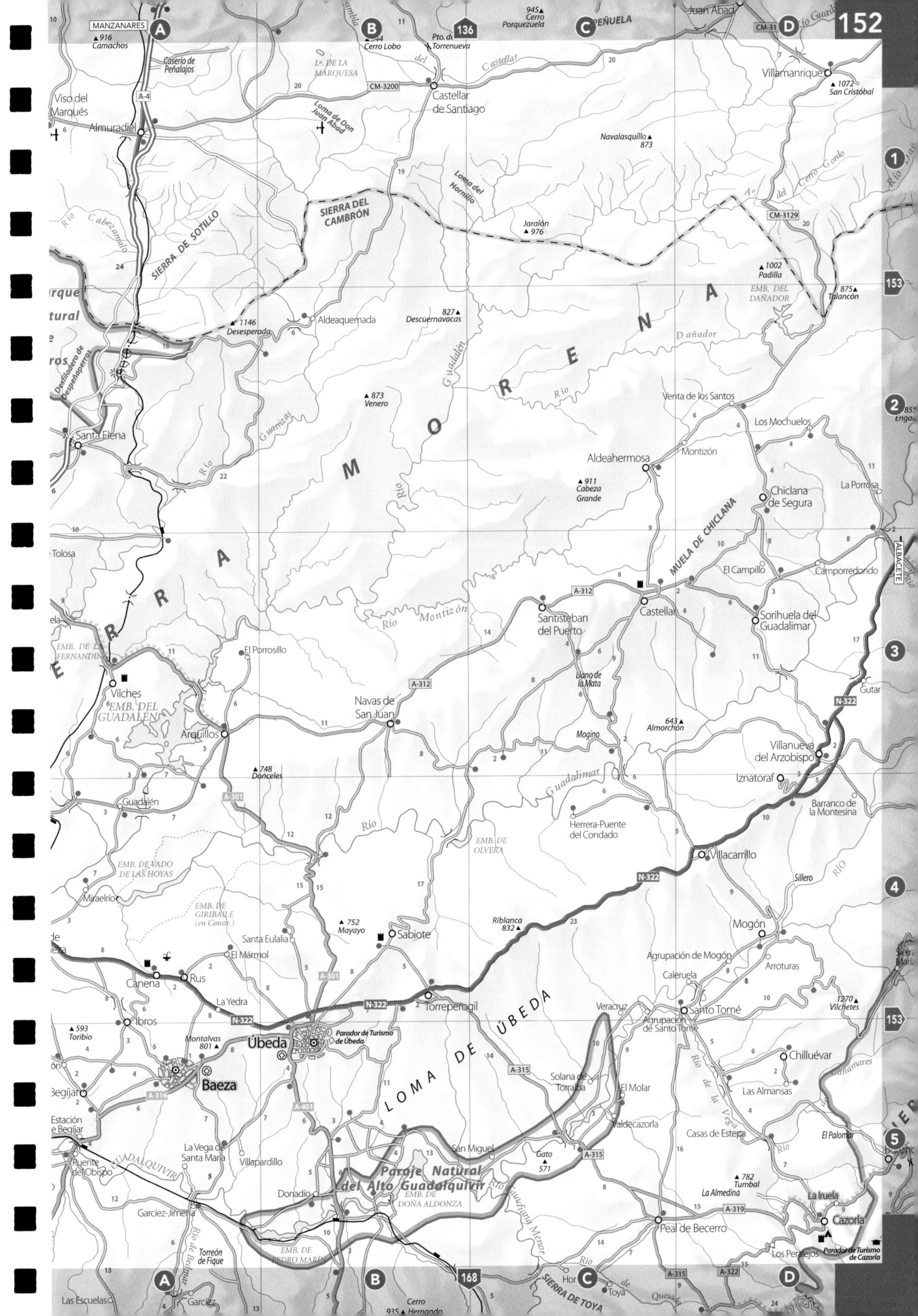

MANZANARES
Villamanrique
Castellar de Santiago
Viso del Marqués
Almuradiel
SIERRA DEL CAMBRÓN
SIERRA DE SOTILLO
Aldeaquemada
Santa Elena
Desfiladero de Despeñaperros
SIERRA MORENA
Venta de los Santos
Los Mochuelos
Montizón
Aldeahermosa
Chiclana de Segura
La Porrosa
MUELA DE CHICLANA
El Campillo
Camporredondo
Castellar
Santisteban del Puerto
Sorihuela del Guadalimar
El Porrosillo
Vilches
EMB. DEL GUADALÉN
Arquillos
Navas de San Juan
Gutar
Villanueva del Arzobispo
Iznatoraf
Barranco de la Montesina
Herrera-Puente del Condado
Guadalén
Villacarrillo
Miraelrío
Mogón
Sabiote
Santa Eulalia
El Mármol
Canena
Rus
La Yedra
Torreperogil
Agrupación de Mogón
Arroturas
Caleruela
Santo Tomé
Ibros
Úbeda
Parador de Turismo de Úbeda
Baeza
LOMA DE ÚBEDA
Chilluévar
Las Almansas
Begíjar
Estación de Begíjar
La Vega de Santa María
Villapardillo
San Miguel
Valdecazorla
Casas de Estepa
Puente del Obispo
Paraje Natural del Alto Guadalquivir
Donadío
La Iruela
Cazorla
Garcíez-Jimena
Peal de Becerro
Los Peralejos
Parador de Turismo de Cazorla
SIERRA DE TOYA
Toya
Garcíez
Las Escuelas
N-322
A-301
A-312
A-315
A-316
A-319
A-322
A-401
A-4
CM-3200
CM-3129

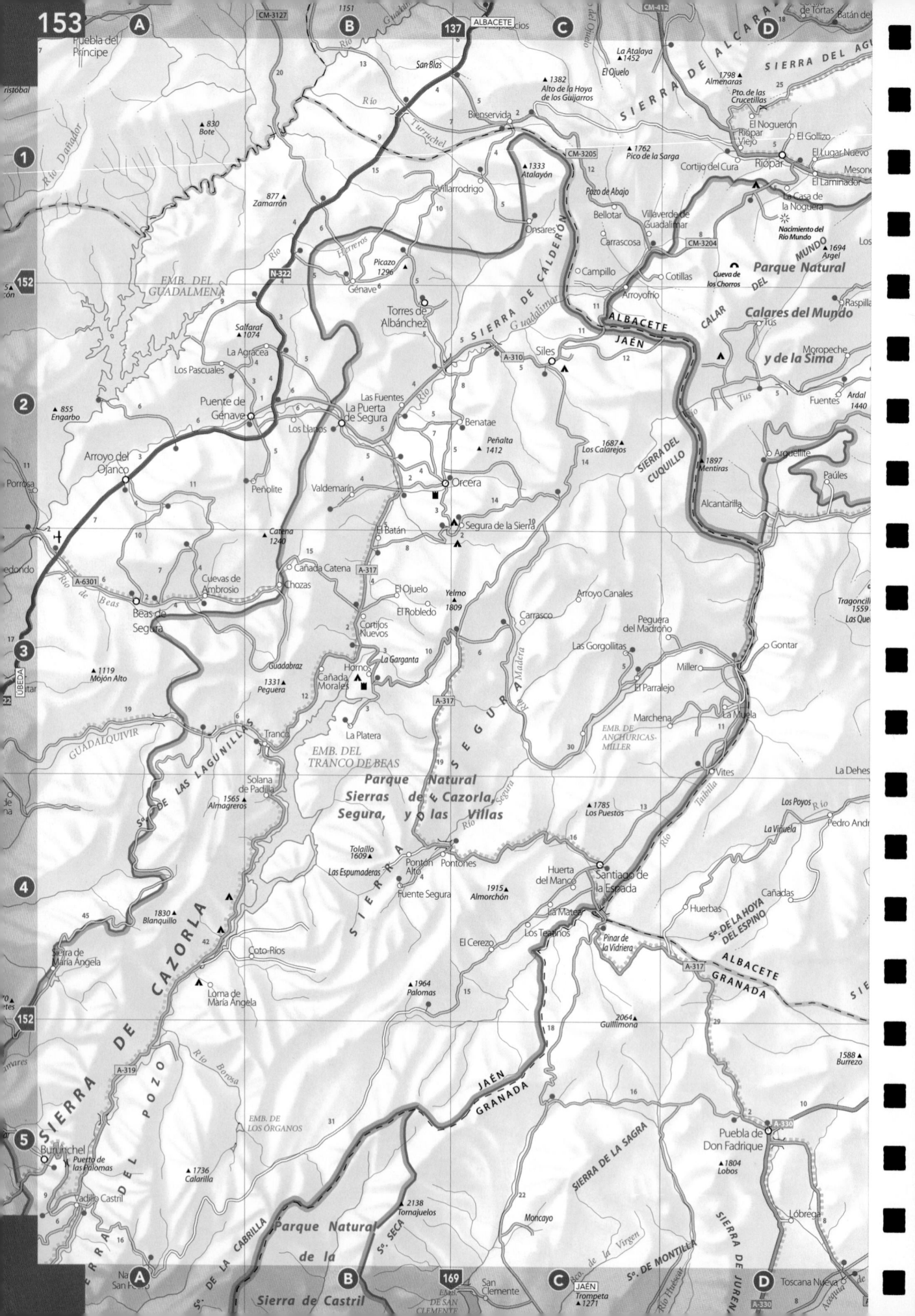
ALBACETE
Puebla del Príncipe
San Blas
Bienservida
Villarrodrigo
Onsares
Génave
Torres de Albánchez
La Agracea
Los Pascuales
Puente de Génave
La Puerta de Segura
Las Fuentes
Los Llanos
Benatae
Arroyo del Ojanco
Peñolite
Valdemarín
Orcera
Segura de la Sierra
El Batán
Cañada Catena
Chozas
Cuevas de Ambrosio
Beas de Segura
El Ojuelo
El Robledo
Cortijos Nuevos
Hornos
La Garganta
Cañada Morales
La Platera
Tranco
Solana de Padilla
Siles
Riópar
El Noguerón
Riópar Viejo
El Gollizo
El Lugar Nuevo
El Laminador
Cortijo del Cura
Pozo de Abajo
Bellotar
Villaverde de Guadalimar
Carrascosa
Campillo
Cotillas
Arroyofrío
Tus
Moropeche
Fuentes
Arguellite
Paúles
Alcantarilla
Arroyo Canales
Carrasco
Peguera del Madroño
Las Gorgollitas
Gontar
Miller
El Parralejo
Marchena
La Muela
Vites
Pontón Alto
Pontones
Fuente Segura
Huerta del Manco
Santiago de la Espada
La Matea
Los Teatinos
El Cerezo
Pinar de la Vidriera
Huerbas
Cañadas
Pedro Andrés
Coto-Ríos
Loma de María Ángela
Sierra de María Ángela
Burunchel
Vadillo Castril
Puebla de Don Fadrique
Lóbrega
San Clemente
Toscana Nueva
SIERRA DE ALCARAZ
SIERRA DEL AGUA
SIERRA DE CALDERÓN
SIERRA DEL CUQUILLO
CALAR DEL MUNDO
Parque Natural Calares del Mundo y de la Sima
SIERRA DE SEGURA
Parque Natural Sierras de Cazorla, Segura, y las Villas
SIERRA DE CAZORLA
Sª DE LAS LAGUNILLAS
SIERRA DEL POZO
Sª DE LA HOYA DEL ESPINO
SIERRA DE LA SAGRA
Sª DE MONTILLA
SIERRA DE JURENA
Sª DE LA CABRILLA
Sª SECA
Parque Natural de la Sierra de Castril
EMB. DEL GUADALMENA
EMB. DEL TRANCO DE BEAS
EMB. DE ANCHURICAS-MILLER
EMB. DE LOS ÓRGANOS
EMB. DE SAN CLEMENTE
GUADALQUIVIR
ALBACETE
JAÉN
GRANADA
Nacimiento del Río Mundo
Cueva de los Chorros
La Atalaya 1452
1382 Alto de la Hoya de los Guijarros
1798 Almenaras
Pto. de las Crucetillas
1762 Pico de la Sarga
1333 Atalayón
830 Bote
877 Zamarrón
Picazo 1296
Salfaraf 1074
855 Engarbo
Peñalta 1412
1687 Los Calarejos
1897 Mentiras
1694 Argel
Ardal 1440
Catena 1240
Yelmo 1809
1119 Mojón Alto
1331 Peguera
1565 Almagreros
1785 Los Puestos
Tolaíllo 1609
Las Espumaderas
1915 Almorchón
1830 Blanquillo
1964 Palomas
2064 Guillimona
1736 Calarilla
Puerto de las Palomas
2138 Tornajuelos
Moncayo
1804 Lobos
1588 Burrezo
Trompeta 1271
N-322
A-310
A-317
A-6301
A-319
A-330
CM-3127
CM-412
CM-3205
CM-3204
137
169
152
ÚBEDA
A B C D
1 2 3 4 5

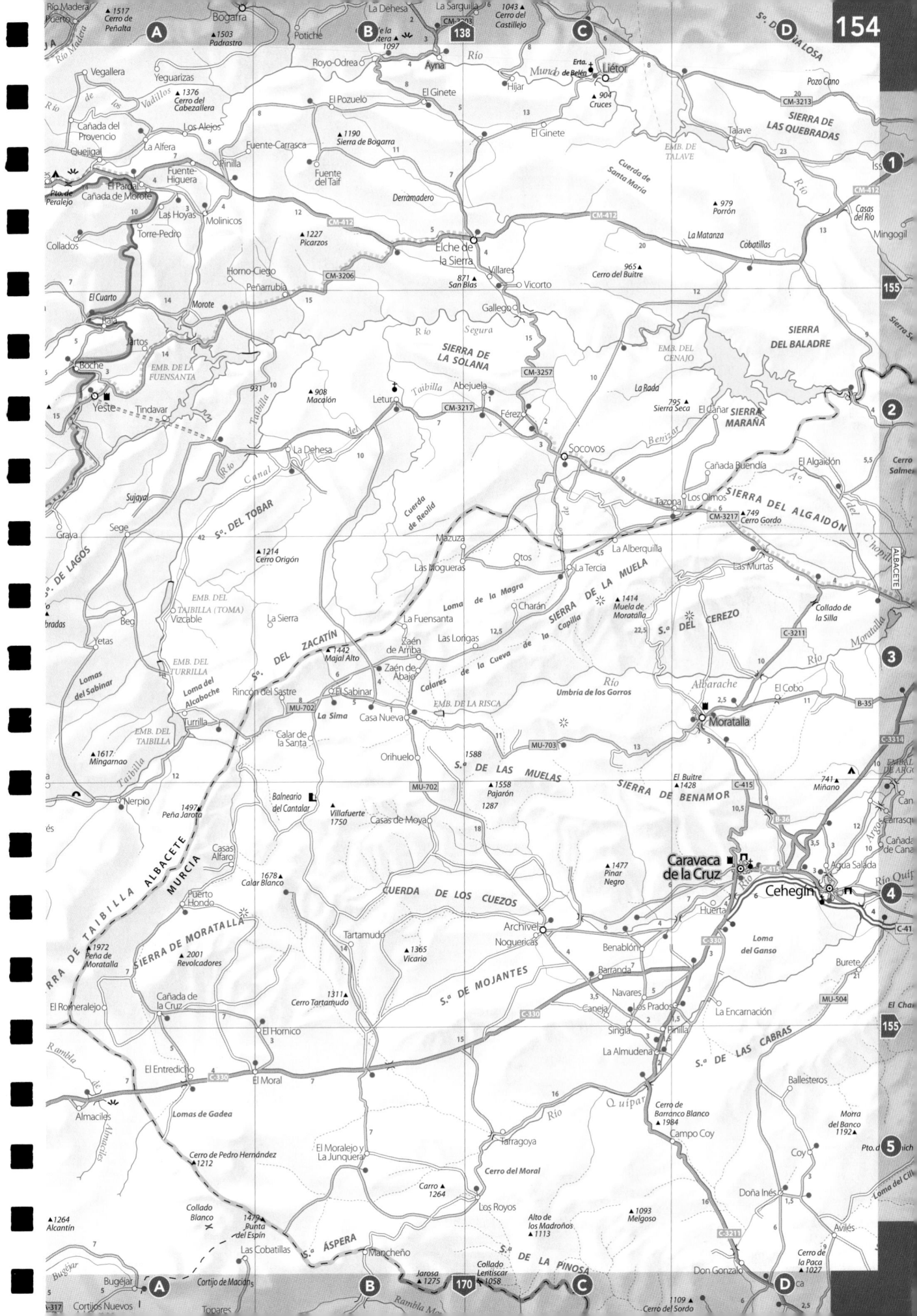

Río Madera
▲1517 Cerro de Peñalta
Bogarra
▲1503 Padrastro
Potiche
La Dehesa
La Sarguilla
CM-3203
138
1043▲ Cerro del Castillejo
Ayna
Royo-Odrea
Río Mundo
Erta. de Belén
Liétor
Híjar
▲904 Cruces
Pozo Cano
CM-3213
SIERRA DE LAS QUEBRADAS
Talave
EMB. DE TALAVE
Vegallera
Yeguarizas
▲1376 Cerro del Cabezallera
El Pozuelo
El Ginete
Cañada del Provencio
Los Alejos
▲1190 Sierra de Bogarra
Fuente-Carrasca
Quejigal
La Alfera
Pinilla
Fuente del Taif
Fuente-Higuera
El Pardal
Cañada de Morote
Pto. de Peralejo
Las Hoyas
Molinicos
Torre-Pedro
Collados
Derramadero
CM-412
▲1227 Picarzos
Elche de la Sierra
Cuerda de Santa María
▲979 Porrón
Casas del Río
Mingogil
La Matanza
Cobatillas
Horno-Ciego
Peñarrubia
CM-3206
871▲ San Blas
Villares
Vicorto
965▲ Cerro del Buitre
El Cuarto
Morote
Gallego
Raja
Jartos
Boche
EMB. DE LA FUENSANTA
Río Segura
SIERRA DE LA SOLANA
CM-3257
EMB. DEL CENAJO
SIERRA DEL BALADRE
Yeste
Tindavar
▲908 Macalón
Letur
Abejuela
CM-3217
Férez
La Rada
795▲ Sierra Seca
El Cañar
SIERRA MARAÑA
Río Taibilla
La Dehesa
Canal del Taibilla
Socovos
Río Benízar
Cañada Buendía
El Algaidón
Cerro Salmer
Sujayal
Cuerda de Reolid
Tazona
Los Olmos
SIERRA DEL ALGAIDÓN
CM-3217
▲749 Cerro Gordo
Graya
Sege
Sª. DEL TOBAR
Mazuza
La Alberquilla
Sª. DE LAGOS
▲1214 Cerro Origón
Las Mogueras
Otos
La Tercia
Las Murtas
ALBACETE
EMB. DEL TAIBILLA (TOMA)
Vizcable
Loma de la Magra
Charán
SIERRA DE LA MUELA
▲1414 Muela de Moratalla
Collado de la Silla
Beg
La Sierra
La Fuensanta
Sª. DEL CEREZO
Yetas
Sª. DEL ZACATÍN
▲1442 Majal Alto
Zaén de Arriba
Las Longas
Calares de la Cueva de la Capilla
C-3211
Río Moratalla
EMB. DEL TURRILLA
Zaén de Abajo
Lomas del Sabinar
Loma del Alcaboche
Rincón del Sastre
El Sabinar
Río Albarache
El Cobo
Umbría de los Gorros
MU-702
La Sima
Casa Nueva
EMB. DE LA RISCA
Moratalla
B-35
Turrilla
EMB. DEL TAIBILLA
Calar de la Santa
MU-703
▲1617 Mingarnao
Orihuelo
1588
Sª. DE LAS MUELAS
SIERRA DE BENAMOR
El Buitre ▲1428
C-415
741▲ Miñano
Nerpio
▲1558 Pajarón
1497▲ Peña Jarota
Balneario del Cantalar
▲ Villafuerte 1750
Casas de Moya
1287
B-36
Carrasquilla
ALBACETE
MURCIA
Casas Alfaro
▲1477 Pinar Negro
Caravaca de la Cruz
C-415
Agua Salada
Río Quípar
1678▲ Calar Blanco
CUERDA DE LOS CUEZOS
Cehegín
Puerto Hondo
SIERRA DE MORATALLA
Huerta
Archivel
Tartamudo
Noguericas
Benablón
Loma del Ganso
▲1972 Peña de Moratalla
▲2001 Revolcadores
▲1365 Vicario
C-330
Barranda
Burete
SIERRA DE TAIBILLA
Sª. DE MOJANTES
Navares
Cañada de la Cruz
1311▲ Cerro Tartamudo
Caneja
Los Prados
La Encarnación
MU-504
El Romeralejo
C-330
Singla
Pinilla
El Hornico
La Almudena
Sª. DE LAS CABRAS
Rambla de Almaciles
El Entredicho
C-330
El Moral
Ballesteros
Almaciles
Lomas de Gadea
Río Quípar
Cerro de Barranco Blanco ▲1984
Campo Coy
Morra del Banco 1192▲
Tarragoya
Cerro de Pedro Hernández ▲1212
El Moralejo y La Junquera
Coy
Cerro del Moral
Carro ▲ 1264
Doña Inés
▲1264 Alcantín
Collado Blanco
1479▲ Punta del Espín
Los Royos
Alto de los Madroños ▲1113
▲1093 Melgoso
Avilés
Las Cobatillas
Sª. ÁSPERA
Mancheño
Sª. DE LA PINOSA
C-3211
Cerro de la Paca ▲1027
Río Bugéjar
Bugéjar
Cortijo de Macián
Jarosa ▲1275
170
Collado Lentiscar ▲1058
Don Gonzalo
Cortijos Nuevos
Topares
Rambla Mo
1109▲ Cerro del Sordo
A
B
C
D
1
2
3
4
5
155
155

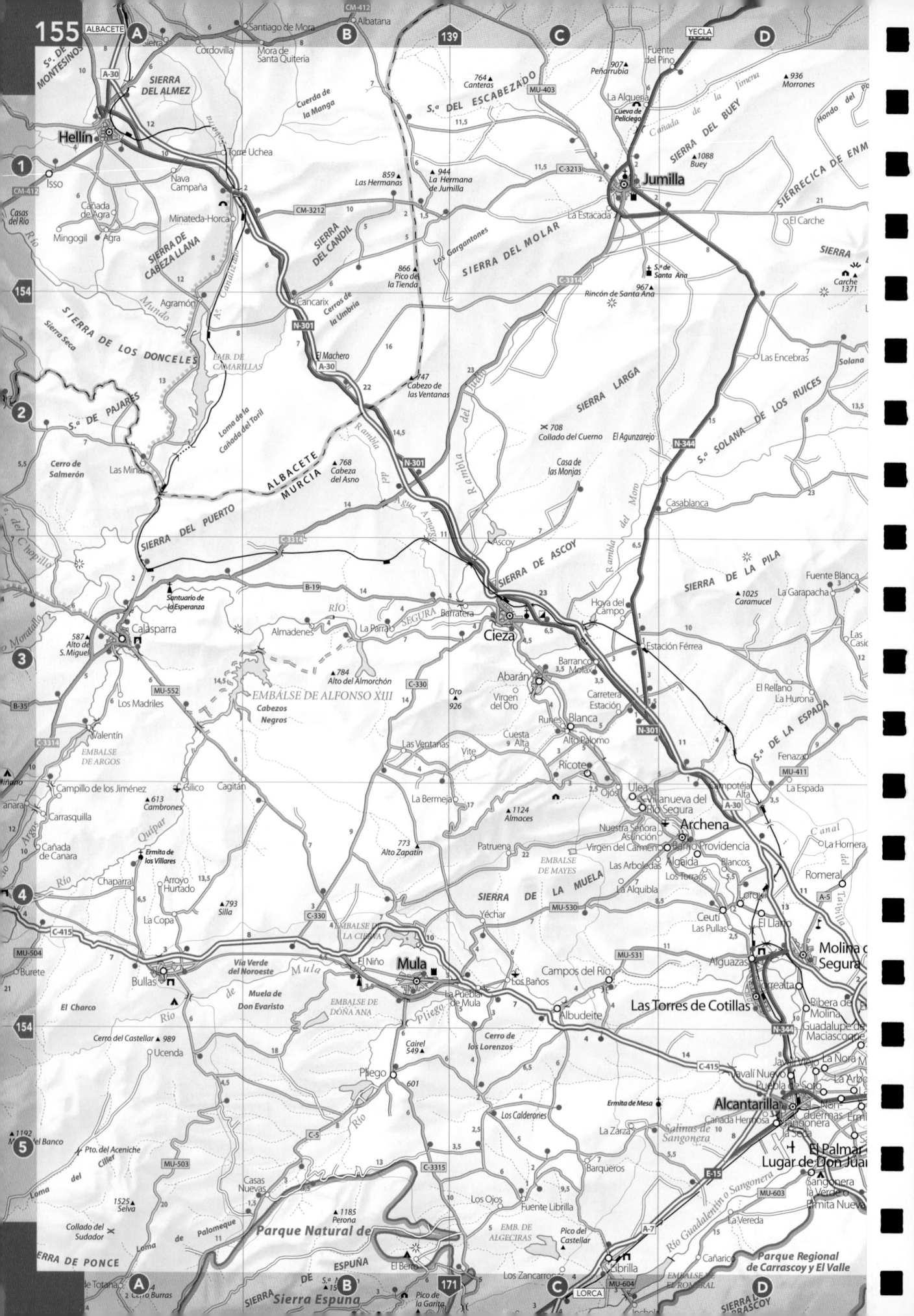155
ALBACETE
A
B
C
D
CM-412
139
YECLA
Santiago de Mora
Albatana
Sierra
Cordovilla
Mora de Santa Quiteria
Fuente del Pino
S.ª DE MONTESINOS
A-30
SIERRA DEL ALMEZ
907 Peñarrubia
764 Canteras
S.ª DEL ESCABEZADO
MU-403
936 Morrones
Cuerda de la Manga
La Alquería
Cueva de Peliciego
Cañada de la Jimena
SIERRA DEL BUEY
Hondo del Pozo
Hellín
Torre Uchea
1088 Buey
SIERRECICA DE ENMEDIO
1
Isso
Nava Campaña
859 Las Hermanas
944 La Hermana de Jumilla
C-3213
Jumilla
CM-412
Casas del Río
Cañada de Agra
CM-3212
Minateda-Horca
La Estacada
El Carche
Mingogil
Agra
SIERRA DE CABEZA LLANA
SIERRA DEL CANDIL
Los Gargantones
SIERRA DEL MOLAR
SIERRA
S.ª de Santa Ana
866 Pico de la Tienda
Carche 1371
154
C-3314
967 Rincón de Santa Ana
Agramón
Cancarix
Cerros de la Umbría
Mundo
SIERRA DE LOS DONCELES
Sierra Seca
N-301
El Machero
A-30
EMB. DE CAMARILLAS
Las Encebras
Solana
747 Cabezo de las Ventanas
SIERRA LARGA
S.ª SOLANA DE LOS RUICES
2
S.ª DE PAJARES
Loma de la Cañada del Toril
Rambla del Judío
708 Collado del Cuerno
El Agunzarejo
N-344
Cerro de Salmerón
Las Minas
768 Cabezo del Asno
Casa de las Monjas
N-301
ALBACETE
MURCIA
Rambla del Agua Amarga
Rambla del Moro
Casablanca
SIERRA DEL PUERTO
C-3314
Ascoy
SIERRA DE ASCOY
SIERRA DE LA PILA
Fuente Blanca
La Garapacha
Santuario de la Esperanza
B-19
1025 Caramucel
Hoya del Campo
RÍO SEGURA
Barratera
La Parra
Almadenes
Calasparra
587 Alto de S. Miguel
Cieza
Estación Férrea
3
Las Casicas
784 Alto del Almorchón
Barranco Molax
Abarán
MU-552
C-330
Oro 926
Carretera Estación
El Rellano
La Hurona
Los Madriles
B-35
EMBALSE DE ALFONSO XIII
Cabezos Negros
Virgen del Oro
Ricote
Blanca
N-301
S.ª DE LA ESPADA
Valentín
C-3314
EMBALSE DE ARGOS
Cuesta Alta
Alto Palomo
Las Ventanas
Vite
Fenazar
MU-411
Campillo de los Jiménez
Cagitán
Gilico
Ricote
Ulea
Campotéjar Alta
La Espada
613 Cambrones
La Bermeja
1124 Almaces
Villanueva del Río Segura
A-30
Carrasquilla
Argos
Quípar
Archena
Nuestra Señora Asunción
Canal
La Hornera
Cañada de Canara
Ermita de los Villares
773 Alto Zapatín
Patruena
Virgen del Carmen
Barrio Providencia
Algaida
Blancos
EMBALSE DE MAYES
Las Arboledas
Los Torraos
Romeral
4
Río
Chaparral
Arroyo Hurtado
La Alquibla
SIERRA DE LA MUELA
Lorquí
A-5
793 Silla
Yéchar
MU-530
Ceutí
Las Pullas
El Llano
Taibilla
La Copa
C-330
EMBALSE DE LA CIERVA
C-415
Molina de Segura
MU-504
Vía Verde del Noroeste
El Niño
Mula
MU-531
Campos del Río
Alguazas
Burete
Bullas
Muela de Don Evaristo
Los Baños
Torrealta
El Charco
Río
La Puebla de Mula
Albudeite
Las Torres de Cotillas
Ribera de Molina
EMBALSE DE DOÑA ANA
Pliego
154
Guadalupe de Maciascoque
Cerro del Castellar 989
Cerro de los Lorenzos
N-344
Ucenda
Cairel 549
C-415
Javalí Viejo
La Nora
Javalí Nuevo
Pliego
601
Puebla de Soto
La Arboleja
Ermita de Mesa
Alcantarilla
Nonduermas
Era Alta
Cañada Hermosa
Sangonera la Seca
Los Calderones
La Zarza
Salinas de Sangonera
1192 Morrón del Banco
5
C-5
Pto. del Aceniche
El Palmar
Lugar de Don Juan
Ciller
MU-503
C-3315
Barqueros
E-15
Sangonera la Verde o Ermita Nueva
Río Guadalentín o Sangonera
Loma
Casas Nuevas
MU-603
1525 Selva
1185 Perona
Los Ojos
Fuente Librilla
La Vereda
Collado del Sudador
Parque Natural de
Palomeque
A-7
EMB. DE ALGECIRAS
Pico del Castellar
Loma
Cañarico
Parque Regional de Carrascoy y El Valle
SIERRA DE PONCE
ESPUÑA
El Berro
Librilla
Los Zancarrones
de Totana
Cerro Burras
SIERRA
Sierra Espuña
Pico de la Garita
171
LORCA
MU-604
EMBALSE DE EL ROMERAL
SIERRA DE CARRASCOY

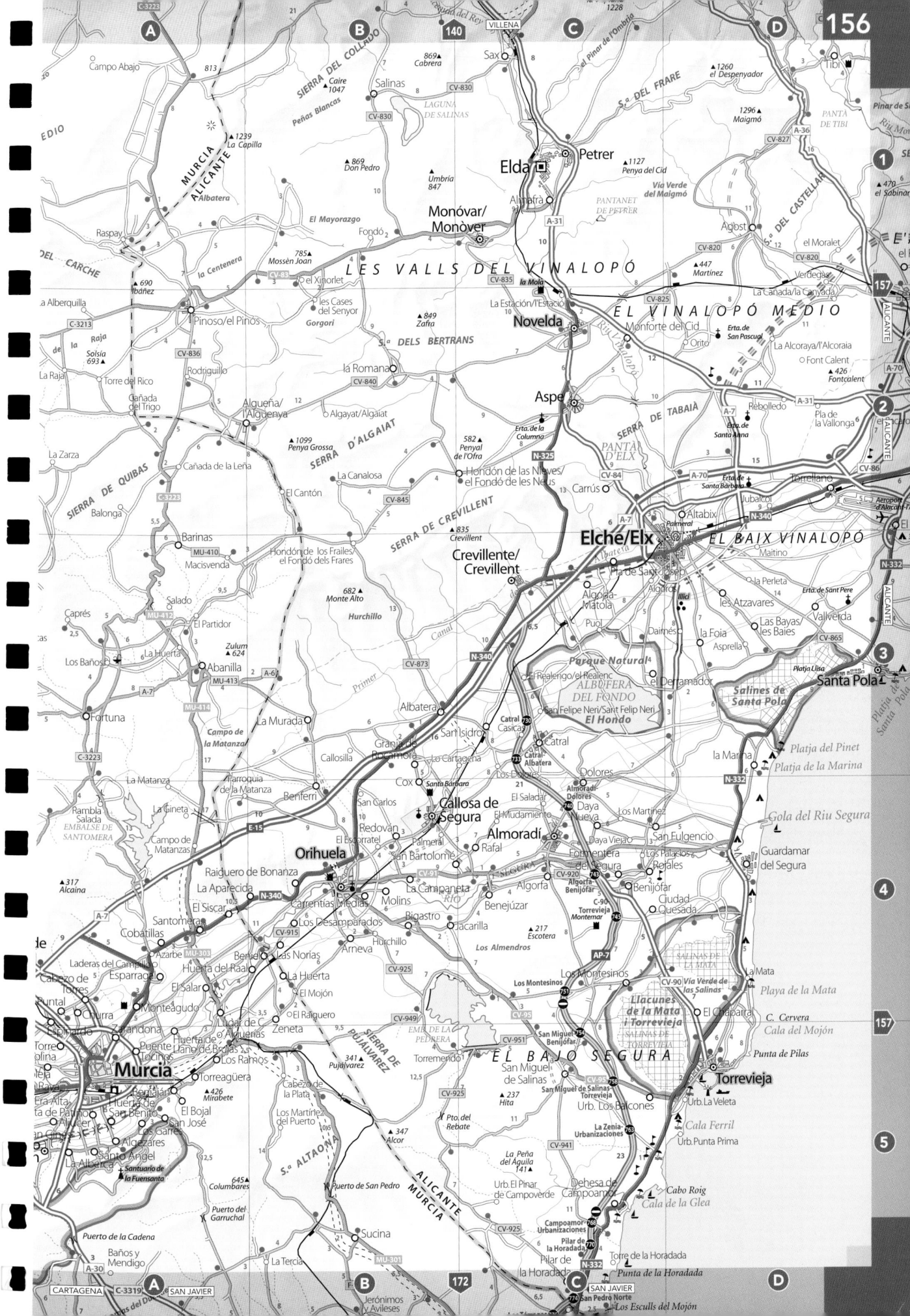

Sax
Salinas
Laguna de Salinas
Elda
Petrer
Monóvar/Monòver
Novelda
Aspe
Elche/Elx
Crevillente/Crevillent
Santa Pola
Orihuela
Callosa de Segura
Almoradí
Murcia
Torrevieja
Guardamar del Segura
Les Valls del Vinalopó
El Vinalopó Medio
El Baix Vinalopó
El Bajo Segura
Sierra de Crevillent
Serra d'Algaiat
Sierra de Quibas
Pinoso/el Pinós
Abanilla
Fortuna
Santomera
Parque Natural Albufera del Fondo
Salines de Santa Pola
Llacunes de la Mata i Torrevieja
Pilar de la Horadada
San Miguel de Salinas
Alicante
Murcia

Elda
Petrer
Novelda
Aspe
Elche/Elx
Crevillente/
Crevillent
Alacant/Alicante
San Vicente del
Raspeig/ Sant
Vicent del Raspeig
San Juan de Alicante/Sant Joan d'Alacant
Mutxamel
el Campello
Santa Pola
Torrevieja
Almoradí
Callosa de
Segura
Guardamar
del Segura
EL VINALOPÓ MEDIO
EL BAIX VINALOPÓ
EL BAJO SEGURA
L'ALACANTÍ
GOLFO DE ALICANTE
L'ILLA PLANA O
NOVA TABARCA
Parque Natural
ALBUFERA
DEL FONDO
El Hondo
Salines de
Santa Pola
Llacunes
de la Mata
i Torrevieja
Sax
Monóvar/
Monòver
Xixona
Busot
Aigües
Tibi
Agost
Monforte del Cid
Crevillent
Cap de Santa Pola o de l'Aljub
Cabo Roig
Pilar de
la Horadada
Punta de la Horadada
Aeroport
d'Alacant-l'Altet
El Altet/l'Altet
Platja del Saladar
Platja de Babel
Cap de l'Horta
Platja de Sant Joan
Rojales
Benejúzar
Catral
Dolores
Orihuela

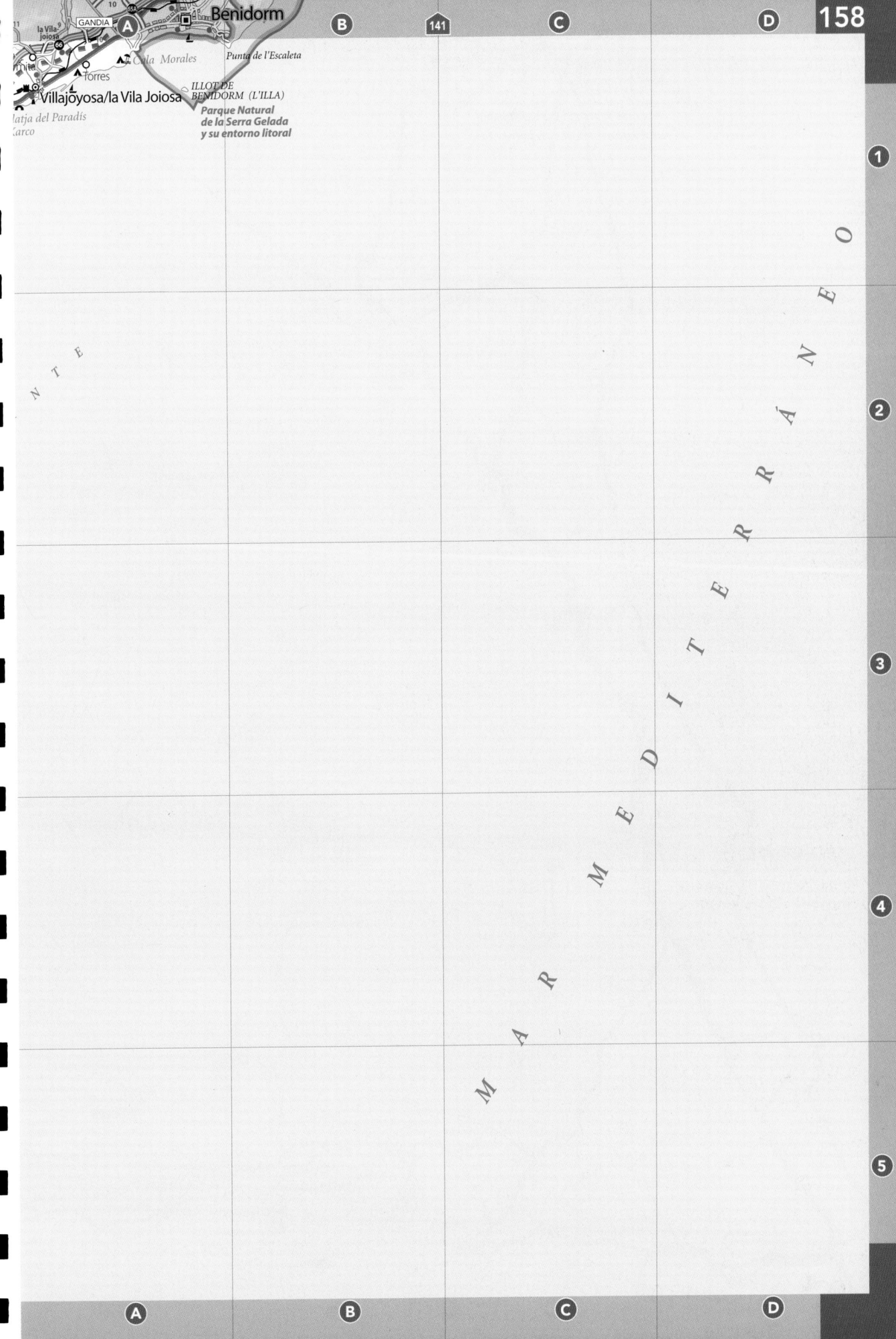

la Vila
joiosa

GANDIA

A

Benidorm

B

141

C

D

Cula Morales

Punta de l'Escaleta

Villajoyosa/la Vila Joiosa

Torres

ILLOT DE
BENIDORM (L'ILLA)

Platja del Paradís
Xarco

Parque Natural
de la Serra Gelada
y su entorno litoral

1

N T E

2

M E D I T E R R Á N E O

3

4

M A R

5

A

B

ILLOT DE
BENIDORM

Punta de l'Escaleta

C

D

Villajoyosa/la Vila Joiosa

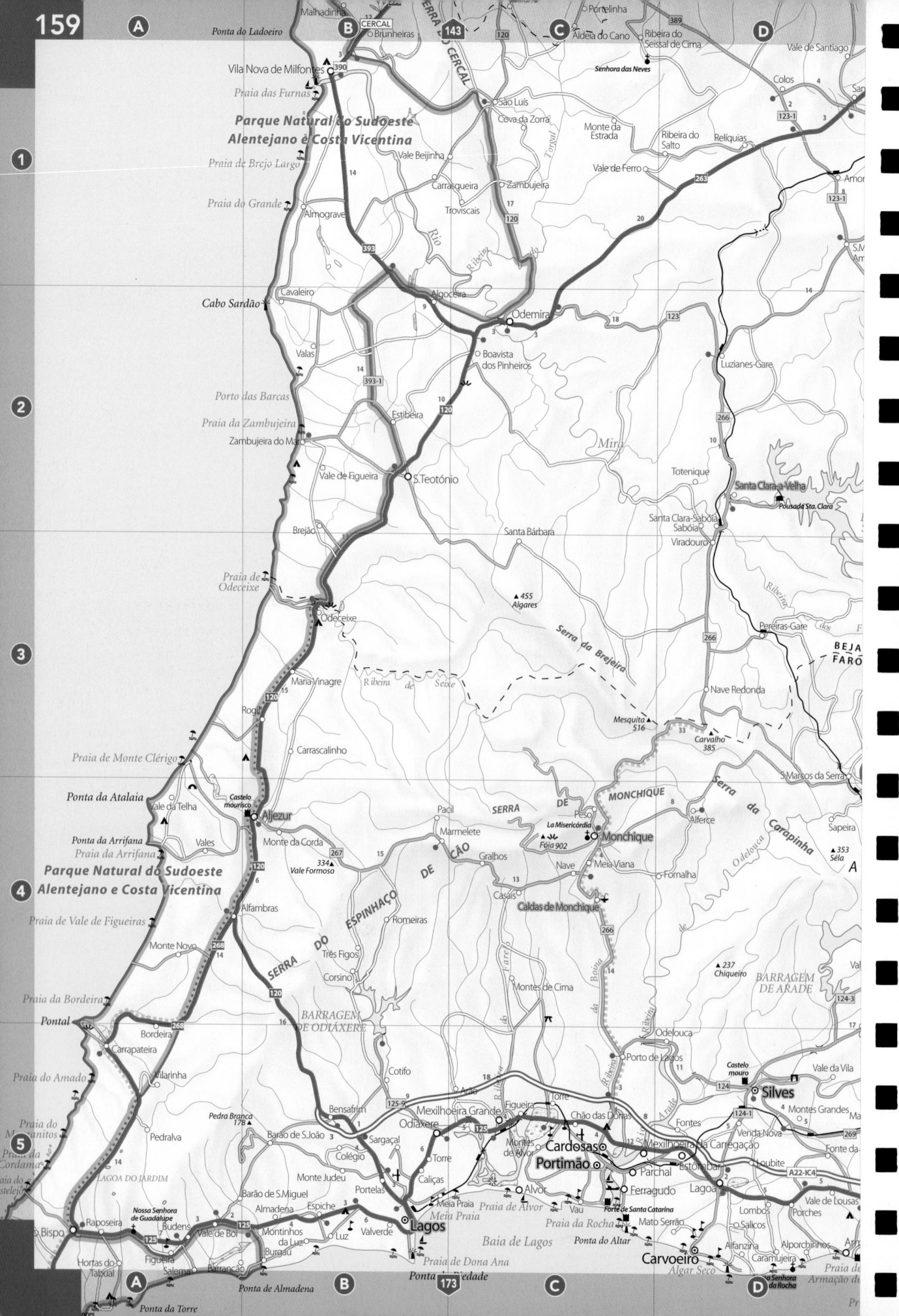

Vila Nova de Milfontes
Parque Natural do Sudoeste Alentejano e Costa Vicentina
Cabo Sardão
Odemira
S.Teotónio
Zambujeira do Mar
Odeceixe
Serra da Brejeira
Santa Clara-a-Velha
Aljezur
Monchique
Serra de Monchique
Caldas de Monchique
Serra do Espinhaço de Cão
Serra da Carapinha
Ponta da Atalaia
Ponta da Arrifana
Carrapateira
Bordeira
Barragem de Odiáxere
Barragem de Arade
Silves
Lagos
Portimão
Lagoa
Carvoeiro
Baía de Lagos
Ponta da Piedade
Ponta de Almadena
Ponta da Torre
Raposeira
Budens
Luz
Alvor
Ferragudo
Mexilhoeira Grande
Odiáxere
Bensafrim
Porto de Lagos
S.Marcos da Serra
Pousada Sta. Clara

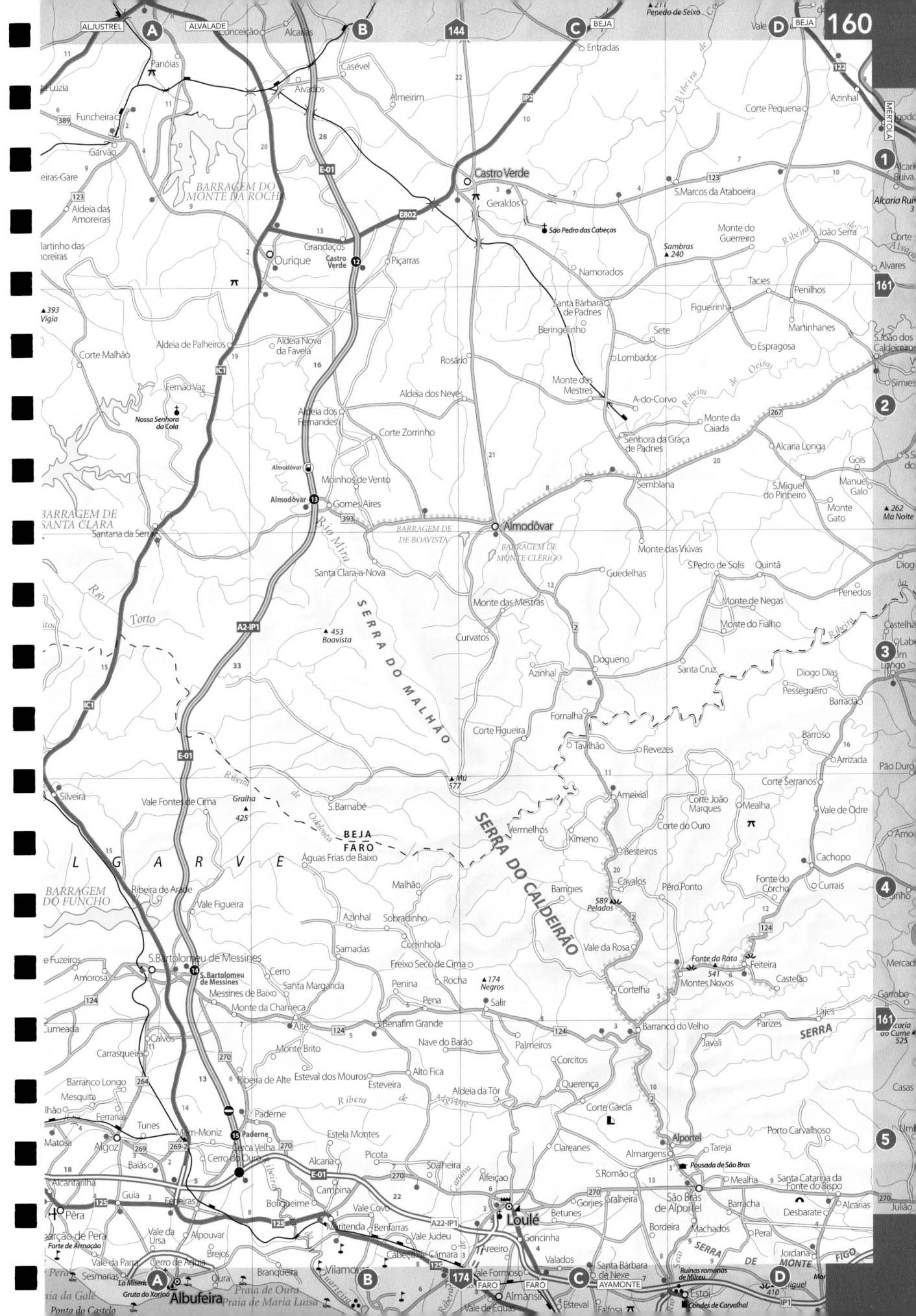

Castro Verde
Ourique
Almodôvar
BARRAGEM DO MONTE DA ROCHA
BARRAGEM DE SANTA CLARA
BARRAGEM DE BOAVISTA
BARRAGEM DE MONTE CLÉRIGO
SERRA DO MALHÃO
SERRA DO CALDEIRÃO
BEJA
FARO
Loulé
São Brás de Alportel
Albufeira
S.Bartolomeu de Messines
Alte
Salir
Querença
Estoi
Almansil
Vilamoura
Algoz
Tunes
Paderne
Guia
Pêra
Ameixial
Barranco do Velho
Alportel
Cachopo
Mértola
Aljustrel
Alvalade
Entradas
Garvão
Panóias
Funcheira
Semblana
Gomes Aires
Santa Clara-a-Nova
Santana da Serra
Dogueno
S.Marcos da Ataboeira
Pousada de São Bras
Ruinas romanas de Milreu

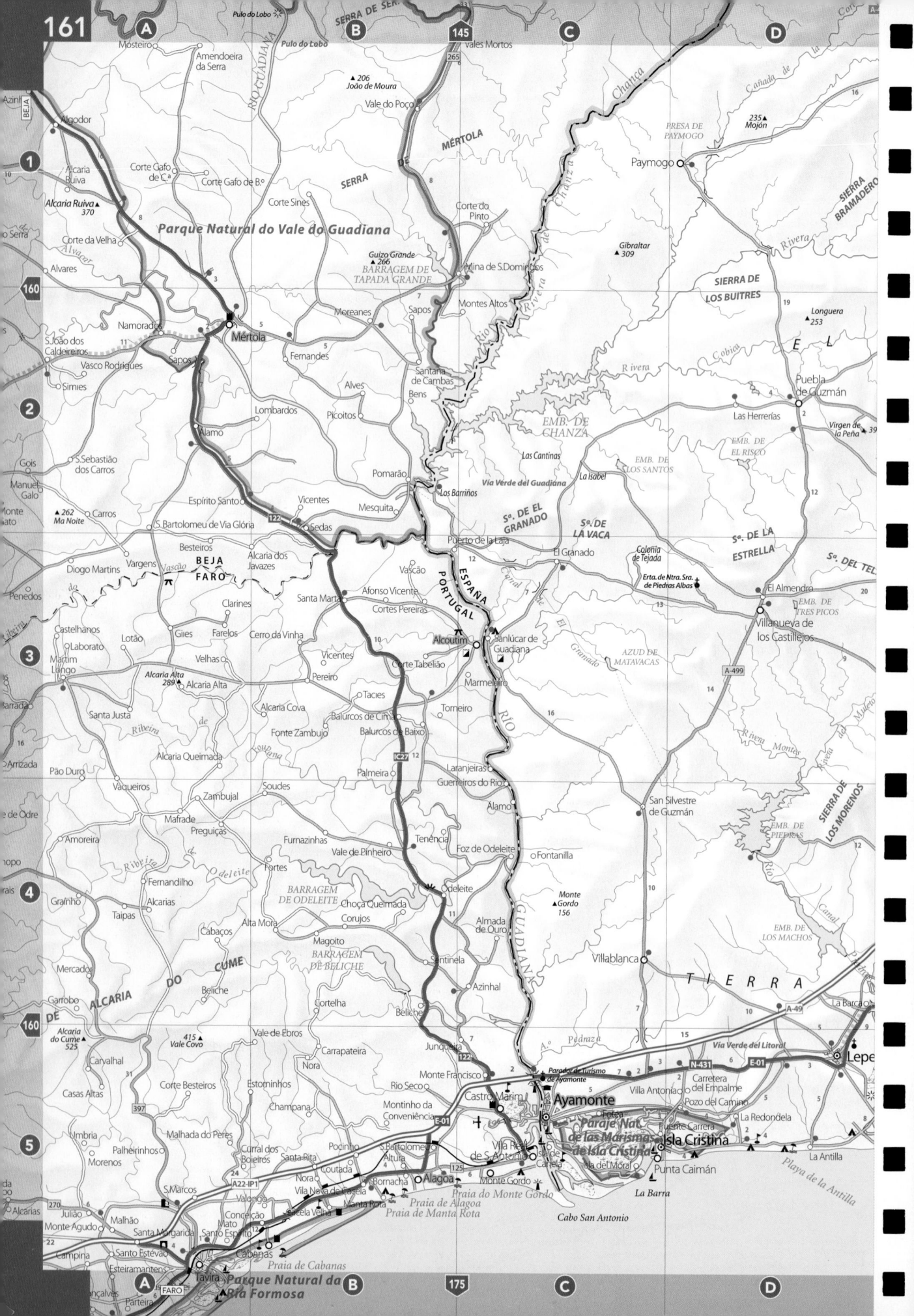
A
B
C
D
1
2
3
4
5
145
265
175
160
Pulo do Lobo
Serra de Serpa
Mosteiro
Amendoeira da Serra
Pulo do Lobo
Rio Guadiana
Vales Mortos
206 João de Moura
Vale do Poço
Algodor
Beja
Serra de Mértola
Alcaria Ruiva
Corte Gafo de Cª
Corte Gafo de Bº
Alcaria Ruiva 370
Corte Sines
Corte do Pinto
Parque Natural do Vale do Guadiana
Corte da Velha
Alvares
Guizo Grande 266
Barragem de Tapada Grande
Mina de S.Domingos
Namorados
Mértola
Moreanes
Sapos
Montes Altos
S.João dos Caldeireiros
Vasco Rodrigues
Sapos
Fernandes
Simies
Santana de Cambas
Alves
Bens
Lombardos
Picoitos
Álamo
S.Sebastião dos Carros
Gois
Manuel Galo
Pomarão
Los Barriños
Espírito Santo
Vicentes
Mesquita
262 Ma Noite
Carros
S.Bartolomeu de Via Glória
Sedas
122
Besteiros
Beja
Faro
Alcaria dos Javazes
Vargens
Diogo Martins
Penedos
Vascão
Afonso Vicente
Santa Marta
Cortes Pereiras
Clarines
Castelhanos
Giies
Farelos
Cerro da Vinha
Lotão
Laborato
Martim Longo
Alcoutim
Vicentes
Velhas
Corte Tabelião
Alcaria Alta 289
Alcaria Alta
Pereiro
Tacіes
Alcaria Cova
Balurcos de Cima
Balurcos de Baixo
Santa Justa
Ribeira de Foupana
Fonte Zambujo
Alcaria Queimada
Arrizada
Pão Duro
Palmeira
IC27
Vaqueiros
Soudes
Zambujal
Mafrade
Preguiças
Amoreira
Furnazinhas
Tenência
Vale de Pinheiro
Fortes
Ribeira de Odeleite
Fernandilho
Barragem de Odeleite
Odeleite
Grainho
Alcarias
Choça Queimada
Taipas
Corujos
Alta Mora
Cabaços
Magoito
Barragem de Beliche
Sentinela
Serra do Alcaria do Cume
Mercador
Beliche
Garrobo
Cortelha
Beliche
Alcaria do Cume 525
415 Vale Covo
Vale de Ebros
Carvalhal
Carrapateira
Nora
Junqueira
Monte Francisco
Casas Altas
Corte Besteiros
Estorninhos
Rio Seco
Castro Marim
Champana
Montinho da Conveniência
397
E-01
Umbria
Malhada do Peres
Palheirinhos
Moreno
Curral dos Boieiros
Santa Rita
Pocinho
S.Bartolomeu
Altura
Vila Real de S.António
Coutada
Alagoa
Monte Gordo
S.Marcos
A22-IP1
Nora
Vila Nova de Cacela
Bornacha
Praia de Alagoa
Praia do Monte Gordo
Valongo
Manta Rota
Praia de Manta Rota
Cacela Velha
Conceição
Mato
Alcarias
Julião
Malhão
Monte Agudo
Santa Margarida
Santo Espírito
Campina
Santo Estêvão
Cabanas
Esteiramantens
Praia de Cabanas
Tavira
Faro
Parque Natural da Ria Formosa
Parteira
Laranjeiras
Guerreiros do Rio
Álamo
Foz de Odeleite
Almada de Ouro
Azinhal
Marmeleiro
Torneiro
Sanlúcar de Guadiana
Puerto de la Laja
España
Portugal
Río Guadiana
Río Chanza
Rivera de Chanza
Emb. de Chanza
Las Cantinas
Vía Verde del Guadiana
La Isabel
Sª. de El Granado
Sª. de La Vaca
El Granado
Colonia de Tejada
Erta. de Ntra. Sra. de Piedras Albas
Canal del Granado
Azud de Matavacas
Fontanilla
Monte Gordo 156
Villablanca
San Silvestre de Guzmán
Tierra
Paymogo
Presa de Paymogo
235 Mojón
Cañada de la Cor
Sierra Bramadero
Gibraltar 309
Rivera
Sierra de los Buitres
Longuera 253
Cobica
Rivera
Puebla de Guzmán
Las Herrerías
Virgen de la Peña
Emb. de El Risco
Emb. de Los Santos
Sª. de la Estrella
Sª. del Te
El Almendro
Emb. de Tres Picos
Villanueva de los Castillejos
A-499
Rivera Montes
Sierra de Los Morenos
Emb. de Piedras
Río Canal
Emb. de Los Machos
A-49
La Barca
Lepe
Pedraza
Parador de Turismo de Ayamonte
Ayamonte
N-431
E-01
Vía Verde del Litoral
Carretera del Empalme
Villa Antonia
Pozo del Camino
Paraje Nat. de las Marismas de Isla Cristina
Isla Canela
Isla del Moral
Isla Cristina
Punta Caimán
La Redondela
La Antilla
Playa de la Antilla
La Barra
Cabo San Antonio

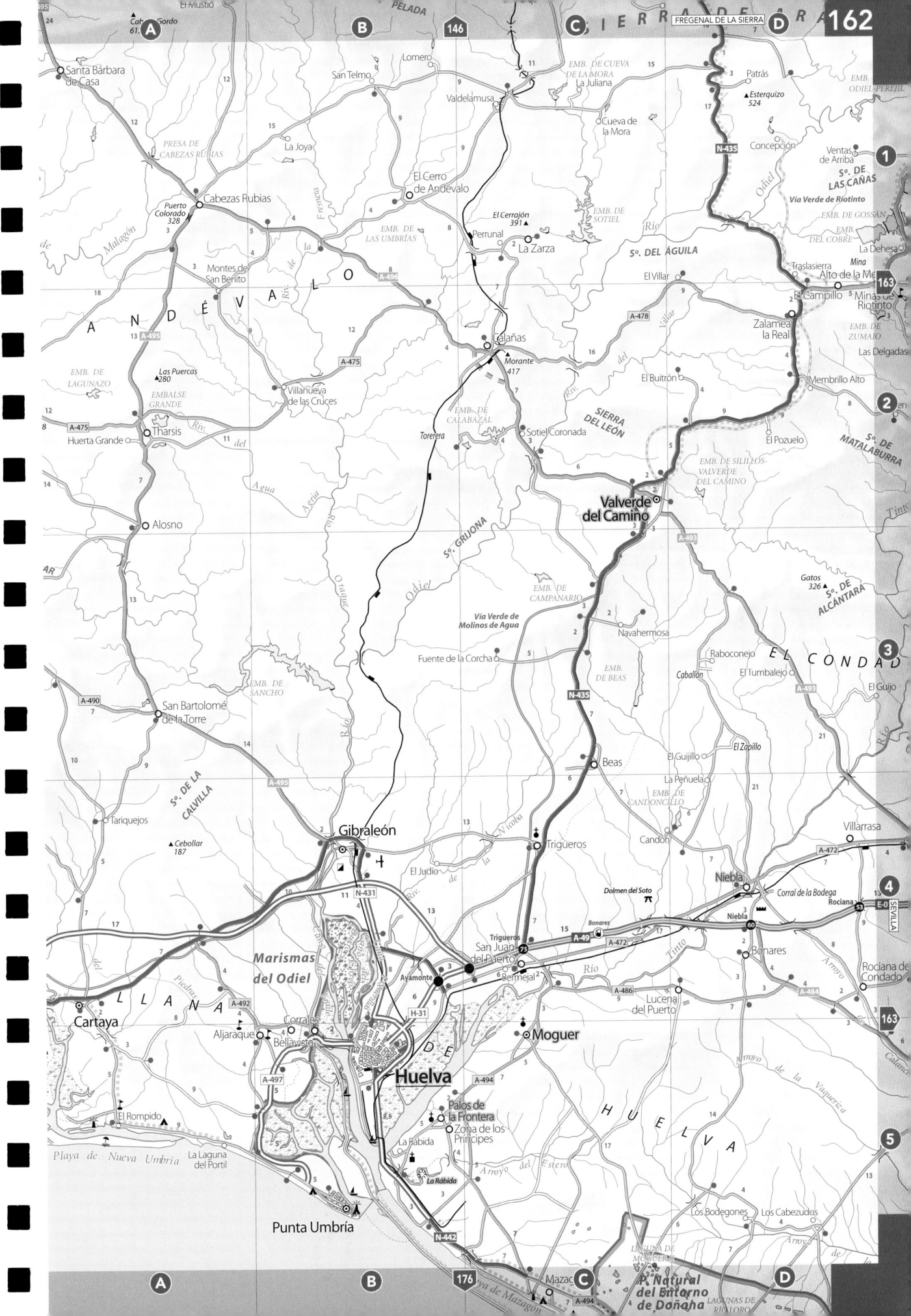
FREGENAL DE LA SIERRA
Santa Bárbara de Casa
Cabezas Rubias
Puerto Colorado 328
PRESA DE CABEZAS RUBIAS
La Joya
San Telmo
Lomero
Valdelamusa
EMB. DE CUEVA DE LA MORA
La Juliana
Cueva de la Mora
Patrás
Esterquizo 524
Concepción
Ventas de Arriba
Sº. DE LAS CAÑAS
Vía Verde de Riotinto
EMB. DE GOSSÁN
EMB. DEL COBRE
La Dehesa
Mina
Alto de la Mesa
Minas de Riotinto
EMB. DE ZUMAJO
Las Delgadas
El Cerro de Andévalo
El Cerrajón 391
EMB. DE SOTIEL
Perrunal
La Zarza
EMB. DE LAS UMBRÍAS
Sº. DEL ÁGUILA
El Villar
Traslasierra
El Campillo
Zalamea la Real
Membrillo Alto
Montes de San Benito
A N D É V A L O
Calañas
Morante 417
EMB. DE LAGUNAZO
Las Puercas 280
EMBALSE GRANDE
Villanueva de las Cruces
Tharsis
Huerta Grande
El Buitrón
SIERRA DEL LEÓN
EMB. DE CALABAZAL
Torerera
Sotiel Coronada
El Pozuelo
Sº. DE MATALABURRA
EMB. DE SILILLOS-VALVERDE DEL CAMINO
Valverde del Camino
Alosno
Sº. GRIJONA
Gatos 326
Sº. DE ALCÁNTARA
EMB. DE CAMPANARIO
Vía Verde de Molinos de Agua
Navahermosa
Fuente de la Corcha
Raboconejo
El Tumbalejo
EL CONDADO
Caballón
El Guijo
EMB. DE SANCHO
EMB. DE BEAS
San Bartolomé de la Torre
El Zapillo
El Guijillo
Beas
La Peñuela
Sº. DE LA CALVILLA
EMB. DE CANDONCILLO
Tariquejos
Gibraleón
Candón
Trigueros
Villarrasa
Cebollar 187
El Judío
Niebla
Dolmen del Soto
Corral de la Bodega
Rociana
SEVILLA
Bonares
Marismas del Odiel
San Juan del Puerto
Ayamonte
Bermejal
Rociana del Condado
Cartaya
LLANA
Corrales
Aljaraque
Bellavista
Lucena del Puerto
Moguer
Huelva
Palos de la Frontera
Zona de los Príncipes
El Rompido
La Rábida
Playa de Nueva Umbría
La Laguna del Portil
HUELVA
Punta Umbría
Los Bodegones
Los Cabezudos
LAGUNA DE MOGUER
Mazagón
P. Natural del Entorno de Doñana
LAGUNAS DE RÍO LORO
Playa de Mazagón
N-435
A-495
A-475
A-496
A-478
A-493
A-490
A-472
A-49
A-486
A-484
A-492
A-497
A-494
N-431
H-31
N-442
146
176
163

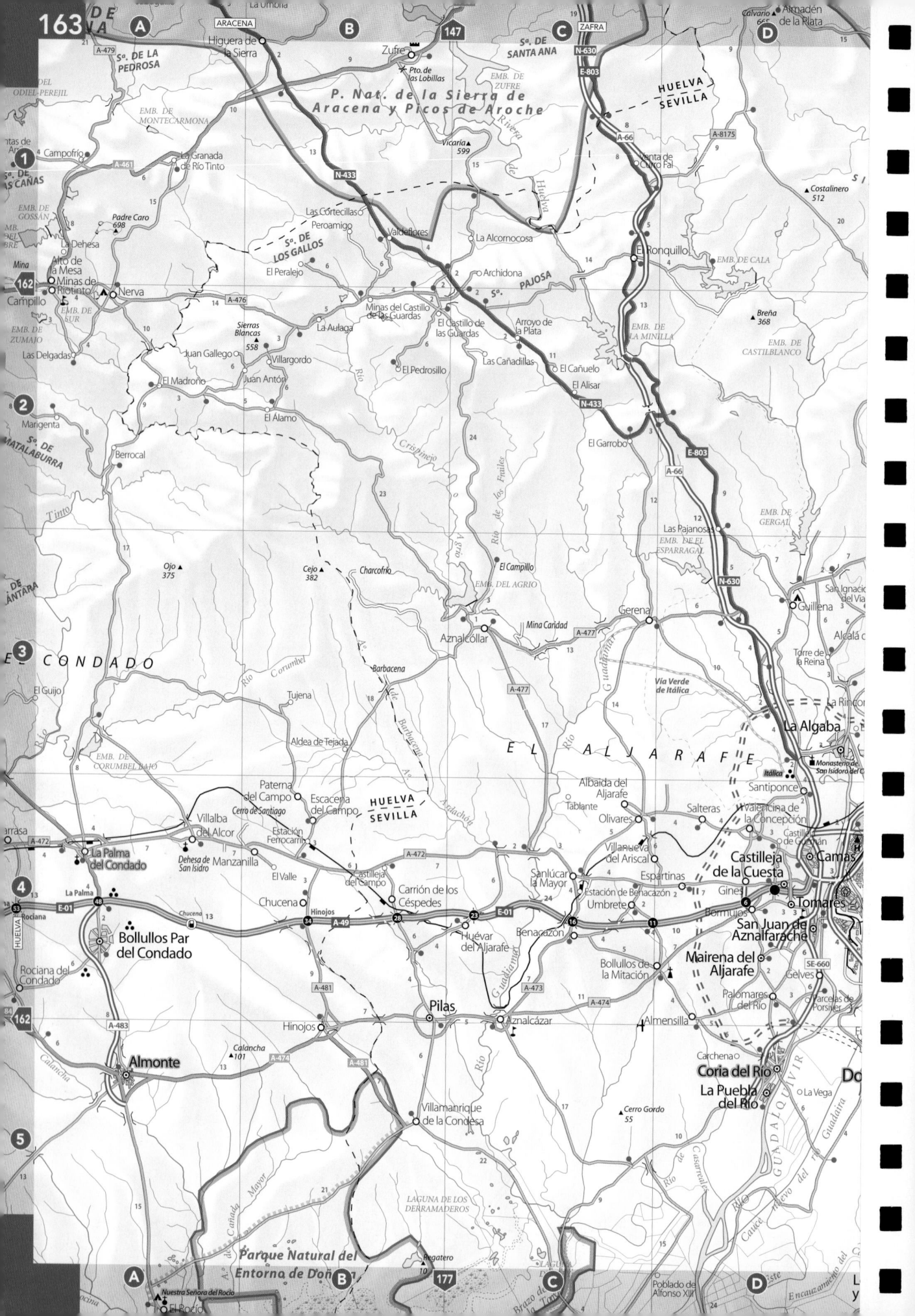

ARACENA
147
ZAFRA
Higuera de la Sierra
Zufre
Pto. de las Lobillas
Sa. DE LA PEDROSA
Sa. DE SANTA ANA
EMB. DE ZUFRE
P. Nat. de la Sierra de Aracena y Picos de Aroche
HUELVA
SEVILLA
EMB. DE MONTECARMONA
Almadén de la Plata
Calvario
Campofrío
La Granada de Río Tinto
Vicaria 599
Venta de Culo Fal
Costalinero 512
Padre Caro 698
Las Cortecillas
Peroamigo
Valdeflores
La Alcornocosa
Sa. DE LOS GALLOS
El Ronquillo
EMB. DE CALA
La Dehesa
Alto de la Mesa
Minas de Riotinto
Nerva
Campillo
El Peralejo
Archidona
Sa. PAJOSA
Minas del Castillo de las Guardas
El Castillo de las Guardas
Arroyo de la Plata
Breña 368
EMB. DE LA MINILLA
EMB. DE CASTILBLANCO
EMB. DE ZUMAJO
Las Delgadas
Sierras Blancas 558
La Aulaga
Juan Gallego
Villargordo
El Pedrosillo
Las Cañadillas
El Cañuelo
El Madroño
Juan Antón
El Alisar
Marigenta
El Álamo
Sa. DE MATALABURRA
Berrocal
El Garrobo
Las Pajanosas
EMB. DE GERGAL
EMB. DE EL ESPARRAGAL
Ojo 375
Cejo 382
Charcofrío
El Campillo
EMB. DEL AGRIO
Guillena
Gerena
Aznalcóllar
Mina Caridad
Torre de la Reina
EL CONDADO
Barbacena
Vía Verde de Itálica
El Guijo
Tujena
La Algaba
Aldea de Tejada
EL ALJARAFE
EMB. DE CORUMBEL BAJO
Itálica
Monasterio de San Isidoro del C.
Santiponce
Paterna del Campo
Escacena del Campo
HUELVA SEVILLA
Albaida del Aljarafe
Tablante
Salteras
Valencina de la Concepción
Cerro de Santiago
Villalba del Alcor
Olivares
Castilleja de Guzmán
Estación Ferrocarril
Villanueva del Ariscal
Camas
La Palma del Condado
Dehesa de San Isidro
Manzanilla
El Valle
Castilleja del Campo
Sanlúcar la Mayor
Espartinas
Castilleja de la Cuesta
Carrión de los Céspedes
Estación de Benacazón
Gines
Chucena
Hinojos
Umbrete
Bormujos
Tomares
Bollullos Par del Condado
Huévar del Aljarafe
Benacazón
San Juan de Aznalfarache
Rociana del Condado
Bollullos de la Mitación
Mairena del Aljarafe
Gelves
Palomares del Río
Parcelas de Porsiver
Pilas
Aznalcázar
Almensilla
Hinojos
Calancha 101
Almonte
Carchena
Coria del Río
La Puebla del Río
La Vega
Villamanrique de la Condesa
Cerro Gordo 55
GUADALQUIVIR
LAGUNA DE LOS DERRAMADEROS
Parque Natural del Entorno de Doñana
Regatero
177
Poblado de Alfonso XIII
Nuestra Señora del Rocío
El Rocío

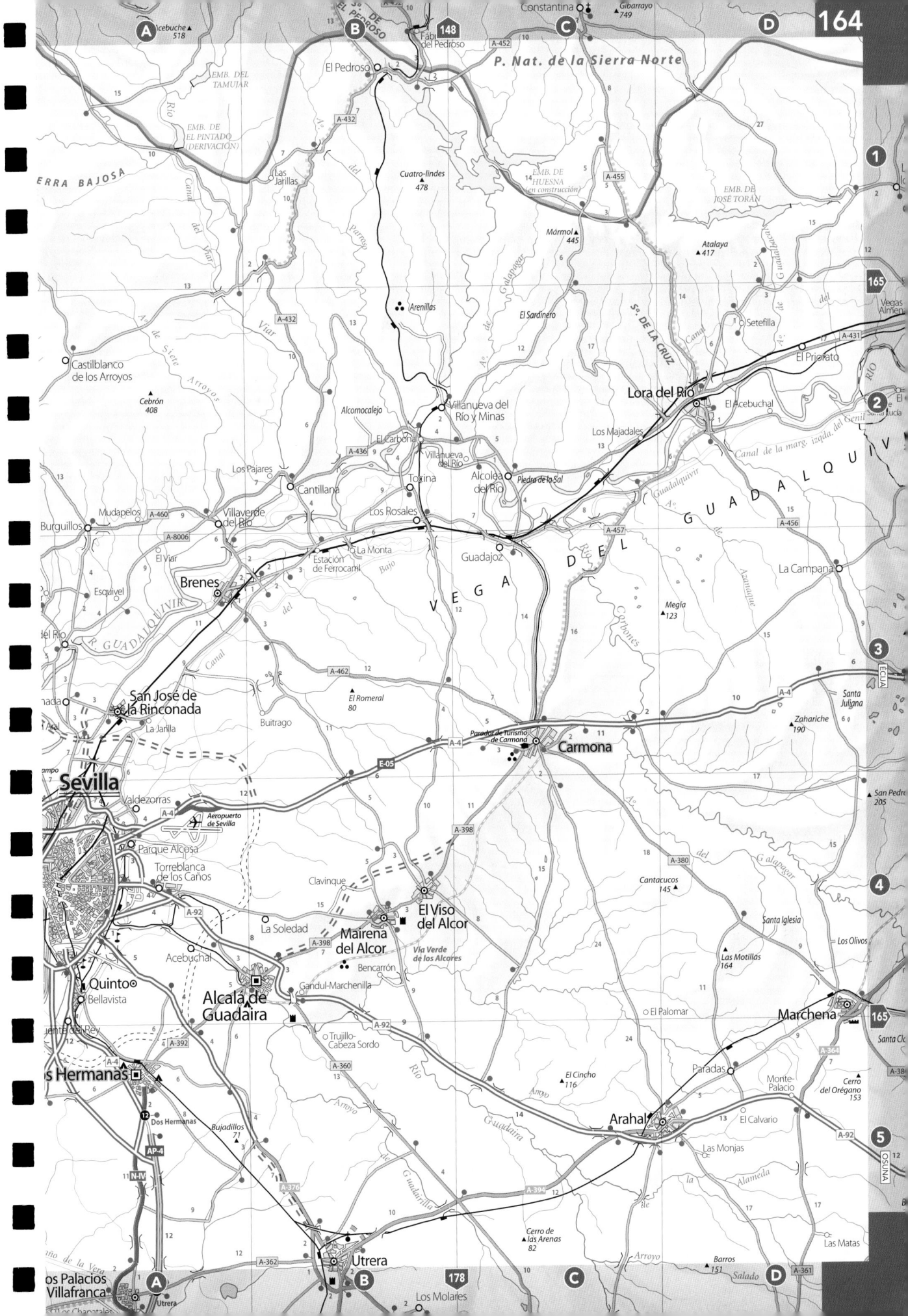
164
P. Nat. de la Sierra Norte
Constantina
Gibarrayo 749
Acebuche 518
Sª. DE EL PEDROSO
Fábrica del Pedroso
El Pedroso
EMB. DEL TAMUJAR
EMB. DE EL PINTADO (DERIVACIÓN)
SIERRA BAJOSA
Las Jarillas
Cuatro-lindes 478
EMB. DE HUESNA (en construcción)
EMB. DE JOSÉ TORÁN
Mármol 445
Atalaya 417
Arenillas
El Sardinero
Sª. DE LA CRUZ
Setefilla
Vegas de Almenara
El Priorato
Castilblanco de los Arroyos
Cebrón 408
Alcornocalejo
Villanueva del Río y Minas
Lora del Río
El Acebuchal
Los Majadales
Santa Lucía
El Carbonal
Villanueva del Río
Los Pajares
Cantillana
Tocina
Alcolea del Río
Piedra de la Sal
Canal de la marg. izqda. del Genil
GUADALQUIVIR
VEGA DEL GUADALQUIVIR
Mudapelos
Burguillos
Villaverde del Río
Los Rosales
El Viar
Estación de Ferrocarril
La Monta
Guadajoz
La Campana
Esquivel
Brenes
Megla 123
R. GUADALQUIVIR
San José de la Rinconada
La Jarilla
Buitrago
El Romeral 80
Santa Juliana
Zahariche 190
Parador de Turismo de Carmona
Carmona
ECIJA
Sevilla
Valdezorras
Aeropuerto de Sevilla
San Pedro 205
Parque Alcosa
Torreblanca de los Caños
Clavinque
Cantacucos 145
El Viso del Alcor
La Soledad
Mairena del Alcor
Santa Iglesia
Los Olivos
Vía Verde de los Alcores
Acebuchal
Bencarrón
Las Motillas 164
Quinto
Bellavista
Alcalá de Guadaira
Gandul-Marchenilla
El Palomar
Marchena
Trujillo-Cabeza Sordo
Dos Hermanas
Paradas
Monte-Palacio
Cerro del Orégano 153
El Cincho 116
Bujadillos 71
Arahal
El Calvario
Las Monjas
OSUNA
Cerro de las Arenas 82
Las Matas
Utrera
Barros 151
Los Palacios y Villafranca
Los Molares
Los Chapatales
148
165
178
A
B
C
D
1
2
3
4
5

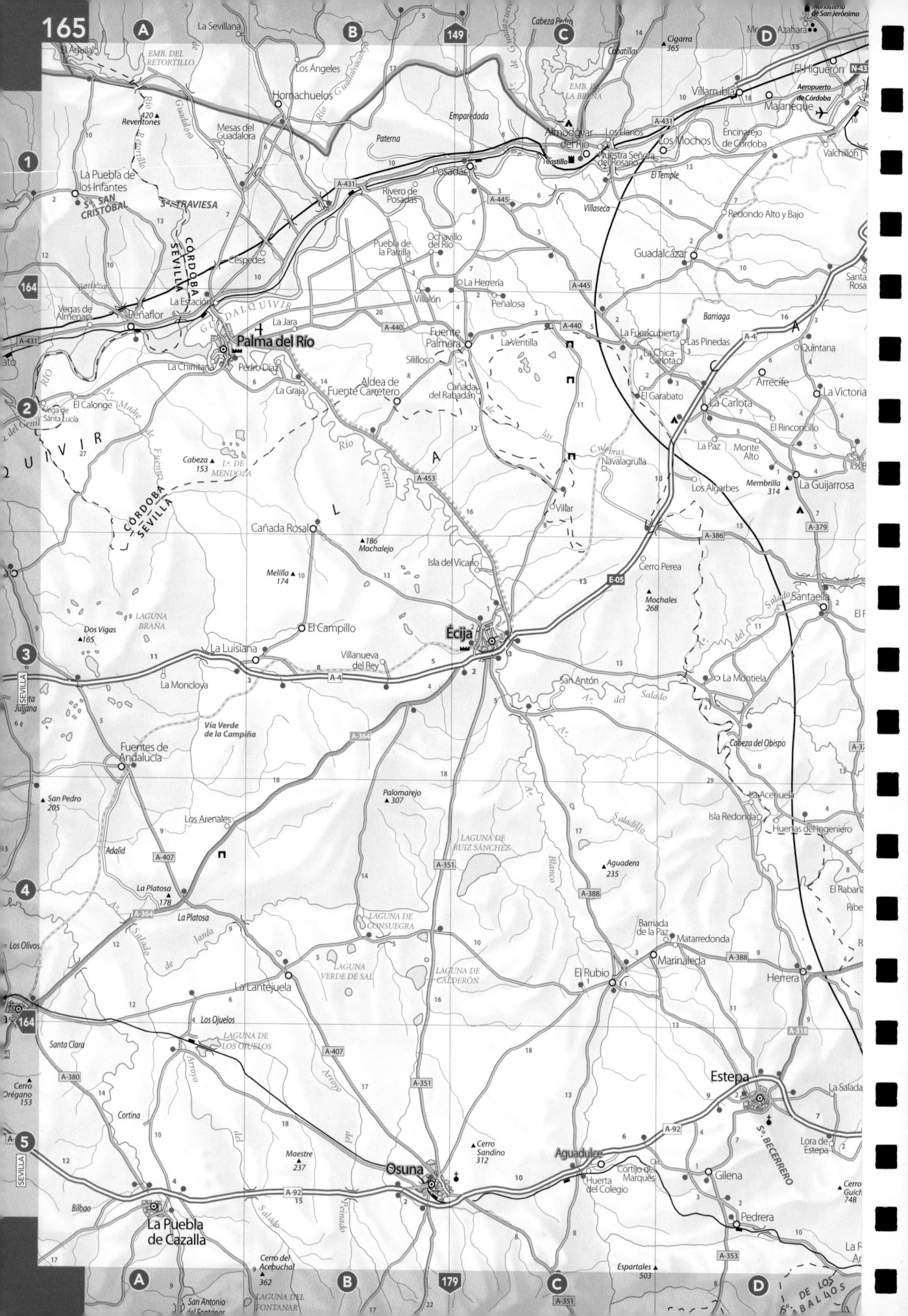

A
B
C
D
1
2
3
4
5
149
164
179
La Sevillana
El Águila
EMB. DEL RETORTILLO
Los Ángeles
Hornachuelos
Cabeza Pedro
Cobatillas
Cigarra 365
Azahara
Monasterio de San Jerónimo
El Higuerón
Villarrubia
Majaneque
Aeropuerto de Córdoba
EMB. DE LA BREÑA
Emparedada
Paterna
Reventones 420
Mesas del Guadalora
Almodóvar del Río
Castillo
Los Llanos
Nuestra Señora del Rosario
Los Mochos
Encinarejo de Córdoba
Valchillón
La Puebla de los Infantes
Sª. SAN CRISTÓBAL
Sª. TRAVIESA
Posadas
Rivero de Posadas
A-431
A-445
El Temple
Villaseca
Redondo Alto y Bajo
CÓRDOBA
SEVILLA
Puebla de la Parrilla
Ochavillo del Río
Guadalcázar
Céspedes
La Herrería
Peñalosa
Villalón
La Estación
Vegas de Almenara
Peñaflor
GUADALQUIVIR
La Jara
A-440
Fuente Palmera
La Ventilla
La Fuencubierta
Las Pinedas
Barriaga
Palma del Río
La Chirritana
Pedro Díaz
Silillos
La Chica-Carlota
Quintana
A-4
La Graja
Aldea de Fuente Carretero
Cañada del Rabadán
El Garabato
Arrecife
La Victoria
Vega de Santa Lucía
El Calonge
La Carlota
El Rinconcillo
La Paz
Monte Alto
Cabeza 153
Lª. DE MENDOZA
Navalagrulla
Los Algarbes
Membrilla 314
La Guijarrosa
Villar
A-453
A-379
A-386
Cañada Rosal
186 Mochalejo
Melilla 174
Isla del Vicario
Cerro Perea
E-05
Mochales 268
Santaella
LAGUNA BRAÑA
Dos Vigas 165
El Campillo
Écija
La Luisiana
Villanueva del Rey
La Monclova
San Antón
La Montiela
Vía Verde de la Campiña
A-364
Cabeza del Obispo
Fuentes de Andalucía
Palomarejo 307
San Pedro 205
Los Arenales
La Acenuela
Isla Redonda
Huertas del Ingeniero
Adalid
A-407
LAGUNA DE RUIZ SÁNCHEZ
A-351
Aguadera 235
A-388
La Platosa 178
La Platosa
LAGUNA DE CONSUEGRA
Barriada de la Paz
Matarredonda
Marinaleda
El Rubio
Herrera
La Lantejuela
LAGUNA VERDE DE SAL
LAGUNA DE CALDERÓN
Los Olivos
Los Ojuelos
LAGUNA DE LOS OJUELOS
Santa Clara
A-380
Cerro Orégano 153
A-318
Estepa
La Salada
Cortina
Sª. BECERRERO
A-92
Maestre 237
Cerro Sandino 312
Aguadulce
Osuna
Cortijo del Marqués
Huerta del Colegio
Gilena
Lora de Estepa
Bilbao
La Puebla de Cazalla
Pedrera
A-353
Cerro del Acebuchal 362
Espartales 503
San Antonio del Fontanar
LAGUNA DEL FONTANAR

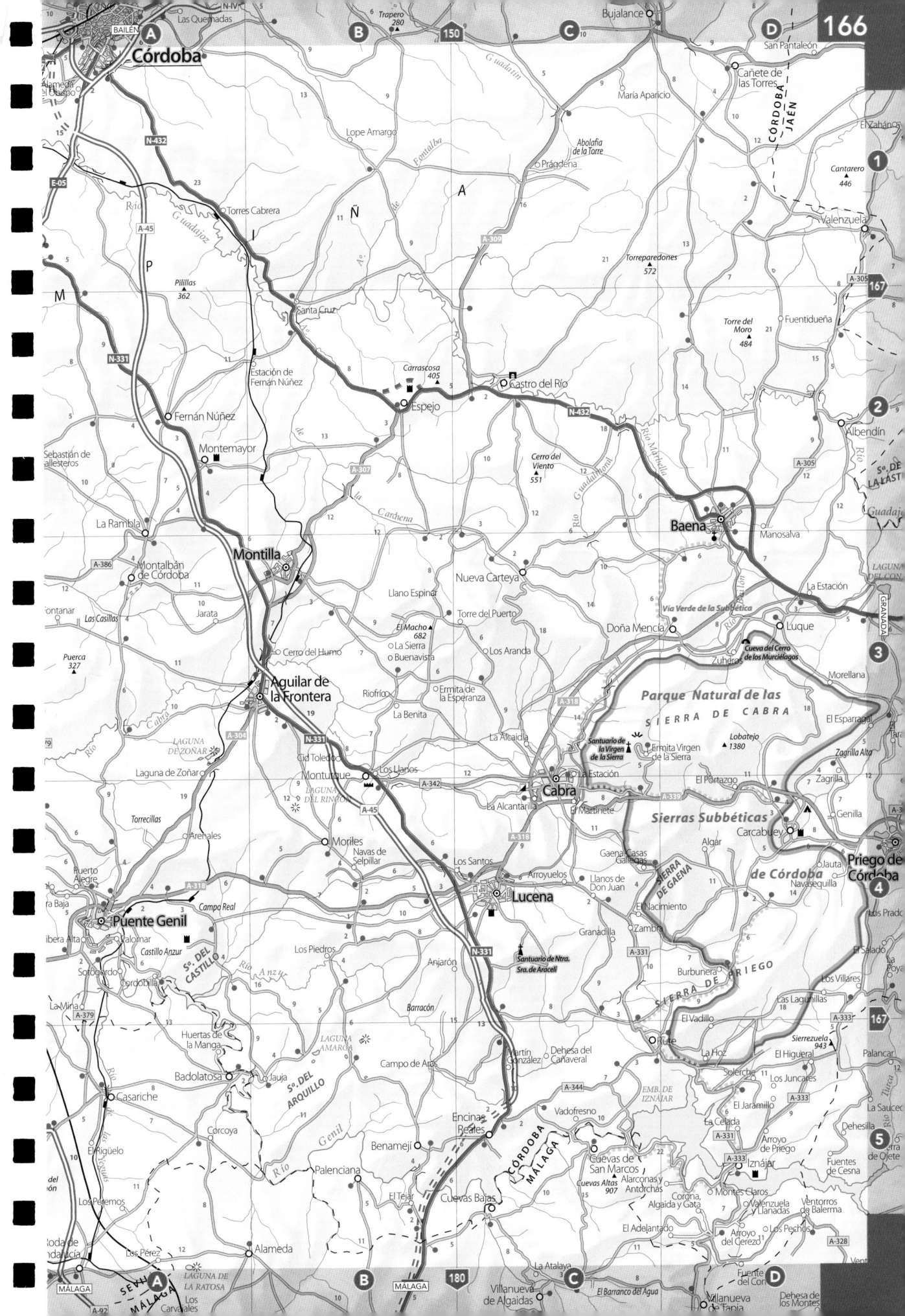
Córdoba
Bailén
Las Quemadas
Trapero 280
Bujalance
San Pantaleón
Cañete de las Torres
María Aparicio
CÓRDOBA
JAÉN
El Zahán
Alameda del Obispo
Lope Amargo
Abolafia de la Torre
Prágdena
Cantarero 446
Torres Cabrera
Río Guadajoz
Valenzuela
Torreparedones 572
Pilillas 362
Santa Cruz
Torre del Moro 484
Fuentidueña
Estación de Fernán Núñez
Carrascosa 405
Castro del Río
Espejo
Fernán Núñez
Albendín
Montemayor
Sebastián de los Ballesteros
Cerro del Viento 551
Río Guadajoz
La Cardiena
La Rambla
Baena
Manosalva
Montilla
Montalbán de Córdoba
Nueva Carteya
Llano Espinar
Jarata
Fontanar
Las Casillas
Torre del Puerto
La Estación
Vía Verde de la Subbética
Doña Mencía
Luque
El Macho 682
La Sierra
Buenavista
Los Aranda
Puerca 327
Cerro del Humo
Cueva del Cerro de los Murciélagos
Zuheros
Morellana
Aguilar de la Frontera
Riofrío
Ermita de la Esperanza
Parque Natural de las Sierra de Cabra
La Benita
El Esparragal
Laguna de Zoñar
Santuario de la Virgen de la Sierra
Ermita Virgen de la Sierra
Lobatejo 1380
Zagrilla Alta
Cid Toledo
Laguna de Zoñar
Los Llanos
Monturque
La Alcaidía
Cabra
La Estación
El Portazgo
Zagrilla
Laguna del Rincón
La Alcantarilla
El Martinete
Sierras Subbéticas
Genilla
Torrecillas
Arenales
Moriles
Navas de Selpillar
Carcabuey
Algar
Gaena Casas Gallegas
Sierra de Gaena
Priego de Córdoba
Puerto Alegre
Los Santos
Arroyuelos
Llanos de Don Juan
Jauta
Navasequilla
Campo Real
Lucena
El Nacimiento
Puente Genil
Palomar
Castillo Anzur
Sº. del Castillo
Los Piedros
Granadilla
Zambra
Anjarón
Santuario de Ntra. Sra. de Araceli
El Salado
Sotogordo
Cordobilla
Río Anzur
Burbunera
Sierra de Priego
Los Villares
La Mina
Barracón
Las Lagunillas
Huertas de la Manga
Laguna Amarga
Martín González
Dehesa del Cañaveral
El Vadillo
Rute
La Hoz
Sierrezuela 943
El Higueral
Palancar
Campo de Aras
Badolatosa
Jauja
Sº. del Arquillo
Solerche
Los Juncares
Casariche
Emb. de Iznájar
Vadofresno
El Jaramillo
La Sauceda
Corcoya
Encinas Reales
La Celada
Dehesilla
El Rigüelo
Río Genil
Benamejí
CÓRDOBA
MÁLAGA
Cuevas de San Marcos
Arroyo de Priego
Iznájar
Fuentes de Cesna
Palenciana
Cuevas Altas 907
Alarconas y Antorchas
Montes Claros
El Tejar
Cuevas Bajas
Corona, Algaida y Gata
Valenzuela y Llanadas
Ventorros de Balerma
Los Peremos
El Adelantado
Arroyo del Cerezo
Los Pechos
Roda de Andalucía
Los Pérez
Alameda
Laguna de la Ratosa
La Atalaya
Fuente del Conde
Los Carvajales
Villanueva de Algaidas
El Barranco del Agua
Villanueva de Tapia
Dehesa de los Montes
SEVILLA
MÁLAGA
GRANADA
N-IV
N-432
N-331
E-05
A-45
A-309
A-307
A-386
A-304
A-318
A-342
A-339
A-331
A-379
A-344
A-333
A-305
A-328
A-92
150
180
167

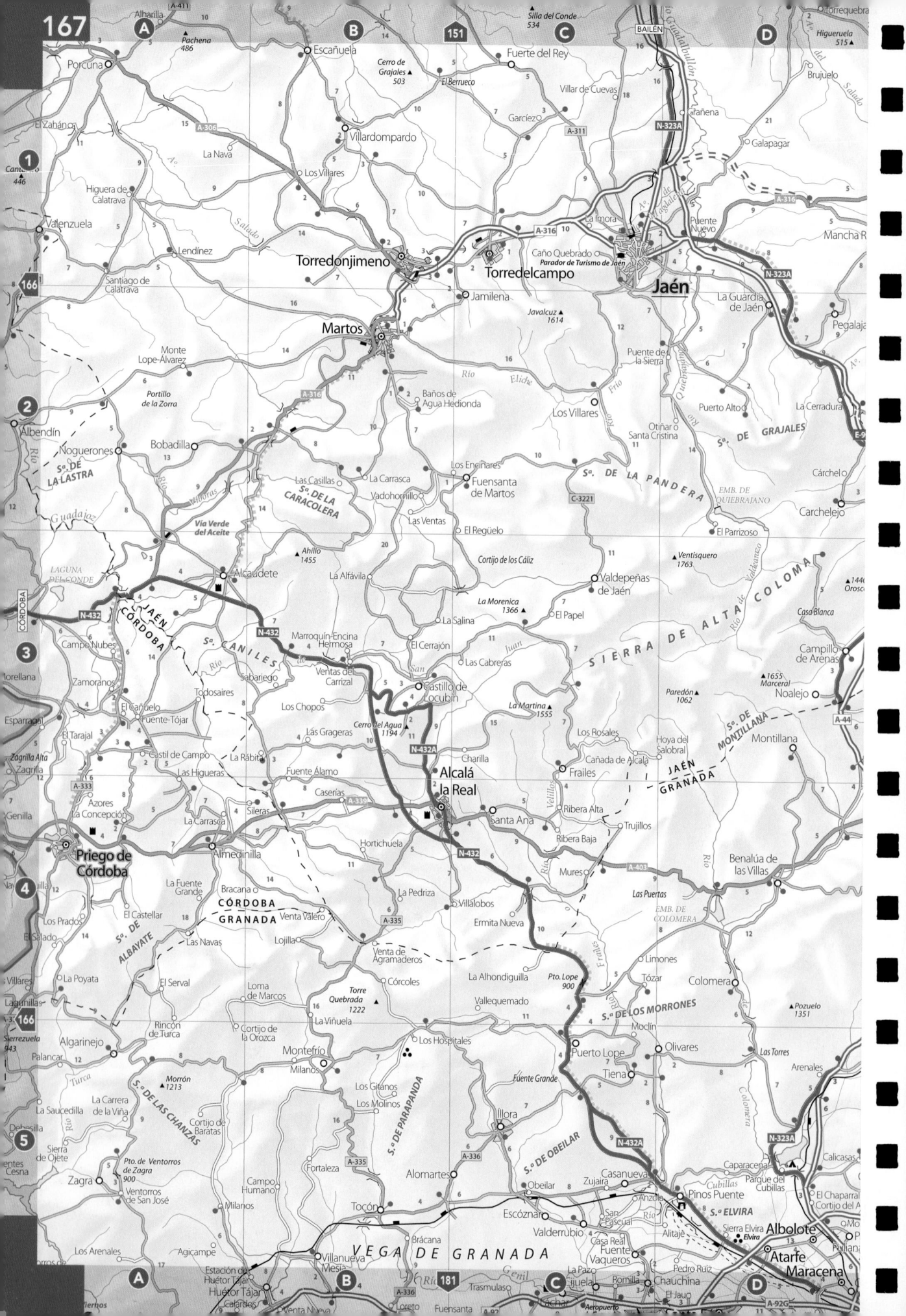
167
A
B
C
D
151
166
181
1
2
3
4
5
Porcuna
Escañuela
Fuerte del Rey
Bailén
Pachena 486
Cerro de Grajales 503
El Berrueco
Silla del Conde 534
Higueruela 515
Villar de Cuevas
Brujuelo
Garcíez
Las Infantas
El Zahánon
Villardompardo
La Nava
Los Villares
Galapagar
Higuera de Calatrava
Valenzuela
Lendínez
Santiago de Calatrava
Torredonjimeno
Torredelcampo
Caño Quebrado
Parador de Turismo de Jaén
Jaén
La Imora
Puente Nuevo
Mancha Real
Jamilena
Javalcuz 1614
La Guardia de Jaén
Pegalajar
Martos
Monte Lope-Álvarez
Portillo de la Zorra
Baños de Agua Hedionda
Río Eliche
Puente de la Sierra
Los Villares
Puerto Alto
La Cerradura
Albendín
Noguerones
Bobadilla
Sª. de la Lastra
Otiñar
Santa Cristina
Sª. de Grajales
Los Encinares
Fuensanta de Martos
Las Casillas
La Carrasca
Sª. de la Caracolera
Vadohornillo
Sª. de la Pandera
Emb. de Quiebrajano
Cárchel
Carchelejo
Las Ventas
El Regüelo
El Parrizoso
Vía Verde del Aceite
Guadajoz
Laguna del Conde
Ahillo 1455
Cortijo de los Cáliz
Ventisquero 1763
Alcaudete
La Alfávila
Valdepeñas de Jaén
La Morenica 1366
El Papel
Sierra de Alta Coloma
Casa Blanca
Jaén
Córdoba
Sª. Caniles
Marroquín-Encina Hermosa
La Salina
El Cerrajón
Las Cabreras
Campo Nubes
Campillo de Arenas
Zamoranos
Sabariego
Ventas del Carrizal
Castillo de Locubín
1655 Marceral
Paredón 1062
Noalejo
Todosaires
Los Chopos
La Martina 1555
El Cañuelo
Fuente-Tójar
Esparragal
El Tarajal
Las Grageras
Cerro del Agua 1194
Los Rosales
Hoya del Salobral
Sª. de Montillana
Montillana
Zagrilla Alta
Zagrilla
Castil de Campo
La Rábita
Charilla
Cañada de Alcalá
Frailes
Las Higueras
Fuente Álamo
Alcalá la Real
Jaén
Granada
Azores
La Concepción
Caserías
Ribera Alta
Genilla
La Carrasca
Sileras
Santa Ana
Trujillos
Priego de Córdoba
Almedinilla
Hortichuela
Ribera Baja
Mures
Benalúa de las Villas
La Fuente Grande
Bracana
La Pedriza
Las Puertas
Emb. de Colomera
El Castellar
Córdoba
Granada
Venta Valero
Villalobos
Los Prados
Sª. de Albayate
Ermita Nueva
El Salado
Las Navas
Lojilla
Venta de Agramaderos
Limones
La Poyata
El Serval
Loma de Marcos
Córcoles
La Alhondiguilla
Pto. Lope 900
Tózar
Colomera
Torre Quebrada 1222
Vallequemado
Sª. de los Morrones
Pozuelo 1351
Rincón de Turca
La Viñuela
Moclín
Sierrezuela 943
Algarinejo
Cortijo de la Orozca
Los Hospitales
Puerto Lope
Olivares
Las Torres
Palancar
Montefrío
Milanos
Tiena
Arenales
Morrón 1213
Fuente Grande
Sª. de las Chanzas
Los Gitanos
Los Molinos
Sª. de Parapanda
La Carrera de la Viña
La Saucedilla
Cortijo de Baratas
Íllora
Sierra de Ojete
Sª. de Obeilar
Fortaleza
Alomartes
Caparacena
Calicasas
Pto. de Ventorros de Zagra 900
Zagra
Ventorros de San José
Campo Humano
Obeilar
Zujaira
Casanueva
Cubillas
Parque del Cubillas
El Chaparral
Pinos Puente
Milanos
Tocón
Escóznar
Anzola
Sª. Elvira
San Pascual
Valderrubio
Alitaje
Sierra Elvira
Elvira
Albolote
Brácana
Casa Real
Fuente Vaqueros
Los Arenales
Agicampe
Villanueva Mesía
Vega de Granada
Pedro Ruiz
Atarfe
Maracena
Estación de Huétor Tájar
Huétor Tájar
Genil
La Paz
Trasmulas
Fuente Vaqueros
Romilla
Chauchina
El Jau
Calardos
Venta Nueva
Loreto
Fuensanta
Láchar
Aeropuerto
A-306
A-311
A-316
N-323A
A-316
A-432
N-432
N-432A
C-3221
A-44
A-333
A-339
A-403
A-335
A-336
E-902
N-323A
A-92G

Parque Natural del Alto Guadalquivir
Torreón de Fique
Las Escuelas
Garcíez
Jimena
Cueva de la Graja
Bedmar
Jódar
Cerro Hernando 935
Hornos
Toya
SIERRA DE TOYA
Quesada
Acra
SIERRA DE QUESADA
Pto. de Tíscar
Higueral
Collejares
Cortijuelo
Los Rosales
Huesa
Belerda
Tíscar-Don Pedro
Arroyo Molinos
Cealo
Hinojares
Aznatín 1740
Albánchez de Mágina
Torres
El Morrón 1540
Sª. DE LA GOLONDRINA
Sª. DE LA CABRITA
Larva
Sª. DE LARVA
Parque Natural de la Sierra Mágina
SIERRA MÁGINA
El Almadén 2032
Bélmez
Bélmez de la Moraleda
Aulabar
Cerro del Buitre 1433
Cabra del Santo Cristo
Estación de Huesa
Peña Cambrón 1191
Cabrita
Cortijuelo
Mata Bejid
Cambil
Solera
Estación de Cabra
1484 La Laguna
Huelma
JAÉN
GRANADA
Rambla de los Lobos
Arbuniel
Estación de Huelma
Oqueales 1179
Alicún de Ortega
Cortijo Nuevo
Zamora
Los Oqueales
El Peñón
Valdemanzanos
Sierra Santerga 1395
El Hacho
Alamedilla
Dehesas de Guadix
Sª. DE LUCENA
Montejícar
Camargo
Guadahortuna
Villanueva de las Torres
Fuente Caldera
Manzanillo
Balneario de Alicún de las Torres
Puntal Blanco 910
Estación de Pedro-Martínez
Cotilfar
Torre-Cardela
Pedro Martínez
Mencal 1447
Domingo Pérez
Campotéjar
Gobernador
Gorafe
Dehesas Viejas
Delgadillo
Pto. de Oníar 1040
Poloria
Terre
Píñar
Laborcillas
Oníar
Moreda
Estación de Moreda
Los Montalbanes
1240 La Torre
Pto. del Zegrí 1080
Huélago
Fonelas
Bogarre
Las Viñas
BAZA
El Frage
Iznalloz
Faucena
Bogarre 1623
HOYA DE
Hernán-Valle
Circuito de Guadix
SIERRA ARANA
Barcinas
Belerda
Benalúa
Los Villares
Darro
Peña de la Cruz 2029
Orduña 1943
Sillar Baja
El Bejarín
GUADIX
Deifontes
Prado Negro
Pto. Molinillo 1300
Diezma
Cortes
Purullena
Estación de Guadix
El Molinillo
Albuñuelas
Cortes y Graena
Marchal
Guadix
Paulenca
S.ª DE COGOLLOS
Parque Natural de la Sierra de Huétor
La Peza
La Trinidad
Cogollos de la Vega
Beas de Guadix
Esfiliana
1280 Pto. de la Mora
Güevéjar
Polícar
Alcudia de Guadix
Estación La Calahorra
Nívar
Fuente Grande
Marchalejo
Alfacar
Tocón
Víznar
Lugros
Albuñán
Peligros
Jun
Huétor de Santillán
Pto. del Lobo 1120
EMB. DE COGOLLOS DE GUADIX
Cogollos de Guadix
Pulianillas
Beas de Granada
EMB. DE QUÉNTAR
Carcabal 1964
Parque Natural Sierra Nevada
Minas del Marquesado
ALMERÍA
Granada
Quéntar

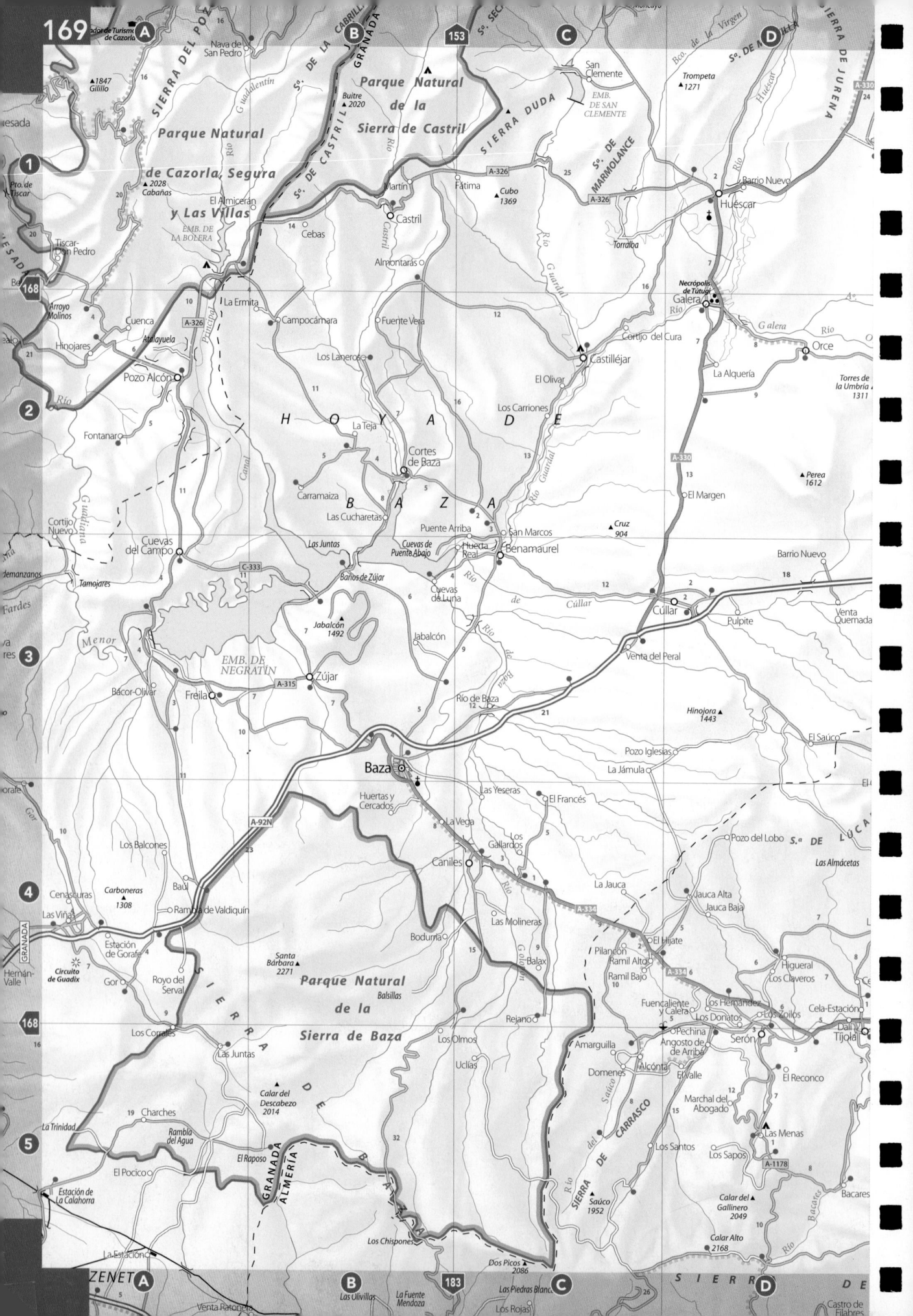
169
Parque Natural de Cazorla, Segura y Las Villas
Parque Natural de la Sierra de Castril
Sierra del Pozo
Sierra Duda
Sª. de Marmolance
Sierra de Jurena
Nava de San Pedro
Gilillo 1847
Cabañas 2028
Buitre 2020
El Almicerán
Emb. de La Bolera
Tíscar-Don Pedro
Pto. de Tíscar
Arroyo Molinos
Cuenca
Hinojares
Atalayuela
Pozo Alcón
Fontanar
La Ermita
Campocámara
Castril
Cebas
Martín
Fátima
Cubo 1369
Almontaras
Fuente Vera
Los Laneros
San Clemente
Emb. de San Clemente
Trompeta 1271
Barrio Nuevo
Huéscar
Torralba
Necrópolis de Tútugi
Galera
Cortijo del Cura
Castilléjar
El Olivar
Los Carriones
Orce
La Alquería
Torres de la Umbría 1311
Hoya de Baza
La Teja
Cortes de Baza
Carramaiza
Las Cucharetas
Puente Arriba
San Marcos
Benamaurel
Hueda Real
Cuevas de Puente Abajo
Las Juntas
Baños de Zújar
Cuevas de Luna
Cruz 904
Perea 1612
El Margen
Barrio Nuevo
Cúllar
Pulpite
Venta Quemada
Venta del Peral
Cortijo Nuevo
Cuevas del Campo
Tamojares
Jabalcón 1492
Jabalcón
Emb. de Negratín
Zújar
Freila
Bácor-Olivar
Río de Baza
Hinojora 1443
El Saúco
Pozo Iglesias
La Jámula
Baza
Huertas y Cercados
Las Yeseras
El Francés
La Vega
Los Gallardos
Caniles
Pozo del Lobo
Sª. de Lúcar
Las Almácetas
La Jauca
Jauca Alta
Jauca Baja
Las Molineras
Boduría
El Hijate
Pilancón
Ramil Alto
Ramil Bajo
Balax
Higueral
Los Claveros
Los Balcones
Baúl
Rambla de Valdiquín
Carboneras 1308
Cenascuras
Las Viñas
Estación de Gorafe
Circuito de Guadix
Gor
Royo del Serval
Santa Bárbara 2271
Parque Natural de la Sierra de Baza
Balsillas
Sierra de Baza
Rejano
Fuencaliente y Calera
Los Hernández
Los Donatos
Los Zoilos
Cela-Estación
Tíjola
Serón
Pechina
Angosto de Arriba
Amarguilla
Alcóntar
Domenes
El Valle
El Reconco
Los Corrales
Las Juntas
Los Olmos
Uclías
Calar del Descabezo 2014
Marchal del Abogado
Sierra de Carrasco
Charches
La Trinidad
Rambla del Agua
El Raposo
Las Menas
Los Santos
Los Sapos
El Pocico
Estación de La Calahorra
Saúco 1952
Calar del Gallinero 2049
Bacares
Los Chispones
Calar Alto 2168
La Estación
Dos Picos 2086
Las Olivillas
La Fuente Mendoza
Las Piedras Blancas
Los Rojas
Venta Ratonera
Castro de Filabres
Granada
Almería
A-326
A-330
A-315
C-333
A-92N
A-334
A-1178
153
168
183

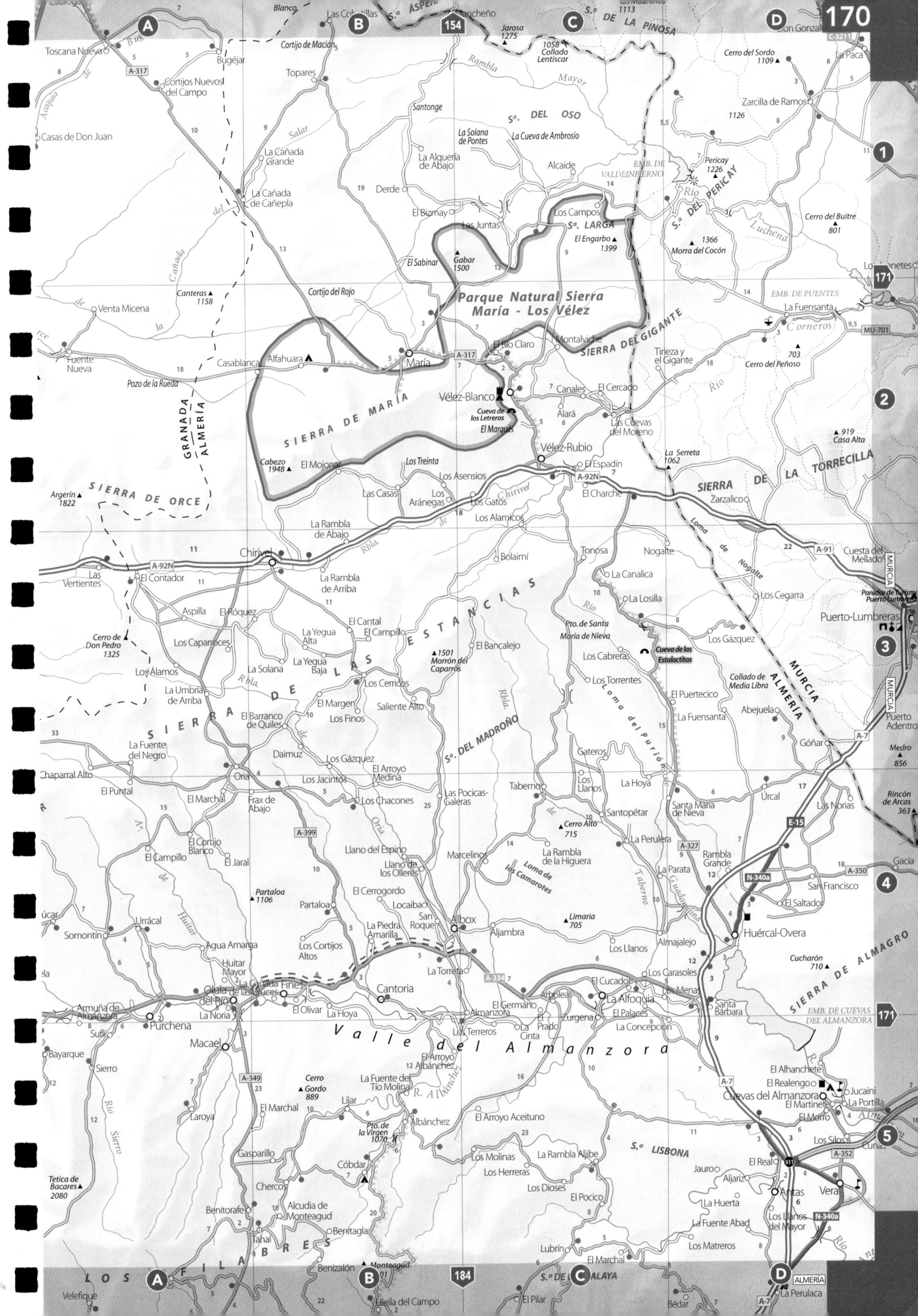
A
B
C
D
1
2
3
4
5
154
184
171
171
Toscana Nueva
Bugéjar
A-317
Cortijos Nuevos del Campo
Cortijo de Macián
Topares
Las Cobatillas
Chancheño
Jarosa 1275
1058 Collado Lentiscar
S.ª DE LA PINOSA
Cerro del Sordo 1109
La Paca
Zarcilla de Ramos
1126
Casas de Don Juan
Salar
Santonge
Rambla Mayor
S.ª DEL OSO
La Solana de Pontes
La Cueva de Ambrosio
La Cañada Grande
La Alquería de Abajo
Alcaide
EMB. DE VALDEINFIERNO
Pericay 1226
S.ª DEL PERICAY
Río Luchena
Cerro del Buitre 801
La Cañada de Cañepla
Derde
El Bizmay
Las Juntas
Los Campos
S.ª LARGA
El Engarbo 1399
1366 Morra del Cocón
Canteras 1158
El Sabinar
Gabar 1500
Cortijo del Rojo
Parque Natural Sierra María - Los Vélez
EMB. DE PUENTES
La Fuensanta
Corneros
MU-701
Venta Micena
Fuente Nueva
Casablanca
Alfahuara
María
El Río Claro
Montalviche
SIERRA DEL GIGANTE
Tirieza y el Gigante
Cerro del Peñoso
703
Pozo de la Rueda
GRANADA
ALMERÍA
SIERRA DE MARÍA
Vélez-Blanco
Cueva de los Letreros
El Marqués
Canales
El Cercado
Alará
Las Cuevas del Moreno
919 Casa Alta
Vélez-Rubio
El Espadín
La Serreta 1062
SIERRA DE LA TORRECILLA
Cabezo 1948
El Mojonar
Los Treinta
Los Asensios
A-92N
El Charche
Zarzalico
Argerín 1822
SIERRA DE ORCE
Las Casas
Los Aránegas
Los Gatos
Chirivel
Los Alamicos
Loma de Nogalte
La Rambla de Abajo
Chirivel
Tonosa
Nogalte
Cuesta del Mellado
A-91
MURCIA
Las Vertientes
El Contador
La Rambla de Arriba
Bolaimí
La Canalica
Parador de Turismo Puerto Lumbreras
La Losilla
Los Cegarra
Aspilla
El Róquez
SIERRA DE LAS ESTANCIAS
El Cantal
El Campillo
Pto. de Santa María de Nieva
Puerto-Lumbreras
Cerro de Don Pedro 1325
Los Caparroces
La Yegua Alta
1501 Morrón del Caparrós
El Bancalejo
Los Gázquez
Los Cabreras
Cueva de las Estalactitas
La Solana
La Yegua Baja
Los Álamos
Los Cerricos
Los Torrentes
Collado de Media Libra
MURCIA
ALMERÍA
La Umbría de Arriba
El Margen
Saliente Alto
Loma del Purión
El Puertecico
Abejuela
El Barranco de Quiles
Los Finos
La Fuensanta
Puerto Adentro
La Fuente del Negro
S.ª DEL MADROÑO
Daimuz
Góñar
A-7
Medro 856
Chaparral Alto
Oria
Los Gázquez
El Arroyo Medina
Gateros
Los Jacintos
Los Llanos
La Hoya
El Puntal
El Marchal
Frax de Abajo
Los Chacones
Las Pocicas-Galeras
Taberno
Santopétar
Santa María de Nieva
Úrcal
Las Norias
Rincón de Arcas 363
A-399
Cerro Alto 715
E-15
El Cortijo Blanco
El Campillo
El Jaral
Llano del Espino
Llano de los Olleres
Marcelinos
Loma de los Camarotes
La Rambla de la Higuera
La Perulera
A-327
Rambla Grande
La Parata
N-340a
A-350
Gacia
San Francisco
El Cerrogordo
Partaloa 1106
Partaloa
Locaibao
San Roque
Albox
Aljambra
Limaria 705
El Saltador
Huércal-Overa
Somontín
Urrácal
La Piedra Amarilla
Los Cortijos Altos
Agua Amarga
Los Llanos
Almajalejo
Cucharón 710
SIERRA DE ALMAGRO
La Torreta
Huitar Mayor
Olula del Río
La Cañada de las Cruces
Fines
El Olivar
Cantoria
A-334
El Cucador
Arboleas
La Alfoquia
Los Carasoles
Los Menas
Santa Bárbara
EMB. DE CUEVAS DEL ALMANZORA
Armuña de Almanzora
Purchena
La Noria
La Hoya
Almanzora
El Germán
El Prado
Zurgena
El Palacés
La Concepción
Suflí
Los Terreros
La Cinta
Valle del Almanzora
Bayarque
Macael
Sierro
El Arroyo Albánchez
A-349
Cerro Gordo 889
La Fuente del Tío Molina
R. Albánchez
El Alhanchete
El Realengo
Jucainí
Cuevas del Almanzora
A-7
La Portilla
El Martinete
El Morro
Laroya
El Marchal
Líjar
Pto. de la Virgen 1070
Albánchez
El Arroyo Aceituno
S.ª LISBONA
Los Silos
Cunas
A-352
Río Sierro
Gasparillo
Los Molinas
La Rambla Aljibe
Los Herreras
El Real
Cóbdar
Jauro
Aljariz
Tetica de Bacares 2080
Chercos
Los Dioses
Antas
Vera
El Pocico
La Huerta
Benitorafe
Alcudia de Monteagud
Los Llanos del Mayor
N-340a
Benitagla
La Fuente Abad
Tahal
Lubrín
Los Matreros
LOS FILABRES
Benizalón
Monteagud 1001
S.ª DE LA ALAYA
El Marchal
ALMERÍA
Velefique
Uleila del Campo
El Pilar
Bédar
La Perulaca

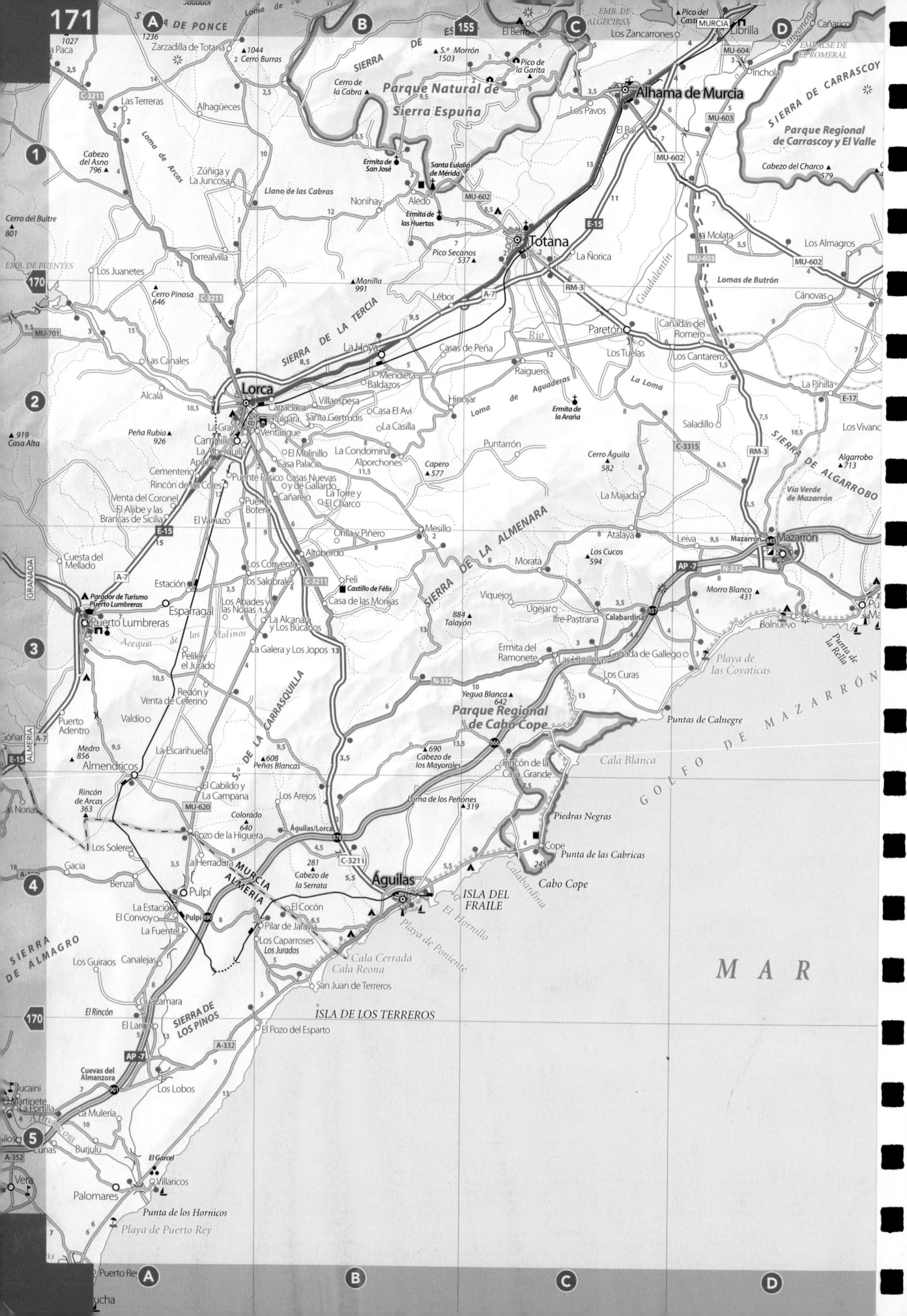

SIERRA DE PONCE
Zarzadilla de Totana
1044 Cerro Burras
Las Terreras
Alhagüeces
Loma de Arcas
Cabezo del Asno 796
Zúñiga y La Juncosa
Llano de las Cabras
Cerro del Buitre 801
Torrealvilla
EMB. DE PUENTES
Los Juanetes
Cerro Pinosa 646
Las Canales
Alcalá
Lorca
Peña Rubia 926
919 Casa Alta
La Granja
Campillo
La Alberquilla
Apiche
Cementerio
Rincón de las Coles
Venta del Coronel
El Aljibe y las Brancas de Sicilia
El Vainazo
Cuesta del Mellado
Estación
Parador de Turismo Puerto Lumbreras
Puerto Lumbreras
Esparragal
Acequia de los Molinos
Pelile y el Jurado
Redón y Venta de Ceferino
Valdío
Puerto Adentro
Medro 856
Almendricos
Rincón de Arcas 363
Los Soleres
Gacia
Benzal
Pulpí
La Estación
El Convoy
La Fuente
SIERRA DE ALMAGRO
Los Guiraos
Canalejas
Guazamara
El Rincón
El Largo
SIERRA DE LOS PINOS
Cuevas del Almanzora
Los Lobos
La Mulería
Burjulú
Cunas
Vera
El Garcel
Villaricos
Palomares
Punta de los Hornicos
Playa de Puerto Rey
Puerto Rey
SIERRA DE
Cerro de la Cabra
Parque Natural de Sierra Espuña
S.ª Morrón 1503
El Berro
Pico de la Garita
EMB. DE ALGECIRAS
Los Zancarrones
Pico del Castillo
Librilla
Cañarico
EMBALSE DE EL ROMERAL
Inchola
SIERRA DE CARRASCOY
Parque Regional de Carrascoy y El Valle
Cabezo del Charco 579
Alhama de Murcia
Los Pavos
El Ral
Ermita de San José
Santa Eulalia de Mérida
Nonihay
Aledo
Ermita de las Huertas
Totana
La Ñorica
Pico Secanos 537
Manilla 991
SIERRA DE LA TERCIA
Lébor
La Hoya
Mendieta
Baldazos
Villaespesa
Carraclaca
Pulgara
Santa Gertrudis
Ventarique
Casa El Avi
La Casilla
El Molinillo
Casa Palacio
La Condomina
Alporchones
Puente Pásico
Casas Nuevas y de Gallardo
Cañarejo
La Torre y El Charco
Puente Botero
Capero 577
Orilla y Piñero
Mesillo
Altobordo
Los Conventos
Los Salobrales
Feli
Castillo de Félix
Casa de las Monjas
Los Abades y las Norias
La Alcanara y Los Búcanos
La Galera y Los Jopos
S.ª DE LA CARRASQUILLA
La Escarihuela
608 Peñas Blancas
El Cabildo y La Campana
Los Arejos
Colorado 640
Pozo de la Higuera
La Herradura
Águilas/Lorca
281 Cabezo de la Serrata
MURCIA
ALMERÍA
Águilas
El Cocón
Pilar de Jaravía
Los Caparroses
Los Jurados
Cala Cerrada
Cala Reona
San Juan de Terreros
ISLA DE LOS TERREROS
El Pozo del Esparto
Casas de Peña
Raiguero
Hinojar
Loma de Aguaderas
Ermita de la Araña
Río Guadalentín
Puntarrón
Paretón
Los Tuelas
Cañadas del Romero
Los Cantareros
La Loma
Saladillo
Cerro Águila 582
La Majada
SIERRA DE LA ALMENARA
Atalaya
Leiva
Mazarrón
Los Cucos 594
Morata
Viquejos
Ugéjar
Ifre-Pastrana
Calabardina
884 Talayón
Ermita del Ramonete
Las Librilleras
Cañada de Gallego
Los Curas
Playa de las Covaticas
Yegua Blanca 642
Parque Regional de Cabo Cope
Puntas de Calnegre
690 Cabezo de los Mayorales
Rincón de la Casa Grande
Loma de los Peñones 319
Piedras Negras
Cope
Punta de las Cabricas
Cabo Cope
Calabardina
ISLA DEL FRAILE
El Hornillo
Playa de Poniente
Cala Blanca
GOLFO DE MAZARRÓN
MAR
Morro Blanco 431
Bolnuevo
Punta de la Reila
La Molata
Los Almagros
Lomas de Butrón
Cánovas
La Pinilla
SIERRA DE ALGARROBO
Algarrobo 713
Vía Verde de Mazarrón
Los Vivancos
GRANADA
ALMERÍA
A B C D
1 2 3 4 5
170

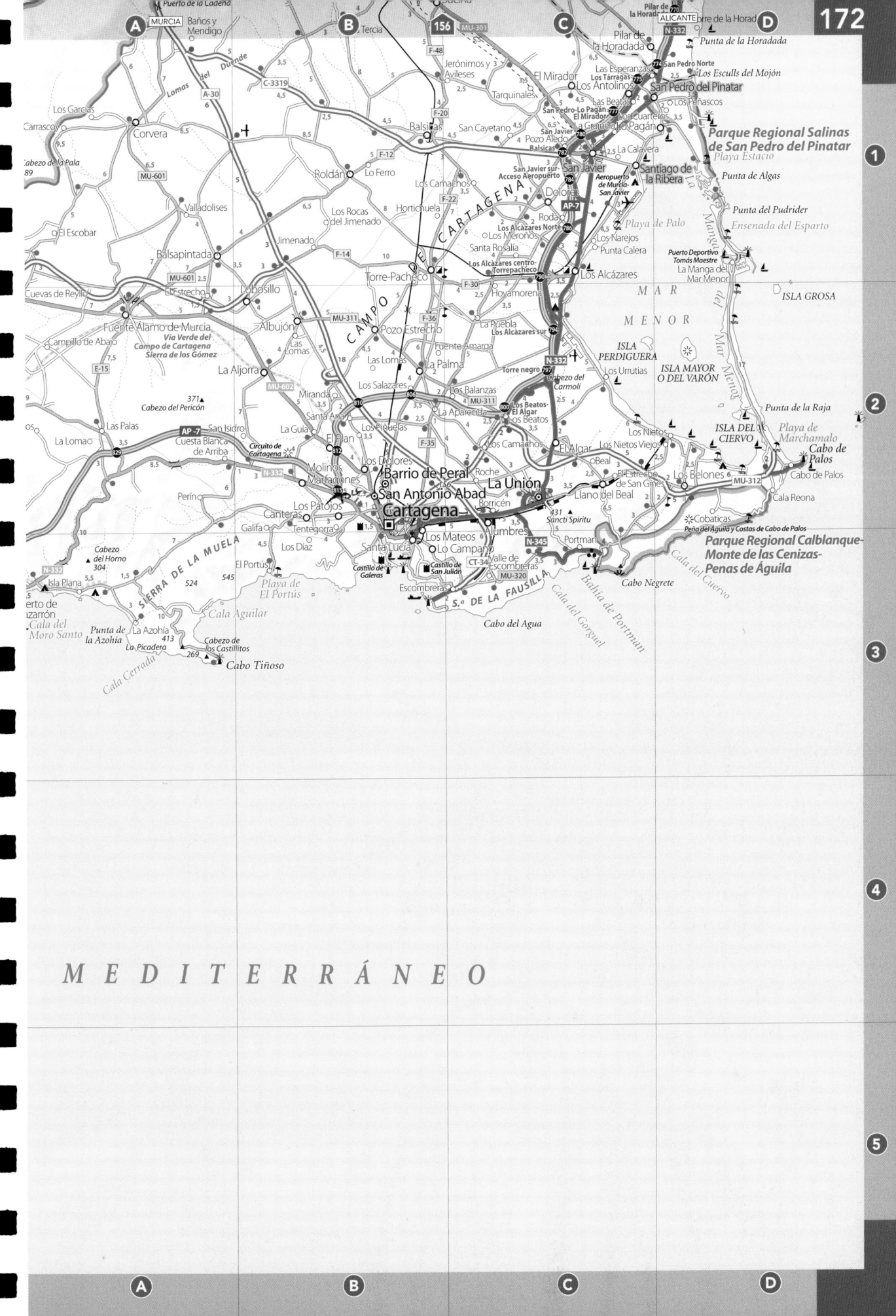

MURCIA Baños y Mendigo
A Tercia B 156 MU-301 C Pilar de la Horad D
ALICANTE Torre de la Horad

Puerto de la Cadena
Los Garcías
Carrascoy
F-48
Jerónimos y Avileses
El Mirador
Los Antolinos
Las Esperanzas
Los Tárragas
774 San Pedro Norte
Los Esculls del Mojón
770
San Pedro del Pinatar
Punta de la Horadada

Corvera
C-3319
Tarquinales
San Cayetano
Pozo Aledo
San Pedro-Lo Pagán
El Mirador
775
773
La Gracia Lo Pagán
Los Peñascos
Parque Regional Salinas
de San Pedro del Pinatar
Playa Estacio

A-30
Balsicas
Balsicas
San Javier sur-
San Javier
732
La Calavera
Punta de Algas

MU-601
Roldán
Lo Ferro
Los Camachos
Horticchuela
Acceso Aeropuerto
Dolores
784
Aeropuerto de Murcia:
San Javier
Santiago de
la Ribera
Punta del Pudrider
Ensenada del Esparto

Valladolises
Los Rocas
del Jimenado
Roda
AP-7
Los Alcázares Norte
786
Playa de Palo
Punta Calera
Los Narejos
Los Alcázares

El Escobar
Jimenado
Santa Rosalía
Los Alcázares centro-
Torrepacheco
790
ISLA GROSA

Balsapintada
F-14
Torre-Pacheco
Los Alcázares sur
ISLA
PERDIGUERA
MAR

MU-601 2.5
Lobosillo
F-30
Hoyamorena
734
MENOR

Cuevas de Reyllo
El Estrecho
MU-311
Pozo Estrecho
La Puebla
N-332
Torre negro
Cabezo del
Carmolí
ISLA MAYOR
O DEL VARÓN

Fuente Álamo de Murcia
Vía Verde del
Campo de Cartagena
Sierra de los Gómez
Albujón
F-36
Fuente Amarga
Los Beatos-
El Algar
Los Urrutias
Punta de la Raja

Campillo de Abajo
E-15
La Aljorra
Las
Lomas
La Palma
Las Lomas
La Aparecida
800
Los Beatos
ISLA DEL
CIERVO
Playa de
Marchamalo

Cabezo del Pericón
San Isidro
Miranda
Santa Ana
810
806
MU-311
Los Camachos
Los Nietos
Cabo de
Palos

Las Palas
AP-7
La Guía
F-35
Los Piñuelas
El Algar
Los Nietos Viejos
Cobaticas
Cabo de Palos

La Loma
Cuesta Blanca
de Arriba
Circuito de
Cartagena
812
El Plan
Los Dolores
Roche
Beal
El Estrecho
de San Ginés
Los Belones
MU-312
Cala Reona

Perín
N-332
Molinos
Marfagones
815
San Antonio Abad
Barrio de Peral
La Unión
Llano del Beal

Los Patojos
Cartagena
Borricén
Sancti Spiritu
Peña del Águila y Costas de Cabo de Palos

Canteras
Galifa
Los Díaz
Tentegorra
Santa Lucía
Los Mateos
Lo Campano
Umbres
Valle de
Escombreras
Portman
Cala del Cuervo
Parque Regional Calblanque-
Monte de las Cenizas-
Penas de Águila

SIERRA DE LA MUELA
Cabezo
del Horno
304
El Portús
Castillo de
Galeras
Castillo de
San Julián
CT-34
MU-320
Cabo Negrete

N-332
Isla Plana
Punta de
la Azohía
La Azohía
La Picadera
Escombreras
S. DE LA FAUSILLA
Cala del Agua
Bahía de Portman
Cabezo de
los Castillitos
269
Cabo Tiñoso
Playa de
El Portús
Cala Aguilar

Cala del
Moro Santo
Cala Cerrada

M E D I T E R R Á N E O

A B C D

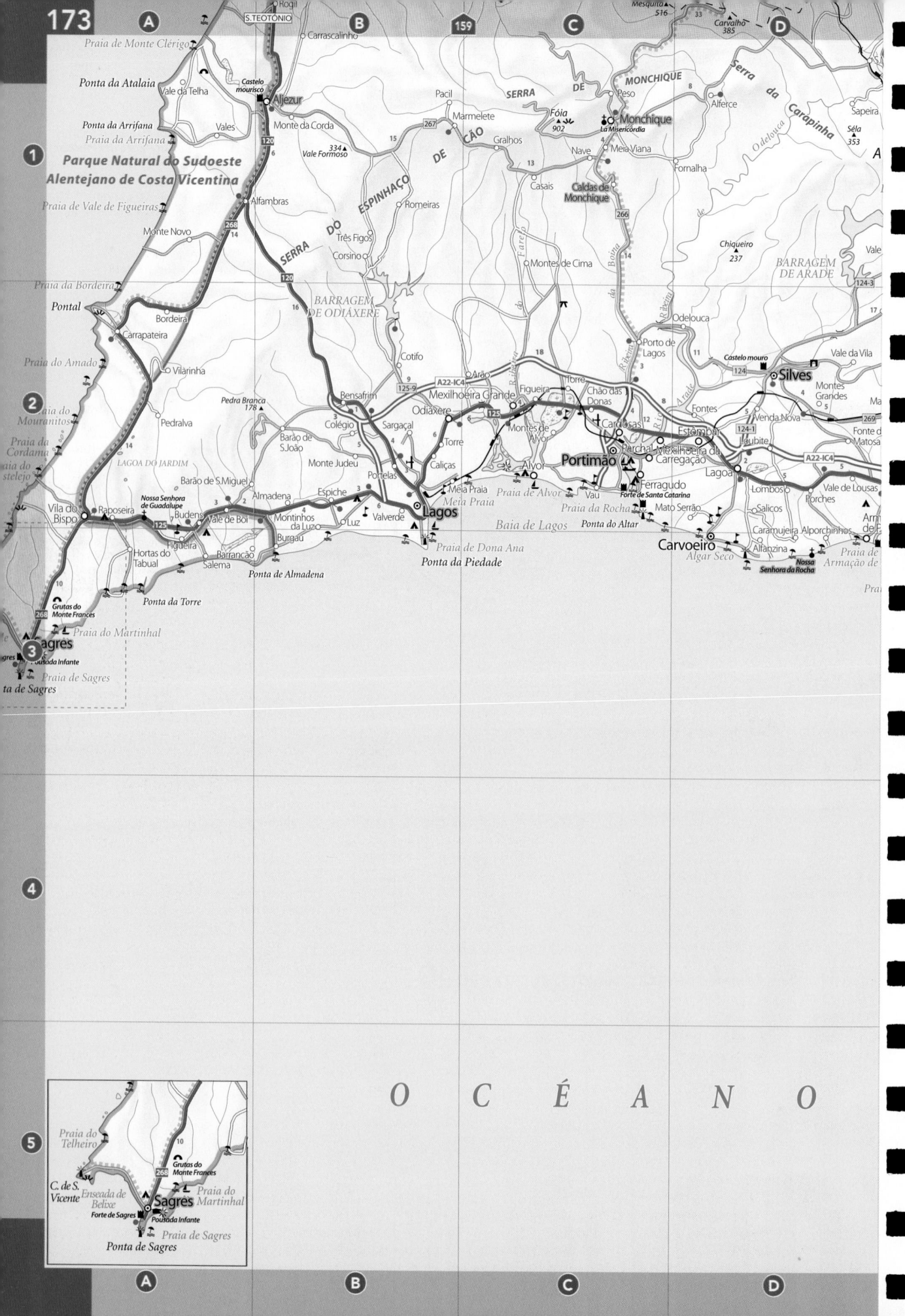

159
S.TEOTÓNIO
Rogil
Carrascalinho
Mesquita
516
Carvalho
385
Praia de Monte Clérigo
Ponta da Atalaia
Vale da Telha
Castelo mourisco
Aljezur
Ponta da Arrifana
Praia da Arrifana
Vales
Monte da Corda
Pacil
Marmelete
SERRA DE MONCHIQUE
Serra da Carapinha
Peso
Alferce
Sapeira
Fóia
902
Monchique
La Misericórdia
Séla
353
Parque Natural do Sudoeste Alentejano de Costa Vicentina
334
Vale Formoso
ESPINHAÇO DE CÃO
Gralhos
Nave
Meia Viana
Fornalha
Casais
Caldas de Monchique
Praia de Vale de Figueiras
Alfambras
SERRA DO
Romeiras
Monte Novo
Três Figos
Corsino
Montes de Cima
Chiqueiro
237
BARRAGEM DE ARADE
Praia da Bordeira
Pontal
Bordeira
Carrapateira
BARRAGEM DE ODIÁXERE
Odelouca
Porto de Lagos
Praia do Amado
Vilarinha
Cotifo
Arão
Castelo mouro
Silves
Vale da Vila
Montes Grandes
Pedra Branca
178
Bensafrim
A22-IC4
Mexilhoeira Grande
Figueira
Torre
Chão das Donas
Fontes
Praia do Mouranitos
Pedralva
Colégio
Sargaçal
Odiáxere
Montes de Alvor
Cardosas
Estombar
Venda Nova
Praia da Cordama
Barão de S.João
Torre
Parchal
Mexilhoeira da Carregação
Ilcubite
Fonte de Matosa
LAGOA DO JARDIM
Monte Judeu
Caliças
Portimão
Lagoa
Barão de S.Miguel
Portelas
Alvor
Ferragudo
Forte de Santa Catarina
Lombos
Vale de Lousas
Almadena
Espiche
Meia Praia
Praia de Alvor
Vau
Porches
Nossa Senhora de Guadalupe
Vila do Bispo
Raposeira
Budens
Vale de Boi
Montinhos da Luz
Valverde
Lagos
Praia da Rocha
Mato Serrão
Salicos
Luz
Baia de Lagos
Ponta do Altar
Caramujeira
Alporchinhos
Figueira
Burgau
Carvoeiro
Alfanzina
Hortas do Tabual
Barrancão
Salema
Praia de Dona Ana
Ponta da Piedade
Algar Seco
Nossa Senhora da Rocha
Praia de Armação de Pêra
Ponta de Almadena
Ponta da Torre
Grutas do Monte Frances
Praia do Martinhal
Sagres
Pousada Infante
Praia de Sagres
Ponta de Sagres
OCÉANO
Praia do Telheiro
C. de S. Vicente
Enseada de Belixe
Forte de Sagres
Praia do Martinhal

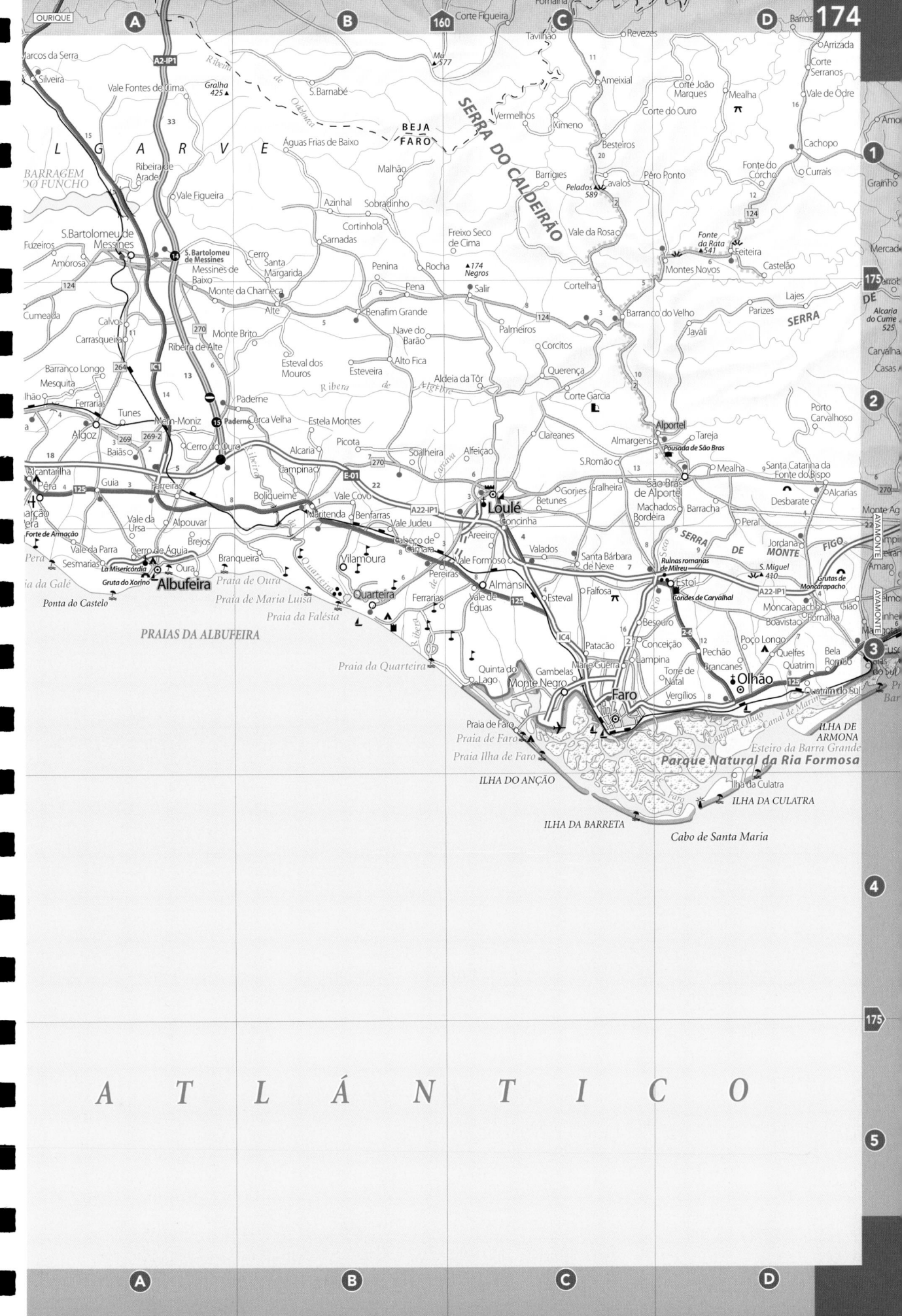
OURIQUE
A
B
C
D
160
Corte Figueira
Fornalha
Tavilhão
Revezes
Barros
Arrizada
Corte Serranos
Marcos da Serra
Silveira
A2-IP1
Ribeira de Odelouca
Mu 577
S.Barnabé
Ameixial
Corte João Marques
Mealha
Vale de Odre
Vale Fontes de Cima
Gralha 425
Corte do Ouro
Vermelhos
Ximeno
BEJA
FARO
SERRA DO CALDEIRÃO
L G A R V E
Águas Frias de Baixo
Besteiros
Cachopo
BARRAGEM DO FUNCHO
Ribeira de Arade
Malhão
Barrigies
Pelados 589
Cavalos
Pêro Ponto
Fonte do Corcho
Currais
Vale Figueira
Azinhal
Sobradinho
Cortinhola
Freixo Seco de Cima
Vale da Rosa
Fonte da Rata 541
Feiteira
S.Bartolomeu de Messines
Fuzeiros
Amorosa
Sarnadas
S. Bartolomeu de Messines
Cerro
Santa Margarida
Messines de Baixo
Penina
Rocha
174 Negros
Montes Novos
Castelão
Monte da Charneca
Pena
Salir
Cortelha
Lajes
Parizes
124
Cumeada
Alte
Benafim Grande
Barranco do Velho
Javali
SERRA
Calvos
Carrasqueira
270
Monte Brito
Ribeira de Alte
Nave do Barão
Palmeiros
Corcitos
Alcaria do Cume 525
Barranco Longo
Mesquita
264
IC1
Esteval dos Mouros
Esteveira
Alto Fica
Aldeia da Tôr
Querença
Ribera de Algibre
Corte Garcia
Porto Carvalhoso
Ferrarias
Paderne
Tunes
Mem-Moniz
Paderne
Cerca Velha
Estela Montes
Alportel
Tareja
Algoz
269
269-2
Baiãos
Cerro do Ouro
Picota
Alcaria
Soalheira
Alfeição
Clareanes
Almargens
Pousada de São Bras
Alcantarilha
Pêra
125
Guia
Ferreiras
Campina
E-01
Boliqueime
Loulé
S.Romão
São Brás de Alportel
Mealha
Santa Catarina da Fonte do Bispo
Alcarias
Gorjies
Gralheira
Vale Covo
Maritenda
Benfarras
A22-IP1
Vale Judeu
Machados
Bordeira
Barracha
Desbarate
Vale da Ursa
Alpouvar
Betunes
Concinha
Peral
Forte de Armação
Brejos
Cabeço de Câmara
Areeiro
Valados
SERRA DE MONTE FIGO
Jordana
Vale da Parra
Sesmarias
Cerro de Água
Branqueira
Vilamoura
Vale Formoso
Santa Bárbara de Nexe
Ruínas romanas de Milreu
S. Miguel 410
Grutas de Moncarapacho
La Misericórdia
Oura
Albufeira
Gruta do Xorino
Praia da Galé
Praia de Oura
Pereiras
Almansil
Falfosa
Estoi
A22-IP1
Praia de Maria Luísa
Quarteira
Ferrarias
Vale de Éguas
Esteval
Condes de Carvalhal
Moncarapacho
Gião
Ponta do Castelo
Praia da Falésia
Boavista
Fornalha
PRAIAS DA ALBUFEIRA
IC4
Besouro
Patacão
Conceição
Poço Longo
Quelfes
Bela Romão
Pechão
Campina
Mar e Guerra
Brancanes
Quatrim
Praia da Quarteira
Quinta do Lago
Gambelas
Torre de Natal
Olhão
Monte Negro
Faro
Vergílios
Quatrim do Sul
Praia de Faro
Canal de Olhão
Canal de Marim
ILHA DE ARMONA
Esteiro da Barra Grande
Praia Ilha de Faro
Parque Natural da Ria Formosa
ILHA DO ANÇÃO
Ilha da Culatra
ILHA DA CULATRA
ILHA DA BARRETA
Cabo de Santa Maria
AYAMONTE
175
1
2
3
4
5
A T L Á N T I C O

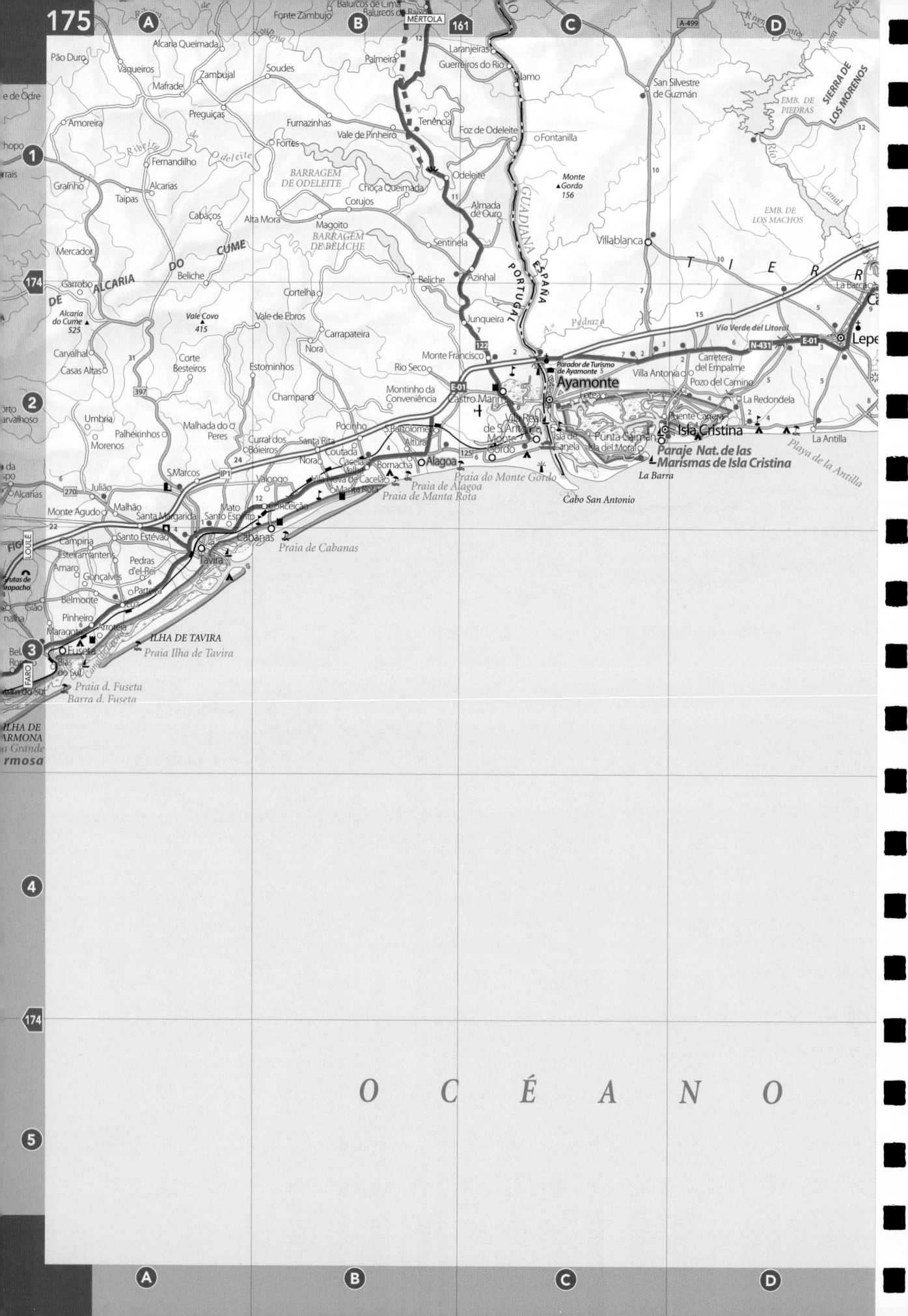
MÉRTOLA
161
Fonte Zambujo
Alcaria Queimada
Pão Duro
Vagueiros
Zambujal
Soudes
Mafrade
Palmeira
Laranjeiras
Guerreiros do Rio
Alamo
San Silvestre de Guzmán
Preguiças
Amoreira
Furnazinhas
Tenência
Vale de Pinheiro
Foz de Odeleite
Fontanilla
Fortes
Fernandilho
Odeleite
BARRAGEM DE ODELEITE
Monte Gordo 156
Grainho
Alcarias
Taipas
Choça Queimada
Corujos
Cabaços
Alta Mora
Magoito
Almada de Ouro
BARRAGEM DE BELICHE
Sentinela
Villablanca
Mercador
SERRA DO CUME DE ALCARIA
Beliche
Azinhal
GUADIANA
PORTUGAL
ESPAÑA
Garrobo
Cortelha
Alcaria do Cume 525
Vale Covo 415
Vale de Ebros
Junqueira
Carrapateira
Nora
Carvalhal
Casas Altas
Corte Besteiros
Estorninhos
Monte Francisco
Rio Seco
Parador de Turismo de Ayamonte
Ayamonte
Villa Antonia
Carretera del Empalme
Pozo del Camino
La Redondela
Champana
Montinho da Conveniência
Castro Marim
Umbria
Morenos
Palheirinhos
Malhada do Peres
Pocinho
S. Bartolomeu
Vila Real de S. António
Monte Gordo
Isla de Canela
Punta Caimán
Isla del Moral
Puente Carrera
Isla Cristina
La Antilla
Curral dos Boieiros
Santa Rita
Nora
Coutada
Cacela Velha
Altura
Alagoa
Bornacha
Vila Nova de Cacela
Manta Rota
Praia do Monte Gordo
Praia de Alagoa
Praia de Manta Rota
Paraje Nat. de las Marismas de Isla Cristina
La Barra
Playa de la Antilla
Cabo San Antonio
S. Marcos
Julião
Alcarias
Valongo
Conceição
Monte Agudo
Malhão
Santa Margarida
Mato
Santo Espírito
Campina
Santo Estêvão
Cabanas
Praia de Cabanas
Esteiramantens
Tavira
Amaro
Pedras d'el-Rei
Gonçalves
Parteira
Belmonte
Luz
Pinheiro
Arroteia
Maragota
Fuseta
ILHA DE TAVIRA
Praia Ilha de Tavira
Praia d. Fuseta
Barra d. Fuseta
ILHA DE ARMONA
Vía Verde del Litoral
La Barca
Lepe
EMB. DE PIEDRAS
SIERRA DE LOS MORENOS
EMB. DE LOS MACHOS
E-01
N-431
A-499
IP1
OCÉANO

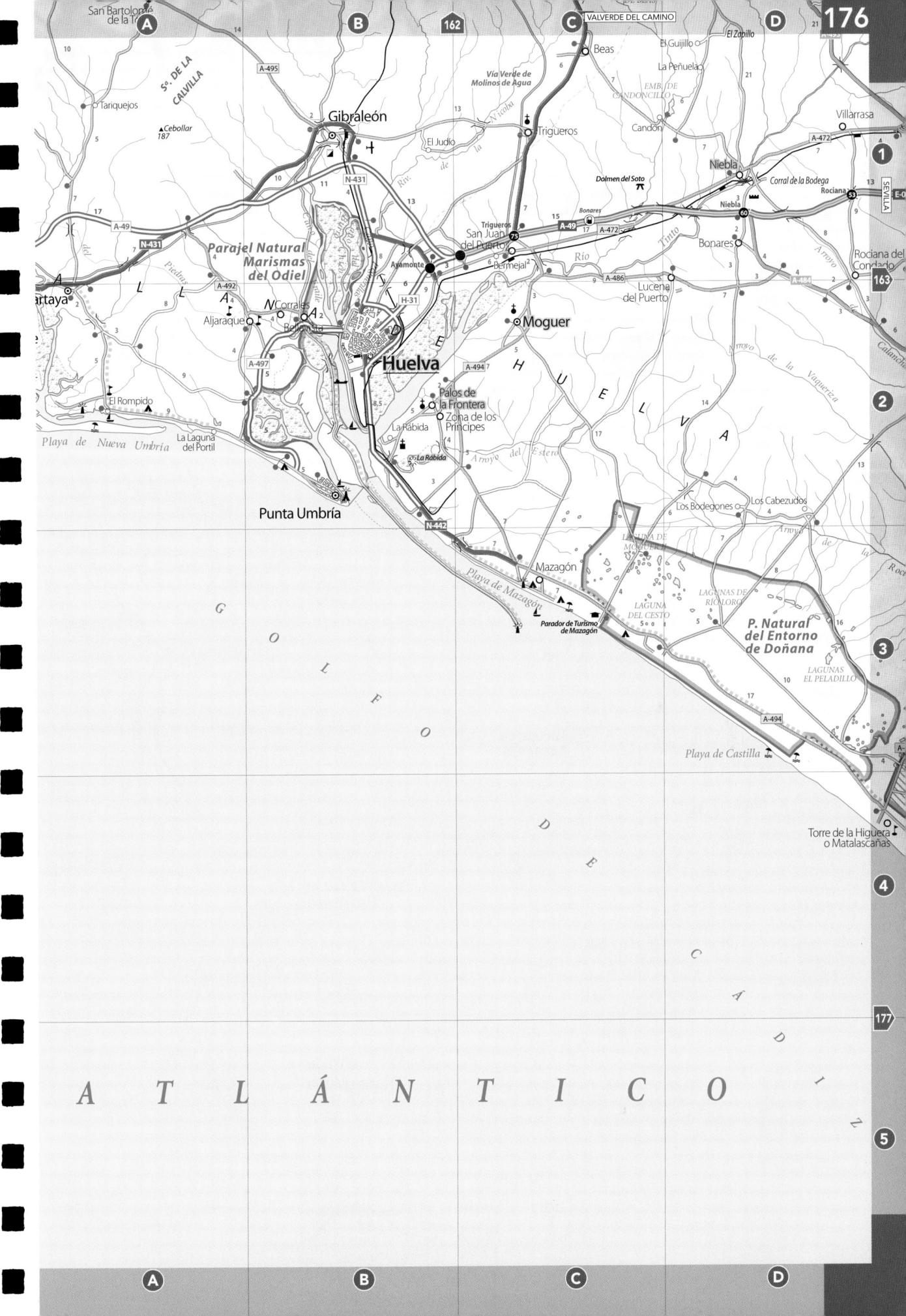
A
B
C
D
VALVERDE DEL CAMINO
162
San Bartolomé de la Torre
Beas
El Guijillo
El Zapillo
La Peñuela
Vía Verde de Molinos de Agua
Sª. DE LA CALVILLA
Tariquejos
Cebollar 187
Gibraleón
El Judío
Trigueros
Candón
EMB. DE CANDONCILLO
Villarrasa
Niebla
Corral de la Bodega
Rociana
Dolmen del Soto
Bonares
San Juan del Puerto
Bermejal
Bonares
Rociana del Condado
SEVILLA
Paraje Natural Marismas del Odiel
Ayamonte
Lucena del Puerto
Aljaraque
Corrales
Bellavista
Moguer
Huelva
HUELVA
Palos de la Frontera
Zona de los Príncipes
La Rábida
El Rompido
Playa de Nueva Umbría
La Laguna del Portil
Punta Umbría
Los Bodegones
Los Cabezudos
Mazagón
Playa de Mazagón
Parador de Turismo de Mazagón
LAGUNA DE MOGUER
LAGUNAS DE RÍO LORO
LAGUNA DEL CESTO
P. Natural del Entorno de Doñana
LAGUNAS EL PELADILLO
Playa de Castilla
Torre de la Higuera o Matalascañas
GOLFO DE CÁDIZ
ATLÁNTICO
A-495
A-49
N-431
A-492
A-497
H-31
A-494
A-472
A-486
A-484
A-472
N-442
1
2
3
4
5
163
177

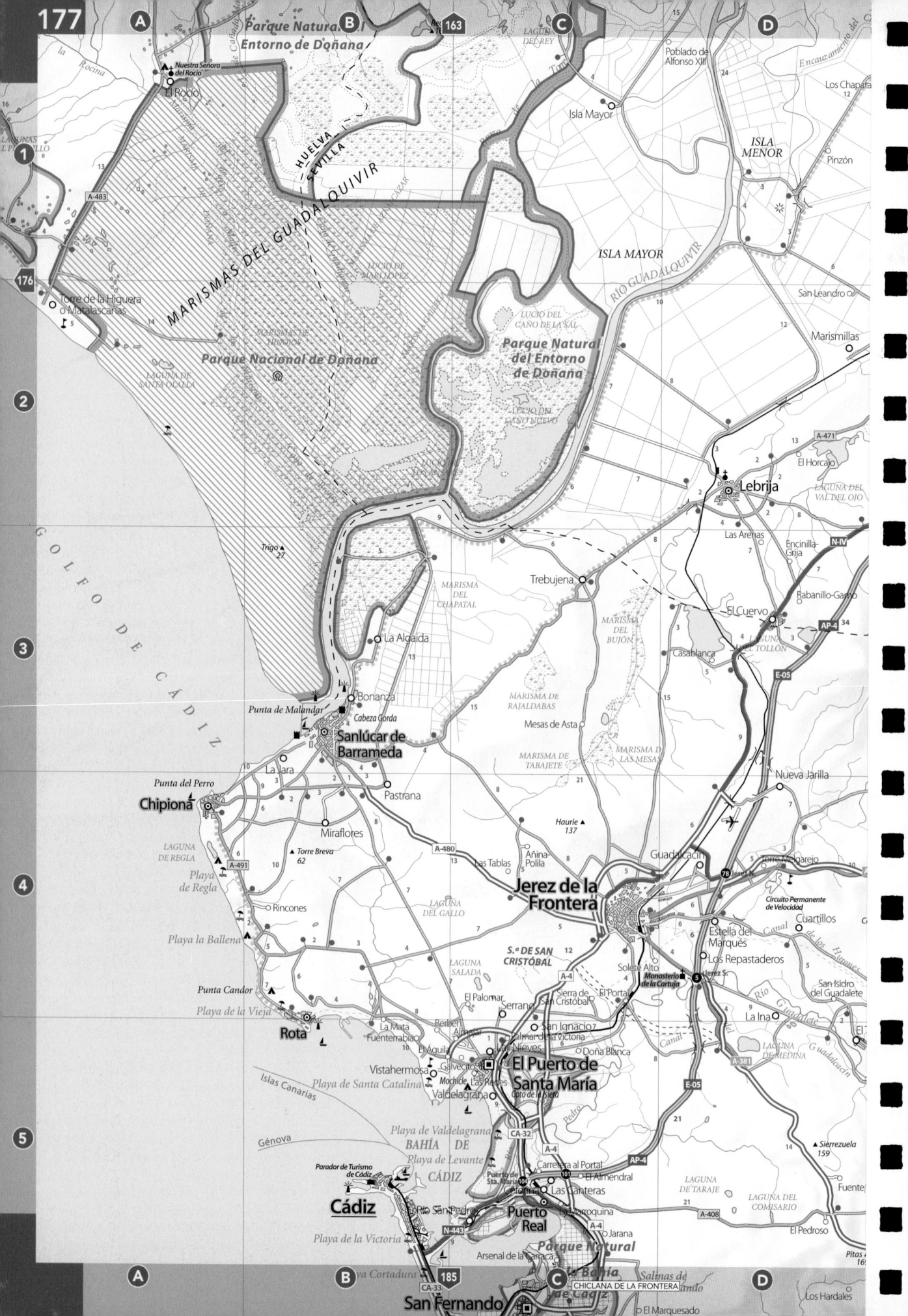

Parque Natural del Entorno de Doñana
Nuestra Señora del Rocío
El Rocío
Poblado de Alfonso XIII
Isla Mayor
Los Chapatales
ISLA MENOR
Pinzón
MARISMAS DEL GUADALQUIVIR
HUELVA
SEVILLA
ISLA MAYOR
RÍO GUADALQUIVIR
San Leandro
Torre de la Higuera o Matalascañas
LUCIO DEL CAÑO DE LA SAL
Marismillas
Parque Natural del Entorno de Doñana
Parque Nacional de Doñana
LAGUNA DE SANTA OLALLA
LUCIO DEL CAÑO NUEVO
El Horcajo
Lebrija
LAGUNA DEL VAL DEL OJO
Las Arenas
Encinilla-Grija
GOLFO DE CÁDIZ
Trigo 27
Trebujena
MARISMA DEL CHAPATAL
Rabanillo-Gamo
El Cuervo
MARISMA DEL BUJÓN
La Algaida
Casablanca
LAGUNA DEL TOLLÓN
Bonanza
Punta de Malandar
Cabeza Gorda
MARISMA DE RAJALDABAS
Mesas de Asta
Sanlúcar de Barrameda
MARISMA DE TABAJETE
MARISMA DE LAS MESAS
La Jara
Punta del Perro
Chipiona
Pastrana
Nueva Jarilla
Haurie 137
Miraflores
LAGUNA DE REGLA
Torre Breva 62
Añina-Polila
Guadalcacín
Torre Melgarejo
Las Tablas
Playa de Regla
Jerez de la Frontera
Circuito Permanente de Velocidad
Cuartillos
Rincones
LAGUNA DEL GALLO
Estella del Marqués
Playa la Ballena
S.ª DE SAN CRISTÓBAL
Los Repastaderos
LAGUNA SALADA
Solete Alto
Monasterio de la Cartuja
Jerez S.
San Isidro del Guadalete
Punta Candor
El Palomar
Sierra de San Cristóbal
El Portal
Playa de la Vieja
Serrano
La Ina
Rota
San Ignacio
La Mata
Fuenterrabía
Almajar
Palmar de la Victoria
El Águila
Las Nieves
Doña Blanca
LAGUNA DE MEDINA
Vistahermosa
Galvecito
El Puerto de Santa María
Islas Canarias
Playa de Santa Catalina
Mochicle
Las Redes
Valdelagrana
Coto de la Isleta
Playa de Valdelagrana
Génova
BAHÍA DE CÁDIZ
Playa de Levante
Sierrezuela 159
Parador de Turismo de Cádiz
Carretera al Portal
El Almendral
Puerto de Sta. María
Cetenina
Las Canteras
LAGUNA DE TARAJE
Fuente
LAGUNA DEL COMISARIO
Cádiz
Río San Pedro
Puerto Real
La Marroquina
El Pedroso
Playa de la Victoria
Jarana
Parque Natural
Arsenal de la Carraca
Bahía de Cádiz
Salinas de
CHICLANA DE LA FRONTERA
San Fernando
Los Hardales
El Marquesado
A-483
A-471
N-IV
AP-4
E-05
A-480
A-491
A-4
A-381
CA-32
N-443
CA-33
A-408
163
176
185

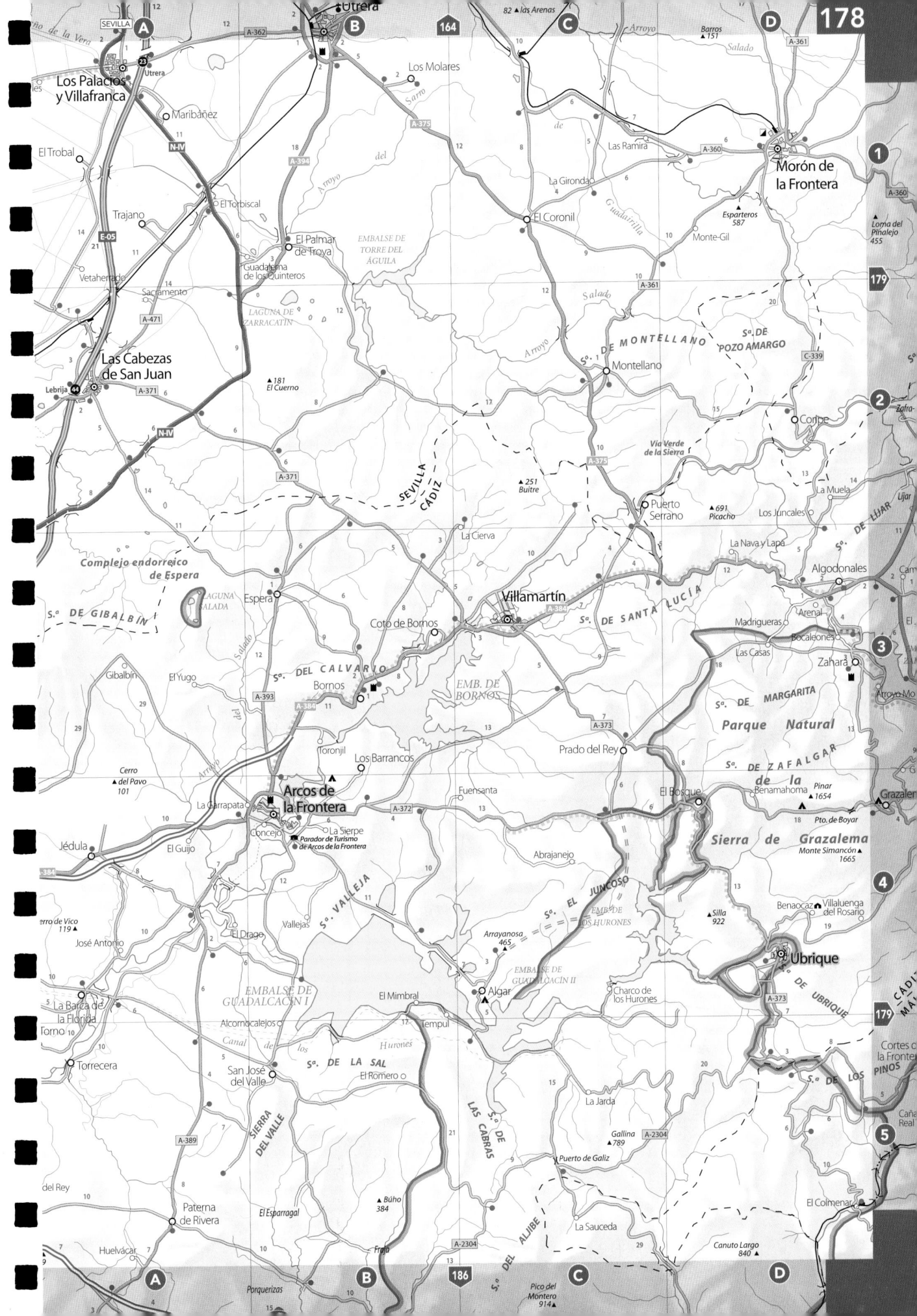
Utrera
Los Palacios y Villafranca
Maribáñez
El Trobal
Los Molares
Morón de la Frontera
Las Ramira
La Gironda
El Coronil
El Torbiscal
Trajano
El Palmar de Troya
Embalse de Torre del Águila
Esparteros 587
Monte-Gil
Loma del Pinalejo 455
Vetaherrado
Guadalema de los Quinteros
Sacramento
Laguna de Zarracatín
Las Cabezas de San Juan
Lebrija
181 El Cuerno
Sª. de Montellano
Montellano
Sª. de Pozo Amargo
Coripe
Vía Verde de la Sierra
Sevilla
Cádiz
251 Buitre
Puerto Serrano
691 Picacho
Los Juncales
La Muela
Sª. de Líjar
La Cierva
La Nava y Lapa
Algodonales
Complejo endorreico de Espera
Laguna Salada
Espera
Sª. de Gibalbín
Villamartín
Sª. de Santa Lucía
Coto de Bornos
Madrigueras
Arenal
Bocaleones
Las Casas
Zahara
Gibalbín
El Yugo
Sª. del Calvario
Bornos
Emb. de Bornos
Sª. de Margarita
Parque Natural
Prado del Rey
Toronjil
Los Barrancos
Cerro del Pavo 101
Sª. de Zafalgar
de la
Arcos de la Frontera
La Garrapata
Fuensanta
El Bosque
Benamahoma
Pinar 1654
Grazalema
Pto. de Boyar
Concejo
La Sierpe
Parador de Turismo de Arcos de la Frontera
Jédula
El Guijo
Abrajanejo
Sierra de Grazalema
Monte Simancón 1665
Sª. Vallejas
Sª. el Juncoso
Emb. de los Hurones
Benaocaz
Villaluenga del Rosario
Cerro de Vico 119
El Drago
Vallejas
Silla 922
José Antonio
Arrayanosa 465
Ubrique
Embalse de Guadalcacín II
Embalse de Guadalcacín I
La Barca de la Florida
Algar
Charco de los Hurones
Sª. de Ubrique
El Mimbral
Alcornocalejos
Tempul
Torno
Canal de los Hurones
Torrecera
San José del Valle
Sª. de la Sal
El Romero
Sª. de los Pinos
Cortes de la Frontera
Sierra del Valle
Sª. de las Cabras
La Jarda
Gallina 789
Puerto de Galiz
del Rey
Búho 384
Paterna de Rivera
El Esparragal
Sª. del Aljibe
La Sauceda
El Colmenar
Huelvácar
Canuto Largo 840
Porquerizas
Pico del Montero 914
82 las Arenas
Barros 151
164
179
186

Cerro del Acebuchal 362
San Antonio del Fontanar
Laguna del Fontanar
Puerto de la Encina
Gomera 810
Pto. de los Barrancos Blancos
Espartales 503
El Cañuelo
El Rejano
Navahermosa
Sierra de Yeguas
Martín de la Jara
Los Corrales
Sierra de los Almadenes
Sa. de los Caballos
Laguna de Fuente de Piedra
Sevilla
Málaga
Loma del Pinalejo 455
Las Rosas
Sa. de la Sanda
Las Encarnaciones
La Mezquitilla
El Saucejo
Navarredonda
Villanueva de San Juan
Campillos
Laguna Dulce
Laguna Salada
Balneario de Pozoamargo
Sa. de San Juan
Sa. del Tablón
Algámitas
1129 Terril
Almargen
Guadamanil
Zafra-Magón
Sa. de las Harinas
Pruna
Teba
Vía Verde de la Sierra
Valle Hermoso Bajo
Sa. de Cañete
Cañete la Real
Olvera
Huertas y Montes
Emb. de Guadalteba
Emb. de Gaitanejo
Sa. de Líjar
Torre-Alháquime
Alcalá del Valle
Sa. de los Borbollos
Mojón Gordo 1119
Cabañas
Campo-Huerta
Emb. del Conde de Guadalhorce (El Chorro)
Serrato
Cuevas del Becerro
Sa. de Ortegicar
Ardales
El Jaral
Era de la Viña
El Gastor
Los Villalones
Setenil de las Bodegas
Emb. de Zahara
Zahara
Colorados 1055
Carratraca
Ventas Nuevas
Acinipo
Las Mesas 999
Arroyo Molinos
Montecorto
Peñacerrada
Sa. de las Salinas
La Cimada
Sa. de los Merinos
Barranco de la Madera
Sa. de Alcaparaín
Gaidovar
Arriate
Parchite
Los Frailes-Frontones-Higueras
Sanguijuela
El Burgo
Casarabonela
Grazalema
Los Arenosos
Hoyo Tabares-Moreno y Vicenta
Los Morales-Santa María
Navares y Tejares
Serranía de Ronda
Sa. Prieta
Hoya
Simancón 1665
Montejaque
Cueva del Gato
Ronda
Parador de Turismo de Ronda
Los Molinos-Sijuela
Rosalejo
Benaoján
La Estación
Sa. de Juan Diego
Yunquera
Jorox
Alozaina
Villaluenga del Rosario
Parque Natural de la Sierra de las Nieves
Sa. de las Nieves
Sa. del Oreganal
La Millana
Tolox
Ardite
Cueva de la Pileta
Torrecilla 1918
Sa. de Tolox
Cádiz
Málaga
Barriada Estación
Jimera de Líbar
Parauta
Cartajima
Guaro
Erta. de Nuestra Señora de la Fuensanta
Atajate
Alpandeire
Igualeja
Cortes de la Frontera
Sa. de los Pinos
Júzcar
Farajan
Sierra Real
Monda
La Sierra
Benadalid
Pujerra
Cañada del Real Tesoro
Vega
Sierra
Benalauría
Opayar
Sierra Bermeja
Istán
Sa. Blanca
Puerto de Ojén 580
Sa. de Alpujata
Algatocín
Jubrique
Benarrabá
Emb. de la Concepción
Ojén
Genalguacil
Artola
Altos de Marbella
Gaucín
Benahavís
Guadalpín-Río Verde
Marbella
Albarizas
Nueva Andalucía
Estepona
San Pedro de Alcántara
Río Real
Alicate
Ensenada de Marbella
Marbella Este

165
178
187

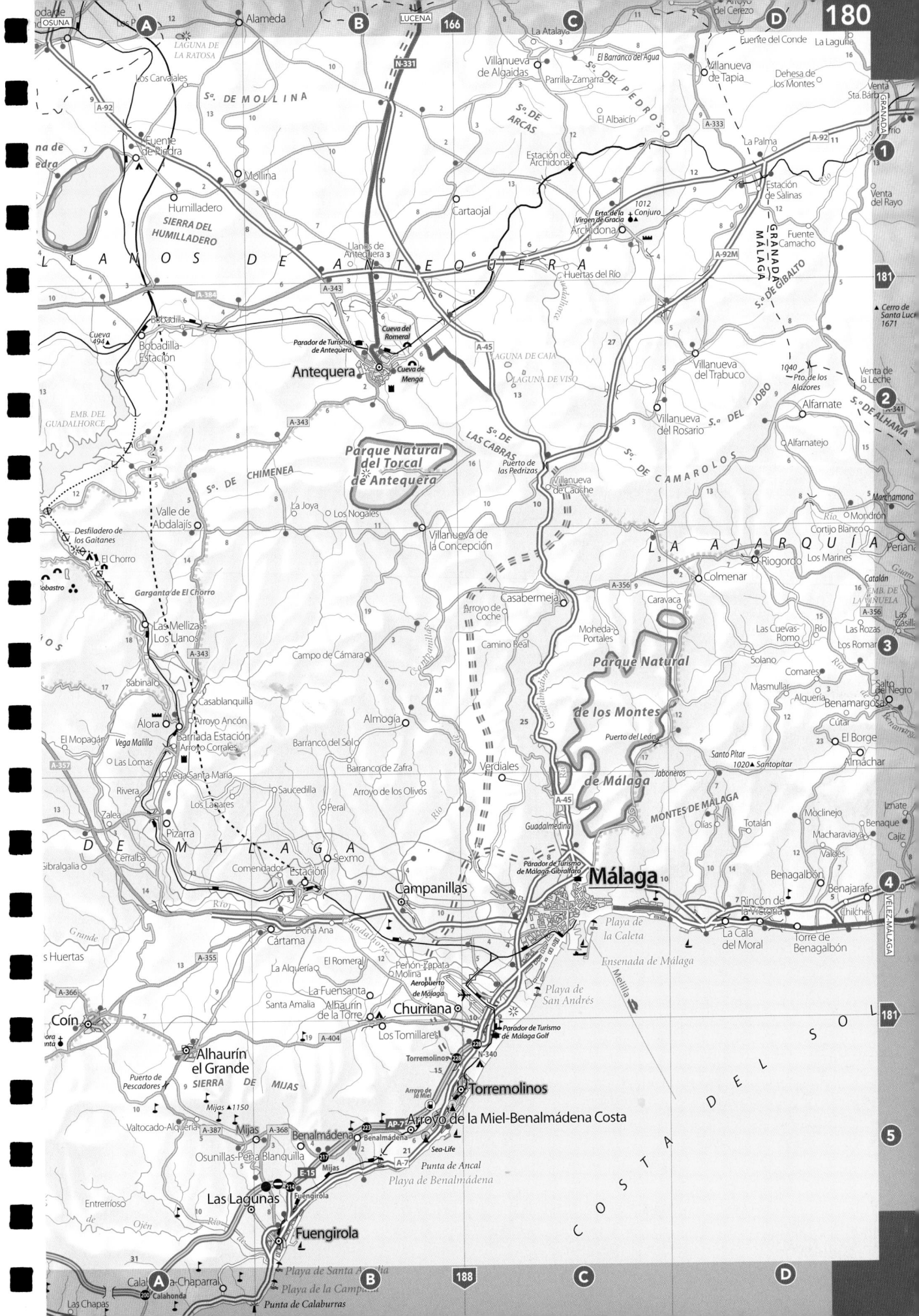
Antequera
Málaga
Parque Natural del Torcal de Antequera
Parque Natural de los Montes de Málaga
Llanos de Antequera
La Ajarquía
Costa del Sol
Torremolinos
Fuengirola
Arroyo de la Miel-Benalmádena Costa
Alhaurín el Grande
Coín
Campanillas
Churriana
Cártama
Álora
Archidona
Villanueva del Trabuco
Villanueva del Rosario
Colmenar
Riogordo
Casabermeja
Rincón de la Victoria
Mijas
Las Lagunas
Benalmádena
Mollina
Humilladero
Alameda
Bobadilla
Cartaojal
Alfarnate
Ensenada de Málaga
181
188

VEGA DE GRANADA
Loja
Huétor Tájar
Moraleda de Zafayona
Salar
Santa Fé
Atarfe
Maracena
Armilla
Chimeneas
La Malahá
TIERRA DE ALHAMA
SIERRA DE LOJA
Alhama de Granada
Zafarraya
Jayena
S.ª DE PERA
Valle de Lecrín
Parque Natural Sierras de Alhama, Tejada y Almijara
Cómpeta
Vélez-Málaga
Torre del Mar
Nerja
Almuñécar
Torrox-Costa
Playa de Torre del Mar
Playa de Burriana
C O S T A D E L S O L
M A R M E

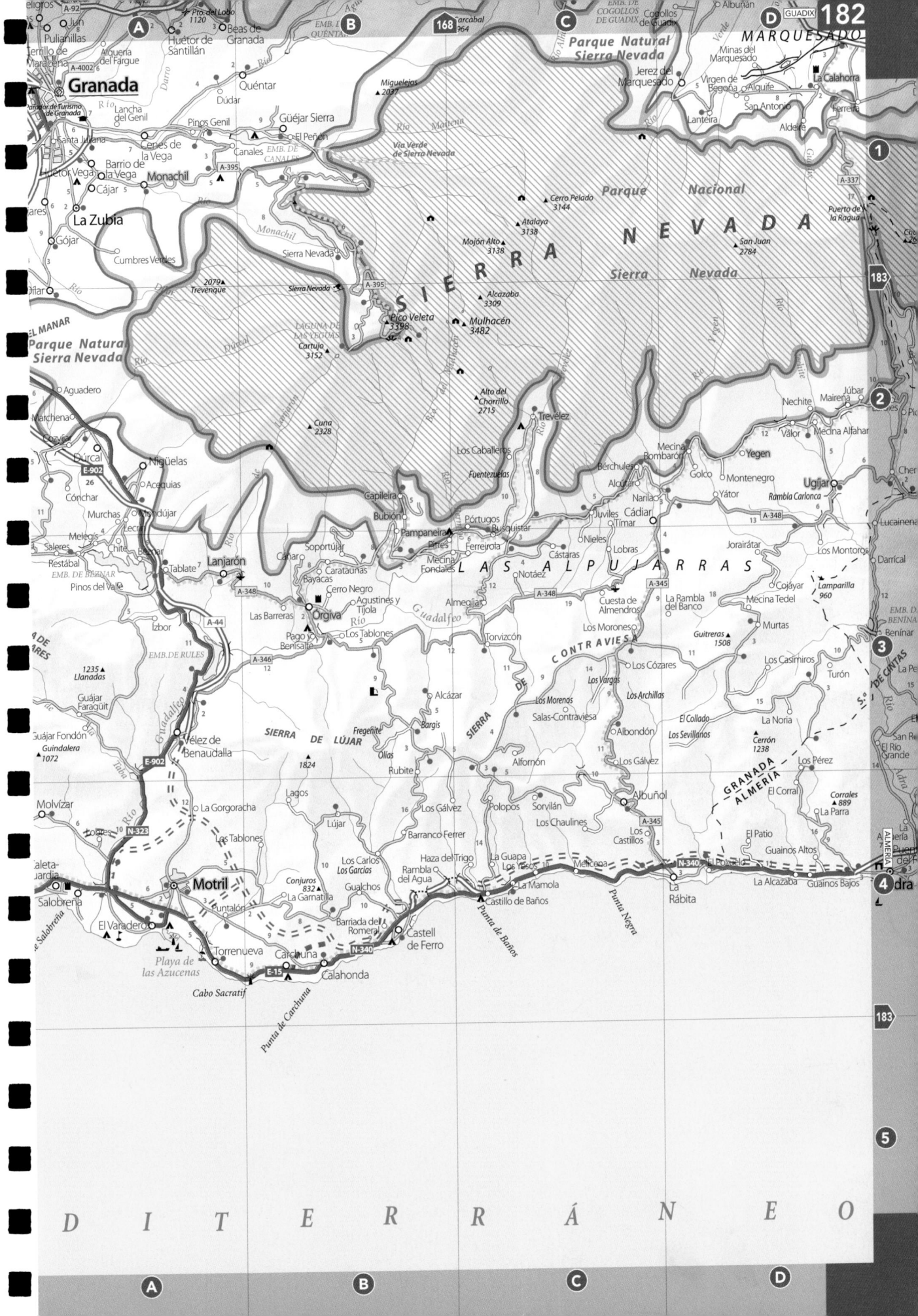
GUADIX
MARQUESADO
Parque Natural
Sierra Nevada
Granada
Huétor de Santillán
Beas de Granada
Quéntar
Dúdar
Pulianillas
Alquería del Fargue
Parador de Turismo de Granada
Lancha del Genil
Pinos Genil
Güéjar Sierra
El Peñón
Canales
Santa Juliana
Cenes de la Vega
Barrio de la Vega
Huétor Vega
Monachil
Cájar
La Zubia
Gójar
Cumbres Verdes
Sierra Nevada
Dílar
Pto. del Lobo 1120
Carcabal 964
Miguelejos 2037
Vía Verde de Sierra Nevada
Jerez del Marquesado
Minas del Marquesado
Virgen de Begoña
Alquife
La Calahorra
San Antonio
Lanteira
Aldeire
Ferreira
Cogollos de Guadix
Albuñán
EMB. DE COGOLLOS DE GUADIX
Parque Nacional
SIERRA NEVADA
Cerro Pelado 3144
Atalaya 3138
Mojón Alto 3138
San Juan 2784
Puerto de la Ragua
Trevenque 2079
Alcazaba 3309
Pico Veleta 3398
Mulhacén 3482
Cartujo 3152
LAGUNA DE LAS YEGUAS
Alto del Chorrillo 2715
Cuna 2328
EL MANAR
Aguadero
Marchena
Cozvíjar
Dúrcal
Nigüelas
Acequias
Cónchar
Murchas
Mondújar
Lecrín
Melegís
Chite
Béznar
Saleres
Restábal
Tablate
Lanjarón
EMB. DE BEZNAR
Pinos del Valle
Trevélez
Los Caballeros
Fuentezuelas
Capileira
Bubión
Pampaneira
Pitres
Pórtugos
Busquístar
Ferreirola
Mecina Fondales
Soportújar
Cáñar
Carataunas
Bayacas
Cerro Negro
Agustines y Tíjola
Órgiva
Las Barreras
Pago y Benisalte
Los Tablones
Guadalfeo
LAS ALPUJARRAS
Nechite
Mairena
Júbar
Válor
Mecina Alfahar
Mecina Bombarón
Yegen
Bérchules
Golco
Montenegro
Alcútar
Narila
Yátor
Ugíjar
Rambla Carlonca
Juviles
Cádiar
Tímar
Nieles
Lobras
Cástaras
Notáez
Almegíjar
Cuesta de Almendros
La Rambla del Banco
Jorairátar
Los Montoros
Cojáyar
Lamparilla 960
Mecina Tedel
Murtas
Los Morones
Torvizcón
Guitreras 1508
SIERRA DE CONTRAVIESA
Los Cózares
Los Vargas
Los Archillas
Los Morenos
Salas-Contraviesa
El Collado
Los Sevillanos
Albondón
Los Gálvez
Albuñol
Los Casimiros
Turón
La Noria
Cerrón 1238
Los Pérez
El Corral
Corrales 889
La Parra
GRANADA
ALMERÍA
El Patio
Guainos Altos
Guainos Bajos
La Alcazaba
El Pozuelo
Adra
Benínar
EMB. DE BENINAR
Darrícal
Lucainena
Ízbor
EMB. DE RULES
1235 Llanadas
Guájar Faragüit
Guájar Fondón
Guindalera 1072
Vélez de Benaudalla
SIERRA DE LÚJAR
1824
Fregeñite
Bargis
Olías
Rubite
Alcázar
Alfornón
Lagos
Lújar
Los Gálvez
Barranco Ferrer
Polopos
Sorvilán
Los Chaulines
Los Castillos
La Rábita
Molvízar
La Gorgoracha
Lobres
Los Tablones
Caleta-Guardia
Salobreña
Motril
Puntalón
El Varadero
Playa de las Azucenas
Torrenueva
Carchuna
Calahonda
Cabo Sacratif
Punta de Carchuna
Los Carlos
Los Garcías
Conjuros 832
La Garnatilla
Gualchos
Barriada del Romeral
Castell de Ferro
Rambla del Agua
Haza del Trigo
La Guapa
Los Yesos
Castillo de Baños
La Mamola
Melicena
Punta de Baños
Punta Negra
ALMERÍA
MEDITERRÁNEO

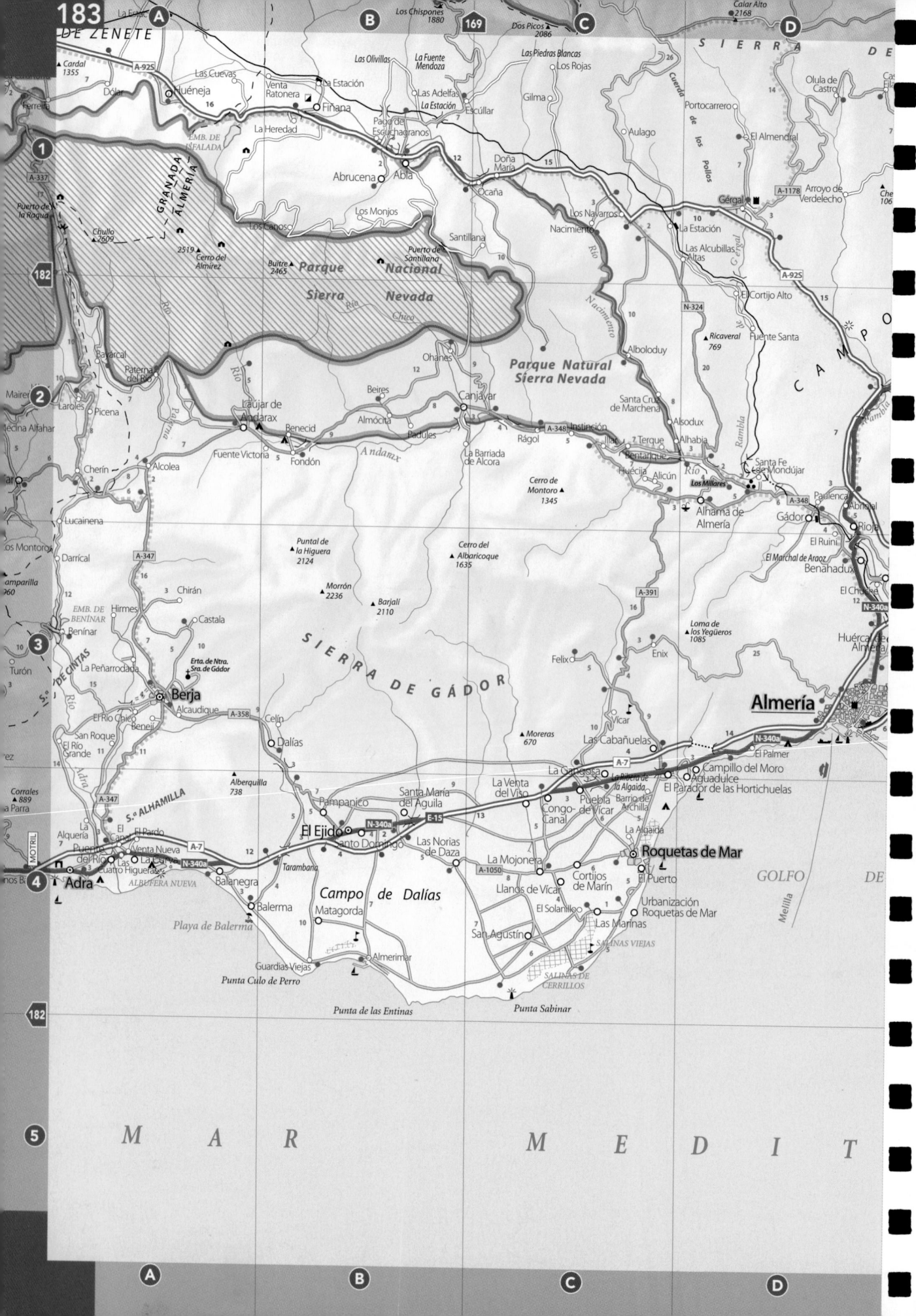

DE ZENETE
SIERRA DE
Parque Nacional Sierra Nevada
Parque Natural Sierra Nevada
SIERRA DE GÁDOR
Campo de Dalías
GOLFO DE
MAR MEDIT
Almería
Roquetas de Mar
El Ejido
Adra
Berja
Abla
Fiñana
Huéneja
Gérgal
Abrucena
Ohanes
Canjáyar
Laujar de Andarax
Alhama de Almería
Gádor
Benahadux
Rioja
Dalías
Vícar
Las Cabañuelas
La Gangosa
Aguadulce
Campillo del Moro
El Parador de las Hortichuelas
La Mojonera
Cortijos de Marín
Llanos de Vícar
Almerimar
Balerma
Guardias Viejas
Punta Culo de Perro
Punta de las Entinas
Punta Sabinar
Playa de Balerma
Las Marinas
Urbanización Roquetas de Mar
El Puerto
San Agustín
Matagorda
Santo Domingo
Las Norias de Daza
Santa María del Aguila
Pampanico
La Venta del Viso
Puebla de Vícar
Congo-Canal
Tarambana
Balanegra
Puente del Río
La Curva
Venta Nueva
Alcolea
Fondón
Benecid
Instinción
Rágol
Alboloduy
Santa Cruz de Marchena
Alsodux
Alhabia
Terque
Alicún
Huécija
Los Millares
Santa Fe de Mondújar
Cerro de Montoro 1345
Cerro del Albaricoque 1635
Puntal de la Higuera 2124
Morrón 2236
Barjalí 2110
Chullo 2609
Buitre 2465
Calar Alto 2168
Dos Picos 2086
Los Chispones 1880
Moreras 670
Alberquilla 738
Loma de los Yegüeros 1085
Ricaveral 769
A-7
E-15
N-340a
A-348
A-347
A-358
A-1050
A-391
N-324
A-925
A-1178
A-337
169
182
MOTRIL

LOS FILABRES
DE TABERNAS
SIERRA ALHAMILLA
CAMPO DE NÍJAR
S.ª DE LA ATALAYA
SIERRA CABRERA
S.ª DE LA HIGUERA
SIERRA DEL CABO DE GATA
Parque Natural Cabo Gata-Níjar
Tahal
Benizalón
Monteagud 1301
Lubrín
El Marchal
Los Matreros
La Perulaca
Senés
Velefique
Moratón
Uleila del Campo
El Pilar
Bédar
La Serena
Los Gallardos
Las Alparatas
Las Cuartillas
El Chive
La Fuente de la Higuera
Puntal
La Mela
Los Castaños
Los Collados
Turre
Alfaix
Mojácar
Parador de Turismo de Mojácar
Los Nudos
Cornicabra 958
Los Alias
Almocáizar
La Huelga
El Cortijo Grande
El Mayordomo
Sorbas
La Herrería
Playa del Descargador
Los Perales
La Carrasca
Mezquita 968
El Agua del Medio-Sopalmo
Torre de los Diablos o del Peñón
Los Yesos
Pago Aguilar
Espeliz
Circuito de Almería
Tabernas
Adelfa 744
Gafarillos
Mizala
Cantona 754
Las Tinadas
Los Retacos
Lucainena de las Torres
Peñas Negras
La Cueva del Pájaro
Playa del Algarrobico
Sartenilla
Marchante
Turrillas
Polopos
El Saltador Bajo
La Isleta
Cerrón de Lucainena 1004
Mini-Hollywood
El Llano de Don Antonio
Carboneras
El Argamasón
I. DE SAN ANDRÉS
Colativí 1387
Cerro del Oro 1287
Huebro
EMB. DE NÍJAR
Las Mañicas
La Matanza
Níjar
Playa de la Torre Vieja
Saladar y Leche
La Mesa Roldán
Punta de los Muertos
Balneario Sierra Alhamilla
Agua Amarga
Punta de la Media Naranja
Campohermoso
Cuevas de los Úbedas
Fernán Pérez
Pechina
Bichas 352
San Isidro de Níjar
Pueblo Blanco
Pozo del Capitán
Punta Javana
Cuevas de los Medinas
El Viso
Yeguas 361
Las Negras
Atochares
Hortichuelas
Venta Gaspar
Loma Cabrera
El Alquián
Albaricoques
Rodalquilar
Punta de la Polacra
El Mamí
Aeropuerto de Almería
Los Nietos
Rellana 478
Lobos 262
La Cañada de San Urbano
Costacabana
El Barranquete
Retamar
El Bobar
Ruescas
Pujaire
Punta del Río
Mazarulleque
Los Escullos
Pozo de los Frailes
Los Frailes 493
Cabo de Gata
Punta de la Loma Pelada
San José
SALINAS DEL CABO DE GATA
ALMERÍA
La Almadraba de Monteleva
Playa de los Genoveses
Morrón de los Genoveses
Vela Blanca 218
Cabo de Gata
Puerto Rey
Garrucha
Mojácar Playa
Punta del Cantal
E R R Á N E O
A B C D
1 2 3 4 5

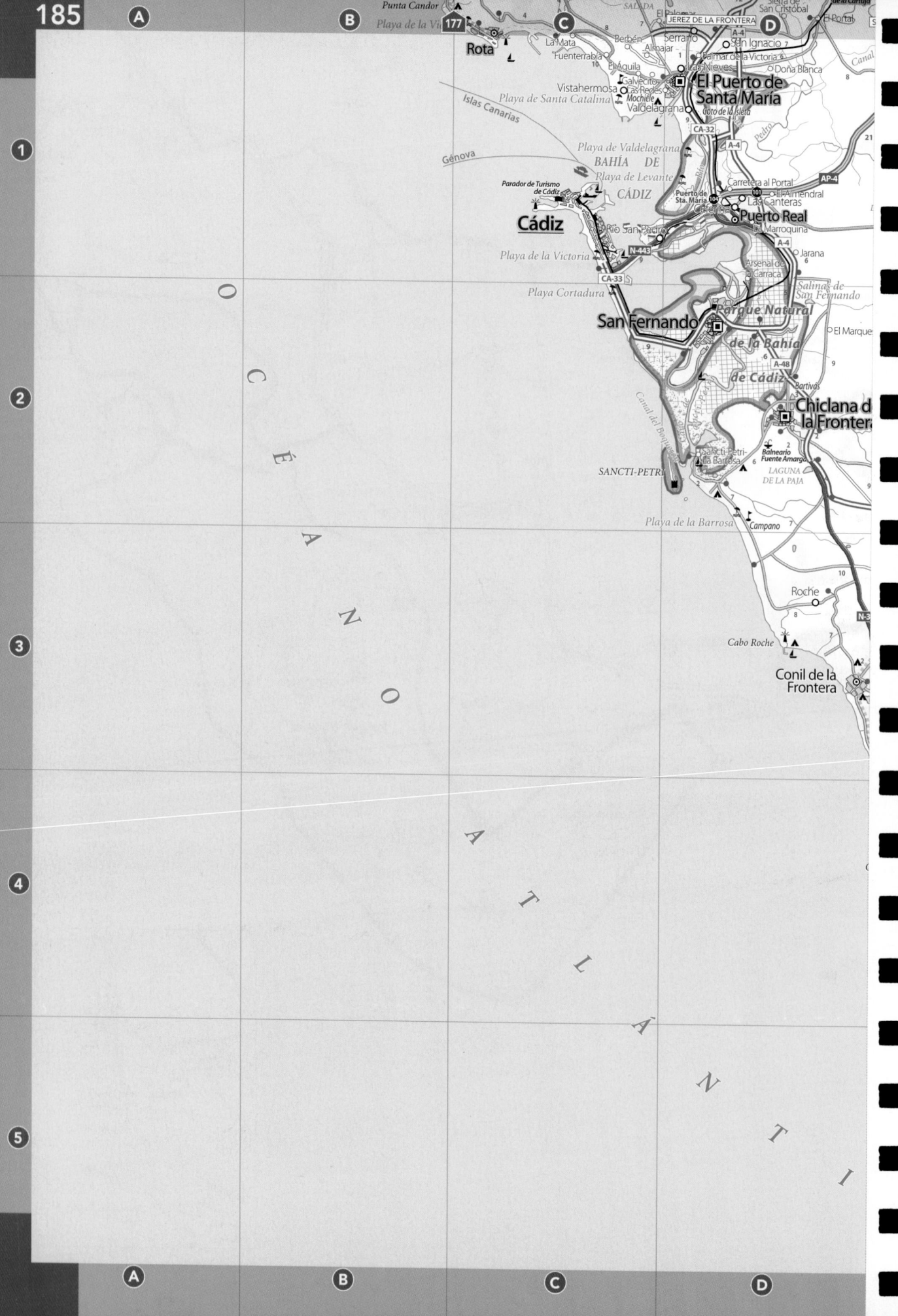
Punta Candor
Playa de la Vi
177
Rota
La Mata
Fuenterrabía
Berbén
Almajar
Serrano
El Palomar
JEREZ DE LA FRONTERA
San Ignacio
Palmar de la Victoria
Las Nieves
Doña Blanca
El Águila
Galvecito
Las Redes
Vistahermosa
El Puerto de Santa María
Mochicle
Valdelagrana
Goto de la Isleta
Playa de Santa Catalina
Islas Canarias
Génova
Playa de Valdelagrana
BAHÍA DE CÁDIZ
Playa de Levante
Parador de Turismo de Cádiz
Cádiz
Río San Pedro
Puerto de Sta. María
Carretera al Portal
El Almendral
Las Canteras
Puerto Real
La Marroquina
Jarana
Arsenal de la Carraca
Salinas de San Fernando
Playa de la Victoria
Playa Cortadura
San Fernando
Parque Natural de la Bahía de Cádiz
El Marque
Bartivás
Chiclana de la Fronter
Canal del Boquerón
Sancti-Petri
La Barrosa
Balneario Fuente Amarga
LAGUNA DE LA PAJA
SANCTI-PETRI
Playa de la Barrosa
Campano
Roche
Cabo Roche
Conil de la Frontera
Sierra de San Cristóbal
El Portal
OCÉANO ATLÁNTICO
CA-32
CA-33
N-443
A-4
AP-4
A-48
N-340

EMBALSE DE GUADALCACÍN I
178
San Isidro del Guadalete
La Barca de la Florida
La Ina
El Torno
Torrecera
LAGUNA DE MEDINA
Alcomocal
El Mimbral
Tempul
Algar
Charco de los Hurones
Canal de los Hurones
Sª. DE LA SAL
San José del Valle
El Romero
SIERRA DEL VALLE
Sª. DE LAS CABRAS
La Jarda
A-2304
Gallina 789
Puerto de Galiz
La Sauceda
Sierrezuela 159
Fuente del Rey
LAGUNA DE TARAJE
LAGUNA DEL COMISARIO
A-389
Paterna de Rivera
El Esparragal
Búho 384
A-408
El Pedroso
Pitas 169
Huelvácar
Fraja
Sª. DEL ALJIBE
Pico del Montero 914
187
Canut
Los Hardales
Porquerizas
A-381
LAGUNAS DE MONTELLANO
Medina-Sidonia
Los Alburejos
Alcalá de los Gazules
Patrite
A-390
La Canaleja
LAGUNA DE JELI
Cerro del Almazán 246
Cerro de las Abejas 207
Los Cobatillas
Río del Álamo
Cortijo de la Mesa
EMBALSE DE BARBATE
Parque Natural de los Alcornocales
Charco Dulce
Pago del Humo
Los Baladejos
Malcocinado
Los Naveros
A-396
A-48
Benalup-Casas Viejas
Barbate
Padrón 571
Jautor
Barrio Nuevo
Sª. MOMIA
La Vigía 144
Cantarranas
Cucarrete
Río Salado
Nájara
Cueva del Tajo de las Figuras
Pto. del Castaño
Casa de Postas
Los Parralejos
EMB. DE CELEMÍN
Cerro de las Platas 392
Río Celemín
Las Lomas
Patria
E-05
Cañada Ancha
La Muela
Santa Lucía
Libreros
Jandilla
Almarache de la Vieja 285
Sª. BLANQUILLA
Sª. DE MONTECOCHE
El Cañal
La Barca
Montecote
Vejer de la Frontera
El Soto
Pto. de Valdespera
Río Palmones
N-340
El Palmar
Rivera de la Oliva
Manzanete
San Ambrosio
A-314
EMB. DE ACISCAR
EMB. DE CHARCO REDONDO-PALMONES
Zahora
Parque Natural de la Breña y Marismas de Barbate
SIERRA DE RETÍN
Barbate
SIERRA DEL NIÑO
Los Barrios
Cabo Trafalgar
Los Caños de Meca
Ensenada de Barbate
Tahivilla
La Zarzuela
Almodóvar
EMB. DE ALMODÓVAR
CAMPO DE GIBRALTAR
LA LÍNEA DE LA CONCEPCIÓN
El Almarchal
Facinas
Ensenada de Zahara
Zahara de los Atunes
El Alamillo
Sª. DE LA PLATA
Sª. DE SALAVICIOSA
Sª. DE OJÉN
Luna 785
El Pulido
Las Piñas
Las Caheruelas
Cañada de la Jara
Betis
Vacas 657
El Pelayo
Cabo de Gracia
Baelo (Bolonia)
El Lentiscal
Punta Camarinal
Ensenada de Bolonia
Casas de Porro
La Peña
Sª. DEL CABRITO
El Bujeo
Punta Paloma
Ensenada de Valdevaqueros
Los Zorrillos
Pedro Valiente
La Costa
Playa de la Plata
Parque Natural del Estrecho
Playa de los Lances
Tarifa
Punta de Tarifa o Marroquí
Tánger
ESTRECHO

Cortes de la Frontera
Jimera de Líbar
Atajate
Alpandeire
Cartajima
Juzcar
Igualeja
Pujerra
Faraján
Benadalid
Benalauría
Algatocín
Jubrique
Benarrabá
Genalguacil
Gaucín
El Colmenar
Cañada de Real Tesoro
Opayar
Sierra Bermeja
Sierra Crestellina
Reales 1452
Canuto Largo 840
San Pablo de Buceite
Jimena de la Frontera
Los Ángeles
Casares
Estepona
Manilva
San Luis de Sabinillas
San Martín del Tesorillo
Secadero
Castillo de Castellar
Castellar de la Frontera
Guadiaro
San Enrique
Torreguadiaro
Punta de la Chullera
Almoraima
Punta Mala
Estación Férrea
Taraguilla
San Roque
Los Barrios
Cortijillos
Carteya-Guadarranque
Puente Mayorga
Campamento
Palmones
La Línea de la Concepción
Algeciras
Gibraltar
(Reino Unido)
Punta de Europa
Playa de los Portichuelos
Ensenada de Getares
Punta del Carnero
Getares
Punta Acebuche
Parque Natural del Estrecho
Benahavís
Artola
San Pedro de Alcántara
Nueva Andalucía
Istán
Saladillo-Benamara
Cancelada
Guadalmina
Atalaya-Isdabe
Resinera-Voladilla
El Velerín
El Padrón
Los Llanos
La Gaspara
Saladavieja
Punta de la Doncella
Bahía Dorada
Buenas Noches
Playa del Sol-Villacana
Puerto Banús
Parque Natural de la Sierra de las Nieves
Sierra Real
Bahía de Algeciras
Gibraltar

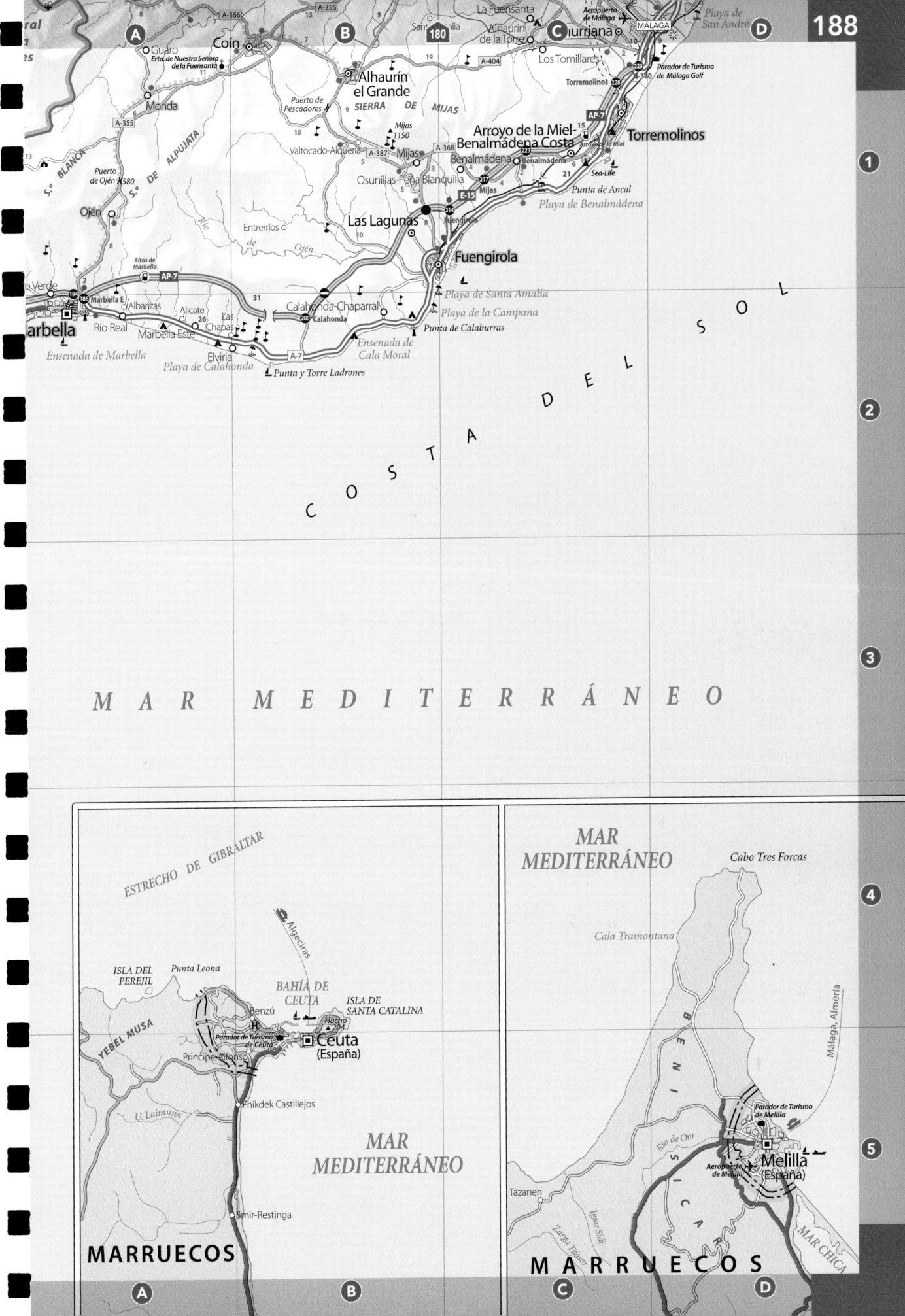

Coín
Guaro
Erta. de Nuestra Señora de la Fuensanta
Monda
Alhaurín el Grande
Puerto de Pescadores
SIERRA DE MIJAS
Mijas 1150
La Fuensanta
Alhaurín de la Torre
Churriana
Aeropuerto de Málaga
MÁLAGA
Playa de San Andrés
Los Tomillares
Parador de Turismo de Málaga Golf
Torremolinos
Arroyo de la Miel-Benalmádena Costa
Torremolinos
Benalmádena
Sea-Life
Punta de Ancal
Playa de Benalmádena
Valtocado-Alquería
Mijas
Osunillas-Peña Blanquilla
S.ª BLANCA
S.ª DE ALPUJATA
Puerto de Ojén
Ojén
Entrerríos
Río de Ojén
Las Lagunas
Fuengirola
Altos de Marbella
Marbella E
Albarizas
Alicate
Las Chapas
Marbella Este
Río Real
Marbella
Elviria
Playa de Calahonda
Ensenada de Marbella
Calahonda-Chaparral
Calahonda
Punta y Torre Ladrones
Ensenada de Cala Moral
Playa de Santa Amalia
Playa de la Campana
Punta de Calaburras
COSTA DEL SOL
MAR MEDITERRÁNEO
ESTRECHO DE GIBRALTAR
Algeciras
ISLA DEL PEREJIL
Punta Leona
BAHÍA DE CEUTA
ISLA DE SANTA CATALINA
Benzú
Hacho 204
YEBEL MUSA
Parador de Turismo de Ceuta
Ceuta (España)
Príncipe Alfonso
Fnikdek Castillejos
U. Laimuna
MAR MEDITERRÁNEO
Smir-Restinga
MARRUECOS
MAR MEDITERRÁNEO
Cabo Tres Forcas
Cala Tramontana
Málaga, Almería
BENI SICAR
Parador de Turismo de Melilla
Río de Oro
Aeropuerto de Melilla
Melilla (España)
Tazanen
Igsar Sidi
Zarga Tifasor
MAR CHICA
MARRUECOS

A B C D

1

O C É A N O

A T L Á N T I C O

2

FUERTEVENTURA

Punta

Bahía de las G

Piedra de Fu

Playa del Valle

Caleta del Paso

Punta del Junquillo

Ensenada de la Herradura
Punta del Tarajalito

Parque N

Caleta de la Peña Vieja

Betancu

Be

Ajuy

Ntra. Sra.
de la Peña

3

Playa de los Muertos

EMBALSE D
LAS PEÑI

Caleta de la Cruz

Punta de la Canal

Mézquez
414 ▲

Playa de Garcey

Pájara

Risco Blanco

Filo de Tejeda

Cueva de Lobos

Melindraga
619

Tese

Punta Amanay

26

Cardón

4

Playas Negras

Cardón
691

Playa de Ugán

Laja Blanca

Playa del Viejo Rey

Los Boquetes

Taraja

Agua Liques

La Lajita

Agua Tres Piedras

Istmo de la Pared

Punta del Car

Costa Calma

Playa de
Matas Blancas

Playa de Tarajalejo

El Jable

FV-2

Pla

5

Punta de Barlovento

Playa de Barlovento de Jandía

Punta Pesebre

Playa de Cofete

Parque Natural

Jandía

Playa
de Ojos

Las Talahijas
127

807 ▲
Jandía

P E N Í N S U L A   D E   J A N D Í A

Playa de Sotavento de Jandía

Punta Jandía

Maln

bre

Punta de Jandía

Playa de las Pila

FV-2

A B Morro del Jable C D

ARRECIFE
DEL GRIEGO

Gran Canaria

Playa del
Matorral

Punta del Matorral
del Morro Jable

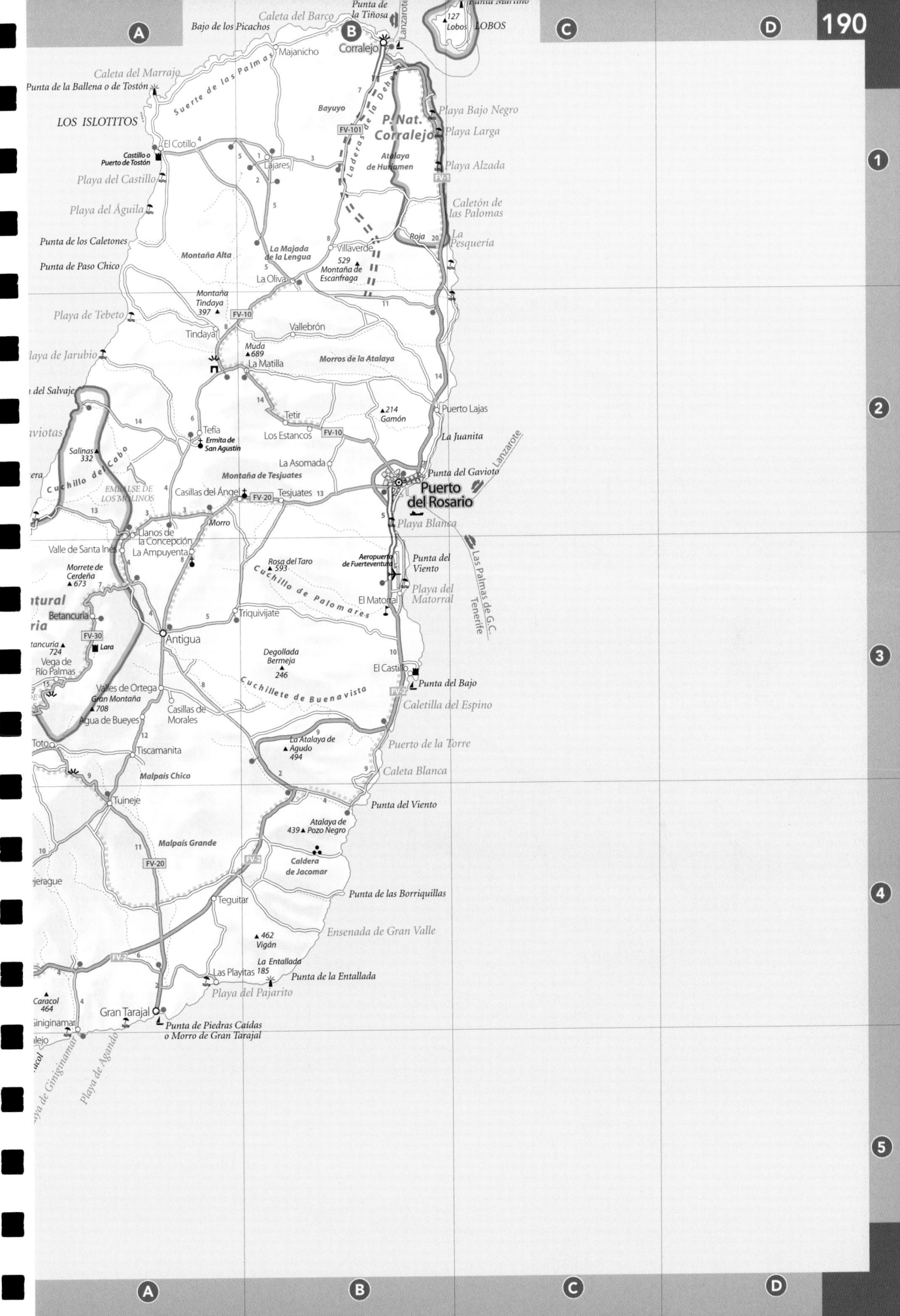
Corralejo
Puerto del Rosario
P. Nat. Corralejo
LOBOS
Lobos
LOS ISLOTITOS
El Cotillo
Lajares
Majanicho
Villaverde
La Oliva
Tindaya
Vallebrón
La Matilla
Tetir
Los Estancos
Tefía
La Asomada
Casillas del Ángel
Tesjuates
Llanos de la Concepción
La Ampuyenta
Valle de Santa Inés
Betancuria
Antigua
Triquivijate
El Matorral
El Castillo
Vega de Río Palmas
Valles de Ortega
Casillas de Morales
Agua de Bueyes
Toto
Tiscamanita
Tuineje
Teguitar
Las Playitas
Gran Tarajal
Giniginamar
Puerto Lajas
Punta del Gavioto
Playa Blanca
Punta del Viento
Playa del Matorral
Punta del Bajo
Caletilla del Espino
Puerto de la Torre
Caleta Blanca
Punta de las Borriquillas
Ensenada de Gran Valle
Punta de la Entallada
Playa del Pajarito
Punta de Piedras Caídas o Morro de Gran Tarajal
Playa de Agando
Playa Bajo Negro
Playa Larga
Playa Alzada
Caletón de las Palomas
La Pesquería
La Juanita
Playa del Castillo
Playa del Águila
Playa de Tebeto
Caleta del Marrajo
Caleta del Barco
Bajo de los Picachos
Punta de la Tiñosa
Punta de la Ballena o de Tostón
Punta de los Caletones
Punta de Paso Chico
Castillo o Puerto de Tostón
Lanzarote
Las Palmas de G.C. Tenerife
Aeropuerto de Fuerteventura
Cuchillo de Palomares
Cuchillete de Buenavista
Cuchillo del Cabo
Suerte de las Palmas
Laderas de la Dehesa
Montaña Alta
Montaña de Tesjuates
Morros de la Atalaya
Malpaís Chico
Malpaís Grande
Caldera de Jacomar
Ermita de San Agustín
Embalse de los Molinos
FV-1
FV-2
FV-10
FV-20
FV-30
FV-101
A
B
C
D
1
2
3
4
5

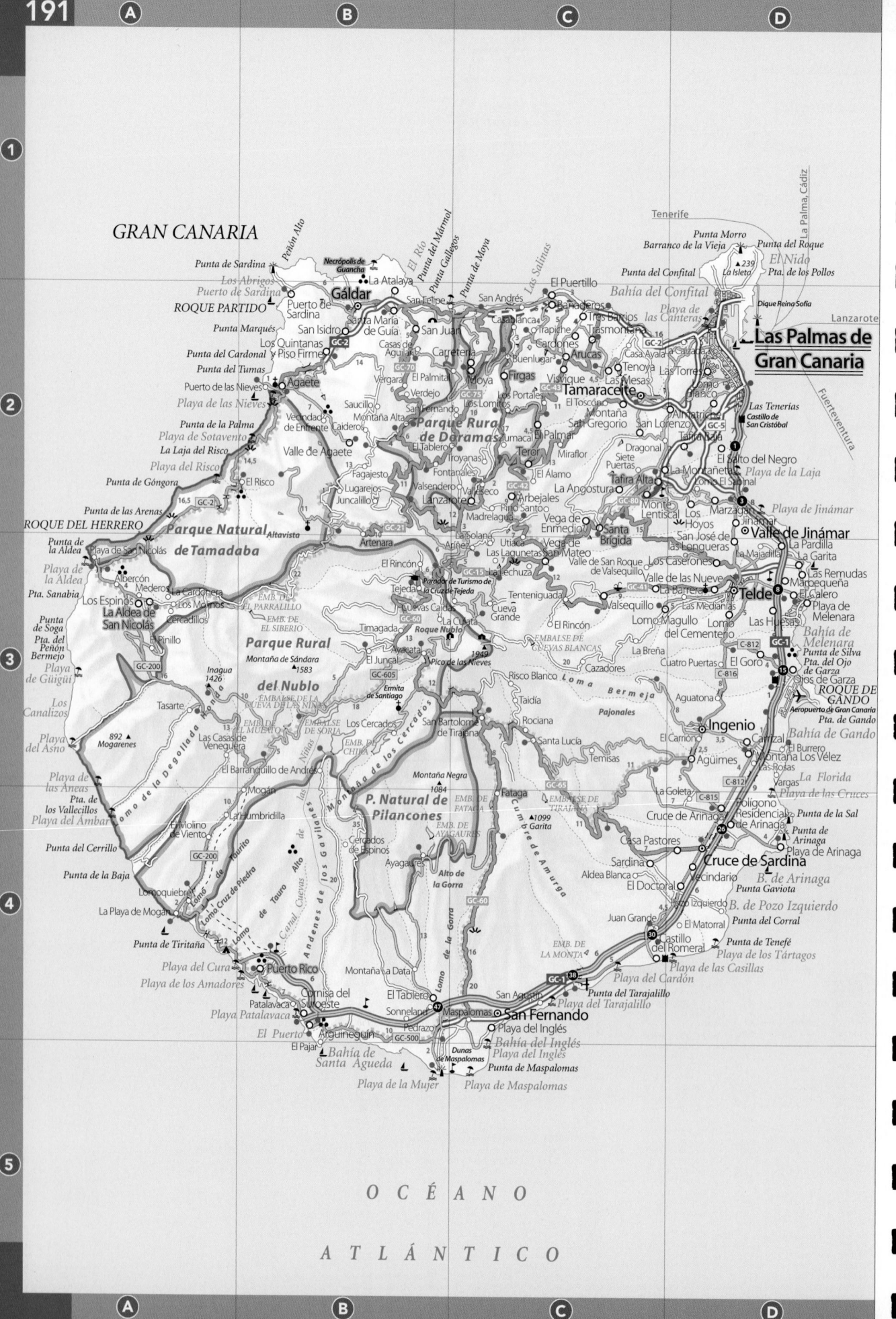
GRAN CANARIA
Las Palmas de Gran Canaria
Gáldar
Santa María de Guía
Agaete
Arucas
Firgas
Moya
Teror
Tamaraceite
Santa Brígida
Vega de San Mateo
Tejeda
Artenara
Telde
Valle de Jinámar
Ingenio
Agüimes
Cruce de Sardina
Cruce de Arinaga
San Bartolomé de Tirajana
Santa Lucía
Fataga
La Aldea de San Nicolás
Mogán
Puerto Rico
Arguineguín
San Fernando
Maspalomas
Playa del Inglés
Playa de Maspalomas
Punta de Maspalomas
Dunas de Maspalomas
Parque Natural de Tamadaba
Parque Rural de Doramas
Parque Rural del Nublo
P. Natural de Pilancones
Roque Nublo
Pico de las Nieves
Parador de Turismo de la Cruz de Tejeda
Necrópolis de Guancha
Castillo de San Cristóbal
Aeropuerto de Gran Canaria
Dique Reina Sofía
La Isleta
Bahía del Confital
Playa de las Canteras
Punta de Sardina
Puerto de Sardina
ROQUE PARTIDO
Puerto de las Nieves
Playa de las Nieves
ROQUE DEL HERRERO
Punta de la Aldea
Playa de la Aldea
Playa de Güigüí
Playa del Asno
Playa de Mogán
Punta de Tiritaña
Playa del Cura
Playa de los Amadores
Playa Patalavaca
Bahía de Santa Águeda
Playa de la Mujer
Bahía del Inglés
Playa del Tarajalillo
Playa del Cardón
Castillo del Romeral
Juan Grande
Vecindario
Playa de Arinaga
Bahía de Gando
ROQUE DE GANDO
Playa de Melenara
Playa de la Laja
Playa de Jinámar
Tenerife
Lanzarote
Fuerteventura
La Palma, Cádiz
GC-1
GC-2
GC-200
GC-60
GC-500
O C É A N O
A T L Á N T I C O

ALEGRANZA

Punta Mosegos

La Caldera
▲ 52
Punta Delgada

Punta de la Mareta

Parque Natural del

Archipiélago Chinijo

ROQUE DEL OESTE
O DEL INFIERNO

MONTAÑA CLARA

Punta Gorda

Playa de las Conchas
Los Acantilados
GRACIOSA

Playa Lambra

Punta de Pedro Barba
o de la Sonda

Pedro Barba
▲ 266

Bajo del Corral

Caleta
del Sebo
Ⓗ

Punta Fariones

Orzola

Punta del Pobre

Salinas
del Río

Mirador del Río

Punta Mujeres

La Bahía

Monte Corona
▲ 609

Cueva de
los Verdes

Malpaís de la Corona

Los Lomillos

Máguez

Haría

Caleta de Campo

LAS BAJAS

Arrieta

Playa de la Garita

Bahía
de Penedo

PRESA
DE MALA

LA ISLETA
Los Risquetes

Caleta de Famara

Ermita de
las Nieves
LZ-10

Los Valles
El Valle

Mala

Los Lajares

La Santa

La Respingona

Risco de Famara

14

Caleta del Caballo

Los Lajares

Sóo

Vega de Sóo

Risco Negro

Puerto Moro
Los Cocoteros

LANZAROTE

Montaña Bermeja

El Jable

Muñique

San José

Guatiza

▲ 324
La Caldera

Ensenada de los
Barranquillos

Pta. de Tierra Negra

Punta Gaviota
Playa de Chó Gregorio

Teneza
368
Tinajo

Valle del Peñón

Teguise

Teseguite

Los
Ancones

Punta del Paletón

Mancha Blanca

La Vegueta

Tiagua

Nazaret

LZ-1

Salinas de El Charco

Los Dolores
Tinguatón

Tao

LZ-30

Mozaga

Tahiche

Costa Teguise

Punta de Tope
La Baja de las Caletitas

LZ-67

Parque Nacional
de Timanfaya

Caldera Roja ▲
427

Pico Partido
▲ 517

LZ-56

El Islote

San Bartolomé
Masdache

Maneje

Argana Alta

LZ-20

Cádiz

Playa del Paso

Fuego
510

Montañas del Fuego
de Timanfaya

Montaña Blanca

Argana Baja

El Cable

Arrecife

Parque Natural
de los Volcanes

Ermita de
la Magdalena

Güime

Punta de la Lagarta

Playa de Montaña Bermeja

Conil

Yaiza

Uga

La Geria

La Asomada

Tías

LZ-2

Playa Honda

Salinas de Janubio

Mácher

Aeropuerto
de Lanzarote

Punta del Volcán

LAGUNA DE JANUBIO

Valle de Femés

LZ-40

Punta Montañosa
Hoyas Hondas

Las Breñas

Femés

Puerto
del Carmen

Playa
Blanca

OCÉANO

Las Hoyas de
Chó Colorado

La Puntilla

Bahía de Ávila

Las Palmas de G.C.
Fuerteventura

LZ-2

Hacha Grande ▲
560

Salinas del
Berrugo

Punta Gorda
El Paso de Andrés

Playa Blanca

Las Coloradas

ATLÁNTICO

Punta Pechiguera

Puerto Muela de Abajo

Playa de Montaña Roja

Fuerteventura

Playa del Pozo

Punta del Papagayo

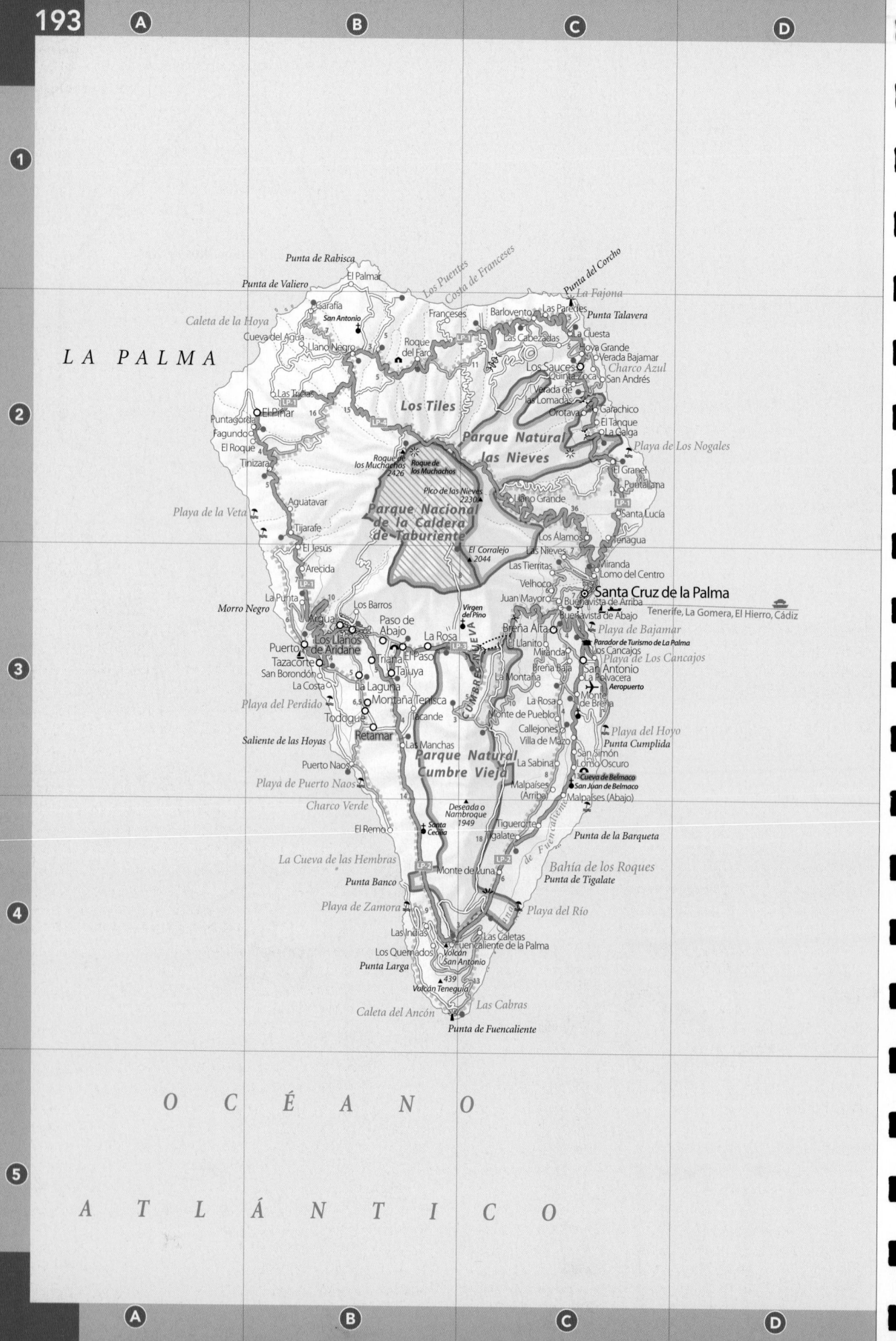
A
B
C
D
1
2
3
4
5
LA PALMA
Punta de Rabisca
Punta de Valiero
El Palmar
Los Puentes
Costa de Franceses
Punta del Corcho
La Fajana
Caleta de la Hoya
Garafía
San Antonio
Franceses
Barlovento
Las Paredes
Punta Talavera
Cueva del Agua
Llano Negro
Roque del Faro
Las Cabezadas
La Cuesta
Hoya Grande
Verada Bajamar
Los Sauces
Charco Azul
Quinta Zoca
San Andrés
Las Tricias
El Pinar
Los Tiles
Verada de las Lomadas
Garachico
Puntagorda
Fagundo
El Roque
Orotava
El Tanque
La Galga
Parque Natural las Nieves
Playa de Los Nogales
Tinizara
Roque de los Muchachos 2426
Roque de los Muchachos
El Granel
Puntallana
Pico de las Nieves 2230
Llano Grande
Aguatavar
Parque Nacional de la Caldera de Taburiente
Santa Lucía
Playa de la Veta
Tijarafe
Los Álamos
Tenagua
El Jesús
El Corralejo 2044
Las Nieves
Arecida
Las Tierritas
Miranda
Lomo del Centro
Velhoco
La Punta
Juan Mayor
Santa Cruz de la Palma
Buenavista de Arriba
Morro Negro
Los Barros
Virgen del Pino
Buenavista de Abajo
Tenerife, La Gomera, El Hierro, Cádiz
Argual
Paso de Abajo
Playa de Bajamar
Breña Alta
Puerto
Los Llanos de Aridane
La Rosa
El Paso
El Llanito
Parador de Turismo de La Palma
Los Cancajos
Tazacorte
Triana
Miranda
Playa de Los Cancajos
San Borondón
Tajuya
La Montaña
Breña Baja
San Antonio
La Costa
La Laguna
La Polvacera
Aeropuerto
Montaña Tenisca
Cumbre Nueva
Monte de Breña
Playa del Perdido
La Rosa
Todoque
Tacande
Monte de Pueblo
Retamar
Callejones
Playa del Hoyo
Saliente de las Hoyas
Las Manchas
Villa de Mazo
Punta Cumplida
Parque Natural Cumbre Vieja
La Sabina
San Simón
Puerto Naos
Lomo Oscuro
Cueva de Belmaco
Playa de Puerto Naos
Malpaíses (Arriba)
San Juan de Belmaco
Malpaíses (Abajo)
Charco Verde
Deseada o Nambroque 1949
El Remo
Santa Cecilia
Tigueroste
Tigalate
Punta de la Barqueta
La Cueva de las Hembras
Bahía de los Roques
Monte de Luna
Punta de Tigalate
Punta Banco
Playa de Zamora
Playa del Río
Las Indias
Las Caletas
Los Quemados
Fuencaliente de la Palma
Volcán San Antonio
Punta Larga
439
Volcán Teneguía
Las Cabras
Caleta del Ancón
Punta de Fuencaliente
LP-1
LP-2
LP-3
LP-4
OCÉANO
ATLÁNTICO

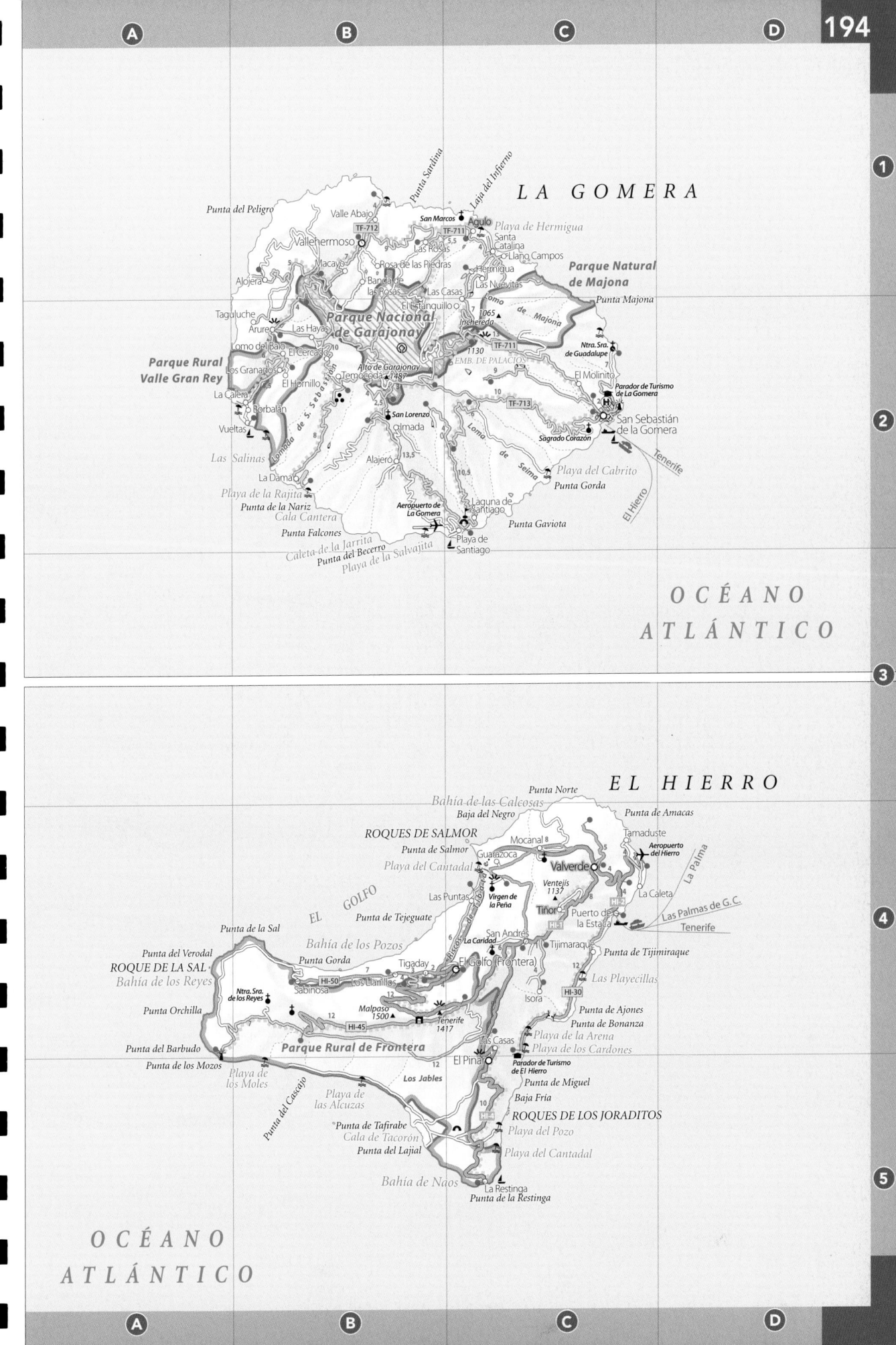

A **B** **C** **D**

LA GOMERA

Punta Sardina
Laja del Infierno

Punta del Peligro
Valle Abajo
San Marcos
Playa de Hermigua
TF-712
TF-711
Santa
Catalina
Vallehermoso
Las Rosas
5.5
Llano Campos
Parque Natural de Majona
Macayo
Rosa de las Piedras
Hermigua
Alojera
Bandera
las Rosas
Las Nuevitas
Punta Majona
El Estanquillo
Las Casas
Taguluche
Parque Nacional de Garajonay
Inchereda
1065
Ntra. Sra. de Guadalupe
Arure
Las Hayas
El Estanquillo
1130
TF-711
Lomo del Balo
El Cercado
EMB. DE PALACIOS
El Molinito
Los Granados
Temocodá
Alto de Garajonay 1487
Parador de Turismo de La Gomera
Parque Rural Valle Gran Rey
El Hornillo
San Lorenzo
TF-713
La Calera
Olmada
San Sebastián de la Gomera
Borbalán
Sagrado Corazón
Vueltas
13,5
Alajeró
Tenerife
Las Salinas
10,5
Playa del Cabrito
La Dama
Laguna de Santiago
Punta Gorda
Playa de la Rajita
Punta de la Nariz
Aeropuerto de La Gomera
El Hierro
Cala Cantera
Punta Gaviota
Punta Falcones
Playa de Santiago
Caleta de la Jarrita
Punta del Becerro
Playa de la Salvajita

O C É A N O
A T L Á N T I C O

1

2

3

EL HIERRO

Punta Norte
Bahía de las Calcosas
Baja del Negro
Punta de Amacas
ROQUES DE SALMOR
Mocanal
Tamaduste
Punta de Salmor
Aeropuerto del Hierro
Guarazoca
Playa del Cantadal
Valverde
La Palma
EL GOLFO
Las Puntas
Virgen de la Peña
Ventejís 1137
La Caleta
Punta de Tejeguate
Tiñor
Las Palmas de G.C.
Punta de la Sal
Puerto de la Estaca
Punta del Verodal
Bahía de los Pozos
San Andrés
HI-1
Tenerife
ROQUE DE LA SAL
Punta Gorda
La Caridad
Bahía de los Reyes
Tigaday
El Golfo (Frontera)
Tijimaraque
Ntra. Sra. de los Reyes
Sabinosa
Los Llanillos
Punta de Tijimiraque
HI-50
12
Las Playecillas
Punta Orchilla
Isora
HI-30
Malpaso 1500
Punta de Ajones
Punta del Barbudo
HI-45
Tenerife 1417
Punta de Bonanza
Punta de los Mozos
Parque Rural de Frontera
Las Casas
Playa de la Arena
Playa de los Moles
El Pinar
Playa de los Cardones
Los Jables
Parador de Turismo de El Hierro
Playa de las Alcuzas
Punta de Miguel
Punta del Cascajo
Baja Fría
HI-4
ROQUES DE LOS JORADITOS
Punta de Tafirabe
Cala de Tacorón
Playa del Pozo
Punta del Lajial
Playa del Cantadal
Bahía de Naos
La Restinga
Punta de la Restinga

4

5

O C É A N O
A T L Á N T I C O

A **B** **C** **D**

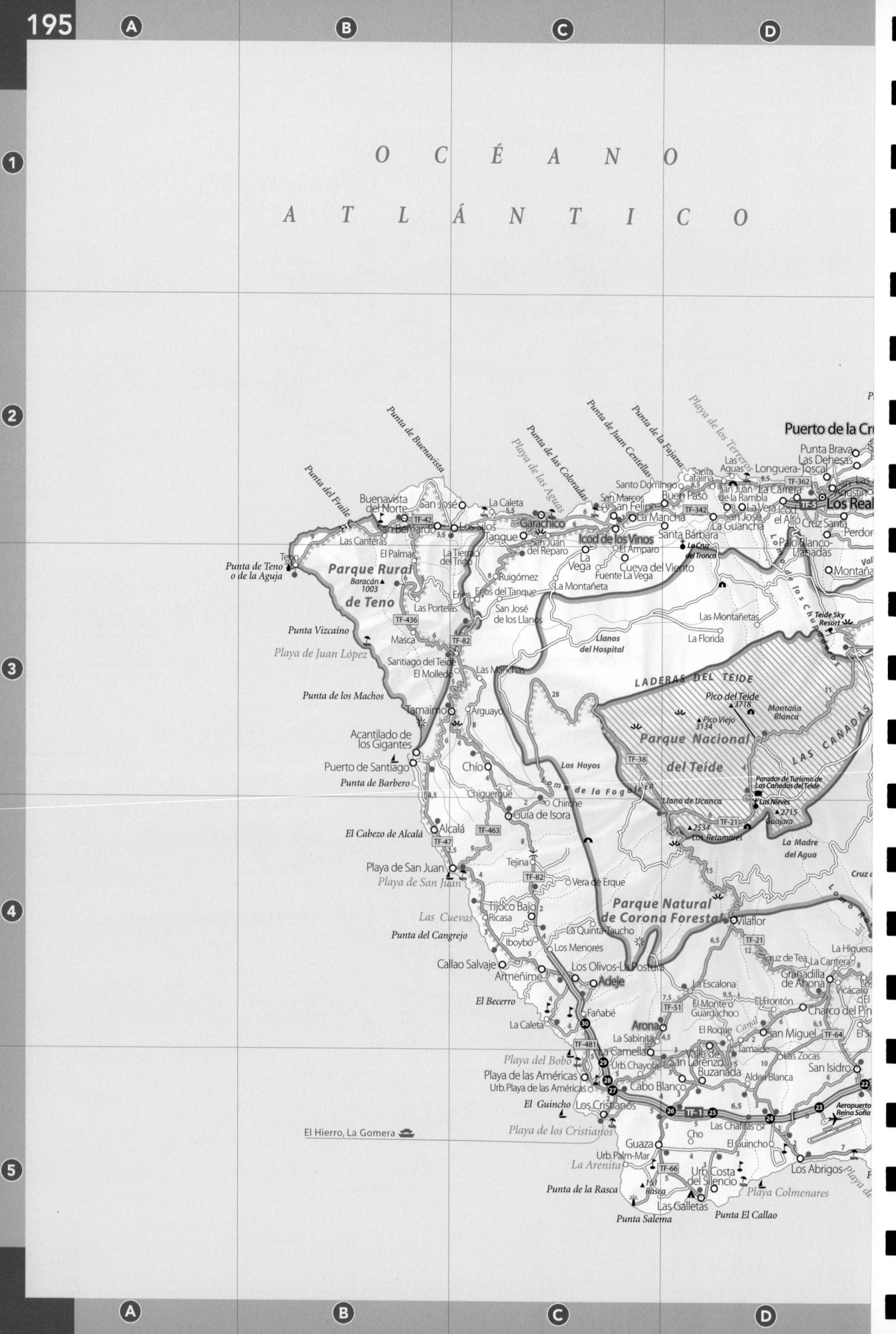

O C É A N O

A T L Á N T I C O

Puerto de la Cr

Punta de Buenavista

Playa de los Ter

Punta de las Colorados

Punta de Juan Centellas

Punta de la Fajana

Playa de las Aguas

Punta Brava
Las Dehesas
Las Aguas
Longuera-Toscal
TF-362
Punta del Fraile
Buenavista del Norte
San José
Las Cañadas
La Caleta 5,5
Santo Domingo
San Marcos
San Felipe
Santa Catalina
6,5
Buen Paso
San Juan de la Rambla
La Carrera
Los Real
TF-362
TF-5
San Bernardo
Los Silos
Tanque
TF-42
Garachico
San Juan del Reparo
Icod de los Vinos
La Mancha
La Vera Icod
La Guancha
el Alto Cruz Santa
San Agustin
Perdor
Teno
Punta de Teno o de la Aguja
El Palmar
La Tierra del Trigo
Erjos
San Juan del Reparo
El Amparo
La Vega
Cueva del Viento
Santa Bárbara
La Cruz del Tronco
Palo Blanco-Llabadas
Montaña
Parque Rural
Baracán 1003
Las Portelas
Ruigómez
Erjos del Tanque
Fuente La Vega
La Montañeta
de Teno
TF-436
San José de los Llanos
Las Montañetas
Teide Sky Resort
Punta Vizcaíno
Masca
TF-82
Llanos del Hospital
La Florida
Playa de Juan López
Santiago del Teide
El Molledo
Las Marchas
LADERAS DEL TEIDE
Punta de los Machos
Tamaimo
Arguayo
28
Pico del Teide 3718
Montaña Blanca
Acantilado de los Gigantes
Chío
Pico Viejo 3134
Parque Nacional
LAS CAÑADAS
Puerto de Santiago
del Teide
Punta de Barbero
Chiguergue
TF-38
Parador de Turismo de Las Cañadas del Teide
Chirche
Lomo de la Fogalera
Llano de Ucanca
Las Nieves
Guia de Isora
Los Hoyos
2534
Los Retamares
2715
Guajara
El Cabezo de Alcalá
Alcalá
TF-463
La Madre del Agua
TF-47
Tejina
Cruz d
Playa de San Juan
TF-82
Vera de Erque
Playa de San Juan
Parque Natural
Lomo del
Tijoco Bajo
de Corona Forestal
Vilaflor
Las Cuevas
Ricasa
La Quinta-Taucho
TF-21
Punta del Cangrejo
Iboybó
Los Menores
Cruz de Tea
La Cantera
La Higuera
Callao Salvaje
Los Olivos-La Postura
La Escalona
Granadilla de Abona
Arméñime
Adeje
TF-51
El Monte o Guargacho
El Frontón
Vilcaco
Charco del Pin
El Becerro
Fañabé
El Roque
San Miguel
TF-64
La Caleta
Arona
Canal
Tamaide
TF-481
La Sabinita
Las Zocas
Playa del Bobo
Valle de San Lorenzo
Aldea Blanca
San Isidro
Urb. Chayofa
Buzanada
Playa de las Américas
Urb. Playa de las Américas
Cabo Blanco
22
El Guincho
Los Cristianos
TF-1
Aeropuerto Reina Sofía
Playa de los Cristianos
Las Chafiras
23
El Guincho
24
Guaza
Cho
El Hierro, La Gomera
Urb. Palm-Mar
Las Galletas
Los Abrigos
La Arenita
Urb. Costa del Silencio
Playa Colmenares
Playa de
TF-66
Punta de la Rasca
Rasca
Punta Salema
Las Galletas
Punta El Callao

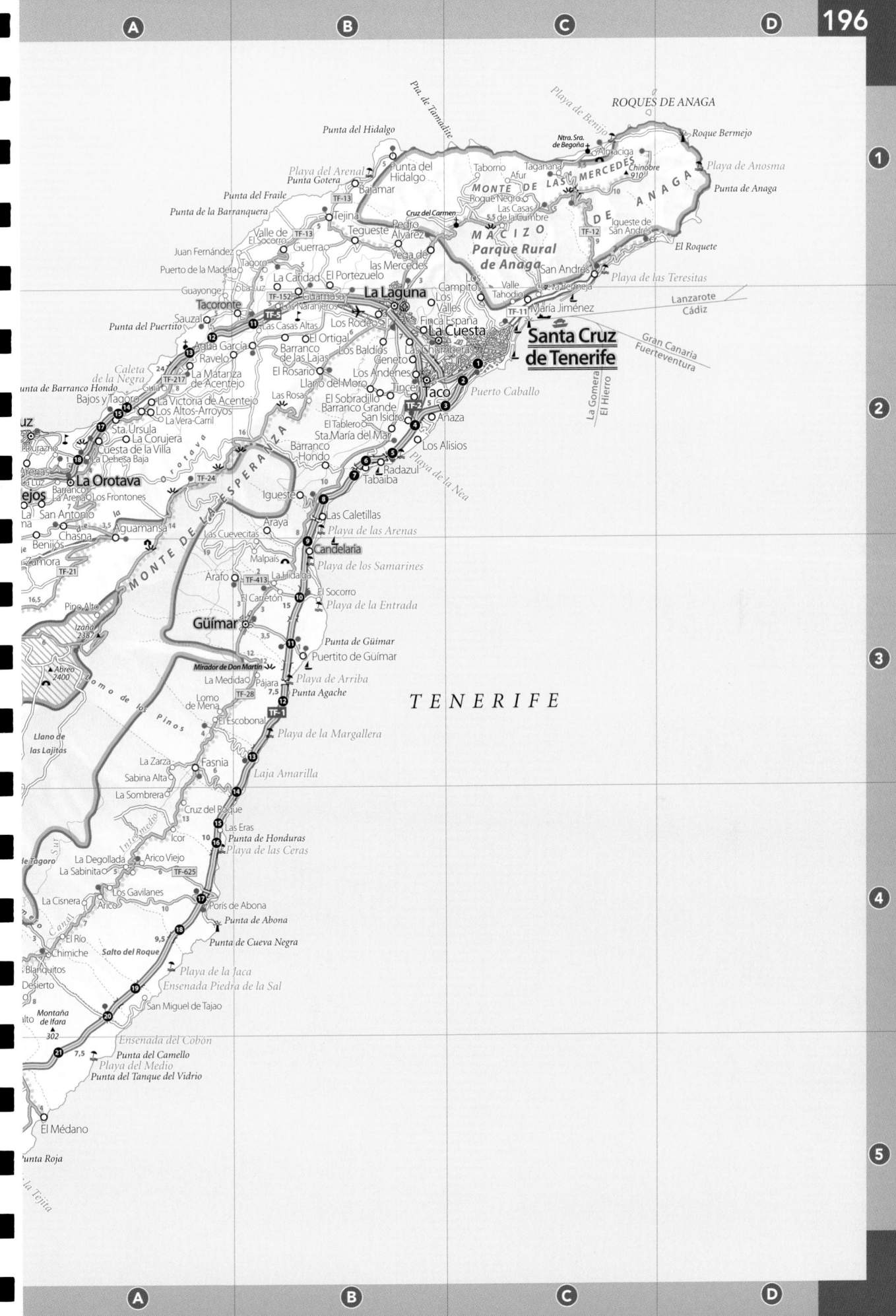

A   B   C   D

1

ROQUES DE ANAGA

Pla. de Tamadite
Playa de Benijo
Roque Bermejo
Ntra. Sra.
de Begoña   Almaciga
Almaciga
Punta del Hidalgo   Playa de Anosma
Taborno   Taganana
Afur   Chinobre
MONTE   910   Punta de Anaga
Playa del Arenal   Punta del   DE LAS MERCEDES   Igueste de
Punta Gotera   Hidalgo   San Andrés
Bajamar   Roque Negro   TF-12   El Roquete
Punta del Fraile   Cruz del Carmen   MACIZO   Las Casas
Punta de la Barranquera   TF-13   Tejina   de la Cumbre
Valle de   Teguesta   Parque Rural   DE
El Socorro   Pedro   de Anaga   San Andrés   ANAGA
Juan Fernández   Guerra   Álvarez   Playa de las Teresitas
Puerto de la Madera   Tagoro   Vega de   Cueva Bermeja
Guayonge   las Mercedes   Valle   Lanzarote
La Caridad   El Portezuelo   Los   Tahodio   Cádiz
Tacoronte   TF-152   El Portezuelo   Valles   María Jiménez
Sauzal   Guamasa   La Laguna   TF-11
Punta del Puertito   TF-5   Los Naranjeros   Campito   Santa Cruz
Agua García   Las Casas Altas   Los Rodeos   Finca España   de Tenerife
Caleta   12   El Ortigal   La Cuesta   Gran Canaria
de la Negra   13   Ravelo   Barranco   Los Baldíos   Fuerteventura
Punta de Barranco Hondo   24   La Matanza   de las Lajas   Geneto
Bajos y Tagoro   TF-217   de Acentejo   El Rosario   Los Andenes   2
Luz   14   La Victoria de Acentejo   Llano del Moro   Tinco   Taco
Sta. Úrsula   La Vera-Carril   Las Rosas   El Sobradillo   TF-2   Puerto Caballo
La Corujera   Barranco Grande   Anaza   La Gomera
Cuesta de la Villa   San Isidro   El Hierro
La Dehesa Baja   Sta. María del Mar   Los Alisios
Arenas   Barranco   El Tablero
La Luz   Hondo   Radazul
La Orotava   Tabaiba   Playa de la Nea
ejos   Los Frontones   Iguesto   Las Caletillas
San Antonio   TF-24   Playa de las Arenas
La   Araya   Candelaria
Benijos   Aguamansa   Las Cuevecitas   Playa de los Samarines
Chasna   Malpaís
zamora   Arafo   La Hidalga   El Socorro   3
TF-21   TF-413   Playa de la Entrada
16,5   Pino Alto   El Carretón   Güímar
Izaña   Mirador de Don Martin   Punta de Güímar
2387   La Medida   Puertito de Güímar
Abreo   Pájara   Playa de Arriba
2400   Lomo   TF-28   Punta Agache
de Mena   TF-1   TENERIFE
Llano de   El Escobonal   Playa de la Margallera
las Lajitas   La Zarza   Fasnia   Laja Amarilla
Sabina Alta
La Sombrera   Cruz del Roque   4
Tagoro   Icor   Las Eras
La Degollada   Arico Viejo   Punta de Honduras
La Sabinita   TF-625   Playa de las Ceras
La Cisnera   Los Gavilanes   Porís de Abona
Arico   Punta de Abona
El Río   Punta de Cueva Negra
Chimiche   Salto del Roque
Blanquitos   Playa de la Jaca
Desierto   Ensenada Piedra de la Sal
San Miguel de Tajao
Montaña   5
de Ifara
302   Ensenada del Cobón
Punta del Camello
Playa del Medio
Punta del Tanque del Vidrio
El Médano
Punta Roja
la Tejita

A   B   C   D

Madrid
A-1
Colmenar Viejo 31
Francia por Irún 487
Burgos 237
A-2
Aeropuerto 4
Guadalajara 59
Barcelona 621
A-6
El Prado 10
Majadahonda 3
La Coruña 609
AVENIDA DE LA PAZ
M-30
PASEO DE LA CASTELLANA
Torres Kío
Plaza de Castilla
NUEVA ESPAÑA
Parque Agustín Rodríguez Sahagun
VALDEACERAS
Parque Huerta del Obispo
TETUÁN
CASTILLEJOS
BERRUGUETE
CUATRO CAMINOS
RÍOS ROSAS
HISPANOAMÉRICA
CIUDAD JARDÍN
Parque de Berlín
EL VISO
PROSPERIDAD
GUINDALERA
CASTELLANA
Museo Lázaro Galdiano
Archivo Histórico Nacional
Museo de Ciencias Naturales
Estadio Santiago Bernabeu
Palacio de Congresos y Exposiciones
Plaza de Cuzco
Plaza de Lima
Basílica de Santa María
Nuevos Ministerios
Antiguo Hospital de Jornaleros
Museo Sorolla
CHAMBERÍ
ARAPILES
Parque Santander
VALLEHERMOSO
BELLAS VISTAS
Dehesa de la Villa
CIUDAD UNIVERSITARIA
MONCLOA
Museo de América
Parque del Oeste

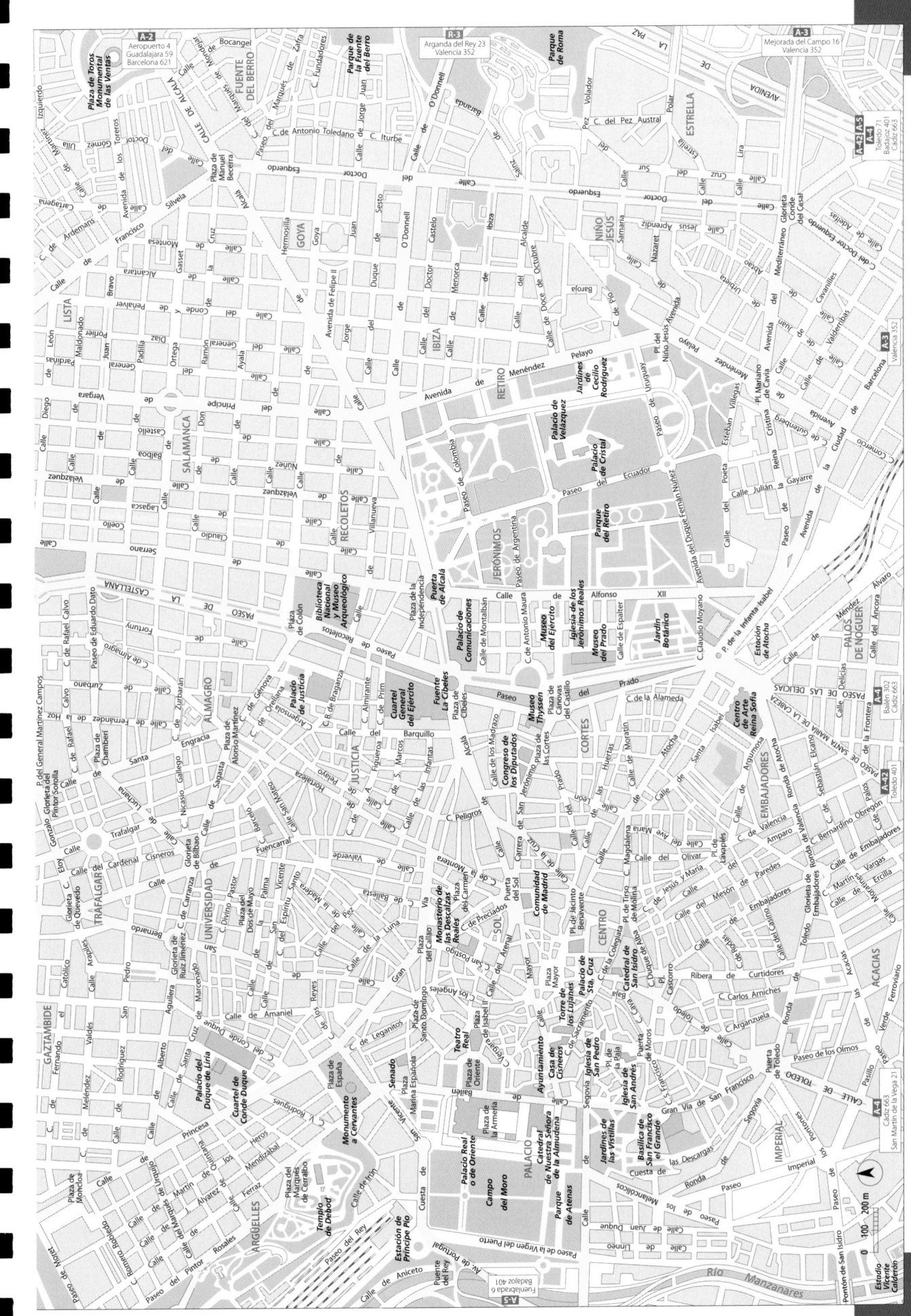

GAZTAMBIDE
ARGÜELLES
TRAFALGAR
UNIVERSIDAD
ALMAGRO
LISTA
SALAMANCA
FUENTE DEL BERRO
GOYA
RECOLETOS
JUSTICIA
IBIZA
RETIRO
JERÓNIMOS
NIÑO JESÚS
ESTRELLA
SOL
PALACIO
CENTRO
CORTES
EMBAJADORES
IMPERIAL
ACACIAS
PALOS DE NOGUER
Plaza de Toros Monumental de las Ventas
Parque de la Fuente del Berro
Parque de Roma
Palacio del Duque de Liria
Cuartel de Conde Duque
Templo de Debod
Monumento a Cervantes
Plaza de España
Senado
Estación de Príncipe Pío
Palacio Real o de Oriente
Campo del Moro
Plaza de la Armería
Catedral de Nuestra Señora de la Almudena
Parque de Atenas
Teatro Real
Plaza de Oriente
Monasterio de las Descalzas Reales
Ayuntamiento
Casa de Cisneros
Torre de los Lujanes
Plaza Mayor
Palacio de Sta. Cruz
Iglesia de San Pedro
Jardines de las Vistillas
Iglesia de San Andrés
Basílica de San Francisco el Grande
Catedral de San Isidro
Puerta del Sol
Comunidad de Madrid
Congreso de los Diputados
Museo Thyssen
Palacio de Justicia
Biblioteca Nacional y Museo Arqueológico
Plaza de Colón
Cuartel General del Ejército
Fuente La Cibeles
Puerta de Alcalá
Palacio de Comunicaciones
Museo del Ejército
Iglesia de los Jerónimos Reales
Museo del Prado
Jardín Botánico
Parque del Retiro
Palacio de Cristal
Palacio de Velázquez
Jardines de Cecilio Rodríguez
Centro de Arte Reina Sofía
Estación de Atocha
Puerta de Toledo
Río Manzanares
Estadio Vicente Calderón
A-2
Aeropuerto 4
Guadalajara 59
Barcelona 621
R-3
Arganda del Rey 23
Valencia 352
A-3
Mejorada del Campo 16
Valencia 352
A-42 A-5
A-4
Toledo 71
Badajoz 401
Cádiz 663
A-3
Valencia 352
A-4
Bailén 302
Cádiz 663
A-42
Toledo 401
A-4
Cádiz 663
San Martín de la Vega 21
A-5
Fuenlabrada 6
Badajoz 401
0 100 200 m

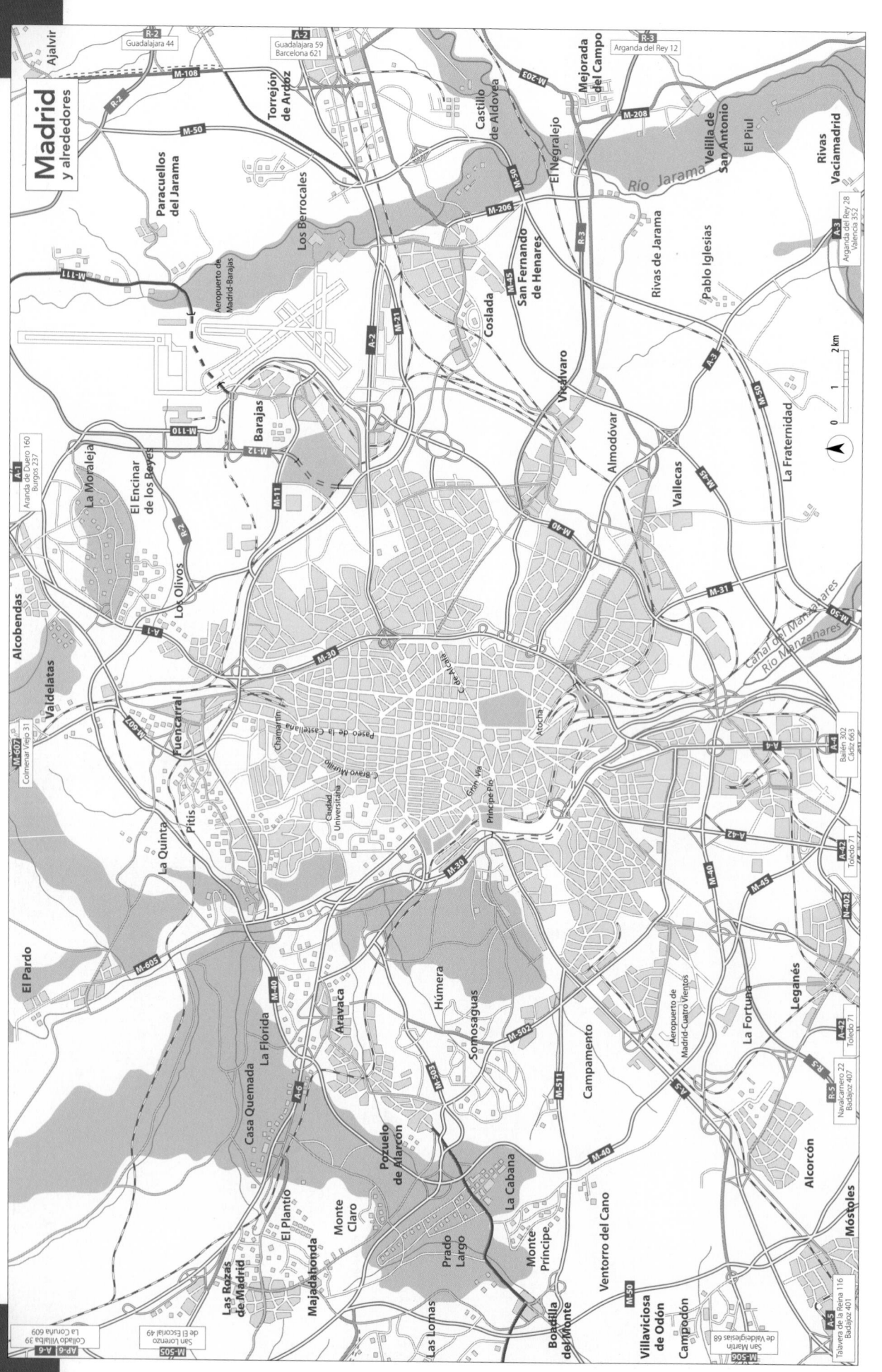

Madrid
y alrededores
El Pardo
Alcobendas
Valdelatas
La Moraleja
El Encinar de los Reyes
Los Olivos
Fuencarral
La Quinta
Pitis
Ajalvir
Paracuellos del Jarama
Aeropuerto de Madrid-Barajas
Barajas
Torrejón de Ardoz
Los Berrocales
Las Rozas de Madrid
Casa Quemada
La Florida
El Plantío
Majadahonda
Monte Claro
Aravaca
Ciudad Universitaria
C. Bravo Murillo
Paseo de la Castellana
Chamartín
Pozuelo de Alarcón
Las Lomas
Prado Largo
Húmera
Somosaguas
La Cabana
Monte Príncipe
Boadilla del Monte
Gran Vía
Príncipe Pío
C. de Alcalá
Atocha
Coslada
Castillo de Aldovea
San Fernando de Henares
Vicálvaro
El Negralejo
Mejorada del Campo
Campamento
Ventorro del Cano
Villaviciosa de Odón
Campodón
Aeropuerto de Madrid-Cuatro Vientos
Almodóvar
Vallecas
Rivas de Jarama
Pablo Iglesias
Río Jarama
Velilla de San Antonio
El Piul
La Fortuna
Leganés
Alcorcón
Móstoles
Canal del Manzanares
Río Manzanares
La Fraternidad
Rivas Vaciamadrid
AP-6 A-6 Collado Villalba 39 La Coruña 609
M-505 San Lorenzo de El Escorial 49
M-607 Colmenar Viejo 31
A-1 Aranda de Duero 160 Burgos 237
R-2 Guadalajara 44
A-2 Guadalajara 59 Barcelona 621
R-3 Arganda del Rey 12
M-506 San Martín de Valdeiglesias 68
A-5 Talavera de la Reina 116 Badajoz 401
R-5 Navalcarnero 22 Badajoz 407
A-42 Toledo 71
N-402
A-42 Toledo 71
A-4 Bailén 302 Cádiz 663
A-3 Arganda del Rey 28 Valencia 352
0 1 2 km

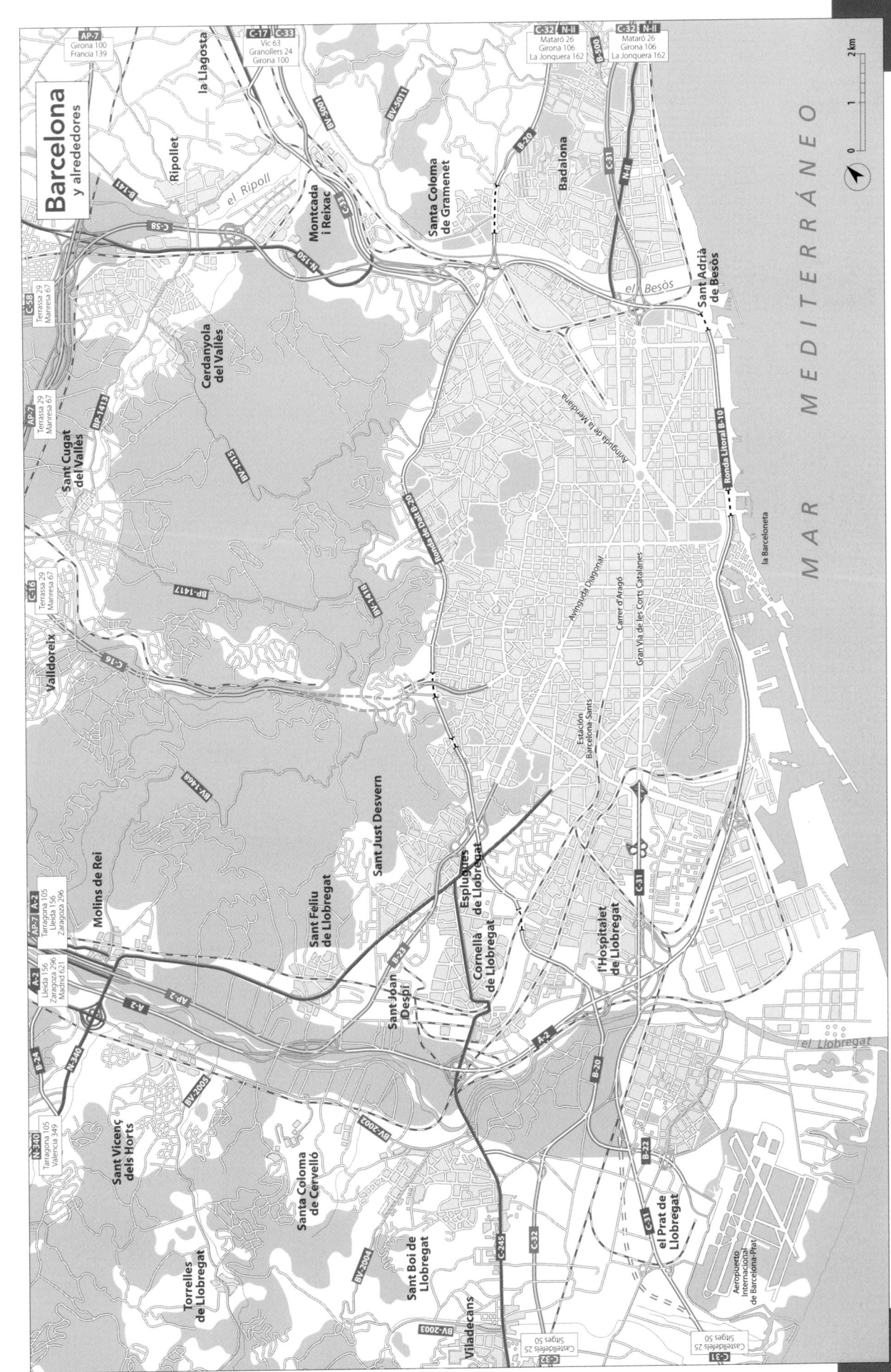
Barcelona
y alrededores
N-340
Tarragona 105
Valencia 349
B-24
A-2
Lleida 156
Zaragoza 296
Madrid 621
AP-7 A-2
Tarragona 105
Lleida 156
Zaragoza 296
C-16
Terrassa 29
Manresa 67
AP-7
Terrassa 29
Manresa 67
C-58
Terrassa 29
Manresa 67
AP-7
Girona 100
Francia 139
Valldoreix
Sant Cugat del Vallès
BP-1413
Molins de Rei
Sant Vicenç dels Horts
Torrelles de Llobregat
BV-2005
BV-1468
BP-1417
BV-1415
Cerdanyola del Vallès
B-141
C-58
Ripollet
la Llagosta
el Ripoll
C-17 C-33
Vic 63
Granollers 24
Girona 100
Santa Coloma de Cervelló
Sant Feliu de Llobregat
N-150
Montcada i Reixac
BV-5001
C-33
BV-2004
BV-2002
Sant Just Desvern
BV-1418
Sant Joan Despí
B-23
BV-5011
Sant Boi de Llobregat
BV-2003
Ronda de Dalt B-20
Santa Coloma de Gramenet
Viladecans
C-245
Cornellà de Llobregat
Esplugues de Llobregat
B-20
C-32
Castelldefels 25
Sitges 50
C-32
A-2
C-32 N-II
Mataró 26
Girona 106
La Jonquera 162
Badalona
Estación Barcelona-Sants
Avinguda Diagonal
Avinguda de la Meridiana
B-20
l'Hospitalet de Llobregat
B-500
C-31
Carrer d'Aragó
N-II
C-31
Gran Via de les Corts Catalanes
C-31
B-22
el Prat de Llobregat
el Besòs
C-32 N-II
Mataró 26
Girona 106
La Jonquera 162
C-31
Castelldefels 25
Sitges 50
Sant Adrià de Besòs
Ronda Litoral B-10
Aeropuerto Internacional de Barcelona-Prat
la Barceloneta
MAR MEDITERRÁNEO
el Llobregat
0 1 2 km

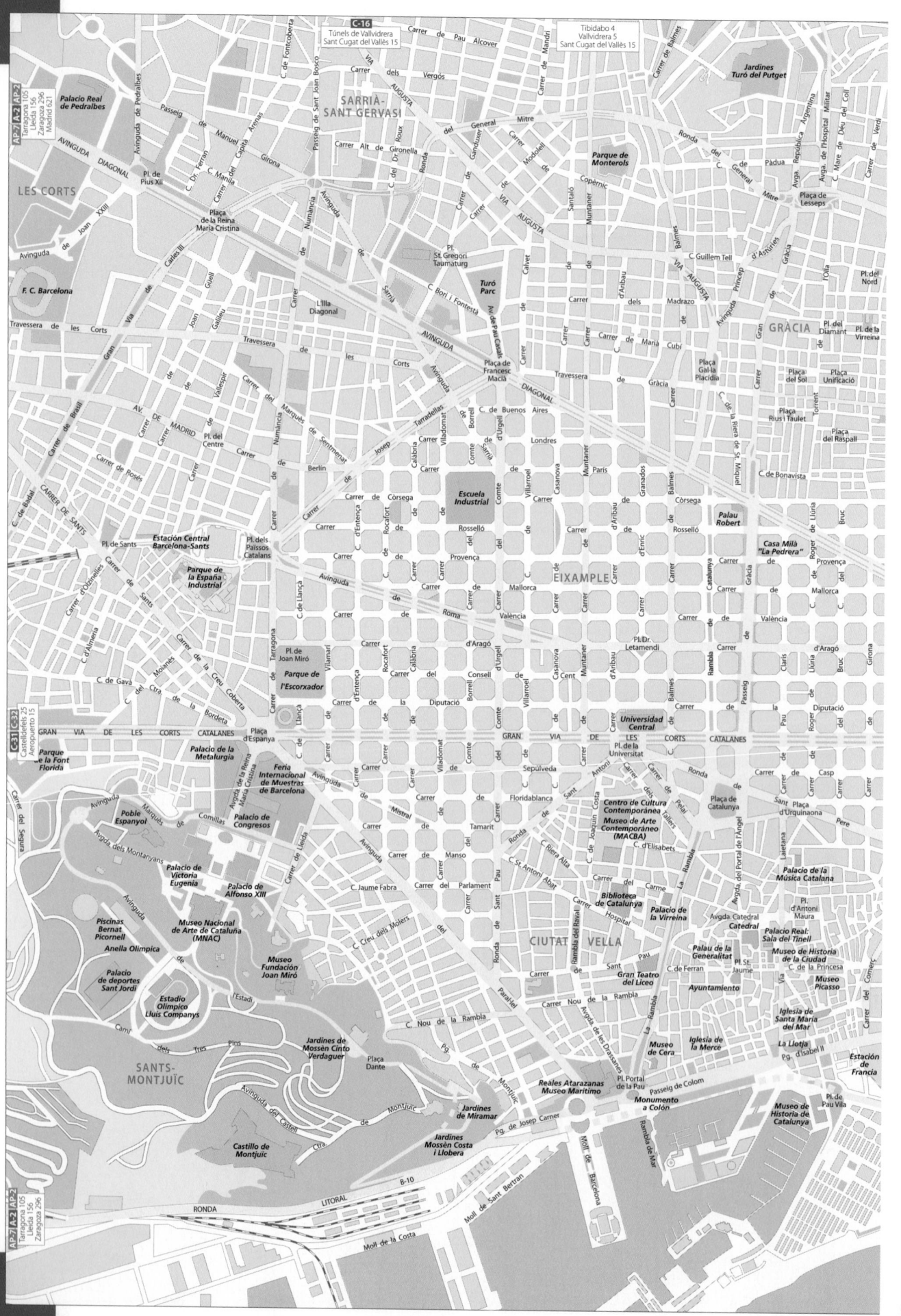

Túnels de Vallvidrera
Sant Cugat del Vallès 15
Tibidabo 4
Vallvidrera 5
Sant Cugat del Vallès 15
Jardines Turó del Putget
Palacio Real de Pedralbes
SARRIÀ-SANT GERVASI
LES CORTS
Parque de Monterols
Plaça de Lesseps
Pl. de Pius XII
Plaça de la Reina Maria Cristina
F. C. Barcelona
Pl. St. Gregori Taumaturg
Turó Parc
L'Illa Diagonal
GRÀCIA
Plaça de Francesc Macià
Escuela Industrial
Palau Robert
Casa Milà "La Pedrera"
Estación Central Barcelona-Sants
Pl. de Sants
Pl. dels Països Catalans
Parque de la España Industrial
EIXAMPLE
Pl. de Joan Miró
Parque de l'Escorxador
Pl. Dr. Letamendi
Universidad Central
Pl. de la Universitat
Plaça d'Espanya
Castelldefels 25
Aeropuerto 15
Parque de la Font Florida
Palacio de la Metalurgia
Feria Internacional de Muestras de Barcelona
Plaça de Catalunya
Poble Espanyol
Palacio de Congresos
Centro de Cultura Contemporánea
Museo de Arte Contemporáneo (MACBA)
Palacio de Victoria Eugenia
Palacio de Alfonso XIII
Palacio de la Música Catalana
Biblioteca de Catalunya
Palacio de la Virreina
Catedral
Palacio Real: Sala del Tinell
Piscinas Bernat Picornell
Museo Nacional de Arte de Cataluña (MNAC)
Anella Olímpica
CIUTAT VELLA
Palau de la Generalitat
Museo de Historia de la Ciudad
Palacio de deportes Sant Jordi
Museo Fundación Joan Miró
Gran Teatro del Liceo
Ayuntamiento
Museo Picasso
Estadio Olímpico Lluís Companys
Iglesia de Santa María del Mar
SANTS-MONTJUÏC
Jardines de Mossèn Cinto Verdaguer
Plaça Dante
Museo de Cera
Iglesia de la Mercè
La Llotja
Estación de Francia
Reales Atarazanas Museo Marítimo
Pl. Portal de la Pau
Monumento a Colón
Jardines de Miramar
Museo de Historia de Catalunya
Castillo de Montjuïc
Jardines Mossèn Costa i Llobera
Tarragona 105
Lleida 156
Zaragoza 296
Madrid 621

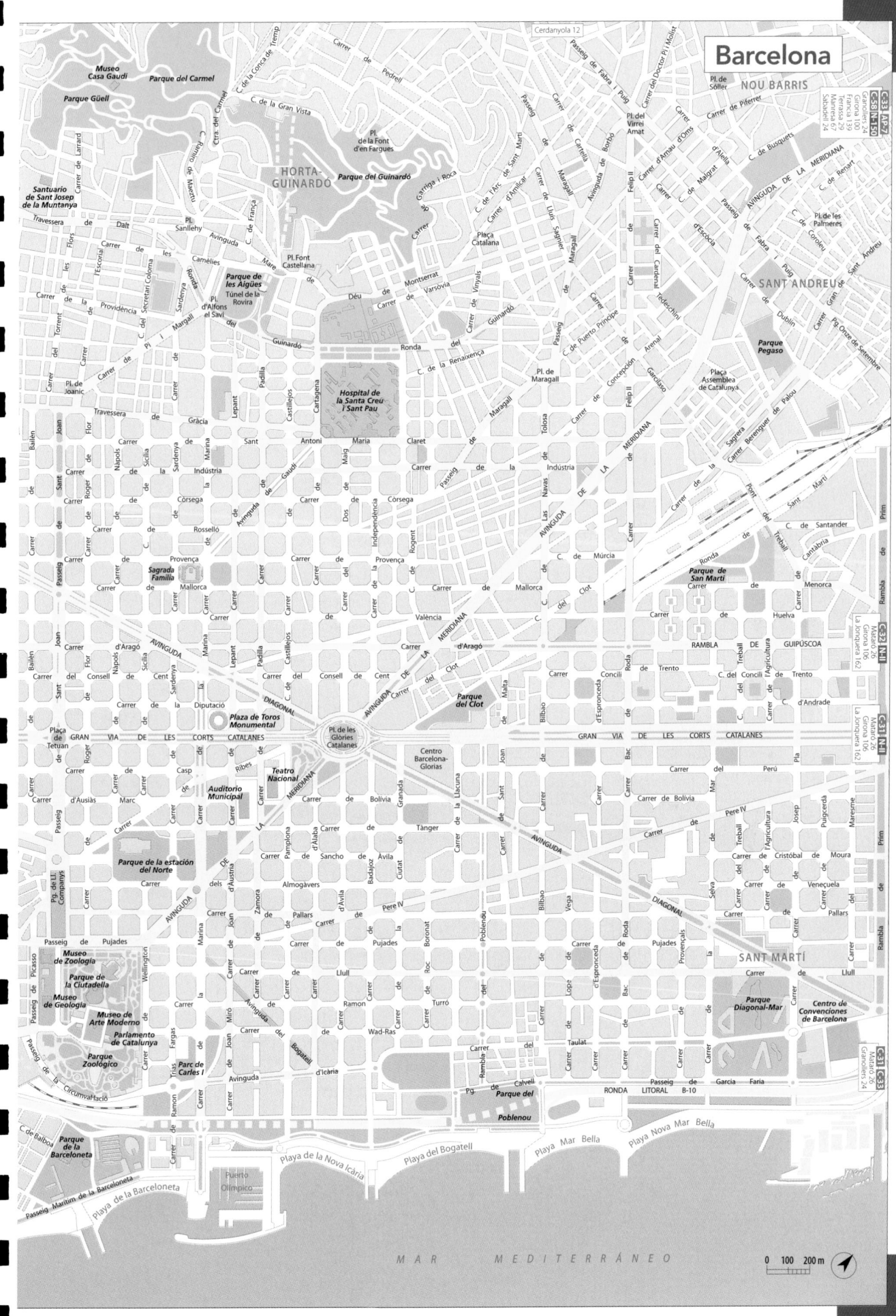

Barcelona
NOU BARRIS
HORTA-GUINARDÓ
SANT ANDREU
SANT MARTÍ
Parque Güell
Museo Casa Gaudí
Parque del Carmel
Parque del Guinardó
Santuario de Sant Josep de la Muntanya
Parque de les Aigües
Hospital de la Santa Creu i Sant Pau
Sagrada Família
Plaza de Toros Monumental
Pl. de les Glòries Catalanes
Teatro Nacional
Auditorio Municipal
Centro Barcelona-Glorias
Parque del Clot
Parque de San Martí
Parque Pegaso
Parque de la estación del Norte
Museo de Zoología
Parque de la Ciutadella
Museo de Geología
Museo de Arte Moderno
Parlamento de Catalunya
Parque Zoológico
Parc de Carles I
Parque del Poblenou
Parque Diagonal-Mar
Centro de Convenciones de Barcelona
Parque de la Barceloneta
Puerto Olímpico
GRAN VIA DE LES CORTS CATALANES
AVINGUDA DIAGONAL
AVINGUDA MERIDIANA
RAMBLA DE GUIPÚSCOA
RONDA LITORAL B-10
Playa de la Barceloneta
Playa de la Nova Icària
Playa del Bogatell
Playa Mar Bella
Playa Nova Mar Bella
MAR MEDITERRÁNEO
0 100 200 m
Cerdanyola 12
C-33 AP-7 C-58 N-150 Granollers 24 Girona 100 Francia 139 Terrassa 29 Manresa 67 Sabadell 24
C-32 N-II Mataró 26 Girona 106 La Jonquera 162
C-31 N-II Mataró 26 Girona 106 La Jonquera 162
C-31 C-33 Mataró 26 Granollers 24

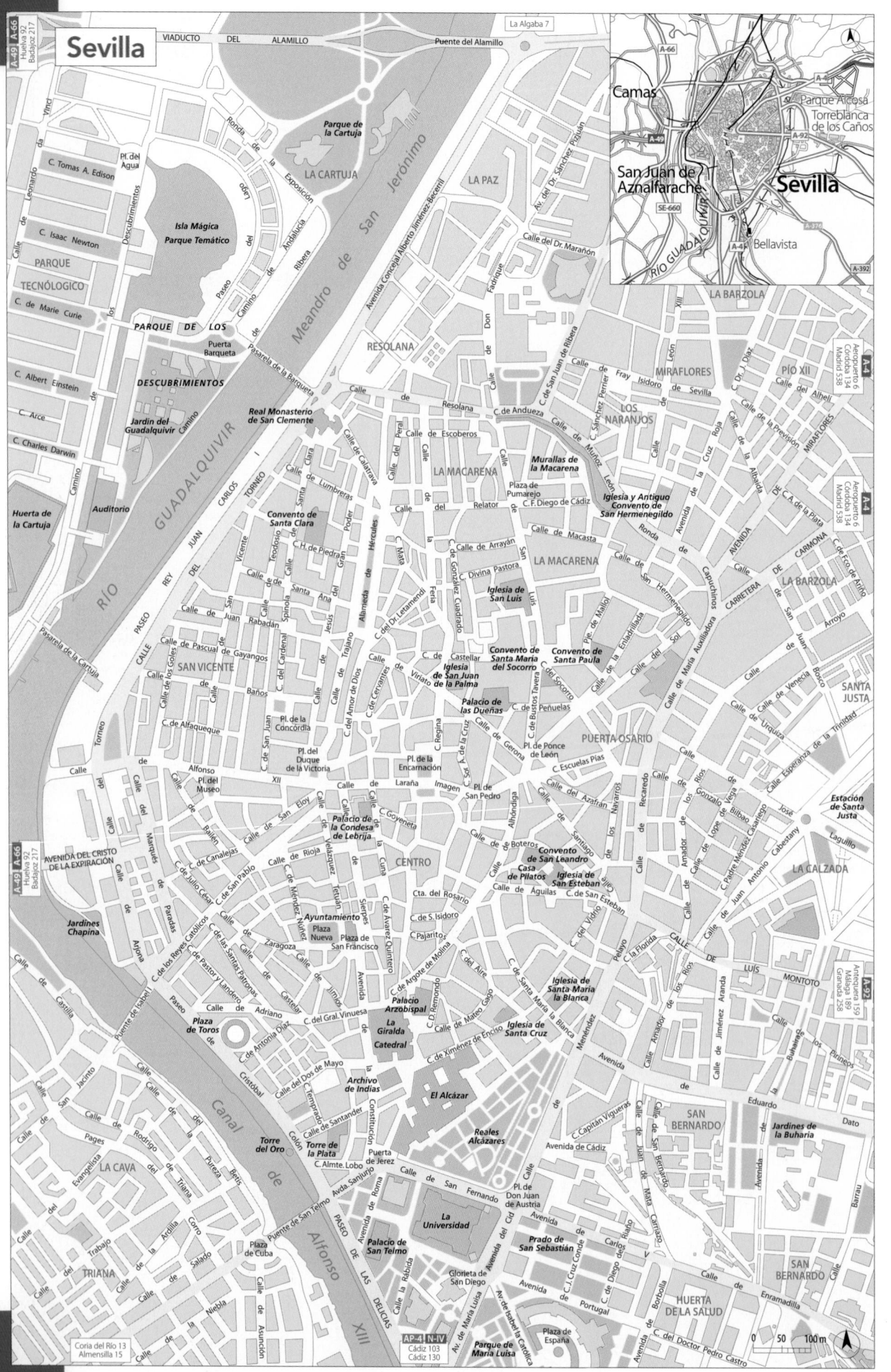
Sevilla
A-49 A-66 Huelva 92 Badajoz 217
VIADUCTO DEL ALAMILLO
Puente del Alamillo
La Algaba 7
Parque de la Cartuja
LA CARTUJA
Isla Mágica Parque Temático
PARQUE TECNÓLOGICO
PARQUE DE LOS DESCUBRIMIENTOS
Puerta Barqueta
Pasarela de la Barqueta
Jardín del Guadalquivir
Auditorio
Huerta de la Cartuja
Meandro de San Jerónimo
RÍO GUADALQUIVIR
LA PAZ
RESOLANA
Real Monasterio de San Clemente
LA MACARENA
Murallas de la Macarena
Plaza de Pumarejo
Iglesia y Antiguo Convento de San Hermenegildo
Convento de Santa Clara
Iglesia de San Luis
Convento de Santa María del Socorro
Convento de Santa Paula
Iglesia de San Juan de la Palma
Palacio de las Dueñas
SAN VICENTE
Pl. de la Concordia
Pl. del Duque de la Victoria
Pl. de la Encarnación
Pl. del Museo
Pl. de San Pedro
Pl. de Ponce de León
PUERTA OSARIO
MIRAFLORES
LOS NARANJOS
LA BARZOLA
PÍO XII
SANTA JUSTA
Estación de Santa Justa
LA CALZADA
Palacio de la Condesa de Lebrija
CENTRO
Convento de San Leandro
Casa de Pilatos
Iglesia de San Esteban
Ayuntamiento
Plaza Nueva
Plaza de San Francisco
Jardines Chapina
AVENIDA DEL CRISTO DE LA EXPIRACIÓN
Iglesia de Santa María la Blanca
Palacio Arzobispal
La Giralda
Catedral
Iglesia de Santa Cruz
Plaza de Toros
Archivo de Indias
El Alcázar
Reales Alcázares
Torre del Oro
Torre de la Plata
Puerta de Jerez
Canal de Alfonso XIII
LA CAVA
TRIANA
Plaza de Cuba
La Universidad
Palacio de San Telmo
Pl. de Don Juan de Austria
Prado de San Sebastián
Glorieta de San Diego
Parque de María Luisa
Plaza de España
SAN BERNARDO
Jardines de la Buhaira
HUERTA DE LA SALUD
A-4 Aeropuerto 6 Córdoba 134 Madrid 538
A-92 Antequera 159 Málaga 189 Granada 258
AP-4 N-IV Cádiz 103 Cádiz 130
Coria del Río 13 Almensilla 15
0 50 100 m
Camas
Parque Alcosa
Torreblanca de los Caños
San Juan de Aznalfarache
Bellavista
RÍO GUADALQUIVIR

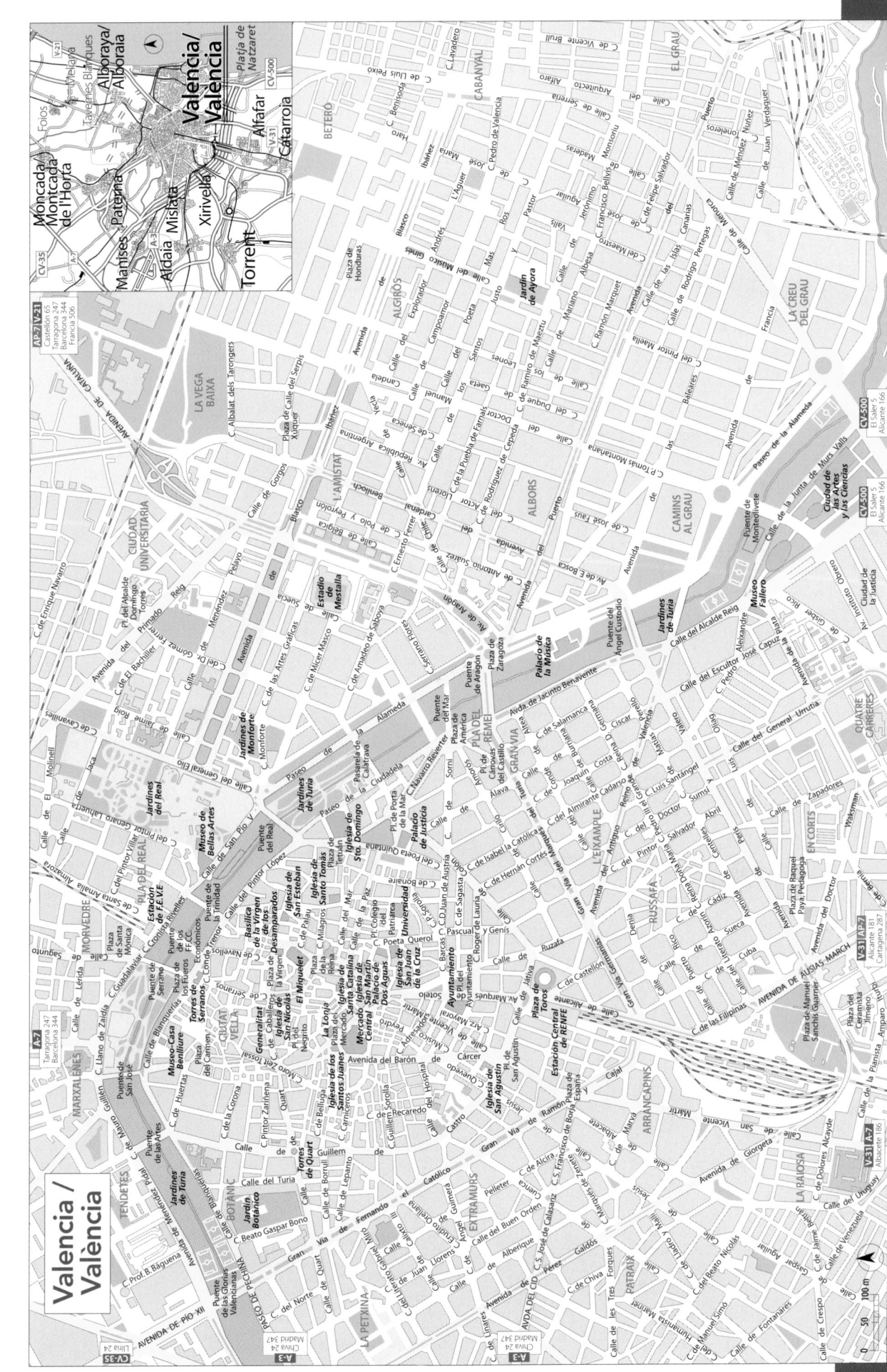

Valencia /
València
Moncada/
Montcada
de l'Horta
Foios
Meliana
Tavernes Blanques
Alboraya/
Alboraia
Manises
Paterna
Aldaia
Mislata
Xirivella
Valencia/
València
Torrent
Alfafar
Catarroja
Platja de
Natzaret
MARXALENES
MORVEDRE
TENDETES
PLA DEL REAL
CIUDAD
UNIVERSITARIA
LA VEGA
BAIXA
BOTÀNIC
CIUTAT
VELLA
LA PETXINA
EXTRAMURS
PLA DEL
REMEI
GRAN VIA
L'EIXAMPLE
RUSSAFA
PATRAIX
ARRANCAPINS
LA RAIOSA
EN CORTS
QUATRE
CARRERES
L'AMISTAT
ALGIRÓS
ALBORS
CAMINS
AL GRAU
LA CREU
DEL GRAU
BETERÓ
CABANYAL
EL GRAU
Jardines
de Turia
Jardín
Botánico
Museo-Casa
Benlliure
Torres de
Serranos
Torres
de Quart
Estación
de F.E.V.E
Jardines
del Real
Museo de
Bellas Artes
Generalitat
Iglesia de
San Nicolás
Basílica
de la Virgen
de los
Desamparados
El Miquelet
Iglesia de
San Esteban
Iglesia de
Santo Tomás
La Lonja
Iglesia de los
Santos Juanes
Mercado
Central
Iglesia de
Santa Catalina
Iglesia de
San Martín
Palacio de
Dos Aguas
Iglesia de
San Juan
de la Cruz
Universidad
Iglesia de
Sto. Domingo
Palacio
de Justicia
Jardines de
Monforte
Ayuntamiento
Iglesia de
San Agustín
Plaza de
Toros
Estación Central
de RENFE
Palacio de
la Música
Estadio
de
Mestalla
Jardín
de Ayora
Museo
Fallero
Ciudad de
las Artes
y las Ciencias
Ciudad de
la Justicia
Puente de
San José
Puente
de las Artes
Puente de
Serrano
Puente de
la Trinidad
Puente
del Real
Puente
del Mar
Puente
de Aragón
Puente del
Ángel Custodio
Puente de
Monteolivete
Pasarela de
Calatrava
Plaza de
Santa
Mónica
Plaza de
Zaragoza
Plaza de
América
Plaza de
España
Plaza de
Honduras
Plaza de Manuel
Sanchis Guarner
Plaza de Raquel
Payá, Pedagoga
Plaza del
Ceramista
Jimeno
AVENIDA DE PÍO XII
PASEO DE PECHINA
AVENIDA DE CATALUÑA
AVENIDA DE AUSIAS MARCH
AVDA. DEL CID
Gran Vía de Fernando el Católico
Gran Vía de Ramón y Cajal
Gran Vía del Marqués del Turia
Gran Vía Germanías
Avenida del Puerto
Av. de Aragón
Avenida de Blasco Ibáñez
Paseo de la Alameda
Avda. de Jacinto Benavente
A-7
Tarragona 247
Barcelona 344
AP-7 V-21
Castellón 65
Tarragona 247
Barcelona 344
Francia 506
CV-35
Llíria 24
A-3
Chiva 24
Madrid 347
V-31 A-7
Albacete 186
V-31 AP-7
Alicante 181
Cartagena 287
CV-500
El Saler 5
Alicante 166
0 50 100 m

Albacete

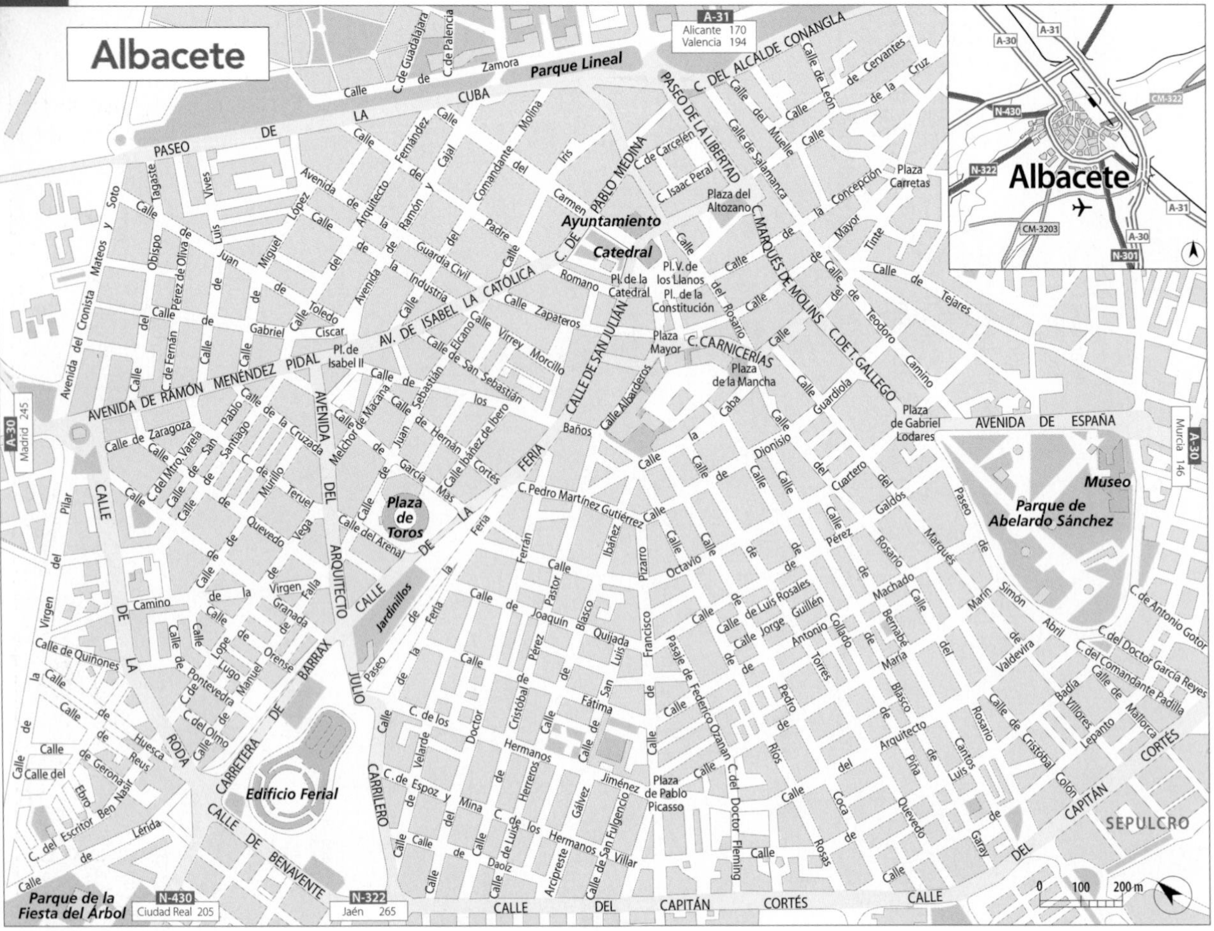

A-31 Alicante 170 / Valencia 194

Parque Lineal

Ayuntamiento
Catedral
Pl. V. de los Llanos
Pl. de la Catedral
Pl. de la Constitución
Plaza del Altozano
Plaza Mayor
Plaza de la Mancha
C. CARNICERÍAS
CALLE DE SAN JULIÁN

AVENIDA DE RAMÓN MENÉNDEZ PIDAL
AVENIDA DE ISABEL LA CATÓLICA

Plaza de Toros

Plaza de Gabriel Lodares
AVENIDA DE ESPAÑA

Museo
Parque de Abelardo Sánchez

Jardinillos

Edificio Ferial

Parque de la Fiesta del Árbol
N-430 Ciudad Real 205
N-322 Jaén 265

CALLE DE BENAVENTE
CARRETERA DE RODA

CALLE DEL CAPITÁN CORTÉS
SEPULCRO

A-30 Madrid 245
A-30 Murcia 146

0 100 200 m

Alacant/Alicante

San Vicente del Raspeig/ Sant Vicent del Raspeig

Av. DEL DR. JIMÉNEZ DÍAZ
A-7 Madrid 422
A-7 Murcia 75
CALLE DE CERES

Pol. San Blas

GRAN VÍA CONDE CASAS ROJAS
C. DE SANTO DOMINGO
AV. ADOLFO MUÑOZ ALONSO

Estadio de Fútbol José Rico Pérez

Instalaciones Deportivas Municipales

Castillo de San Fernando

Centro Cívico

Estación Central de RENFE

Museo Arqueológico

AV. DE SALAMANCA
AV. GENERAL MARVÁ
AV. DE ALFONSO X EL SABIO

Pza. de Toros

BENALUA

AVENIDA DE ELCHE

Antigua Estación de Murcia

SANTA CRUZ

Pozos de Garrigós
Catedral

Castillo de Sta. Bárbara

ARRABAL ROIG

SAN ROQUE
Museo "La Asegurada"
Iglesia de Santa María
Palacio de Gravina

Ayuntamiento

AV. DEL DR. RAMÓN Y CAJAL
AV. JULIO GUILLÉN TATO

Parque de Canalejas

EXPLANADA DE ESPAÑA

AVENIDA JOVELLANOS

Puerto

Aduana
Playa del Postiguet

Estación de Ferrocarril Alicante-Denia

AV. DE VILLAJOYOSA

Playa de Babel
A-7 N-330 Madrid 422

0 100 200 m

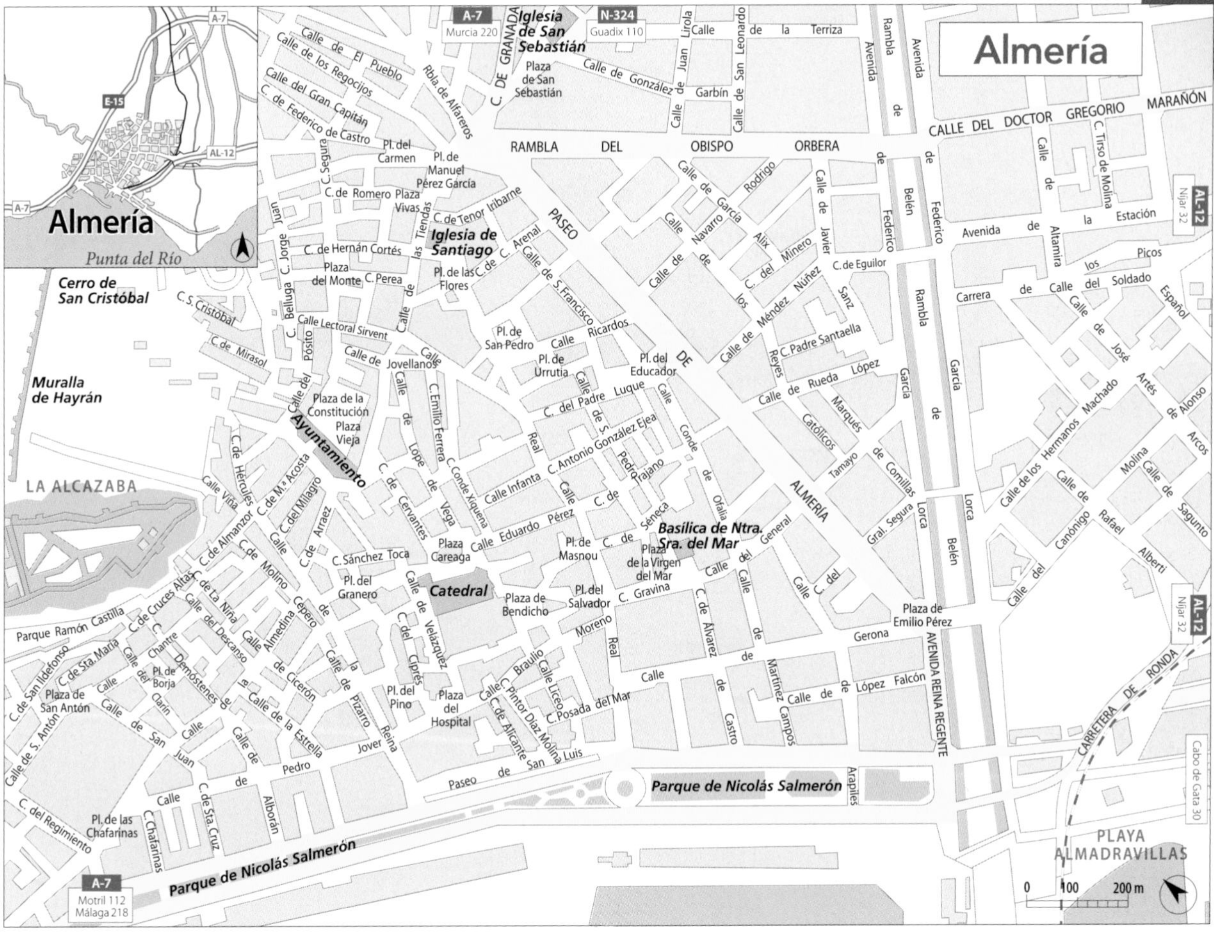

Almería

Punta del Río

A-7
Murcia 220

N-324
Guadix 110

A-7
E-15
AL-12
A-7

Cerro de San Cristóbal
Muralla de Hayrán
LA ALCAZABA

Iglesia de San Sebastián
Plaza de San Sebastián

Calle de El Pueblo
Calle de los Regocijos
C. del Gran Capitán
C. de Federico de Castro
C. Segura
Rbla de Alfareros
Pl. del Carmen
Pl. de Manuel Pérez García
C. de Romero Plaza Vivas
C. de Tenor Iribarne
Iglesia de Santiago
C. de Hernán Cortés
Plaza del Monte
C. Perea
Pl. de las Flores
Calle Lectoral Sirvent
C. de Mirasol
Calle de Jovellanos
Pl. de San Pedro
Pl. de Urrutia
C. S. Cristóbal
Belluga
C. Jorge
Pósito
Calle
C. del Padre Luque

Calle de González
Calle de Juan Lirola
Calle de San Leonardo
de la Terriza
Garbín
Avenida
Rambla
de
Belén
RAMBLA DEL OBISPO ORBERA
CALLE DEL DOCTOR GREGORIO MARAÑÓN
Calle de García
Rodrigo
Calle de Tirso de Molina
Calle de la Estación
Avenida de Altamira
los Picos
Carrera
Calle del Soldado
Español

PASEO DE GRANADA
C. de S. Francisco
Calle Arenal
C. del Arenal
Calle de Navarro
Calle de Javier
C. del Minero
C. de Eguilor
Federico
Alix
C. de Méndez Núñez
Saritz
C. Padre Santaella
Reyes
de
de la
Machado
Calle de los Hermanos
Calle de José
Molina
Calle de Seguro

Calle Ricardos
Pl. del Educador
C. del Padre
Luque
Conde
de
C. Antonio González Ejea
Pedro
Trajano
Seneca
Plaza Careaga
Calle Eduardo Pérez
Calle de la Constitución
Plaza Vieja
Ayuntamiento
C. de Cervantes
C. de Lope de Vega
C. Conde Xiquena
Calle Infanta
C. de
Calle
de
Reyes
Católicos
de Rueda
López
Marqués
Tamayo
de Comillas
Gral. Segura
Lorca
C. de Canónigo
Rafael
Arcos
Alberti

Pl. de Masnou
Basílica de Ntra. Sra. del Mar
Plaza de la Virgen del Mar
C. Gravina
C. de Álvarez
de
General
Calle del
Martínez Campos
Plaza de Emilio Pérez
Gerona
Calle de López Falcón

Calle Vidal
C. de Hércules
C. de Almanzor
C. del Milagro
C. de la Niña
C. de Arraez
C. Sánchez Toca
Pl. del Granero
Calle del
C. de Molino Cedeno
C. Chantre
de Acosta
Almedina
Velázquez
Catedral
Pl. de la Cárcel
Pl. del Salvador
Plaza de Bendicho
C. Gravina
Moreno
Braulio
Calle Liceo
Calle Real
Calle de
C. de Posada del Mar

Parque Ramón Castilla
C. de San Ildefonso
C. de Sta. María
Chantre
C. de Cruces Altas
Demóstenes
C. del Descano
Plaza de San Antón
Calle
Calle de San Juan
Pl. de Borja
C. de Cicerón
Calle de la Estrella
C. de Pizarro
de
Pedro
Jover
Pl. del Pino
Pl. del Hospital
Plaza del Hospital
C. Clares
C. de Alicante
C. Pintor Díaz Molina
Calle
de
San Luis
Paseo
de

Calle
C. de Sta. Cruz
Pl. de las Chafarinas
Chafarinas
Alborán
C. del Regimiento
Parque de Nicolás Salmerón

Parque de Nicolás Salmerón

ALMERÍA
Real
AVENIDA REINA REGENTE
CARRETERA DE RONDA
Cabo de Gata 30
Nijar 32
AL-12
Nijar 32
AL-12

Araphes
PLAYA ALMADRAVILLAS

A-7
Motril 112
Málaga 218

0 100 200 m

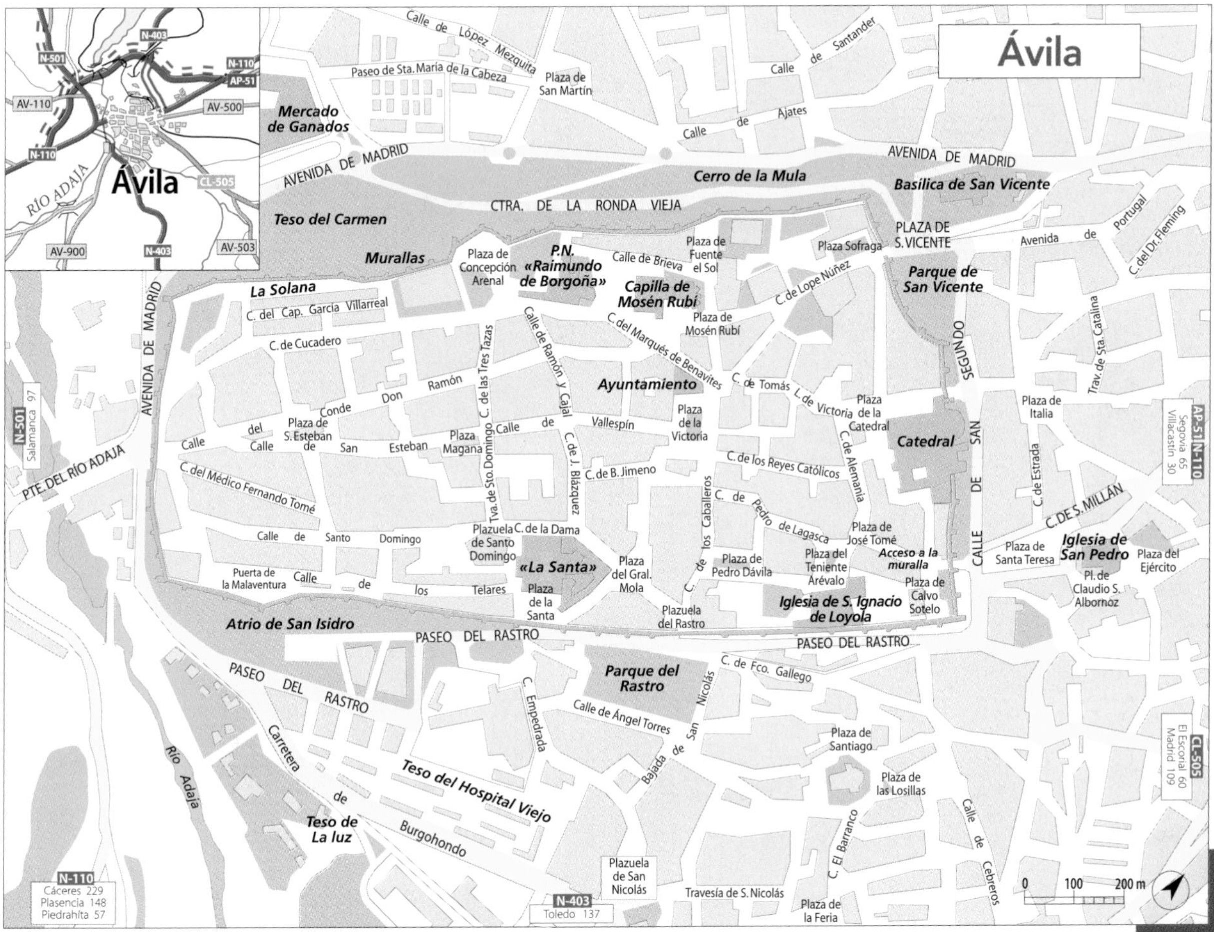

Ávila

N-403
N-110
AP-51
N-501
AV-110
AV-500
N-110
CL-505
RÍO ADAJA
AV-900
N-403
AV-503

Mercado de Ganados
Teso del Carmen
Murallas
La Solana
Atrio de San Isidro
Teso del Hospital Viejo
Teso de La luz

Calle de López Mezquita
Paseo de Sta. María de la Cabeza
Plaza de San Martín
Calle de Santander
Calle
Ajates
AVENIDA DE MADRID
AVENIDA DE MADRID
CTRA. DE LA RONDA VIEJA
Cerro de la Mula
Basílica de San Vicente
PLAZA DE S. VICENTE
Parque de San Vicente
Portugal
C. del Dr. Fleming
Trav. de Sta. Catalina

Plaza de Concepción Arenal
P.N. «Raimundo de Borgoña»
Calle de Brieva
Plaza de Fuente el Sol
Plaza Sofraga
Avenida
AVENIDA DE MADRID
C. del Cap. García Villarreal
Capilla de Mosén Rubí
Plaza de Mosén Rubí
C. de Lope Núñez
C. del Marqués de Benavites
SEGUNDO
C. de Cucadero
Calle de Ramón y Cajal
Ramón
Don
Conde
del
Calle
Plaza de S. Esteban
San Esteban de
Calle de las Tres Tazas
Rva. de Sto. Domingo
Plaza Magana
Ayuntamiento
Vallespín
C. de Tomás L. de Victoria
Plaza de la Victoria
Plaza de la Catedral
Catedral
Plaza de Italia
C. de S. MILLÁN
Plaza de Santa Teresa
Iglesia de San Pedro
Plaza del Ejército

C. del Médico Fernando Tomé
Calle de Santo Domingo
Plazuela C. de la Dama de Santo Domingo
C. de B. Jimeno
C. de los Reyes Católicos
C. de Pedro de Lagasca
Plaza de José Tomé
C. de Alemania
C. de Estrada
Pl. de Claudio S. Albornoz

Puerta de la Malaventura
Calle de los Telares
«La Santa»
Plaza del Gral. Mola
Plaza de la Santa
Plaza de Pedro Dávila
Plaza del Teniente Arévalo
Acceso a la muralla
Calle de

N-501
Salamanca 97
PTE. DEL RÍO ADAJA
N-501
PASEO DEL RASTRO
Plazuela del Rastro
Iglesia de S. Ignacio de Loyola
Plaza de Calvo Sotelo
PASEO DEL RASTRO
CALLE DE SAN

Río Adaja
PASEO DEL RASTRO
Parque del Rastro
C. de Fco. Gallego
C. de los Nicolás
Empedrada
Calle de Ángel Torres
Bajada de San
El Barranco
Plaza de Santiago
Plaza de las Losillas

Carretera
de
Burgohondo
Plazuela de San Nicolás
Travesía de S. Nicolás
Plaza de la Feria
Calle de Cebreros
CL-505
El Escorial 60
Madrid 109

N-110
Cáceres 229
Plasencia 148
Piedrahita 57

N-403
Toledo 137

0 100 200 m

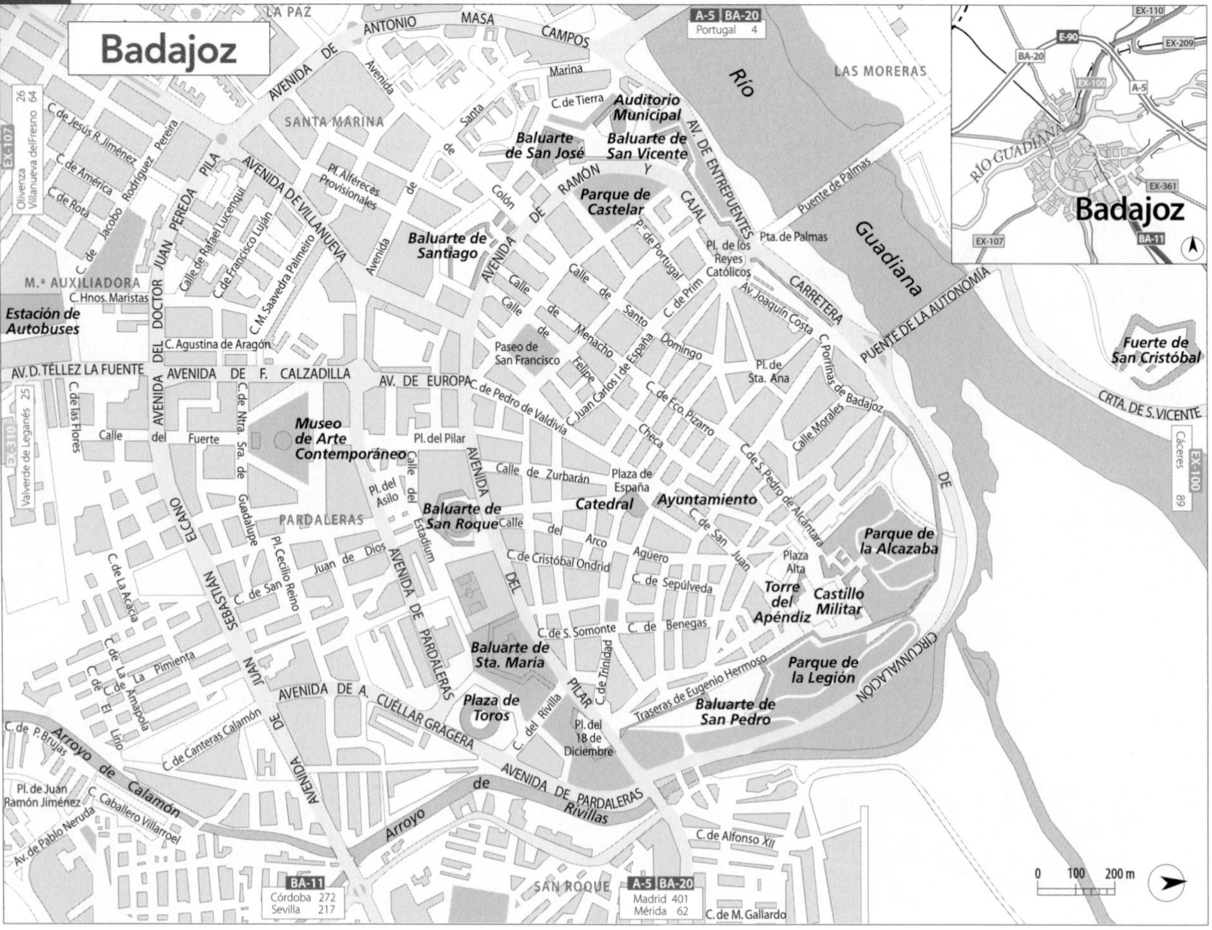

Badajoz

LA PAZ
ANTONIO
MASA
CAMPOS
A-5 BA-20
Portugal 4
EX-110
E-90
BA-20
EX-100
EX-209
A-5
RÍO GUADIANA
EX-361
EX-107
Badajoz
EX-107
BA-11

AVENIDA
DE
Marina
C. de Tierra
Auditorio
Municipal
RÍO
LAS MORERAS

C. de Jesús R. Jiménez
Pereira
SANTA MARINA
Santa
Baluarte
de San José
Baluarte de
San Vicente
Y
AV. DE ENTREPUENTES
Guadiana

Olivenza 26
Villanueva del Fresno 64
C. de América
C. de Rota
Rodríguez
de Jacobo
Pl. Alféreces
Provisionales
Colón
RAMÓN
CAJAL
Pta. de Palmas
Puente de Palmas

JUAN PEREDA PILA
AVENIDA DEL DOCTOR
C. de Rafael Lucenqui
C.M. Saavedra Palmeiro
Baluarte de
Santiago
AVENIDA
DE
Calle
Calle
de
Menacho
C. de Prim
Pl. de Portugal
Pl. de los
Reyes
Católicos
Av. Joaquín Costa
C. Porfirio de Badajoz
CARRETERA
DE

M.ª AUXILIADORA
C. Hnos. Maristas
AVENIDA DE VILLANUEVA
C. de Francisco Luján
C. Agustina de Aragón
Calle
Calle
de
Santo
Domingo
Pl. de
Sta. Ana
PUENTE DE LA AUTONOMÍA
Cáceres 89
EX-100

**Estación de
Autobuses**
Paseo de
San Francisco
Felipe
Av. de Pedro de Valdivia
C. de Fco. Pizarro
Calle Morales
CRTA. DE S. VICENTE
**Fuerte de
San Cristóbal**

AV. D. TÉLLEZ LA FUENTE
AVENIDA DE F. CALZADILLA
AV. DE EUROPA
C. de Zurbarán
C. de Juan Carlos I de España
Checa
C. de S. Pedro de Alcántara

Valverde de Leganés 25
EX-100
C. de las Flores
Calle
del
Fuerte
**Museo
de Arte
Contemporáneo**
Pl. del Pilar
Pl. del
Asilo
Plaza de
España
C. de San Juan
Plaza
Alta
Parque de
la Alcazaba

ELCANO
C. de La Acacia
C. de Ntra. Sra. de Guadalupe
PARDALERAS
Pl. del Estadium
AVENIDA
DEL
**Baluarte de
San Roque**
Calle
Catedral
del
Arco
Agüero
Ayuntamiento
Torre
del
Apéndiz
Castillo
Militar
CIRCUNVALACIÓN

SEBASTIÁN
Pl. Cecilio Reino
Juan de Dios
C. de Cristóbal Oudrid
C. de Sepúlveda
JUAN
C. de La Amapola
C. del Lirio
C. de S. Somonte
C. de Benegas
Parque de
la Legión

C. de La Acacia
AVENIDA DE A. CUELLAR GRAGERA
**Baluarte de
Sta. María**
Traseras de Eugenio Hermoso
**Baluarte de
San Pedro**
PILAR
DE PARDALERAS
C. de P. Bruas
C. de Canteras Calamón
Arroyo de Calamón
**Plaza de
Toros**
Pl. del
18 de
Diciembre
de
AVENIDA DE PARDALERAS

Pl. de Juan
Ramón Jiménez
C. Caballero Villarroel
Arroyo
Rivillas
C. de Alfonso XII
C. de M. Gallardo

Av. de Pablo Neruda
BA-11
Córdoba 272
Sevilla 217
SAN ROQUE
A-5 BA-20
Madrid 401
Mérida 62
0 100 200 m

Bilbao/Bilbo

URIBARRI
C. de Matico
N-637
Barakaldo
A-8
BI-636
San Esteban
Bilbao/Bilbo
Basauri
A-8

C. de Moraza
C. de salces
Pl. de
AV. ZUM ALACÁRREGUI
Parque
Etxebarria

**Universidad
de Deusto**
Avenida Universidades
C. Huertas de la Villa
Campo
Volantín
de
Paseo
Muelle
PTE. PRÍNCIPE DE ESPAÑA
PTE. DE ZUBIZURI
Uribitarte
Ayuntamiento

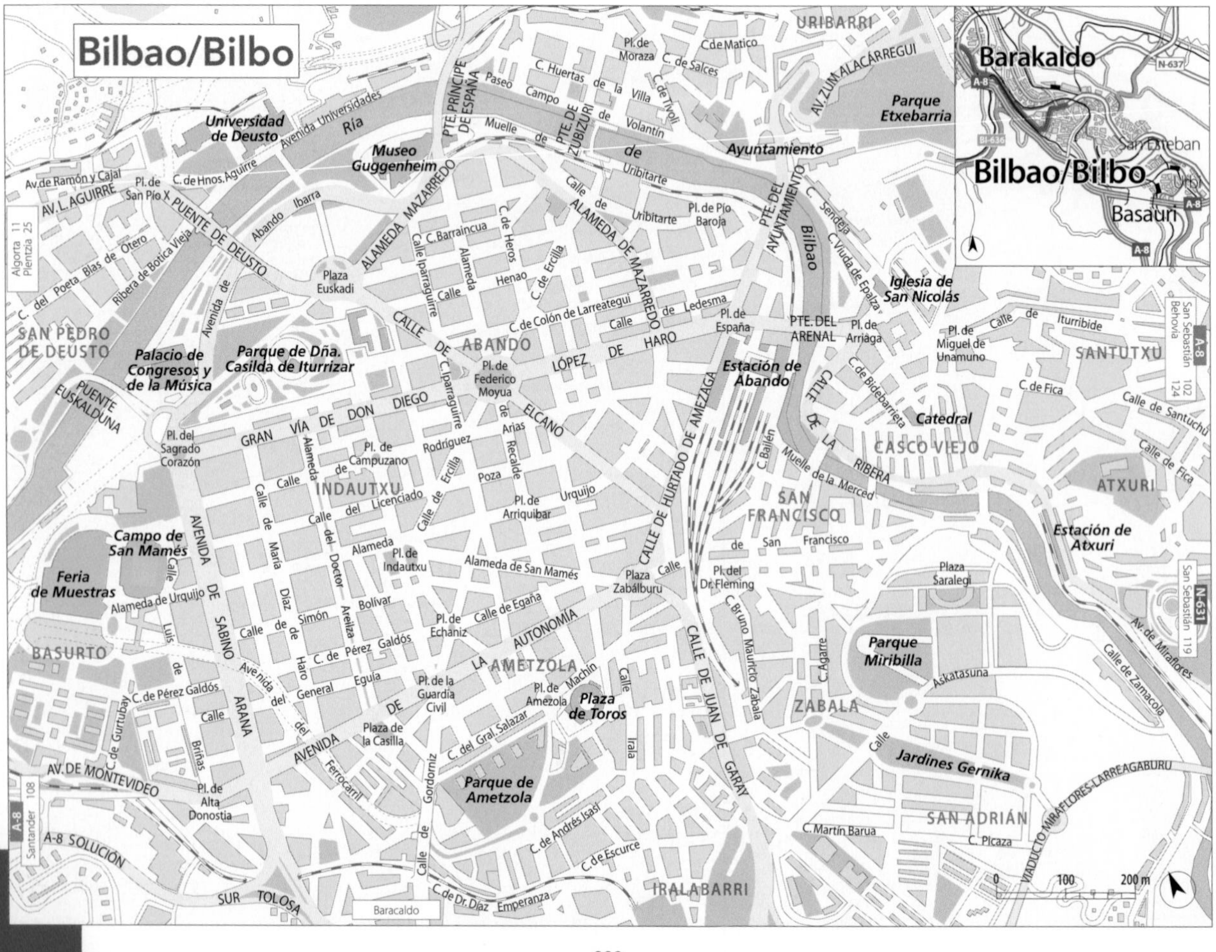

Av. de Ramón y Cajal
Pl. de
San Pío X
C. de Hnos. Aguirre
**Museo
Guggenheim**
Ibarra
Abando
Uribitarte
Pl. de Pío
Baroja
PTE. DEL AYUNTAMIENTO
Bilbao
sendeja

Algorta 11
Pientzia 25
AV. L. AGUIRRE
PUENTE DE DEUSTO
C. del Poeta Blas de Otero
Ribera de Botica Vieja
ALAMEDA MAZARREDO
Calle Iparraguirre
C. Barraincua
C. de Heros
C. de Ercilla
Henao
ALAMEDA DE MAZARREDO
Calle de Ledesma
Pl. de
España
C. de la Viuda de Epalza
**Iglesia de
San Nicolás**
C. de Miguel de Unamuno
Iturribide
SANTUTXU

SAN PEDRO
DE DEUSTO
Plaza
Euskadi
ABANDO
C. de Colón de Larreategui
Pl. de
Federico
Moyua
PTE. DEL
ARENAL
Pl. de
Arriaga
C. de Santutxu
C. de Fica

PUENTE EUSKALDUNA
**Palacio de
Congresos y
de la Música**
**Parque de Dña.
Casilda de Iturrizar**
GRAN VIA DE DON DIEGO
LÓPEZ DE HARO
ELCANO
Rodríguez
Arias
Recalde
**Estación de
Abando**
CALLE DE LA RIBERA
Muelle de la Merced
C. Bailén
Catedral
CASCO VIEJO
Calle de Fica
ATXURI

Pl. del
Sagrado
Corazón
Calle
de
Campuzano
Pl. de
C. Iparraguirre
Poza
Pl. de
Arriquibar
Urquijo
C. de Botelbarria
SAN
FRANCISCO
**Estación de
Atxuri**
N-631

INDAUTXU
Pl. de
Echániz
Alameda
del
Doctor
Alameda
C. del Licenciado
Alameda de San Mamés
de
San
Francisco
Pl. del
Dr. Fleming
Plaza
Saralegi
San Sebastián 102/124
San Sebastián 117

**Campo de
San Mamés**
AVENIDA DE SABINO ARANA
Díaz de Simón
Arteta
Bolívar
Plaza
Zabálburu
CALLE DE HURTADO DE AMEZAGA
C. Bruno Mauricio Zabala
**Parque
Miribilla**
ZABALA
Askatasuna
Calle de Zamacola

**Feria
de Muestras**
Alameda de Urquijo
Luis
Ave. del General
Eguía
LA AMETZOLA
AUTONOMÍA
CALLE DE JUAN DE GARAY
A. Agirre
Jardines Gernika
AV. DE MIRAFLORES-LARREAGABURU

BASURTO
C. de Pérez Galdós
ARANA
DE
AVENIDA
Birñas
Pl. de la
Guardia
Civil
Pl. de
Machin
Amezola
**Plaza
de Toros**
Irala
SAN ADRIÁN
C. Picaza
Martín Barua

AV. DE MONTEVIDEO
Pl. de
Alta
Donostia
Gordoniz
Plaza de
la Casilla
C. del Gral. Salazar
**Parque de
Ametzola**
Ferrocarril
C. de Andrés Isabel
C. de Dr. Díaz
Emperanza
IRALABARRI

Santander 108
A-8
A-8 SOLUCIÓN
SUR TOLOSA
Baracaldo
C. de Escurce
0 100 200 m

Burgos

Cerro de San Miguel

Murallas

Castillo

Iglesia de San Gil

Iglesia de San Lorenzo

Iglesia de San Nicolás

Catedral

Ayuntamiento

Plaza Mayor

Pl. de Santa María

Pl. de S. Fernando

Plaza de España

Plaza de Santa Teresa

Plaza de la Caballería

PLAZA DE VEGA

PLAZA DE CASTILLA

Pl. del Dr. Albiñana

Plaza de la Estación

Estación Central de RENFE

LA CASTELLANA

LOS PISONES

PLAZA DE SAN AGUSTÍN

Río Arlanzón

Río Vena

PASEO DE LA ISLA

AVENIDA DE PALENCIA

AV. DEL GENERALÍSIMO

Paseo del Espolón

CALLE DE VALLADOLID

C. DEL CONDE DE VALLELLANO

AVENIDA DEL GENERAL SANJURJO

CALLE DE VITORIA

AVENIDA DEL CID CAMPEADOR

CALLE DE MADRID

CALLE DE LA LEGIÓN

CALLE DE ÁNGEL GARCÍA BEDOYA

PASEO DE LA QUINTA

C. DE LA CARTUJA

Huérmeces 26 · Santander 156 · Vitoria-Gasteiz 115 · Madrid 237 · Polígono de Villalonquéjar 11 · Palencia 86 · Valladolid 122 · León 201

0 200 400 m

Cáceres

Auditorio

Parque del Príncipe

LAS ACACIAS

CABEZA RUBIA

LOS FRATRES

LA ZAMBOMBA

MOCTEZUMA

LLOPIS IBORRA

ESPÍRITU SANTO

EL RODEO

SAN MARQUINO

Pabellón Multiusos

Parque Europa

Pl. de las Culturas Americanas

Plaza de Hispanoamérica

PL. DE AMÉRICA

PL. DEL ALFÉREZ PROVISIONAL

Plaza de Bruselas

Pl. de A. Canales

Pl. de Toros

Pl. de Marrón

PL. DE LOS CONQUISTADORES

Iglesia de San Juan

Pl. del Obispo Galarza

Palacio de la Isla

Ayuntamiento

Palacio de Galarza

Plaza Mayor

Recinto amurallado. Cáceres monumental

Plaza del 8 de Septiembre

Palacio de Godoy

Iglesia de Santiago

PL. DE SAN FRANCISCO

Plaza de P. Candelas

Museo Pedrilla

Ciudad Deportiva Sanz Catalán

Hospital

Charca del Marco

Rivera del Marco

AVENIDA DE LA VIRGEN DE GUADALUPE

AVENIDA DE ALEMANIA

RONDA DEL CARMEN

AV. DE ANTONIO HURTADO

AV. VIRGEN DE LA MONTAÑA

AVENIDA DE ESPAÑA

AVENIDA DE HERNÁN CORTÉS

AVENIDA DE LA HISPANIDAD

RONDA DE SAN FRANCISCO

RONDA DE ROCHA

RONDA DEL PUENTE DE VADILLO

AV. DE SAN BLAS

Salamanca 210 · Portugal 106 · Mérida 68 · Sevilla 264 · Badajoz 89 · Casar de Cáceres 11 · Madrid 297

0 100 200 m

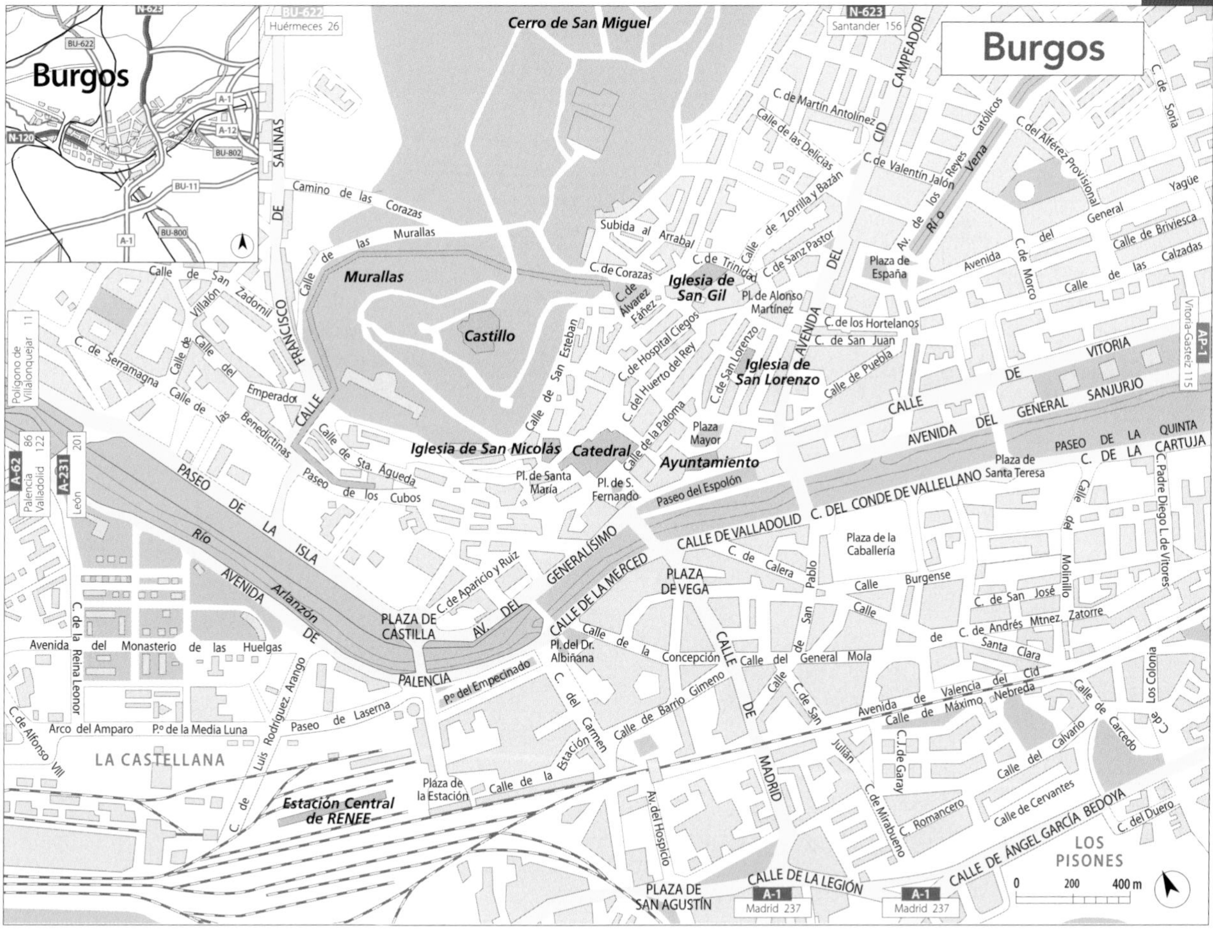

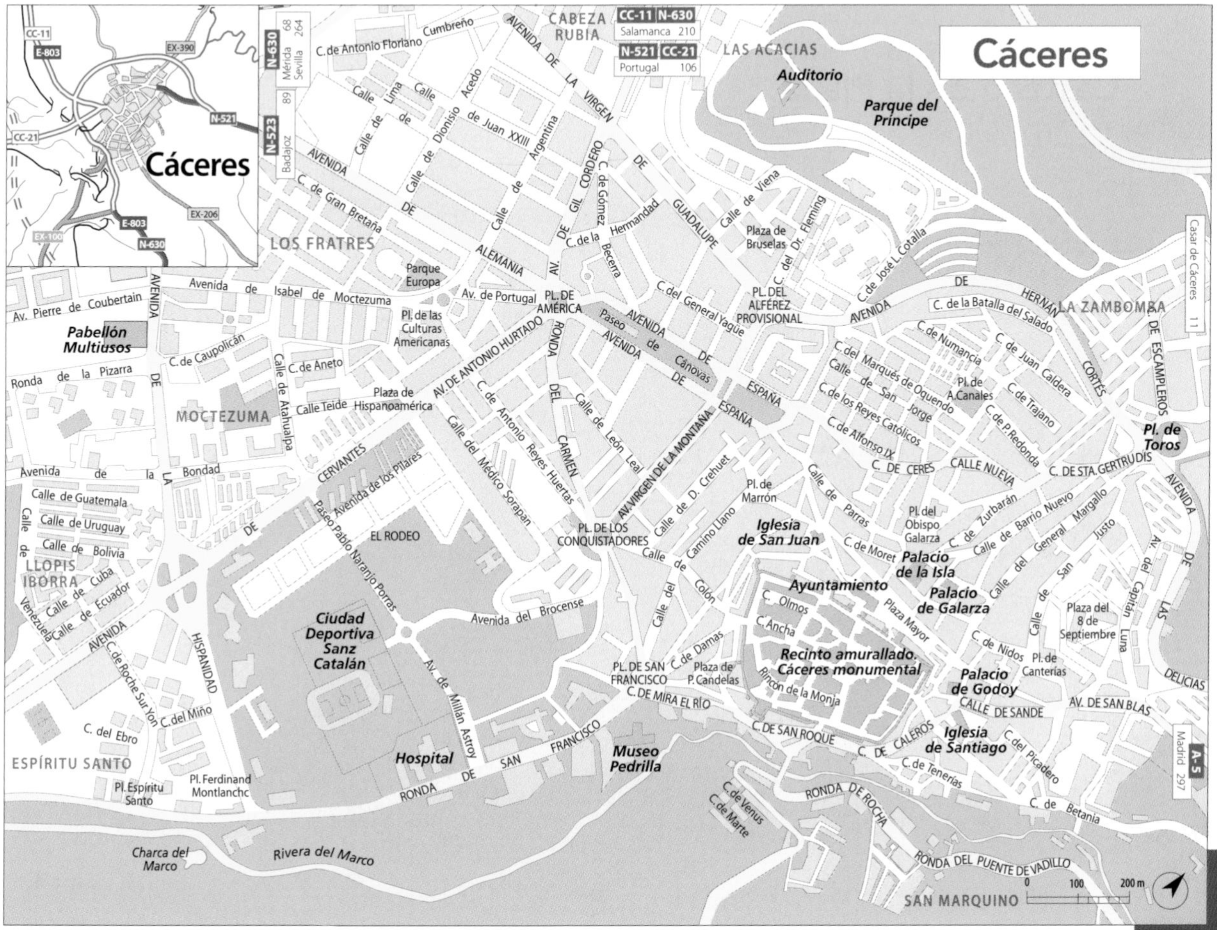

Cádiz

Cádiz

Bahía de Cádiz

San Fernando

Pl. de Filipinas
Pl. de Honduras
Muelle de Alfonso XIII
Puerto Comercial
Dársena pesquera
C. de Honduras
Pl. Pozos de las Nieves
Plaza de España
AVENIDA DE RAMON DE CARRANZA
AVENIDA DE LOS ASTILLEROS
Av. de Bahía Blanca
Bahía
Av. de la Marina
Jerez de la Frontera Sevilla
Sevilla 93
AP-4
CA-33
CA-33

Baluarte de Candelaria
A. DEL MARQUÉS DE COMILLAS
AL. DE APODACA
C. de Antonio López
Museo Arqueológico
C. de San Francisco
C.Nueva
Av. del Puerto
Palacio de Congresos
Pl. de Sevilla
Estación Central de RENFE
CTA. DE LAS CALESAS
Pza. de Tierra
Pl. de la Constitución
Av. Sta. Cruz de Tenerife
AVENIDA DE ANDALUCÍA
Chiclana Algeciras
San Fernando
N-340
CA-33

Murallas
C. de Adolfo de Castro
C. de Enrique de las Marinas
Plaza de San Antonio
C. de Sagasta
C. del Tinte
C. del Rosario
C. de San Francisco
C.Nueva
C. del Palillero
Ayuntamiento
Murallas
AVENIDA DE FERNÁNDEZ LADREDA
Plaza de Asdrúbal

Parque Genovés
Paseo de Santa Bárbara
AV. DEL DR. GÓMEZ ULLA
Calle de Cervantes
Oratorio de San Felipe Neri y Museo de las Cortes de 1812
Calle Ancha
Pl. de la Candelaria
C.Colón
C. Pelota
E. Jaboneria
Catedral Nueva
Pl. de la Compañía Catedral
C.Tte. Andújar
C. del Mirador
Playa de Sta. Mª del Mar

C. de Sta. Rosalía
Pl. de Falla
Sacramento
C. de las Viudas
CAMPO
DEL
SUR
Playa de la Victoria

C. del Dr. Marañón
C. de la Rosa
C. de Vidal
Calle Sagasta
Calle de la Palma
C. de la Virgen de la Palma
C. Cruz S. Vicente
C. de Longitud
C. de la Libertad
C. de Hospital de Mujeres
C. Cardoso
CAMPO
DEL
SUR

D. DE NÁJERA
Balneario de la Palma
C. de Venezuela
C. de Perión
Playa de la Caleta
OCÉANO
ATLÁNTICO

Castillo de Santa Catalina
Castillo de San Sebastián

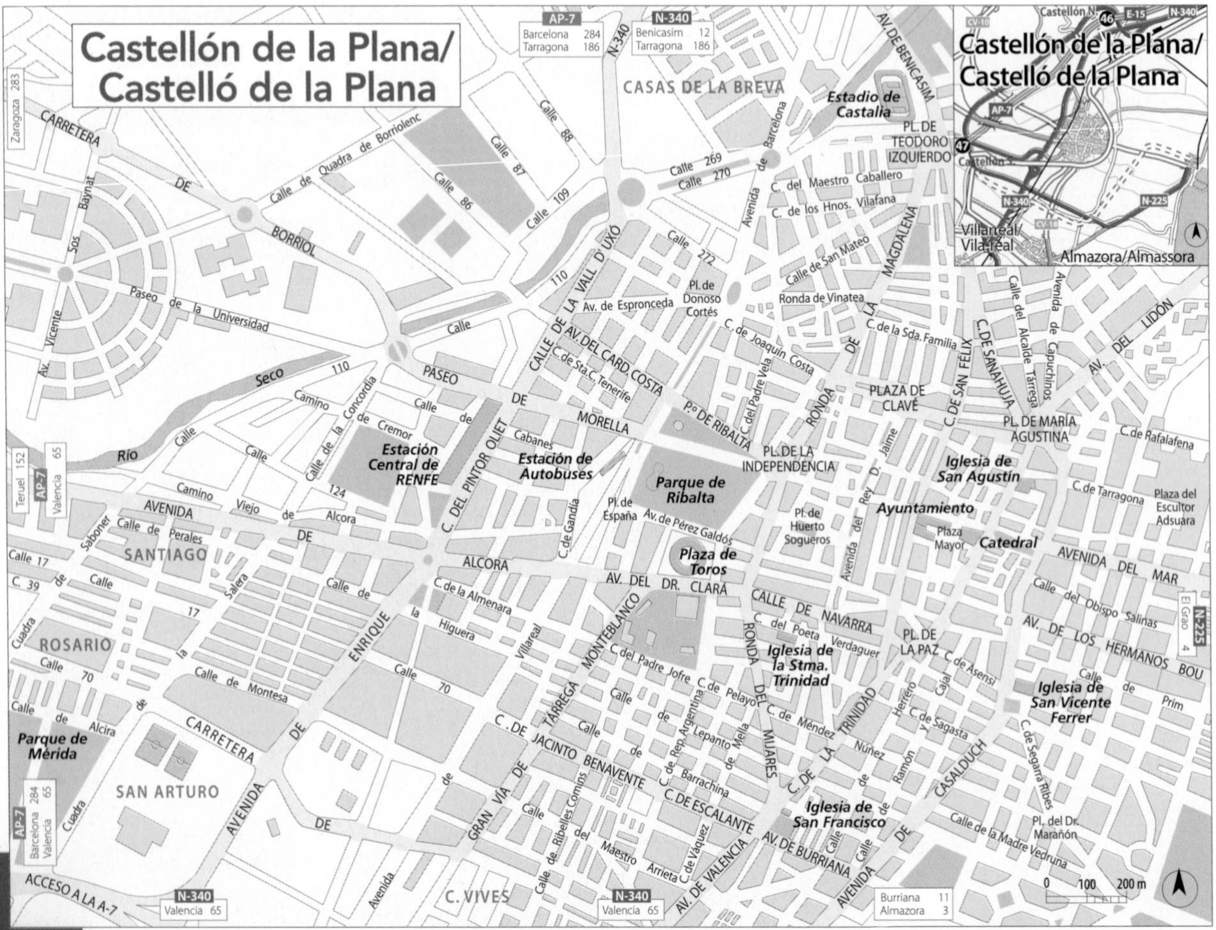

0   100   200 m

Castellón de la Plana/ Castelló de la Plana

Castellón de la Plana/
Castelló de la Plana

AP-7
N-340
Barcelona 284
Tarragona 186
Benicasim 12
Tarragona 186
CASAS DE LA BREVA
Estadio de Castalia
Castellón N.
E-15
N-340
46
PL. DE TEODORO IZQUIERDO
AP-7
47
Castellón
N-340
N-225
Villarreal Vila-real
Almazora/Almassora

Zaragoza 283
CARRETERA
DE
BORRIOL
Calle de Quadra de Borriolenc
Calle 88
Calle 87
Calle 86
Calle 109
Calle 269
Calle 270
Calle 272
Av. de Barcelona
C. del Maestro Caballero
C. de los Hnos. Vilafana

Paseo de la Universidad
110
Av. de Espronceda
Pl. de Donoso Cortés
Calle de San Mateo
Ronda de Vinatea
Av. de la Sda. Familia
PLAZA DE CLAVÉ
C. DE SAN FÉLIX
C. DE SANAHUJA
PL. DE MARÍA AGUSTINA
C. de Rafalafena

Seco
110
PASEO
DE
MORELLA
CALLE DE AV. DEL CARD. COSTA
C. de Sta. Tenerife
Cabanes
C. de Joaquín Costa
Pº DE RIBALTA
C. del Padre Vidal
RONDA
C. del Rey D. Jaime
Iglesia de San Agustín
C. de Tarragona
Plaza del Escultor Adsuara

Río
Calle
Camino Viejo de Alcora
Estación Central de RENFE
C. DEL PINTOR OLIET
Estación de Autobuses
Pl. de España
Parque de Ribalta
PL. DE LA INDEPENDENCIA
Pl. del Huerto Sogueros
Ayuntamiento
Plaza Mayor
Catedral
AVENIDA DEL MAR

Teruel 152
AP-7
Valencia 65
Camino
Calle de Cremor
Calle
Av. de Pérez Galdós
Plaza de Toros
CALLE DE NAVARRA
PL. DE LA PAZ
Calle del Obispo Salinas
AV. DE LOS HERMANOS BOU

AVENIDA
DE
Calle de Perales
Saboner
Calle de Alcora
ALCORA
C. de Gandia
AV. DEL DR. CLARÁ
C. del Poeta Verdaguer
C. de Asensi
El Grao
N-225

SANTIAGO
Calle 17
C. 39
Calle
17
Calle de la Almenara
C. de la Higuera
RONDA DEL GRAO
Iglesia de la Stma. Trinidad
PL. DE LA PAZ
AV. DE LOS HERMANOS BOU

ROSARIO
Calle 70
Calle de Montesa
ENRIQUE
70
C. del Padre Jofre
C. de Pelayo
C. del Poeta Verdaguer
Herrero y Sagasta
Iglesia de San Vicente Ferrer
Prim

Parque de Mérida
C. de Alcira
CARRETERA
DE
C. DE JACINTO BENAVENTE
C. DE TÁRREGA MONTEBLANCO
C. de Méndez
RONDA DEL GRAO
Núñez
Ramón
CALLE DE LA TRINIDAD
CASALDUCH
Pl. del Dr. Marañón

SAN ARTURO
AP-7
Barcelona 284
Valencia 65
GRAN VÍA DE
Villareal
AVENIDA
DE
C. de Ribalta Comíns
C. DE ESCALANTE
C. de Barrachina
AV. DE VALENCIA
AV. DE BURRIANA
Iglesia de San Francisco
Calle de la Madre Vedruna

ACCESO A LA A-7
N-340
Valencia 65
C. VIVES
N-340
Valencia 65
Burriana 11
Almazora 3

0   100   200 m

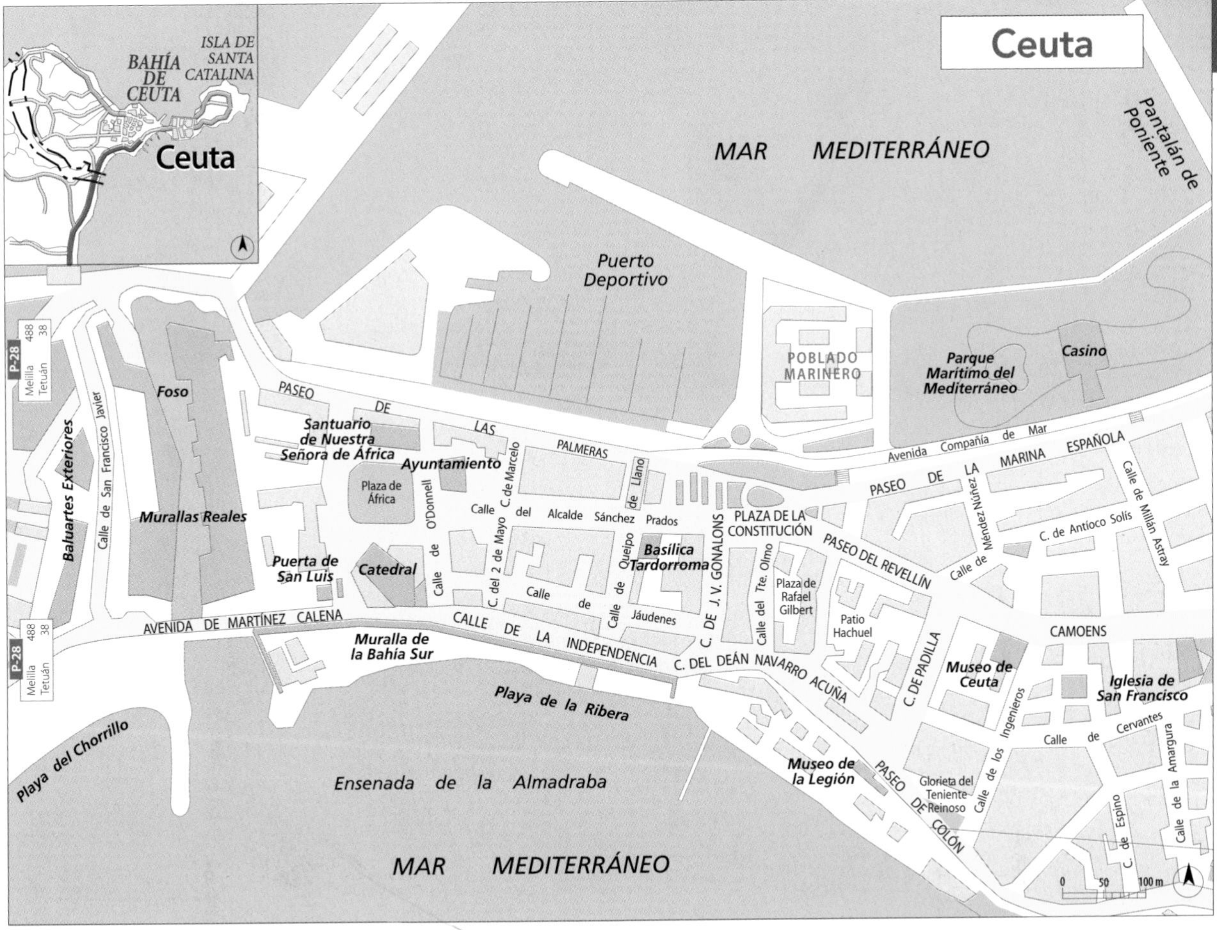

Ceuta

BAHÍA DE CEUTA

ISLA DE SANTA CATALINA

Ceuta

MAR MEDITERRÁNEO

Pantalán de Poniente

Puerto Deportivo

POBLADO MARINERO

Parque Marítimo del Mediterráneo

Casino

P-28 | Melilla 488 | Tetuán 38

Foso

PASEO DE LAS PALMERAS

Baluartes Exteriores

Calle de San Francisco Javier

Santuario de Nuestra Señora de África

Ayuntamiento

Plaza de África

Murallas Reales

Calle de O'Donnell

C. de Marcelo

Calle del Alcalde Sánchez Prados

Avenida Compañía de Mar

PASEO DE LA MARINA ESPAÑOLA

C. de Méndez Núñez

Calle de Millán Astray

C. de Antioco Solís

Puerta de San Luis

Catedral

Calle de Queipo

C. de 2 de Mayo

Calle de

Calle de Jáudenes

Basílica Tardorroma

PLAZA DE LA CONSTITUCIÓN

C. DE J. V. GONALOS

Calle del Tte. Olmo

PASEO DEL REVELLÍN

Plaza de Rafael Gilbert

Patio Hachuel

CAMOENS

C. DE PADILLA

P-28 | Melilla 488 | Tetuán 38

AVENIDA DE MARTÍNEZ CALENA

CALLE DE LA INDEPENDENCIA

C. DEL DEÁN NAVARRO ACUÑA

Museo de Ceuta

Calle de los Ingenieros

Iglesia de San Francisco

Calle de Cervantes

Muralla de la Bahía Sur

Playa de la Ribera

Playa del Chorrillo

Ensenada de la Almadraba

Museo de la Legión

PASEO DE COLÓN

Glorieta del Teniente Reinoso

C. de Espino

Calle de la Amargura

MAR MEDITERRÁNEO

0   50   100 m

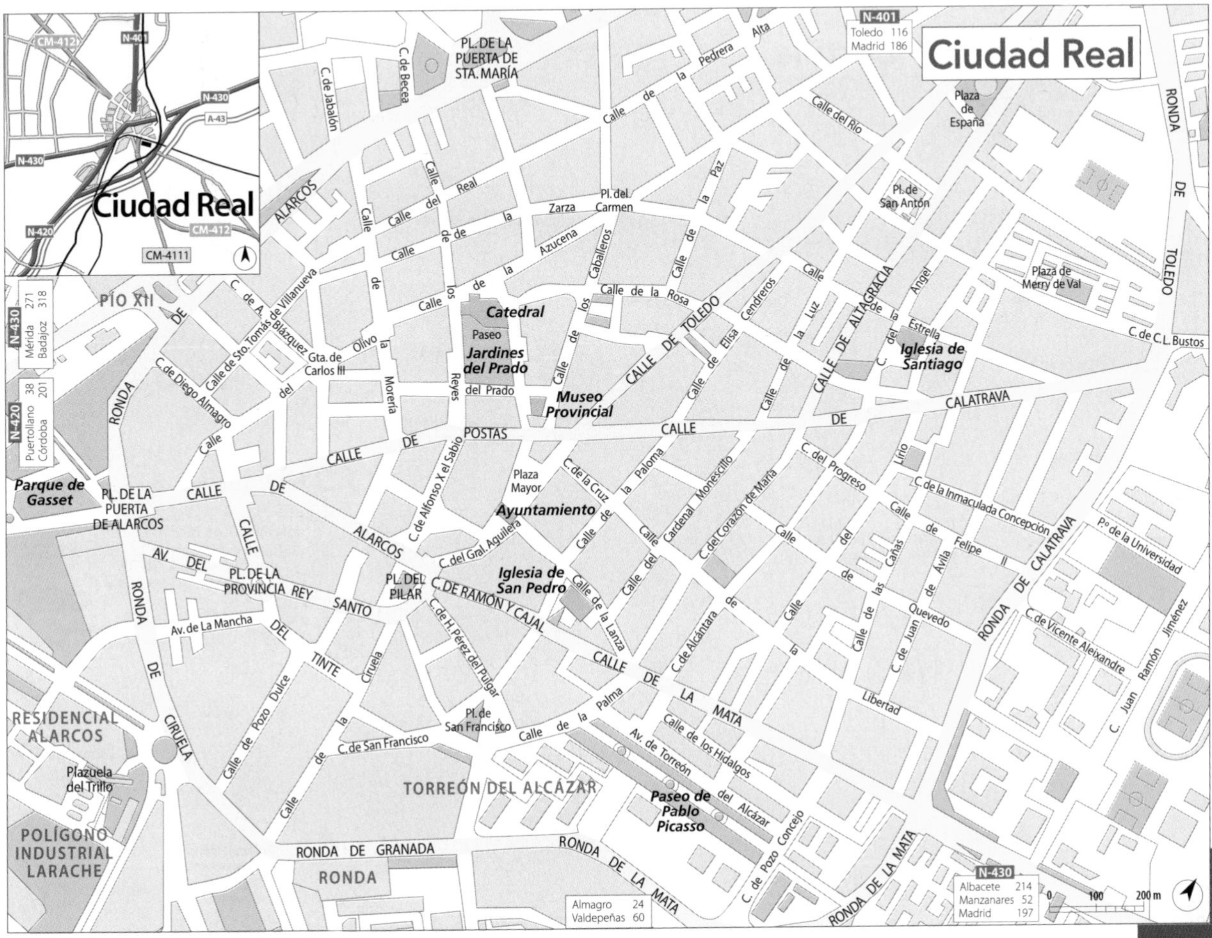

Ciudad Real

CM-412 | N-401
N-430
A-43
N-430
Ciudad Real
N-420 | CM-412
CM-4111

N-401 | Toledo 116 | Madrid 186

PL. DE LA PUERTA DE STA. MARÍA

C. de Jabalón

C. de Becea

Calle de la Pedrera

Alta

Plaza de España

RONDA DE TOLEDO

Calle del Río

ALARCOS

Calle Real

Zarza

Pl. del Carmen

Calle de la Paz

Pl. de San Antón

Plaza de Merry de Val

N-430 | Mérida 271 | Badajoz 318

PIO XII

C. de A. Infante de Villanueva

Olivo

Azucena

Calle de la Rosa

Caballeros

Cendreros

CALLE DE ALTAGRACIA

Angel

Estrella

Iglesia de Santiago

C. de C.L. Bustos

N-430 | Mérida 271 | Badajoz 318

N-420 | Puertollano 38 | Córdoba 201

RONDA

C. de Diego Almagro

Calle de Sto. Tomás de Blázquez

Gta. de Carlos III

del Prado

Catedral

Paseo Jardines del Prado

Museo Provincial

CALLE DE TOLEDO

C. de Elisa

Calle de la Luz

CALATRAVA

POSTAS

CALLE

DE

Lino

C. del Progreso

C. de la Inmaculada Concepción

Parque de Gasset

CALLE

DE

ALARCOS

C. de Alfonso X el Sabio

Plaza Mayor

C. de la Cruz

Paloma

Calle Cardenal Monescillo

C. del Corazón de María

Felipe

Pº de la Universidad

PL. DE LA PUERTA DE ALARCOS

AV. DEL

PL. DE LA PROVINCIA REY SANTO

C. del Gral. Aguilera

Ayuntamiento

Iglesia de San Pedro

Calle de la Lanza

C. de Alcántara

Calle de Ávila

Calle de las Cañas

RONDA DE CALATRAVA

C. de Vicente Alexandre

RONDA

C. de H. Pérez del Pulgar

CALLE

DE

LA

MATA

C. de Juan Quevedo

Libertad

C. Juan Ramón Jiménez

PL. DEL PILAR

C. DE RAMÓN Y CAJAL

Av. de La Mancha

DEL

TINTE

Ciruela

RESIDENCIAL ALARCOS

Calle de Pozo Dulce

C. de San Francisco

Pl. de San Francisco

Calle de la Palma

Av. de Torreón

Calle de los Hidalgos

del Alcázar

Plazuela del Trillo

POLÍGONO INDUSTRIAL LARACHE

TORREÓN DEL ALCÁZAR

Paseo de Pablo Picasso

C. de Pozo Consejo

RONDA DE GRANADA

RONDA DE LA MATA

RONDA

N-430 | Albacete 214 | Manzanares 52 | Madrid 197

Almagro 24 | Valdepeñas 60

0   100   200 m

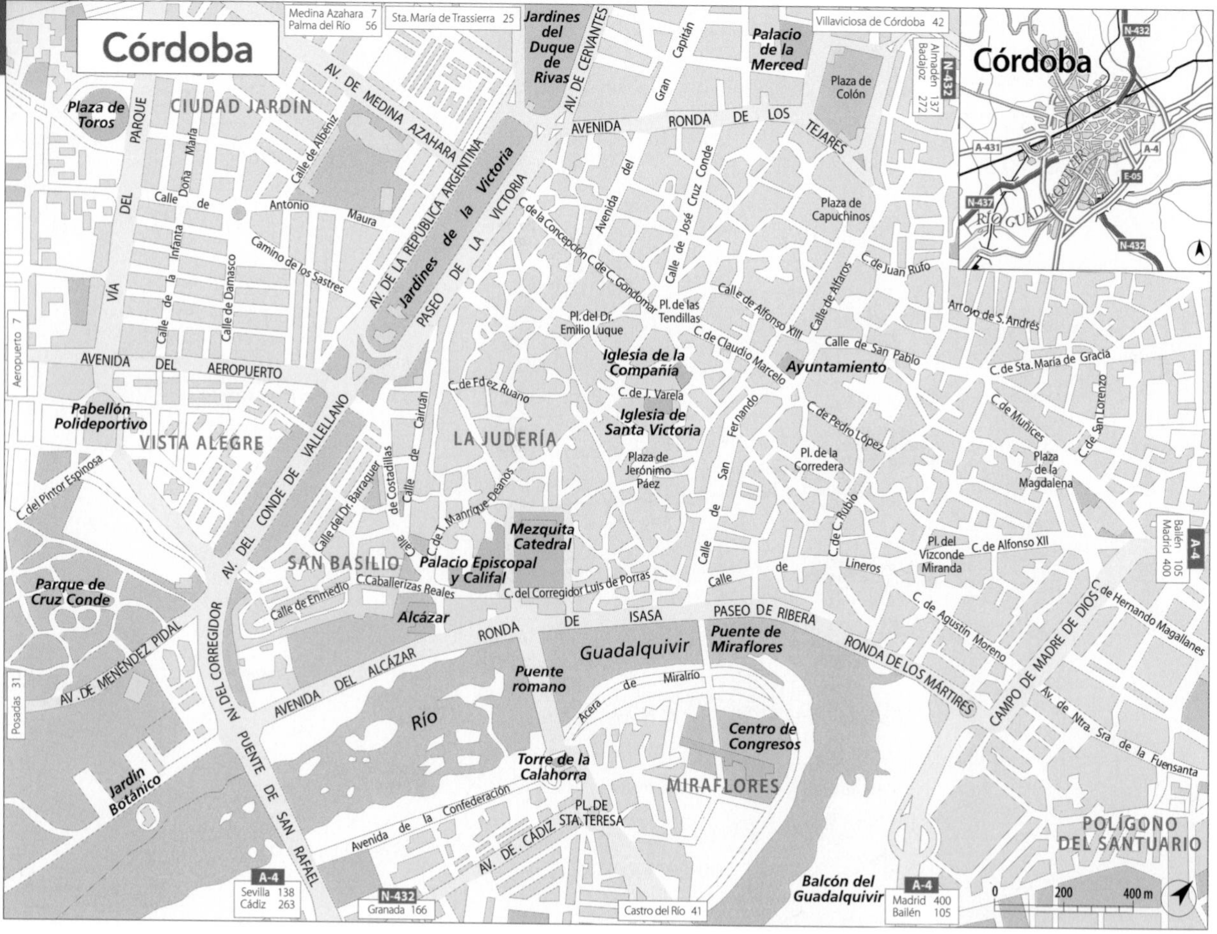

Córdoba

Jardines del Duque de Rivas

Palacio de la Merced

Plaza de Colón

Córdoba

Plaza de Toros

CIUDAD JARDÍN

PARQUE

AV. DE MEDINA AZAHARA

AV. DE CERVANTES

Gran Capitán

RONDA DE LOS TEJARES

N-432

Plaza de la Infanta

Calle Doña María

Calle de Albéniz

Antônio

Maura

AV. DE LA REPÚBLICA ARGENTINA

Jardines de la Victoria

PASEO DE LA VICTORIA

AVENIDA del

C de la Concepción

C de C. Gondomar

Calle de José Cruz Conde

Plaza de Capuchinos

C. de Juan Rufo

VÍA

Calle de la Infanta

Calle de Damasco

Camino de los Sastres

Pl. del Dr. Emilio Luque

Pl. de las Tendillas

Calle de Alfonso XIII

C. de Alfaros

Arroyo de S. Andrés

Aeropuerto 7

AVENIDA DEL

AEROPUERTO

C. de Fdez. Ruano

Iglesia de la Compañía

C. de J. Varela

Ayuntamiento

C. de Claudio Marcelo

C. de San Pablo

C. de Sta. María de Gracia

C. de San Lorenzo

Pabellón Polideportivo

VISTA ALEGRE

AV. DEL CONDE DE VALLELLANO

Cairón

Calle de Costadillas

Calle

LA JUDERÍA

Iglesia de Santa Victoria

Plaza de Jerónimo Páez

San Fernando

C. de Pedro López

Pl. de la Corredera

C. de Muñices

Plaza de la Magdalena

Calle del Dr. Barraquer

C. de T. Manrique Osorio

Calle

Mezquita Catedral

C. de C. Rubio

Pl. del Vizconde Miranda

C. de Alfonso XII

Bailén 105
Madrid 400

A-4

Parque de Cruz Conde

SAN BASILIO

Calle de Enmedio

Palacio Episcopal y Califal

C. Caballerizas Reales

C. del Corregidor Luis de Porras

Calle

de

Lineros

C. de Agustín Moreno

C. de Hernando Magallanes

Alcázar

RONDA

DE

ISASA

PASEO DE RIBERA

AV. DE MENÉNDEZ PIDAL

AV. DEL CORREGIDOR

AVENIDA DEL ALCÁZAR

Puente romano

Guadalquivir

Puente de Miraflores

RONDA DE LOS MÁRTIRES

CAMPO DE MADRE DE DIOS

Posadas 31

Río

Acera

de

Miralrío

Centro de Congresos

Av. de Ntra. Sra. de la Fuensanta

PUENTE DE SAN RAFAEL

Torre de la Calahorra

MIRAFLORES

POLÍGONO DEL SANTUARIO

Jardín Botánico

Avenida de la Confederación

PL. DE STA. TERESA

AV. DE CÁDIZ

Balcón del Guadalquivir

A-4
Madrid 400
Bailén 105

Sevilla 138
Cádiz 263
N-432
Granada 166
Castro del Río 41
0   200   400 m

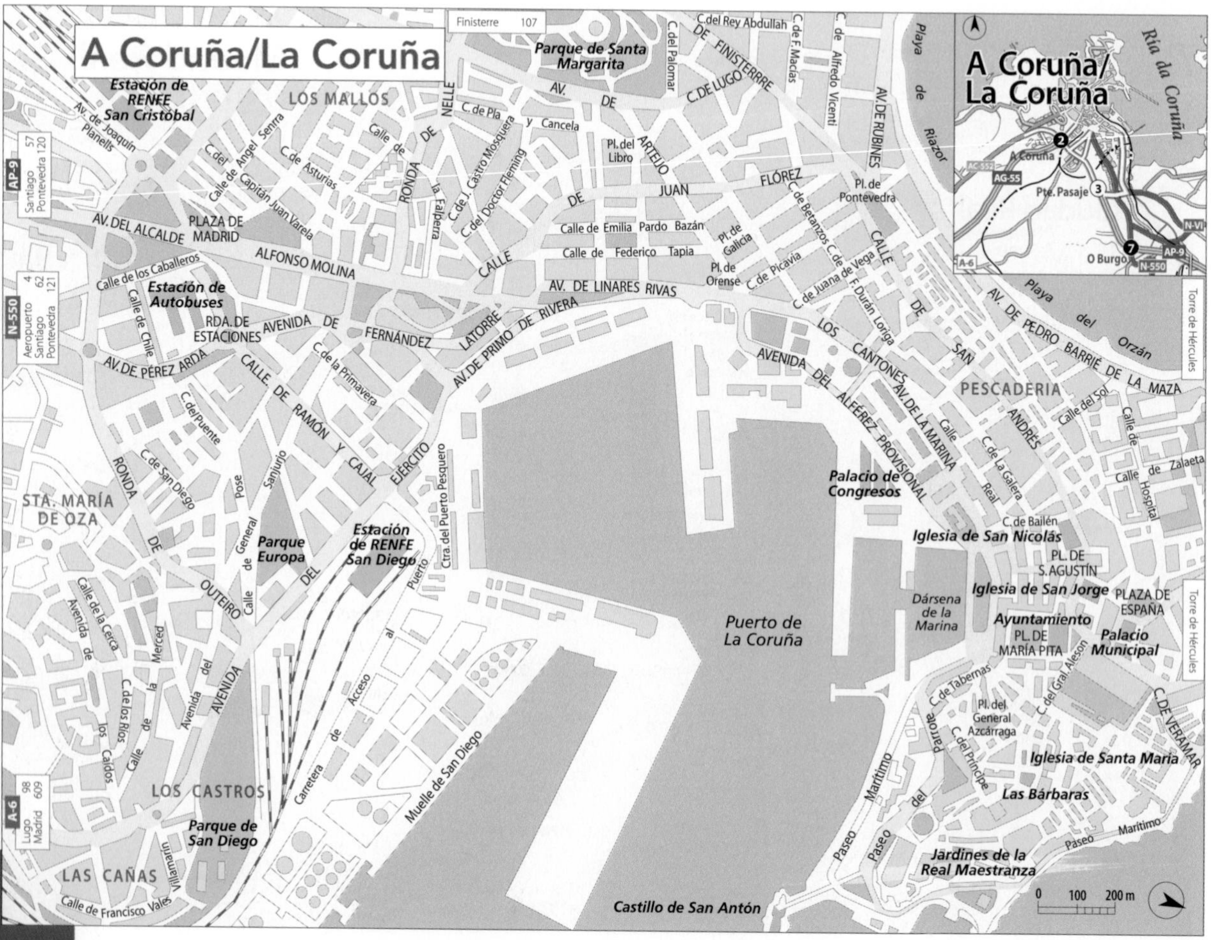

A Coruña/La Coruña

Finisterre 107

C. del Rey Abdullah

DE FINISTERRE

Playa de Riazor

Ría da Coruña

A Coruña/La Coruña

Parque de Santa Margarita

C. de F. Macías

C. del Palomar

C. de Alfredo Vicenti

Estación de RENFE San Cristóbal

LOS MALLOS

NELLE

AV.

DE

C. de Pla

y Cancela

C. DE LUGO

AV. DE RUBINES

Av. de Joaquín Planells

RONDA

Pl. del Libro

ARTEIJO

Calle de Angel Senra

C. de Asturias

C. de J. Castro Mosquera

C. del Doctor Fleming

JUAN

FLÓREZ

Pl. de Pontevedra

AC-552

AG-55

A Coruña

Pte. Pasaje 3

PLAZA DE MADRID

Calle de Capitán Juan Varela

ALFONSO MOLINA

Calle de Emilia Pardo Bazán

C. de Betanzos

C. de Picavia

C. de Juana de Vega

F. Durán Loriga

CALLE

O Burgo

N-VI

AP-9

N-550

Santiago 57
Pontevedra 120

AP-9

Calle de los Caballeros

Estación de Autobuses

Calle de Chile

RDA. DE ESTACIONES

AVENIDA DE

FERNÁNDEZ

Calle de Federico Tapia

Pl. de Orense

Pl. de Galicia

LOS

CANTONES

AV. DE LA MARINA

PESCADERÍA

N-550

Aeropuerto 4
Santiago 62
Pontevedra 121

AV. DE PÉREZ ARDÁ

C. de la Primavera

AV. DE LINARES RIVAS

AV. DEL ALFÉREZ PROVISIONAL

ANDRÉS

C. de la Galera

Calle del Sol

Calle de Zalaeta

STA. MARÍA DE OZA

RONDA

C. de San Diego

Santiurjo

C. del Puente

LATORRE

AV. DE PRIMO DE RIVERA

EJÉRCITO

Cra. del Puerto Pesquero

Calle Real

Palacio de Congresos

C. de Bailén

Calle de Hospital

Torre de Hércules

Parque Europa

Estación de RENFE San Diego

DEL

Puerto

al

Puerto de La Coruña

Iglesia de San Nicolás

PL. DE S. AGUSTÍN

Iglesia de San Jorge

PLAZA DE ESPAÑA

C. de General

OUTEIRO

Avenida del

Carretera

de

Acceso

Muelle de San Diego

Dársena de la Marina

Ayuntamiento

PL. DE MARÍA PITA

Palacio Municipal

Torre de Hércules

C. de los Caídos

Pl. del General Azcárraga

C. de Tabernas

C. del Príncipe

C. de Gral. Alesón

Iglesia de Santa María

C. DE VERAMAR

A-6
Lugo 98
Madrid 609

LOS CASTROS

C. de la Cerca

Parque de San Diego

Las Bárbaras

LAS CAÑAS

Calle de Francisco Vales

Castillo de San Antón

Paseo

Marítimo

Jardines de la Real Maestranza

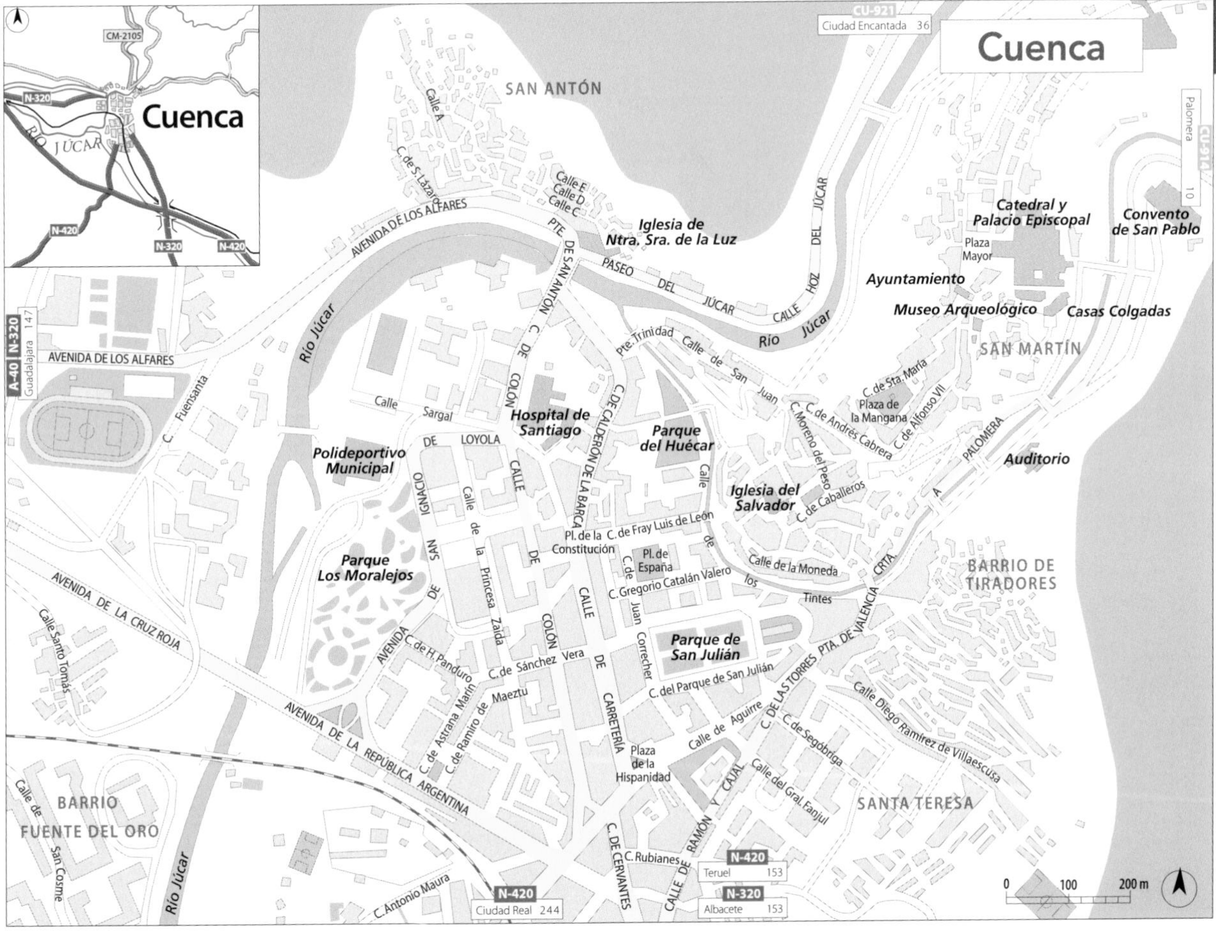

Cuenca

Cuenca

CM-2105
N-320
RÍO JÚCAR
N-420
N-320
N-420

CU-921
Ciudad Encantada 36
Palomera 10

SAN ANTÓN

Calle A
Calle E
Calle D
Calle C
Calle de S. Lázaro

Iglesia de
Ntra. Sra. de la Luz

AVENIDA DE LOS ALFARES

PTE. DE SAN ANTÓN

PASEO DEL JÚCAR

Río Júcar

RÍO JÚCAR

Pte. Trinidad
Calle de San Juan

Catedral y
Palacio Episcopal

Plaza
Mayor

Convento
de San Pablo

Ayuntamiento

Museo Arqueológico

Casas Colgadas

SAN MARTÍN

C. de Sta. María

C. de Andrés Cabrera

Plaza de
la Mangana

C. de Alfonso VII

C. Moreno del Peso

A-40 N-320
Guadalajara 147

AVENIDA DE LOS ALFARES

C. Fuensanta

Polideportivo
Municipal

DE LOYOLA

CALLE

Hospital de
Santiago

Parque
del Huécar

C. DE CALDERÓN DE LA BARCA

Calle

Sargal

Calle

de la Princesa

Calle

DE

COLÓN

C. DE SAN IGNACIO

Iglesia del
Salvador

C. de Caballeros

Auditorio

PALOMERA

Parque
Los Moralejos

AVENIDA DE LA CRUZ ROJA

Calle Santo Tomás

Zalda

Pl. de la
Constitución

C. de Fray Luis de León

Pl. de
España

C. Gregorio Catalán Valero

C. de Juan

Correcher

Calle de la Moneda

los

Tintes

CRTA.

BARRIO DE
TIRADORES

AVENIDA

C. de H. Panduro

CALLE

DE

COLÓN

Parque de
San Julián

C. del Parque de San Julián

C. de Astrana Marín

C. de Ramiro de Maeztu

C. de Sánchez Vera

CARRETERA

Calle de Aguirre

C. DE LAS TORRES, PTA. DE VALENCIA

C. de Segóbriga

Calle Diego Ramírez de Villaescusa

BARRIO
FUENTE DEL ORO

Calle de San Cosme

AVENIDA DE LA REPÚBLICA ARGENTINA

Plaza
de la
Hispanidad

Calle del Gral. Fanjul

SANTA TERESA

C. DE CERVANTES

C. DE RAMÓN Y CAJAL

C. Rubianes

C. Antonio Maura

N-420

Ciudad Real 244

N-420
Teruel 153

N-320
Albacete 153

0 100 200 m

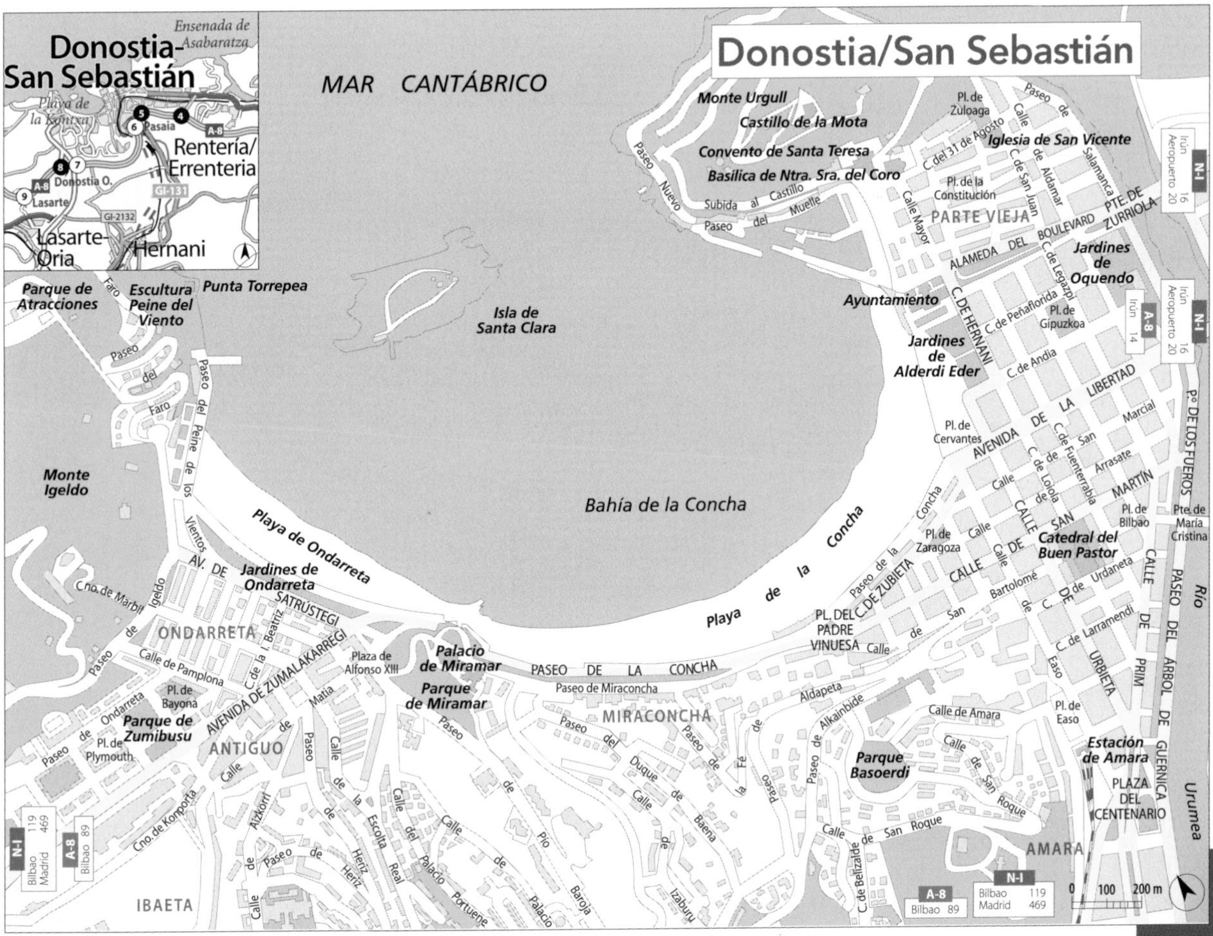

Donostia/San Sebastián

Ensenada de
Asabaratza

MAR CANTÁBRICO

Donostia/San Sebastián

Donostia-
San Sebastián

Playa de
la Kontxa

Pasaia

A-8

Rentería/
Errenteria

Donostia O.

Lasarte

GI-131

GI-2132

Lasarte-
Oria

Hernani

Parque de
Atracciones

Escultura
Peine del
Viento

Punta Torrepea

Faro

Paseo

del

Faro

Monte
Igeldo

Paseo

del Peine de los

Vientos

Isla de
Santa Clara

Monte Urgull

Castillo de la Mota

Convento de Santa Teresa

Basílica de Ntra. Sra. del Coro

Subida al Castillo

Paseo del Muelle

Pl. de
Zuluaga

Paseo

C. del 31 de Agosto

Calle Mayor

PARTE VIEJA

Iglesia de San Vicente

Calle

C. de San Jerónimo

Salamanca

PTE. DE
ZURRIOLA

PºDE LOS FUEROS

N-1
Irún 16
Aeropuerto 20

N-1
Irún 16
Aeropuerto 20

Pl. de la
Constitución

Ayuntamiento

ALAMEDA DEL BOULEVARD

Jardines
de
Oquendo

A-8

C. de Easo

Jardines de
Alderdi Eder

C. DE HERNANI

C. de Peñaflorida

Pl. de
Gipuzkoa

C. de Andia

AVENIDA DE LA LIBERTAD

Pl. de
Cervantes

C. de Fuenterrabía

Marcial

CALLE

C. de Loiola

C. de San

Arrasate

Pl. de
Bilbao

Pte. de
María
Cristina

Bahía de la Concha

Playa de Ondarreta

AV. DE SATRÚSTEGI

Jardines de
Ondarreta

Cno. de Marbil

ONDARRETA

Calle de Pamplona

AVENIDA DE ZUMALAKARREGI

Plaza de
Alfonso XIII

Palacio
de Miramar

Parque
de Miramar

PASEO DE LA CONCHA

Paseo de Miraconcha

MIRACONCHA

Playa de la Concha

Pl. de
Zaragoza

Paseo de la

C. DE ZUBIETA

Concha

CALLE

SAN

MARTÍN

Catedral del
Buen Pastor

PASEO DEL ÁRBOL DE GUERNICA

Río
Urumea

C. de Bayona

Pl. de
Bayona

Parque de
Zumibusu

Pl. de
Plymouth

ANTIGUO

Cno. de Ondarreta

AVENIDA DE ZUMALAKARREGI

C. de la Beatriz

Matía

Calle

Paseo

del

C. de Aldapeta

Calle

Duque de

Baena

PL. DEL
PADRE
VINUESA

Calle

C. de San Bartolomé

C. DE PRIM

C. DE URBIETA

Pl. de
Easo

Estación
de Amara

PLAZA DEL
CENTENARIO

IBAETA

Cno. de Konporta

C. de

Paseo

Calle

del

Escolta

Real

Paseo del Palacio

Pío

Baroja

C. de San Roque

Parque
Basoerdi

Calle de Amara

Calle

de San Roque

AMARA

N-1
Bilbao 119
Madrid 469

A-8
Bilbao 89

A-8
Bilbao 89

N-1
Bilbao 119
Madrid 469

0 100 200 m

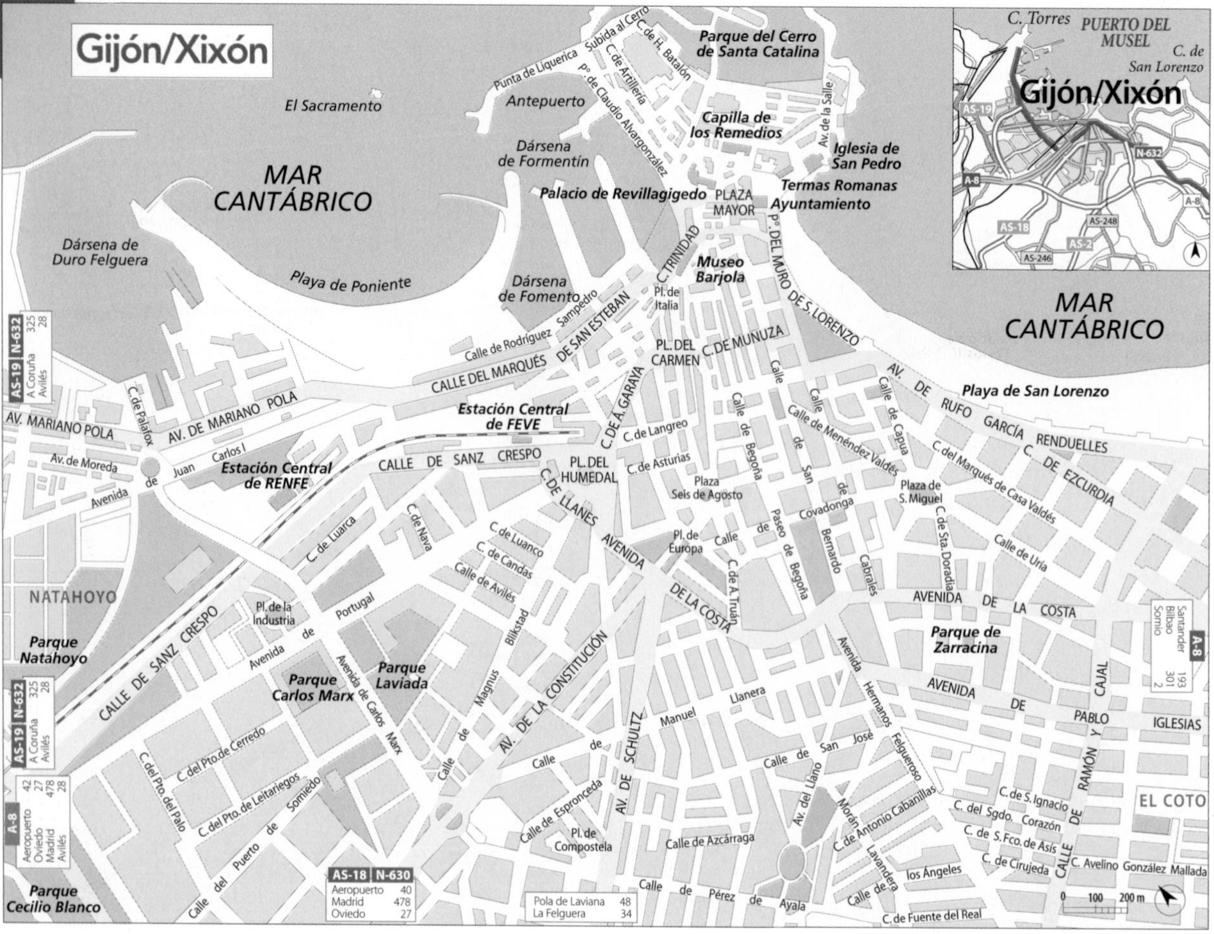

Gijón/Xixón

MAR CANTÁBRICO

El Sacramento

Punta de Liquerica
Antepuerto
Dársena de Formentín

Subida al Cerro
C. de H. Batalón
C. de Artillería
Pº de Claudio Alvargonzález
Av. de la Salle

Parque del Cerro de Santa Catalina

Capilla de los Remedios

Iglesia de San Pedro

Termas Romanas
Ayuntamiento

Palacio de Revillagigedo

PLAZA MAYOR

Dársena de Duro Felguera

Playa de Poniente

Dársena de Fomento

C. TRINIDAD

Museo Barjola

Pl. de Italia

Pº. DEL MURO DE S. LORENZO

MAR CANTÁBRICO

Sampedro

Calle de Rodríguez

DE SAN ESTEBAN

PL. DEL CARMEN

C. DE MUNUZA

Av. DE RUFO GARCÍA RENDUELLES

Playa de San Lorenzo

CALLE DEL MARQUÉS

C. DE A. GARAYA

Calle de Capua

Calle de Menéndez Valdés

C. del Marqués de Casa Valdés

C. DE EZCURDIA

AS-19 N-632
A Coruña 325
Avilés 28

AV. MARIANO POLA

AV. DE MARIANO POLA

Estación Central de FEVE

C. de Langreo

Calle

C. de Asturias

Calle de San

Plaza de S. Miguel

Calle de Uría

Av. de Moreda

Carlos I

Juan

Estación Central de RENFE

CALLE DE SANZ CRESPO

PL. DEL HUMEDAL

Plaza Seis de Agosto

Paseo de Begoña

Covadonga

Cabrales

C. de Palaíox

C. de Nava

C. de Luarca

C. de Llanes

AVENIDA

Pl. de Europa

C. de A. Truán

Bernardo

NATAHOYO

C. de Luanco

C. de Candás

DE LA COSTA

AVENIDA DE LA COSTA

Parque Natahoyo

Pl. de la Industria

Portugal

Calle de Avilés

Parque de Zarracina

Parque Carlos Marx

Avenida

Parque Laviada

Bilk'sad

Avenida de Carlos Marx

Llanera

Hermanos

Felgueroso

AVENIDA

DE

CAJAL

PABLO

RAMÓN Y

IGLESIAS

AS-19 N-632
A Coruña 325
Avilés 28

C. del Pto de Cerredo

C. del Pto. del Pato

Calle de Magnus

AV. DE LA CONSTITUCIÓN

Manuel

de

Calle de San José

AV. DE SCHULTZ

Av. del Llano

Moran

C. de Antonio Cabanillas

EL COTO

A-8
Aeropuerto 42
Oviedo 27
Madrid 478
Avilés 28

C. del Pto. de Somiedo

Calle del Puerto de

Calle

Calle de Esproncedo

Pl. de Compostela

Calle de Azcárraga

los Ángeles

C. de S. Ignacio
C. del Sgdo. Corazón
C. de S. Fco. de Asís
C. de Cirujeda
C. Avelino González Mallada

Parque Cecilio Blanco

AS-18 N-630
Aeropuerto 40
Madrid 478
Oviedo 27

Pola de Laviana 48
La Felguera 34

Calle de Pérez

Calle de Ayala

C. de Fuente del Real

0 100 200 m

(inset) Gijón/Xixón

C. Torres
PUERTO DEL MUSEL
C. de San Lorenzo

AS-19
A-8
N-632
AS-18
AS-248
AS-2
AS-246

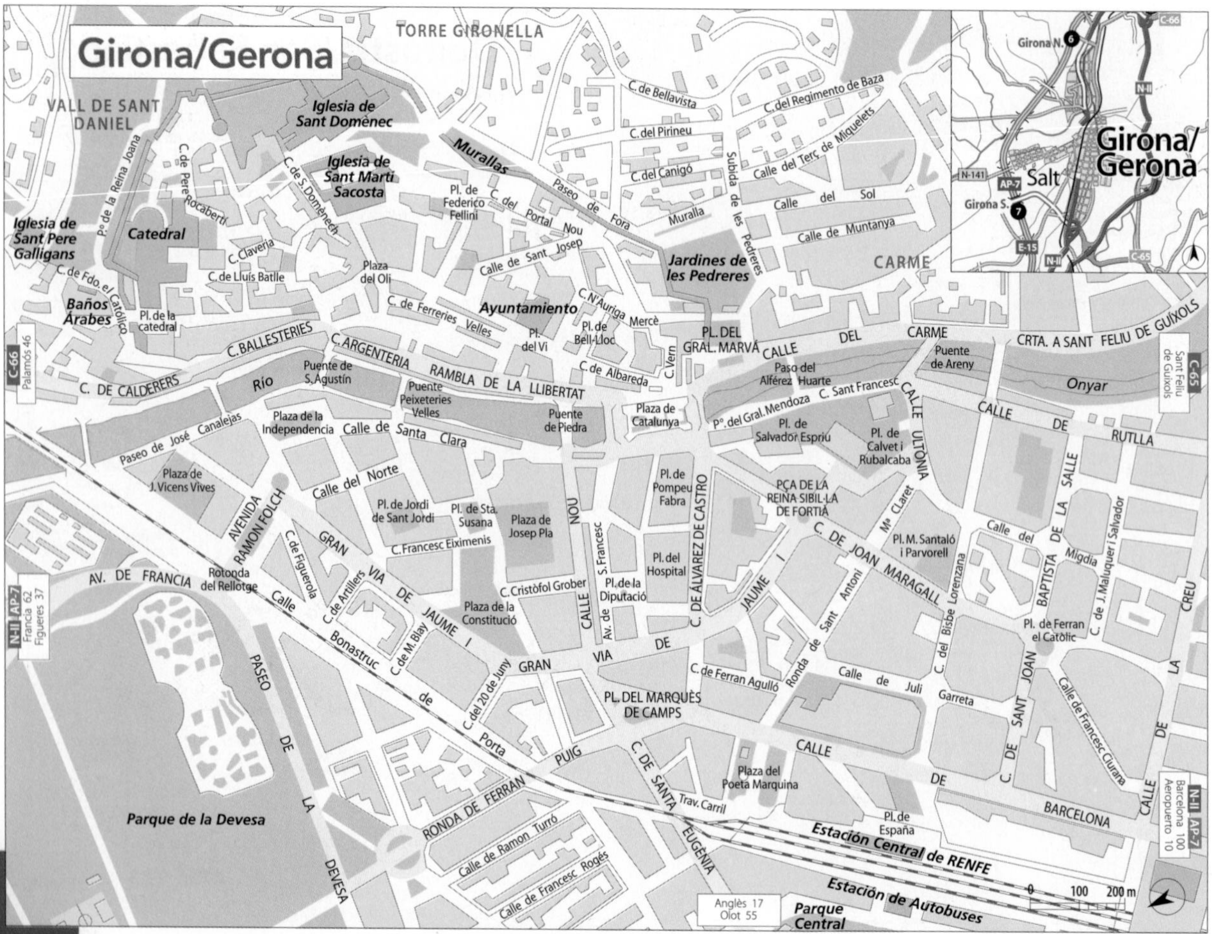

Girona/Gerona

TORRE GIRONELLA

VALL DE SANT DANIEL

Iglesia de Sant Domènec

Iglesia de Sant Martí Sacosta

Murallas

C. de Bellavista

C. del Regimento de Baza

C. del Pirineu

C. del Canigó

Subida de les Pedreres

Calle del Terç de Miquelets

Calle del Sol

Iglesia de Sant Pere Galligans

Catedral

Pº de la Reina Joana

C. de Peracaberti

C. de S. Domènech

Pl. de Federico Fellini

Pº del Portal Nou

Calle de Fora

Muralla

Calle de Muntanya

C. Claverí

Calle de Sant Josep

Jardines de les Pedreres

CARME

Baños Árabes

C. de Fdo. el Católico

C. de Lluís Batlle

Plaza del Oli

C. N'Auriga

Mercè

CARME

CRTA. A SANT FELIU DE GUÍXOLS

Pl. de la catedral

C. de Ferreries Velles

Ayuntamiento

Pl. del Vi

Pl. de Bell-Lloc

PL. DEL GRAL. MARVÀ

CALLE

DEL

CARME

Puente de Areny

Sant Feliu de Guíxols

C. BALLESTERIES

C. ARGENTERIA

RAMBLA DE LA LLIBERTAT

C. de Albareda

C. Vern

Paso del Alférez Huarte

Onyar

C-65

C. DE CALDERERS

Río

Puente de S. Agustín

Puente Peixeteries Velles

Puente de Piedra

Plaza de Catalunya

Pº. del Gral. Mendoza

C. Sant Francesc

CALLE UTÒNIA

CALLE

DE

RUTLLA

C-66
Palamós 46

Plaza de la Independencia

Calle de Santa Clara

Pl. de Salvador Espriu

Pl. de Calvet i Rubalcaba

Paseo de José Canalejas

Plaza de J. Vicens Vives

Calle del Norte

NOU

Pl. de Pompeu Fabra

PÇA DE LA REINA SIBIL.LA DE FORTIÀ

BAPTISTA DE LA SALLE

Calle del Migdia

AVENIDA RAMON FOLCH

Pl. de Jordi de Sant Jordi

Pl. de Sta. Susana

Plaza de Josep Pla

Pl. del Hospital

C. Claret

Pl. M. Santaló i Parvorell

Calle del Salvador

GRAN

C. de Figuerola

C. Francesc Eiximenis

S. Francesc

C. DE ÁLVAREZ DE CASTRO

Pl. de Ferran el Catòlic

AV. DE FRANCIA

Rotonda del Rellotge

C. de Arties

VIA DE

JAUME I

C. Cristófol Grober

Pl. de la Diputació

JAUME I

C. de Sant Antoni

Ronda

Lorenzana

C. del Bisbe

N-II AP-7
Francia 62
Figueres 37

Calle

Bonastruc

C. de M. Blay

de

GRAN

VIA

DE

Plaza de la Constitució

C. de Ferran Agulló

Calle de Juli

Garreta

C. de J.Maluquer i Salvador

Calle de Francesc Ciurana

PASEO

DE

LA

Porta

PUIG

C. DE SANTA

PL. DEL MARQUÉS DE CAMPS

CALLE

DE

Calle

Parque de la Devesa

RONDA DE FERRAN

DEVESA

Calle de Ramon Turró

Calle de Francesc Rogés

Plaza del Poeta Marquina

EUGÈNIA

BARCELONA

Estación Central de RENFE

Estación de Autobuses

CALLE

LA

CREU

SANT JOAN

N-II AP-7
Barcelona 100
Aeropuerto 10

Anglès 17
Olot 55

Pl. de España

Trav. Carril

Pl. de

Parque Central

0 100 200 m

(inset) Girona/Gerona

Girona N.
Girona/Gerona
Salt
Girona S.

C-66
N-II
N-141
AP-7
E-15
C-65

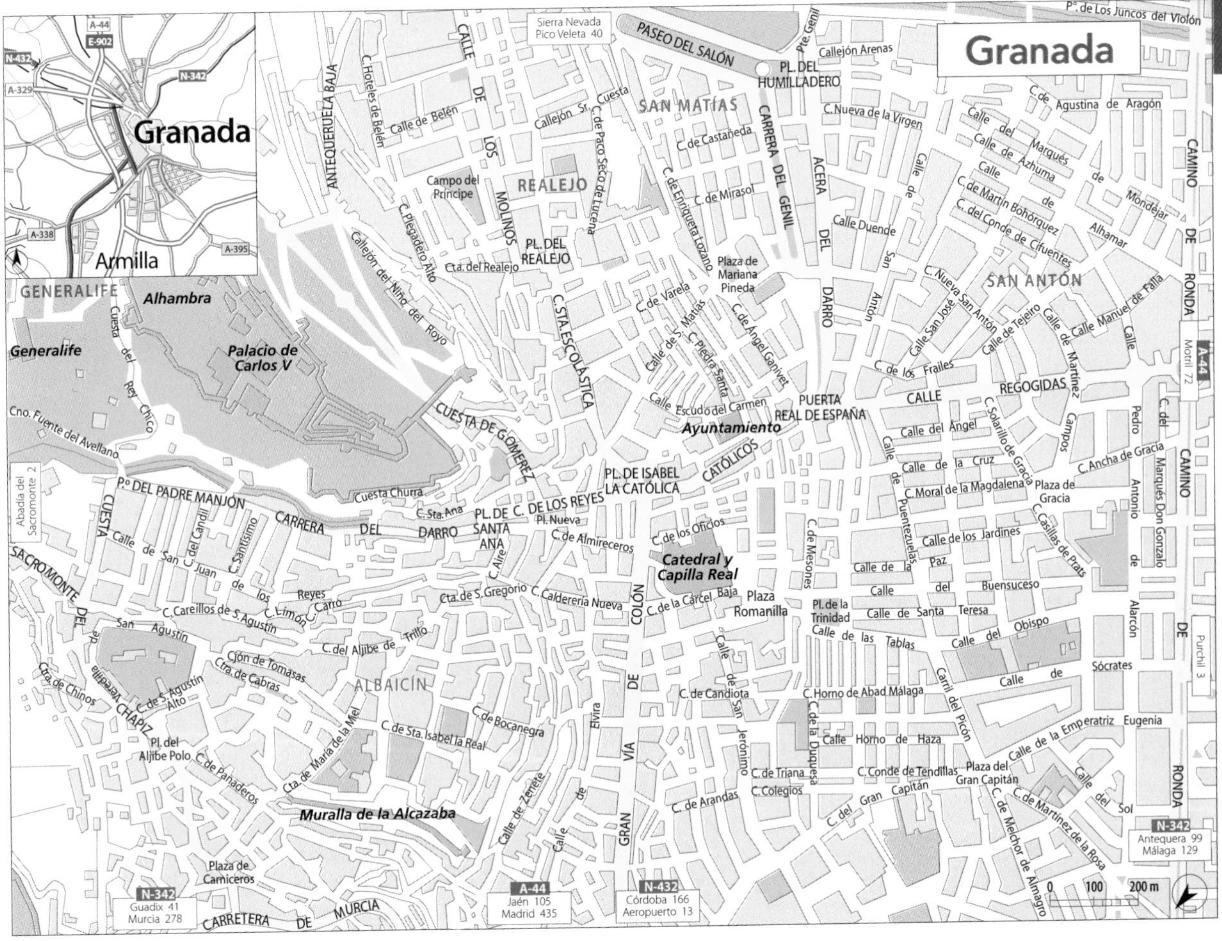

Granada

GENERALIFE
Alhambra
Generalife
Palacio de Carlos V

REALEJO
SAN MATÍAS
SAN ANTÓN
ALBAICÍN
SACROMONTE
CHAPIZ

Catedral y Capilla Real
Ayuntamiento
PUERTA REAL DE ESPAÑA
Muralla de la Alcazaba

PASEO DEL SALÓN
CARRERA DEL GENIL
CARRERA DEL DARRO
GRAN VÍA
CAMINO DE RONDA

Armilla

Guadalajara

Parque del Alamín
AGUAS VIVAS
EL NUEVO ALAMÍN
Parque Coquín

Iglesia de los Remedios
Palacio de los Duques del Infantado
Torreón de Alvárfáñez
Concatedral de Sta. María
Torreón del Alamín
Capilla de Luis de Lucena
Iglesia de San Francisco
Ayuntamiento
Iglesia del Carmen
Parque de la Concordia
Iglesia de San Ginés
Plaza de Toros
Parque de San Roque
Iglesia de Santiago
Parque de la Constitución
Parque de la Amistad

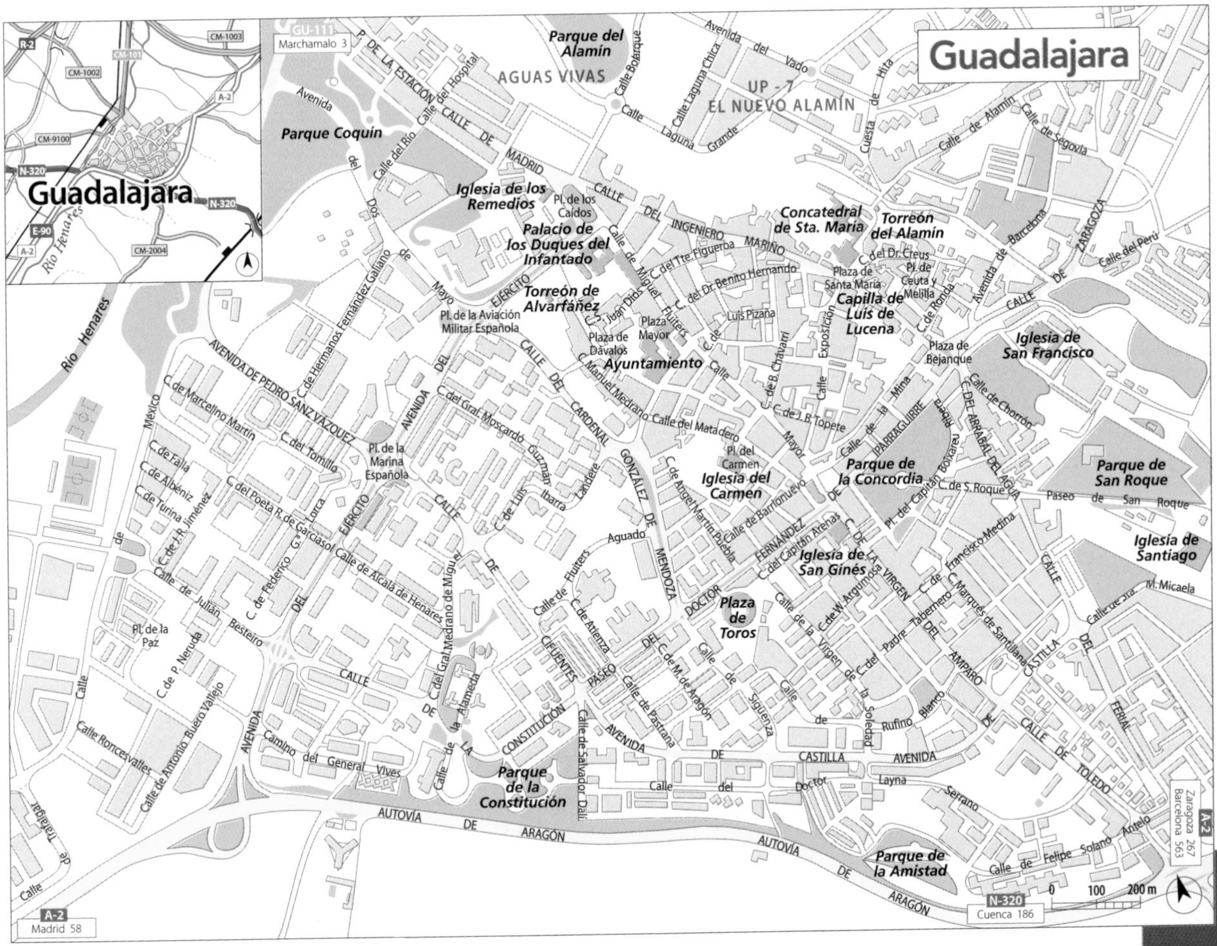

AUTOVÍA DE ARAGÓN

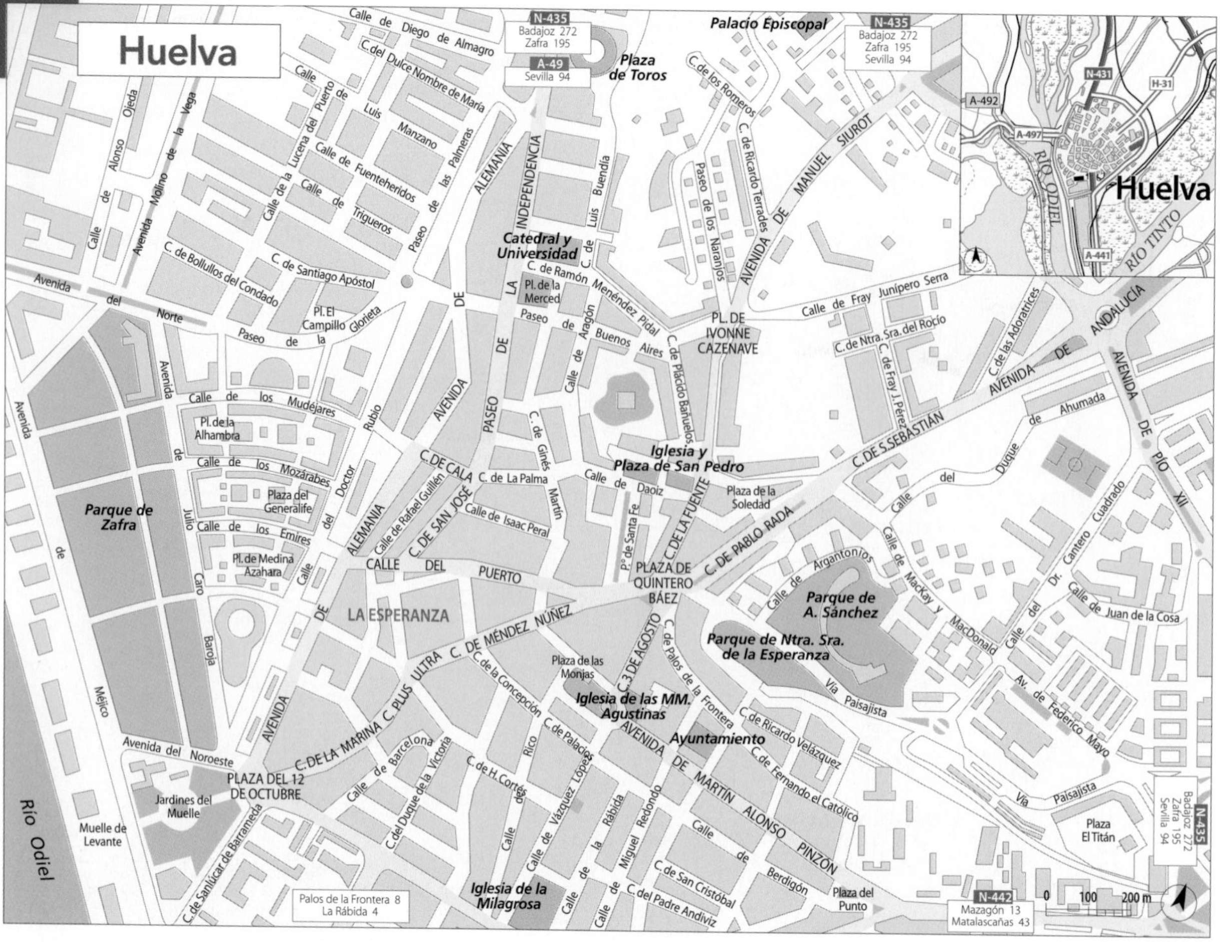

Huelva

Huelva

Calle de Diego de Almagro
C. del Dulce Nombre de María
N-435 Badajoz 272 Zafra 195
A-49 Sevilla 94
Palacio Episcopal
N-435 Badajoz 272 Zafra 195 Sevilla 94
Plaza de Toros
C. de los Romeros
Calle de Alonso Ojeda
Calle de la Vega
Avenida Molino del Puerto
Luis Manzano
Calle de Fuentebueros
Calle de Triqueros
Paseo de los Palmeros
ALEMANIA
C. de los Naranjos
INDEPENDENCIA
C. de Luis Buendía
AVENIDA DE MANUEL SIUROT
Paseo de Ricardo Terrades
C. de Santiago Apóstol
C. de Bollullos del Condado
Pl. El Campillo Glorieta
Avenida del Norte
Paseo de la
Calle de los Mudéjares
Pl. de la Alhambra
Calle de los Mozárabes
Plaza del Generalife
C. DE CALA
C. de Rafael Guillén
C. DE SAN JOSÉ
C. de Isaac Peral
Calle de Santiago Apóstol
Pl. de la Merced
Pl. de Ramón Menéndez Pidal
Paseo de Aragón
C. de Ginés Martín
C. de La Palma
Catedral y Universidad
Buenos Aires
Paseo de Ricardo Bañuelos
PL. DE IVONNE CAZENAVE
Calle de Fray Junípero Serra
C. de Ntra. Sra. del Rocío
C. de las Adoratrices
AVENIDA DE ANDALUCÍA
AVENIDA DE PIO XII
C. de Fray J. Pérez
de Ahumada
Iglesia y Plaza de San Pedro
Calle de Daoíz
Plaza de la Soledad
C. DE S. SEBASTIÁN
Dique
Parque de Zafra
Julio Caro
Baroja
AVENIDA DE ALEMANIA
PASEO DE
C. del Doctor Rubio
Calle de los Emires
Pl. de Medina Azahara
CALLE DEL PUERTO
LA ESPERANZA
Pl. de Santa Fe
C. DE LA FUENTE
PLAZA DE QUINTERO BÁEZ
C. DE PABLO RADA
Calle de Argantonios
C. de Mackay y MacDonald
Calle de Juan de la Cosa
Av. de Federico Mayo
Parque de A. Sánchez
Parque de Ntra. Sra. de la Esperanza
Dr. Cantero Cuadrado
C. DE MÉNDEZ NÚÑEZ
3 DE AGOSTO
Plaza de las Monjas
C. de la Concepción
C. de Palos de la Frontera
Vía Paisajista
C. de Ricardo Velázquez
Iglesia de las MM. Agustinas
AVENIDA DE MARTÍN ALONSO PINZÓN
Ayuntamiento
C. de Fernando el Católico
Avenida del Noroeste
C. DE LA MARINA
C. PLUS ULTRA
Calle de barcelona
C. de H. Cortés
Rico
C. de Paladio
Plaza El Titán
N-435 Badajoz 272 Zafra 195 Sevilla 94
PLAZA DEL 12 DE OCTUBRE
Jardines del Muelle
Río Odiel
Muelle de Levante
C. de Sanlúcar de Barrameda
C. del Duque de la Victoria
Calle de Vázquez López
Calle de la Rábida
Miguel Redondo
Calle de San Cristóbal
Calle de Berdigón
Plaza del Punto
Palos de la Frontera 8
La Rábida 4
Iglesia de la Milagrosa
C. del Padre Andivia
N-442 Mazagón 13 Matalascañas 43
0 100 200 m

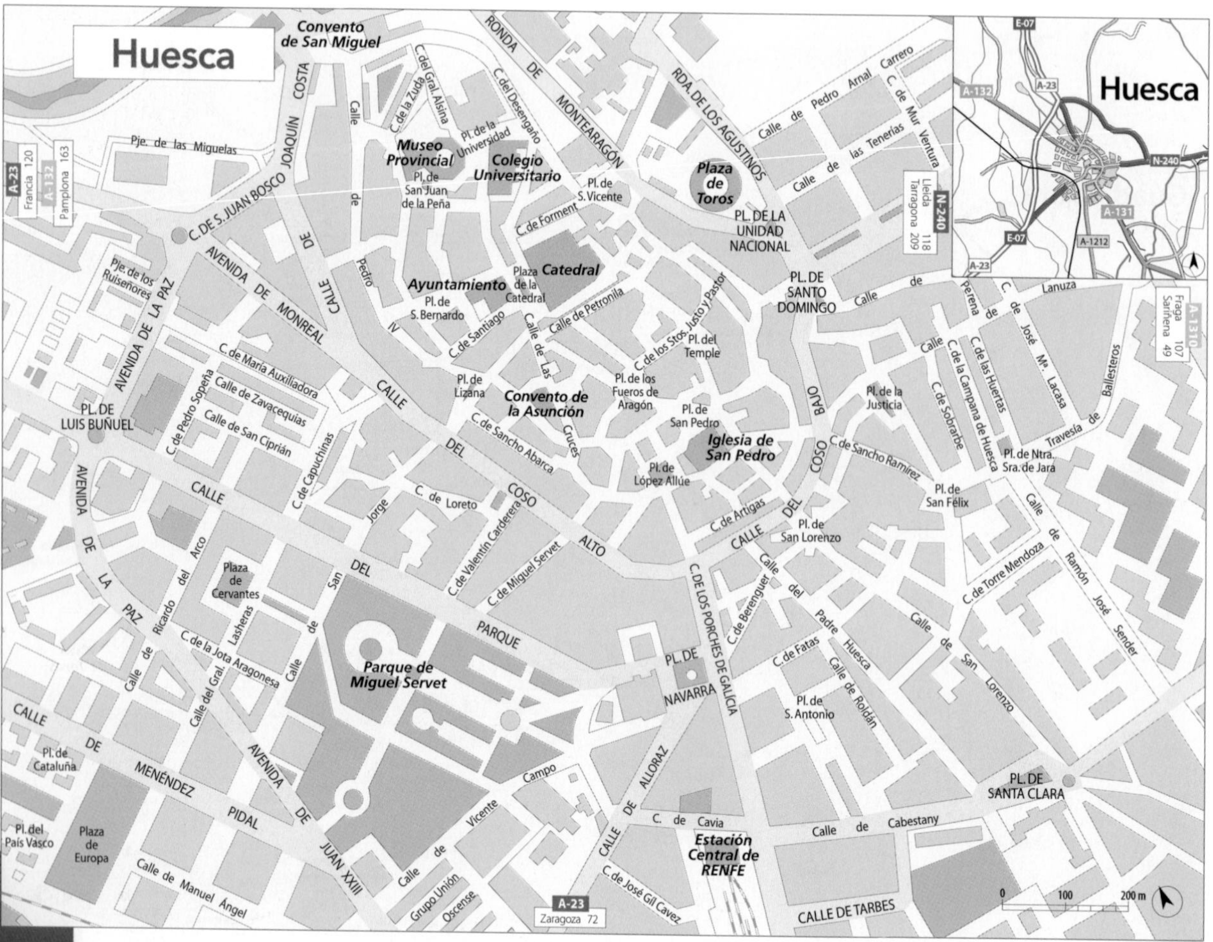

Huesca

Convento de San Miguel
RONDA DE MONTEARAGÓN
RDA. DE LOS AGUSTINOS
E-07
A-132
A-23
N-240
Huesca
Fraga 107
Sariñena 49
COSTA
C. del Gral. Alsina
C. del Desengaño
Pl. de la Universidad
C. de Pedro Arnal Carrero
C. de Mur Ventura
Pje. de las Miguelas
Museo Provincial
Pl. de San Juan de la Peña
Colegio Universitario
Pl. de S. Vicente
C. de Forment
Plaza de Toros
Calle de las Tenerías
PL. DE LA UNIDAD NACIONAL
A-23 Francia 120
A-132 Pamplona 163
C. DE S. JUAN BOSCO
JOAQUÍN
Calle Pedro
AVENIDA DE MONREAL
Ayuntamiento
Pl. de S. Bernardo
Plaza de la Catedral
Catedral
Calle de Petronila
C. de Santiago
PL. DE SANTO DOMINGO
Pje. de los Ruiseñores
AVENIDA DE LA PAZ
C. de María Auxiliadora
Calle de Zavacequias
C. de San Ciprián
Pl. de Lizana
Convento de la Asunción
C. de Sancho Abarca
Pl. de los Fueros de Aragón
Pl. de los Stos. Justo y Pastor
Pl. del Temple
Pl. de San Pedro
Iglesia de San Pedro
Pl. de la Justicia
C. de la Campana de Huesca
Pl. de Ntra. Sra. de Jará
PL. DE LUIS BUÑUEL
C. de Pedro Sopeña
C. de Capuchinas
Cruces
CALLE DEL COSO
Pl. de López Allué
C. de Sancho Ramírez
Pl. de San Félix
C. de las Huertas
José Mª Lacasa
Ballesteros
Travesía de
AVENIDA DE LA PAZ
C. de Ricardo del Arco
C. de la Gral. Aragonesa
Plaza de Cervantes
San Jorge
C. de Loreto
COSO ALTO
C. de Valentín Carderera
C. de Miguel Servet
C. de Artigas
Pl. de San Lorenzo
C. de Berenguer
Padre Huesca
Calle de la del
C. de Torre Mendoza
Ramón José Sender
Parque de Miguel Servet
PARQUE
PL. DE NAVARRA
C. DE LOS PORCHES DE GALICIA
C. de Fatás
Calle de Roldán
Pl. de S. Antonio
Pl. de San Lorenzo
Calle de San Lorenzo
CALLE DEL ARCO
Pl. de Cataluña
CALLE MENÉNDEZ PIDAL
AVENIDA DE JUAN XXIII
Campo
C. de Vicente
C. DE ALLORAZ
C. de Cavia
Estación Central de RENFE
PL. DE SANTA CLARA
Pl. del País Vasco
Plaza de Europa
Calle de Manuel Ángel
Grupo Unión
Oscense
C. de José Gil Cavez
A-23 Zaragoza 72
Calle de Cabestany
CALLE DE TARBES
0 100 200 m

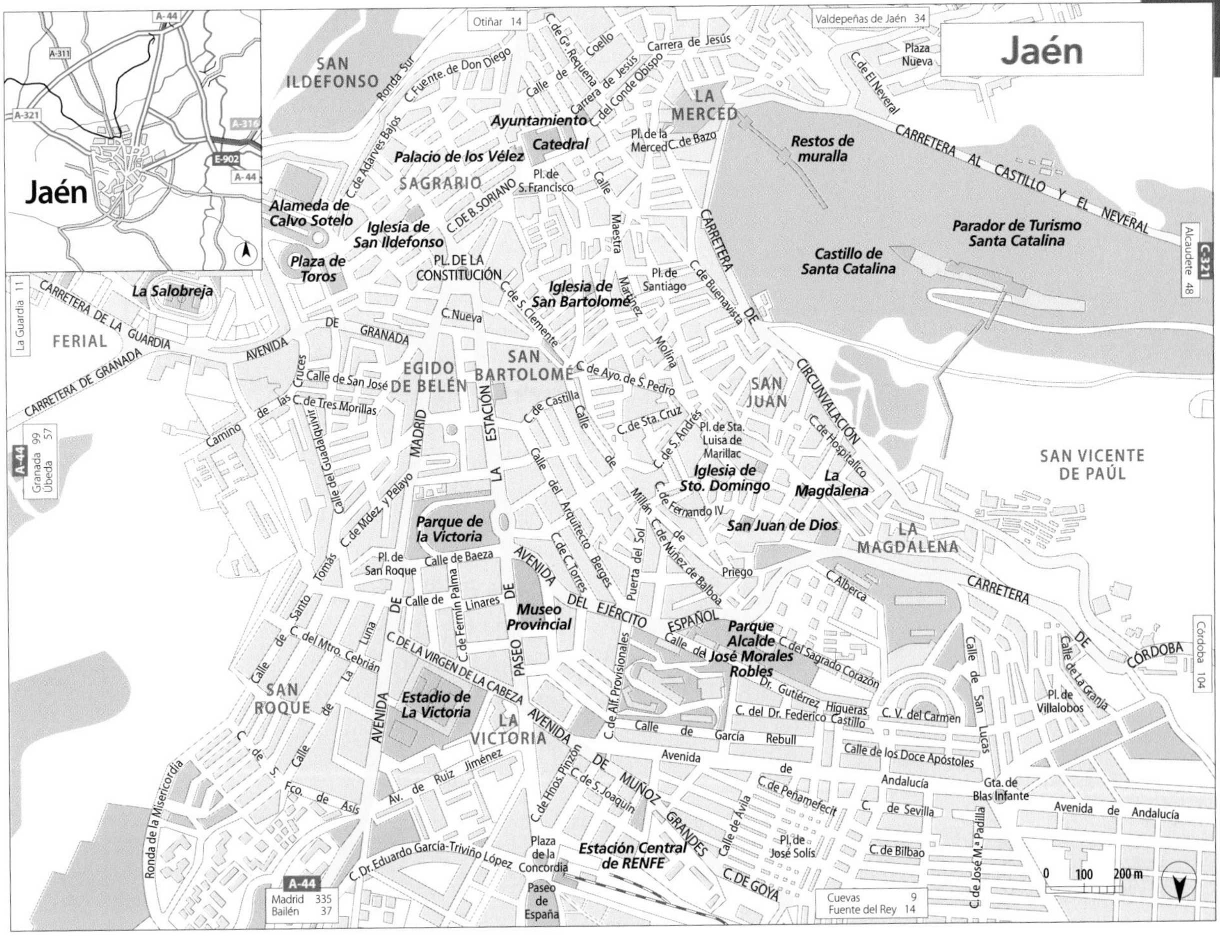

Jaén

Jaén

A-44 · A-311 · A-321 · E-902 · A-316 · A-44

Otiñar 14
Valdepeñas de Jaén 34
Plaza Nueva
C. de El Neveral

SAN ILDEFONSO
Carrera de Jesús
Carrera de Jesús
C. de Gr. Coello
C. Fuente. de Don Diego
Ronda. Sur
Calle del Conde Obispo
LA MERCED
Ayuntamiento
Catedral
Pl. de la Merced C. de Bazo
Restos de muralla
CARRETERA AL CASTILLO Y EL NEVERAL
Palacio de los Vélez
SAGRARIO
C. DE B. SORIANO
Pl. de S. Francisco
Calle
Maestra
Parador de Turismo Santa Catalina
Castillo de Santa Catalina
Alameda de Calvo Sotelo
Iglesia de San Ildefonso
C. de Ádarves Bajos
Plaza de Toros
PL. DE LA CONSTITUCIÓN
C. Nueva
C. de S. Clemente
Iglesia de San Bartolomé
Pl. de Santiago
C. de Santiago
C. de buenavista
Alcaudete 48
C-321
La Salobreja
La Guardia 11
CARRETERA DE LA GUARDIA
AVENIDA
DE GRANADA
Calle de San José
Calle de San José
de las Cruces
C. de Tres Morillas
MADRID
EGIDO DE BELÉN
SAN BARTOLOMÉ
C. de Castilla
C. de Ayo. de S. Pedro
Molina
Pl. de Santo Domingo
Iglesia de San Bartolomé
SAN JUAN
CIRCUNVALACIÓN
C. de Hospitalica
Pl. de Sta. Luisa de Marillac
SAN VICENTE DE PAÚL
FERIAL
CARRETERA DE GRANADA
A-44
Granada 99
Úbeda 57
Camino
Calle de Guadalquivir
C. de Mtdez. y Pelayo
LA ESTACIÓN
Calle del Arquitecto Berges
C. de Sta. Cruz
C. de S. Andrés
Iglesia de Sto. Domingo
La Magdalena
San Juan de Dios
LA MAGDALENA
C. de Fernando IV
Millán del
Priego
C. Alberca
CARRETERA DE CÓRDOBA
Córdoba 104
Parque de la Victoria
Calle de Baeza
Pl. de San Roque
C. de Fermín Palma
AVENIDA DEL EJÉRCITO
PASEO DE
Puerta del
C. Torres
ESPAÑOL
Parque Alcalde José Morales Robles
C. del Sagrado Corazón
Pl. de la Granja
Pl. de Villalobos
Santo Tomás
Calle de
Calle de
Calle de Fermín Linares
Museo Provincial
DE LA VIRGEN DE LA CABEZA
C. del Mtro. Cebrián
Luna
Dr. Gutiérrez Higueras
C. del Dr. Federico Castillo
C. V. del Carmen
SAN ROQUE
AVENIDA
DE
C. de S. Fco.
C. de Hnos Pinzón
Calle
AVENIDA
LA VICTORIA
Av. de Ruiz Jiménez
C. de S. Joaquín
DE MUÑOZ GRANDES
Avenida
Calle de García Rebull
de
Andalucía
Calle de los Doce Apóstoles
Gta. de Blas Infante
Avenida de Andalucía
Ronda de la Misericordia
Fco. de Asís
C. Dr. Eduardo García-Triviño López
Plaza de la Concordia
Estación Central de RENFE
Paseo de España
C. DE GOYA
C. de Peñamefecit
C. de Ávila
Pl. de José Solís
C. de Bilbao
C. de José M. W.
A-44
Madrid 335
Bailén 37
Cuevas 9
Fuente del Rey 14
0 100 200 m

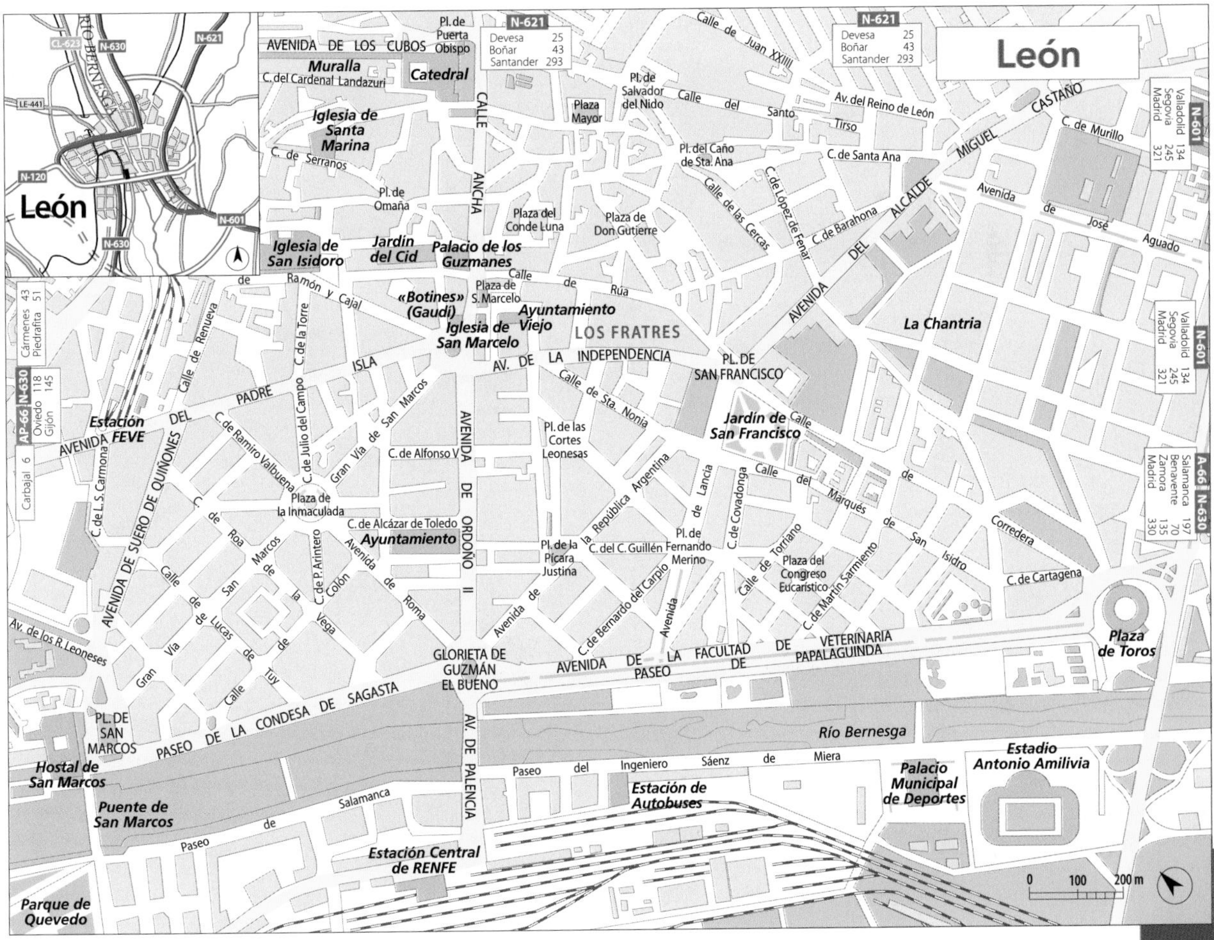

León

León
RÍO BERNESGA
CL-623 · N-630 · N-621
LE-441
N-120
León
N-630
N-601

Pl. de Puerta Obispo
AVENIDA DE LOS CUBOS
Muralla
C. del Cardenal Landazuri
Catedral
CALLE ANCHA
N-621
Devesa 25
Boñar 43
Santander 293
Calle de Juan XXIII
N-621
Devesa 25
Boñar 43
Santander 293
Valladolid 134
Segovia 245
Madrid 321
N-601
Iglesia de Santa Marina
C. de Serranos
Pl. de Omaña
Plaza Mayor
Pl. de Salvador del Nido
Calle del
Santo
Av. del Reino de León
Tirso
C. de Santa Ana
MIGUEL
CASTAÑO
C. de Murillo
Pl. del Caño de Sta. Ana
C. de López de Fenar
Avenida
de
José
Aguado
Iglesia de San Isidoro
Jardín del Cid
Palacio de los Guzmanes
Plaza del Conde Luna
Plaza de Don Gutierre
Calle de las Cercas
C. de Barahona
ALCALDE
La Chantria
Ramón y Cajal
«Botines» (Gaudí)
Pl. S. Marcelo
Rúa
AVENIDA
DEL
Estación FEVE
Carbajal 6
Cármenes 43
Piedrafita 51
AP-66
N-630
Oviedo 118
Gijón 145
C. de Renueva
C. de Julio del Campo
Ayuntamiento Viejo
Iglesia de San Marcelo
LOS FRATRES
PL. DE SAN FRANCISCO
Jardín de San Francisco
Calle
AVENIDA DE SUERO DE QUIÑONES
PADRE
ISLA
C. de la Torre
Gran Vía de San Marcos
C. de San Marcos
AV. DE LA INDEPENDENCIA
Calle de Sta. Nonia
Calle
del
Marqués
de
San Isidro
Corredera
Valladolid 134
Segovia 245
Madrid 321
N-601
C. de L. S. Carmona
C. de Ramiro Valbuena
C. de Alfonso V
Plaza de la Inmaculada
Pl. de las Cortes Leonesas
AVENIDA DE ORDOÑO II
República Argentina
C. de Covadonga
Plaza del Congreso Eucarístico
C. de Cartagena
Salamanca 197
Benavente 70
Zamora 135
Madrid 330
A-66
N-630
C. de la Roa
San Marcos
C. de Alcázar de Toledo
Ayuntamiento
Avenida de Roma
Pl. de la Pícara Justina
C. del C. Guillén Fernando Merino
Calle
Toriano
Plaza del Congreso Eucarístico
C. de Martín Sarmiento
Plaza de Toros
Av. de los R. Leoneses
Calle de San Lucas
Calle de la Vega
C. de P. Arintero
Colón
Pl. de Bernardo del Carpio
VETERINARIA
PAPALAGUINDA
GLORIETA DE GUZMÁN EL BUENO
AVENIDA DE LA FACULTAD DE VETERINARIA
PASEO
PL. DE SAN MARCOS
PASEO DE LA CONDESA DE SAGASTA
AV. DE PALENCIA
Río Bernesga
Estadio Antonio Amilivia
Hostal de San Marcos
Paseo del Ingeniero Sáenz de Miera
Palacio Municipal de Deportes
Puente de San Marcos
Estación de Autobuses
Salamanca
de
Paseo
Estación Central de RENFE
Parque de Quevedo
0 100 200 m

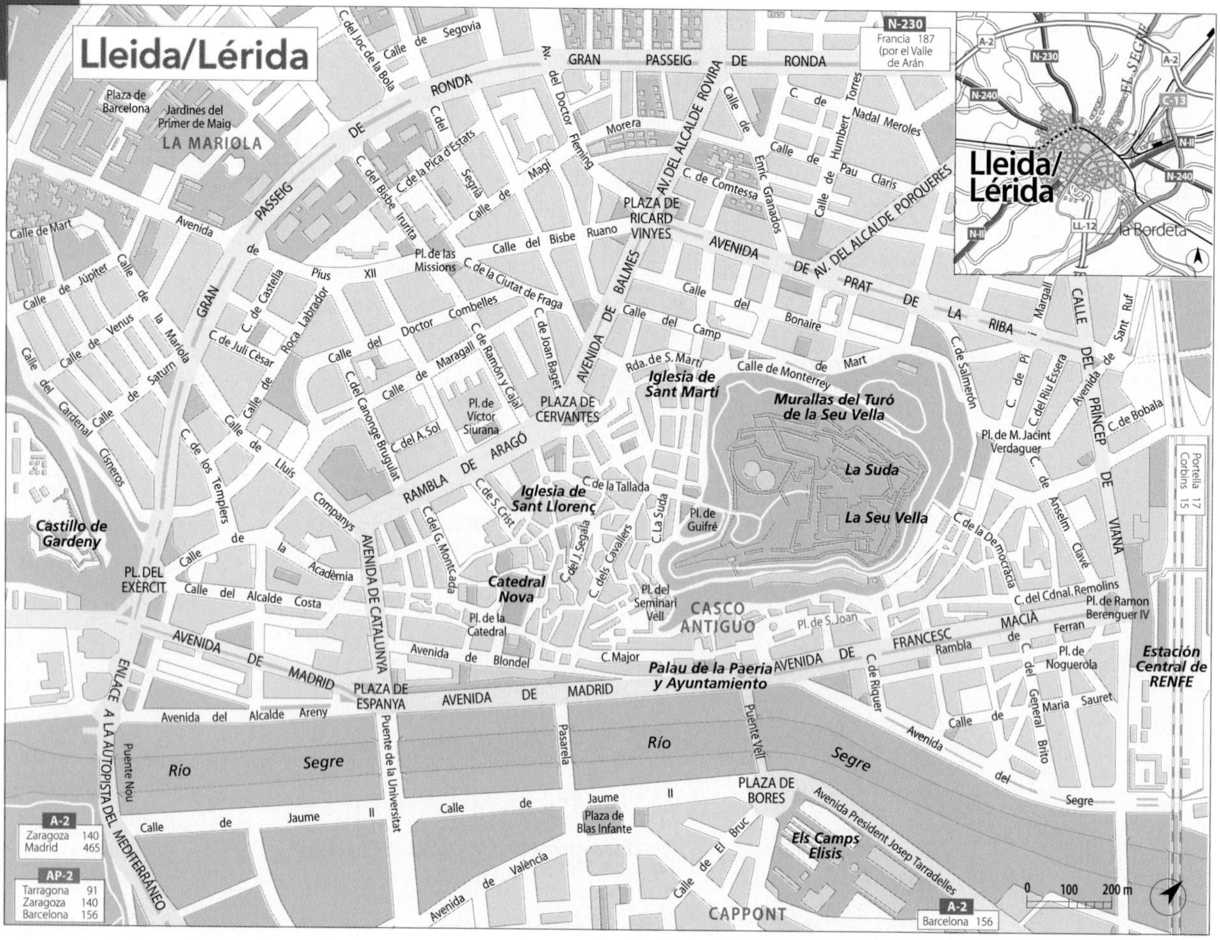

Lleida/Lérida

LA MARIOLA
Plaza de Barcelona
Jardines del Primer de Maig
RONDA
PASSEIG
GRAN
AVENIDA
Calle del Joc de la Bola
Calle de Segovia
Av. del Doctor Fleming
GRAN PASSEIG DE RONDA
N-230
Francia 187 (por el Valle de Arán)

Lleida/Lérida
la Bordeta
A-2
N-230
N-240
N-II
C-13
LL-12

Calle de Jupiter
Calle de la Mariola
Calle de Venus
Calle de Saturn
Calle del Cardenal Cisneros
C. de Juli Cèsar
GRAN
PASSEIG
DE
Avenida
C. de Castella
C. del Bisbe Irurita
C. de la Pica d'Estats
Segrià
Calle
Magí
Morera
Enric Granados
C. de Pau Claris
C. de Comtesse
C. de Salmeron
C. de Sant Ruf
Margall
CALLE DEL PRINCEP
C. de Riu Essera
C. de Bobala
C. del Cdnal. Remolins
Pl. de M. Jacint Verdaguer
C. de Bobala

Pius XII
Pl. de les Missions
Calle del Bisbe Ruano
AVENIDA
DE BALMES
DE AV. DEL ALCALDE PORQUERES
PLAZA DE RICARD VINYES
AV. DEL ALCALDE ROVIRA
Calle de Comtesse
Humbert Torres
Nadal Meroles
PRAT DE LA RIBA

Doctor Combelles
C. de Ramón y Cajal
C. de Joan Bagés
Calle del Camp
Calle del Camp
Bonaire
de Mart
C. de la Ciutat de Fraga
Pl. de Víctor Siurana
PLAZA DE CERVANTES
Calle de Monterrey
RAMBLA DE ARAGÓ
AVENIDA DE CATALUNYA
Iglesia de Sant Martí
Murallas del Turó de la Seu Vella
La Suda
La Seu Vella

C. del Canonge Brugulat
Calle de Maragall
C. de A. Sol
Companys
C. de S. Crist
Iglesia de Sant Llorenç
C. de la Tallada
C. La Suda
C. de Guifré
C. de la Democràcia
VIANA
Anselm Clavé
Ferran
Pl. de Ramon Berenguer IV

Castillo de Gardeny
PL. DEL EXÈRCIT
Calle de l'Acadèmia
Calle del G. Moncada
C. de Segalà
C. dels Cavallers
Catedral Nova
Pl. del Seminari Vell
CASCO ANTIGUO
Pl. de S. Joan
FRANCESC MACIÀ
Rambla
Pl. de Noguerola
Estación Central de RENFE

Calle del Alcalde Costa
Avenida de Blondel
Pl. de la Catedral
C. Major
Palau de la Paeria y Ayuntamiento
AVENIDA DE
C. de Riquer
C. de General María Sauret
Calle de
del
Brito
AVENIDA DE MADRID
PLAZA DE ESPANYA
AVENIDA DE MADRID
Avenida del Alcalde Areny
Pasarela
Río
Puente Vell
Segre
Avenida
del
Segre

ENLACE A LA AUTOPISTA DEL MEDITERRÁNEO
Puente Nou
Puente de la Universitat
Río Segre
Calle de Jaume II
PLAZA DE BORES
Els Camps Elisis

A-2
Zaragoza 140
Madrid 465
AP-2
Tarragona 91
Zaragoza 140
Barcelona 156

Calle de Jaume II
Plaza de Blas Infante
Calle de El Broc
València
Avenida
Avenida President Josep Tarradelles
CAPPONT
0 100 200 m
A-2
Barcelona 156

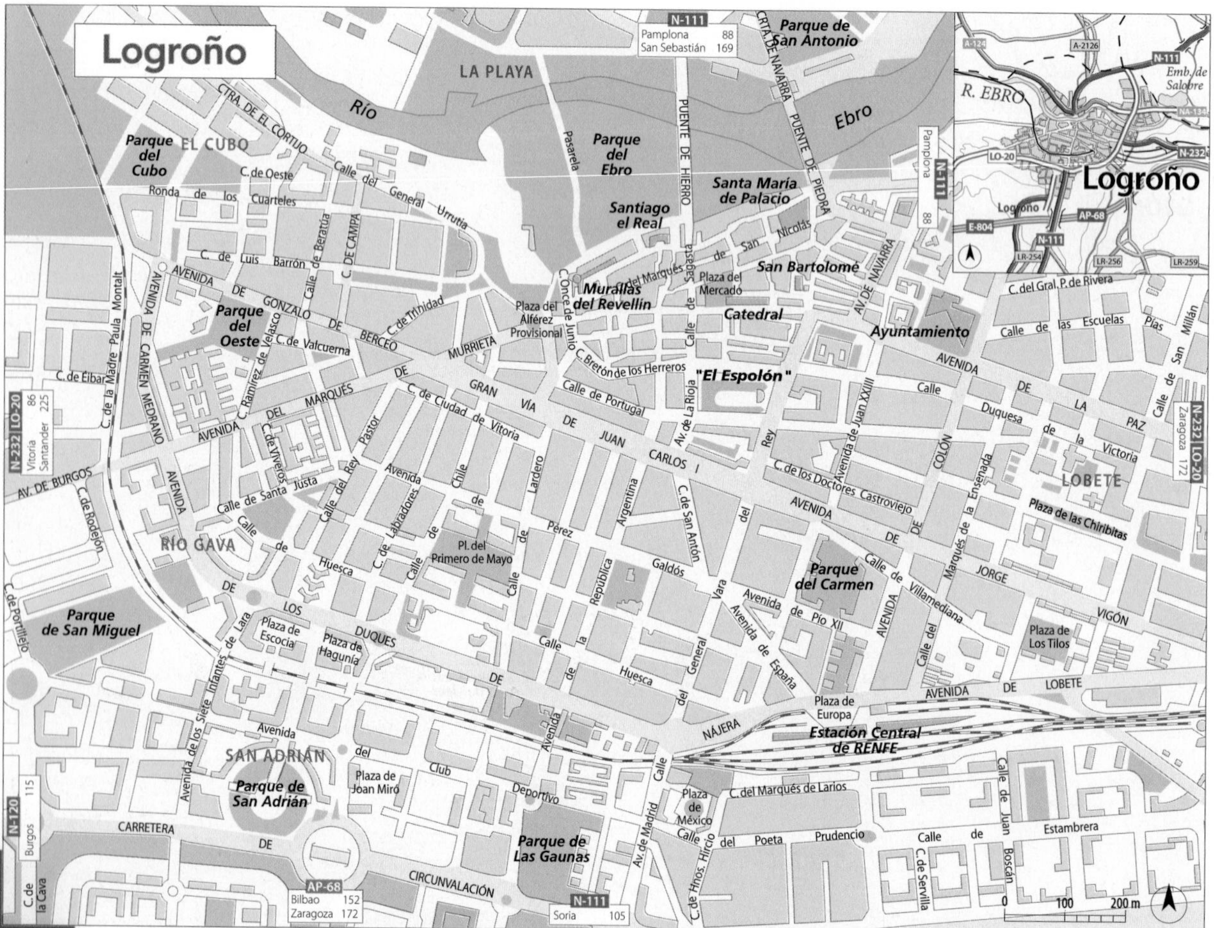

Logroño

N-111
Pamplona 88
San Sebastián 169
CTRA. DE NAVARRA
Parque de San Antonio
LA PLAYA
Río Ebro

A-333
A-2126
N-111
Emb. de Salobre
R. EBRO
Logroño
LO-20
AP-68
E-804
LR-256
N-111
N-232
LR-259
C. del Gral. P. de Rivera

CTRA DE EL CORTIJO
Parque del Cubo
EL CUBO
C. de Oeste
Calle del General Urrutia
Ronda de los Cuarteles
PUENTE DE HIERRO
Parque del Ebro
PUENTE DE PIEDRA
Pamplona
N-111
Santa María de Palacio
Santiago el Real

Parque del Cubo
C. de Luis Barrón
AVENIDA DE GONZALO DE BERCEO
C. DE CAMPA
C. de Trinidad
Plaza del Alférez Provisional
Once de Junio
Marqués de San Nicolás
Sagasta
San Bartolomé
AV. DE NAVARRA
Plaza del Mercado
Catedral
Ayuntamiento
Calle de las Escuelas
Pías
San Millán

Parque del Oeste
C. de Valcuerna
MURRIETA
C. Bretón de los Herreros
Murallas del Revellín
GRAN VÍA
Calle de Portugal
"El Espolón"
AVENIDA
DUQUESA DE LA VICTORIA
PAZ
LOBETE
Plaza de las Chiribitas

C. de Eibar
AVENIDA DE CARMEN MEDRANO
C. Ramírez de Velasco
DEL MARQUÉS
C. de Vélez
C. de Vivero
JUAN CARLOS I
C. de los Doctores Castroviejo
AVENIDA DE ESPAÑA
COLÓN
Marqués de Villamediana
JORGE
VIGÓN

N-232 LO-20
Vitoria 86
Santander 225
AV. DE BURGOS
C. de Rodejón
RÍO GAVA
Calle de Santa Justa
Calle del Rey Pastor
C. Labradores
Pérez Galdós
C. de San Antón
AVENIDA DE PIO XII
Parque del Carmen
Plaza de Los Tilos
LOBETE

Parque de San Miguel
Pl. del Primero de Mayo
Calle de Huesca
Avenida de La República
Calle de Vara
Avenida de Pío XII
Plaza de Europa
AVENIDA

N-120
Burgos 115
C. de Portillejo
Plaza de Escocia
Plaza de Hagunia
LOS DUQUES
DE
Calle Huesca
NÁJERA
Estación Central de RENFE

Avenida de los Siete Infantes de Lara
SAN ADRIÁN
Plaza de Joan Miró
Club Deportivo
Calle de Madrid
Plaza de México
C. del Marqués de Larios
Calle de Juan Boscán

Parque de San Adrián
CARRETERA DE
CIRCUNVALACIÓN
Parque de Las Gaunas
AP-68
Bilbao 152
Zaragoza 172
N-111
Soria 105
Av. de Hnos. Hircio
Calle del Poeta Prudencio
Estambrera
C. de Servilia
C. de la Cava
0 100 200 m

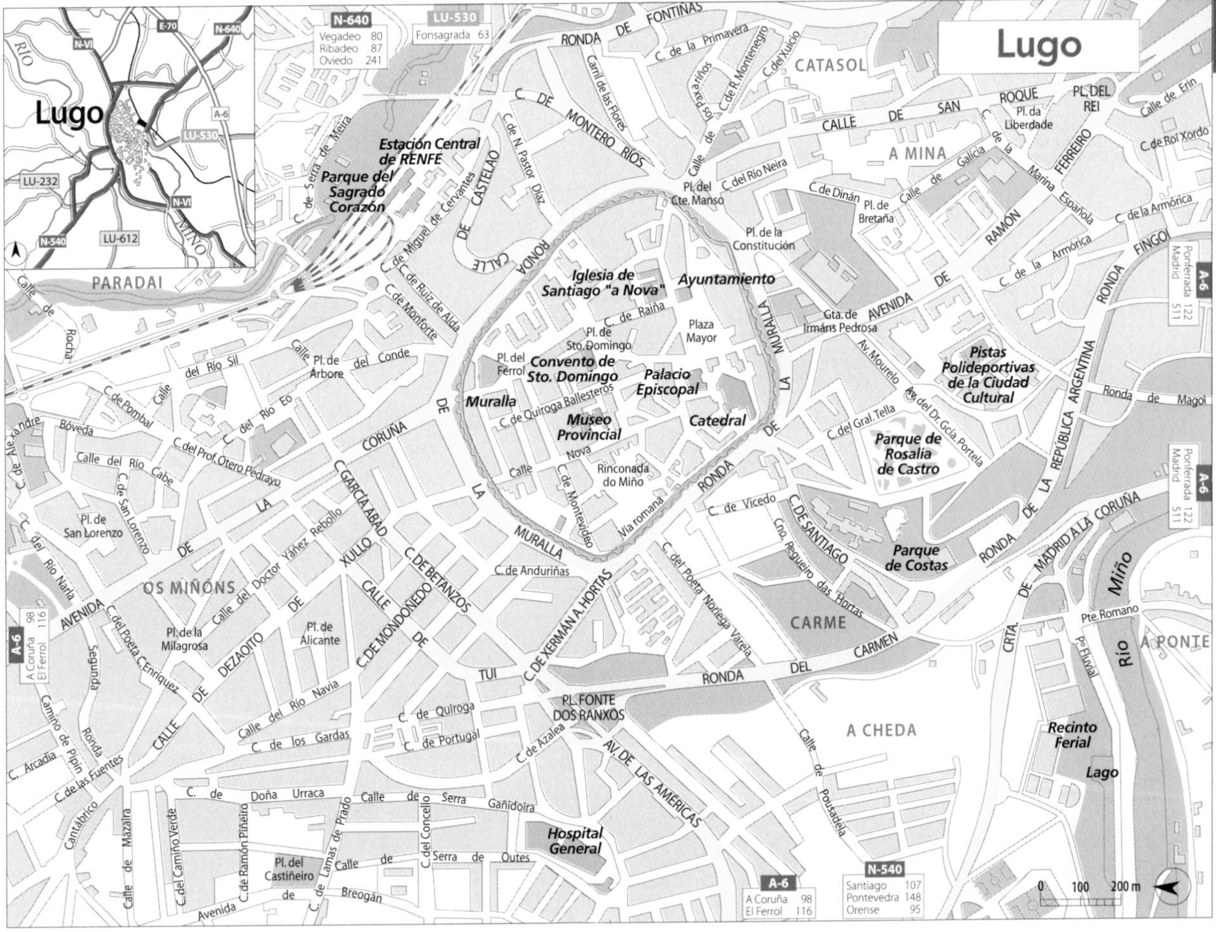

Lugo

Lugo

N-640 — Vegadeo 80 / Ribadeo 87 / Oviedo 241
LU-530 — Fonsagrada 63

E-70 · N-640 · NAVI · A-6 · LU-530 · LU-232 · N-540 · LU-612 · RÍO · NAVI

RONDA DE FONTIÑAS
C. de la Primavera
CATASOL
PL. DEL REI
A MINA
PL. da Liberdade
SAN ROQUE
CALLE DE SAN
C. de Erín
C. de Roi Xordo
RAMÓN FERREIRO
C. de Galicia
Marina Española
Carril das Flores
C. de R. Montenegro
C. de Nubia

Estación Central de RENFE
Parque del Sagrado Corazón
PARADAI
CALLE DE CASTELAO
RONDA DA MURALLA
C. de N. Pastor Díaz
C. de Miguel de Cervantes
C. de Ruiz de Alda
C. de Monforte
CALLE DE MONTERO RÍOS
C. del Río Neira
Pl. del Cte. Manso
C. de Dinán
Pl. de Bretaña
C. de la Armórica
RONDA FINGOI
A-6 Ponferrada 122 / Madrid 511

Iglesia de Santiago "a Nova"
Ayuntamiento
Pl. de Sto. Domingo
Plaza Mayor
Pl. de la Constitución
Gta. de Irmáns Pedrosa
AVENIDA
Av. Moureló
C. de Raíña

Pistas Polideportivas de la Ciudad Cultural
Ronda de Magoi
A-6 Ponferrada 122 / Madrid 511

Pl. del Ferrol
Convento de Sto. Domingo
Muralla
Museo Provincial
Palacio Episcopal
Catedral
Nova
Rinconada do Miño
C. de Quiroga Ballesteros
Parque de Rosalía de Castro
C. del Gral. Tella
CRTA. DE MADRID A LA CORUÑA
Río Miño
RONDA DE LA REPÚBLICA ARGENTINA

Pl. de Arbore
del Conde
Calle del Río Sil
C. de Pombal
Bóveda
C. del Prof. Otero Pedrayo
C. del Río Cabe
Pl. de San Lorenzo
C. de San Lorenzo
C. GARCIA ABAD
CALLE DE DEZAOITO
C. DE BETANZOS
C. de Monteviedo
MURALLA
Vía romana
C. de Vicedo
C. DE SANTIAGO
Cra. Regueiro das Horras
Parque de Costas
RONDA
Pte. Romano
Pe fluvial
Río Miño
Á PONTE

OS MIÑÓNS
Pl. de la Milagrosa
C. del Doctor Yáñez Rebollo
Pl. de Alicante
CALLE DE MONDOÑEDO
C. de Anduriñas
C. del Poeta Noriega Varela
CARME
C. del Poeta C. Enríquez
A-6 A Coruña 98 / El Ferrol 116
AVENIDA
C. de Arcadia
C. de Mazaira
Ronda de Pipín
C. de las Fuentes
Cantábrico
TUI
C. de Quiroga
C. de Portugal
C. de Azalea
PL. FONTE DOS RANXOS
AV. DE LAS AMÉRICAS
RONDA DEL CARMEN
A CHEDA
Recinto Ferial
Lago

C. de Doña Urraca
Calle de Lamas de Prado
C. del Concello
Serra
Gañidoira
Hospital General
C. de Pastorita
A-6 A Coruña 98 / El Ferrol 116
N-540 Santiago 107 / Pontevedra 148 / Orense 95

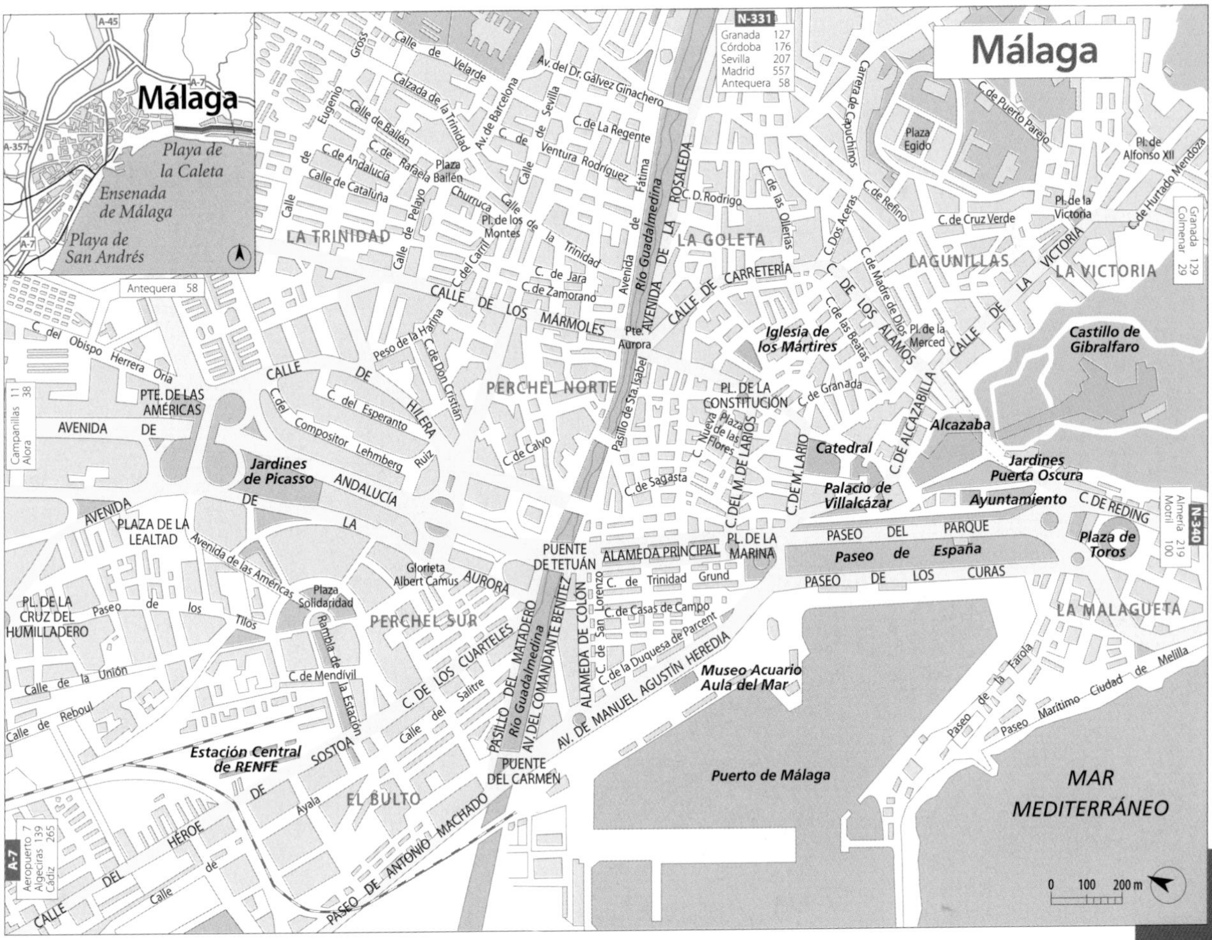

Pl. del Castiñeiro
C. del Camiño Verde
C. de Ramón Piñeiro
Serra de Outes
Avenida de Breogán

0 100 200 m

Málaga

Málaga

N-331 — Granada 127 / Córdoba 176 / Sevilla 207 / Madrid 557 / Antequera 58

A-45 · A-7 · A-357

Playa de la Caleta
Ensenada de Málaga
Playa de San Andrés
Antequera 58

Calle Gross
Av. del Dr. Gálvez Ginachero
Calzada de la Trinidad
Av. de Barcelona
C. de La Regente
C. de Sevilla
C. de Ventura Rodríguez
Carretera de Capuchinos
Plaza Egido
C. de Puerto Parejo
Pl. de Alfonso XII
Granada 129 / Colmenar 29 N-331

C. de Velarde
Eugenio Gross
Calle de Bailén
C. de Rafaela Bailén
C. de Andalucía
Calle de Cataluña
LA TRINIDAD
Plaza Churruca
Calle de Pelayo
Pl. de los Montes
C. de la Trinidad
C. de Jara
C. de Zamorano
D. Rodrigo
Avenida Río Guadalmedina
C. de las Ollerías
LA GOLETA
C. de Dos Aceras
C. de Refino
C. de Cruz Verde
Pl. de la Victoria
C. de Hurtado Mendoza
C. de Madre de Dios
LAGUNILLAS
LA VICTORIA
CALLE DE LA VICTORIA

CALLE DE LOS MÁRMOLES
Peso de la Harina
C. de Don Cristián
CALLE DE CARRETERÍA
Iglesia de los Mártires
C. DE LOS ÁLAMOS
Pl. de la Merced
Castillo de Gibralfaro

C. del Obispo Herrera Oria
CALLE DE HILERA
C. del Esperanto
Compositor Lehmberg Ruiz
C. de Calvo
PERCHEL NORTE
Pasillo de Sta. Isabel
Pl. de Sta. Isabel
Pte. Aurora
PL. DE LA CONSTITUCIÓN
C. de Granada
Nueva
Pl. de las Flores
C. DEL M. DE LARIOS
Catedral
C. DE M. LARIO
C. DE ALCAZABILLA
Alcazaba
Jardines Puerta Oscura
C. DE REDING
Almería 219 / Motril 100 N-340

Campanillas 11 / Álora 38
PTE. DE LAS AMÉRICAS
AVENIDA DE
Jardines de Picasso
AVENIDA DE LA ANDALUCÍA
C. de Sagasta
Palacio de Villalcázar
Ayuntamiento
PASEO DEL PARQUE
Plaza de Toros

AVENIDA
PLAZA DE LA LEALTAD
Avenida de las Américas
Plaza Solidaridad
Glorieta Albert Camus
AURORA
PUENTE DE TETUÁN
ALAMEDA PRINCIPAL
PL. DE LA MARINA
Paseo de España
PASEO DE LOS CURAS
LA MALAGUETA

PL. DE LA CRUZ DEL HUMILLADERO
Paseo de los Tilos
PERCHEL SUR
PASILLO DEL MATADERO
Río Guadalmedina
AV. DEL COMANDANTE BENÍTEZ
ALAMEDA DE COLÓN
C. de Trinidad Grund
C. de San Jacinto
C. de Casas de Campo
C. de la Duquesa de Parcent
AV. DE MANUEL AGUSTÍN HEREDIA
Museo Acuario Aula del Mar
Paseo de la Farola
Paseo Marítimo Ciudad de Melilla

Aeropuerto 7 / Algeciras 139 / Cádiz 265 A-7
Calle de la Unión
Calle de Reboul
C. de Mendívil
Calle del Salitre
C. DE LOS CUARTELES
Estación Central de RENFE
SOSTOA
EL BULTO
PUENTE DEL CARMEN
Ayala
PASEO DE ANTONIO MACHADO
HÉROE
Puerto de Málaga
MAR MEDITERRÁNEO

0 100 200 m

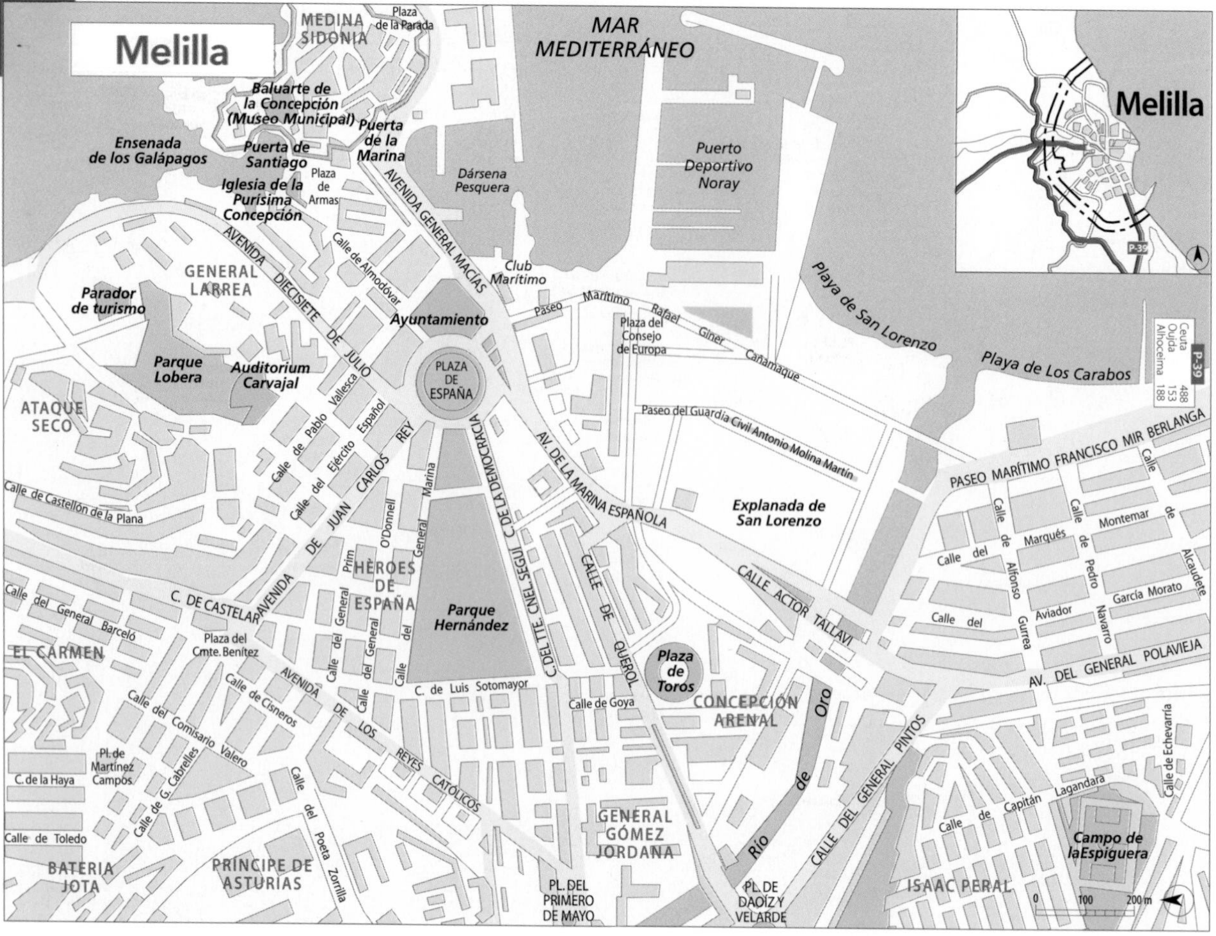

Melilla

MEDINA SIDONIA
Plaza de la Parada
MAR MEDITERRÁNEO
Baluarte de la Concepción (Museo Municipal)
Puerta de la Marina
Ensenada de los Galápagos
Puerta de Santiago
Plaza de Armas
Iglesia de la Purísima Concepción
Dársena Pesquera
AVENIDA GENERAL MACÍAS
Puerto Deportivo Noray
Playa de San Lorenzo
Playa de Los Carabos
Club Marítimo
Paseo Marítimo
Rafael Giner Cáñamaque
Plaza del Consejo de Europa
GENERAL LARREA
AVENIDA DIECISIETE DE JULIO
Parador de turismo
Ayuntamiento
PLAZA DE ESPAÑA
Parque Lobera
Auditorium Carvajal
Calle de Almodóvar
Calle de Pablo Vallesca
Calle del Ejército Español
Paseo del Guardia Civil Antonio Molina Martín
PASEO MARÍTIMO FRANCISCO MIR BERLANGA
ATAQUE SECO
Calle de Castellón de la Plana
Calle de Juan Carlos Rey
O'Donnell
Calle General Marina
Prim
AV. DE LA MARINA ESPAÑOLA
Explanada de San Lorenzo
Calle del Marqués
Calle de Montemar
Calle de Pedro
Alcaudete
C. DE CASTELAR
AVENIDA
HÉROES DE ESPAÑA
C. DE LA DEMOCRACIA
C. DEL TTE. CNEL SEGUÍ
CALLE DE QUEROL
CALLE ACTOR TALLAVÍ
Calle del Alfonso Gurrea
Aviador Navarro
García Morato
EL CARMEN
Calle del General Barceló
Plaza del Cmte. Benítez
Parque Hernández
Calle del
Calle de
AV. DEL GENERAL POLAVIEJA
Calle de Echevarría
Calle de Cisneros
C. de Luis Sotomayor
Plaza de Toros
Río de Oro
CONCEPCIÓN ARENAL
Calle de Capitán Lagandara
Calle de la Haya
Calle del Comisario Valero
Calle de Goya
Pl. de Martínez Campos
C. de G. Cabrelles
CALLE DE LOS REYES CATÓLICOS
Calle del Poeta Zorrilla
CALLE DEL GENERAL PINTOS
Campo de la Espiguera
Calle de Toledo
BATERÍA JOTA
PRÍNCIPE DE ASTURIAS
GENERAL GÓMEZ JORDANA
ISAAC PERAL
PL. DEL PRIMERO DE MAYO
PL. DE DAOÍZ Y VELARDE
0 100 200 m

Melilla
Ceuta Oujda Alhucema
488 155 188
P-39

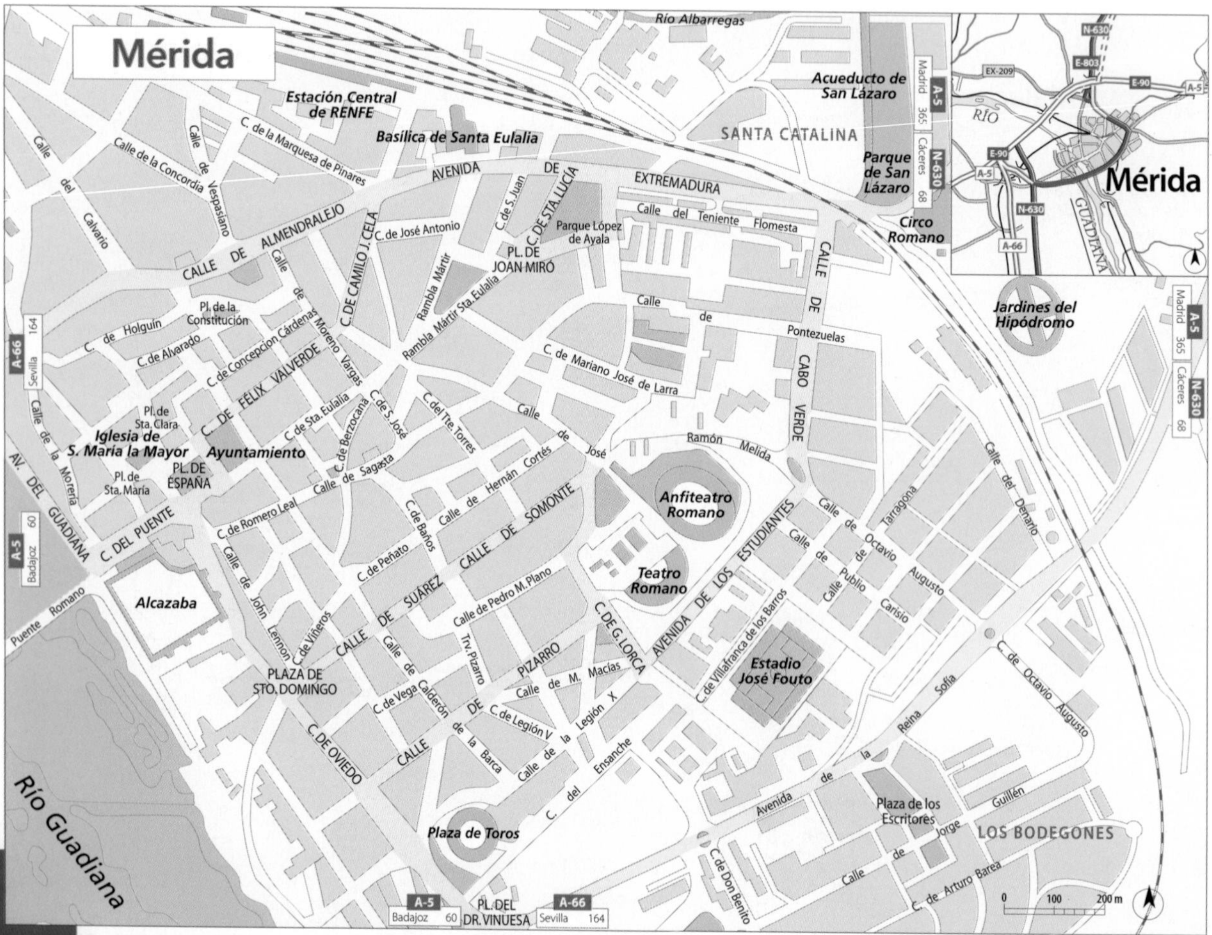

Mérida

Río Albarregas
Estación Central de RENFE
Acueducto de San Lázaro
Basílica de Santa Eulalia
SANTA CATALINA
C. de la Marquesa de Pinares
AVENIDA DE STA. LUCÍA
EXTREMADURA
Parque de San Lázaro
Calle de la Concordia
Calle del Calvario
Calle de Vespasiano
CALLE DE ALMENDRALEJO
C. de S. Juan
C. de José Antonio
Parque López de Ayala
Calle del Teniente Flomesta
Circo Romano
PL. DE JOAN MIRÓ
Jardines del Hipódromo
Pl. de la Constitución
C. de Holguín
C. DE CAMILO J. CELA
Rambla Mártir Sta. Eulalia
CALLE DE
CABO VERDE
C. de Alvarado
C. de Concepción Cárdenas
Moreno Vargas
Calle de Pontezuelas
C. de Mariano José de Larra
Pl. de Sta. Clara
C. DE FÉLIX VALVERDE
C. de Sta. Eulalia
C. de José
Ramón Melida
Iglesia de S. María la Mayor
C. de Berzocana
Calle de Hernán Cortés
Anfiteatro Romano
Ayuntamiento
Pl. de Sta. María
PL. DE ESPAÑA
C. de Sagasta
Calle de José
Teatro Romano
AVENIDA DE LOS ESTUDIANTES
Calle de Octavio Augusto
C. DEL PUENTE
C. de Romero Leal
CALLE DE SOMONTE
Calle de Publio Carisio
Alcazaba
C. de Peñato
Calle de Baños
C. DE G. LORCA
Tarragona
Calle del Peñato
Puente Romano
Calle de John Lennon
Calle de Viñeros
Calle de Pedro M. Plano
Estadio José Fouto
PLAZA DE STO. DOMINGO
CALLE DE SUÁREZ
Trv. Pizarro
PIZARRO
AVENIDA DE VILLAFRANCA de los Barrios
Calle del Denario
Río Guadiana
C. de Vega Calderón
C. de Legión V
Calle de M. Macías
Reina Sofía
C. DE OVIEDO
CALLE
C. de la Barca
C. de Legión X
Plaza de los Escritores
LOS BODEGONES
C. de Don Benito
C. del Ensanche
Avenida
de la
Reina
Guillén
C. de Octavio Augusto
C. de Arturo Barea
Plaza de Toros
PL. DEL DR. VINUESA
A-5 Badajoz 60
A-66 Sevilla 164
0 100 200 m

Mérida
N-630
EX-209
E-803
Madrid 365
Cáceres 68
A-5
N-630
E-90
A-66
GUADIANA
RÍO
A-5 Madrid 365
N-630 Cáceres 68
A-66 Sevilla 164
A-5 Badajoz 60
A-66 Sevilla 164

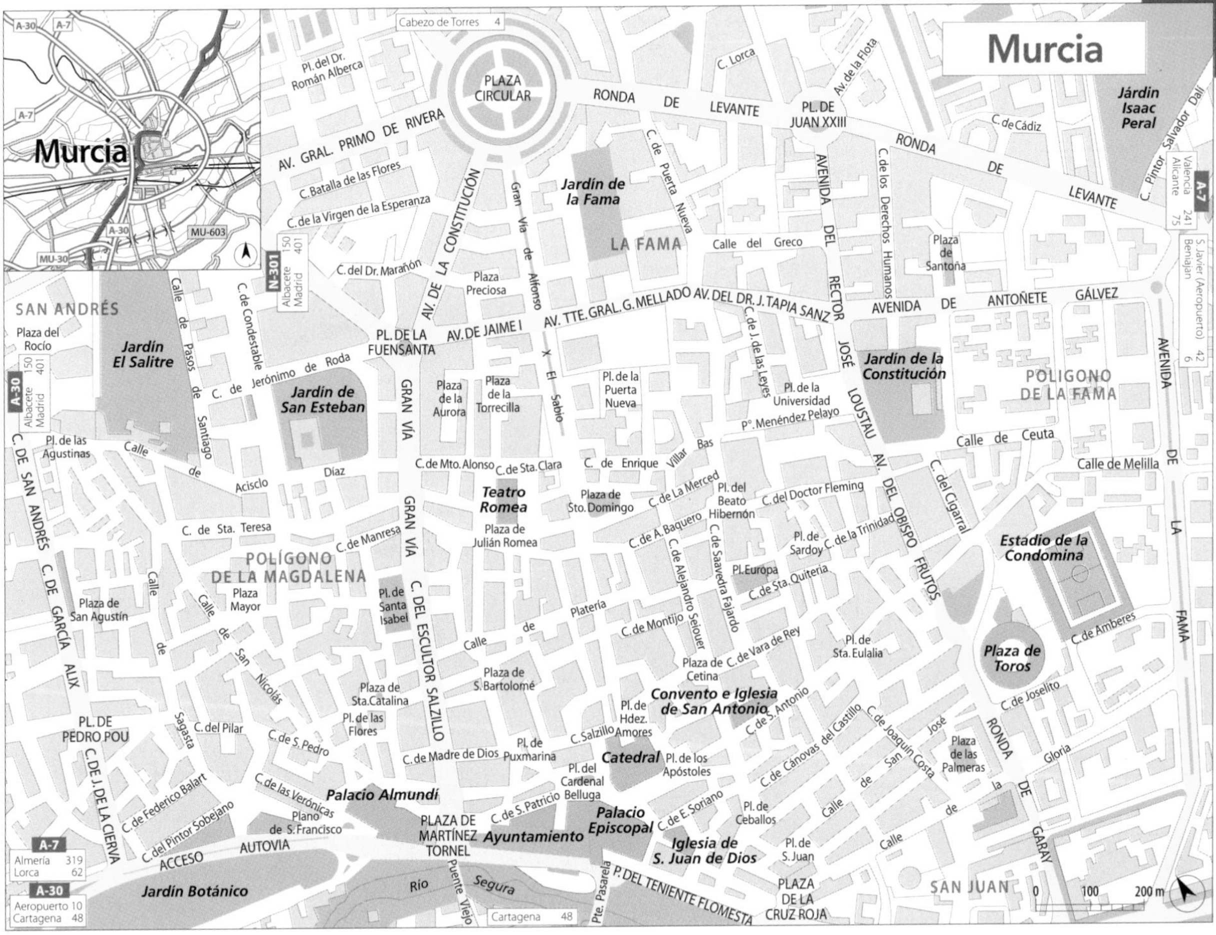

Murcia

A-30 · A-7
A-7
Murcia
A-30
MU-30 · MU-603

Cabezo de Torres 4
Pl. del Dr. Román Alberca
PLAZA CIRCULAR
C. Lorca
Av. de la Flota
RONDA DE LEVANTE
Pl. DE JUAN XXIII
C. de Cádiz
RONDA DE LEVANTE
Jardín Isaac Peral
AV. GRAL. PRIMO DE RIVERA
C. de Puerta Nueva
AVENIDA DEL RECTOR JOSÉ LOUSTAU
C. de los Derechos Humanos
Valencia / Alicante · S. Javier (Aeropuerto) · Benidorm
A-7
C. de la Batalla de las Flores
Jardín de la Fama
Plaza de Santoña
C. de la Virgen de la Esperanza
Gran Vía de Alfonso X el Sabio
LA FAMA
Calle del Greco
Albacete Madrid 50 401
N-301
C. del Dr. Marañón
AV. DE LA CONSTITUCIÓN
Plaza Preciosa
AVENIDA DE ANTOÑETE GÁLVEZ
SAN ANDRÉS
Plaza del Rocío
PL. DE LA FUENSANTA
AV. DE JAIME I
AV. TTE. GRAL. G. MELLADO
AV. DEL DR. J. TAPIA SANZ
Jardín de la Constitución
POLÍGONO DE LA FAMA
Jardín El Salitre
A-30
Albacete Madrid 150 401
C. de Jerónimo de Roda
Pl. DE la Fuensanta
Plaza de la Aurora
Plaza de la Torrecilla
Pl. de la Puerta Nueva
Pl. de la Universidad
P.º Menéndez Pelayo
Calle de Ceuta
AVENIDA DE LA FAMA
Pl. de las Agustinas
C. DE SAN ANDRÉS
Jardín de San Esteban
GRAN VÍA
Díaz
C. de Mto. Alonso
C. de Sta. Clara
C. de Enrique Villar Bas
Calle de Melilla
Acisclo
C. de Sta. Teresa
C. de Manresa
Teatro Romea
C. de La Merced
Pl. del Beato Hibernón
C. del Doctor Fleming
Estadio de la Condomina
POLÍGONO DE LA MAGDALENA
Plaza de Sto. Domingo
C. de A. Baquero
Pl. de Sardoy
C. de la Trinidad
C. del Cigarral
Plaza Mayor
Plaza Santa Isabel
Pl. de Santa Isabel
C. DE LA ESCULTOR SALZILLO
C. de Alejandro Seiquer
Pl.Europa
C. de Saavedra Fajardo
Pl. de Sta. Quiteria
Plaza de San Agustín
PL. DE San Nicolás
Calle
Platería
C. de Montijo
Pl. de Sta. Eulalia
C. de Amberes
C. DE GARCÍA ALIX
Plaza de Sta.Catalina
Plaza de S. Bartolomé
Pl. de Vara de Rey
Plaza de Toros
PL. DE PEDRO POU
C. del Pilar
Pl. de las Flores
Cetina
Convento e Iglesia de San Antonio
C. de S. Antonio
C. de Joselito
Sagrata
C. de S. Pedro
C. de Madre de Dios
C. Salzillo Amores
C. de Cánovas del Castillo
Plaza de las Palmeras
RONDA DE GARAY
C. DE J. DE LA CIERVA
C. de las Verónicas
Palacio Almudí
Pl. de Puxmarina
Catedral
Pl. de los Apóstoles
José San Joaquín Costa
C. de Federico Balart
Plano de S. Francisco
C. DE S. Patricio Belluga
C. del Cardenal Belluga
Palacio Episcopal
Pl. del Cardenal
C. de E. Soriano
A-7
Almería 319 · Lorca 62
ACCESO
AUTOVÍA
PLAZA DE MARTÍNEZ TORNEL
Ayuntamiento
Iglesia de S. Juan de Dios
Pl. de Ceballos
Pl. de S. Juan
SAN JUAN
A-30
Aeropuerto 10 · Cartagena 48
Jardín Botánico
Río Segura
Pte. Viejo
Pte. Pasarela
P. DEL TENIENTE FLOMESTA
PLAZA DE LA CRUZ ROJA
Cartagena 48
0 100 200 m

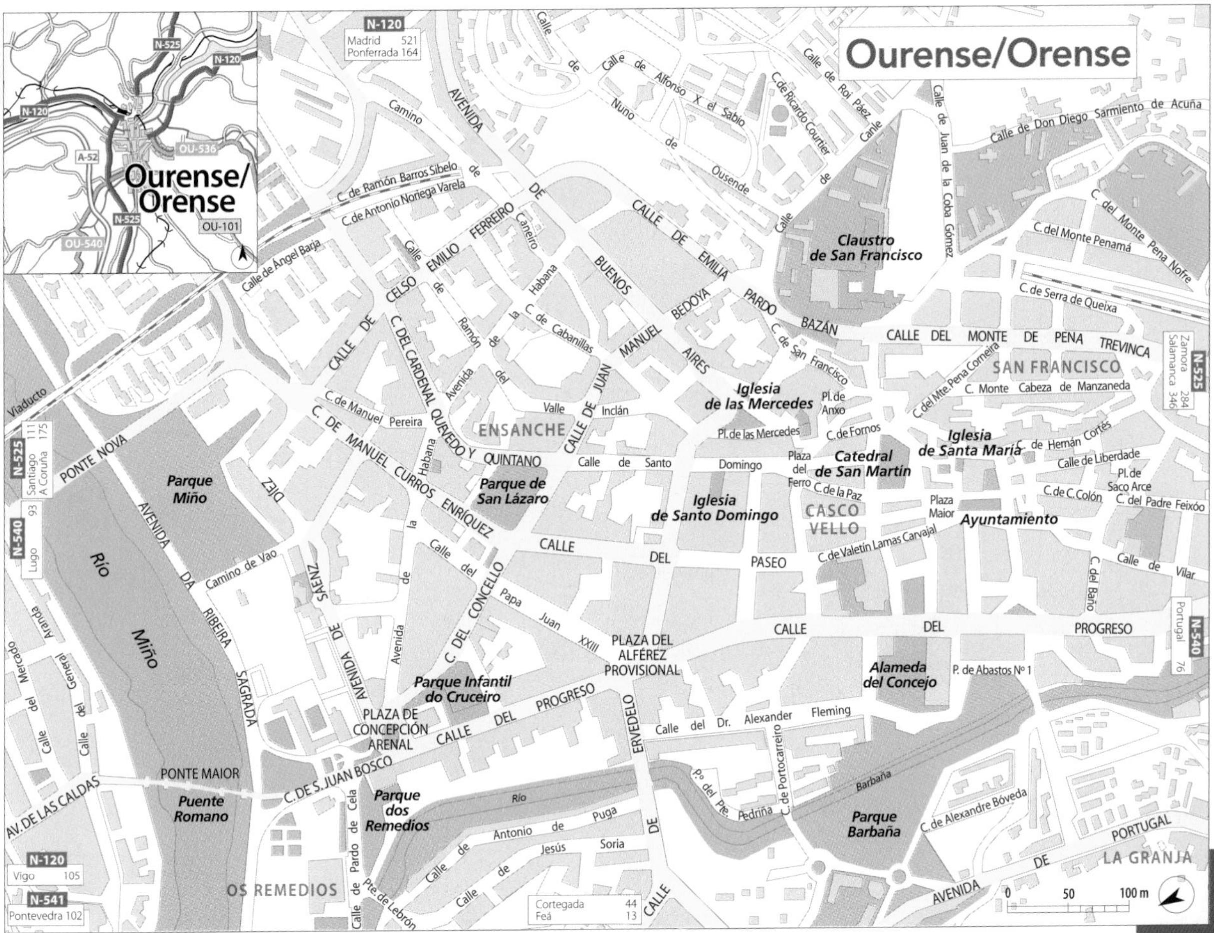

Ourense/Orense

N-120
Madrid 521 · Ponferrada 164
N-525 · N-120
N-120
OU-536
A-52
Ourense/Orense
N-525 · OU-101
OU-540

Calle de Alfonso X el Sabio
C. de Ricardo Courtier
Calle de Don Diego Sarmiento de Acuña
Camino
AVENIDA
Nuño
de
Ousende
Calle de Juan de la Coba Gómez
C. del Monte Pena Nofre
C. de Ramón Barros Sibelo
C. del Monte Penamá
C. de Antonio Noriega Varela
CALLE DE EMILIA
C. de Serra de Queixa
Calle de Ángel Barja
Claustro de San Francisco
Zamora / Salamanca
N-525
Viaducto
FERREIRO
EMILIO
CELSO
C. DEL CARDENAL QUEVEDO
Habana
C. de Cabanillas
PARDO
BAZÁN
C. de San Francisco
CALLE DEL MONTE DE PENA TREVINCA
N-525
Santiago 111 · A Coruña 175
PONTE NOVA
C. de Manuel Pereira
Ramón
MANUEL
BUENOS
AIRES
BÉDOYA
SAN FRANCISCO
C. del Mte. Pena Corneira
C. Monte Cabeza de Manzaneda
N-540
Lugo 93
AVENIDA DA RIBERA SAGRADA
Parque Miño
C. DE MANUEL CURROS ENRIQUEZ
Valle
CALLE DE JUAN XXIII
Inclán
Iglesia de las Mercedes
Pl. de Anxo
C. de Fornos
de Hernán Cortés
Iglesia de Santa María
Calle de Liberdade
Río Miño
ENSANCHE
Parque de San Lázaro
Calle de Santo Domingo
Plaza del Ferro
Catedral de San Martín
C. de C. Colón
Pl. de Saco Arce
C. del Padre Feixóo
Iglesia de Santo Domingo
CASCO VELLO
Plaza Maior
Ayuntamiento
Calle del Baño
Camino de Vao
SÁENZ
Calle
PASEO
C. de Valetín Lamas Carvajal
Vilar
Parque Infantil do Cruceiro
PLAZA DEL ALFÉREZ PROVISIONAL
CALLE DEL PROGRESO
Alameda del Concejo
P. de Abastos Nº 1
Portugal
N-540
PLAZA DE CONCEPCIÓN ARENAL
C. DEL CONCELLO
ERVEDELO
Calle del Dr. Alexander Fleming
PONTE MAIOR
AV. DE LAS CALDAS
Puente Romano
C. DE S. JUAN BOSCO
C. de Cela
Parque dos Remedios
Río
Puga
Pº del Pte.
Pedriña
Barbaña
C. de Alexandre Bóveda
Parque Barbaña
N-120
Vigo 105
OS REMEDIOS
Antonio Pardo
Pte. de Lebrón
Jesús Soria
Cortegada 44 · Feá 13
LA GRANJA
AVENIDA DE PORTUGAL
N-541
Pontevedra 102
0 50 100 m

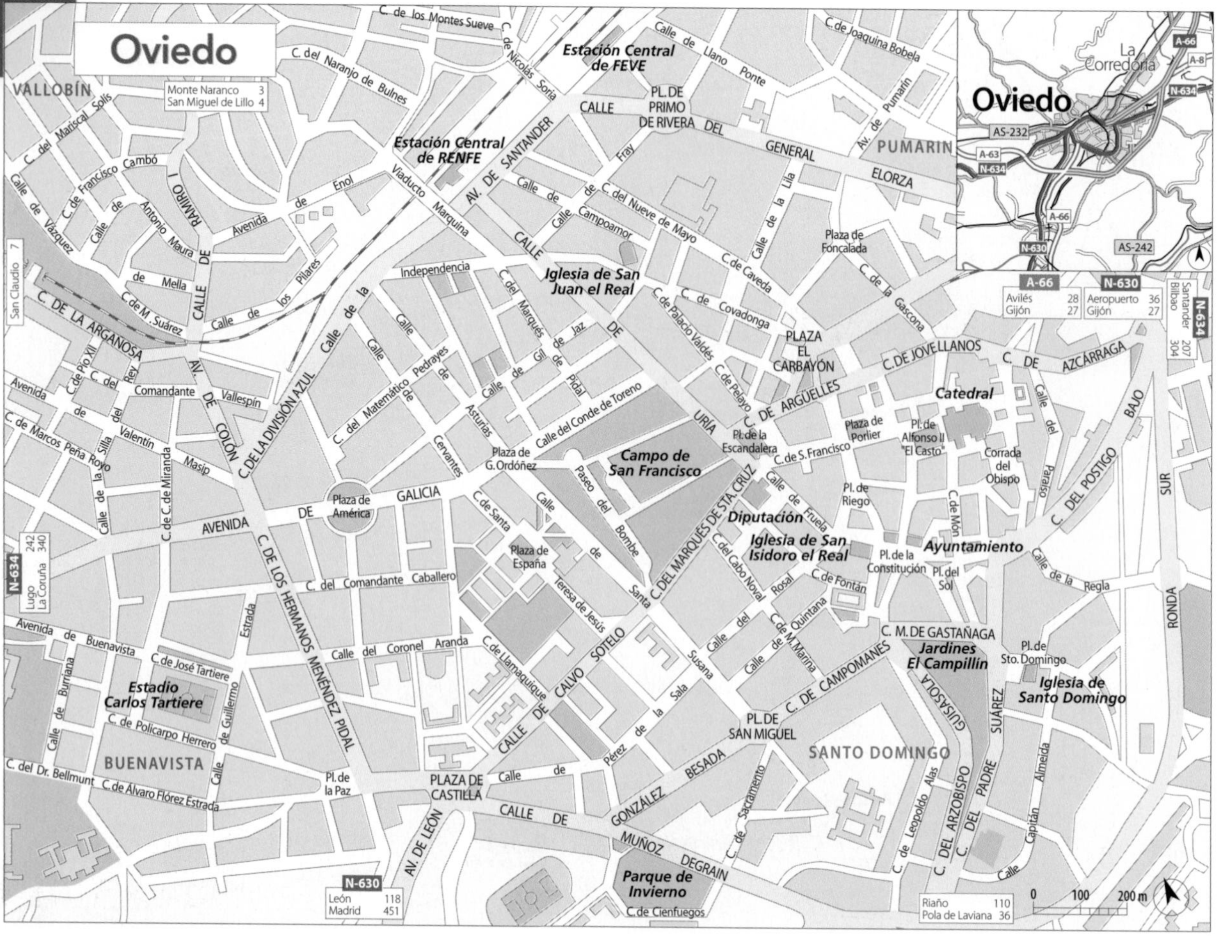

Oviedo

VALLOBÍN

Monte Naranco 3
San Miguel de Lillo 4

C. de los Montes Sueve
C. del Naranjo de Bulnes
C. de Nicolás Soria
Calle de Llano Ponte
Calle de Joaquina Bobela
C. de Pumarín

Estación Central de FEVE

PL. DE PRIMO DE RIVERA
CALLE DEL GENERAL ELORZA

PUMARÍN

Estación Central de RENFE

AV. DE PUMARÍN

C. del Mariscal Solís
Calle de Francisco Cambó
I. OVIEDO
Avenida
de Mella
C. de M. Suárez
Calle de Antonio Maura
Calle de Vázquez

C. DE LA ARGAÑOSA
San Claudio 7
C. de Pío XII
C. del Rey
C. de Marcos Peña Royo
Calle de la Villa
Valentín Masip

Comandante
Vallespín
AV. DE COLÓN
C. DE LA DIVISIÓN AZUL

Viaducto Marquina
AV. DE SANTANDER

CALLE
Calle de Campoamor
C. del Nueve de Mayo

Independencia
C. del Marqués de Sta. Cruz
Calle del Conde de Toreno
Asturias
Calle
Cervantes
URÍA

Iglesia de San Juan el Real

C. de Palacio Valdés
C. de Covadonga
C. de Caveda
C. de la Gascona

PLAZA EL CARBAYÓN

C. DE JOVELLANOS
C. DE AZCÁRRAGA

Plaza de Foncalada

Calle del Matemático Pedrayes
Plaza de G. Ordóñez
Plaza de América
GALICIA
AVENIDA DE LOS HERMANOS MENÉNDEZ PIDAL

Campo de San Francisco

Paseo del Bombé
C. de Santa

Plaza de España
C. del Comandante Caballero
Teresa de Jesús

Plaza de Porlier
Pl. de S. Francisco
C. de Pelayo
C. DE ARGÜELLES

Catedral

Pl. de Alfonso II "El Casto"
Corrada del Obispo
C. DEL POSTIGO BAJO
RONDA SUR

Pl. de la Escandalera
C. de Santa
Calle de Uría
Calle de Fruela
Pl. de Riego

Diputación
Iglesia de San Isidoro el Real

Ayuntamiento
Pl. de la Constitución
Pl. del Sol
C. de Fontán
Calle de la Regla

N-634
Lugo 242
La Coruña 340

Estadio Carlos Tartiere

Avenida de Buenavista
C. de José Tartiere
Calle de Guillermo
Calle de Burriana
C. de C. Miranda
Estrada
C. del Coronel Aranda
C. de Llamaquique
CALLE CALVO SOTELO
Susana
Pérez de la Sala

C. M. DE GASTAÑAGA
Jardines El Campillín
Pl. de Sto. Domingo
Iglesia de Santo Domingo

C. GUISASOLA
C. DEL PADRE SUÁREZ

BUENAVISTA
C. del Dr. Bellmunt
C. de Álvaro Flórez Estrada
Pl. de la Paz
PLAZA DE CASTILLA
CALLE DE GONZÁLEZ BESADA
MUÑOZ DEGRAIN

PL. DE SAN MIGUEL
C. DE CAMPOMANES
SANTO DOMINGO

C. DEL ARZOBISPO
C. de Leopoldo Alas
Capitán Almeida

N-630
León 118
Madrid 451

AV. DE LEÓN

Parque de Invierno
C. de Cienfuegos

Riaño 110
Pola de Laviana 36

0 100 200 m

Oviedo (inset)

La Corredoria
A-66
A-8
N-634
AS-232
A-63
N-634
A-66
AS-242
N-630

A-66
Avilés 28
Gijón 27
N-630
Aeropuerto 36
Gijón 27
N-634
Santander/Bilbao 207 304

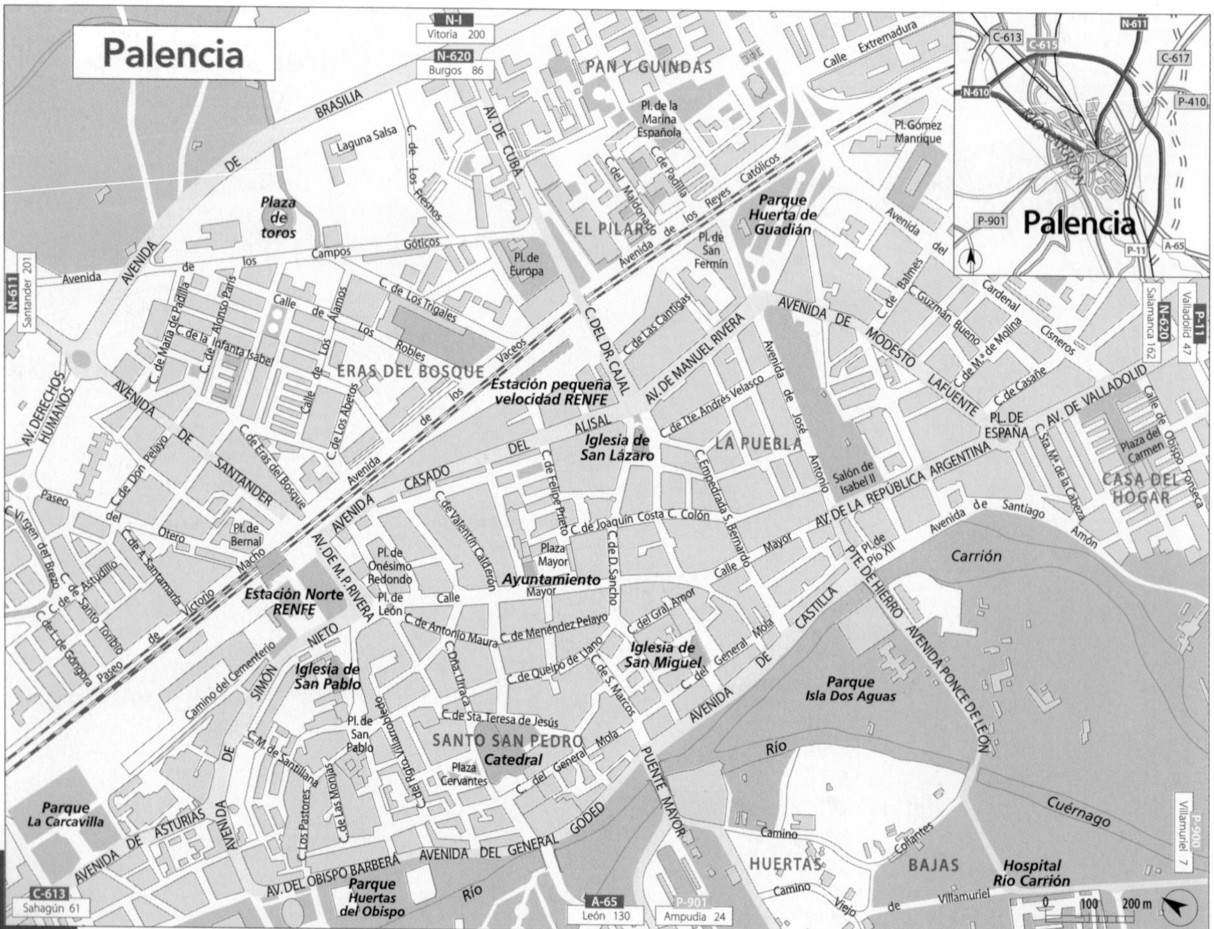

Palencia

N-I
Vitoria 200
N-620
Burgos 86

PAN Y GUINDAS
Calle Extremadura

BRASILIA
AV. DE CUBA

Pl. de la Marina Española
Pl. Gómez Manrique

Laguna Salsa
Calle de los Trigales
C. del Maldonado
C. de Padilla
Calle de los Reyes Católicos

Plaza de toros

AVENIDA DE
Góticos
Campos
Pl. de Europa
EL PILAR
Avenida de los
Pl. de San Fermín

Parque Huerta de Guadián

C. de Guzmán Bueno
Cardenal Cisneros
P-11
AV. DE VALLADOLID
Salamanca 162
Valladolid 47

N-611
Santander 201
AVENIDA DE SANTANDER
AVENIDA DE M. RIVERA

C. de María de Padilla
C. de la Infanta Isabel
C. de Alfonso París
Los Robles
C. de Eras del Bosque
Avenida
C. de Los Huertos
Vaceos
C. DEL DR. CAJAL

ERAS DEL BOSQUE

Estación pequeña velocidad RENFE

AV. DE MANUEL RIVERA
AVENIDA DE MODESTO LAFUENTE
C. de Tte. Andrés Velasco
C. de M. de Molina
C. de Casañé

ALISAL
Iglesia de San Lázaro
LA PUEBLA
Salón de Isabel II

PL. DE ESPAÑA
Plaza del Carmen
CASA DEL HOGAR

AV. DERECHOS HUMANOS
C. de Don Pelayo
Paseo del Otero
Pl. de Bernal
C. Vírgen del Brezo
Pl. de Onésimo Redondo

CASADO DEL ALISAL
C. de Valentín Calderón
C. de Felipe Prieto
C. de Joaquín Costa
C. Colón
Mayor
AV. DE LA REPÚBLICA ARGENTINA
Avenida de Santiago

Carrión

Estación Norte RENFE
Pl. de León
Calle Mayor
Plaza Mayor
C. de D. Sancho
Ayuntamiento
C. de Menéndez Pelayo
C. de Antonio Maura
C. de Quevedo y Toro
C. del Gral. Amor
Iglesia de San Miguel
C. General Mola
CASTILLA
PTE. DE HIERRO
AVENIDA PONCE DE LEÓN

Iglesia de San Pablo
Pl. de San Pablo
SANTO SAN PEDRO
C. de Sta. Teresa de Jesús
Plaza Cervantes
Catedral
C. de los Pastores
C. de Sta. Mariana
C. de San Marcos

Parque Isla Dos Aguas

Parque La Carcavilla
AVENIDA DE ASTURIAS
AV. DEL OBISPO BARBERA
Parque Huertas del Obispo
AVENIDA DEL GENERAL GODED

Río
Camino
HUERTAS
BAJAS
Hospital Río Carrión

Cuérnago

C-613
Sahagún 61
A-65
León 130
P-901
Ampudia 24
Villamuriel 7

0 100 200 m

Palencia (inset)

C-613
C-615
N-611
C-617
N-610
P-410
P-901
P-11
A-65

Palma de Mallorca

Palma de Mallorca

BAHÍA DE PALMA
Cala Gamba
Sa Caleta

Valldemossa 18 / Sóller 33
C-711 PM-111

CAMP REDÓ
SON OLIVA
SON GOTLEU
BONS AIRES
Plaza de Toros

SON ESPANYOLET
SANTA CATALINA
ES JONQUET
BELLVER
Castillo de Bellver
EL TERRENO

Estadio Luis Sitjar

Ferrocarril de Sóller
Estación
Estación Ferrocrriles de Mallorca

Iglesia de San Jaime
Puerta de Santa Catalina
Drassana
Plaza Mayor
Pl. de Weyler

CASCO ANTIGUO
Ayuntamiento
Convento de San Francisco
Catedral
Palacio de la Almudaina
Plaza de la Reina
Parque de la Mar

CALLE DE MANACOR
FONERS

Puerto de Palma
Muelles Comerciales

Bahía de Palma

MAR   MEDITERRÁNEO

Muelle de Poniente
Estación Marítima
Muelle de Paraires

Pequeña 22 / Andratx 30 PM-1

EL MOLINAR
Es Portitxol

0   200   400 m

Las Palmas de Gran Canaria

Punta del Confital
Bahía del Confital
Playa de las Canteras
GC-2
GC-23
GC-21
GC-5   GC-1

Las Palmas de Gran Canaria

Arucas 18 GC-2

Les Torres 3
Guía 29 / Gáldar 32 C-180
C. de Mario César

Playa de las Canteras
GUANARTEME
AVENIDA

SCHAMANN
BARRIO DE LA PAZ
ALTAVISTA
ESCALERITAS
AVENIDA DE LAS ESCALERITAS

CIUDAD JARDÍN
Monumento a F. León y Castillo
Parque Dorama
Pueblo Canario y Museo Néstor
Jardines Alonso de Quesada

Estadio Insular
ALCARAVANERAS
PL. DE ESPAÑA
STA. CATALINA

Túneles Julio Luengo
CASTILLO

Ayuntamiento
Playa de Alcaravaneras

PL. DE SAN JUAN BAUTISTA
Arsenal

LUGO
SAN ANTONIO
ARENALES
Muelle Deportivo

Cabildo Insular
Telde 14 / Aeropuerto 20 GC-1
GC-110 Tejeda 44

OCÉANO   ATLÁNTICO

Muelle de León y Castillo

0   200   400 m

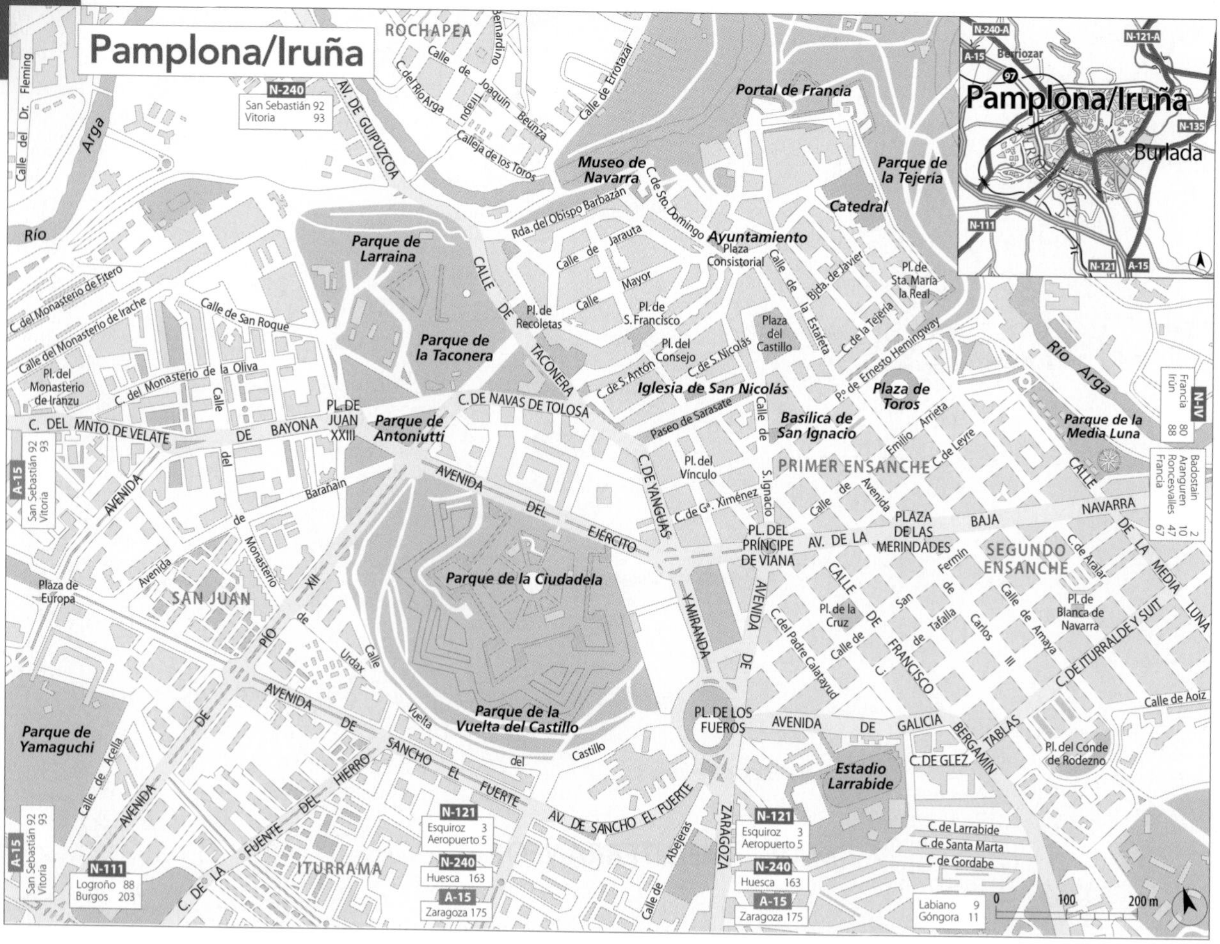

Pamplona/Iruña

ROCHAPEA

N-240
San Sebastián 92
Vitoria 93

Portal de Francia

Museo de Navarra

Parque de la Tejería

Catedral

Calle del Dr. Fleming
Calle del Río Arga
Calle de Joaquín Beunza
Calle de Errotazar
AV. DE GUIPÚZCOA
Calleja de los Toros

Río Arga

Parque de Larraina

Rda. del Obispo Barbazán

Ayuntamiento
Plaza Consistorial

Calle de Jarauta
Calle Mayor
Bja. de Javier
Pl. de Sta. María la Real
C. de la Tejería

CALLE DE
TACONERA

Parque de la Taconera

Pl. de Recoletas
Pl. de S. Francisco
Pl. del Consejo
Pl. de S. Nicolás
Plaza del Castillo
C. de la Estafeta
C. de S. Antón
Iglesia de San Nicolás

C. de S. Domingo
Pº de Ernesto Hemingway

Plaza de Toros

C. DE NAVAS DE TOLOSA
Paseo de Sarasate
Basílica de San Ignacio

Parque de la Media Luna

PL. DE JUAN XXIII
Parque de Antoniutti

C. DEL MNTO. DE VELATE
C. del Monasterio de Fitero
C. del Monasterio de Irache
Calle del Monasterio de la Oliva
Pl. del Monasterio de Iranzu
DE BAYONA
Calle de San Roque
C. DE YANGUAS

AVENIDA
DEL EJÉRCITO

Pl. del Vínculo
S. Ignacio
PRIMER ENSANCHE
C. de Gª. Ximénez

PLAZA DE LAS MERINDADES

Fermín
Emilio Arrieta
C. de Leyre
BAJA
NAVARRA
CALLE DE LA MEDIA LUNA

N-IV
Francia 80
Irún 88
Badostan 2
Aranguren 10
Roncesvalles 47
Francia 67

Parque de la Ciudadela

Y MIRANDA
AVENIDA DEL
PL. DEL PRÍNCIPE DE VIANA
AV. DE LA

SEGUNDO ENSANCHE

Pl. de Blanca de Navarra
C. DE ITURRALDE Y SUIT

A-15
San Sebastián 92
Vitoria 93

Plaza de Europa
SAN JUAN

Parque de Yamaguchi

AVENIDA DE
PÍO XII
Calle Urdax
Monasterio

CALLE DE
FRANCISCO
Pl. de la Cruz
C. del Padre Calatayud
San
C. DE TAFALLA
Carlos III
Pl. de Amaya
Calle de Aoiz

Parque de la Vuelta del Castillo

SANCHO EL FUERTE
HIERRO
del Castillo

PL. DE LOS FUEROS
AVENIDA DE GALICIA
BERGAMÍN
TABLAS
Pl. del Conde de Rodezno

C. DE LA FUENTE
AV. DE SANCHO EL FUERTE
ZARAGOZA

Estadio Larrabide
C. DE GLEZ.

C. de Larrabide
C. de Santa Marta
C. de Gordabe

ITURRAMA
Calle de Abejeras

N-121
Esquíroz 3
Aeropuerto 5
N-240
Huesca 163
A-15
Zaragoza 175

N-121
Esquíroz 3
Aeropuerto 5
N-240
Huesca 163
A-15
Zaragoza 175

A-15
San Sebastián 92
Vitoria 93
N-111
Logroño 88
Burgos 203

Labiano 9
Góngora 11

0   100   200 m

Pamplona/Iruña
Berriozar
Burlada
N-240-A
N-121-A
A-15
N-135
N-121
A-15
N-111
97

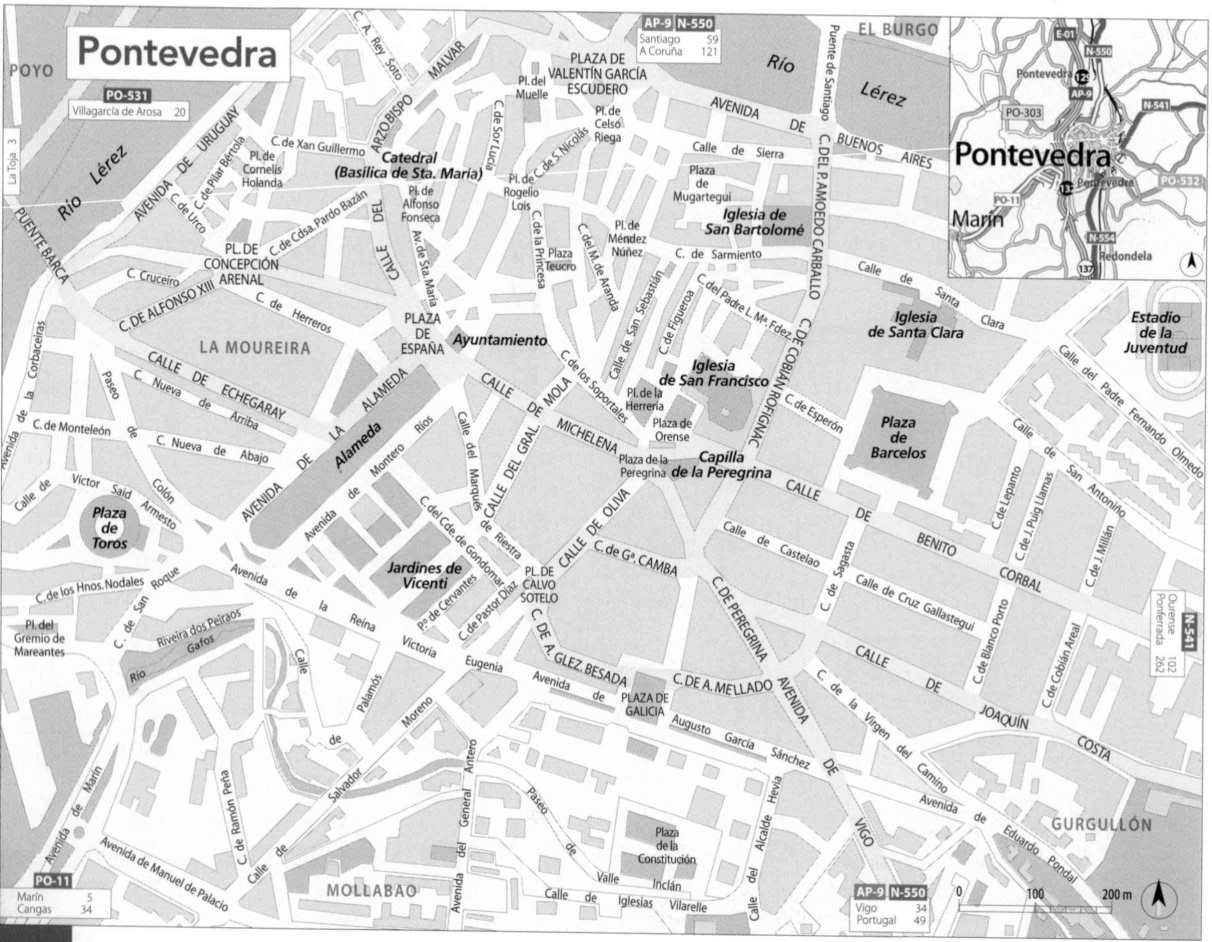

Pontevedra

AP-9 N-550
Santiago 59
A Coruña 121

POYO

PO-531
Villagarcía de Arosa 20

La Toja 3

PLAZA DE VALENTÍN GARCÍA ESCUDERO

EL BURGO

Río Lérez

A. Rey Soto
MALVAR
Pl. del Muelle
C. de Sol Lucía
C. de S. Nicolás
Pl. de Celso Riega

AVENIDA DE BUENOS AIRES
Puente de Santiago

E-01
N-550
Pontevedra 123
PO-9
PO-303
N-541
PO-11
Pontevedra 123
Pontevedra
Marín
N-554
Redondela 137

Río Lérez

AVENIDA DE URUGUAY
C. de Xan Guillermo
C. de Urco
Pl. de Pilar Bértola
Pl. de Cornelis Holanda

Catedral (Basílica de Sta. María)

C. de Cdsa. Pardo Bazán
ARZOBISPO
Pl. de Alfonso Fonseca
Av. de Sta. María
Pl. de Rogelio Lois
C. de la Princesa
Plaza Teucro
Pl. de Méndez Núñez
C. M. de Arenda

Calle de Sierra

Plaza de Mugartegui

Iglesia de San Bartolomé

C. del Padre L. Mª Fdez. Zúñiga

Iglesia de Santa Clara

Estadio de la Juventud

PUENTE BARCA
C. Corbaceiras
C. Cruceiro
C. DE ALFONSO XIII
C. de Herreros

LA MOUREIRA

PLAZA DE CONCEPCIÓN ARENAL

PLAZA DE ESPAÑA
Ayuntamiento

Pl. de la Herrería
C. de San Sebastián
C. de Figueroa
C. de los Soportales
Iglesia de San Francisco
Plaza de Orense

Calle de Santa Clara
Calle del Padre Fernando Olmedo
C. de San Antoniño

AVENIDA DE LA ALAMEDA
CALLE DE ECHEGARAY
C. Nueva de Arriba
C. Nueva de Abajo
C. de Monteleón
Paseo
Alameda
C. del Marqués de Riestra

CALLE DEL GRAL. MOLA
MICHELENA
Plaza de la Peregrina
Capilla de la Peregrina

Plaza de Barcelos

CALLE DE BENITO
CORBAL
C. de Lepanto
C. J. Puig Llamas
C. de J. Millán

Plaza de Toros

C. de Montero Ríos
Avenida
C. del Cde. de Gondomar

PL. DE CALVO SOTELO
CALLE DE OLIVA
C. de Gª. CAMBA

CALLE DE PEREGRINA
C. de Castelao
Calle de Sagasta
Calle de Cruz Gallástegui
C. de Blanco Porto
C. de Cobián Areal

Jardines de Vicenti

Pl. del Gremio de Mareantes
C. de los Hnos. Nodales
Pº de Cervantes
C. de Pastor Díaz
C. DE A. GLEZ. BESADA
C. DE A. MELLADO
PLAZA DE GALICIA

N-541
Ourense 102
Ponferrada 262

Avenida de Marín
Avenida de Manuel de Palacio
Salvador
C. de Ramón Peña
Riveira dos Peiraos
Río Gafos
Victoria
Eugenia
Augusto García Sánchez
VIGO
AVENIDA
CALLE DE JOAQUÍN COSTA
GURGULLÓN

MOLLABAO
Plaza de la Constitución Inclán
Calle de Iglesias
Vilarelle
C. del Alcalde Hevia
Avenida del Camino

PO-11
Marín 5
Cangas 34

AP-9 N-550
Vigo 34
Portugal 49

0   100   200 m

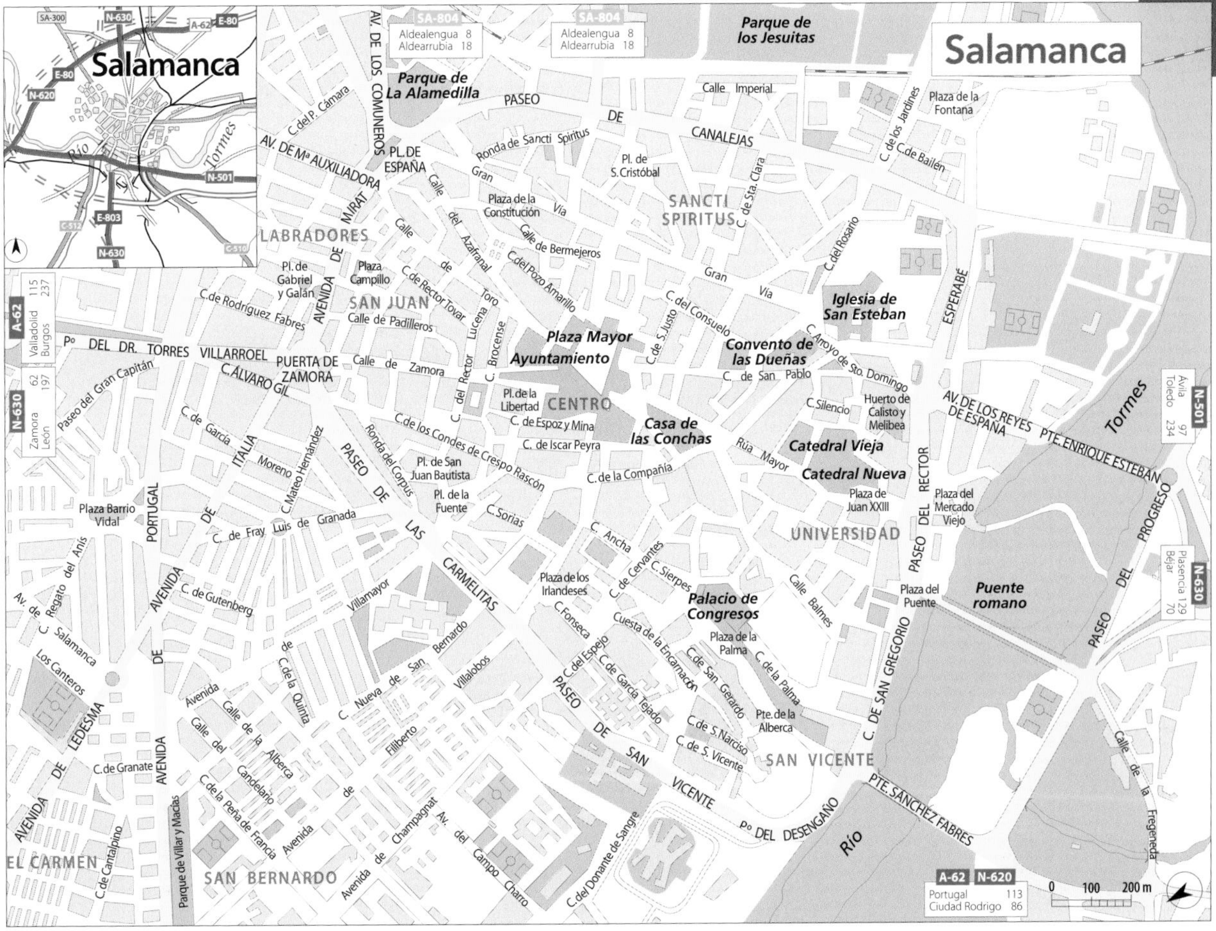

Salamanca

SA-300 N-630 A-62 E-80
E-80
N-620 E-803
C-510 N-501
N-630

SA-804 Aldealengua 8 / Aldearrubia 18
SA-804 Aldealengua 8 / Aldearrubia 18

Parque de los Jesuitas

Parque de La Alamedilla

Plaza de la Fontana

Calle Imperial

PASEO DE CANALEJAS

C. del P. Cámara
AV. DE LOS COMUNEROS
PL. DE ESPAÑA
AV. DE Mª AUXILIADORA
Ronda de Sancti Spiritus
Gran Vía
Pl. de S. Cristóbal
C. de Sta. Clara
C. de los Jardines
Plaza de la Constitución
Calle de Bermejeros
C. del Azafranal
SANCTI SPIRITUS
C. del Rosario
Gran Vía

LABRADORES
MIRAT
Calle
C. de Rector Tovar
Calle de Padilleros
SAN JUAN
Pl. de Gabriel y Galán
Plaza Campillo
C. de Rodríguez Fabres
C. de Pozo Amarillo
C. del Consuelo
C. de S. Justo
Iglesia de San Esteban
ESPERABE

A-62 Valladolid 115 / Burgos 237
N-630 Zamora 62 / León 197

Arroyo de Sto. Domingo
Convento de las Dueñas
C. de San Pablo
Plaza Mayor / Ayuntamiento
CENTRO
Pl. de la Libertad
C. de Espoz y Mina
Casa de las Conchas
C. de Iscar Peyra
Rúa Mayor
C. Silencio
Huerto de Calisto y Melibea
AV. DE LOS REYES DE ESPAÑA
PTE. ENRIQUE ESTEBAN
Tormes

N-501 Ávila 97 / Toledo 234

DEL DR. TORRES VILLARROEL
PUERTA DE ZAMORA
Calle de Zamora
ÁLVARO GIL
Paseo del Gran Capitán
C. de García Moreno
PASEO DE LAS CARMELITAS
Ronda del Corpus
Pl. de San Juan Bautista
Pl. de la Fuente
C. Sorias
Catedral Vieja
Catedral Nueva
Plaza de Juan XXIII
PASEO DEL RECTOR
Plaza del Mercado Viejo
AV. DEL PROGRESO
N-630 Plasencia 129 / Béjar 70

PORTUGAL
Plaza Barrio Vidal
C. de Fray Luis de Granada
C. de Gutenberg
Villamayor
C. Ancha
C. de Cervantes
C. Sierpes
UNIVERSIDAD
Calle Balmes
Plaza del Puente
Puente romano
PASEO DEL

Av. de Regato del Anís
C. de Salamanca
LEDESMA
Los Canteros
C. de la Quinta
Calle de la Alberca
Plaza de los Irlandeses
C. Fonseca
Cuesta de la Encarnación
Palacio de Congresos
Plaza de la Palma
C. del Espejo
C. de García Tejado
C. de S. Gerardo
C. de la Palma
Pte. de la Alberca
C. DE SAN GREGORIO

EL CARMEN
C. de Cantaliano
C. de Granate
C. de la Peña de Francia
Avenida
C. Nueva de San Bernardo
Villalobos
Filiberto
C. de S. Narciso
C. de S. Vicente
SAN VICENTE
PTE. SÁNCHEZ FABRES
Calle de la Fregeneda

SAN BERNARDO
Parque de Villar y Macías
Avenida de Champagnat
Av. del Campo Charro
C. del Donante de Sangre
Pº DEL DESENGAÑO
Río

A-62 N-620 Portugal 113 / Ciudad Rodrigo 86

0 100 200 m

Santa Cruz de Tenerife

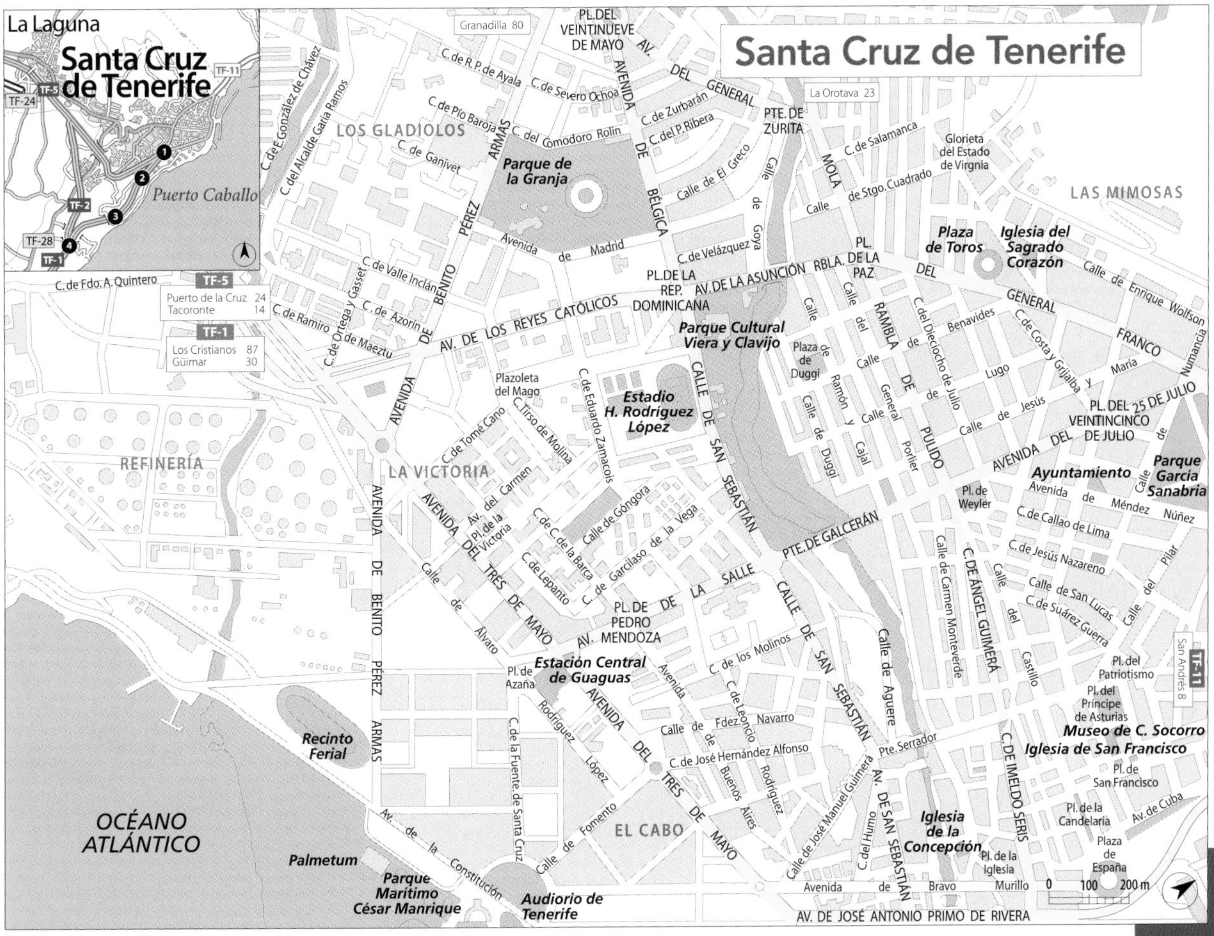

La Laguna
TF-11 TF-24 TF-2 TF-28 TF-1 TF-5 TF-1

Puerto Caballo

① ② ③ ④

C. de Fdo. A. Quintero
Puerto de la Cruz 24 / Tacoronte 14
Los Cristianos 87 / Güimar 30

Granadilla 80
PL. DEL VEINTINUEVE DE MAYO
La Orotava 23

C. de R. P. de Ayala
C. de Severo Ochoa
AV. DEL GENERAL
PTE. DE ZURITA
Glorieta del Estado de Virginia

C. de Pío Baroja
C. del Comodoro Rolín
C. de Zurbarán
C. de Salamanca
de Stgo. Cuadrado
LAS MIMOSAS

LOS GLADIOLOS
ARMAS
C. de Ganivet
C. del P. Ribera
C. de El Greco
MOLA
Calle de Goya
PÉREZ BENITO
Parque de la Granja
AV. DE BÉLGICA
Avenida de Madrid
C. de Velázquez
PL. DE LA REP. AV. DE LA ASUNCIÓN
RBLA. DE LA PAZ
Plaza de Toros
Iglesia del Sagrado Corazón
Calle de Enrique Wolfson
DOMINICANA
DEL GENERAL FRANCO

C. de González de Chávez
C. del Alcalde García Ramos
C. de Valle Inclán
C. de Azorín
C. de Ramiro de Maeztu
AV. DE LOS REYES CATÓLICOS
Parque Cultural Viera y Clavijo
Plaza de Duggi
C. del Dieciocho de Julio
Benavides
C. de Cota y Grijalba
María
PL. DEL 25 DE JULIO
VEINTICINCO DE JULIO

Plazoleta del Mago
C. de Eduardo Zamacois
Estadio H. Rodríguez López
CALLE DE SAN SEBASTIÁN
Calle de Ramón y Cajal
General Porlier
AVENIDA
Pl. de Weyler
Ayuntamiento
Parque García Sanabria

REFINERÍA
C. de Tomé Cano
AV. del Carmen
Pl. de la Victoria
LA VICTORIA
C. Tfso de Molina
RAMBLA DEL PULIDO
Avenida de Méndez Núñez
C. de Callao de Lima

AVENIDA DE BENITO PÉREZ ARMAS
AVENIDA DEL TRES DE MAYO
Calle de Góngora
Calle de la Vega
Calle de Garcilaso de la Vega
C. de Lepanto
CALLE DE LA SALLE
CALLE DE SAN SEBASTIÁN
Calle de Carmen Monteverde
C. DE ÁNGEL GUIMERÁ
C. de Jesús Nazareno
Calle de San Lucas
C. de Suárez Guerra

Calle de Álvaro
PL. DE PEDRO MENDOZA
AV. MENDOZA
C. de los Molinos
Castillo
Pl. del Patriotismo
TF-11 San Andrés 8

Estación Central de Guaguas
Pl. de Azaña
Avenida
Calle de Fdez. Navarro
Pl. del Príncipe de Asturias
Museo de C. Socorro
Iglesia de San Francisco

Recinto Ferial
Rodríguez López
C. de la Fuente de Santa Cruz
AV. DEL TRES DE MAYO
Calle de José Hernández Alfonso
Buenos Aires
Pte. Serrador
C. DE MELDO SERÍS
Pl. de San Francisco

OCÉANO ATLÁNTICO
Palmetum
Parque Marítimo César Manrique
Av. de la Constitución
C. de Fomento
EL CABO
Iglesia de la Concepción
C. del Humo
C. DE SAN SEBASTIÁN
Pl. de la Iglesia
Pl. de la Candelaria
Av. de Cuba
Plaza de España

Audiorio de Tenerife
C. de José Manuel Guimerá
Avenida de Bravo Murillo
AV. DE JOSÉ ANTONIO PRIMO DE RIVERA

0 100 200 m

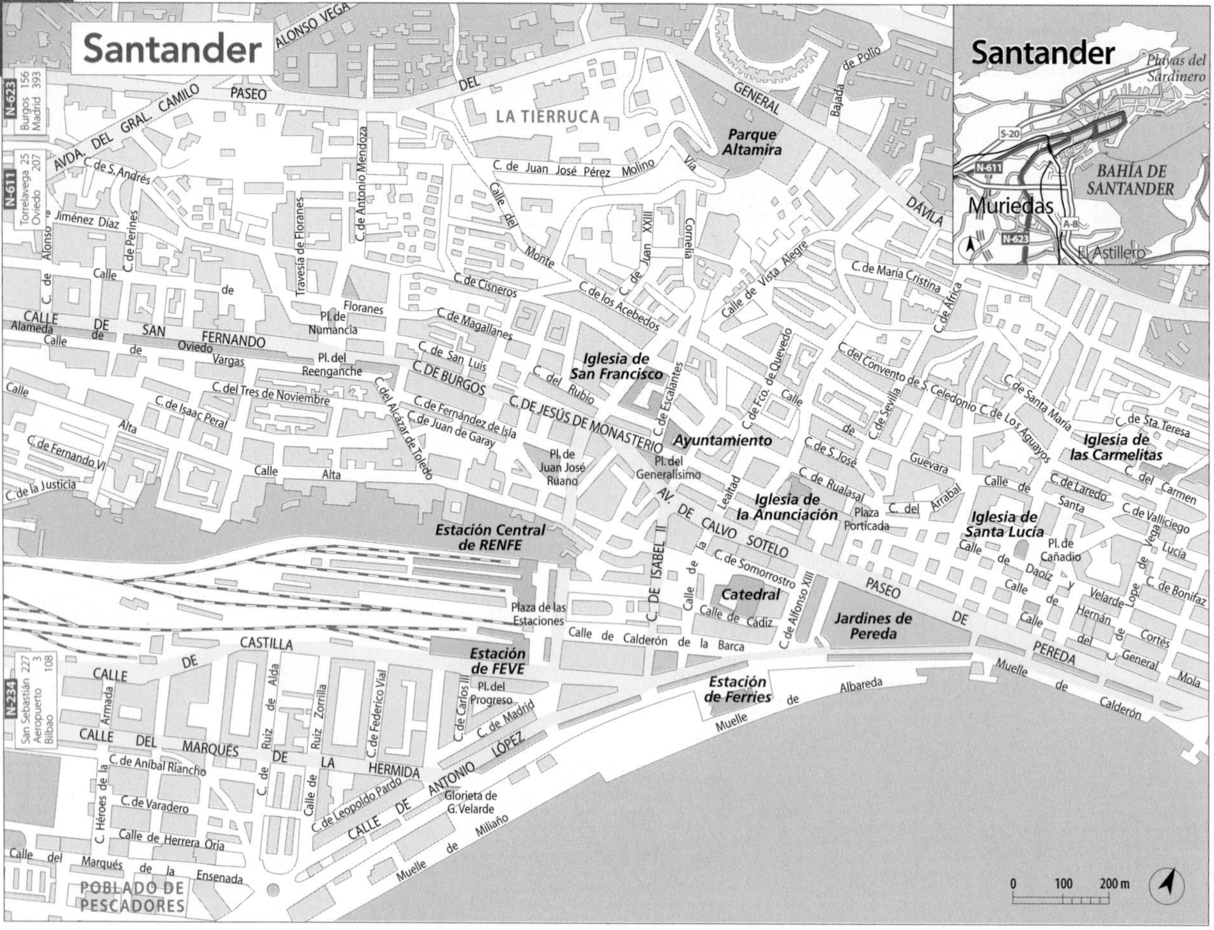

Santander

Platyas del Sardinero

BAHÍA DE SANTANDER

Muriedas

El Astillero

N-611 · Torrelavega 25 · Oviedo 207
N-623 · Burgos 156 · Madrid 393
N-234 · San Sebastián 227 · Aeropuerto 3 · Bilbao 108

PASEO · DEL · GENERAL DÁVILA

LA TIERRUCA

Parque Altamira

C. de Juan José Pérez Molino

AVDA. DEL GRAL. CAMILO
C. de S. Andrés
Jiménez Díaz
C. de Alonso
C. de Peñas
Travesía de Floranes
Floranes
Pl. de Numancia
C. de Antonio Mendoza
Calle del Monte
C. de Juan XXIII
Cornelia
Via
C. de Cisneros
C. de los Acebedos
Calle de Vista Alegre
C. de María Cristina
C. de África
C. de Sta. Teresa

CALLE DE SAN FERNANDO
Alameda
Oviedo
Vargas
Pl. de Floranes
C. de Magallanes
C. de San Luis
C. DE BURGOS
C. del Rubio
Iglesia de San Francisco
C. de Escalantes
C. de Fco. de Quevedo
C. del Convento de S. Celedonio
C. de Los Aguayos
C. de Santa María
Iglesia de las Carmelitas

C. de Isaac Peral
C. del Reenganche
C. de Fernández de Isla
C. de Juan de Garay
C. DE JESÚS DE MONASTERIO
Ayuntamiento
C. de S. José
Guevara
C. de Laredo
C. de Valliciego

C. de Fernando VI
Alta
C. del Tres de Noviembre
C. de Alcázar de Toledo
Pl. de Juan José Ruano
Pl. del Generalísimo
C. de Rualasal
Iglesia de la Anunciación
Plaza Porticada
C. del Arrabal
Iglesia de Santa Lucía
Pl. de Cañadío
C. de Bonifaz

C. de la Justicia
Calle
Alta
Estación Central de RENFE
AV. DE ISABEL II
AV. DE CALVO SOTELO
C. de Somorrostro
C. del
C. de Daoiz
Velarde
Hernán Cortés
C. General Mola

C. de Fernando I
Plaza de las Estaciones
Calle de Calderón de la Barca
Catedral
Calle de Cádiz
C. de Alfonso XIII
PASEO DE PEREDA
Jardines de Pereda
Muelle de Calderón

N-234
CALLE DE CASTILLA
Armada
C. de Ruiz de Alda
C. de Ruiz Zorrilla
C. de Federico Vial
Pl. del Progreso
Estación de FEVE
Pl. del Carlos I
C. de Carlos I
C. de Madrid
Estación de Ferries
Albareda

CALLE DEL MARQUÉS
C. de Aníbal Riancho
C. de Varadero
C. DE LA HERMIDA
C. de Leopoldo Pardo
CALLE DE ANTONIO LÓPEZ
C. Héroes de la
Calle de Herrera Oria
Glorieta de G. Velarde
Muelle de Maliaño

Calle del Marqués de la Ensenada
Muelle

POBLADO DE PESCADORES

0 · 100 · 200 m

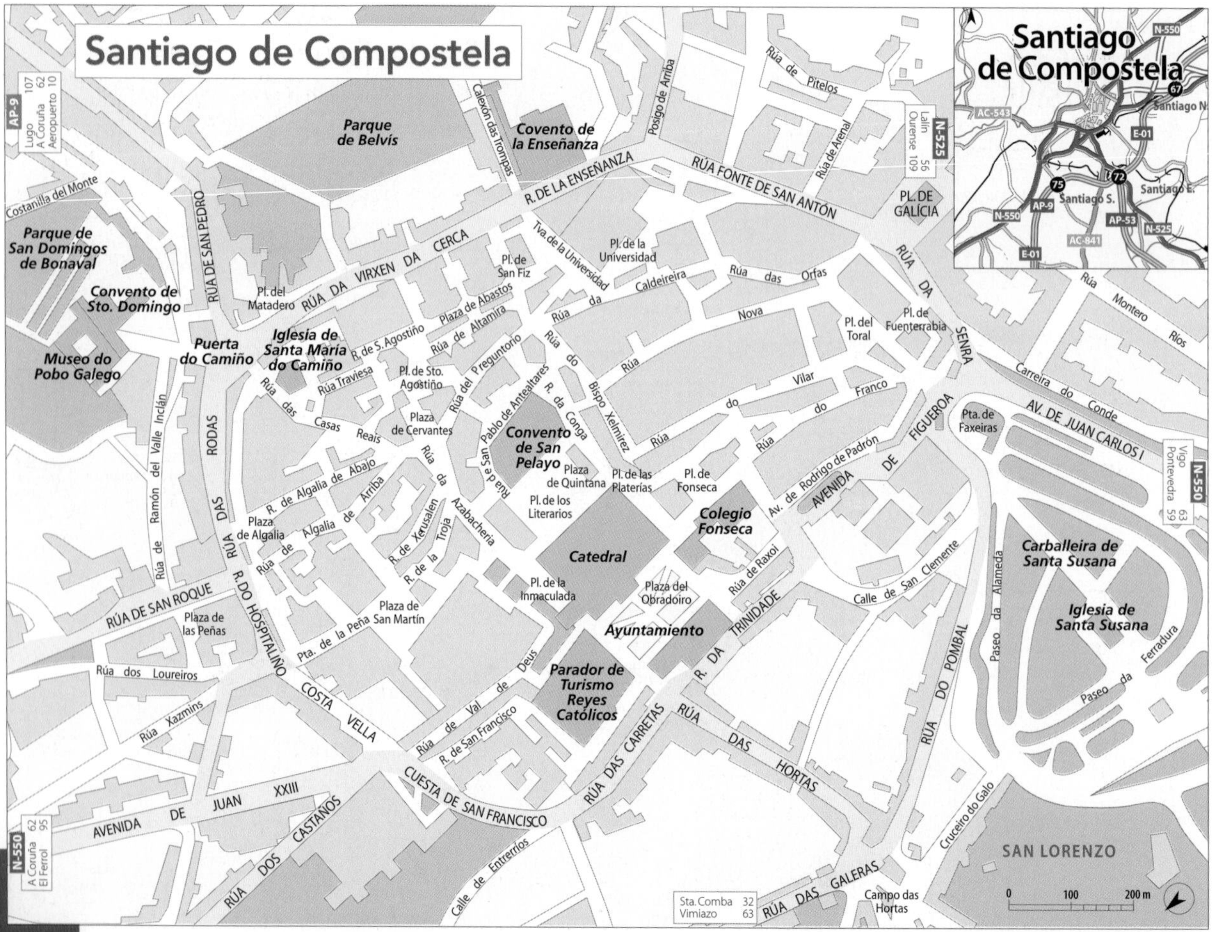

Santiago de Compostela

N-550 · Santiago N.
AC-543
E-01
Santiago S.
AP-9
N-550
E-01
AC-841
AP-53
N-525
Santiago E.

AP-9 · Lugo 107 · A Coruña 62 · Aeropuerto 10
N-525 · Lalín 56 · Ourense 109
N-550 · Vigo 63 · Pontevedra 99
N-550 · A Coruña 62 · El Ferrol 95

Costanilla del Monte
Parque de San Domingos de Bonaval
Convento de Sto. Domingo
Museo do Pobo Galego
Puerta do Camiño
Iglesia de Santa María do Camiño

Parque de Belvís
Rúa de Pitelos
Covento de la Enseñanza
Pozo de Arriba
Rúa de Arriba
R. DE LA ENSEÑANZA
Calexón das Trompas
RÚA FONTE DE SAN ANTÓN
PL. DE GALICIA

RÚA DE SAN PEDRO
RÚA DA VIRXEN DA CERCA
Pl. del Matadero
Pl. de San Fiz
Tva. de la Universidad
Pl. de la Universidad
Caldeireira
Rúa das Orfas
RÚA DA SENRA
RÚA DA FIGUEROA

Pl. de S. Agostiño
Plaza de Abastos
Rúa de Altamira
Nova
Pl. del Toral
Pl. de Fuenterrabía
Rúa Montero Ríos
Rúa Traviesa
Pl. de Sto. Agostiño
Rúa das Casas Reais
Rúa do Vilar
Franco
AV. DE JUAN CARLOS I
Pta. de Faxeiras

RODAS
RÚA DAS
Plaza de Cervantes
Rúa del Preguntoiro
Bispo Xelmírez
R. da Conga
Convento de San Pelayo
Plaza de Quintana
Pl. de las Platerías
Pl. de Fonseca
Av. de Rodrigo de Padrón
AVENIDA DE
Carballeira de Santa Susana

RÚA DE RAMÓN DEL VALLE INCLÁN
Plaza de Algalia
R. de Algalia de Abajo
R. de Algalia de Arriba
R. de Xerusalem
R. de la Troja
Azabachería
Pl. de los Literarios
Colegio Fonseca
Rúa de Raxoi
Iglesia de Santa Susana

RÚA DE SAN ROQUE
R.DO HOSPITALIÑO
Pl. de Val de Deus
Pl. de la Peña de San Martín
Plaza de las Peñas
Pta. de la Peña
Catedral
Pl. de la Inmaculada
Plaza del Obradoiro
Calle de San Clemente
Paseo da Alameda

Rúa dos Loureiros
COSTA VELLA
Ayuntamiento
R. DA TRINIDADE
Paseo da Ferradura

Rúa Xazmins
Rúa de Val de San Francisco
Parador de Turismo Reyes Católicos
RÚA DAS CARRETAS
RÚA DAS HORTAS
RÚA DO POMBAL

AVENIDA DE JUAN XXIII
RÚA DOS CASTAÑOS
CUESTA DE SAN FRANCISCO
Calle de Entrerríos
Crucero do Galo
SAN LORENZO

Sta. Comba 32 · Vimiazo 63
RÚA DAS GALERAS
Campo das Hortas

0 · 100 · 200 m

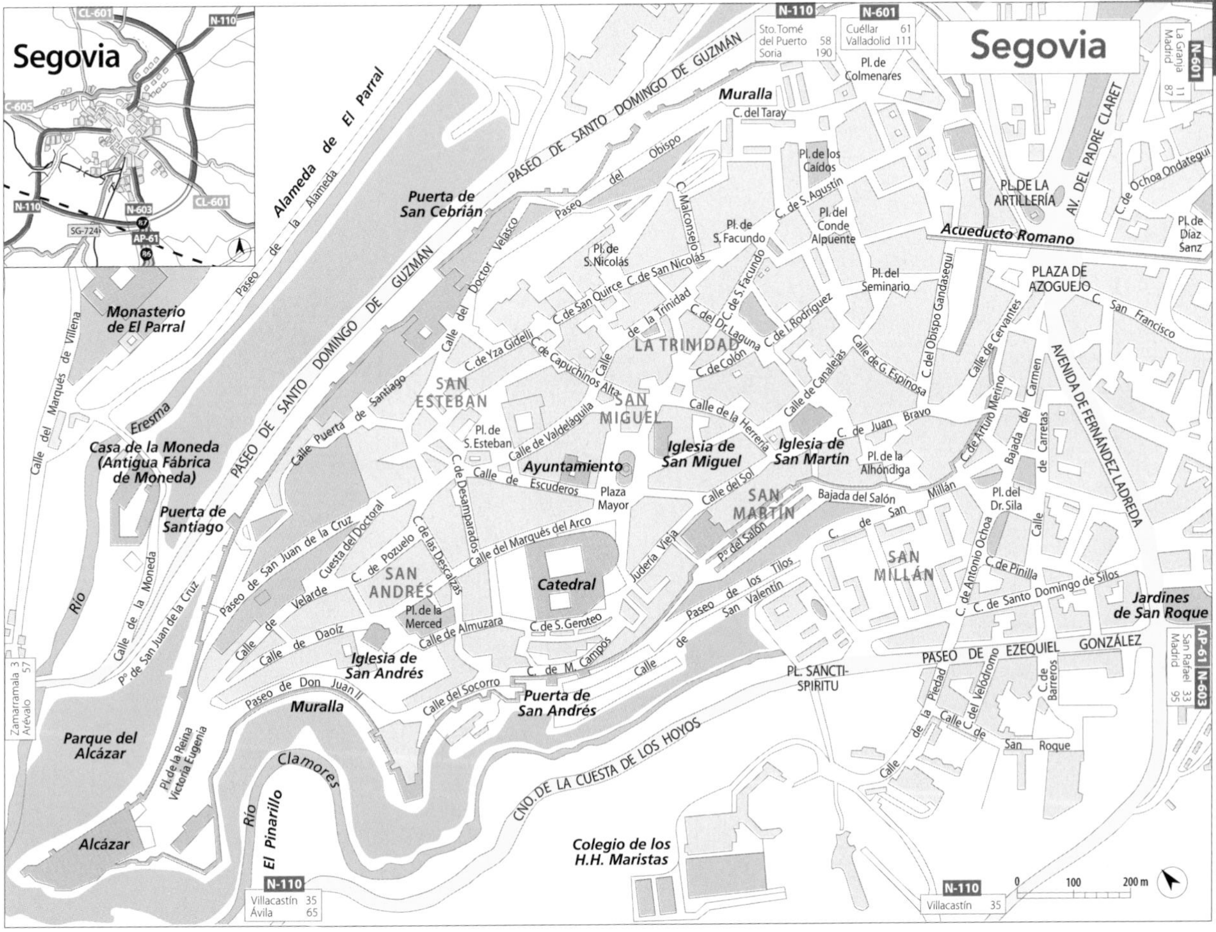

Segovia

Segovia

CL-601
N-110
C-605
N-110
SG-724
AP-61
N-603
N-110

Segovia

N-110 | N-601
Sto. Tomé del Puerto 58 | Cuéllar 61
Soria 190 | Valladolid 111
N-601
Pl. de Colmenares

La Granja 11 / Madrid 87
N-601

Alameda de El Parral
PASEO DE SANTO DOMINGO DE GUZMÁN
Muralla
C. del Taray
Pl. de los Caídos
AV. DEL PADRE CLARET
C. de Ochoa Ondategui
Pl. de Díaz Sanz
PL. DE LA ARTILLERÍA
Acueducto Romano
Puerta de San Cebrián
Paseo del Obispo
C. del Doctor Velasco
C. de S. Agustín
Pl. del Conde Alpuente
PLAZA DE AZOGUEJO
C. San Francisco
Monasterio de El Parral
Calle del Marqués de Villena
Pl. de S. Nicolás
C. de San Nicolás
Pl. del Seminario
AVENIDA DE FERNÁNDEZ LADREDA
C. de Cervantes
Eresma
Calle de Santiago
C. de San Quirce
C. de S. Facundo
C. del Obispo Gandásegui
Calle de Cervantes
Casa de la Moneda (Antigua Fábrica de Moneda)
C. de Yza Gidelli
C. de Capuchinos Alta
de la Trinidad
C. del Dr. Laguna
C. de J. Rodríguez
LA TRINIDAD
C. del Carmen
Puerta de Santiago
SAN ESTEBAN
Pl. de S. Esteban
C. de Colón
C. de G. Espinosa
Bajada de Carretas
Río
Calle Puerta de Santiago
Calle de Valdelaguila
SAN MIGUEL
Calle de la Herrería
C. de Antón Marino
Calle de San Juan de la Cruz
C. de Desamparados
Ayuntamiento
Iglesia de San Miguel
Iglesia de San Martín
Pl. de la Alhóndiga
C. de Juan Bravo
Parque del Alcázar
Calle de la Moneda
Cuesta del Doctoral
Calle de Escuderos
Plaza Mayor
Calle del Sol
SAN MARTÍN
Bajada del Salón
Millán
Pl. del Dr. Sila
C. de San
SAN ANDRÉS
C. de Pozuelo
Calle del Marqués del Arco
Judería Vieja
Pº del Salón
SAN MILLÁN
C. de Antonio Ochoa
C. de Pinilla
Pl. de la Reina Victoria Eugenia
C. de las Descalzas
Pl. de la Merced
Catedral
C. de S. Geroteo
Paseo de los Tilos
C. de Santo Domingo de Silos
Jardines de San Roque
Calle de Velarde
Calle de Almuzara
Paseo de San Valentín
San Rafael 33 / Madrid 95
AP-61
N-603
Calle de Daoiz
Iglesia de San Andrés
C. de M. Campos
PASEO DE EZEQUIEL GONZÁLEZ
C. de Barreros
Zamarramala 3 / Arévalo 57
Pl. de San Juan de la Cruz
Paseo de Don Juan II
Muralla
Calle del Socorro
Puerta de San Andrés
PL. SANCTI-SPIRITU
Calle
de la Piedad
C. del Velódromo
C. de San Roque
Clamores
CNO. DE LA CUESTA DE LOS HOYOS
Río El Pinarillo
Alcázar
Colegio de los H.H. Maristas
N-110
Villacastín 35 / Ávila 65
N-110
Villacastín 35
0 100 200 m

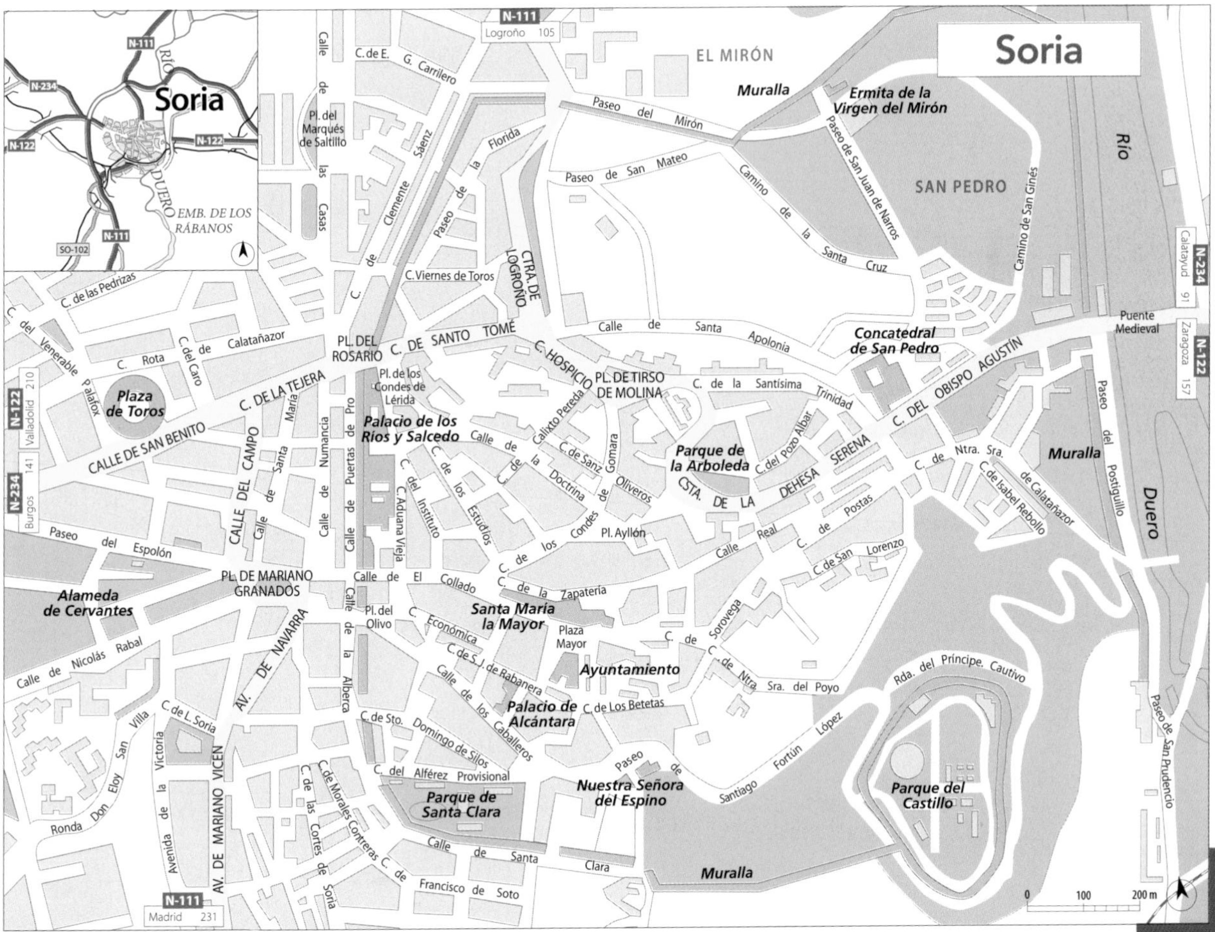

Soria

N-111
N-234
N-122
N-111
N-122
SO-102
N-111

Soria

N-111
Logroño 105
EL MIRÓN
Muralla
Ermita de la Virgen del Mirón
Río
Calle de E. G. Carrilero
Paseo del Mirón
Pl. del Marqués de Saltillo
Paseo de San Juan de Narros
SAN PEDRO
EMB. DE LOS RÁBANOS
DUERO
Calle de las Casas
C. de la Florida
Paseo de San Mateo
Camino de la Santa Cruz
Camino de San Ginés
Calatayud 91
N-234
C. de las Pedrizas
C. de Clemente Sáenz
CTRA. DE LOGROÑO
Calle de Santa Apolonia
Concatedral de San Pedro
Puente Medieval
Zaragoza 157
N-122
C. del Venerable Palafox
C. del Caro
Rota
C. del Caro
Calatañazor
PL. DEL ROSARIO
C. DE SANTO TOMÉ
C. HOSPICIO
Calle de Santa
Trinidad
C. DEL OBISPO AGUSTÍN
C. de Isabel Rebollo
Muralla
Plaza de Toros
Pl. de los Condes de Lérida
PL. DE TIRSO DE MOLINA
C. de la Santísima Trinidad
C. de Ntra. Sra.
de Galatañazor
N-122
Valladolid 210
C. DE LA TEJERA
CALLE DEL CAMPO
Calle Santa María
Numancia
Calle de Puertas de Pro
Palacio de los Ríos y Salcedo
Calle de Sanz
C. de Sanz Pérez
Calixto Pereda
C. de Gomara
Parque de la Arboleda
CTA. DE LA DEHESA SERENA
C. del Pozo Albar
Paseo del Postiguillo
Duero
Burgos 141
N-234
CALLE DE SAN BENITO
Calle de
Calle de
Calle del Instituto
C. de la Doctrina
C. de los Estudios
C. de Oliveros
Calle de los Condes
Pl. Ayllón
Calle Real
C. de Postas
C. de San Lorenzo
Rda. del Príncipe Cautivo
Alameda de Cervantes
Paseo del Espolón
PL. DE MARIANO GRANADOS
AV. DE NAVARRA
Calle de El Collado
C. Aduana Vieja
Calle de la Zapatería
C. de Soriovega
C. de Ntra. Sra. del Poyo
Santa María la Mayor
Plaza Mayor
Ayuntamiento
Parque del Castillo
Paseo de San Prudencio
Calle de Nicolás Rabal
C. de L. Soria
Pl. del Olivo
C. Económica
C. de S. J. de Rabanera
Palacio de Alcántara
C. de Los Betetas
C. de San Fortún
López
Santiago
Avenida de la Victoria
Don Eloy San Villa
AV. DE MARIANO VICÉN
C. de Morales Contreras
C. del Alférez Provisional
C. del Sto. Domingo de Silos
Calle de los Caballeros
Parque de Santa Clara
Nuestra Señora del Espino
Muralla
Ronda
Cortes
de Soria
Calle de Santa Clara
C. de Francisco de Soto
N-111
Madrid 231
0 100 200 m

239

Tarragona

L'OLIVA
TERRES CAVADES
PL. DE LA GENERALITAT
AVENIDA DE ANDORRA
AVENIDA DE CATALUNYA
AV. DEL PRESIDENT LL. COMPANYS
C. CARDENAL V. I BARRAQUER
PL. DE LA IMPERIAL TARRACO
AVENIDA DE ROMA
RAMBLA NOVA
AVENIDA DE ESTANISLAU
AVENIDA DE MARÍA CRISTINA
PLAZA FONT DEL CENTENARI
AV. DE PAU CASALS
AVENIDA DE RAMÓN Y CAJAL
CALLE DE TORRES JORDI
CALLE DE JAUME I
CALLE DEL REIAL
SERRALLO
RAMBLA VELLA
VÍA AUGUSTA
Parque de la Ciudad
Necrópolis
Plaza de Toros
Forum Romano
Teatro Romano
Palacio Ferial
Estación Central de RENFE
Parque del Camp de Mart
El Forti Negre
Murallas
Catedral de Santa María
Ayuntamiento
Iglesia de Sant Agustí
Anfiteatro Romano
Jardines El Miracle
Paseo Marítimo Rafael de Casanova
MAR MEDITERRÁNEO
Punta del Miracle
N-240 Lleida 91, Zaragoza 231
N-340 Barcelona 98
N-340 Valencia 251
N-420 Teruel 311, Aeropuerto 12, Reus 12
Salou 7
0 100 200 m

Teruel

LOS ARREÑALES
EL ARRABAL
CERRO DE LOS ALCALDES
RONDA DÁMASO TORÁN
RONDA DE AMBELES
CALLE DE TOZAL
PUENTE NUEVO
CALLE DE BAJO LOS ARCOS
CARRETERA DE SAN JULIÁN
VIADUCTO NUEVO
VIADUCTO
AVENIDA DE SAGUNTO
CALLE DE RAMÓN Y CAJAL
CALLE DE JOAQUÍN ARNAU
PASEO DEL ÓVALO
CARRETERA DE SAN FRANCISCO
CAMINO DE LA ESTACIÓN
AV. DE ZARAGOZA
CARRETERA DE CUBLA
Los Arcos
Catedral
Iglesia de San Pedro
Ayuntamiento
Torre de El Salvador
Torre de San Martín
Glorieta
La Escalinata
LA ESCALINATA
Los Jardincillos
Estación Central de RENFE
Convento de San Francisco
Plaza de Toros
ENSANCHE
LA FLORIDA
ERAS DE SANTA LUCÍA
LA VEGA
Río Turia
N-234 Sagunto 122, Valencia 145
N-420 Tarragona 321, Montalbán 80
N-234 Soria 265
N-330 Madrid 298
Zaragoza 180
N-330 Cuenca 153
N-234 Valencia 145

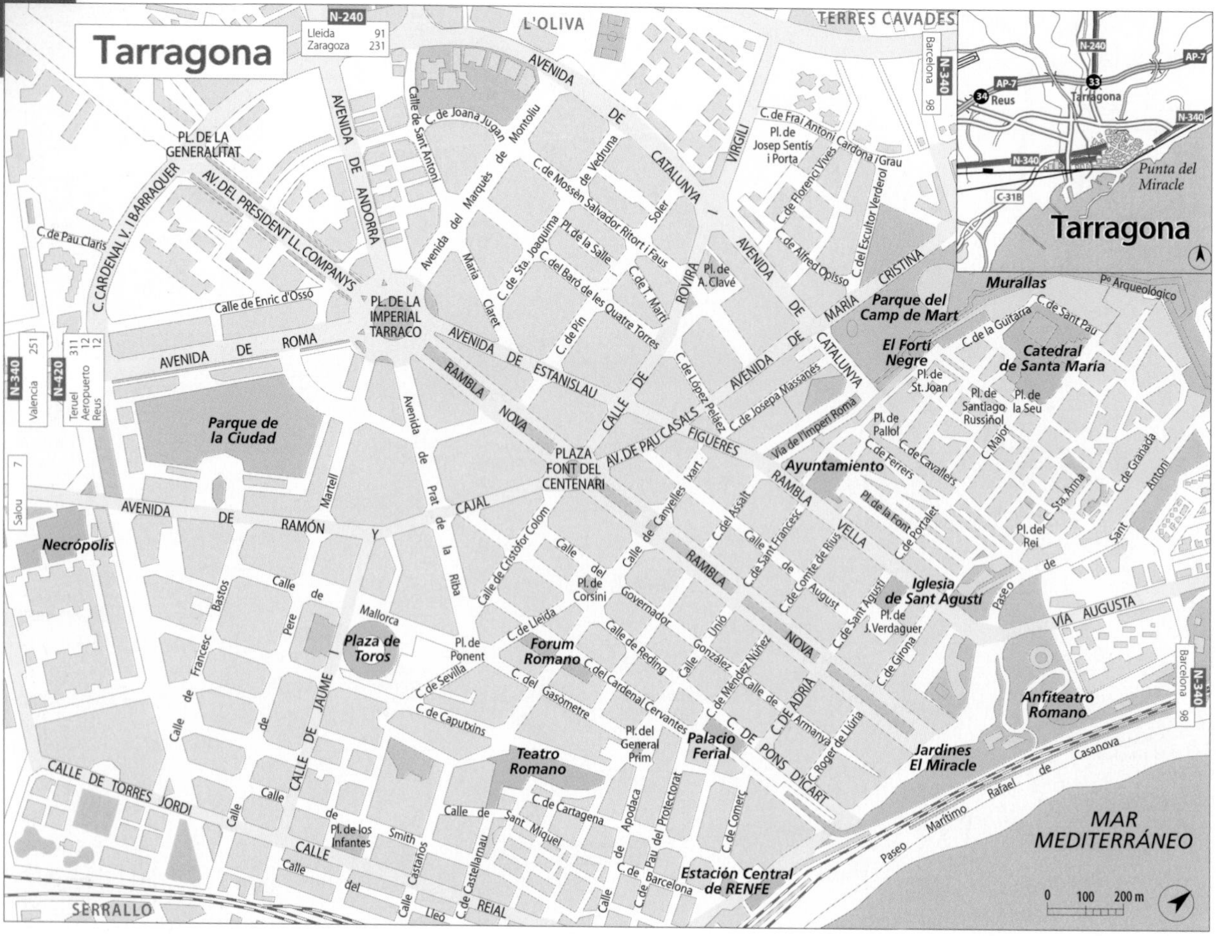

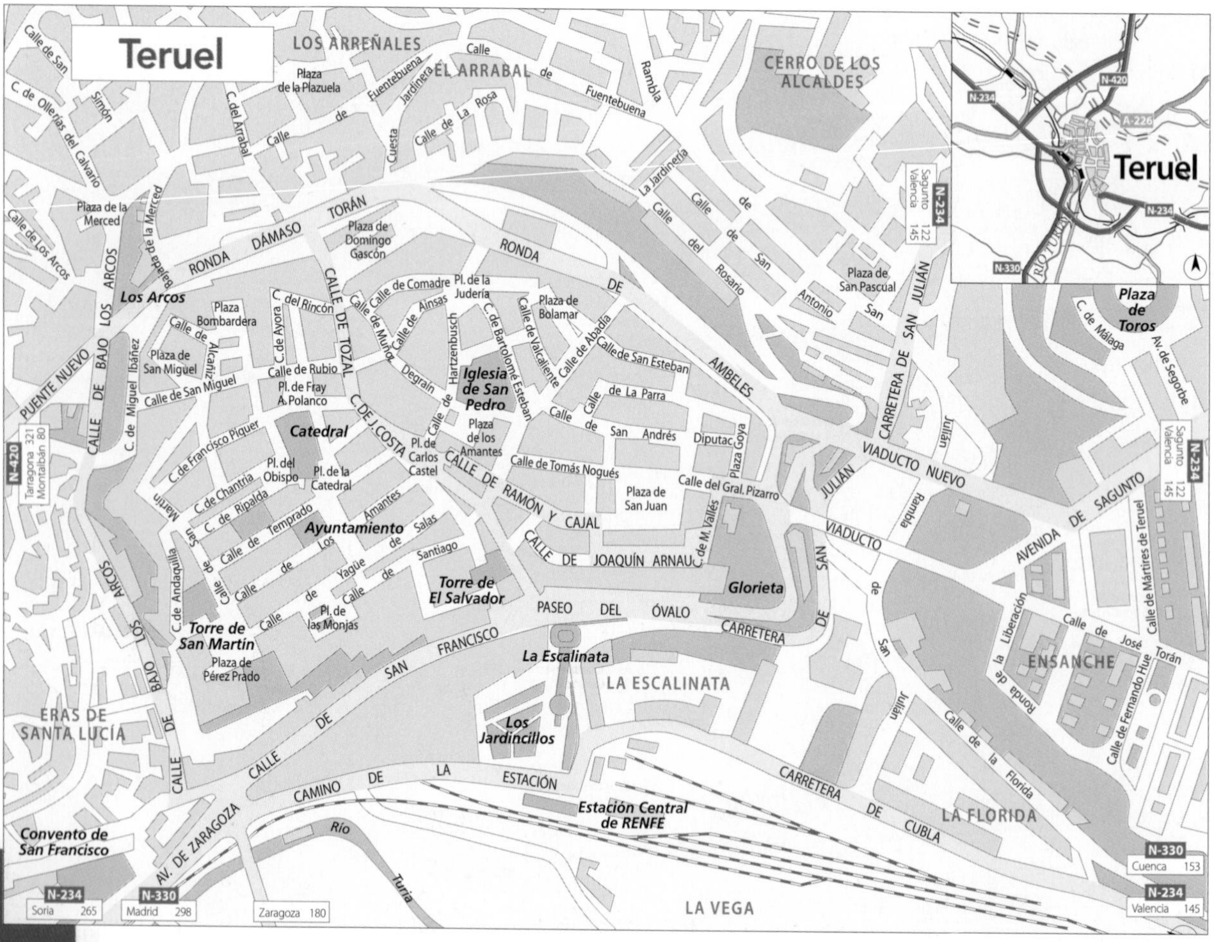

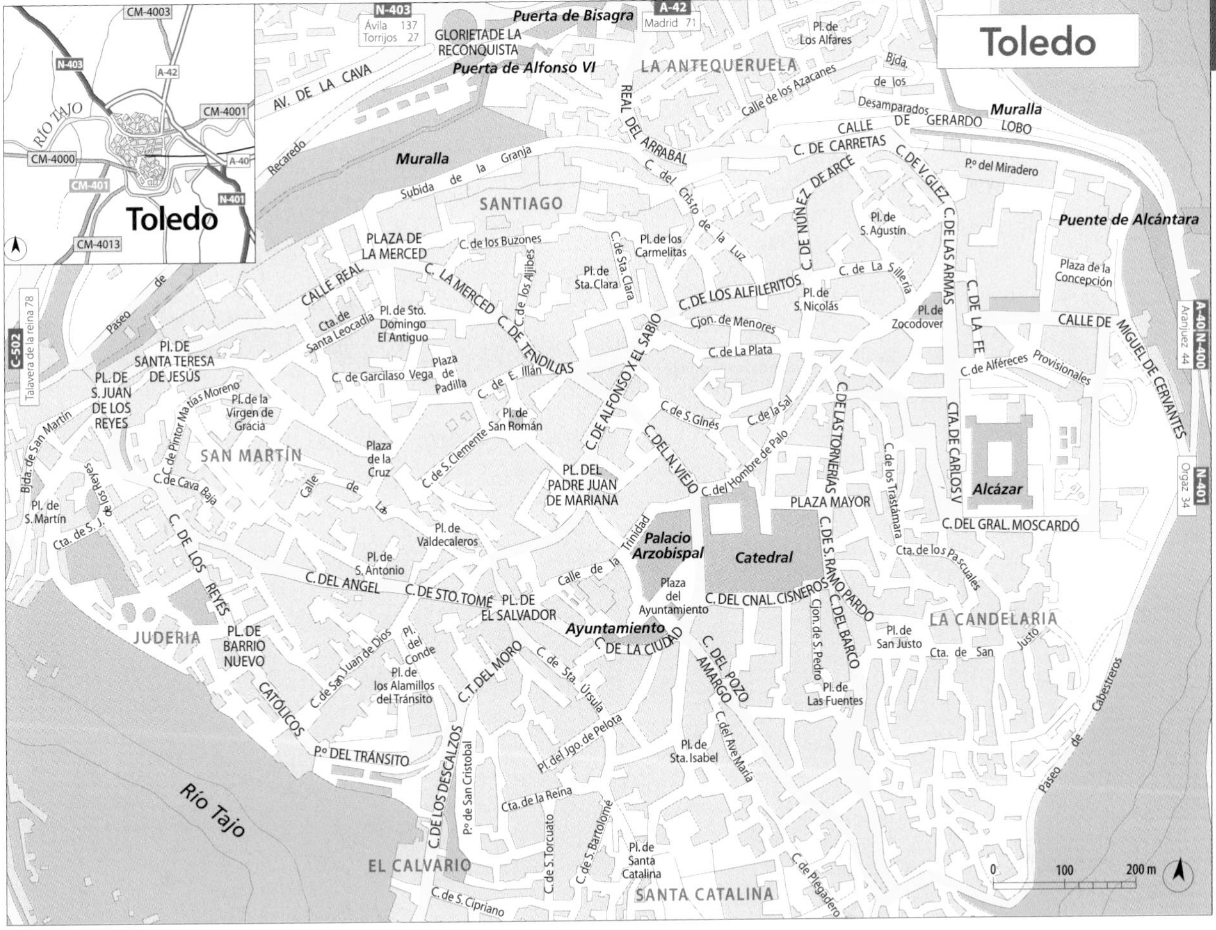

Toledo

N-403 — Ávila 137 / Torrijos 27
N-601
A-42 — Madrid 71
CM-4003 / CM-4001 / CM-4000 / CM-401 / CM-4013 / N-403 / A-42 / A-40

Río Tajo

Toledo

Puerta de Bisagra
GLORIETA DE LA RECONQUISTA
Puerta de Alfonso VI
LA ANTEQUERUELA
Pl. de Los Alfares
Muralla LOBO
DE GERARDO
AV. DE LA CAVA
Muralla
Subida de la Granja
Recaredo
SANTIAGO
Calle de los Azacanes
Desamparados de los
CALLE DE CARRETAS
C. DE V. GLEZ.
Pº del Miradero
C. DE LAS ARMAS
Puente de Alcántara
REAL DEL ARRABAL
C. del Cristo de la Luz
C. DE NÚÑEZ DE ARCE
Pl. de S. Agustín
Plaza de la Concepción
PLAZA DE LA MERCED
C. de los Buzones
Pl. de los Carmelitas
Pl. de La Sillería
C. DE LA FE
CALLE DE MIGUEL DE CERVANTES
CALLE REAL
C. LA MERCED
C. de los Iljibes
Pl. de Sta. Clara
Pl. de S. Nicolás
C. DE LOS ALFILERITOS
Pl. de Zocodover
A-40 / N-400
Aranjuez 44
Cta. de Santa Leocadia
C. DE TENDILLAS
Pl. de Sto. Domingo El Antiguo
Plaza Padilla
C. de E. Illán
C. DE ALFONSO X EL SABIO
Pl. de S. Agustín
C. de Alférreces Provisionales
C. de La Plata
CTA. DE CARLOS V
PL. DE SANTA TERESA DE JESÚS
C. de Garcilaso Vega de
C. DE S. Ginés
C. de la Sal
C. DE LAS TORNERÍAS
C. de los Trastámara
Alcázar
Orgaz 34
N-401
Bdja. de San Martín
SAN MARTÍN
C. de Cava Baja
Plaza de la Cruz
C. de S. Clemente
Pl. de San Román
C. DEL N. VIEJO
C. del Hombre de Palo
PLAZA MAYOR
C. DE S. RAMÓN PARDO
C. DEL GRAL. MOSCARDÓ
Pl. de S. Martín
PL. DE S. JUAN DE LOS REYES
C. DE LOS REYES
Pl. de Valdecaleros
PL. DEL PADRE JUAN DE MARIANA
Calle de la Trinidad
Palacio Arzobispal
Catedral
Cta. de los Pascuales
JUDERIA
Pl. de S. Antonio
C. DEL ANGEL
C. DE STO. TOMÉ
PL. DE EL SALVADOR
Plaza del Ayuntamiento
C. DEL CNAL. CISNEROS
Cjon. de S. Pedro
LA CANDELARIA
PL. DE BARRIO NUEVO
Pl. del Conde
Pl. de San Juan de Dios
Ayuntamiento
C. DE LA CIUDAD
C. DEL POZO AMARGO
Pl. de San Justo
Cta. de San Justo
CATÓLICOS
Pl. de los Alamillos del Tránsito
C. T. DEL MORO
C. de Sta. Úrsula
C. del Ave María
Pl. de Las Fuentes
Cta. de Cabestreros
Pº DEL TRÁNSITO
C. DE LOS DESCALZOS
Pº de San Cristobal
Pl. del Jgo. de Pelota
Pl. de Sta. Isabel
Río Tajo
Cta. de la Reina
C. de S. Torcuato
C. de S. Bartolomé
Pl. de Santa Catalina
C. de Plegadero
Paseo
EL CALVARIO
C. de S. Cipriano
SANTA CATALINA

0 — 100 — 200 m

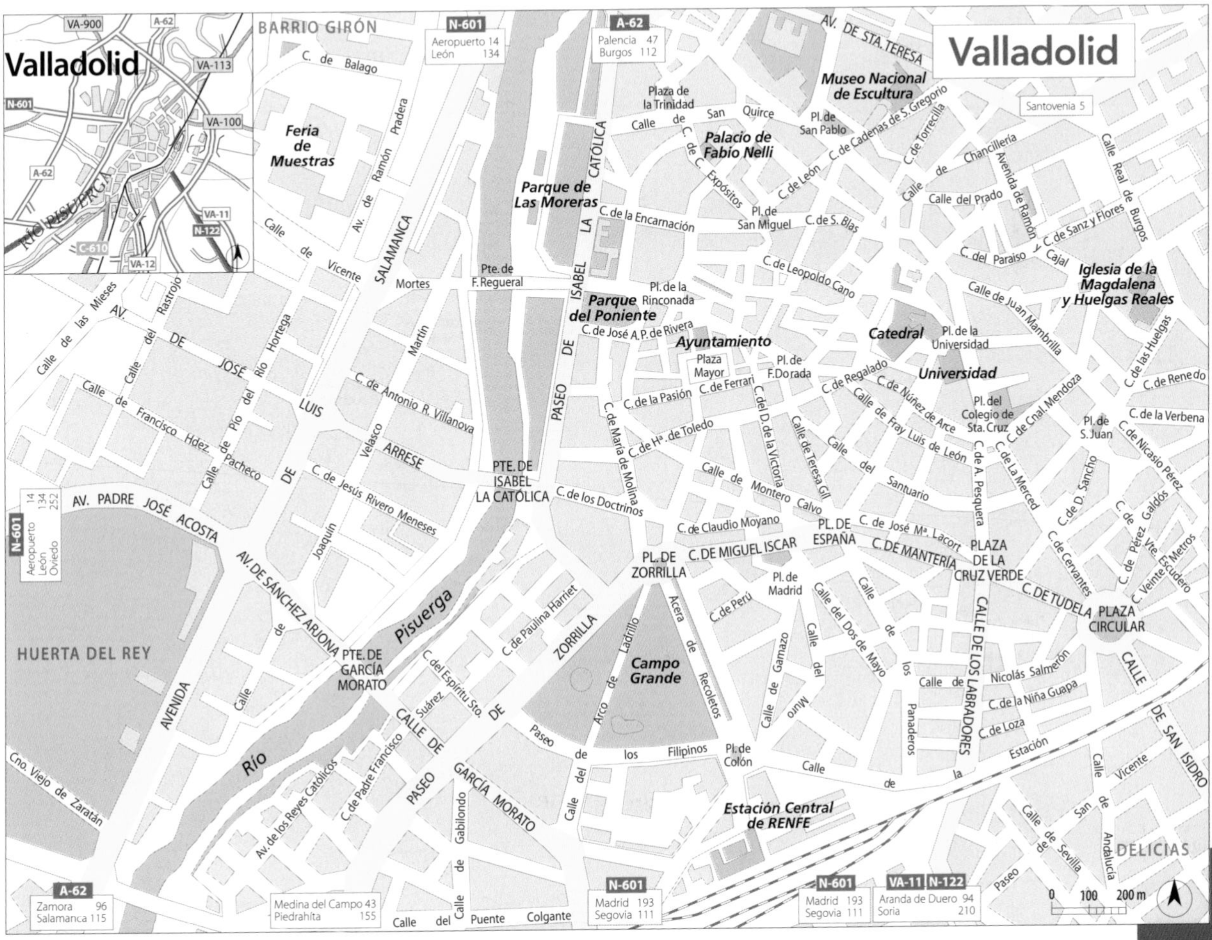

Valladolid

VA-900 / A-62 / VA-113 / VA-100 / N-601 / A-62 / VA-11 / VA-12 / N-122 / C-610

Valladolid

Río Pisuerga

BARRIO GIRÓN
N-601 — Aeropuerto 14 / León 134
A-62 — Palencia 47 / Burgos 112
AV. DE STA. TERESA
Museo Nacional de Escultura
Santovenia 5
C. de Balago
Plaza de la Trinidad
Pl. de San Pablo
C. de Torrecilla
Feria de Muestras
Av. de Ramón Pradera
Calle de San Quirce
Palacio de Fabio Nelli
C. de Cadenas de S. Gregorio
Avenida de Ramón
Calle Real de Burgos
Parque de Las Moreras
C. de León
Expósitos
Pl. de San Miguel
C. del Prado
C. de Sanz y Flores
N-601
Aeropuerto 14 / León 134 / Oviedo 252
SALAMANCA
Av. de Ramón Mortes
C. de la Encarnación
C. de S. Blas
C. del Paraíso
Cajal
Iglesia de la Magdalena y Huelgas Reales
Parque del Poniente
Pl. de la Rinconada
C. de Leopoldo Cano
Calle de Juan Mambrilla
C. de las Huelgas
C. de José A. P. de Rivera
Ayuntamiento
Catedral
Pl. de la Universidad
C. de Renedo
AV. DE JOSÉ LUIS ARRESE
C. de Antonio R. Villanova
Plaza Mayor
Pl. de F. Dorada
Universidad
C. de la Verbena
Velasco
C. de Ferrari
C. de Regalado
C. de A. Pesquera
C. del Colegio de Sta. Cruz
Martín
C. de Jesús Rivero Meneses
C. de la Pasión
C. de Núñez de Arce
Pl. del S. Juan
C. de D. Sancho
AV. PADRE JOSÉ ACOSTA
PTE. DE ISABEL LA CATÓLICA
C. de Mª. de Molina
C. de la Victoria
Calle de Fray Luis de León
C. de Nicasio Pérez
C. de Jesús Rivero Meneses
C. de Hª. de Toledo
C. de Teresa Gil
Santuario
C. de la Merced
C. de los Doctrinos
C. de Montero Calvo
PL. DE ESPAÑA
C. de José Mª. Lacort
PLAZA DE LA CRUZ VERDE
C. de Cervantes
HUERTA DEL REY
PTE. DE GARCÍA MORATO
C. de Claudio Moyano
C. DE MANTERIA
C. de Vicente Isidoro
AVENIDA
PL. DE ZORRILLA
C. DE MIGUEL ISCAR
Pl. de Madrid
C. DE TUDELA
PLAZA CIRCULAR
ZORRILLA
C. de Paulina Harriet
C. de Perú
Calle del Dos de Mayo
CALLE DE LOS LABRADORES
C. del Espíritu Sto.
Campo Grande
C. de Gamazo
Nicolás Salmerón
CALLE DE SAN ISIDRO
Río Pisuerga
Suárez
Arco de Ladrillo
C. del Muro
C. de la Niña Guapa
C. de Loza
PASEO GARCÍA MORATO
Paseo de los Recoletos
Pl. de Colón
Panaderos
Estación
C. de Sevilla
Gabilondo
C. de Padre Francisco
Calle
Estación Central de RENFE
San Vicente
DELICIAS
A-62 — Zamora 96 / Salamanca 115
Medina del Campo 43 / Piedrahita 155
N-601 — Madrid 193 / Segovia 111
VA-11 / N-122 — Madrid 193 / Segovia 111 / Aranda de Duero 94 / Soria 210

0 — 100 — 200 m

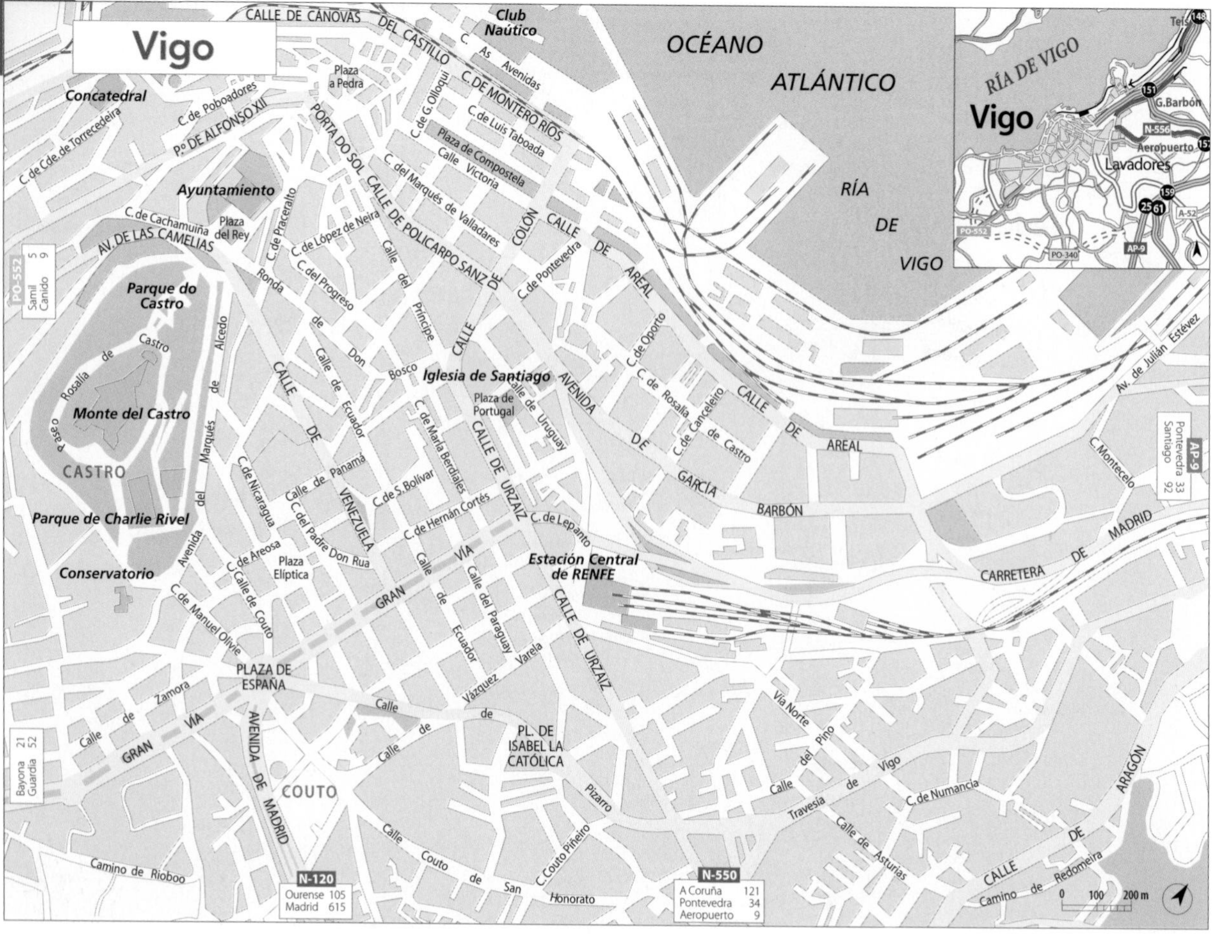

Vigo

Vigo

OCÉANO ATLÁNTICO

RÍA DE VIGO

Vigo

G. Barbón
Aeropuerto
Lavadores

CALLE DE CÁNOVAS
Club Náutico
DEL CASTILLO
C. DE MONTERO RÍOS
Plaza a Pedra
As Avenidas
C. de G. Olloqui
C. de Luis Taboada
Plaza de Compostela
Concatedral
C. de Poboadores
C.de C.de Torrecedeira
Pº DE ALFONSO XII
PORTA DO SOL
Calle Victoria
COLÓN
C. del Marqués de Valladares
CALLE DE POLICARPO SANZ DE
Ayuntamiento
C. de Cachamuiña
Plaza del Rey
C. de Praceteiro
AV. DE LAS CAMELIAS
C. de López de Neira
C. de Pontevedra
C. del Progreso
Ronda
Samil
Canido
PO-552
5 9
Parque do Castro
Castro
C. del Príncipe
CALLE
Calle de Don
Bosco
Iglesia de Santiago
AVENIDA
Plaza de Portugal
Monte del Castro
C. de María Berdiales
C. de Uruguay
DE
DE
CALLE DE URZAIZ
Rosalía de
de
Pº de O
CASTRO
Marqués
C. de Nicaragua
C. de S. Bolívar
DE
C. de Hernán Cortés
C. de Lepanto
VENEZUELA
C. del Padre Don Rua
AREAL
Parque de Charlie Rivel
Avenida
C. de Areosa
Plaza Elíptica
Estación Central de RENFE
DE
C. de Manuel Olive
Calle del Couto
GRAN
del
Calle del Paraguay
Conservatorio
VÍA
Calle de
C. de Lepanto
del
CALLE
DE
AREAL
C. de Oporto
C. de Rosalía de Castro
C. de Candeiro
DE
GARCÍA
BARBÓN
C. Montecelo
Pontevedra 333
Santiago 92
AP-9
CARRETERA
DE
MADRID
Vía Norte
PLAZA DE ESPAÑA
Calle
Calle
Calle
Ecuador
Vázquez Varela
PL. DE ISABEL LA CATÓLICA
Pizarro
Vía del Pino
Calle de Vigo
DE
C. de Numancia
Calle de Asturias
CALLE
DE
ARAGÓN
Camino de Redomeira
Bayona 21
Guardia 52
GRAN VÍA
Calle
de
Zamora
AVENIDA
DE
MADRID
COUTO
Calle
Couto
de
San
C. Couto Piñeiro
Camino de Rioboo
Honorato
Camino de

N-120
Ourense 105
Madrid 615

N-550
A Coruña 121
Pontevedra 34
Aeropuerto 9

0 100 200 m

Vitoria-Gasteiz

Vitoria-Gasteiz

A-68
Aeropuerto 5
Bilbao 40
Plaza de la Constitución
EL PILAR
CALLE DE BASOA
Balmaseda 66
Amurrio 40
PORTAL DE ARRIAGA
Pl. del Tres de Marzo
PL. DE MARTÍN SALINAS
Parque de Molinuevo
N-622
N-240
E-05
Aeropuerto de Foronda
Vitoria-Gasteiz
N-104
A-132
N-102
A-2130
A-2124
Calle de Ecuador
C. de Bolivia
GASTEIZ
C. de Gorbea
C. de Bruno Villarreal
C. de Tenerías
PL. DE STO. DOMINGO
CHAGORRICHU
Méjico
C. de Argentina
C. de Cruz Blanca
DOMINGO BELTRÁN
PL. DE LA CIUDADELA
Pl. de la Fuente de los Patos
C. de Barrancal
PL. DE BILBAO
Bilbao 66
N-240
Calle de Chile
C. de Bolivia
CALLE
Pl. de Zaldiarán
C. de Aldave
C. de Eulogio Serdán
Cantón del Seminario
Torre de los Anda
ARAMBIDE
Calle
de
Arana
CALLE DEL BEATO TOMÁS DE ZUMÁRRAGA
AVENIDA
C. de Badaya
Plazuela de Aldave
Catedral de Santa María
C. de Cuchillería
C. de S. Vte. de Paúl
C. de Bueno Monreal
C. de la Esperanza
Calle
de
Logroño
Pl. de San Martín
DE
Crol de Sta. Teresa
C. del Beato Tomás de Zumárraga
Cantón de las Carnicerías
Palacio de Escoriaza-Esquível
Pl. del Marqués de la Alameda
C. de las Escuelas
Palacio de Bendaña
Cantón de S. Fco. Javier
C. Nueva Fuera
C. de P. Mª Verastegui
C. de la Libertad
S. Sebastián 118
Irún 136
N-I
Calle
Adriano
GASTEIZ
Correría
C. Nueva Dentro
Pje. de Santiago
Parque de San Martín
C. del Pintor Jesús Apellaniz
Bustinzuri
Pl. del Conde de Peñaflorida
Pl. de la Provincia
Pl. de Villa Suso
C. de S. Francisco
AVENIDA DE SANTIAGO
VI
DE RAMIRO DE MAEZTU
Cantón de S. Roque
C. de Mateo B. de Moraza
PLAZA DEL HOSPITAL
C. del Pintor Pablo Uranga
Pl. de Gerardo Armesto
PLAZA DE LOVAINA
C. de V. Goicoechea
Ayuntamiento
Plaza de España
C. de Olaguibel
Calle de Olaguibel
Postas
C. DE SCHO. EL SABIO
C. de Koldo Mitxelena
C. de La Magdalena
Calle
de
Plaza de Los Fueros
Calle de Postas
Olaguibel
C. del Pintor Pablo Uranga
C. de Salvador Uranga
DE
C. de El Prado
Catedral de María Inmaculada
C. de Bencerro de Bengoa
C. de Eduardo Dato
C. del Gral. Álava
PL. de Sta. Bárbara
C. del Pintor Ignacio D. de Olano
AVENIDA
C. DE LUIS HEINZ
Parlamento Vasco
C. de Monseñor Cadena y Eleta
C. de San Antonio
Pl. del Arca
C. de S. Prudencio
PL. DE NTRA. SRA. DE LOS DESAMPARADOS
C. de Jesús Guridi
Parque de La Florida
Portal de Castilla
C. DE R Y CAJAL
Pº de la Senda
C. de Zárate
CALLE DE ANGULEMA
C. del Canciller Ayala
Peñacerrada 26
Logroño 61
Oquina 15
C. del Castillo de Quejana
C. DE E. ZULETA
BATÁN
CALLE DE LA FLORIDA
Calle de Manuel Iradier
Estación Central de RENFE
Calle del Marqués de Urquijo
Plaza de Toros
N-1
Madrid 351
Parque de El Prado
Calle Fueros

0 100 200 m

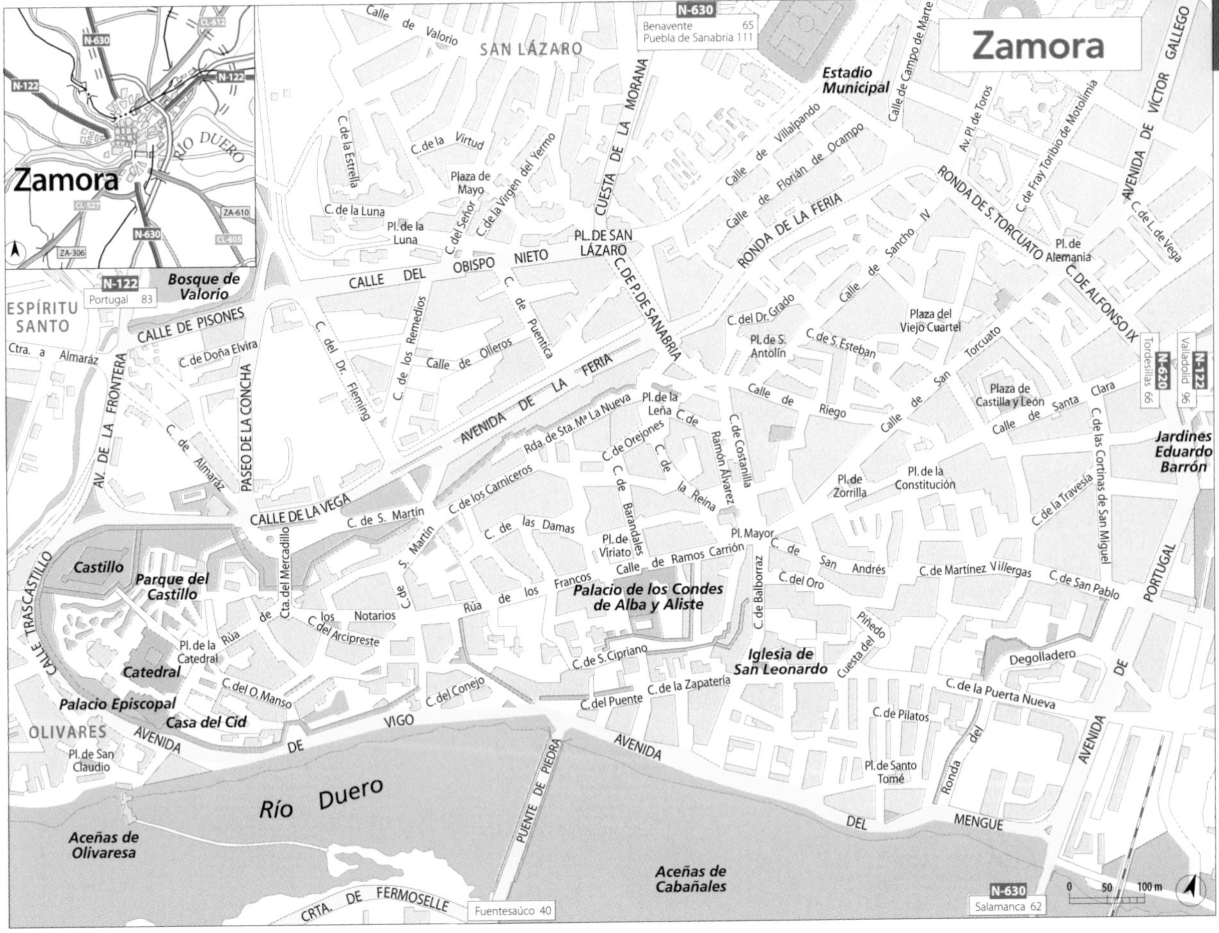

Zamora

N-630 Benavente 65
Puebla de Sanabria 111
SAN LÁZARO
Estadio Municipal
N-122
N-630
Zamora
RÍO DUERO
ESPÍRITU SANTO
N-122 Portugal 83
Bosque de Valorio
Calle de Valorio
C. de Campo de Marte
Av. Pl. de Toros
AVENIDA DE VICTOR GALLEGO
C. de Fray Toribio de Motolinia
RONDA DE S. TORCUATO
C. de L. de Vega
Calle de Villalpando
Calle de Florián de Ocampo
CUESTA DE LA MORANA
C. DE P. DE SANABRIA
C. de la Virtud
C. de la Virgen del Yermo
Plaza de Mayo
C. de la Luna
C. del Señor
Pl. de la Luna
C. DEL OBISPO NIETO
PL. DE SAN LÁZARO
RONDA DE LA FERIA
Calle de Sancho IV
Pl. de Alemania
C. DE ALFONSO IX
Tordesillas 66
N-630 Valladolid 96
N-122
C. del Dr. Grado
C. de S. Esteban
Plaza del Viejo Cuartel
CALLE DEL OBISPO
C. de los Remedios
C. del Dr. Fleming
C. de Doña Elvira
Calle de Olleros
C. de Puentica
Pl. de S. Antolín
Calle de San Torcuato
Plaza de Castilla y León
PASEO DE LA CONCHA
CALLE DE PISONES
Ctra. a Almaráz
C. de Almaráz
AVENIDA DE LA FERIA
Rda. de Sta. Mª La Nueva
Pl. de la Leña
C. de
Riego
Calle de Santa Clara
C. de las Cortinas de San Miguel
Jardines Eduardo Barrón
AV. DE LA FRONTERA
CALLE DE LA VEGA
C. de S. Martín
C. de los Carniceros
C. de Orejones
C. de Ramón Álvarez
Pl. de la Constitución
C. de la Travesía de San Miguel
CALLE TRASCASTILLO
Cta. del Mercadillo
C. de S. Martín
C. de las Damas
Pl. de Viriato
Calle de Barandales
Pl. Mayor
C. de San Andrés
DE PORTUGAL
Castillo
Parque del Castillo
los Notarios
Rúa de los Francos
Palacio de los Condes de Alba y Aliste
Calle de Ramos Carrión
C. del Oro
C. de Martínez Villergas
C. de San Pablo
Pl. de la Rúa
Catedral
C. del Arcipreste
C. del O. Manso
C. de S. Cipriano
Iglesia de San Leonardo
C. de Balborraz
Pineda
Degolladero
Palacio Episcopal
Casa del Cid
C. del Conejo
C. del Puente
C. de la Zapatería
Cuesta del
C. de la Puerta Nueva
OLIVARES
Pl. de San Claudio
AVENIDA DE VIGO
AVENIDA
C. de Pilatos
Ronda del MENGUE
AVENIDA
Río Duero
PUENTE DE PIEDRA
Pl. de Santo Tomé
DEL
Aceñas de Olivaresa
Aceñas de Cabañales
CRTA. DE FERMOSELLE
Fuentesaúco 40
N-630 Salamanca 62
0 50 100 m

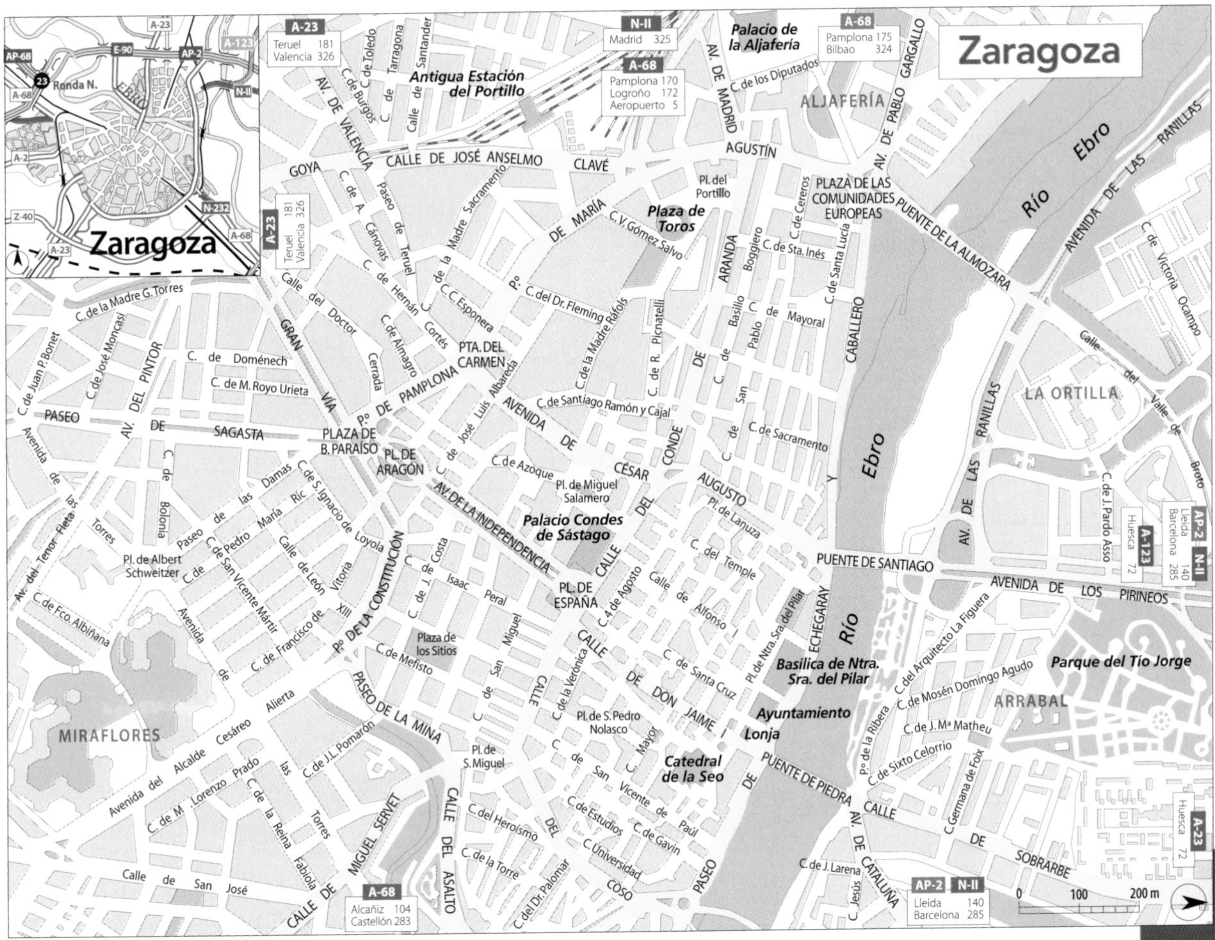

Zaragoza

A-23 Teruel 181 Valencia 326
N-II Madrid 325
Palacio de la Aljafería
A-68 Pamplona 175 Bilbao 324
AP-68
E-90
A-2
A-23
N-II
Ronda N.
EBRO
A-68
Z-40
N-232
A-23
A-68
Zaragoza
Antigua Estación del Portillo
A-68 Pamplona 170 Logroño 172 Aeropuerto 5
ALJAFERÍA
C. de los Diputados
AV. DE PABLO GARGALLO
Río Ebro
AVENIDA DE LAS RANILLAS
C. de Victoria Ocampo
AV. DE VALENCIA
C. de Toledo
C. de Burgos
Calle de Tarragona
Santander
CALLE DE JOSÉ ANSELMO CLAVÉ
DE MADRID
AGUSTÍN
PLAZA DE LAS COMUNIDADES EUROPEAS
PUENTE DE LA ALMOZARA
A-23 Teruel 181 Valencia 326
GOYA
Pº de A. Cánovas de Teruel
C. de A.
Paseo de María Sacramento
DE MARÍA
Pl. del Portillo
Plaza de Toros
C.V. Gómez Salvo
C. de Cereros
C. de Sta. Inés
C. de Santa Lucía
LA ORTILLA
Calle del Valle de Broto
Calle del Doctor
C. de Hernán Cortés
C. de R. Pignatelli
ARANDA
Boggiero
Basilio
C. de Mayoral
C. de J. Pardo Asso
A-2 Lleida 140 Barcelona 285
N-II Huesca 72
C. de la Madre G. Torres
C. de Almagro
PTA. DEL CARMEN
C. de la Madre Rafols
C. de Santiago Ramón y Cajal
Pablo
C. de Sacramento
C. de Juan P. Bonet
C. de José Moncasi
C. de Doménech
C. de M. Royo Urieta
AVENIDA
CONDE
DE
AUGUSTO
C. del Temple
PUENTE DE SANTIAGO
AVENIDA DE LOS PIRINEOS
A-123 Huesca 72
C. de la Madre Sacramento
PASEO
AV. DE SAGASTA
GRAN VÍA
Pº DE PAMPLONA
José Luis Albareda
C. de Azoque
DE
CÉSAR
Pl. de Miguel Salamero
Pl. de Lanuza
Ebro
PLAZA DE B. PARAÍSO
PL. DE ARAGÓN
Palacio Condes de Sástago
DEL
Pl. de Santiago
Avenida de las Torres
C. de las Damas
C. de Ignacio de Loyola
AV. DE LA INDEPENDENCIA
CALLE
C. del Temple
Y
C. de Pedro María Ric.
Victoria
Isaac Peral
C. Agosto
Calle de Alfonso
AV. DE LAS
Pl. de Albert Schweitzer
C. de San Vicente Martir
XIII
C. de Fco. de
C. de Mefisto
PL. DE ESPAÑA
CALLE
DE DON JAIME
C. de Santa Cruz
RÍO
ECHEGARAY
Basílica de Ntra. Sra. del Pilar
C. del Arquitecto La Figuera
Parque del Tío Jorge
C. de Fco. Albiñana
Plaza de los Sitios
C. de San Miguel
CINTE
C. de la Leónica
Pl. de S. Pedro Nolasco
Pl. de Ntra. Sra. del Pilar
Ayuntamiento Lonja
C. de Mosén Domingo Agudo
C. de J. Mª Matheu
ARRABAL
MIRAFLORES
Avenida del Alcalde Cesáreo
C. de M. Lorenzo Prado
Alierta
C. de J.L. Pomarón
Pl. de S. Miguel
PASEO DE LA MINA
Mayor
Catedral de la Seo
Pº de la Ribera
C. de J. Mª Matheu
C. Germana de Foix
A-68
Alcañiz 104
Castellón 283
Calle de San José
CALLE DE MIGUEL SERVET
C. de la Reina Fabiola
CALLE DEL ASALTO
C. del Dr. Palomar
COSO
C. del Heroísmo
C. de Estudios
C. de Gavín
C. Universidad
DE SAN
C. Vicente de Paúl
PUENTE DE PIEDRA
AV. DE CATALUÑA
Jesús
C. de J. Larena
DE SOBRARBE
A-23 Huesca 72
AP-2 N-II Lleida 140 Barcelona 285
0 100 200 m

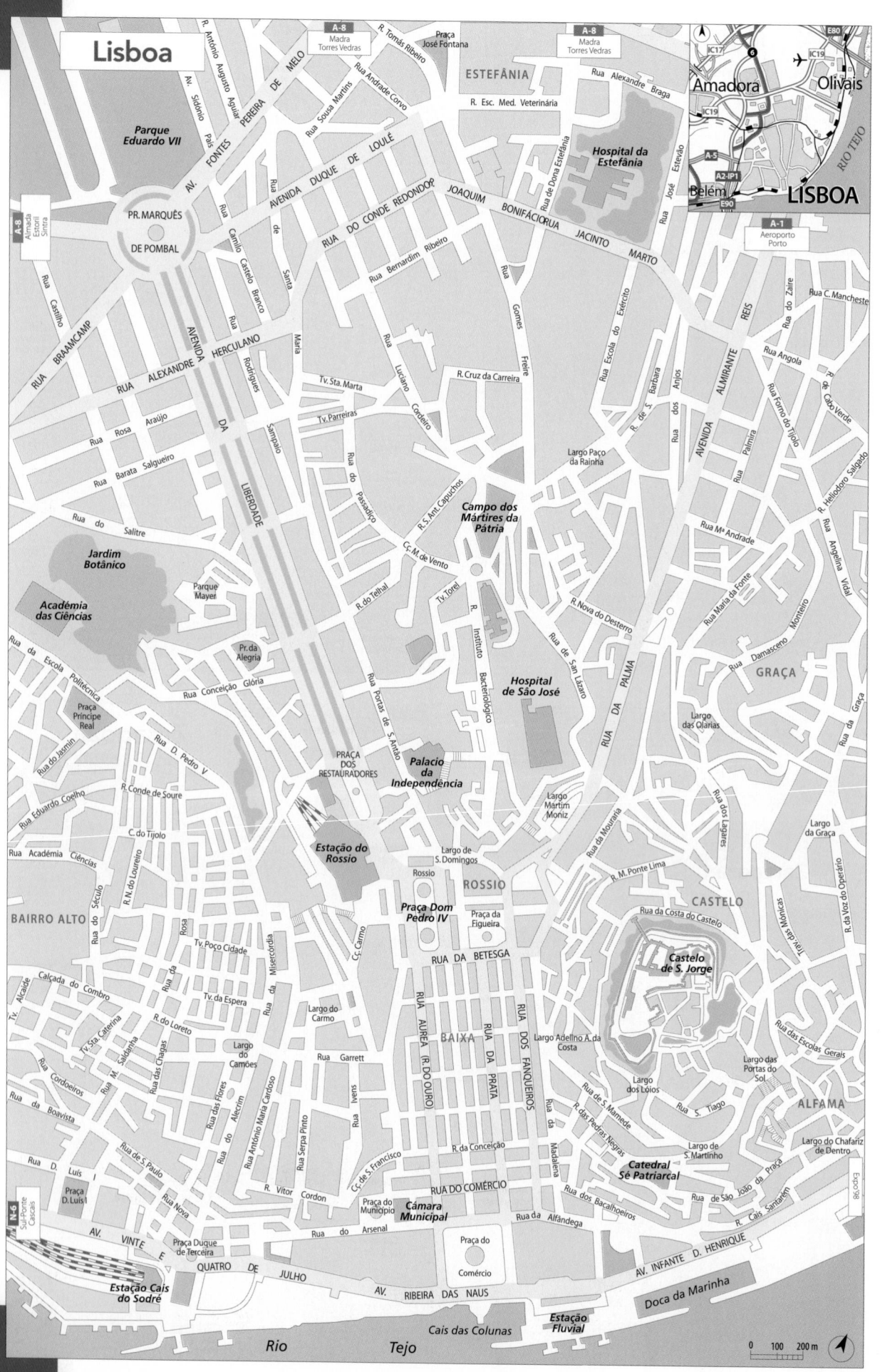

Lisboa

Parque Eduardo VII

PR. MARQUÊS DE POMBAL

ESTEFÂNIA

R. Esc. Med. Veterinária

Hospital da Estefânia

Amadora   Olivais

LISBOA

Belém

Aeroporto Porto

Praça José Fontana

R. Tomás Ribeiro

Rua Andrade Corvo

Rua Alexandre Braga

Rua de Dona Estefânia

Rua José Estêvão

AVENIDA DUQUE DE LOULÉ

RUA DO CONDE REDONDO

JOAQUIM BONIFÁCIO

JACINTO MARTO

Rua Bernardim Ribeiro

R. Cruz da Carreira

Largo Paço da Rainha

Rua C. Mancheste

Rua Angola

Rua Forno do Tijolo

Rua do Zaire

Rua Cabo Verde

Tv. Sta. Marta

Tv. Parreiras

Campo dos Mártires da Pátria

Rua Mª Andrade

Rua Maria da Fonte

GRAÇA

Jardim Botânico

Academia das Ciências

Parque Mayer

Pr. da Alegria

Rua Conceição Glória

Rua do Telhal

Tv. Torel

R. Instituto Bacteriológico

Hospital de São José

Largo das Olarias

Rua da Graça

Praça Príncipe Real

R. Conde de Soure

C. do Tijolo

Rua Academia Ciências

PRAÇA DOS RESTAURADORES

Palacio da Independência

Largo Martim Moniz

Largo da Graça

BAIRRO ALTO

Estação do Rossio

Largo de S. Domingos

Rossio

ROSSIO

Praça Dom Pedro IV

Praça da Figueira

CASTELO

Castelo de S. Jorge

RUA DA BETESGA

Largo do Carmo

BAIXA

Largo Adelino A. da Costa

Largo das Portas do Sol

ALFAMA

Largo do Chafariz de Dentro

Largo dos Lóios

Catedral Sé Patriarcal

Câmara Municipal

RUA DO COMÉRCIO

Praça do Comércio

AV. VINTE E QUATRO DE JULHO

Estação Cais do Sodré

AV. RIBEIRA DAS NAUS

Estação Fluvial

Cais das Colunas

Doca da Marinha

AV. INFANTE D. HENRIQUE

Rio Tejo

0   100   200 m

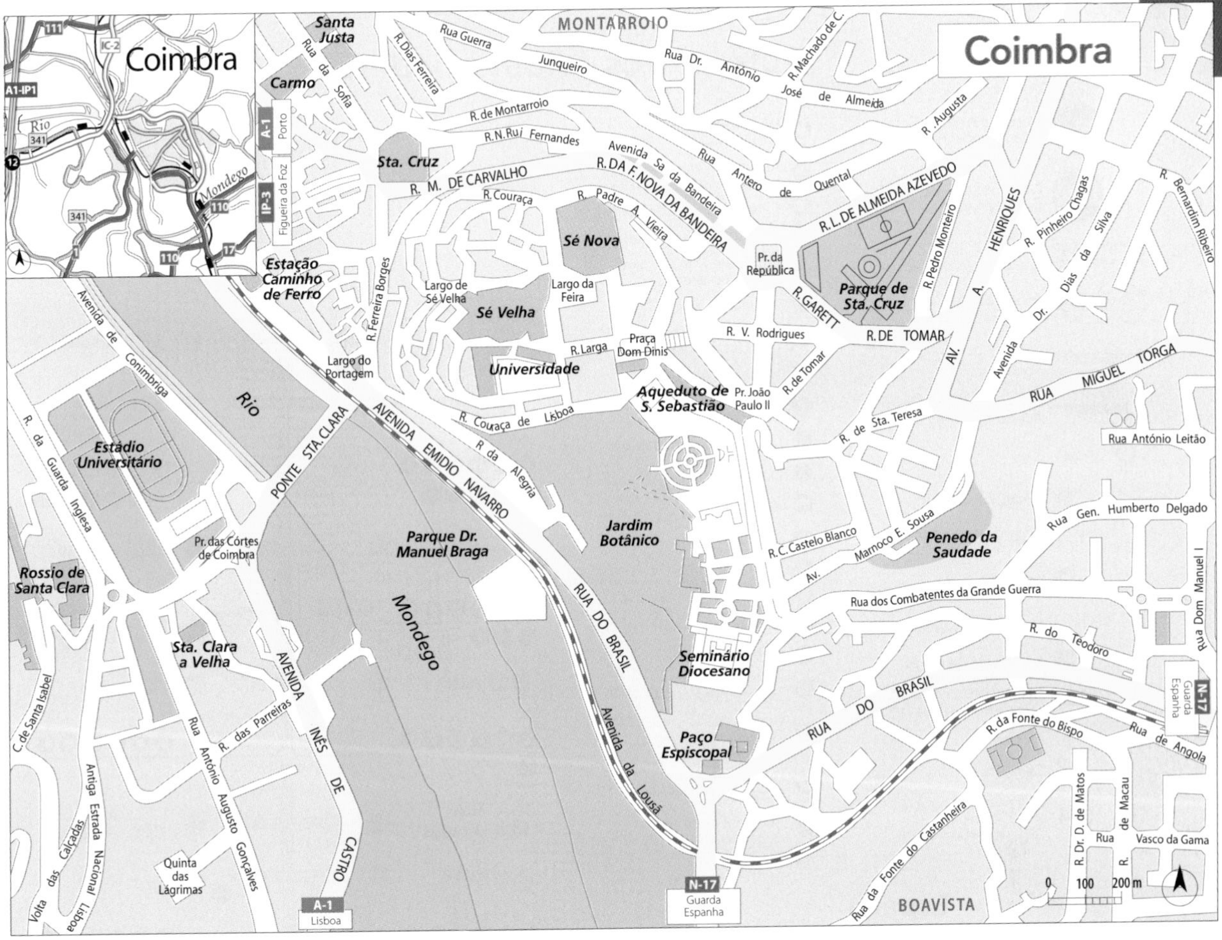

Coimbra

Coimbra (inset)

111
IC-2
A1-IP1
Rio
341
12
341
110
Figueira da Foz
IP-3
A-1
Porto
17
110

Coimbra (main map)

MONTARROIO

Santa Justa
Carmo
Sta. Cruz
Sé Nova
Sé Velha
Largo de Sé Velha
Largo da Feira
Universidade
R. Larga
Praça Dom Dinis
Aqueduto de S. Sebastião
Jardim Botânico
Seminário Diocesano
Paço Episcopal
Penedo da Saudade
Parque de Sta. Cruz
Pr. da República

Estação Caminho de Ferro
Rio
Largo do Portagem
Estádio Universitário
Parque Dr. Manuel Braga
Mondego
Pr. das Córtes de Coimbra
Rossio de Santa Clara
Sta. Clara a Velha
Quinta das Lágrimas

Rua Guerra
Junqueiro
Rua Dr. António José de Almeida
Rua Machado de C.
Rua Augusta
R. de Montarroio
R. Dias Ferreira
R. N. Rui Fernandes
R. DA F. NOVA DA BANDEIRA
R. M. DE CARVALHO
R. Couraça
R. Padre A. Vieira
Avenida Sa da Bandeira
Rua Antero de Quental
R. L. DE ALMEIDA AZEVEDO
R. Pedro Monteiro
R. Garett
HENRIQUES
R. Pinheiro Chagas
Dias da Silva
Bernardim Ribeiro
R. DE TOMAR
R. V. Rodrigues
R. de Tomar
RUA MIGUEL TORGA
Rua António Leitão
Pr. João Paulo II
R. de Sta. Teresa
R. C. Castelo Branco
Marroco E. Sousa
Rua Gen. Humberto Delgado
Av.
Rua dos Combatentes da Grande Guerra
R. do Teodoro
Rua Dom Manuel II
N-17
Guarda Espanha
RUA DO BRASIL
Avenida da Lousã
AVENIDA EMÍDIO NAVARRO
PONTE STA. CLARA
R. Ferreira Borges
R. da Guarda Inglesa
Avenida de Conimbriga
R. da Alegria
R. Couraça de Lisboa
AVENIDA INÊS DE CASTRO
Rua António Augusto Gonçalves
Rua das Parreiras
C. de Santa Isabel
Antiga Estrada Nacional
Volta das Calçadas
A-1 Lisboa
N-17 Guarda Espanha
R. da Fonte do Bispo
R. de Angola
R. da Fonte do Castanheira
R. Dr. D. de Matos
Rua Vasco da Gama
R. de Macau
BOAVISTA
N-57 Guarda Espanha

0 100 200 m

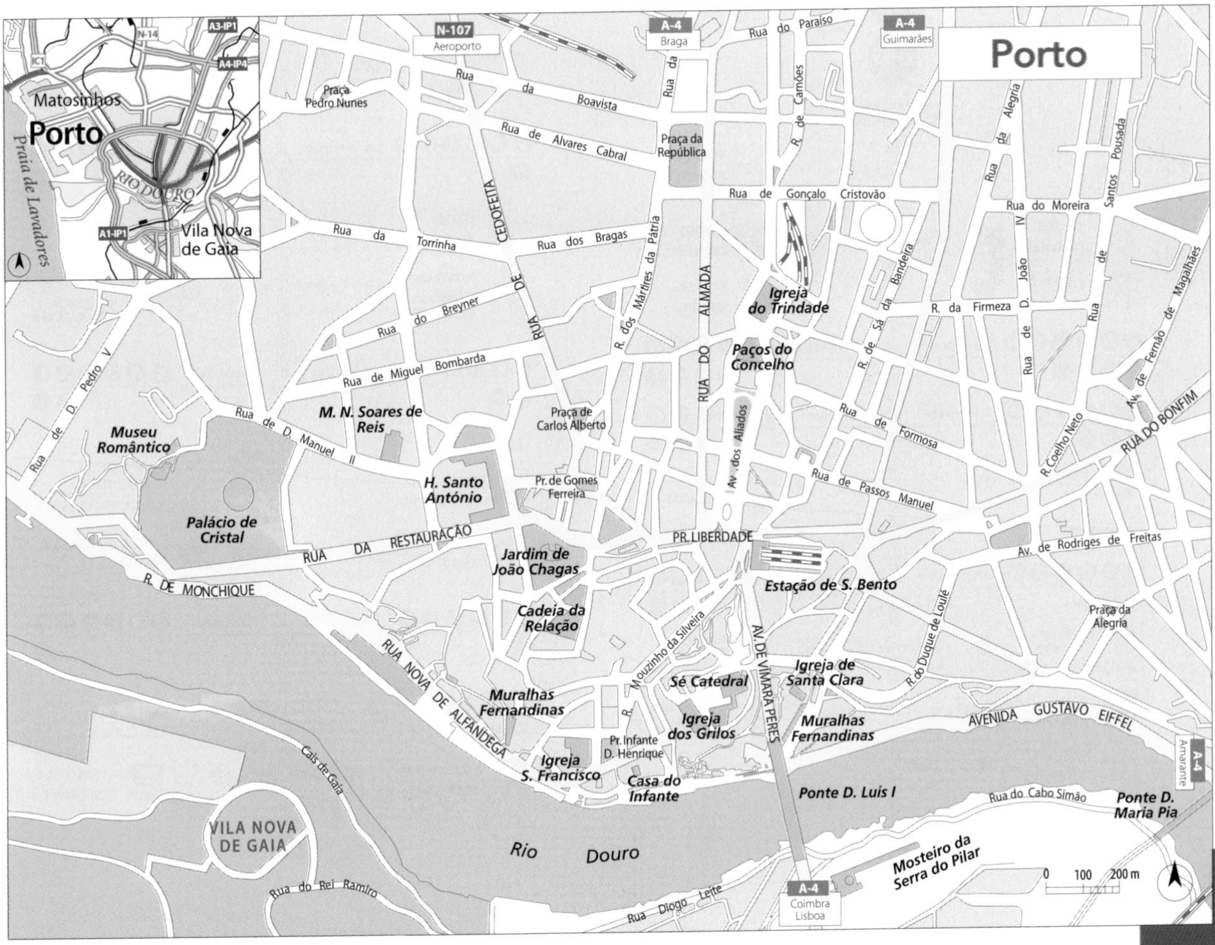

Porto

Porto (inset)

III
N-14
A3-IP1
A4-IP4
IC1
Matosinhos
Porto
Praia de Lavadores
RIO DOURO
A1-IP1
Vila Nova de Gaia

Porto (main map)

N-107 Aeroporto
A-4 Braga
A-4 Guimarães

Praça Pedro Nunes
Rua da Boavista
Praça da República
Rua de Álvares Cabral
Rua de Gonçalo Cristóvão
Rua do Moreira
Rua da Torrinha
Rua dos Bragas
Igreja do Trindade
Paços do Concelho
Rua do Breyner
Rua de Miguel Bombarda
M. N. Soares de Reis
Praça de Carlos Alberto
Pr. de Gomes Ferreira
Museu Romântico
Rua de D. Manuel II
Rua de D. Pedro V
H. Santo António
Palácio de Cristal
RUA DA RESTAURAÇÃO
Jardim de João Chagas
R. DE MONCHIQUE
Cadeia da Relação
Estação de S. Bento
PR. LIBERDADE
AV. DOS ALIADOS
Praça da Alegria
Av. de Rodrigues de Freitas
RUA NOVA DE ALFÂNDEGA
Muralhas Fernandinas
Sé Catedral
Igreja dos Grilos
Igreja de Santa Clara
Muralhas Fernandinas
Cais de Gaia
Pr. Infante D. Henrique
Igreja S. Francisco
Casa do Infante
AVENIDA GUSTAVO EIFFEL
AV. DE VIMARA PERES
Ponte D. Luís I
Mouzinho da Silveira
R. do Duque de Loulé
Rua de Formosa
Rua de Passos Manuel
R. Coelho Neto
RUA DO BONFIM
Santos Pousada
R. da Alegria
Rua de João
Rua de Fernão de Magalhães
Av. de Fernão de Magalhães
R. da Firmeza
R. da Bandeira
CEDOFEITA
RUA DO ALMADA
RUA DE SÁ
Rua dos Martires da Pátria
Rua do Camões
Rua da Paraíso
Rua do Cabo Simão
Ponte D. Maria Pia
Mosteiro da Serra do Pilar
Amarante
A-4
VILA NOVA DE GAIA
Rio Douro
Rua do Rei Ramiro
Rua Diogo Leite
A-4 Coimbra Lisboa

0 100 200 m

Rutómetros / Route finders

AP-2 Nomenclatura/ *Road numbering*

E-90 Nomenclatura europea/ *European road numbering*

BURGOS Inicio/final de recorrido/ *Route origin/destination*

Enlace con autopista/ *Motorway junction*

Enlace con carreteras/ *Road junction*

PANCORBO Acceso a poblaciones próximas/ *Access to nearby towns*

Fraga Área de servicio/ *Service station*

1 Acceso/salida/ *Entry/exit*

km 2 Distancia kilométrica/ *Distance in kilometres*

Peaje/ *Toll*

Nomenclatura:/*Numbering:*

AP-7 Autopista/ *Motorway*

E 68 Nomenclatura europea/ *European road numbering*

432 Autovía/ *Dual carriageway*

N-II Carretera nacional/ *"A" road*

N-240 **C-246** Carretera comarcal de 1° y 2° orden/ *"B" road, minor road*

Estación de servicio/ *Petrol station*

GPL Abastecimiento GPL/ *LGP supply*

Cafetería/Bar/ *Café/Bar*

Restaurante/ *Restaurant*

Picnic/Área de descanso/ *Picnic/rest area*

Tienda/ *Shop*

Adaptado a minusválidos/ *Disabled access*

Nursería/ *Nursery*

Parque infantil/ *Children's play area*

Información/ *Information*

Ducha/ *Shower*

Hotel/ *Hotel*

FAX Fax/ *Fax*

Cajero automático/ *Cash dispenser*

S Cambio de moneda/ *Currency exchange*

Taller mecánico/ *Car mechanic*

Túnel de lavado/ *Car wash*

Comunicación peatonal/ *Pedestrian overpass/ underpass*

H Hotel (Portugal)/ *Hotel (Portugal)*

Acceso a aeropuerto/ *Airport access*

España

AP-1
E-05

AUTOPISTA DEL NORTE *BURGOS - ARMIÑON*

BURGOS

N-620	VALLADOLID
A-1	MADRID
N-620	PORTUGAL

N-120 BURGOS / **N-120** CASTAÑARES **1**

km 2 — Peaje

N-1 VILLAFRÍA / **N-1** RUBENA **2**

km 7

Quintanapalla — km 12

Briviesca — km 37

N-1 BRIVIESCA / **BU-510** OÑA **3**

km 36

PANCORBO **4**

km 58

Desfiladero — km 64

A-2122 MIRANDA DE EBRO / **A-2122** PUENTELARRA **5**

km 74

AP-68 BILBAO/BILBO / **AP-68** ZARAGOZA **6**

km 78 — Peaje

A-1 ARMIÑON / **A-1** VITORIA-GASTEIZ **7**

km 83

ARMIÑON

AUTOPISTA DEL NORDESTE **AP-2** / **E-90** *ZARAGOZA - BARCELONA*

ZARAGOZA

km 18 — Peaje — **1** N-II ALFAJARÍN

N-II PINA DE EBRO **2** — km 43 — **2** N-II PINA DE EBRO

Pina — km 48 — Pina

A-230 BUJARALOZ **3** — km 67 — **3** A-230 BUJARALOZ

Monegros — km 86 — Monegros

N-211 FRAGA **4** — km 114 — **4** N-211 FRAGA

Fraga — km 119 — Fraga

N-II SOSES ALCARRÀS **5** — km 127 — **5** N-II SOSES ALCARRÀS

N-236 LLEIDA **6** — km 140 — **6** N-236 LLEIDA

Lleida — km 142 — Lleida

C-233 LES BORGES BLANQUES MOLLERUSSA **7** — km 161 — **7** C-233 LES BORGES BLANQUES MOLLERUSSA

Les Garrigues — km 164 — Les Garrigues

N-240 L'ALBI VINAIXA **8** — km 173 — **8** N-240 L'ALBI VINAIXA

N-240 MONTBLANC / N-240 L'ESPLUGA DE FRANCOLÍ **9** — km 193 — **9** N-240 MONTBLANC / N-240 L'ESPLUGA DE FRANCOLÍ

Montblanc — km 195 — Montblanc

VALLS EL PONT D'ARMENTERA EL PLA DE STA. MARIA **10** — km 206 — **10** VALLS EL PONT D'ARMENTERA EL PLA DE STA. MARIA

C-37 VILA-RODONA VALLS **11** — km 215 — **11** C-37 VILA-RODONA VALLS

Alt Camp — km 221 — Alt Camp

LA BISBAL DEL PENEDÈS L'ALBORNAR **12** — km 229 — **12** LA BISBAL DEL PENEDÈS L'ALBORNAR

Peaje

AP-7 LA JONQUERA / AP-7 TARRAGONA — km 233 — AP-7 LA JONQUERA / AP-7 TARRAGONA

AP-7

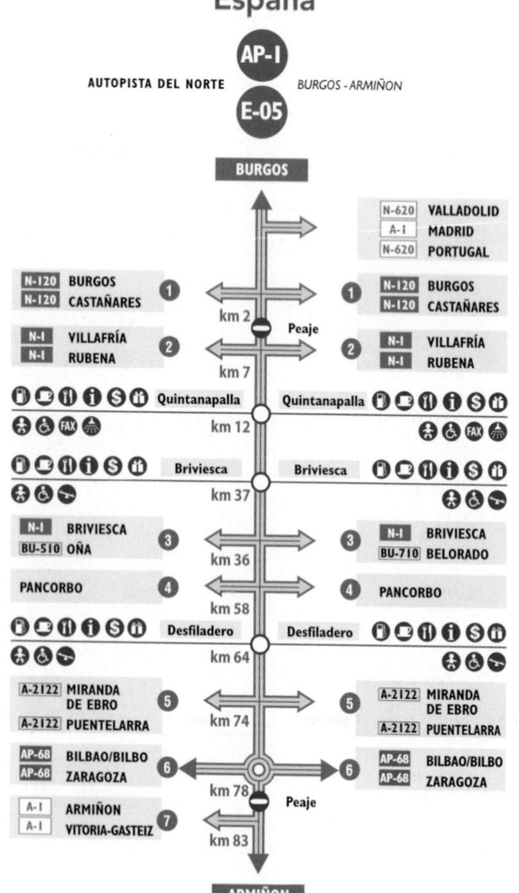

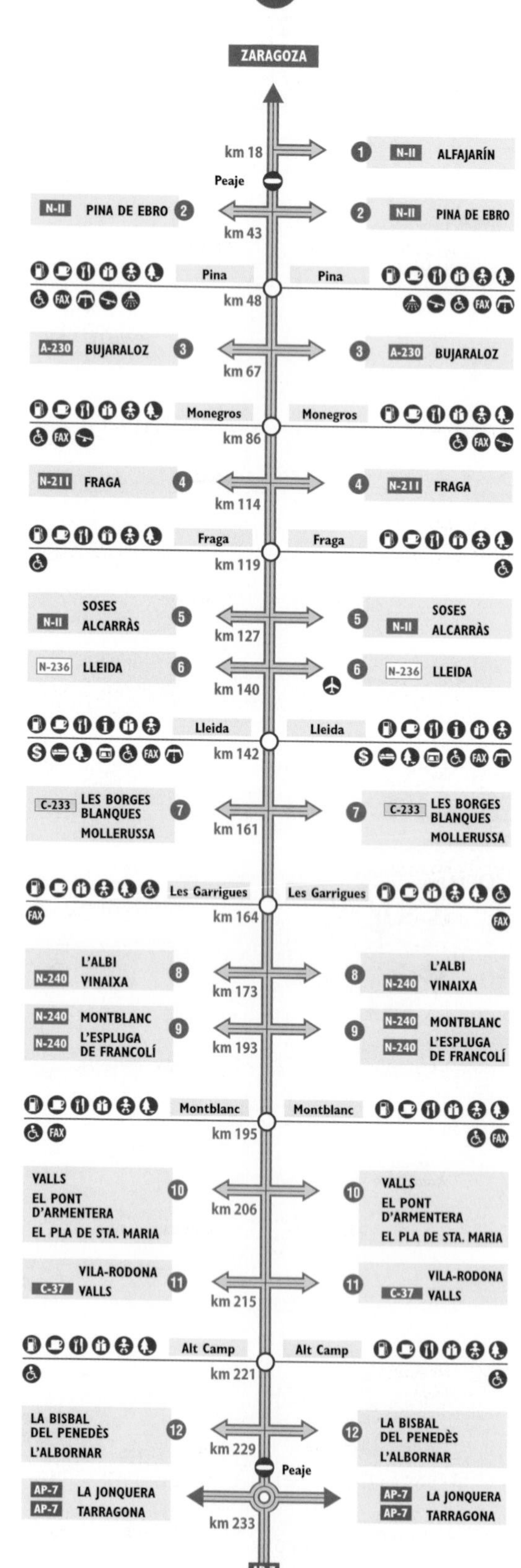

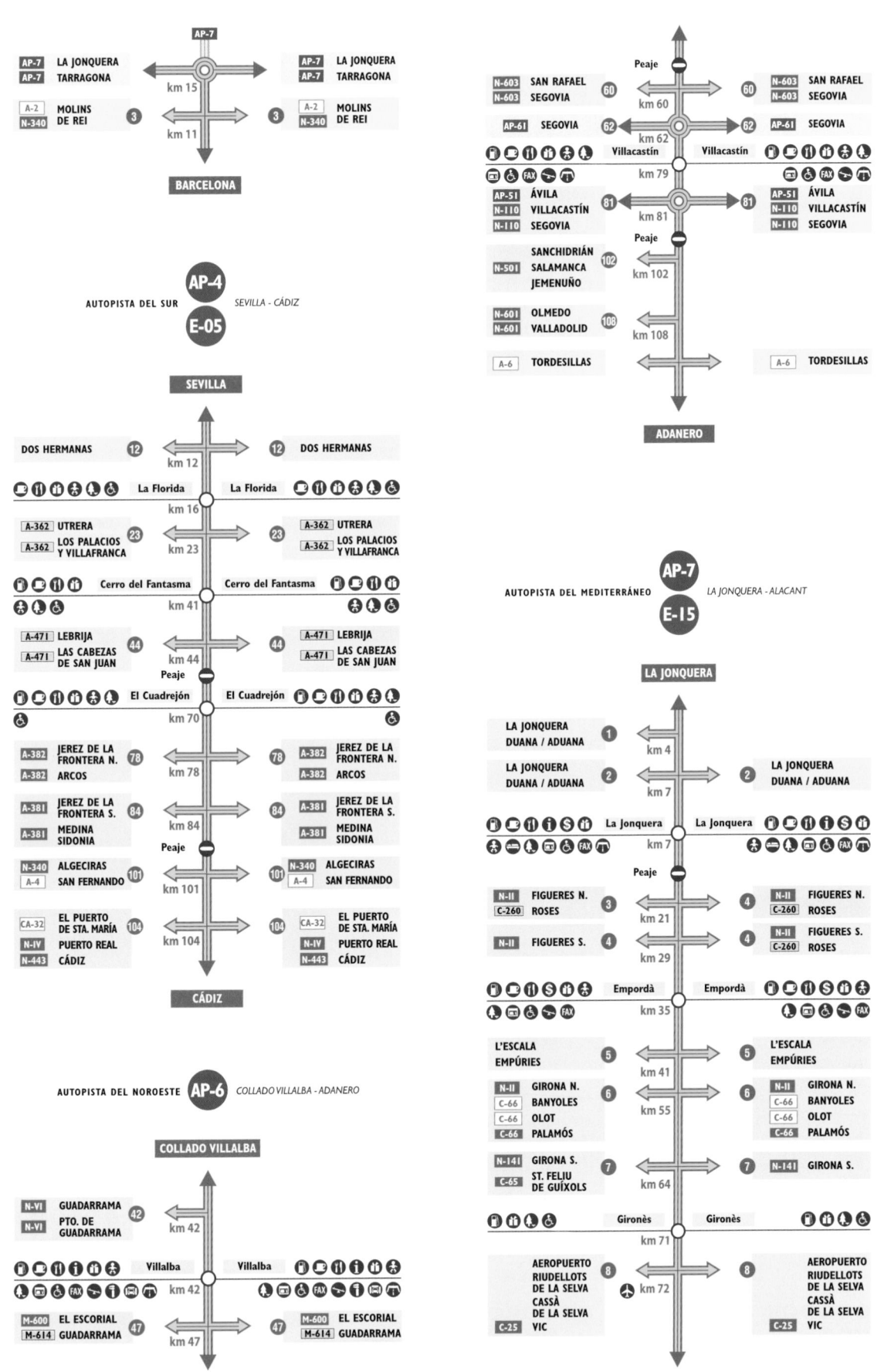

AP-7 LA JONQUERA
AP-7 TARRAGONA

A-2 MOLINS
N-340 DE REI ③

km 15
km 11

AP-7 LA JONQUERA
AP-7 TARRAGONA

③ **A-2** MOLINS
N-340 DE REI

BARCELONA

AP-4
AUTOPISTA DEL SUR   SEVILLA - CÁDIZ
E-05

SEVILLA

DOS HERMANAS ⑫
km 12
⑫ DOS HERMANAS

La Florida   La Florida
km 16

A-362 UTRERA
A-362 LOS PALACIOS ㉓
Y VILLAFRANCA
km 23
㉓ **A-362** UTRERA
A-362 LOS PALACIOS
Y VILLAFRANCA

Cerro del Fantasma   Cerro del Fantasma
km 41

A-471 LEBRIJA
A-471 LAS CABEZAS ㊹
DE SAN JUAN
km 44
Peaje
㊹ **A-471** LEBRIJA
A-471 LAS CABEZAS
DE SAN JUAN

El Cuadrejón   El Cuadrejón
km 70

A-382 JEREZ DE LA
FRONTERA N. ㊲
A-382 ARCOS
km 78
㊲ **A-382** JEREZ DE LA
FRONTERA N.
A-382 ARCOS

A-381 JEREZ DE LA
FRONTERA S. ㊴
A-381 MEDINA
SIDONIA
km 84
Peaje
㊴ **A-381** JEREZ DE LA
FRONTERA S.
A-381 MEDINA
SIDONIA

N-340 ALGECIRAS
A-4 SAN FERNANDO ⑩①
km 101
⑩① **N-340** ALGECIRAS
A-4 SAN FERNANDO

CA-32 EL PUERTO
DE STA. MARÍA ⑩④
N-IV PUERTO REAL
N-443 CÁDIZ
km 104
⑩④ **CA-32** EL PUERTO
DE STA. MARÍA
N-IV PUERTO REAL
N-443 CÁDIZ

CÁDIZ

AUTOPISTA DEL NOROESTE **AP-6** COLLADO VILLALBA - ADANERO

COLLADO VILLALBA

N-VI GUADARRAMA
N-VI PTO. DE ㊷
GUADARRAMA
km 42

Villalba   Villalba
km 42

M-600 EL ESCORIAL
M-614 GUADARRAMA ㊼
km 47
㊼ **M-600** EL ESCORIAL
M-614 GUADARRAMA

Peaje

N-603 SAN RAFAEL
N-603 SEGOVIA ⑥⓪
km 60
⑥⓪ **N-603** SAN RAFAEL
N-603 SEGOVIA

AP-61 SEGOVIA ⑥②
km 62
⑥② **AP-61** SEGOVIA

Villacastín   Villacastín
km 79

AP-51 ÁVILA
N-110 VILLACASTÍN ⑧①
N-110 SEGOVIA
km 81
⑧① **AP-51** ÁVILA
N-110 VILLACASTÍN
N-110 SEGOVIA

Peaje

SANCHIDRIÁN
N-501 SALAMANCA ⑩②
JEMENUÑO
km 102

N-601 OLMEDO
N-601 VALLADOLID ⑩⑧
km 108

A-6 TORDESILLAS   **A-6** TORDESILLAS

ADANERO

AP-7
AUTOPISTA DEL MEDITERRÁNEO   LA JONQUERA - ALACANT
E-15

LA JONQUERA

LA JONQUERA
DUANA / ADUANA ①
km 4

LA JONQUERA
DUANA / ADUANA ②
km 7
② LA JONQUERA
DUANA / ADUANA

La Jonquera   La Jonquera
km 7

Peaje

N-II FIGUERES N.
C-260 ROSES ③
km 21
④ **N-II** FIGUERES N.
C-260 ROSES

N-II FIGUERES S. ④
km 29
④ **N-II** FIGUERES S.
C-260 ROSES

Empordà   Empordà
km 35

L'ESCALA
EMPÚRIES ⑤
km 41
⑤ L'ESCALA
EMPÚRIES

N-II GIRONA N.
C-66 BANYOLES ⑥
C-66 OLOT
C-66 PALAMÓS
km 55
⑥ **N-II** GIRONA N.
C-66 BANYOLES
C-66 OLOT
C-66 PALAMÓS

N-141 GIRONA S.
C-65 ST. FELIU ⑦
DE GUÍXOLS
km 64
⑦ **N-141** GIRONA S.

Gironès   Gironès
km 71

AEROPUERTO
RIUDELLOTS
DE LA SELVA ⑧
CASSÀ
DE LA SELVA
C-25 VIC
km 72
⑧ AEROPUERTO
RIUDELLOTS
DE LA SELVA
CASSÀ
DE LA SELVA
C-25 VIC

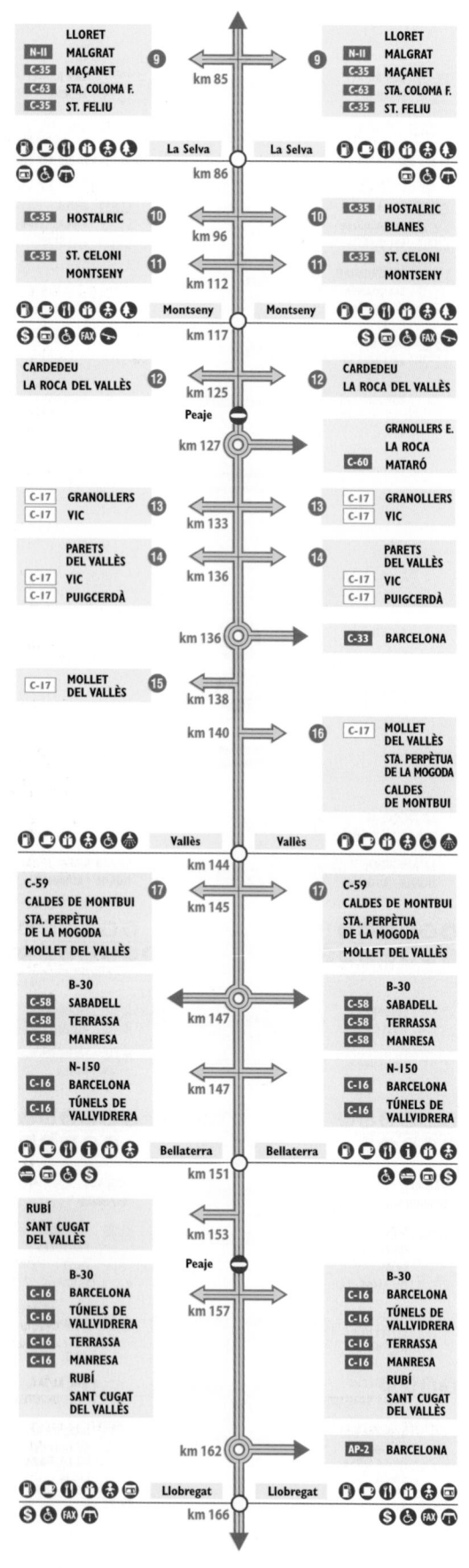

LLORET
N-II MALGRAT
C-35 MAÇANET
C-63 STA. COLOMA F.
C-35 ST. FELIU
9
km 85
La Selva
km 86
C-35 HOSTALRIC
10
C-35 HOSTALRIC
BLANES
km 96
C-35 ST. CELONI
MONTSENY
11
km 112
Montseny
km 117
CARDEDEU
LA ROCA DEL VALLÈS
12
km 125
Peaje
km 127
GRANOLLERS E.
LA ROCA
C-60 MATARÓ
C-17 GRANOLLERS
C-17 VIC
13
km 133
PARETS
DEL VALLÈS
C-17 VIC
C-17 PUIGCERDÀ
14
km 136
km 136
C-33 BARCELONA
C-17 MOLLET
DEL VALLÈS
15
km 138
km 140
16
C-17 MOLLET
DEL VALLÈS
STA. PERPÈTUA
DE LA MOGODA
CALDES
DE MONTBUI
Vallès
km 144
C-59
CALDES DE MONTBUI
STA. PERPÈTUA
DE LA MOGODA
MOLLET DEL VALLÈS
17
km 145
B-30
C-58 SABADELL
C-58 TERRASSA
C-58 MANRESA
km 147
N-150
C-16 BARCELONA
C-16 TÚNELS DE
VALLVIDRERA
km 147
Bellaterra
km 151
RUBÍ
SANT CUGAT
DEL VALLÈS
km 153
Peaje
B-30
C-16 BARCELONA
C-16 TÚNELS DE
VALLVIDRERA
C-16 TERRASSA
C-16 MANRESA
RUBÍ
SANT CUGAT
DEL VALLÈS
km 157
km 162
AP-2 BARCELONA
Llobregat
km 166

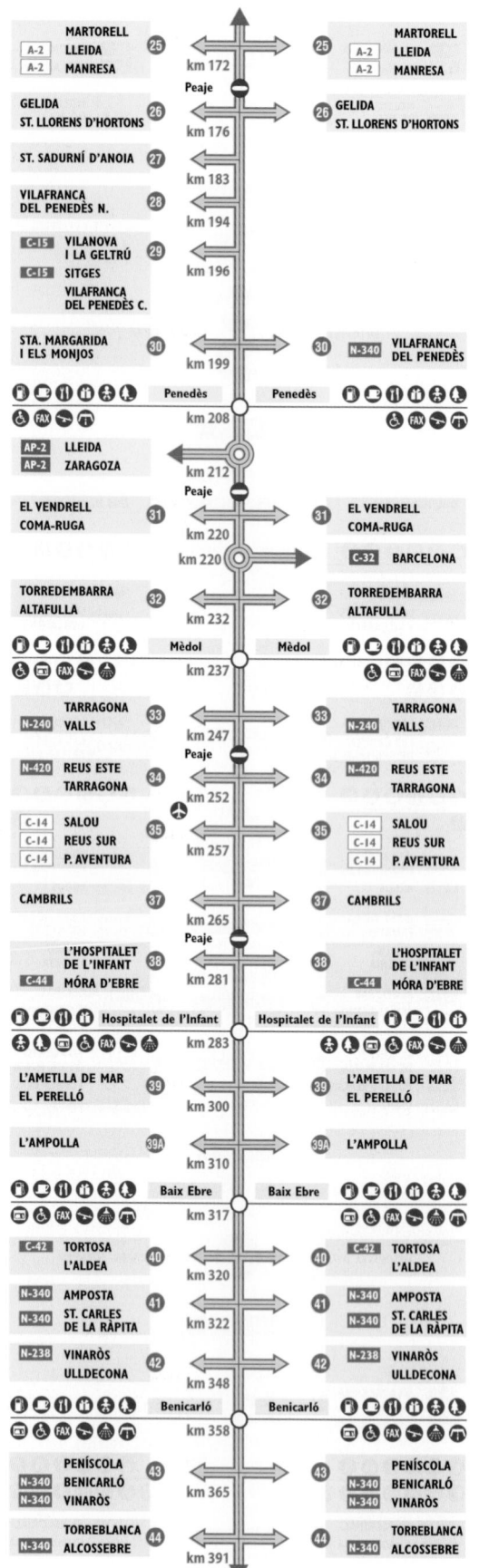

MARTORELL
A-2 LLEIDA
A-2 MANRESA
25
km 172
Peaje
GELIDA
ST. LLORENS D'HORTONS
26
km 176
ST. SADURNÍ D'ANOIA
27
km 183
VILAFRANCA
DEL PENEDÈS N.
28
km 194
C-15 VILANOVA
I LA GELTRÚ
C-15 SITGES
VILAFRANCA
DEL PENEDÈS C.
29
km 196
STA. MARGARIDA
I ELS MONJOS
30
km 199
N-340 VILAFRANCA
DEL PENEDÈS
Penedès
km 208
AP-2 LLEIDA
AP-2 ZARAGOZA
km 212
Peaje
EL VENDRELL
COMA-RUGA
31
km 220
km 220
C-32 BARCELONA
TORREDEMBARRA
ALTAFULLA
32
km 232
Mèdol
km 237
TARRAGONA
N-240 VALLS
33
km 247
Peaje
N-420 REUS ESTE
TARRAGONA
34
km 252
C-14 SALOU
C-14 REUS SUR
C-14 P. AVENTURA
35
km 257
CAMBRILS
37
km 265
Peaje
L'HOSPITALET
DE L'INFANT
C-44 MÓRA D'EBRE
38
km 281
Hospitalet de l'Infant
km 283
L'AMETLLA DE MAR
EL PERELLÓ
39
km 300
L'AMPOLLA
39A
km 310
Baix Ebre
km 317
C-42 TORTOSA
L'ALDEA
40
km 320
N-340 AMPOSTA
N-340 ST. CARLES
DE LA RÀPITA
41
km 322
N-238 VINARÒS
ULLDECONA
42
km 348
Benicarló
km 358
PENÍSCOLA
N-340 BENICARLÓ
N-340 VINARÒS
43
km 365
TORREBLANCA
N-340 ALCOSSEBRE
44
km 391

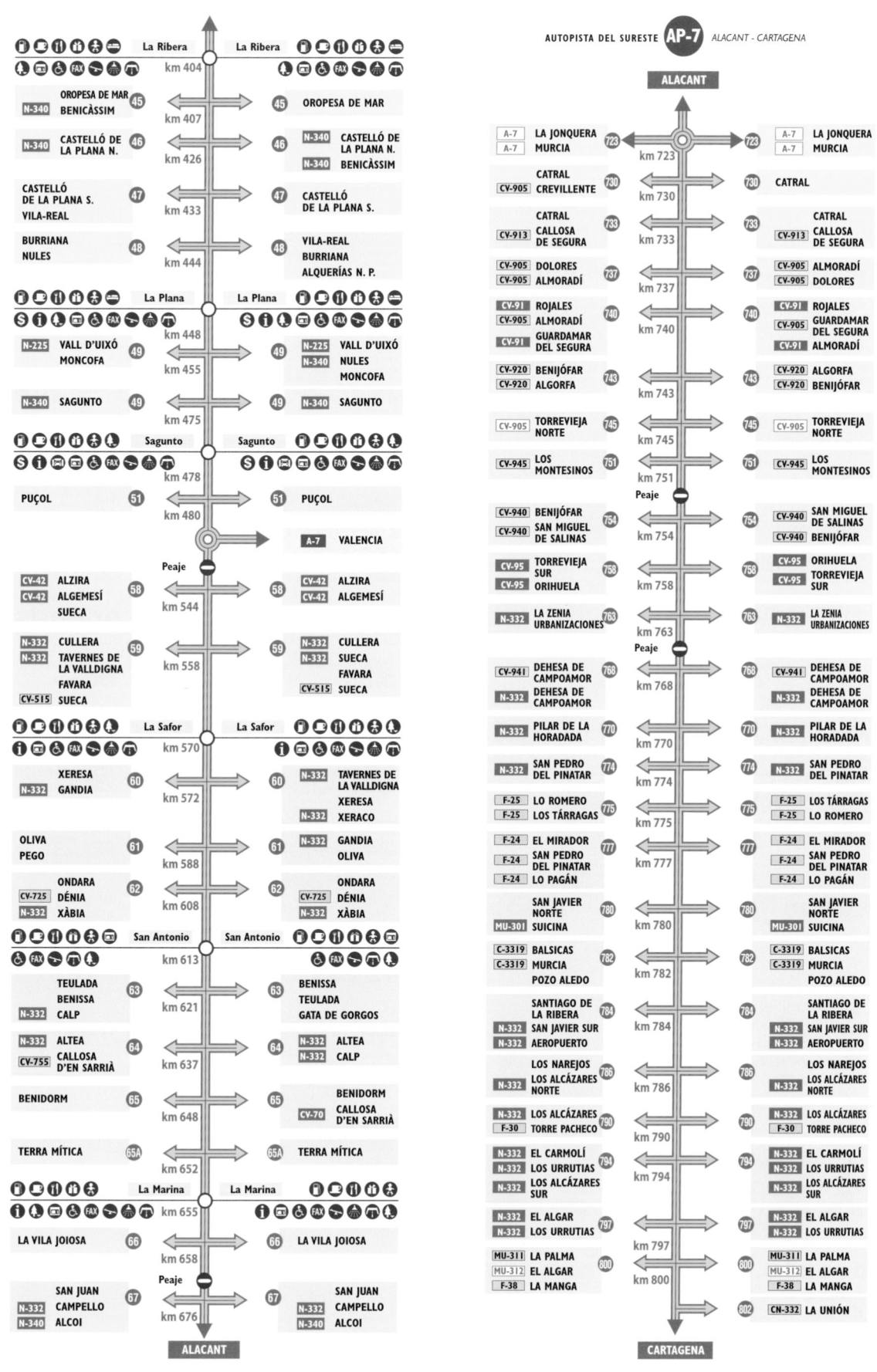

ALACANT

La Ribera — km 404

| N-340 | OROPESA DE MAR BENICÀSSIM | 45 |

km 407

| N-340 | CASTELLÓ DE LA PLANA N. | 46 |

km 426

CASTELLÓ DE LA PLANA S. VILA-REAL — 47

km 433

BURRIANA NULES — 48

km 444

La Plana — km 448

| N-225 | VALL D'UIXÓ MONCOFA | 49 |

km 455

| N-340 | SAGUNTO | 49 |

km 475

Sagunto — km 478

PUÇOL — 51

km 480

Peaje

| CV-42 | ALZIRA ALGEMESÍ SUECA | 58 |

km 544

| N-332 | CULLERA TAVERNES DE LA VALLDIGNA FAVARA |
| CV-515 | SUECA | 59 |

km 558

La Safor — km 570

| N-332 | XERESA GANDIA | 60 |

km 572

OLIVA PEGO — 61

km 588

| CV-725 | ONDARA DÉNIA |
| N-332 | XÀBIA | 62 |

km 608

San Antonio — km 613

| N-332 | TEULADA BENISSA CALP | 63 |

km 621

| N-332 | ALTEA |
| CV-755 | CALLOSA D'EN SARRIÀ | 64 |

km 637

BENIDORM — 65

km 648

TERRA MÍTICA — 65A

km 652

La Marina — km 655

LA VILA JOIOSA — 66

km 658

Peaje

| N-332 | SAN JUAN CAMPELLO |
| N-340 | ALCOI | 67 |

km 676

ALACANT

La Ribera

45 OROPESA DE MAR

46 | N-340 | CASTELLÓ DE LA PLANA N. |
| N-340 | BENICÀSSIM |

47 CASTELLÓ DE LA PLANA S.

48 VILA-REAL BURRIANA ALQUERÍAS N. P.

La Plana

49 | N-225 | VALL D'UIXÓ |
| N-340 | NULES MONCOFA |

49 | N-340 | SAGUNTO |

Sagunto

51 PUÇOL

| A-7 | VALENCIA |

58 | CV-42 | ALZIRA |
| CV-42 | ALGEMESÍ |

59 | N-332 | CULLERA |
N-332	SUECA
CV-515	FAVARA
	SUECA

La Safor

60 | N-332 | TAVERNES DE LA VALLDIGNA |
| | XERESA |
| N-332 | XERACO |

61 | N-332 | GANDIA |
| | OLIVA |

62 | CV-725 | ONDARA |
| N-332 | DÉNIA |
| | XÀBIA |

San Antonio

63 BENISSA TEULADA GATA DE GORGOS

64 | N-332 | ALTEA |
| N-332 | CALP |

65 BENIDORM

65 | CV-70 | CALLOSA D'EN SARRIÀ |

65A TERRA MÍTICA

La Marina

66 LA VILA JOIOSA

67 | N-332 | SAN JUAN |
| N-340 | CAMPELLO |
| | ALCOI |

ALACANT

| A-7 | LA JONQUERA | 723 |
| A-7 | MURCIA | |

km 723

| CV-905 | CATRAL CREVILLENTE | 730 |

km 730

| CV-913 | CATRAL CALLOSA DE SEGURA | 733 |

km 733

| CV-905 | DOLORES |
| CV-905 | ALMORADÍ | 737 |

km 737

CV-91	ROJALES
CV-905	ALMORADÍ
CV-91	GUARDAMAR DEL SEGURA	740

km 740

| CV-920 | BENIJÓFAR |
| CV-920 | ALGORFA | 743 |

km 743

| CV-905 | TORREVIEJA NORTE | 745 |

km 745

| CV-945 | LOS MONTESINOS | 751 |

km 751

Peaje

| CV-940 | BENIJÓFAR |
| CV-940 | SAN MIGUEL DE SALINAS | 754 |

km 754

| CV-95 | TORREVIEJA SUR |
| CV-95 | ORIHUELA | 758 |

km 758

| N-332 | LA ZENIA URBANIZACIONES | 763 |

km 763

Peaje

| CV-941 | DEHESA DE CAMPOAMOR |
| N-332 | DEHESA DE CAMPOAMOR | 768 |

km 768

| N-332 | PILAR DE LA HORADADA | 770 |

km 770

| N-332 | SAN PEDRO DEL PINATAR | 774 |

km 774

| F-25 | LO ROMERO |
| F-25 | LOS TÁRRAGAS | 775 |

km 775

F-24	EL MIRADOR
F-24	SAN PEDRO DEL PINATAR
F-24	LO PAGÁN	777

km 777

| MU-301 | SAN JAVIER NORTE SUICINA | 780 |

km 780

| C-3319 | BALSICAS |
| C-3319 | MURCIA POZO ALEDO | 782 |

km 782

| N-332 | SANTIAGO DE LA RIBERA SAN JAVIER SUR |
| N-332 | AEROPUERTO | 784 |

km 784

| N-332 | LOS NAREJOS LOS ALCÁZARES NORTE | 786 |

km 786

| N-332 | LOS ALCÁZARES |
| F-30 | TORRE PACHECO | 790 |

km 790

N-332	EL CARMOLÍ
N-332	LOS URRUTIAS
N-332	LOS ALCÁZARES SUR	794

km 794

| N-332 | EL ALGAR |
| N-332 | LOS URRUTIAS | 797 |

km 797

MU-311	LA PALMA
MU-312	EL ALGAR
F-38	LA MANGA	800

km 800

---

723 | A-7 | LA JONQUERA |
| A-7 | MURCIA |

730 CATRAL

733 | CV-913 | CATRAL CALLOSA DE SEGURA |

737 | CV-905 | ALMORADÍ |
| CV-905 | DOLORES |

740 | CV-91 | ROJALES |
| CV-905 | GUARDAMAR DEL SEGURA |
| CV-91 | ALMORADÍ |

743 | CV-920 | ALGORFA |
| CV-920 | BENIJÓFAR |

745 | CV-905 | TORREVIEJA NORTE |

751 | CV-945 | LOS MONTESINOS |

754 | CV-940 | SAN MIGUEL DE SALINAS |
| CV-940 | BENIJÓFAR |

758 | CV-95 | ORIHUELA |
| CV-95 | TORREVIEJA SUR |

763 | N-332 | LA ZENIA URBANIZACIONES |

768 | CV-941 | DEHESA DE CAMPOAMOR |
| N-332 | DEHESA DE CAMPOAMOR |

770 | N-332 | PILAR DE LA HORADADA |

774 | N-332 | SAN PEDRO DEL PINATAR |

775 | F-25 | LOS TÁRRAGAS |
| F-25 | LO ROMERO |

777 | F-24 | EL MIRADOR |
| F-24 | SAN PEDRO DEL PINATAR |
| F-24 | LO PAGÁN |

780 | MU-301 | SAN JAVIER NORTE SUICINA |

782 | C-3319 | BALSICAS |
| C-3319 | MURCIA POZO ALEDO |

784 | N-332 | SANTIAGO DE LA RIBERA SAN JAVIER SUR |
| N-332 | AEROPUERTO |

786 | N-332 | LOS NAREJOS LOS ALCÁZARES NORTE |

790 | N-332 | LOS ALCÁZARES |
| F-30 | TORRE PACHECO |

794 | N-332 | EL CARMOLÍ |
| N-332 | LOS URRUTIAS |
| N-332 | LOS ALCÁZARES SUR |

797 | N-332 | EL ALGAR |
| N-332 | LOS URRUTIAS |

800 | MU-311 | LA PALMA |
| MU-312 | EL ALGAR |
| F-38 | LA MANGA |

802 | CN-332 | LA UNIÓN |

CARTAGENA

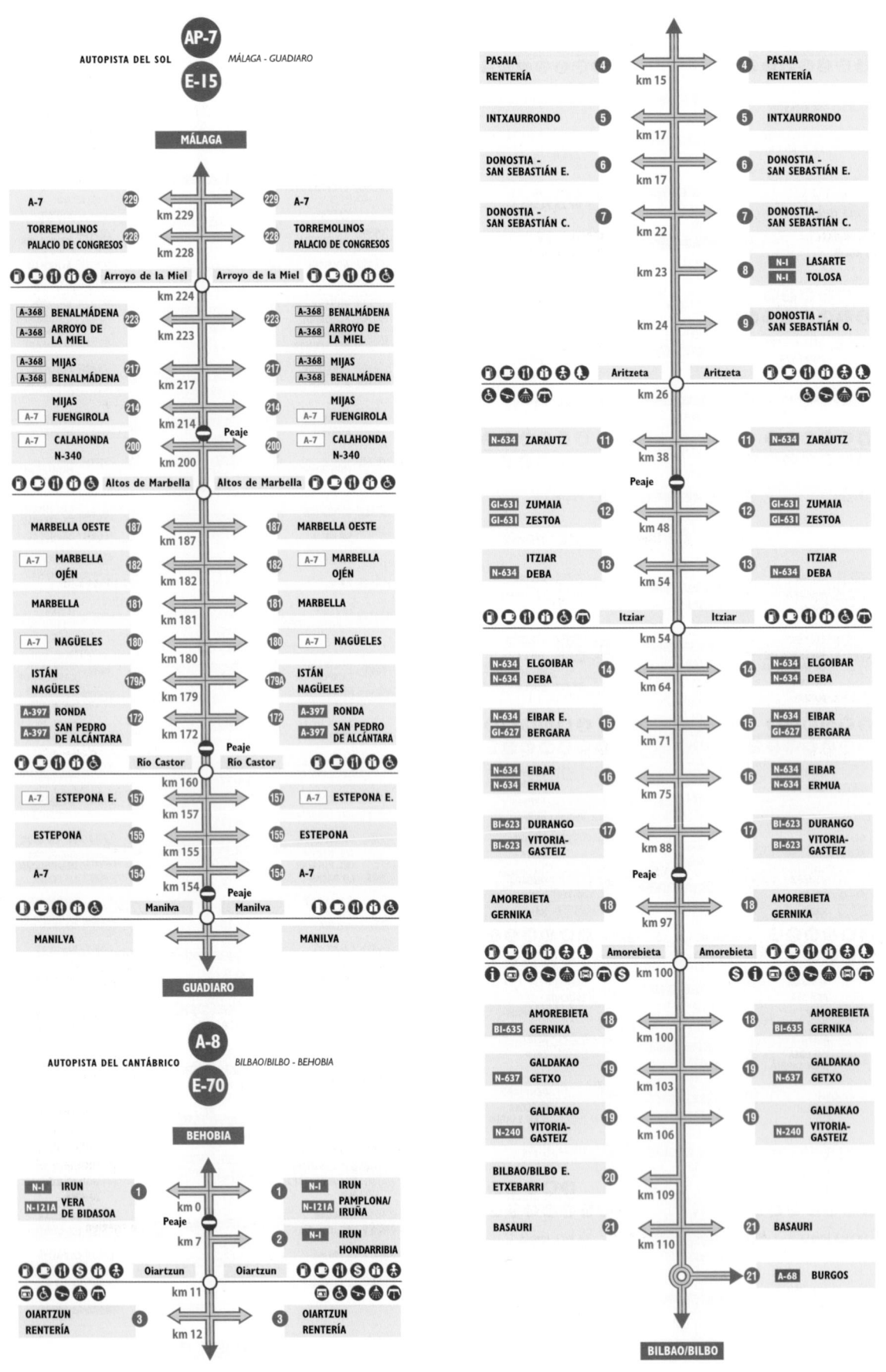

AP-7

AUTOPISTA DEL SOL   MÁLAGA - GUADIARO

E-15

MÁLAGA

A-7	229	km 229	229	A-7
TORREMOLINOS PALACIO DE CONGRESOS	228	km 228	228	TORREMOLINOS PALACIO DE CONGRESOS
Arroyo de la Miel		km 224		Arroyo de la Miel
A-368 BENALMÁDENA A-368 ARROYO DE LA MIEL	223	km 223	223	A-368 BENALMÁDENA A-368 ARROYO DE LA MIEL
A-368 MIJAS A-368 BENALMÁDENA	217	km 217	217	A-368 MIJAS A-368 BENALMÁDENA
MIJAS A-7 FUENGIROLA	214	km 214	214	MIJAS A-7 FUENGIROLA
A-7 CALAHONDA N-340	200	km 200 Peaje	200	A-7 CALAHONDA N-340
Altos de Marbella				Altos de Marbella
MARBELLA OESTE	187	km 187	187	MARBELLA OESTE
A-7 MARBELLA OJÉN	182	km 182	182	A-7 MARBELLA OJÉN
MARBELLA	181	km 181	181	MARBELLA
A-7 NAGÜELES	180	km 180	180	A-7 NAGÜELES
ISTÁN NAGÜELES	179A	km 179	179A	ISTÁN NAGÜELES
A-397 RONDA A-397 SAN PEDRO DE ALCÁNTARA	172	km 172 Peaje	172	A-397 RONDA A-397 SAN PEDRO DE ALCÁNTARA
Río Castor		km 160		Río Castor
A-7 ESTEPONA E.	157	km 157	157	A-7 ESTEPONA E.
ESTEPONA	155	km 155	155	ESTEPONA
A-7	154	km 154 Peaje	154	A-7
Manilva				Manilva
MANILVA				MANILVA

GUADIARO

A-8

AUTOPISTA DEL CANTÁBRICO   BILBAO/BILBO - BEHOBIA

E-70

BEHOBIA

N-I IRUN N-121A VERA DE BIDASOA	1	km 0 Peaje km 7	1	N-I IRUN N-121A PAMPLONA/ IRUÑA
			2	N-I IRUN HONDARRIBIA
Oiartzun		km 11		Oiartzun
OIARTZUN RENTERÍA	3	km 12	3	OIARTZUN RENTERÍA

PASAIA RENTERÍA	4	km 15	4	PASAIA RENTERÍA
INTXAURRONDO	5	km 17	5	INTXAURRONDO
DONOSTIA - SAN SEBASTIÁN E.	6	km 17	6	DONOSTIA - SAN SEBASTIÁN E.
DONOSTIA - SAN SEBASTIÁN C.	7	km 22	7	DONOSTIA- SAN SEBASTIÁN C.
		km 23	8	N-I LASARTE N-I TOLOSA
		km 24	9	DONOSTIA - SAN SEBASTIÁN O.
Aritzeta		km 26		Aritzeta
N-634 ZARAUTZ	11	km 38 Peaje	11	N-634 ZARAUTZ
GI-631 ZUMAIA GI-631 ZESTOA	12	km 48	12	GI-631 ZUMAIA GI-631 ZESTOA
ITZIAR N-634 DEBA	13	km 54	13	ITZIAR N-634 DEBA
Itziar		km 54		Itziar
N-634 ELGOIBAR N-634 DEBA	14	km 64	14	N-634 ELGOIBAR N-634 DEBA
N-634 EIBAR E. GI-627 BERGARA	15	km 71	15	N-634 EIBAR GI-627 BERGARA
N-634 EIBAR N-634 ERMUA	16	km 75	16	N-634 EIBAR N-634 ERMUA
BI-623 DURANGO BI-623 VITORIA- GASTEIZ	17	km 88 Peaje	17	BI-623 DURANGO BI-623 VITORIA- GASTEIZ
AMOREBIETA GERNIKA	18	km 97	18	AMOREBIETA GERNIKA
Amorebieta		km 100		Amorebieta
AMOREBIETA BI-635 GERNIKA	18	km 100	18	AMOREBIETA BI-635 GERNIKA
GALDAKAO N-637 GETXO	19	km 103	19	GALDAKAO N-637 GETXO
GALDAKAO N-240 VITORIA- GASTEIZ	19	km 106	19	GALDAKAO N-240 VITORIA- GASTEIZ
BILBAO/BILBO E. ETXEBARRI	20	km 109		
BASAURI	21	km 110	21	BASAURI
			21	A-68 BURGOS

BILBAO/BILBO

AUTOPISTA DEL ATLÁNTICO **AP-9** **E-01** *FERROL - FRONTERA PORTUGUESA*

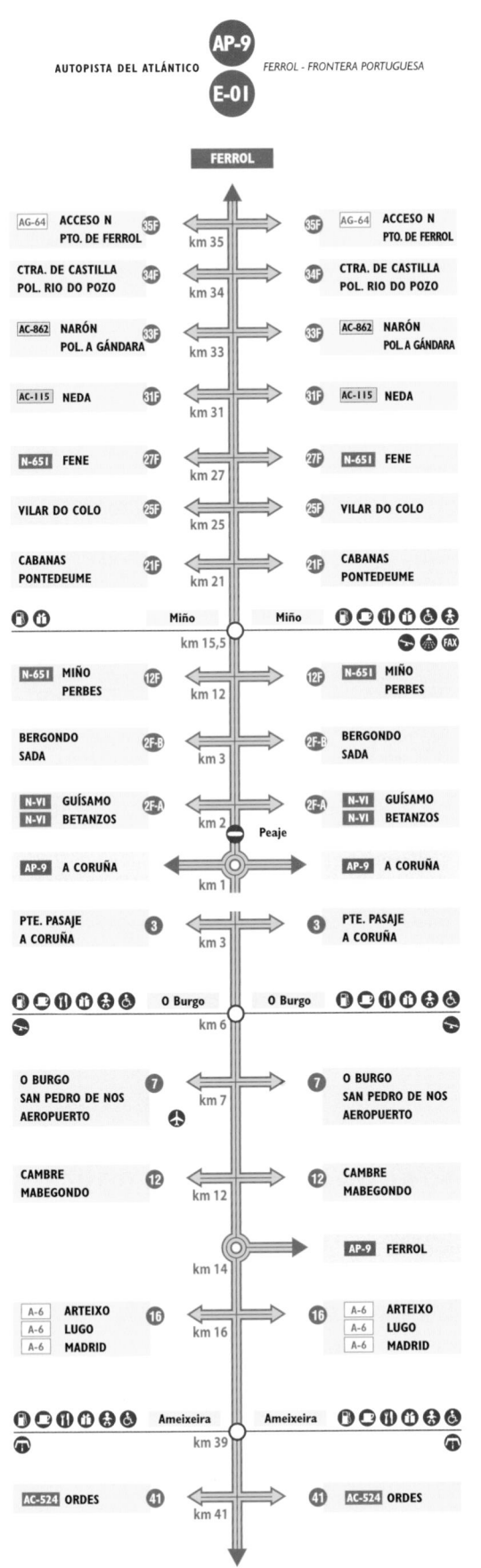

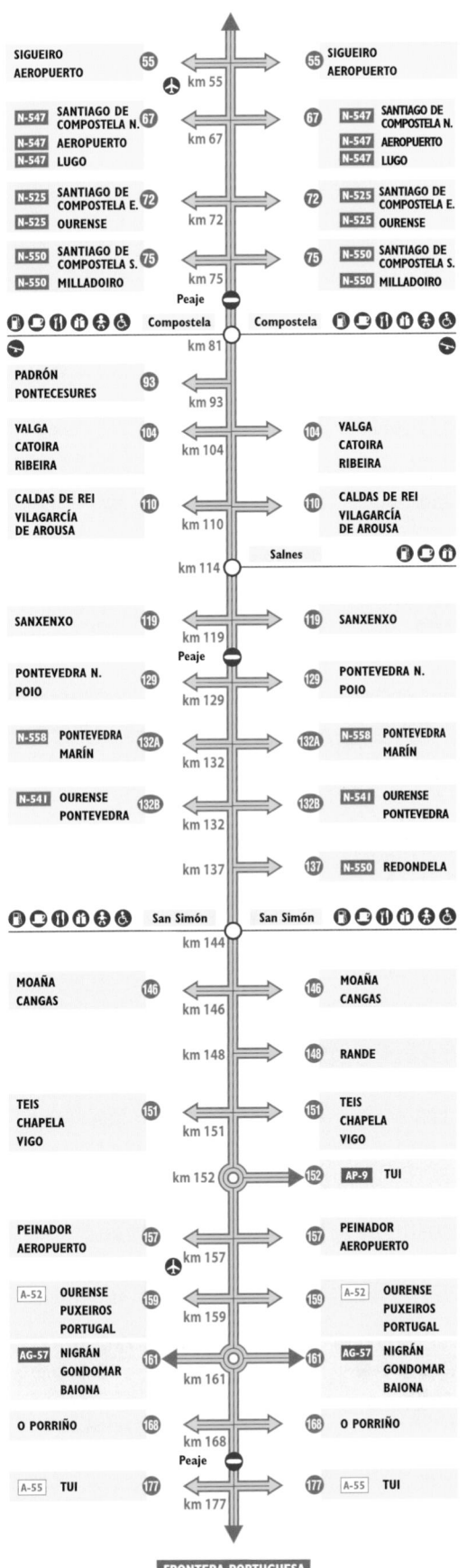

FERROL

- AG-64 ACCESO N PTO. DE FERROL — 35F — km 35
- CTRA. DE CASTILLA POL. RIO DO POZO — 34F — km 34
- AC-862 NARÓN POL. A GÁNDARA — 33F — km 33
- AC-115 NEDA — 31F — km 31
- N-651 FENE — 27F — km 27
- VILAR DO COLO — 25F — km 25
- CABANAS PONTEDEUME — 21F — km 21
- Miño — km 15,5
- N-651 MIÑO PERBES — 12F — km 12
- BERGONDO SADA — 2F-B — km 3
- N-VI GUÍSAMO N-VI BETANZOS — 2F-A — km 2 — Peaje
- AP-9 A CORUÑA — km 1
- PTE. PASAJE A CORUÑA — 3 — km 3
- O Burgo — km 6
- O BURGO SAN PEDRO DE NOS AEROPUERTO — 7 — km 7
- CAMBRE MABEGONDO — 12 — km 12
- AP-9 FERROL — km 14
- A-6 ARTEIXO A-6 LUGO A-6 MADRID — 16 — km 16
- Ameixeira — km 39
- AC-524 ORDES — 41 — km 41

FRONTERA PORTUGUESA

- SIGUEIRO AEROPUERTO — 55 — km 55
- N-547 SANTIAGO DE COMPOSTELA N. N-547 AEROPUERTO N-547 LUGO — 67 — km 67
- N-525 SANTIAGO DE COMPOSTELA E. N-525 OURENSE — 72 — km 72
- N-550 SANTIAGO DE COMPOSTELA S. N-550 MILLADOIRO — 75 — km 75 — Peaje
- Compostela — km 81
- PADRÓN PONTECESURES — 93 — km 93
- VALGA CATOIRA RIBEIRA — 104 — km 104
- CALDAS DE REI VILAGARCÍA DE AROUSA — 110 — km 110
- Salnes — km 114
- SANXENXO — 119 — km 119 — Peaje
- PONTEVEDRA N. POIO — 129 — km 129
- N-558 PONTEVEDRA MARÍN — 132A — km 132
- N-541 OURENSE PONTEVEDRA — 132B — km 132
- N-550 REDONDELA — 137 — km 137
- San Simón — km 144
- MOAÑA CANGAS — 146 — km 146
- RANDE — 148 — km 148
- TEIS CHAPELA VIGO — 151 — km 151
- AP-9 TUI — 152 — km 152
- PEINADOR AEROPUERTO — 157 — km 157
- A-52 OURENSE PUXEIROS PORTUGAL — 159 — km 159
- AG-57 NIGRÁN GONDOMAR BAIONA — 161 — km 161
- O PORRIÑO — 168 — km 168 — Peaje
- A-55 TUI — 177 — km 177

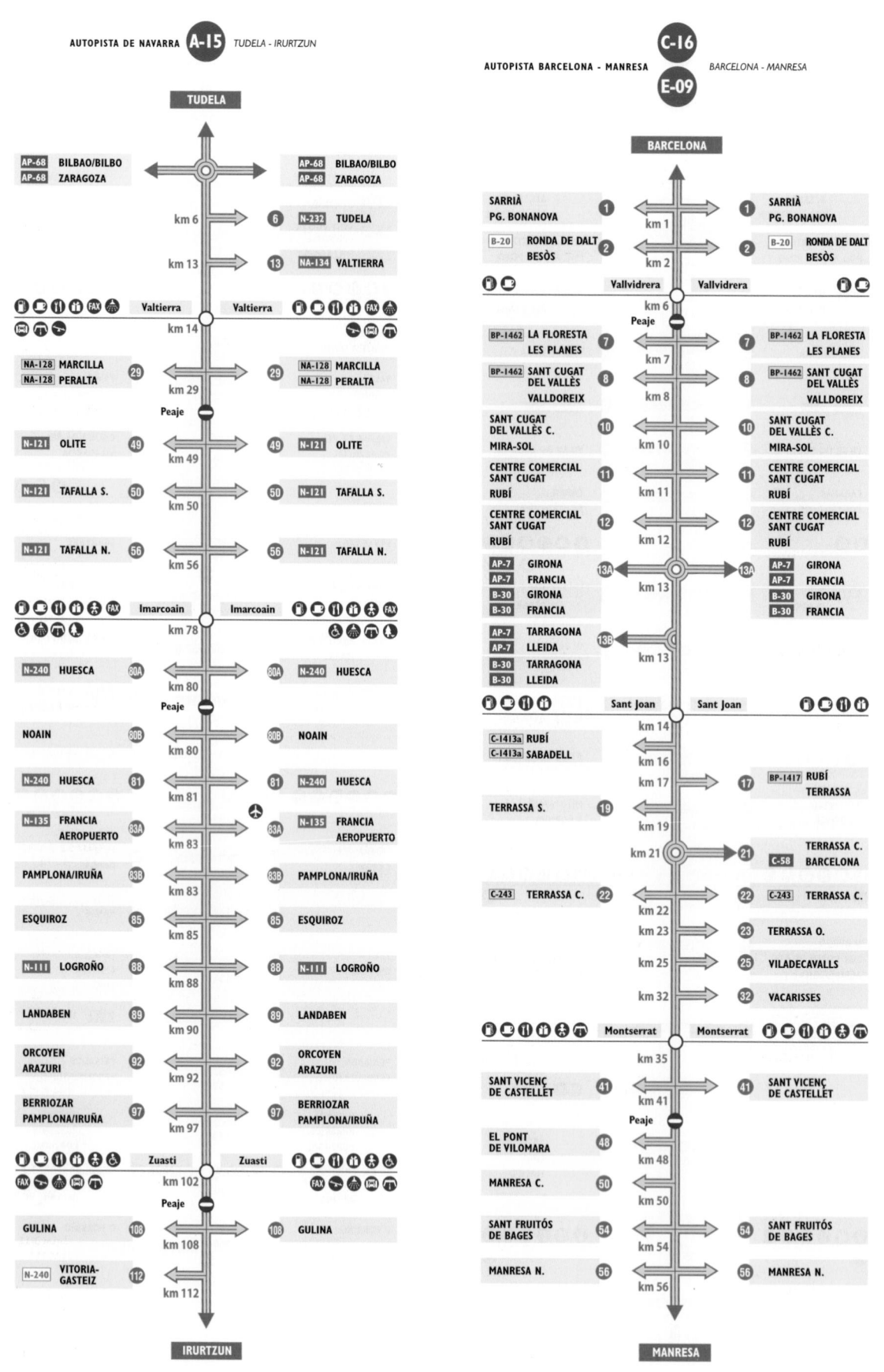

AUTOPISTA DE NAVARRA **A-15** *TUDELA - IRURTZUN*

TUDELA

| AP-68 | BILBAO/BILBO |
| AP-68 | ZARAGOZA |

| AP-68 | BILBAO/BILBO |
| AP-68 | ZARAGOZA |

km 6 — **6** | N-232 | TUDELA

km 13 — **13** | NA-134 | VALTIERRA

Valtierra — km 14 — Valtierra

| NA-128 | MARCILLA | **29** |
| NA-128 | PERALTA |

29 | NA-128 | MARCILLA |
| NA-128 | PERALTA |

km 29 — Peaje

| N-121 | OLITE | **49** | km 49 | **49** | N-121 | OLITE |

| N-121 | TAFALLA S. | **50** | km 50 | **50** | N-121 | TAFALLA S. |

| N-121 | TAFALLA N. | **56** | km 56 | **56** | N-121 | TAFALLA N. |

Imarcoain — km 78 — Imarcoain

| N-240 | HUESCA | **80A** | km 80 — Peaje | **80A** | N-240 | HUESCA |

NOAIN | **80B** | km 80 | **80B** | NOAIN |

| N-240 | HUESCA | **81** | km 81 | **81** | N-240 | HUESCA |

| N-135 | FRANCIA AEROPUERTO | **83A** | km 83 | **83A** | N-135 | FRANCIA AEROPUERTO |

PAMPLONA/IRUÑA | **83B** | km 83 | **83B** | PAMPLONA/IRUÑA |

ESQUIROZ | **85** | km 85 | **85** | ESQUIROZ |

| N-111 | LOGROÑO | **88** | km 88 | **88** | N-111 | LOGROÑO |

LANDABEN | **89** | km 90 | **89** | LANDABEN |

ORCOYEN ARAZURI | **92** | km 92 | **92** | ORCOYEN ARAZURI |

BERRIOZAR PAMPLONA/IRUÑA | **97** | km 97 | **97** | BERRIOZAR PAMPLONA/IRUÑA |

Zuasti — km 102 — Peaje — Zuasti

GULINA | **108** | km 108 | **108** | GULINA |

| N-240 | VITORIA-GASTEIZ | **112** | km 112 |

IRURTZUN

AUTOPISTA BARCELONA - MANRESA **C-16** **E-09** *BARCELONA - MANRESA*

BARCELONA

SARRIÀ PG. BONANOVA **1** | km 1 | **1** SARRIÀ PG. BONANOVA

| B-20 | RONDA DE DALT BESÒS | **2** | km 2 | **2** | B-20 | RONDA DE DALT BESÒS |

Vallvidrera — km 6 Peaje — Vallvidrera

| BP-1462 | LA FLORESTA LES PLANES | **7** | km 7 | **7** | BP-1462 | LA FLORESTA LES PLANES |

| BP-1462 | SANT CUGAT DEL VALLÈS VALLDOREIX | **8** | km 8 | **8** | BP-1462 | SANT CUGAT DEL VALLÈS VALLDOREIX |

SANT CUGAT DEL VALLÈS C. MIRA-SOL **10** | km 10 | **10** SANT CUGAT DEL VALLÈS C. MIRA-SOL

CENTRE COMERCIAL SANT CUGAT RUBÍ **11** | km 11 | **11** CENTRE COMERCIAL SANT CUGAT RUBÍ

CENTRE COMERCIAL SANT CUGAT RUBÍ **12** | km 12 | **12** CENTRE COMERCIAL SANT CUGAT RUBÍ

AP-7	GIRONA
AP-7	FRANCIA
B-30	GIRONA
B-30	FRANCIA	**13A**	km 13	**13A**
AP-7	GIRONA
AP-7	FRANCIA
B-30	GIRONA
B-30	FRANCIA

AP-7	TARRAGONA
AP-7	LLEIDA
B-30	TARRAGONA
B-30	LLEIDA	**13B**	km 13

Sant Joan — km 14 — Sant Joan

| C-1413a | RUBÍ |
| C-1413a | SABADELL | km 16 |

km 17 | **17** | BP-1417 | RUBÍ TERRASSA |

TERRASSA S. **19** | km 19 |

km 21 | **21** | C-58 | TERRASSA C. BARCELONA |

| C-243 | TERRASSA C. | **22** | km 22 | **22** | C-243 | TERRASSA C. |

km 23 | **23** TERRASSA O.

km 25 | **25** VILADECAVALLS

km 32 | **32** VACARISSES

Montserrat — km 35 — Montserrat

SANT VICENÇ DE CASTELLET **41** | km 41 Peaje | **41** SANT VICENÇ DE CASTELLET

EL PONT DE VILOMARA **48** | km 48 |

MANRESA C. **50** | km 50 |

SANT FRUITÓS DE BAGES **54** | km 54 | **54** SANT FRUITÓS DE BAGES

MANRESA N. **56** | km 56 | **56** MANRESA N.

MANRESA

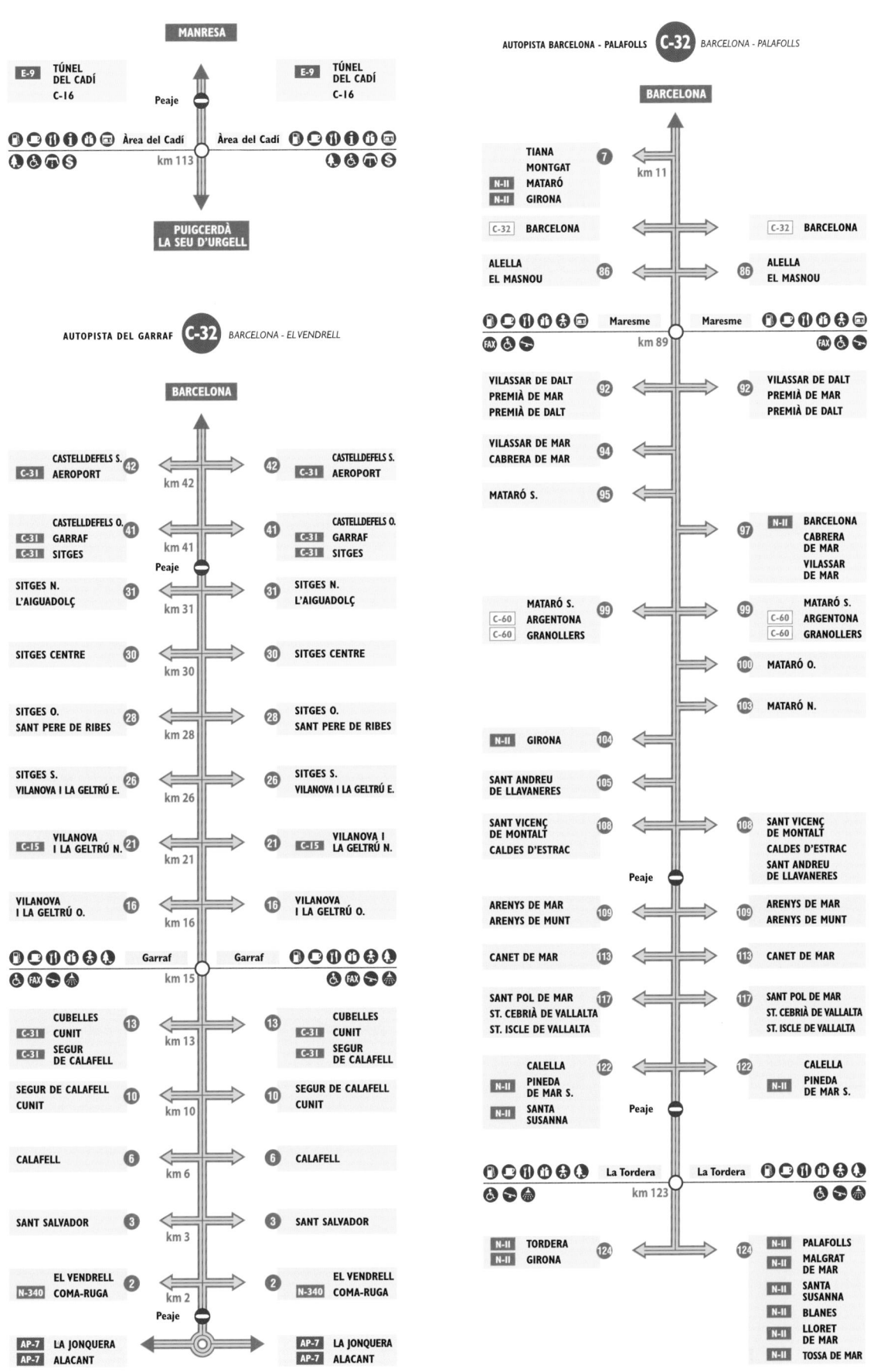

MANRESA

E-9 · TÚNEL DEL CADÍ · C-16

Peaje

📞🚗🏨ℹ️🚻 Àrea del Cadí
♿🚲🚑🅿️
km 113

Àrea del Cadí 📞🚗🏨ℹ️🚻
♿🚲🚑🅿️

PUIGCERDÀ LA SEU D'URGELL

E-9 · TÚNEL DEL CADÍ · C-16

AUTOPISTA DEL GARRAF **C-32** *BARCELONA - EL VENDRELL*

BARCELONA

42 · C-31 · CASTELLDEFELS S. AEROPORT
km 42
42 · C-31 · CASTELLDEFELS S. AEROPORT

41 · C-31 GARRAF · C-31 SITGES · CASTELLDEFELS O.
km 41
Peaje
41 · C-31 GARRAF · C-31 SITGES · CASTELLDEFELS O.

31 · SITGES N. L'AIGUADOLÇ
km 31
31 · SITGES N. L'AIGUADOLÇ

30 · SITGES CENTRE
km 30
30 · SITGES CENTRE

28 · SITGES O. SANT PERE DE RIBES
km 28
28 · SITGES O. SANT PERE DE RIBES

26 · SITGES S. VILANOVA I LA GELTRÚ E.
km 26
26 · SITGES S. VILANOVA I LA GELTRÚ E.

21 · C-15 · VILANOVA I LA GELTRÚ N.
km 21
21 · C-15 · VILANOVA I LA GELTRÚ N.

16 · VILANOVA I LA GELTRÚ O.
km 16
16 · VILANOVA I LA GELTRÚ O.

📞🚗🏨🍴♿🅿️ Garraf
♿📠🚑🏕️
km 15

Garraf 📞🚗🏨🍴♿🅿️
♿📠🚑🏕️

13 · C-31 CUNIT · C-31 SEGUR DE CALAFELL · CUBELLES
km 13
13 · C-31 CUNIT · C-31 SEGUR DE CALAFELL · CUBELLES

10 · SEGUR DE CALAFELL CUNIT
km 10
10 · SEGUR DE CALAFELL CUNIT

6 · CALAFELL
km 6
6 · CALAFELL

3 · SANT SALVADOR
km 3
3 · SANT SALVADOR

2 · N-340 · EL VENDRELL COMA-RUGA
km 2
Peaje
2 · N-340 · EL VENDRELL COMA-RUGA

AP-7 · LA JONQUERA
AP-7 · ALACANT

AP-7 · LA JONQUERA
AP-7 · ALACANT

AUTOPISTA BARCELONA - PALAFOLLS **C-32** *BARCELONA - PALAFOLLS*

BARCELONA

7 · TIANA MONTGAT · N-II MATARÓ · N-II GIRONA
km 11

C-32 · BARCELONA
C-32 · BARCELONA

86 · ALELLA EL MASNOU
86 · ALELLA EL MASNOU

📞🚗🏨🍴♿🚻 Maresme
📠♿🚑
km 89

Maresme 📞🚗🏨🍴♿🚻
📠♿🚑

92 · VILASSAR DE DALT PREMIÀ DE MAR PREMIÀ DE DALT
92 · VILASSAR DE DALT PREMIÀ DE MAR PREMIÀ DE DALT

94 · VILASSAR DE MAR CABRERA DE MAR

95 · MATARÓ S.

97 · N-II · BARCELONA CABRERA DE MAR VILASSAR DE MAR

99 · C-60 ARGENTONA · C-60 GRANOLLERS · MATARÓ S.
99 · C-60 ARGENTONA · C-60 GRANOLLERS · MATARÓ S.

100 · MATARÓ O.

103 · MATARÓ N.

104 · N-II · GIRONA

105 · SANT ANDREU DE LLAVANERES

108 · SANT VICENÇ DE MONTALT CALDES D'ESTRAC
Peaje
108 · SANT VICENÇ DE MONTALT CALDES D'ESTRAC SANT ANDREU DE LLAVANERES

109 · ARENYS DE MAR ARENYS DE MUNT
109 · ARENYS DE MAR ARENYS DE MUNT

113 · CANET DE MAR
113 · CANET DE MAR

117 · SANT POL DE MAR ST. CEBRIÀ DE VALLALTA ST. ISCLE DE VALLALTA
117 · SANT POL DE MAR ST. CEBRIÀ DE VALLALTA ST. ISCLE DE VALLALTA

122 · CALELLA · N-II PINEDA DE MAR S. · N-II SANTA SUSANNA
Peaje
122 · CALELLA · N-II PINEDA DE MAR S.

📞🚗🏨🍴♿🅿️ La Tordera
♿🚑🏕️
km 123

La Tordera 📞🚗🏨🍴♿🅿️
♿🚑🏕️

124 · N-II TORDERA · N-II GIRONA
124 · N-II PALAFOLLS · N-II MALGRAT DE MAR · N-II SANTA SUSANNA · N-II BLANES · N-II LLORET DE MAR · N-II TOSSA DE MAR

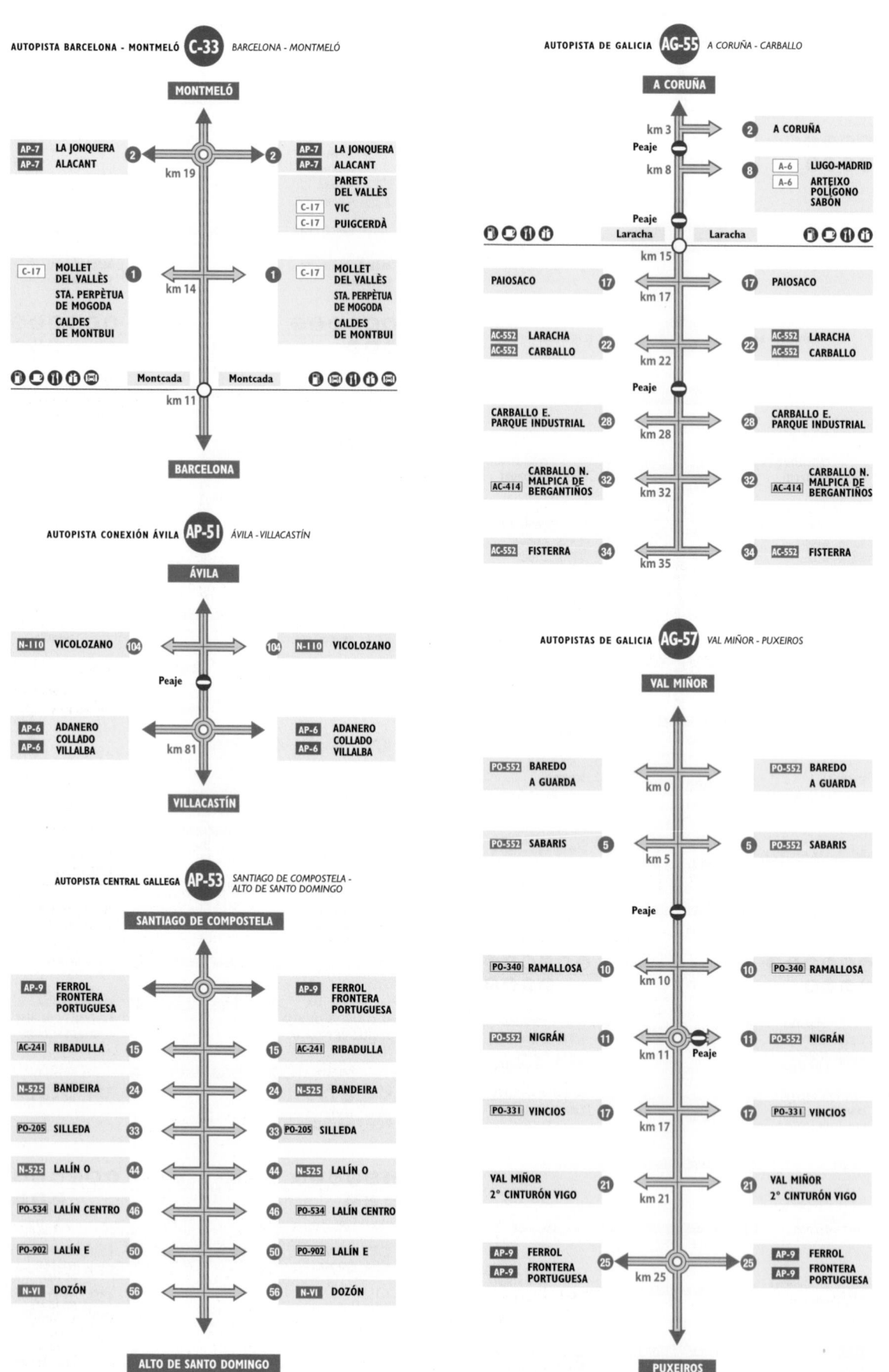

AUTOPISTA BARCELONA - MONTMELÓ **C-33** *BARCELONA - MONTMELÓ*

MONTMELÓ

AP-7	LA JONQUERA	②	←	②	AP-7	LA JONQUERA
AP-7	ALACANT		km 19		AP-7	ALACANT
						PARETS DEL VALLÈS
					C-17	VIC
					C-17	PUIGCERDÀ

| C-17 | MOLLET DEL VALLÈS STA. PERPÈTUA DE MOGODA CALDES DE MONTBUI | ① | ← km 14 → | ① | C-17 | MOLLET DEL VALLÈS STA. PERPÈTUA DE MOGODA CALDES DE MONTBUI |

Montcada   Montcada
km 11

BARCELONA

AUTOPISTA CONEXIÓN ÁVILA **AP-51** *ÁVILA - VILLACASTÍN*

ÁVILA

| N-110 | VICOLOZANO | 104 | | 104 | N-110 | VICOLOZANO |

Peaje

| AP-6 | ADANERO COLLADO VILLALBA | | km 81 | | AP-6 | ADANERO COLLADO VILLALBA |

VILLACASTÍN

AUTOPISTA CENTRAL GALLEGA **AP-53** *SANTIAGO DE COMPOSTELA - ALTO DE SANTO DOMINGO*

SANTIAGO DE COMPOSTELA

AP-9	FERROL FRONTERA PORTUGUESA				AP-9	FERROL FRONTERA PORTUGUESA
AC-241	RIBADULLA	15		15	AC-241	RIBADULLA
N-525	BANDEIRA	24		24	N-525	BANDEIRA
PO-205	SILLEDA	33		33	PO-205	SILLEDA
N-525	LALÍN O	44		44	N-525	LALÍN O
PO-534	LALÍN CENTRO	46		46	PO-534	LALÍN CENTRO
PO-902	LALÍN E	50		50	PO-902	LALÍN E
N-VI	DOZÓN	56		56	N-VI	DOZÓN

ALTO DE SANTO DOMINGO

AUTOPISTA DE GALICIA **AG-55** *A CORUÑA - CARBALLO*

A CORUÑA

		km 3	②	A CORUÑA
	Peaje			
		km 8	⑧	A-6	LUGO-MADRID
				A-6	ARTEIXO POLÍGONO SABÓN

Peaje
Laracha   Laracha
km 15

PAIOSACO	17		17	PAIOSACO
		km 17		
AC-552	LARACHA	22		22	AC-552	LARACHA
AC-552	CARBALLO		km 22		AC-552	CARBALLO

Peaje

CARBALLO E. PARQUE INDUSTRIAL	28		28	CARBALLO E. PARQUE INDUSTRIAL
		km 28		
AC-414	CARBALLO N. MALPICA DE BERGANTIÑOS	32		32	AC-414	CARBALLO N. MALPICA DE BERGANTIÑOS
		km 32		
AC-552	FISTERRA	34		34	AC-552	FISTERRA
		km 35		

AUTOPISTAS DE GALICIA **AG-57** *VAL MIÑOR - PUXEIROS*

VAL MIÑOR

| PO-552 | BAREDO A GUARDA | | km 0 | | PO-552 | BAREDO A GUARDA |
| PO-552 | SABARIS | ⑤ | km 5 | ⑤ | PO-552 | SABARIS |

Peaje

PO-340	RAMALLOSA	⑩	km 10	⑩	PO-340	RAMALLOSA
PO-552	NIGRÁN	⑪	km 11 Peaje	⑪	PO-552	NIGRÁN
PO-331	VINCIOS	17	km 17	17	PO-331	VINCIOS
	VAL MIÑOR 2° CINTURÓN VIGO	21	km 21	21		VAL MIÑOR 2° CINTURÓN VIGO
AP-9	FERROL FRONTERA PORTUGUESA	25	km 25	25	AP-9	FERROL FRONTERA PORTUGUESA

PUXEIROS

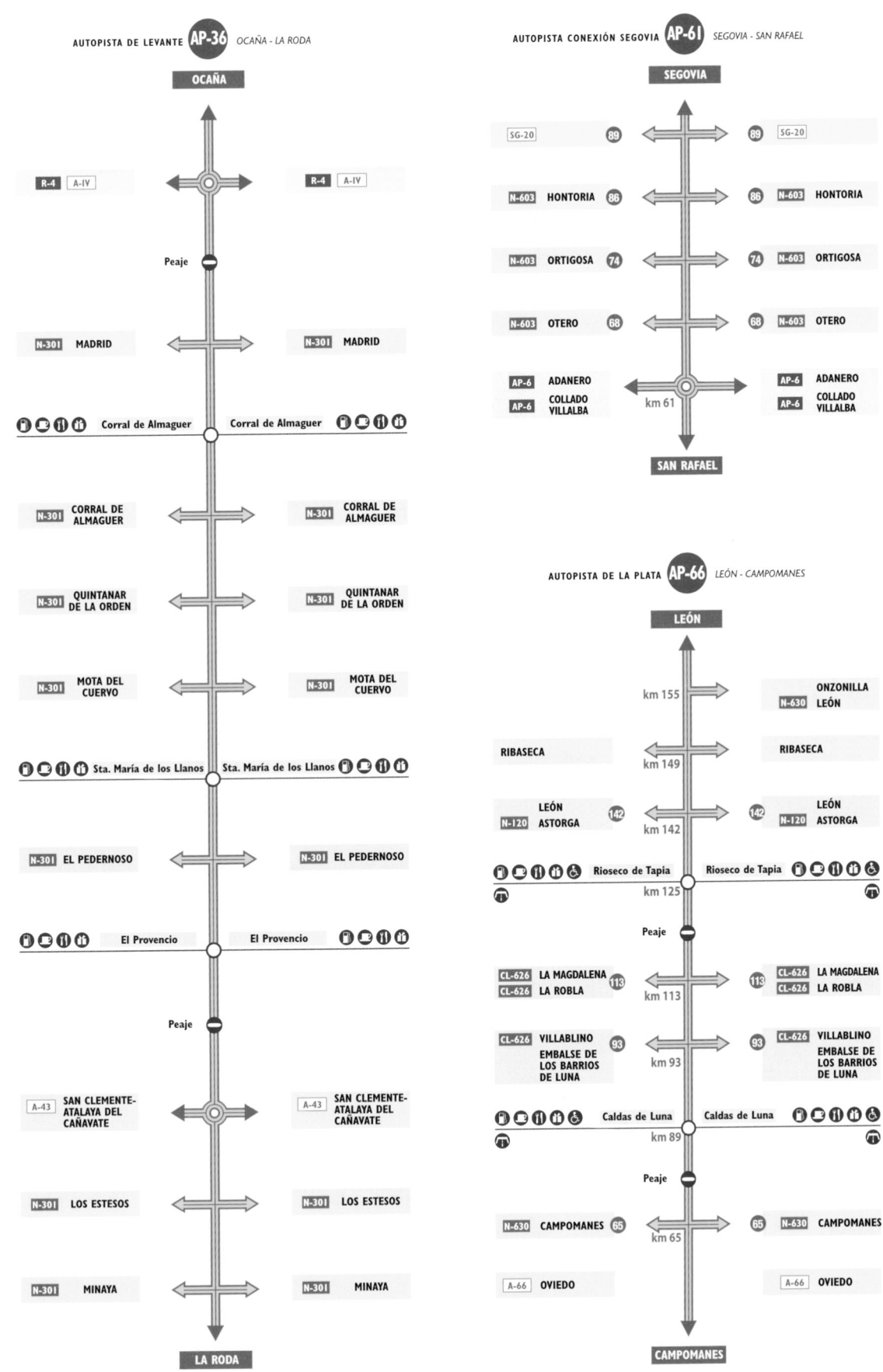

AUTOPISTA DE LEVANTE **AP-36** *OCAÑA - LA RODA*

OCAÑA

R-4 A-IV

R-4 A-IV

Peaje

N-301 MADRID

N-301 MADRID

Corral de Almaguer

Corral de Almaguer

N-301 CORRAL DE ALMAGUER

N-301 CORRAL DE ALMAGUER

N-301 QUINTANAR DE LA ORDEN

N-301 QUINTANAR DE LA ORDEN

N-301 MOTA DEL CUERVO

N-301 MOTA DEL CUERVO

Sta. María de los Llanos

Sta. María de los Llanos

N-301 EL PEDERNOSO

N-301 EL PEDERNOSO

El Provencio

El Provencio

Peaje

A-43 SAN CLEMENTE-ATALAYA DEL CAÑAVATE

A-43 SAN CLEMENTE-ATALAYA DEL CAÑAVATE

N-301 LOS ESTESOS

N-301 LOS ESTESOS

N-301 MINAYA

N-301 MINAYA

LA RODA

AUTOPISTA CONEXIÓN SEGOVIA **AP-61** *SEGOVIA - SAN RAFAEL*

SEGOVIA

SG-20 89

89 SG-20

N-603 HONTORIA 86

86 N-603 HONTORIA

N-603 ORTIGOSA 74

74 N-603 ORTIGOSA

N-603 OTERO 68

68 N-603 OTERO

AP-6 ADANERO
AP-6 COLLADO VILLALBA

km 61

AP-6 ADANERO
AP-6 COLLADO VILLALBA

SAN RAFAEL

AUTOPISTA DE LA PLATA **AP-66** *LEÓN - CAMPOMANES*

LEÓN

km 155

ONZONILLA
N-630 LEÓN

RIBASECA

km 149

RIBASECA

N-120 LEÓN ASTORGA 142

km 142

142 N-120 LEÓN ASTORGA

Rioseco de Tapia

Rioseco de Tapia

km 125

Peaje

CL-626 LA MAGDALENA
CL-626 LA ROBLA 113

km 113

113 CL-626 LA MAGDALENA
CL-626 LA ROBLA

CL-626 VILLABLINO
EMBALSE DE LOS BARRIOS DE LUNA 93

km 93

93 CL-626 VILLABLINO
EMBALSE DE LOS BARRIOS DE LUNA

Caldas de Luna

Caldas de Luna

km 89

Peaje

N-630 CAMPOMANES 65

km 65

65 N-630 CAMPOMANES

A-66 OVIEDO

A-66 OVIEDO

CAMPOMANES

AUTOPISTA DEL EBRO BILBAO/BILBO - ZARAGOZA

AP-68

E-804 E-805

BILBAO/BILBO

Left	km	Right
ARRIGORRIAGA BASAURI A-8 FRANCIA ❶	km 5	❶ ARRIGORRIAGA BASAURI A-8 FRANCIA
Arrigorriaga	km 6	Arrigorriaga
ARETA ARRANKUDIAGA ❷	km 11	❷ ARETA ARRANKUDIAGA
	Peaje	
LLODIO/LAUDIO OROZKO ❸	km 13	❸ LLODIO/LAUDIO ARETA
	km 30	❹ ZIORRAGA A-624 AMURRIO
Altube	km 36	Altube
N-622 VITORIA-GASTEIZ ❺	km 36	❺ MURGÍA IZARRA, ALTUBE
POBES SUBIJANA A-2622 NANCLARES DE LA OCA ❻	km 54	❻ POBES SUBIJANA A-2622 NANCLARES DE LA OCA
Igay	km 64	Igay
A-1 BURGOS A-1 VITORIA-GASTEIZ ❼	km 69	❼ A-1 VITORIA-GASTEIZ A-1 BURGOS
MIRANDA DE EBRO N-124 ZAMBRANA ❽	km 73	❽ MIRANDA DE EBRO N-124 ZAMBRANA
N-126 HARO LR-111 STO. DOMINGO DE LA CALZADA ❾	km 88	❾ N-126 HARO LR-111 STO. DOMINGO DE LA CALZADA
San Asensio	km 100	San Asensio

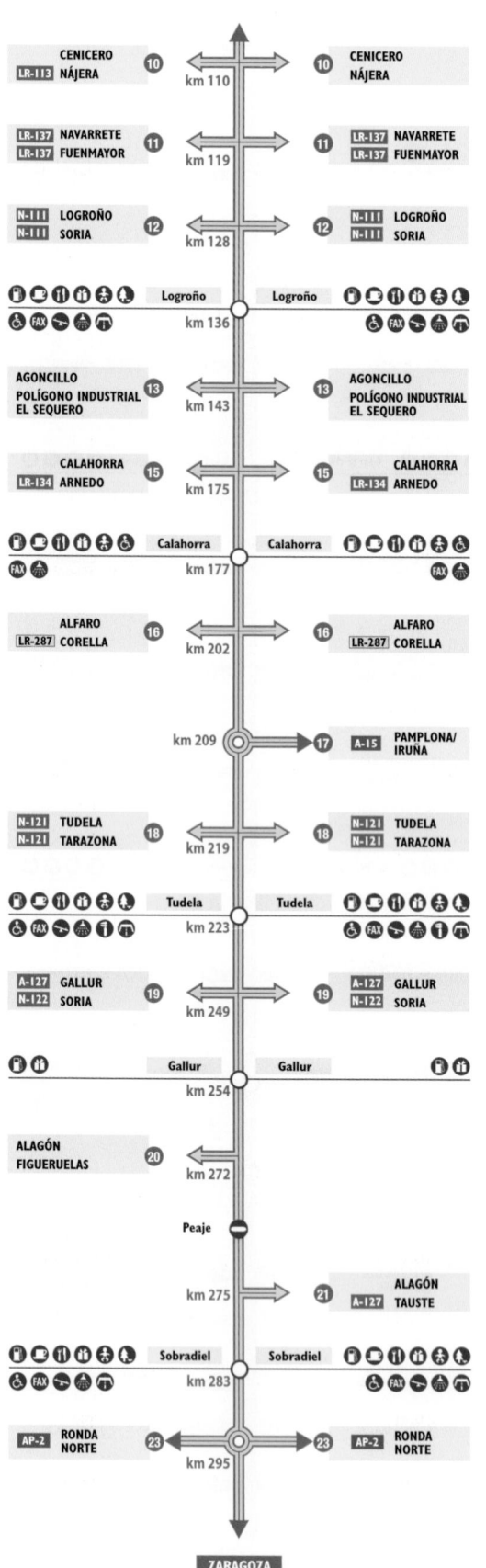

Left	km	Right
LR-113 CENICERO NÁJERA ❿	km 110	❿ CENICERO NÁJERA
LR-137 NAVARRETE LR-137 FUENMAYOR ⑪	km 119	⑪ LR-137 NAVARRETE LR-137 FUENMAYOR
N-111 LOGROÑO N-111 SORIA ⑫	km 128	⑫ N-111 LOGROÑO N-111 SORIA
Logroño	km 136	Logroño
AGONCILLO POLÍGONO INDUSTRIAL EL SEQUERO ⑬	km 143	⑬ AGONCILLO POLÍGONO INDUSTRIAL EL SEQUERO
CALAHORRA LR-134 ARNEDO ⑮	km 175	⑮ CALAHORRA LR-134 ARNEDO
Calahorra	km 177	Calahorra
ALFARO LR-287 CORELLA ⑯	km 202	⑯ ALFARO LR-287 CORELLA
	km 209	⑰ A-15 PAMPLONA/IRUÑA
N-121 TUDELA N-121 TARAZONA ⑱	km 219	⑱ N-121 TUDELA N-121 TARAZONA
Tudela	km 223	Tudela
A-127 GALLUR N-122 SORIA ⑲	km 249	⑲ A-127 GALLUR N-122 SORIA
Gallur	km 254	Gallur
ALAGÓN FIGUERUELAS ⑳	km 272	
	Peaje	
	km 275	㉑ ALAGÓN A-127 TAUSTE
Sobradiel	km 283	Sobradiel
AP-2 RONDA NORTE ㉓	km 295	㉓ AP-2 RONDA NORTE

ZARAGOZA

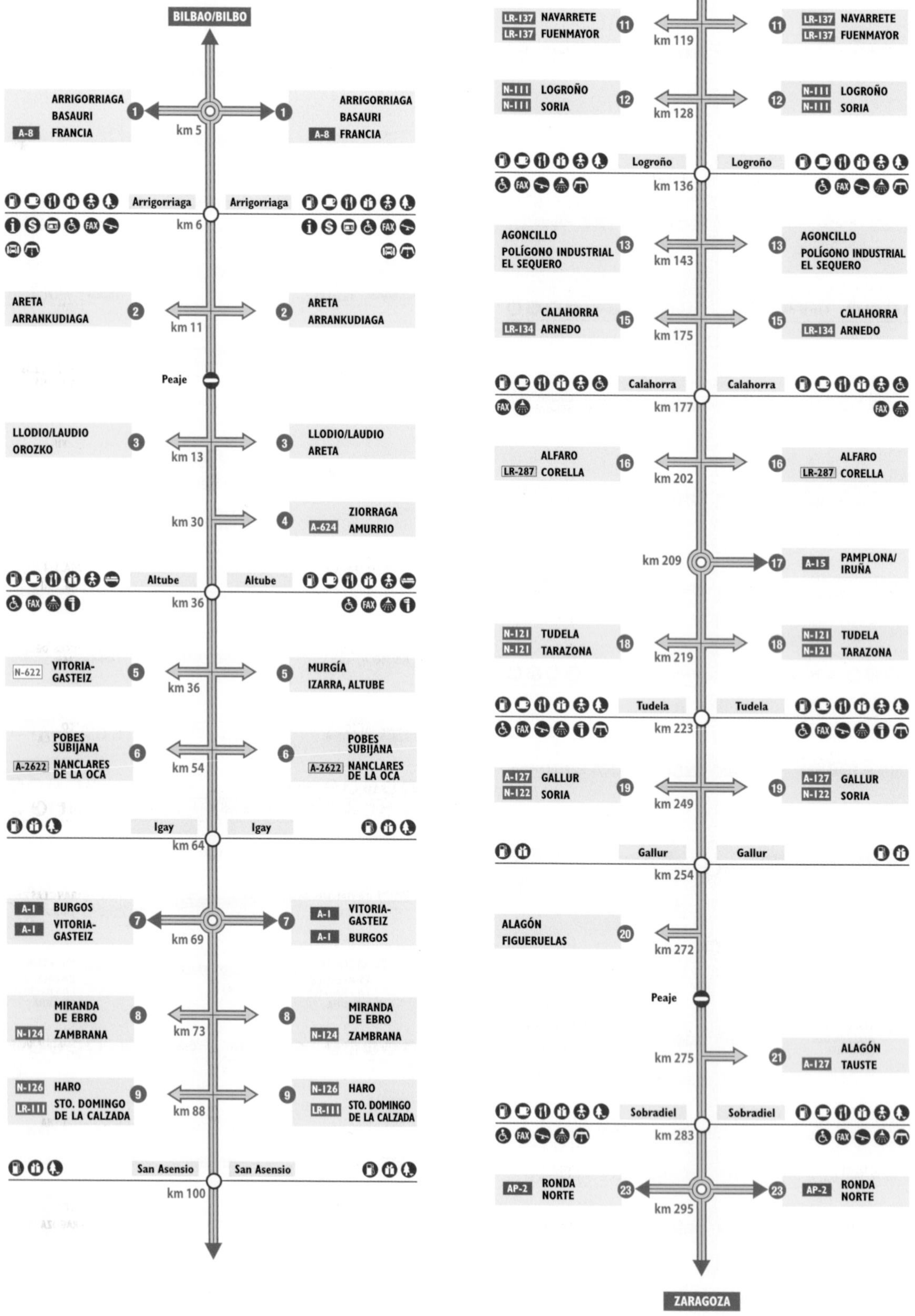

AUTOPISTA LEÓN - ASTORGA **AP-71** *LEÓN - ASTORGA*

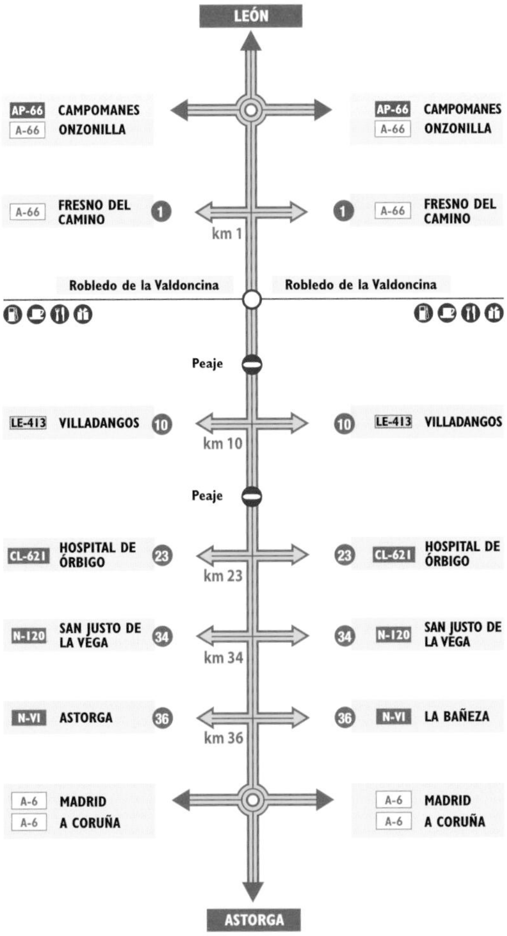
LEÓN
AP-66 CAMPOMANES
A-66 ONZONILLA
AP-66 CAMPOMANES
A-66 ONZONILLA
A-66 FRESNO DEL CAMINO 1
1 A-66 FRESNO DEL CAMINO
km 1
Robledo de la Valdoncina
Robledo de la Valdoncina
Peaje
LE-413 VILLADANGOS 10
10 LE-413 VILLADANGOS
km 10
Peaje
CL-621 HOSPITAL DE ÓRBIGO 23
23 CL-621 HOSPITAL DE ÓRBIGO
km 23
N-120 SAN JUSTO DE LA VEGA 34
34 N-120 SAN JUSTO DE LA VEGA
km 34
N-VI ASTORGA 36
36 N-VI LA BAÑEZA
km 36
A-6 MADRID
A-6 A CORUÑA
A-6 MADRID
A-6 A CORUÑA
ASTORGA

AUTOPISTA DEL HENARES **R-2** *MADRID -GUADALAJARA*

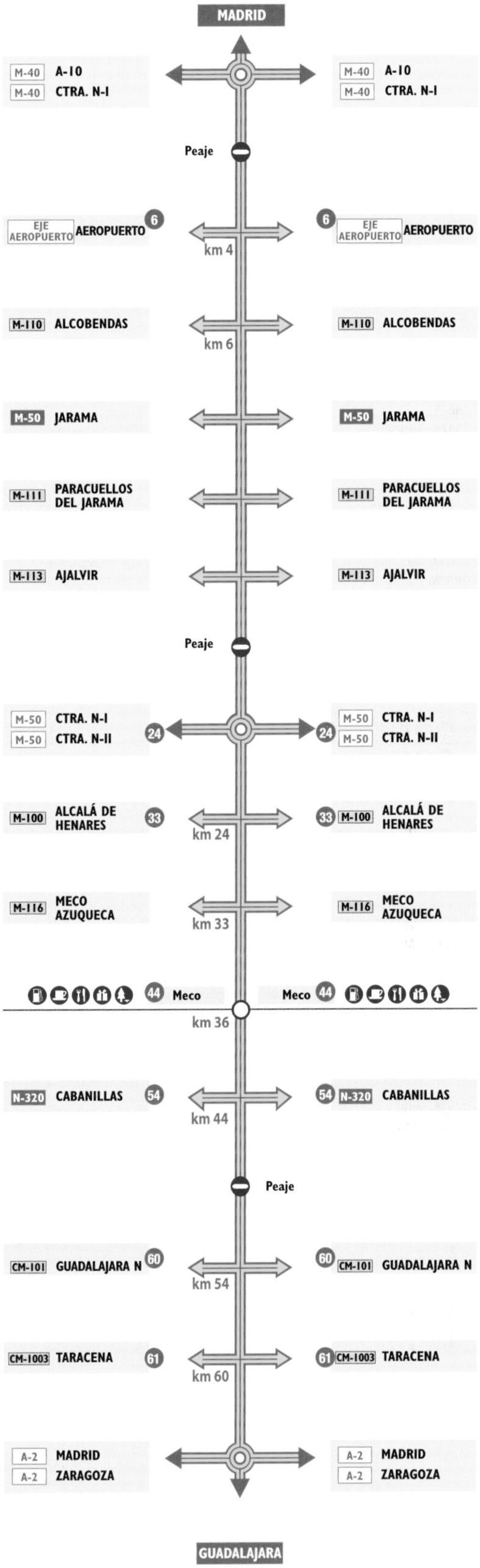
MADRID
M-40 A-10
M-40 CTRA. N-I
M-40 A-10
M-40 CTRA. N-I
Peaje
EJE AEROPUERTO AEROPUERTO 6
6 EJE AEROPUERTO AEROPUERTO
km 4
M-110 ALCOBENDAS
M-110 ALCOBENDAS
km 6
M-50 JARAMA
M-50 JARAMA
M-111 PARACUELLOS DEL JARAMA
M-111 PARACUELLOS DEL JARAMA
M-113 AJALVIR
M-113 AJALVIR
Peaje
M-50 CTRA. N-I
M-50 CTRA. N-II
24
24
M-50 CTRA. N-I
M-50 CTRA. N-II
M-100 ALCALÁ DE HENARES 33
33 M-100 ALCALÁ DE HENARES
km 24
M-116 MECO AZUQUECA
M-116 MECO AZUQUECA
km 33
44 Meco
Meco 44
km 36
N-320 CABANILLAS 54
54 N-320 CABANILLAS
km 44
Peaje
CM-101 GUADALAJARA N 60
60 CM-101 GUADALAJARA N
km 54
CM-1003 TARACENA 61
61 CM-1003 TARACENA
km 60
A-2 MADRID
A-2 ZARAGOZA
A-2 MADRID
A-2 ZARAGOZA
GUADALAJARA

AUTOPISTA EJE AEROPUERTO **M-12** *M-40 - M-110*

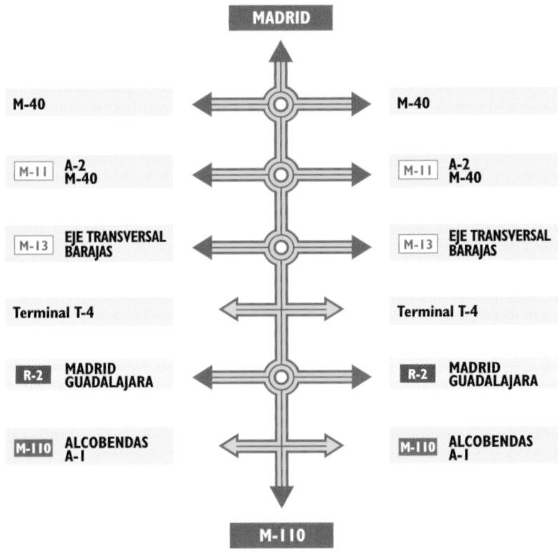
MADRID
M-40
M-40
M-11 A-2 M-40
M-11 A-2 M-40
M-13 EJE TRANSVERSAL BARAJAS
M-13 EJE TRANSVERSAL BARAJAS
Terminal T-4
Terminal T-4
R-2 MADRID GUADALAJARA
R-2 MADRID GUADALAJARA
M-110 ALCOBENDAS A-I
M-110 ALCOBENDAS A-I
M-110

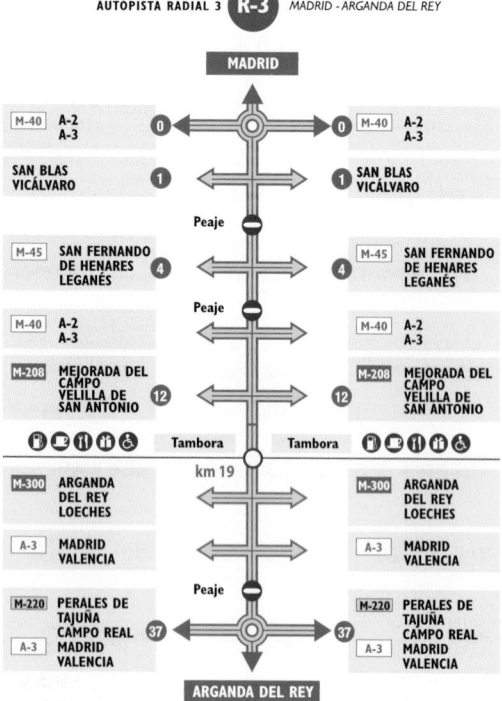

AUTOPISTA RADIAL 3 **R-3** *MADRID - ARGANDA DEL REY*

MADRID

| M-40 | A-2 A-3 | **0** | **0** | M-40 | A-2 A-3 |
| SAN BLAS VICÁLVARO | | **1** | **1** | | SAN BLAS VICÁLVARO |

Peaje

| M-45 | SAN FERNANDO DE HENARES LEGANÉS | **4** | **4** | M-45 | SAN FERNANDO DE HENARES LEGANÉS |

Peaje

| M-40 | A-2 A-3 | | | M-40 | A-2 A-3 |
| M-208 | MEJORADA DEL CAMPO VELILLA DE SAN ANTONIO | **12** | **12** | M-208 | MEJORADA DEL CAMPO VELILLA DE SAN ANTONIO |

Tambora — Tambora
km 19

| M-300 | ARGANDA DEL REY LOECHES | | | M-300 | ARGANDA DEL REY LOECHES |
| A-3 | MADRID VALENCIA | | | A-3 | MADRID VALENCIA |

Peaje

| M-220 | PERALES DE TAJUÑA CAMPO REAL | **37** | **37** | M-220 | PERALES DE TAJUÑA CAMPO REAL |
| A-3 | MADRID VALENCIA | | | A-3 | MADRID VALENCIA |

ARGANDA DEL REY

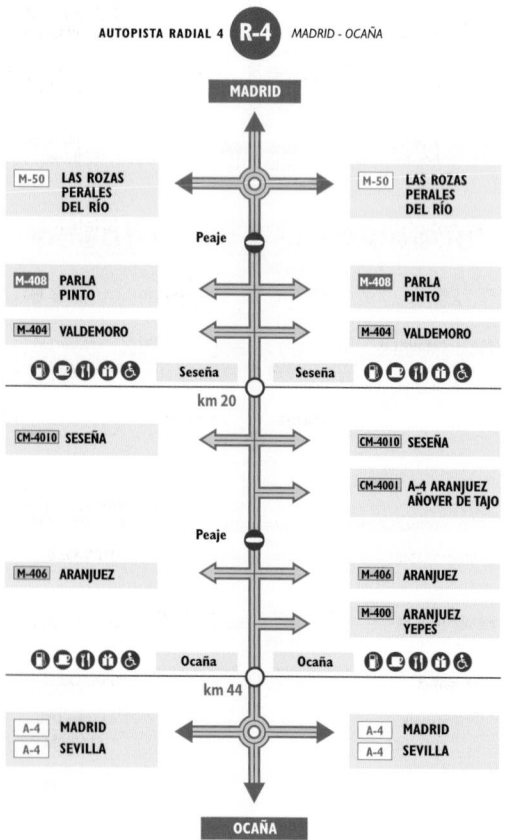

AUTOPISTA RADIAL 4 **R-4** *MADRID - OCAÑA*

MADRID

| M-50 | LAS ROZAS PERALES DEL RÍO | | | M-50 | LAS ROZAS PERALES DEL RÍO |

Peaje

| M-408 | PARLA PINTO | | | M-408 | PARLA PINTO |
| M-404 | VALDEMORO | | | M-404 | VALDEMORO |

Seseña — Seseña
km 20

| CM-4010 | SESEÑA | | | CM-4010 | SESEÑA |
| | | | | CM-4001 | A-4 ARANJUEZ AÑOVER DE TAJO |

Peaje

| M-406 | ARANJUEZ | | | M-406 | ARANJUEZ |
| | | | | M-400 | ARANJUEZ YEPES |

Ocaña — Ocaña
km 44

| A-4 | MADRID | | | A-4 | MADRID |
| A-4 | SEVILLA | | | A-4 | SEVILLA |

OCAÑA

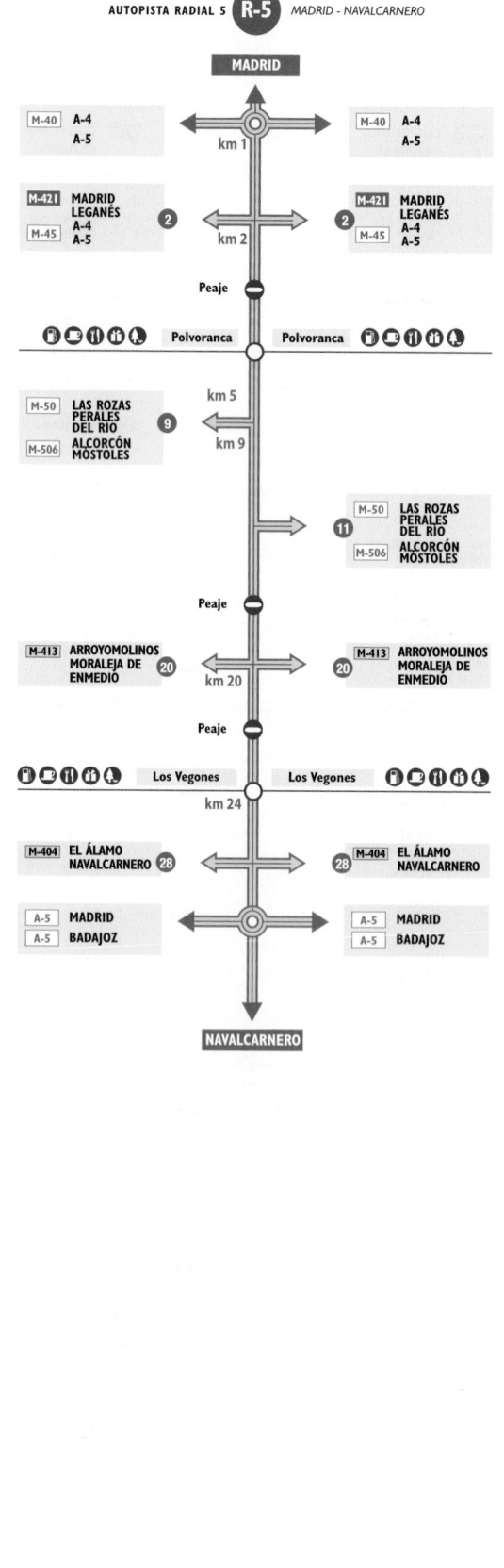

AUTOPISTA RADIAL 5 **R-5** *MADRID - NAVALCARNERO*

MADRID

M-40	A-4 A-5		km 1		M-40	A-4 A-5
M-421	MADRID LEGANÉS	**2**	km 2	**2**	M-421	MADRID LEGANÉS
M-45	A-4 A-5				M-45	A-4 A-5

Peaje

Polvoranca — Polvoranca
km 5

M-50	LAS ROZAS PERALES DEL RÍO	**9**	km 9	M-506	ALCORCÓN MÓSTOLES
				M-50	LAS ROZAS PERALES DEL RÍO	**11**
				M-506	ALCORCÓN MÓSTOLES

Peaje

| M-413 | ARROYOMOLINOS MORALEJA DE ENMEDIO | **20** | km 20 | **20** | M-413 | ARROYOMOLINOS MORALEJA DE ENMEDIO |

Peaje

Los Vegones — Los Vegones
km 24

| M-404 | EL ÁLAMO NAVALCARNERO | **28** | | **28** | M-404 | EL ÁLAMO NAVALCARNERO |

| A-5 | MADRID | | | A-5 | MADRID |
| A-5 | BADAJOZ | | | A-5 | BADAJOZ |

NAVALCARNERO

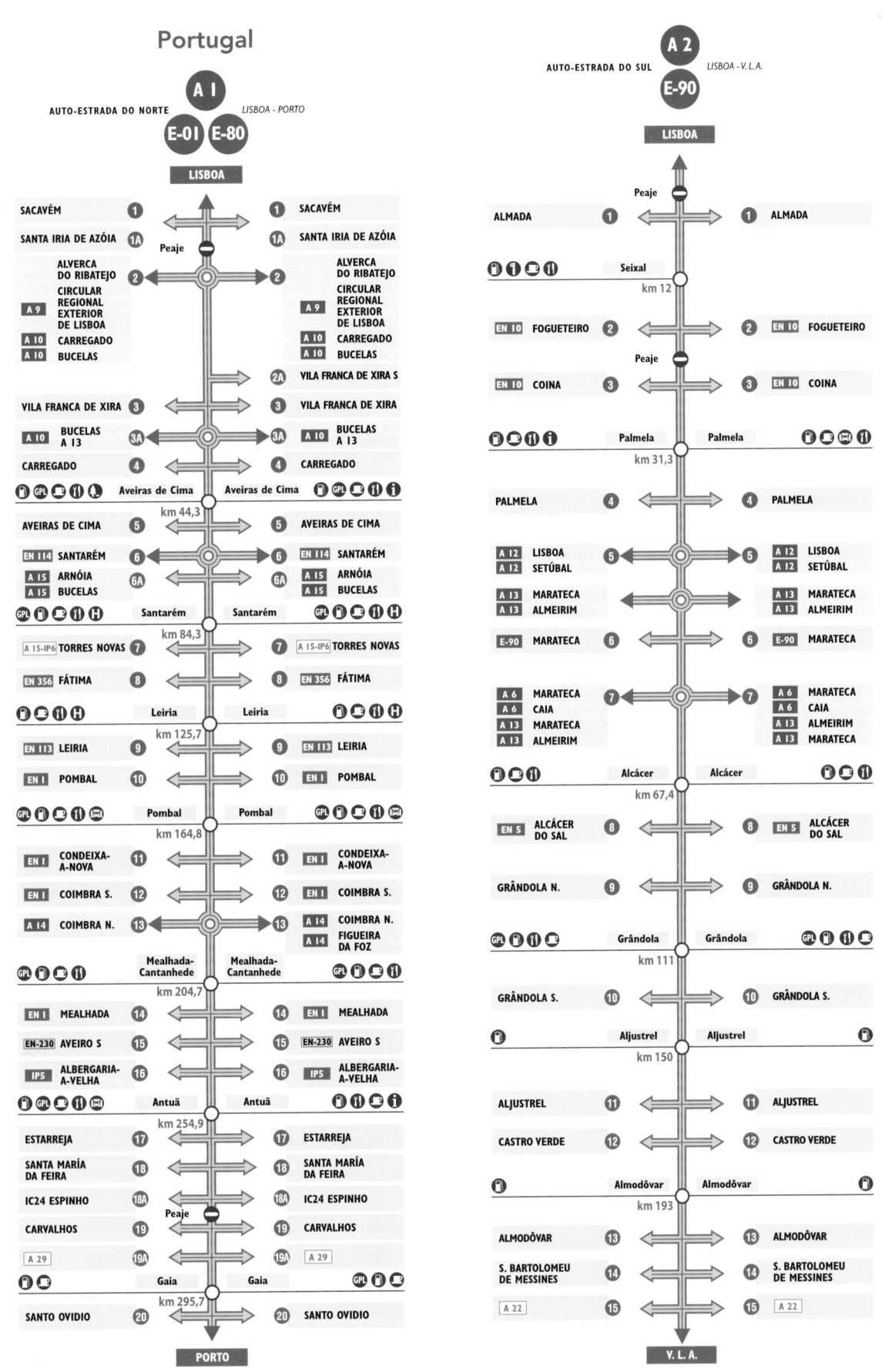

Portugal

AUTO-ESTRADA DO NORTE *LISBOA - PORTO*

A I
E-01 E-80

LISBOA

SACAVÉM	1		1	SACAVÉM
SANTA IRIA DE AZÓIA	1A	Peaje	1A	SANTA IRIA DE AZÓIA
ALVERCA DO RIBATEJO	2		2	ALVERCA DO RIBATEJO
A 9 CIRCULAR REGIONAL EXTERIOR DE LISBOA			A 9	CIRCULAR REGIONAL EXTERIOR DE LISBOA
A 10 CARREGADO			A 10	CARREGADO
A 10 BUCELAS			A 10	BUCELAS
			2A	VILA FRANCA DE XIRA S
VILA FRANCA DE XIRA	3		3	VILA FRANCA DE XIRA
A 10 BUCELAS A 13	3A		3A	A 10 BUCELAS A 13
CARREGADO	4		4	CARREGADO

Aveiras de Cima — Aveiras de Cima

km 44,3

AVEIRAS DE CIMA	5		5	AVEIRAS DE CIMA
EN 114 SANTARÉM	6		6	EN 114 SANTARÉM
A 15 ARNÓIA	6A		6A	A 15 ARNÓIA
A 15 BUCELAS				A 15 BUCELAS

Santarém — Santarém

km 84,3

A 15-IP6 TORRES NOVAS	7		7	A 15-IP6 TORRES NOVAS
EN 356 FÁTIMA	8		8	EN 356 FÁTIMA

Leiria — Leiria

km 125,7

EN 113 LEIRIA	9		9	EN 113 LEIRIA
EN 1 POMBAL	10		10	EN 1 POMBAL

Pombal — Pombal

km 164,8

EN 1 CONDEIXA-A-NOVA	11		11	EN 1 CONDEIXA-A-NOVA
EN 1 COIMBRA S.	12		12	EN 1 COIMBRA S.
A 14 COIMBRA N.	13		13	A 14 COIMBRA N.
				A 14 FIGUEIRA DA FOZ

Mealhada-Cantanhede — Mealhada-Cantanhede

km 204,7

EN 1 MEALHADA	14		14	EN 1 MEALHADA
EN-230 AVEIRO S	15		15	EN-230 AVEIRO S
IP5 ALBERGARIA-A-VELHA	16		16	IP5 ALBERGARIA-A-VELHA

Antuã — Antuã

km 254,9

ESTARREJA	17		17	ESTARREJA
SANTA MARÍA DA FEIRA	18		18	SANTA MARÍA DA FEIRA
IC24 ESPINHO	18A		18A	IC24 ESPINHO
CARVALHOS	19	Peaje	19	CARVALHOS
A 29	19A		19A	A 29

Gaia — Gaia

km 295,7

SANTO OVIDIO	20		20	SANTO OVIDIO

PORTO

AUTO-ESTRADA DO SUL *LISBOA - V.L.A.*

A 2
E-90

LISBOA

Peaje

ALMADA	1		1	ALMADA

Seixal

km 12

EN 10 FOGUETEIRO	2		2	EN 10 FOGUETEIRO

Peaje

EN 10 COINA	3		3	EN 10 COINA

Palmela — Palmela

km 31,3

PALMELA	4		4	PALMELA
A 12 LISBOA	5		5	A 12 LISBOA
A 12 SETÚBAL				A 12 SETÚBAL
A 13 MARATECA				A 13 MARATECA
A 13 ALMEIRIM				A 13 ALMEIRIM
E-90 MARATECA	6		6	E-90 MARATECA
A 6 MARATECA	7		7	A 6 MARATECA
A 6 CAIA				A 6 CAIA
A 13 MARATECA				A 13 ALMEIRIM
A 13 ALMEIRIM				A 13 MARATECA

Alcácer — Alcácer

km 67,4

EN 5 ALCÁCER DO SAL	8		8	EN 5 ALCÁCER DO SAL
GRÂNDOLA N.	9		9	GRÂNDOLA N.

Grândola — Grândola

km 111

GRÂNDOLA S.	10		10	GRÂNDOLA S.

Aljustrel — Aljustrel

km 150

ALJUSTREL	11		11	ALJUSTREL
CASTRO VERDE	12		12	CASTRO VERDE

Almodôvar — Almodôvar

km 193

ALMODÔVAR	13		13	ALMODÔVAR
S. BARTOLOMEU DE MESSINES	14		14	S. BARTOLOMEU DE MESSINES
A 22	15		15	A 22

V. L. A.

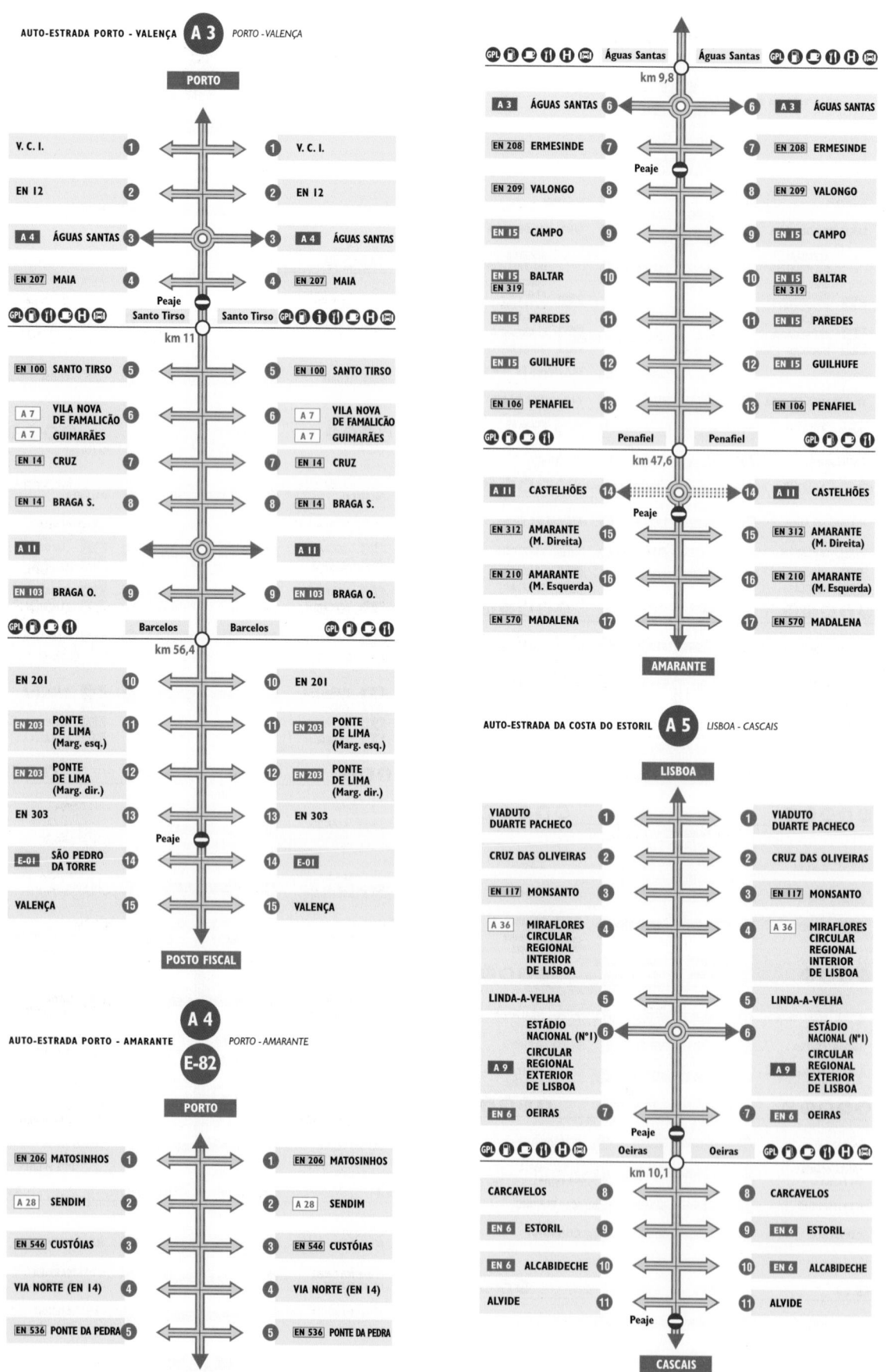

AUTO-ESTRADA PORTO - VALENÇA **A 3** *PORTO - VALENÇA*

PORTO

V. C. I.	**1**	**1** V. C. I.
EN 12	**2**	**2** EN 12
A 4 ÁGUAS SANTAS	**3**	**3** A 4 ÁGUAS SANTAS
EN 207 MAIA	**4**	**4** EN 207 MAIA

Peaje Santo Tirso — Santo Tirso
km 11

EN 100 SANTO TIRSO	**5**	**5** EN 100 SANTO TIRSO
A 7 VILA NOVA DE FAMALICÃO / A 7 GUIMARÃES	**6**	**6** A 7 VILA NOVA DE FAMALICÃO / A 7 GUIMARÃES
EN 14 CRUZ	**7**	**7** EN 14 CRUZ
EN 14 BRAGA S.	**8**	**8** EN 14 BRAGA S.
A 11		A 11
EN 103 BRAGA O.	**9**	**9** EN 103 BRAGA O.

Barcelos — Barcelos
km 56,4

EN 201	**10**	**10** EN 201
EN 203 PONTE DE LIMA (Marg. esq.)	**11**	**11** EN 203 PONTE DE LIMA (Marg. esq.)
EN 203 PONTE DE LIMA (Marg. dir.)	**12**	**12** EN 203 PONTE DE LIMA (Marg. dir.)
EN 303	**13**	**13** EN 303

Peaje

E-01 SÃO PEDRO DA TORRE	**14**	**14** E-01
VALENÇA	**15**	**15** VALENÇA

POSTO FISCAL

A 4
E-82

AUTO-ESTRADA PORTO - AMARANTE *PORTO - AMARANTE*

PORTO

EN 206 MATOSINHOS	**1**	**1** EN 206 MATOSINHOS
A 28 SENDIM	**2**	**2** A 28 SENDIM
EN 546 CUSTÓIAS	**3**	**3** EN 546 CUSTÓIAS
VIA NORTE (EN 14)	**4**	**4** VIA NORTE (EN 14)
EN 536 PONTE DA PEDRA	**5**	**5** EN 536 PONTE DA PEDRA

Águas Santas — Águas Santas
km 9,8

A 3 ÁGUAS SANTAS	**6**	**6** A 3 ÁGUAS SANTAS
EN 208 ERMESINDE	**7**	**7** EN 208 ERMESINDE

Peaje

EN 209 VALONGO	**8**	**8** EN 209 VALONGO
EN 15 CAMPO	**9**	**9** EN 15 CAMPO
EN 15 / EN 319 BALTAR	**10**	**10** EN 15 / EN 319 BALTAR
EN 15 PAREDES	**11**	**11** EN 15 PAREDES
EN 15 GUILHUFE	**12**	**12** EN 15 GUILHUFE
EN 106 PENAFIEL	**13**	**13** EN 106 PENAFIEL

Penafiel — Penafiel
km 47,6

A 11 CASTELHÕES	**14**	**14** A 11 CASTELHÕES

Peaje

EN 312 AMARANTE (M. Direita)	**15**	**15** EN 312 AMARANTE (M. Direita)
EN 210 AMARANTE (M. Esquerda)	**16**	**16** EN 210 AMARANTE (M. Esquerda)
EN 570 MADALENA	**17**	**17** EN 570 MADALENA

AMARANTE

AUTO-ESTRADA DA COSTA DO ESTORIL **A 5** *LISBOA - CASCAIS*

LISBOA

VIADUTO DUARTE PACHECO	**1**	**1** VIADUTO DUARTE PACHECO
CRUZ DAS OLIVEIRAS	**2**	**2** CRUZ DAS OLIVEIRAS
EN 117 MONSANTO	**3**	**3** EN 117 MONSANTO
A 36 MIRAFLORES CIRCULAR REGIONAL INTERIOR DE LISBOA	**4**	**4** A 36 MIRAFLORES CIRCULAR REGIONAL INTERIOR DE LISBOA
LINDA-A-VELHA	**5**	**5** LINDA-A-VELHA
ESTÁDIO NACIONAL (N°I) / A 9 CIRCULAR REGIONAL EXTERIOR DE LISBOA	**6**	**6** ESTÁDIO NACIONAL (N°I) / A 9 CIRCULAR REGIONAL EXTERIOR DE LISBOA
EN 6 OEIRAS	**7**	**7** EN 6 OEIRAS

Peaje
Oeiras — Oeiras
km 10,1

CARCAVELOS	**8**	**8** CARCAVELOS
EN 6 ESTORIL	**9**	**9** EN 6 ESTORIL
EN 6 ALCABIDECHE	**10**	**10** EN 6 ALCABIDECHE
ALVIDE	**11**	**11** ALVIDE

Peaje

CASCAIS

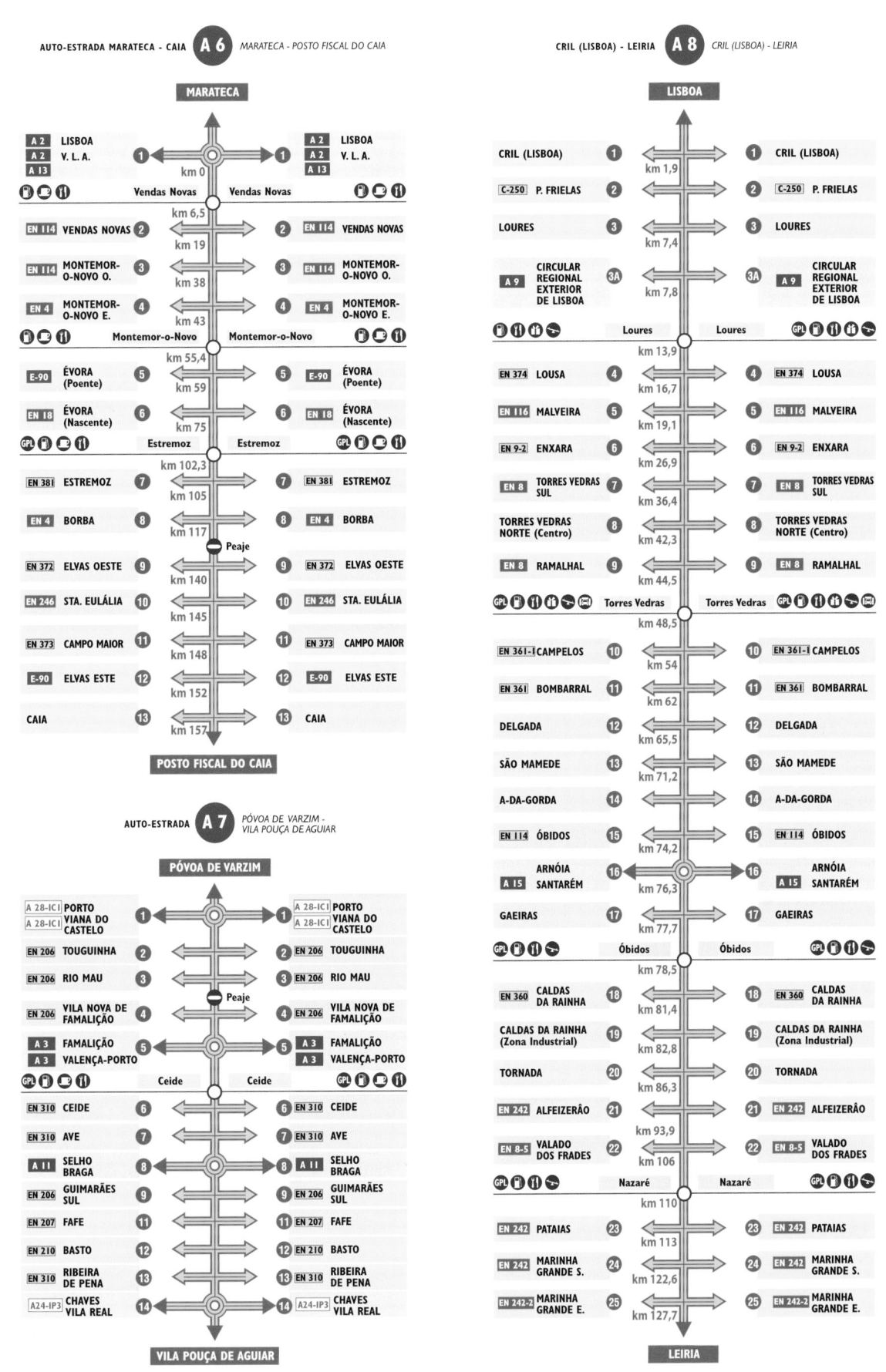

MARATECA

A 2 LISBOA / A 2 V. L. A. / A 13	① km 0 ①	A 2 LISBOA / A 2 V. L. A. / A 13
Vendas Novas		Vendas Novas
	km 6,5	
EN 114 VENDAS NOVAS ②	km 19 ②	EN 114 VENDAS NOVAS
EN 114 MONTEMOR-O-NOVO O. ③	km 38 ③	EN 114 MONTEMOR-O-NOVO O.
EN 4 MONTEMOR-O-NOVO E. ④	km 43 ④	EN 4 MONTEMOR-O-NOVO E.
Montemor-o-Novo		Montemor-o-Novo
	km 55,4	
E-90 ÉVORA (Poente) ⑤	km 59 ⑤	E-90 ÉVORA (Poente)
EN 18 ÉVORA (Nascente) ⑥	km 75 ⑥	EN 18 ÉVORA (Nascente)
Estremoz		Estremoz
	km 102,3	
EN 381 ESTREMOZ ⑦	km 105 ⑦	EN 381 ESTREMOZ
EN 4 BORBA ⑧	km 117 ⑧	EN 4 BORBA
	Peaje	
EN 372 ELVAS OESTE ⑨	km 140 ⑨	EN 372 ELVAS OESTE
EN 246 STA. EULÁLIA ⑩	km 145 ⑩	EN 246 STA. EULÁLIA
EN 373 CAMPO MAIOR ⑪	km 148 ⑪	EN 373 CAMPO MAIOR
E-90 ELVAS ESTE ⑫	km 152 ⑫	E-90 ELVAS ESTE
CAIA ⑬	km 157 ⑬	CAIA

POSTO FISCAL DO CAIA

AUTO-ESTRADA **A 7** *PÓVOA DE VARZIM - VILA POUÇA DE AGUIAR*

PÓVOA DE VARZIM

A 28-IC1 PORTO VIANA DO CASTELO ①	①	A 28-IC1 PORTO VIANA DO CASTELO
EN 206 TOUGUINHA ②	②	EN 206 TOUGUINHA
EN 206 RIO MAU ③	③	EN 206 RIO MAU
EN 206 VILA NOVA DE FAMALIÇÃO ④	Peaje ④	EN 206 VILA NOVA DE FAMALIÇÃO
A 3 FAMALIÇÃO / A 3 VALENÇA-PORTO ⑤	⑤	A 3 FAMALIÇÃO / A 3 VALENÇA-PORTO
Ceide		Ceide
EN 310 CEIDE ⑥	⑥	EN 310 CEIDE
EN 310 AVE ⑦	⑦	EN 310 AVE
A 11 SELHO BRAGA ⑧	⑧	A 11 SELHO BRAGA
EN 206 GUIMARÃES SUL ⑨	⑨	EN 206 GUIMARÃES SUL
EN 207 FAFE ⑪	⑪	EN 207 FAFE
EN 210 BASTO ⑫	⑫	EN 210 BASTO
EN 310 RIBEIRA DE PENA ⑬	⑬	EN 310 RIBEIRA DE PENA
A24-IP3 CHAVES VILA REAL ⑭	⑭	A24-IP3 CHAVES VILA REAL

VILA POUÇA DE AGUIAR

LISBOA

CRIL (LISBOA) ①	km 1,9 ①	CRIL (LISBOA)
C-250 P. FRIELAS ②	②	C-250 P. FRIELAS
LOURES ③	km 7,4 ③	LOURES
A 9 CIRCULAR REGIONAL EXTERIOR DE LISBOA ③A	km 7,8 ③A	A 9 CIRCULAR REGIONAL EXTERIOR DE LISBOA
Loures		Loures
	km 13,9	
EN 374 LOUSA ④	km 16,7 ④	EN 374 LOUSA
EN 116 MALVEIRA ⑤	km 19,1 ⑤	EN 116 MALVEIRA
EN 9-2 ENXARA ⑥	km 26,9 ⑥	EN 9-2 ENXARA
EN 8 TORRES VEDRAS SUL ⑦	km 36,4 ⑦	EN 8 TORRES VEDRAS SUL
TORRES VEDRAS NORTE (Centro) ⑧	km 42,3 ⑧	TORRES VEDRAS NORTE (Centro)
EN 8 RAMALHAL ⑨	km 44,5 ⑨	EN 8 RAMALHAL
Torres Vedras		Torres Vedras
	km 48,5	
EN 361-1 CAMPELOS ⑩	km 54 ⑩	EN 361-1 CAMPELOS
EN 361 BOMBARRAL ⑪	km 62 ⑪	EN 361 BOMBARRAL
DELGADA ⑫	km 65,5 ⑫	DELGADA
SÃO MAMEDE ⑬	km 71,2 ⑬	SÃO MAMEDE
A-DA-GORDA ⑭	⑭	A-DA-GORDA
EN 114 ÓBIDOS ⑮	km 74,2 ⑮	EN 114 ÓBIDOS
A 15 ARNÓIA SANTARÉM ⑯	km 76,3 ⑯	A 15 ARNÓIA SANTARÉM
GAEIRAS ⑰	km 77,7 ⑰	GAEIRAS
Óbidos		Óbidos
	km 78,5	
EN 360 CALDAS DA RAINHA ⑱	km 81,4 ⑱	EN 360 CALDAS DA RAINHA
CALDAS DA RAINHA (Zona Industrial) ⑲	km 82,8 ⑲	CALDAS DA RAINHA (Zona Industrial)
TORNADA ⑳	km 86,3 ⑳	TORNADA
EN 242 ALFEIZERÃO ㉑	km 93,9 ㉑	EN 242 ALFEIZERÃO
EN 8-5 VALADO DOS FRADES ㉒	km 106 ㉒	EN 8-5 VALADO DOS FRADES
Nazaré		Nazaré
	km 110	
EN 242 PATAIAS ㉓	km 113 ㉓	EN 242 PATAIAS
EN 242 MARINHA GRANDE S. ㉔	km 122,6 ㉔	EN 242 MARINHA GRANDE S.
EN 242-2 MARINHA GRANDE E. ㉕	km 127,7 ㉕	EN 242-2 MARINHA GRANDE E.

LEIRIA

261

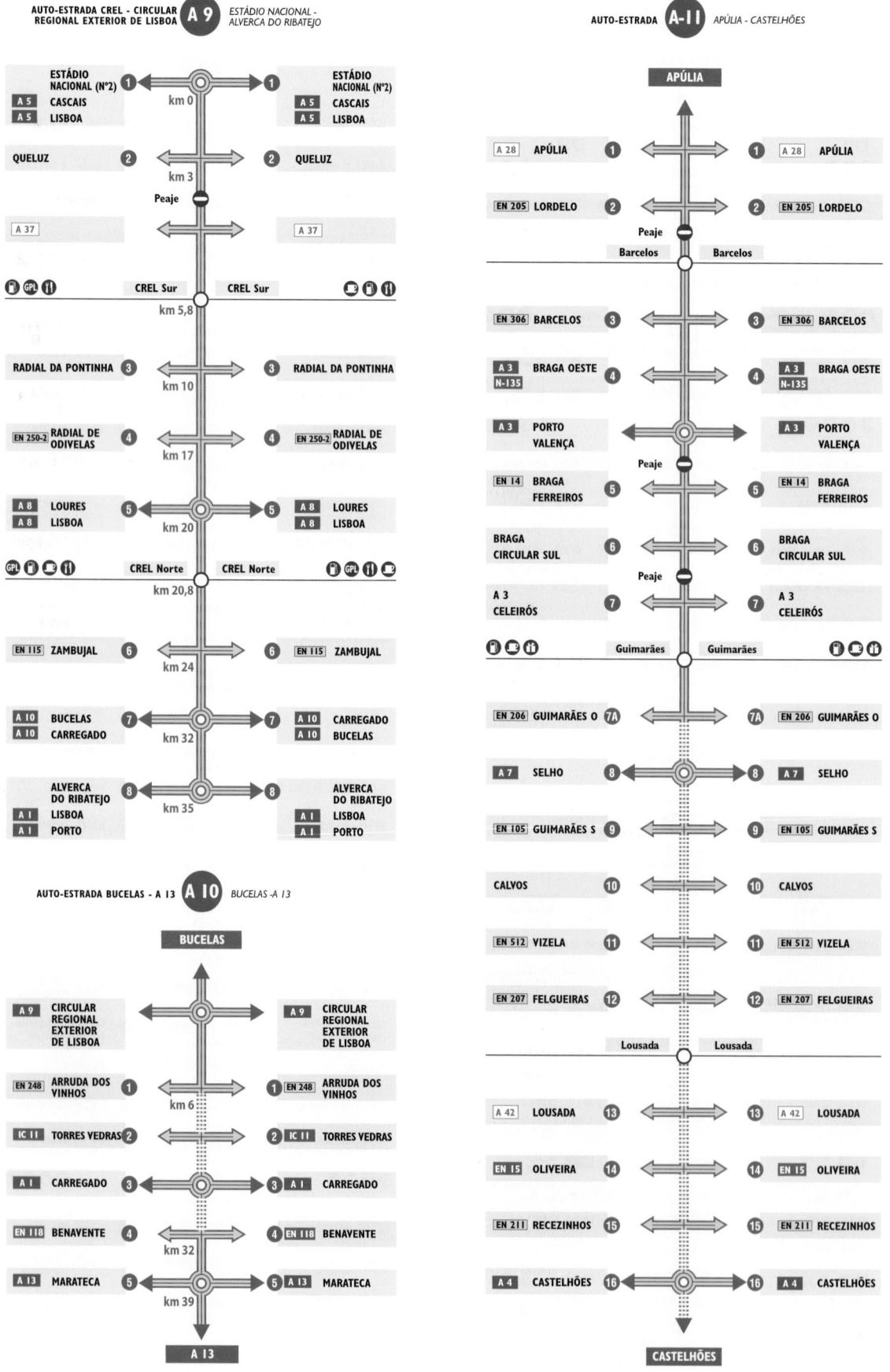

AUTO-ESTRADA CREL - CIRCULAR
REGIONAL EXTERIOR DE LISBOA **A 9** ESTÁDIO NACIONAL -
ALVERCA DO RIBATEJO

ESTÁDIO NACIONAL (N°2) ❶	km 0	❶ ESTÁDIO NACIONAL (N°2)
A 5 CASCAIS		A 5 CASCAIS
A 5 LISBOA		A 5 LISBOA
QUELUZ ❷	km 3	❷ QUELUZ
	Peaje	
A 37		A 37
CREL Sur	km 5,8	CREL Sur
RADIAL DA PONTINHA ❸	km 10	❸ RADIAL DA PONTINHA
EN 250-2 RADIAL DE ODIVELAS ❹	km 17	❹ EN 250-2 RADIAL DE ODIVELAS
A 8 LOURES	km 20	❺ A 8 LOURES
A 8 LISBOA		A 8 LISBOA
CREL Norte	km 20,8	CREL Norte
EN 115 ZAMBUJAL ❻	km 24	❻ EN 115 ZAMBUJAL
A 10 BUCELAS ❼	km 32	❼ A 10 CARREGADO
A 10 CARREGADO		A 10 BUCELAS
ALVERCA DO RIBATEJO ❽	km 35	❽ ALVERCA DO RIBATEJO
A 1 LISBOA		A 1 LISBOA
A 1 PORTO		A 1 PORTO

AUTO-ESTRADA BUCELAS - A 13 **A 10** BUCELAS -A 13

BUCELAS

A 9 CIRCULAR REGIONAL EXTERIOR DE LISBOA		A 9 CIRCULAR REGIONAL EXTERIOR DE LISBOA
EN 248 ARRUDA DOS VINHOS ❶	km 6	❶ EN 248 ARRUDA DOS VINHOS
IC 11 TORRES VEDRAS ❷		❷ IC 11 TORRES VEDRAS
A 1 CARREGADO ❸		❸ A 1 CARREGADO
EN 118 BENAVENTE ❹	km 32	❹ EN 118 BENAVENTE
A 13 MARATECA ❺	km 39	❺ A 13 MARATECA

A 13

AUTO-ESTRADA **A-11** APÚLIA - CASTELHÕES

APÚLIA

A 28 APÚLIA ❶		❶ A 28 APÚLIA
EN 205 LORDELO ❷		❷ EN 205 LORDELO
	Peaje	
	Barcelos	Barcelos
EN 306 BARCELOS ❸		❸ EN 306 BARCELOS
A 3 BRAGA OESTE ❹		❹ A 3 BRAGA OESTE
N-135		N-135
A 3 PORTO VALENÇA		A 3 PORTO VALENÇA
	Peaje	
EN 14 BRAGA FERREIROS ❺		❺ EN 14 BRAGA FERREIROS
BRAGA CIRCULAR SUL ❻		❻ BRAGA CIRCULAR SUL
	Peaje	
A 3 CELEIRÓS ❼		❼ A 3 CELEIRÓS
	Guimarães	Guimarães
EN 206 GUIMARÃES O ❼A		❼A EN 206 GUIMARÃES O
A 7 SELHO ❽		❽ A 7 SELHO
EN 105 GUIMARÃES S ❾		❾ EN 105 GUIMARÃES S
CALVOS ❿		❿ CALVOS
EN 512 VIZELA ⑪		⑪ EN 512 VIZELA
EN 207 FELGUEIRAS ⑫		⑫ EN 207 FELGUEIRAS
	Lousada	Lousada
A 42 LOUSADA ⑬		⑬ A 42 LOUSADA
EN 15 OLIVEIRA ⑭		⑭ EN 15 OLIVEIRA
EN 211 RECEZINHOS ⑮		⑮ EN 211 RECEZINHOS
A 4 CASTELHÕES ⑯		⑯ A 4 CASTELHÕES

CASTELHÕES

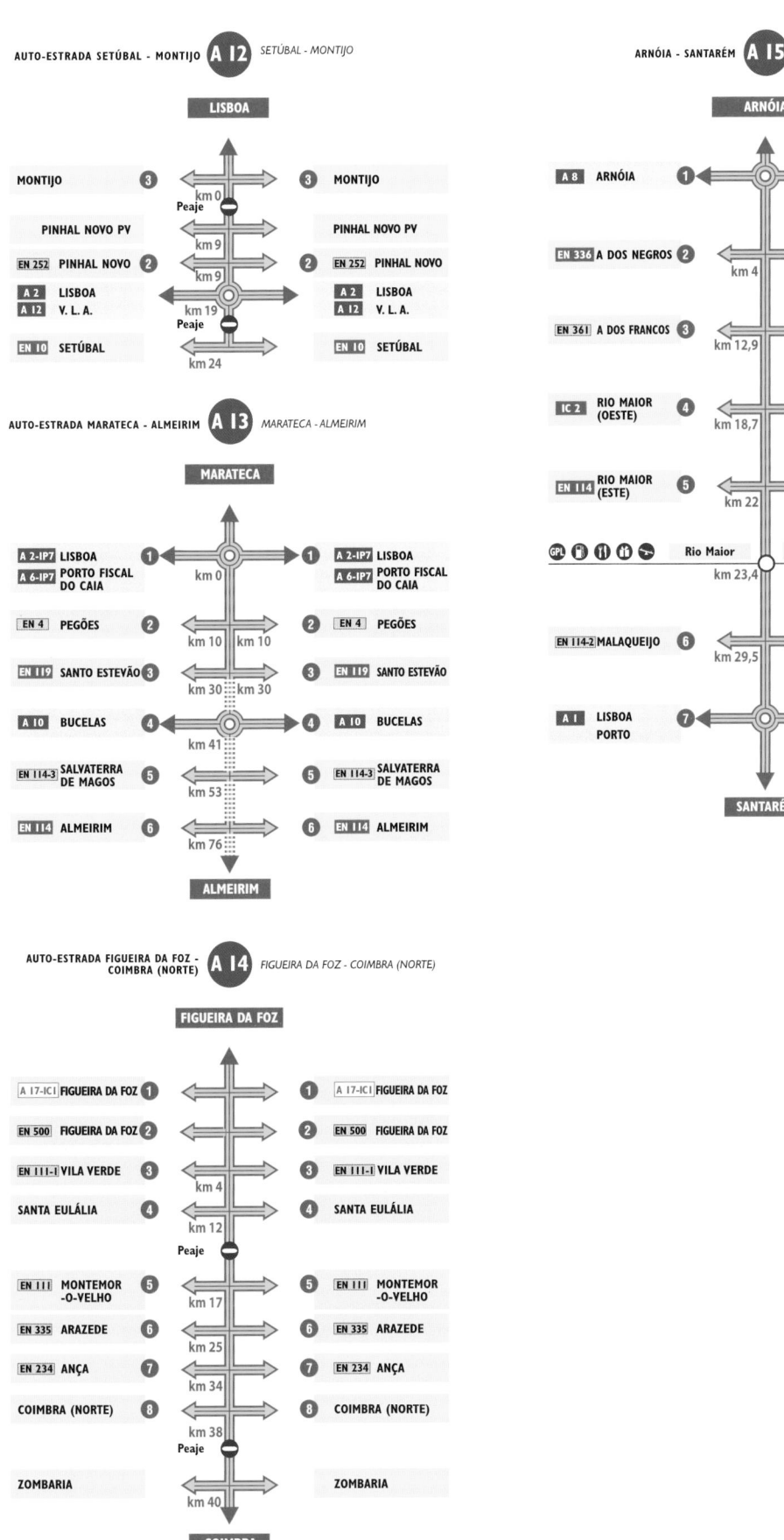

AUTO-ESTRADA SETÚBAL - MONTIJO **A 12** *SETÚBAL - MONTIJO*

LISBOA

MONTIJO	③		③	MONTIJO	
		km 0 Peaje			
PINHAL NOVO PV		km 9		PINHAL NOVO PV	
EN 252 PINHAL NOVO	②	km 9	②	EN 252 PINHAL NOVO	
A 2 LISBOA / A 12 V. L. A.		km 19 Peaje		A 2 LISBOA / A 12 V. L. A.	
EN 10 SETÚBAL		km 24		EN 10 SETÚBAL	

AUTO-ESTRADA MARATECA - ALMEIRIM **A 13** *MARATECA - ALMEIRIM*

MARATECA

A 2-IP7 LISBOA / A 6-IP7 PORTO FISCAL DO CAIA	①	km 0	①	A 2-IP7 LISBOA / A 6-IP7 PORTO FISCAL DO CAIA	
EN 4 PEGÕES	②	km 10 km 10	②	EN 4 PEGÕES	
EN 119 SANTO ESTEVÃO	③	km 30 km 30	③	EN 119 SANTO ESTEVÃO	
A 10 BUCELAS	④	km 41	④	A 10 BUCELAS	
EN 114-3 SALVATERRA DE MAGOS	⑤	km 53	⑤	EN 114-3 SALVATERRA DE MAGOS	
EN 114 ALMEIRIM	⑥	km 76	⑥	EN 114 ALMEIRIM	

ALMEIRIM

AUTO-ESTRADA FIGUEIRA DA FOZ - COIMBRA (NORTE) **A 14** *FIGUEIRA DA FOZ - COIMBRA (NORTE)*

FIGUEIRA DA FOZ

A 17-IC1 FIGUEIRA DA FOZ	①		①	A 17-IC1 FIGUEIRA DA FOZ	
EN 500 FIGUEIRA DA FOZ	②		②	EN 500 FIGUEIRA DA FOZ	
EN 111-1 VILA VERDE	③	km 4	③	EN 111-1 VILA VERDE	
SANTA EULÁLIA	④	km 12 Peaje	④	SANTA EULÁLIA	
EN 111 MONTEMOR -O-VELHO	⑤	km 17	⑤	EN 111 MONTEMOR -O-VELHO	
EN 335 ARAZEDE	⑥	km 25	⑥	EN 335 ARAZEDE	
EN 234 ANÇA	⑦	km 34	⑦	EN 234 ANÇA	
COIMBRA (NORTE)	⑧	km 38 Peaje	⑧	COIMBRA (NORTE)	
ZOMBARIA		km 40		ZOMBARIA	

COIMBRA

ARNÓIA - SANTARÉM **A 15** *ARNÓIA - SANTARÉM*

ARNÓIA

A 8 ARNÓIA	①		①	A 8 ARNÓIA	
EN 336 A DOS NEGROS	②	km 4	②	EN 336 A DOS NEGROS	
EN 361 A DOS FRANCOS	③	km 12,9	③	EN 361 A DOS FRANCOS	
IC 2 RIO MAIOR (OESTE)	④	km 18,7	④	IC 2 RIO MAIOR (OESTE)	
EN 114 RIO MAIOR (ESTE)	⑤	km 22	⑤	EN 114 RIO MAIOR (ESTE)	
GPL 🅿🍽🍴⛽ Rio Maior		km 23,4		Rio Maior GPL 🅿🍽🍴⛽	
EN 114-2 MALAQUEIJO	⑥	km 29,5	⑥	EN 114-2 MALAQUEIJO	
A 1 LISBOA PORTO	⑦		⑦	A 1 LISBOA PORTO	

SANTARÉM

Información de utilidad para el conductor / *Driver information*

ESPAÑA / *SPAIN*

Información general
General information

Código telefónico de España /	
Spanish telephone prefix	+ 34
Policía Nacional / *National Police*	091
Guardia Civil / *Civil Guard*	062
Ertzaintza (País Vasco) /	
Basque Police Force	112 /
	943 290 211
Mossos d'Esquadra (Cataluña) /	
Catalan Police Force	088
Policía Foral de Navarra /	
Navarre Police Force	948 221 802
Cruz Roja Nacional /	
National Red Cross	915 222 222
Dirección General de Tráfico (DGT) /	
Central Highways Authority	900 123 505
Ayuda en Carretera /	
Road Side Assistance	917 421 213
Servicio de Información Meteorológica /	
Weather Information Service	906 365 365
Información Toxicológica (24 horas) /	
Toxicological Information Service	915 620 420
Salvamento y Seguridad Marítima /	
Maritime Rescue and Safety	900 202 202
Unión de Consumidores de España (UCE) /	
Spanish Consumers Union	915 484 045

Jefaturas provinciales de tráfico
Provincial traffic headquarters

Álava / Araba	945 222 058	León	987 254 055
Albacete	967 210 811	Lleida	973 269 700
Alicante / Alacant	965 125 466	Lugo	982 223 027
Almería	950 242 222	Madrid	913 018 500
Asturias	985 297 700	Málaga	952 040 770
Ávila	920 213 848	Melilla	952 683 508
Badajoz	924 230 366	Murcia	968 256 211
Illes Balears	971 465 262	Navarra	948 254 304
Barcelona	932 986 543	Ourense	988 234 311
Burgos	947 272 827	Palencia	979 700 505
Cáceres	927 225 249	Las Palmas	928 381 818
Cádiz	956 273 847	Pontevedra	986 851 597
Cantabria	942 236 465	La Rioja	941 261 616
Castellón / Castelló	964 210 822	Salamanca	923 267 908
Ceuta	956 513 201	Sta. Cruz de Tenerife	922 227 840
Ciudad Real	926 226 115	Segovia	921 463 636
Córdoba	957 203 033	Sevilla	954 245 300
A Coruña	981 288 377	Soria	975 225 900
Cuenca	969 222 156	Tarragona	977 221 196
Girona	972 202 950	Teruel	978 604 605
Granada	958 156 911	Toledo	925 224 334
Guadalajara	949 230 011	Valencia / València	963 172 000
Guipúzcoa / Gipuzkoa	943 452 000	Valladolid	983 302 555
Huelva	959 253 900	Vizcaya / Bizkaia	944 421 300
Huesca	974 221 700	Zamora	980 521 562
Jaén	953 252 747	Zaragoza	976 358 900

Servicios de urgencia / *Emergency services*

Cruz Roja / *Red Cross*		**Cruz Roja /** *Red Cross*		**Cruz Roja /** *Red Cross*	
Álava / Araba	945 132 630	Cuenca	969 230 131	Pontevedra	986 852 115
Albacete	967 219 050	Girona	972 200 415	La Rioja	941 225 212
Alicante / Alacant	965 254 141	Granada	958 221 420	Salamanca	923 221 032
Almería	950 257 367	Guadalajara	949 221 184	Sta. Cruz de Tenerife	922 282 924
Asturias	985 208 215	Guipúzcoa / Gipuzkoa	943 222 222	Segovia	921 440 202
Ávila	920 224 848	Huelva	959 261 211	Sevilla	954 376 613
Badajoz	924 240 200	Huesca	974 221 186	Soria	975 212 640
Illes Balears	971 295 000	Jaén	953 251 540	Tarragona	977 244 769
Barcelona	932 051 414	León	987 252 535	Teruel	978 602 609
Burgos	947 212 311	Lleida	973 279 900	Toledo	925 216 060
Cáceres	927 247 858	Lugo	982 231 613	Valencia /	
Cádiz	956 073 000	Madrid	915 336 665	València	963 802 244
Cantabria	942 360 836	Málaga	952 217 631	Valladolid	983 132 828
Castellón /		Melilla	952 674 434	Vizcaya / Bizkaia	944 230 359
Castelló	964 724 850	Murcia	968 355 339	Zamora	980 523 300
Ceuta	956 515 903	Navarra	948 206 570	Zaragoza	976 224 880
Ciudad Real	926 229 799	Ourense	988 222 484		
Córdoba	957 433 878	Palencia	979 700 507		
A Coruña	981 221 000	Las Palmas	928 290 000		

Teléfono de urgencias /
Emergency telephone number: 112

Talleres oficiales (averías) / *Official garages (breakdowns)*

	Asistencia 24 h *24 hour assistance*	**Atención al cliente** *Customer service*		**Asistencia a 24 h** *24 hour assistance*	**Atención al cliente** *Customer service*
ALFA ROMEO	00 800 2532 0000	00 800 2532 0000	CHEVROLET	902 303 900	900 130 031
ASTON MARTIN		915 548 293	CHRYSLER	900 150 364	902 888 782
AUDI	900 320 333	902 454 575	FIAT		900 342 800
BMW	900 100 482	902 357 902	FORD		902 442 442
CADILLAC	0900 151 886	00 800 0223 4552	HONDA	900 354 202	902 424 646
CITROËN	900 515 253	902 445 566	HYUNDAI		902 246 902

Talleres oficiales (averías) / Official garages (breakdowns)

	Asistencia 24 h 24 hour assistance	Atención al cliente Customer service
HYUNDAI		902 246 902
KIA		902 283 285
LANCIA	900 211 018	
LAND ROVER		902 440 490
MAZDA	902 100 482	902 345 456
MERCEDES	00 800 1777 7777	00 800 1777 7777
MITSUBISHI		902 201 030
NISSAN	900 200 094	902 118 085
OPEL	900 142 142	902 250 025
PEUGEOT-TALBOT	900 442 424	902 366 247
PORSCHE		915 941 107
RENAULT	900 365 200	900 100 500
ROLLS-ROYCE		913 255 555
ROVER	900 116 116	915 949 384
SAAB		902 509 395
SEAT	900 600 400	902 402 602
SKODA	902 456 575	
SMART		901 116 607
SUZUKI	902 401 040	911 519 595
TATA		902 265 266
TOYOTA	900 400 410	902 342 902
VOLKSWAGEN	900 100 238	902 151 161
VOLVO	902 300 310	915 666 237

Asistencia en carretera / Road side assistance

	Asistencia 24 h 24 hour assistance	Atención al cliente Customer service
ADA (Ayuda del Automovilista)	902 232 423	902 999 024
AHSA (Asociación Hispania de Servicios al Automovilista)	902 195 084	913 093 201
Ayuda General del Automóvil	902 116 210	913 643 838
DYA	914 303 436	944 101 010
Europe Assistance	915 972 125	915 972 125
Mondial Assistance	900 126 061	913 255 440
RACC (Reial Automòbil Club de Catalunya)	902 106 106	902 307 307
RACE (Real Automóvil Club de España)	902 300 505	902 404 545

Centros de ITV / MOT centres

ÁLAVA-JUNDIZ (945 290 510): Pol. ind. de Jundiz. C/ Lermandavide

ALBACETE-ALBACETE (967 215 973): Ctra. Mahora, Km 3,5
ALBACETE-ALBACETE (967 210 974): Pol. ind. Campollano. C/ F, 1
ALBACETE-ALMANSA (967 311 386): Pol. ind. Mugrón. C/ Aparadoras, 7
ALBACETE-HELLÍN (967 305 410): Pol. ind. de Hellín, parc. 45
ALBACETE-VILLARROBLEDO (967 145 362): Ctra. N-310, km 135,2

ALICANTE-ALCOY (965 545 455): Ctra. Font Rocha, 21
ALICANTE-ALICANTE (902 196 196): Pol. ind. Pla La Vallonga. C/ 5, 5
ALICANTE-BENIDORM (902 196 196): Avda. Comunidad Valenciana, s/n
ALICANTE-DENIA (966 435 443): Ctra. Denia-Ondara, s/n
ALICANTE-ELCHE (966 656 686): Ctra. de Aspe, s/n
ALICANTE-ORIHUELA-SAN BARTOLOMÉ (965 367 182): Ctra. Orihuela-Almoradí, km 8,3
ALICANTE-REDOVÁN (966 754 497): Ctra. N-340, km 691,5
ALICANTE-TORREVIEJA (966 707 474): Ctra. Crevillente-Torrevieja, Urb. Torreta, 2
ALICANTE-VILLENA (965 817 057): Autovía E-7, Km. 48

ALMERÍA-ALBOX (950 120 902): Pol. ind. de Albox (Área de Servicio al tpte)
ALMERÍA-BERJA (950 406 300): Autovía Mediterráneo, junto cruce Balanegra
ALMERÍA-HUÉRCAL DE ALMERÍA (950 140 229): Paraje de la Cepa, 50
ALMERÍA-HUÉRCAL DE ALMERÍA (950 156 420): Paraje de Zamarula, s/n
ALMERÍA-VERA (950 391 726): Autovía Mediterráneo, salida 529, finca "La China"

ASTURIAS-AVILÉS (985 520 228): Pol. ind. Arobias. Avda. Industria, 53
ASTURIAS-CANGAS DE NARCEA (985 810 605): C/ Alejandro Casona, s/n (El Reguerón)
ASTURIAS-EL ENTREGO (985 661 100): Pol. ind. La Central
ASTURIAS-GIJÓN (985 300 103): C/ Camino del Melón, s/n
ASTURIAS-JARRIO (985 473 838): Pol. ind. Río Pinto
ASTURIAS-LLANERA (985 263 317): Ctra. N-630. C/ Pruvia de Abajo, 89

ASTURIAS-LLOVIO-RIBADESELLA (985 860 004): Pol. ind. Guadamia
ASTURIAS-MIERES (985 451 815): Pol. ind. Fábrica de Mieres

ÁVILA-ARÉVALO (920 303 358): Pol. ind. Tierras de Arévalo, parc. J-2
ÁVILA-ÁVILA (920 221 112): Ctra. Ávila-Burgohondo, km 2,4

BADAJOZ-BADAJOZ (924 013 706): P. I. El Nevero; Av. Miguel de Fabra, s/n
BADAJOZ-MÉRIDA (924 009 800): Ctra. Montijo, Km 61
BADAJOZ-VILLANUEVA DE LA SERENA (924 021 938): Pol. ind. La Barca, s/n
BADAJOZ-ZAFRA (924 029 976): Pol. ind. Los Caños. C/ Río Bodion, 12

ISLAS BALEARES-CIUDADELA (MENORCA) (971 480 044): Ctra. ME-1, km 42,5
ISLAS BALEARES-INCA (MALLORCA) (971 505 812): Ctra. Palma a Alcudia, Km 30
ISLAS BALEARES-MANACOR (MALLORCA) (971 555 062): C/ Oliveristes, s/n
ISLAS BALEARES-MAHÓN (MENORCA) (971 354 502): Pol. ind. de Mahón, C/ Bajolí, 40
ISLAS BALEARES-PALMA DE MALLORCA (971 757 557)Pol. ind. Son Castelló, s/n
ISLAS BALEARES-PALMA DE MALLORCA (971 265 012): Cami Son Fangos, 156
ISLAS BALEARES-SANTA GERTRUDIS (IBIZA) (971 315 976): Ctra. San Miguel, km 2

BARCELONA-ARGENTONA (902 127 600): Pol. ind. El Cros
BARCELONA-BADALONA (902 127 600): C/ Indústria, 427
BARCELONA-BARCELONA (902 127 600): C/ Ávila, 126-138
BARCELONA-BARCELONA (902 127 600): C/ Caracas, 10
BARCELONA-BARCELONA (902 127 600): C/ Còrsega, 392
BARCELONA-BARCELONA (902 127 600): C/ Diputació, 158-160
BARCELONA-BARCELONA (902 127 600): C/ Motores, 136
BARCELONA-BARCELONA (902 127 600): Pje. Puigmadrona, 9-15
BARCELONA-BERGA (902 127 600): Pol. ind. Valldan, parc. 1.ª, 1
BARCELONA-CIM (STA. PERPÈTUA MOGODA) (902 127 600): CIM VALLÉS. C/ Pont Vell, s/n, Parc. 13, A
BARCELONA-CORNELLÀ (902 127 600): Pol. ind. Famades. Pº Campsa, 64
BARCELONA-GRANOLLERS (902 127 600): Pol. ind. Congost. Avda. S. Julià, 253-255
BARCELONA-IGUALADA (902 127 600): Pol. ind. C/ Països Baixos, 18
BARCELONA-MANRESA (902 127 600): Pol. ind. Bufalvent. C/ Esteve Terrades, 2-4
BARCELONA-OLÈRDOLA (902 127 600): Pol. ind. Sant Pere Molanta
BARCELONA-SABADELL (902 127 600): Pol. ind. Can Roqueta. C/ San Camps, s/n
BARCELONA-SANT ANDREU DE LA BARCA (902 127 600): Antiga Ctra. N-II, km 592, 5
BARCELONA-SANT CUGAT DEL VALLES (902 127 600): Pol. ind. Sant Mamet. C/ Amposta, 2
BARCELONA-SANT JOAN DESPÍ (902 127 600): C/ Major, 3
BARCELONA-SANT JUST DESVERN (902 127 600): Pol. ind. I, Avda. Riera, 19-21
BARCELONA-VIC (938 861 033): Pol. ind. Mallotes. C/ San Llorens Desmonts, 22
BARCELONA-VILADECAVALLS (902 127 600): Pol. ind. Can Trias. Ctra. Terrassa a Olesa, km 1,8
BARCELONA-VILANOVA I LA GELTRÚ (902 127 600): Pol. ind. 2 de Roquetes. Ronda Europa, s/n

BURGOS-ARANDA DE DUERO (947 507 399): Ctra. N-I, km 161
BURGOS-BURGOS (947 481 680): Pol. ind. Taglosa, naves 55-56
BURGOS-BURGOS (947 298 280): Pol. ind. de Villalonquéjar
BURGOS-MIRANDA DE EBRO (947 325 952): Pol. ind. de Bayas, parc. 33
BURGOS-VILLASANTE MONTIJA (947 140 239): Ctra. Burgos-Santoña, Km 38,5

CÁCERES-CÁCERES (927 006 792): Ctra. N-630, km 558
CÁCERES-CORIA MORALEJA (927 193 058): Ctra. Coria-Navalmoral, km 1,5
CÁCERES-NAVALMORAL DE LA MATA (927 016 644): Ctra. A-5, 180
CÁCERES-PLASENCIA (927 017 882): Pol. ind. de Plasencia
CÁCERES-TRUJILLO (927 027 616): Pol. ind. Las Dehesillas

CÁDIZ-ALGECIRAS (956 572 817): Pol. ind. Cortijo Real. C/ Deseos, 2
CÁDIZ-CÁDIZ (956 252 590): Pol. ind. Levante. C/ Alcalá Gazules, 23
CÁDIZ-JEREZ DE LA FRONTERA (956 144 142): Avda. Alcalde Manuel Cantos Ropero
CÁDIZ-PUERTO REAL (956 590 612): Pol. ind. Tres Caminos, parc. 10-15 (2ª fase)
CÁDIZ-SAN FERNANDO (956 883 520): C/ Santo Entierro, s/n
CÁDIZ-VILLAMARTÍN (956 732 025): Pol. ind. El Chaparral. Ctra N-342

CANTABRIA-CORRALES DEL BUELNA (942 831 280): Pol. ind. Barros, parc. 19
CANTABRIA-MALIAÑO (942 369 044): Pol. ind. de Raos, parc. 10

CASTELLÓN-CASTELLÓN DE LA PLANA (902 120 013): Avda. Valencia, 168
CASTELLÓN-VILLARREAL DE LOS INFANTES (902 120 013): N-340 km 55. C/ Azagador, s/n
CASTELLÓN-VINAROZ (902 12 013): C/ Juan XXIII, s/n

CEUTA-EL TARAJAL (956 507 374): Pol. ind. Alborán, Arroyo de Las Bombas

CIUDAD REAL-ALCÁZAR DE SAN JUAN (926 546 650): Avda. Institutos, s/n
CIUDAD REAL-CIUDAD REAL (926 212 800): Ctra. de Piedrabuena, km 2
CIUDAD REAL-MANZANARES (926 612 393): Pol. ind. Manzares, 2ª fase, parc. 111
CIUDAD REAL-PUERTOLLANO (926 411 205): Pol. ind. Puertollano, parc. 601

CÓRDOBA-CÓRDOBA (957 291 150): Pol. ind. La Torrecilla. C/ Ingeniero Torres Quevedo, s/n
CÓRDOBA-CÓRDOBA (957 352 420): Pol. ind. La Torrecilla. C/ Ingeniero Torroja y Miret, s/n
CÓRDOBA-BAENA (957 671 250): Pol. ind. Los Llanos
CÓRDOBA-LUCENA (957 596 696): Ctra. N-331, km 69,5
CÓRDOBA-POZOBLANCO (957 130 517): Pol. ind. Dehesa Boyal, parc. 57

A CORUÑA-ARTEIXO (981 602 720): Pol. ind. de Sabón, parc. 69
A CORUÑA-ARTES-RIVEIRA (981 872 400): Ctra. C-500, km 43,6
A CORUÑA-CACHEIRAS-TEO (981 806 009): Ctra. Santiago-Estrada, km 6
A CORUÑA-ESPÍRITU SANTO-SADA (981 611 661): Ctra. A-6, km 582
A CORUÑA-NARÓN (981 315 051): Pol. ind. de La Gándara. Av. del Mar, 106
A CORUÑA-SANTIAGO (981 571 100): Pol. ind. Tambre. Vía La Cierva

CUENCA-CUENCA (969 213 553): Pol. ind. Los Palancares, parc. 4
CUENCA-MOTILLA DEL PALANCAR (969 333 399): Ctra. N-320, km 71

GIRONA-BLANES (902 313 231): Ctra. de L'Estació, 47
GIRONA-CELRÀ (902 313 231): Pol. ind. Celrà. C/Pirineu, s/n
GIRONA-OLOT (902 313 231): Pol. ind. Pla de Baix. C/França, s/n
GIRONA-PALAMÓS (902 313 231): Pol. ind. Pla de Sant Joan
GIRONA-PUIGCERDÀ (902 127 600): Pol. ind. de L'Estació. C/ Zona ind., 2

GIRONA-RIPOLL (902 313 231): Passeig d´Ordina, s/n
GIRONA-VILAMALLA (902 313 231): Pol. ind. Empordà Internacional. C/Castelló, s/n

GOMERA, LA-S.S. DE LA GOMERA (922 870 138): Avda. José Aguiar, s/n

GRANADA-BAZA (958 342 098): Autovía A-92 (cruce de «El Baúl»)
GRANADA-GRANADA (958 272 621): Avda. de Andalucía, s/n
GRANADA-HUÉSCAR (958 729 550): Pol. ind. La Encantada
GRANADA-LOJA (958 323 135): Pol. ind. El Manzanil II, s/n
GRANADA-MOTRIL (958 649 675): Ctra. Almería km 1,3
GRANADA-PELIGROS (958 894 602): Pol. ind. Juncaril, parc. 317-318

GUADALAJARA-ALCOLEA DEL PINAR (949 300 380): Ctra. C-114, km 0,4
GUADALAJARA-AZUQUECA DE HENARES (949 348 019): Pol. ind. El Comendador
GUADALAJARA-GUADALAJARA (949 202 986): Pol. ind. El Balconcillo

GUIPÚZCOA-BERGARA (943 760 490): C/ Santalaitz, 2
GUIPÚZCOA-IRÚN (943 626 300): Avda. Europa, 26
GUIPÚZCOA-URNIETA (943 550 000): Pol. Erratzu

HIERRO, EL (922 551 451): Iglesia de San Andrés, 2

HUELVA-HUELVA (959 285 453): Avda. Francisco Montenegro, 11
HUELVA-LA PALMA DEL CONDADO (959 400 957): Centro de Servicio y Equipamiento Comarcal
HUELVA-MINAS DE THARSIS (959 397 918): Pol. ind. Santa Bárbara, s/n
HUELVA-SAN JUAN DEL PUERTO (959 367 070): Pol. ind. La Duquesa, parc. 1
HUELVA-ZALAMEA LA REAL (959 562 106): Pol. ind. El Tejarejo, CN-435

HUESCA-BARBASTRO (974 314 154): Pol. ind. Valle del Cinca, 51
HUESCA-FRAGA (974 472 258): Ctra. N-II, km 442
HUESCA-HUESCA (974 211 476): Ctra. N-123, km 68,3
HUESCA-MONZÓN (974 403 006): Pol. ind. Paules, parc. 52
HUESCA-SABIÑÁNIGO (974 481 919): Camino Aurin, s/n
HUESCA-SARIÑENA (974 572 457): Avda. de Fraga, s/n

JAÉN-BEAS DE SEGURA (953 458 275): Pol. ind. Cornicabral, parc. 104
JAÉN-GUARROMÁN (953 672 198): Pol. ind. Guadiel, parc. 103-104
JAÉN-JAÉN (953 281 700): Pol. ind. Los Olivares. C/ Espeluy, 17
JAÉN-ÚBEDA (953 758 070): Ctra. N-321 (Úbeda-Baeza), km 1,4

LEÓN-CEMBRANOS (987 303 860): Ctra. de Zamora, km 11
LEÓN-ONZONILLA (987 254 099): Pol. ind. Onzonilla, parc. G-20
LEÓN-PONFERRADA (987 455 651): Ctra. N-VI, km 394

LLEIDA-ARTESA DE SEGRE (902 127 600): Ctra. comarcal 1412, km 0,8
LLEIDA-GRANYANELLA (902 127 600): Ctra. N-II, km 512,7
LLEIDA-LLEIDA (902 127 600): Pol. ind. El Segre. C/ Enginyer Mias, parc. 508
LLEIDA-MONTARDIT DE BAIX (902 127 600): Crta. N-620, km 284,2
LLEIDA-MONTFERRER (902 127 600): Ctra. N-260 (Puigcerdà-Sabiñánigo), km 230,5
LLEIDA-SOLSONA (902 127 600): Pol. ind. Els Ametllers, parc. 7
LLEIDA-TREMP (902 127 600): Ctra. comarcal 1412, km 54
LLEIDA-VIELHA-MIJARAN (902 127 600): Ctra. N-230, km 164,4

LUGO-FOZ (982 135 507): Ctra. C-642, km 412,5
LUGO-LUGO (982 209 037): Pol. ind. El Ceao, parc. 35
LUGO-MONFORTE DE LEMOS (982 410 412): Ribasaltas
LUGO-VIVERO (982 550 483): La Junquera, s/n

MADRID-ALCALÁ DE HENARES (918 818 063): Pol. ind. Camporros, Ctra. Daganzo, km 5,3
MADRID-ALCORCÓN (916 435 618): Pol. ind. Urtinsa. C/ Las Fábricas, 17
MADRID-ARANJUEZ (918 011 256): Pol. ind. Gonzalo Chacón, parc. 6
MADRID-ARGANDA DEL REY (918 714 114): Camino Puenteviejo, s/n
MADRID-COSLADA (916 728 048): Avda. San Pablo, 29
MADRID-GETAFE (916 958 658 y 902 154 000): Ctra. A-IV, km 15,4
MADRID-LEGANÉS (916 885 046): Pol. ind. Sra. Butarque. C/ Esteban Terradas, s/n
MADRID-LOZOYUELA (918 694 212): Ctra. A-I, km 67
MADRID-NAVALCARNERO (918 115 155): Pol. ind. Alparrache
MADRID-NAVAS DEL REY (918 650 591): Ctra. Alcorcón-Plasencia, km 41
MADRID-PARLA (916 982 612): Ctra. Parla-Pinto, km 1
MADRID-SAN SEBASTIÁN DE LOS REYES (916 527 177): Ctra. A-I, km 23,5
MADRID-VALLECAS (C.T.M.) (917 859 112): Ctra. Villaverde a Vallecas, km 3,5
MADRID-VILLALBA (918 511 687): Ctra. A-VI, km 37,6
MADRID-VILLAREJO DE SALVANÉS (918 745 363): Avda. Juan Carlos I Rey de España, s/n

MÁLAGA-ALGARROBO (952 550 862): Ctra. Algarrobo, comarcal MA-103, km 1,9
MÁLAGA-ANTEQUERA (952 712 301): Cruce N-331 con N-332, salida Antequera
MÁLAGA-ESTEPONA (952 803 554): Pol. ind. Estepona. C/ Graham Bell, 9
MÁLAGA-MÁLAGA (952 711 547): Pol. ind. Guadalhorce. C/ Diderot, 1
MÁLAGA-EL PALO (952 207 003): C/ Escritor Fuentes y Cerda, 2
MÁLAGA-RONDA (952 870 536): Pol. ind. El Fuerte. C/ Guadalquivir, 2

MURCIA-ALCANTARILLA (968 890 039): Ctra. de Mula, km 1,8
MURCIA-CARAVACA DE LA CRUZ (968 725 502): Pol. ind. Venta Cavila. Ctra. Granada, s/n
MURCIA-CARTAGENA (968 528 319): Ctra. de La Asomada. Vere de San Félix
MURCIA-ESPINARDO (968 307 444): Pol. ind. Avda. Juan Carlos I, s/n
MURCIA-JUMILLA (968 782 518): Ctra. N-III, km 73,3
MURCIA-LORCA (968 460 761): Pol. ind. Saprelorca
MURCIA-MOLINA DE SEGURA (968 645 491): Pol. ind. La Serreta. C/ Buenos Aires, 62
MURCIA-SAN PEDRO DEL PINATAR (968 188 083): Pol. ind. Las Beatas, s/n

NAVARRA-NOAIN (948 312 759): Pol. ind. Talluntxe II
NAVARRA-PAMPLONA (948 303 586): Mercairuña. C/ Soto Aizoain, s/n
NAVARRA-PERALTA (948 750 554): Ctra. Pamplona-Madrid, km 59
NAVARRA-TUDELA (948 847 000): Pol. ind. Las Labradas, parc. 5.3 y 5.4

OURENSE-O BARCO (988 325 155): Avda. do Sil, 35
OURENSE-OURENSE (988 249 712): Parque Empr. Pereiro de Aguiar
OURENSE-VERÍN (988 411 539): Pol. ind. de Pazos, parc. A

PALENCIA-CERVERA DE PISUERGA (979 870 777): Ctra. Cervera-Aguilar, km 1
PALENCIA-PALENCIA (979 727 508): Pol. ind. Villalobón. C/ Villalobón, 5 y 7

LA PALMA-EL PASO (922 485 952): Avda. Venezuela,15

LAS PALMAS-AGÜIMES (928 182 020): Pol. ind. de Arinaga, parc. 193
LAS PALMAS-LAS PALMAS (928 480 751): Pol. ind. Lomo Blanco. C/ Arguineguín, 20
LAS PALMAS-LAS PALMAS (928 481 096): Pol. ind. Lomo Blanco. C/ Arrecife, 24
LAS PALMAS-SANTA MARÍA DE GUÍA (928 550 153): Ctra. Gral. Del Norte, km 24
LAS PALMAS-TELDE (928 710 203): Ctra. Jinamar-Telde, km 10

PONTEVEDRA-BARRO (986 713 360): Ctra. Villagarcía, km 7,5
PONTEVEDRA-LALÍN (986 794 103): Parque Empr. Lalín 2000, parc. B-52
PONTEVEDRA-PONTEBORA (986 865 020): Ctra. N-541, km 88,7
PONTEVEDRA-PORRIÑO (986 333 992): Pol. ind. Las Gándaras, parc. 1-1 A
PONTEVEDRA-VIGO-PEINADOR (986 486 936): Avda. del Aeropuerto, 770
PONTEVEDRA-VILAGARCÍA DE AROUSA (986 501 024): Pol. ind. Travanca Badiña, Rua Patiño, 27-31

LA RIOJA-CALAHORRA (941 146 814): Pol. ind. Tejerías. C/ Rifando, 7
LA RIOJA-LOGROÑO (941 242 803): Pol. ind. Cantabria. C/ Soto Galo, 8
LA RIOJA-LOGROÑO (941 241 276): Pol. ind. Cantabria. C/ Barrigüelo, 6
LA RIOJA-SANTO DOMINGO DE LA CALZADA (941 342 710): Ctra. Burgos, km 46

SALAMANCA-BÉJAR (923 411 500): Ctra. N-630, km 410,5 de peña Caballera
SALAMANCA-CARBAJOSA SAGRADA (923 190 274): Pol. ind. Montalvo, parc. 22
SALAMANCA-CASTELLANOS DE MORISCOS (923 361 435): C/ A, parc. 108-109 (Pol. ind.)
SALAMANCA- CIUDAD RODRIGO (923 463 015): C/ I, Parc. 77, Pol. ind. de las Viñas

STA. CRUZ DE TENERIFE-ARAFO (922 501 700): Pol. ind. Valle de Güimar, manzana VII, parc. 15

STA. CRUZ DE TENERIFE-REALEJOS, LOS (922 345 359): C/ San Benito, 8
STA. CRUZ DE TENERIFE-ROSARIO, EL (922 619 322): Pol. ind. La Campana, Chorrillo, km 7
STA. CRUZ DE TENERIFE-SAN MIGUEL DE ABONA (922 735 476): Pol. ind. Las Chafiras

SEGOVIA-CUÉLLAR (921 142 429): Ctra. CL-601, km 45,8
SEGOVIA-VALVERDE DEL MAJANO (921 490 023): Pol. ind. Nicomedes García, C/ El Fresno, 61, sector C

SEVILLA-ALCALÁ DE GUADAIRA (955 624 735): Ctra. Alcalá-Dos Hermanas, km 4,5
SEVILLA-CARMONA (954 191 300): Pol. ind. El Pilero, s/n
SEVILLA-CAZALLA DE LA SIERRA (954 884 677): Pol. ind. El Lagar
SEVILLA-ÉCIJA (955 879 536): Autovía A-4, km 445
SEVILLA-GELVES (955 624 676): Autovía de Sevilla a Coria del Río, km 4,5
SEVILLA-OSUNA (955 820 783): Área de Servicio Autovía A-92
SEVILLA-RINCONADA, LA (955 797 161): Ctra. Sevilla-Cazalla, km 9
SEVILLA-UTRERA (955 863 232): Pol. ind. El Torno, s/n

SORIA-BURGO DE OSMA,EL (975 360 217): C/ Universidad, 112
SORIA-SORIA (975 227 140): Ctra. de las Casas, s/n

TARRAGONA-MONTBLANC (977 862 324): Ctra. Comarcal TV 7042
TARRAGONA-MORA DE NOVA (902 127 600): Pol. ind. Partida Aubals, C/ D
TARRAGONA-REUS (902 127 600): Ctra. N-340, km 1154
TARRAGONA-TARRAGONA (902 127 600): Camí de la Budellera
TARRAGONA-TORTOSA (902 127 600): Pol. ind. Baix Ebre, parc. 81-84

TERUEL-ALCAÑIZ (978 831 855): Pol. ind. Las Horcas
TERUEL-CANTAVIEJA (964 763 029): Ctra. Fortanete, pol. 31, parc. 92
TERUE-SARRIÓN (978 781 281): Ctra. Sagunto, pol. 29, parc. 58
TERUEL-TERUEL (978 602 964): Pol. ind. La Paz. C/ O, parc. 231

TOLEDO-OCAÑA (925 131 077): Ctra. N-IV, km 57,4
TOLEDO-OLÍAS DEL REY (925 491 534): Ctra. A-42, km 59
TOLEDO-QUINTANAR DE LA ORDEN (925 560 161): Pol. ind. 2ªfase. C/ D, parc. 2 y 3
TOLEDO-SESEÑA NUEVO (918 391 051): Camino de cienpozuelos, s/n
TOLEDO-TALAVERA DE LA REINA (925 801 990): Ctra. N-V, km 113
TOLEDO-TALAVERA DE LA REINA (925 841 201): Pol. ind. Torrehierro, parc. 232
TOLEDO-TOLEDO (925 230 063): Pol. ind. Ntra. Sra. De Benquerencia. C/ Jarama, 112
TOLEDO-YÉBENES, LOS (925 321 002): Ctra. N-401, km 114,7

VALENCIA-ALZIRA (962 418 273): Ctra. Alzira-Algemesí, s/n
VALENCIA-CATARROJA (961 267 602): Pol. ind. El Bony. C/ 34
VALENCIA-GANDÍA (962 862 233): Pol. ind. Alcodar. Avda. Alcodar, 30
VALENCIA-MASALFASAR (961 400 661): C/ Azagador de Liria, s/n
VALENCIA-ONTENIENTE (962 910 720): Avda. Ramón y Cajal, s/n
VALENCIA-PUERTO DE SAGUNTO (902 120 013): Pol. ind. Ingruinsa, parc. 10
VALENCIA-RIBARROJA (961 668 181): Pol. ind. El Oliveral, C/ B
VALENCIA-UTIEL (962 171 562): Pol. ind. El Melero, parc. 88-89
VALENCIA-VALENCIA (963 407 114): Manuel de Falla, 10
VALENCIA-VALENCIA (963 136 000): Pol. ind. Vara de Quart. C/ Dels Gremis, 15
VALENCIA-XÀTIVA (962 289 747): Pol. ind. L'Estret. C/ Fila Divendres,11

VALLADOLID-TORDESILLAS (983 771 151): Pol. ind. de la Vega, parc. 5
VALLADOLID-VALLADOLID (983 472 354): Pol. ind. Argales. C/ Vázquez Menchaca, 2
VALLADOLID-VALLADOLID (983 292 911): Pol. ind. San Cristóbal. C/ Acero, 9

VIZCAYA-AMOREBIETA (946 308 957): Pol. ind. Zubieta, s/n
VIZCAYA-ARRIGORRIAGA (946 711 713): Autopista A-68 (área de servicio)
VIZCAYA-VALLE DE TRÁPAGA (944 781 214): Barrio El Juncal, s/n
VIZCAYA-ZAMUDIO (944 521 113): Pol. ind. Ugaldeguren 1, parc. 8

ZAMORA-BENAVENTE (980 636 799): Ctra. N-VI, km 261
ZAMORA-MORALES DEL VINO (980 570 025): Ctra. Salamanca, s/n

ZARAGOZA-CALATAYUD (976 885 372): Pol. ind. La Charluca, parc. 24
ZARAGOZA-CASPE (976 631 640): Ctra. de acceso Pol. ind. El Castillo
ZARAGOZA-EJEA LOS CABALLEROS (976 664 451): Pol. ind. Valdeferrín, parc. 43
ZARAGOZA-TARAZONA (976 644 050): Pol. ind. Tarazona
ZARAGOZA-UTEBO (976 785 474): Ctra. Logroño, km 12,6
ZARAGOZA-ZARAGOZA (976 570 818): Pol. ind. Malpica, parc. 24

Centros de ITV móviles / *Mobile MOT centres*

Empresa *Company*	Teléfono *Telephone*	Ámbito de actuación *Field of activity*
Aragonesa de Servicios	687 344 686	**Teruel:** Alcorisa y Mas de las Matas
Aragonesa de Servicios ITV, S. A.	607 263 506	**Teruel:** Muniesa, Andorra, Utrillas, Montalbán, Monreal del Campo y Calamocha
		Zaragoza: Cariñena, Belchite, Lecera, Daroca y Ariza
Iteuve Alicante, S. A.	902 196 196	**Alicante:** Calpe, Aspe, Santa Pola y Crevillente
Alicante ITV	966 767 273	**Alicante:** Pilar de la Horadada
ITV Vega Baja	620 998 108	**Alicante:** Novelda, Monóvar, Elda, Pinoso
RVSA	902 313 231	Comarcas cubiertas por estaciones de RVSA
Valencia ITV UTE	658 936 305	**Valencia:** Llíria, Buñol, Villar, Chelva, Ademuz, Tuéjar
Valenciana de Revisiones UTE	964 251 536	**Castellón:** Viver, Segorbe, Alcalà de Chivert, Coves de Vinromà, Sant Mateu, Morella, Villafranca del Cid, Benasal, Albocácer, Adzaneta del Maestrazgo, Lucena del Cid, Alcora, Borriol, Vall d'Uxó, Jérica, Torreblanca

Aeropuertos / *Airports*

Aeropuerto *Airport*	km* *km*	Dirección *Address*	Teléfono *Telephone*	Fax *Fax*
Albacete Los Llanos	5 N	Ctra. de las Peñas, km 3,800 0271-Albacete	967 555 700	967 557 716
Alicante El Altet	9 NE	03071-Alicante	966 919 000	966 919 354
Almería	9 W	Ctra. de Níjar, km 9 04071-Almería	950 213 700	950 213 858
Asturias Ranón	13 E	Municipio de Castillón Apdo. 14433401-Avilés (Asturias)	985 127 500	985 127 516
Badajoz Talavera la Real	13 E	Ctra. Badajoz-Balboa, s/n 06195-Badajoz	924 210 400	924 210 410
Barcelona El Prat	10 NE	08820-El Prat de Llobregat Barcelona	932 983 838	932 983 737
Bilbao Loiu	9 S	48180-Loiu	944 869 300	944 896 313
Córdoba	6 NE	14071-Córdoba	957 214 100	957 214 143
A Coruña Alvedro	8 N	Apdo. 80. Rutis-Vilaboa 15180-A Coruña	981 187 200	981 187 239
Donostia-San Sebastián Hondarribia	22 SW	Ctra. Playahundi, s/n 20280-Hondarribia (Guipúzcoa)	943 668 504	943 668 514
Eivissa San José	7 NE	07800-Eivissa (Illes Balears)	971 809 000	971 809 287
Fuerteventura Puerto del Rosario	5 NE	Matorral, s/n 35610-Puerto del Rosario Fuerteventura	928 860 600	928 860 530
Girona Costa Brava	12,5 NE	17185-Vilobí d'Onyar (Girona)	972 186 600	972 474 334
La Gomera Alajeró	34 NE	Ctra. Playa de Santiago, s/n 38812-Alajeró	922 873 000	
Gran Canaria Gando	19 N	Ctra. Gral. del Sur de Gando / Telde 35080-Las Palmas de Gran Canaria	928 579 000	928 579 117
Granada Chauchina	17 E	Ctra. Málaga, s/n 18329-Granada	958 245 200	958 245 247
Hierro Santa Mª de Valverde	9 SW	38910-Valverde (El Hierro)	922 553 700	922 553 731
Huesca Monflorite-Alcalá	10 NO	Ctra. Huesca-Alcalá del Obispo, km 11 22111-Monflorite	974 280 211	974 280 172
Jerez La Parra	8 SW	Ctra. N-IV, km 7 11401-Jerez de la Frontera (Cádiz)	956 150 000	956 150 061
Lanzarote	5 NE	Apdo. 86 35500-Arrecife (Lanzarote)	928 846 000	928 846 004
La Palma	8 N	Apdo. 195. Sta. Cruz de la Palma 38700-Tenerife	922 426 100	922 461 420
León	6 NE	C/ La Ermita, s/n 24071-Virgen del Camino (León)	987 877 700	987 877 704
Logroño Agoncillo	11 W	Ctra. Nacional, km 232 26010-Agoncillo	941 277 400	941 277 410
Madrid Barajas	13 SW	Ctra. A-2, pto. km 12 28042-Madrid	913 936 000	913 936 221
Madrid Cuatro Vientos	8,5 NE	Ctra. de la Fortuna, s/n 28044-Madrid	913 211 700	913 210 949
Málaga	8 NE	Avda. García Morato, s/n 29004-Málaga	952 048 484	952 048 777
Melilla	4 NE	Ctra. Yasinem, s/n 52005-Melilla	952 698 622	952 698 608
Menorca Mahón	45 NE	07712-Mahón Menorca	971 157 000	971 157 070
Murcia San Javier	45 NW	Ctra. del Aeropuerto 30720-San Javier (Murcia)	968 172 000	968 172 030
Palma de Mallorca Son Sant Joan	8 W	07000-Palma de Mallorca	971 789 000	971 600 594
Pamplona Noáin	6 N	Ctra. Pamplona-Zaragoza, km 6,5 Pamplona-Navarra	948 168 700	948 168 707
Reus	3 NW	Autovía Tarragona-Reus, s/n 43200-Reus (Tarragona)	977 779 800	977 779 812
Sabadell	2 N	Ctra. de Bellatera, s/n 08305-Sabadell (Barcelona)	937 282 100	937 282 105
Salamanca	15 W	Ctra. de Madrid, km 14 37071-Salamanca	923 329 600	923 329 619
Santander Maliaño (Parayas)	4 N	Aptdo. 097 39002-Santander	942 202 100	942 202 152
Santiago Lavacolla	10 SW	Apdo. 2094 15700-Santiago de Compostela (A Coruña)	981 547 500	981 547 507
Sevilla San Pablo	10 SE	Autopista de San Pablo, s/n 41020-Sevilla	954 449 111	954 449 025
Tenerife-Norte Los Rodeos	13 E	Ctra. San Lázaro, s/n 38297-La Laguna (Tenerife)	922 635 800	922 631 328
Tenerife-Sur Reina Sofía	60 NE	Granadilla de Abona 38610-Tenerife	922 759 000	922 759 247
Valencia Manises	8 E	Ctra. del Aeropuerto, s/n 46940-Manises (Valencia)	961 598 500	961 598 510
Valladolid Villanubla	10 SE	Ctra. Adanero-Gijón, km 204 47071-Villanubla (Valladolid)	983 415 400	983 415 413
Vigo Peinador	8 W	Apdo. 1553 36200-Vigo (Pontevedra)	986 268 200	986 268 211
Vitoria Foronda	8 SE	01071-Foronda (Álava)	945 163 500	945 163 551
Zaragoza	10 SE	Ctra. Aeropuerto, s/n 50011-Zaragoza	976 712 300	976 710 970

* Distancia y dirección a la ciudad / *Distance and direction to town*

Ferrocarriles / *Railways*

RENFE / *(Spanish State Railway Company)*	Información / *Information*
Internacional / *International*	902 243 402
Información y reservas / *Information and reservations*	902 240 202
Información venta Internet / *Selling Internet Information*	902 157 507
AVE Departamento de Ventas / *AVE Selling Department*	915 066 088

Alquiler de coches (oficina central) / Car hire (head office)

Nombre Name	Dirección Address	Teléfono Telephone	Reservas Reservations
ATESA	Pº de la Castellana, 130, 7.ª planta. Madrid	902 100 101	(a nivel nacional) (national)
		902 100 616	(a nivel internacional) (international)
AVIS	C/ Agustín de Foxá, 27. Madrid	902 180 854	(a nivel nacional e internacional) (national/international)
EUROPCAR	Avda. Partenón, 16-18, Campo de las Naciones. Madrid	913 434 512	(a nivel nacional) (national)
HERTZ	C/ Proción, 1. Madrid	913 729 300	(central reservas) (central reservations)

Parques Nacionales / National Parks

Organismo Autónomo de Parques Nacionales
Gran Vía de S. Francisco, 4. 28005 Madrid - Tel. 915 975 588 / Fax 915 975 567

• Parque Nacional d'Aigüestortes i Estany de Sant Maurici, 40 852 ha
Casa del Parc Nacional, les Graieres, 2. 25528 Boí (Alta Ribargorça), Lleida
Tel. 973 696 189 / Fax 973 696 154
Casa del Parc Nacional, Prat de la Guarda, 4. 25597 Espot (Pallars Sobirà), Lleida
Tel./Fax 973 624 036

• Parque Nacional Marítimo-Terrestre Archipiélago de Cabrera, 10 025 ha
Plaza de España, 8, 1º. 07002 Palma de Mallorca - Tel. 971 725 010 / Fax 971 725 585

• Parque Nacional de Cabañeros, 39 310 ha
Pueblonuevo de Bullaque. 13194 Ciudad Real - Tel. 926 783 297 / Fax 926 783 484

• Parque Nacional de la Caldera de Taburiente, 4 690 ha
Ctra. de Padrón, 47. 38750 El Paso - Tel. 922 497 277 / Fax 922 497 081

• Parque Nacional de Doñana, 50 720 ha
Matalascañas-El Acebuche-Almonte. 21760 Matalascañas (Huelva)
Tel. 959 448 711 / Fax 959 448 576

• Parque Nacional de Garajonay, 3 974 ha
Ctra. Gral. del Sur, 6. Apdo. de Correos 92. San Sebastián de la Gomera
38800 Santa Cruz de Tenerife - Tel. 922 870 105 / Fax 922 870 362

• Parque Nacional das Illas Atlánticas de Galicia
Pintor Laxeiro, 45. Bloque I del grupo Camelias, local nº 9. 36004 Pontevedra
Tel. 986 858 593 / Fax 986 858 863

• Parque Nacional de Monfragüe, 18 118 ha
Villarreal de San Carlos. 10695 Cáceres - Tel. 927 199 134

• Parque Nacional de Ordesa y Monte Perdido, 15 608 ha
Pje. Baleares, 3. 22071 Huesca - Tel. 974 243 361 / Fax 974 242 725

• Parque Nacional de Picos de Europa, 64 660 ha
C/ Arquitecto Reguera, 13. 33004 Oviedo - Tel. 985 241 412 / Fax 985 273 945

• Parque Nacional de Las Tablas de Daimiel, 1 928 ha
Paseo del Carmen s/n 13250 Daimiel-Ciudad Real - Tel. 926 851 097 / Fax 926 851 176

• Parque Nacional del Teide, 18 990 ha
C/ Emilio Calzadilla, 5, 4º piso. 38002 Santa Cruz de Tenerife
Tel. 922 290 129 / Fax 922 244 788

• Parque Nacional de Timanfaya, 5 107 ha
C/ La Mareta, 9. Tinajo, Lanzarote. 35560 Las Palmas - Tel. 928 840 238 / Fax 928 840 251

• Parque Nacional de Sierra Nevada, 86 208 ha
Ctra. Antigua de Sierra Nevada, km 7, 18071 Pinos Genil-Granada
Tel. 958 026 300 / Fax 958 026 310

Información meteorológica / Weather information

Capitales Regional capital	Altitud Height (m)	Mes más frío Coldest month (°C)	Mes más cálido Warmest month (°C)	Precipitación Annual rainfall (mm)
Albacete	686	enero/january 4,8	julio/july 24,0	357
Alicante / Alacant	3	enero/january 11,6	agosto/august 25,0	340
Almería	16	enero/january 12,5	agosto/august 26,0	230
Ávila	1 128	enero/january 3,2	julio/july 19,9	364
Badajoz	186	enero/january 8,6	julio/july 25,3	477
Barcelona	18	enero/january 8,8	agosto/august 23,1	601
Bilbao	19	enero/january 8,8	agosto/august 19,9	1 249
Burgos	860	enero/january 2,6	julio/july 18,4	689
Cáceres	439	enero/january- diciembre/december 8,2	julio/july agosto/august 25,5	514
Cádiz	4	enero/january 12,7	agosto/august 24,5	573
Castellón de la Plana / Castelló de la Plana	30	enero/january 10,1	agosto/august 24,1	487
Ceuta	2	enero/january 11,4	agosto/august 22,1	
Ciudad Real	635	enero/january 5,7	julio/july 25,0	400
Córdoba	123	enero/january 9,5	julio/july 26,9	674
A Coruña	5	enero/january 10,2	agosto/august 18,8	971
Cuenca	590	enero/january 4,2	julio/july 22,4	572
Donostia-San Sebastián	5	enero/january 7,8	agosto/august 18,7	1 529
Girona	75	diciembre/december 2,7	julio/july 22,6	812
Granada	685	enero/january 7,0	julio/july 25,1	402
Guadalajara	679	enero/january 5,7	julio/july 23,5	472
Huelva	56	enero/january 12,2	agosto/august 25,6	462
Huesca	488	enero/january 4,7	julio/july 23,3	485
Jaén	574	enero/january 8,9	julio/july 27,6	
León	838	enero/january 3,1	julio/july 19,6	532
Lleida	155	enero/january 5,6	julio/july 24,6	414
Logroño	384	enero/january 5,8	julio/july 22,2	442
Lugo	454	enero/january 5,8	agosto/august 17,5	1 136
Madrid	655	enero/january 6,1	julio/july 24,4	461
Málaga	8	enero/january 12,1	agosto/august 25,3	469
Melilla	2	enero/january 13,2	agosto/august 26,9	
Murcia	42	enero/january 10,6	agosto 24,6	288
Ourense	139	enero/january 7,1	julio/july 22,1	792
Oviedo	232	enero/january 7,8	agosto/august 18,5	964
Palencia	740	enero/january 4,1	julio/july 20,5	458
Palma de Mallorca	33	enero/january 3,4	agosto/august 17,7	449
Las Palmas de Gran Canaria	13	enero/january 17,5	agosto/august 24,1	139
Pamplona / Iruña	449	enero/january 4,6	julio/july 20,4	863
Pontevedra	27	enero/january 10,0	julio/july 20,7	1 053
Salamanca	800	enero/january 3,7	julio/july 21,0	413
Sta. Cruz de Tenerife	4	enero/january 17,9	agosto/august 25,1	
Santander	15	enero/january 9,7	agosto/august 19,9	1 198
Segovia	1 001	enero/january 4,0	julio/july 21,8	981
Sevilla	7	enero/january 10,7	agosto/august 26,9	
Soria	1 063	enero/january 2,9	julio/july 19,9	574
Tarragona	51	enero/january 9,8	agosto/august 23,5	445
Teruel	915	enero/january 3,8	julio/july 21,5	381
Toledo	529	diciembre/december 6,4	julio/july 25,5	378
Valencia / València	16	enero/january 11,4	agosto/august 25,0	423
Valladolid	691	enero/january 4,1	julio/july 20,0	374
Vitoria-Gasteiz	525	enero/january 4,6	agosto/august 18,5	847
Zamora	900	enero/january 4,3	julio/july 21,8	359
Zaragoza	200	enero/january 6,2	julio/july 24,3	338

Patrimonio de la Humanidad / World Heritage Sites

Fecha de declaración / Date of declaration

1984	Parque y Palacio Güell y Casa Milà, Barcelona
1984	Monasterio y Real Sitio del Escorial, Madrid
1984	Catedral de Burgos
1984	Alhambra, Generalife y Albaicín, Granada
1984	Centro histórico de Córdoba
1985	Monumentos de Oviedo y del reino de Asturias
1985	Cuevas de Altamira, Cantabria
1985	Ciudad vieja de Segovia y su Acueducto
1985	Ciudad vieja de Santiago de Compostela, A Coruña
1985	Ciudad vieja de Ávila y iglesias extramuros
1986	Arquitectura mudéjar de Teruel
1986	Parque Nacional de Garajonay, Santa Cruz de Tenerife
1986	Ciudad vieja de Cáceres
1986	Ciudad histórica de Toledo
1987	Catedral, Alcázar y Archivo de Indias de Sevilla
1988	Ciudad vieja de Salamanca
1991	Monasterio de Poblet, Tarragona
1993	Conjunto Arqueológico de Mérida, Badajoz
1993	Monasterio Real de Santa María de Guadalupe, Badajoz
1993	Camino de Santiago de Compostela, A Coruña

1994	Parque Nacional de Doñana, Huelva, Sevilla y Cádiz
1996	Ciudad histórica fortificada de Cuenca
1996	La Lonja de la Seda de Valencia
1997	Palau de la Música Catalana y Hospital de Sant Pau, Barcelona
1997	Las Médulas, León
1997	Monasterios de San Millán de Yuso y de Suso, La Rioja
1998	Arte rupestre del Arco Mediterráneo de la Península Ibérica
1998	Universidad y Recinto Histórico de Alcalá de Henares
1999	Ibiza, biodiversidad y cultura
1999	San Cristóbal de la Laguna, Santa Cruz de Tenerife
2000	Sitio Arqueológico de Atapuerca, Burgos
2000	Palmeral de Elche, Valencia
2000	Iglesias románicas catalanas de la Vall de Boí, Lleida
2000	Muralla romana de Lugo
2000	Conjunto arqueológico de Tarragona
2001	Paisaje Cultural de Aranjuez, Madrid
2001	Arquitectura Mudéjar de Aragón
2003	Conjuntos monumentales y renacentistas de Úbeda y Baeza
2005	Casa Vicens, Casa Batlló y Cripta de la Sagrada Familia, Barcelona
2006	Puente de Vizcaya

Principales centros de información turística / *Main tourist information centres*

Secretaría General de Turismo. C/ José Lázaro Galdiano, 6. 28036 Madrid. Tel. 913 433 500

Localidad *Place*	Dirección *Address*	Código postal *Post code*	Teléfono *Telephone*	Institución *Organization*
Albacete	C/ del Tinte, 2	02071 Albacete	967 580 522	C. Industria, Comercio y Trabajo
				Posada del Rosario
Alicante / Alacant	Rambla de Méndez Núñez, 23	03002 Alicante	965 200 000	Generalitat Valenciana
Almería	Parque Nicolás Salmerón, s/n (esquina Martínez Campos)	04002 Almería	950 274 355	Turismo Andaluz. S. A. (Junta de Andalucía)
Ávila	Pl. de la Catedral, 4	05001 Ávila	920 211 387	Junta de Castilla y León
Badajoz	Pl. de la Libertad, 3	06005 Badajoz	924 222 763	Junta de Extremadura
Badajoz	Pje. de San Juan, s/n	06001 Badajoz	924 224 981	Ayuntamiento
Barcelona	Pl. Catalunya, 17	08002 Barcelona	933 043 135	Consorci de Turisme de l'Ajuntament
				i Cambra de Comerç
Barcelona	Pl. Països Catalans, s/n	08015 Barcelona	934 914 431	Ajuntament i Cambra de Comerç
Barcelona	Pg. de Gràcia, 107	08008 Barcelona	932 384 000	Generalitat - Palau Robert
Barcelona	Aeropuerto del Prat - Terminal A	08820 Barcelona	934 784 704	Generalitat de Catalunya
	Terminal B		934 780 565	
Bilbao	Plaza de Arriaga, bajo	48005 Bilbao	944 160 022	Ayuntamiento - Bilbao Iniciativas Turísticas
				(Órganismo Autónomo Paramunicipal)
Burgos	Pl. Alonso Martínez, 7, bajo	09003 Burgos	947 203 125	Junta de Castilla y León
Cáceres	Pl. Mayor, 33	10003 Cáceres	927 246 347	Junta de Extremadura
Cádiz	Av. Ramón de Carranza, s/n	11006 Cádiz	956 258 646	Junta de Andalucía
Castellón de la Plana / Castelló de la Plana	Pl. M.ª Agustina, 5 bajos	12003 Castellón de la Plana	964 358 688	Conselleria de Turisme
Ceuta	C/ Padilla	51001 Ceuta	956 518 247	Gobierno Autonómico
Ciudad Real	Avda. Alarcos, 21, bajos	13080 Ciudad Real	926 200 037	Junta Castilla-La Mancha
Córdoba	C/ Torrijos, 10 (Palacio Congresos y Exposiciones)	14003 Córdoba	957 471 235	Turismo Andaluz S. A. (Junta de Andalucía)
Córdoba	Pl. Judá Levi, s/n	14003 Córdoba	957 200 522	Ayuntamiento
A Coruña	C/ Dársena de la Marina, s/n	15001 A Coruña	981 221 822	Xunta de Galicia
Cuenca	Glorieta González Palencia, 2	16002 Cuenca	969 178 800	C. de Industria, Comercio y Turismo
Cuenca	Pl. Mayor, 1	16071 Cuenca	969 178 841	Ayuntamiento
Donostia-San Sebastián	C/ Fueros, 1	20005 San Sebastián	943 426 282	Gobierno Vasco
Donostia-San Sebastián	C/ Reina Regente, s/n	20003 San Sebastián	943 481 166	Ayuntamiento - Centro de Atracción y Turismo
Eivissa	Vara del Rey, 13, bajo	07800 Eivissa	971 301 900	Conselleria Turisme
Gijón	C/ Marqués de San Esteban, 1 - 1.ª planta	33206 Gijón	985 346 046	C. de Industria, Comercio y Trabajo
Girona	Rambla de la Llibertat, 1	17004 Girona	972 226 575	Ajuntament y Generalitat
Girona	Estació Renfe	17007 Girona	972 216 296	Ajuntament, Assoc. Guies Turístiques
				i Assoc. d'Hostelería
Granada	Pl. Mariana Pineda, 12, bajos	18009 Granada	958 226 668	Diputación
Granada	Corral del Carbón, s/n	18009 Granada	958 221 022	Junta de Andalucía
Granada	Avda. Generalife, s/n	18009 Granada	958 229 575	Junta de Andalucía
Guadalajara	Pl. de los Caídos, 6	19001 Guadalajara	949 211 626	Junta de Castilla La Mancha, Ayuntamiento
Huelva	Avda. de Alemania, 12	21001 Huelva	959 257 403	Turismo Andaluz S. A. (Junta de Andalucía)
Huesca	Pl. de la Catedral 1	22001 Huesca	974 292 170	Ayuntamiento
Jaén	C/ Arquitecto Berges, 1	23007 Jaén	953 222 737	Diputación - Palacio Municipal de Cultura
Jaén	C/ Maestra, 13	23002 Jaén	953 242 624	Junta de Andalucía
León	Pl. de la Regla, 4	24003 León	987 237 082	Junta de Castilla y León
Lleida	Avda. de Madrid, 36	25002 Lleida	973 270 997	Generalitat
Logroño	Paseo del Espolón, 1	26071 Logroño	941 260 665	Gobierno de la Rioja
Lugo	Pr. Maior, 27-29 (Galerías)	27001 Lugo	982 231 361	Xunta de Galicia
Madrid	C/ Duque de Medinaceli, 2	28014 Madrid	915 290 021	Comunidad de Madrid
Madrid	Pl. Mayor, 3	28012 Madrid	913 665 477	Ayuntamiento
Madrid	C/ Floridablanca, 10 (El Escorial)	28200 Madrid	918 901 554	Comunidad de Madrid
Madrid	Vestíbulo puerta 14 - Estación de Chamartín			
	C/ Agustín de Foxà, s/n	28036 Madrid	913 159 976	Comunidad de Madrid
Madrid	Mercado Puerta de Toledo - locales 34-35			
	Pl. Puerta de Toledo, s/n	28005 Madrid	913 641 876	Comunidad de Madrid
Madrid	Aeropuerto de Madrid-Barajas			
	Localización: Llegadas, terminal n.º 1	28042 Madrid	913 058 656	Comunidad de Madrid
Madrid	C/ Mayor, 69	28013 Madrid	915 290 021	Ayuntamiento
Mahón	Sa Revolleda de Dalt, 24	07703 Mahón	971 363 790	Consell Insular de Maó
Málaga	Pasaje de Chinitas, 4	29015 Málaga	952 213 445	Junta de Andalucía
Málaga	Aeropuerto Internacional de Málaga	29006 Málaga	952 248 484	Junta de Andalucía
Málaga	Alameda Principal, 23	29012 Málaga	952 216 061	Ayuntamiento
			952 227 907	
Melilla	General Aizpuru, 20	52001 Melilla	952 674 013	Gobierno Autonómico
Mérida	C/ Sáenz de Buruaga, s/n	06800 Mérida	924 315 353	Ayuntamiento
Murcia	C/ San Cristóbal, 6	30001 Murcia	968 366 130	Dirección General de Turismo
Murcia	Piano de San Francisco, s/n. Palacio Almudí. Bóveda, 5	30004 Murcia	968 219 801	Ayuntamiento
Ourense	C/ Curros Enríquez, 1, bajos (Edificio Torre)	32003 Ourense	988 372 020	Xunta de Galicia
Oviedo	Pl. de Alfonso II el Casto, 6 (Pl. de la Catedral)	33003 Oviedo	985 213 385	C. de Industria, Comercio y Turismo
Oviedo	C/ Marqués de Santa Cruz, 1	33007 Oviedo	985 227 586	Ayuntamiento - Oficina Municipal de Turismo
				"El Escorialín"
Palencia	C/ Mayor, 105	34071 Palencia	979 740 068	Junta Castilla y León
Palma de Mallorca	Pl. d'Espanya, s/n	07002 Palma de Mallorca	971 754 329	Ajuntament
Palma de Mallorca	Aeropuerto de Son Sant Joan	07000 Palma de Mallorca	971 789 556	Consell Insular de Mallorca
Palma de Mallorca	Pl. de la Reina, 2	07072 Palma de Mallorca	971 712 216	Consell Insular de Mallorca
Palma de Mallorca	Santo Domingo, 11	07001 Palma de Mallorca	971 724 090	Ayuntamiento
Las Palmas de Gran Canaria	Casa Turismo - Parque de Santa Catalina	35007 Las Palmas de Gran Canaria	928 264 623	Cabildo Insular
Pamplona/Iruña	C/ Eslava, 1	31001 Pamplona/Iruña	948 206 540	Gobierno de Navarra
Pontevedra	C/ General Mola, 1, bajo	36001 Pontevedra	986 850 814	Xunta de Galicia
Salamanca	Rúa Mayor, s/n. C/ Compañía, 2	37002 Salamanca	923 268 571	Junta de Castilla y León
Salamanca	Estación de Autobuses. C/ Filiberto Villalobos, 71	37007 Salamanca		Ayuntamiento
Salamanca	Estación de Renfe. P° de la Estación, s/n	37004 Salamanca		Ayuntamiento
Salamanca	Pl. Mayor, 14	37002 Salamanca	923 218 342	Ayuntamiento
Santa Cruz de Tenerife	Pl. de España, 1 - Palacio Insular	38003 Santa Cruz de Tenerife	922 239 592	Cabildo Insular de Tenerife
Santander	Pl. Porticada, 5	39001 Santander	942 310 708	Consejería de Turismo
Santiago de Compostela	Rúa del Villar, 43	15706 Santiago de Compostela	981 584 081	Ayuntamiento
Segovia	Pl. Mayor, 10	40001 Segovia	921 460 334	Ayuntamiento
Segovia	Pl. del Azoguejo, 1	40001 Segovia	921 462 906	Patronato (mixto)
Sevilla	Aeropuerto. Autopista de San Pablo, s/n	41007 Sevilla	954 449 128	Junta de Andalucía
Sevilla	Estación de Santa Justa. Avda. de Kansas City, s/n	41007 Sevilla	954 537 626	Junta de Andalucía
Sevilla	Avda. de la Constitución, 21 B	41004 Sevilla	954 221 404	Junta de Andalucía
Sevilla	Paseo de las Delicias, 9 - Edificio Costurero de la Reina	41012 Sevilla	954 234 465	Ayuntamiento
Sevilla	Centro de Información de Sevilla			
	C/ Arjona, 28 (Naves del Barranco)	41001 Sevilla	954 505 600	Ayuntamiento
Soria	Pl. Ramón y Cajal, s/n	42003 Soria	975 212 052	Junta Castilla y León
Tarragona	C/ Major, 39 - Edificio Antiguo Ayuntamiento	43003 Tarragona	977 245 064	Ajuntament
Tarragona	C/ Fortuny, 4	43003 Tarragona	977 233 415	Generalitat
Teruel	C/ Tomás Nogués, 1	44001 Teruel	978 602 279	Diputación General de Aragón
Toledo	C/ Puerta de Bisagra, s/n	45003 Toledo	925 220 843	Junta de Castilla La Mancha
Valencia	C/ Paz, 48	46003 Valencia	963 986 422	Generalitat
Valencia	Pl. del Ayuntamiento	46002 Valencia	963 510 417	Ayuntamiento
Valencia	C/ Poeta Querol, s/n. Edif. Teatro Principal	46002 Valencia	963 514 907	Ayuntamiento
Valencia	Xátiva, 24	46007 Valencia	963 528 573	Ayuntamiento
Valladolid	C/ Santiago, 19	47001 Valladolid	983 344 013	Junta de Castilla y León
Vitoria-Gasteiz	Parque de la Florida, s/n	01008 Vitoria-Gasteiz	945 131 321	Gobierno Vasco
Vitoria-Gasteiz	Avda. Gasteiz, esquina C/ Chile	01009 Vitoria-Gasteiz	945 161 598	Ayuntamiento
Zamora	C/ Santa Clara, 20	49014 Zamora	980 531 845	Junta de Castilla y León
Zaragoza	Pl. de Sas, 7 (SIPA)	50003 Zaragoza	976 298 438	Asociación de Entidad Pública
Zaragoza	Pl. del Pilar, s/n	50003 Zaragoza	902 201 212	Ayuntamiento
Zaragoza	Glorieta Pío XII, s/n. Torreón de la Zuda	50003 Zaragoza	976 201 200	Ayuntamiento
Zaragoza	Avda. Rioja, 30-33. Estación de Delicias	50003 Zaragoza	976 324 468	Ayuntamiento

Localidad *Place*	Nombre *Name*	Dirección - Código postal *Address - Post code*	Teléfono *Telephone*	Fax *Fax*	E-mail *E-mail*
Begur	Parador d' Aiguablava ****	C/ Playa de Aiguablava, s/n - 17255	972 622 162	972 622 166	aiguablava@parador.es
Alarcón	Parador de Alarcón ****	Avda. Amigos de los Castillos, 3 - 16213	969 330 315	969 330 303	alarcon@parador.es
Albacete	Parador de Albacete ***	Ctra. N-301, km 251 - 02000	967 245 321	967 243 271	albacete@parador.es
Alcalá de Henares	Hostelería de Alcalá de Henares ***	C/ Colegios, 3 - 28801	918 880 330	918 880 527	alcala@parador.es
Alcañiz	Parador de Alcañiz ***	C/ Castillo de los Calatravos, s/n - 44600	978 830 400	978 830 366	alcaniz@parador.es
Almagro	Parador de Almagro ***	Ronda de San Francisco, 31 - 13270	926 860 100	926 860 150	almagro@parador.es
Antequera	Parador de Antequera ***	P.º García de Olmo, s/n - 29200	952 840 261	952 841 312	antequera@parador.es
Arcos de la Frontera	Parador de Arcos de la Frontera ***	Pl. del Cabildo, s/n - 11630	965 700 500	956 701 116	arcos@parador.es
Argomániz	Parador de Argomániz ***	Ctra. N-I, km 363 - 01192	945 293 200	945 293 287	argomaniz@parador.es
Artíes	Parador de Artíes ****	Ctra. Baqueira-Beret - 25599	973 640 801	973 641 001	arties@parador.es
Ávila	Parador de Ávila ****	C/ Marqués de Chozas, 2 - 05001	920 211 340	920.226 166	avila@parador.es
Ayamonte	Parador de Ayamonte ****	El Castillito, s/n - 21400	959 320 700	959 320 700	ayamonte@parador.es
Baiona	Parador de Baiona ****	C/ Monterreal, s/n - 36300	986 355 000	986 355 076	baiona@parador.es
Benavente	Parador de Benavente ****	Paseo Ramón y Cajal, s/n - 49600	980 630 304	980 630 303	benavente@parador.es
Benicarló	Parador de Benicarló ***	Avda. Papa Luna, 5 - 12580	964 470 100	964 470 934	benicarlo@parador.es
Bielsa	Parador de Bielsa ***	Valle de la Pineta, s/n - 22350	974 501 011	974 501 188	bielsa@parador.es
Breña Baja	Parador de la Palma ****	Ctra. El Zumacal, s/n - 38720	922 435 828	922 435 999	lapalma@parador.es
Cáceres	Parador de Cáceres ****	C/ Ancha, 6 - 10003	927 211 759	927 211 729	caceres@parador.es
Cádiz	Parador de Cádiz ****	Avda. Duque de Nájera, 9 - 11002	956 226 905	956 214 582	cadiz@parador.es
Calahorra	Parador de Calahorra ***	P.º Mercadal - 26500	941 130 358	941 135 139	calahorra@parador.es
Cambados	Parador de Cambados ***	Paseo de la Calzada, s/n - 36630	986 542 250	986 542 068	cambados@parador.es
Cangas de Onís	Parador de Cangas de Onís *****	C/ Villanueva, s/n - 33550	985 849 402	958 849 520	cangas@parador.es
Cardona	Cardona ****	Castell de Cardona - 08261	938 691 275	938 691 636	cardona@parador.es
Carmona	Parador de Carmona ****	Alcázar, s/n. - 41410	954 141 010	954 141 712	carmona@parador.es
Cazorla	Parador de Cazorla ***	Sierra de Cazorla, s/n - 23470	953 727 075	953 727 077	cazorla@parador.es
Cervera de Pisuerga	Parador de Cervera de Pisuerga ***	Ctra. de Resoba, km 2,5 - 34840	979 870 075	979 870 105	cervera@parador.es
Ceuta	Parador de Ceuta ***	Pl. Ntra. Sra. de África, 15 - 51001	956 514 940	956 514 947	ceuta@parador.es
Ciudad Rodrigo	Parador de Ciudad Rodrigo ****	Pl. Castillo, 1 - 37500	923 460 150	923 460 404	ciudadrodrigo@parador.es
Córdoba	Parador de Córdoba ****	Avda. de la Arruzafa, s/n - 14012	957 275 900	957 280 409	cordoba@parador.es
Cuenca	Parador de Cuenca ****	Paseo Hoz del Huécar, s/n - 16001	969 232 320	969 232 534	cuenca@parador.es
Chinchón	Parador de Chinchón ****	Avenida Generalísimo, 1 - 28370	918 940 836	918 940 908	chinchon@parador.es
El Saler	Parador de El Saler ****	Avda. de los Pinares, 151 - 46012	961 611 186	961 627 016	saler@parador.es
Ferrol	Parador de Ferrol ***	C/ Almirante Fernández Martín, s/n - 15401	981 356 720	981 356 721	ferrol@parador.es
Fuente Dé	Parador de Fuente Dé ***	Ctra. de Fuente Dé, s/n - 39588	942 736 651	942 736 654	fuentede@parador.es
Gijón	Parador de Gijón ****	Parque Isabel la Católica, s/n - 33203	985 370 511	985 370 233	gijon@parador.es
Granada	Parador de Granada ****	C/ Real de la Alhambra, s/n - 18009	958 221 440	958 222 264	granada@parador.es
Granja de San Ildefonso, La	Parador de La Granja ****	C/ Infantes, 3 - 40100	921 010 750	921 010 751	lagranja@parador.es
Guadalupe	Parador de Guadalupe ****	C/ Marqués de la Romana, 12 - 10140	927 367 075	927 367 076	guadalupe@parador.es
El Hierro	Parador de El Hierro ****	C/ Las Playas, s/n - 38900	922 558 036	922 558 086	hierro@parador.es
Hondarribia	Parador de Hondarribia ***	Pl. de Armas, 14 - 20280	943 645 500	943 642 153	hondarribia@parador.es
Jaén	Parador de Jaén ****	Castillo de Santa Catalina - 23001	953 230 000	953 230 930	jaen@parador.es
Jarandilla de la Vera	Parador de Jarandilla de la Vera ****	Avda. García Prieto, 1 - 10450	927 560 117	927 560 088	jarandilla@parador.es
Jávea / Xàbia	Parador de Jávea ****	Avda. Mediterráneo, 7 - 03730	965 790 200	965 790 308	javea@parador.es
la Seu d'Urgell	Parador de la Seu d'Urgell ***	C/ Sant Domènec, 6 - 25700	973 352 000	973 352 309	seo@parador.es
Lerma	Parador de Lerma ****	Pl. Mayor, 1 - 09340	947 177 110	947 170 685	lerma@parador.es
Limpias	Parador de Limpias ****	Fuente del Amor, s/n - 39820	942 628 900	942 634 333	limpias@parador.es
León	Parador de León *****	Pl. de San Marcos, 7 - 24001	987 237 300	987 233 458	leon@parador.es
Málaga	Parador de Málaga Golf ****	Aptdo. Correos 324 - 29080	952 381 255	952 388 963	gibralfaro@parador.es
Málaga	Parador Málaga-Gibralfaro ****	C/ Castillo de Gibralfaro, s/n - 29016	952 221 902	952 221 904	malaga@parador.es
Manzanares	Parador de Manzanares ***	Autovía de Andalucía, km 174 - 13200	926 610 400	926 610 935	manzanares@parador.es
Mazagón	Parador de Mazagón ****	Playa de Mazagón - 21130	959 536 300	959 536 228	mazagon@parador.es
Melilla	Parador de Melilla ***	Avda. de Cándido Lobera, s/n - 29801	952 684 940	952 683 486	melilla@parador.es
Mérida	Parador de Mérida ****	Pl. de la Constitución, 3 - 06800	924 313 800	924 319 208	merida@parador.es
Mojácar	Parador de Mojácar ***	C/ Playa de Mojácar, s/n - 04638	950 478 250	950 478 183	mojacar@parador.es
Monforte de Lemos	Parador de Monforte de Lemos ****	Pl. Luis de Góngora y Argote s/n - 27400	982 418 484	982 418 495	monforte@parador.es
Navarredonda de Gredos	Parador de Gredos ***	Ctra. Barraco-Béjar, km 43 - 05635	920 348 048	920 348 205	gredos@parador.es
Nerja	Parador de Nerja ****	C/ Almuñécar, 8 - 29780	952 520 050	952 521 997	nerja@parador.es
Nogueira de Ramuín	Parador de Santo Estevo ****	Monasterio de Santo Estevo - 32162	988 010 110	988 010 111	sto.estevo@parador.es
Olite	Parador de Olite ***	Pl. de los Teobaldos, 2 - 31390	948 740 000	948 740 201	olite@parador.es
Oropesa	Parador de Oropesa ****	Pl. del Palacio, 1 - 45560	925 430 000	925 430 777	oropesa@parador.es
La Orotava	Parador de Cañadas del Teide **	Las Cañadas del Teide - 38300	922 374 841	922 382 352	canadas@parador.es
Plasencia	Parador de Plasencia ****	Pl. San Vicente Ferrer, s/n - 10600	927 425 870	927 425 872	plasencia@parador.es
Pontevedra	Parador de Pontevedra ***	C/ Barón, 19 - 36002	986 855 800	986 852 195	pontevedra@parador.es
Puebla de Sanabria	Parador de Puebla de Sanabria ***	Avda. Lago de Sanabria, 8 - 49300	980 620 001	980 620 351	puebla@parador.es
Puerto Lumbreras	Parador de Puerto Lumbreras ***	Avda. Juan Carlos I, 77 - 30890	968 402 025	968 402 836	pto.lumbreras@parador.es
Ribadeo	Parador de Ribadeo ****	C/ Amador Fernández, 7 - 27700	982 128 825	982 128 346	ribadeo@parador.es
Ronda	Parador de Ronda ****	Pl. de España, s/n - 29400	952 877 500	952 878 188	ronda@parador.es
Salamanca	Parador de Salamanca ****	C/ Teso de la Feria, 2 - 37008	923 192 082	923 192 087	salamanca@parador.es
San Sebastián de la Gomera	Parador de la Gomera ****	C/ Cerro la Horca, s/n - 38800	922 871 100	922 871 116	gomera@parador.es
Santiago de Compostela	Parador de Santiago *****	Pl. do Obradoiro, 1 - 15705	981 582 200	981 563 094	santiago@parador.es
Santillana del Mar	Parador de Santillana Gil Blas ****	Pl. de Ramón Pelayo, 11 - 39330	942 028 028	942 818 391	santillanagb@parador.es
Santillana del Mar	Parador de Santillana ***	Pl. de Ramón Pelayo, s/n - 39330	942 818 000	942 818 391	santillana@parador.es
Sto. Domingo de la Calzada	Parador Sto. Domingo de la Calzada ****	Pl. El Santo, 3 - 26250	941 340 300	941 340 325	sto.domingo@parador.es
Sto. Domingo de la Calzada	Parador Sto. Domingo Bernardo de Fresneda ***	Pl. San Francisco, 1 - 26250	941 341 150	941 340 696	bernardodefresneda@parador.es

Localidad *Place*	Nombre *Name*	Dirección - Código postal *Address - Post code*	Teléfono *Telephone*	Fax *Fax*	E-mail *E-mail*
Segovia	Parador de Segovia ****	Ctra. Valladolid, s/n - 40003	921 443 737	921 437 362	segovia@parador.es
Sigüenza	Parador de Sigüenza ****	Pl. del Castillo, s/n - 19250	949 390 100	949 391 364	siguenza@parador.es
Soria	Parador de Soria ***	Parque del Castillo, s/n - 42005	975 240 800	975 240 803	soria@parador.es
Sos del Rey Católico	Parador de Sos del Rey Católico ***	C/ Arq. Sainz de Vicuña, 1 - 50680	948 888 011	948 888 100	sos@parador.es
Teruel	Parador de Teruel ***	Ctra. Sagunto-Burgos, N-234 - 44080	978 601 800	978 608 612	teruel@parador.es
Toledo	Parador de Toledo ****	Cerro del Emperador, s/n - 45002	925 221 850	925 225 166	toledo@parador.es
Tordesillas	Parador de Tordesillas ***	Ctra. de Salamanca, 5 - 47100	983 770 051	983 771 013	tordesillas@parador.es
Tortosa	Parador de Tortosa ****	C/ Castell de la Suda, s/n - 43500	977 444 450	977 444 458	tortosa@parador.es
Trujillo	Parador de Trujillo ****	C/ Santa Beatriz de Silva, 1 - 10200	927 321 350	927 321 366	trujillo@parador.es
Tui	Parador de Tui ***	Avda. de Portugal, s/n - 36700	986 600 300	986 602 163	tui@parador.es
Úbeda	Parador de Úbeda ****	Pl. de Vázquez Molina, s/n - 23400	953 750 345	953 751 259	ubeda@parador.es
Verín	Parador de Verín ***	C/ Subida al Castillo, s/n - 32600	988 410 075	988 412 017	verin@parador.es
Vic	Parador Vic-Sau ***	Paratge Bac de Sau, s/n - 08500	938 122 323	938 122 368	vic@parador.es
Vielha	Parador de Vielha ***	Ctra. del Túnel, s/n - 25530	973 640 100	973 641 100	viella@parador.es
Vilalba	Parador de Vilalba ****	C/ Valeriano Valdesuso, s/n - 27800	982 510 011	982 510 090	vilalba@parador.es
Villafranca del Bierzo	Parador de Villafranca del Bierzo ***	Avda. Calvo Sotelo, s/n - 24500	987 540 175	987 540 010	villafranca@parador.es
Zafra	Parador de Zafra ****	Pl. Corazón de María, 7 - 06300	924 554 540	924 551 018	zafra@parador.es
Zamora	Parador de Zamora ****	Pl. de Viriato, 5 - 49001	980 514 497	980 530 063	zamora@parador.es

ANDORRA / *ANDORRA*

Información general / *General information*

Código telefónico de Andorra / *Andorra telephone prefix* + 376

Policía / *Police*	oficina / *office*	872 000
	urgencias / *emergencies*	110
Cruz Roja / *Red Cross*		808 225
Bomberos / *Fire Brigade*	oficina / *office*	800 020
	urgencias / *emergencies*	118
SUM (Servicio de Urgencias Médicas) / *Medical Emergencies Service*		116
Socorro de Montaña / *Mountain Rescue*		112
Asociación de Agencias de Viaje de Andorra		869 867
Ski Andorra		864 389
Unión Hotelera		820 625
Información de carreteras / *Road information*		848 884
Información horaria / *Time information*		157
Info. meteorológica / *Weather information*		848 851
Información nacional / *National information*		111

Ayuda y asistencia en carretera / *Road side assistance*

Automòbil Club d'Andorra
c/ Babot Camp, 13. Andorra la Vella. Tel. 803 400

Deportes / *Sports*

• Alpinismo / *Mountain climbing*
Federació Andorrana de Muntanyisme
C/ Terravella, 2. Andorra la Vella. Tel. 867 444

• Atletismo / *Athletics*
Federació Andorrana d'Atletisme
Avda. Tarragona, 99B 2.º Andorra la Vella. Tel. 328 700

• Esquí / *Ski*
Federació Andorrana d'Esquí
Edif. El Pasturé, bloc, 2, 1er.
Andorra la Vella. Tels. 823 689 - 863 192

• Gimnasia / *Gymnastics*
Federació Andorrana de Gimnàstica
Poliesp. d'Andorra M.I. Govern. C/ Baixada del Molí, 31-35
Andorra la Vella. Tel. 868 181

• Golf / *Golf*
Club de Golf del Principat
C/ Sant Antoni, 5, entresol D. Andorra la Vella. Tel. 866 366

• Hípica / *Horse riding*
Federació Andorrana d'Hípica
B.P. 43 Poste Française. Andorra la Vella. Tel. 861 116

• Natación / *Swimming*
Federació Andorrana de Natació
Plaça Guillemó, 6, 3è 2.ª Andorra la Vella. Tel. 860 500

• Patinaje / *Skating*
Federació Andorrana de Patinatge - Polisportiu d'Andorra
C/ Baixada del Molí, 31-35. Tel. 860 480

Fiestas locales de interés / *Local fiestas*

Parroquia / *Parish*	Fecha / *Date*	Descripción / *Description*
Andorra la Vella, Escaldes-Engordany i Encamp	17 enero	Escudella de Sant Antoni
Todas las parroquias	4 febrero	Carnaval
Escaldes-Engordany	4 febrero	Subhasta de Sant Antoni
Todas las parroquias	23 abril	Diada de Sant Jordi - Festa del Llibre i de la Rosa
La Massana	Mayo	Andoflora (Fira de la Planta i la Flor)
Sant Julà de Lòria	Último sábado de mayo	Diada de Canòlic
Escaldes-Engordany	16 junio	Festa de la Parròquia
Todas las parroquias	23 junio	Verbena de Sant Joan
Ordino	30 junio a 2 julio	Festa del Roser
Escaldes-Engordany	Julio	Festival Internacional de Jazz
La Massana	7 y 8 julio	Roser de La Massana
Escaldes-Encamp	24 a 27 julio	Festa Major
Sant Julià de Lòria	27 a 31 julio	Festa Major
Canillo	30 julio	Concurs de Gossos d'Atura
Ordino	Agosto	Trobada de Buners
Andorra la Vella	4 a 7 agosto	Mercat Medieval - Festa Major
Encamp	14 a 17 agosto	Festa Major d'Encamp
La Massana	15 y 16 agosto	Festa Major de La Massana
Todas las parroquias	8 setiembre	Diada de Nostra Senyora de Meritxell Festa Nacional
Ordino	16 setiembre	Festa Major
Ordino	Último sábado setiembre	Mostra de Gastronomia
Ordino	Setiembre - octubre	Festival Internacional Narciso Yepes
Sant Julià de Lòria	Primer domingo de octubre	Fira del Roser
Canillo	14 octubre	Fira del Bestiar i de l'Artesania
Andorra la Vella	27 octubre	Fira del Bestiar d'Andorra - Fira d'Andorra
Encamp i La Massana	31 octubre	Castanyada Popular
Andorra la Vella	Noviembre	Diada del Bacallà
Escaldes-Engordany	1 a 14 diciembre	Calendari d'Advent
Sant Julià de Lòria	Diciembre	Fira de Santa Llúcia
Andorra la Vella	Diciembre	Mercat de Santa Llúcia

Patrimonio de la Humanidad / *World Heritage Site*

2004   La Vall del Madriu-Perafita-Claror

Principales oficinas de turismo / *Main tourist information centres*

Oficina - Entidad *Office - Organization*	Dirección *Address*	Teléfono *Telephone*	Fax *Fax*
Oficina d'Informació i Turisme de Santa Coloma	Parc d'Enclar	863 680	869 807
Oficina d'Informació i Turisme d'Andorra la Vella	Avda. Meritxell, 33	827 790	869 807
Oficina d'Informació i Turisme d'Andorra la Vella	Plaça de la Rotonda	827 117	869 807
Sindicat d'Iniciativa - Oficina de Turisme d'Andorra la Vella	Carrer Dr. Vilanova, s/n	820 214	825 823
Oficina de Turisme Valls de Canillo	Avda. Sant Joan de Caselles	753 600	753 601
Departament de Promoció i Turisme d'Encamp	Plaça del Consell General, 1	731 000	831 878
Departament de Promoció i Turisme del Pas de la Casa	Pl. de l'Església	855 292	856 547
Unió Pro-Turisme d'Escaldes-Engordany	Plaça Coprínceps	820 963	866 697
Unió Pro-Turisme de La Massana	C/ Major, s/n	835 693	838 693
Iniciatives Turístiques d'Ordino	Nou Vial, s/n	737 080	839 225
Oficina d'Informació i Turisme de Sant Julià de Lòria	Pl. Francesc Cairat	744 045	744 046

Información general / General information

Código telefónico de Portugal

Portugal telephone prefix	+ 351
Urgencias / Emergencies	112
Policía de Seguridad Pública / Public Security Police	217 654 242
(teclado alfanumérico) / (alphanumeric keyboard)	21 POLICIA
Guarda Nacional Republicana / Republican Nacional Guard	213 217 000

Ayuda y asistencia en carretera / Road side assistance

Asistencia ACP (Automóvel Club de Portugal)

• Pronto-Socorro: servicio permanente (24 horas) 219 429 103 (sur de Coimbra)

• Pronto-Socorro: 24 hour service 219 429 103 (south of Coimbra)

• Pronto-Socorro: servicio permanente (24 horas) 220 56732 (al norte de Coimbra)

• Pronto-Socorro: 24 hour service 220 56732 (north of Coimbra)

Ferrocarriles / Railways

Comboios de Portugal CP Portuguese State Railway Company		Teléfono Telephone
Información		808 208 208
Central		213 215 700
Aveiro		234 379 841
Coimbra	A	239 834 980
	B	239 834 984
Entroncamento		249 719 914
Faro		289 826 472
Lisboa (Sta. Apolónia)		218 816 242
Lisboa (Gare de Oriente)		218 920 370
Lisboa (Rosssio)		213 433 747
Porto (Campanhã)		225 191 374
Porto (S. Bento)		222 002 722

Transporte de automóviles / Car transport

Faro	289 826 472 / 808 208 208
Guarda	271 044 573
Lisboa (Sta. Apolónia)	211 021 221
Porto (Campanhã)	221 052 628

Patrimonio de la Humanidad / World Heritage Sites

Fecha de la declaración
Date of declaration

1983	Centro Histórico de Angra do Heroismo nos Açores
1983	Mosteiro dos Jerónimos e Torre de Belém em Lisboa
1983	Mosteiro de Batalha
1983	Convento de Cristo em Tomar
1988	Centro Histórico de Évora
1989	Mosteiro de Alcobaça
1995	Paisagem Cultural de Sintra
1996	Centro Histórico de Porto
1998	Sitios Arqueológicos no Vale do Rio Côa
1999	Floresta Laurissilva na Madeira
2001	Región Vinícola do Alto Douro
2001	Centro Histórico de Guimarães
2004	Paisagem da Cultura da Vinha da Illa do Pico

Emergencias / *Emergencies:* 112

Policía / *Police*

ABRANTES	241 377 070
AVEIRO	234 422 022
BARCELOS	253 802 570
BEJA	284 313 150
BRAGA	253 200 420
BRAGANÇA	273 303 400
CALDAS DA RAINHA	262 832 022
CARREGAL DO SAL	232 968 134
CASTELO BRANCO	272 340 622
COIMBRA	239 822 022
ELVAS	268 639 470
ESPINHO	227 340 038
ÉVORA	266 702 022
FARO	289 899 899
FIGUEIRA DA FOZ	233 422 022
GUARDA	271 208 340
GUIMARÃES	253 513 34/5
HORTA (Açores)	292 208 510
LAGOS	282 762 930
LEIRIA	244 812 447

Policía / *Police*

LISBOA	217 654 242
FUNCHAL (Madeira)	291 208 200
PONTA DELGADA (Açores)	296 115 000
PORTALEGRE	245 300 600
PORTIMÃO	282 417 717
PORTO	222 006 821
PORTO SANTO (Madeira)	291 982 423
PÓVOA DE VARZIM	252 298 190
SANTARÉM	243 322 022
SETÚBAL	265 522 022
TAVIRA	281 322 022
TOMAR	249 313 444
VIANA DO CASTELO	258 809 880
VILA REAL	259 330 240
VISEU	232 480 380

Bomberos / *Fire brigada*

LISBOA	213 422 222
PORTO	223 322 787

Parques Nacionales / *National Parks*

Instituto da Conservação da Natureza (ICN) / *Nature Conservation Institute*

• Direcção de Serviços de Apoio às Áreas Protegidas
Department of Support Services for Protected Areas
Rua Ferreira Lapa, 29. 1169-138 LISBOA. Tel. 213 523 317
Tel. 213 938 900 - www.icn.pt
Tel. 213 974 044 (línea azul/*blue line*) icn@icn.pt

• Direcção de Serviços da Conservação da Natureza
Department of Nature Conservation Services
Rua Ferreira Lapa, 38. 1150 LISBOA. Tel. 213 160 520

Parque Nacional Peneda-Gerês. 72 000 ha
Avda. António Macedo
4704-538 BRAGA. Tel. 253 203 480

Deportes / *Sports*

Deporte Sports	Institución Organization	Dirección Address	Teléfono Telephone	Fax Fax
• Atletismo / Athletics	Federação Portuguesa de Atletismo	Largo da Lagoa, 15 B 2795-116 LINDA-A-VELHA	214 146 020	214 146 021
• Caza y pesca / Hunting and fishing	Federação Portuguesa de Pesca Desportiva	Rua Sociedade Farmacêutica, 56, 2ª 1050-341 LISBOA	213 521 370	213 563 147
	Federação Portuguesa de Tiro com Armas de Caça	Alameda António Sérgio, 22, 8º C 1495-132 ALGÉS	214 126 160	214 126 162
• Ciclismo / Cycling	Federação Portuguesa de Ciclismo	Rua Camões, 57 2500-174 CALDAS DA RAINHA	268 840 960	262 834 434
• Esquí / Ski	Federação Portuguesa de Esqui	Edifício Central de Camionagem Apartado 514. São Lázaro 6200 COVILHÃ	275 313 461	275 314 245
• Golf / Golf	Federação Portuguesa de Golfe	Av. das Túlipas, n.º 6 edifício Miraflores, 17º. Miraflores 1495-161 ALGÉS	214 123 785	214 107 972
• Vela / Sailing	Federação Portuguesa de Vela	Doca de Belém 1400-038 LISBOA	213 647 324	213 620 215

Localidad / *Local*	Fecha / *Date*	Fiesta / *Fiesta*
Santa Maria da Feira	Desde el siglo XVI se celebra el día 20 de enero	Festa das Fogaceiras ou das Fogaças en honor de S. Sebastião
Loulé	Carnaval	Carnavales, batalla de flores,
Mealhada	Carnaval	Grandes Corsos e Desfiles
Ovar	Carnaval	Carnavales: desfiles de máscaras y carrozas
Torres Vedras	Carnaval	Carnavales, batallas de flores
Loulé	Domingo de Pascua	Romería de Ntra. Sra. de la Piedad
Ponta Delgada	Pascua	Festa do Senhor Santo Cristo dos Milagres
Barcelos	3 de mayo	Fiesta de las Cruces Feria de alfarería, bailes
Sesimbra	3-5 de mayo	Fiesta del Senhor das Chagas, que data del s. XVI. Procesión
Monsanto	Domingo siguiente al 3 de mayo	Fiesta del Castillo
Fátima	12-13 de mayo	1.ª peregrinación anual
Vila Franca do Lima	2.º domingo de mayo	Fiesta de las Rosas. Desfile de las Mordomas
Caldas da Rainha	15 de mayo	Festas da Cidade
Coimbra	Finales de mayo	Queima das Fitas
Lisboa	13 de junio	Santo António
	Junio	Festas da Cidade: bailes folclóricos

Localidad / *Local*	Fecha / *Date*	Fiesta / *Fiesta*
Porto	24 de junio	São João
Tavira	13, 24 y 29 de junio	Festas da Cidade en honor de los Santos Populares
Braga	23-24 de junio	Festa de S. João Baptista-Arraiais
Terceira (ilha) Açores	Junio	Festas do Divino Espírito Santo
Cascais	Junio	Festas do Mar
Cascais	Julio	Feira do Artesanato
Coimbra	1.ª semana de julio	Festas à Rainha Santa
Braga	4-12 de julio	Feira Nacional de Cerâmica
Tomar	En el mes de julio cada tres años	Festa dos Tabuleiros
Áveiro	Agosto	Festas da Ria
Guimarães	1.º domingo de agosto	Festas Gualterianas con cortejo histórico
Peniche	1.º domingo de agosto	Festa de Nossa Senhora da Boa Viagem
Funchal	15 de agosto	Festa de Nossa Senhora do Monte
Viana do Castelo	20-23 de agosto	Festas da Senhora da Agonia con procesión de barcas
Tomar	1.º domingo de setiembre	Festa do Círio da Senhora da Piedade
Campo Maior	1.ª semana de setiembre	Festa das Ruas ou Festa do Povo ou dos Artistas
Lamego	8 de setiembre	Romería a Nossa Senhora dos Remédios
Elvas	20-25 de setiembre	Festa do Senhor Jesus da Piedade
Funchal	31 de diciembre	São Silvestre

Direcção-Geral do Turismo
Avda. António Augusto de Aguiar, 86
1069-021 Lisboa
Tel. 213 586 466
Fax 213 586 666

Direcciones útiles / *Useful addresses*

ICEP PORTUGAL. INVESTIMENTOS, COMÉRCIO
E TURISMO DE PORTUGAL
Av. 5 de Outubro, 101
1050-051 Lisboa
Tel. 217 909 500 Fax 217 950 961
E-mail: dinf@icep.pt
www.portugalinsite.pt

DEPARTAMENTO DE TURISMO DA CÂMARA
MUNICIPAL DE LISBOA
Av. 5 de Outubro, 293, 8.º
1600-035 Lisboa
Tel. 217 996 100 Fax 217 934 628
E-mail: turismo@mail.cm-lisboa.pt
www.cm-lisboa.pt/turismo

ASSOCIAÇÃO DE TURISMO DE LISBOA - VISITORS AND
CONVENTION BUREAU
LISBOA WELCOME CENTER
Rua do Arsenal, 15
1100-038 Lisboa
Tel. 210 312 700 Fax 210 312 899
E-mail: atl@visitlisboa.com
www.atl-turismolisboa.pt

JUNTA DE TURISMO DA COSTA DO ESTORIL
Arcadas do Parque
2765-503 Estoril
Tel. 214 663 813 Fax 214 672 280
E-mail: estorilcoast@mail.telepac.pt
www.estorilcoast-tourism.com

DIVISÃO DE TURISMO DA CÂMARA MUNICIPAL DE SINTRA
Praça da República, 23. Edificio do Turismo
2710-616 SINTRA
Tel. 219 231 157 / 219 241 700 Fax 219 235 176
www.cm-sintra.pt

TURISMO PORTO
Rua Clube dos Fenianos, 25
4000-172 Porto
Tel. 222 052 740 / 223 393 470. Fax 223 323 303
E-mail: turismo.central@mail.telepac.pt
www.portoturismo.pt

Oficinas de turismo / *Tourist information centres*

ALENTEJO
Região de Turismo de São Mamede
Alto Alentejo - Estrada de Santana, 25
7300-238 Portalegre

Tel. 245 300 770 Fax 245 204 053
www.rtsm.pt

Região de Turismo de Setúbal
Costa Azul - Travessa Frei Gaspar, 10
2900-388 Setúbal
Tel. 265 539 120 Fax 265 539 127
www.costa-azul.rts.pt

Região de Turismo de Évora
Rua de Aviz, 90
7000-591 Évora
Tel. 266 742 534 / 266 742 535 Fax 266 705 238

Região de Turismo da Planície Dourada
Praça da República, 12
7800-427 Beja
Tel. 284 310 150 Fax 284 310 151
www.rt-planiciedourada.pt

ALGARVE
Região de Turismo do Algarve
Avda. 5 de Outubro, 18
8000-076 Faro
Tel. 289 800 400 Fax 289 800 489
www.rtalgarve.pt

BEIRAS
Região de Turismo da Rota da Luz
Rua João Mendonça, 8
3800-200 Aveiro
Tel. 234 423 680 / 234 420 760 Fax 234 428 326
www.rotadaluz.aveiro.co.pt

Região de Turismo de Dão-Lafões
Avda. Calaouste Gulbenkian
3510-055 Viseu
Tel. 232 420 950 Fax 232 420 957
www.rt-dao-lafoes.com

Região de Turismo da Serra da Estrela
Av. Frei Heitor Pinto
6200-113 Covilhã
Tel. 275 319 560 Fax 275 319 569
www.rt-serradaestrela.pt

Região de Turismo do Centro
Largo da Portagem
3000-337 Coimbra
Tel. 239 855 930 / 239 833 019 Fax 239 825 576
www.turismo-centro.pt

PORTO E NORTE DE PORTUGAL
Região de Turismo do Alto Minho
Castelo de Santiago da Barra
4900-361 Viana do Castelo
Tel. 258 820 270 / 1 / 2 / 3 Fax 258 829 798
www.rtam.pt

Região de Turismo do Alto Tâmega e Barroso
Av. Tenente Valadim, 39 - 1º Dto.
5400-558 Chaves
Tel. 276 340 660 Fax 276 321 419
www.rt-atb.pt

Região de Turismo do Nordeste Transmontano
Largo do Principal - Apartado 173
5301-902 Bragança
Tel. 273 331 078 Fax. 273 331 913
www.bragancanet.pt/turismo

Região de Turismo do Verde Minho
Praceta Dr. José Ferreira Salgado, 90, 6º
4704-525 Braga
Tel. 253 202 770 Fax 253 202 779
www.rtvm.pt

Região de Turismo da Serra do Marão
Praça Luís de Camões, 2
5000-626 Vila Real
Tel. 259 322 819 / 259 323 560 Fax. 259 321 712
www.rtsmarao.pt

Região de Turismo do Douro Sul
Rua dos Bancos - Apartado 36
5101-909 Lamego
Tel. 254 615 770 Fax 254 614 014

LISBOA E VALE DO TEJO
Região de Turismo de Leiria / Fátima
Jardim Luís de Camões
2401-801 Leiria
Tel. 244 848 770 Fax. 244 833 533
N.º Verde: 800 202 559
www.rt-leiriafatima.pt

Região de Turismo dos Templários Floresta
Central e Albufeiras
Rua Serpa Pinto, 1
2300-592 Tomar
Tel. 249 329 000 Fax 249 324 322
www.rttemplarios.pt

Região de Turismo do Oeste
Rua Direita
2510-060 Óbidos
Tel. 262 955 060 Fax 262 955 061
www.rt-oeste.pt

Região de Turismo do Ribatejo
Campo Infante da Câmara - Casa do Campino
2000-014 Santarém
Tel. 243 330 330 Fax 243 330 340
www.regturibatejo.pt

AÇORES
Direcção Regional de Turismo dos Açores
Rua Comendador Ernesto Rebelo, 14
9900-112 Horta
Tel. 292 200 500 Fax 292 200 502
www.drtacores.pt

MADEIRA
Direcção Regional de Turismo da Madeira
Avda. Arriaga, 18
9004-519 Funchal
Tel. 291 211 900 Fax 291 232 151
www.madeiratourism.org

Pousadas charme
Charm paradors

Monte de Santa Luzia
Apartado 30
4901-909 Viana do Castelo
Tel. 258 800 370 Fax 258 828 892

Nossa Senhora da Oliveira
Rua de Santa Maria, s/n.
4801-910 Guimarães
Tel. 253 514 157 Fax 253 514 204

São Bartolomeu
Estrada do Turismo
5300-271 Bragança
Tel. 273 331 493 Fax 273 323 453

São Teotónico
Fortificações Praça Valença do Minho
4930-735 Valença do Minho
Tel. 251 800 260 Fax 251 824 397

Barão de Forrester
Rua José Rufino
5070-031 Alijó
Tel. 259 959 467 Fax 259 959 304

Nossa Senhora das Neves
Rua da Muralha
6350-112 Almeida
Tel. 271 574 283 Fax 271 574 320

Santa Cristina
Rua Francisco Lemos
3150-142 Condeixa-a-Nova
Tel. 239 944 025 Fax 239 943 097

Santa Maria
R. 24 de Janeiro, 7
7330-122 Marvão
Tel. 245 993 201 Fax 245 993 440

Santa Luzia
Av. de Badajoz
7350-097 Elvas
Tel. 268 637 470 / 268 374 472
Fax 268 622 127

São Brás
Paço dos Ferreiros
8150-054 São Brás de Alportel
Tel. 289 842 305 Fax 289 841 726

São Vicente
Largo de Infias
4700-357 Braga
Tel. 253 209 500 Fax 253 209 509

Forte Santa Cruz
9900-017 Horta
Tel. 292 202 200 Fax 292 392 836

Pousadas de naturaleza
Natural paradors

Amoras
rua Comendador Assis Roda, 25
6150-524 Proença-a-Nova
Tel. 274 670 210 Fax 274 670 219

São Gonçalo
Curva do Lancete, Serra do Marão Ansiães

4604-909 Amarante
Tel. 255 460 030 Fax 255 461 353

São Bento
Estrada Nacional 304 - Soengas - Gerês - Caniçada
4850-047 Caniçada
Tel. 253 649 150 Fax 253 647 867

São Lourenço
Estrada Nacional 232, Km 50 Penhas Douradas
6260-200 Manteigas
Tel. 275 980 050 Fax 275 982 453

Ria
Estrada Nacional 327 - Bico do Muranzel - Torreira
3870-301 Murtosa
Tel. 234 860 180 Fax 234 838 333

Quinta da Ortiga
Estrada IP 8, Apartado 67
7540 Santiago do Cacém
Tel. 269 822 871 Fax 269 822 073

São Miguel
Cerro de São Miguel
7470-999 Sousel
Tel. 268 550 050 Fax 268 551 155

Vale do Gaio
Barragem Trigo de Morais
7595-034 Torrão
Tel. 265 669 610 / 797 Fax 265 669 545

Santa Clara
Barragem de Santa Clara
7665-879 Santa Clara-a-Velha
Tel. 283 882 250 Fax 283 882 402

Infante
Sagres 8650-385-Vila do Bispo (Faro)
Tel. 282 620 240 Fax 282 624 225

Pousadas históricas
Historical paradors

Dom Diniz
Terreiro
4920-296 Vila Nova de Cerveira
Tel. 251 708 120 Fax 251 708 129

Santa Marinha
Costa-Parque da Penha
4810-011-Guimarães
Tel. 253 511 249 Fax 253 514 459

Castelo de Óbidos
2510 Óbidos
Tel. 262 955 080 / 46 Fax 262 959 148

Dona Maria I
Largo do Palácio Nacional de Queluz
2745-191 Queluz
Tel. 214 356 158 / 72 / 81 Fax 214 356 189

Pousada de Palmela
Castelo de Palmela
2950-997 Palmela
Tel. 212 351 226 / 017 Fax 212 330 440

São Filipe
Castelo de São Filipe
2900-300 Setúbal
Tel. 265 550 070 / 265 524 981

Fax 265 539 240
Rainha Santa Isabel
Largo de Dom Diniz, Apartado 88
7100-509 Estremoz
Tel. 268 332 075 Fax 268 332 079

Dom João IV
Terreiro do Paço
7160-250 Vila Viçosa
Tel. 268 980 742 Fax 268 980 747

Pousada dos Lóios
Largo Conde Vila Flor
7000-804 Évora
Tel. 266 730 070 Fax 266 707 248

Castelo de Alvito
Apartado 9
7920-999 Alvito
Tel. 284 480 700 Fax 284 485 383

São Francisco
Largo D. Nuno Álvares Pereira, Apartado 63
7801-901 Beja
Tel. 284 313 580 Fax 284 329 143

Solar da Rede
Santa Cristina-Solar da Rede
5040 Mesão Frio
Tel. 254 890 130 Fax 254 890 139

Convento de Belmonte
6250 Belmonte
Tel. 275 910 300 Fax 275 910 310

Convento da Graça
Rua D. Paio Peres Correia
8800-407 Tavira
Tel. 218 442 004 Fax 218 442 085

Convento do Desagravo
3400-758 Vila Pouca da Beira
Tel. 238 670 080 Fax 238 670 081

Conde de Ourém
2490 Ourém
Tel. 249 540 920 Fax 249 542 955

Pousadas históricas design
Design historical paradors

Santa Maria do Bouro
Lugar do Terreiro - Bouro Santa Maria
4720-688 Amares
Tel. 253 371 970 / 253 371 971
Fax 253 371 976

Flor da Rosa
Mosteiro de Sta. Maria - Flor de Rosa
7430-999 Crato
Tel. 245 997 210 Fax 245 997 212

Nossa Senhora da Assunção
Convento dos Loios, Apartado 61
7044-909 Arraiolos
Tel. 266 419 340 Fax 266 419 280

Forte São Sebastião
Rua do Castelinho, s/n.
9700-045 Angra do Heroísmo
Tel. 295 403 560 Fax 295 218 189

Consejos y normas de seguridad vial (España)

Información cedida por la Dirección General de Tráfico

1. Estado del vehículo

En caso de emprender un viaje es necesario llevar a cabo, con la antelación debida, una completa puesta a punto de su vehículo comprobando:
- Niveles de líquido de frenos, aceite, líquido limpiaparabrisas, agua, y líquido dirección.
- Alumbrado en correcto funcionamiento y altura de los faros.
- Carga de batería y estado de sus bornes.
- Estado de los frenos.
- Estado de la dirección "sin holguras".
- Estado de las bujías.
- Estado y dibujo de rodadura de los neumáticos.
- Estado de las escobillas del limpiaparabrisas.
- Estado de los manguitos del motor y sus abrazaderas a partes fijas.
- Posición correcta de los asientos y sus anclajes.
- Posición correcta del retrovisor "sin ángulos muertos".
• Haga el engrase y cambie el aceite, si fuera necesario.
• Verifique, antes de iniciar el viaje, la presión de los neumáticos y acostúmbrese a circular con el depósito de combustible lleno; ante cualquier situación anómala (retenciones, accidentes, inclemencias meteorológicas, etc.) le será de gran ayuda.
• Compruebe que lleva en su vehículo los recambios imprescindibles como son: rueda de repuesto a su presión necesaria, elevador manual de vehículo (gato), correa de ventilador y juego de luces en perfecto estado.
• En caso de avería o accidente, retire rápidamente el vehículo de la calzada al arcén, y siempre que sea posible, sáquelo de la carretera, estableciendo, en cada caso, las medidas de seguridad vial necesarias.

2. Conducción en caravana

• Si viaja en caravana evite siempre que sea posible los adelantamientos y, si los realiza, no lo haga nunca a más de dos vehículos seguidos.
• Mantenga, en todo momento, las distancias de seguridad entre vehículos.
• En las travesías de núcleos urbanos, extreme su atención ante la presencia de niños, peatones y ciclomotores, y recuerde que la velocidad máxima para circular por ellas es de 50 km/h.
• Si precisa detenerse, saque completamente el vehículo de la calzada al arcén y, si es posible, fuera de la carretera.
• Adecue su velocidad a la del tráfico que le rodea, olvídese de que la señalización le permite circular a mayores niveles.

3. Conducción en autopista y autovía

• En autopista y autovía circule siempre por el carril de la derecha. No cambie de carril más que cuando sea necesario para efectuar un adelantamiento. Una vez efectuado el mismo, vuelva gradualmente al carril derecho.
• Por ser el límite de velocidad 120 km/h, es necesario aumentar la distancia de seguridad entre vehículos.
• En autopista y autovía su vehículo ha de hacerse visible a los demás conductores mucho antes que en una carretera ordinaria, y ello a causa de las grandes velocidades con las que se circula. La mejor señal para advertir el adelantamiento a los demás es hacer destellos luminosos con las luces.
• Cuando tenga necesidad de cambiar de carril aplique la regla de seguridad: retrovisor - señal de maniobra, teniendo siempre presente que detrás pueden venir vehículos que marchen más rápidamente.
• Comience la maniobra de cambio de carril con mucha más antelación que en las carreteras ordinarias, de forma tal que los indicadores de dirección sean bien vistos, manteniendo éstos en funcionamiento durante toda la maniobra.
• Todo conductor que, por razones de emergencia, se vea obligado a circular con su vehículo a una velocidad inferior a 60 km/h en autopistas o autovías deberá abandonarla en la primera salida.
• Si necesita detenerse retire el vehículo lo más posible de la calzada y arcén.

4. Conductor

No olvide adoptar las precauciones elementales e imprescindibles para la conducción en las fechas de desplazamientos masivos y en recorridos de larga distancia.
• La víspera del viaje procure descansar y dormir lo suficiente. Así podrá conducir relajado y sin somnolencia.

• Evite durante el viaje las comidas copiosas, ya que producen efectos negativos con amodorramiento y digestiones pesadas.
• Suprima igualmente cualquier bebida alcohólica. El alcohol disminuye los reflejos y crea una falsa sensación de seguridad. Además, todo conductor queda obligado, bajo sanción, a someterse a las pruebas de alcoholemia, estupefacientes, psicotrópicos y otras análogas.
• Evite la conducción continuada durante muchas horas. Deténgase cada tres horas sacando el coche de la carretera, estire las piernas y respire aire puro, que nunca le vendrá mal. En cualquier caso, al menor síntoma de cansancio pare el coche fuera de la carretera y eche una cabezada.
• Los conductores y usuarios de motocicletas y ciclomotores deberán utilizar cascos protectores para circular por cualquier vía urbana o interurbana.
• Queda prohibido conducir utilizando auriculares conectados a aparatos reproductores de sonido o radioteléfonos.
• Recuerde que la distancia mínima de separación lateral para adelantar a peatones y vehículos de dos ruedas es de 1,50 metros.
• Mientras conduzca no se ponga metas, tiempos ni distancias.
• Adapte la velocidad a las condiciones de la vía.
• Lleve ropa cómoda y calzado adecuado para la conducción.
• Los objetos personales y los que pudiera necesitar durante el viaje, llévelos a mano.
• Si utiliza gafas graduadas no olvide llevar las de repuesto.

5. Preparación del viaje

Antes de iniciar su viaje llame al Centro de Información de Tráfico, teléfono 900 123 505, y solicite información sobre el estado de la circulación en la carretera que Vd. vaya a utilizar, así como datos sobre la situación meteorológica prevista en la zona, posibles itinerarios alternativos en caso de que existan retenciones de tráfico y cualquier otro tipo de información.
• Programe con antelación el plan de viaje, evitando a ser posible los desplazamientos en días y horas punta.
• Si dispone del tiempo necesario, elija para los itinerarios las vías que, contando con las debidas condiciones de seguridad, soporten menor densidad de tráfico.
• Siempre que sea posible, adelante la salida o retrase el regreso evitando coincidir con desplazamientos masivos.

6. Cinturón de seguridad, pasajeros y carga

• Utilice el cinturón de seguridad en las vías urbanas e interurbanas. Su uso es obligatorio para el conductor y los ocupantes, tanto del asiento delantero como de los asientos traseros.
• Evite el exceso de equipaje. Lleve sólo lo verdaderamente necesario y colóquelo adecuadamente. Si puede evitar el llevar baca en el coche, mejor.
• En ningún caso coloque objetos de forma que impidan la perfecta visibilidad del conductor por el espejo retrovisor interior. Coloque la carga de forma equilibrada dentro del coche.
• Queda prohibido circular con niños menores de 12 años, situados en los asientos delanteros del vehículo salvo que utilicen dispositivos homologados al efecto.
• El número máximo de personas que pueden transportarse no puede exceder del número de plazas para las que esté autorizado el vehículo, todas ellas emplazadas y acondicionadas en lugar destinado para ello.

7. Limitación de vehículos pesados

• En determinados itinerarios, o en partes o tramos de ellos comprendidos dentro de las vías públicas interurbanas, así como en tramos urbanos, incluso travesías, se podrán establecer restricciones temporales o permanentes a la circulación de camiones con masa máxima autorizada superior a 3.500 kilogramos, furgones, conjuntos de vehículos, vehículos articulados y vehículos especiales, así como a vehículos en general que no alcancen o no les esté permitido alcanzar la velocidad mínima que pudiera fijarse, cuando, por razón de festividades, vacaciones estacionales o desplazamientos masivos de vehículos, se prevean elevadas intensidades de tráfico.
• Corresponde establecer las aludidas restricciones al organismo autónomo Jefatura Central de Tráfico o, en su caso, a la autoridad de tráfico de la comunidad autónoma que tenga transferida la ejecución de la referida competencia. (Reglamento General de Circulación, Real Decreto 1428/2003,de 21 de noviembre)
• Por ello, el teléfono de información de Tráfico (900.123.505) en servicio las 24 horas del día y las diferentes Jefaturas Provinciales informarán en todo momento de los itinerarios alternativos previstos.

Road safety advice and regulations (Spain)

1. Condition of the vehicle

Before embarking on a journey you should allow sufficient time to carry out a thorough tune up of your vehicle, checking the following items:
- Levels of brake fluid, oil, screen wash, water and steering fluid.
- Correct operation of lights and position of headlights.
- Battery charge level and condition of its terminals.
- Condition of brakes.
- Correct steering alignment.
- Condition of spark plugs.
- Condition and wear on tyre tread.
- Condition of the wiper blades.
- Condition of the engine hose and its fixed clamps.
- Correct positioning of the seats and their anchor points.
- Correct position of the rear view mirror, ensuring there are no" blind spots".
- If necessary change the oil and lubricate.
- Before commencing the journey, check tyre pressure and get used to driving with a full tank of fuel. In unforeseeable circumstances (traffic hold ups, accidents, bad weather etc.) this will prove to be very useful.
- Check that you are carrying all the essential spare parts you need in your vehicle: spare wheel set to the required pressure, jack, fan belt and set of new light bulbs.
- In the event of a breakdown or accident quickly move your vehicle off the carriageway to the hard shoulder and wherever possible move it off the road, taking the appropriate road safety measures according to the circumstances.

2. Driving with a caravan

- If travelling with a caravan, avoid overtaking wherever possible and never overtake more than two vehicles at a time.
- Keep to the safe distance between vehicles at all times.
- When travelling through built up areas look out for children, pedestrians and motorcyclists and remember that the maximum speed limit is 50 km/h.
- If you need to stop, drive the vehicle off the carriageway and onto the hard shoulder. If possible, drive the vehicle off the road completely.
- Match your speed to that of the surrounding traffic. Ignore the fact that road signs may allow you to travel faster.

3. Travelling on motorways and dual carriageways

- When travelling on motorways and dual carriageways, always keep to the right hand lane. Do not change lanes unless you need to in order to overtake.
- Once you have overtaken, gradually return to the right hand lane.
The maximum speed limit on these roads is 120 km/h, which means that safe distances between vehicles must be increased.
- On motorways and dual carriageways your vehicle must be visible to other drivers much sooner than on ordinary roads because of the high speed at which vehicles travel. The best way of signalling to other drivers that you intend to overtake is to flash your lights.
- When you need to change lanes, apply the safety rule: mirror, signal to manoeuvre, remembering that there may be vehicles travelling behind you at higher speeds.
- Begin the manoeuvre to change lanes much earlier than on ordinary roads so that your indicator lights can be seen clearly and keep these lights on throughout the manoeuvre.
- Any driver who is forced by an emergency to drive his vehicle at less than 60 km/h on motorways or dual carriageways should leave by the first available exit.
- If you need to stop, move your vehicle as far as possible away from the carriageway and hard shoulder.

4. The Driver

Don't forget to take basic precautions when driving on particularly busy days and over long distances.
- The day before your journey, make sure you get enough rest and sleep so that you will be relaxed and not affected by sleepiness when driving.
- Avoid heavy meals during your journey as they can be difficult to digest and make you sleepy.
- Avoid all alcoholic drinks. Alcohol dulls your reflexes and creates a false

sense of security. Furthermore, all drivers are required to submit to tests for alcoholism, drug addiction, addiction to psychotropic drugs and other similar tests.
- Avoid driving continuously for too many hours. There is no harm in resting every three hours, taking the vehicle off the road, stretching your legs and breathing fresh air. In all cases, at the slightest sign of tiredness, stop the car off the road and take a nap.
- Motorcycle and moped drivers and users must wear protective helmets when travelling along any urban streets or any roads connecting urban centres.
- Drivers are forbidden from wearing headphones connected to any playing device or radio telephone when driving.
- Remember that the minimum distance between you and any pedestrian or two-wheeled vehicle you overtake should be 1.50 metres.
- When you are driving, don't set yourself any targets, times or distances.
- Match your speed to the road conditions.
- Wear comfortable clothes and suitable footwear for driving.
- Keep any personal possessions or objects you may need during the journey within reach.
- If you wear spectacles, remember to take your spare pair with you.

5. Preparing for the journey

Before starting your journey, call the Traffic Information Centre (tel.: 900 123 505) and ask for information about the traffic conditions on the road you intend to use, as well as information about the weather conditions forecast in the area, alternative routes you may take if there are traffic holdups and any other information you may need.
- Plan your journey carefully in advance and, if possible, avoid travelling on busy days and during the rush hour.
- If you have enough time, chose routes which will be less busy, provided that they are safe.
- If possible, leave early on your outbound journey and delay your return journey so as to avoid the busiest times.

6. Safety belt, passengers and loads

- Wear your safety belt whenever travelling in urban areas or on roads connecting urban centres. Use of the safety belt is compulsory for the driver and for the passenger sitting beside him. Rear seat passengers must also use safety belts.
- Avoid carrying excess luggage. Only carry what is absolutely essential and pack it properly. If possible, it is better to avoid using a roof rack.
- Objects should not be loaded in a way which creates an obstacle to clear visibility for the driver using the rear view mirror. Make sure that the load is balanced in the car.
- Children under the age of 12 are forbidden from travelling in the front seat of a car unless they use approved devices for this purpose.
- The maximum number of people carried must never exceed the number of places which the vehicle is authorised to have and all passengers must be seated in the places provided for them.

7. Restrictions on heavy vehicles

- There are some itineraries or even certain stretches within interurban roads, as well as some urban ones which may even include some streets, where there may be temporary or permanent restrictions in traffic flow for lorries with a maximum load of more than 3,500 kilograms, vans, groups of vehicles, articulated vehicles and specialized vehicles, as well as for general automobiles that do not reach or are not able to reach the minimum speed limit; this is specially so during certain festivities, season holidays or when particularly heavy traffic flow is foreseen.
- These restrictions are set by an autonomous organism called the Jefatura Central de Tráfico (Central Transit Headquarters) or, in determined cases, by the transit authority of a given autonomous region that has been granted the aforementioned competence. (Reglamento General de Circulación, Real Decreto 1428/2003, November 21st.).
- There is a 24 hour transit information telephone line (900.123.505) and the various provincial headquarters can inform you at any time of any alternative itineraries that have been anticipated.

Nuevas normas de tráfico

Conductores

Teléfonos móviles sólo con manos libres
Se prohíbe la utilización durante la conducción de teléfonos móviles y cualquier otro medio o sistema de comunicación, salvo si ésta se puede realizar sin emplear las manos ni usar cascos, auriculares o instrumentos similares.

Prohibidas las pantallas con imágenes
Quedan prohibidos los dispositivos que puedan distraer al conductor, como pantallas con acceso a Internet, monitores de televisión y reproductores de vídeo o DVD. Se exceptúa a estos efectos el uso de monitores que, aún estando a la vista del conductor, su utilización sea necesaria (visión de acceso o bajada de peatones, maniobras traseras...) así como el dispositivo GPS.

La radio y el móvil estarán apagados al repostar
El motor y las luces del vehículo deberán estar apagados al repostar combustible, así como los sistemas eléctricos y electromagnéticos, como la radio y el teléfono móvil.

Prohibidos los detectores de radar
Prohibida la instalación en los vehículos de mecanismos, sistemas o cualquier instrumento encaminado a eludir la vigilancia de los agentes de tráfico (detección de radares). También hacer señales con dicha finalidad.

Telepeaje, sólo con su dispositivo
Los vehículos que utilicen los nuevos peajes dinámicos o telepeajes, deberán estar provistos del medio técnico que posibilite su uso operativo.

Circulación de emergencia por el arcén
En caso de emergencia y si se perturbada la circulación, se permite circular por el arcén de su derecha o por la parte imprescindible de la calzada y a una velocidad anormalmente reducida a turismos, motocicletas y camiones que no excedan de 3.500 kilogramos. En autopista y autovía, es obligatorio abandonar la vía por la primera salida posible.

Luces de emergencia si hay peligro de alcance
Se deberán utilizar durante la circulación las luces de emergencia cuando un vehículo no pueda alcanzar la velocidad mínima exigida y exista peligro de alcance.

Luces y limitación de velocidad en carriles especiales
Obligación de usar las luces de cruce, tanto de día como de noche, para los vehículos que circulen por carriles especiales (reversibles, de sentido contrario al habitual y adicional circunstancial). En caso necesario, también pueden usarse las luces largas.
Además, los conductores que circulen por carril destinado al sentido normal de circulación, pero que tengan contiguo otro habilitado para circular en sentido contrario, también deberán llevar sus luces encendidas (cortas o largas, según el momento). Además, si sólo existe un carril en el sentido normal de la marcha, el conductor deberá limitar su velocidad a 80 km/h.

Nuevos límites de velocidad para algunos vehículos

Vías / Vehículos	Autovías y autopistas	Carreteras convencionales señaladas como vías para automóviles	Resto de vías fuera de población
Turismos y motocicletas	120 km/h	100 km/h	90 km/h
Vehículos derivados de turismos, vehículos mixtos adaptables y autobuses	100 km/h	90 km/h	80 km/h
Camiones, tractocamiones, furgones, autocaravanas, vehículos articulados y automóviles con remolque de hasta 750 kilogramos	90 km/h	80 km/h	70 km/h
Automóviles con remolque de más de 750 kilogramos	80 km/h	80 km/h	70 km/h

La carga que sobresalga, siempre señalizada
En los vehículos no destinados exclusivamente al transporte de mercancías, la carga podrá sobresalir por la parte posterior hasta un diez por ciento de su longitud y, si fuera indivisible, un quince por ciento. La carga que sobresalga deberá ir debidamente señalizada por detrás por medio de la señal correspondiente.

Autobuses con viajeros de pie, más despacio
Si en un autobús viajan pasajeros de pie porque así esté autorizado, la velocidad máxima cualquiera que sea el tipo de vía fuera de poblado será de 80 km/h.

Velocidad moderada frente a los ciclistas
Se debe moderar la velocidad, llegando incluso a detenerse, al aproximarse a bicicletas circulando en las proximidades de vías de uso exclusivo de bicicletas y en sus intersecciones, tanto dentro como fuera de poblaciones.

Túneles y pasos inferiores. Nuevas normas
Si la situación de la circulación en un túnel o paso inferior puede previsiblemente dejarle detenido dentro, el conductor está obligado a esperar fuera del mismo, detrás del otro vehículo, en el carril correspondiente hasta que tenga paso libre.
El conductor deberá respetar las normas en túneles y pasos inferiores, relativas a la prohibición de parar, estacionar, cambiar el sentido de la marcha, marchar hacia atrás y adelantar. Además deberá utilizar el alumbrado correspondiente y obedecer las indicaciones de los semáforos y paneles de mensaje variable, así como las instrucciones a través de megafonía o cualquier otro medio.
Si por una emergencia queda inmovilizado dentro de un túnel, se debe apagar el motor, conectar la señal de emergencia y mantener encendidas las luces de posición. Si se trata de una avería que permita continuar, debe hacerlo hasta la salida del túnel o del paso inferior. Si no, dirigir el vehículo hacia la

zona reservada para emergencia más próxima en el sentido de su marcha y, si no existe, lo más cerca posible al borde derecho de la calzada; colocar los triángulos y solicitar auxilio en el poste SOS más cercano.
En caso de incendio, el conductor aproximará todo lo posible su vehículo a la derecha, apagará el motor, dejará la llave puesta y las puertas abiertas. Todos sus ocupantes abandonarán el vehículo para dirigirse, sin transitar por la calzada, al refugio o salida más cercana en sentido contrario al fuego.
Sin embargo, si el vehículo queda inmovilizado por necesidades de la circulación, los pasajeros no deben abandonar el vehículo. Conectar temporalmente las luces de emergencia para avisar a los demás, detenerse lo más lejos posible del vehículo precedente y apagar el motor.
Cuando haya circulación en ambos sentidos queda prohibido el adelantamiento, salvo que exista más de un carril para su sentido de circulación, en los que se podrá adelantar sin invadir el sentido contrario.
Cuando no se pretenda adelantar, deberá mantenerse en todo momento una distancia de seguridad con el vehículo precedente de al menos 100 metros o un intervalo mínimo de 4 segundos. Para vehículos de más de 3.500 kilogramos, la distancia será de 150 metros o un intervalo de 6 segundos.

Preferencia en vertical y horizontal
Los conductores deben ceder el paso a los vehículos que transiten por una vía preferente si tienen señalización vertical u horizontal de Ceda el Paso o Stop.

Los niños, siempre sujetos
Cualquier persona mayor de 3 años que no alcance una estatura de 150 centímetros, deberá utilizar un sistema de sujeción homologado a su talla y peso, siempre que los vehículos dispongan de él. En caso contrario, deben usar el cinturón de seguridad de los adultos en los asientos traseros. Los menores de 3 años están siempre obligados a utilizar un sistema de sujeción homologado a su peso y talla.

El uso del chaleco reflectante
Los conductores de turismos, autobuses, vehículos destinados a transporte de mercancías, vehículos mixtos, conjuntos de vehículos no agrícolas y los conductores y personal auxiliar de los vehículos pilotos de protección y acompañamiento, deberán utilizar un chaleco reflectante de alta visibilidad cuando salgan del vehículo y ocupen la calzada o el arcén de las vías interurbanas.

Peatones, ni en autopista ni en autovía
Prohibidas la circulación de peatones y la práctica de autoestop en autopista y en autovías.

Bicicletas, ciclomotores y motocicletas

Ciclistas, prioridad respecto a vehículos a motor
Los ciclistas tendrán prioridad de paso respecto a los vehículos a motor cuando éste gire a la derecha o la izquierda para entrar en otra vía, y cuando circulando los ciclistas en grupo, el primero de ellos haya iniciado ya un cruce o entrado en una glorieta.

Tasa de alcoholemia para ciclistas
La tasa máxima de alcoholemia de los conductores en general (0,5) también afecta a los ciclistas, a los que incluye expresamente.

Descensos pronunciados y seguimiento
En los descensos prolongados con curvas, los ciclistas podrán abandonar el arcén circulando por la parte de la calzada que necesiten, siempre por la derecha. Podrán circular por el arcén los vehículos en seguimiento de ciclistas a velocidad lenta.

Circular en grupo, pero no en pelotón
Se permite a los conductores de bicicleta circular sin mantener la separación entre ellos, extremando la atención a fin de evitar alcances entre los propios ciclistas. Además, no se consideran adelantamientos los producidos entre ciclistas del mismo grupo. Podrán circular en columna de a dos como máximo, siempre lo más a la derecha posible de la vía y colocándose de uno en uno en tramos de poca visibilidad. En autovías sólo podrán circular por el arcén, siempre que sean mayores de 14 años y no esté prohibido por la señal correspondiente. Cuando se prohíba su circulación un panel indicará el itinerario alternativo.

Reflectantes obligatorios
Cuando sea obligatorio el uso del alumbrado, si circulan por vía interurbana, los conductores de bicicleta llevarán colocada una prenda reflectante que permita a los conductores de vehículos y demás usuarios distinguirlos a una distancia de 150 metros.

En bicicleta, todos con casco
Los conductores y ocupantes de bicicleta deberán utilizar cascos de protección homologados o certificados cuando circulen en vías interurbanas, salvo en rampas ascendentes prolongadas, por razones médicas y en condiciones extremas de calor. Los ciclistas en competición y los profesionales durante los entrenamientos o en competición, se regirán por sus propias normas.

Circulación de vehículos para personas con movilidad reducida
Se prohíbe circular por autopistas y autovías a ciclomotores y vehículos para personas con movilidad reducida (tara no superior a 350 kilogramos y que en llano no supere 45 km/h...).

Los menores en vehículos de dos ruedas
Las bicicletas podrán transportar un menor de hasta 7 años en asiento adicional homologado cuando el conductor sea mayor de edad. En los ciclomotores y motocicletas, siempre que estén construidos para ello, además el conductor puede viajar un pasajero mayor de 12 años. Excepcionalmente podrá viajar un mayor de 7 años cuando el vehículo lo conduzca su padre, madre o tutor o por personas mayores de edad por ellos autorizadas, siempre con casco.

Giros interurbanos, desde la derecha
En vías interurbanas, los ciclos y ciclomotores de dos ruedas, si no existe un carril especialmente acondicionado para el giro a la izquierda, deben situarse a la derecha fuera de la calzada siempre que sea posible, e iniciarlo desde ese lugar.

El uso del cinturón en moto
Cuando las motocicletas (con y sin sidecar), ciclomotores, vehículos de tres ruedas y cuadriciclos, cuenten con estructura de autoprotección y cinturones de seguridad (y conste en su tarjeta de inspección técnica), su conductor y pasajeros estarán obligados a usarlos, tanto en vías urbanas como interurbanas, quedando exentos de utilizar el casco de protección.

New traffic regulations

Drivers

Mobile phones are only allowed with hands-off devices
The use of mobile pones or any other means or systems of communication is prohibited unless these can be operated without the use of hands, headphones, earplugs or similar instruments.

Screens with images are forbidden
Any devices which can distract the driver are considered illegal, such as screens which access the Internet, television monitors and video or DVD reproducers. This does not apply to the use of other monitors that may affect the driver's view but are deemed necessary (in order to see a pedestrian exit, for manoeuvring the vehicle in reverse, etc.) as well as GPS devices.

Radios and mobile phones must be turned off when refuelling
The vehicle's motor and lights must be turned off when refuelling, as well as any electrical and electromagnetic systems, such as radios and mobile phones.

Radar detectors are prohibited
Installing any mechanism, system or instrument in your vehicle to elude traffic police control (such as a radar detector) is prohibited. The same applies to signalling to this effect.

Teletoll, only with the appropiate device
Vehicles that use new dynamic toll booths or teletoll devices should have the technical means that allow their operative use.

Emergency driving on the curb
In case of an emergency or if traffic flow is disturbed, private vehicles, motorcycles and lorries that do not exceed 3.500 kilograms may drive on the curb to the right or on the edge of the paved road, as long as they do so at a very low speed. In these type of situations, motorways and main roads must be abandoned as soon as possible.

Emergency lights required if there is danger of being hit
Emergency lights must be used while driving a vehicle that cannot function at the minimum required velocity and there is danger of being hit.

Lights and speed limit in special lanes
The use of dipped headlights is mandatory, both day and night, for vehicles that circulate in special lanes (reversible lanes, lanes used to drive the wrong way and other special circumstances.) When it is necessary, full-beam headlights can also be used in special lanes.
Furthermore, drivers who circulate on a lane destined for normal direction flow but who are next to another one enabled for circulation in the opposite direction must also have their lights turned on (dipped or full-beam headlights, according to the time of day.) In addition, if there is only one lane in the normal direction, the speed limit must be kept under 80 km/ h.

New speed limits for some vehicles

Roads / Vehicles	Main Roads and Motorways Indicated for Vehicles	Conventional Highways/Roads Populated Areas	Rest of Roads Outside of
Cars and Motorcycles	120 km/h	100 km/h	90 km/h
Vehicles Derived from Private Vehicles, Adaptable Mixed Vehicles and Buses	100 km/h	90 km/h	80 km/h
Lorries, Tractors, Vans, Camping Vehicles, Articulated Vehicles and Lorries that Tow up to 750 kilograms	90 km/h	80 km/h	70 km/h
Lorries that Tow over 750 kilograms	80 km/h	80 km/h	70 km/h

Overloads must always be indicated
In vehicles that are not exclusively destined for merchandise transportation, the load can hang over the back up to ten per cent of its longitude and, if it is indivisible, up to fifteen per cent. The load that sticks out must be properly indicated, by placing the appropriate sign in the back of the vehicle.

Buses with standing passengers
Vehicles that are authorized to carry standing passengers may never travel over 80 km/h on any road.

Moderate speed near cyclists
Speed must be restrained, must even come to a full stop, when the vehicle circulates near lanes that are for the exclusive use of bicycles as well as in their intersections, both inside and outside populated areas.

New norms for tunnels and underpasses
If the traffic flow in a tunnel or an underpass can be expected to make the vehicle stop halfway through, the driver must wait outside, behind another vehicle in the corresponding lane, until it can fully cross the tunnel or underpass.
In tunnels and underpasses the driver is not allowed to stop, park, change directions, drive in reverse or overtake another vehicle. In addition, drivers must obey corresponding lighting laws and street light indications as well as those displayed in panels with changing messages; the same holds for any instructions coming from any public address systems or similar means.
If the vehicle is forced to stop inside a tunnel due to an emergency, the motor must be turned off, and emergency and side lights must be turned and left on. If the problem allows traffic to continue flowing, lights must be kept on until exiting the tunnel or underpass. If not, the vehicle must be directed towards the nearest emergency area in the same direction as it is circulating; if there is no nearby emergency area, the vehicle should be positioned the closest that it possibly can to the right edge of the roadway; triangles must be put up and help should be requested in the closest SOS post.

In case of fire, the driver will position the vehicle as close as possible to the right side of the road; the motor must be turned off, the keys must stay in the ignition and all doors remain open. All passengers must abandon the vehicle and head towards the nearest refuge or exit, in the opposite direction of the fire, if possible, without walking directly on the road.
If the vehicle comes to a halt due to a problem in traffic flow, passengers are not required to abandon it. Emergency lights should be turned on temporarily in order to communicate the problem to others, the vehicle must be stopped the furthest away possible from the preceding vehicle and the motor must be turned off.
When there is traffic flow in two directions passing a vehicle is forbidden unless there is more than one lane in the same direction, which allows the vehicle to be overtaken without invading one of the lanes that goes the other way.
If the driver does not want to pass another car, he must maintain a secure distance behind the preceding vehicle at all times of at least 100 metres or a minimal interval of 4 seconds. For vehicles of over 3.500 kilograms, the distance will be of 150 metres or an interval of 6 seconds.

Vertical and horizontal preference
Drivers must yield to vehicles that drive on roads where it indicates that they have the right of way either with a vertical or a horizontal Yield or Stop sign.

Children, always buckled up
All persons over 3 years of age that do not reach a height of 150 centimetres must use an approved security system for their height and weight, whenever this is available in the vehicle. If this is not the case, they must use the adult seat belt in the back seat. Those under 3 years old are always required to use an authorized security system adequate for their weight and height.

Use of the reflecting vest
Drivers of private vehicles, buses, merchandise transporting vehicles, mixed vehicles, groups of non agricultural vehicles as well as drivers and assistant personnel of pilot protection and accompaniment vehicles must use a highly visible reflecting vest when they exit the vehicle and occupy the roadway or the curb in interurban roads.

Pedestrians are not allowed on motorways nor on main roads
Pedestrians are not allowed on motorways or on main roads; hitchhiking is also prohibited.

Bicycles, mopeds and motorcycles

Cyclists, priority with regards to motorized vehicles
Cyclists have the right of way with regard to motorized vehicles when these wish to turn either right or left to take another road, and also when there are cyclists circulating in a group and the first one has begun crossing a road or has entered a roundabout.

Alcohol level in cyclists
The maximum level of alcohol for drivers in general (0,5) also applies to cyclists.

Marked downward slopes and following vehicles
In prolonged downward slopes with curves, cyclists are allowed to abandon the curb and circulate on the main road whenever necessary, always on the right. Vehicles that travel behind cyclists at a slow speed are allowed to circulate on the curb.

Circulating in group, but not in a crowd
Cyclists are allowed to drive without maintaining a required distance between themselves, as long as every effort is made to avoid getting too close to other cyclists. In addition, when cyclists of the same group pass in front of each other, this is not considered overtaking. They are allowed to drive in rows of up to two members, always as far to the right of the road as possible and one after the other in stretches of low visibility. On main roads, cyclists are only allowed to drive on the curb, they must be at least 14 years of age and there must be no road sign that prohibits bicycle traffic flow. Whenever cyclists are not allowed to circulate, there will be a panel indicating an alternative itinerary.

Mandatory reflectives
Whenever it is mandatory to use lighting, if driving on interurban roads, cyclists will preferably wear a piece of reflective clothing that allows car drivers and other users to distinguish them at a distance of 150 metres.

On bicycles, everyone must wear a helmet
Bicycle drivers and passengers must use officially approved or certified protective helmets when driving on interurban roads, except on prolonged ascending ramps, for medical reasons and in conditions of extreme heat. Competing and professional cyclists can follow their own norms during training or while in competition.

Vehicle traffic flow for persons with reduced mobility
Neither mopeds nor the vehicles of persons with reduced mobility (tare that does not exceed 350 kilograms and that does not go over 45 km/ h on flat ground) are allowed to drive on motorways and main roads.

Minors on two wheel vehicles
Bicycles can transport minors of up to 7 years of age in an officially approved additional seat when the driver is overage. For mopeds and motorcycles, if they are suited for it, an additional passenger of over 12 years of age is allowed on as well as the driver. Passengers of over 7 years old are allowed on rare occasions, for example when the driver is the father, mother, tutor or someone overage authorized to do so, and always wearing a helmet.

Interurban turns, from the right
On interurban roads, cycles and two wheeled mopeds wishing to turn right must first occupy the right hand lane if there is no special lane indicated for turning; they must try to steer away from the road whenever possible, and initiate turns from the extreme right.

The use of safety belts on motorcycles
Whenever a motorcycle (with or without a sidecar), a moped, a three wheeled vehicle or a cuadricycle, has a self protective structure and safety belts (and this is specified in its technical inspection card), the driver and passengers are required to use them, both in urban as well as interurban roads, in which case they are exempt from using a protective helmet.

Índice de topónimos / *Place index*

A

A dos Ferreiros de Cima P (Ave.) 74 B4
Ababuj E (Te.) 106 B1
Abação (São Tomé) P (Br.) 54 C3
Abaças P (V. R.) 55 B5
Abad E (A Co.) 3 A2
Abade de Neiva P (Br.) 53 D2
Abade de Vermoim P (Br.) 54 A4
Abadengo de Torío E (Le.) 19 A5
Abades E (Our.) 35 B5
Abades E (Po.) 14 C4
Abades E (Seg.) 80 D3
Abades y las Norias, Los E (Mu.) 171 A3
Abadía E (Các.) 98 A3
Abadia P (Lei.) 111 C1
Abadía de Lebanza, lugar E (Pa.) 20 B3
Abadía, La E (Bur.) 22 C2
Abadim P (Br.) 55 A3
Abadín o Provecende E (Lu.) 4 A4
Abadiño-Zelaieta E (Viz.) 23 C2
Abáigar E (Na.) 24 B5
Abajas E (Bur.) 22 A5
Abalo E (Po.) 13 D4
Ábalos E (La R.) 43 B1
Abaltzisketa E (Gui.) 24 B2
Abambres P (Bra.) 56 B3
Abánades E (Gua.) 83 D3
Abaniella E (Ast.) 5 B5
Abanilla E (Mu.) 156 A3
Abanqueiro E (A Co.) 13 D4
Abanto E (Zar.) 85 A1
Abanto y Ciérbana/ Abanto Zierbena E (Viz.) 10 D5
Abarán E (Mu.) 155 C3
Abarca de Campos E (Pa.) 40 A5
Abartzuza → Abárzuza E (Na.) 24 B5
Abárzuza/Abartzuza E (Na.) 24 B5
Abastas E (Pa.) 40 A3
Abaurrea Alta → Abaurregaina E (Na.) 25 C3
Abaurrea Baja → Abaurrepea E (Na.) 25 C3
Abaurregaina/ Abaurrea Alta E (Na.) 25 C3
Abaurrepea/ Abaurrea Baja E (Na.) 25 C3
Abavides E (Our.) 35 C4
Abdet E (Ali.) 141 B4
Abeancos E (A Co.) 15 A3
Abedes E (Our.) 35 D5
Abedim P (V. C.) 34 B4
Abedul E (Ast.) 5 D5
Abedul E (Ast.) 7 A5
Abegoaria P (Set.) 127 C3
Abegondo E (A Co.) 2 D5
Abejar E (So.) 63 B2
Abejera E (Zam.) 57 D1
Abejuela E (Alb.) 154 C2
Abejuela E (Alm.) 170 D3
Abejuela E (Te.) 106 B5
Abela P (Set.) 143 C4
Abeleda E (Our.) 35 D1
Abeledo E (Lu.) 4 A4
Abelenda E (Our.) 34 C1
Abelenda E (Our.) 34 D2
Abelgas de Luna E (Le.) 18 B3
Abelheira P (Lis.) 110 C4
Abelón E (Zam.) 58 A4
Abellá E (A Co.) 14 C1
Abella de la Conca E (Ll.) 49 B3
Abella, l' E (Bar.) 71 A1
Abellada, lugar E (Hues.) 47 B2
Abelleira E (A Co.) 13 C3
Abenfigo E (Te.) 87 B4
Abengibre E (Alb.) 139 B1
Abenilla E (Hues.) 47 A2
Abenójar E (C. R.) 134 C3
Abenozas E (Hues.) 48 B2
Abenuj, lugar E (Alb.) 139 A5
Aberasturi E (Ál.) 23 C4
Abertura E (Các.) 116 B5
Abezames E (Zam.) 59 A3
Abi E (Hues.) 48 B1
Abia de la Obispalía E (Cu.) 103 D5
Abia de las Torres E (Pa.) 40 C2
Abiada E (Can.) 20 D3
Abibes P (Év.) 129 C3
Abiego E (Hues.) 47 C4
Abión E (So.) 64 A3
Abionzo E (Can.) 21 C1
Abitureira P (C. B.) 94 D4
Abitureira P (Guar.) 96 B1
Abitureiras P (San.) 111 B4
Abiúl Vila Chã P (Lei.) 93 D5
Abizanda E (Hues.) 47 D3
Abla E (Alm.) 183 B1
Ablanque E (Gua.) 84 A3
Ablaña de Abajo E (Ast.) 6 C5
Ablitas E (Na.) 45 A5
Aboadela P (Port.) 54 D5
Abobeleira P (V. R.) 55 D1
Abóboda P (Lis.) 126 B3
Aboboreira P (C. B.) 113 B1
Aboboreira P (San.) 112 C2
Aboi E (Po.) 14 A4
Aboim P (Br.) 54 D3
Aboim P (Port.) 54 D4
Aboim da Nóbrega P (Br.) 54 B1
Abolafia de la Torre, lugar E (Cór.) 166 C1
Aborim P (Br.) 54 A2
Abrã P (San.) 111 B3
Abragão P (Port.) 54 C5
Abrajanejo E (Cád.) 178 C4
Abrançalha de Baixo P (San.) 112 B3
Abrançalha de Cima P (San.) 112 B3
Abrantes P (San.) 112 B3
Abraveses P (Vis.) 75 A4
Abraveses de Tera E (Zam.) 38 B5
Abreiro P (Bra.) 56 A4
Abrera E (Bar.) 70 C3
Abres E (A Co.) 14 A1
Abres E (Ast.) 4 C3
Abrigada P (Lis.) 111 A5
Abrigos, Los E (S.Cruz T.) 195 D5
Abril, lugar E (Alb.) 138 A2
Abriojal E (Alm.) 183 D2
Abrucena E (Alm.) 183 B1
Abrunheira P (Co.) 93 C3
Abrunheira P (Lei.) 94 B4
Abrunheira P (Lis.) 126 B3
Abrunheira P (Lis.) 110 C5
Abrunheiro Grande P (C. B.) 112 B1
Abrunheiro Pequeno P (C. B.) 112 B1
Abrunhosa P (Vis.) 75 B4
Abrunhosa do Mato P (Vis.) 75 B5
Abrunhosa-a-Velha P (Vis.) 75 B5
Abuín E (A Co.) 13 D4
Abuín E (A Co.) 13 C4
Abusejo E (Sa.) 77 D4
Abuxanas P (San.) 111 A4
Abuzaderas E (Alb.) 138 D4
Acantilado de los Gigantes E (S.Cruz T.) 195 B3
Acebal E (Ast.) 19 A1
Acebal, El E (Ast.) 6 D4
Acebeda, La E (Mad.) 81 D2
Acebedo E (Ast.) 6 A4
Acebedo E (Le.) 19 C2
Acebedo E (Po.) 34 A1
Acebedo do Río E (Our.) 35 A3
Acebeiro E (Po.) 14 C5
Acebes del Páramo E (Le.) 38 B2
Acebo E (Các.) 96 D3
Acebo E (Lu.) 4 B5
Acebrón, El E (Cu.) 120 D1
Acebuchal E (Sev.) 164 A4
Acebuchal, El E (J.) 151 D3
Acebuchal, El E (Sev.) 164 D2
Acebuche E (Huel.) 146 C5
Aceca E (To.) 101 C5
Acedera E (Bad.) 132 C2
Acedillo E (Bur.) 41 C1
Acedinos E (Mad.) 101 C3
Acedo E (Na.) 24 A5
Acedre E (Lu.) 35 C1
Acehúche E (Các.) 115 A1
Aceituna E (Các.) 97 C3
Aceitunilla E (Các.) 97 C1
Aceña E (Bur.) 42 A4
Aceña, La E (Các.) 114 A4
Aceñuela, La E (Sev.) 165 D4
Acequias E (Gr.) 182 A2
Acera de la Vega E (Pa.) 20 A5
Acered E (Zar.) 85 A1
Aceredo E (Our.) 34 D5
Aceuchal E (Bad.) 131 A5
Acipreste P (Lei.) 111 A2
Açoreira P (Bra.) 76 B1
Açores P (Guar.) 76 A5
Acra E (J.) 168 D1
Ácula E (Gr.) 181 C1
Acuña E (Po.) 34 A1
Achada P (Aç.) 109 D4
Achada P (Lis.) 126 B1
Achadas da Cruz P (Ma.) 109 D1
Achadinha P (Aç.) 109 C4
Achas E (Po.) 34 C3
Achete P (San.) 111 C4
A-da-Beja P (Lis.) 126 C3
Adães P (Br.) 54 A3
A-da-Gorda P (Lei.) 110 D3
Adahuesca E (Hues.) 47 C4
Adai E (Lu.) 16 A2
Adal E (Can.) 10 A4
Adalia E (Vall.) 59 C3
Adalid, lugar E (Sev.) 165 A4
Adamuz E (Cór.) 150 B4
Adanero E (Áv.) 80 B3
Adão P (Guar.) 96 A1
A-das-Lebres P (Lis.) 126 D2
Adaúfe P (Br.) 54 B2
Ade P (Guar.) 76 C5
A-de-Barros P (Vis.) 75 C2
Adeganha P (Bra.) 56 B5
Adeje E (S.Cruz T.) 195 C4
Adelán E (Lu.) 4 A3
Adelantado, El E (Cór.) 166 D5
Adelfas, Las E (Alm.) 183 B1
Adelfilla, La E (Cór.) 149 A4
Ademuz E (Val.) 105 C4
Adgiraldo P (C. B.) 95 B4
Adina E (Po.) 33 D1
Adiós/Adioz E (Na.) 24 D5
Adioz → Adiós E (Na.) 24 D5
Adoain E (Na.) 25 D4
A-do-Bago P (Lis.) 126 D1
A-do-Barbas P (Lei.) 111 B1
Adobes E (Gua.) 85 A5
A-do-Bispo P (Vis.) 75 D2
A-do-Corvo P (Be.) 160 C2
A-do-Freire P (San.) 111 D2
Adomingueiros P (Vis.) 75 B2
Adopisco P (Vis.) 74 D3
Ador E (Val.) 141 C3
Adorigo P (Vis.) 75 C1
A-dos-Arcos P (Lis.) 126 D1
A-dos-Bispos P (Lis.) 127 A1
A-dos-Calvos P (Lis.) 126 C2
A-dos-Cunhados P (Lis.) 110 C5
A-dos-Francos P (Lei.) 111 A4
A-dos-Loucos P (Lis.) 127 A2
A-dos-Negros P (Lei.) 110 D3
A-dos-Ruivos P (Lei.) 110 D4
Adoufe P (V. R.) 55 B4
Adra E (Alm.) 183 A4
Adrada de Haza E (Bur.) 61 C3
Adrada de Pirón E (Seg.) 81 B2
Adrada, La E (Áv.) 100 B3
Adradas E (So.) 63 D5
Adrados E (Le.) 19 B3
Adrados E (Seg.) 61 A5
Adragonte E (A Co.) 2 D4
Adrall E (Ll.) 49 D2
Adri E (Gi.) 51 D4
Adside P (Vis.) 74 C4
Adsubia/Atzúvia, l' E (Ali.) 141 C3
Aduanas/Duana, la E (Ali.) 142 A3
Aduna E (Gui.) 24 B1
Adurão P (Co.) 95 A3
Advagar P (San.) 111 C4
Adzaneta de Albaida/ Atzeneta d'Albaida, l' E (Val.) 141 A3
Aes E (Can.) 9 B5
Afife P (V. C.) 53 C1
Afonsim P (V. R.) 55 C3
Afonsim P (Vis.) 75 B4
Afonso Vicente P (Fa.) 161 B3
Afur E (S.Cruz T.) 196 C1
Agadão P (Ave.) 74 B5
Agaete E (Las P.) 191 B2
Agallas E (Sa.) 97 B1
Agaró, S', lugar E (Gi.) 52 C5
Age E (Gi.) 50 C1
Àger E (Ll.) 48 D5
Agés E (Bur.) 42 A2
Agicampe E (Gr.) 167 A5
Aginaga E (Ál.) 22 D2
Aginaga E (Gui.) 12 B5
Agirre-Aperribai E (Viz.) 23 A1
Agodim P (Lei.) 93 C5
Agoitz → Aoiz E (Na.) 25 B4
Agolada E (Po.) 15 A4
Agón E (Zar.) 65 B1
Agoncillo E (La R.) 44 A2
Agones E (Ast.) 6 A3
Agost E (Ali.) 156 D1
Agra E (Alb.) 155 A1
Agra E (Lu.) 15 D4
Agracea, La E (J.) 153 B2
Agramón E (Alb.) 155 A2
Agramunt E (Ll.) 69 B1
Agras P (Ave.) 74 A5
Agras P (Ave.) 74 B2
Ágreda E (So.) 64 C1
Agrela P (Br.) 54 C3
Agrela P (Co.) 94 B2
Agrela P (Port.) 54 A5
Agrelo P (Port.) 54 B4
Agrelos P (V. R.) 55 C5
Agrelos P (V. R.) 55 B2
Agres E (Ali.) 141 A4
Agro de Chao (Santiso) E (A Co.) 15 A3
Agrobom P (Bra.) 56 C4
Agrochão P (Bra.) 56 C2
Agrón E (A Co.) 14 A2
Agrón E (Gr.) 181 C2
Agros, Os E (Lu.) 4 A3
Agrupación de Mogón E (J.) 152 D4
Agrupación de Santo Tomé E (J.) 152 C4
Agua Amarga E (Alm.) 170 A4
Agua Amarga E (Alm.) 184 D2
Água d'Alte P (Vis.) 75 A3
Água das Casas P (San.) 112 B2
Agua de Bueyes E (Las P.) 190 A3
Água de Pau P (Aç.) 109 B5
Água de Peixe P (Be.) 144 C2
Água de Pena P (Ma.) 110 C2
Agua del Medio-Sopalmo, El E (Alm.) 184 D1
Água do Alto P (Aç.) 109 C5
Água Formosa P (C. B.) 112 C2
Água Formosa P (Lei.) 93 C4
Agua García E (S.Cruz T.) 196 B2
Água Levada P (Ave.) 74 A3
Água Longa P (Port.) 54 A5
Água Retorta P (Aç.) 109 D4
Água Revés e Castro P (V. R.) 56 A3
Agua Salada E (Mu.) 154 D4
Água Travessa P (Lei.) 93 D4
Água Travessa P (San.) 112 B4
Aguada E (Lu.) 15 B5
Aguada de Cima P (Ave.) 74 A5
Aguada do Baixo P (Ave.) 74 A5
Aguadero E (Gr.) 182 A2
Aguadulce E (Alm.) 183 D3
Aguadulce E (Sev.) 165 C5
Aguafría E (Huel.) 146 C5
Aguain E (Ast.) 6 C5
Agualada E (A Co.) 1 D5
Agualonga P (V. C.) 34 A5
Agualva P (Aç.) 109 A5
Agualva de Cima P (Set.) 127 C4
Agualva-Cacém P (Lis.) 126 C3
Aguamansa E (S.Cruz T.) 196 A2
Aguapesada E (A Co.) 14 A2
Aguarda E (Lu.) 4 B5
Aguarón E (Zar.) 65 C5
Aguas E (Hues.) 47 B3
Águas P (C. B.) 96 A3
Águas Belas P (Guar.) 96 A2
Águas Belas P (San.) 112 B1
Águas Boas P (Ave.) 73 D5
Águas Boas P (Vis.) 75 C3
Aguas Cándidas E (Bur.) 22 A5
Águas de Moura P (Set.) 127 C4
Águas Frias P (V. R.) 56 A1
Águas Frias de Baixo P (Fa.) 160 B4
Aguas Nuevas E (Alb.) 138 C3
Aguas Santas E (Lu.) 15 B2
Aguas Santas P (Br.) 54 B2
Águas Santas P (Port.) 54 A5
Águas Santas P (V. R.) 55 C4
Águas Vivas P (Bra.) 57 C4
Aguas, Las E (S.Cruz T.) 195 D2
Aguasal E (Vall.) 60 B5
Aguasantas E (A Co.) 14 A3
Aguasantas E (Po.) 34 B1
Aguascaldas E (Hues.) 48 B2
Aguatavar E (S.Cruz T.) 193 B2
Aguatón E (Te.) 85 D5
Aguatona E (Las P.) 191 D3
Aguaviva E (Te.) 87 B4
Aguaviva de la Vega E (So.) 63 D5
Aguçadoura P (Port.) 53 C3
Aguda E (Ast.) 6 C4
Aguda P (Lei.) 94 B5
Aguda P (Port.) 73 D1
Agudo E (C. R.) 133 D2
Águeda P (Ave.) 74 A5
Águeda del Caudillo E (Sa.) 77 B5
Agüeira E (Lu.) 16 C3
Agueiros P (Ave.) 74 A3
Agüera E (Ast.) 5 D5
Agüera E (Bur.) 22 A2
Agüeras, Las E (Ast.) 18 B1
Agüeria E (Ast.) 6 C5
Agüeria E (Ast.) 18 C1
Agüero E (Hues.) 46 B2
Aguiã P (V. C.) 34 B5
Aguiar P (Br.) 53 D2
Aguiar P (Év.) 144 C1
Aguiar da Beira P (Guar.) 75 C3
Aguiar de Sousa P (Port.) 74 A1
Aguieira P (Vis.) 75 A5
Águila, El E (Cád.) 177 B5
Águila, El E (Cór.) 165 A1
Aguilafuente E (Seg.) 81 A1
Aguilar de Anguita E (Gua.) 83 D2
Aguilar de Bureba E (Bur.) 42 B1
Aguilar de Campoo E (Pa.) 20 D4
Aguilar de Campos E (Vall.) 39 B5
Aguilar de Codés E (Na.) 43 D1
Aguilar de Ebro E (Zar.) 66 D3
Aguilar de la Frontera E (Cór.) 166 B3
Aguilar de Montuenga E (So.) 84 A1
Aguilar de Segarra E (Bar.) 70 B1
Aguilar de Tera E (Zam.) 38 B5
Aguilar del Alfambra E (Te.) 86 B5
Aguilar del Río Alhama E (La R.) 44 C5
Águilas E (Mu.) 171 B4
Aguilera E (So.) 63 A4
Aguilera, La E (Bur.) 61 C2
Aguilón E (Zar.) 66 A5
Aguillo E (Bur.) 23 B5
Agüimes E (Las P.) 191 D3
Aguinaliu E (Hues.) 48 A4
Aguiño E (A Co.) 13 C5
Aguións E (Po.) 14 B4
Agulo E (S.Cruz T.) 194 C1
Agullana E (Gi.) 52 A1
Agullent E (Val.) 140 D3
Agunchos P (V. R.) 55 A3
Agunzarejo, El, lugar E (Mu.) 155 C2
Agurain/Salvatierra E (Ál.) 23 D4
Agustines y Tíjola E (Gr.) 182 B3
Agustínez E (Sa.) 77 D4
Ahedo E (Viz.) 22 B1
Ahigal E (Các.) 97 D3
Ahigal de los Aceiteros E (Sa.) 76 D3
Ahigal de Villarino E (Sa.) 77 C1
Ahillas E (Val.) 124 A1
Ahillones E (Bad.) 148 A2
Ai E (Po.) 14 A5
Aia E (Gui.) 24 A3
Aia E (Gui.) 24 A1
Aiacor → Ayacor E (Val.) 140 D2
Aião P (Port.) 54 C4
Aibar E (Na.) 45 B1
Aielo de Malferit E (Val.) 140 D3
Aielo de Rugat → Ayelo de Rugat E (Val.) 141 B3
Aiguablava E (Gi.) 52 D4
Aiguafreda E (Bar.) 71 A1
Aiguafreda E (Gi.) 52 D4
Aiguamúrcia E (Ta.) 69 D4
Aiguaviva E (Gi.) 52 A4
Aiguaviva Parc E (Gi.) 72 A1
Aigües E (Ali.) 157 D1
Ain E (Cas.) 107 B5
Aineto E (Hues.) 47 B2
Ainsa E (Hues.) 47 D2
Aintzioa E (Na.) 25 B3
Ainzón E (Zar.) 65 B1
Aiós E (Po.) 33 D1
Airães P (Port.) 54 C4
Airão São João Baptista P (Br.) 54 B3
Airas E (Our.) 35 A2
Airó P (Br.) 54 A3
Aisa E (Hues.) 26 C5
Aitona E (Ll.) 68 B3

Aivado

Aivado P (C. B.) 112 C 1
Aivados P (Be.) 160 B 1
Aixirivall A 49 D 1
Aixovall A 49 D 1
Aizarna E (Gui.) 24 A 1
Aizarnazabal E (Gui.) 24 A 1
Aizkoa → Azkona E (Na.) 24 C 5
Ajalvir E (Mad.) 102 A 1
Ajamil E (La R.) 43 C 4
Ajarte E (Bur.) 23 C 4
Ajo E (Can.) 9 D 4
Ajo, El E (Áv.) 79 C 3
Ajofrín E (To.) 119 B 2
Ajuda P (Lis.) 126 C 3
Ajude P (Br.) 54 C 2
Ajuria E (Viz.) 23 B 1
Ajuy E (Las P.) 189 D 3
Ala P (Bra.) 56 C 3
Alacant/Alicante E (Ali.) 157 C 2
Alacón E (Te.) 86 C 2
Aladrén E (Zar.) 85 D 1
Alaejos E (Vall.) 59 B 5
Alagoa E (Po.) 14 B 5
Alagoa P (Fa.) 175 B 2
Alagoa P (Por.) 113 C 4
Alagoas P (Ave.) 74 B 2
Alagoas P (Guar.) 96 B 2
Alagón E (Các.) 97 C 5
Alagón E (Zar.) 65 D 2
Alagones, Los E (Te.) 87 B 4
Alaior E (Bal.) 90 C 2
Alaiza E (Ál.) 23 D 4
Alájar E (Huel.) 146 D 5
Alajeró E (S. Cruz T.) 194 B 2
Alaló E (So.) 63 A 5
Alalpardo E (Mad.) 82 A 5
Alameda E (Mál.) 166 A 5
Alameda de Cervera E (C. R.) 120 C 5
Alameda de Gardón, La E (Sa.) 76 D 5
Alameda de la Sagra E (To.) 101 C 5
Alameda del Obispo E (Cór.) 166 A 1
Alameda del Valle E (Mad.) 81 C 3
Alameda, La E (C. R.) 135 B 5
Alameda, La E (So.) 64 C 4
Alamedilla E (Gr.) 168 C 3
Alamedilla del Berrocal E (Áv.) 80 A 5
Alamedilla, La E (Sa.) 96 D 1
Alamedilla, La, lugar E (To.) 119 A 2
Alamicos, Los E (Alm.) 170 C 2
Alamillo E (C. R.) 133 D 5
Alamillo, El E (Cád.) 186 C 4
Alamín E (Mad.) 100 D 3
Alaminos E (Gua.) 83 B 4
Álamo P (Be.) 161 A 2
Álamo P (Fa.) 161 C 4
Álamo, El E (Las P.) 191 C 2
Álamo, El E (Mad.) 101 B 3
Álamo, El E (Sev.) 163 B 2
Álamos, Los E (Alm.) 170 A 3
Álamos, Los E (S. Cruz T.) 193 C 2
Alamús, els E (Ll.) 68 D 2
Alandroal P (Év.) 129 C 4
Alange E (Bad.) 131 C 4
Alanís E (Sev.) 148 B 4
Alaquàs E (Val.) 125 A 4
Alar del Rey E (Pa.) 20 D 5
Alará E (Alm.) 170 C 2
Alaraz E (Sa.) 79 B 4
Alarba E (Zar.) 85 A 1
Alarcia E (Bur.) 42 B 3
Alarcón E (Cu.) 122 B 3
Alarconas y Antorchas E (Cór.) 166 D 5
Alares, Los E (To.) 118 A 4
Alarilla E (Gua.) 82 D 4
Alaró E (Bal.) 91 D 2
Alàs i Cerc E (Ll.) 50 A 2
Alastuey E (Hues.) 46 B 1
Alatoz E (Alb.) 139 C 1
Alba E (Lu.) 3 C 5
Alba E (Te.) 85 C 5
Alba de Cerrato E (Pa.) 60 D 1
Alba de los Cardaños E (Pa.) 20 B 3
Alba de Tormes E (Sa.) 78 D 4
Alba de Yeltes E (Sa.) 77 C 5
Albacete E (Alb.) 138 D 2
Albagés, l' E (Ll.) 68 D 4
Albaicín, El E (Mál.) 180 C 1
Albaida E (Val.) 141 A 3
Albaida del Aljarafe E (Sev.) 163 C 4
Albaina E (Bur.) 23 C 5
Albal E (Val.) 125 A 4
Albalá E (Bad.) 130 A 3
Albalá E (Các.) 115 C 5
Albalá de la Vega E (Pa.) 40 A 2
Albaladejo E (C. R.) 137 A 5
Albaladejo del Cuende E (Cu.) 122 A 1
Albalat de la Ribera E (Val.) 141 A 1
Albalat dels Sorells E (Val.) 125 B 3
Albalat dels Tarongers E (Val.) 125 B 2
Albalate de Cinca E (Hues.) 67 D 2
Albalate de las Nogueras E (Cu.) 104 A 2
Albalate de Zorita E (Gua.) 103 A 3
Albalate del Arzobispo E (Te.) 86 D 1
Albalatillo E (Hues.) 67 B 2
Albánchez E (Alm.) 170 B 5
Albánchez de Mágina E (J.) 168 B 1
Albandi E (Ast.) 6 C 3
Albanyà E (Gi.) 51 D 2
Albardo P (Guar.) 96 B 1
Albaredos E (Le.) 16 C 5
Albarellos E (Our.) 34 D 1
Albarellos E (Our.) 35 D 5
Albarellos E (Po.) 15 A 4
Albares E (Gua.) 102 D 3
Albares de la Ribera E (Le.) 17 C 5
Albaricoques E (Alm.) 184 C 3
Albarizas E (Mál.) 188 A 2
Albarracín E (Te.) 105 B 2
Albarraque P (Lis.) 126 B 3
Albarreal de Tajo E (To.) 118 D 1
Albarrol P (Lei.) 94 A 5
Albatana E (Alb.) 139 B 5
Albatàrrec E (Ll.) 68 C 3
Albatera E (Ali.) 156 B 3
Albeira P (Br.) 54 A 2
Albelda E (Hues.) 68 B 1
Albelda de Iregua E (La R.) 43 D 2
Albendea E (Cu.) 103 D 1
Albendiego E (Gua.) 82 D 1
Albendín E (Cór.) 166 D 2
Albentosa E (Te.) 106 C 4
Albeos E (Po.) 34 C 3
Alberca de Záncara, La E (Cu.) 121 D 3
Alberca, La E (Mu.) 156 A 5
Alberca, La E (Sa.) 97 D 1
Albercón E (Las P.) 191 A 3
Alberche del Caudillo E (To.) 99 D 5
Albergaria P (San.) 111 B 4
Albergaria das Cabras P (Ave.) 74 B 3
Albergaria dos Doze P (Lei.) 93 D 5
Albergaria-a-Nova P (Ave.) 74 A 3
Albergaria-a-Velha P (Ave.) 74 A 4
Alberge P (Set.) 127 D 5
Albergue P (Ave.) 73 D 5
Alberguería E (Our.) 35 D 4
Alberguería de Argañán, La E (Sa.) 96 D 1
Alberic E (Val.) 141 A 1
Alberite E (La R.) 43 D 2
Alberite de San Juan E (Zar.) 65 B 1
Albernoa P (Be.) 144 C 5
Albero Alto E (Hues.) 47 A 4
Albero Bajo E (Hues.) 47 A 5
Alberquilla, La E (Mu.) 154 C 3
Alberquilla, La E (Mu.) 156 A 2
Alberquilla, La E (Mu.) 171 A 2
Alberuela de la Liena E (Hues.) 47 C 4
Alberuela de Tubo E (Hues.) 67 B 1
Albesa E (Ll.) 68 C 2
Albeta E (Zar.) 65 B 1
Albi, l' E (Ll.) 69 A 4
Albillos E (Bur.) 41 C 3
Albinyana E (Ta.) 70 A 5
Albiol, l' E (Ta.) 69 B 5
Albir, l' E (Ali.) 141 D 5
Albires E (Le.) 39 B 3
Albixoi E (A Co.) 14 D 1
Albiztur E (Gui.) 24 B 2
Albizuelexaga-San Martín E (Viz.) 23 A 2
Albocácer/Albocàsser E (Cas.) 107 D 2
Albocàsser → Albocácer E (Cas.) 107 D 2
Albogas P (Lis.) 126 C 2
Alboim das Choças P (V. C.) 34 B 5
Alboloduy E (Alm.) 183 C 2
Albolote E (Gr.) 167 D 5
Albolleque E (Gua.) 102 C 1
Albondón E (Gr.) 182 C 3
Albons E (Gi.) 52 C 3
Alborache E (Val.) 124 C 4
Alboraia → Alboraya E (Val.) 125 B 3
Alboraya/Alboraia E (Val.) 125 B 3
Alborea E (Alb.) 123 C 5
Alboreca E (Gua.) 83 C 1
Alborés E (A Co.) 13 C 2
Alborge E (Zar.) 67 A 5
Albornos E (Áv.) 79 D 4
Albox E (Alm.) 170 B 4
Albudeite E (Mu.) 155 C 4
Albuera, La E (Bad.) 130 C 4
Albufeira P (Fa.) 174 A 3
Albuixech E (Val.) 125 B 3
Albujón E (Mu.) 172 B 2
Albuñán E (Gr.) 168 D 5
Albuñol E (Gr.) 182 C 4
Albuñuelas E (Gr.) 168 C 5
Albuñuelas E (Gr.) 181 D 3
Alburejos, Los E (Cád.) 186 B 2
Alburitel P (San.) 111 D 1
Alburquerque E (Bad.) 114 B 5
Alcabideche P (Lis.) 126 B 3
Alcabón E (To.) 100 C 5
Alcabre E (Po.) 33 D 2
Alcácer do Sal P (Set.) 143 D 1
Alcácer/Alcàsser E (Val.) 125 A 4
Alcáçovas P (Év.) 144 B 1
Alcadozo E (Alb.) 138 C 5
Alcafache P (Vis.) 75 A 5
Alcafozes P (C. B.) 96 A 5
Alcahozo E (Cu.) 123 A 4
Alcaidaria P (Lei.) 93 C 5
Alcaide E (Alm.) 170 C 1
Alcaide P (C. B.) 95 C 3
Alcaidía, La E (Cór.) 166 C 3
Alcaínça Grande P (Lis.) 126 C 2
Alcaine E (Te.) 86 C 3
Alcains P (C. B.) 95 C 5
Alcalá E (Mu.) 171 A 2
Alcalá E (S. Cruz T.) 195 B 4
Alcalá de Chivert/ Alcalà de Xivert E (Cas.) 108 A 2
Alcalá de Ebro E (Zar.) 65 D 1
Alcalá de Guadaira E (Sev.) 164 B 4
Alcalá de Gurrea E (Hues.) 46 C 4
Alcalá de Henares E (Mad.) 102 B 1
Alcalá de la Selva E (Te.) 106 C 2
Alcalá de la Vega E (Cu.) 105 B 5
Alcalá de los Gazules E (Cád.) 186 C 2
Alcalá de Moncayo E (Zar.) 64 D 2
Alcalà de Xivert → Alcalá de Chivert E (Cas.) 108 A 2
Alcalá del Júcar E (Alb.) 139 C 1
Alcalá del Obispo E (Hues.) 47 A 4
Alcalá del Río E (Sev.) 164 A 3
Alcalá del Valle E (Cád.) 179 B 3
Alcalá la Real E (J.) 167 B 4
Alcalalí E (Ali.) 141 D 4
Alcampell E (Hues.) 48 B 5
Alcanadre E (La R.) 44 B 2
Alcanar E (Ta.) 88 C 5
Alcanara y Los Búcanos, La E (Mu.) 171 B 3
Alcanar-Platja E (Ta.) 88 C 5
Alcanede P (San.) 111 B 3
Alcanena P (San.) 111 C 3
Alcanhões P (San.) 111 C 4
Alcanó E (Ll.) 68 C 4
Alcántara E (Các.) 114 C 2
Alcantarilha P (Fa.) 174 A 2
Alcantarilla E (Alb.) 153 D 2
Alcantarilla E (Mu.) 155 D 5
Alcantarilla, La E (Cór.) 166 C 4
Alcántera de Xúquer E (Val.) 140 D 2
Alcantud E (Cu.) 104 A 1
Alcañices E (Zam.) 57 C 2
Alcañiz E (Te.) 87 C 2
Alcañizo E (To.) 99 B 5
Alcaracejos E (Cór.) 149 C 2
Alcaravela P (San.) 112 C 2
Alcaraz E (Alb.) 137 D 5
Alcaria P (Be.) 145 A 2
Alcaria P (C. B.) 95 C 3
Alcaria P (Fa.) 174 B 2
Alcaria P (Lei.) 111 B 2
Alcaria Alta P (Fa.) 161 A 3
Alcaria Cova P (Fa.) 161 B 3
Alcaria dos Javazes P (Be.) 161 B 3
Alcaria Longa P (Be.) 160 D 2
Alcaria Queimada P (Fa.) 161 A 3
Alcaria Ruiva P (Be.) 161 A 1
Alcarias P (Be.) 144 A 5
Alcarias P (Fa.) 161 A 4
Alcarias P (Fa.) 174 D 2
Alcarraques P (Co.) 94 A 2
Alcarràs E (Ll.) 68 C 3
Alcarva P (Guar.) 75 D 2
Alcàsser → Alcácer E (Val.) 125 A 4
Alcaucín E (Mál.) 181 A 3
Alcaudete E (J.) 167 A 3
Alcaudete de la Jara E (To.) 117 D 1
Alcaudique E (Alm.) 183 A 3
Alcazaba E (Bad.) 130 D 2
Alcazaba, La E (Alm.) 182 D 4
Alcázar E (Gr.) 182 B 3
Alcázar de San Juan E (C. R.) 120 C 4
Alcázar del Rey E (Cu.) 103 A 4
Alcazarén E (Vall.) 60 B 5
Alcázares, Los E (Mu.) 172 C 1
Alceda E (Can.) 21 C 1
Alcedo de Alba E (Le.) 18 D 4
Alcoba E (C. R.) 118 C 5
Alcoba de la Ribera E (Le.) 38 C 1
Alcoba de la Torre E (So.) 62 B 2
Alcobaça P (Lei.) 111 A 2
Alcobendas E (Mad.) 101 D 1
Alcobertas P (San.) 111 B 3
Alcocèber/Alcossebre E (Cas.) 108 A 3
Alcocer E (Gua.) 103 C 1
Alcocer de Planes/ Alcosser de Planes E (Ali.) 141 A 4
Alcocero de Mola E (Bur.) 42 B 2
Alcochete P (Set.) 127 A 3
Alcoentre P (Lis.) 111 A 5
Alcofra P (Vis.) 74 C 4
Alcogulhe P (Lei.) 111 B 1
Alcohujate E (Cu.) 103 C 2
Alcoi → Alcoy E (Ali.) 141 A 4
Alcoitão P (Lis.) 126 B 3
Alcolea E (Alm.) 183 A 2
Alcolea E (Cór.) 150 A 5
Alcolea de Calatrava E (C. R.) 135 A 2
Alcolea de Cinca E (Hues.) 67 D 2
Alcolea de las Peñas E (Gua.) 83 B 1
Alcolea de Tajo E (To.) 117 B 1
Alcolea del Pinar E (Gua.) 83 D 2
Alcolea del Río E (Sev.) 164 C 2
Alcoleja E (Ali.) 141 B 4
Alcoletge E (Ll.) 68 D 2
Alcollarín E (Các.) 116 B 5
Alconaba E (So.) 63 D 2
Alconada E (Sa.) 79 A 3
Alconada de Maderuelo E (Seg.) 62 A 4
Alconadilla E (Seg.) 62 A 4
Alconchel E (Bad.) 130 A 5
Alconchel de Ariza E (Zar.) 84 B 1
Alconchel de la Estrella E (Cu.) 121 C 2
Alconera E (Bad.) 147 A 1
Alcongosta P (C. B.) 95 C 3
Alcóntar E (Alm.) 169 C 5
Alcora, l' → Alcora E (Cas.) 107 B 4
Alcora/Alcora, l' E (Cas.) 107 B 4
Alcoraia, l' → Alcoraya, La E (Ali.) 156 D 2
Alcoraya, La/Alcoraia, l' E (Ali.) 156 D 2
Alcorcillo E (Zam.) 57 C 2
Alcorcón E (Mad.) 101 C 2
Alcorisa E (Te.) 87 A 3
Alcorlo, lugar E (Gua.) 82 D 2
Alcorneo E (Các.) 114 A 4
Alcornocal, El E (C. R.) 134 C 1
Alcornocal, El E (Cór.) 149 A 3
Alcornocalejo, lugar E (Sev.) 164 B 2
Alcornocalejos E (Cád.) 178 B 5
Alcornocosa, La E (Sev.) 163 C 1
Alcorochel P (San.) 111 D 3
Alcoroches E (Gua.) 84 D 5
Alcôrrego P (Por.) 128 D 1
Alcorriol P (San.) 111 D 2
Alcossebre → Alcocèber E (Cas.) 108 A 3
Alcosser de Planes → Alcocer de Planes E (Ali.) 141 A 4
Alcotas E (Te.) 106 C 5
Alcoutim P (Fa.) 161 C 3
Alcover E (Ta.) 69 C 5
Alcoy/Alcoi E (Ali.) 141 A 4
Alcozar E (So.) 62 B 3
Alcozarejos E (Alb.) 139 A 1
Alcubierre E (Hues.) 66 D 1
Alcubilla de Avellaneda E (So.) 62 B 2
Alcubilla de las Peñas E (So.) 83 C 1
Alcubilla de Nogales E (Zam.) 38 B 4
Alcubilla del Marqués E (So.) 62 C 3
Alcubillas E (C. R.) 136 C 4
Alcubillas Altas, Las E (Alm.) 183 D 1
Alcublas E (Val.) 124 C 1
Alcúdia E (Bal.) 92 B 1
Alcúdia de Crespins, l' E (Val.) 140 D 2
Alcudia de Guadix E (Gr.) 168 D 5
Alcudia de Monteagud E (Alm.) 170 B 5
Alcúdia de Veo, l' E (Cas.) 107 A 5
Alcúdia, l' E (Ali.) 141 A 4
Alcúdia, l' E (Val.) 141 A 1
Alcuéscar E (Các.) 131 C 1
Alcuetas E (Le.) 39 A 3
Alcuneza E (Gua.) 83 C 2
Alcútar E (Gr.) 182 C 2
Alda E (Ál.) 23 D 4
Aldaia E (Val.) 125 A 4
Aldán E (Po.) 33 D 2
Aldão P (Br.) 54 C 3
Aldatz E (Na.) 24 C 3
Aldea E (Lu.) 3 C 4
Aldea Blanca E (Las P.) 191 C 4
Aldea Blanca E (S. Cruz T.) 195 D 5
Aldea de Arriba E (Our.) 35 A 4
Aldea de Fuente Carretero E (Cór.) 165 B 2
Aldea de San Esteban E (So.) 62 C 3
Aldea de San Miguel E (Vall.) 60 B 4
Aldea de San Nicolás, La E (Las P.) 191 A 3
Aldea de Tejada E (Huel.) 163 B 3
Aldea del Cano E (Các.) 115 B 5
Aldea del Fresno E (Mad.) 100 D 2
Aldea del Obispo E (Sa.) 76 D 4
Aldea del Obispo, La E (Các.) 116 A 3
Aldea del Pinar E (Bur.) 62 C 1
Aldea del Puente, La E (Le.) 39 B 1
Aldea del Rey E (C. R.) 135 C 4
Aldea del Rey Niño E (Áv.) 80 A 5
Aldea en Cabo E (To.) 100 C 3
Aldea Real E (Seg.) 81 A 1
Aldea, l' E (Ta.) 88 D 4
Aldeacentenera E (Các.) 116 C 3
Aldeacipreste E (Sa.) 98 A 2
Aldeacueva E (Viz.) 22 B 1
Aldeadávila de la Ribera E (Sa.) 57 A 5
Aldeahermosa E (J.) 152 C 2
Aldealabad E (Áv.) 79 D 5
Aldealabad del Mirón E (Áv.) 79 A 5
Aldealafuente E (So.) 64 A 2
Aldealba de Hortaces E (Sa.) 97 A 1
Aldealbar E (Vall.) 60 D 4
Aldealcorvo E (Seg.) 81 C 1
Aldealengua E (Sa.) 78 D 2
Aldealengua e Pedraza E (Seg.) 81 C 2
Aldealengua de Santa María E (Seg.) 62 A 4
Aldealgordo de Abajo E (Sa.) 78 B 4
Aldealices E (So.) 64 A 1
Aldealobos E (La R.) 44 A 3
Aldealpozo E (So.) 64 A 2
Aldealseñor E (So.) 64 A 1
Aldeamayor de San Martín E (Vall.) 60 B 4
Aldeanueva de Atienza E (Gua.) 82 D 1
Aldeanueva de Barbarroya E (To.) 117 C 2
Aldeanueva de Ebro E (La R.) 44 C 3
Aldeanueva de Figueroa E (Sa.) 78 D 1
Aldeanueva de Guadalajara E (Gua.) 82 D 5
Aldeanueva de la Serrezuela E (Seg.) 61 C 4
Aldeanueva de la Sierra E (Sa.) 77 D 5
Aldeanueva de la Vera E (Các.) 98 C 4
Aldeanueva de Portanovis E (Sa.) 77 A 4
Aldeanueva de San Bartolomé E (To.) 117 B 2
Aldeanueva de Santa Cruz E (Áv.) 99 A 2
Aldeanueva del Camino E (Các.) 98 A 3
Aldeanueva del Campanario E (Seg.) 61 D 5
Aldeanueva del Codonal E (Seg.) 80 B 2
Aldeanueva del Monte E (Seg.) 62 A 5
Aldeaquemada E (J.) 152 B 2
Aldearrodrigo E (Sa.) 78 B 1
Aldearrubia E (Sa.) 78 D 2
Aldeasaz E (Seg.) 81 B 2
Aldeaseca E (Áv.) 80 A 2
Aldeaseca de Alba E (Sa.) 79 A 4
Aldeaseca de Armuña E (Sa.) 78 C 2
Aldeaseca de la Frontera E (Sa.) 79 B 3
Aldeasoña E (Seg.) 61 B 4
Aldeatejada E (Sa.) 78 C 3
Aldeavieja E (Áv.) 80 C 3
Aldeavieja de Tormes E (Sa.) 78 C 5
Aldeávila de Revilla E (Sa.) 77 D 3
Aldehorno E (Seg.) 61 C 4
Aldehuela E (Các.) 97 B 2
Aldehuela E (Gua.) 84 D 4
Aldehuela E (Seg.) 81 B 2
Aldehuela E (Te.) 106 A 3
Aldehuela de Ágreda E (So.) 64 C 1
Aldehuela de Calatañazor E (So.) 63 B 2
Aldehuela de Jerte E (Các.) 97 C 4
Aldehuela de la Bóveda E (Sa.) 78 A 3
Aldehuela de Liestos E (Zar.) 85 A 2
Aldehuela de Periáñez E (So.) 64 A 1
Aldehuela de Yeltes E (Sa.) 77 C 5
Aldehuela del Codonal E (Seg.) 80 B 2
Aldehuela del Rincón E (So.) 63 C 1

Alparatas, Las

Aldehuela, La E (Áv.) 99 A 2
Aldehuela, La E (Mad.) 102 A 5
Aldehuelas, Las E (So.) 43 D 5
Aldeia P (Ave.) 73 D 2
Aldeia P (San.) 112 B 1
Aldeia P (Vis.) 74 D 3
Aldeia Ana de Aviz P (Lei.) 94 B 5
Aldeia Cimeira P (C. B.) 113 A 1
Aldeia da Biscaia P (Év.) 128 B 5
Aldeia da Cruz P (Lei.) 94 B 5
Aldeia da Dona P (Guar.) 96 C 1
Aldeia da Mata P (Por.) 113 A 4
Aldeia da Ponte P (Guar.) 96 C 1
Aldeia da Portela P (Set.) 126 D 5
Aldeia da Ribeira P (C. B.) 94 C 5
Aldeia da Ribeira P (Guar.) 96 C 1
Aldeia da Ribeira P (San.) 111 B 3
Aldeia da Serra P (Év.) 128 C 3
Aldeia da Serra P (Guar.) 75 D 5
Aldeia da Serra P (Lei.) 112 A 1
Aldeia da Tôr P (Fa.) 174 C 2
Aldeia das Amoreiras P (Be.) 160 A 1
Aldeia das Dez P (Co.) 95 A 2
Aldeia de Além P (San.) 111 B 3
Aldeia de Eiras P (San.) 112 D 2
Aldeia de Ferreira P (Év.) 129 C 5
Aldeia de Irmãos P (Set.) 126 D 5
Aldeia de Joanes P (C. B.) 95 C 3
Aldeia de João Pires P (C. B.) 96 A 4
Aldeia de Nacomba P (Vis.) 75 C 2
Aldeia de Paio Pires P (Set.) 126 D 4
Aldeia de Palheiros P (Be.) 160 A 2
Aldeia de Ruins P (Be.) 144 A 4
Aldeia de Santa Margarida P (C. B.) 96 A 4
Aldeia de Santa Margarida P (San.) 112 B 3
Aldeia de Santo António P (Guar.) 96 B 2
Aldeia de São Brás do Regedouro P (Év.) 144 C 1
Aldeia do Bispo P (C. B.) 96 A 3
Aldeia do Bispo P (Guar.) 96 A 1
Aldeia do Bispo P (Guar.) 96 C 2
Aldeia do Cano P (Set.) 143 C 5
Aldeia do Carvalho P (C. B.) 95 C 2
Aldeia do Carvalho P (Vis.) 75 A 5
Aldeia do Futuro P (Set.) 143 C 2
Aldeia do Juzo P (Lis.) 126 B 3
Aldeia do Mato P (San.) 112 B 2
Aldeia do Meco P (Set.) 126 C 5
Aldeia do Pinto P (Be.) 145 B 5
Aldeia do Pombal P (Por.) 129 D 2
Aldeia do Souto P (C. B.) 95 D 2
Aldeia dos Delbas P (Be.) 144 A 5
Aldeia dos Fernandes P (Be.) 160 B 2
Aldeia dos Gagos P (San.) 112 B 1
Aldeia dos Neves P (Be.) 160 C 2
Aldeia Formosa P (Co.) 95 A 1
Aldeia Fundeira P (Lei.) 94 B 4
Aldeia Galega da Merceana P (Lis.) 110 D 5
Aldeia Gavinha P (Lis.) 110 D 5
Aldeia Grande P (Lis.) 110 D 5
Aldeia Grande P (Set.) 127 A 5
Aldeia Nova P (Bra.) 57 D 3
Aldeia Nova P (Év.) 129 C 3
Aldeia Nova P (Guar.) 76 C 4
Aldeia Nova P (Guar.) 75 D 4
Aldeia Nova P (Guar.) 96 A 1
Aldeia Nova P (San.) 111 D 1
Aldeia Nova P (Vis.) 75 B 3
Aldeia Nova do Cabo P (C. B.) 95 C 3
Aldeia Novada Favela P (Be.) 160 B 2
Aldeia Novado Barroso P (V. R.) 55 B 1
Aldeia Rica P (Guar.) 75 D 4
Aldeia São Francisco de Assis P (C. B.) 95 B 3
Aldeia Velha P (Co.) 94 D 3
Aldeia Velha P (Guar.) 96 C 2
Aldeia Velha P (Guar.) 75 D 4
Aldeia Velha P (Por.) 128 C 1
Aldeia Viçosa P (Guar.) 75 D 5
Aldeias P (Guar.) 95 C 1
Aldeias P (Vis.) 75 B 1
Aldeias de Montoito P (Év.) 129 B 5
Aldeire E (Gr.) 182 D 1
Aldeonsancho E (Seg.) 81 C 1
Aldeonte E (Seg.) 61 D 5
Aldeyuso E (Vall.) 61 A 3
Aldixe E (Lu.) 3 D 4
Aldosende E (Lu.) 15 C 4
Aldover E (Ta.) 88 C 3
Aldreu P (Br.) 53 D 2
Aleas E (Gua.) 82 C 3
Aledo E (Mu.) 171 B 1
Alegia/Alegría de Oria E (Gui.) 24 B 2
Alegrete P (Por.) 113 D 5
Alegría de Oria → Alegia E (Gui.) 24 B 2
Alegría-Dulantzi E (Ál.) 23 C 4
Aleixar, l' E (Ta.) 69 B 5
Aleje E (Le.) 19 C 4
Alejos, Los E (Alb.) 154 A 1
Alella E (Bar.) 71 B 3
Além do Rio P (V. C.) 53 C 1
Alencarce de Baixo P (Co.) 93 D 3
Alencarce de Cima P (Co.) 93 D 3
Alende E (Po.) 14 A 5
Alenquer P (Lis.) 127 A 1
Alentisca P (Por.) 129 D 2
Alentisque E (So.) 64 A 4
Alentorn E (Ll.) 49 B 5
Aler E (Hues.) 48 B 4
Alera E (Zar.) 45 C 3
Alerre E (Hues.) 46 D 4
Alesanco E (La R.) 43 A 2
Alesón E (La R.) 43 B 2
Alfacar E (Gr.) 168 A 5
Alfafar E (Val.) 125 A 4
Alfafar P (Co.) 94 A 3
Alfafara E (Ali.) 140 D 4
Alfahuara E (Alm.) 170 B 2
Alfaião P (Bra.) 57 A 1
Alfaiates P (Guar.) 96 C 1
Alfaix E (Alm.) 184 D 1
Alfajarín E (Zar.) 66 C 3
Alfambra E (Te.) 106 A 1
Alfambras P (Fa.) 159 A 4
Alfamén E (Zar.) 65 C 4
Alfandega da Fé P (Bra.) 56 C 4
Alfántega E (Hues.) 67 D 1
Alfanzina P (Fa.) 173 D 3
Alfara de Algimia E (Val.) 125 A 1
Alfara de Carles E (Ta.) 88 B 3
Alfara del Patriarca E (Val.) 125 A 3
Alfaraz de Sayago E (Zam.) 78 A 1
Alfarazes P (Guar.) 76 A 5
Alfarb → Alfarp E (Val.) 124 D 5
Alfarela de Jales P (V. R.) 55 C 4
Alfarim P (Set.) 126 C 5
Alfarnate E (Mál.) 180 D 2
Alfarnatejo E (Mál.) 180 D 2
Alfaro E (La R.) 44 D 4
Alfarp/Alfarb E (Val.) 124 D 5
Alfarràs E (Ll.) 68 C 1
Alfarrasí E (Val.) 141 A 3
Alfàs del Pi, l' E (Ali.) 141 C 5
Alfauir E (Val.) 141 B 3
Alfávila, La E (J.) 167 B 3
Alfeiçao P (Fa.) 174 C 2
Alfeiria P (Lis.) 126 D 1
Alfeizerão P (Lei.) 110 D 2
Alfena P (Port.) 54 A 5
Alfera, La E (Alb.) 154 A 1
Alferce P (Fa.) 159 D 4
Alferrarede P (San.) 112 B 3
Alfés E (Ll.) 68 C 3
Alfinach E (Val.) 125 B 2
Alfocea E (Zar.) 66 A 2
Alfondeguilla/Fondeguilla E (Cas.) 125 B 1
Alfoquia, La E (Alm.) 170 C 4
Alforgemel P (San.) 111 B 4
Alforja E (Ta.) 69 B 5
Alfornón E (Gr.) 182 C 3
Alforque E (Zar.) 67 A 5
Alfouvar de Baixo P (Lis.) 126 C 2
Alfouvés P (San.) 111 B 4
Alfoz E (Lu.) 4 A 3
Alfoz de Bricia E (Bur.) 21 C 3
Alfrivida P (C. B.) 113 C 1
Alfundão P (Be.) 144 B 3
Algaba, La E (Sev.) 163 D 3
Algadefe E (Le.) 38 D 3
Algaiarens, lugar E (Bal.) 90 B 1
Algaiat → Algayat E (Ali.) 156 B 2
Algaida E (Bal.) 92 A 4
Algaida E (Mu.) 155 D 4
Algaida y Gata E (Cór.) 166 D 5
Algaida, La E (Alm.) 183 C 4
Algaida, La E (Cád.) 177 B 3
Algaidón, El E (Mu.) 154 D 2
Algalé P (Set.) 144 A 2
Algallarín E (Cór.) 150 C 5
Algámitas E (Sev.) 179 B 2
Algar E (Cád.) 178 C 4
Algar E (Cór.) 166 D 4
Algar de Mesa E (Gua.) 84 C 1
Algar de Palancia E (Val.) 125 A 1
Algar, El E (Mu.) 172 C 2
Algarão P (Lei.) 111 A 3
Algarbes, Los E (Cór.) 165 D 2
Algarga E (Gua.) 102 D 4
Algarinejo E (Gr.) 167 A 5
Algarra E (Cu.) 105 B 5
Algarrobo E (Mál.) 181 B 4
Algarrobo-Costa E (Mál.) 181 B 4
Algars E (Ali.) 141 A 4
Algarvia P (Aç.) 109 D 4
Algatocín E (Mál.) 187 B 1
Algayat/Algaiat E (Ali.) 156 B 2
Algayón E (Hues.) 68 B 1
Algaz P (San.) 112 A 2
Alge P (Lei.) 94 B 4
Algeciras E (Cád.) 187 A 4
Algemesí E (Val.) 141 A 1
Algeráz P (Vis.) 75 A 5
Algeriz P (V. R.) 55 D 3
Algerri E (Ll.) 68 C 1
Algeruz P (Set.) 127 B 4
Algés P (Lis.) 126 C 3
Algete E (Mad.) 82 A 5
Algezares E (Mu.) 156 A 5
Algide P (Br.) 54 D 4
Algimia de Alfara E (Val.) 125 A 2
Algimia de Almonacid E (Cas.) 107 A 5
Alginet E (Val.) 125 A 5
Algoceira P (Be.) 159 B 2
Algoda-Matola E (Ali.) 156 C 3
Algodonales E (Cád.) 178 D 3
Algodor E (Mad.) 101 C 5
Algodor P (Be.) 161 A 1
Algodre E (Zam.) 58 D 3
Algodres P (Guar.) 75 C 4
Algodres P (Guar.) 76 B 2
Algora E (Gua.) 83 B 3
Algorfa E (Ali.) 156 C 4
Algorós E (Ali.) 156 C 3
Algosinho P (Bra.) 57 B 5
Algoso P (Bra.) 57 B 4
Algoz P (Fa.) 174 A 2
Alguaire E (Ll.) 68 C 2
Alguazas E (Mu.) 155 D 4
Alguber P (Lis.) 111 A 4
Algueirão Mem Martins P (Lis.) 126 B 2
Alguenya, l' → Algueña E (Ali.) 156 B 2
Algueña/Alguenya, l' E (Ali.) 156 B 2
Alhabia E (Alm.) 183 C 2
Alhadas P (Co.) 93 C 2
Alhagüeces E (Mu.) 171 A 1
Alhais P (Lei.) 93 B 4
Alhais P (Vis.) 75 B 3
Alhama E (Ali.) 141 D 5
Alhama de Almería E (Alm.) 183 D 2
Alhama de Aragón E (Zar.) 64 C 5
Alhama de Granada E (Gr.) 181 B 2
Alhama de Murcia E (Mu.) 171 C 1
Alhambra E (C. R.) 136 D 3
Alhambras, Las E (Te.) 106 B 4
Alhanchete, El E (Alm.) 170 D 5
Alhandra P (Lis.) 127 A 2
Alharilla E (J.) 151 A 5
Alhaurín de la Torre E (Mál.) 180 B 5
Alhaurín el Grande E (Mál.) 180 A 5
Alhendín E (Gr.) 181 D 1
Alhões P (Vis.) 74 D 2
Alhóndiga E (Gua.) 103 A 1
Alhondiguilla, La E (Gr.) 167 C 4
Alhos Vedros P (Set.) 126 D 4
Alía E (Các.) 117 B 4
Aliaga E (Te.) 86 C 5
Aliaguilla E (Cu.) 123 C 2
Alías, Los E (Alm.) 184 C 1
Alicante → Alacant E (Ali.) 157 C 2
Alicate E (Mál.) 188 A 2
Alicún E (Alm.) 183 C 2
Alicún de Ortega E (Gr.) 168 D 3
Alienes E (Ast.) 5 C 4
Alija de la Ribera E (Le.) 38 D 1
Alija del Infantado E (Le.) 38 B 4
Alijão P (Br.) 54 D 4
Alijó P (V. R.) 55 D 5
Alimonde P (Bra.) 56 D 1
Alins E (Hues.) 48 C 1
Alins E (Ll.) 29 C 5
Alins del Monte E (Hues.) 48 A 5
Alinyà E (Ll.) 49 D 3
Alió E (Ta.) 69 D 5
Alique E (Gua.) 103 C 1
Alisar, El E (Sev.) 163 C 2
Aliseda E (Các.) 114 D 4
Aliseda de Tormes E (Áv.) 99 A 2
Alisios, Los E (S. Cruz T.) 196 B 2
Alitaje E (Gr.) 167 D 5
Aliud E (So.) 64 A 3
Aljabaras, Las E (Cór.) 149 A 5
Aljambra E (Alm.) 170 C 4
Aljaraque E (Huel.) 176 B 2
Aljariz E (Alm.) 170 D 5
Aljezur P (Fa.) 159 B 4
Aljibe y las Brancas de Sicilia, El E (Mu.) 171 A 2
Aljorra, La E (Mu.) 172 B 2
Aljubarrota P (Lei.) 111 A 2
Aljube E (Alb.) 139 A 5
Aljucén E (Bad.) 131 B 2
Aljucer E (Mu.) 156 A 5
Aljustrel P (Be.) 144 B 5
Alkaiaga E (Na.) 12 D 5
Alkiza E (Gui.) 24 B 1
Alkotz E (Na.) 24 D 3
Almaça P (Vis.) 94 C 1
Almaceda P (C. B.) 95 B 4
Almacelles E (Ll.) 68 B 2
Almácetas, Las, lugar E (Alm.) 169 D 4
Almáciga E (S. Cruz T.) 196 C 1
Almaciles E (Gr.) 154 A 5
Almáchar E (Mál.) 180 D 4
Almada P (Set.) 126 C 4
Almada de Ouro P (Fa.) 161 C 4
Almadén E (C. R.) 133 D 4
Almadén de la Plata E (Sev.) 147 D 5
Almadena P (Fa.) 173 B 2
Almadenejos E (C. R.) 134 A 4
Almadenes E (Mu.) 155 B 3
Almadrones E (Gua.) 83 B 3
Almafrà E (Ali.) 156 C 1
Almagarinos E (Le.) 17 D 5
Almagreira P (Aç.) 109 D 5
Almagreira P (Lei.) 93 C 4
Almagro E (C. R.) 135 D 3
Almagros, Los E (Mu.) 171 D 1
Almajalejo E (Alm.) 170 C 4
Almajano E (So.) 63 D 1
Almajar E (Cád.) 177 C 5
Almalaguês P (Co.) 94 A 3
Almaluez E (So.) 64 A 5
Almandoz E (Na.) 25 A 2
Almansa E (Alb.) 140 A 3
Almansas, Las E (J.) 152 D 5
Almansil P (Fa.) 174 C 3
Almanza E (Le.) 19 D 5
Almanzora E (Alm.) 170 C 4
Almarail E (So.) 63 D 3
Almaraz E (Các.) 116 C 1
Almaraz de Duero E (Zam.) 58 B 4
Almarcha, La E (Cu.) 121 D 2
Almarchal, El E (Cád.) 186 B 4
Almarda E (Val.) 125 C 2
Almargem P (Vis.) 75 A 3
Almargem do Bispo P (Lis.) 126 C 2
Almargen E (Mál.) 179 C 2
Almargens P (Fa.) 174 D 2
Almarza E (So.) 43 D 5
Almarza de Cameros E (La R.) 43 C 3
Almàssera E (Val.) 125 B 3
Almassora → Almazora E (Cas.) 107 C 5
Almatret E (Ll.) 68 B 5
Almatriche E (Las P.) 191 D 2
Almayate Alto E (Mál.) 181 A 4
Almayate Bajo E (Mál.) 181 A 4
Almazán E (So.) 63 C 4
Almazcara E (Le.) 17 B 5
Almazora/Almassora E (Cas.) 107 C 5
Almazorre E (Hues.) 47 C 3
Almazul E (So.) 64 B 3
Almedíjar E (Cas.) 125 A 1
Almedina E (C. R.) 137 A 5
Almedina, La, lugar E (J.) 152 D 5
Almedinilla E (Cór.) 167 A 4
Almegíjar E (Gr.) 182 C 3
Almeida P (Guar.) 76 C 4
Almeida de Sayago E (Zam.) 58 A 5
Almeidinha P (Vis.) 75 B 5
Almeirim P (Be.) 160 B 1
Almeirim P (San.) 111 C 5
Almenar E (Ll.) 68 C 1
Almenar de Soria E (So.) 64 A 2
Almenara E (Cas.) 125 B 1
Almenara de Adaja E (Vall.) 80 B 1
Almenara de Tormes E (Sa.) 78 B 2
Almendra E (Sa.) 57 C 5
Almendra E (Zam.) 58 B 3
Almendra P (Guar.) 76 B 2
Almendral E (Bad.) 130 C 5
Almendral E (Các.) 97 D 4
Almendral de la Cañada E (To.) 100 A 3
Almendral, El E (Alm.) 183 D 1
Almendral, El E (Cád.) 185 D 1
Almendral, El E (Gr.) 181 A 2
Almendralejo E (Bad.) 131 B 4
Almendricos E (Mu.) 171 A 4
Almendro, El E (Huel.) 161 D 3
Almendros E (Cu.) 103 A 5
Almendros, Los E (Mad.) 102 A 3
Almendros, Los E (Sa.) 78 C 2
Almensilla E (Sev.) 163 D 4
Almería E (Alm.) 183 D 3
Almerimar E (Alm.) 183 B 4
Almeza, La E (Val.) 106 A 5
Almicerán, El E (J.) 169 B 1
Almiruete E (Gua.) 82 C 2
Almiserà E (Val.) 141 B 3
Almoçageme P (Lis.) 126 B 2
Almocáizar E (Alm.) 184 C 1
Almócita E (Alm.) 183 B 2
Almochuel E (Zar.) 66 D 5
Almodôvar P (Be.) 160 C 2
Almodóvar del Campo E (C. R.) 134 D 4
Almodóvar del Pinar E (Cu.) 122 C 2
Almodóvar del Río E (Cór.) 165 C 1
Almofala P (Guar.) 76 D 3
Almofala P (Vis.) 75 B 2
Almofala P (Vis.) 74 C 5
Almofrela P (Port.) 54 D 5
Almogadel P (San.) 112 A 1
Almogía E (Mál.) 180 B 3
Almograve P (Be.) 159 B 1
Almoguera E (Gua.) 102 D 3
Almohaja E (Te.) 85 B 5
Almoharín E (Các.) 131 D 1
Almoines E (Val.) 141 C 2
Almoinha P (Set.) 126 D 5
Almolda, La E (Zar.) 67 B 3
Almonacid de la Cuba E (Zar.) 66 B 5
Almonacid de la Sierra E (Zar.) 65 C 4
Almonacid de Toledo E (To.) 119 C 2
Almonacid de Zorita E (Gua.) 103 A 2
Almonacid del Marquesado E (Cu.) 121 B 1
Almonaster la Real E (Huel.) 146 C 5
Almonda P (San.) 111 C 3
Almontarás E (Gr.) 169 B 1
Almonte E (Huel.) 163 A 5
Almoradí E (Ali.) 156 C 4
Almoraima E (Cád.) 187 A 3
Almorchón E (Bad.) 133 A 4
Almornos P (Lis.) 126 C 2
Almorox E (To.) 100 C 3
Almorquim P (Lis.) 126 B 2
Almoster E (Ta.) 69 B 5
Almoster P (Lei.) 94 A 5
Almoster P (San.) 111 B 4
Almudáfar E (Hues.) 68 A 2
Almudaina E (Ali.) 141 B 4
Almudaina, S' E (Bal.) 90 B 2
Almudena, La E (Mu.) 154 C 5
Almudévar E (Hues.) 46 C 5
Almunia de Doña Godina, La E (Zar.) 65 C 4
Almunia de San Juan E (Hues.) 48 A 5
Almunia del Romeral, La E (Hues.) 47 A 3
Almunias, Las E (Hues.) 47 C 3
Almuniente E (Hues.) 47 A 5
Almuña E (Ast.) 5 C 3
Almuñécar E (Gr.) 181 D 4
Almuradiel E (C. R.) 152 A 1
Almussafes E (Val.) 125 A 5
Alobras E (Te.) 105 C 3
Alocén E (Gua.) 103 B 1
Alojera E (S. Cruz T.) 194 B 1
Alomartes E (Gr.) 167 C 5
Alón E (A Co.) 13 D 2
Alonso de Ojeda E (Các.) 132 A 1
Alonsotegi E (Viz.) 22 D 1
Aloños E (Can.) 21 C 1
Álora E (Mál.) 180 A 3
Alorna P (San.) 111 C 5
Alòs de Balaguer E (Ll.) 49 A 5
Alós d'Isil E (Ll.) 29 B 4
Alosno E (Huel.) 162 A 2
Alovera E (Gua.) 82 C 5
Alozaina E (Mál.) 179 D 4
Alp E (Gi.) 50 C 2
Alpalhão P (Por.) 113 B 4
Alpandeire E (Mál.) 179 B 5
Alpanseque E (So.) 83 B 1
Alparatas, Las E (Alm.) 184 D 1

Alparrache

Name			Page	Grid
Alparrache	E	(So.)	63	D 3
Alpartir	E	(Zar.)	65	C 4
Alpatró	E	(Ali.)	141	B 3
Alpedreira	P	(Por.)	130	A 3
Alpedrete	E	(Mad.)	81	B 5
Alpedrete de la Sierra	E	(Gua.)	82	B 3
Alpedrinha	P	(C. B.)	95	C 3
Alpedriz	P	(Lei.)	111	A 1
Alpedroches	E	(Gua.)	83	A 1
Alpens	E	(Bar.)	50	D 3
Alpeñes	E	(Te.)	86	A 4
Alpera	E	(Alb.)	139	D 2
Alpiarça	P	(San.)	111	D 4
Alpicat	E	(Ll.)	68	C 2
Alporchinhos	P	(Fa.)	173	D 3
Alporchones	E	(Mu.)	171	B 2
Alportel	P	(Fa.)	174	D 2
Alpouvar	P	(Fa.)	174	A 2
Alpuente	E	(Val.)	124	A 1
Alqueidão	P	(Co.)	93	C 3
Alqueidão	P	(Co.)	95	B 3
Alqueidão	P	(Lei.)	94	A 5
Alqueidão	P	(Lis.)	126	B 2
Alqueidão	P	(San.)	111	D 1
Alqueidão	P	(San.)	111	D 2
Alqueidão	P	(San.)	111	B 3
Alqueidão	P	(San.)	112	B 2
Alqueidão	P	(San.)	111	C 3
Alqueidão da Serra	P	(Lei.)	111	B 2
Alqueidão de Arrimal	P	(Lei.)	111	B 2
Alqueidão de Santo Amaro	P	(San.)	112	B 1
Alqueidão do Mato	P	(San.)	111	B 3
Alquería	E	(Mál.)	180	D 3
Alqueria Blanca	E	(Bal.)	92	C 5
Alqueria d'Asnar, l'	E	(Ali.)	141	A 4
Alquería de Abajo, La	E	(Alm.)	170	B 1
Alqueria de la Comtessa, l' → Alquería de la Condesa	E	(Val.)	141	C 3
Alquería de la Condesa/Alqueria de la Comtessa, l'	E	(Val.)	141	C 3
Alquería del Fargue	E	(Gr.)	182	A 1
Alquería, La	E	(Alm.)	183	A 4
Alquería, La	E	(Gr.)	169	D 2
Alquería, La	E	(Mál.)	180	B 4
Alquería, La	E	(Mu.)	155	C 1
Alquerías → Lugar de Casillas	E	(Mu.)	156	A 4
Alquerías del Niño Perdido/Alqueries, les	E	(Cas.)	107	C 5
Alquerías Valencia	E	(Cas.)	125	C 1
Alqueries de Benifloret	E	(Ali.)	141	A 4
Alqueries, les → Alquerías del Niño Perdido	E	(Cas.)	107	C 5
Alquerubim	P	(Ave.)	74	A 4
Alqueva	P	(Év.)	145	B 2
Alqueve	P	(Co.)	94	D 2
Alquézar	E	(Hues.)	47	C 4
Alquián, El	E	(Alm.)	184	A 3
Alquibla, La	E	(Mu.)	155	C 4
Alquife	E	(Gr.)	182	D 1
Alquité	E	(Seg.)	62	B 5
Alsasua → Altsasu	E	(Na.)	24	A 3
Alsodux	E	(Alm.)	183	C 2
Alta Mora	P	(Fa.)	161	B 4
Altabix	E	(Ali.)	156	D 2
Altable	E	(Bur.)	42	D 1
Altafulla	E	(Ta.)	89	D 1
Altamira	E	(A Co.)	2	C 4
Altamira-San Kristobal	E	(Viz.)	11	B 4
Altamiros	E	(Áv.)	79	D 5
Altarejos	E	(Cu.)	121	D 1
Alte	P	(Fa.)	174	B 2
Altea	E	(Ali.)	141	D 5
Altea la Vella → Altea la Vieja	E	(Ali.)	141	D 5
Altea la Vieja/Altea la Vella	E	(Ali.)	141	D 5
Alter do Chão	P	(Por.)	113	B 5
Alter Pedroso	P	(Por.)	113	B 5
Altet	E	(Ll.)	69	C 2
Altet, El/Altet, l'	E	(Ali.)	157	C 2
Altet, l' → Altet, El	E	(Ali.)	157	C 2
Altico, El	E	(Alb.)	138	A 5
Altico, El	E	(J.)	151	D 3
Alto	E	(Lu.)	16	A 3
Alto	E	(Lu.)	15	D 2
Alto da Guerra	P	(Set.)	127	A 5
Alto da Serra	P	(San.)	111	A 3
Alto de la Mesa	E	(Huel.)	163	A 1
Alto de la Muela	E	(Zar.)	65	D 3
Alto do Moinho	P	(Set.)	126	C 4
Alto Fica	P	(Fa.)	174	B 2
Alto Palomo	E	(Mu.)	155	C 3
Altobar de la Encomienda	E	(Le.)	38	C 4
Altobordo	E	(Mu.)	171	B 3
Altorricón	E	(Hues.)	68	B 1
Altos-Arroyos, Los	E	(S. Cruz T.)	196	A 2
Altsasu/Alsasua	E	(Na.)	24	A 3
Altura	E	(Cas.)	124	D 1
Altura	P	(Fa.)	175	B 2
Alturas do Barroso	P	(V. R.)	55	B 2
Altzaa	E	(Viz.)	23	C 1
Altzaga	E	(Gui.)	24	B 2
Altzibar-Karrika	E	(Gui.)	12	C 5
Altzo	E	(Gui.)	24	B 2
Altzola	E	(Gui.)	23	D 1
Altzorritz → Alzórriz	E	(Na.)	25	B 5
Altzusta	E	(Viz.)	23	B 2
Alumbres	E	(Mu.)	172	C 2
Alustante	E	(Gua.)	85	A 5
Alva	P	(Vis.)	74	D 3
Alvações de Tanha	P	(V. R.)	55	B 5
Alvações do Corgo	P	(V. R.)	55	B 5
Alvadia	P	(V. R.)	55	B 3
Alvados	P	(Lei.)	111	C 2
Alvaiade	P	(C. B.)	113	B 1
Alvaiázere	P	(Lei.)	94	A 5
Alvalade	P	(Set.)	143	D 4
Alvarado-La Risca	E	(Bad.)	130	C 3
Alvarães	P	(V. C.)	53	D 2
Alvaré	E	(Ast.)	6	C 2
Alvaredo	P	(V. C.)	34	C 3
Alvaredos	P	(Bra.)	56	C 1
Alvarelhos	P	(Port.)	54	A 4
Alvarelhos	P	(V. R.)	56	A 2
Alvarenga	P	(Ave.)	74	C 2
Alvarenga	P	(Port.)	54	C 4
Alvares	P	(Be.)	161	A 1
Alvares	P	(Co.)	94	C 4
Alvarim	P	(Ave.)	74	B 5
Alvarim	P	(Vis.)	94	C 1
Alvarinhos	P	(Lis.)	126	B 2
Álvaro	P	(C. B.)	94	D 4
Alvega	P	(San.)	112	C 3
Alveite Grande	P	(Co.)	94	B 2
Alveite Pequeno	P	(Co.)	94	C 3
Alvelos	P	(Br.)	54	A 3
Alvendre	P	(Guar.)	76	A 5
Alverca da Beira	P	(Guar.)	76	A 4
Alverca do Ribatejo	P	(Lis.)	126	D 2
Alves	P	(Be.)	161	B 2
Alvide	P	(Lis.)	126	B 3
Alviobeira	P	(San.)	112	A 1
Alvisquer	P	(Por.)	112	D 3
Alvite	P	(Br.)	54	D 3
Alvite	P	(V. R.)	55	B 3
Alvite	P	(Vis.)	75	B 2
Alvites	P	(Bra.)	56	B 3
Alvito	P	(Be.)	144	C 2
Alvito	P	(Br.)	54	A 2
Alvito da Beira	P	(C. B.)	95	A 5
Alvoco da Serra	P	(Guar.)	95	B 2
Alvoco das Várzeas	P	(Co.)	95	A 2
Alvoeira	P	(Co.)	94	D 2
Alvor	P	(Fa.)	173	C 2
Alvora	P	(V. C.)	34	B 5
Alvorge	P	(Lei.)	94	A 4
Alvorninha	P	(Lei.)	111	A 3
Alvre	P	(Port.)	74	B 1
Alxán	E	(Po.)	34	A 3
Alxán	E	(Po.)	34	A 2
Alzina, l'	E	(Ll.)	69	C 1
Alzinar, l'	E	(Bar.)	70	B 4
Alzira	E	(Val.)	141	A 1
Alzórriz/Altzorritz	E	(Na.)	25	B 5
Allariz	E	(Our.)	35	B 3
Allariz	E	(Po.)	33	D 1
Allendelagua	E	(Can.)	10	C 4
Allepuz	E	(Te.)	106	C 1
Alles	E	(Ast.)	8	B 5
Allo	E	(Na.)	44	B 1
Allonca, A	E	(Lu.)	16	D 1
Alloza	E	(Te.)	86	D 3
Allueva	E	(Te.)	86	A 2
Amadora	P	(Lis.)	126	C 3
Amaiur/Maia	E	(Na.)	25	B 1
Amalloa	E	(Viz.)	11	C 5
Amandi	E	(Ast.)	7	A 4
Amarante	E	(Lu.)	15	B 4
Amarante	P	(Port.)	54	D 5
Amareleja	P	(Be.)	145	D 3
Amarelhe	P	(Port.)	74	D 1
Amarelle	E	(A Co.)	14	C 2
Amares	P	(Br.)	54	B 2
Amarguilla	E	(Alm.)	169	C 5
Amaro	P	(Fa.)	175	A 3
Amasa	E	(Gui.)	24	B 1
Amatos	E	(Sa.)	78	D 3
Amatos de Alba	E	(Sa.)	78	D 3
Amatos de Salvatierra	E	(Sa.)	78	C 5
Amatriáin	E	(Na.)	45	A 1
Amavida	E	(Áv.)	79	C 5
Amaya	E	(Bur.)	21	A 5
Amayas	E	(Gua.)	84	C 2
Amayuelas de Arriba	E	(Pa.)	40	C 3
Ambás	E	(Ast.)	6	C 3
Ambasaguas	E	(Viz.)	22	B 1
Ambasaguas de Curueño	E	(Le.)	19	A 5
Ambel	E	(Zar.)	65	A 2
Ambingue	E	(Ast.)	7	B 5
Ambite	E	(Mad.)	102	C 2
Ambres	E	(Ast.)	17	C 1
Ambroa	E	(A Co.)	3	A 4
Ambrona	E	(So.)	83	C 1
Ambrosero	E	(Can.)	10	A 4
Ambroz	E	(Gr.)	181	D 1
Ameal	P	(Ave.)	74	B 3
Ameal	P	(Lei.)	94	B 4
Ameal	P	(Lis.)	110	C 5
Amedo	P	(Bra.)	56	A 5
Ameixede	P	(Port.)	74	C 1
Ameixeira	E	(Po.)	34	C 3
Ameixenda	E	(A Co.)	13	B 2
Ameixenda	E	(A Co.)	14	A 2
Ameixial	P	(Fa.)	160	C 4
Ameixial	P	(San.)	127	D 1
Ameixiosa	P	(Vis.)	74	D 2
Ameixoeira	P	(Lis.)	126	C 3
Amêndoa	P	(C. B.)	112	C 2
Amendoeira	P	(Bra.)	56	C 3
Amendoeira da Serra	P	(Be.)	161	A 1
Amendoeira do Campo	P	(Be.)	144	D 5
Amer	E	(Gi.)	51	D 4
Ames	E	(A Co.)	14	A 3
Ames	E	(A Co.)	14	A 2
Améscoa Baja	E	(Na.)	24	B 4
Ametlla de Casserres, l'	E	(Bar.)	50	C 4
Ametlla de Mar, l'	E	(Ta.)	89	A 3
Ametlla de Merola, l'	E	(Bar.)	50	C 5
Ametlla del Vallès, l'	E	(Bar.)	71	B 2
Ameyugo	E	(Bur.)	22	D 5
Amezketa	E	(Gui.)	24	B 2
Amiadoso	E	(Our.)	35	B 3
Amiais	P	(Vis.)	75	B 4
Amiais de Baixo	P	(San.)	111	C 3
Amiais de Cima	P	(San.)	111	C 3
Amial	P	(Ave.)	74	A 4
Amieira	P	(C. B.)	94	D 4
Amieira	P	(Co.)	93	D 2
Amieira	P	(Év.)	145	B 2
Amieira	P	(Lei.)	93	B 5
Amieira	P	(San.)	111	D 1
Amieira Cova	P	(Por.)	112	D 3
Amieira do Tejo	P	(Por.)	113	A 3
Amieiro	P	(V. R.)	55	D 5
Amil	E	(Po.)	14	A 5
Amioso	P	(C. B.)	94	C 5
Amioso do Senhor	P	(Co.)	94	C 4
Amiudal	E	(Our.)	34	C 1
Amoedo	E	(Po.)	34	A 2
Amoeiro	E	(Our.)	35	A 1
Amonde	P	(V. C.)	53	D 1
Amor	P	(Lei.)	93	B 5
Amora	P	(Set.)	126	D 4
Amorebieta	E	(Viz.)	23	B 1
Amoreira	P	(Co.)	94	C 4
Amoreira	P	(Fa.)	161	A 4
Amoreira	P	(Guar.)	76	B 5
Amoreira	P	(Lei.)	110	D 3
Amoreira	P	(Lis.)	126	C 2
Amoreira	P	(Por.)	128	B 1
Amoreira	P	(San.)	127	D 1
Amoreira	P	(San.)	112	B 3
Amoreira da Gândara	P	(Ave.)	74	A 5
Amoreiras	P	(Guar.)	76	A 5
Amoreiras	P	(Vis.)	75	A 1
Amoreiras-Gare	P	(Be.)	159	D 1
Amorim	P	(Port.)	53	D 3
Amorín	E	(Po.)	33	D 4
Amoroce	E	(Our.)	35	A 3
Amorosa	P	(Fa.)	160	A 4
Amoroto	E	(Viz.)	11	C 5
Amparo, El	E	(S. Cruz T.)	195	C 2
Ampolla, l'	E	(Ta.)	88	D 3
Amposta	E	(Ta.)	88	C 4
Ampudia	E	(Pa.)	60	A 1
Ampuero	E	(Can.)	10	B 5
Ampuyenta, La	E	(Las P.)	190	A 3
Amurrio	E	(Ál.)	22	D 2
Amusco	E	(Pa.)	40	C 4
Amusquillo	E	(Vall.)	60	D 2
Anadia	P	(Ave.)	94	A 1
Anadón	E	(Te.)	86	A 2
Anagueis	P	(Co.)	94	A 3
Anais	P	(V. C.)	54	A 1
Anaya	E	(Seg.)	80	D 3
Anaya de Alba	E	(Sa.)	78	D 4
Anayo	E	(Ast.)	7	B 4
Anca	E	(A Co.)	3	A 3
Ançã	P	(Co.)	94	A 2
Ancas	P	(Ave.)	74	A 5
Ancede	P	(Port.)	74	D 1
Ancéis	E	(A Co.)	2	C 4
Anciles	E	(Hues.)	28	B 5
Ancillo	E	(Can.)	10	A 4
Ancín/Antzin	E	(Na.)	24	A 5
Anclas, Las	E	(Gua.)	103	B 1
Ancorados	E	(Po.)	14	B 4
Anços	P	(Lei.)	93	D 4
Anchuela del Campo	E	(Gua.)	84	C 2
Anchuela del Pedregal	E	(Gua.)	84	D 4
Anchuelo	E	(Mad.)	102	B 1
Anchuras	E	(C. R.)	117	D 4
Andabao	E	(A Co.)	14	D 2
Andaluz	E	(So.)	63	A 4
Andam	P	(Lei.)	111	B 2
Andatza	E	(Gui.)	24	B 1
Andavías	E	(Zam.)	58	B 3
Andeiro	E	(A Co.)	2	C 4
Andenes, Los	E	(S. Cruz T.)	196	B 2
Andés	E	(Ast.)	5	A 3
Andilla	E	(Val.)	124	B 1
Andoain	E	(Gui.)	24	B 1
Andoin	E	(Ál.)	24	A 4
Andoio	E	(A Co.)	2	B 5
Andorinha	P	(Co.)	94	D 1
Andorinha	P	(Co.)	93	D 2
Andorra	E	(Te.)	87	A 2
Andorra la Vella	A		49	D 1
Andosilla	E	(Na.)	44	C 2
Andra Mari	E	(Viz.)	10	D 5
Andrade	E	(A Co.)	2	D 3
Andrães	P	(V. R.)	55	B 5
Andratx	E	(Bal.)	91	B 4
Andrés	P	(Lei.)	93	D 5
Andrés	P	(San.)	112	A 1
Andreses, Los	E	(Huel.)	146	B 4
Andreus	P	(San.)	112	C 2
Andújar	E	(J.)	151	A 4
Anelhe	P	(V. R.)	55	C 2
Anento	E	(Zar.)	85	C 2
Anero	E	(Can.)	9	D 4
Anes	E	(Ast.)	6	D 4
Aneto	E	(Hues.)	48	D 1
Anfeoz	E	(Our.)	35	A 3
Angeja	P	(Ave.)	74	A 4
Ángeles, Los	E	(Cád.)	187	A 2
Ángeles, Los	E	(Cór.)	165	B 1
Angiozar	E	(Gui.)	23	D 2
Anglades, les	E	(Gi.)	52	A 3
Anglès	E	(Gi.)	51	D 4
Anglesola	E	(Ll.)	69	B 2
Angón	E	(Gua.)	83	A 2
Angoren	E	(Po.)	34	A 2
Angostina	E	(Can.)	10	B 5
Angosto	E	(Bur.)	22	B 3
Angosto de Arriba	E	(Alm.)	169	D 5
Angostura, La	E	(Áv.)	99	A 2
Angostura, La	E	(Las P.)	191	C 2
Angra do Heroísmo	P	(Aç.)	109	A 5
Anguciana	E	(La R.)	43	A 1
Angueira	P	(Bra.)	57	C 3
Angüés	E	(Hues.)	47	B 5
Anguiano	E	(La R.)	43	B 3
Anguijes, Los	E	(Alb.)	138	C 3
Anguita	E	(Gua.)	83	D 2
Anguix	E	(Bur.)	61	B 2
Anguix	E	(Gua.)	103	B 2
Anhões	P	(V. C.)	34	B 4
Aniés	E	(Hues.)	46	C 3
Anieves	E	(Ast.)	6	C 5
Aniñón	E	(Zar.)	64	D 4
Anissó	P	(Br.)	54	C 2
Anjarón	E	(Cór.)	166	B 4
Anjos	P	(Aç.)	109	D 5
Anjos	P	(Br.)	54	D 2
Anleo	E	(Ast.)	5	A 3
Anllares del Sil	E	(Le.)	17	B 3
Anllo	E	(Lu.)	35	C 1
Anllo	E	(Our.)	34	D 1
Anllóns	E	(A Co.)	1	D 4
Anna	E	(Val.)	140	D 2
Anobra	P	(Co.)	93	D 3
Anoeta	E	(Gui.)	24	B 1
Anorias, Las	E	(Alb.)	139	B 4
Anós	E	(A Co.)	1	D 5
Anoves, les	E	(Ll.)	49	C 4
Anquela del Ducado	E	(Gua.)	84	B 3
Anquela del Pedregal	E	(Gua.)	84	D 4
Anreade	P	(Vis.)	74	D 1
Anroig/Enroig	E	(Cas.)	107	D 1
Anserall	E	(Ll.)	49	D 2
Anseriz	P	(Co.)	94	D 2
Ansião	P	(Lei.)	94	A 5
Ansó	E	(Hues.)	26	B 4
Ansoain	E	(Na.)	25	A 4
Ansul	P	(Guar.)	76	C 4
Anta	P	(Ave.)	73	D 1
Anta de Rioconejos	E	(Zam.)	37	B 4
Antanhol	P	(Co.)	94	A 3
Antas	E	(Alm.)	170	D 5
Antas	E	(Po.)	34	B 1
Antas	P	(Br.)	53	D 2
Antas	P	(V. C.)	34	A 5
Antas	P	(Vis.)	75	C 4
Antas	P	(Vis.)	75	D 2
Antas de Ulla	E	(Lu.)	15	B 3
Antella	E	(Val.)	140	D 1
Antenza	E	(Hues.)	48	C 4
Anteporta	P	(San.)	111	A 4
Antequera	E	(Mál.)	180	B 2
Antes	E	(A Co.)	13	D 2
Antes	P	(Ave.)	94	A 1
Antigo	P	(V. R.)	55	C 1
Antigua	E	(Las P.)	190	A 3
Antigua, La	E	(Le.)	38	C 4
Antigüedad	E	(Pa.)	41	A 5
Antilla, La	E	(Huel.)	175	D 2
Antillón	E	(Hues.)	47	B 5
Antime	P	(Br.)	54	C 3
Antimio de Abajo	E	(Le.)	38	D 1
Antimio de Arriba	E	(Le.)	38	D 1
Antius	E	(Bar.)	70	B 1
Antões	P	(Lei.)	93	C 4
Antolinos, Los	E	(Mu.)	172	C 1
Antoñán del Valle	E	(Le.)	38	B 1
Antoñana	E	(Ál.)	23	D 5
Antoñanes del Páramo	E	(Le.)	38	C 2
Antromero	E	(Ast.)	6	C 3
Antuñano	E	(Bur.)	22	C 1
Antuzede	P	(Co.)	94	A 2
Antzin → Ancín	E	(Na.)	24	A 5
Antzuola	E	(Gui.)	23	D 2
Anue	E	(Na.)	25	A 3
Ánxeles	E	(A Co.)	14	C 2
Ánxeles	E	(A Co.)	15	A 2
Anxeles, Os	E	(A Co.)	15	A 2
Ánxeles, Os	E	(A Co.)	14	A 3
Anxeriz	E	(A Co.)	14	A 1
Anyós	A		50	A 1
Anzánigo	E	(Hues.)	46	C 2
Anzas	E	(Lu.)	4	C 3
Anzó	E	(Po.)	14	D 4
Anzola	E	(Gr.)	167	C 5
Añá	E	(A Co.)	14	D 2
Añana-Gesaltza/Salinas de Añana	E	(Ál.)	22	D 4
Añastro	E	(Bur.)	23	B 5
Añavieja	E	(So.)	64	C 1
Añaza	E	(S. Cruz T.)	196	B 2
Añe	E	(Seg.)	80	D 2
Añina-Polila	E	(Cád.)	177	C 4
Añón de Moncayo	E	(Zar.)	64	D 2
Añora	E	(Cór.)	149	D 2
Añorbe	E	(Na.)	24	D 5
Añover de Tajo	E	(To.)	101	C 5
Añover de Tormes	E	(Sa.)	78	B 1
Aoiz/Agoitz	E	(Na.)	25	B 4
Aos	E	(Na.)	25	B 4
Aostri de Losa	E	(Bur.)	22	D 3
Aparecida, La	E	(Ali.)	156	B 4
Aparecida, La	E	(Mu.)	172	B 2
Apariços	P	(Lei.)	111	C 1
Apelação	P	(Lis.)	126	D 2
Aperregi	E	(Ál.)	23	A 3
Apiche	E	(Mu.)	171	A 2
Apiés	E	(Hues.)	47	A 3
Apinaniz	E	(Ál.)	23	C 5
Apostiça	P	(Set.)	126	D 5
Aprikano	E	(Ál.)	23	A 4
Apúlia	P	(Br.)	53	D 3
Aquilué	E	(Hues.)	46	D 2
Ara	E	(Hues.)	46	D 1
Ará, La	E	(Ast.)	6	B 5
Arabayona de Mógica	E	(Sa.)	79	A 2
Arabexo	E	(A Co.)	14	A 1
Aracena	E	(Huel.)	146	D 5

Arriacha Fundeira

Name				
Arada	P	(Ave.)	73	D2
Aradas	P	(Ave.)	73	D4
Arades	E	(A Co.)	14	B2
Arafo	E	(S.Cruz T.)	196	B3
Aragoncillo	E	(Gua.)	84	B3
Aragosa	E	(Gua.)	83	B3
Araguás	E	(Hues.)	47	D1
Aragüés del Puerto	E	(Hues.)	26	C5
Arahal	E	(Sev.)	164	D5
Arahuetes	E	(Seg.)	81	C1
Araia	E	(Ál.)	23	D3
Araitz	E	(Na.)	24	C2
Arakaldo	E	(Viz.)	23	A2
Arakil	E	(Na.)	24	C3
Aral, El	E	(Sev.)	163	D3
Aralla de Luna	E	(Le.)	18	C3
Arama	E	(Gui.)	24	A2
Aramaio	E	(Ál.)	23	C2
Aramil	E	(Ast.)	6	D4
Aramunt	E	(Ll.)	49	A3
Aranarache/ Aranaratxe	E	(Na.)	24	A4
Aranaratxe → Aranarache	E	(Na.)	24	A4
Arancedo	E	(Ast.)	5	A3
Arancón	E	(So.)	64	A2
Aranda de Duero	E	(Bur.)	61	D3
Aranda de Moncayo	E	(Zar.)	64	D3
Aranda, Los	E	(Cór.)	166	C3
Arándiga	E	(Zar.)	65	B4
Arandilla	E	(Bur.)	62	B2
Arandilla del Arroyo	E	(Cu.)	103	D1
Aránegas, Los	E	(Alm.)	170	B2
Aranga	E	(A Co.)	3	A5
Arangas	E	(Ast.)	8	A5
Arango	E	(Ast.)	6	A3
Aranguren	E	(Na.)	25	A4
Aranguren	E	(Viz.)	22	D1
Aranhas	P	(C. B.)	96	B4
Aranjassa, S'	E	(Bal.)	91	D4
Aranjuez	E	(Mad.)	101	D5
Arano	E	(Na.)	24	C1
Arànser	E	(Ll.)	50	A1
Arante	E	(Lu.)	4	C3
Arantza	E	(Na.)	24	D1
Arantzazu	E	(Gui.)	23	D3
Arantzazu	E	(Viz.)	23	B2
Aranyó, l'	E	(Ll.)	69	C2
Aranzueque	E	(Gua.)	102	D1
Arañuel	E	(Cas.)	107	A4
Arão	P	(Fa.)	173	C2
Arão	P	(V. C.)	34	A4
Arapiles	E	(Sa.)	78	C3
Aras	E	(Na.)	43	D1
Aras de los Olmos	E	(Val.)	105	D5
Arasán	E	(Hues.)	48	B1
Arascués	E	(Hues.)	46	D3
Arauxo	E	(Our.)	34	D5
Arauzo de Miel	E	(Bur.)	62	B1
Arauzo de Salce	E	(Bur.)	62	B1
Arauzo de Torre	E	(Bur.)	62	B2
Araya	E	(S.Cruz T.)	196	B2
Arazede	P	(Co.)	93	D2
Arazuri	E	(Na.)	24	D4
Arbancón	E	(Gua.)	82	D3
Arbaniés	E	(Hues.)	47	B4
Arbeca	E	(Ll.)	69	A3
Arbeitza → Arbeiza	E	(Na.)	24	B5
Arbeiza/Arbeitza	E	(Na.)	24	B5
Arbejal	E	(Pa.)	20	C3
Arbejales	E	(Las P.)	191	C2
Arbeteta	E	(Gua.)	83	D5
Arbizu	E	(Na.)	24	B3
Arbo	E	(Po.)	34	C3
Arboç, l'	E	(Ta.)	70	B5
Arboçar, l'	E	(Bar.)	70	C4
Árbol	E	(Lu.)	3	D4
Arboleas	E	(Alm.)	170	C4
Arboleda, La/ Zugaztieta	E	(Viz.)	10	D5
Arboledas, Las	E	(Mu.)	155	C4
Arboleja, La	E	(Mu.)	156	A5
Arbolí	E	(Ta.)	69	A5
Arbón	E	(Ast.)	5	A3
Arbúcies	E	(Gi.)	51	C5
Arbués	E	(Hues.)	46	B1
Arbuniel	E	(J.)	168	A2
Arca	E	(A Co.)	14	C2
Arca	E	(Po.)	14	B4
Arcã	P	(V. R.)	55	C5
Arca	P	(Vis.)	74	C4
Arcahueja	E	(Le.)	39	A1
Arcallana	E	(Ast.)	5	D3
Arcas	E	(Cu.)	104	B5
Arcas	P	(Ave.)	74	B4
Arcas	P	(Bra.)	56	C2
Arcas	P	(Vis.)	75	D2
Arcas	P	(Vis.)	75	A3
Arcas	P	(Vis.)	75	B2
Arcavell	E	(Ll.)	49	D1
Arce	E	(Can.)	9	B4
Arcediano	E	(Sa.)	78	D2
Arcena	P	(Lis.)	126	D2
Arcenillas	E	(Zam.)	58	C4
Arcentales/Artzentales	E	(Viz.)	22	C1
Arcicóllar	E	(To.)	101	A4
Arcillo	E	(Zam.)	58	A4
Arco	P	(Bra.)	56	B5
Arco da Calheta	P	(Ma.)	109	D2
Arco de Baúlhe	P	(Br.)	55	A3
Arco de São Jorge	P	(Ma.)	110	B1
Arco, El	E	(Sa.)	78	B1
Arconada	E	(Bur.)	42	A1
Arconada	E	(Pa.)	40	C3
Arcones	E	(Seg.)	81	D2
Arcos	E	(A Co.)	13	B2
Arcos	E	(Bur.)	41	D3
Arcos	E	(Lu.)	15	B4
Arcos	E	(Our.)	35	A1
Arcos	E	(Our.)	36	C1
Arcos	E	(Po.)	34	B3
Arcos	E	(Po.)	14	B4
Arcos	P	(Ave.)	94	A1
Arcos	P	(Év.)	129	B3
Arcos	P	(Port.)	53	D3
Arcos	P	(V. C.)	53	D1
Arcos	P	(V. R.)	55	C1
Arcos	P	(Vis.)	75	C1
Arcos de Jalón	E	(So.)	84	A1
Arcos de la Cantera	E	(Cu.)	104	A4
Arcos de la Frontera	E	(Cád.)	178	B4
Arcos de la Polvorosa	E	(Zam.)	38	C5
Arcos de la Sierra	E	(Cu.)	104	B2
Arcos de las Salinas	E	(Te.)	106	A5
Arcos de Valdevez	P	(V. C.)	34	B5
Arcos, Los	E	(Na.)	44	A1
Arcossó	P	(V. R.)	55	C2
Arcozelo	P	(Br.)	54	A2
Arcozelo	P	(Port.)	73	D1
Arcozelo	P	(V. C.)	54	A1
Arcozelo da Serra	P	(Guar.)	75	B5
Arcozelo das Maias	P	(Vis.)	74	B4
Arcozelos	P	(Vis.)	75	C2
Arcs, els	E	(Ll.)	69	A2
Arcucelos	E	(Our.)	35	D4
Arcusa	E	(Hues.)	47	D2
Archena	E	(Mu.)	155	D4
Árchez	E	(Mál.)	181	B3
Archidona	E	(Mál.)	180	C1
Archidona	E	(Sev.)	163	C1
Archilla	E	(Gua.)	83	A5
Archillas, Los, lugar	E	(Gr.)	182	C3
Archivel	E	(Mu.)	154	C4
Ardaitz	E	(Na.)	25	B3
Ardales	E	(Mál.)	179	D3
Ardanatz → Ardanaz	E	(Na.)	25	B5
Ardanaz/Ardanatz	E	(Na.)	25	B5
Ardaña	E	(A Co.)	2	A5
Ardãos	P	(V. R.)	55	C1
Ardegão	P	(Br.)	54	D4
Ardegão	P	(V. C.)	54	A2
Ardemil	E	(A Co.)	14	C1
Ardesaldo	E	(Ast.)	5	D4
Ardèvol	E	(Ll.)	70	A1
Ardiaca	E	(Ta.)	89	B2
Ardido	P	(Lei.)	111	A2
Ardisa	E	(Zar.)	46	B3
Ardisana	E	(Ast.)	7	D4
Ardite, lugar	E	(Mál.)	179	D4
Ardituri	E	(Gui.)	12	D5
Ardón	E	(Le.)	38	D2
Ardoncino	E	(Le.)	38	D1
Areal	P	(Vis.)	74	C4
Areas	E	(Po.)	34	A4
Areas	E	(Po.)	34	B2
Areas	E	(Po.)	34	A3
Areatza	E	(Viz.)	23	B2
Arecida	E	(S.Cruz T.)	193	B3
Areeiro	P	(Fa.)	174	C3
Areeiros	E	(Po.)	34	A2
Arega	P	(Lei.)	94	B5
Areia	P	(Br.)	53	D3
Areia	P	(Co.)	93	D1
Areia	P	(Lis.)	126	A3
Areia	P	(Por.)	112	D3
Areia	P	(Port.)	53	D4
Areia Branca	P	(Lis.)	110	C4
Areias	P	(Br.)	54	A2
Areias	P	(Bra.)	56	A5
Areias	P	(San.)	112	A1
Areias	P	(San.)	112	C3
Areias de Vilar	P	(Br.)	54	A2
Areias Gordas	P	(Set.)	127	A4
Areiltza-Olazar	E	(Viz.)	23	A2
Areirinha	P	(Lei.)	110	D4
Arejos, Los	E	(Mu.)	171	B4
Arelho	P	(Lei.)	110	D3
Arellano	E	(Na.)	44	B1
Arén	E	(Hues.)	48	D3
Arena, La	E	(Viz.)	10	D5
Arenal	E	(Cád.)	178	D3
Arenal	E	(Can.)	9	C5
Arenal d'en Castell, S'	E	(Bal.)	90	C1
Arenal, El	E	(Áv.)	99	C3
Arenal, El	E	(Seg.)	81	C1
Arenal, S'	E	(Bal.)	91	D4
Arenales	E	(Cór.)	166	A4
Arenales	E	(Gr.)	167	D5
Arenales de San Gregorio	E	(C. R.)	120	D5
Arenales del Sol, Los/ Arenals del Sol	E	(Ali.)	157	C3
Arenales, Los	E	(Ast.)	6	C4
Arenales, Los	E	(Gr.)	167	A5
Arenales, Los	E	(Sev.)	165	A4
Arenals del Sol → Arenales del Sol, Los	E	(Ali.)	157	C3
Arenas	E	(Ast.)	6	D4
Arenas	E	(Ast.)	7	A5
Arenas	E	(Mál.)	181	B3
Arenas de Iguña	E	(Can.)	21	B1
Arenas de San Juan	E	(C. R.)	136	A1
Arenas de San Pedro	E	(Áv.)	99	C3
Arenas del Rey	E	(Gr.)	181	C2
Arenas, Las	E	(Ast.)	8	A5
Arenas, Las	E	(Mad.)	101	D3
Arenas, Las	E	(S.Cruz T.)	196	A2
Arenas, Las	E	(Sev.)	177	D3
Arenas-Areeta, Las	E	(Viz.)	10	D5
Arene-Pelaio Deuna	E	(Viz.)	11	B4
Arenes, Ses, lugar	E	(Bal.)	90	A2
Arengades-Enginyers	E	(Gi.)	52	B2
Arenillas	E	(So.)	63	A5
Arenillas de Muñó	E	(Bur.)	41	C3
Arenillas de Nuño Pérez	E	(Pa.)	40	C1
Arenillas de Riopisuerga	E	(Bur.)	41	A2
Arenillas de San Pelayo	E	(Pa.)	40	B1
Arenillas de Valderaduey	E	(Le.)	39	C3
Arenillas de Villadiego	E	(Bur.)	41	B1
Arenillas, lugar	E	(Sev.)	164	B2
Arenosos, Los	E	(Mál.)	179	A4
Arens de Lledó	E	(Te.)	88	A2
Arensandiaga	E	(Viz.)	23	A1
Arentim	P	(Br.)	54	A3
Arenys de Mar	E	(Bar.)	71	C2
Arenys de Munt	E	(Bar.)	71	C2
Arenzana de Abajo	E	(La R.)	43	B2
Arenzana de Arriba	E	(La R.)	43	B2
Areños	E	(Pa.)	20	C3
Ares	E	(A Co.)	2	D3
Ares del Maestrat → Ares del Maestre	E	(Cas.)	107	C1
Ares del Maestre/ Ares del Maestrat	E	(Cas.)	107	C1
Areso	E	(Na.)	24	C2
Arespalditza → Respaldiza	E	(Ál.)	22	D2
Aretxabaleta	E	(Ál.)	23	B4
Aretxabaleta	E	(Gui.)	23	C2
Àreu	E	(Ll.)	29	C5
Arevalillo	E	(Áv.)	79	A5
Arevalillo de Cega	E	(Seg.)	81	C1
Arévalo	E	(Áv.)	80	A2
Arévalo de la Sierra	E	(So.)	43	D5
Arez	P	(Por.)	113	A3
Arez	P	(Set.)	143	D1
Arfa	E	(Ll.)	49	D2
Arga de Baixo	P	(V. C.)	33	D5
Arga de Cima	P	(V. C.)	33	D5
Arga de São João	P	(V. C.)	33	D5
Argalo	E	(A Co.)	13	C3
Argallón	E	(Cór.)	148	D3
Argamasilla de Alba	E	(C. R.)	136	D1
Argamasilla de Calatrava	E	(C. R.)	135	A4
Argamasón	E	(Alb.)	138	C3
Argamasón, El	E	(Alm.)	184	D2
Argamassa, S'	E	(Bal.)	90	A4
Argame	E	(Ast.)	6	B5
Argana	P	(Bra.)	56	B2
Argana Alta	E	(Las P.)	192	C4
Argana Baja	E	(Las P.)	192	C4
Arganda del Rey	E	(Mad.)	102	A3
Argandoña	E	(Ál.)	23	C4
Arganil	P	(Co.)	94	D2
Arganil	P	(San.)	112	D1
Arganza	E	(Ast.)	5	C5
Arganza	E	(Le.)	17	A5
Argañín	E	(Zam.)	57	D4
Argañoso	E	(Le.)	37	D1
Argavieso	E	(Hues.)	47	A4
Argayo del Sil	E	(Le.)	17	B4
Argea	P	(San.)	111	D3
Argecilla	E	(Gua.)	83	A3
Argela	P	(V. C.)	33	D5
Argelaguer	E	(Gi.)	51	D2
Argelita	E	(Cas.)	107	A4
Argemil	P	(V. R.)	56	A1
Argençola	E	(Bar.)	69	D2
Argente	E	(Te.)	85	D5
Argentera, l'	E	(Ta.)	89	A1
Argentona	E	(Bar.)	71	C2
Argés	E	(To.)	119	A1
Argilaga, l'	E	(Ta.)	69	D5
Argolibio	E	(Ast.)	7	C5
Argomaiz	E	(Ál.)	23	C4
Argomedo	E	(Bur.)	21	C3
Argomil	P	(Guar.)	76	A5
Argomilla	E	(Can.)	9	C5
Argoncilhe	P	(Ave.)	74	A1
Argoños	E	(Can.)	10	A4
Argovejo	E	(Le.)	19	C3
Argozelo	P	(Bra.)	57	A2
Argozón	E	(Lu.)	15	B5
Argual	E	(S.Cruz T.)	193	B3
Arguayo	E	(S.Cruz T.)	195	C3
Arguedas	E	(Na.)	45	A4
Arguedeira	P	(Vis.)	75	B2
Argüelles	E	(Ast.)	6	C4
Arguellite	E	(Alb.)	153	D2
Argüero	E	(Ast.)	7	A3
Arguineguín	E	(Las P.)	191	B4
Arguís	E	(Hues.)	46	D3
Arguisuelas	E	(Cu.)	122	D1
Argujillo	E	(Zam.)	58	D5
Aria	E	(Na.)	25	C3
Ariant, lugar	E	(Bal.)	92	A1
Ariany	E	(Bal.)	92	B3
Aribe	E	(Na.)	25	C3
Aricera	P	(Vis.)	75	B1
Arico	E	(S.Cruz T.)	196	A4
Arico el Nuevo	E	(S.Cruz T.)	196	A4
Arico Viejo	E	(S.Cruz T.)	196	A4
Arieiro	P	(Ave.)	73	D5
Ariéstolas	E	(Hues.)	47	D5
Arija	E	(Bur.)	21	B3
Arinhos	P	(Ave.)	94	A1
Arinsal	A	29	D	5
Ariñez	E	(Las P.)	191	C3
Ariño	E	(Te.)	86	D2
Ariola	P	(Guar.)	76	A2
Aris	E	(Po.)	34	A1
Arisgotas	E	(To.)	119	B3
Aristot	E	(Ll.)	50	A2
Aritzala → Arizala	E	(Nav.)	24	B5
Ariz	P	(Port.)	74	C1
Ariz	P	(Vis.)	75	B2
Ariza	E	(Zar.)	64	B5
Arizala → Aritzala	E	(Na.)	24	B5
Arizkun	E	(Na.)	25	B1
Arjona	E	(J.)	151	A5
Arjonilla	E	(J.)	151	A5
Arkiskil	E	(Na.)	24	C2
Arkortxa	E	(Viz.)	23	A1
Arlanza	E	(Le.)	17	C5
Arlanzón	E	(Bur.)	42	A3
Arlós	E	(Ast.)	6	B3
Armada, A	E	(A Co.)	2	D3
Armada, A	E	(Our.)	34	D2
Armadouro	P	(Co.)	95	A4
Armal	E	(Ast.)	5	A4
Armallones	E	(Gua.)	84	A4
Armamar	P	(Vis.)	75	B1
Armañanzas	E	(Na.)	44	A1
Armarção de Pera	P	(Fa.)	173	D3
Armariz	E	(Our.)	35	B3
Armellada	E	(Le.)	38	B1
Armental	E	(Our.)	35	B1
Armenteira	E	(Po.)	33	D1
Armentera, l'	E	(Gi.)	52	B3
Armenteros	E	(Sa.)	78	D5
Armentia	E	(Ál.)	23	B4
Armentia	E	(Bur.)	23	B5
Armentón	E	(A Co.)	2	B4
Armeñime	E	(S.Cruz T.)	195	C4
Armil	P	(Br.)	54	C3
Armilla	E	(Gr.)	181	D1
Armillas	E	(Te.)	86	B3
Armintza	E	(Viz.)	11	A4
Armiñon	E	(Ál.)	23	A5
Armunia	E	(Le.)	38	D1
Armuña	E	(Seg.)	80	D2
Armuña de Almanzora	E	(Alm.)	170	A5
Armuña de Tajuña	E	(Gua.)	102	D1
Arnadelo	E	(Le.)	16	D5
Arnal	P	(Bra.)	55	D5
Arnal	P	(Lei.)	93	D5
Arnao	E	(Ast.)	6	B3
Arnas	P	(Vis.)	75	D3
Arnedillo	E	(La R.)	44	A3
Arnedo	E	(Bur.)	21	C3
Arnedo	E	(La R.)	44	B3
Arnedo, lugar	E	(Alb.)	138	B1
Arnego	E	(Po.)	15	A5
Arnego	E	(Po.)	14	D3
Arneiro	E	(Lu.)	3	D5
Arneiro	P	(Lis.)	126	B3
Arneiro	P	(Lis.)	110	D5
Arneiro	P	(Por.)	113	B2
Arneiro	P	(San.)	94	A5
Arneiro das Milhariças	P	(San.)	111	C3
Arneiro de Tremês	P	(San.)	111	C3
Arneiros	P	(Lis.)	126	C1
Arneiros	P	(Vis.)	75	A1
Arnes	E	(Ta.)	88	A3
Arneva	E	(Ali.)	156	B4
Arnoia	E	(Our.)	34	D2
Arnóia	P	(Br.)	54	D4
Arnois	E	(Po.)	14	C3
Arnoso	E	(Po.)	34	A3
Arnoso (Santa Eulália)	P	(Br.)	54	A3
Arnozela	P	(Br.)	54	D4
Arnuero	E	(Can.)	10	A4
Aro	E	(A Co.)	13	D2
Arobes	E	(Ast.)	7	C4
Aroche	E	(Huel.)	146	B5
Aroeiras	P	(Lei.)	93	D5
Arões	P	(Ave.)	74	B3
Arona	E	(S.Cruz T.)	195	D4
Arosa	P	(Br.)	55	A3
Arosa	P	(Br.)	54	C2
Arou	E	(A Co.)	1	B5
Arouca	P	(Ave.)	74	C2
Arousa	E	(Po.)	13	D5
Arquillinos	E	(Zam.)	58	C2
Arquillos	E	(J.)	152	A3
Arrabal	P	(Lei.)	111	C1
Arrabal	P	(Lei.)	111	B2
Arrabal (Oia)	E	(Po.)	33	C4
Arrabal de Portillo	E	(Vall.)	60	B4
Arrabal de San Sebastián	E	(Sa.)	77	A5
Arrabal Santa Bárbara, lugar	E	(Te.)	105	B2
Arrabal, El	E	(Cu.)	105	C5
Arrabalde	E	(Zam.)	38	B4
Arrabaldo	E	(Our.)	35	A2
Arrabassada i Savinosa	E	(Ta.)	89	D1
Arracó, S'	E	(Bal.)	91	A4
Arraia-Maeztu	E	(Ál.)	23	D5
Arraiolos	P	(Év.)	128	C4
Arraioz	E	(Na.)	25	A2
Arraitz-Orkin	E	(Na.)	25	A3
Arrancacepas	E	(Cu.)	103	D3
Arrancada do Vouga	P	(Ave.)	74	A4
Arranhó	P	(Lis.)	126	D1
Arrankudiaga	E	(Viz.)	23	A1
Arrarats	E	(Na.)	24	D2
Arrasate o Mondragón	E	(Gui.)	23	C2
Arrate	E	(Gui.)	23	D1
Arratzu	E	(Viz.)	11	B5
Arraya de Oca	E	(Bur.)	42	B2
Arrayanes-Cruz-la Laguna	E	(J.)	151	D4
Arre	E	(Na.)	25	A4
Arreba	E	(Bur.)	21	D3
Arreciadas	P	(San.)	112	B3
Arrecife	E	(Cór.)	165	D2
Arrecife	E	(Las P.)	192	C4
Arredondo	E	(Can.)	10	A5
Arreigada	P	(Port.)	54	B5
Arreiro	P	(Lei.)	111	A2
Arrentela	P	(Set.)	126	D4
Arrepiado	P	(San.)	112	A3
Arrés	E	(Hues.)	46	B1
Arres de Jos	E	(Ll.)	28	C4
Arretxalde (Lezama)	E	(Viz.)	11	A5
Arriacha Cimeira	P	(Por.)	112	D3
Arriacha Fundeira	P	(Por.)	112	D3

Arriano

Arriano E (Ál.) 22 D4
Arriate E (Mál.) 179 B4
Arribe (Araitz) E (Na.) 24 C2
Arrieta E (Las P.) 192 D3
Arrieta E (Viz.) 11 B5
Arrieta-Mendi E (Gui.) 23 D2
Arrifana P (Ave.) 74 A2
Arrifana P (Co.) 94 A3
Arrifana P (Co.) 94 B2
Arrifana P (Guar.) 76 A5
Arrifana P (Guar.) 95 B1
Arrifana P (Guar.) 96 C1
Arrifana P (Lis.) 111 B4
Arrifana P (San.) 112 B3
Arrifes P (Aç.) 109 A4
Arrigorriaga E (Viz.) 23 A1
Arrimal P (Lei.) 111 B3
Arriondas E (Ast.) 7 C4
Arrizada P (Fa.) 160 D3
Arroa-Bekoa E (Gui.) 12 A5
Arroa-Goikoa E (Gui.) 24 A1
Arroba de los Montes E (C. R.) 134 B1
Arroes E (Ast.) 7 A3
Arroios P (V. R.) 55 B5
Arrolobos E (Các.) 97 D2
Arronches P (Por.) 129 D1
Arróniz E (Na.) 44 B1
Arrotea E (Po.) 34 A3
Arroteia P (Fa.) 175 A3
Arroturas E (J.) 152 D4
Arrouquelas P (San.) 111 B4
Arroxo E (Lu.) 35 D1
Arroxo E (Lu.) 16 C2
Arroyal E (Bur.) 41 D2
Arroyal E (Can.) 21 B3
Arroyo E (Huel.) 146 C5
Arroyo Aceituno, El E (Alm.) 170 C5
Arroyo Albánchez, El E (Alm.) 170 B5
Arroyo Ancón E (Mál.) 180 A3
Arroyo Canales E (J.) 153 C3
Arroyo Cerezo E (Val.) 105 C4
Arroyo Corrales E (Mál.) 180 A3
Arroyo de Coche E (Mál.) 180 C3
Arroyo de Cuéllar E (Seg.) 60 C5
Arroyo de la Encomienda E (Vall.) 60 A3
Arroyo de la Luz E (Các.) 115 A3
Arroyo de la Miel-Benalmádena Costa E (Mál.) 180 B5
Arroyo de la Plata E (Sev.) 163 C2
Arroyo de las Fraguas E (Gua.) 82 C2
Arroyo de los Olivos E (Mál.) 180 B4
Arroyo de Priego E (Cór.) 166 D5
Arroyo de Salas E (Bur.) 42 C5
Arroyo de San Serván E (Bad.) 131 A3
Arroyo de San Zadornil E (Bur.) 22 C4
Arroyo de Verdelecho E (Alm.) 183 D1
Arroyo del Cerezo E (Cór.) 166 D5
Arroyo del Ojanco E (J.) 153 A2
Arroyo Hurtado E (Mu.) 155 A4
Arroyo Medina, El E (Alm.) 170 B4
Arroyo Molinos E (Cád.) 179 A3
Arroyo Molinos, lugar E (J.) 169 A2
Arroyofrío E (Alb.) 153 C2
Arroyofrío E (Te.) 105 B3
Arroyomolinos E (Các.) 131 C1
Arroyomolinos E (Mad.) 101 B3
Arroyomolinos de la Vera E (Các.) 98 B4
Arroyomolinos de León E (Huel.) 147 A4
Arroyuelo E (Bur.) 22 B4
Arroyuelos E (Cór.) 166 C4
Arruazu E (Na.) 24 B3
Arrúbal E (La R.) 44 A2
Arruda dos Pisões P (San.) 111 B4
Arruda dos Vinhos P (Lis.) 126 D1
Arsèguel E (Ll.) 50 A2
Arsenal de la Carraca E (Cád.) 185 D1
Artà E (Bal.) 92 D2
Arta E (Viz.) 23 C1
Artabia → Artavia E (Na.) 24 B5
Artaix → Artaj E (Val.) 124 C1
Artaj/Artaix E (Val.) 124 C1
Artajo/Artaxo E (Na.) 25 C5
Artajona E (Na.) 44 D1
Artana E (Cas.) 107 B5
Artasona E (Hues.) 48 A4
Artasona del Llano E (Hues.) 46 D5
Artavia/Artabia E (Na.) 24 B5
Artaxo → Artajo E (Na.) 25 C5
Artazu E (Na.) 24 C5
Artea E (Viz.) 23 B2
Arteaga de Arriba E (Alb.) 138 A5
Arteas de Abajo E (Cas.) 106 C5
Arteixo E (A Co.) 2 B4
Artenara E (Las P.) 191 B2
Artés E (Bar.) 70 D1
Artesa E (Cas.) 107 B5
Artesa de Lleida E (Ll.) 68 D3
Artesa de Segre E (Ll.) 49 B5
Artieda E (Na.) 25 C5
Artieda E (Zar.) 46 A1
Arties E (Ll.) 28 D4
Arto E (Hues.) 46 D2
Artola E (Mál.) 187 D1
Artoño E (Po.) 15 A3
Artze E (Na.) 25 B4
Artze E (Na.) 24 D2
Artzentales → Arcentales E (Viz.) 22 C1
Artziniega E (Ál.) 22 C2
Arucas E (Las P.) 191 C2
Arure E (S. Cruz T.) 194 B2
Árvore P (Port.) 53 D4
Arvoredo P (Vis.) 75 B4
Arzádegos E (Our.) 56 A1
Arzallus E (Gui.) 24 A1
Arzila P (Co.) 93 D3
Arzúa E (A Co.) 14 D2
Ascara E (Hues.) 46 C1
Ascarza E (Bur.) 23 B4
Ascaso E (Hues.) 47 C1
Ascó E (Ta.) 88 C1
Ascoy E (Mu.) 155 C3
Asdrúbal E (C. R.) 135 A5
Asegur E (Các.) 97 C1
Asensios, Los E (Alm.) 170 B2
Asenso E (A Co.) 13 C2
Asiain E (Na.) 24 D4
Asiego E (Ast.) 8 A5
Asín E (Zar.) 46 A3
Asín de Broto E (Hues.) 47 B1
Askartza E (Ál.) 23 C4
Asma E (Lu.) 15 B5
Asma E (Lu.) 15 C5
Asnela P (Br.) 55 A3
Asomada, La E (Las P.) 190 B2
Asomada, La E (Las P.) 192 B4
Aspa E (Ll.) 68 D3
Aspariegos E (Zam.) 58 D2
Aspe E (Ali.) 156 C2
Asperelo E (Po.) 15 A5
Aspilla E (Alm.) 170 A3
Asprella E (Ali.) 156 D3
Aspurz E (Na.) 25 D5
Assafora P (Lis.) 126 B2
Assanha da Paz P (Lei.) 93 C4
Assares P (Bra.) 56 B4
Asseiceira P (San.) 111 A4
Asseiceira P (San.) 112 A2
Asseiceira Grande P (Lis.) 126 C1
Assenta P (Lis.) 110 B5
Assentiz P (San.) 111 B4
Assentiz P (San.) 111 D2
Asso-Veral E (Zar.) 26 A5
Assumar P (Por.) 129 C1
Assunção P (Por.) 129 D1
Assureiras P (V. R.) 55 D1
Astariz E (Our.) 35 A2
Asteasu E (Gui.) 24 B1
Astepe E (Viz.) 23 B1
Asterria E (Viz.) 23 B2
Asterrika E (Viz.) 11 D5
Astigarraga E (Gui.) 12 C5
Astillero, El E (Can.) 9 C4
Astor, l' E (Bar.) 69 D2
Astorga E (Le.) 38 A1
Astrain E (Na.) 24 D4
Astromil P (Port.) 54 B5
Astudillo E (Pa.) 40 D4
Astúlez E (Ál.) 22 D4
Astureses E (Our.) 34 D1
Asturianos E (Zam.) 37 B4
Atadoa P (Co.) 94 A3
Atães P (Br.) 54 B1
Atães P (Br.) 54 C3
Ataíde P (Port.) 54 C5
Ataíja de Baixo P (Lei.) 111 B2
Ataíja de Cima P (Lei.) 111 B2
Atajate E (Mál.) 179 A5
Atalaia P (C. B.) 112 D1
Atalaia P (C. B.) 113 B1
Atalaia P (Guar.) 76 B4
Atalaia P (Lis.) 110 D5
Atalaia P (Por.) 112 D3
Atalaia P (San.) 112 B2
Atalaia P (San.) 112 A3
Atalaia P (Set.) 127 A3
Atalaia do Campo P (C. B.) 95 C4
Atalaya E (Bad.) 147 A2
Atalaya E (Mu.) 171 C2
Atalaya de Cuenca, lugar E (Cu.) 104 B5
Atalaya del Cañavate E (Cu.) 122 A3
Atalaya, La E (Las P.) 191 B2
Atalaya, La E (Mál.) 180 C1
Atalaya, La E (Sa.) 97 B1
Atalaya-Isdabe E (Mál.) 187 D2
Atalayuela, lugar E (J.) 169 A2
Atallu E (Na.) 24 B2
Atán (Mazaricos) E (A Co.) 13 C2
Atanzón E (Gua.) 82 D5
Atapuerca E (Bur.) 42 A2
Ataquines E (Vall.) 80 A1
Atarés E (Hues.) 46 C1
Atarfe E (Gr.) 167 D5
Atarrabia → Villava E (Na.) 25 A4
Ataun E (Gui.) 24 A3
Atauta E (So.) 62 C4
Atazar, El E (Mad.) 82 A3
Atea E (Zar.) 85 A1
Ateca E (Zar.) 64 D5
Atei P (V. R.) 55 A3
Atenor P (Bra.) 57 B4
Atez E (Na.) 24 D3
Atiães P (Br.) 54 A2
Atiaga E (Ál.) 22 D4
Atienza E (Gua.) 83 A1
Atilhó P (V. R.) 55 B1
Atios E (Po.) 34 A3
Atochares E (Alm.) 184 B3
Atouguia P (San.) 111 D1
Atouguia da Baleia P (Lei.) 110 C3
Atrozela P (Lis.) 126 B3
Atxondo E (Viz.) 23 C2
Atxuri E (Viz.) 11 A5
Atzavares, les E (Ali.) 156 D3
Atzeneta d'Albaida, l' → Adzaneta de Albaida E (Val.) 141 A3
Atzeneta del Maestrat E (Cas.) 107 C3
Atzúvia, l' → Adsubia E (Ali.) 141 C3
Audanzas del Valle E (Le.) 38 C4
Aulabar E (J.) 168 B2
Aulaga, La E (Sev.) 163 B2
Aulago E (Alm.) 183 C1
Aulesti E (Viz.) 11 C5
Auñón E (Gua.) 103 B1
Aurín E (Hues.) 47 A1
Auritz E (Na.) 24 D2
Auritz/Burguete E (Na.) 25 C3
Aurizberri/Espinal E (Na.) 25 B3
Aurrekoetxe E (Viz.) 11 A5
Ausejo E (La R.) 44 A2
Ausejo de la Sierra E (So.) 63 D1
Ausias March E (Val.) 124 D5
Ausines, Los E (Bur.) 42 A3
Autilla del Pino E (Pa.) 40 B5
Autillo de Campos E (Pa.) 40 A4
Autol E (La R.) 44 B3
Auza E (Na.) 24 D3
Auzotxikia E (Gui.) 24 B2
Avanca P (Ave.) 74 A3
Avantos P (Bra.) 56 B3
Avarientos E (Các.) 97 C4
Ave Casta P (San.) 112 A1
Avedillo de Sanabria E (Zam.) 37 A4
Aveinte E (Áv.) 79 D4
Aveiras de Baixo P (Lis.) 111 B5
Aveiras de Cima P (Lis.) 111 A5
Aveiro P (Ave.) 73 D4
Avelal P (Vis.) 75 B4
Avelanoso P (Bra.) 57 C2
Avelar P (Lei.) 94 A5
Avelãs da Ribeira P (Guar.) 76 A4
Avelãs de Ambom P (Guar.) 76 A5
Avelãs de Caminho P (Ave.) 74 A5
Avelãs de Cima P (Ave.) 74 A5
Aveleda P (Br.) 54 B3
Aveleda P (Bra.) 37 A5
Aveleda P (Port.) 54 C4
Aveleda P (Port.) 53 D4
Aveledas P (V. R.) 56 A1
Aveledo P (Co.) 94 B2
Aveleira P (C. B.) 112 B2
Aveleira P (Co.) 94 B2
Aveleira P (Lei.) 94 A5
Aveleiras P (Guar.) 75 D4
Aveleiras P (V. C.) 34 B5
Avelinha P (Vis.) 75 A4
Aveloso P (Guar.) 76 A2
Avellà, l' → Avella, La E (Cas.) 107 D1
Avella, La/Avellà, l' E (Cas.) 107 D1
Avellanar E (Các.) 97 C2
Avellaneda E (Áv.) 99 A2
Avellanes, les E (Ll.) 48 D5
Avellanosa de Muñó E (Bur.) 41 C5
Avellanosa del Páramo E (Bur.) 41 C2
Avenal P (Co.) 94 A3
Avenal P (Lis.) 110 D5
Aveno E (Ast.) 6 D4
A-Ver-o-Mar P (Port.) 53 C3
Aves P (Port.) 54 B4
Avessada P (Lis.) 126 C2
Avessada P (San.) 112 D3
Avessadas P (Port.) 54 C5
Avià E (Bar.) 50 C4
Aviados E (Le.) 19 A4
Avidagos P (Bra.) 56 A4
Avidos P (Br.) 54 A4
Ávila E (Áv.) 80 A5
Avilés E (Ast.) 6 B3
Avilés E (Mu.) 154 D5
Avín E (Ast.) 7 D5
Avintes P (Port.) 74 A1
Avinyó E (Bar.) 50 D5
Avinyonet de Puigventós E (Gi.) 52 A2
Avinyonet del Penedès E (Bar.) 70 C4
Aviñante de la Peña E (Pa.) 20 B4
Avión E (Our.) 34 C1
Avis P (Por.) 128 D1
Avô P (Co.) 95 A2
Avões P (Vis.) 75 A1
Axpe E (Viz.) 23 C2
Ayacata E (Las P.) 191 B3
Ayacor/Aiacor E (Val.) 140 D2
Ayagaures E (Las P.) 191 B4
Ayamonte E (Huel.) 175 C2
Ayechu E (Na.) 25 C4
Ayegui E (Na.) 24 B5
Ayelo de Rugat/Aielo de Rugat E (Val.) 141 B3
Ayera E (Hues.) 47 A4
Ayerbe E (Hues.) 46 C3
Ayesa E (Na.) 45 B1
Aylagas E (So.) 62 D2
Aylanes E (Bur.) 21 D4
Ayllón E (Seg.) 62 B4
Ayna E (Alb.) 154 B1
Ayódar E (Cas.) 107 A5
Ayoluengo E (Bur.) 21 C5
Ayones E (Ast.) 5 C4
Ayoo de Vidriales E (Zam.) 38 A4
Ayora E (Val.) 140 A2
Ayuela E (Pa.) 20 B5
Ayuelas E (Bur.) 22 D5
Az E (Po.) 15 A4
Azabal E (Các.) 97 C2
Azadinos E (Le.) 18 D5
Azagra E (Na.) 44 C3
Azaila E (Te.) 66 D5
Azambuja P (Lis.) 127 B1
Azambujeira P (Lei.) 110 D4
Azambujeira P (San.) 111 B4
Azanúy E (Hues.) 48 A5
Azañón E (Gua.) 83 C5
Azara E (Hues.) 47 C4
Azarbe E (Mu.) 156 A4
Azares del Páramo E (Le.) 38 B3
Azaruja P (Év.) 129 A4
Azcona/Aizkoa E (Na.) 24 C5
Azedia P (Lis.) 126 D1
Azeitada P (San.) 111 C5
Azelha P (Lei.) 111 B2
Azenha P (Ave.) 93 D1
Azenha P (Co.) 93 C3
Azenha P (Lei.) 93 D5
Azenha Nova P (Co.) 93 C2
Azenha Velha P (Lis.) 110 B5
Azenhas P (Lis.) 126 B1
Azenhas do Mar P (Lis.) 126 B2
Ázere P (Co.) 94 C1
Ázere P (V. C.) 34 B5
Azervadinha P (San.) 127 D2
Azevedo P (Port.) 53 D4
Azevedo P (V. C.) 33 C5
Azevo P (Guar.) 76 B3
Azias P (V. C.) 54 B1
Azinhaga P (San.) 111 D4
Azinhal P (Be.) 160 D1
Azinhal P (Be.) 160 C3
Azinhal P (Fa.) 161 C4
Azinhal P (Fa.) 160 B4
Azinhal P (Guar.) 76 C4
Azinhal P (San.) 112 C1
Azinheira P (C. B.) 112 C1
Azinheira P (San.) 111 A4
Azinheira dos Barros P (Set.) 143 D3
Azinhoso P (Bra.) 57 A4
Azkarai E (Viz.) 22 D1
Azkoaga E (Ál.) 23 C2
Azkoitia E (Gui.) 24 A1
Azkue → San Roque E (Gui.) 23 D1
Azlor E (Hues.) 47 C4
Aznalcázar E (Sev.) 163 C4
Aznalcóllar E (Sev.) 163 C3
Azões P (Br.) 54 A1
Azofra E (La R.) 43 A2
Azohía, La E (Mu.) 172 A3
Azoia P (Lei.) 111 B1
Azóia P (Lis.) 126 A3
Azóia P (Set.) 126 C5
Azóia de Baixo P (San.) 111 C4
Azóia de Cima P (San.) 111 C4
Azoños E (Can.) 9 C4
Azores E (Cór.) 167 A4
Azpeitia E (Gui.) 24 A1
Azpilgoeta E (Gui.) 23 D1
Aztegieta E (Ál.) 23 B4
Azuaga E (Bad.) 148 B3
Azuara E (Zar.) 66 B5
Azucaica E (To.) 119 B1
Azucarera, La E (Zam.) 59 A4
Azuébar E (Cas.) 125 A1
Azueira P (Lis.) 126 C1
Azuel E (Cór.) 150 C2
Azuelo E (Na.) 43 D1
Azuqueca de Henares E (Gua.) 102 C1
Azurara P (Port.) 53 D4
Azurva P (Ave.) 73 D4
Azurveira P (Ave.) 73 D5
Azután E (To.) 117 B1

B

Baamonde E (Lu.) 3 C5
Baamorto E (Lu.) 15 D5
Babe P (Bra.) 57 A1
Babilafuente E (Sa.) 79 A2
Babio E (Po.) 33 D3
Baçal P (Bra.) 57 A1
Bacares E (Alm.) 169 D5
Bacariza E (Alb.) 138 D3
Bacarot, El E (Ali.) 157 C2
Bacoco E (Bad.) 113 D5
Bacoi E (Lu.) 4 A3
Bácor-Olivar E (Gr.) 169 A3
Bachiller, El, lugar E (Alb.) 139 C3
Badajoz E (Bad.) 130 B3
Badalona E (Bar.) 71 B3
Badamalos P (Guar.) 96 C1
Badames E (Can.) 10 A5
Badarán E (La R.) 43 A2
Bade P (V. C.) 34 A4
Bádenas E (Te.) 85 D2
Badia Blava E (Bal.) 91 D4
Badia de Palma E (Bal.) 91 B4
Badia del Vallès E (Bar.) 71 A3
Badia Gran E (Bal.) 91 D5
Badilla E (Zam.) 57 D4
Badim P (V. C.) 34 B4
Badolatosa E (Sev.) 166 A5
Badorc, El E (Bar.) 70 B3
Badules E (Zar.) 85 C1
Baells E (Hues.) 48 B5
Baena E (Cór.) 166 D2
Baeres E (Ast.) 6 D5
Baeza E (J.) 152 A5
Bafareira P (C. B.) 95 A5
Bagà E (Bar.) 50 C2
Bagoada P (V. C.) 33 D5
Bagueixe P (Bra.) 56 D3
Bagueixos E (Lu.) 15 D2
Báguena E (Te.) 85 C2
Bagüés E (Zar.) 46 A1
Baguín E (Po.) 33 D1
Bagunte P (Port.) 53 D4
Bahabón E (Vall.) 60 D4
Bahabón de Esgueva E (Bur.) 61 D1
Bahía Dorada E (Mál.) 187 C2
Baião P (Port.) 54 D5
Baiãs P (Fa.) 174 A2
Baiasca E (Ll.) 49 B1
Baides E (Gua.) 83 B2
Baies, les → Bayas, Las E (Ali.) 156 D3
Bailén E (J.) 151 C4
Bailo E (Hues.) 46 B1
Baillo E (Le.) 37 B3
Baiña E (Ast.) 6 C5

Barrios

Baíña E (Po.) 33 C3
Baíñas E (A Co.) 13 C1
Baio E (A Co.) 1 C5
Baio Grande E (A Co.) 1 C5
Baiões P (Vis.) 74 D3
Baión E (Po.) 13 D5
Baiona E (Po.) 33 C3
Bairrada P (San.) 112 B2
Bairrada P (San.) 112 A2
Bairradas P (San.) 111 A4
Bairral P (Ave.) 74 C2
Bairrão P (Lei.) 94 B4
Bairro P (Br.) 54 B4
Bairro P (Lei.) 110 D3
Bairro P (Lis.) 111 A5
Bairro P (San.) 111 D2
Bairro da Figueira P (Lei.) 111 A3
Bairro da Mosca P (Set.) 127 A3
Bairro da Sapec P (Set.) 127 A5
Bairro de Almeirim P (Év.) 128 D5
Bairro de Dona Constância P (San.) 111 B4
Bairro do Degebe P (Év.) 128 D4
Bairro dos Cadoços P (Set.) 143 C2
Bairro Novo P (Év.) 129 A4
Bairros P (Ave.) 74 C1
Bairros dos Mortais P (San.) 111 B3
Baixa da Banheira P (Set.) 126 D4
Baixinho P (San.) 111 B4
Bajamar E (S.Cruz T.) 196 B1
Bajauri E (Bur.) 23 C5
Bajos y Tagoro E (S.Cruz T.) 196 A2
Bakaiku E (Na.) 24 B3
Bakedano → Baquedano E (Na.) 24 B4
Bakio E (Viz.) 11 A4
Baladejos, Los E (Cád.) 186 B2
Balado E (A Co.) 14 C1
Balaguer E (Ll.) 68 D1
Balança P (Br.) 54 C1
Balanegra E (Alm.) 183 A4
Balanzas, Los E (Mu.) 172 C2
Balax E (Gr.) 169 C4
Balazar P (Br.) 54 B3
Balazar P (Port.) 53 D3
Balazote E (Alb.) 138 B3
Balbacil E (Gua.) 84 B2
Balbarda E (Áv.) 79 D5
Balbases, Los E (Bur.) 41 B3
Balboa E (Bad.) 130 C2
Balboa E (Le.) 16 D4
Balcaide E (A Co.) 14 A3
Balconchán E (Zar.) 85 B2
Balcones, Los E (Ali.) 156 C5
Balcones, Los E (Gr.) 169 A4
Balconete E (Gua.) 83 A5
Baldazos E (Mu.) 171 B2
Baldellou E (Hues.) 48 C5
Baldío E (Các.) 98 C5
Baldio P (Év.) 129 C5
Baldíos, Los E (S.Cruz T.) 196 B2
Baldomar E (Ll.) 49 B5
Baldornón E (Ast.) 6 D4
Baldos P (Vis.) 75 C2
Baldovar E (Val.) 124 A1
Balea E (Po.) 33 C1
Baleira E (Lu.) 16 B2
Baleizão P (Be.) 145 A4
Balenyà E (Bar.) 71 A1
Balenyà E (Bar.) 51 A5
Balerma E (Alm.) 183 A4
Baliarrain E (Gui.) 24 B2
Balisa E (Seg.) 80 C2
Balmaseda E (Viz.) 22 C1
Balmori E (Ast.) 8 A4
Balneario del Cantalar, lugar E (Mu.) 154 B4
Balneario Retortillo E (Sa.) 77 B4
Baloca P (Ave.) 74 B2
Balocas P (Co.) 94 D2
Balón E (A Co.) 2 D3
Balones E (Ali.) 141 B4
Balonga E (Mu.) 156 A2
Balouta E (Le.) 17 A3
Balsa E (Lu.) 3 D3
Balsa P (Por.) 113 D4
Balsa P (Port.) 54 A5
Balsa P (V. R.) 55 C4
Balsa de Ves E (Alb.) 123 D5
Balsapintada E (Mu.) 172 A1
Balsareny E (Bar.) 50 C5
Balsas P (Co.) 93 D1
Balsas P (San.) 112 A4
Balsicas E (Mu.) 172 B1
Balsillas, lugar E (Gr.) 169 B4
Baltanás E (Pa.) 60 D1
Baltar E (Lu.) 4 A5
Baltar E (Our.) 35 B5
Baltar E (Po.) 14 A4
Baltar P (Port.) 54 B5
Baltezana E (Can.) 10 C5
Baltrozes P (Vis.) 75 D2
Balugães P (Br.) 53 D2
Balurcos de Baixo P (Fa.) 161 B3
Balurcos de Cima P (Fa.) 161 B3
Ballabriga E (Hues.) 48 C2
Ballesta, La E (Cór.) 149 C3
Ballestero, El E (Alb.) 137 D3
Ballesteros E (C. R.) 119 B5
Ballesteros E (Mu.) 154 D5
Ballesteros de Calatrava E (C. R.) 135 B3
Ballesteros, lugar E (Cu.) 104 B5
Ballobar E (Hues.) 68 A3
Ballota E (Ast.) 5 D3
Bama E (A Co.) 14 C3
Bamba E (Zam.) 58 D4
Bamio E (Po.) 13 D4
Bamiro E (A Co.) 1 C5
Banaguás E (Hues.) 46 C1
Banariés E (Hues.) 46 D4
Banastás E (Hues.) 46 D4
Banastón E (Hues.) 47 D2
Banática P (Set.) 126 C3
Bancalàs, els E (Cas.) 107 C3
Bancalejo, El E (Alm.) 170 C3
Bances E (Ast.) 6 A3
Banda de las Rosas E (S.Cruz T.) 194 B1
Bandaliés E (Hues.) 47 A4
Bandarises P (Vis.) 74 D4
Bande E (Our.) 35 A4
Bandeira E (Po.) 14 C4
Bandeiras P (Aç.) 109 B3
Bandoxa E (A Co.) 2 D5
Banecidas E (Le.) 39 C1
Bangueses E (Our.) 34 D4
Bangueses de Abaixo E (Our.) 34 D4
Banhos P (Ave.) 93 D1
Banuncias E (Le.) 38 D1
Banyalbufar E (Bal.) 91 B3
Banyeres de Mariola E (Ali.) 140 D4
Banyeres del Penedès E (Ta.) 70 A5
Banyoles E (Gi.) 52 A3
Banzás E (A Co.) 13 D2
Baña, A E (A Co.) 13 D2
Baña, La E (Le.) 37 A3
Bañaderos E (Las P.) 191 C2
Bañares E (La R.) 43 A2
Bañeza, La E (Le.) 38 B3
Baño E (A Co.) 13 B3
Bañobárez E (Sa.) 77 A3
Bañón E (Te.) 85 D4
Baños de Agua Hedionda E (J.) 167 B2
Baños de Alcantud, lugar E (Cu.) 104 A1
Baños de Cerrato E (Pa.) 60 C1
Baños de Ebro/ Mañueta E (Ál.) 43 B1
Baños de la Encina E (J.) 151 C3
Baños de Ledesma E (Sa.) 78 B2
Baños de Molgas E (Our.) 35 C3
Baños de Montemayor E (Các.) 98 B2
Baños de Panticosa E (Hues.) 27 A4
Baños de Río Tobía E (La R.) 43 B3
Baños de Rioja E (La R.) 43 A1
Baños de Tajo E (Gua.) 84 C5
Baños de Valdearados E (Bur.) 62 A2
Baños de Zújar, lugar E (Gr.) 169 B3
Baños y Mendigo E (Mu.) 172 A1
Baños, Los E (Gr.) 181 B2
Baños, Los E (Mu.) 155 C4
Baños, Los E (Mu.) 156 A3
Bañuelos E (Gua.) 63 A5
Bañuelos de Bureba E (Bur.) 42 B1
Bañuelos del Rudrón E (Bur.) 21 C5
Bañugues E (Ast.) 6 C2
Baquedano/Bakedano E (Na.) 24 B4
Baquerín de Campos E (Pa.) 40 A5
Baraçais P (Lei.) 110 D4
Baraçal P (Guar.) 75 D4
Baraçal P (Guar.) 96 B1
Bárago E (Can.) 20 B2
Baraguás E (Hues.) 46 D1
Barahona de Fresno E (Seg.) 62 A5
Barahonda Vieja E (Mu.) 139 C5
Barajas E (Áv.) 99 B2
Barajas de Melo E (Cu.) 103 A4
Barakaldo E (Viz.) 10 D5
Baralho P (San.) 112 C4
Baralla E (Lu.) 16 B3
Barallobre E (A Co.) 2 D3
Barán E (Lu.) 15 D4
Baranbio E (Ál.) 23 A2
Baranda E (Bur.) 22 A2
Barañain E (Na.) 24 D4
Barão de São João P (Fa.) 173 B2
Barão de São Miguel P (Fa.) 173 A2
Baraona E (So.) 63 B5
Barásoain E (Na.) 45 A1
Barazón E (A Co.) 15 A3
Barbacena P (Por.) 129 D2
Barbacena, lugar E (Sev.) 163 B3
Barbadás E (Our.) 35 B2
Barbadelo E (Lu.) 16 A4
Barbadillo E (Sa.) 78 B3
Barbadillo de Herreros E (Bur.) 42 C4
Barbadillo del Mercado E (Bur.) 42 B5
Barbadillo del Pez E (Bur.) 42 C4
Barbaido P (C. B.) 95 B5
Barbalimpia E (Cu.) 104 A5
Barbalos E (Sa.) 78 A5
Barbantes E (Our.) 35 A2
Barbaño E (Bad.) 131 A3
Barbarin E (Na.) 44 B1
Barbaruens E (Hues.) 48 A1
Barbastro E (Hues.) 47 D5
Barbate E (Cád.) 186 B4
Barbatona E (Gua.) 83 C2
Barbecho E (Ast.) 6 D4
Barbeira E (A Co.) 13 D2
Barbeiros E (A Co.) 14 C1
Barbeita P (V. C.) 34 B4
Barbeito E (A Co.) 14 D1
Barbeito P (Vis.) 75 A4
Barbens E (Ll.) 69 B2
Barberà de la Conca E (Ta.) 69 C4
Barberà del Vallès E (Bar.) 71 A3
Barboa E (Ál.) 22 D4
Bárboles E (Zar.) 65 D2
Barbolla E (Seg.) 61 D5
Barbolla, La E (Gua.) 83 B1
Barbudo E (Po.) 34 B1
Barbudo P (Br.) 54 B2
Barbués E (Hues.) 47 A5
Barbuñales E (Hues.) 47 C5
Barca E (So.) 63 C4
Barca de la Florida, La E (Cád.) 178 A4
Barca, La E (Ast.) 5 D5
Barca, La E (Cád.) 186 A3
Barca, La E (Huel.) 161 D4
Bárcabo E (Hues.) 47 D3
Barcala E (Po.) 14 A4
Barcarena P (Lis.) 126 C3
Barcarrota E (Bad.) 130 C5
Barcebal E (So.) 62 D3
Barcebalejo E (So.) 62 D3
Barceíno E (Sa.) 77 B2
Barcel P (Bra.) 56 A4
Barcela E (Po.) 34 C3
Barcelinhos P (Br.) 54 A3
Barcelona E (Bar.) 71 A4
Barceloneta E (Gi.) 52 A5
Barcelos P (Br.) 53 D2
Bárcena E (Can.) 21 C1
Bárcena de Campos E (Pa.) 40 C1
Bárcena de Cicero E (Can.) 10 A4
Bárcena de la Abadía E (Le.) 17 B4
Bárcena de Pie de Concha E (Can.) 21 B2
Bárcena de Pienza E (Bur.) 22 A3
Bárcena del Bierzo E (Le.) 17 B5
Bárcena del Monasterio E (Ast.) 5 B4
Bárcena Mayor E (Can.) 21 A2
Barcenaciones E (Can.) 9 A5
Bárcenas E (Bur.) 22 A2
Barcenilla E (Can.) 9 B4
Barcenillas E (Can.) 20 D1
Barcenillas de Cerezos E (Bur.) 22 A2
Barcenillas del Ribero E (Bur.) 22 A2
Barceo E (Sa.) 77 B2
Barcia E (Ast.) 5 C3
Barcia E (Our.) 34 D2
Barcia E (Po.) 34 C1
Barcial de la Loma E (Vall.) 39 B5
Barcial del Barco E (Zam.) 38 C5
Barcience E (To.) 100 D5
Barciles Alto, lugar E (To.) 101 C5
Barcina de los Montes E (Bur.) 22 B5
Barcina del Barco E (Bur.) 22 C4
Barcinas E (Gr.) 168 A4
Barco P (Br.) 54 B3
Barco P (C. B.) 95 B3
Barco de Ávila, El E (Áv.) 98 D2
Barco de Valdeorras, O E (Our.) 36 C1
Barcones E (So.) 63 A5
Barcos P (Vis.) 75 C1
Barcouço P (Ave.) 94 A2
Barchín del Hoyo E (Cu.) 122 B2
Bardallur E (Zar.) 65 D2
Bardaos E (A Co.) 3 A2
Bardaos E (A Co.) 14 B1
Bardauri E (Bur.) 23 A5
Bardena del Caudillo E (Zar.) 45 D4
Bardetes, Ses E (Bal.) 90 C5
Baredo E (Po.) 33 C3
Bareyo E (Can.) 10 A4
Bargas E (To.) 101 B5
Bargis, lugar E (Gr.) 182 B3
Bargota E (Na.) 44 A1
Barillas E (Na.) 45 A5
Barinaga E (Viz.) 23 C1
Barinas E (Mu.) 156 A3
Bariones de la Vega E (Le.) 38 D4
Barizo E (A Co.) 1 D4
Barjacoba E (Zam.) 36 C4
Barjas E (Le.) 16 C5
Barlovento E (S.Cruz T.) 193 C2
Barluenga E (Hues.) 47 A3
Barniedo de la Reina E (Le.) 19 D3
Baró, El E (Val.) 125 A3
Baró, lugar E (Bur.) 22 C3
Baroja E (Ál.) 23 B5
Barona, la E (Cas.) 107 C3
Baroncelle E (Lu.) 3 D4
Baronia de Rialb, la E (Ll.) 49 C5
Baronzás E (Our.) 35 C4
Baroña E (A Co.) 13 C4
Barós E (Hues.) 46 D1
Barosa P (Lei.) 111 B1
Barosa, La E (Le.) 36 D1
Barqueira, A E (A Co.) 3 B2
Barqueiros P (Br.) 53 D3
Barqueres, les E (Bar.) 71 C2
Barqueros E (Ast.) 5 A3
Barqueros E (Mu.) 155 C5
Barquilla E (Sa.) 76 D4
Barquilla de Pinares E (Các.) 98 D4
Barquillo, El E (Áv.) 98 D2
Barquiña E (A Co.) 13 D3
Barra Cheia P (Set.) 126 D4
Barraca d'Aigües Vives, la E (Val.) 141 B1
Barracão P (Guar.) 96 A1
Barracão P (Lei.) 93 C5
Barracas E (Cas.) 106 C5
Barracel E (Our.) 35 B3
Barraco, El E (Áv.) 100 B1
Barracón, lugar E (Cór.) 166 B4
Barracha P (Fa.) 174 D2
Barrachina E (Te.) 85 D3
Barrada P (Év.) 145 C1
Barrada P (Fa.) 160 D3
Barrada P (San.) 112 C3
Barrado E (Các.) 98 B4
Barral E (A Co.) 14 B1
Barral-Correlos E (Lu.) 4 A3
Barrán E (Our.) 15 A5
Barranca, La E (Mad.) 81 B4
Barrancão P (Fa.) 173 B3
Barranco de la Madera E (Mál.) 179 C3
Barranco de la Montesina E (J.) 152 D4
Barranco de las Lajas E (S.Cruz T.) 196 B2
Barranco de Quiles, El E (Alm.) 170 B3
Barranco de Zafra E (Mál.) 180 B4
Barranco del Agua, El, lugar E (Mál.) 180 C1
Barranco del Sol E (Mál.) 180 B3
Barranco do Velho P (Fa.) 174 C2
Barranco Ferrer E (Gr.) 182 B4
Barranco Grande E (S.Cruz T.) 196 B2
Barranco Hondo E (S.Cruz T.) 196 B2
Barranco la Arena E (S.Cruz T.) 196 A2
Barranco Longo P (Fa.) 174 A2
Barranco Molax E (Mu.) 155 C3
Barrancos P (Be.) 146 B3
Barrancos, Los E (Cád.) 178 B4
Barrancos, Los E (Mad.) 101 B1
Barranch E (Bal.) 90 A2
Barranda E (Mu.) 154 C4
Barranquete, El E (Alm.) 184 B3
Barranquillo de Andrés, El E (Las P.) 191 B3
Barrantes E (Po.) 13 D5
Barrantes E (Po.) 33 D4
Barrantes P (Lei.) 110 D3
Barrañán E (A Co.) 2 B4
Barrasa E (Bur.) 22 B2
Barratera E (Mu.) 155 C3
Barrax E (Alb.) 138 A2
Barreda E (Ast.) 6 C4
Barreda E (Can.) 9 B4
Barredos E (Ast.) 6 D5
Barreira P (Guar.) 76 A3
Barreira P (Lei.) 111 B1
Barreira P (San.) 111 D1
Barreiralva P (Lis.) 126 B1
Barreiras P (Lei.) 93 D4
Barreiras P (Lis.) 110 D4
Barreiras P (Por.) 112 C4
Barreiras do Tejo P (San.) 112 B3
Barreirinha P (San.) 111 B3
Barreiro P (Set.) 126 D4
Barreiro de Além P (Ave.) 74 A3
Barreiro de Besteiros P (Vis.) 74 C5
Barreiros E (Lu.) 16 B2
Barreiros E (Lu.) 4 B3
Barreiros P (Lei.) 93 B5
Barreiros P (V. R.) 56 A2
Barreiros P (Vis.) 75 B4
Barrela P (V. R.) 55 C4
Barrela, A E (Lu.) 15 B5
Barren-Aldea E (Gui.) 24 A3
Barrenta P (Lei.) 111 C2
Barreosa P (Guar.) 95 A2
Barrera, La E (Las P.) 191 C3
Barreras E (Sa.) 77 A2
Barreras, Las E (Gr.) 182 B3
Barres E (Ast.) 4 D3
Barretos P (Por.) 113 D3
Barri de Mar → Barrio-Mar E (Cas.) 125 C2
Barriada de Alcora, La E (Alm.) 183 B2
Barriada de la Paz E (Sev.) 165 D4
Barriada del Romeral E (Gr.) 182 B4
Barriada Estación E (Mál.) 180 A3
Barriada Estación E (Mál.) 179 A5
Barriada Obrera del Sur E (Te.) 86 B4
Barriaga, lugar E (Cór.) 165 D2
Barrientos E (Le.) 38 B2
Barriga E (Bur.) 22 C3
Barrigões P (Fa.) 160 C4
Barrika E (Viz.) 10 D4
Barril P (Lis.) 126 B1
Barril P (Vis.) 94 C1
Barril de Alva P (Co.) 94 D2
Barrillos E (Le.) 19 A5
Barrillos e las Arrimadas E (Le.) 19 B4
Barriños, Los, lugar E (Huel.) 161 B2
Barrio E (Ál.) 22 D4
Barrio E (Ast.) 19 B1
Bárrio P (Lei.) 111 A2
Bárrio P (V. C.) 34 A5
Barrio Arroyo E (Val.) 123 D3
Barrio de Archilla E (Alm.) 183 C4
Barrio de Arriba E (Can.) 9 D5
Barrio de Cascalla E (Our.) 36 D1
Barrio de Díaz Ruiz E (Bur.) 22 B5
Barrio de la Puebla, El E (Pa.) 20 B5
Barrio de la Puente E (Le.) 18 A4
Barrio de la Tercia E (Le.) 18 D3
Barrio de la Vega E (Gr.) 182 A1
Barrio de las Ollas E (Le.) 19 B4
Barrio de Lomba E (Zam.) 37 A4
Barrio de Muñó E (Bur.) 41 B4
Barrio de Nuestra Señora E (Le.) 19 A5
Barrio de Peral E (Mu.) 172 B2
Barrio de Pinilla E (Le.) 18 D5
Barrio de Rábano E (Zam.) 37 A4
Barrio de Santa María E (Pa.) 20 D4
Barrio de Santa María E (To.) 99 D5
Barrio del Santuario E (Alb.) 139 D1
Barrio Estación E (Le.) 19 A4
Barrio Nuevo E (Cád.) 186 A3
Barrio Nuevo E (Gr.) 169 D3
Barrio Nuevo E (Gr.) 169 D1
Barrio Nuevo, El, lugar E (Alb.) 138 D4
Barrio Providencia E (Mu.) 155 D4
Barrio, El E (Áv.) 99 B1
Barrio-Mar/Barri de Mar E (Cas.) 125 C2
Barriomartín E (So.) 43 C5
Barriopalacio E (Can.) 21 B1
Barrio-Panizares E (Bur.) 21 B5
Barriopedro E (Gua.) 83 B4
Barrios E (Po.) 15 A5

Bosque

del Páramo E (Le.) 38 C2
Bercianos
del Real Camino E (Le.) 39 C2
Bercimuel E (Seg.) 62 A5
Bercimuelle E (Sa.) 98 D1
Bérchules E (Gr.) 182 C2
Berdejo E (Zar.) 64 C3
Berdeogas E (A Co.) 13 B1
Berdia E (A Co.) 14 B2
Berdillo E (A Co.) 2 A5
Berdoias E (A Co.) 13 B1
Berducedo E (Ast.) 5 A5
Berducido E (Po.) 34 B2
Berdún E (Hues.) 26 B5
Beresmo E (Our.) 34 C1
Berga E (Bar.) 50 C4
Berganciano E (Sa.) 77 D1
Berganúy E (Hues.) 48 C3
Berganzo E (Ál.) 23 B5
Bergara E (Gui.) 23 D2
Bergasa E (La R.) 44 B3
Bergasillas Bajera E (La R.) 44 B3
Berge E (Te.) 87 A3
Bergondo E (A Co.) 2 D4
Bergua E (Hues.) 47 B1
Beriain E (Na.) 25 A5
Beringel P (Be.) 144 C3
Beringelinho P (Be.) 160 C2
Berja E (Alm.) 183 A3
Berlanas, Las E (Áv.) 80 A4
Berlanga E (Bad.) 148 A2
Berlanga de Duero E (So.) 63 A4
Berlanga del Bierzo E (Le.) 17 B4
Berlangas de Roa E (Bur.) 61 C2
Berlengas P (Co.) 93 C1
Bermeja, La E (Mu.) 155 C4
Bermejal E (Huel.) 162 C4
Bermellar E (Sa.) 77 A2
Bermeo E (Viz.) 11 B4
Bermés E (Po.) 14 D4
Bermillo de Alba E (Zam.) 58 A3
Bermillo de Sayago E (Zam.) 57 D4
Bermún E (A Co.) 13 B2
Bernagoitia E (Viz.) 23 B1
Bernales E (Can.) 10 B5
Bernardos E (Seg.) 80 D1
Bernedo E (Ál.) 23 C5
Berninches E (Gua.) 103 B1
Bernueces E (Ast.) 6 D3
Bernués E (Hues.) 46 C1
Bernúy E (To.) 100 B5
Bernuy de Coca E (Seg.) 80 B1
Bernúy de Porreros E (Seg.) 81 A2
Bernúy-Salinero E (Áv.) 80 B5
Bernúy-Zapardiel E (Áv.) 79 D3
Berodia E (Ast.) 8 A5
Berrande E (Our.) 36 B5
Berredo E (Our.) 35 B3
Berredo E (Po.) 15 A3
Berreo E (A Co.) 14 B2
Berres E (Po.) 14 B4
Berrioplano E (Na.) 24 D4
Berriozar E (Na.) 25 A4
Berriz E (Viz.) 23 C1
Berro E (Alb.) 138 B4
Berro, El E (Mu.) 155 B5
Berrobi E (Gui.) 24 B2
Berrocal E (Huel.) 163 A2
Berrocal de Huebra E (Sa.) 78 A4
Berrocal
de Salva Tierra E (Sa.) 78 C5
Berrocalejo E (Các.) 117 A1
Berrocalejo
de Aragona E (Áv.) 80 B5
Berrocales
del Jarama, Los E (Mad.) 102 A1
Berroeta E (Na.) 25 A2
Berrón, El E (Ast.) 6 D4
Berrozo E (Po.) 14 C5
Berroztegieta E (Ál.) 23 B4
Berrueces E (Vall.) 39 C5
Berrueco E (Zar.) 85 B2
Berrueco, El E (Mad.) 82 A3
Berrueco, El, lugar E (J.) 167 C1
Bertamiráns (Ames) E (A Co.) 14 A3
Bertoa E (A Co.) 2 A4
Bértola E (Po.) 34 A1
Beruete E (Na.) 24 D2
Berzocana E (Các.) 116 D4
Berzosa E (Mad.) 81 B5
Berzosa E (So.) 62 C3
Berzosa de Bureba E (Bur.) 22 C5
Berzosa
de los Hidalgos E (Pa.) 20 C5
Berzosa del Lozoya E (Mad.) 82 A3
Berzosilla E (Pa.) 21 B4
Berzosilla, La E (Mad.) 81 B5
Besalú E (Gi.) 51 D3
Besande E (Le.) 19 D3
Bescanó E (Gi.) 51 D4
Bescaran E (Ll.) 50 A1
Bescós
de Garcipollera E (Hues.) 26 D5
Beselga P (San.) 112 A2
Beselga P (Vis.) 75 D2
Beseño E (A Co.) 14 D3
Besians E (Hues.) 48 A3
Besora E (Ll.) 50 A4
Besouro P (Fa.) 174 C3
Bespén E (Hues.) 47 B4
Besteiras P (Ave.) 74 A3
Besteiras P (San.) 112 B1
Besteiros P (Be.) 161 A3
Besteiros P (Br.) 54 B2
Besteiros P (Fa.) 160 C4
Besteiros P (Por.) 113 D5
Besteiros P (Port.) 54 B5
Bestida P (Ave.) 73 D3
Bestué E (Hues.) 47 D1
Besullo E (Ast.) 17 B1
Betán E (Our.) 35 C3
Betancuria E (Las P.) 190 A3
Betanzos E (A Co.) 2 D4
Betelu E (Na.) 24 C2
Bétera E (Val.) 125 A3
Betés de Sobremonte E (Hues.) 27 A5
Betesa E (Hues.) 48 C2
Beteta E (Cu.) 104 B1
Betis E (Cád.) 186 C5
Betolatza E (Ál.) 23 B3
Betoñu E (Ál.) 23 B4
Betote E (Lu.) 16 A4
Betren E (Ll.) 28 D4
Betunes P (Fa.) 174 C2
Betxí E (Cas.) 107 B5
Beuda E (Gi.) 51 D2
Bexo E (A Co.) 13 D4
Bezana E (Bur.) 21 C3
Bezanes E (Ast.) 19 B1
Bezares E (La R.) 43 B2
Bezas E (Te.) 105 C2
Bezerreira P (Vis.) 74 C5
Béznar E (Gr.) 182 A3
Biañez E (Viz.) 22 B1
Biar E (Ali.) 140 C5
Bias do Sul P (Fa.) 175 A3
Biasteri → Laguardia E (Ál.) 43 C1
Bica P (Lei.) 111 A2
Bicas P (San.) 112 B4
Bicesse P (Lis.) 126 B3
Bico P (V. C.) 34 A5
Bicorp E (Val.) 140 C1
Bicos P (Be.) 143 C5
Bidania E (Gui.) 24 A2
Bidankoze →
Vidángoz E (Na.) 26 A4
Bidaurreta →
Vidaurreta E (Na.) 24 C4
Biduedo E (Our.) 35 A1
Biduido E (A Co.) 14 A3
Biedes E (Ast.) 7 B4
Biedes E (Ast.) 6 B4
Biel E (Zar.) 46 A2
Bielba E (Can.) 8 C5
Bielsa E (Hues.) 27 D5
Bienservida E (Alb.) 153 C1
Bienvenida E (Bad.) 147 C2
Bienvenida E (C. R.) 134 B5
Bierge E (Hues.) 47 C4
Biescas E (Hues.) 27 A5
Bigastro E (Ali.) 156 B4
Bigorne P (Vis.) 75 A2
Bigues E (Bar.) 71 A2
Bigüezal E (Na.) 25 D5
Bijuesca E (Zar.) 64 C3
Bikarregi E (Viz.) 23 B2
Bilar → Elvillar E (Ál.) 43 C1
Bilbao, lugar E (Sev.) 165 A5
Bilbao/Bilbo E (Viz.) 11 A5
Bilbo → Bilbao E (Viz.) 11 A5
Bilhó P (V. R.) 55 A4
Biloria → Viloria E (Na.) 24 A5
Billabona → Villabona E (Gui.) 24 B1
Billela E (Viz.) 11 A4
Billoda → Villodas E (Ál.) 23 B4
Bimeda E (Ast.) 17 B2
Bimenes E (Ast.) 6 D5
Binaced E (Hues.) 67 D1
Binacua E (Hues.) 46 C1
Binéfar E (Hues.) 68 A1
Biniali E (Bal.) 91 D3
Biniamar E (Bal.) 91 D2
Biniancolla-
Punta Prima E (Bal.) 90 D3
Biniaraix E (Bal.) 91 C2
Biniés E (Hues.) 26 B5
Binisafua Roters E (Bal.) 90 D3
Binissalem E (Bal.) 91 D3
Binixica E (Bal.) 90 C3
Biosca E (Ll.) 69 D1
Biota E (Zar.) 45 D3
Bioucas P (San.) 112 B2
Birre P (Lis.) 126 B3
Bisaurri E (Hues.) 48 B1
Bisbal de Falset, la E (Ta.) 68 D5
Bisbal
del Penedès, la E (Ta.) 70 A5
Bisbal d'Empordà, la E (Gi.) 52 B4
Biscainhas P (Co.) 93 C2
Biscainho P (San.) 127 C2
Biscarrués E (Hues.) 46 B3
Biscoitos P (Aç.) 109 A5
Bisimbre E (Zar.) 65 B1
Bisjueces E (Bur.) 22 A3
Bismula P (Guar.) 96 C1
Bispeira P (Vis.) 74 B3
Bitarães P (Port.) 54 B5
Bitem E (Ta.) 88 C3
Bitoriano E (Ál.) 23 A3
Biure E (Gi.) 52 A1
Biure E (Ta.) 69 D3
Biurrun E (Na.) 24 D5
Bizarril P (Guar.) 76 C3
Bizmay, El E (Alm.) 170 B1
Blacos E (So.) 63 A2
Blacha E (Áv.) 99 C1
Blanca E (Mu.) 155 C3
Blancafort E (Ta.) 69 C4
Blancares Nuevos,
lugar E (Alb.) 138 B2
Blancares Viejos, lugar E (Alb.) 138 B2
Blancas E (Te.) 85 B4
Blancos E (Mu.) 155 D4
Blancos E (Our.) 35 B4
Blanes E (Gi.) 72 A1
Blanquitos, Los E (S. Cruz T.) 195 D4
Blascoeles E (Áv.) 80 C4
Blascomillán E (Áv.) 79 C4
Blasconuño
de Matacabras E (Áv.) 79 D1
Blascosancho E (Áv.) 80 B3
Blázquez, Los E (Cór.) 148 D1
Blecua E (Hues.) 47 B4
Bleda, La E (Bar.) 70 B4
Blesa E (Te.) 86 B2
Bliecos E (So.) 64 A4
Blimea E (Ast.) 6 D5
Blocona E (So.) 83 D1
Boa E (A Co.) 13 C3
Boa Farinha P (C. B.) 112 C1
Boa Ventura P (Ma.) 110 B1
Boa Vista P (Lei.) 93 C5
Boada E (Sa.) 77 C4
Boada de Campos E (Pa.) 39 D5
Boada de Roa E (Bur.) 61 B2
Boadella d'Empordà E (Gi.) 52 A2
Boadilla E (Sa.) 77 D4
Boadilla de Rioseco E (Pa.) 39 D4
Boadilla del Camino E (Pa.) 40 D3
Boadilla del Monte E (Mad.) 101 C2
Boado E (A Co.) 14 D2
Boal E (Ast.) 5 A4
Boaldeia P (Vis.) 74 D4
Boalhosa P (V. C.) 54 B1
Boalo, El E (Mad.) 81 B5
Boaña de Arriba E (A Co.) 13 D1
Boaño E (A Co.) 1 C5
Boassas P (Vis.) 74 D1
Boavista P (Co.) 93 B3
Boavista P (Fa.) 174 D3
Boavista P (Lei.) 110 D3
Boavista P (Lei.) 111 A2
Boavista P (Lei.) 110 D4
Boavista P (Lis.) 110 C5
Boavista P (Lis.) 110 B5
Boavista dos Pinheiros P (Be.) 159 C2
Bobadela P (Co.) 95 A1
Bobadela P (V. R.) 55 C1
Bobadela P (V. R.) 56 A1
Bobadilla E (Gr.) 181 D1
Bobadilla E (J.) 167 A2
Bobadilla E (La R.) 43 B3
Bobadilla E (Mál.) 180 A2
Bobadilla del Campo E (Vall.) 79 C1
Bobadilla-Estación E (Mál.) 180 A2
Bobal P (V. R.) 55 A4
Bobar, El E (Alm.) 184 A3
Bobes E (Ast.) 6 C4
Bobia E (Ast.) 7 D5
Boborás E (Our.) 34 D1
Boca P (Ave.) 73 D5
Boca de Huérgano E (Le.) 19 D3
Bocacara E (Sa.) 77 B5
Bocado P (Co.) 94 D2
Bocairent E (Val.) 140 D4
Bocaleones E (Cád.) 178 D3
Boceguillas E (Seg.) 61 D5
Bocígano E (Gua.) 82 B2
Bocigas E (Vall.) 80 B1
Bocigas de Perales E (So.) 62 B3
Bocos E (Bur.) 22 A3
Bocos de Duero E (Vall.) 61 A3
Boche E (Alb.) 154 A2
Bochones E (Gua.) 83 A1
Bodaño E (Po.) 14 D4
Bodas, Las E (Le.) 19 B4
Bodegones, Los E (Huel.) 176 D2
Bodera, La E (Gua.) 83 A1
Bodiosa P (Vis.) 74 D4
Bodón, El E (Sa.) 97 A1
Bodonal de la Sierra E (Bad.) 146 D3
Bodurria E (Gr.) 169 B4
Boebre E (A Co.) 2 D3
Boecillo E (Vall.) 60 A3
Boedo E (A Co.) 2 C4
Boelhe P (Port.) 74 C1
Boente E (Po.) 34 B2
Boeza E (Le.) 17 D5
Bofinho P (Lei.) 94 A5
Bogajo E (Sa.) 77 B3
Bogalhal P (Guar.) 76 B3
Bogarra E (Alb.) 138 A5
Bogarre E (Gr.) 168 B4
Bogas de Baixo P (C. B.) 95 A4
Bogas de Cima P (C. B.) 95 B4
Bogas do Meio P (C. B.) 95 B4
Bohodón, El E (Áv.) 80 A3
Bohonal E (Bad.) 118 A5
Bohonal de Ibor E (Các.) 116 D1
Bohoyo E (Áv.) 98 D2
Boi E (Ll.) 48 D1
Boialvo P (Ave.) 74 B5
Boiça do Louro P (Lis.) 111 A4
Boiças P (San.) 111 A4
Boidobra P (C. B.) 95 C2
Boim P (Port.) 54 C5
Boimente E (Lu.) 3 D2
Boimo P (V. C.) 34 C5
Boimorto E (A Co.) 14 D2
Boimorto E (Our.) 35 B1
Boiro E (A Co.) 13 D4
Boisan E (Le.) 37 D2
Boivães P (V. C.) 54 B1
Boivão P (V. C.) 34 A4
Boixadors E (Bar.) 70 A1
Boizán E (Lu.) 3 C4
Bojal, El E (Mu.) 156 A5
Bola, A E (Our.) 35 A3
Bolaimí E (Alm.) 170 C3
Bolaños de Calatrava E (C. R.) 135 D3
Bolaños de Campos E (Vall.) 39 B5
Bolbaite E (Val.) 140 D2
Boldú E (Ll.) 69 B2
Bolea E (Hues.) 46 D3
Boleiros P (San.) 111 C2
Boleta P (Co.) 93 D2
Bolfiar P (Ave.) 74 A5
Bolho P (Co.) 94 A1
Bolhos P (Lei.) 110 C4
Bolibar E (Gui.) 23 C3
Bolibar E (Viz.) 23 C1
Boliqueime P (Fa.) 174 B2
Bolmente E (Lu.) 35 C1
Bolmir E (Can.) 21 A3
Bolnuevo E (Mu.) 171 D3
Bolo, O E (Our.) 35 A1
Bolo, O E (Our.) 36 C2
Bolos E (Po.) 14 B4
Boltaña E (Hues.) 47 C2
Bolulla E (Ali.) 141 C4
Bolvir E (Gi.) 50 C1
Bollacín E (Can.) 21 C2
Bólliga E (Cu.) 103 D3
Bollullos
de la Mitación E (Sev.) 163 D4
Bollullos Par
del Condado E (Huel.) 163 A4
Bom Sucesso P (Co.) 93 C2
Bomba, La E (Gi.) 52 B2
Bombardeira P (Lis.) 110 B5
Bombarral P (Lei.) 110 D4
Bombel P (Év.) 127 D4
Bon E (Po.) 33 D2
Bon Vento P (Lei.) 110 D4
Bonabal P (Lis.) 110 B5
Bonansa E (Hues.) 48 C2
Bonanza E (Cád.) 177 B3
Bonares E (Huel.) 162 D4
Bonastre E (Ta.) 70 A5
Bonaterra E (Ta.) 70 A5
Bonavista E (Ta.) 89 C1
Bonete E (Alb.) 139 C3
Boniches E (Cu.) 105 A5
Bonielles E (Ast.) 6 B4
Bonilla E (Cu.) 103 C3
Bonilla de la Sierra E (Áv.) 99 B1
Bonillo, El E (Alb.) 137 C3
Bonitos P (Lei.) 93 C4
Bonmatí E (Gi.) 51 D4
Bono E (Hues.) 48 D1
Bonrepós i Mirambell E (Val.) 125 A3
Bonxe E (Lu.) 15 D1
Boñar E (Le.) 19 B4
Boo E (Ast.) 18 C1
Boo E (Can.) 9 B4
Boo E (Can.) 9 C4
Boós E (So.) 63 A3
Boqueixón E (A Co.) 14 C3
Boquerizo E (Ast.) 8 B4
Boquilobo P (San.) 111 D3
Boquiñeni E (Zar.) 65 C1
Bora E (Po.) 34 A1
Borau E (Hues.) 26 C5
Borba P (Br.) 54 D4
Borba P (Év.) 129 C3
Borba da Montanha P (Br.) 54 D4
Borba de Godim P (Port.) 54 C4
Borbalán E (S. Cruz T.) 194 B2
Borbela P (V. R.) 55 B4
Borbén E (Po.) 34 B2
Borbotó E (Val.) 125 A3
Borcos E (Bur.) 41 C1
Bordalba E (Zar.) 64 B4
Bordalos P (Por.) 128 D1
Bordecorex E (So.) 63 B5
Bordeira P (Fa.) 174 C2
Bordeira P (Fa.) 173 A2
Bordeiro P (Co.) 94 C3
Bordeje E (So.) 63 C4
Bòrdes, es E (Ll.) 28 C4
Bordeta, La E (Ll.) 68 C3
Bordils E (Gi.) 52 B4
Bordinheira P (Lis.) 110 C5
Bordón E (Te.) 87 A5
Bordonhos P (Vis.) 74 D3
Borge, El E (Mál.) 180 D4
Borges Blanques, les E (Ll.) 69 A3
Borges del Camp, les E (Ta.) 89 B1
Borgonyà E (Bar.) 51 A4
Borgonyà E (Gi.) 52 A3
Borines E (Ast.) 7 B4
Borja E (Zar.) 65 A1
Borjabad E (So.) 63 D3
Borleña E (Can.) 21 B1
Bormate E (Alb.) 139 A1
Bormoio E (A Co.) 1 D5
Bormujos E (Sev.) 163 D4
Bornacha P (Fa.) 175 B2
Borneiro E (A Co.) 1 C5
Bornes P (Bra.) 56 C4
Bornes de Aguiar P (V. R.) 55 C3
Bornos E (Cád.) 178 B3
Boroa E (Viz.) 23 B1
Borobia E (So.) 64 C3
Borox E (To.) 101 C4
Borralha P (Ave.) 74 A5
Borralha P (V. R.) 55 A2
Borralhal P (Vis.) 74 C5
Borrassà E (Gi.) 52 A2
Borrastre E (Hues.) 47 B1
Borraxeiros E (Po.) 15 A3
Borreco P (San.) 111 D3
Borredà E (Bar.) 50 D3
Borrenes E (Le.) 37 A1
Borriana → Burriana E (Cas.) 107 C5
Borricén E (Mu.) 172 C2
Borrifáns E (A Co.) 14 D1
Borriol E (Cas.) 107 C4
Bortedo E (Bur.) 22 C1
Bosc de la
Batllòria, el E (Gi.) 71 C1
Boscdetosca E (Gi.) 51 C3
Boscos
de Tarragona, els E (Ta.) 89 D1
Bosque E (A Co.) 2 D3

Bosque (Cabana)

Bosque (Cabana) E (A Co.) 1 D4
Bosque, El E (Cád.) 178 D4
Bossòst E (Ll.) 28 C4
Bostronizo E (Can.) 21 B1
Bot E (Ta.) 88 B2
Botão P (Co.) 94 A2
Botarell E (Ta.) 89 B1
Botaya E (Hues.) 46 C1
Boticas P (V. R.) 55 C2
Botija E (Các.) 115 D4
Bótoa E (Bad.) 130 B1
Botorrita E (Zar.) 66 A4
Botos E (Po.) 14 D4
Bouça P (Bra.) 56 B2
Bouça P (C. B.) 95 C2
Bouça P (Co.) 94 B4
Bouça Cova P (Guar.) 76 A4
Bouça Fria P (Br.) 55 A3
Bouças Donas P (V. C.) 34 C5
Bouceguedim P (Ave.) 74 C2
Bouceiros P (Lei.) 111 C2
Bouçoães P (V. R.) 56 B1
Bougado (Santiago) P (Port.) 54 A4
Bouro (Santa Maria) P (Br.) 54 C2
Bouro (Santa Marta) P (Br.) 54 C2
Bousés E (Our.) 35 D5
Bouxinhas P (Lei.) 94 A5
Bouza E (Our.) 35 A2
Bouza E (Our.) 34 C1
Bouza, La E (Sa.) 76 D3
Bouzas E (Le.) 37 B1
Bouzón E (Po.) 34 A3
Bóveda E (Lu.) 15 D2
Bóveda E (Lu.) 15 D5
Bóveda E (Lu.) 15 C2
Bóveda E (Lu.) 15 C1
Bóveda E (Our.) 35 C3
Bóveda E (Our.) 35 B1
Bóveda de la Ribera E (Bur.) 22 B3
Bóveda de Toro, La E (Zam.) 59 A5
Bóveda del Río Almar E (Sa.) 79 B3
Bovera E (Ll.) 68 C5
Box E (Ast.) 6 C4
Boxinos P (C. B.) 95 B4
Boya E (Zam.) 37 C5
Bozoo E (Bur.) 22 D5
Brabos E (Áv.) 79 D4
Braçais P (Lei.) 94 B5
Braçal P (Co.) 94 C3
Bracana E (Cór.) 167 B4
Brácana E (Gr.) 167 B5
Bràfim E (Ta.) 69 D5
Braga P (Br.) 54 B2
Bragada P (Bra.) 56 D2
Bragadas P (V. R.) 55 B2
Bragade E (A Co.) 2 D5
Bragado P (V. R.) 55 C2
Bragança P (Bra.) 56 D1
Bragança P (Lis.) 110 D5
Brahojos de Medina E (Vall.) 79 C1
Branca P (Ave.) 74 A3
Branca P (San.) 127 C2
Brancanes P (Fa.) 174 D3
Brandara P (V. C.) 54 A1
Brandariz E (Po.) 14 C3
Brandeso E (A Co.) 14 D3
Brandilanes E (Zam.) 57 D3
Brandim P (V. R.) 55 A1
Brandomés E (Po.) 14 C3
Brandomil E (A Co.) 13 C1
Brandoñas E (A Co.) 13 C1
Branqueira P (Fa.) 174 B3
Brántega E (Po.) 15 A3
Branzá E (A Co.) 14 D3
Branzelo P (Port.) 74 B1
Braña, A E (Lu.) 16 B1
Braña, La E (Ast.) 4 D3
Braña, La E (Ast.) 6 B3
Braña, La E (Le.) 19 B3
Brañas E (A Co.) 15 B2
Brañas Verdes E (A Co.) 1 B5
Brañillín E (Ast.) 18 C3
Braño E (A Co.) 13 C3
Brañosera E (Pa.) 20 D3
Brañuelas E (Le.) 17 D5
Braojos E (Mad.) 81 D2
Brasal E (A Co.) 13 C2
Brasfemes P (Co.) 94 A2
Brates E (A Co.) 14 D2
Bravães P (V. C.) 54 B1
Bravos E (Lu.) 3 D2
Bravos, Los E (Huel.) 146 C4
Brazacorta E (Bur.) 62 B2
Brazatortas E (C. R.) 134 D5
Brazoes P (San.) 112 A2
Brazuelo E (Le.) 37 D1
Brea E (A Co.) 2 A5
Brea E (A Co.) 14 B1
Brea de Aragón E (Zar.) 65 A4
Brea de Tajo E (Mad.) 102 D3
Breda E (Gi.) 71 C1
Brejão P (Be.) 159 B2
Brejo P (Lei.) 94 B5
Brejo Fundeiro P (C. B.) 112 C2
Brejo Mouro P (Set.) 143 D2
Brejoeira P (San.) 127 D2
Brejos P (Fa.) 174 A3
Brejos Correteiros P (Set.) 127 A4
Brejos da Moita P (Set.) 127 A4
Brejos de Azeitão P (Set.) 126 D5
Brejos de Canes P (Set.) 127 B5
Brenes E (Sev.) 164 A3
Brenha P (Co.) 93 C2
Brenla E (A Co.) 1 D5
Breña Alta E (S. Cruz T.) 193 C3
Breña Baja E (S. Cruz T.) 193 C3
Breña, La E (Las P.) 191 C3
Breñas, Las E (Las P.) 192 A4
Bres E (Ast.) 4 C4
Brescos P (Set.) 143 B3
Bretanha P (Aç.) 109 A4
Bretó E (Zam.) 58 C1
Bretocino E (Zam.) 58 C1
Bretoña E (Lu.) 4 B4
Bretún E (So.) 43 D5
Brexo E (A Co.) 2 C4
Briallos E (Po.) 14 A5
Brías E (So.) 63 A5
Bribes E (A Co.) 2 C4
Bricia E (Ast.) 8 A4
Bricia E (Bur.) 21 C3
Brieva E (Seg.) 81 A2
Brieva de Cameros E (La R.) 43 B4
Brieves E (Ast.) 5 C3
Brihuega E (Gua.) 83 A4
Brime de Sog E (Zam.) 38 A4
Brime de Urz E (Zam.) 38 B5
Brimeda E (Le.) 38 A1
Brincones E (Sa.) 77 C1
Brinches P (Be.) 145 A4
Brinkola E (Gui.) 23 D3
Briñas E (La R.) 43 A1
Brión E (A Co.) 14 A3
Brión E (A Co.) 2 D3
Briones E (La R.) 43 B1
Briongos E (Bur.) 62 A1
Brisas, Las E (Gua.) 103 B1
Britelo P (Br.) 54 D4
Britelo P (V. C.) 34 C5
Britiande P (Vis.) 75 B1
Brito P (Br.) 54 B3
Brito P (Bra.) 56 B1
Brito de Baixo P (Bra.) 56 C1
Briviesca E (Bur.) 42 B1
Brizuela E (Bur.) 21 D3
Broega P (Set.) 127 A4
Brogueira P (San.) 111 D3
Bronco, El E (Các.) 97 C3
Bronchales E (Te.) 105 A1
Broño E (A Co.) 13 D2
Brosmos E (Lu.) 35 D1
Brotas P (Év.) 128 B2
Broto E (Hues.) 27 B5
Broullón E (Po.) 33 D2
Brovales E (Bad.) 146 D2
Broza E (Lu.) 15 D5
Brozas E (Các.) 114 D2
Bruc, el E (Bar.) 70 C2
Brucardes, les E (Bar.) 70 C1
Brugó P (Bra.) 57 A5
Brucs E (Gi.) 51 A3
Brués E (Our.) 34 D1
Brufe P (Br.) 54 C1
Brugos de Fenar E (Le.) 18 D4
Bruguera E (Gi.) 52 B5
Bruguerol E (Gi.) 52 C5
Brujuelo E (J.) 167 D1
Brul E (Ast.) 4 D3
Brull, el E (Bar.) 71 B1
Brullés E (Bur.) 41 B1
Brunete E (Mad.) 101 B2
Brunhais P (Br.) 54 C2
Brunheda P (Bra.) 56 A4
Brunheiras P (Be.) 143 B5
Brunheirinho P (San.) 112 C4
Brunhos P (Co.) 93 C3
Brunhosinho P (Bra.) 57 B4
Brunhoso P (Bra.) 56 D4
Brunyola E (Gi.) 51 D5
Buarcos P (Co.) 93 B3
Búbal E (Lu.) 35 B1
Buberos E (So.) 64 A3
Bubierca E (Zar.) 64 D5
Bubión E (Gr.) 182 B2
Buçaco P (Ave.) 94 B1
Bucarrero E (Can.) 9 D5
Bucelas P (Lis.) 126 D2
Bucesta E (La R.) 43 D3
Buciegas E (Cu.) 103 D2
Buciños E (Lu.) 15 B5
Bucos P (Br.) 54 D2
Buchabade E (Po.) 34 B1
Budens P (Fa.) 173 A2
Budia E (Gua.) 83 B5
Budiño E (A Co.) 14 C2
Budiño E (Po.) 34 A3
Buelles E (Ast.) 8 C5
Buen Paso E (S. Cruz T.) 195 D2
Buen Suceso E (Bad.) 147 A1
Buenache de Alarcón E (Cu.) 122 B2
Buenache de la Sierra E (Cu.) 104 C4
Buenafuente
del Sistal, La E (Gua.) 84 A4
Buenamadre E (Sa.) 77 C3
Buenamesón E (Mad.) 102 C4
Buenas Noches E (Mál.) 187 C2
Buenasbodas E (To.) 117 D2
Buenaventura E (To.) 99 D3
Buenavista E (Gr.) 181 B1
Buenavista E (Sa.) 78 C4
Buenavista →
Sierra, La E (Cór.) 166 B3
Buenavista de Abajo E (S. Cruz T.) 193 C3
Buenavista de Arriba E (S. Cruz T.) 193 C3
Buenavista de Valdavia E (Pa.) 20 B5
Buenavista del Norte E (S. Cruz T.) 195 B2
Buendía E (Cu.) 103 B2
Buenlugar E (Las P.) 191 C2
Bueña E (Te.) 85 C5
Buera E (Hues.) 47 C4
Buerba E (Hues.) 47 C1
Bueres E (Ast.) 19 B1
Buesa E (Hues.) 47 B1
Buetas E (Hues.) 48 A2
Bueu E (Po.) 33 D2
Bufaganyes E (Gi.) 52 B5
Bufalhão P (Co.) 94 C2
Bufalí E (Val.) 141 A3
Bufarda P (Lei.) 110 C4
Buferrera E (Ast.) 7 D5
Bugalhão P (V. R.) 55 A2
Bugalhos P (San.) 111 C3
Bugallido E (A Co.) 14 A3
Bugarín E (Po.) 34 B3
Bugariña E (Po.) 34 C2
Bugarra E (Val.) 124 C3
Bugedo E (Bur.) 22 D5
Bugéjar E (Gr.) 170 A1
Búger E (Bal.) 92 A2
Buitrago E (Sev.) 164 B3
Buitrago E (So.) 63 D1
Buitrago del Lozoya E (Mad.) 81 D3
Buitrón, El E (Huel.) 162 D2
Buiza E (Le.) 18 D3
Bujalance E (Cór.) 150 C5
Bujalaro E (Gua.) 83 A3
Bujaraloz E (Zar.) 67 B4
Bujarrabal E (Gua.) 83 C2
Bujeo, El E (Cád.) 186 D5
Bularros E (Áv.) 79 D4
Bulbuente E (Zar.) 65 A1
Bulnes E (Ast.) 20 A1
Bullas E (Mu.) 155 A4
Bunheiro P (Ave.) 73 D3
Bunhosa P (Co.) 93 C2
Buniel E (Bur.) 41 C3
Bunyola E (Bal.) 91 C3
Buñales E (Hues.) 47 A5
Buño E (A Co.) 1 D4
Buñol E (Val.) 124 C4
Buñuel E (Na.) 45 B5
Burato E (A Co.) 13 D4
Burbáguena E (Te.) 85 C2
Burbia E (Le.) 17 A4
Burbunera E (Cór.) 166 D4
Burela E (Lu.) 4 A2
Burés E (A Co.) 13 D4
Burés, El E (Bar.) 70 C2
Bureta E (Zar.) 65 B1
Burete E (Mu.) 154 D4
Burga P (Bra.) 56 C4
Burgães P (Port.) 54 B4
Burganes de Valverde E (Zam.) 38 C5
Burgás E (Lu.) 3 C4
Burgau P (Fa.) 173 B3
Burgelu → Elburgo E (Ál.) 23 C4
Burgi → Burgui E (Na.) 26 A5
Burgo E (Lu.) 3 C3
Burgo P (Ave.) 74 B2
Burgo de Ebro, El E (Zar.) 66 C3
Burgo de Osma, El E (So.) 62 D3
Burgo Ranero, El E (Le.) 39 B2
Burgo, El E (Mál.) 179 C4
Burgo, O E (A Co.) 2 C4
Burgohondo E (Áv.) 100 A2
Burgomillodo E (Seg.) 61 C5
Burgos E (Bur.) 41 D3
Burgueira E (Po.) 33 C4
Burguete → Auritz E (Na.) 25 C3
Burgui/Burgi E (Na.) 26 A5
Burguillos E (Sev.) 164 A2
Burguillos de Toledo E (To.) 119 B1
Burguillos del Cerro E (Bad.) 146 D1
Burinhosa P (Lei.) 111 A1
Buriz E (Lu.) 3 B4
Burjassot E (Val.) 125 A3
Burjulú E (Alm.) 171 A5
Burlada E (Na.) 25 A4
Burón E (Le.) 19 C2
Burrero, El E (Las P.) 191 D3
Burres E (A Co.) 14 D2
Burriana/Borriana E (Cas.) 107 C5
Burrueco E (Alb.) 138 B5
Buruaga E (Ál.) 23 B3
Burujón E (To.) 118 D1
Burunchel E (J.) 153 A5
Buscalque E (Our.) 34 D5
Buscás E (A Co.) 14 C1
Buscastell E (Bal.) 89 C4
Busdongo de Arbás E (Le.) 18 C3
Buseu E (Ll.) 49 B2
Busmayor E (Le.) 16 C5
Busmente-Herias-
La Muria E (Ast.) 5 A4
Busnela E (Bur.) 21 C2
Busot E (Ali.) 157 C1
Busquistar E (Gr.) 182 C3
Bustantegua E (Can.) 21 D1
Bustarenga P (Vis.) 74 C3
Bustares E (Gua.) 82 D1
Bustarviejo E (Mad.) 81 D4
Buste, El E (Zar.) 65 A1
Busteliño E (Our.) 35 C3
Bustelo E (Our.) 35 C3
Bustelo P (Ave.) 74 B5
Bustelo P (Port.) 54 D5
Bustelo P (Port.) 54 C5
Bustelo P (Port.) 54 A5
Bustelo P (V. R.) 55 D1
Bustelo P (Vis.) 74 D2
Bustelo P (Vis.) 75 B2
Bustidoño E (Can.) 21 B3
Bustillo de Cea E (Le.) 39 D1
Bustillo de Chaves E (Vall.) 39 C4
Bustillo de la Vega E (Pa.) 40 A2
Bustillo del Monte E (Can.) 21 B4
Bustillo del Oro E (Zam.) 59 A2
Bustillo del Páramo E (Bur.) 41 C1
Bustillo del Páramo E (Le.) 38 C2
Bustillo del Páramo E (Pa.) 40 A2
Busto E (Ast.) 5 C3
Busto E (Lu.) 16 A5
Busto E (Po.) 14 D4
Busto de Bureba E (Bur.) 22 C5
Busto de Treviño E (Bur.) 23 B5
Busto, El E (Na.) 44 A1
Busto, O E (A Co.) 13 D1
Bustos E (Le.) 38 A2
Bustos P (Ave.) 73 D5
Bustriguado E (Can.) 8 D5
Busturenga P (Ave.) 74 A4
Busturia E (Viz.) 11 B4
Butjosa, La E (Bar.) 70 C1
Butsènit E (Ll.) 69 A1
Butsènit E (Ll.) 68 C3
Buxán E (A Co.) 14 A3
Buxán E (A Co.) 14 A2
Buxán E (A Co.) 13 B1
Buxantes E (A Co.) 13 B2
Buzanada E (S. Cruz T.) 195 D5

C

Ca l'Avi E (Bar.) 70 B4
Ca l'Esteper E (Bar.) 71 A2
Ca n'Amat E (Bar.) 70 C3
Ca n'Amat E (Bar.) 70 D3
Caamaño E (A Co.) 13 C4
Caamouco E (A Co.) 2 D3
Caaveiro E (A Co.) 3 A3
Cabacés E (Ta.) 68 D5
Cabaco, El E (Sa.) 77 D5
Cabaços P (Fa.) 161 A4
Cabaços P (Lei.) 94 A5
Cabaços P (V. C.) 54 A1
Cabaços P (Vis.) 75 C2
Cabalar E (A Co.) 3 A3
Cabaleiros E (A Co.) 14 B1
Caballar E (Seg.) 81 B2
Caballeros, Los E (Gr.) 182 C2
Caballón, lugar E (Huel.) 162 D3
Cabana E (A Co.) 1 D4
Cabana Maior P (V. C.) 34 B5
Cabanabona E (Ll.) 69 C1
Cabanas E (A Co.) 2 D3
Cabanas E (Lu.) 3 C2
Cabanas E (Our.) 36 A2
Cabanas P (Fa.) 175 B3
Cabanas P (Port.) 54 B4
Cabanas P (Set.) 127 A4
Cabanas P (V. R.) 55 C3
Cabanas P (V. R.) 55 D3
Cabanas de Baixo P (Bra.) 76 B1
Cabanas de Cima P (Bra.) 56 B5
Cabanas de Torres P (Lis.) 110 D5
Cabanas de Viriato P (Vis.) 94 D1
Cabanas do Chão P (Lis.) 110 D5
Cabanelas P (Ave.) 74 B2
Cabanelas P (Br.) 54 A2
Cabanelas P (Bra.) 56 B3
Cabanelas P (Port.) 53 D5
Cabanella E (Ast.) 5 A3
Cabanelles E (Gi.) 52 A2
Cabanes E (Cas.) 107 D3
Cabanes E (Gi.) 52 B2
Cabanillas E (Na.) 45 B5
Cabanillas E (So.) 63 D5
Cabanillas de la Sierra E (Mad.) 81 D4
Cabanillas de San Justo E (Le.) 17 C5
Cabanillas del Campo E (Gua.) 82 C5
Cabanyes E (Gi.) 52 C5
Cabanyes, les E (Bar.) 70 B4
Cabanzón E (Can.) 8 C5
Cabañaquinta E (Ast.) 18 D1
Cabañas E (Bur.) 42 A3
Cabañas de Aliste E (Zam.) 57 D1
Cabañas de
Castilla, Las E (Pa.) 40 D2
Cabañas de Ebro E (Zar.) 65 D2
Cabañas
de la Dornilla E (Le.) 17 B5
Cabañas de la Sagra E (To.) 101 B5
Cabañas de Polendos E (Seg.) 81 A2
Cabañas de Sayago E (Zam.) 58 B5
Cabañas de Tera E (Zam.) 38 A5
Cabañas de
Virtus, lugar E (Bur.) 21 C3
Cabañas de Yepes E (To.) 120 A1
Cabañas del Castillo E (Các.) 116 D3
Cabañas Raras E (Le.) 17 A5
Cabañas, lugar E (Cád.) 179 A3
Cabañeros E (Le.) 38 D3
Cabañes de Esgueva E (Bur.) 61 C1
Cabañuelas, Las E (Alm.) 183 C3
Cabárceno E (Can.) 9 C5
Cabarcos E (Le.) 36 D1
Cabarcos E (Lu.) 4 B3
Cabeça P (Guar.) 95 B2
Cabeça Boa P (Bra.) 76 B1
Cabeça da Igreja P (Bra.) 36 B5
Cabeça das Mós P (San.) 112 C3
Cabeça das Pombas P (Lei.) 111 B3
Cabeça de Carneiro P (Év.) 129 C5
Cabeça do Poço P (C. B.) 112 C1
Cabeça Gorda P (Be.) 144 D4
Cabeça Gorda P (Lis.) 110 C5
Cabeça Gorda P (San.) 111 B4
Cabeça Gorda P (San.) 111 C3
Cabeça Santa P (Port.) 74 C1
Cabeça Veada P (Lei.) 111 B3
Cabeçadas P (Co.) 94 D2
Cabeçais P (Ave.) 74 B2
Cabeção P (Év.) 128 C2
Cabeças P (Ave.) 73 D3
Cabeças P (Lei.) 94 B5
Cabeças Verdes P (Co.) 73 C5
Cabeceiras de Basto P (Br.) 55 A3
Cabecinhas P (Ave.) 73 D5
Cabecinhas P (San.) 127 D1
Cabeço P (Co.) 73 C5
Cabeco P (Lei.) 93 C4
Cabeço de Câmara P (Fa.) 174 B3
Cabeço de Vide P (Por.) 129 B1

Campanero

Campanero E (Sa.) 77 A4
Campanet E (Bal.) 92 A2
Campaneta, La E (Ali.) 156 B4
Campanhã P (Port.) 54 A5
Campanhó P (V. R.) 55 A4
Campanillas E (Mál.) 180 B4
Campano, Lo E (Mu.) 172 B3
Campano, lugar E (Cád.) 185 D2
Campañó E (Po.) 34 A1
Campañones E (Ast.) 6 C3
Camparañón E (So.) 63 C2
Camparca P (Co.) 93 D3
Campaspero E (Vall.) 61 A4
Campazas E (Le.) 39 A4
Campdevànol E (Gi.) 51 A3
Campeã P (V. R.) 55 A5
Campelo E (Po.) 34 A1
Campêlo P (Lei.) 94 B4
Campelos P (Bra.) 75 D1
Campelos P (Lei.) 94 C4
Campelos P (Lis.) 110 C5
Campell E (Ali.) 141 C4
Campelles E (Gi.) 50 D2
Campello, el E (Ali.) 157 D1
Campia P (Vis.) 74 C4
Campiello E (Ast.) 6 C4
Campiello E (Ast.) 18 A1
Campilduero, lugar E (Sa.) 77 A3
Campillejos E (Gua.) 82 B2
Campillo E (Alb.) 153 C1
Campillo E (Can.) 21 D1
Campillo E (Mu.) 171 A2
Campillo E (Zam.) 58 A3
Campillo de Abajo E (Mu.) 172 A2
Campillo de Altobuey E (Cu.) 122 D3
Campillo de Aragón E (Zar.) 84 D1
Campillo de Aranda E (Bur.) 61 D3
Campillo de Arenas E (J.) 167 D3
Campillo de Azaba E (Sa.) 96 D1
Campillo de Deleitosa E (Các.) 116 C2
Campillo de Dueñas E (Gua.) 85 A3
Campillo de la Jara, El E (To.) 117 C3
Campillo de la Virgen E (Alb.) 138 D4
Campillo de las Doblas E (Alb.) 138 D4
Campillo de los Jiménez E (Mu.) 155 A4
Campillo de Llerena E (Bad.) 148 A1
Campillo de Mena E (Bur.) 22 B2
Campillo de Ranas E (Gua.) 82 B2
Campillo de Salvatierra E (Sa.) 78 C5
Campillo del Moro E (Alm.) 183 D3
Campillo del Negro, El, lugar E (Alb.) 139 A4
Campillo del Río E (J.) 151 D5
Campillo, El E (Alm.) 170 A4
Campillo, El E (Alm.) 170 B3
Campillo, El E (Huel.) 162 D2
Campillo, El E (J.) 152 D3
Campillo, El E (Sev.) 165 B3
Campillo, El E (Te.) 105 D2
Campillo, El E (Vall.) 59 C5
Campillo, El, lugar E (Sev.) 163 C3
Campillos E (Mál.) 179 D2
Campillos-Paravientos E (Cu.) 105 B5
Campillos-Sierra E (Cu.) 105 A4
Campina P (Fa.) 174 B2
Campina P (Fa.) 174 C3
Campina P (Fa.) 175 A3
Campina P (Vis.) 75 C4
Campinho P (Év.) 145 C1
Campino E (Bur.) 21 C3
Campins E (Bar.) 71 C1
Campisábalos E (Gua.) 82 C1
Campitos, Los E (S. Cruz T.) 196 C2
Campizes P (Co.) 93 D3
Camplongo de Arbas E (Le.) 18 D3
Campllong E (Gi.) 52 A5
Campo E (A Co.) 14 B1
Campo E (Ast.) 6 B5
Campo E (Hues.) 48 B2
Campo E (Le.) 18 D3
Campo E (Le.) 37 B1
Campo E (Lu.) 15 D3
Campo E (Lu.) 15 B4
Campo E (Po.) 34 C2
Campo P (Br.) 54 A2
Campo P (Év.) 145 B1
Campo P (Lei.) 110 D3
Campo P (Port.) 54 A5
Campo P (Vis.) 75 A4
Campo Abajo E (Mu.) 156 A1
Campo Arcís E (Val.) 123 D4
Campo Arriba E (Mu.) 139 D5
Campo Benfeito P (Vis.) 75 A2
Campo Coy E (Mu.) 154 D5
Campo de Abajo E (Val.) 124 A1
Campo de Aras E (Cór.) 166 B5
Campo de Arca P (Ave.) 74 B3
Campo de Arriba E (Val.) 124 A1
Campo de Besteiros P (Vis.) 74 C5
Campo de Cámara E (Mál.) 180 B3
Campo de Caso (Caso) E (Ast.) 19 B1
Campo de Cima P (Ma.) 109 B1
Campo de Criptana E (C. R.) 120 C4
Campo de Cuéllar E (Seg.) 60 D5
Campo de Ledesma E (Sa.) 77 D1
Campo de Matanzas E (Mu.) 156 A4
Campo de Mirra/Camp de Mirra, el E (Ali.) 140 C4
Campo de Peñaranda, El E (Sa.) 79 B2
Campo de San Pedro E (Seg.) 62 A4
Campo de Víboras P (Bra.) 57 B3
Campo de Villavidel E (Le.) 38 D2
Campo del Agua E (Le.) 16 D4
Campo do Gerês P (Br.) 54 C1
Campo Humano E (Gr.) 167 B5
Campo Lugar E (Các.) 132 B1
Campo Maior P (Por.) 130 A2
Campo Nubes E (Cór.) 167 A3
Campo Real E (Mad.) 102 B2
Campo Real E (Zar.) 45 C1
Campo Real, lugar E (Cór.) 166 A4
Campo Redondo P (Be.) 143 C5
Campo y Santibáñez E (Le.) 18 D5
Campo, El E (Pa.) 20 C3
Campo, O E (A Co.) 14 D2
Campo, O (San Xoán de Río) E (Our.) 36 A2
Campoalbillo E (Alb.) 139 A1
Campobecerros E (Our.) 36 A4
Campocámara E (Gr.) 169 B2
Campocerrado E (Sa.) 77 C4
Campodarbe E (Hues.) 47 C2
Campodón E (Mad.) 101 C2
Campofrío E (Huel.) 163 A1
Campogrande de Aliste E (Zam.) 57 D1
Campohermoso E (Alm.) 184 C3
Campohermoso E (Le.) 19 A4
Campo-Huerta E (Cád.) 179 A3
Campolara E (Bur.) 42 B4
Campolongo E (A Co.) 13 D2
Campomanes E (Ast.) 18 C2
Campomanes E (Bad.) 131 C2
Camponaraya E (Le.) 17 A5
Camporramiro E (Lu.) 15 C5
Camporredondo E (J.) 152 D3
Camporredondo E (Our.) 34 D2
Camporredondo E (Vall.) 60 C4
Camporredondo de Alba E (Pa.) 20 A3
Camporrells E (Hues.) 48 B5
Camporrobles E (Val.) 123 C2
Camporrotuno E (Hues.) 47 D2
Campos E (Bal.) 92 B4
Campos E (Te.) 86 C4
Campos P (Br.) 54 C3
Campos P (Br.) 55 A2
Campos P (V. C.) 33 D4
Campos P (V. R.) 55 B2
Campos del Río E (Mu.) 155 C4
Campos y Salave E (Ast.) 4 D3
Campos, Los E (Alm.) 170 C1
Campos, Los E (Ast.) 6 B3
Campos, Los E (Sa.) 77 C3
Campos, Los E (So.) 43 D5
Camposancos E (Po.) 33 C5
Campotéjar E (Gr.) 168 A3
Campotéjar Alta E (Mu.) 155 D4
Campredó E (Ta.) 88 C4
Camprodon E (Gi.) 51 B2
Camprovín E (La R.) 43 B2
Camps E (Bar.) 70 B1
Campsa E (Ta.) 89 C1
Campuzano E (Can.) 9 B5
Camuñas E (To.) 120 A4
Can Blanc E (Gi.) 51 C3
Can Bondia (Masies de Voltregà, les) E (Bar.) 51 A4
Can Canals de Mas Bover E (Bar.) 70 C3
Can Canyameres E (Bar.) 71 A2
Can Casablanques E (Bar.) 71 A3
Can Casablanques E (Bar.) 70 D3
Can Claramunt E (Bar.) 70 B3
Can Coral E (Bar.) 70 A4
Can Dalmases E (Bar.) 70 C3
Can Guasch E (Bal.) 89 D4
Can Manent E (Bar.) 50 C5
Can Marçal E (Bar.) 50 C5
Can Martí E (Bar.) 70 B3
Can Mas E (Bar.) 70 C3
Can Negre E (Bal.) 89 D4
Can Palaueda E (Bar.) 71 A2
Can Parellada E (Bar.) 70 C3
Can Pastilla E (Bal.) 91 D4
Can Picafort E (Bal.) 92 B2
Can Ponç E (Bar.) 50 C5
Can Ratés E (Bar.) 71 D2
Can Reixac E (Bar.) 71 B2
Can Rovira E (Bar.) 71 A2
Can Salgot E (Bar.) 71 A2
Can Sansó E (Bal.) 90 A4
Can Trias E (Bar.) 70 D4
Can Tries E (Bar.) 70 D3
Can Tura E (Bar.) 70 D3
Can Vidal E (Bar.) 50 C5
Can Vilalba E (Bar.) 70 D3
Can Vilar E (Gi.) 52 B5
Cana Negreta E (Bal.) 89 D4
Cana Ventura E (Bal.) 89 D4
Cana, Es E (Bal.) 90 A4
Canadelo P (Port.) 55 A4
Canado P (Vis.) 75 A3
Canados P (Lis.) 111 A5
Canal P (San.) 111 C3
Canal Caveira P (Set.) 143 D3
Canal, El E (Alm.) 183 A4
Canaleja E (Alb.) 137 C4
Canaleja E (Huel.) 146 C5
Canaleja, La E (Cád.) 186 B2
Canaleja, La E (Val.) 106 A5
Canalejas E (Alm.) 171 A4
Canalejas E (Le.) 19 D5
Canalejas de Peñafiel E (Vall.) 61 A4
Canalejas del Arroyo E (Cu.) 103 D2
Canales E (Alm.) 170 C2
Canales E (Áv.) 79 D2
Canales E (Gr.) 182 A1
Canales de la Sierra E (La R.) 42 D4
Canales de Molina E (Gua.) 84 C3
Canales del Ducado E (Gua.) 83 D4
Canales, Las E (Mu.) 171 A2
Canales-La Magdalena E (Le.) 18 C4
Canaletes E (Bar.) 70 B3
Canalica, La E (Alm.) 170 C3
Canalosa, La E (Ali.) 156 B2
Canals E (Val.) 140 D2
Canara E (Mu.) 154 D4
Canas P (Co.) 94 B3
Canas de Santa Maria P (Vis.) 74 D5
Canas de Senhorim P (Vis.) 75 A5
Canaval E (Lu.) 35 D1
Canaviais P (Év.) 128 D4
Cancajos, Los E (S. Cruz T.) 193 C3
Cancarix E (Alb.) 155 B2
Cancela P (Vis.) 94 C1
Cancelada E (Mál.) 187 D2
Cancelas P (Co.) 94 B4
Cancelas P (Guar.) 76 A2
Cancelo E (Lu.) 16 B4
Cancelos P (Port.) 74 B1
Cances E (A Co.) 2 A4
Cances Grande E (A Co.) 2 A4
Cancienes E (Ast.) 6 C3
Canda, A E (Our.) 36 C4
Candal P (Ave.) 74 C3
Candal P (Co.) 94 B3
Candal P (Lei.) 94 A5
Candana de Curueño, La E (Le.) 19 A4
Candanal E (Ast.) 6 D4
Candanchú E (Hues.) 26 D4
Candanedo de Boñar E (Le.) 19 B4
Candanedo de Fenar E (Le.) 18 D4
Candás E (Ast.) 6 C3
Candás E (Our.) 35 B4
Candasnos E (Hues.) 67 D3
Candeda E (Our.) 36 C2
Candeda E (Our.) 36 D2
Candedo P (Bra.) 56 B1
Candedo P (V. R.) 55 D4
Candeeira P (Ave.) 74 A5
Candeeiros P (Lei.) 111 A3
Candelaria E (S. Cruz T.) 196 B3
Candelária P (Aç.) 109 B3
Candelária P (Aç.) 109 A4
Candelario E (Sa.) 98 C2
Candeleda E (Áv.) 99 B4
Candemil P (Port.) 54 D5
Candemil P (V. C.) 33 D5
Candemuela E (Le.) 18 B3
Candilichera E (So.) 64 A2
Candín E (Le.) 17 A4
Cando E (A Co.) 13 D3
Candolías E (Can.) 21 C2
Candón E (Huel.) 162 C4
Candosa P (Co.) 94 D2
Candoso P (Bra.) 56 A5
Canduas E (A Co.) 1 C4
Caneças P (Lis.) 126 C2
Canedo E (Ast.) 5 B3
Canedo E (Le.) 17 A5
Canedo E (Lu.) 16 A5
Canedo E (Our.) 35 B2
Canedo P (Ave.) 74 A1
Canedo P (V. R.) 55 B2
Canedo de Basto P (Br.) 55 A3
Canedo do Chão P (Vis.) 75 B4
Caneiro P (San.) 111 D2
Caneiro P (San.) 127 D1
Caneiros P (C. B.) 95 A4
Caneja E (Mu.) 154 C4
Canejan E (Ll.) 28 D3
Canelas P (Ave.) 74 A4
Canelas P (Ave.) 74 C2
Canelas P (Port.) 74 B1
Canelas P (Port.) 73 D1
Canelas P (V. R.) 75 B1
Canelles E (Gi.) 52 A3
Canena E (J.) 152 A4
Canencia E (Mad.) 81 D3
Canero E (Ast.) 5 C3
Canet d'Adri E (Gi.) 51 D4
Canet de Mar E (Bar.) 71 D2
Canet d'en Berenguer E (Val.) 125 B2
Canetlo Roig E (Cas.) 88 A5
Cânêve P (Co.) 94 A4
Canfranc E (Hues.) 26 D5
Canfranc-Estación E (Hues.) 26 D4
Cangas E (Lu.) 4 B2
Cangas E (Po.) 33 D2
Cangas de Onís E (Ast.) 7 C4
Cangas del Narcea E (Ast.) 17 B1
Canhardo P (San.) 111 D2
Canhas P (Ma.) 110 A2
Canhestros P (Be.) 144 A3
Caniçada P (Br.) 54 C2
Caniçal P (Ma.) 110 C1
Caniçal Cimeiro P (C. B.) 112 D1
Caniceira P (Co.) 93 C1
Caniceira P (San.) 111 D4
Caniço P (Ma.) 110 C2
Canicosa de la Sierra E (Bur.) 62 D1
Canicouba E (Po.) 34 A1
Canidelo P (Port.) 53 D4
Canidelo P (Port.) 53 D5
Caniles E (Gr.) 169 C4
Canillas de Abajo E (Sa.) 78 A3
Canillas de Aceituno E (Mál.) 181 A3
Canillas de Albaida E (Mál.) 181 B3
Canillas de Esgueva E (Vall.) 61 A2
Canillas de Río Tuerto E (La R.) 43 A2
Canillas de Torneros E (Sa.) 78 B3
Canillo A 30 A5
Canizo, O E (Our.) 36 B4
Canjáyar E (Alm.) 183 B2
Cano P (Por.) 129 A2
Canonja, La E (Ta.) 89 C1
Canos, Los E (Alm.) 183 B1
Cánovas E (Mu.) 171 D2
Canovelles E (Bar.) 71 B2
Cànoves E (Bar.) 71 B1
Canredondo E (Gua.) 83 D4
Cans E (Po.) 34 A3
Cansado P (Por.) 112 C5
Canseco E (Le.) 19 A3
Cansinos, Los E (Cór.) 150 B5
Cantabrana E (Bur.) 22 A5
Cantagallo E (Sa.) 98 B2
Cantal, El E (Alm.) 170 B3
Cantalapiedra E (Sa.) 79 B1
Cantalejo E (Seg.) 81 B1
Cantalgallo, lugar E (Bad.) 147 D2
Cantalobos E (Hues.) 67 A1
Cantalojas E (Gua.) 82 C1
Cantalpino E (Sa.) 79 A2
Cantalucía E (So.) 62 D2
Cantallops E (Bar.) 71 A2
Cantallops E (Gi.) 52 A1
Cantanhede P (Co.) 93 D1
Cantaracillo E (Sa.) 79 B3
Cantareros, Los E (Mu.) 171 C2
Cantarranas E (Cád.) 186 B3
Cantavieja E (Te.) 107 A1
Canteiros E (A Co.) 2 D2
Cantejeira-Pumarín E (Le.) 16 D4
Cantelães P (Br.) 54 D2
Cantera, La E (S. Cruz T.) 195 D4
Canteras E (Mu.) 172 B2
Canteras, Las E (Cád.) 185 D1
Canteras, Las E (S. Cruz T.) 195 B2
Canteras, Las E (Sa.) 78 C2
Cantillana E (Sev.) 164 B2
Cantimpalos E (Seg.) 81 A2
Cantinas, Las, lugar E (Huel.) 161 C2
Cantiveros E (Áv.) 79 D3
Canto de Calvão P (Co.) 73 C5
Cantoblanco E (Alb.) 123 D5
Cantolla, La E (Can.) 9 D5
Cantón, El E (Mu.) 156 B2
Cantonigròs E (Bar.) 51 B4
Cantoral de la Peña E (Pa.) 20 C4
Cantoria E (Alm.) 170 B4
Canturri E (Ll.) 49 C2
Canya, La E (Gi.) 51 C3
Canyada de Bihar, la → Cañada E (Ali.) 140 C5
Canyada dels Pins, la → Cañada, La E (Val.) 125 A3
Canyada, la → Cañada, La E (Ali.) 156 D2
Canyamars E (Bar.) 71 C2
Canyamel E (Bal.) 92 D3
Canyelles E (Bar.) 70 B5
Canyelles E (Gi.) 72 B1
Canyelles-Almadrava E (Gi.) 52 C2
Canyet de Mar E (Gi.) 72 B1
Cañada Ancha E (Cád.) 186 A3
Cañada Buendía E (Alb.) 154 D2
Cañada Catena E (J.) 153 B3
Cañada de Agra E (Alb.) 155 A1
Cañada de Alcalá E (J.) 167 C3
Cañada de Benatanduz E (Te.) 86 D5
Cañada de Calatrava E (C. R.) 135 A3
Cañada de Canara E (Mu.) 155 A4
Cañada de Cañepla, La E (Alm.) 170 A1
Cañada de Gallego E (Mu.) 171 D3
Cañada de la Cruz E (Mu.) 154 A4
Cañada de la Jara E (Cád.) 186 D5
Cañada de la Leña E (Mu.) 156 A2
Cañada de las Cruces, La E (Alm.) 170 B4
Cañada de Morote E (Alb.) 154 A1
Cañada de San Urbano, La E (Alm.) 184 A3
Cañada de Tobarra E (Alb.) 138 D5
Cañada de Verich, La E (Te.) 87 C3
Cañada del Gamo E (Cór.) 148 D3
Cañada del Hoyo E (Cu.) 104 C5
Cañada del Provencio E (Alb.) 154 A1
Cañada del Quintanar, lugar E (Alb.) 138 B3
Cañada del Rabadán E (Cór.) 165 C2
Cañada del Real Tesoro E (Mál.) 179 A5
Cañada del Salobral o Molina, lugar E (Alb.) 138 C4
Cañada del Trigo E (Mu.) 156 A2
Cañada Grande, La E (Alm.) 170 B1
Cañada Hermosa E (Mu.) 155 D5
Cañada Incosa-Cerro Pelado E (J.) 151 D4
Cañada Juncosa E (Alb.) 138 B4
Cañada Rosal E (Sev.) 165 B2
Cañada Vellida E (Te.) 86 B5
Cañada, La E (Áv.) 80 C5
Cañada, La E (Áv.) 99 A1
Cañada, La E (Cu.) 123 B2
Cañada, La/Canyada dels Pins, la E (Val.) 125 A3
Cañada, La/Canyada, la E (Ali.) 156 D2
Cañada/Canyada de Bihar, la E (Ali.) 140 C5
Cañadajuncosa E (Cu.) 122 A3
Cañadas E (Alb.) 153 D4
Cañadas de Haches de Abajo E (Alb.) 138 B5
Cañadas de Haches de Arriba E (Alb.) 138 B5
Cañadas del Romero E (Mu.) 171 D2
Cañadilla, La E (Te.) 86 D4
Cañadillas, Las E (Sev.) 163 C2
Cañal, El E (Cád.) 186 B3
Cañamaque E (So.) 64 A4
Cañamares E (C. R.) 137 B4
Cañamares E (Cu.) 104 A2
Cañamares E (Gua.) 83 A1
Cañamero E (Các.) 117 A4
Cáñar E (Gr.) 182 B3
Cañar, El E (Alb.) 154 D2

Carvalhal

Cañarejo E (Mu.) 171 B2
Cañarico E (Mu.) 155 D5
Cañas E (A Co.) 2 C5
Cañas E (La R.) 43 A2
Cañavate, El E (Cu.) 122 A3
Cañaveral E (Các.) 115 B1
Cañaveral de León E (Huel.) 147 A4
Cañaveras E (Cu.) 103 D2
Cañaveruelas E (Cu.) 103 C2
Cañeda E (Can.) 21 A3
Cañete E (Cu.) 105 A5
Cañete de las Torres E (Cór.) 166 D1
Cañete la Real E (Mál.) 179 C2
Cañicera E (So.) 62 D5
Cañiza, A E (Po.) 34 C3
Cañizal E (Zam.) 79 A1
Cañizar E (Gua.) 82 D4
Cañizar de Amaya E (Bur.) 41 A1
Cañizar de Argaño E (Bur.) 41 B2
Cañizar del Olivar E (Te.) 86 C4
Cañizares E (Cu.) 104 A1
Cañizares, lugar E (Gua.) 84 C4
Cañizo E (Zam.) 58 D2
Caño E (Ast.) 7 C5
Caño Quebrado E (J.) 167 C1
Cañón, El, lugar E (Bur.) 22 C3
Caños de Meca, Los E (Cád.) 186 A4
Cañuelo, El E (Cór.) 167 A3
Cañuelo, El E (Sev.) 163 C2
Cañuelo, El E (Sev.) 179 C1
Capafonts E (Ta.) 69 B5
Caparacena E (Gr.) 167 D5
Caparica P (Set.) 126 C4
Caparide P (Lis.) 126 B3
Caparroces, Los E (Alm.) 170 A3
Caparrosa P (Vis.) 74 D4
Caparroses, Los E (Alm.) 171 B4
Caparrosinha P (Vis.) 74 D5
Caparroso E (Na.) 45 A3
Capçanes E (Ta.) 88 D1
Capdella E (Ll.) 49 A1
Capdellà, Es E (Bal.) 91 B4
Capdepera E (Bal.) 92 D2
Capdesaso E (Hues.) 67 B1
Capela E (A Co.) 15 A2
Capela P (Port.) 74 B1
Capela P (San.) 112 D2
Capelas P (Aç.) 109 A4
Capelas P (Lis.) 110 C4
Capelins P (Év.) 129 C5
Capelo P (Aç.) 109 A3
Capeludos P (V. R.) 55 C2
Capella E (Hues.) 48 B3
Capellades E (Bar.) 70 B3
Capicorb E (Cas.) 108 A3
Capileira E (Gr.) 182 B2
Capilla E (Bad.) 133 B3
Capillas E (Pa.) 39 D5
Capinha P (C. B.) 95 D3
Capitorno P (Co.) 94 B2
Capmany E (Gi.) 52 A1
Capolat E (Bar.) 50 B4
Caprés E (Mu.) 156 A3
Captivadors, els E (Ali.) 141 C5
Capuchos P (Set.) 126 C4
Carabantes E (So.) 64 C3
Carabanzo E (Ast.) 18 C1
Carabaña E (Mad.) 102 C3
Carabias E (Gua.) 83 B2
Carabias E (Seg.) 61 D4
Carabusino E (Các.) 97 C1
Caracena E (So.) 62 D5
Caracena del Valle E (Cu.) 103 C4
Caracuel de Calatrava E (C. R.) 135 A3
Caramos P (Port.) 54 C4
Caramujeira P (Fa.) 173 D3
Caramulo P (Vis.) 74 C5
Caranceja E (Can.) 9 A5
Carande E (Le.) 19 D3
Carandia E (Can.) 9 B5
Caranguejeira P (Lei.) 111 C1
Carantoña E (A Co.) 1 B5
Carapeços P (Br.) 53 D2
Carapetosa P (C. B.) 113 B1
Carapinha P (Co.) 94 C2
Carapinhal P (Lei.) 94 B5
Carapinheira P (Co.) 93 D2
Carapinheira P (Lis.) 126 C1
Carapito P (Guar.) 75 D4
Carapito P (Vis.) 75 C2
Carasa E (Can.) 10 A4
Carasoles, Los E (Alm.) 170 C4
Carataunas E (Gr.) 182 B3
Caravaca E (Mál.) 180 D3
Caravaca de la Cruz E (Mu.) 154 D4
Caravelas P (Bra.) 56 B4
Caravia E (Ast.) 6 C4
Carazo E (Bur.) 42 B5
Carazo E (Lu.) 16 A1
Carazuelo E (So.) 64 A2
Carbajal de Fuentes E (Le.) 39 A4
Carbajal de la Legua E (Le.) 18 D5
Carbajal de Rueda E (Le.) 19 C5
Carbajal
de Valderaduey E (Le.) 39 D1
Carbajales de Alba E (Zam.) 58 A2
Carbajales de
la Encomienda E (Zam.) 37 C4
Carbajalinos E (Zam.) 37 B4
Carbajo E (Các.) 114 A2
Carbajosa E (Zam.) 58 A3
Carbajosa de Armuña E (Sa.) 78 C2
Carbajosa de
la Sagrada E (Sa.) 78 C3
Carballa E (Po.) 34 A1
Carballal E (A Co.) 14 B2
Carballal E (Po.) 34 A2
Carballeda E (A Co.) 2 D2
Carballeda E (Our.) 15 A5
Carballeda E (Our.) 36 D2
Carballeda de Avia E (Our.) 34 D2
Carballedo E (Lu.) 15 B5
Carballedo E (Po.) 34 B1
Carballido E (Lu.) 15 D2
Carballido E (Lu.) 4 A3
Carballido E (Lu.) 4 C5
Carballido E (Lu.) 3 D4
Carballiño, O E (Our.) 34 D1
Carballo E (A Co.) 2 A5
Carballo E (Ast.) 17 C1
Carballo E (Lu.) 15 B2
Carballo E (Lu.) 15 C4
Carballo E (Lu.) 16 B4
Carballo (Verea) E (Our.) 35 A4
Carballo, O E (A Co.) 2 C4
Carballosa E (A Co.) 13 C4
Carbayín E (Ast.) 6 D4
Carbellino E (Zam.) 57 D5
Carbia E (Po.) 14 D3
Carboentes E (Po.) 15 A5
Carbonal, El E (Sev.) 164 B2
Carbonera E (Pa.) 40 A1
Carbonera de Frentes E (So.) 63 C2
Carboneras E (Alm.) 184 D2
Carboneras E (Huel.) 147 A5
Carboneras de
Guadazaón E (Cu.) 122 D1
Carboneras, Las E (Bad.) 130 C2
Carbonero de Ahusín E (Seg.) 80 D2
Carbonero el Mayor E (Seg.) 80 D2
Carboneros E (J.) 151 D3
Carbuelo P (Port.) 74 B1
Carcaboso E (Các.) 97 C4
Carcabuey E (Cór.) 166 D4
Carcacía E (A Co.) 14 A3
Carcaixent E (Val.) 141 A1
Carção P (Bra.) 57 B3
Carçãozinho P (Bra.) 56 D2
Cárcar E (Na.) 44 C2
Carcastillo E (Na.) 45 B2
Carcavelos P (Lis.) 126 B3
Carceda E (Ast.) 17 B1
Carcedo E (Ast.) 5 C3
Carcedo de Bureba E (Bur.) 42 A1
Carcedo de Burgos E (Bur.) 41 D3
Carcelén E (Alb.) 139 C1
Càrcer E (Val.) 140 D2
Carche, El E (Mu.) 155 D1
Cárchel E (J.) 167 D2
Carchelejo E (J.) 167 D2
Carchena E (Sev.) 163 D5
Carchuna E (Gr.) 182 B4
Cardais P (San.) 111 D3
Cardal P (San.) 112 B2
Cardalda E (Po.) 13 D5
Cardama E (A Co.) 14 C2
Cardanha P (Bra.) 56 C5
Cardaño de Abajo E (Pa.) 20 A3
Cardaño de Arriba E (Pa.) 20 A3
Cardeal P (Co.) 94 B4
Cardeal P (Guar.) 96 B2
Cardedeu E (Bar.) 71 B2
Cardeiro E (A Co.) 14 D2
Cardeita E (Our.) 35 C3
Cardejón E (So.) 64 B3
Cardelle E (Our.) 34 C1
Cárdenas E (La R.) 43 B2
Cardenchosa, La E (Bad.) 148 C3
Cardenchosa, La E (Cór.) 149 A3
Cardenete E (Cu.) 123 A2
Cardeña E (Cór.) 150 C3
Cardeñadijo E (Bur.) 41 D3
Cardeñajimeno E (Bur.) 41 D3
Cardeñosa E (Áv.) 80 A4
Cardeñosa E (Gua.) 83 A2
Cardeñosa de Volpejera E (Pa.) 40 B3
Cardeñuela-Riopico E (Bur.) 42 A2
Cardes E (Ast.) 7 B5
Cardiel de los Montes E (To.) 100 A4
Cardiel, lugar E (Hues.) 68 A4
Cardigos P (San.) 112 D1
Cardo E (Ast.) 6 C3
Cardoiço Negrelos P (Co.) 94 D1
Cardón E (Las P.) 189 D4
Cardona E (Bar.) 50 B5
Cardonera, La E (Las P.) 191 A3
Cardones E (Las P.) 191 C2
Cardosa P (C. B.) 95 A5
Cardosa, La E (Ll.) 69 C2
Cardosas P (Fa.) 173 C2
Cardosas P (Lis.) 126 D1
Cardoso
de la Sierra, El E (Gua.) 82 A2
Caregue E (Ll.) 49 B1
Carelle E (A Co.) 15 A2
Carenas E (Zar.) 64 D5
Carenque P (Lis.) 126 C3
Caria P (C. B.) 95 D2
Caria P (Vis.) 74 D4
Caria P (Vis.) 75 C2
Caridad, A/Caridad, La E (S.Cruz T.) 196 B1
Caridad, La (Franco, El) E (Ast.) 5 A3
Caridade P (Év.) 145 B1
Caridade, A E (Our.) 35 D5
Cariñena E (Zar.) 65 D5
Cariño E (A Co.) 3 B1
Cariseda E (Le.) 17 B3
Caritat, La E (Bar.) 71 B3
Caritel E (Po.) 34 B1
Carlão P (V. R.) 55 D4
Carlet E (Val.) 125 A5
Carlos, Los E (Gr.) 182 B4
Carlota, La E (Cór.) 165 D2
Carme E (Bar.) 70 B3
Carmen, El E (Cu.) 122 B5
Carmena E (To.) 100 C5
Cármenes E (Le.) 18 D3
Carmona E (A Co.) 3 B1
Carmona E (Can.) 20 D1
Carmona E (Sev.) 164 C3
Carmonita E (Bad.) 131 B1
Carnaxide P (Lis.) 126 C3
Carne Assada P (Lis.) 126 B2
Carneiro P (Port.) 55 A5
Carnero E (Sa.) 78 B3
Carnés E (A Co.) 1 B5
Carnicães P (Guar.) 75 D4
Carnide P (Lei.) 93 B5
Carnide P (Lei.) 93 C5
Carnide P (Lis.) 126 C3
Carnota E (A Co.) 13 B3
Carnota P (Lis.) 126 D1
Caroi E (Po.) 34 B1
Carolina, La E (J.) 151 D3
Caroyas E (Ast.) 5 C3
Carpalhosa P (Lei.) 93 C5
Carpinteiro P (Guar.) 76 A5
Carpio E (Vall.) 79 C1
Carpio de Azaba E (Sa.) 77 A5
Carpio de Tajo, El E (To.) 118 C1
Carpio Medianero E (Áv.) 79 A5
Carpio, El E (Cór.) 150 B5
Carpio-Bernardo E (Sa.) 78 D3
Carquejo P (Ave.) 94 A2
Cárquere P (Vis.) 75 A1
Carracedelo E (Le.) 37 A1
Carracedo E (Our.) 35 B1
Carracedo E (Po.) 14 A4
Carracedo E (Zam.) 38 A4
Carracedo da Serra E (Our.) 36 B4
Carracedo del
Monasterio E (Le.) 17 A5
Carraclaca E (Mu.) 171 B2
Carragosa P (Bra.) 56 D1
Carragosela P (Co.) 94 D2
Carragosela P (Guar.) 95 B1
Carral E (A Co.) 2 C5
Carral E (Le.) 38 B2
Carral E (Lu.) 15 C1
Carralcova P (V. C.) 34 B5
Carramaiza E (Gr.) 169 B2
Carranque E (To.) 101 B4
Carranza E (Viz.) 22 B1
Carrapatas P (Bra.) 56 C3
Carrapateira P (Fa.) 175 B2
Carrapateira P (Fa.) 173 A2
Carrapatelo P (Év.) 145 B1
Carrapatoso P (San.) 112 B2
Carrapichana P (Guar.) 75 C5
Carrasca, La E (Cór.) 167 A4
Carrasca, La E (J.) 167 B2
Carrasca, La, lugar E (Alm.) 184 D1
Carrascal E (Sa.) 78 B2
Carrascal E (Seg.) 81 B2
Carrascal E (Zam.) 58 B4
Carrascal P (Co.) 93 C3
Carrascal P (Év.) 128 D3
Carrascal P (Lei.) 111 A2
Carrascal P (San.) 112 D3
Carrascal de Barregas E (Sa.) 78 C2
Carrascal
de Velambélez E (Sa.) 78 B2
Carrascal del Obispo E (Sa.) 78 A4
Carrascal del Río E (Seg.) 61 C5
Carrascalejo E (Áv.) 98 D2
Carrascalejo E (Các.) 117 B2
Carrascalejo de Huebra E (Sa.) 78 A4
Carrascalejo, El E (Bad.) 131 B2
Carrascalet, El E (Val.) 141 A1
Carrascalina E (Sa.) 78 B2
Carrascalinho P (Fa.) 159 B3
Carrascas P (Lei.) 111 C2
Carrasco E (J.) 153 C3
Carrasco E (Sa.) 77 C1
Carrascosa E (Alb.) 153 C1
Carrascosa E (Cu.) 84 B5
Carrascosa de Abajo E (So.) 62 D4
Carrascosa de Arriba E (So.) 62 C5
Carrascosa de Haro E (Cu.) 121 C3
Carrascosa de Henares E (Gua.) 82 D3
Carrascosa de la Sierra E (So.) 64 A1
Carrascosa de Tajo E (Gua.) 83 D5
Carrascosa del Campo E (Cu.) 103 B5
Carrascosilla, lugar E (Cu.) 103 C4
Carrascoy E (Mu.) 172 A1
Carraspite, lugar E (Mál.) 181 B4
Carrasqueira P (Be.) 159 B1
Carrasqueira P (Fa.) 174 A2
Carrasqueira P (Lis.) 126 D1
Carrasqueira P (Set.) 143 B1
Carrasqueiro P (Co.) 94 C4
Carrasquilla E (Mu.) 155 A4
Carrasquilla, lugar E (J.) 150 D5
Carratraca E (Mál.) 179 D3
Carraxo E (Our.) 35 D4
Carrazeda de Ansiães P (Bra.) 56 A5
Carrazede P (San.) 112 A2
Carrazedo P (Ave.) 74 B4
Carrazedo P (Br.) 54 D2
Carrazedo P (Br.) 54 B2
Carrazedo P (Bra.) 56 D1
Carrazedo P (Vis.) 75 C1
Carrazedo da
Cabugueira P (V. R.) 55 C2
Carrazedo de
Montenegro P (V. R.) 55 D3
Carrazedo do Alvão P (V. R.) 55 B3
Carreço P (V. C.) 53 C1
Carregado P (Lis.) 127 A1
Carregais P (C. B.) 113 A1
Carregais P (Guar.) 75 C3
Carregal P (Co.) 95 A3
Carregal P (Lei.) 94 A5
Carregal P (Lei.) 110 D3
Carregal P (Vis.) 74 B4
Carregal P (Vis.) 74 D4
Carregal P (Vis.) 75 C2
Carregal do Sal P (Vis.) 94 D1
Carregosa P (Ave.) 74 B2
Carregosa P (Ave.) 73 D5
Carregueira P (Lis.) 126 B1
Carregueira P (San.) 112 C2
Carregueira P (San.) 111 D2
Carregueira P (San.) 112 A3
Carregueira P (Set.) 127 A4
Carregueiro P (Be.) 144 B5
Carregueiro P (Lei.) 93 D4
Carregueiros P (San.) 112 A2
Carreira E (A Co.) 13 C5
Carreira E (A Co.) 1 D5
Carreira P (Br.) 54 B4
Carreira P (Br.) 54 A3
Carreira P (Port.) 54 A4
Carreira do Mato P (San.) 112 B2
Carreiras P (Lis.) 126 D1
Carreiras P (Por.) 113 C4
Carreiros P (Co.) 93 C1
Carreiros P (Lei.) 110 D4
Carrejo E (Can.) 9 A5
Carrentías Medias E (Ali.) 156 B4
Carreña (Cabrales) E (Ast.) 8 A5
Carrer de Baix, El E (Bar.) 71 A2
Carrer de
Cal Rossell, El E (Bar.) 70 B4
Carrera de la Viña, La E (Gr.) 167 A5
Carrera, La E (Ast.) 6 D4
Carrera, La E (Áv.) 98 D2
Carrera, La E (Le.) 38 A1
Carrera, La E (S.Cruz T.) 195 D2
Carreras, Las E (Viz.) 10 D5
Carreros E (Sa.) 78 A3
Carretera E (Ast.) 4 D3
Carretera al Portal E (Cád.) 185 D1
Carretera de
Extremadura E (Mad.) 101 B3
Carretera del Empalme E (Huel.) 175 D2
Carretera Estación E (Mu.) 155 C3
Carretería E (Las P.) 191 C2
Carretón, El E (S.Cruz T.) 196 B3
Carreu E (Ll.) 49 B3
Carrias E (Bur.) 42 B2
Carriazo E (Can.) 9 D4
Carriço P (Lei.) 93 B4
Carrícola E (Val.) 141 A3
Carriches E (To.) 100 C5
Carril E (Po.) 13 D4
Carril P (San.) 112 B1
Carril P (San.) 112 A2
Carrió (Bergondo) E (A Co.) 2 D4
Carrión de Calatrava E (C. R.) 135 C2
Carrión
de los Céspedes E (Sev.) 163 B4
Carrión de los Condes E (Pa.) 40 B2
Carrión, El E (Las P.) 191 D3
Carriones, Los E (Gr.) 169 C2
Carrís E (Po.) 34 C3
Carris P (Ave.) 73 D5
Carritos P (Co.) 93 C3
Carritxó, Es E (Bal.) 92 C4
Carrizal E (Las P.) 191 D3
Carrizal E (Le.) 19 D4
Carrizo de la Ribera E (Le.) 38 C1
Carrizosa E (C. R.) 136 D3
Carroça, Sa E (Bal.) 89 D5
Carrocera E (Le.) 18 C4
Carromeu P (Co.) 93 C1
Carroqueiro P (C. B.) 96 A4
Carros P (Be.) 161 A2
Carrús E (Ali.) 156 C2
Cartagena E (Mu.) 172 B2
Cartagena, Lo E (Ali.) 156 C3
Cartajima E (Mál.) 179 B5
Cártama E (Mál.) 180 B4
Cartaojal E (Mál.) 180 C1
Cartaria P (Lei.) 93 D5
Cartavio E (Ast.) 5 A3
Cartaxo P (San.) 111 B5
Cartaya E (Huel.) 162 A4
Carteire E (Lu.) 15 C3
Cartellà E (Gi.) 52 A4
Cartelle E (Our.) 35 A3
Cartelle E (Our.) 34 D2
Cartes E (Can.) 9 B5
Carteya-Guadarranque E (Cád.) 187 A4
Cartim P (Ave.) 74 B3
Cartirana E (Hues.) 47 A1
Cartuja Baja E (Zar.) 66 B3
Cartuja de
Monegros, La E (Hues.) 67 A2
Carucedo E (Le.) 37 A1
Carva P (V. R.) 55 D4
Carvajales, Los E (Mál.) 180 A1
Carvalha P (Lis.) 126 D1
Carvalha P (Vis.) 75 B2
Carvalhais P (Bra.) 56 B3
Carvalhais P (Co.) 93 B3
Carvalhais P (Co.) 94 B2
Carvalhais P (Lei.) 93 D5
Carvalhais P (San.) 111 B3
Carvalhais P (Vis.) 74 C3
Carvalhal P (Ave.) 74 A4
Carvalhal P (Br.) 53 D3
Carvalhal P (Bra.) 76 C1
Carvalhal P (C. B.) 94 C5
Carvalhal P (C. B.) 95 C3
Carvalhal P (C. B.) 94 D5
Carvalhal P (Co.) 94 D3
Carvalhal P (Co.) 93 C3
Carvalhal P (Fa.) 175 A2
Carvalhal P (Guar.) 76 A3
Carvalhal P (Guar.) 96 C1
Carvalhal P (Lei.) 94 A4
Carvalhal P (Lei.) 111 A3
Carvalhal P (Lei.) 110 D4
Carvalhal P (Lei.) 111 A2

Carvalhal

Carvalhal	P	(Lis.)	126	B 2
Carvalhal	P	(Lis.)	126	C 1
Carvalhal	P	(Por.)	113	D 5
Carvalhal	P	(San.)	112	A 1
Carvalhal	P	(San.)	112	B 2
Carvalhal	P	(Set.)	143	B 1
Carvalhal	P	(Vis.)	75	B 3
Carvalhal	P	(Vis.)	94	B 1
Carvalhal	P	(Vis.)	75	B 4
Carvalhal	P	(Vis.)	74	D 5
Carvalhal Benfeito	P	(Lei.)	111	A 3
Carvalhal da Aroeira	P	(San.)	111	D 2
Carvalhal da Louça	P	(Guar.)	75	A 5
Carvalhal da Mulher	P	(Vis.)	74	C 5
Carvalhal de Mançores	P	(Co.)	94	B 2
Carvalhal de Vermilhas	P	(Vis.)	74	C 4
Carvalhal do Chão	P	(Ave.)	74	B 3
Carvalhal do Estanho	P	(Vis.)	74	D 4
Carvalhal do Pombo	P	(San.)	111	D 2
Carvalhal Formoso	P	(C. B.)	95	D 2
Carvalhal Grande	P	(San.)	112	A 2
Carvalhal Meão	P	(Guar.)	96	B 1
Carvalhal Pequeño	P	(San.)	112	A 2
Carvalhal Redondo	P	(Vis.)	75	A 5
Carvalhar de Tapeus	P	(Co.)	93	D 4
Carvalhas	P	(Vis.)	75	A 5
Carvalheda	P	(Guar.)	75	C 5
Carvalheira	P	(Br.)	54	C 1
Carvalheiro	P	(San.)	111	C 3
Carvalhelhos	P	(V. R.)	55	B 2
Carvalhinhos	P	(Co.)	94	B 4
Carvalho	P	(Br.)	54	D 4
Carvalho	P	(Co.)	94	B 2
Carvalho	P	(Co.)	94	D 4
Carvalho	P	(V. R.)	55	D 4
Carvalho de Egas	P	(Bra.)	56	A 5
Carvalho de Rei	P	(Port.)	54	D 5
Carvalhos	P	(Br.)	54	A 3
Carvalhos	P	(C. B.)	94	C 5
Carvalhos	P	(V. C.)	53	D 2
Carvalhos de Figueiredo	P	(San.)	112	A 2
Carvalhosa	P	(Port.)	54	B 4
Carvalhosa	P	(Vis.)	75	A 2
Carvalhosas	P	(Co.)	94	A 3
Carviçais	P	(Bra.)	76	C 1
Carvoeira	P	(Lis.)	126	B 1
Carvoeira	P	(Lis.)	110	D 5
Carvoeiro	P	(Co.)	94	D 4
Carvoeiro	P	(Fa.)	173	D 3
Carvoeiro	P	(San.)	112	D 2
Ca's Concos	E	(Bal.)	92	B 4
Casa Ayala	E	(Las P.)	191	C 2
Casa Blanca de los Rioteros	E	(Alb.)	139	A 4
Casa Blanca, lugar	E	(J.)	167	D 3
Casa Blanca, Sa	E	(Bal.)	91	D 4
Casa Branca	P	(Év.)	128	B 5
Casa Branca	P	(Por.)	129	A 2
Casa Branca	P	(San.)	112	C 3
Casa Branca	P	(Set.)	143	D 2
Casa Caballos, lugar	E	(Alb.)	138	B 2
Casa Cañete	E	(Alb.)	138	C 4
Casa Capitán	E	(Alb.)	138	C 2
Casa de Guijoso, lugar	E	(Alb.)	137	B 3
Casa de Hurtado, lugar	E	(C. R.)	136	A 1
Casa de la Campana, lugar	E	(Alb.)	138	A 1
Casa de la Florida, lugar	E	(Alb.)	139	B 5
Casa de la Hormiga, lugar	E	(C. R.)	137	A 2
Casa de la Noguera, La	E	(Alb.)	153	D 1
Casa de la Sartén, lugar	E	(Alb.)	138	B 1
Casa de la Sierrecilla, lugar	E	(Alb.)	137	B 2
Casa de la Vega	E	(Áv.)	98	D 2
Casa de las Cauques, lugar	E	(Alb.)	137	C 2
Casa de las Mayorgas, lugar	E	(C. R.)	136	B 2
Casa de las Monjas	E	(Alb.)	139	A 4
Casa de las Monjas	E	(Cu.)	121	D 5
Casa de las Monjas	E	(Mu.)	171	B 3
Casa de las Monjas, lugar	E	(Mu.)	155	C 2
Casa de Monteagudo, lugar	E	(Alb.)	137	D 1
Casa de Naia	E	(Lu.)	15	B 4
Casa de Postas	E	(Cád.)	186	A 3
Casa de Uceda	E	(Gua.)	82	B 4
Casa del Capitán, lugar	E	(Alb.)	137	D 1
Casa del Navajo, lugar	E	(Alb.)	138	A 1
Casa el Avi	E	(Mu.)	171	B 2
Casa Grande	E	(Alb.)	138	C 2
Casa Grande	E	(Te.)	106	B 2
Casa Nueva	E	(Alb.)	138	A 5
Casa Nueva	E	(Mu.)	154	B 3
Casa Palacio	E	(Mu.)	171	B 2
Casa Pastores	E	(Las P.)	191	D 4
Casa Quemada, lugar	E	(Alb.)	138	A 1
Casa Real	E	(Gr.)	167	C 5
Casa Rosa	E	(Alb.)	138	A 5
Casa Velha	P	(Co.)	93	D 3
Casabermeja	E	(Mál.)	180	C 3
Casablanca	E	(Alb.)	138	C 5
Casablanca	E	(Alm.)	170	B 2
Casablanca	E	(Cád.)	177	D 3
Casablanca	E	(Las P.)	191	C 2
Casablanca	E	(Lu.)	4	A 5
Casablanca	E	(Mu.)	155	D 2
Casablanquilla	E	(Mál.)	180	A 3
Casafranca	E	(Sa.)	78	B 5
Casainhos	P	(Lis.)	126	D 2
Casaio	E	(Our.)	36	D 2
Casais	E	(A Co.)	1	C 5
Casais	P	(Fa.)	159	C 4
Casais	P	(Lis.)	110	C 4
Casais	P	(Port.)	54	B 5
Casais	P	(San.)	112	A 1
Casais Brancos	P	(Lei.)	110	C 3
Casais da Abadia	P	(San.)	111	D 1
Casais da Amendoeira	P	(San.)	111	B 5
Casais da Areia	P	(Lis.)	111	A 4
Casais da Cidade	P	(Lei.)	110	D 3
Casais da Granja	P	(Lei.)	94	A 4
Casais da Igreja	P	(San.)	111	D 2
Casais da Lagoa	P	(Lis.)	111	B 5
Casais da Lapa	P	(San.)	111	B 5
Casais da Pedreira	P	(Lis.)	111	A 5
Casais das Boiças	P	(Lis.)	111	A 5
Casais de Baixo	P	(Lei.)	111	A 2
Casais de Júlio	P	(Lei.)	110	C 4
Casais de Santa Teresa	P	(Lei.)	111	B 2
Casais de São Jorge	P	(Co.)	93	D 4
Casais de São Lourenço	P	(Lis.)	126	B 1
Casais de Vera Cruz	P	(Co.)	93	D 2
Casais do Porto	P	(Lei.)	93	C 4
Casais dos Lagartos	P	(San.)	111	B 5
Casais dos Penedos	P	(San.)	111	B 5
Casais Galegos	P	(Lis.)	110	D 5
Casais Garridos	P	(Lei.)	111	B 1
Casais Martanes	P	(San.)	111	D 2
Casais Monizes	P	(San.)	111	B 3
Casais Novos	P	(San.)	112	A 1
Casais Revelhos	P	(San.)	112	B 3
Casais Robustos	P	(San.)	111	C 3
Casal	E	(Our.)	34	D 3
Casal	E	(Our.)	34	D 5
Casal	E	(Po.)	34	A 3
Casal	E	(Po.)	13	D 4
Casal	P	(Ave.)	74	B 4
Casal	P	(Guar.)	95	A 1
Casal	P	(Vis.)	74	D 3
Casal	P	(Vis.)	74	D 5
Casal Branco	P	(San.)	111	C 5
Casal Cimeiro	P	(Co.)	93	D 4
Casal Comba	P	(Ave.)	94	A 1
Casal da Azenha	P	(Co.)	94	A 3
Casal da Barba Pouca	P	(San.)	112	C 3
Casal da Clara	P	(Lei.)	93	C 4
Casal da Galharda	P	(Lis.)	110	C 4
Casal da Madalena	P	(C. B.)	94	B 5
Casal da Marinha	P	(Lei.)	111	A 3
Casal da Misericórdia	P	(Lis.)	110	C 4
Casal da Quinta	P	(Lei.)	93	C 5
Casal da Ribeira	P	(C. B.)	113	A 1
Casal da Senhora	P	(Co.)	94	D 1
Casal da Serra	P	(C. B.)	95	C 4
Casal da Várzea	P	(Lis.)	110	C 4
Casal da Venda	P	(Co.)	93	D 3
Casal das Figueiras	P	(Co.)	93	D 2
Casal de Abade	P	(Co.)	94	D 2
Casal de Almeida	P	(Co.)	93	C 3
Casal de Cadima	P	(Co.)	93	D 2
Casal de Cima	P	(Vis.)	75	B 4
Casal de Cinza	P	(Guar.)	76	A 5
Casal de Ermio	P	(Co.)	94	B 3
Casal de Loivos	P	(V. R.)	55	C 5
Casal de Maria	P	(Vis.)	94	C 1
Casal de Paul	P	(San.)	111	B 4
Casal de São João	P	(Co.)	93	C 1
Casal de São João	P	(Co.)	94	D 2
Casal de São José	P	(Co.)	94	D 3
Casal de São Tomé	P	(Co.)	93	C 1
Casal do Barril	P	(Co.)	93	D 4
Casal do Carvalho	P	(Lei.)	111	A 3
Casal do Espíritu Santo	P	(Co.)	94	D 2
Casal do Esporão	P	(Vis.)	75	B 4
Casal do Fundo	P	(Vis.)	75	B 4
Casal do Lobo	P	(Co.)	94	A 2
Casal do Marco	P	(Set.)	126	D 4
Casal do Redinho	P	(Co.)	93	D 3
Casal do Rei	P	(Guar.)	95	A 2
Casal do Rei	P	(San.)	112	A 3
Casal do Relvas	P	(Lei.)	111	B 1
Casal dos Bernardos	P	(San.)	111	D 1
Casal dos Bufos	P	(C. B.)	94	C 5
Casal dos Ferreiros	P	(Lei.)	94	B 5
Casal dos Ledos	P	(Lei.)	111	B 1
Casal dos Lobos e Casal do Meio	P	(Lei.)	111	C 1
Casal dos Matos	P	(Lei.)	111	B 2
Casal dos Netos	P	(Co.)	93	C 1
Casal dos Ossos	P	(San.)	127	D 2
Casal dos Secos	P	(San.)	111	D 1
Casal Fernão João	P	(Lei.)	93	D 4
Casal Novo	P	(C. B.)	94	C 5
Casal Novo	P	(C. B.)	112	C 2
Casal Novo	P	(Co.)	93	C 3
Casal Novo	P	(Co.)	94	D 3
Casal Novo	P	(Lei.)	93	C 5
Casal Novo	P	(Lei.)	110	D 3
Casal Novo	P	(San.)	112	A 2
Casal Novo	P	(San.)	111	D 2
Casal Vasco	P	(Guar.)	75	C 4
Casal Ventoso	P	(San.)	112	C 3
Casal Verde	P	(Co.)	93	C 3
Casal Vieira	P	(Lei.)	111	C 2
Casalarreina	E	(La R.)	43	A 1
Casaldima	P	(Ave.)	74	A 3
Casalgordo	E	(To.)	119	B 2
Casalhino	P	(Co.)	93	C 3
Casalinho	P	(Co.)	94	B 4
Casalinho	P	(Lei.)	93	D 5
Casalinho	P	(Lei.)	111	A 2
Casalinho	P	(San.)	112	A 4
Casalinho	P	(San.)	111	C 2
Casalinho	P	(San.)	111	D 5
Casalinho do Alfaiata	P	(Lis.)	110	B 5
Casanova	E	(Lu.)	15	B 3
Casanova (Boqueixón)	E	(A Co.)	14	C 3
Casanueva	E	(Gr.)	167	C 5
Casar	E	(Can.)	9	A 5
Casar de Cáceres	E	(Các.)	115	B 3
Casar de Escalona, El	E	(To.)	100	B 4
Casar de Miajadas	E	(Các.)	132	B 1
Casar de Palomero	E	(Các.)	97	C 2
Casar de Talavera, El	E	(To.)	99	D 5
Casar, El	E	(Gua.)	82	A 5
Casarabonela	E	(Mál.)	179	D 4
Casarejos	E	(So.)	62	D 2
Casares	E	(Bur.)	22	A 4
Casares	E	(Mál.)	187	B 2
Casares	P	(Br.)	54	D 2
Casares de Arbás	E	(Le.)	18	C 3
Casares de las Hurdes	E	(Các.)	97	C 1
Casariche	E	(Sev.)	166	A 5
Casarito, El	E	(Sa.)	97	D 1
Casarrubios del Monte	E	(To.)	101	B 3
Casarrubuelos	E	(Mad.)	101	C 4
Casas	P	(Év.)	129	B 3
Casas Alfaro	E	(Mu.)	154	A 4
Casas Altas	E	(Val.)	105	D 5
Casas Altas	P	(Fa.)	175	A 2
Casas Altas, Las	E	(S. Cruz T.)	196	B 2
Casas Bajas	E	(Gr.)	181	D 1
Casas Bajas	E	(Val.)	105	D 5
Casas da Fonte Cova	P	(Lei.)	93	B 4
Casas da Zebreira	P	(C. B.)	95	B 4
Casas de Abajo	E	(Alb.)	138	B 4
Casas de Aguilar	E	(Las P.)	191	B 2
Casas de Arriba, Las, lugar	E	(Alb.)	138	D 4
Casas de Belvís	E	(Các.)	116	C 1
Casas de Benítez	E	(Cu.)	122	B 5
Casas de Cabezamorena, lugar	E	(Alb.)	137	C 2
Casas de Cuerva, lugar	E	(Alb.)	138	A 2
Casas de Don Antonio	E	(Các.)	115	C 5
Casas de Don Gómez	E	(Các.)	97	A 4
Casas de Don Juan	E	(Gr.)	170	A 1
Casas de Don Pedro	E	(Bad.)	133	A 1
Casas de Don Pedro, lugar	E	(Alb.)	139	C 2
Casas de Esper	E	(Zar.)	46	B 4
Casas de Estepa	E	(J.)	152	D 5
Casas de Eufemia	E	(Val.)	123	D 4
Casas de Fernando Alonso	E	(Cu.)	122	A 5
Casas de Garcimolina	E	(Cu.)	105	C 5
Casas de Guerra, lugar	E	(C. R.)	136	B 1
Casas de Guijarro	E	(Cu.)	122	B 5
Casas de Haches, Las	E	(Alb.)	138	A 5
Casas de Haro	E	(Cu.)	122	A 5
Casas de Jaime, lugar	E	(Alb.)	139	C 4
Casas de Juan Fernández	E	(Cu.)	122	D 4
Casas de Juan Gil	E	(Alb.)	139	D 1
Casas de Juan Núñez	E	(Alb.)	139	B 1
Casas de la Cumbre, Las	E	(S. Cruz T.)	196	C 1
Casas de la Loma, lugar	E	(Cu.)	122	A 5
Casas de la Peña	E	(Alb.)	121	D 5
Casas de las Beatas, lugar	E	(Alb.)	137	D 1
Casas de Lázaro	E	(Alb.)	138	A 4
Casas de los Agüeros, lugar	E	(Mu.)	139	D 5
Casas de los Herrericos, lugar	E	(Alb.)	137	D 1
Casas de los Mateos, lugar	E	(Alb.)	137	D 1
Casas de los Pinos	E	(Cu.)	121	D 5
Casas de Luján, lugar	E	(Cu.)	121	A 1
Casas de Madrona	E	(Val.)	140	A 2
Casas de Malagana, lugar	E	(Alb.)	121	B 5
Casas de Millán	E	(Các.)	115	C 1
Casas de Miravete	E	(Các.)	116	B 2
Casas de Molina, lugar	E	(Alb.)	122	C 5
Casas de Monleón	E	(Sa.)	78	B 5
Casas de Moya	E	(Mu.)	154	B 4
Casas de Moya	E	(Val.)	123	C 4
Casas de Nuevo, Las	E	(Hues.)	46	C 3
Casas de Ortega, lugar	E	(Alb.)	138	A 1
Casas de Pedro Serrano, lugar	E	(Cu.)	122	B 5
Casas de Peña	E	(Mu.)	171	B 2
Casas de Porro	E	(Cád.)	186	C 5
Casas de Pradas	E	(Val.)	123	C 4
Casas de Reina	E	(Bad.)	147	D 3
Casas de Roldán	E	(Cu.)	121	D 5
Casas de San Galindo	E	(Gua.)	83	A 3
Casas de San Juan	E	(Bad.)	130	B 1
Casas de Santa Cruz	E	(Cu.)	122	D 4
Casas de Sebastián Pérez	E	(Áv.)	99	A 1
Casas de Veiga	E	(Our.)	35	B 4
Casas de Veneguera, Las	E	(Las P.)	191	A 3
Casas de Ves	E	(Alb.)	123	C 5
Casas del Castañar	E	(Các.)	98	A 4
Casas del Cerro	E	(Alb.)	139	C 1
Casas del Conde, Las	E	(Sa.)	98	A 1
Casas del Conde, lugar	E	(Alb.)	139	A 4
Casas del Gordo, lugar	E	(Alb.)	121	C 5
Casas del Matado, lugar	E	(Alb.)	138	B 1
Casas del Monte	E	(Các.)	98	A 3
Casas del Olmo	E	(Cu.)	122	D 5
Casas del Padre Moreno, lugar	E	(Alb.)	138	B 1
Casas del Pino, lugar	E	(Alb.)	121	B 5
Casas del Preso	E	(C. R.)	120	C 5
Casas del Puerto de Villatoro	E	(Áv.)	99	B 1
Casas del Puerto, lugar	E	(Alb.)	139	A 5
Casas del Río, Las	E	(C. R.)	134	D 1
Casas del Río, lugar	E	(Alb.)	154	D 1
Casas del Río/ Cases del Riu, les	E	(Cas.)	88	A 5
Casas do Soeiro	P	(Guar.)	75	D 5
Casas dos Montes	E	(Our.)	35	D 5
Casas Novas	P	(Év.)	128	A 3
Casas Novas	P	(Év.)	145	B 1
Casas Novas	P	(Por.)	129	D 1
Casas Novas	P	(Set.)	143	C 5
Casas Novas de Marés	P	(Év.)	129	C 5
Casas Nuevas	E	(Cu.)	105	B 4
Casas Nuevas	E	(Mu.)	155	B 5
Casas Nuevas y de Gallardo	E	(Mu.)	171	B 2
Casas, Las	E	(Alm.)	170	B 2
Casas, Las	E	(C. R.)	135	B 2
Casas, Las	E	(Cád.)	178	D 3
Casas, Las	E	(S. Cruz T.)	194	C 4
Casas, Las	E	(S. Cruz T.)	194	C 1
Casas, Las	E	(So.)	63	D 2
Casas, Las	E	(Val.)	123	C 3
Casas, Las → Rincón de Olivedo	E	(La R.)	44	C 5
Casas, Os	E	(A Co.)	3	B 2
Casasana	E	(Gua.)	103	C 1
Casasbuenas	E	(To.)	119	A 2
Casaseca de Campeán	E	(Zam.)	58	C 4
Casaseca de las Chanas	E	(Zam.)	58	C 4
Casas-Ibáñez	E	(Alb.)	123	B 5
Casasimarro	E	(Cu.)	122	C 4
Casasoá	E	(Our.)	35	C 3
Casasola	E	(Alb.)	138	C 5
Casasola	E	(Áv.)	79	D 5
Casasola de Arión	E	(Vall.)	59	B 3
Casasola de la Encomienda	E	(Sa.)	77	D 3
Casasuertes	E	(Le.)	19	D 2
Casatejada	E	(Các.)	98	C 5
Casavegas	E	(Pa.)	20	C 2
Casavells	E	(Gi.)	52	B 4
Casavieja	E	(Áv.)	100	A 3
Casbas de Huesca	E	(Hues.)	47	B 4
Cascais	P	(Lis.)	126	B 3
Cascajares	E	(Seg.)	62	A 5
Cascajares de Bureba	E	(Bur.)	22	C 5
Cascajares de la Sierra	E	(Bur.)	42	B 5
Cascajosa	E	(So.)	63	B 3
Cascalheira	P	(Set.)	127	A 4
Cascante	E	(Na.)	45	A 5
Cascante del Río	E	(Te.)	105	D 3
Cascantes	E	(Le.)	18	D 4
Cascón de la Nava	E	(Pa.)	40	B 5
Casconho	P	(Co.)	93	D 4
Casebres	P	(Set.)	127	D 5
Cáseda	E	(Na.)	45	B 1
Casegas	P	(C. B.)	95	B 3
Caseirinhos	P	(Lei.)	93	D 4
Caselhos	P	(Co.)	94	C 3
Caseres	E	(Ta.)	88	A 2
Caserías	E	(J.)	167	B 4
Caserío de Peñalajos, lugar	E	(C. R.)	152	A 1
Caserío La Cañada, lugar	E	(C. R.)	136	C 1
Caserío Las Monjas, lugar	E	(C. R.)	136	A 1
Caserío Las Perdigueras, lugar	E	(C. R.)	136	C 1
Caserones, Los	E	(Las P.)	191	D 3
Caserras del Castillo	E	(Hues.)	48	C 4
Cases d'Alcanar, les	E	(Ta.)	88	C 5
Cases del Riu, les → Casas del Río	E	(Cas.)	88	A 5
Cases del Senyor, les	E	(Ali.)	156	B 2
Casetas	E	(Zar.)	66	A 2
Casetes de la Gornal, les	E	(Bar.)	70	A 5
Casével	P	(Be.)	160	B 1
Casevel	P	(Co.)	93	D 3
Casével	P	(San.)	111	C 3
Casica, La	E	(Alb.)	138	B 4
Casicas	E	(Ali.)	156	C 3
Casicas, Las	E	(Mu.)	155	D 3
Casilla, La	E	(Mu.)	171	B 2
Casillas	E	(A Co.)	14	C 1
Casillas	E	(Áv.)	100	B 2
Casillas	E	(Bur.)	21	D 3
Casillas	E	(Gua.)	83	A 1
Casillas de Berlanga	E	(So.)	63	B 4
Casillas de Coria	E	(Các.)	97	A 5
Casillas de Chicapierna	E	(Áv.)	99	A 1
Casillas de Flores	E	(Sa.)	96	D 2
Casillas de Marín de Abajo	E	(Alb.)	139	C 3
Casillas de Morales	E	(Las P.)	190	A 3
Casillas de Ranera	E	(Cu.)	123	D 1
Casillas del Ángel	E	(Las P.)	190	B 2
Casillas, Las	E	(Can.)	10	B 4
Casillas, Las	E	(J.)	167	B 2
Casillas, Las	E	(Mál.)	181	A 3
Casillas, Las, lugar	E	(Cór.)	166	A 3
Casimiros, Los	E	(Gr.)	182	D 3
Casinos	E	(Val.)	124	C 2
Casiñas, Las	E	(Các.)	113	D 4
Casla	E	(Seg.)	81	D 1
Casmilo	P	(Co.)	94	A 4
Caso	E	(Ast.)	19	B 1
Casomera	E	(Ast.)	18	D 2
Casona, La	E	(Ast.)	18	C 1
Casos Novos	P	(San.)	112	C 2
Caspe	E	(Zar.)	67	C 5
Caspueñas	E	(Gua.)	82	D 5
Cassà de la Selva	E	(Gi.)	52	A 5
Casserres	E	(Bar.)	50	C 4
Castadón	E	(Our.)	35	B 2
Castainço	P	(Vis.)	75	D 2
Castala	E	(Alm.)	183	A 3
Castalla	E	(Ali.)	140	D 5
Castanedo	E	(Ast.)	5	A 4
Castanedo	E	(Can.)	9	D 4
Castanesa	E	(Hues.)	48	C 1
Castanheira	P	(Ave.)	74	A 2
Castanheira	P	(Bra.)	57	A 4
Castanheira	P	(C. B.)	113	A 1

Name				
Castanheira	P	(Guar.)	76	B5
Castanheira	P	(Guar.)	75	D3
Castanheira	P	(Lei.)	111	A2
Castanheira	P	(V. C.)	34	A5
Castanheira Cimeira	P	(C. B.)	94	D5
Castanheira de Pera	P	(Lei.)	94	B4
Castanheira do Ribatejo	P	(Lis.)	127	A1
Castanheira do Vouga	P	(Ave.)	74	B5
Castanheiro	P	(Ave.)	74	B3
Castanheiro	P	(Co.)	93	C2
Castanheiro do Sul	P	(Vis.)	75	C1
Castanyet	E	(Gi.)	51	D5
Castañar de Ibor	E	(Các.)	116	D2
Castañar, El	E	(To.)	119	A3
Castañares	E	(Bur.)	41	D3
Castañares de Rioja	E	(La R.)	43	A1
Castañeda	E	(A Co.)	15	A2
Castañeda	E	(Sa.)	78	D3
Castañedo	E	(Ast.)	5	D3
Castañedo	E	(Ast.)	6	A4
Castañedo del Monte	E	(Ast.)	6	B5
Castañeiras-Fuente de Oliva	E	(Le.)	16	D4
Castañera	E	(Ast.)	7	C4
Castañera	E	(Ast.)	7	A4
Castañeras	E	(Ast.)	5	D3
Castaño del Robledo	E	(Huel.)	146	C5
Castaño, El	E	(Viz.)	10	C5
Castaños, Los	E	(Alm.)	184	C1
Castañuelo	E	(Huel.)	146	D5
Cástaras	E	(Gr.)	182	C3
Castarnés	E	(Hues.)	48	C1
Castedo	P	(Bra.)	56	B5
Castedo	P	(V. R.)	55	D5
Casteição	P	(Guar.)	76	A3
Castejón	E	(Cu.)	103	C2
Castejón	E	(Na.)	44	D4
Castejón de Alarba	E	(Zar.)	85	A1
Castejón de Henares	E	(Gua.)	83	B3
Castejón de las Armas	E	(Zar.)	64	D5
Castejón de Monegros	E	(Hues.)	67	B3
Castejón de Sos	E	(Hues.)	48	B1
Castejón de Tornos	E	(Te.)	85	B2
Castejón de Valdejasa	E	(Zar.)	46	A5
Castejón del Campo	E	(So.)	64	B2
Castejón del Puente	E	(Hues.)	47	D5
Castel de Cabra	E	(Te.)	86	C4
Casteláns	E	(Po.)	34	B2
Castelão	P	(Fa.)	160	D4
Castelãos	P	(Bra.)	56	C3
Castelãos	P	(V. R.)	55	C1
Casteleiro	P	(Guar.)	96	A2
Castelejo	P	(C. B.)	95	C3
Castelflorite	E	(Hues.)	67	C1
Castelhanas	P	(Lei.)	93	C4
Castelhanos	P	(Fa.)	161	A3
Castelnou	E	(Te.)	87	A1
Castelo	E	(A Co.)	2	C5
Castelo	E	(A Co.)	14	B2
Castelo	E	(Lu.)	15	D3
Castelo	E	(Lu.)	4	A2
Castelo	P	(Br.)	54	D4
Castelo	P	(Bra.)	56	C4
Castelo	P	(C. B.)	94	C5
Castelo	P	(Lei.)	93	D5
Castelo	P	(San.)	112	B1
Castelo	P	(San.)	93	D5
Castelo	P	(San.)	112	D2
Castelo	P	(Vis.)	74	B5
Castelo	P	(Vis.)	75	C2
Castelo Bom	P	(Guar.)	76	C5
Castelo Branco	P	(Aç.)	109	A3
Castelo Branco	P	(Bra.)	56	D5
Castelo Branco	P	(C. B.)	113	C1
Castelo de Paiva	P	(Ave.)	74	C1
Castelo de Penalva	P	(Vis.)	75	B4
Castelo de Vide	P	(Por.)	113	C4
Castelo do Neiva	P	(V. C.)	53	C2
Castelo Melhor	P	(Guar.)	76	B2
Castelo Mendo	P	(Guar.)	76	C5
Castelo Novo	P	(C. B.)	95	C4
Castelo Picão	P	(Lis.)	126	C1
Castelo Rodrigo	P	(Guar.)	76	C3
Castelo Viegas	P	(Co.)	94	A3
Casteloais	E	(Our.)	36	A2
Castelões	P	(Ave.)	74	B3
Castelões	P	(Port.)	54	C5
Castelões	P	(Vis.)	74	C5
Castelserás	E	(Te.)	87	B2
Castelvispal	E	(Te.)	106	D3
Castell d'Aro	E	(Gi.)	52	B5
Castell de Cabres	E	(Cas.)	87	D5
Castell de Castells	E	(Ali.)	141	C4
Castell de Ferro	E	(Gr.)	182	B4
Castell de l'Areny	E	(Bar.)	50	C3
Castell de Montbui, el	E	(Bar.)	71	A2
Castell de Montornès	E	(Ta.)	69	D5
Castell, el	E	(Ta.)	88	B5
Castell, Es	E	(Bal.)	90	D2
Castelladral	E	(Bar.)	50	B5
Castellanos	E	(Le.)	39	C2
Castellanos	E	(Zam.)	37	B4
Castellanos de Castro	E	(Bur.)	41	B3
Castellanos de Moriscos	E	(Sa.)	78	D2
Castellanos de Villiquera	E	(Sa.)	78	C2
Castellanos de Zapardiel	E	(Áv.)	79	D2
Castellar	E	(J.)	152	C3
Castellar de la Frontera	E	(Cád.)	187	A3
Castellar de la Muela	E	(Gua.)	84	D4
Castellar de la Ribera	E	(Ll.)	49	D4
Castellar de n'Hug	E	(Bar.)	50	D2
Castellar de Santiago	E	(C. R.)	152	B1
Castellar de Tost	E	(Ll.)	49	D3
Castellar del Riu	E	(Bar.)	50	B3
Castellar del Vallès	E	(Bar.)	71	A2
Castellar, El	E	(Cór.)	167	A4
Castellar, El	E	(Te.)	106	B2
Castellar-l'Oliveral	E	(Val.)	125	B4
Castellàs	E	(Ll.)	49	C2
Castellbell i el Vilar	E	(Bar.)	70	C2
Castellbisbal	E	(Bar.)	70	D3
Castellbó	E	(Ll.)	49	D2
Castellcir	E	(Bar.)	71	A1
Castelldans	E	(Ll.)	68	D3
Castelldefels	E	(Bar.)	70	D5
Castellfollit de la Roca	E	(Gi.)	51	C2
Castellfollit de Riubregós	E	(Bar.)	69	D1
Castellfollit del Boix	E	(Bar.)	70	B2
Castellfort	E	(Cas.)	107	B1
Castellgalí	E	(Bar.)	70	C2
Castellnou de Bages	E	(Bar.)	70	C1
Castellnou de Seana	E	(Ll.)	69	A2
Castellnovo	E	(Cas.)	125	A1
Castelló de Farfanya	E	(Ll.)	68	D1
Castelló de la Plana → Castellón de la Plana	E	(Cas.)	107	C5
Castelló de Rugat	E	(Val.)	141	B3
Castelló d'Empúries	E	(Gi.)	52	B2
Castellolí	E	(Bar.)	70	B2
Castellón de la Plana/Castelló de la Plana	E	(Cas.)	107	C5
Castellonet de la Conquesta	E	(Val.)	141	B3
Castellote	E	(Te.)	87	A4
Castells, els	E	(Ll.)	49	B2
Castellserà	E	(Ll.)	69	A1
Castellterçol	E	(Bar.)	71	A1
Castellvell del Camp	E	(Ta.)	89	B1
Castellví de Rosanes	E	(Bar.)	70	C3
Castenda	E	(A Co.)	14	B1
Castielfabib	E	(Val.)	105	C4
Castiello	E	(Ast.)	18	C1
Castiello	E	(Ast.)	7	A3
Castiello de Jaca	E	(Hues.)	26	D5
Castigaleu	E	(Hues.)	48	C3
Castil de Campo	E	(Cór.)	167	A3
Castil de Lences	E	(Bur.)	22	A5
Castil de Peones	E	(Bur.)	42	B2
Castil de Tierra	E	(So.)	64	A3
Castil de Vela	E	(Pa.)	39	D5
Castilblanco	E	(Áv.)	79	D4
Castilblanco	E	(Bad.)	117	C5
Castilblanco de Henares	E	(Gua.)	83	A3
Castilblanco de los Arroyos	E	(Sev.)	164	A2
Castildelgado	E	(Bur.)	42	D2
Castilfalé	E	(Le.)	39	A3
Castilforte	E	(Gua.)	103	D1
Castilfrío de la Sierra	E	(So.)	64	A1
Castilhão	P	(Vis.)	75	A2
Castiliscar	E	(Zar.)	45	C2
Castilmimbre	E	(Gua.)	83	B5
Castilnuevo	E	(Gua.)	84	D4
Castilruiz	E	(So.)	64	B1
Castillazuelo	E	(Hues.)	47	D4
Castilleja de Guzmán	E	(Sev.)	163	D4
Castilleja de la Cuesta	E	(Sev.)	163	D4
Castilleja del Campo	E	(Sev.)	163	B4
Castillejar	E	(Gr.)	169	C2
Castillejo	E	(Sa.)	78	C5
Castillejo de Azaba	E	(Sa.)	96	D1
Castillejo de Dos Casas	E	(Sa.)	76	D4
Castillejo de Iniesta	E	(Cu.)	122	D3
Castillejo de Martín Viejo	E	(Sa.)	77	A4
Castillejo de Mesleón	E	(Seg.)	61	D5
Castillejo de Robledo	E	(So.)	62	A3
Castillejo de Yeltes	E	(Sa.)	77	C4
Castillejo del Romeral	E	(Cu.)	103	D4
Castillejo-Sierra	E	(Cu.)	104	B2
Castillo	E	(Các.)	97	B2
Castillo	E	(Can.)	10	A4
Castillo Anzur, lugar	E	(Cór.)	166	A4
Castillo de Alba	E	(Zam.)	58	A2
Castillo de Baños	E	(Gr.)	182	C4
Castillo de Bayuela	E	(To.)	100	A4
Castillo de Castellar	E	(Cád.)	187	A3
Castillo de Garcimuñoz	E	(Cu.)	121	D2
Castillo de la Albaida	E	(Cór.)	149	D5
Castillo de las Guardas, El	E	(Sev.)	163	B2
Castillo de Locubín	E	(J.)	167	B3
Castillo de Tajarja	E	(Gr.)	181	C1
Castillo de Villamalefa	E	(Cas.)	107	A4
Castillo del Pla	E	(Hues.)	48	B5
Castillo del Romeral	E	(Las P.)	191	C4
Castillo Pedroso	E	(Can.)	21	B1
Castillo, El	E	(Las P.)	190	B3
Castillo, El	E	(Le.)	18	A4
Castillo, El	E	(Mad.)	102	A2
Castillo-Albaráñez	E	(Cu.)	103	D3
Castillonroy	E	(Hues.)	68	B1
Castillo-Nuevo/Gazteluberri	E	(Na.)	25	D5
Castillos, Los	E	(Gr.)	182	C4
Castinçal	P	(Co.)	94	C2
Castiñeira	E	(Our.)	36	B3
Castiñeiras	E	(A Co.)	13	C5
Castralvo	E	(Te.)	106	A2
Castraz	E	(Sa.)	77	C4
Castrecias	E	(Bur.)	21	A5
Castrejón	E	(Sa.)	78	B3
Castrejón de la Peña	E	(Pa.)	20	B4
Castrejón de Trabancos	E	(Vall.)	59	B5
Castrelo	E	(A Co.)	13	C1
Castrelo	E	(Po.)	14	C5
Castrelo de Abaixo	E	(Our.)	36	B5
Castrelo de Cima	E	(Our.)	36	B5
Castrelo de Miño	E	(Our.)	34	D2
Castrelo do Val	E	(Our.)	35	D5
Castrelos	E	(A Co.)	14	C1
Castrelos	E	(Po.)	33	D2
Castrelos	E	(Zam.)	36	D5
Castrelos	P	(Bra.)	56	D1
Castresana	E	(Bur.)	22	B2
Castriciones	E	(Bur.)	22	B3
Castril	E	(Gr.)	169	B1
Castrillejo de la Olma	E	(Pa.)	40	B3
Castrillo de Bezana	E	(Bur.)	21	C3
Castrillo de Cabrera	E	(Le.)	37	B2
Castrillo de Cepeda	E	(Le.)	18	A5
Castrillo de Don Juan	E	(Pa.)	61	A2
Castrillo de Duero	E	(Vall.)	61	B3
Castrillo de la Guareña	E	(Zam.)	79	A1
Castrillo de la Reina	E	(Bur.)	42	C5
Castrillo de la Ribera	E	(Le.)	38	D1
Castrillo de la Valduerna	E	(Le.)	38	A2
Castrillo de la Vega	E	(Bur.)	61	C3
Castrillo de las Piedras	E	(Le.)	38	A2
Castrillo de los Polvazares	E	(Le.)	38	A1
Castrillo de Murcia	E	(Bur.)	41	B2
Castrillo de Onielo	E	(Pa.)	60	D1
Castrillo de Porma	E	(Le.)	19	A5
Castrillo de Riopisuerga	E	(Bur.)	40	D1
Castrillo de Rucios	E	(Bur.)	41	D1
Castrillo de San Pelayo	E	(Le.)	38	B2
Castrillo de Sepúlveda	E	(Seg.)	61	C5
Castrillo de Solarana	E	(Bur.)	41	D5
Castrillo de Valderaduey	E	(Le.)	39	D1
Castrillo de Villavega	E	(Pa.)	40	C2
Castrillo del Val	E	(Bur.)	42	A3
Castrillo-Matajudíos	E	(Bur.)	41	A3
Castrillo-Tejeriego	E	(Vall.)	60	D2
Castriz	E	(A Co.)	13	D1
Castro	E	(A Co.)	2	D2
Castro	E	(A Co.)	2	D4
Castro	E	(A Co.)	1	D5
Castro	E	(Lu.)	15	D2
Castro	E	(Lu.)	15	D1
Castro	E	(Po.)	14	B5
Castro	E	(Po.)	34	A2
Castro	E	(Po.)	14	C3
Castro	E	(So.)	62	D5
Castro	P	(V. R.)	56	A3
Castro (Carballedo)	E	(Lu.)	15	B5
Castro (Dozón)	E	(Po.)	15	A5
Castro Caldelas	E	(Our.)	36	A2
Castro Daire	P	(Vis.)	75	A2
Castro de Alcañices	E	(Zam.)	57	D3
Castro de Avelãs	P	(Bra.)	56	D1
Castro de Escuadro	E	(Our.)	35	D3
Castro de Filabres	E	(Alm.)	183	D1
Castro de Fuentidueña	E	(Seg.)	61	C4
Castro de la Lomba	E	(Le.)	18	B4
Castro de Laza, O	E	(Our.)	35	D4
Castro de Rei	E	(Lu.)	15	D4
Castro de Rei	E	(Lu.)	4	A5
Castro del Río	E	(Cór.)	166	C2
Castro Enríquez	E	(Sa.)	78	A3
Castro Laboreiro	P	(V. C.)	34	D4
Castro Marim	P	(Fa.)	175	C2
Castro Roupal	P	(Bra.)	56	D3
Castro Verde	P	(Be.)	160	C1
Castro Vicente	P	(Bra.)	56	D4
Castroañe	E	(Le.)	39	C1
Castrobarto	E	(Bur.)	22	B2
Castrobol	E	(Vall.)	39	B4
Castrocalbón	E	(Le.)	38	A3
Castroceniza	E	(Bur.)	42	A5
Castrocontrigo	E	(Le.)	37	D3
Castrodeza	E	(Vall.)	59	D3
Castrofeito	E	(A Co.)	14	C2
Castrofuerte	E	(Le.)	38	D3
Castrogonzalo	E	(Zam.)	38	D5
Castrojeriz	E	(Bur.)	41	A3
Castrojimeno	E	(Seg.)	61	C5
Castromaior	E	(Lu.)	15	C3
Castromaior	E	(Lu.)	3	D4
Castromao	E	(Our.)	36	C3
Castromembibre	E	(Vall.)	59	B2
Castromil	E	(Zam.)	36	C5
Castromocho	E	(Pa.)	40	A5
Castromonte	E	(Vall.)	59	C2
Castromudarra	E	(Le.)	19	C5
Castroncelos	E	(Lu.)	16	A5
Castronuevo	E	(Zam.)	58	D2
Castronuevo de Esgueva	E	(Vall.)	60	B2
Castronuño	E	(Vall.)	59	B4
Castropepe	E	(Zam.)	38	D5
Castropetre	E	(Le.)	36	D1
Castropodame	E	(Le.)	17	C5
Castropol	E	(Ast.)	4	C3
Castroponce	E	(Vall.)	39	C4
Castroquilame	E	(Le.)	37	A1
Castroserna de Abajo	E	(Seg.)	81	D1
Castroserna de Arriba	E	(Seg.)	81	D1
Castroserracín	E	(Seg.)	61	C5
Castrotierra de la Valduerna	E	(Le.)	38	A2
Castrotierra de Valmadrigal	E	(Le.)	39	B2
Castro-Urdiales	E	(Can.)	10	C4
Castrovega de Valmadrigal	E	(Le.)	39	B3
Castroverde	E	(Lu.)	16	A2
Castroverde de Campos	E	(Zam.)	39	B5
Castroverde de Cerrato	E	(Vall.)	60	D2
Castrovido	E	(Bur.)	42	C5
Castroviejo	E	(La R.)	43	B3
Castuera	E	(Bad.)	132	C4
Catadau	E	(Val.)	124	D5
Catalán, lugar	E	(Mál.)	181	A3
Catalmerejos, Los	E	(Alb.)	138	A5
Catarroeira	P	(San.)	127	D1
Catarroja	E	(Val.)	125	A4
Catarruchos	P	(Co.)	93	D2
Catí	E	(Cas.)	107	D1
Catifarra	P	(Set.)	143	B5
Cativelos	P	(Guar.)	75	B5
Catllar, el	E	(Ta.)	89	D1
Catoira	E	(Po.)	14	A4
Catral	E	(Ali.)	156	C3
Catribana	P	(Lis.)	126	B2
Caudé	E	(Te.)	105	D2
Caudete	E	(Alb.)	140	B4
Caudete de las Fuentes	E	(Val.)	123	D3
Caudiel	E	(Cas.)	106	D5
Caulès	E	(Gi.)	72	A1
Caunedo	E	(Ast.)	17	D2
Cava	E	(Ll.)	50	A2
Cavaca	P	(Guar.)	75	C4
Cavada, La	E	(Can.)	9	D5
Cavadinha	P	(San.)	111	D1
Cavadoude	P	(Guar.)	76	A5
Cavaleiro	P	(Be.)	159	B2
Cavaleiros	P	(Ave.)	94	A2
Cavaleiros	P	(Co.)	93	D3
Cavalinhos	P	(Lei.)	111	B1
Cavalos	P	(Fa.)	160	C4
Caveira	P	(Set.)	143	B2
Cavernães	P	(Vis.)	75	A4
Cavês	P	(Br.)	55	A3
Caviedes	E	(Can.)	8	D5
Caxarias	P	(San.)	111	D1
Caxias	P	(Lis.)	126	C3
Cayés	E	(Ast.)	6	C4
Cayuela	E	(Bur.)	41	C3
Cazadores	E	(Las P.)	191	C3
Cazalegas	E	(To.)	100	A5
Cazalilla	E	(J.)	151	B5
Cazalla de la Sierra	E	(Sev.)	148	B5
Cazanuecos	E	(Le.)	38	C3
Cazás	E	(Lu.)	3	C4
Cazo	E	(Ast.)	7	C5
Cazón	E	(Lu.)	15	C5
Cazorla	E	(J.)	152	D5
Cazurra	E	(Zam.)	58	C4
Cea	E	(Le.)	39	D2
Cea	E	(Po.)	13	D5
Ceadea	E	(Zam.)	57	D2
Ceal	E	(J.)	168	D2
Cebanico	E	(Le.)	19	D5
Cebas	E	(Gr.)	169	B1
Cebolais de Baixo	P	(C. B.)	113	B1
Cebolais de Cima	P	(C. B.)	113	B1
Cebolla	E	(To.)	100	B5
Cebral	E	(Our.)	14	D5
Cebrecos	E	(Bur.)	41	D5
Cebreiro	E	(A Co.)	14	C3
Cebreiro, O	E	(Lu.)	16	C4
Cebreiros	E	(Our.)	35	B2
Cebreros	E	(Áv.)	100	C1
Cebrones del Río	E	(Le.)	38	B3
Ceceda	E	(Ast.)	7	A4
Ceclavín	E	(Các.)	114	D1
Cecos	E	(Ast.)	16	D2
Cedães	P	(Bra.)	56	B3
Cedainhos	P	(Bra.)	56	B4
Cedeira	E	(A Co.)	3	A1
Cedeira	E	(Po.)	34	A2
Cedemonio	E	(Ast.)	5	A4
Cedillo	E	(Các.)	113	C2
Cedillo de la Torre	E	(Seg.)	61	D4
Cedillo del Condado	E	(To.)	101	B4
Cedofeita	E	(Lu.)	4	C3
Cedovim	P	(Guar.)	76	A2
Cedrillas	E	(Te.)	106	B2
Cedrim	P	(Ave.)	74	B4
Cedrón	E	(Lu.)	16	B3
Cedros	P	(Aç.)	109	A3
Cee	E	(A Co.)	13	B2
Ceferina	E	(Cád.)	185	D1
Cefiñas, Las	E	(Huel.)	146	B4
Cefontes	E	(Ast.)	6	D3
Cegarra, Los	E	(Mu.)	170	D3
Ceguilla (Aldealengua de Pedraza)	E	(Seg.)	81	C2
Cehegín	E	(Mu.)	154	D4
Ceilán	E	(A Co.)	14	A2
Ceinos de Campos	E	(Vall.)	39	C5
Ceira	P	(Co.)	94	A3
Ceiroco	P	(Co.)	95	A3
Ceiroquinho	P	(Co.)	94	D3
Ceivães	P	(V. C.)	34	B4
Cela	E	(A Co.)	2	C4
Cela	E	(Alm.)	169	D4
Cela	E	(Lu.)	15	D1
Cela	E	(Lu.)	15	D3
Cela	E	(Our.)	34	D5
Cela	E	(Po.)	33	D2
Cela	E	(Po.)	34	A3
Cela	E	(Le.)	16	D5
Cela	P	(Lei.)	111	A2
Cela	P	(V. C.)	34	C4
Cela	P	(V. R.)	55	D2
Cela	P	(Vis.)	75	A3
Cela de Cima	P	(Lei.)	111	B1
Cela de Núñez/Sela de Nunyes	E	(Ali.)	141	A4
Cela Velha	P	(Lei.)	111	A2
Celada	E	(Le.)	38	A2
Celada de la Torre	E	(Bur.)	41	D2
Celada de Roblecedo	E	(Pa.)	20	C3
Celada del Camino	E	(Bur.)	41	B3
Celada, La	E	(Cór.)	166	D5
Celada-Marlantes	E	(Can.)	21	A3
Celadas	E	(Te.)	105	D1
Celadas, Las	E	(Bur.)	41	C1
Celadilla del Páramo	E	(Le.)	38	C1
Celadilla del Río	E	(Pa.)	20	A5
Celadilla-Sotobrín	E	(Bur.)	41	D2
Cela-Estación	E	(Alm.)	169	D4
Celanova	E	(Our.)	35	A3
Celas	E	(A Co.)	2	C4
Celas	P	(Bra.)	56	C2

Celavente

Name			Page	Grid
Celavente	E	(Our.)	36	C 2
Celavisa	P	(Co.)	94	D 3
Celeiro	E	(Lu.)	4	B 3
Celeiro	E	(Lu.)	3	D 2
Celeiros	E	(Our.)	36	A 3
Celeirós	E	(Our.)	35	D 2
Celeiros	E	(Po.)	34	B 3
Celeirós	P	(Br.)	54	B 3
Celeirós	P	(V. R.)	55	C 5
Celeirós	P	(V. R.)	55	D 2
Celigueta/Zeligeta	E	(Na.)	25	B 5
Celín	E	(Alm.)	183	B 3
Celis	E	(Can.)	8	C 5
Celorico da Beira	P	(Guar.)	75	D 5
Celorico de Basto	P	(Br.)	54	D 4
Celorio	E	(Ast.)	8	A 4
Celrà	E	(Gi.)	52	A 4
Céltigos	E	(Lu.)	16	A 3
Celucos	E	(Can.)	8	C 5
Cella	E	(Te.)	105	C 1
Cellera de Ter, la	E	(Gi.)	51	D 4
Celles	E	(Ast.)	6	D 4
Cellorigo	E	(La R.)	22	D 5
Cem Soldos	P	(San.)	112	A 2
Cembranos	E	(Le.)	38	D 1
Cembrero	E	(Pa.)	40	C 1
Cementerio	E	(Mu.)	171	A 2
Cenascuras	E	(Gr.)	169	A 4
Cenascuras	E	(Gr.)	169	A 4
Cendea de Olza → Oltza Zendea	E	(Na.)	24	D 4
Cendejas de la Torre	E	(Gua.)	83	A 3
Cenegro	E	(So.)	62	B 4
Cenera	E	(Ast.)	18	C 1
Cenes de la Vega	E	(Gr.)	182	A 1
Cenicero	E	(La R.)	43	B 1
Cenicientos	E	(Mad.)	100	C 3
Cenizate	E	(Alb.)	123	A 5
Centeáns	E	(Po.)	34	A 3
Centelles	E	(Bar.)	71	A 1
Centenera	E	(Gua.)	82	D 5
Centenera	E	(Hues.)	48	B 3
Centenera de Andaluz	E	(So.)	63	B 4
Centenera del Campo	E	(So.)	63	C 4
Centenero	E	(Hues.)	46	C 2
Centenillo, El	E	(J.)	151	C 2
Central Térmica Puente Nuevo	E	(Cór.)	149	C 4
Centroña	E	(A Co.)	2	D 3
Ceo	E	(Po.)	34	B 2
Cepães	P	(Br.)	54	C 3
Cepeda	E	(Sa.)	98	A 1
Cepeda la Mora	E	(Áv.)	99	C 1
Cepedelo	E	(Our.)	36	C 4
Cepelos	P	(Ave.)	74	B 3
Cepero, El, lugar	E	(Alb.)	139	C 4
Cepillo, El, lugar	E	(Alb.)	137	C 4
Cepões	P	(Vis.)	75	B 1
Cepões	P	(Vis.)	75	A 4
Cepos	P	(Co.)	94	D 3
Cequelinos	E	(Po.)	34	C 3
Cerbón	E	(So.)	64	A 1
Cerca de Arriba	E	(Ast.)	6	D 3
Cerca Velha	P	(Fa.)	174	B 2
Cercadillo	E	(Gua.)	83	B 1
Cercadillos	E	(Las P.)	191	A 3
Cercado, El	E	(Alm.)	170	C 2
Cercado, El	E	(S. Cruz T.)	194	B 2
Cercados de Espinos	E	(Las P.)	191	B 4
Cercados, Los	E	(Las P.)	191	B 3
Cercal	P	(Co.)	93	C 3
Cercal	P	(Lei.)	94	B 4
Cercal	P	(Lis.)	111	A 4
Cercal	P	(San.)	111	C 1
Cercal	P	(Set.)	143	B 5
Cerceda	E	(A Co.)	2	B 5
Cerceda	E	(A Co.)	14	C 2
Cerceda	E	(Mad.)	81	B 5
Cercedilla	E	(Mad.)	81	A 4
Cercio	E	(Po.)	14	D 4
Cercio	P	(Bra.)	57	C 4
Cercosa	P	(Vis.)	94	B 1
Cercosa	P	(Vis.)	74	C 4
Cercs	E	(Bar.)	50	C 3
Cerdá	E	(Val.)	140	D 2
Cerdal	P	(V. C.)	34	A 4
Cerdanyola del Vallès	E	(Bar.)	71	A 3
Cerdedelo	E	(Our.)	36	A 4
Cerdedo	E	(Po.)	14	B 5
Cerdedo	P	(V. R.)	55	A 2
Cerdeira	E	(Our.)	35	B 3
Cerdeira	P	(Co.)	94	D 2
Cerdeira	P	(Guar.)	96	B 1
Cerdeira	P	(V. R.)	55	C 3
Cerdeira	P	(Vis.)	94	B 1
Cerdeira	P	(Vis.)	75	B 3
Cerdido	E	(A Co.)	3	B 2
Cerdigo	E	(Can.)	10	C 4
Cereceda	E	(Ast.)	7	B 4
Cereceda	E	(Áv.)	98	D 2
Cereceda	E	(Bur.)	22	A 4
Cereceda	E	(Can.)	10	B 5
Cereceda	E	(Gua.)	83	C 5
Cereceda de la Sierra	E	(Sa.)	77	D 5
Cerecinos de Campos	E	(Zam.)	59	A 1
Cerecinos del Carrizal	E	(Zam.)	58	C 2
Cereixedo	E	(Lu.)	16	D 4
Cereixido	E	(Lu.)	16	C 2
Cereixo	E	(A Co.)	1	B 5
Cereixo	E	(Po.)	14	B 4
Cerejais	P	(Bra.)	56	C 5
Cerejeira	P	(C. B.)	113	A 1
Cerejeira	P	(San.)	112	A 2
Cerejeiras	P	(Co.)	94	B 4
Cerejo	P	(Guar.)	76	A 4
Cereo	E	(A Co.)	1	D 5
Ceresa	E	(Hues.)	47	D 1
Ceresola	E	(Hues.)	47	B 2
Cerezal	E	(Các.)	97	C 2
Cerezal de Aliste	E	(Zam.)	58	A 3
Cerezal de la Guzpeña	E	(Le.)	19	D 4
Cerezal de Peñahorcada	E	(Sa.)	77	A 1
Cerezal de Puertas	E	(Sa.)	77	C 2
Cerezal de Sanabria	E	(Zam.)	37	C 4
Cerezales del Condado	E	(Le.)	19	B 5
Cerezo	E	(Các.)	97	C 3
Cerezo de Abajo	E	(Seg.)	81	D 1
Cerezo de Arriba	E	(Seg.)	82	A 1
Cerezo de Mohernando	E	(Gua.)	82	C 3
Cerezo de Río Tirón	E	(Bur.)	42	C 1
Cerezo, El	E	(J.)	153	C 4
Cerezos, Los	E	(Te.)	106	B 4
Cerler	E	(Hues.)	28	B 5
Cermoño	E	(Ast.)	5	D 4
Cernache	P	(Co.)	94	A 3
Cernache do Bom Jardim	P	(C. B.)	94	B 5
Cernadilla	E	(Zam.)	37	C 5
Cernado	E	(Our.)	36	B 3
Cernecina	E	(Zam.)	58	A 4
Cernégula	E	(Bur.)	21	D 5
Cerollera, La	E	(Te.)	87	C 3
Cerponzóns	E	(Po.)	34	A 1
Cerqueda	E	(A Co.)	1	D 4
Cerquedo	P	(Co.)	94	B 1
Cerradura, La	E	(J.)	167	D 2
Cerrajón, El	E	(J.)	167	B 3
Cerralba	E	(Mál.)	180	A 4
Cerralbo	E	(Sa.)	77	A 2
Cerralbos, Los	E	(To.)	100	B 5
Cerratón de Juarros	E	(Bur.)	42	B 2
Cerrazo	E	(Can.)	9	A 4
Cerreda	E	(Our.)	35	C 1
Cerredelo	E	(Our.)	35	B 4
Cerredo	E	(Ast.)	5	B 4
Cerredo	E	(Ast.)	17	C 3
Cerricos, Los	E	(Alm.)	170	B 3
Cerrillares, Los, lugar	E	(Mu.)	139	C 5
Cerrillo de Maracena	E	(Gr.)	181	D 1
Cerrillos, Los, lugar	E	(C. R.)	136	D 2
Cerro	P	(Fa.)	160	B 4
Cerro Alarcón	E	(Mad.)	101	A 1
Cerro da Vinha	P	(Fa.)	161	B 3
Cerro de Águia	P	(Fa.)	174	A 3
Cerro de Andévalo, El	E	(Huel.)	162	B 1
Cerro de Santiago, lugar	E	(Huel.)	163	B 4
Cerro do Ouro	P	(Fa.)	174	A 2
Cerro Lobo	E	(Alb.)	138	D 4
Cerro Muriano	E	(Cór.)	149	D 5
Cerro Negro	E	(Gr.)	182	B 3
Cerro Perea	E	(Sev.)	165	C 3
Cerro, El	E	(Mál.)	181	A 3
Cerro, El	E	(Sa.)	98	A 2
Cerroblanco	E	(Alb.)	137	D 4
Cerrogordo, El	E	(Alm.)	170	B 4
Cerva	P	(V. R.)	55	A 3
Cervães	P	(Br.)	54	A 2
Cervantes	E	(Lu.)	16	C 3
Cervatos	E	(Can.)	21	A 3
Cervatos de la Cueza	E	(Pa.)	40	A 3
Cervela	E	(Lu.)	15	D 4
Cervelló	E	(Bar.)	70	D 4
Cervera	E	(Ll.)	69	C 2
Cervera de Buitrago	E	(Mad.)	82	A 3
Cervera de la Cañada	E	(Zar.)	64	D 4
Cervera de los Montes	E	(To.)	99	D 4
Cervera de Pisuerga	E	(Pa.)	20	C 4
Cervera del Llano	E	(Cu.)	121	D 1
Cervera del Maestrat → Cervera del Maestre	E	(Cas.)	108	A 1
Cervera del Maestre/ Cervera del Maestrat	E	(Cas.)	108	A 1
Cervera del Rincón	E	(Te.)	86	A 4
Cervera del Río Alhama	E	(La R.)	44	C 5
Cerveruela	E	(Zar.)	85	D 1
Cervià de les Garrigues	E	(Ll.)	69	A 4
Cervià de Ter	E	(Gi.)	52	A 3
Cervillego de la Cruz	E	(Vall.)	79	D 1
Cervo	E	(A Co.)	3	A 1
Cervo	E	(Lu.)	4	A 2
Cesar	P	(Ave.)	74	A 2
Céspedes	E	(Bur.)	22	A 3
Céspedes	E	(Cór.)	165	B 1
Cespedosa de Agadones	E	(Sa.)	97	B 1
Cespedosa de Tormes	E	(Sa.)	98	D 1
Cespón	E	(A Co.)	13	D 4
Cestona → Zestoa	E	(Gui.)	24	A 1
Cesuras	E	(A Co.)	2	D 5
Cesuris	E	(Our.)	36	B 2
Cete	P	(Port.)	54	B 5
Cetina	E	(Zar.)	64	C 5
Ceuta	E	(Ce.)	188	B 5
Ceutí	E	(Mu.)	155	D 4
Cevico de la Torre	E	(Pa.)	60	C 1
Cevico Navero	E	(Pa.)	61	A 1
Cexo	E	(Our.)	35	A 3
Cezura	E	(Pa.)	21	A 4
Ciadoncha	E	(Bur.)	41	B 4
Ciaño	E	(Ast.)	6	D 5
Cibanal	E	(Zam.)	57	C 5
Cibea	E	(Ast.)	17	C 2
Cibões	P	(Br.)	54	C 1
Ciborro	P	(Év.)	128	B 3
Cibuyo	E	(Ast.)	17	B 1
Cícere	E	(A Co.)	13	D 1
Cicouro	P	(Bra.)	57	C 2
Cid Toledo	E	(Cór.)	166	B 3
Cida	E	(Ast.)	6	B 4
Cida, A	E	(Our.)	14	D 5
Cidad de Valdeporres, lugar	E	(Bur.)	21	C 3
Cidade	P	(Lei.)	110	D 3
Cidadelha de Jales	P	(V. R.)	55	C 3
Cidadelhe	P	(Guar.)	76	B 3
Cidadelhe	P	(V. C.)	34	C 5
Cidadelhe	P	(V. R.)	55	A 5
Cidamón	E	(La R.)	43	A 1
Cidones	E	(So.)	63	C 1
Cidral	P	(San.)	111	A 4
Ciempozuelos	E	(Mad.)	101	D 4
Cierva, La	E	(Cád.)	178	C 3
Cierva, La	E	(Cu.)	104	D 4
Cieza	E	(Mu.)	155	C 3
Cifuentes	E	(Gua.)	83	C 4
Cifuentes de Rueda	E	(Le.)	19	B 5
Cigales	E	(Vall.)	60	A 2
Cigudosa	E	(So.)	64	B 1
Cigüenza	E	(Bur.)	22	A 3
Ciguera	E	(Le.)	19	C 3
Ciguñuela	E	(Vall.)	59	D 3
Cihuela	E	(So.)	64	C 4
Cihuri	E	(La R.)	43	A 1
Cijuela	E	(Gr.)	181	C 1
Ciladas	P	(Év.)	129	D 3
Cilanco	E	(Alb.)	123	C 5
Cillamayor	E	(Pa.)	20	D 4
Cillán	E	(Áv.)	79	D 5
Cillanueva	E	(Le.)	38	D 1
Cillaperlata	E	(Bur.)	22	B 4
Cillas	E	(Gua.)	84	D 3
Cilleros	E	(Các.)	96	D 4
Cilleros de la Bastida	E	(Sa.)	78	A 5
Cilleruelo	E	(Alb.)	138	A 4
Cilleruelo de Abajo	E	(Bur.)	61	C 1
Cilleruelo de Arriba	E	(Bur.)	61	D 1
Cilleruelo de Bezana	E	(Bur.)	21	C 3
Cilleruelo de Bricia	E	(Bur.)	21	C 3
Cilleruelo de San Mamés	E	(Seg.)	62	A 4
Cilloruelo	E	(Sa.)	78	D 3
Cima de Vila	E	(Lu.)	15	C 1
Cima de Vila	E	(Our.)	35	B 2
Cima de Vila	E	(Our.)	35	D 4
Cimada, La	E	(Mál.)	179	B 3
Cimadas Cimeiras	P	(C. B.)	112	D 1
Cimadas Fundeiras	P	(C. B.)	112	D 1
Cimadevilla	E	(Ast.)	7	A 3
Cimanes de la Vega	E	(Le.)	38	D 4
Cimanes del Tejar	E	(Le.)	18	C 5
Cimballa	E	(Zar.)	84	D 2
Cimbres	P	(Vis.)	75	B 1
Cimo de Vila	P	(Port.)	55	A 5
Cimo de Vila de Castanheira	P	(V. R.)	56	A 1
Cimo dos Ribeiros	P	(San.)	112	C 2
Cinco Casas	E	(C. R.)	136	C 1
Cinco Olivas	E	(Zar.)	67	A 5
Cinco Vilas	P	(Guar.)	76	C 4
Cinconogueiras	E	(Our.)	35	B 1
Cincovillas	E	(Gua.)	83	A 1
Cinctorres	E	(Cas.)	87	B 5
Cinés	E	(A Co.)	2	D 5
Cinfães	P	(Vis.)	74	D 1
Cinge	E	(Lu.)	4	C 3
Cinta, La	E	(Alm.)	170	C 5
Cintrão	P	(Lei.)	110	D 4
Cintruénigo	E	(Na.)	44	D 4
Ciñera	E	(Le.)	18	D 3
Cional	E	(Zam.)	37	C 5
Cipérez	E	(Sa.)	77	C 2
Ciquiril	E	(Po.)	14	B 5
Cira	E	(Po.)	14	C 3
Cirat	E	(Cas.)	107	A 4
Cirauqui/Zirauki	E	(Na.)	24	C 5
Circes	E	(A Co.)	14	D 3
Cirés	E	(Hues.)	48	C 2
Ciria	E	(So.)	64	C 3
Ciriza/Ziritza	E	(Na.)	24	D 4
Ciruela	E	(So.)	63	A 4
Ciruelas	E	(Gua.)	82	D 4
Ciruelos	E	(To.)	101	D 5
Ciruelos de Cervera	E	(Bur.)	62	A 1
Ciruelos de Coca	E	(Seg.)	80	B 1
Ciruelos del Pinar	E	(Gua.)	84	A 2
Cirueña	E	(La R.)	43	A 2
Cirujales	E	(Le.)	18	A 4
Cirujales del Río	E	(So.)	64	A 1
Cirujeda	E	(Te.)	86	C 4
Cisla	E	(Áv.)	79	C 3
Cisnera, La	E	(S. Cruz T.)	196	A 4
Cisneros	E	(Pa.)	40	A 3
Cisnes, urbanización Los	E	(Sa.)	78	D 3
Cistella	E	(Gi.)	52	A 2
Cisterna	P	(Bra.)	36	B 5
Cistérniga	E	(Vall.)	60	B 3
Cistierna	E	(Le.)	19	C 4
Citores del Páramo	E	(Bur.)	41	B 2
Ciudad Jardín Virgen del Milagro	E	(Pa.)	40	C 5
Ciudad Quesada	E	(Ali.)	156	C 4
Ciudad Real	E	(C. R.)	135	B 2
Ciudad Rodrigo	E	(Sa.)	77	A 5
Ciudalcampo	E	(Mad.)	81	D 5
Ciutadella de Menorca	E	(Bal.)	90	A 2
Ciutadilla	E	(Ll.)	69	C 3
Cívica	E	(Gua.)	83	B 4
Civís	E	(Ll.)	49	D 1
Civit	E	(Ll.)	69	D 3
Cizur	E	(Na.)	24	D 4
Cizur Mayor/ Zizur Nagusia	E	(Na.)	24	D 4
Claras	P	(Lei.)	93	B 4
Claravalls	E	(Ll.)	69	B 2
Clareanes	P	(Fa.)	174	C 2
Clares	E	(Gua.)	84	B 2
Clarés de Ribota	E	(Zar.)	64	D 4
Clariana	E	(Bar.)	70	B 5
Clariana	E	(Bar.)	70	A 2
Clariana de Cardener	E	(Ll.)	50	A 5
Clarines	P	(Fa.)	161	A 3
Claveros, Los	E	(Alm.)	169	D 4
Clavijo	E	(La R.)	43	D 2
Clavinque	E	(Sev.)	164	B 4
Clua, La	E	(Ll.)	49	B 5
Coalla	E	(Ast.)	6	A 4
Coaña	E	(Ast.)	5	A 3
Coaxe	E	(Po.)	14	A 4
Cobarredeiras	E	(A Co.)	2	D 2
Cobaticas	E	(Mu.)	172	D 2
Cobatillas	E	(Mu.)	156	A 4
Cobatillas	E	(Te.)	86	C 5
Cobatillas, Las	E	(Alm.)	154	A 5
Cobatillas, Las, lugar	E	(Cád.)	186	C 2
Cobatillas, lugar	E	(Alb.)	154	D 1
Cobatillas, lugar	E	(Cór.)	165	C 1
Cóbdar	E	(Alm.)	170	B 5
Cobeja	E	(To.)	101	C 5
Cobeña	E	(Mad.)	102	A 1
Cobertelada	E	(So.)	63	C 4
Cobertinha	P	(Vis.)	74	D 3
Cobeta	E	(Gua.)	84	B 3
Cobisa	E	(To.)	119	B 1
Cobo, El	E	(Mu.)	154	D 3
Cobos de Cerrato	E	(Pa.)	41	B 5
Cobos de Fuentidueña	E	(Seg.)	61	B 5
Cobos de Segovia	E	(Seg.)	80	C 3
Cobos Junto a la Molina	E	(Bur.)	41	D 1
Cobrana	E	(Le.)	17	B 5
Cobre	P	(Lis.)	126	B 3
Cobreces	E	(Can.)	9	A 4
Cobreros	E	(Zam.)	37	A 4
Cobres	E	(Po.)	34	A 2
Cobro	P	(Bra.)	56	A 4
Coca	E	(Seg.)	80	C 1
Coca de Alba	E	(Sa.)	79	A 3
Cocañín	E	(Ast.)	6	D 5
Cocentaina	E	(Ali.)	141	A 4
Cocón, El	E	(Mu.)	171	B 4
Cocoteros, Los	E	(Las P.)	192	D 3
Coculina	E	(Bur.)	41	C 1
Cochadas	P	(Co.)	93	C 1
Cocharro	P	(San.)	127	C 1
Codal	P	(Ave.)	74	B 2
Codaval	P	(V. R.)	55	D 4
Codeçais	P	(Bra.)	56	A 4
Codeçais	P	(Vis.)	75	A 2
Codeçais	P	(Vis.)	75	A 3
Codeceda	P	(Br.)	54	B 1
Codeceira	P	(Lei.)	111	C 1
Codeçoso	P	(V. R.)	55	B 1
Codeçoso	P	(V. R.)	55	A 2
Codes	E	(Gua.)	84	B 2
Codesal	E	(Zam.)	37	C 5
Codeseda	E	(Po.)	14	B 5
Codesedo	E	(Our.)	35	C 3
Codesido	E	(Lu.)	3	C 4
Codeso	E	(A Co.)	14	C 3
Codesoso	E	(A Co.)	15	A 2
Codesseiro	P	(Guar.)	76	A 4
Codessoso	P	(V. R.)	55	B 2
Codo	E	(Zar.)	66	C 5
Codoñera, La	E	(Te.)	87	C 5
Codornillos	E	(Le.)	39	C 2
Codorniz	E	(Seg.)	80	B 2
Codos	E	(Zar.)	65	C 5
Codosera, La	E	(Bad.)	114	A 5
Coelhal	P	(Co.)	94	D 4
Coelhal	P	(Lei.)	94	C 4
Coelheira	P	(Lei.)	94	B 4
Coelheira	P	(Vis.)	74	C 3
Coelhoso	P	(Bra.)	57	A 2
Coelhoso	P	(Vis.)	74	C 5
Coence	E	(Lu.)	15	B 3
Coentral	P	(Lei.)	94	C 4
Coentral das Barreiras	P	(Lei.)	94	C 4
Coeses	E	(Lu.)	15	D 2
Cofiñal	E	(Le.)	19	B 2
Cofita	E	(Hues.)	47	D 5
Cofrentes	E	(Val.)	124	A 5
Cogeces de Íscar	E	(Vall.)	60	B 4
Cogeces del Monte	E	(Vall.)	60	D 4
Cogollo	E	(Ast.)	6	B 3
Cogollor	E	(Gua.)	83	B 4
Cogollos	E	(Bur.)	41	D 4
Cogollos de Guadix	E	(Gr.)	168	D 5
Cogollos de la Vega	E	(Gr.)	168	A 5
Cogolludo	E	(Gua.)	82	D 3
Cogorderos	E	(Le.)	38	A 1
Cogul, el	E	(Ll.)	68	D 4
Cogula	P	(Guar.)	76	A 3
Cogullada, la	E	(Val.)	141	A 1
Cogullos	E	(Bur.)	21	D 3
Coimbra	P	(Co.)	94	A 2
Coimbra	P	(Lei.)	110	C 3
Coimbrão	P	(Lei.)	93	B 4
Coimbrões	P	(Vis.)	75	A 5
Coín	E	(Mál.)	180	A 5
Coina	P	(Set.)	126	D 4
Coira	E	(Our.)	35	B 3
Coiras	E	(Our.)	15	A 5
Coiro	E	(A Co.)	13	C 2
Coiro	E	(Po.)	33	D 2
Coirón	E	(Po.)	33	D 1
Coirós	E	(A Co.)	2	D 4
Coito	P	(Co.)	94	D 1
Coja	P	(Co.)	94	D 2
Coja	P	(Guar.)	75	C 3
Cojáyar	E	(Gr.)	182	D 3
Cojos de Robliza	E	(Sa.)	78	A 3
Cojos, Los	E	(Val.)	123	C 4
Colantres	E	(A Co.)	2	D 4
Colares	P	(Lis.)	126	B 2
Colégio	P	(Fa.)	173	B 2
Coleja	P	(Bra.)	76	A 1
Colera	E	(Gi.)	52	C 1
Colherinhas	P	(Guar.)	75	C 4
Colilla, La	E	(Áv.)	80	A 5
Colina	E	(Bur.)	22	A 2
Colinas de Trasmonte	E	(Zam.)	38	C 5
Colinas del Campo				

Cospindo

de Martín Moro E (Le.) 17 D4
Colinas, Las E (Mad.) 101 C3
Colinas, Las E (Zar.) 66 A3
Colindres E (Can.) 10 A4
Colmeal P (Co.) 94 D3
Colmeal P (Guar.) 76 B3
Colmeal da Torre P (C. B.) 95 D1
Colmeias P (Lei.) 93 C5
Colmenar E (Mál.) 180 D3
Colmenar de la Sierra E (Gua.) 82 B2
Colmenar de
Montemayor E (Sa.) 98 A2
Colmenar de Oreja E (Mad.) 102 B4
Colmenar del Arroyo E (Mad.) 100 D2
Colmenar Viejo E (Mad.) 81 C5
Colmenar, El E (Mál.) 187 A1
Colmenar, El, lugar E (Alb.) 138 B4
Colmenarejo E (Mad.) 101 B1
Colmenares E (Pa.) 20 C4
Colo de Pito P (Vis.) 75 A2
Colombres E (Ast.) 8 C4
Colomera E (Gr.) 167 D4
Colomers E (Gi.) 52 B3
Colonia de la Estación E (Sa.) 76 D5
Colònia de Sant Jordi E (Bal.) 92 A5
Colònia de
Sant Pere, Sa E (Bal.) 92 C2
Colonia de Tejada, lugar E (Huel.) 161 C3
Colònia Estevenell E (Gi.) 51 B2
Colònia Fàbrica E (Ta.) 68 C5
Colònia Güell, la E (Bar.) 70 D4
Colonia Nuestra
Señora del Prado E (To.) 99 D5
Colònia Rosal, La E (Bar.) 50 C4
Colònia Sedó E (Bar.) 70 C3
Colònia Valls, la E (Bar.) 70 B1
Colos P (Be.) 159 D1
Columbeira P (Lei.) 110 D4
Columbrianos E (Le.) 17 B5
Colunga E (Ast.) 7 B3
Colungo E (Hues.) 47 D4
Colúns E (A Co.) 13 C2
Coll E (Ll.) 48 D1
Coll de Nargó E (Ll.) 49 C3
Coll d'en Rabassa E (Bal.) 91 C4
Collada E (Ast.) 5 B4
Collada, La E (Ast.) 6 D4
Collado E (Áv.) 98 D2
Collado E (Các.) 98 C4
Collado de Contreras E (Áv.) 79 D3
Collado del Mirón E (Áv.) 99 A1
Collado Hermoso E (Seg.) 81 B2
Collado Villalba E (Mad.) 81 B5
Collado, El E (Cu.) 104 C2
Collado, El E (Huel.) 146 D5
Collado, El E (So.) 44 A5
Collado, El E (Val.) 106 A5
Collado, El, lugar E (Gr.) 182 D3
Collado-Mediano E (Mad.) 81 B5
Collados E (Cu.) 104 A3
Collados E (Te.) 85 D2
Collados, Los E (Alb.) 154 A1
Collados, Los E (Alm.) 184 D1
Collanzo E (Ast.) 18 D2
Collao E (Ast.) 6 D4
Collazos de Boedo E (Pa.) 20 C5
Collbató E (Bar.) 70 C3
Colldejou E (Ta.) 89 A1
Colle E (Le.) 19 B4
Collejares E (J.) 168 D1
Collera E (Ast.) 7 D4
Collfred E (Ll.) 49 B5
Collía E (Ast.) 7 C4
Cólliga E (Cu.) 104 A5
Colliguilla E (Cu.) 104 A4
Colloto E (Ast.) 6 C4
Colls, lugar E (Hues.) 48 C3
Collsuspina E (Bar.) 71 A1
Coma, la E (Ll.) 50 A3
Coma, Sa E (Bal.) 92 D3
Comares E (Mál.) 180 D3
Coma-ruga E (Ta.) 70 A5
Combarro E (Po.) 33 D1
Combarros E (Le.) 38 A1
Comeiras de Baixo P (San.) 111 C4
Comeiras de Cima P (San.) 111 C3
Comenda P (Por.) 113 A4
Comendador E (Mál.) 180 B4
Comesaña E (Po.) 33 D3
Comillas E (Can.) 8 D4
Cómpeta E (Mál.) 181 B3
Compludo E (Le.) 37 C1
Comporta P (Set.) 143 B1
Compostilla E (Le.) 37 B1
Comunión/Komunioi E (Ál.) 22 D5
Con E (Ast.) 7 D5
Concabella E (Ll.) 69 C1
Concavada P (San.) 112 C3
Conceição P (Be.) 144 A5
Conceição P (Fa.) 174 C3
Conceição P (Fa.) 175 B2
Conceição P (Lis.) 126 B3
Concejero E (Bur.) 22 B2
Concejo E (Cád.) 178 B4
Concepción E (Huel.) 162 D1
Concepción, La E (Alm.) 170 D5
Concepción, La E (Cór.) 167 A4
Concud E (Te.) 105 D2
Concha E (Gua.) 84 C2
Concha, La E (Can.) 21 D1
Concha, La E (Can.) 9 C4
Cónchar E (Gr.) 182 A2
Conchel E (Hues.) 67 D1
Condado E (Bur.) 22 A4
Condado de Castilnovo E (Seg.) 81 D1
Condado, O E (Our.) 35 B1
Conde P (Br.) 54 B4
Condeixa-a-Nova P (Co.) 94 A3
Condeixa-a-Velha P (Co.) 94 A3
Condemios de Abajo E (Gua.) 82 D1
Condemios de Arriba E (Gua.) 82 C1
Condes E (Lu.) 15 B2
Condes P (Ave.) 73 D5
Condesa, La E (J.) 151 B4
Condomina, La E (Mu.) 171 B2
Condós E (A Co.) 2 D4
Conduzo E (A Co.) 2 C4
Conesa E (Ta.) 69 C3
Conforto E (Lu.) 4 C4
Confrides E (Ali.) 141 B4
Congeitaria P (San.) 112 B1
Congo-Canal E (Alm.) 183 C4
Congosta E (Zam.) 38 A4
Congosto E (Bur.) 21 A5
Congosto E (Le.) 17 B5
Congosto de Valdavia E (Pa.) 20 B5
Congosto, El E (Cu.) 121 C1
Congostrina E (Gua.) 82 D2
Conil E (Las P.) 192 B4
Conil de la Frontera E (Cád.) 185 D3
Conilleres, les E (Bar.) 70 B4
Conlelas P (Bra.) 56 D1
Conqueiros P (C. B.) 113 A1
Conques E (Ll.) 49 A4
Conquezuela E (So.) 83 C1
Conquista E (Cór.) 150 B2
Conquista de la Sierra E (Các.) 116 B4
Conquista
del Guadiana E (Bad.) 131 D1
Conreria, la E (Bar.) 71 B3
Consell E (Bal.) 91 D3
Consolação P (Lei.) 110 C4
Consolación E (C. R.) 136 B3
Constance P (Port.) 54 C5
Constância P (San.) 112 A3
Constantí E (Ta.) 89 C1
Constantim P (Bra.) 57 C3
Constantim P (V. R.) 55 B5
Constantina E (Sev.) 148 C5
Constanzana E (Áv.) 79 D3
Consuegra E (To.) 119 D4
Consuegra de Murera E (Seg.) 81 C1
Contador, El E (Alm.) 170 A3
Contamina E (Zar.) 64 C5
Contenças P (Co.) 94 B1
Contige P (Vis.) 75 B4
Contim P (V. R.) 55 A1
Contim P (Vis.) 75 C1
Contins P (Bra.) 56 B3
Contreras E (Bur.) 42 B5
Convento P (San.) 111 C5
Convento de
Duruelo, El E (Áv.) 79 C4
Conventos, Los E (Mu.) 171 B3
Convoy, El E (Alm.) 171 A4
Conxo E (A Co.) 14 B3
Coo E (Can.) 9 A5
Coomonte E (Zam.) 38 C4
Copa, La E (Mu.) 155 A4
Cope E (Mu.) 171 C4
Copernal E (Gua.) 82 D3
Copons E (Bar.) 70 A2
Coquilla de Huebra E (Sa.) 78 A4
Cora E (Po.) 14 B4
Corachar/Coratxà E (Cas.) 87 D4
Corala, La E (Vall.) 60 B3
Corao E (Ast.) 7 C4
Coratxà → Corachar E (Cas.) 87 D4
Corbalán E (Te.) 106 A2
Corbatón E (Te.) 85 D4
Corbera E (Val.) 141 B1
Corbera de Llobregat E (Bar.) 70 D4
Corbera d'Ebre E (Ta.) 88 B2
Corbillos de los Oteros E (Le.) 39 A2
Corbins E (Ll.) 68 D2
Corbón del Sil E (Le.) 17 B4
Corçà E (Gi.) 52 B4
Corcitos P (Fa.) 174 C2
Corcoesto E (A Co.) 1 D4
Córcoles E (Gr.) 167 B4
Córcoles E (Gua.) 103 B1
Corcolilla E (Val.) 106 A5
Corcos E (Le.) 19 C5
Corcos E (Vall.) 60 B1
Corcoya E (Sev.) 166 A5
Corcubión E (A Co.) 13 B2
Corchuela E (To.) 99 B5
Corchuela, La E (Bad.) 130 B3
Cordido E (Lu.) 4 A2
Cordinhã P (Co.) 94 A1
Cordiñanes
de Valdeón E (Le.) 19 D1
Córdoba E (Cór.) 149 D5
Cordobilla E (Cór.) 166 A4
Cordobilla de Lácara E (Bad.) 131 B1
Cordovilla E (Alb.) 139 A5
Cordovilla E (Sa.) 79 A3
Cordovilla de Aguilar E (Pa.) 21 A4
Cordovilla la Real E (Pa.) 40 D4
Cordovín E (La R.) 43 A2
Corduente E (Gua.) 84 C4
Corella E (Na.) 44 D4
Corera E (La R.) 44 A2
Cores E (A Co.) 1 D4
Coreses E (Zam.) 58 D3
Corga P (Ave.) 74 A2
Corga P (Br.) 54 A4
Corga P (Co.) 93 C1
Corga P (Vis.) 75 B4
Corgas P (C. B.) 112 D1
Corgas P (Guar.) 95 A2
Corgo P (Br.) 55 A3
Corgo, O E (Lu.) 16 A2
Córgomo E (Our.) 36 C1
Coria E (Các.) 97 A5
Coria del Río E (Sev.) 163 D5
Corias E (Ast.) 17 B1
Corias E (Ast.) 6 A4
Córigos E (Ast.) 18 D1
Coripe E (Sev.) 178 D2
Coriscada P (Guar.) 76 A3
Coristanco E (A Co.) 2 A5
Corme-Aldea E (A Co.) 1 D4
Corme-Porto E (A Co.) 1 C4
Cornago E (La R.) 44 B5
Cornanda E (A Co.) 13 D3
Cornazo E (Po.) 13 D5
Córneas E (Lu.) 16 C2
Corneda E (Our.) 34 D1
Corneira E (A Co.) 13 D2
Cornejo E (Bur.) 21 D2
Cornellà de Llobregat E (Bar.) 71 A4
Cornellà del Terri E (Gi.) 52 A3
Cornellana E (Ll.) 50 A3
Cornes E (A Co.) 14 A3
Cornes P (V. C.) 33 D4
Corneyana E (Ast.) 6 A4
Cornicabra E (Bad.) 148 A1
Corniero E (Le.) 19 C3
Cornisa del Suroeste E (Las P.) 191 B4
Cornoces E (Our.) 35 A1
Cornoedo E (A Co.) 2 D4
Cornón de la Peña E (Pa.) 20 A4
Cornudella de Montsant E (Ta.) 69 A5
Cornudilla E (Bur.) 22 B5
Coromina, La E (Bar.) 50 B5
Corón E (Po.) 13 D5
Coronada, La E (Bad.) 132 C3
Coronada, La E (Cór.) 148 D3
Coronado (São Romão) P (Port.) 54 A4
Coroneles E (Can.) 21 B4
Coronil, El E (Sev.) 178 C1
Corpa E (Mad.) 102 C2
Corporales E (La R.) 42 D2
Corporales E (Le.) 37 C2
Corporario E (Sa.) 57 A5
Corrada E (Ast.) 6 A3
Corral de Abaixo-
Corral de Arriba-
Penelas E (Lu.) 15 D2
Corral de Almaguer E (To.) 120 C2
Corral de Ayllón E (Seg.) 62 A5
Corral de Calatrava E (C. R.) 135 A3
Corral de Garcíñigo E (Sa.) 78 A5
Corral de
la Bodega, lugar E (Huel.) 162 D4
Corral
de las Arrimadas E (Le.) 19 B4
Corral, El E (Alm.) 182 D4
Corralejo E (Gua.) 82 B2
Corralejo E (Las P.) 190 B1
Corrales E (Huel.) 176 B2
Corrales E (Le.) 16 D5
Corrales E (Zam.) 58 C5
Corrales de Buelna, Los E (Can.) 9 B5
Corrales de Duero E (Vall.) 61 B2
Corrales, Los E (Gr.) 169 A5
Corrales, Los E (Sev.) 179 C1
Corrales, Los E (Val.) 123 D3
Corral-Rubio E (Alb.) 139 B3
Correcillas E (Le.) 19 A3
Corredoira E (Po.) 14 B5
Corredoira E (Po.) 14 A4
Corredoria, La E (Ast.) 6 C4
Corredoura P (Lei.) 111 B2
Corredoura P (San.) 111 C4
Correxais E (Our.) 36 C2
Corró d'Amunt E (Bar.) 71 B2
Corroios P (Set.) 126 D4
Corros, Los E (Ast.) 5 C4
Corros, Los E (Ast.) 6 D4
Corrubedo E (A Co.) 13 B5
Corsino P (Fa.) 159 B4
Cortas de Blas, Las E (Vall.) 60 A1
Corte Besteiros P (Fa.) 175 A2
Corte da Velha P (Be.) 161 A1
Corte de Peleas E (Bad.) 130 D4
Corte do Ouro P (Fa.) 160 C4
Corte do Pinto P (Be.) 161 C1
Corte Figueira P (Be.) 160 C3
Corte Gafo de Baixo P (Be.) 161 A1
Corte Gafo de Cima P (Be.) 161 A1
Corte Garcia P (Fa.) 174 C2
Corte João Marques P (Fa.) 160 D4
Corte Malhão P (Be.) 160 A2
Corte Pequena P (Be.) 160 D1
Corte Serranos P (Fa.) 160 D4
Corte Sines P (Be.) 161 B1
Corte Tabelião P (Fa.) 161 B3
Corte Vicente Anes P (Be.) 144 B4
Corte Zorrinho P (Be.) 160 B2
Corte, La E (Huel.) 146 C5
Cortecillas, Las E (Sev.) 163 B1
Corteconcepción E (Huel.) 147 A5
Cortegaça P (Ave.) 73 D2
Cortegaça P (Lis.) 126 B2
Cortegaça P (Vis.) 94 B1
Cortegada E (Our.) 34 D3
Cortegada E (Our.) 35 C4
Cortegada E (Po.) 14 D4
Cortegana E (Bad.) 130 D4
Cortegana E (Huel.) 146 C5
Cortegazas E (Our.) 34 C2
Cortelazor E (Huel.) 146 D5
Cortelha P (Fa.) 160 C4
Cortelha P (Fa.) 175 B2
Cortellas E (Po.) 34 A2
Cortém P (Lei.) 110 D3
Corterrangel E (Huel.) 146 D5
Corterredor P (Co.) 94 C3
Cortes E (Gr.) 168 C5
Cortes E (Mál.) 187 D2
Cortes E (Na.) 65 B1
Cortes P (Ave.) 74 B4
Cortes P (C. B.) 112 C1
Cortes P (Co.) 94 C4
Cortes P (Lei.) 111 C1
Cortes P (San.) 111 C1
Cortes P (V. C.) 34 B4
Cortes de Aragón E (Te.) 86 B3
Cortes de Arenoso E (Cas.) 106 D3
Cortes de Baixo P (C. B.) 95 C2
Cortes de Baza E (Gr.) 169 B2
Cortes de la Frontera E (Mál.) 179 A5
Cortes de Pallás E (Val.) 124 B5
Cortes de Tajuña E (Gua.) 83 D3
Cortes do Meio P (C. B.) 95 C2
Cortes Pereiras P (Fa.) 161 B3
Cortes y Graena E (Gr.) 168 C5
Cortesa, La, lugar E (Alb.) 138 C3
Cortezona, La E (Bad.) 131 C2
Cortiçada P (C. B.) 95 D3
Cortiçada P (Guar.) 75 C4
Cortiçada P (Lei.) 111 A2
Cortiçada P (Vis.) 74 C5
Cortiçadas do Lavre P (Év.) 128 A3
Cortiçal P (San.) 111 B3
Corticeiro de Baixo P (Co.) 93 C1
Cortiçô P (Guar.) 75 C4
Cortiçô P (V. R.) 55 B1
Cortiçô da Serra P (Guar.) 75 D5
Cortiços P (Bra.) 56 C3
Cortiços P (San.) 111 C5
Cortiguera E (Le.) 17 B5
Cortijillos E (Cád.) 187 A4
Cortijillos, Los E (Mál.) 181 A3
Cortijo del Cura E (Gr.) 169 C2
Cortijo Alto, El E (Alm.) 183 D2
Cortijo Blanco E (Mál.) 180 D3
Cortijo Blanco, El E (Alm.) 170 A4
Cortijo de Baratas E (Gr.) 167 A5
Cortijo de
la Mesa, lugar E (Cád.) 186 A2
Cortijo de
la Monja, lugar E (C. R.) 151 D1
Cortijo de la Orozca E (Gr.) 167 A5
Cortijo de
las Tinadas, lugar E (Alb.) 137 D1
Cortijo de
los Cáliz, lugar E (J.) 167 C3
Cortijo de Macián, lugar E (Alm.) 170 B1
Cortijo de Tortas E (Alb.) 137 D5
Cortijo del Aire E (Gr.) 167 D5
Cortijo del Cura E (Alb.) 153 D1
Cortijo del Marqués E (Sev.) 165 C5
Cortijo del Rojo, lugar E (Alm.) 170 B2
Cortijo Grande, El E (Alm.) 184 D1
Cortijo Nuevo E (J.) 169 A3
Cortijo, El E (La R.) 43 C1
Cortijos Altos, Los E (Alm.) 170 B4
Cortijos de Abajo E (C. R.) 119 A5
Cortijos de Arriba E (C. R.) 119 A5
Cortijos de Marín E (Alm.) 183 C4
Cortijos Nuevos E (J.) 153 B3
Cortijos
Nuevos del Campo E (Gr.) 170 A1
Cortijuelo E (J.) 168 D1
Cortijuelo, lugar E (J.) 168 A2
Cortijuelos E (Mál.) 181 A3
Cortina E (Ast.) 18 C1
Cortina, lugar E (Sev.) 165 A5
Cortinhola P (Fa.) 160 B4
Cortiñán E (A Co.) 2 D4
Cortiuda E (Ll.) 49 C4
Cortos E (Áv.) 80 B4
Cortos E (So.) 64 A1
Cortos de la Sierra E (Sa.) 78 B4
Corts E (Gi.) 52 A3
Corts, les E (Gi.) 52 C3
Coruche P (Guar.) 75 C3
Coruche P (San.) 127 D2
Corujas P (Bra.) 56 C3
Corujeira P (Co.) 93 C1
Corujeira P (Guar.) 95 D1
Corujeira P (Lis.) 126 D1
Corujeira P (San.) 112 C1
Corujeira P (Vis.) 74 C4
Corujeira P (Vis.) 75 B3
Corujera, La E (S.Cruz T.) 196 A2
Corujos P (Fa.) 161 B4
Corullón E (Le.) 16 D5
Corumbela E (Mál.) 181 B3
Coruña del Conde E (Bur.) 62 B2
Coruña, A/Coruña, La E (A Co.) 2 C4
Coruña, La →
Coruña, A E (A Co.) 2 C4
Coruño E (Ast.) 6 C4
Coruxo E (Po.) 33 D3
Corval P (Év.) 145 B1
Corval P (Vis.) 94 C1
Corveira E (A Co.) 2 C4
Corveira P (Vis.) 74 C5
Corvelle E (Lu.) 4 A4
Corvelle E (Lu.) 3 D4
Corvelle E (Our.) 35 A4
Corvera E (Can.) 9 B5
Corvera E (Mu.) 172 A1
Corvillón E (Our.) 35 B3
Corvillos de
la Sobarriba E (Le.) 39 A1
Corvio E (Pa.) 20 D4
Corvo P (Vis.) 74 D1
Corzáns E (Po.) 34 B3
Corzos E (Our.) 36 C3
Cos E (Can.) 9 A5
Cosa E (Te.) 85 D4
Coscojuela de Fantova E (Hues.) 47 D4
Coscojuela de Sobrarbe E (Hues.) 47 D2
Coscullano E (Hues.) 47 B3
Coscurita E (So.) 63 D4
Coslada E (Mad.) 102 A2
Coso E (Zam.) 37 A4
Cospedal E (Le.) 18 A3
Cospeito E (Lu.) 3 D5
Cospindo E (A Co.) 1 D4

Cossourado

Cossourado P (Br.) 54 A2
Cossourado P (V. C.) 34 A5
Costa E (A Co.) 14 A3
Costa Calma E (Las P.) 189 D5
Costa da Caparica P (Set.) 126 C4
Costa de los Pinos E (Bal.) 92 D3
Costa del Silencio, urbanización E (S.Cruz T.) 195 D5
Costa d'en Blanes E (Bal.) 91 B4
Costa do Valado P (Ave.) 73 D4
Costa Nova E (Ali.) 142 A4
Costa Nova do Prado P (Ave.) 73 C4
Costa Teguise E (Las P.) 192 D4
Costa, A E (Lu.) 3 D4
Costa, La E (Cád.) 186 D5
Costa, La E (S.Cruz T.) 193 B3
Costa, Sa E (Bal.) 92 B5
Costacabana E (Alm.) 184 A3
Costana, La E (Can.) 21 B3
Costeán E (Hues.) 47 D4
Costes, les E (Gi.) 52 B1
Costitx E (Bal.) 92 A3
Costur E (Cas.) 107 C4
Cosuenda E (Zar.) 65 C5
Cota P (Vis.) 75 A3
Cotanes del Monte E (Zam.) 59 B1
Cotar E (Bur.) 41 D2
Cotarós E (Our.) 36 A2
Cotas P (Co.) 94 A4
Cotas P (V. R.) 55 D5
Cotayo, El E (Ast.) 6 D4
Cotelo P (Vis.) 75 A2
Cotes E (Val.) 140 D2
Cotifo P (Fa.) 173 B2
Cotilfar E (Gr.) 168 A3
Cotillas E (Alb.) 153 C1
Cotillo E (Can.) 21 B1
Cotillo, El E (Las P.) 190 A1
Cótimos P (Guar.) 76 A3
Coto E (Ast.) 17 B1
Coto E (Po.) 34 A2
Coto E (Po.) 34 A3
Coto P (Lei.) 110 D3
Coto de Bornos E (Cád.) 178 B3
Coto de la Isleta, lugar E (Cád.) 177 C5
Coto Murillo, lugar E (Bad.) 147 C1
Coto Valverde E (Bur.) 62 B2
Coto, El E (Ast.) 17 D2
Coto, El E (Ast.) 6 D4
Coto, El E (Gua.) 82 A5
Cotobade E (Po.) 34 B1
Coto-Ríos E (J.) 153 B4
Cotos de Monterrey E (Mad.) 81 D4
Cotovia P (Set.) 126 D5
Cotovios P (Lis.) 126 D1
Coucieiro P (Br.) 54 B1
Couço P (San.) 128 A1
Couço P (Vis.) 74 D5
Couço Cimeiro P (San.) 112 B1
Couço Fundeiro P (San.) 112 A1
Coura P (V. C.) 34 A5
Coura P (Vis.) 75 A3
Coura P (Vis.) 75 C1
Courel P (Br.) 53 D3
Courela P (Guar.) 75 D4
Courelas da Toura P (Év.) 129 A4
Courelas de Azaruja P (Év.) 129 A4
Couso E (Our.) 34 C1
Couso E (Our.) 35 B4
Couso E (Po.) 33 D3
Couso E (Po.) 34 A3
Couso E (Po.) 15 A5
Couso E (Po.) 14 B5
Couso E (Po.) 14 B3
Cousso P (V. C.) 34 C4
Coutada P (C. B.) 95 C3
Coutada P (Fa.) 175 B2
Couto E (Lu.) 15 B4
Couto E (Po.) 34 B2
Couto E (Po.) 34 C3
Couto E (Po.) 13 D5
Couto P (Br.) 54 A2
Couto P (Port.) 54 A4
Couto P (V. C.) 34 B5
Couto P (Vis.) 74 C4
Couto de Abaixo, O E (Po.) 33 D1
Couto de Arriba, O E (Po.) 33 D1
Couto de Baixo P (Vis.) 74 D4
Couto de Cima P (Vis.) 74 D4
Couto de Esteves P (Ave.) 74 B3
Couto de Mosteiro Ameal P (Vis.) 94 C1
Couzadoiro E (A Co.) 3 C1
Cova E (Lu.) 35 C1
Cova E (Our.) 36 A2
Cova P (Br.) 54 C2
Cova P (C. B.) 94 D5
Cova Alta P (Lei.) 111 C1
Cova da Lua P (Bra.) 36 D5
Cova da Moura P (Lis.) 126 B1
Cova da Piedade P (Set.) 126 C4
Cova da Serpe P (Co.) 93 C2
Cova da Zorra P (Be.) 159 C1
Cova do Gato P (Set.) 143 C4
Cova do Ouro P (Co.) 94 A2
Cova do Vapor P (Set.) 126 C4
Covadonga E (Ast.) 7 D5
Covais P (Co.) 94 C2
Covaleda E (So.) 63 A1
Covanera E (Bur.) 21 C5
Covão P (Lei.) 111 B2
Covão da Carvalha P (Lei.) 111 C2
Covão do Coelho P (San.) 111 C2
Covão do Feto P (San.) 111 C3
Covão do Lobo P (Ave.) 93 D1
Covarrubias E (Bur.) 42 A5
Covarrubias E (So.) 63 C4
Covas E (Lu.) 16 A3
Covas E (Lu.) 3 D2
Covas E (Our.) 36 D1
Covas E (Our.) 35 B5
Covas E (Our.) 35 A1
Covas E (Our.) 35 C2
Covas E (Po.) 13 D5
Covas P (Co.) 94 D1
Covas P (Port.) 54 B4
Covas P (V. C.) 33 D5
Covas P (V. R.) 55 C3
Covas P (Vis.) 74 C4
Covas de Coina P (Set.) 126 D4
Covas de Ferro P (Lis.) 126 C2
Covas do Barroso P (V. R.) 55 B2
Covas do Douro P (V. R.) 55 C5
Covas do Monte P (Vis.) 74 D2
Covas do Rio P (Vis.) 74 D2
Covas, As (Meaño) E (Po.) 33 D1
Covelães P (V. R.) 55 A1
Covelas E (Our.) 35 B4
Covelas P (Ave.) 74 B2
Covelas P (Br.) 54 B2
Covelas P (Port.) 74 D1
Covelas P (Vis.) 74 D1
Covelinhas P (V. R.) 75 B1
Covelinhas P (Vis.) 74 D1
Covelo E (Our.) 34 C2
Covelo E (Po.) 34 B1
Covelo E (Po.) 14 A5
Covelo P (Co.) 94 C2
Covelo P (Port.) 74 A1
Covelo P (Vis.) 74 D4
Covelo P (Vis.) 74 C3
Covelo P (Vis.) 74 C4
Covelo de Paiva P (Vis.) 75 A3
Covelo de Paivó P (Ave.) 74 C2
Covelo do Gerês P (V. R.) 55 A1
Covelo do Monte P (Port.) 55 A4
Covelo, O E (Po.) 34 C2
Coves de Vinromà, les E (Cas.) 107 D2
Covet E (Ll.) 49 B4
Coveta Fumà E (Ali.) 157 D1
Covetes, Ses E (Bal.) 92 A5
Covibar-Pablo Iglesias E (Mad.) 102 A2
Covide P (Br.) 54 C1
Coviella E (Ast.) 7 C4
Covilhã P (C. B.) 95 C2
Covoada P (Aç.) 109 A4
Covões P (Ave.) 93 D1
Cox E (Ali.) 156 B4
Coy E (Mu.) 154 D5
Coya E (Ast.) 7 A4
Coz P (Lei.) 111 A2
Cózar E (C. R.) 136 D5
Cózares, Los E (Gr.) 182 C3
Cozuelos de Fuentidueña E (Seg.) 61 A5
Cozuelos de Ojeda E (Pa.) 20 D4
Cozvíjar E (Gr.) 182 A2
Crasto P (Port.) 73 D1
Crasto P (Port.) 53 D4
Crasto P (Vis.) 74 C4
Crastos P (Lei.) 111 A3
Crato P (Por.) 113 B4
Craveira do Norte P (Set.) 127 C4
Craveira do Sul P (Set.) 127 C4
Creado P (Guar.) 76 B5
Crecente E (Lu.) 4 B5
Crecente E (Po.) 34 C3
Cregenzán E (Hues.) 47 D4
Creixell E (Ta.) 90 A1
Creixomil P (Br.) 53 D2
Crémenes E (Le.) 19 C3
Crendes E (A Co.) 2 D4
Crespià E (Gi.) 52 A3
Crespo E (Bur.) 21 C3
Crespos E (Áv.) 79 D3
Crespos P (Br.) 54 B2
Crespos P (Lei.) 93 C5
Crespos P (Lei.) 111 C2
Crestuma P (Port.) 74 A1
Cretas E (Te.) 88 A3
Creu de Codines, La E (Bar.) 51 B4
Creu de Palau, La E (Gi.) 52 A4
Creu Vermella, Sa E (Bal.) 91 C3
Crevadas, Las/ Crevades, les E (Cas.) 107 C3
Crevades, les → Crevadas, Las E (Cas.) 107 C3
Crevillent → Crevillente E (Ali.) 156 C3
Crevillente/Crevillent E (Ali.) 156 C3
Criação P (Co.) 93 C1
Criales E (Bur.) 22 B3
Criaz P (Br.) 53 D3
Cripán/Kripan E (Ál.) 43 C1
Cristelo P (Ave.) 74 B4
Cristelo P (Br.) 53 D3
Cristelo P (Port.) 54 B5
Cristelo P (V. C.) 34 A5
Cristelo P (V. C.) 33 C5
Cristelo Covo P (V. C.) 34 A4
Cristelos E (Po.) 33 D4
Cristianos, Los E (S.Cruz T.) 195 C5
Cristimil E (Po.) 14 D4
Cristina E (Bad.) 131 D3
Cristo del Espíritu Santo E (C. R.) 135 A1
Cristóbal E (Sa.) 98 B1
Cristoval P (V. C.) 34 D3
Cristóvãos P (San.) 111 D1
Crivillén E (Te.) 86 D3
Croca P (Port.) 54 C5
Cros, el E (Bar.) 71 C3
Cruce de Arinaga E (Las P.) 191 D4
Cruce de Sardina E (Las P.) 191 D4
Cruce, El → Granja, La E (Mad.) 102 A1
Cruceiro E (Our.) 35 A1
Cruceras, Las E (Áv.) 100 B2
Crucero, El E (Ast.) 5 C4
Crucero, El E (Bur.) 22 D5
Cruces E (Ast.) 6 C4
Crucifixo P (San.) 112 B3
Cruilles E (Gi.) 52 B4
Crujía, La E (J.) 151 B4
Cruz P (Br.) 54 A3
Cruz da Légua P (Lei.) 111 B2
Cruz de Illas, La E (Ast.) 6 B3
Cruz de João Mendes P (Set.) 143 C3
Cruz de Pau P (Set.) 126 D4
Cruz de Tea E (S.Cruz T.) 195 D4
Cruz del Roque E (S.Cruz T.) 196 A4
Cruz do Campo P (San.) 111 B5
Cruz do Incio, A (Incio, O) E (Lu.) 16 A5
Cruz Quebrada P (Lis.) 126 C3
Cruz Santa E (S.Cruz T.) 195 D2
Cruz, La E (Ast.) 6 B4
Cruz, La E (J.) 151 D4
Cruzes P (Lei.) 110 D3
Cuacos de Yuste E (Các.) 98 C4
Cuadrilleros E (Sa.) 78 A1
Cuadro, El E (Ast.) 6 B3
Cuadros E (Le.) 18 D5
Cualedro E (Our.) 35 C4
Cuarte E (Hues.) 46 D4
Cuarte de Huerva E (Zar.) 66 A3
Cuarteros, Los E (Mu.) 172 D1
Cuarteros, Los, lugar E (Alb.) 138 B2
Cuartico, El E (Alb.) 138 B3
Cuartillas, Las E (Alm.) 184 D1
Cuartillos E (Cád.) 177 D4
Cuarto del Bolo, lugar E (Alb.) 138 B2
Cuarto del Pilar E (Sa.) 78 A4
Cuarto, El, lugar E (Alb.) 154 A2
Cuartos, Los E (Áv.) 98 D2
Cuatro Higueras, Las E (Alm.) 183 A4
Cuatro Puertas E (Las P.) 191 D3
Cuatrocorz E (Hues.) 48 B5
Cuatrovientos E (Le.) 37 B1
Cuba P (Be.) 144 D3
Cuba, La E (Te.) 87 B5
Cubalhão P (V. C.) 34 C4
Cubas E (Alb.) 139 B1
Cubas E (Can.) 9 D4
Cubas de la Sagra E (Mad.) 101 C3
Cubel E (Zar.) 85 A2
Cubelas E (Lu.) 4 C3
Cubelles E (Bar.) 70 B5
Cubells E (Ll.) 69 A1
Cubells, Es E (Bal.) 89 C5
Cubilla E (Bur.) 22 C5
Cubilla E (So.) 63 A2
Cubillas E (Vall.) 59 B4
Cubillas de Arbás E (Le.) 18 C3
Cubillas de Cerrato E (Pa.) 60 C2
Cubillas de los Oteros E (Le.) 39 A2
Cubillas de Rueda E (Le.) 19 C5
Cubillas de Santa Marta E (Vall.) 60 B1
Cubillejo E (Bur.) 42 A4
Cubillejo de la Sierra E (Gua.) 84 D3
Cubillejo del Sitio E (Gua.) 84 D3
Cubillo E (Seg.) 81 B2
Cubillo de Ojeda E (Pa.) 20 C4
Cubillo de Uceda, El E (Gua.) 82 B4
Cubillo del Campo E (Bur.) 41 D4
Cubillo del César E (Bur.) 42 A4
Cubillo, El E (Alb.) 137 D4
Cubillo, El E (Cu.) 105 B5
Cubillos E (Zam.) 58 C3
Cubillos de Losa E (Bur.) 22 B3
Cubillos del Sil E (Le.) 17 B5
Cubla E (Te.) 106 A3
Cubo de Benavente E (Zam.) 37 D4
Cubo de Bureba E (Bur.) 22 C5
Cubo de Don Sancho, El E (Sa.) 77 C3
Cubo de Hogueras E (So.) 63 D2
Cubo de la Sierra E (So.) 63 D1
Cubo de la Solana E (So.) 63 D3
Cubo de Tierra del Vino, El E (Zam.) 58 C5
Cubos P (Vis.) 75 B5
Cucador, El E (Alm.) 170 C4
Cucalón E (Te.) 85 D2
Cucarrete E (Cád.) 186 B3
Cucujães P (Ave.) 74 A2
Cucharal E (Alb.) 138 A4
Cucharetas, Las E (Gr.) 169 B2
Cuchillo, El E (Las P.) 192 B3
Cucho E (Bur.) 23 B5
Cudeiro E (Our.) 35 B2
Cudillero E (Ast.) 6 A3
Cudón E (Can.) 9 B4
Cue E (Ast.) 8 B4
Cuelgamures E (Zam.) 58 C5
Cuelgamuros E (Mad.) 81 A5
Cuéllar E (Seg.) 60 D4
Cuéllar de la Sierra E (So.) 63 D1
Cuellos, Los E (J.) 151 D3
Cuénabres E (Le.) 19 D2
Cuenca E (Cór.) 148 C2
Cuenca E (Cu.) 104 B4
Cuenca E (J.) 169 A2
Cuenca de Campos E (Vall.) 39 C5
Cuenca, La E (So.) 63 B2
Cuencabuena E (Te.) 85 C2
Cuenya E (Ast.) 7 A4
Cueras E (Ast.) 17 B1
Cuerlas, Las E (Zar.) 85 B3
Cuero E (Ast.) 6 A4
Cuerres E (Ast.) 7 D4
Cuerva E (To.) 118 D2
Cuervo, El E (Sev.) 177 D3
Cuervo, El E (Te.) 105 C4
Cuesta Alta E (Mu.) 155 C3
Cuesta Blanca de Arriba E (Mu.) 172 A2
Cuesta de Almendros E (Gr.) 182 C3
Cuesta de la Villa E (S.Cruz T.) 196 A2
Cuesta del Mellado E (Mu.) 171 A3
Cuesta del Rato E (Val.) 105 C4
Cuesta, La E (S.Cruz T.) 193 C2
Cuesta, La E (S.Cruz T.) 196 B2
Cuestas, Las E (Ast.) 6 B4
Cueta, La E (Le.) 17 D2
Cueto E (Can.) 9 C4
Cueto E (Le.) 17 A5
Cueto, El E (Ast.) 6 B3
Cueva E (Bur.) 21 D2
Cueva Bermeja E (S.Cruz T.) 196 C2
Cueva de Ágreda E (So.) 64 C2
Cueva de Ambrosio, La, lugar E (Alm.) 170 C1
Cueva de Juarros E (Bur.) 42 A3
Cueva de la Mora E (Huel.) 162 C1
Cueva de Roa, La E (Bur.) 61 B3
Cueva del Agua E (S.Cruz T.) 193 B2
Cueva del Hierro E (Cu.) 104 B1
Cueva del Pájaro, La E (Alm.) 184 D2
Cueva del Viento E (S.Cruz T.) 195 C3
Cueva Grande E (Las P.) 191 C3
Cueva, La E (Alb.) 139 D4
Cueva, La, lugar E (Alb.) 138 D3
Cuevarruz, La E (Val.) 106 A5
Cuevas Bajas E (Mál.) 166 C5
Cuevas Caídas E (Las P.) 191 C3
Cuevas de Almudén E (Te.) 86 B4
Cuevas de Amaya E (Bur.) 21 A5
Cuevas de Ambrosio E (J.) 153 A3
Cuevas de Ayllón E (So.) 62 B5
Cuevas de Cañart E (Te.) 87 A4
Cuevas de los Medinas E (Alm.) 184 B3
Cuevas de los Úbedas E (Alm.) 184 A3
Cuevas de Luna E (Gr.) 169 B3
Cuevas de Portalrubio E (Te.) 86 A4
Cuevas de Provanco E (Seg.) 61 B3
Cuevas de Reyllo E (Mu.) 171 D2
Cuevas de San Clemente E (Bur.) 42 A4
Cuevas de San Marcos E (Mál.) 166 C5
Cuevas de Soria, Las E (So.) 63 C2
Cuevas de Velasco E (Cu.) 103 D4
Cuevas del Almanzora E (Alm.) 170 D5
Cuevas del Becerro E (Mál.) 179 C3
Cuevas del Campo E (Gr.) 169 A3
Cuevas del Moreno, Las E (Alm.) 170 C2
Cuevas del Sil E (Le.) 17 C3
Cuevas del Valle E (Áv.) 99 C3
Cuevas labradas E (Gua.) 84 B4
Cuevas Labradas E (Te.) 106 A1
Cuevas Minadas, lugar E (Gua.) 84 B4
Cuevas, Las E (Gr.) 183 A1
Cuevas, Las E (Val.) 123 C3
Cuevas-Romo, Las E (Mál.) 180 D3
Cuevecitas, Las E (S.Cruz T.) 196 B3
Cuezva E (Bur.) 22 C4
Cuide de Vila Verde P (V. C.) 54 B1
Cuíña E (A Co.) 3 C2
Cuíña E (A Co.) 13 D2
Cuiñas E (Lu.) 16 C2
Cujó P (Vis.) 75 A2
Culata, La E (Las P.) 191 B3
Culebras E (Cu.) 103 D3
Culebros E (Le.) 18 A5
Culla E (Cas.) 107 C2
Cúllar E (Gr.) 169 D3
Cúllar Vega E (Gr.) 181 D1
Cullera E (Val.) 141 B1
Culleredo E (A Co.) 2 C4
Cumbraos E (A Co.) 14 D1
Cumbraos E (A Co.) 15 A1
Cumbre, La E (Các.) 116 A4
Cumbres de Enmedio E (Huel.) 146 D4
Cumbres de San Bartolomé E (Huel.) 146 C4
Cumbres Mayores E (Huel.) 146 D4
Cumbres Verdes E (Gr.) 182 A1
Cumeada P (C. B.) 112 C1
Cumeada P (Év.) 145 B1
Cumeada P (Fa.) 174 A2
Cumeeira P (V. R.) 55 B5
Cumeira P (Lei.) 111 A3
Cumeira de Cima P (Lei.) 111 B2
Cumeira do Baixo P (Lei.) 111 B2
Cumeiro E (Po.) 14 D3
Cumieira P (Lei.) 93 D5
Cumieira P (Lei.) 94 A4
Cunas E (Alm.) 171 A5
Cunas E (Le.) 37 C3
Cunchillos E (Zar.) 64 D1
Cundíns E (A Co.) 1 D5
Cunha P (Br.) 54 A3
Cunha P (V. C.) 34 A5
Cunha P (Vis.) 75 D3
Cunha Alta P (Vis.) 75 B5
Cunha Baixa P (Vis.) 75 B5
Cunhas P (Br.) 55 A3
Cunheira P (Por.) 113 A4
Cunit E (Ta.) 70 B5
Cuns E (A Co.) 1 D5
Cuntis E (Po.) 14 A4
Curalha P (V. R.) 55 D2
Curantes E (Po.) 14 C4
Curas, Los E (Mu.) 171 C3
Curbe E (Hues.) 67 A1
Cures E (A Co.) 13 C4
Curiel de Duero E (Vall.) 61 A3
Curillas E (Le.) 38 A2
Curopos P (Bra.) 56 B1
Currais P (Ave.) 74 B3
Currais P (Fa.) 160 D4
Curral das Freiras P (Ma.) 110 B2
Curral dos Boieiros P (Fa.) 175 A2
Currás E (Our.) 35 B2
Currás E (Po.) 33 D4

Dozón

Currás E (Po.) 14 A5
Currelos E (Lu.) 15 C4
Currelos P (Vis.) 94 D1
Curro E (Po.) 14 A5
Curros P (V. R.) 55 D3
Curros P (V. R.) 55 C2
Curtis E (A Co.) 15 A1
Curtis-Estación E (A Co.) 14 D1
Curva, La E (Alm.) 183 A4
Curvaceira P (Vis.) 75 B5
Curvaceiras Grandes P (San.) 112 A2
Curvaceiras Pequenas P (San.) 112 A2
Curval P (Ave.) 74 A3
Curvatos P (Be.) 160 C3
Curvos P (Br.) 53 D2
Cusanca E (Our.) 14 D5
Custóias P (Guar.) 76 A1
Custóias P (Port.) 53 D5
Cutanda E (Te.) 85 D3
Cútar E (Mál.) 180 D3
Cutián E (Po.) 14 B5
Cuzcurrita de Juarros E (Bur.) 42 A3
Cuzcurrita de Río Tirón E (La R.) 42 D1

CH

Chã P (Ave.) 74 B3
Chã P (San.) 111 C2
Chã P (V. R.) 55 D4
Chã P (V. R.) 55 B1
Chã de Baixo P (San.) 111 C3
Chã de Cima P (San.) 111 C3
Chacim P (Bra.) 56 C4
Chacín E (A Co.) 13 C2
Chacones, Los E (Alm.) 170 B4
Chafiras, Las E (S. Cruz T.) 195 D5
Chagarcía Medianero E (Sa.) 79 A5
Chaguazoso E (Our.) 36 B3
Chaguazoso E (Our.) 36 C5
Chaherrero E (Áv.) 79 D3
Chaián E (A Co.) 14 B2
Chaín E (Po.) 34 B2
Chainça P (Co.) 94 A4
Chainça P (Lei.) 111 B2
Chainça P (San.) 112 B3
Chalamera E (Hues.) 67 D2
Chamadouro P (Vis.) 94 C1
Chamartín E (Áv.) 79 D5
Chaminé P (San.) 112 B4
Chamoim P (Br.) 54 C1
Champana P (Fa.) 175 B2
Chamusca P (Co.) 95 A1
Chamusca P (San.) 111 D4
Chan E (Po.) 34 B2
Chan, A (Cotobade) E (Po.) 34 B1
Chança P (Por.) 113 A4
Chança-Gare P (Co.) 94 A4
Chancelaria P (Por.) 113 A5
Chancelaria P (San.) 111 D2
Chandoiro E (Our.) 36 B2
Chandrexa E (Our.) 35 D2
Chano E (Le.) 17 A3
Chans, As E (Po.) 34 B3
Chantada E (Lu.) 15 B5
Chañe E (Seg.) 60 C5
Chao E (A Co.) 2 D4
Chao E (Lu.) 3 C4
Chao E (Lu.) 4 B2
Chão da Feira P (Lei.) 111 B2
Chão da Parada P (Lei.) 110 D3
Chão da Vã P (C. B.) 95 B5
Chão das Donas P (Fa.) 173 C2
Chão das Eiras P (San.) 112 A1
Chão das Maias P (San.) 112 B2
Chão de Codes P (San.) 112 C2
Chão de Couce P (Lei.) 94 A5
Chão de Lamas P (Co.) 94 A3
Chão de Lopes P (San.) 112 C2
Chão de Lopes Pequeno P (San.) 112 C2
Chão de Lucas P (San.) 112 B3
Chão de Maçãs P (San.) 111 D1
Chão de Pias P (Lei.) 111 B2
Chão do Carvalho P (Ave.) 74 B3
Chão do Galego P (C. B.) 113 A1
Chão do Porto P (V. C.) 33 D5
Chão do Sapo P (Lis.) 110 D4
Chão Pardo P (Lei.) 111 B2
Chão Sobral P (Co.) 95 A2
Chaorna E (So.) 84 A1
Chaos E (Lu.) 3 D2
Chãos P (C. B.) 95 C3
Chãos P (Guar.) 76 A3
Chãos P (Lei.) 94 B5
Chãos P (Lei.) 111 A3
Chãos P (Lei.) 111 A2
Chãos P (Lis.) 126 C1
Chãos P (San.) 112 A1
Chãos P (San.) 111 A3
Chãos P (Set.) 143 B4
Chapa Fridão P (Port.) 54 D4
Chaparral E (Mu.) 155 A4
Chaparral P (Set.) 143 C5
Chaparral Alto, El E (Alm.) 170 A3
Chaparral, El E (Ali.) 156 D4
Chaparral, El E (Gr.) 167 D5
Chapas, Las E (Mál.) 188 A2
Chapatales, Los E (Sev.) 178 A1
Chapela E (Po.) 34 A2
Chapinería E (Mad.) 100 D2
Chapinha P (Co.) 94 B3
Chapinheira P (Co.) 94 C3
Charán E (Mu.) 154 C3
Charco de los Hurones E (Cád.) 178 C4
Charco del Pino E (S. Cruz T.) 195 D4
Charco del Tamujo E (C. R.) 119 B5
Charco Dulce E (Cád.) 186 B2
Charcofrío, lugar E (Sev.) 163 B3
Charche, El E (Alm.) 170 C2
Charches E (Gr.) 169 A5
Charilla E (J.) 167 C3
Charneca P (Lei.) 94 A5
Charneca P (Lei.) 93 D4
Charneca P (Lis.) 126 B3
Charneca P (Lis.) 126 B1
Charneca P (Lis.) 126 C3
Charneca P (San.) 111 B4
Charneca P (San.) 111 A3
Charneca P (San.) 111 D3
Charneca da Caparica P (Set.) 126 C4
Charnequinhas P (Set.) 143 C5
Charo E (Hues.) 48 A2
Charruada P (San.) 111 D2
Chãs P (Guar.) 76 B2
Chãs P (Lei.) 93 B5
Chãs P (Lei.) 93 C4
Chãs de Égua P (Co.) 95 A2
Chãs de Tavares P (Vis.) 75 C5
Chasna E (S. Cruz T.) 196 A2
Chatún E (Seg.) 60 D5
Chauchina E (Gr.) 181 C1
Chaulines, Los E (Gr.) 182 C4
Chavães P (Port.) 54 D5
Chavães P (Vis.) 75 C1
Chave E (A Co.) 13 D3
Chave E (Lu.) 15 C4
Chave P (Ave.) 74 B2
Chaveira P (San.) 112 D1
Chaveiral P (Guar.) 95 A1
Chaves P (V. R.) 55 D1
Chaviães P (V. C.) 34 C3
Chavião P (V. C.) 34 A5
Chavín E (Lu.) 3 D2
Chayofa E (S. Cruz T.) 195 C5
Checa E (Gua.) 84 D5
Cheiras P (Guar.) 76 B5
Cheires P (V. R.) 55 C5
Cheleiros P (Lis.) 126 B2
Cheles E (Bad.) 129 D5
Chelo P (Co.) 94 B2
Chelva E (Val.) 124 A2
Chella E (Val.) 140 D2
Chequilla E (Gua.) 84 D5
Chera E (Val.) 124 B3
Chércoles E (So.) 64 A5
Chercos E (Alm.) 170 B5
Chericoca, La, lugar E (Alb.) 138 C3
Cherín E (Gr.) 183 A2
Chert/Xert E (Cas.) 108 A1
Cheste E (Val.) 124 C3
Chía E (Hues.) 48 B1
Chica-Carlota, La E (Cór.) 165 D2
Chiclana de la Frontera E (Cád.) 185 D2
Chiclana de Segura E (J.) 152 D2
Chiguergue E (S. Cruz T.) 195 C3
Chilches E (Mál.) 180 D4
Chilches/Xilxes E (Cas.) 125 C1
Chiloeches E (Gua.) 102 C1
Chillarón de Cuenca E (Cu.) 104 A4
Chillarón del Rey E (Gua.) 83 B5
Chillón E (C. R.) 133 D4
Chilluévar E (J.) 152 D5
Chimeneas E (Gr.) 181 C1
Chimiche E (S. Cruz T.) 196 A4
Chimillas E (Hues.) 46 D4
Chinas, Las E (Huel.) 146 C5
Chinchilla de Monte-Aragón E (Alb.) 139 A3
Chinchón E (Mad.) 102 A4
Chío E (S. Cruz T.) 195 C3
Chipar de Cima P (Ave.) 93 D1
Chipiona E (Cád.) 177 A4
Chiprana E (Zar.) 67 C5
Chiqueda P (Lei.) 111 A2
Chirán E (Alm.) 183 A3
Chirche E (S. Cruz T.) 195 C4
Chirivel E (Alm.) 170 B3
Chiriveta E (Hues.) 48 C4
Chirles/Xirles E (Ali.) 141 C5
Chirritana, La E (Cór.) 165 A2
Chisagües E (Hues.) 27 D5
Chite E (Gr.) 182 A3
Chiva de Morella/ Xiva de Morella E (Cas.) 87 C5
Chiva E (Val.) 124 C4
Chive, El E (Alm.) 184 C1
Cho E (S. Cruz T.) 195 D5
Choca do Mar P (Ave.) 73 D5
Choça Queimada P (Fa.) 161 B4
Chodes E (Zar.) 65 B4
Chodos/Xodos E (Cas.) 107 B3
Chopera, La E (Mad.) 101 B1
Chopos, Los E (J.) 167 B3
Chorense P (Br.) 54 C1
Chorente E (Lu.) 15 D4
Chorente P (Br.) 54 A3
Choriza, La E (Alb.) 138 B3
Chorosas P (Co.) 93 D1
Chorro, El E (Mál.) 180 A3
Chosendo P (Vis.) 75 D2
Chospes, Los E (Alb.) 137 D4
Choutaria P (Lis.) 126 C2
Chouto P (San.) 112 A4
Chóvar E (Cas.) 125 B1
Chozas E (J.) 153 B3
Chozas de Abajo E (Le.) 38 C1
Chozas de Arriba E (Le.) 38 C1
Chozas de Canales E (To.) 101 A4
Chucena E (Huel.) 163 B4
Chuche, El E (Alm.) 183 D3
Chueca E (To.) 119 B2
Chulilla E (Val.) 124 B2
Chumberas, Las E (S. Cruz T.) 196 B2
Chumillas E (Cu.) 122 C2
Churra E (Mu.) 156 A4
Churriana E (Mál.) 180 B5
Churriana de la Vega E (Gr.) 181 D1

D

Dacón E (Our.) 35 A1
Dade P (Vis.) 74 D4
Daganzo de Arriba E (Mad.) 102 A1
Dagorda P (Lis.) 110 D4
Daimalos-Vados, lugar E (Mál.) 181 B3
Daimés E (Ali.) 156 D3
Daimiel E (C. R.) 135 D2
Daimús E (Val.) 141 C2
Daimuz E (Alm.) 170 B3
Daires P (Vis.) 74 B5
Dalí E (Alm.) 169 D4
Dalías E (Alm.) 183 B3
Dalvares P (Vis.) 75 B1
Dama, La E (S. Cruz T.) 194 B2
Damil E (Lu.) 15 D1
Dantxarinea E (Na.) 25 A1
Darbo E (Po.) 33 D2
Dardavaz P (Vis.) 94 C1
Darei P (Vis.) 75 B4
Darmós E (Ta.) 88 D1
Darnius E (Gi.) 52 A1
Daroca E (Zar.) 85 B2
Daroca de Rioja E (La R.) 43 C2
Darque P (V. C.) 53 C1
Darrical E (Alm.) 183 A3
Darro E (Gr.) 168 C5
Das E (Gi.) 50 C2
Daspera P (C. B.) 95 A5
Daya Nueva E (Ali.) 156 C4
Daya Vieja E (Ali.) 156 C4
De la Loma E (Gr.) 182 A3
Deán Grande E (A Co.) 13 C5
Deão P (V. C.) 53 D1
Deba E (Gui.) 11 D5
Decermilo P (Vis.) 75 B4
Degaña E (Ast.) 17 B3
Degolados P (San.) 112 D2
Degollada, La E (S. Cruz T.) 196 A4
Dégracia Cimeira P (Por.) 112 D3
Dégracia Fundeira P (Por.) 112 D3
Degracias P (Co.) 93 D4
Degrada E (Lu.) 16 D3
Dehesa E (Gr.) 181 B1
Dehesa Baja, La E (S. Cruz T.) 196 A2
Dehesa de Campoamor E (Ali.) 156 C5
Dehesa de los Montes E (Gr.) 180 D1
Dehesa de Marinartín E (Mad.) 101 B3
Dehesa de Montejo E (Pa.) 20 C4
Dehesa de Perosín E (Sa.) 96 D2
Dehesa de Romanos E (Pa.) 20 C5
Dehesa de San Isidro, lugar E (Huel.) 163 A4
Dehesa de Val, La E (Alb.) 138 A5
Dehesa de Villandrando E (Pa.) 41 A4
Dehesa del Cañaveral E (Cór.) 166 C5
Dehesa Mayor E (Seg.) 60 D5
Dehesa Mayorga E (Bad.) 114 A5
Dehesa, La E (Alb.) 154 A4
Dehesa, La E (Alb.) 154 B2
Dehesa, La E (Alb.) 138 B5
Dehesa, La E (Huel.) 163 A1
Dehesa, La E (Mad.) 101 C1
Dehesas E (Le.) 37 A1
Dehesas de Guadix E (Gr.) 168 D3
Dehesas Viejas E (Gr.) 168 A4
Dehesas, Las E (Mad.) 81 A4
Dehesas, Las E (S. Cruz T.) 195 D2
Dehesilla E (Gr.) 166 D5
Deià → Deyá E (Bal.) 91 C2
Deifontes E (Gr.) 168 A5
Deilão P (Bra.) 57 B1
Deilão P (Vis.) 74 D2
Deixa-o-Resto P (Set.) 143 B3
Deixebre E (A Co.) 14 C2
Deleitosa E (Các.) 116 C2
Delfià E (Gi.) 52 B1
Delgada P (Lei.) 110 D4
Delgadas, Las E (Huel.) 163 A2
Delgadillo E (Gr.) 168 C4
Delika E (Ál.) 22 D3
Delongo P (San.) 112 A2
Deltebre E (Ta.) 88 D4
Demetrios, Los E (Cu.) 104 C2
Demo P (Lei.) 111 C2
Dénia E (Ali.) 142 A3
Denúy E (Hues.) 48 C1
Deocriste P (V. C.) 53 D1
Derde E (Alm.) 170 B1
Derio E (Viz.) 11 A5
Derramadero, lugar E (Alb.) 154 B1
Derramador, El E (Ali.) 156 C3
Derramador, El E (Val.) 123 D4
Derrea da Cimeira P (Lei.) 94 C4
Desamparados, Los E (Ali.) 156 B4
Desbarate P (Fa.) 174 D2
Descargamaría E (Các.) 97 B2
Descoberto P (C. B.) 95 B4
Desejosa P (Vis.) 75 C1
Desierto, El E (S. Cruz T.) 195 D4
Desojo E (Na.) 44 A1
Despujol, El E (Bar.) 51 A4
Desteriz E (Our.) 34 D3
Destriana E (Le.) 38 A2
Destriz P (Vis.) 74 B4
Deva E (Ast.) 6 D3
Dévanos E (So.) 64 C1
Devesa E (Lu.) 15 C2
Devesa E (Our.) 15 A5
Devesa E (Our.) 36 A5
Devesa E (Po.) 14 A5
Devesa de Boñar, La E (Le.) 19 B4
Devesa de Curueño E (Le.) 19 A5
Devesa, A E (Lu.) 4 C3
Devesa, A E (Po.) 14 A4
Devesos E (A Co.) 3 C2
Dexo E (A Co.) 2 C3
Deyá/Deià E (Bal.) 91 C2
Deza E (So.) 64 B4
Dianteiro P (Vis.) 74 C3
Díaz, Los E (Mu.) 172 B3
Dicastillo E (Na.) 44 B1
Diego Álvaro E (Áv.) 79 A5
Diezma E (Gr.) 168 B5
Dílar E (Gr.) 182 A2
Dima E (Viz.) 23 B2
Dine P (Bra.) 36 C5
Diogo Dias P (Fa.) 160 D3
Diogo Martins P (Be.) 161 A3
Diomondí E (Lu.) 15 C5
Dios Le Guarde E (Sa.) 77 C5
Dioses, Los E (Alm.) 170 C5
Distriz E (Lu.) 35 D1
Distriz E (Lu.) 3 C4
Diustes E (So.) 43 D4
Doade E (Lu.) 35 D1
Doade E (Our.) 34 C1
Dobres E (Can.) 20 B2
Dobro E (Bur.) 21 D4
Doctoral, El E (Las P.) 191 D4
Dodro E (A Co.) 14 A4
Dogueno P (Be.) 160 C3
Doiras E (Ast.) 5 A4
Dois Portos P (Lis.) 126 D1
Dólar E (Gr.) 183 A1
Dolores E (Ali.) 156 C4
Dolores E (Mu.) 172 C1
Dolores, Los E (Ali.) 156 C3
Dolores, Los E (Mu.) 172 B2
Dom Durão P (Lis.) 110 D4
Domaio E (Po.) 34 A2
Dombate E (A Co.) 1 C5
Dombellas E (So.) 63 C1
Domenes E (Alm.) 169 C5
Domeniliaga → San Millán E (Ál.) 23 D4
Domeny-Taialà E (Gi.) 52 A4
Domeño E (Val.) 124 B2
Domeño (Romanzado) E (Na.) 25 C5
Dómez E (Zam.) 57 D2
Dominga Chã P (Guar.) 76 A4
Domingão P (Por.) 112 C5
Domingo García E (Seg.) 80 C2
Domingo Pérez E (Gr.) 168 A3
Domingo Pérez E (To.) 100 B5
Domingo Señor E (Sa.) 78 A4
Domingos da Vinha P (Por.) 112 D3
Dominguizo P (C. B.) 95 C3
Don Álvaro E (Bad.) 131 C3
Don Benito E (Bad.) 132 A2
Don Gonzalo E (Mu.) 154 D5
Dona Bolida P (San.) 111 C4
Dona Maria P (Lis.) 126 C2
Donadillo E (Zam.) 37 C4
Donadío E (J.) 152 B5
Donado E (Zam.) 37 C4
Donai P (Bra.) 56 D1
Donalbai E (Lu.) 15 C1
Donamaria E (Na.) 24 D2
Donas E (Po.) 33 D3
Donas P (C. B.) 95 C3
Donatos, Los E (Alm.) 169 D4
Doncos E (Lu.) 16 C4
Done Bikendi Harana E (Ál.) 23 D5
Donelo P (V. R.) 75 C1
Doney de la Requejada E (Zam.) 37 B4
Doneztebe/Santesteban E (Na.) 24 D2
Donhierro E (Seg.) 80 A2
Donillas E (Le.) 18 A5
Doniños E (A Co.) 2 D3
Donís E (Lu.) 16 D3
Donjimeno E (Áv.) 79 D3
Donões P (V. R.) 55 B1
Donón E (Po.) 33 C2
Donostia-San Sebastián E (Gui.) 12 C5
Donramiro E (Po.) 14 D4
Donvidas E (Áv.) 80 A2
Doña Ana E (Mál.) 180 B4
Doña Blanca E (Cád.) 177 C5
Doña Inés E (Mu.) 154 D5
Doña María E (Alm.) 183 C1
Doña Mencía E (Cór.) 166 D3
Doña Rama E (Cór.) 149 A3
Doña Santos E (Bur.) 62 B1
Doñinos de Ledesma E (Sa.) 78 A2
Doñinos de Salamanca E (Sa.) 78 C3
Dor E (A Co.) 1 B5
Dordóniz E (Bur.) 23 B5
Dorna P (V. R.) 55 D2
Dorna P (Vis.) 74 C5
Dornelas E (Po.) 34 A3
Dornelas P (Ave.) 74 B3
Dornelas P (Br.) 54 B2
Dornelas P (Guar.) 75 C4
Dornelas P (V. R.) 55 B2
Dornelas do Zêzere P (Co.) 95 A3
Dornes P (San.) 112 B1
Doroña E (A Co.) 3 A4
Doroño E (Bur.) 23 B4
Dorrao/Torrano E (Na.) 24 B4
Dòrria E (Gi.) 50 D2
Dorrón E (Po.) 33 D1
Dos Aguas E (Val.) 124 C5
Dos Hermanas E (Sev.) 164 A5
Dos Torres de Mercader E (Te.) 87 A4
Dosbarrios E (To.) 120 A1
Doso E (A Co.) 3 A3
Dosrius E (Bar.) 71 C2
Dossãos P (Br.) 54 B1
Dos-Torres E (Cór.) 149 D1
Douro P (Lei.) 94 B5
Dozón E (Po.) 15 A5

Drago, El

Drago, El E (Cád.) 178 A4
Dragonal E (Las P.) 191 C2
Dragonte E (Le.) 16 D5
Driebes E (Gua.) 102 D3
Drova, La E (Val.) 141 B2
Duana, la → Aduanas E (Ali.) 142 A3
Duáñez E (So.) 63 D2
Duas Igrejas P (Ave.) 74 A2
Duas Igrejas P (Br.) 54 A1
Duas Igrejas P (Bra.) 57 C4
Duas Igrejas P (Port.) 54 C5
Dúas Igrexas E (Po.) 14 C5
Dúdar E (Gr.) 182 A1
Dueñas E (Pa.) 60 B1
Duesaigües E (Ta.) 89 A1
Dueso E (Can.) 10 A4
Duesos E (Ast.) 7 C4
Duio E (A Co.) 13 A2
Dumbría E (A Co.) 13 B1
Dunas, Las E (Sa.) 78 C2
Duques, Los E (Val.) 123 D4
Durana E (Ál.) 23 B3
Durango E (Viz.) 23 C1
Duratón E (Seg.) 61 D5
Durazno, El E (S. Cruz T.) 196 A2
Dúrcal E (Gr.) 182 A2
Durón E (Gua.) 83 B5
Durrães P (Br.) 53 D2
Durro E (Ll.) 48 D1
Durruma Kanpezu E (Ál.) 23 D5
Duruelo E (Áv.) 80 A5
Duruelo E (Seg.) 81 D1
Duruelo de la Sierra E (So.) 43 A5

E

Ea E (Viz.) 11 C4
Eaurta → Jaurrieta E (Na.) 25 D3
Écija E (Sev.) 165 C3
Echarren E (Na.) 24 C5
Echarri/Etxarri E (Na.) 24 D4
Edral P (Bra.) 56 B1
Edrosa P (Bra.) 56 C1
Edroso P (Bra.) 36 B5
Edroso P (Bra.) 56 C2
Ega P (Co.) 93 D3
Egea E (Hues.) 48 B2
Eguaria P (Lis.) 126 B2
Egües E (Na.) 25 A4
Egulbati E (Na.) 25 A4
Eguzkialdea E (Na.) 24 D1
Ehari E (Ál.) 23 B4
Eibar E (Gui.) 23 D1
Eidián E (Po.) 15 A3
Eira de Ana P (Br.) 53 D2
Eira dos Vales P (Co.) 94 B3
Eira Pedrinha P (Co.) 94 A3
Eira Vedra P (Br.) 54 D2
Eira Velha P (C. B.) 112 C1
Eirado P (Guar.) 75 C3
Eirado P (V. C.) 34 B4
Eiras E (Our.) 35 A2
Eiras P (Co.) 94 A2
Eiras P (Lis.) 126 D1
Eiras P (V. C.) 34 B5
Eiras P (V. R.) 55 D1
Eiras, As E (Po.) 33 D5
Eirexe E (Lu.) 15 B3
Eirigo P (Vis.) 74 B5
Eiriz P (Port.) 54 B4
Eiriz P (V. R.) 55 C3
Eirol P (Ave.) 74 A4
Eirón E (A Co.) 13 D2
Eirós E (Po.) 34 A1
Eitzaga E (Viz.) 23 C1
Eivados P (Bra.) 56 A3
Eivissa E (Bal.) 89 D4
Eixo P (Ave.) 73 D4
Eja P (Port.) 74 B1
Ejea de los Caballeros E (Zar.) 45 D4
Ejeme E (Sa.) 78 D4
Ejep E (Hues.) 48 A3
Ejido, El E (Alm.) 183 B4
Ejulve E (Te.) 86 D4
Ekora → Yécora E (Ál.) 43 D1
Elantxobe E (Viz.) 11 B4
Elbarrena E (Gui.) 24 B1
Elbete E (Na.) 25 A2
Elburgo/Burgelu E (Ál.) 23 C4
Elcano E (Na.) 25 A4
Elciego/Eltziego E (Ál.) 43 C1
Elcoaz E (Na.) 25 C4
Elche de la Sierra E (Alb.) 154 C1
Elche/Elx E (Ali.) 156 D3
Elda E (Ali.) 156 C1
Elduain E (Gui.) 24 B2
Elechas E (Can.) 9 C4
Eleizalde (Amoroto) E (Viz.) 11 C5
Elejalde Forua E (Viz.) 11 B5
Elexalde E (Viz.) 23 A1
Elgea E (Ál.) 23 C3
Elgeta E (Gui.) 23 C2
Elgoibar E (Gui.) 23 D1
Elgorriaga E (Na.) 24 D2
Eliana, l' E (Val.) 124 D3
Elizondo (Baztan) E (Na.) 25 A2
Eljas E (Các.) 96 C3
Elkano E (Gui.) 12 A5
Elo → Monreal E (Na.) 25 B5
Elorrio E (Viz.) 23 C2
Elorz E (Na.) 25 A4
Elosu E (Gui.) 23 D2
Eltzaburu E (Na.) 24 D3
Eltziego → Elciego E (Ál.) 43 C1
Elvas P (Por.) 130 A3
Elvillar/Bilar E (Ál.) 43 C1
Elviria E (Mál.) 188 B2
Elx → Elche E (Ali.) 156 D3
Éller E (Ll.) 50 B1
Embid E (Gua.) 84 D3
Embid de Ariza E (Zar.) 64 C5
Embid de la Ribera E (Zar.) 65 A4
Embún E (Hues.) 26 B5
Emerandos E (Viz.) 11 B4
Empalme E (Po.) 33 D1
Empalme, El E (Cas.) 108 A4
Emparedada, lugar E (Cór.) 165 C1
Emperador E (Val.) 125 B3
Empúria-Brava E (Gi.) 52 C2
Empúries E (Gi.) 52 C3
Ena E (Hues.) 46 C2
Enate E (Hues.) 47 D4
Encamp A 30 A5
Encarnação P (Lis.) 126 B1
Encarnación, La E (Mu.) 154 D4
Encarnaciones, Las E (Sev.) 179 A2
Encebras, Las E (Mu.) 155 D2
Encima Angulo E (Bur.) 22 C2
Encín y La Canaleja, El E (Mad.) 102 B1
Encina de San Silvestre E (Sa.) 77 D2
Encina, La E (Ali.) 140 B4
Encina, La E (Sa.) 97 A1
Encinacorba E (Zar.) 65 C5
Encinahermosa, lugar E (Alb.) 138 A2
Encinar de los Reyes, El E (Mad.) 101 D1
Encinar, urbanización El E (Sa.) 78 D3
Encinarejo de Córdoba E (Cór.) 165 D1
Encinares E (Áv.) 98 D2
Encinares, Los E (J.) 167 C2
Encinas E (Seg.) 61 D5
Encinas de Abajo E (Sa.) 78 D3
Encinas de Arriba E (Sa.) 78 D4
Encinas de Esgueva E (Vall.) 61 A2
Encinas Reales E (Cór.) 166 C5
Encinasola E (Huel.) 146 B3
Encinasola de las Minayas E (Sa.) 78 A2
Encinasola de los Comendadores E (Sa.) 77 B2
Encinedo E (Le.) 37 B3
Encinilla-Grija E (Sev.) 177 D3
Encinillas E (Seg.) 81 A2
Encio E (Bur.) 22 D5
Enciso E (La R.) 44 A4
Encomienda de Mudela, lugar E (C. R.) 135 D5
Encomienda, La E (Cu.) 121 C3
Encourados P (Br.) 54 A3
Encrobas, As E (A Co.) 2 C5
Endrinal E (Sa.) 78 B5
Eneritz → Enériz E (Na.) 24 D5
Enériz/Eneritz E (Na.) 24 D5
Enfesta E (A Co.) 14 B2
Enfesta E (A Co.) 2 D4
Enfesta E (Our.) 35 D5
Enfesta (Pontecesures) E (Po.) 14 A4
Enfistiella, La E (Ast.) 18 D1
Énguera E (Val.) 140 C2
Enguídanos E (Cu.) 123 A2
Enillas, Las E (Zam.) 58 B4
Enix E (Alm.) 183 C3
Énova, l' E (Val.) 141 A2
Enquerentes E (A Co.) 14 C3
Enroig → Anroig E (Cas.) 107 D1
Entins E (A Co.) 13 D3
Entoma E (Our.) 36 D1
Entradas P (Be.) 160 C1
Entrago E (Ast.) 18 A1
Entrala E (Zam.) 58 C4
Entralgo E (Ast.) 18 D1
Entrambasaguas E (Bur.) 22 C2
Entrambasaguas E (Can.) 9 D4
Entrambasaugas E (Lu.) 15 C3
Entrambasmestas E (Can.) 21 C1
Entre Ambos-os-Rios P (V. C.) 34 C5
Entre-a-Serra P (C. B.) 94 D5
Entrecinsa E (Our.) 36 B4
Entrecruces E (A Co.) 2 A5
Entredicho, El E (Mu.) 154 A5
Entrego, El E (Ast.) 6 D5
Entrena E (La R.) 43 C2
Entrepeñas E (Zam.) 37 B4
Entrerríos E (Bad.) 132 B2
Entrerríos E (Mál.) 188 B1
Entrialgo E (Ast.) 6 B3
Entrimo E (Our.) 34 D5
Entrín Alto E (Bad.) 130 D4
Entrín Bajo E (Bad.) 130 D4
Entroncamento P (San.) 111 D3
Entroncamento P (Set.) 127 A3
Envendos P (San.) 112 D2
Enviny E (Ll.) 49 B2
Enxabarda P (C. B.) 95 B3
Enxameia P (Guar.) 76 A2
Enxames E (Our.) 36 A5
Enxames P (C. B.) 95 D3
Enxara do Bispo P (Lis.) 126 C1
Enxofães P (Co.) 94 A1
Epele E (Gui.) 24 C1
Épila E (Zar.) 65 C3
Era E (Ast.) 6 A3
Era Alta E (Mu.) 155 D5
Era de la Viña E (Cád.) 179 A3
Erada P (C. B.) 95 B3
Erandio E (Viz.) 10 D5
Erandio-Goikoa E (Viz.) 10 D5
Eras, Las E (Alb.) 139 C1
Eras, Las E (S. Cruz T.) 196 A4
Eratsun E (Na.) 24 D2
Erbecedo E (A Co.) 2 A5
Erbedeiro E (Lu.) 15 C5
Erbille E (Po.) 34 A3
Erbogo E (A Co.) 14 A3
Ercina, La E (Le.) 19 B4
Erdozain E (Na.) 25 B4
Ereira P (Co.) 93 C3
Ereira P (Lis.) 110 D5
Ereira P (San.) 111 B5
Ereiras P (Lei.) 93 D4
Ereño E (Viz.) 11 C5
Ereñozu E (Gui.) 24 C1
Eresué E (Hues.) 48 B1
Ergoien E (Gui.) 12 C5
Ería, La E (Ast.) 6 C3
Erias E (Các.) 97 B2
Erice (Atez) E (Na.) 24 D3
Erice (Iza) E (Na.) 24 D3
Ericeira P (Lis.) 126 B1
Eriste E (Hues.) 28 B5
Erjos E (S. Cruz T.) 195 C3
Erjos del Tanque E (S. Cruz T.) 195 C3
Erla E (Zar.) 46 A4
Ermedelo E (A Co.) 13 D3
Ermelo P (V. C.) 34 C5
Ermelo P (V. R.) 55 A4
Ermesinde P (Port.) 54 A5
Ermida E (A Co.) 13 D2
Ermida P (Bra.) 56 C1
Ermida P (C. B.) 112 D1
Ermida P (Co.) 93 C1
Ermida P (V. C.) 34 C5
Ermida P (V. R.) 55 B5
Ermida P (Vis.) 74 D2
Ermida, A E (Our.) 14 C5
Ermidas-Aldeia P (Set.) 143 D4
Ermidas-Sado P (Set.) 143 D4
Ermigeira P (Lis.) 110 C5
Ermita de la Esperanza E (Cór.) 166 B3
Ermita de Patiño E (Mu.) 156 A5
Ermita del Ramonete E (Mu.) 171 C3
Ermita Nueva E (J.) 167 C4
Ermita Nueva → Sangonera la Verde E (Mu.) 155 D5
Ermita Virgen de la Sierra E (Cór.) 166 C3
Ermita, l' → Ermita, La E (Ali.) 158 A1
Ermita, La E (Gr.) 169 B2
Ermita, La/Ermita, l' E (Ali.) 158 A1
Ermitabarri-Ibarra E (Viz.) 23 A2
Ermo E (A Co.) 3 B2
Ermua E (Viz.) 23 C1
Ernes E (Lu.) 16 D1
Erra P (San.) 127 D1
Erratzu E (Na.) 25 B1
Errenteria E (Viz.) 11 B5
Errenteria → Rentería E (Gui.) 12 C5
Errezil E (Gui.) 24 A1
Errezu → Riezu E (Na.) 24 C4
Erribera E (Ál.) 22 C4
Errigoiti/Rigoitia E (Viz.) 11 B5
Erro E (Na.) 25 B3
Erroitegi E (Ál.) 23 D4
Erronkari → Roncal E (Na.) 26 A4
Errotaldea E (Gui.) 24 B2
Erts A 29 D 5
Erustes E (To.) 100 B5
Ervas Tenras P (Guar.) 76 A4
Ervedal P (Co.) 95 A1
Ervedal P (Co.) 93 C2
Ervedal P (Por.) 129 A1
Ervedeira P (Lei.) 93 B4
Ervedo P (V. R.) 55 D1
Ervedosa P (Bra.) 56 B2
Ervedosa P (Guar.) 76 A3
Ervedosa do Douro P (Vis.) 75 C1
Ervedoso P (Ave.) 74 B3
Ervideira P (Lei.) 94 C4
Ervideira P (Por.) 112 C5
Ervideiro P (Br.) 54 D3
Ervidel P (Be.) 144 B4
Ervilhais P (Vis.) 74 C1
Ervilhal P (Vis.) 74 D3
Es Cap de Barbària E (Bal.) 90 C5
Esa → Yesa E (Na.) 25 C5
Esblada E (Ta.) 70 A4
Escabralhado P (Guar.) 96 C1
Escacena del Campo E (Huel.) 163 B4
Escairón E (Lu.) 15 C5
Escala, l' E (Gi.) 52 C3
Escalada E (Bur.) 21 C4
Escalada E (Huel.) 146 C5
Escalante E (Can.) 10 A4
Escaldes-Engordany, les A 50 A1
Escalera E (Gua.) 84 B4
Escalhão P (Guar.) 76 C2
Escaló E (Ll.) 29 B5
Escalona E (Hues.) 47 D1
Escalona E (To.) 100 C4
Escalona del Prado E (Seg.) 81 A1
Escalona, La E (S. Cruz T.) 195 D4
Escalonilla E (Áv.) 100 A1
Escalonilla E (To.) 100 C5
Escalos de Baixo P (C. B.) 95 D5
Escalos de Cima P (C. B.) 95 D5
Escamilla E (Gua.) 103 C1
Escamplero E (Ast.) 6 B4
Escanilla E (Hues.) 47 D3
Escaño E (Bur.) 21 D3
Escañuela E (J.) 167 B1
Escapães P (Ave.) 74 A2
Escarabajosa de Cabezas E (Seg.) 81 A2
Escarabajosa de Cuéllar E (Seg.) 60 D4
Escarabote E (A Co.) 13 C4
Escardarcs E (Gi.) 50 C1
Escarei P (V. R.) 55 B3
Escariche E (Gua.) 102 D2
Escarigo P (C. B.) 95 D2
Escarigo P (Guar.) 76 D3
Escarihuela, La E (Mu.) 171 A3
Escariz (São Mamede) P (Br.) 54 A2
Escaro, lugar E (Le.) 19 D2
Escaroupim P (San.) 127 B1
Escároz/Ezkaroze E (Na.) 25 D3
Escarrilla E (Hues.) 27 A4
Escart E (Ll.) 49 B1
Escàs A 29 D5
Escatelares P (Set.) 143 B3
Escatrón E (Zar.) 67 A5
Esclanyà E (Gi.) 52 C4
Esclavitud E (A Co.) 14 A3
Esclet E (Gi.) 52 A5
Escó E (Zar.) 25 D5
Escóbados de Abajo E (Bur.) 22 A5
Escobar de Campos E (Le.) 39 D3
Escobar de Polendos E (Seg.) 81 A2
Escobar, El E (Mu.) 172 A1
Escobedo E (Can.) 9 C5
Escobedo E (Can.) 9 C4
Escober de Tábara E (Zam.) 58 A1
Escobonal, El E (S. Cruz T.) 196 A3
Escobosa de Almazán E (So.) 63 D4
Escombreras E (Mu.) 172 C3
Escopete E (Gua.) 102 D2
Escorca E (Bal.) 91 D2
Escorial, El E (Mad.) 101 A1
Escorihuela E (Te.) 106 A1
Escornabois E (Our.) 35 C4
Escorratel, El E (Ali.) 156 B4
Escós E (Ll.) 49 B2
Escoura P (Port.) 74 A1
Escoural P (Ave.) 94 B1
Escoural P (Co.) 93 C1
Escóznar E (Gr.) 167 C5
Escuadra E (Po.) 34 B1
Escuadro E (Po.) 14 C4
Escuadro E (Zam.) 58 A5
Escucha E (Te.) 86 B4
Escudeiros P (Br.) 54 B3
Escuelas, Las E (J.) 168 A1
Escuer E (Hues.) 27 A5
Escuernavacas E (Sa.) 77 B2
Esculca P (Co.) 94 D2
Escúllar E (Alm.) 183 B1
Escullos, Los E (Alm.) 184 C3
Escuredo E (Le.) 18 B5
Escuredo E (Zam.) 37 B3
Escurial E (Các.) 132 A1
Escurial de la Sierra E (Sa.) 78 A5
Escurquela P (Vis.) 75 C2
Escusa P (Por.) 113 C4
Escusa P (Por.) 112 D4
Escusa, A (Ribadumia) E (Po.) 13 D5
Escúzar E (Gr.) 181 D2
Esfiliana E (Gr.) 168 D5
Esfrega P (C. B.) 95 A5
Esglésies, les E (Ll.) 48 D2
Esgos E (Our.) 35 C2
Esgueira P (Ave.) 73 D4
Esguevillas de Esgueva E (Vall.) 60 C2
Eskantzana E (Ál.) 23 A5
Eskoriatza E (Gui.) 23 C3
Eslava E (Na.) 45 B1
Eslida E (Cas.) 125 B1
Esmelle E (A Co.) 2 D2
Esmolfe P (Vis.) 75 B4
Esmoriz P (Ave.) 73 D2
Esmorode E (A Co.) 13 D1
Espada, La E (Mu.) 155 D3
Espadanal P (Co.) 94 D1
Espadanedo P (Bra.) 56 C2
Espadanedo P (Vis.) 74 C1
Espadaña E (Sa.) 77 C2
Espadañedo E (Zam.) 37 C4
Espadilla E (Cas.) 107 A4
Espadín, El E (Alm.) 170 C2
Espaén E (Ll.) 49 C2
Espargo P (Ave.) 74 A2
Espariz P (Co.) 94 D2
Esparra, l' E (Gi.) 51 D5
Esparragal E (Mu.) 156 A4
Esparragal E (Mu.) 171 A3
Esparragal, El E (Cór.) 167 A3
Esparragal, El, lugar E (Cád.) 186 C1
Esparragalejo E (Bad.) 131 B2
Esparragosa de la Serena E (Bad.) 132 C5
Esparragosa de Lares E (Bad.) 133 A2
Esparreguera E (Bar.) 70 C3
Espartal, El E (Mad.) 82 A4
Espartinas E (Sev.) 163 D4
Espartza Zaraitzu → Esparza de Salazar E (Na.) 25 D4
Esparza de Salazar → Espartza Zaraitzu E (Gui.) 25 D4
Espasande E (Ast.) 4 C4
Espasande E (Lu.) 4 B4
Espasante E (A Co.) 3 C1
Especiosa P (Bra.) 57 C3
Espedrada P (Guar.) 76 A4
Espeja E (Sa.) 76 D5
Espeja de San Marcelino E (So.) 62 C2
Espejo E (Cór.) 166 B2
Espejón E (So.) 62 C1
Espejos de la Reina, Los E (Le.) 19 D3
Espeliz E (Alm.) 184 A2
Espelt, l' E (Bar.) 70 A2
Espelúy E (J.) 151 B4
Espera E (Cád.) 178 B3
Esperança P (Br.) 54 C2
Esperança P (Por.) 130 A1
Esperante E (Lu.) 15 B4
Esperanza, La E (Gr.) 181 A1
Esperanzas, Las E (Mu.) 172 C1
Esperela E (Lu.) 16 B2
Espés E (Hues.) 48 C1
Espiçandeira P (Lis.) 126 D1
Espiche P (Fa.) 173 B2
Espiel E (Cór.) 149 C3
Espierba E (Hues.) 27 D5
Espigas E (A Co.) 13 C2
Espina de Tremor E (Le.) 18 A4

Fermoselle

Espina, La E (Ast.) 5 D4
Espina, La E (Le.) 19 D4
Espinal → Aurizberri E (Na.) 25 B3
Espinama E (Can.) 20 A2
Espinar, El E (Seg.) 80 D5
Espinar, El, lugar E (To.) 119 C1
Espinardo E (Mu.) 156 A4
Espinaredo E (Ast.) 7 B5
Espinavell E (Gi.) 51 B1
Espindo P (Br.) 54 D2
Espinelves E (Gi.) 51 B5
Espinhal P (Co.) 94 B3
Espinhal P (Co.) 94 B4
Espinhal P (Guar.) 96 A2
Espinhal P (Guar.) 76 B5
Espinheira P (Co.) 73 D5
Espinheira P (Lei.) 110 D3
Espinheira P (Lis.) 111 A5
Espinheira P (San.) 111 B3
Espinheiro P (Co.) 94 B3
Espinheiro P (Co.) 93 D1
Espinheiro P (Guar.) 75 D4
Espinheiro P (Lei.) 111 B2
Espinheiro P (San.) 112 B2
Espinheiro P (San.) 111 C3
Espinhel P (Ave.) 74 A5
Espinho P (Ave.) 73 D1
Espinho P (Vis.) 74 C4
Espinho P (Vis.) 75 A5
Espinho P (Vis.) 75 D1
Espinho P (Vis.) 94 B1
Espinho Grande P (C. B.) 113 A1
Espinho Pequeno P (C. B.) 113 A1
Espinhosa P (Bra.) 56 B1
Espinhosa P (Vis.) 75 D1
Espinhosela P (Bra.) 56 D1
Espinilla E (Can.) 21 A2
Espino E (Mál.) 181 A3
Espino de la Orbada E (Sa.) 79 A2
Espino de los Doctores E (Sa.) 78 A2
Espino, El E (Le.) 17 B4
Espino, El E (So.) 64 A1
Espinos, Los E (Las P.) 191 A3
Espinosa de Cerrato E (Pa.) 41 B5
Espinosa de Cervera E (Bur.) 62 A1
Espinosa de Henares E (Gua.) 82 D3
Espinosa de la Ribera E (Le.) 18 C5
Espinosa de los Caballeros E (Áv.) 80 B2
Espinosa de los Monteros E (Bur.) 22 A2
Espinosa de Villagonzalo E (Pa.) 40 D1
Espinosa del Camino E (Bur.) 42 B2
Espinosilla de San Bartolomé E (Bur.) 41 C1
Espinoso del Rey E (To.) 118 A2
Espiñeira E (Lu.) 4 B3
Espiñeira E (Our.) 14 D5
Espiño E (Our.) 36 C3
Espiño E (Our.) 35 C5
Espiñoso E (Our.) 35 A3
Espirdo E (Seg.) 81 A2
Espirito Santo E (Po.) 33 D2
Espírito Santo P (Be.) 161 A2
Espírito Santo P (Co.) 93 D3
Espite P (San.) 111 D1
Espiunca P (Ave.) 74 C2
Esplegares E (Gua.) 83 D4
Espluga Calba, l' E (Ll.) 69 B3
Espluga de Francolí, l' E (Ta.) 69 B4
Esplugues de Llobregat E (Bar.) 71 A4
Esplús E (Hues.) 68 A1
Espolla E (Gi.) 52 B1
Esponellà E (Gi.) 52 A3
Esporles E (Bal.) 91 C3
Esporões P (Br.) 54 B3
Esporões P (Guar.) 76 A3
Esposa E (Hues.) 26 C5
Esposade P (Port.) 74 A1
Esposende P (Br.) 53 D2
Espot E (Ll.) 29 B5
Espragosa P (Be.) 160 D2
Espronceda E (Na.) 44 A1
Espumaderas, Las, lugar E (J.) 153 B4
Espunyola, l' E (Bar.) 50 B4
Esquedas E (Hues.) 46 D3
Esquio P (Co.) 94 B4
Esquivel E (Sev.) 164 A3
Esquivias E (To.) 101 C4
Establés E (Gua.) 84 B2
Establiments E (Bal.) 91 C3
Estacada, La E (Mu.) 155 C1
Estação P (San.) 112 B4
Estacas E (Po.) 34 B2
Estacas E (Po.) 14 A4
Estació de Sant Vicenç de Calders, l' E (Ta.) 70 A5
Estació, l' → Estación, La E (Ali.) 156 C2
Estación E (Lu.) 16 A5
Estación E (Mál.) 180 B4
Estación E (Mu.) 171 A3
Estación E (To.) 101 C4
Estación de Aljucén E (Bad.) 131 B2
Estación de Almonaster E (Huel.) 146 C5
Estación de Archidona E (Mál.) 180 C1
Estación de Arroyo-Malpartida E (Các.) 115 A3
Estación de Begíjar E (J.) 152 A5
Estación de Cabra E (J.) 168 C2
Estación de Chinchilla E (Alb.) 139 A3
Estación de El Espinar E (Seg.) 81 A4
Estación de Espelúy E (J.) 151 C5
Estación de Fernán Núñez E (Cór.) 166 B2
Estación de Ferrocarril E (Sev.) 164 B3
Estación de Gorafe E (Gr.) 169 A4
Estación de Guadix E (Gr.) 168 D5
Estación de Huelma E (J.) 168 C2
Estación de Huesa E (J.) 168 C2
Estación de Huétor Tájar E (Gr.) 181 B1
Estación de La Calahorra, lugar E (Gr.) 169 A5
Estación de Linares-Baeza E (J.) 151 D4
Estación de Moreda E (Gr.) 168 C4
Estación de Obejo E (Cór.) 149 D4
Estación de Pedro-Martínez E (Gr.) 168 C3
Estación de Río Záncara E (C. R.) 121 A5
Estación de Salinas E (Mál.) 180 D1
Estación de Vadollano E (J.) 151 D4
Estación Emperador E (To.) 119 B5
Estación Férrea E (Cád.) 187 A4
Estación Férrea E (Mu.) 155 C3
Estación Ferrocarril E (Các.) 114 A4
Estación Ferrocarril E (Huel.) 163 B4
Estación Mora de Rubielos E (Te.) 106 C4
Estación Portazgo E (Zar.) 66 B1
Estación Urda Peleches E (To.) 119 C4
Estación y Pajares, La E (Mad.) 101 A1
Estación, La E (Alm.) 183 C1
Estación, La E (Alm.) 183 B1
Estación, La E (Alm.) 171 A4
Estación, La E (Áv.) 80 C5
Estación, La E (Áv.) 80 B3
Estación, La E (C. R.) 134 D5
Estación, La E (Cór.) 166 D3
Estación, La E (Cór.) 166 C3
Estación, La E (Cór.) 150 C5
Estación, La E (Cór.) 165 A2
Estación, La E (Gr.) 169 A5
Estación, La E (Mad.) 101 B1
Estación, La E (Mad.) 100 D1
Estación, La E (Mad.) 81 B5
Estación, La E (Pa.) 20 C4
Estación, La E (Sa.) 78 A3
Estación, La E (Sa.) 78 B3
Estación, La E (Sa.) 79 B1
Estación, La E (Te.) 87 A1
Estación, La E (To.) 101 D4
Estación, La E (Zam.) 58 D3
Estación, La, lugar E (Alm.) 183 B1
Estación, La, lugar E (Bad.) 131 B5
Estación, La, lugar E (Bad.) 147 B1
Estación, La, lugar E (Mál.) 179 B4
Estación, La/Estació, l' E (Ali.) 156 C2
Estación, lugar E (Cád.) 187 A4
Estada E (Hues.) 48 A4
Estadilla E (Hues.) 48 A4
Estall E (Hues.) 48 C4
Estamariu E (Ll.) 50 A2
Estancos, Los E (Las P.) 190 B2
Estanquillo, El E (S.Cruz T.) 194 C2
Estany d'en Mas, S' E (Bal.) 92 C4
Estany, l' E (Bar.) 51 A5
Estanyol E (Gi.) 51 D4
Estaña E (Hues.) 48 B4
Estaràs E (Ll.) 69 D2
Estarreja P (Ave.) 73 D3
Estartit, l' E (Gi.) 52 C3
Estás E (Po.) 33 D4
Estébanez de la Calzada E (Le.) 38 B2
Estebanvela E (Seg.) 62 B5
Esteiramantens P (Fa.) 175 A3
Esteiro E (A Co.) 3 A2
Esteiro E (A Co.) 13 C3
Esteiro E (A Co.) 13 D4
Esteiro P (Co.) 95 A4
Estela P (Port.) 53 D3
Estela Montes P (Fa.) 174 B2
Estella del Marqués E (Cád.) 177 D4
Estella/Lizarra E (Na.) 24 B5
Estellencs E (Bal.) 91 B3
Estepa E (Sev.) 165 D5
Estepa de San Juan E (So.) 63 D1
Estépar E (Bur.) 41 C3
Estepona E (Mál.) 187 C2
Ester P (Vis.) 74 D2
Esteras de Lubia E (So.) 64 A2
Esteras de Medinaceli E (So.) 83 D2
Estercuel E (Te.) 86 C3
Esteriz E (Po.) 33 D3
Esterri d'Àneu E (Ll.) 29 B5
Esterri de Cardós E (Ll.) 29 C5
Estesos, Los E (Cu.) 121 D5
Estet E (Hues.) 48 C1
Estevais P (Bra.) 56 B5
Estevais P (Bra.) 56 D5
Estevais P (C. B.) 112 B1
Esteval P (Fa.) 174 C3
Esteval dos Mouros P (Fa.) 174 B2
Esteveira P (Fa.) 174 B2
Esteveira P (San.) 112 C4
Estevês P (C. B.) 113 A1
Estevesiños E (Our.) 35 D5
Estibeira P (Be.) 159 B2
Estiche de Cinca E (Hues.) 67 D1
Estivella E (Val.) 125 B2
Esto E (A Co.) 1 D5
Estói P (Fa.) 174 D3
Estollo E (La R.) 43 A3
Estômbar P (Fa.) 173 D2
Estopiñán del Castillo E (Hues.) 48 C5
Estorãos P (V. C.) 53 D1
Estorde E (A Co.) 13 B2
Estoril P (Lis.) 126 B3
Estorniho P (Lei.) 110 D4
Estorninhos P (Fa.) 175 B2
Estorninos E (Các.) 114 C1
Estrada P (Lei.) 93 D4
Estrada P (Lei.) 110 C4
Estrada da Bouça P (Lei.) 93 C5
Estrada, A E (Po.) 14 B4
Estramil E (A Co.) 2 B4
Estrecho de San Ginés, El E (Mu.) 172 C2
Estrecho, El E (Mu.) 172 A2
Estreito P (C. B.) 95 A4
Estreito P (San.) 111 D1
Estreito da Calheta P (Ma.) 109 D2
Estreito de Câmara de Lobos P (Ma.) 110 B2
Estrela P (Be.) 145 C2
Estrella, La E (To.) 117 C2
Estremera E (Mad.) 102 D4
Estremoz P (Év.) 129 B3
Estribeiro P (Lis.) 111 A5
Estriégana E (Gua.) 83 C2
Estrivela E (Po.) 34 A1
Estubeny E (Val.) 140 D2
Esturãos P (V. R.) 55 D2
Etayo E (Na.) 24 B5
Etreros E (Seg.) 80 C3
Etxalar E (Na.) 25 A1
Etxaleku E (Na.) 24 D3
Etxano E (Viz.) 23 B1
Etxarri → Echarri E (Na.) 24 D4
Etxarri-Aranatz E (Na.) 24 B3
Etxauri E (Na.) 24 D4
Etxebarria E (Viz.) 23 C1
Euba E (Viz.) 23 B1
Eucisia P (Bra.) 56 C5
Eugenia P (C. B.) 96 B4
Eugi E (Na.) 25 B3
Eulate E (Na.) 24 A4
Eume E (A Co.) 3 A3
Eurovillas E (Mad.) 102 C2
Évora P (Év.) 128 D5
Évora de Alcobaça P (Lei.) 111 A2
Évora Monte P (Év.) 129 A3
Extramiana E (Bur.) 22 B4
Extremo P (V. C.) 34 B4
Ézaro E (A Co.) 13 B2
Ezcaray E (La R.) 42 D3
Ezkaroze → Escároz E (Na.) 25 D3
Ezkio E (Gui.) 24 A2
Ezkio-Itsaso E (Gui.) 24 A2
Ezkurra E (Na.) 24 D2
Ezprogui E (Na.) 45 B1
Ezquerra E (Bur.) 42 C2
Eztuniga → Zúñiga E (Na.) 24 A5

F

Faba-Bargelas, La E (Le.) 16 C4
Fabara E (Zar.) 87 D1
Fabero E (Le.) 17 B4
Fábrica Azucarera E (Zar.) 65 C3
Fábrica de Giner, la → Primera del Río E (Cas.) 87 C5
Fábrica del Pedroso E (Sev.) 148 B5
Fábrica, La E (Bar.) 70 C2
Fábrica, La E (Gr.) 181 A1
Facinas E (Cád.) 186 C4
Facós E (Our.) 34 D4
Facha P (V. C.) 54 A1
Facheca/Fageca E (Ali.) 141 B4
Facho P (Lei.) 111 A2
Facho P (Port.) 53 D4
Fadón E (Zam.) 58 A4
Faedal, El E (Ast.) 5 D4
Faedo E (Ast.) 6 A3
Faedo E (Ast.) 5 D3
Fafe P (Br.) 54 C3
Fafião P (V. R.) 54 D1
Fagajesto E (Las P.) 191 B2
Fageca → Facheca E (Ali.) 141 B4
Fago E (Hues.) 26 B5
Fagundo E (S.Cruz T.) 193 B2
Faia P (Br.) 55 A3
Faia P (Guar.) 75 D5
Faia P (Vis.) 75 C2
Faial P (Ma.) 110 B1
Faial da Terra P (Aç.) 109 D5
Faião P (Lis.) 126 B2
Fail P (Vis.) 74 D5
Faiões P (V. R.) 55 D1
Faisca E (A Co.) 2 D3
Faitús E (Gi.) 51 B2
Fajã da Ovelha P (Ma.) 109 D1
Fajã de Cima P (Aç.) 109 B4
Fajã Grande P (Aç.) 109 A2
Fajão P (Co.) 94 D3
Fajarda P (San.) 127 C1
Fajãzinha P (Aç.) 109 A2
Fajões P (Ave.) 74 B2
Fajozes P (Port.) 53 D4
Falachos P (Guar.) 76 A4
Falagueira P (Por.) 113 A3
Falagueira Venda Nova P (Lis.) 126 C3
Falces E (Na.) 44 D2
Falfosa P (Fa.) 174 C3
Falgorosa P (Ave.) 74 B5
Falgoselhe P (Ave.) 74 B5
Falgueiras P (Bra.) 56 C2
Fals E (Bar.) 70 B1
Falset E (Ta.) 89 A1
Famalicão P (Guar.) 95 D1
Famalicão P (Lei.) 110 D2
Famelga E (Po.) 34 B1
Famões P (Lei.) 110 D4
Famorca E (Ali.) 141 B4
Fanadia P (Lei.) 110 D3
Fanadix E (Ali.) 142 A4
Fandinhães P (Port.) 74 C1
Fangarifau P (Set.) 127 C5
Fanhais P (Lei.) 111 A1
Fanhões P (Lis.) 126 D2
Fanlillo E (Hues.) 47 B1
Fanlo E (Hues.) 27 C5
Fanzara E (Cas.) 107 B5
Fânzeres P (Port.) 54 A5
Fañabé E (S.Cruz T.) 195 C4
Fañanás E (Hues.) 47 A4
Fao E (A Co.) 14 C3
Fão P (Br.) 53 D3
Far d'Empordà, el E (Gi.) 52 B2
Faraján E (Mál.) 179 B5
Faramontanos de Tábara E (Zam.) 58 B1
Faramontaos E (Our.) 35 A1
Faramontaos E (Our.) 35 C2
Farasdués E (Zar.) 45 D3
Fareja P (Br.) 54 C3
Fareja P (Vis.) 75 A2
Farejinhas P (Vis.) 75 A2
Farelos P (Fa.) 161 A3
Farena E (Ta.) 69 B5
Farga de Bebié, La E (Gi.) 51 A3
Farga de Moles, La E (Ll.) 49 D1
Faria P (Br.) 53 D3
Farinha Branca P (Por.) 128 B1
Fariza de Sayago E (Zam.) 57 C4
Farlete E (Zar.) 66 D2
Farminhão P (Vis.) 74 D5
Farnadeiros E (Lu.) 15 D3
Faro E (Le.) 17 B3
Faro E (Lu.) 3 D1
Faro P (Fa.) 174 C3
Faro do Alentejo P (Be.) 144 C3
Farrapa E (A Co.) 13 B1
Farrera E (Ll.) 49 C1
Fárrio P (San.) 111 D1
Fartosas P (Co.) 94 A4
Farves P (Vis.) 74 C4
Fasgar E (Le.) 17 D4
Fasnia E (S.Cruz T.) 196 A3
Fataga E (Las P.) 191 C4
Fatarella, la E (Ta.) 88 B1
Fataunços P (Vis.) 74 D4
Fatela P (C. B.) 95 D3
Fátima E (Gr.) 169 C1
Fátima P (San.) 111 C2
Faucena E (Gr.) 168 B4
Faura E (Val.) 125 B2
Favacal P (Co.) 94 B4
Favaios P (V. R.) 55 D5
Favais P (V. R.) 55 B3
Favara E (Val.) 141 B1
Favões P (Port.) 74 C1
Fayón E (Zar.) 68 B5
Fayos, Los E (Zar.) 64 D1
Fazamões P (Vis.) 75 A1
Fazenda P (Por.) 112 D4
Fazenda das Lajes P (Aç.) 109 A2
Fazendas de Almeirim P (San.) 111 D5
Fazouro E (Lu.) 4 B2
Feal E (A Co.) 2 D2
Feáns E (A Co.) 2 C4
Feás E (A Co.) 3 B1
Feás E (Our.) 35 B5
Feás E (Our.) 34 D1
Febres P (Co.) 93 D1
Febró, la E (Ta.) 69 B5
Feces de Abaixo E (Our.) 55 D1
Fechaladrona E (Ast.) 18 D1
Feijó P (Set.) 126 C4
Feira P (Ave.) 74 A2
Feira P (Ave.) 74 B4
Feira do Monte, A E (Lu.) 3 D5
Feirão P (Vis.) 75 A1
Feiro P (V. C.) 53 D1
Feital P (Guar.) 76 A4
Feiteira P (Ave.) 73 D5
Feiteira P (Fa.) 160 D4
Feitos P (Br.) 53 D2
Feitosa P (V. C.) 54 A1
Feitoso P (Co.) 93 C2
Feitoso P (Lei.) 111 A3
Feixe P (San.) 128 A1
Felanitx E (Bal.) 92 B4
Felechares de la Valdería E (Le.) 38 A3
Feleches E (Ast.) 6 D4
Felechosa E (Ast.) 19 A2
Felgar P (Bra.) 56 C5
Felgueira P (Ave.) 74 B3
Felgueira P (Vis.) 94 C1
Felgueiras P (Br.) 54 D3
Felgueiras P (Bra.) 56 C4
Felgueiras P (Bra.) 76 C1
Felgueiras P (Port.) 54 C4
Felgueiras P (Vis.) 75 A1
Felgueirasa P (Co.) 95 A1
Felguera E (Ast.) 18 B1
Felguera, La E (Ast.) 18 C1
Felguerina E (Ast.) 19 B1
Feli E (Mu.) 171 B3
Felipa, La E (Alb.) 139 A2
Felix E (Alm.) 183 C3
Felmil E (Lu.) 3 D5
Felmín E (Le.) 18 D3
Femés E (Las P.) 192 B5
Fenais da Ajuda P (Aç.) 109 C4
Fenais da Luz P (Aç.) 109 B4
Fenazar E (Mu.) 155 D3
Fene E (A Co.) 2 D3
Férez E (Alb.) 154 C2
Feria E (Bad.) 131 A5
Fermedo P (Ave.) 74 B2
Fermelã P (Ave.) 74 A4
Fermentães P (Bra.) 56 D2
Fermentãos P (Vis.) 74 D2
Fermentelos P (Ave.) 74 A5
Fermontelos P (Vis.) 74 D3
Fermoselle E (Zam.) 57 C5

Fernán Caballero

Fernán Caballero E (C. R.) 135 B 1
Fernán Núñez E (Cór.) 166 A 2
Fernán Pérez E (Alm.) 184 C 3
Fernandes P (Be.) 161 B 2
Fernandilho P (Fa.) 161 A 4
Fernandina, La E (J.) 151 D 3
Fernandinho P (Lis.) 126 C 1
Fernando Pó P (Set.) 127 C 4
Fernão Ferro P (Set.) 126 D 4
Fernão Joanes P (Guar.) 95 D 1
Fernão Vaz P (Be.) 160 A 2
Ferradosa P (Bra.) 56 C 5
Ferradosa P (Bra.) 56 B 2
Ferragudo P (Év.) 145 C 1
Ferragudo P (Fa.) 173 C 2
Ferral P (V. R.) 55 A 1
Ferral del Bernesga E (Le.) 18 D 5
Ferraría E (Lu.) 16 A 5
Ferraria P (Lei.) 111 A 1
Ferraria P (Por.) 112 D 3
Ferraria de São João P (Co.) 94 B 4
Ferrarias P (Fa.) 174 B 3
Ferrarias P (Fa.) 174 A 2
Ferrarias P (Lei.) 94 A 5
Ferrarias Cimeiras P (C. B.) 113 B 1
Ferreira E (A Co.) 3 A 3
Ferreira E (A Co.) 1 D 5
Ferreira E (Gr.) 182 D 1
Ferreira E (Lu.) 35 C 1
Ferreira E (Lu.) 4 A 2
Ferreira P (Bra.) 56 C 2
Ferreira P (Port.) 54 B 5
Ferreira P (V. C.) 34 A 5
Ferreira de Aves P (Vis.) 75 B 3
Ferreira do Alentejo P (Be.) 144 B 3
Ferreira do Zêzere P (San.) 112 B 1
Ferreira-a-Nova P (Co.) 93 C 2
Ferreiras P (Fa.) 174 A 2
Ferreirim P (Vis.) 75 B 1
Ferreirim P (Vis.) 75 C 2
Ferreiro E (A Co.) 14 D 2
Ferreiró P (Port.) 53 D 4
Ferreiroa E (Po.) 15 A 4
Ferreirola E (Gr.) 182 C 3
Ferreiros E (Lu.) 15 D 4
Ferreiros E (Lu.) 16 B 3
Ferreiros E (Our.) 34 D 5
Ferreiros E (Our.) 35 B 1
Ferreirós E (Po.) 14 D 3
Ferreirós E (Po.) 14 A 4
Ferreiros P (Ave.) 94 A 1
Ferreiros P (Ave.) 74 A 3
Ferreiros P (Br.) 54 B 2
Ferreiros P (Br.) 54 C 2
Ferreiros P (Bra.) 56 B 1
Ferreiros P (V. C.) 34 B 5
Ferreiros de Arriba E (Lu.) 16 B 5
Ferreiros de Avões P (Vis.) 75 A 1
Ferreiros de Tendais P (Vis.) 74 D 1
Ferreiros de Valboa E (Lu.) 16 B 4
Ferreirós do Dão P (Vis.) 94 D 1
Ferreirúa E (Lu.) 16 A 5
Ferreirúa E (Our.) 35 C 1
Ferrel P (Lei.) 110 C 3
Ferrera E (Ast.) 7 A 5
Ferrera E (Ast.) 5 C 3
Ferreras E (Le.) 18 B 5
Ferreras de Abajo E (Zam.) 58 A 1
Ferreras de Arriba E (Zam.) 57 D 1
Ferreries E (Bal.) 90 B 2
Ferrero E (Ast.) 6 C 2
Ferreros E (Ast.) 6 B 5
Ferreros E (Zam.) 37 B 4
Ferreruela de Huerva E (Te.) 85 D 2
Ferreruela de Tábara E (Zam.) 58 A 2
Ferro P (C. B.) 95 C 2
Ferro, Lo E (Mu.) 172 B 1
Ferrocinto P (Vis.) 74 D 4
Ferroi E (Lu.) 15 D 3
Ferrol E (A Co.) 2 D 3
Ferronha P (Vis.) 75 D 2
Fervença P (Br.) 54 D 4
Fervença P (V. R.) 55 A 4
Fervenzas E (A Co.) 3 A 5
Fervidelas P (V. R.) 55 A 1
Festín E (Po.) 34 B 2
Fet, lugar E (Hues.) 48 C 4
Fetais P (Lei.) 110 C 3
Fetais P (Lis.) 126 D 1
Feteira P (Lei.) 93 C 5
Feteira P (Lis.) 110 C 4
Feteiras P (Aç.) 109 A 4
Feteiras P (Lei.) 94 A 5
Fétil P (Lei.) 93 D 5
Fiães P (Ave.) 74 A 2
Fiães P (Guar.) 75 D 4
Fiães P (V. C.) 34 C 3
Fiães P (V. R.) 56 A 1
Fiães do Rio P (V. R.) 55 A 1
Fiães do Tâmega P (V. R.) 55 C 2
Fiais da Beira P (Co.) 94 D 1
Fial P (Ave.) 74 A 4
Fiestras E (Our.) 35 C 4
Figaredo E (Ast.) 18 C 1
Figaró (Montmany) E (Bar.) 71 A 1
Figarol E (Na.) 45 B 2
Figarona E (Ast.) 6 D 4
Fígols E (Bar.) 50 C 3
Fígols E (Ll.) 49 D 3
Figueira P (Ave.) 74 B 5
Figueira P (Bra.) 56 D 5
Figueira P (Fa.) 173 A 3
Figueira P (Fa.) 173 C 2
Figueira P (Lei.) 94 B 5
Figueira P (Port.) 74 B 1
Figueira P (Vis.) 75 B 1
Figueira da Foz P (Co.) 93 B 3
Figueira de
Castelo Rodrigo P (Guar.) 76 C 3
Figueira do Lorvão P (Co.) 94 B 2
Figueira
dos Cavaleiros P (Be.) 144 A 3
Figueira e Barros P (Por.) 129 A 1
Figueiras E (Lu.) 4 A 3
Figueiras P (Lei.) 93 C 5
Figueiras P (Set.) 127 C 4
Figueiredo P (Ave.) 74 C 2
Figueiredo P (Br.) 54 B 3
Figueiredo P (Br.) 54 B 2
Figueiredo P (C. B.) 94 D 5
Figueiredo P (Guar.) 95 B 1
Figueiredo P (Lis.) 126 C 1
Figueiredo das Donas P (Vis.) 74 D 4
Figueiredo de Alva P (Vis.) 74 D 3
Figueirido E (Po.) 34 A 1
Figueirinha P (Be.) 160 D 2
Figueiró E (Po.) 33 D 4
Figueiró P (Port.) 54 B 4
Figueiró da Granja P (Guar.) 75 C 5
Figueiró da Serra P (Guar.) 75 C 5
Figueiró do Campo P (Co.) 93 D 3
Figueiró dos Vinhos P (Lei.) 94 B 5
Figueiroa E (A Co.) 3 B 1
Figueiros P (Lis.) 111 A 4
Figuera, la E (Ta.) 68 D 5
Figueral, Es E (Bal.) 90 A 3
Figueras E (Ast.) 4 C 3
Figueres E (Gi.) 52 B 2
Figuerinha P (Bra.) 57 B 4
Figuerola del Camp E (Ta.) 69 C 4
Figuerola d'Orcau E (Ll.) 49 A 4
Figueroles E (Cas.) 107 B 4
Figueruela de Abajo E (Zam.) 57 B 1
Figueruela de Arriba E (Zam.) 57 B 1
Figueruela de Sayago E (Zam.) 58 A 5
Figueruelas E (Zar.) 65 D 2
Filgueira E (A Co.) 15 A 2
Filgueira E (Lu.) 15 B 3
Filgueira E (Po.) 34 D 3
Filgueira E (Po.) 14 D 4
Filgueira E (Po.) 14 B 5
Filgueira de Barranca E (A Co.) 2 D 5
Filgueira de Traba E (A Co.) 14 D 1
Filhós P (San.) 111 C 3
Filiel E (Le.) 37 C 2
Finca España E (S. Cruz T.) 196 B 2
Finca Fierro E (Our.) 35 B 2
Fines E (Alm.) 170 B 4
Finestras, lugar E (Hues.) 48 C 5
Finestrat E (Ali.) 141 C 5
Finisterre → Fisterra E (A Co.) 13 A 2
Finos, Los E (Alm.) 170 B 3
Fiñana E (Alm.) 183 B 1
Fiolhoso P (V. R.) 55 D 4
Fión E (Lu.) 15 C 5
Firgas E (Las P.) 191 C 2
Firvedas P (V. R.) 55 B 1
Fiscal E (Hues.) 47 B 1
Fiscal P (Br.) 54 B 2
Fisterra/Finisterre E (A Co.) 13 A 2
Fisteus E (A Co.) 15 A 1
Fistéus E (Lu.) 36 B 1
Fitero E (Na.) 44 C 5
Fitoiro E (Our.) 36 A 2
Flaçà E (Gi.) 52 B 4
Flamengos P (Aç.) 109 A 3
Flariz E (Our.) 35 C 5
Flecha de Torío, La E (Le.) 19 A 4
Flecha, La E (Vall.) 60 A 3
Flechas E (Zam.) 37 B 5
Flix E (Ta.) 68 C 5
Flor da Rosa P (Co.) 94 A 3
Flor da Rosa P (Por.) 113 B 4
Flor del Camp E (Ta.) 89 B 1
Florderrei E (Our.) 36 A 5
Florejacs E (Ll.) 69 C 1
Flores E (Zam.) 57 D 2
Flores de Ávila E (Áv.) 79 C 3
Flores del Sil E (Le.) 37 B 1
Floresta, la E (Bar.) 71 A 3
Floresta, la E (Bar.) 71 B 3
Floresta, la E (Ll.) 69 A 3
Florida de Liébana E (Sa.) 78 C 2
Florida, La E (Bar.) 71 A 3
Florida, La E (S. Cruz T.) 195 D 3
Fogars de la Selva E (Bar.) 71 D 1
Fogars de Montclús E (Bar.) 71 C 1
Fogueteiro P (Set.) 126 D 4
Foia, La E (Ali.) 156 D 3
Foia, la → Foya, La E (Cas.) 107 B 4
Foios E (Val.) 125 B 3
Fóios P (Guar.) 96 C 2
Foitos P (Lei.) 93 C 4
Foixà E (Gi.) 52 B 4
Fojedo E (Le.) 38 C 1
Fojo Lobal P (V. C.) 54 A 1
Foldada E (Pa.) 20 D 4
Folgorosa P (Lis.) 110 D 5
Folgosa E (Lu.) 16 A 2
Folgosa P (Co.) 94 C 3
Folgosa P (Vis.) 75 A 4
Folgosa P (Vis.) 75 B 1
Folgosa do Madalena P (Guar.) 95 B 1
Folgosa do Salvador P (Guar.) 95 B 1
Folgosinho P (Guar.) 75 C 5
Folgoso E (Our.) 35 B 2
Folgoso E (Our.) 35 C 4
Folgoso E (Po.) 14 C 5
Folgoso P (Ave.) 74 B 1
Folgoso P (Vis.) 75 A 2
Folgoso de
la Carballeda E (Zam.) 37 C 5
Folgoso de la Ribera E (Le.) 17 C 5
Folgoso do Courel E (Lu.) 16 B 5
Folgueiras E (Lu.) 16 C 3
Folgueiro E (Lu.) 3 D 1
Folgueras E (Ast.) 6 A 3
Folgueroles E (Bar.) 51 B 5
Folhada P (Port.) 54 D 5
Folhadal P (Vis.) 75 A 5
Folhadela P (V. R.) 55 B 5
Folhadosa P (Guar.) 95 A 1
Folharido P (Ave.) 74 B 3
Folques P (Co.) 94 D 2
Folladela E (A Co.) 15 A 2
Folledo E (Le.) 18 C 3
Follente E (Po.) 14 A 5
Folloso E (Le.) 18 A 4
Fombellida E (Vall.) 61 A 2
Fombuena E (Zar.) 85 D 1
Fompedraza E (Vall.) 61 A 3
Foncastín E (Vall.) 59 C 4
Foncea E (La R.) 42 D 1
Foncebadón E (Le.) 37 C 1
Fonciello E (Ast.) 6 C 4
Foncuberta E (Our.) 35 C 2
Fondarella E (Ll.) 69 A 2
Fondeguilla →
Alfondeguilla E (Cas.) 125 B 1
Fondó E (Ali.) 156 B 1
Fondo E (Ast.) 6 C 3
Fondó de Les Neus,
el → Hondón
de las Nieves E (Ali.) 156 C 2
Fondó dels Frares,
el → Hondón
de los Frailes E (Ali.) 156 B 3
Fondón E (Alm.) 183 B 2
Fondós E (Po.) 14 B 5
Fonelas E (Gr.) 168 D 4
Fonfría E (Lu.) 16 C 1
Fonfría E (Te.) 85 D 2
Fonfría E (Zam.) 57 D 2
Fonoll, el E (Ta.) 69 C 3
Fonollosa E (Bar.) 70 B 1
Fonsagrada, A E (Lu.) 16 C 1
Font Calent E (Ali.) 156 D 2
Font de la Figuera, la E (Val.) 140 B 4
Font de Sa Cala E (Bal.) 92 D 2
Font del Còdol, la E (Bar.) 70 C 3
Font d'en Carròs, la E (Val.) 141 C 3
Font d'en Segures,
la → Fuente
En-Segures E (Cas.) 107 C 2
Font Granada, la E (Bar.) 71 A 2
Font, Sa E (Bal.) 90 A 4
Fontaciera E (Ast.) 6 D 3
Fontainhas P (Br.) 53 D 3
Fontainhas P (Lei.) 111 B 3
Fontainhas P (San.) 111 C 4
Fontainhas P (San.) 111 D 1
Fontainhas P (San.) 112 A 2
Fontainhas P (San.) 111 C 1
Fontainhas P (Vis.) 75 B 4
Fontán E (A Co.) 2 D 4
Fontanales E (Las P.) 191 B 2
Fontanar E (Gua.) 82 C 5
Fontanar E (J.) 169 A 2
Fontanar de
Alarcón, El, lugar E (Alb.) 138 B 4
Fontanar de las Viñas E (Alb.) 138 C 5
Fontanar, El E (Cór.) 166 A 3
Fontanarejo E (C. R.) 134 B 1
Fontanars dels Alforins E (Val.) 140 C 4
Fontaneira E (Lu.) 16 B 2
Fontanelas P (Lis.) 126 B 2
Fontanil de los Oteros E (Le.) 39 A 2
Fontanilla E (Huel.) 161 C 4
Fontanillas de Castro E (Zam.) 58 C 2
Fontanilles E (Gi.) 52 C 4
Fontanosas E (C. R.) 134 B 4
Fontañera, La E (Các.) 113 D 4
Fontão P (Guar.) 95 B 2
Fontão P (V. C.) 53 D 1
Fontclara E (Gi.) 52 C 4
Fontcoberta E (Gi.) 52 A 3
Fonte Arcada P (Guar.) 75 D 5
Fonte Arcada P (Port.) 54 B 5
Fonte Arcada P (Vis.) 75 C 2
Fonte Barreira P (Set.) 127 C 4
Fonte Boa P (Br.) 53 D 3
Fonte Boa dos Nabos P (Lis.) 126 B 1
Fonte Coberta P (Br.) 54 A 3
Fonte da Matosa P (Fa.) 173 D 2
Fonte da Pedra P (San.) 111 C 4
Fonte da Telha P (Set.) 126 C 4
Fonte de Aldeia P (Bra.) 57 C 4
Fonte de Don João P (San.) 112 A 2
Fonte do Corcho P (Fa.) 160 D 4
Fonte Fria P (Guar.) 75 C 4
Fonte Grada P (Lis.) 110 C 5
Fonte Longa P (Bra.) 56 A 5
Fonte Longa P (C. B.) 113 B 1
Fonte Longa P (Guar.) 76 A 2
Fonte Longa P (San.) 111 B 3
Fonte Mercê P (V. R.) 56 A 3
Fonte Santa P (Lei.) 111 A 2
Fonte Santa P (San.) 112 A 3
Fonte Soeiro P (Év.) 129 C 4
Fonte Zambujo P (Fa.) 161 B 3
Fontearcada E (Our.) 35 B 4
Fontecada E (A Co.) 13 D 2
Fontecha E (Le.) 38 C 2
Fontecha E (Pa.) 20 B 4
Fontefría E (Our.) 35 A 1
Fonteira P (V. R.) 55 C 5
Fonteita E (Lu.) 16 A 2
Fontelas P (V. R.) 75 A 1
Fontelo P (Vis.) 75 B 1
Fontellas E (Na.) 45 A 5
Fontemanha P (Ave.) 74 B 5
Fontenla E (Po.) 34 B 3
Fontenla e Cachadas E (Po.) 14 A 5
Fonteo E (Lu.) 16 B 2
Fonterma P (Co.) 93 C 2
Fontes P (Fa.) 173 D 2
Fontes P (Lei.) 111 C 1
Fontes P (V. R.) 55 B 5
Fontes Barrosas P (Bra.) 56 D 1
Fonteta E (Gi.) 52 B 4
Fontetxa E (Ál.) 22 D 5
Fontihoyuelo E (Vall.) 39 C 4
Fontilles E (Ali.) 141 D 4
Fontinha P (Ave.) 74 A 4
Fontinha P (Co.) 93 D 1
Fontinha P (Lei.) 93 D 5
Fontioso E (Bur.) 41 D 5
Fontiveros E (Áv.) 79 D 3
Fontoria E (Le.) 17 A 4
Fontoria de Cepeda E (Le.) 38 A 1
Fontpineda E (Bar.) 70 D 4
Fonts, les →
Fuentes, Las E (Cas.) 108 B 3
Fontscaldes E (Ta.) 69 C 4
Fonz E (Hues.) 48 A 5
Fonzaleche E (La R.) 42 D 1
Foradada E (Ll.) 69 B 1
Foradada del Toscar E (Hues.) 48 A 2
Forca P (Vis.) 75 C 3
Forcada P (Ave.) 74 A 5
Forcadela E (Po.) 33 D 4
Forcalhos P (Guar.) 96 D 2
Forcall E (Cas.) 87 B 5
Forcarei E (Po.) 14 C 5
Forcas E (Our.) 35 D 2
Forcat E (Hues.) 48 C 1
Forès E (Ta.) 69 C 3
Forfoleda E (Sa.) 78 C 2
Forjães P (Br.) 53 D 2
Forles P (Vis.) 75 B 3
Formão P (Lei.) 94 B 4
Formariz E (Zam.) 57 C 5
Formariz P (V. C.) 34 A 5
Formentera del Segura E (Ali.) 156 C 4
Formiche Alto E (Te.) 106 B 2
Formiche Bajo E (Te.) 106 B 3
Formigais P (San.) 112 A 1
Formigal E (Hues.) 27 A 4
Formigal P (Co.) 93 C 3
Formigal P (Lei.) 110 D 3
Formigal P (San.) 111 C 1
Formigales E (Hues.) 48 A 2
Formil P (Bra.) 56 D 1
Formilo P (Vis.) 75 B 1
Forna E (Le.) 37 A 3
Fornalha P (Be.) 160 C 3
Fornalha P (Fa.) 174 D 3
Fornalha P (Fa.) 159 D 4
Fornalhas Velhas P (Be.) 143 D 5
Fornalutx E (Bal.) 91 D 2
Fornea P (Co.) 95 A 3
Fornea, A E (Lu.) 4 B 3
Fornelo P (Port.) 53 D 4
Fornelo P (Vis.) 74 C 3
Fornelo do Monte P (Vis.) 74 C 4
Fornelos E (A Co.) 1 C 5
Fornelos E (Po.) 34 B 3
Fornelos E (Po.) 33 C 4
Fornelos P (Br.) 53 D 3
Fornelos P (Br.) 54 C 3
Fornelos P (V. C.) 54 A 1
Fornelos P (V. R.) 55 B 5
Fornelos P (Vis.) 74 C 1
Fornelos de Montes E (Po.) 34 B 2
Fornells E (Bal.) 90 C 1
Fornells E (Gi.) 52 C 4
Fornells de la Selva E (Gi.) 52 A 5
Fornes E (Gr.) 181 C 2
Fornillos E (Hues.) 47 D 5
Fornillos de Aliste E (Zam.) 57 D 2
Fornillos de Apiés E (Hues.) 47 A 3
Fornillos de Fermoselle E (Zam.) 57 C 4
Forninhos P (Guar.) 75 C 4
Forno Telheiro P (Guar.) 75 D 4
Fórnoles E (Te.) 87 C 3
Fornos P (Ave.) 74 A 2
Fornos P (Ave.) 74 C 1
Fornos P (Bra.) 76 D 1
Fornos de Algodres P (Guar.) 75 C 5
Fornos de Ledra P (Bra.) 56 B 2
Fornos do Pinhal P (V. R.) 56 A 2
Fornos Maceira Dão P (Vis.) 75 A 5
Foro E (A Co.) 15 A 1
Foro de Albergaria P (Set.) 143 C 2
Foronda E (Ál.) 23 B 3
Foros da Adúa P (Év.) 128 B 4
Foros da Amora P (Set.) 126 D 4
Foros da Biscaia P (San.) 127 D 1
Foros da Boa Vista P (Set.) 127 C 3
Foros da Caiada P (Be.) 143 C 5
Foros da Fonte Seca P (Év.) 129 B 4
Foros da Palhota P (Év.) 127 D 3
Foros de Amendoça P (Set.) 128 A 5
Foros de Mora P (Év.) 128 B 2
Foros de Salvaterra P (San.) 127 B 1
Foros do Almada P (San.) 127 C 2
Foros do Arrão P (Por.) 112 B 5
Foros do Biscainho P (San.) 127 C 2
Foros do Domingão P (Por.) 112 C 5
Foros do Mocho P (Por.) 128 B 1
Foros do Queimado P (Év.) 129 A 4
Foros do Rebocho P (San.) 127 D 2
Forques, les E (Gi.) 52 B 2
Fortaleny E (Val.) 141 B 1
Fortaleza E (Gr.) 167 B 5
Fortanete E (Te.) 106 D 1
Fortes P (Fa.) 161 B 4
Fortià E (Gi.) 52 B 2
Fortios P (Por.) 113 C 4
Fortuna E (Mad.) 101 C 2
Fortuna E (Mu.) 156 A 3
Fortunho P (V. R.) 55 B 4
Forxa, A E (Our.) 35 B 4
Forxán E (Lu.) 4 B 2
Forzáns E (Po.) 34 B 1

Gabia Chica

Fosca, La E (Gi.) 52 C5
Fotea E (Huel.) 175 C2
Fountura P (V. C.) 34 A4
Foxado E (A Co.) 15 A1
Foxáns E (A Co.) 14 C3
Foxo E (A Co.) 2 B4
Foya, La/Foia, la E (Cas.) 107 B4
Foz E (Lu.) 4 B2
Foz P (San.) 112 B4
Foz da Moura P (Co.) 95 A2
Foz de Alge P (Lei.) 94 B5
Foz de Arouce P (Co.) 94 B3
Foz de Odeleite P (Fa.) 161 C4
Foz do Arelho P (Lei.) 110 D3
Foz do Cobrão P (C. B.) 113 A1
Foz do Sousa P (Port.) 74 A1
Foz Giraldo P (C. B.) 95 B4
Fozana E (Ast.) 6 C4
Fozara E (Po.) 34 B2
Foz-Calanda E (Te.) 87 B3
Frade de Baixo P (San.) 111 D5
Frade de Cima P (San.) 111 D5
Fradelos P (Ave.) 74 A3
Fradelos P (Br.) 54 A4
Fradellos E (Zam.) 57 D2
Frades E (A Co.) 14 D1
Frades E (Po.) 34 B2
Frades P (Br.) 54 C2
Frades P (Bra.) 56 B1
Frades de la Sierra E (Sa.) 78 B5
Frades Nuevo, lugar E (Sa.) 78 A2
Fradizela P (Bra.) 56 B2
Fraella E (Hues.) 47 A5
Fraga E (Hues.) 68 B3
Fraga E (Our.) 34 D4
Fragas E (Po.) 14 B5
Frage, El E (Gr.) 168 A4
Fragén E (Hues.) 27 B5
Frago, El E (Zar.) 46 A3
Fragosa E (Các.) 97 C2
Fragosela P (Vis.) 75 A4
Fragoselo E (Po.) 33 D3
Fragoso P (Br.) 53 D2
Frágual P (Ave.) 74 B4
Fráguas P (San.) 111 B3
Fráguas P (Vis.) 75 B3
Fráguas P (Vis.) 74 D5
Fraguas, Las E (So.) 63 B2
Frãiao P (Br.) 54 B3
Fraide P (Bra.) 56 D2
Frailes E (J.) 167 C3
Frailes-Frontones-Higueras, Los E (Mál.) 179 B4
Frain E (Na.) 24 D1
Fraja, lugar E (Cád.) 186 C1
Frama E (Can.) 20 B2
França P (Bra.) 37 A5
Franca, La E (Ast.) 8 C4
France P (V. C.) 33 D5
France P (V. R.) 55 D2
Francelos E (A Co.) 14 A3
Francelos E (Our.) 34 D2
Francelos P (Port.) 73 D1
Francelos P (V. R.) 55 C4
Francés, El E (Gr.) 169 C4
Franceses E (S.Cruz T.) 193 B2
Franciac E (Gi.) 52 A5
Franco P (Bra.) 56 A4
Franco, El E (Ast.) 5 A3
Franco, El E (Ast.) 4 D3
Francos E (Seg.) 62 B5
Francos Viejo E (Sa.) 78 D3
Frandinha P (Év.) 129 B3
Frandovinez E (Bur.) 41 C3
Franqueira, A E (Po.) 34 C3
Franqueses del Vallès, les E (Bar.) 71 B2
Franza E (A Co.) 2 D3
Franzilhal P (V. R.) 55 D5
Frasno, El E (Zar.) 65 B4
Fratel P (C. B.) 113 A2
Frax de Abajo E (Alm.) 170 B4
Frazão P (Port.) 54 B5
Frazão P (San.) 127 D1
Frazoeira P (San.) 112 B1
Frazões P (Lei.) 111 A3
Freamunde P (Port.) 54 B4
Freande E (Our.) 35 D4
Freás E (Our.) 35 A1
Freás E (Our.) 35 A2
Freaza E (Po.) 34 B2
Frechão P (Guar.) 75 D4
Frechas P (Bra.) 56 B4
Freches P (Guar.) 75 D4
Frechilla E (Pa.) 40 A4
Frechilla de Almazán E (So.) 63 C4
Fregenal de la Sierra E (Bad.) 146 D3
Fregeneda, La E (Sa.) 76 C2
Fregenite, lugar E (Gr.) 182 B3
Fregim P (Port.) 54 D5
Freginals E (Ta.) 88 C5
Frei João P (San.) 112 D2
Freigil P (Vis.) 74 D1
Freila E (Gr.) 169 A3
Freimoninho P (Vis.) 74 B5
Freineda P (Guar.) 76 C5
Freires P (Lei.) 111 A3
Freiria P (Lis.) 126 D1
Freiria P (Lis.) 126 C1
Freiria P (San.) 111 D1
Freiriz P (Br.) 54 A2
Freitas P (Br.) 54 C3
Freixeda P (Bra.) 56 B4
Freixeda P (V. R.) 55 C2
Freixeda do Torrão P (Guar.) 76 B3
Freixedas P (Guar.) 76 A4
Freixedelo P (Bra.) 57 A2
Freixeiro E (A Co.) 14 A2
Freixeiro E (Po.) 14 D5
Freixial P (C. B.) 95 C3
Freixial P (Lis.) 126 D2
Freixial de Cima P (Lis.) 110 D5
Freixial do Campo P (C. B.) 95 C5
Freixianda P (Lei.) 112 A1
Freixido E (Our.) 36 B2
Freixiel P (Bra.) 56 A5
Freixinho P (Vis.) 75 C2
Freixiosa P (Bra.) 57 C4
Freixiosa P (Vis.) 75 B5
Freixo E (A Co.) 3 C3
Freixo E (Lu.) 16 A4
Freixo E (Lu.) 16 C2
Freixo E (Our.) 35 C4
Freixo E (Po.) 34 D3
Freixo E (Po.) 33 D3
Freixo P (Év.) 129 A4
Freixo P (Guar.) 76 B5
Freixo P (Port.) 54 C5
Freixo P (V. C.) 54 A2
Freixo P (Vis.) 94 C1
Freixo da Serra P (Guar.) 75 C5
Freixo de Baixo P (Port.) 54 D4
Freixo de Cima P (Port.) 54 D4
Freixo de Espada à Cinta P (Bra.) 76 D1
Freixo de Numão P (Guar.) 76 A1
Freixo Seco de Cima P (Fa.) 160 C4
Freixoeirinho P (San.) 112 D2
Freixoeiro P (San.) 112 D2
Freixofeira P (Lis.) 126 C1
Frende P (Port.) 75 A1
Fréscano E (Zar.) 65 B1
Fresnadillo E (Zam.) 58 A4
Fresneda de Altarejos E (Cu.) 104 A5
Fresneda de Cuéllar E (Seg.) 60 C5
Fresneda de la Sierra E (Cu.) 104 B2
Fresneda de la Sierra Tirón E (Bur.) 42 C3
Fresneda, La E (Ast.) 6 C4
Fresneda, La E (Te.) 87 D3
Fresneda, La E (To.) 117 D2
Fresnedelo E (Le.) 17 B4
Fresnedilla E (Áv.) 100 B3
Fresnedillas de la Oliva E (Mad.) 101 A1
Fresnedo E (Ast.) 7 A4
Fresnedo E (Bur.) 22 A3
Fresnedo E (Le.) 17 B5
Fresnedo de Valdellorma E (Le.) 19 B4
Fresnedoso E (Sa.) 98 C1
Fresnedoso de Ibor E (Các.) 116 D2
Fresnellino E (Le.) 38 D2
Fresneña E (Bur.) 42 C2
Fresnillo de las Dueñas E (Bur.) 61 D3
Fresno E (Ast.) 6 C3
Fresno Alhándiga E (Sa.) 78 C4
Fresno de Cantespino E (Seg.) 62 A5
Fresno de Caracena E (So.) 62 D4
Fresno de la Carballeda E (Zam.) 37 C5
Fresno de la Fuente E (Seg.) 61 D5
Fresno de la Polvorosa E (Zam.) 38 C4
Fresno de la Ribera E (Zam.) 58 D3
Fresno de la Valduerna E (Le.) 38 A2
Fresno de la Vega E (Le.) 38 D2
Fresno de Río Tirón E (Bur.) 42 C2
Fresno de Rodilla E (Bur.) 42 A2
Fresno de Sayago E (Zam.) 58 A5
Fresno de Torote E (Mad.) 102 B1
Fresno del Camino E (Le.) 38 D1
Fresno del Río E (Can.) 21 A3
Fresno del Río E (Pa.) 20 A5
Fresno el Viejo E (Vall.) 79 C1
Fresno, El E (Ast.) 6 A4
Fresno, El E (Áv.) 80 A5
Fresno, El, lugar E (Gua.) 82 C4
Fresnos, Los E (Bad.) 130 B5
Fresulfe P (Bra.) 36 C5
Friande P (Br.) 54 C2
Frías E (Bur.) 22 B4
Frias P (Ave.) 74 A4
Frías de Albarracín E (Te.) 105 A2
Friastelas P (V. C.) 54 A1
Frielas P (Lis.) 126 D2
Friera E (Le.) 36 D1
Friera de Valverde E (Zam.) 38 B5
Frieres E (Ast.) 6 C5
Friestas P (V. C.) 34 A4
Frigiliana E (Mál.) 181 C4
Friões P (V. R.) 55 D2
Friol E (Lu.) 15 C2
Friolfe E (Lu.) 15 D3
Friumes P (Co.) 94 C2
Frixe E (A Co.) 13 B1
Froián E (Lu.) 16 A4
Frómista E (Pa.) 40 C3
Fronteira P (Por.) 129 B1
Frontera E (S.Cruz T.) 194 C4
Frontera, La E (Cu.) 104 A2
Frontil, El E (Gr.) 181 A1
Frontón, El E (S.Cruz T.) 195 D4
Frontones, Los E (S.Cruz T.) 196 A2
Frossos P (Ave.) 74 A4
Froufe E (Our.) 35 C3
Fruime E (A Co.) 13 D4
Frula E (Hues.) 66 D1
Frumales E (Seg.) 61 A5
Frúniz E (Viz.) 11 B5
Fuejo E (Ast.) 6 B4
Fuembellida E (Gua.) 84 C4
Fuen del Cepo E (Te.) 106 C4
Fuencalderas E (Zar.) 46 A2
Fuencalenteja → Fuencaliente de Puerta E (Bur.) 21 B5
Fuencaliente E (C. R.) 135 A1
Fuencaliente E (C. R.) 150 D2
Fuencaliente de la Palma E (S.Cruz T.) 193 B4
Fuencaliente de Lucio E (Bur.) 21 A5
Fuencaliente de Medinaceli E (So.) 83 D1
Fuencaliente de Puerta o Fuencalenteja E (Bur.) 21 B5
Fuencaliente del Burgo E (So.) 62 C2
Fuencaliente y Calera E (Alm.) 169 D4
Fuencemillán E (Gua.) 82 D3
Fuencubierta, La E (Cór.) 165 C2
Fuendejalón E (Zar.) 65 B2
Fuendetodos E (Zar.) 66 A5
Fuenferrada E (Te.) 86 A3
Fuengirola E (Mál.) 188 B1
Fuenlabrada E (Alb.) 138 B5
Fuenlabrada E (Mad.) 101 C3
Fuenlabrada de los Montes E (Bad.) 133 D1
Fuenllana E (C. R.) 136 D4
Fuenmayor E (La R.) 43 C2
Fuensaldaña E (Vall.) 60 A2
Fuensalida E (To.) 100 D4
Fuensanta E (Alb.) 122 B5
Fuensanta E (Cád.) 178 C4
Fuensanta E (Gr.) 181 C1
Fuensanta de Martos E (J.) 167 C2
Fuensanta, La E (Alb.) 138 C4
Fuensanta, La E (Alm.) 170 D3
Fuensanta, La E (Mál.) 180 B5
Fuensanta, La E (Mu.) 170 D2
Fuensanta, La E (Mu.) 154 B3
Fuensaúco E (So.) 63 D2
Fuensaviñán, La E (Gua.) 83 C3
Fuente Abad, La E (Alm.) 170 D5
Fuente Álamo E (J.) 167 B4
Fuente Álamo de Murcia E (Mu.) 172 A2
Fuente Amarga E (Mu.) 172 B2
Fuente Blanca E (Mu.) 155 D3
Fuente Caldera, lugar E (Gr.) 168 C3
Fuente Camacho E (Gr.) 180 D1
Fuente Dé E (Can.) 20 A1
Fuente de Cantos E (Bad.) 147 B2
Fuente de la Corcha E (Huel.) 162 C3
Fuente de la Higuera, La E (Alm.) 184 B1
Fuente de Pedro Naharro E (Cu.) 102 D5
Fuente de Piedra E (Mál.) 180 A1
Fuente de San Esteban, La E (Sa.) 77 C4
Fuente de Santa Cruz E (Seg.) 80 B1
Fuente del Arco E (Bad.) 148 A3
Fuente del Conde E (Cór.) 180 D1
Fuente del Fresno E (Mad.) 81 D5
Fuente del Maestre E (Bad.) 131 A5
Fuente del Negro, La E (Alm.) 170 A3
Fuente del Pino E (Mu.) 155 D1
Fuente del Rey E (Cád.) 186 A1
Fuente del Rey E (Sev.) 164 A4
Fuente del Sambol E (Bur.) 41 B3
Fuente del Taif E (Alb.) 154 B1
Fuente del Tío Molina, La E (Alm.) 170 B5
Fuente el Carnero E (Zam.) 58 C5
Fuente el Fresno E (C. R.) 135 C1
Fuente el Olmo de Fuentidueña E (Seg.) 61 B5
Fuente el Olmo de Íscar E (Seg.) 60 C5
Fuente el Sauz E (Áv.) 79 D3
Fuente el Saz de Jarama E (Mad.) 82 A5
Fuente el Sol E (Vall.) 79 D1
Fuente Encalada E (Zam.) 38 A4
Fuente En-Segures/Font d'en Segures, la E (Cas.) 107 C2
Fuente Grande E (Gr.) 168 A5
Fuente Grande, La E (Cór.) 167 A4
Fuente Grande, lugar E (Gr.) 167 C5
Fuente la Lancha E (Cór.) 149 C1
Fuente la Reina E (Cas.) 106 D4
Fuente la Vega E (S.Cruz T.) 195 C3
Fuente Librilla E (Mu.) 155 C5
Fuente Mendoza, La, lugar E (Alm.) 183 B1
Fuente Nueva E (Gr.) 170 A2
Fuente Obejuna E (Cór.) 148 D3
Fuente Palmera E (Cór.) 165 C2
Fuente Roldán, lugar E (Sa.) 78 A5
Fuente Santa E (Alm.) 183 D2
Fuente Segura E (J.) 153 B4
Fuente Tovar E (So.) 63 B4
Fuente Vaqueros E (Gr.) 167 C5
Fuente Vera E (Gr.) 169 B2
Fuente Victoria E (Alm.) 183 B2
Fuente, La E (Alm.) 171 A4
Fuente-Álamo E (Alb.) 139 C4
Fuentealbilla E (Alb.) 123 B5
Fuentearmegil E (So.) 62 C2
Fuentebuena E (Sa.) 98 B2
Fuentebureba E (Bur.) 22 C5
Fuentecambrón E (So.) 62 B4
Fuentecantales E (So.) 62 D2
Fuentecantos E (So.) 63 D1
Fuente-Carrasca E (Alb.) 154 A1
Fuentecén E (Bur.) 61 C3
Fuentegelmes E (So.) 63 B5
Fuenteguinaldo E (Sa.) 96 D1
Fuenteheridos E (Huel.) 146 D5
Fuente-Higuera E (Alb.) 154 A1
Fuentelahiguera de Albatages E (Gua.) 82 B4
Fuentelaldea E (So.) 63 B3
Fuentelapeña E (Zam.) 59 A5
Fuentelárbol E (So.) 63 B3
Fuentelcarro E (So.) 63 C4
Fuentelcésped E (Bur.) 61 D3
Fuentelencina E (Gua.) 103 A1
Fuentelespino de Haro E (Cu.) 121 B2
Fuentelespino de Moya E (Cu.) 105 B5
Fuentelfresno E (So.) 63 D1
Fuenteliante E (Sa.) 77 A3
Fuentelisendo E (Bur.) 61 C3
Fuentelmonge E (So.) 64 A4
Fuentelsaz E (Gua.) 84 D2
Fuentelsaz de Soria E (So.) 63 D1
Fuentelviejo E (Gua.) 102 D1
Fuentemilanos E (Seg.) 80 D3
Fuentemizarra E (Seg.) 62 A4
Fuentemolinos E (Bur.) 61 C3
Fuentenebro E (Bur.) 61 C4
Fuentenovilla E (Gua.) 102 D2
Fuente-Olmedo E (Vall.) 80 B1
Fuentepelayo E (Seg.) 81 A1
Fuentepinilla E (So.) 63 B3
Fuentepiñel E (Seg.) 61 B5
Fuenterrabía E (Cád.) 177 B5
Fuenterrabía → Hondarribia E (Gui.) 12 D4
Fuenterrabiosa, lugar E (Bur.) 21 D2
Fuenterrebollo E (Seg.) 61 B5
Fuenterroble de Salvatierra E (Sa.) 78 C5
Fuenterrobles E (Val.) 123 C3
Fuentes E (Alb.) 153 D2
Fuentes E (Ast.) 5 B4
Fuentes E (Cu.) 104 C5
Fuentes E (To.) 117 C2
Fuentes Calientes E (Te.) 86 A5
Fuentes Claras E (Te.) 85 C3
Fuentes de Ágreda E (So.) 64 C2
Fuentes de Andalucía E (Sev.) 165 A3
Fuentes de Año E (Áv.) 79 D2
Fuentes de Ayódar E (Cas.) 107 A5
Fuentes de Béjar E (Sa.) 98 C1
Fuentes de Carbajal E (Le.) 39 A4
Fuentes de Cesna E (Gr.) 166 D5
Fuentes de Cuéllar E (Seg.) 60 D4
Fuentes de Ebro E (Zar.) 66 C4
Fuentes de Jiloca E (Zar.) 85 B1
Fuentes de la Alcarria E (Gua.) 83 A4
Fuentes de León E (Bad.) 147 A4
Fuentes de los Oteros E (Le.) 39 A2
Fuentes de Magaña E (So.) 64 A1
Fuentes de Masueco E (Sa.) 77 B1
Fuentes de Nava E (Pa.) 40 A4
Fuentes de Oñoro E (Sa.) 76 D5
Fuentes de Ropel E (Zam.) 38 D5
Fuentes de Rubielos E (Te.) 106 D3
Fuentes de Valdepero E (Pa.) 40 C4
Fuentes Nuevas E (Le.) 17 A5
Fuentes, Las E (J.) 153 B2
Fuentes, Las, lugar E (Alb.) 139 D2
Fuentes, Las/Fonts, les E (Cas.) 108 B3
Fuentesaúco E (Zam.) 78 D1
Fuentesaúco de Fuentidueña E (Seg.) 61 A4
Fuentesbuenas E (Cu.) 103 D3
Fuentesclaras del Chillarón E (Cu.) 104 A4
Fuentesecas E (Zam.) 59 A3
Fuentesoto E (Seg.) 61 B4
Fuentespalda E (Te.) 87 D4
Fuentespina E (Bur.) 61 D3
Fuentespreadas E (Zam.) 58 C5
Fuentestrún E (So.) 64 B1
Fuentetecha E (So.) 64 A2
Fuentetoba E (So.) 63 C2
Fuente-Tójar E (Cór.) 167 A3
Fuente-Urbel E (Bur.) 21 C5
Fuentezuelas, lugar E (Gr.) 182 C2
Fuentidueña E (Cór.) 166 D2
Fuentidueña E (Seg.) 61 B4
Fuentidueña de Tajo E (Mad.) 102 C4
Fuerte del Rey E (J.) 167 C1
Fuertescusa E (Cu.) 104 B1
Fuinhas P (Guar.) 75 D4
Fujaco P (Vis.) 74 D3
Fujacos P (Ave.) 74 A5
Fuliola, la E (Ll.) 69 B2
Fulleda E (Ll.) 69 B4
Fumaces E (Our.) 36 A5
Função P (Ave.) 74 B3
Funchal P (Ma.) 110 B2
Funcheira P (Be.) 160 A1
Fundada P (C. B.) 112 C1
Fundão P (C. B.) 94 D5
Fundão P (C. B.) 95 C3
Fundoais P (Vis.) 74 D1
Fundões P (Vis.) 75 B5
Funes E (Na.) 44 D3
Furacasas P (Port.) 55 A5
Furadouro P (Ave.) 73 D2
Furadouro P (Co.) 94 A3
Furís E (Lu.) 16 B2
Furnas P (Aç.) 109 C4
Furnazinhas P (Fa.) 161 B4
Furtado P (Por.) 112 D2
Fuseta P (Fa.) 175 A3
Fustás E (Our.) 34 D3
Fuste P (Ave.) 74 B3
Fustiñana E (Na.) 45 B5

G

Gabaldón E (Cu.) 122 C3
Gabarderal E (Na.) 45 C1
Gabasa E (Hues.) 48 B5
Gabia Chica E (Gr.) 181 D1

Gabia Grande

Gabia Grande E (Gr.) 181 D 1
Gabiria E (Gui.) 24 A 2
Gabrieis P (San.) 111 D 2
Gacia E (Alm.) 171 A 4
Gádor E (Alm.) 183 D 2
Gaeiras P (Lei.) 110 D 3
Gaena-Casas Gallegas E (Cór.) 166 C 4
Gafanha da Boa Hora P (Ave.) 73 C 5
Gafanha da Encarnação P (Ave.) 73 C 4
Gafanha da Nazaré P (Ave.) 73 D 4
Gafanha d'Aquém P (Ave.) 73 C 4
Gafanha do Areão P (Ave.) 73 C 5
Gafanha do Carmo P (Ave.) 73 C 4
Gafanhão P (Vis.) 74 D 2
Gafanhoeira
(São Pedro) P (Év.) 128 C 3
Gafanhoeiras P (Év.) 145 B 1
Gafarillos E (Alm.) 184 C 2
Gáfete P (Por.) 113 B 4
Gafoi E (A Co.) 14 D 2
Gagos P (Br.) 54 D 3
Gagos P (Guar.) 76 B 5
Gaià E (Bar.) 50 C 5
Gaià E (Gi.) 52 B 5
Gaia P (Port.) 74 D 1
Gaianes E (Ali.) 141 A 3
Gaiate P (Co.) 94 B 3
Gaibiel E (Cas.) 107 A 5
Gaibor E (Lu.) 3 C 5
Gaidovar E (Cád.) 179 A 4
Gaifar P (V. C.) 54 A 2
Gaindola E (Na.) 25 C 2
Gaintza E (Na.) 24 B 3
Gaintza → Gainza E (Gui.) 24 B 2
Gainza/Gaintza E (Gui.) 24 B 2
Gaio P (Lei.) 111 A 2
Gaio P (Set.) 127 A 4
Gaiolo P (San.) 111 D 2
Gaioso E (Lu.) 15 C 1
Gajanejos E (Gua.) 83 A 4
Gajates E (Sa.) 79 A 4
Galafura P (V. R.) 55 B 5
Galamares P (Lis.) 126 B 2
Galapagar E (J.) 167 D 1
Galapagar E (Mad.) 101 B 1
Galapagares E (So.) 62 D 4
Galápagos E (Gua.) 82 B 5
Galar E (Na.) 25 A 4
Galarde E (Bur.) 42 B 3
Galaroza E (Huel.) 146 C 5
Galartza E (Viz.) 23 C 1
Galatzo E (Bal.) 91 B 3
Galbarra E (Na.) 24 A 5
Galbarros E (Bur.) 42 B 1
Galbárruli E (La R.) 22 D 5
Galdakao E (Viz.) 23 A 1
Galdames E (Viz.) 22 D 1
Galdames Goitia E (Viz.) 10 C 5
Gáldar E (Las P.) 191 B 2
Galega P (San.) 112 D 2
Galegos E (A Co.) 14 C 1
Galegos E (Lu.) 4 B 5
Galegos P (Br.) 54 C 2
Galegos P (Por.) 113 D 4
Galegos P (Port.) 54 B 5
Galegos (Santa Maria) P (Br.) 54 A 2
Galende E (Zam.) 37 A 4
Galera E (Gr.) 169 D 2
Galera y los Jopos, La E (Mu.) 171 A 3
Galera, la E (Ta.) 88 C 4
Gález E (Our.) 34 D 5
Galga, La E (S.Cruz T.) 193 C 2
Galguera, La E (Ast.) 8 A 4
Galhardo P (Vis.) 94 B 1
Galifa E (Mu.) 172 B 2
Galilea E (Bal.) 91 B 3
Galilea E (La R.) 44 A 2
Galíndez E (Seg.) 81 C 2
Galindo Béjar E (Sa.) 78 D 4
Galindo y Perahúy E (Sa.) 78 B 3
Galinduste E (Sa.) 78 D 5
Galisancho E (Sa.) 78 D 4
Galisteo E (Các.) 97 C 5
Galisteu P (Guar.) 75 D 5
Galisteu Cimeiro P (C. B.) 112 D 1
Galisteu Fundeiro P (C. B.) 112 D 1
Galiza P (Lis.) 126 B 3
Galizano E (Can.) 9 D 4
Galizes P (Co.) 95 A 2
Galizuela E (Bad.) 133 A 2
Galoze → Gallués E (Na.) 25 D 4
Galpe P (Co.) 94 A 2
Galvã P (Vis.) 75 B 1
Galve E (Te.) 86 B 5
Galve de Sorbe E (Gua.) 82 C 1
Galvecito E (Cád.) 177 C 5
Galveias P (Por.) 112 C 5
Gálvez E (To.) 118 D 2
Gálvez, Los E (Gr.) 182 C 3
Gálvez, Los E (Gr.) 182 B 4
Gallardos, Los E (Alm.) 184 D 1
Gallardos, Los E (Gr.) 169 C 4
Gallecs E (Bar.) 71 A 2
Gallega, La E (Bur.) 62 C 1
Gallego E (Alb.) 154 C 2
Gallegos E (Ast.) 6 C 5
Gallegos E (Áv.) 79 D 5
Gallegos E (Seg.) 81 C 2
Gallegos de Argañán E (Sa.) 76 D 5
Gallegos de Curueño E (Le.) 19 A 4
Gallegos de Hornija E (Vall.) 59 C 3
Gallegos de Sobrinos E (Áv.) 79 C 4
Gallegos de Solmirón E (Sa.) 98 D 1
Gallegos del Campo E (Zam.) 57 C 1
Gallegos del Pan E (Zam.) 58 D 3
Gallegos del Río E (Zam.) 57 D 2
Galleguillos E (Sa.) 79 A 4
Galleguillos de Campos E (Le.) 39 C 3
Gallejones E (Bur.) 21 D 4
Galletas, Las E (S.Cruz T.) 195 D 5
Gallifa E (Bar.) 71 A 2
Gallinero E (So.) 43 D 5
Gallinero de Cameros E (La R.) 43 C 4
Galliners E (Gi.) 52 A 3
Gallipienzo E (Na.) 45 B 1
Gallocanta E (Zar.) 85 B 2
Gallués/Galoze E (Na.) 25 D 4
Gallur E (Zar.) 65 C 1
Gama E (Can.) 10 A 4
Gamarra Nagusia E (Ál.) 23 B 4
Gambelas P (Fa.) 174 C 3
Gambia P (Set.) 127 B 5
Gamelas P (Guar.) 76 B 4
Gamelas P (Lei.) 110 D 4
Gamitas, Las, lugar E (Bad.) 131 D 3
Gamiz-Fika E (Viz.) 11 A 5
Gamonal E (To.) 99 C 5
Gamonal de la Sierra E (Áv.) 79 C 5
Gamones E (Zam.) 57 D 4
Gamonoso E (C. R.) 117 D 4
Ganade E (Our.) 35 B 4
Gáname E (Zam.) 58 A 4
Gançaria P (San.) 111 B 3
Ganceiros E (Our.) 34 D 5
Ganchosa, La E (Sev.) 148 A 5
Gándara E (A Co.) 14 C 2
Gándara E (Po.) 34 A 3
Gándara E (Po.) 33 C 5
Gándara E (Po.) 33 D 2
Gândara P (Ave.) 74 B 4
Gândara P (Ave.) 93 D 1
Gándara (Boimorto) E (A Co.) 14 D 2
Gándara (Narón) E (A Co.) 2 D 3
Gandarela P (Br.) 54 B 4
Gandarela P (Br.) 54 D 3
Gandarilla E (Can.) 8 C 5
Gandesa E (Ta.) 88 B 2
Gandia E (Val.) 141 C 2
Gandra P (Br.) 53 D 3
Gandra P (Port.) 54 B 5
Gandra P (V. C.) 34 A 4
Gandra P (V. C.) 54 A 1
Gandra Chão P (V. C.) 34 A 4
Gandufe P (V. C.) 54 A 1
Gandufe P (Vis.) 75 A 5
Gandul-Marchenilla E (Sev.) 164 B 4
Ganfei P (V. C.) 34 A 4
Gangosa, La E (Alm.) 183 C 3
Ganzo E (Can.) 9 B 5
Gañinas de la Vega E (Pa.) 40 A 1
Garaballa E (Cu.) 123 C 1
Garabato, El E (Cór.) 165 C 2
Garachico E (S.Cruz T.) 193 C 2
Garachico E (S.Cruz T.) 195 C 2
Garafía E (S.Cruz T.) 193 B 2
Garagaltza E (Gui.) 23 D 2
Garagartza E (Gui.) 23 C 2
Garaioa E (Na.) 25 C 3
Garaioltza E (Viz.) 11 A 5
Garaño E (Le.) 18 C 4
Garapacha, La E (Mu.) 155 D 3
Garay E (Viz.) 23 C 1
Garbajosa E (Gua.) 83 D 2
Garbayuela E (Bad.) 133 C 2
Garbet E (Gi.) 52 C 1
Garcão P (V. C.) 34 B 5
Garcia E (Ta.) 88 D 1
Garcia P (Lei.) 93 B 5
Garcías, Los E (Mu.) 172 A 1
Garcías, Los, lugar E (Gr.) 182 B 4
Garciaz E (Các.) 116 C 4
Garcibuey E (Sa.) 98 A 1
Garcíez E (J.) 167 C 1
Garcíez E (J.) 168 B 1
Garcíez-Jimena E (J.) 152 A 5
Garcihernández E (Sa.) 79 A 3
Garcillán E (Seg.) 80 D 3
Garcinarro E (Cu.) 103 B 3
Garciotum E (To.) 100 B 4
Garcirrey E (Sa.) 77 D 3
Gardata-Artikas E (Viz.) 11 C 5
Garde E (Na.) 26 A 4
Gares →
Puente la Reina E (Na.) 24 D 5
Garfe P (Br.) 54 C 3
Garfín E (Le.) 19 B 5
Gargáligas E (Bad.) 132 C 2
Gargallà E (Bar.) 50 B 5
Gargallo E (Te.) 86 D 4
Gargallóns E (Po.) 14 A 5
Garganchón E (Bur.) 42 C 3
Garganta P (V. R.) 55 C 5
Garganta de los Hornos E (Áv.) 99 B 1
Garganta de los Montes E (Mad.) 81 D 3
Garganta del Villar E (Áv.) 99 C 1
Garganta la Olla E (Các.) 98 B 4
Garganta, La E (C. R.) 150 C 1
Garganta, La E (Các.) 98 B 2
Garganta, La, lugar E (J.) 153 B 3
Gargantáns E (Po.) 14 A 5
Gargantiel E (C. R.) 134 A 4
Gargantilla E (Các.) 98 A 3
Gargantilla E (To.) 117 C 3
Gargantilla del Lozoya E (Mad.) 81 D 3
Gárgoles de Abajo E (Gua.) 83 C 4
Gárgoles de Arriba E (Gua.) 83 C 4
Gargüera E (Các.) 98 A 4
Garidells, els E (Ta.) 69 C 5
Garínoain E (Na.) 45 A 1
Garita, La E (Las P.) 191 D 3
Garlitos E (Bad.) 133 C 3
Garnatilla, La E (Gr.) 182 B 4
Garòs E (Ll.) 28 D 4
Garraf E (Bar.) 70 D 5
Garrafe de Torío E (Le.) 19 A 4
Garralda E (Na.) 25 C 3
Garrapata, La E (Cád.) 178 B 4
Garrapinillos E (Zar.) 66 A 2
Garray E (So.) 63 D 1
Garres, Los E (Mu.) 156 A 5
Garrida E (Po.) 33 D 3
Garriga, la E (Bar.) 71 B 2
Garrigàs E (Gi.) 52 B 3
Garrigoles E (Gi.) 52 B 3
Garriguella E (Gi.) 52 B 1
Garrobo P (Fa.) 175 A 2
Garrobo, El E (Sev.) 163 C 2
Garrovilla, La E (Bad.) 131 A 2
Garrovillas
de Alconétar E (Các.) 115 A 2
Garrucha E (Alm.) 184 D 4
Garvão P (Be.) 160 A 1
Garvín E (Các.) 117 A 2
Gasco, El E (Các.) 97 C 2
Gascones E (Mad.) 81 D 2
Gascueña E (Cu.) 103 C 3
Gascueña de Bornova E (Gua.) 82 D 1
Gaserans E (Gi.) 71 D 1
Gaspalha P (C. B.) 94 D 4
Gaspara, La E (Mál.) 187 C 2
Gasparillo E (Alm.) 170 B 5
Gasparões P (Be.) 144 B 4
Gasteiz → Vitoria E (Ál.) 23 B 4
Gastor, El E (Cád.) 179 A 3
Gata E (Các.) 97 A 3
Gata P (Guar.) 76 A 5
Gata de Gorgos E (Ali.) 142 A 4
Gatão P (Port.) 54 D 4
Gataria P (Lis.) 126 D 1
Gateira P (Guar.) 76 A 3
Gateros E (Alm.) 170 C 3
Gatika E (Viz.) 11 A 5
Gatões P (Co.) 93 C 2
Gatón de Campos E (Vall.) 39 D 5
Gatos, Los E (Alm.) 170 C 2
Gatzaga Burandón →
Salinillas de Burandón E (Ál.) 23 A 5
Gaucín E (Mál.) 187 B 1
Gátova E (Val.) 124 D 1
Gaula P (Ma.) 110 C 2
Gausac E (Ll.) 28 D 4
Gavà E (Bar.) 70 D 4
Gavamar E (Bar.) 70 D 5
Gavarda E (Val.) 140 D 1
Gavàs E (Ll.) 29 B 5
Gave P (V. C.) 34 C 4
Gavea P (V. C.) 33 D 5
Gavet de la Conca E (Ll.) 49 A 4
Gavião P (C. B.) 113 B 2
Gavião P (Por.) 112 D 3
Gavião P (Por.) 128 B 1
Gavião P (San.) 112 A 4
Gaviãozinho P (San.) 112 A 4
Gavieira P (V. C.) 34 C 4
Gavilanes E (Áv.) 99 D 3
Gavilanes E (Le.) 38 B 1
Gavilanes, Los E (S.Cruz T.) 196 A 4
Gavín E (Hues.) 27 A 5
Gazeo E (Ál.) 23 D 4
Gázquez, Los E (Alm.) 170 B 3
Gázquez, Los E (Alm.) 170 D 3
Gaztelu E (Gui.) 24 B 2
Gazteluberri →
Castillo-Nuevo E (Na.) 25 D 5
Gea de Albarracín E (Te.) 105 C 2
Gebelim P (Bra.) 56 C 4
Gedrez E (Ast.) 17 B 2
Gejo de Diego Gómez E (Sa.) 78 A 2
Gejo de los Reyes E (Sa.) 77 D 1
Gejuelo del Barro E (Sa.) 77 D 2
Geldo E (Cas.) 125 A 1
Gelibra, La, lugar E (Gr.) 181 D 4
Gelida E (Bar.) 70 C 3
Gelsa E (Zar.) 66 D 4
Gelves E (Sev.) 163 D 4
Gema E (Sa.) 77 B 2
Gema E (Zam.) 58 C 4
Geme P (Br.) 54 B 2
Gémeos P (Br.) 54 D 4
Gemeses P (Br.) 53 D 3
Gemunde P (Port.) 53 D 5
Gemuño E (Áv.) 80 A 5
Genalguacil E (Mál.) 187 B 1
Génave E (J.) 153 B 1
Genestacio de la Vega E (Le.) 38 B 3
Genestosa E (Le.) 18 B 2
Genestoso E (Ast.) 17 C 2
Geneto E (S.Cruz T.) 196 B 2
Genevilla/Uxanuri E (Na.) 23 D 5
Genicera E (Le.) 19 A 3
Genilla E (Cór.) 166 D 4
Genísio P (Bra.) 57 C 3
Génova E (Bal.) 91 C 4
Genovés E (Val.) 141 A 2
Ger E (Gi.) 50 C 1
Geraldes P (Lei.) 110 C 4
Geraldos P (Be.) 160 C 1
Geras E (Le.) 18 C 3
Geraz do Lima
(Santa Leocádia) P (V. C.) 53 D 1
Geraz do Lima
(Santa Maria) P (V. C.) 53 D 1
Geraz do Minho P (Br.) 54 C 2
Gerb E (Ll.) 68 D 1
Gerena E (Sev.) 163 C 3
Gerendiain E (Na.) 24 D 3
Gérgal E (Alm.) 183 D 1
Geria E (Vall.) 59 D 3
Gerindote E (To.) 100 D 5
Germán, El E (Alm.) 170 C 4
Germil P (V. C.) 54 C 1
Germil P (Vis.) 75 B 4
Gernika-Lumo E (Viz.) 11 B 5
Gerona → Girona E (Gi.) 52 A 4
Gerri de la Sal E (Ll.) 49 B 2
Gerrikaitz E (Viz.) 23 C 1
Gertusa, lugar E (Zar.) 67 A 5
Gesalibar E (Gui.) 23 C 2
Gésera E (Hues.) 47 A 2
Gestaçô P (Port.) 55 A 5
Gestalgar E (Val.) 124 B 3
Gesteira P (Co.) 93 D 3
Gestosa P (Bra.) 36 B 5
Gestosa P (Vis.) 94 C 1
Gestoso E (Le.) 16 C 5
Gestoso P (Vis.) 74 C 3
Getafe E (Mad.) 101 C 3
Getares, lugar E (Cád.) 187 A 5
Getaria E (Gui.) 12 A 5
Gete E (Bur.) 42 B 5
Gete E (Le.) 18 D 3
Getxo E (Viz.) 10 D 5
Gévora del Caudillo E (Bad.) 130 B 2
Gião P (Ave.) 74 A 2
Gião P (Fa.) 174 D 3
Gião P (Port.) 53 D 4
Gibaja E (Can.) 10 B 5
Gibalbín E (Cád.) 178 A 3
Gibraleón E (Huel.) 162 B 4
Gibralgalia E (Mál.) 180 A 4
Gibraltar (Reino Unido) G (Gib.) 187 A 4
Giela P (V. C.) 34 B 5
Giesteira P (Ave.) 74 A 5
Giesteira P (San.) 111 C 2
Giesteiras Cimeiras P (C. B.) 113 A 1
Giesteiras Fundeiras P (C. B.) 113 A 1
Gijano E (Bur.) 22 C 1
Gijón → Xixón E (Ast.) 6 D 3
Gijún E (Ast.) 6 D 4
Gil García E (Áv.) 98 C 2
Gil Márquez E (Huel.) 146 B 5
Gila, La E (Alb.) 139 C 1
Gilbuena E (Áv.) 98 C 2
Gilde P (Ave.) 74 B 2
Gilena E (Sev.) 165 D 5
Gilet E (Val.) 125 B 2
Gilico E (Mu.) 155 A 3
Gilma E (Alm.) 183 C 1
Gilmonde P (Br.) 53 D 3
Gillué E (Hues.) 47 B 2
Gimenells E (Ll.) 68 B 2
Gimialcón E (Áv.) 79 C 3
Gimileo E (La R.) 43 A 1
Gimonde P (Bra.) 57 A 1
Ginasté E (Hues.) 48 C 1
Ginebrosa, La E (Te.) 87 C 3
Gines E (Sev.) 163 D 4
Ginestar E (Ta.) 88 C 2
Gineta, La E (Alb.) 138 C 1
Gineta, La E (Mu.) 156 A 4
Ginete, El E (Alb.) 154 C 1
Ginete, El E (Alb.) 154 B 1
Ginetes P (Aç.) 109 A 4
Giniginamar E (Las P.) 190 A 4
Ginzo de Limia →
Xinzo de Limia E (Our.) 35 C 4
Giões P (Fa.) 161 A 3
Girabolhos P (Guar.) 75 B 5
Girona/Gerona E (Gi.) 52 A 4
Gironda, La E (Sev.) 178 C 1
Gironella E (Bar.) 50 C 4
Gisclareny E (Bar.) 50 B 3
Gistaín E (Hues.) 28 A 5
Gitanos, Los E (Gr.) 167 B 5
Gizaburuaga E (Viz.) 11 C 5
Gleva, La E (Bar.) 51 A 4
Glória P (Év.) 129 B 3
Glória P (San.) 127 C 1
Goá E (Lu.) 3 D 5
Goães P (Br.) 54 A 1
Goães P (Br.) 54 C 2
Gobernador E (Gr.) 168 C 4
Goberno E (Lu.) 4 A 5
Gobiendes E (Ast.) 7 B 4
Goda P (Ave.) 74 A 1
Godall E (Ta.) 88 C 5
Godán E (Ast.) 5 D 4
Godella E (Val.) 125 A 3
Godelleta E (Val.) 124 C 4
Godigana P (Lis.) 126 B 2
Godim P (V. R.) 55 B 5
Godinhaços P (Br.) 54 B 1
Godinhela P (Co.) 94 B 3
Godojos E (Zar.) 64 C 5
Godóns E (Po.) 34 C 2
Godos E (Ast.) 6 B 4
Godos E (Po.) 14 A 5
Godos E (Te.) 85 D 3
Goente E (A Co.) 3 B 3
Goi E (Lu.) 16 A 2
Goialdea E (Gui.) 24 A 3
Goián E (Lu.) 35 C 1
Goián E (Po.) 33 D 4
Goiás E (Po.) 14 D 4
Goiballea E (Gui.) 24 B 1
Goiburu o San Esteban E (Gui.) 24 B 1
Goierri E (Viz.) 10 D 4
Goierri E (Viz.) 11 A 5
Goikolexea E (Viz.) 11 B 5
Goim P (Ave.) 74 A 2
Góios P (Br.) 53 D 2
Góios P (Br.) 54 A 3
Goiriz E (Lu.) 3 D 4
Gois P (Be.) 160 D 2
Góis P (Co.) 94 C 3
Goitaa E (Viz.) 23 C 1
Goiuri E (Ál.) 23 A 3
Goizueta E (Na.) 24 C 1
Goja P (Vis.) 74 D 3
Gójar E (Gr.) 182 A 1
Golães P (Br.) 54 C 3
Golán E (A Co.) 15 A 2
Golbardo E (Can.) 9 A 5
Golco E (Gr.) 182 D 2
Golegã P (San.) 111 D 3

Guistola

Golernio E (Bur.) 23 B4
Goleta, A E (Po.) 14 B5
Goleta, La E (Ast.) 7 B4
Goleta, La E (Las P.) 191 D4
Golfar P (Guar.) 75 D3
Golfo, El (Frontera) E (S.Cruz T.) 194 C4
Golmar E (A Co.) 3 A1
Golmar E (A Co.) 2 B5
Golmayo E (So.) 63 C2
Golmés E (Ll.) 69 A2
Golosalvo E (Alb.) 123 A5
Golpejas E (Sa.) 78 B2
Golpejera E (Sa.) 78 B3
Golpilhal P (Co.) 94 B2
Golpilhares P (Co.) 94 C3
Gollizo, El E (Alb.) 153 D1
Gómara E (So.) 64 A3
Gomareites E (Our.) 35 C3
Gomariz E (Our.) 35 C2
Gombrèn E (Gi.) 50 D2
Gomeán E (Lu.) 16 A3
Gomecello E (Sa.) 78 D2
Gomes Aires P (Be.) 160 B2
Gomesende E (Our.) 34 D3
Gometxa E (Ál.) 23 B4
Gómez Velasco E (Sa.) 79 A4
Gomeznarro E (Vall.) 79 D1
Gomezserracín E (Seg.) 60 D5
Gomide P (Br.) 54 B1
Gonça P (Br.) 54 C3
Gonçalo P (Guar.) 95 D1
Gonçalo Bocas P (Guar.) 76 A5
Gonçalves P (Fa.) 175 A3
Gonçalvinho P (Lis.) 126 B1
Goncinha P (Fa.) 174 C3
Gondalães P (Port.) 54 B5
Gondar E (Po.) 33 D1
Gondar E (Po.) 14 A4
Gondar P (Port.) 54 D5
Gondar P (V. C.) 33 D5
Gondarém P (Br.) 54 D3
Gondarém P (V. C.) 33 D5
Gondemaria P (San.) 111 D1
Gondesende P (Bra.) 56 D1
Gondiães P (Br.) 55 B2
Gondim P (Port.) 54 A4
Gondim P (V. C.) 34 A4
Gondomar E (Po.) 33 D3
Gondomar P (Br.) 54 B1
Gondomar P (Br.) 54 C3
Gondomar P (Port.) 54 A5
Gondomar P (Vis.) 75 B2
Gondomil P (V. C.) 34 A4
Gondoriz P (Br.) 54 C1
Gondoriz P (V. C.) 34 B5
Gondramaz P (Co.) 94 B3
Gondrame E (Lu.) 15 D3
Gondrás E (Lu.) 4 A2
Gondulfes E (Our.) 36 A5
Gontalde E (A Co.) 1 D5
Gontán E (Our.) 35 A3
Gontar E (Alb.) 153 D3
Gonte E (A Co.) 13 D2
Gontim P (Br.) 54 D3
Gonzar E (A Co.) 14 C2
Gonzar E (Lu.) 15 C3
Góñar E (Alm.) 170 D3
Goñi E (Na.) 24 C4
Gopegi E (Ál.) 23 B3
Gor E (Gr.) 169 A4
Gorafe E (Gr.) 168 D4
Gordaliza
de la Loma E (Vall.) 39 C4
Gordaliza del Pino E (Le.) 39 C2
Gordexola E (Viz.) 22 D1
Gordo, El E (Các.) 117 A1
Gordoncillo E (Le.) 39 A4
Gordos P (Co.) 93 D2
Gordún E (Zar.) 45 D1
Gorga E (Ali.) 141 B4
Gorgollitas, Las E (J.) 153 C3
Gorgoracha, La E (Gr.) 182 A4
Gorgua E (Our.) 34 D3
Gorgullos E (A Co.) 14 B1
Gorjão P (San.) 112 B5
Gorjões P (Fa.) 174 C2
Gorliz E (Viz.) 11 A4
Gormaig E (Ali.) 141 A4
Gormaz E (So.) 62 D4
Gornal, la E (Bar.) 70 B5
Gornazo E (Can.) 9 B4
Goro, El E (Las P.) 191 D3
Gorordo E (Viz.) 11 A5
Gorozika E (Viz.) 23 B1
Gorrebusto E (Ál.) 43 D1
Gorriti E (Na.) 24 C2
Gorriztaran E (Na.) 24 C2
Gorxá E (A Co.) 15 A1
Gorza → Güesa E (Na.) 25 D4
Gosende P (Port.) 74 D1
Gosende P (Vis.) 75 A2
Gósol E (Ll.) 50 B3
Gostei P (Bra.) 56 D1
Gotarrendura E (Áv.) 80 A4
Gotarta E (Ll.) 48 D2
Gotor E (Zar.) 65 A3
Goujoim P (Vis.) 75 C1
Gouvães da Serra P (V. R.) 55 B3
Gouvães do Douro P (V. R.) 55 C5
Gouveia P (Bra.) 56 C5
Gouveia P (Guar.) 95 C1
Gouveia P (Lis.) 126 B2
Gouveia P (Port.) 54 D5
Gouveias P (Guar.) 76 A4
Gouviães P (Vis.) 75 B1
Gouvinhas P (V. R.) 55 C5
Gouxa E (Po.) 15 A5
Gouxaria P (San.) 111 C3
Gouxaria P (San.) 111 C5
Gove P (Port.) 74 D1
Goyanes E (A Co.) 13 C4
Gozón de Ucieza E (Pa.) 40 B2
Graba E (Po.) 14 C4
Graça P (Lei.) 94 B5
Gracieira P (Lei.) 93 D5
Gracieira P (Lei.) 110 D4
Grada P (Ave.) 94 A2
Grade P (V. C.) 34 B5
Gradefes E (Le.) 19 B5
Gradil P (Lis.) 126 C1
Gradiz P (Guar.) 75 C3
Grado E (Ast.) 6 A4
Grado del Pico E (Seg.) 62 C5
Grado, El E (Hues.) 48 A4
Grageras, Las E (J.) 167 B3
Graíces E (Our.) 35 B1
Grainho P (Fa.) 161 A4
Grainho P (San.) 111 C4
Graja de Campalbo E (Cu.) 123 D1
Graja de Iniesta E (Cu.) 123 A3
Graja, La E (Cór.) 165 B2
Grajal de Campos E (Le.) 39 D3
Grajal de Ribera E (Le.) 38 C4
Grajalejo
de las Matas E (Le.) 39 B2
Grajera E (Seg.) 61 D5
Grajuela, La E (Alb.) 138 C1
Grajuela, La E (Mu.) 172 C1
Gralhas P (V. R.) 35 B5
Gralheira P (Fa.) 174 C2
Gralheira P (Vis.) 74 C3
Gralheira P (Vis.) 74 D2
Gralhós P (Bra.) 57 A3
Gralhos P (Fa.) 159 C4
Gramaços P (Co.) 95 A2
Gramatinha P (Lei.) 94 A5
Gramedo E (Zam.) 37 C4
Graminhal P (Vis.) 75 B2
Gran Chaparral, El E (To.) 99 D5
Gran Tarajal E (Las P.) 190 A4
Granada E (Gr.) 182 A1
Granada
de Río Tinto, La E (Huel.) 163 A1
Granada, la E (Bar.) 70 B4
Granadella, la E (Ll.) 68 D4
Granadilla E (Cór.) 166 C4
Granadilla de Abona E (S.Cruz T.) 195 D4
Granado, El E (Huel.) 161 C3
Granados, Los E (S.Cruz T.) 194 B2
Granátula
de Calatrava E (C. R.) 135 C4
Granda E (Ast.) 6 C4
Granda, La E (Ast.) 6 C3
Grandaços P (Be.) 160 B1
Grandais P (Bra.) 56 D1
Grandal E (A Co.) 3 A4
Grandas de Salime E (Ast.) 4 D5
Grandes E (Áv.) 79 D4
Grandes E (Sa.) 77 D2
Grandival E (Bur.) 23 B5
Grândola P (Set.) 143 C2
Grandoso E (Le.) 19 B4
Granel, El E (S.Cruz T.) 193 C2
Granera E (Bar.) 70 D1
Granho P (San.) 127 C1
Granja P (Ave.) 74 B3
Granja P (Bra.) 57 B3
Granja P (Bra.) 57 B4
Granja P (Co.) 94 B3
Granja P (Év.) 145 D2
Granja P (Guar.) 76 A4
Granja P (Lei.) 93 B5
Granja P (Port.) 73 D1
Granja P (V. R.) 55 D5
Granja P (V. R.) 55 C2
Granja P (Vis.) 75 A2
Granja P (Vis.) 75 D2
Granja de Ançã P (Co.) 94 A2
Granja
de la Costera, la E (Val.) 140 D2
Granja de Moreruela E (Zam.) 58 C1
Granja de Rocamora E (Ali.) 156 B3
Granja de
San Vicente, La E (Le.) 17 D5
Granja de Santa Inés E (Zar.) 65 D1
Granja
de Torrehermosa E (Bad.) 148 C2
Granja d'Escarp, la E (Ll.) 68 B4
Granja do Tedo P (Vis.) 75 C1
Granja do Ulmeiro P (Co.) 93 D3
Granja Muedra E (Vall.) 60 B2
Granja Nova P (V. R.) 55 B3
Granja Nova P (Vis.) 75 B2
Granja San Pedro E (Zar.) 64 B5
Granja, La E (Các.) 98 A3
Granja, La E (Mu.) 171 A2
Granja, La E (Sa.) 79 A3
Granja, La →
San Ildefonso E (Seg.) 81 B3
Granja, La/Cruce, El E (Mad.) 102 A1
Granjal P (Vis.) 94 C1
Granjal P (Vis.) 75 C3
Granjilla, La E (Mad.) 101 D1
Granjinha P (Vis.) 75 C1
Granjuela, La E (Cór.) 149 A2
Granollers E (Bar.) 71 B2
Granollers de la Plana E (Bar.) 51 B4
Granollers
de Rocacorba E (Gi.) 51 D4
Granota, La E (Gi.) 52 A5
Granucillo E (Zam.) 38 B4
Granxa E (Po.) 33 D3
Granxa, A E (Our.) 35 D5
Granyanella E (Ll.) 69 C2
Granyena
de les Garrigues E (Ll.) 68 C4
Granyena de Segarra E (Ll.) 69 C2
Graña E (A Co.) 13 C5
Graña E (Lu.) 4 A4
Graña de Umia E (Po.) 14 C4
Graña, A E (Our.) 35 B3
Graña, A E (Po.) 13 D5
Graña, A E (Po.) 34 C2
Grañas E (A Co.) 3 C2
Grañén E (Hues.) 47 A5
Grañena E (J.) 167 D1
Grañeras, Las E (Le.) 39 B2
Grañón E (La R.) 42 D2
Grao, El/Grau, el E (Cas.) 125 C1
Grao/Grau
de Castelló, el E (Cas.) 107 D5
Grao/Grau, el E (Val.) 141 C2
Gratallops E (Ta.) 88 D1
Grau de Castelló,
el → Grao E (Cas.) 107 D5
Grau, el → Grao E (Val.) 141 C2
Grau, el → Grao, El E (Cas.) 125 C1
Grau, Es E (Bal.) 90 D2
Graugés E (Bar.) 50 C4
Graus E (Hues.) 48 A3
Grávalos E (La R.) 44 C4
Gravanço P (Ave.) 74 A5
Gravinhas de Baixo P (Co.) 95 A1
Gravinhas de Cima P (Co.) 95 A1
Graya E (Alb.) 154 A2
Grazalema E (Cád.) 179 A4
Gredilla de Sedano E (Bur.) 21 D5
Gredilla la Polera E (Bur.) 41 D1
Gregos P (Bra.) 57 B4
Gresande E (Po.) 14 D4
Griego, El E (Alb.) 138 B5
Griegos E (Te.) 105 A2
Grifa E (Po.) 34 C1
Grijalba E (Bur.) 41 A2
Grijalba de Vidriales E (Zam.) 38 B4
Grijera, lugar E (Pa.) 20 D4
Grijó P (Port.) 74 A1
Grijó de Parada P (Bra.) 57 A2
Grijó de Vale Benfeito P (Bra.) 56 C3
Grijota E (Pa.) 40 B5
Grilo E (Ast.) 4 D3
Grilo P (Port.) 74 D1
Grimaldo E (Các.) 115 B1
Grimancelos P (Br.) 54 A3
Griñón E (Mad.) 101 C3
Grions E (Gi.) 71 D1
Grisaleña E (Bur.) 42 C1
Grisel E (Zar.) 64 D1
Grisén E (Zar.) 65 D2
Grisuela E (Zam.) 57 C2
Grisuela del Páramo E (Le.) 38 C2
Grixalva E (A Co.) 15 A1
Grixó E (Our.) 34 D3
Grixoa E (A Co.) 13 D1
Grixoa E (Our.) 34 D1
Grocinas P (Co.) 94 A4
Grolos E (Lu.) 15 D3
Groo, El E (Sa.) 77 D1
Grou E (Our.) 34 D5
Grou P (Lei.) 93 B4
Grove, O E (Po.) 13 D5
Grovelas P (V. C.) 54 B1
Grulleros E (Le.) 38 D1
Grullos E (Ast.) 6 A4
Guadabraz, lugar E (J.) 153 B3
Guadahortuna E (Gr.) 168 B3
Guadajira E (Bad.) 130 D3
Guadajoz E (Sev.) 164 C3
Guadalajara E (Gua.) 82 C5
Guadalaviar E (Te.) 104 D2
Guadalcacín E (Cád.) 177 D4
Guadalcanal E (Sev.) 148 A4
Guadalcázar E (Cór.) 165 D1
Guadalema de
los Quinteros E (Sev.) 178 B1
Guadalén E (J.) 152 A4
Guadalest E (Ali.) 141 C4
Guadalimar E (J.) 151 D4
Guadalix de la Sierra E (Mad.) 81 D4
Guadalmedina, lugar E (Mál.) 180 C4
Guadalmez E (C. R.) 133 C4
Guadalmina E (Mál.) 187 D2
Guadalperales, Los E (Bad.) 132 C1
Guadalpín-Río Verde E (Mál.) 188 A1
Guadalupe E (Các.) 117 A4
Guadalupe E (Lu.) 3 C4
Guadalupe P (Aç.) 109 A1
Guadalupe de
Maciascoque E (Mu.) 155 D5
Guadamanil, lugar E (Cád.) 179 A2
Guadamur E (To.) 119 A1
Guadapero E (Sa.) 77 C5
Guadarrama E (Mad.) 81 A5
Guadasequies/
Guadasséquies E (Val.) 141 A3
Guadasséquies →
Guadasequies E (Val.) 141 A3
Guadassuar E (Val.) 141 A1
Guadiana
del Caudillo E (Bad.) 130 D2
Guadiaro E (Cád.) 187 B3
Guadilla de Villamar E (Bur.) 41 A1
Guadix E (Gr.) 168 D5
Guadramil P (Bra.) 37 B5
Guadramiro E (Sa.) 77 B2
Guainos Altos E (Alm.) 182 D4
Guainos Bajos E (Alm.) 182 D4
Guájar Alto E (Gr.) 181 D3
Guájar Faragüit E (Gr.) 182 A3
Guájar Fondón E (Gr.) 182 A3
Gualba E (Bar.) 71 C1
Gualchos E (Gr.) 182 B4
Gualda E (Gua.) 83 B5
Gualda E (Ll.) 68 C2
Gualdim P (Co.) 94 D2
Gualta E (Gi.) 52 C4
Guamasa E (S.Cruz T.) 196 B2
Guancha, La E (S.Cruz T.) 195 D2
Guapa, La E (Gr.) 182 C4
Guarazoca E (S.Cruz T.) 194 C4
Guarda P (Guar.) 76 A5
Guarda, A/Guardia, La E (Po.) 33 C5
Guarda, La E (Bad.) 132 B4
Guardamar de la Safor E (Val.) 141 C2
Guardamar del Segura E (Ali.) 156 D4
Guardão P (Vis.) 74 C5
Guàrdia d'Ares, La E (Ll.) 49 C2
Guardia de Jaén, La E (J.) 167 D2
Guàrdia de Tremp E (Ll.) 49 A4
Guàrdia, La E (Ll.) 69 B2
Guardia, La E (To.) 120 A1
Guardia, La →
Guarda, A E (Po.) 33 C5
Guardias Viejas E (Alm.) 183 B4
Guardiola de Berguedà E (Bar.) 50 C3
Guardiola de Font-rubí E (Bar.) 70 B4
Guardo E (Pa.) 20 A4
Guareña E (Áv.) 79 D5
Guareña E (Bad.) 131 D3
Guargacho →
Monte, El E (S.Cruz T.) 195 D4
Guarnizo E (Can.) 9 C4
Guaro E (Mál.) 179 D5
Guarrate E (Zam.) 59 A5
Guarromán E (J.) 151 D3
Guasa E (Hues.) 46 D1
Guaso E (Hues.) 47 D2
Guatiza E (Las P.) 192 D3
Guayonge E (S.Cruz T.) 196 A2
Guaza E (S.Cruz T.) 195 C5
Guaza de Campos E (Pa.) 39 D4
Guazamara E (Alm.) 171 A4
Gucherre P (San.) 111 B4
Gúdar E (Te.) 106 C1
Gudillos E (Seg.) 81 A5
Gudino E (Sa.) 78 A2
Gudiña, A E (Our.) 36 B4
Guedelhas P (Be.) 160 C3
Guedieiros P (Vis.) 75 C2
Güéjar Sierra E (Gr.) 182 B1
Güel E (Hues.) 48 B3
Güemes E (Can.) 9 D4
Güeñes E (Viz.) 22 D1
Gueral P (Br.) 53 D3
Guerras, Las, lugar E (Gr.) 181 C4
Guerreiros P (Lis.) 126 C2
Guerreiros do Rio P (Fa.) 161 C4
Güesa/Gorza E (Na.) 25 D4
Guesálaz E (Na.) 24 C4
Guetim P (Port.) 73 D1
Güevéjar E (Gr.) 168 A5
Guía E (S.Cruz T.) 196 A2
Guia P (Fa.) 174 A2
Guia P (Lei.) 93 C4
Guía de Isora E (S.Cruz T.) 195 C4
Guía, La E (Mu.) 172 B2
Guiães P (V. R.) 55 B5
Guiamets, els E (Ta.) 88 D1
Guidões P (Port.) 53 D4
Guiende E (A Co.) 13 D4
Guijar, El E (Seg.) 81 B1
Guijarrosa, La E (Cór.) 165 D2
Guijillo, El E (Huel.) 162 D3
Guijo de Ávila E (Sa.) 98 C1
Guijo de Coria E (Các.) 97 B4
Guijo de Galisteo E (Các.) 97 B4
Guijo de Granadilla E (Các.) 97 D3
Guijo
de Santa Bárbara E (Các.) 98 C3
Guijo, El E (Cád.) 178 A4
Guijo, El E (Cór.) 149 D1
Guijo, El E (Huel.) 163 A3
Guijo, El E (Mad.) 81 B5
Guijosa E (Gua.) 83 C2
Guijosa E (So.) 62 C2
Guijuelo E (Sa.) 98 C1
Guijuelos, Los E (Áv.) 98 D2
Guilfrei E (Lu.) 16 B3
Guilhabreu P (Port.) 53 D4
Guilhadeses P (V. C.) 34 B5
Guilheiro P (Guar.) 75 D3
Guilhofrei P (Br.) 54 D2
Guilhovai P (Ave.) 73 D2
Guilhufe P (Port.) 54 B5
Guils de Cerdaña E (Gi.) 50 C1
Guillamil E (Our.) 35 B3
Guillar E (Lu.) 15 D1
Guillar E (Po.) 15 A4
Guillarei E (Po.) 34 A4
Guillena E (Sev.) 163 D3
Güímar E (S.Cruz T.) 196 B3
Guimara E (Le.) 17 A3
Guimarães P (Br.) 54 C3
Guimarães P (Vis.) 75 A4
Guimarães de Tavares P (Vis.) 75 B5
Guimarán E (Ast.) 6 C3
Guimarei E (Lu.) 15 C2
Guimarei E (Our.) 35 D5
Guimarei P (Port.) 54 A4
Güime E (Las P.) 192 C4
Guimerà E (Ll.) 69 C3
Guimil P (V. C.) 34 B4
Guincho, El E (S.Cruz T.) 195 D5
Guindos, Los, lugar E (J.) 151 D2
Guingueta d'Àneu, la E (Ll.) 29 B5
Guingueta, La E (Gi.) 50 C1
Guinicio E (Bur.) 22 D5
Guiraos, Los E (Alm.) 171 A4
Guirela P (Ave.) 74 B1
Guísamo E (A Co.) 2 D4
Guisande P (Ave.) 74 A2
Guisande P (Br.) 54 B3
Guisando E (Áv.) 99 B3
Guissona E (Ll.) 69 C1
Guistola P (Ave.) 74 B5

Guitiriz

Guitiriz E (Lu.) 3 B5
Guix, el E (Bar.) 70 C1
Guixaró, El E (Bar.) 50 C4
Guixers E (Ll.) 50 A3
Guizado P (Lei.) 110 D3
Guizán E (Po.) 34 A2
Gulanes E (Po.) 34 A3
Guldriz E (A Co.) 13 D1
Gulpilhares P (Port.) 73 D1
Gullade E (Lu.) 35 D1
Gumá E (Bur.) 62 A3
Gumiei P (Vis.) 74 D4
Gumiel de Izán E (Bur.) 61 D2
Gumiel de Mercado E (Bur.) 61 C2
Gundiás E (Our.) 35 B3
Gundibós E (Lu.) 35 D1
Guntín E (Lu.) 15 C3
Guntín E (Lu.) 3 C4
Guntín de Pallares E (Lu.) 15 C3
Guntumil E (Our.) 35 A5
Gunyoles, les E (Bar.) 70 C4
Gurb E (Bar.) 51 A5
Gures E (A Co.) 13 B2
Gurp E (Ll.) 48 D3
Gurrea de Gállego E (Hues.) 46 B5
Gurueba, La E (Can.) 21 C1
Gurugú, El E (Mad.) 102 B2
Gurulles E (Ast.) 6 A4
Gusendos de los Oteros E (Le.) 39 A2
Gustei E (Our.) 35 B1
Gutar E (J.) 152 D3
Gutierre-Muñoz E (Áv.) 80 B3
Guxinde E (Our.) 34 D4
Guzmán E (Bur.) 61 B2

H

Haba, La E (Bad.) 132 B3
Hacinas E (Bur.) 42 B5
Hacho, El E (Gr.) 168 C3
Haedillo, lugar E (Bur.) 42 B3
Haedo de las Pueblas E (Bur.) 21 C2
Haedo de Linares E (Bur.) 21 D3
Haizkoeta E (Ál.) 23 A4
Hardales, Los E (Cád.) 186 A2
Haría E (Las P.) 192 D3
Haro E (La R.) 43 A1
Hayas, Las E (S.Cruz T.) 194 B2
Hayuela, La E (Can.) 8 D5
Haza E (Bur.) 61 C3
Haza de la Concepción E (Các.) 98 A5
Haza del Trigo E (Gr.) 182 C4
Hazas E (Can.) 22 A1
Hazas de Cesto E (Can.) 10 A4
Hecho E (Hues.) 26 B4
Hedradas, Las E (Zam.) 36 C4
Hedroso E (Zam.) 36 D4
Helecha E (Can.) 21 B1
Helecha de Valdivia E (Pa.) 21 A4
Helechal E (Bad.) 133 A5
Helechosa de los Montes E (Bad.) 117 D5
Helenos P (Lei.) 93 C4
Helguera E (Can.) 21 B2
Helmántico, El E (Sa.) 78 C2
Hellín E (Alb.) 155 A1
Henarejos E (Cu.) 123 B1
Henche E (Gua.) 83 B5
Herada E (Can.) 22 A1
Heras de Ayuso E (Gua.) 82 D4
Heras de la Peña, Las E (Pa.) 20 A4
Herbers → Herbés E (Cas.) 87 C4
Herbés/Herbers E (Cas.) 87 C4
Herbón E (A Co.) 14 A4
Herbosa E (Bur.) 21 C3
Herce E (La R.) 44 A3
Herdade P (C. B.) 95 A5
Herdade P (C. B.) 94 C5
Herdeiros P (San.) 112 C2
Heredad, La E (Alm.) 183 B1
Heredia E (Ál.) 23 D4
Herencia E (C. R.) 120 B5
Herencias, Las E (To.) 117 D1
Herguijuela E (Áv.) 99 B2
Herguijuela E (Các.) 116 B4
Herguijuela
de Ciudad-Rodrigo E (Sa.) 97 A1
Herguijuela
de la Sierra E (Sa.) 97 D1
Herguijuela del Campo E (Sa.) 78 B5
Herguijuela, La E (Các.) 116 A1
Hérmedes de Cerrato E (Pa.) 61 A1
Hermigua E (S.Cruz T.) 194 C1
Hermisende E (Zam.) 36 D5
Hermosa E (Can.) 9 D5
Hermosilla E (Bur.) 22 B5
Hermosillo E (Áv.) 98 D2
Hernán Cortés E (Bad.) 132 A2
Hernancobo, lugar E (Sa.) 78 C4
Hernández, Los E (Alm.) 169 D4
Hernani E (Gui.) 12 C5
Hernán-Pérez E (Các.) 97 B3
Hernansancho E (Áv.) 80 A3
Hernán-Valle E (Gr.) 168 D4
Hernialde E (Gui.) 24 B2
Herrada
del Manco, lugar E (Mu.) 140 A5
Herradón de Pinares E (Áv.) 100 B1
Herradura, La E (Alm.) 171 A4
Herradura, La E (Gr.) 181 D4
Herramélluri E (La R.) 42 D1
Herrán E (Bur.) 22 C4
Herrán, La E (Can.) 9 C5
Herrera E (Can.) 9 C4
Herrera E (Sev.) 165 D4
Herrera de Alcántara E (Các.) 113 C2
Herrera de Duero E (Vall.) 60 B3
Herrera de Ibio E (Can.) 9 A5
Herrera de la Mancha E (C. R.) 136 C2
Herrera
de los Navarros E (Zar.) 85 D1
Herrera de Pisuerga E (Pa.) 40 D1
Herrera de Soria E (So.) 62 D2
Herrera de Valdecañas E (Pa.) 41 A5
Herrera de Valdivielso E (Bur.) 22 A4
Herrera del Duque E (Bad.) 133 C1
Herrera, La E (Alb.) 138 B3
Herrera, La E (Viz.) 22 C1
Herrera-Puente
del Condado E (J.) 152 C4
Herreras, Los E (Alm.) 170 C5
Herrería E (Gua.) 84 C3
Herrería
de Santa Cristina E (Cu.) 104 A1
Herrería, La E (Alb.) 138 C5
Herrería, La E (Alm.) 184 C1
Herrería, La E (Cór.) 165 C1
Herrerías, Las E (Huel.) 161 D2
Herrerías, Las E (Le.) 16 C5
Herreros E (So.) 63 B1
Herreros E (Vall.) 59 C4
Herreros de Jamuz E (Le.) 38 A3
Herreros de Rueda E (Le.) 19 C5
Herreros de Suso E (Áv.) 79 C4
Herreruela E (Các.) 114 C3
Herreruela
de Castillería E (Pa.) 20 C3
Herreruela de Oropesa E (To.) 117 B1
Herrezuelo E (Sa.) 78 D4
Herrín de Campos E (Vall.) 39 D4
Herrumblar, El E (Cu.) 123 A4
Hervás E (Các.) 98 B3
Hervededo E (Le.) 17 A5
Herves E (A Co.) 2 C5
Hervías E (La R.) 43 A2
Hidalga, La E (S.Cruz T.) 196 B3
Hiendelaencina E (Gua.) 82 D2
Hierro E (Bur.) 22 B3
Hierro E (Sev.) 148 C5
Higón E (Bur.) 21 C3
Higuera E (Các.) 116 C2
Higuera de Calatrava E (J.) 167 A1
Higuera de la Serena E (Bad.) 132 B5
Higuera de la Sierra E (Huel.) 147 A5
Higuera de las Dueñas E (Áv.) 100 B3
Higuera de Llerena E (Bad.) 147 D2
Higuera de Vargas E (Bad.) 146 B1
Higuera la Real E (Bad.) 146 D3
Higuera, La E (Alb.) 139 C4
Higuera, La E (Áv.) 99 C3
Higuera, La E (S.Cruz T.) 195 D4
Higueral E (Alm.) 169 D4
Higueral E (J.) 168 D1
Higueral, El E (Cór.) 166 D5
Higueras E (Cas.) 106 D5
Higueras, Las E (Cór.) 167 A4
Higuerón, El E (Cór.) 165 D1
Higueruela E (Alb.) 139 B2
Higueruelas E (Val.) 124 B1
Hija de Dios, La E (Áv.) 99 D1
Híjar E (Alb.) 154 C1
Híjar E (Gr.) 181 D1
Híjar E (Te.) 87 A1
Hijas E (Can.) 9 B5
Hijate, El E (Alm.) 169 C4
Hijes E (Gua.) 82 D1
Hijosa de Boedo E (Pa.) 40 D1
Hinestrosa E (Bur.) 41 A3
Hiniesta, La E (Zam.) 58 B3
Hiniestra E (Bur.) 42 A2
Hinojal E (Các.) 115 B2
Hinojal de Riopisuerga E (Bur.) 40 D1
Hinojales E (Huel.) 146 D4
Hinojar E (Mu.) 171 B2
Hinojar de Cervera E (Bur.) 42 A5
Hinojar del Rey E (Bur.) 62 B2
Hinojares E (J.) 169 A2
Hinojedo E (Can.) 9 B4
Hinojos E (Huel.) 163 B5
Hinojosa E (Gua.) 84 C2
Hinojosa de Duero E (Sa.) 76 D2
Hinojosa de Jarque E (Te.) 86 B5
Hinojosa de la Sierra E (So.) 63 C1
Hinojosa de San Vicente E (To.) 100 A4
Hinojosa del Campo E (So.) 64 B2
Hinojosa del Duque E (Cór.) 149 B1
Hinojosa del Valle E (Bad.) 147 C1
Hinojosa, La E (Cu.) 121 D2
Hinojosa, La E (So.) 62 C2
Hinojosas de Calatrava E (C. R.) 135 A5
Hinojosos, Los E (Cu.) 121 A3
Hío E (Po.) 33 D2
Hiriberri/Villanueva
de Aezkoa E (Na.) 25 C3
Hirmes E (Alm.) 183 A3
Hiruela, La E (Mad.) 82 A2
Hita E (Gua.) 82 D4
Hito, El E (Cu.) 121 B1
Holguera E (Các.) 97 B5
Hombrados E (Gua.) 85 A4
Hombres Olivais P (Lis.) 126 D3
Honcalada E (Vall.) 79 D1
Hondarribia/
Fuenterrabía E (Gui.) 12 D4
Hondón de las
Nieves/Fondó
de Les Neus, el E (Ali.) 156 C2
Hondón de los Frailes/
Fondó dels Frares, el E (Ali.) 156 B3
Hondura E (Sa.) 78 A5
Honquilana, lugar E (Vall.) 80 A1
Honrubia E (Cu.) 122 A3
Honrubia de la Cuesta E (Seg.) 61 D4
Hontalbilla E (Seg.) 61 A5
Hontanar E (To.) 118 B3
Hontanares E (Áv.) 99 C4
Hontanares E (Gua.) 83 B4
Hontanares de Eresma E (Seg.) 81 A3
Hontanas E (Bur.) 41 B3
Hontanaya E (Cu.) 121 A2
Hontangas E (Bur.) 61 C3
Hontecillas E (Cu.) 122 B2
Hontoba E (Gua.) 102 D2
Hontomín E (Bur.) 41 D1
Hontoria E (Ast.) 7 D4
Hontoria E (Seg.) 81 A3
Hontoria de Cerrato E (Pa.) 60 C1
Hontoria de la Cantera E (Bur.) 41 D4
Hontoria de Río Franco E (Bur.) 41 B5
Hontoria
de Valdearados E (Bur.) 62 A2
Hontoria del Pinar E (Bur.) 62 C1
Horcadas E (Le.) 19 D3
Horcajada de la Torre E (Cu.) 103 C5
Horcajada, La E (Áv.) 98 D1
Horcajo E (Các.) 97 B2
Horcajo de la Ribera E (Áv.) 99 A2
Horcajo de la Sierra E (Mad.) 81 D2
Horcajo de las Torres E (Áv.) 79 C2
Horcajo de los Montes E (C. R.) 118 A5
Horcajo de Montemayor E (Sa.) 98 B2
Horcajo de Santiago E (Cu.) 120 D1
Horcajo Medianero E (Sa.) 79 A5
Horcajo, El E (Alb.) 137 D4
Horcajo, El E (Sev.) 177 D2
Horcajuelo de la Sierra E (Mad.) 82 A2
Horche E (Gua.) 102 D1
Hormaza E (Bur.) 41 B3
Hormazas, Las E (Bur.) 41 B1
Hormigos E (To.) 100 C4
Hormilla E (La R.) 43 B2
Hormilleja E (La R.) 43 B2
Horna E (Alb.) 139 A3
Horna E (Bur.) 22 A3
Horna E (Gua.) 83 C1
Hornachos E (Bad.) 131 D5
Hornachuelos E (Cór.) 165 B1
Hornedo E (Can.) 9 D4
Hornera, La E (Mu.) 155 D4
Hornes E (Bur.) 22 B2
Hornico, El E (Mu.) 154 B5
Hornija E (Le.) 16 D5
Hornillalastra E (Bur.) 22 A2
Hornillalatorre E (Bur.) 22 A2
Hornillayuso E (Bur.) 22 A3
Hornillo, El E (Áv.) 99 C3
Hornillo, El E (S.Cruz T.) 194 B2
Hornillos de Cameros E (La R.) 43 D3
Hornillos de Cerrato E (Pa.) 40 D5
Hornillos de Eresma E (Vall.) 60 A5
Hornillos del Camino E (Bur.) 41 B3
Horno-Ciego E (Alb.) 154 A1
Hornos E (J.) 168 C1
Hornos E (J.) 153 B3
Hornos de Moncalvillo E (La R.) 43 C2
Horra, La E (Bur.) 61 C2
Horta E (Le.) 16 D5
Horta P (Aç.) 109 A3
Horta P (Ave.) 94 A1
Horta P (Guar.) 76 A1
Horta da Vilariça P (Bra.) 56 B5
Horta de Sant Joan E (Ta.) 88 A2
Horta, S' E (Bal.) 92 C5
Hortas de Baixo P (Por.) 130 A1
Hortas de Cima P (Por.) 114 A5
Hortas do Tabual P (Fa.) 173 A3
Hortezuela E (So.) 63 A4
Hortezuela de Océn, La E (Gua.) 83 D3
Hortezuelos E (Bur.) 62 A1
Hortichuela E (J.) 167 B4
Hortichuela E (Mu.) 172 B1
Hortichuelas E (Alm.) 184 C3
Hortigosa de Ríoalmar E (Áv.) 79 C5
Hortigüela E (Bur.) 42 B5
Hortinhas P (Év.) 129 C4
Hortizuela, lugar E (Cu.) 104 A5
Hortunas E (Val.) 124 A4
Hospital E (Lu.) 36 B1
Hospital da Condesa E (Lu.) 16 C4
Hospital da Cruz E (Lu.) 15 C3
Hospital de Órbigo E (Le.) 38 B1
Hospitales, Los E (Gr.) 167 B5
Hospitalet
de l'Infant, l' E (Ta.) 89 A2
Hospitalet
de Llobregat, l' E (Bar.) 71 A4
Hostafrancs E (Ll.) 69 C1
Hostal de Ipiés E (Hues.) 47 A2
Hostal del Ciervo, lugar E (Zar.) 67 B4
Hostalet, l' E (Gi.) 72 A1
Hostalets
de Balenyà, els E (Bar.) 71 A1
Hostalets
de Pierola, els E (Bar.) 70 C3
Hostalets d'en Bas, els E (Gi.) 51 C3
Hostalets, els E (Gi.) 52 B2
Hostalets, els E (Ta.) 89 D1
Hostalets-Can Lleó, els E (Bar.) 70 B4
Hostalnou, l' E (Ll.) 68 D1
Hostalnou, l' →
Segunda del Río E (Cas.) 87 C5
Hostalric E (Gi.) 71 D1
Hoya
de Santa Ana, lugar E (Alb.) 139 B4
Hoya del Campo E (Mu.) 155 C3
Hoya
del Conejo, La, lugar E (Alb.) 137 C4
Hoya del Salobral E (J.) 167 D3
Hoya Grande E (S.Cruz T.) 193 C2
Hoya, La E (Alm.) 170 C4
Hoya, La E (Alm.) 170 B4
Hoya, La E (Mu.) 171 B2
Hoya, La E (Sa.) 98 C2
Hoya-Gonzalo E (Alb.) 139 B3
Hoyales de Roa E (Bur.) 61 C3
Hoyamorena E (Mu.) 172 C2
Hoyas, Las E (Alb.) 154 A1
Hoyas, Las, lugar E (Bur.) 21 D2
Hoyo de Manzanares E (Mad.) 81 B5
Hoyo de Pinares, El E (Áv.) 100 C1
Hoyo Tabares-
Moreno y Vicenta E (Mál.) 179 B4
Hoyo, El E (C. R.) 151 B2
Hoyo, El E (Cór.) 149 A3
Hoyocasero E (Áv.) 99 C2
Hoyorredondo E (Áv.) 99 A1
Hoyos E (Các.) 96 D3
Hoyos de Miguel Muñoz E (Áv.) 99 C2
Hoyos del Collado E (Áv.) 99 B2
Hoyos del Espino E (Áv.) 99 B2
Hoyos, Los E (Las P.) 191 D2
Hoyuelos E (Seg.) 80 C2
Hoyuelos de la Sierra E (Bur.) 42 C4
Hoz de Abajo E (So.) 62 C5
Hoz de Anero E (Can.) 9 D4
Hoz de Arreba E (Bur.) 21 C3
Hoz de Arriba E (So.) 62 C5
Hoz de Barbastro E (Hues.) 47 D4
Hoz de Jaca E (Hues.) 27 A5
Hoz de la Vieja, La E (Te.) 86 B3
Hoz de Valdivielso E (Bur.) 22 A4
Hoz, La E (Alb.) 137 D5
Hoz, La E (Cór.) 166 D5
Hozabejas E (Bur.) 22 A5
Hoznayo E (Can.) 9 D4
Huarte/Uharte E (Na.) 25 A4
Huebro E (Alm.) 184 B2
Huecas E (To.) 100 D5
Huécija E (Alm.) 183 C2
Huélaga E (Các.) 97 A4
Huélago E (Gr.) 168 C4
Huélamo E (Cu.) 104 D3
Huelga, La E (Alm.) 184 C1
Huelma E (J.) 168 B2
Huelmos de Cañedo E (Sa.) 78 C1
Huelva E (Huel.) 176 B2
Huelvácar E (Cád.) 186 B1
Huelves E (Cu.) 103 A5
Huéneja E (Gr.) 183 A1
Huera de Dego E (Ast.) 7 C5
Huerbas E (Alb.) 153 D4
Huércal de Almería E (Alm.) 184 A3
Huércal-Overa E (Alm.) 170 D4
Huércanos E (La R.) 43 B2
Huerce, La E (Gua.) 82 C1
Huércemes E (Cu.) 123 A2
Huerces E (Ast.) 6 D3
Huerga de Frailes E (Le.) 38 B2
Huerga de Garavalles E (Le.) 38 B2
Huergas de Babia E (Le.) 18 A3
Huergas de Gordón E (Le.) 18 D4
Huérguina E (Cu.) 105 A5
Huérmeces E (Bur.) 41 C1
Huérmeces del Cerro E (Gua.) 83 B2
Huérmeda E (Zar.) 65 A5
Huerres E (Ast.) 7 B3
Huerrios E (Hues.) 46 D4
Huerta E (Mu.) 154 D4
Huerta E (Sa.) 78 D3
Huerta E (Seg.) 81 D1
Huerta de Abajo E (Bur.) 42 C4
Huerta de Arriba E (Bur.) 42 D4
Huerta de la Obispalía E (Cu.) 103 D5
Huerta
de Llano de Brujas E (Mu.) 156 A5
Huerta de Marojales E (Cu.) 104 C2
Huerta de San Benito E (Mu.) 156 A5
Huerta
de Valdecarábanos E (To.) 119 D1
Huerta de Vero E (Hues.) 47 C4
Huerta del Colegio E (Sev.) 165 C5
Huerta del Manco E (J.) 153 C4
Huerta del Marquesado E (Cu.) 105 A4
Huerta del Raal E (Mu.) 156 B4
Huerta del Rey E (Bur.) 62 B1
Huerta Grande E (Huel.) 162 A2
Huerta Real E (Gr.) 169 C3
Huerta, La E (Alm.) 170 D5
Huerta, La E (Ast.) 6 D5
Huerta, La E (Mu.) 156 B4
Huerta, La E (Mu.) 156 A3
Huertahernando E (Gua.) 84 A4
Huertapelayo E (Gua.) 84 A4
Huertas de Cansa, Las E (Các.) 113 D4
Huertas
de la Magdalena E (Các.) 116 A4
Huertas de la Manga E (Sev.) 166 A5
Huertas del Ingeniero E (Cór.) 165 D4
Huertas del Río E (Mál.) 180 C2
Huertas
del Sauceral, Las E (C. R.) 117 D4
Huertas Familiares
de San Fernando E (Cór.) 150 C5
Huertas y Cercados E (Gr.) 169 B4
Huertas y Extramuros E (J.) 151 A4
Huertas y Montes E (Mál.) 179 D3
Huertas, Las E (Mál.) 179 D4
Huérteles E (So.) 43 D5
Huertezuelas E (C. R.) 151 C1
Huerto E (Hues.) 47 B5
Huertos, Los E (Cu.) 105 C5
Huertos, Los E (Seg.) 80 D2
Huesa E (J.) 168 D1
Huesa del Común E (Te.) 86 B2
Huesas, Las E (Las P.) 191 D3
Huesca E (Hues.) 47 A4
Huéscar E (Gr.) 169 D1
Huete E (Cu.) 103 B4
Huétor de Santillán E (Gr.) 168 A5
Huétor Tájar E (Gr.) 181 B1
Huétor Vega E (Gr.) 182 A1
Huetos E (Gua.) 83 C4
Huetre E (Các.) 97 C1
Hueva E (Gua.) 103 A1

Labastida/Bastida

Labastida/Bastida E (Ál.) 43 B1
Labata E (Hues.) 47 B3
Labiarón E (Ast.) 4 D5
Labio E (Lu.) 16 A2
Laborato P (Fa.) 161 A3
Laborcillas E (Gr.) 168 C4
Labores, Las E (C. R.) 120 A5
Laborins P (Co.) 94 B2
Labrada E (Lu.) 3 B4
Labrada E (Lu.) 4 A4
Labrengos P (Ave.) 93 D1
Labros E (Gua.) 84 C2
Labruge P (Port.) 53 D4
Labrugeira P (Lis.) 110 D5
Labruja P (V. C.) 34 A5
Labrujó P (V. C.) 34 A5
Labuerda E (Hues.) 47 D1
Lácara E (Bad.) 131 A2
Laceiras P (Vis.) 94 D1
Laceiras P (Vis.) 74 B5
Lacort E (Hues.) 47 C1
Lacorvilla E (Zar.) 46 B4
Lacuadrada E (Hues.) 47 C5
Láchar E (Gr.) 181 C1
Lada E (Ast.) 6 D5
Ladeira P (C. B.) 95 B4
Ladeira P (C. B.) 112 C1
Ladeira P (San.) 112 D2
Ladeira do Fárrio P (San.) 93 D5
Laderas del Campillo E (Mu.) 156 A4
Ladoeiro P (C. B.) 114 A1
Ladreda P (Vis.) 74 D3
Ladrido E (A Co.) 3 C1
Ladrillar E (Các.) 97 C1
Ladrugães P (V. R.) 55 A1
Ladruñán E (Te.) 87 A4
Lafortunada E (Hues.) 47 D1
Lagarejos
de la Carballeda E (Zam.) 37 B4
Lagarelhos P (Bra.) 56 C1
Lagarelhos P (V. R.) 55 D2
Lagares P (Co.) 95 A1
Lagares P (Co.) 93 D4
Lagares P (Port.) 74 B1
Lagares P (Port.) 54 C4
Lagares P (Vis.) 74 D1
Lagares, Los E (Mál.) 180 A4
Lagarinhos P (Guar.) 95 B1
Lagarteira P (Lei.) 94 A4
Lagartera E (To.) 99 B5
Lagartóns E (Po.) 14 B4
Lagartos E (Pa.) 39 D2
Lagata E (Zar.) 86 B1
Lage P (Vis.) 74 D5
Lageosa P (Guar.) 96 D2
Lageosa P (Vis.) 75 A4
Lages P (Vis.) 75 B4
Lago E (A Co.) 2 D2
Lago E (A Co.) 13 C2
Lago E (Lu.) 4 A1
Lago E (Our.) 35 A1
Lago P (Br.) 54 B2
Lago Bom P (V. R.) 55 C3
Lago de Babia E (Le.) 17 D3
Lagoa E (Lu.) 4 A3
Lagoa P (Aç.) 109 B5
Lagoa P (Br.) 54 D3
Lagoa P (Bra.) 56 D4
Lagoa P (C. B.) 112 C1
Lagoa P (Co.) 93 C1
Lagoa P (Fa.) 173 D2
Lagoa P (Lei.) 93 B5
Lagoa P (Lis.) 126 B1
Lagoa P (San.) 112 A1
Lagoa da Palha P (Set.) 127 A4
Lagoa das Eiras P (San.) 127 B1
Lagoa das Talas P (Lei.) 111 A3
Lagoa de Albufeira P (Set.) 126 C5
Lagoa de Santo André P (Set.) 143 B3
Lagoa do Chão P (Lei.) 111 B2
Lagoa do Furadouro P (San.) 111 D2
Lagoa do Grou P (San.) 112 A1
Lagoa Parada P (Lei.) 93 D4
Lagoa Ruiva P (Lei.) 111 C2
Lagoas P (Co.) 93 D1
Lagoas P (V. R.) 56 A2
Lagoiços P (San.) 128 A2
Lagomar P (Bra.) 56 D1
Lagos E (Gr.) 182 B4
Lagos E (Mál.) 181 B4
Lagos P (Fa.) 173 B2
Lagos da Beira P (Co.) 95 A1
Lagostelle E (Lu.) 3 B5
Lagran E (Ál.) 23 C5
Lagualva de Cima P (San.) 111 D4
Laguardia/Biasteri E (Ál.) 43 C1
Laguarres E (Hues.) 48 B3
Laguarta E (Hues.) 47 B2
Lagueruela E (Te.) 85 D2
Laguna Dalga E (Le.) 38 C2
Laguna de Cameros E (La R.) 43 C4
Laguna de Contreras E (Seg.) 61 B4
Laguna de Duero E (Vall.) 60 A3
Laguna de Negrillos E (Le.) 38 D3
Laguna de Santiago E (S.Cruz T.) 194 C2
Laguna de Zoñar E (Cór.) 166 A3
Laguna
del Marquesado E (Cu.) 105 A4
Laguna del Portil, La E (Huel.) 176 A2
Laguna Rodrigo E (Seg.) 80 C3
Laguna, La E (Ast.) 6 B3
Laguna, La E (J.) 151 D5
Laguna, La E (S.Cruz T.) 193 B3
Laguna, La E (S.Cruz T.) 196 B2
Laguna, La, lugar E (Alb.) 139 D2
Lagunarrota E (Hues.) 47 C5
Lagunas de Somoza E (Le.) 37 D2
Lagunas, Las E (Mál.) 188 B1
Lagunaseca E (Cu.) 104 C1
Lagunetas, Las E (Las P.) 191 C3
Lagunilla E (Sa.) 98 A2
Lagunilla de la Vega E (Pa.) 40 A2
Lagunilla del Jubera E (La R.) 44 A3
Lagunillas, Las E (Cór.) 166 D4
Lahiguera E (J.) 151 B5
Laias E (Our.) 35 A2
Laíño E (A Co.) 14 A4
Laioso E (Our.) 35 B3
Lajares E (Las P.) 190 B1
Laje P (Br.) 54 B2
Lajedo P (Aç.) 109 A2
Lajeosa P (Co.) 95 A1
Lajeosa P (Co.) 94 D1
Lajeosa P (Vis.) 74 D5
Lajeosa do Mondego P (Guar.) 75 D5
Lajes P (Aç.) 109 A2
Lajes P (Aç.) 109 A5
Lajes P (Fa.) 174 D2
Lajes P (Guar.) 95 B1
Lajes das Flores P (Aç.) 109 A2
Lajes do Pico P (Aç.) 109 C4
Lajinhas P (Ave.) 74 A3
Lajita, La E (Las P.) 189 D5
Lakuntza E (Na.) 24 B3
Lalim P (Vis.) 75 A1
Lalín E (Po.) 14 D4
Laluenga E (Hues.) 47 C5
Lalueza E (Hues.) 67 B1
Lama P (Br.) 54 A2
Lama P (Port.) 54 A4
Lama Chã P (V. R.) 55 B1
Lama de Arcos P (V. R.) 56 A1
Lama, A E (Po.) 34 B1
Lamadrid E (Can.) 8 D5
Lamagrande E (Le.) 16 D5
Lamalonga E (Our.) 36 C3
Lamalonga P (Bra.) 56 B2
Lamarosa P (Co.) 93 D2
Lamarosa P (San.) 111 B4
Lamas E (A Co.) 3 A2
Lamas E (A Co.) 14 B3
Lamas E (A Co.) 1 C5
Lamas E (A Co.) 13 B2
Lamas E (Lu.) 16 C3
Lamas E (Our.) 35 A1
Lamas E (Our.) 34 D1
Lamas P (Ave.) 74 B2
Lamas P (Co.) 94 A3
Lamas P (Lis.) 110 D4
Lamas P (V. R.) 55 B3
Lamas P (Vis.) 75 B3
Lamas P (Vis.) 75 A3
Lamas de Campos E (Lu.) 4 C5
Lamas de Moreira E (Lu.) 16 C2
Lamas de Mouro P (V. C.) 34 C4
Lamas de Olo P (V. R.) 55 B4
Lamas de Orelhão P (Bra.) 56 A4
Lamas de Podence P (Bra.) 56 C3
Lamas do Vouga P (Ave.) 74 A4
Lamas, As E (Our.) 35 B4
Lamasadera E (Hues.) 67 C1
Lamata E (Hues.) 47 D3
Lamçães P (V. R.) 55 C4
Lamedo E (Can.) 20 C2
Lamegal P (Guar.) 76 B4
Lamegal P (Vis.) 75 B4
Lamego P (Vis.) 75 B1
Lameira P (Br.) 54 D3
Lameira P (Lei.) 93 B5
Lameira P (Lei.) 111 A2
Lameira d'Ordem P (C. B.) 113 A2
Lameiras P (Guar.) 76 B4
Lameiras P (San.) 112 B2
Lamela E (Po.) 14 C4
Lamelas P (Port.) 54 A4
Laminador, El E (Alb.) 153 D1
Lamosa E (Po.) 34 C3
Lamosa P (Vis.) 75 C3
Lamoso P (Bra.) 57 B5
Lamoso P (Port.) 54 B4
Lampaça P (V. R.) 56 B1
Lampai E (A Co.) 14 A3
Lampaza E (Our.) 35 B4
Lampreia P (San.) 112 C3
Lamuño E (Ast.) 6 A3
Lanaja E (Hues.) 67 A2
Lanave E (Hues.) 47 A2
Lançada P (Set.) 127 A3
Lanção P (Bra.) 56 D2
Láncara E (Lu.) 16 A3
Lanciego/Lantziego E (Ál.) 43 C1
Lancha del Genil E (Gr.) 182 A1
Lancharejo E (Áv.) 98 D2
Lanchares E (Can.) 21 B2
Lanchuelas, Las E (Các.) 113 D4
Landal P (Lei.) 111 A4
Landeira P (Év.) 127 C4
Landeira P (Vis.) 74 C3
Landerbaso E (Gui.) 24 C1
Landete E (Cu.) 105 C5
Landia E (Ast.) 6 D4
Landim P (Br.) 54 A4
Landoi E (A Co.) 3 B1
Landraves E (Bur.) 21 D3
Landrove E (Lu.) 3 D2
Laneros, Los E (Gr.) 169 B2
Lanestosa E (Viz.) 22 B1
Langa E (Áv.) 79 D2
Langa de Duero E (So.) 62 B3
Langa del Castillo E (Zar.) 85 B1
Langa, La E (Cu.) 103 B4
Langayo E (Vall.) 61 A3
Langosto E (So.) 63 C1
Langraiz Oka →
Nanclares de la Oca E (Ál.) 23 A4
Langre E (Can.) 9 D4
Langre E (Le.) 17 B4
Langreo → Llangréu E (Ast.) 6 D5
Languilla E (Seg.) 62 B4
Langullo E (Our.) 36 B2
Lanhas P (Br.) 54 B2
Lanhelas P (V. C.) 33 D5
Lanheses P (V. C.) 53 D1
Lanhoso P (Br.) 54 C2
Lanjarón E (Gr.) 182 A3
Lanseros E (Zam.) 37 C4
Lantadilla E (Pa.) 40 D3
Lantañón E (Po.) 14 A5
Lantarou E (A Co.) 13 C3
Lanteira E (Gr.) 182 D1
Lantejuela, La E (Sev.) 165 B4
Lanteno E (Ál.) 22 D2
Lantueno E (Can.) 21 B2
Lantz E (Na.) 25 A3
Lantziego → Lanciego E (Ál.) 43 C1
Lanzá E (A Co.) 14 D1
Lanzahita E (Áv.) 99 D3
Lanzarote E (Las P.) 191 C2
Lanzas Agudas E (Viz.) 22 B1
Lanzós E (Lu.) 3 D4
Lanzós E (Lu.) 3 C4
Lanzuela E (Te.) 85 D2
Lañas E (A Co.) 2 B4
Laño E (Bur.) 23 C5
Lapa P (San.) 111 B5
Lapa P (V. C.) 34 B4
Lapa de Tourais P (Guar.) 95 B1
Lapa do Lobo P (Vis.) 95 A1
Lapa dos Dinheiros P (Guar.) 95 B1
Lapa Furada P (Lei.) 111 C2
Lapa, La E (Bad.) 147 A1
Lapas P (San.) 111 D3
Lapela P (V. C.) 34 A4
Lapela P (V. R.) 55 A1
Laperdiguera E (Hues.) 47 C5
Lapoblación E (Na.) 43 D1
Lapuebla de Labarca E (Ál.) 43 C1
Lara P (V. C.) 34 A4
Lara de los Infantes E (Bur.) 42 A4
Laracha E (A Co.) 2 B4
Laranjeira P (Lei.) 111 A3
Laranjeiras P (Fa.) 161 C3
Laranjeiro P (Set.) 126 D3
Laranueva E (Gua.) 83 C3
Laraxe E (A Co.) 3 A3
Larazo E (Po.) 14 D3
Larçã P (Co.) 94 A2
Lardeira E (Our.) 36 D2
Lardeiros E (A Co.) 14 C2
Lardero E (La R.) 43 D2
Lardosa P (C. B.) 95 C4
Laredo E (Can.) 10 B4
Lares P (Co.) 93 C3
Largo, El E (Alm.) 171 A5
Larín E (A Co.) 2 B4
Larinho P (Bra.) 56 C5
Lariño E (A Co.) 13 B3
Lario E (Le.) 19 C2
Laroá E (Our.) 35 C4
Laroles E (Gr.) 183 A2
Larouco E (Our.) 36 B2
Laroya E (Alm.) 170 A5
Larrabetzu E (Viz.) 23 A1
Larraga E (Na.) 44 C1
Larraintzar E (Na.) 24 D3
Larraona E (Na.) 24 A4
Larrasoaina E (Na.) 25 A3
Larraul E (Gui.) 24 B1
Larraun E (Na.) 24 C3
Larrauri-Markaida E (Viz.) 11 A4
Larrés E (Hues.) 47 A1
Larrinbe E (Ál.) 22 D2
Larrion E (Na.) 24 B5
Larrodrigo E (Sa.) 78 D4
Larués E (Hues.) 46 B1
Larva E (J.) 168 C1
Las E (Our.) 35 A2
Lasarte-Oria E (Gui.) 12 B5
Lascasas E (Hues.) 47 A4
Lascellas E (Hues.) 47 C4
Lascuarre E (Hues.) 48 B3
Lasieso E (Hues.) 46 D2
Laspaúles E (Hues.) 48 C1
Laspuña E (Hues.) 47 D1
Lastanosa E (Hues.) 67 C1
Lastra del Cano, La E (Áv.) 99 A2
Lastra, A E (Lu.) 16 B2
Lastra, La E (Áv.) 99 A2
Lastra, La E (Pa.) 20 B3
Lastras de Cuéllar E (Seg.) 61 A5
Lastras de la Torre E (Bur.) 22 C3
Lastras del Pozo E (Seg.) 80 D3
Lastres E (Ast.) 7 B3
Lastrilla E (Pa.) 21 A4
Lastrilla, La E (Seg.) 81 A3
Lastur E (Gui.) 23 D1
Latedo E (Zam.) 57 B2
Latores E (Ast.) 6 B4
Latorre E (Hues.) 47 D2
Latorrecilla E (Hues.) 47 D2
Latras E (Hues.) 46 D2
Latre E (Hues.) 46 D2
Laudio → Llodio E (Ál.) 22 D2
Láujar de Andarax E (Alm.) 183 A2
Laukariz E (Viz.) 11 A5
Laukiz E (Viz.) 11 A5
Laundos P (Port.) 53 D3
Laurgain E (Gui.) 24 A1
Lavacolhos P (C. B.) 95 B3
Lavaderos, lugar E (Te.) 86 B4
Lavadores E (Po.) 33 D2
Lavadores P (Port.) 53 D5
Lavandeira P (Ave.) 73 D5
Lavandeira P (Bra.) 56 A5
Lavandera E (Ast.) 6 D4
Lavandera E (Le.) 19 A3
Lavanteira P (Ave.) 74 A5
Lavares E (Ast.) 7 A4
Lavares E (Ast.) 6 B3
Lavegadas P (Co.) 94 C2
Lavegadas P (Co.) 94 B3
Lavegadas P (Lei.) 93 B5
Laveiras P (Lis.) 126 C3
Lavercos P (Port.) 74 B1
Lavern E (Bar.) 70 C4
Laviados P (Bra.) 57 A1
Laviana E (Ast.) 6 B3
Lavio E (Ast.) 5 D4
Lavos P (Co.) 93 B3
Lavra P (Port.) 53 D4
Lavradas P (V. C.) 54 B1
Lavradas P (V. R.) 55 B1
Lavradio P (San.) 111 C1
Lavradio P (Set.) 126 D4
Lavre P (Év.) 128 A3
Laxe E (A Co.) 2 C4
Laxe E (A Co.) 1 C4
Laxe E (Lu.) 15 B5
Laxe, A E (Po.) 34 B2
Laxe, A E (Po.) 15 A4
Laxe, A E (Po.) 14 B5
Layana E (Zar.) 45 C3
Layna E (So.) 84 A2
Layos E (To.) 119 A2
Laza E (Our.) 35 D4
Lazagurría E (Na.) 44 A1
Lazarim P (Vis.) 75 A1
Lázaro P (Ave.) 74 B2
Lazkao E (Gui.) 24 A2
Lazkaomendi E (Gui.) 24 A2
Leaburu E (Gui.) 24 B2
Leache E (Na.) 45 B1
Lebanza E (Pa.) 20 C3
Lébor E (Mu.) 171 B2
Leboreiro E (A Co.) 15 A3
Lebozán E (Our.) 34 C1
Lebozán E (Po.) 14 D5
Lebrancón E (Gua.) 84 B4
Lebrija E (Sev.) 177 D2
Lebução P (V. R.) 56 A1
Leça da Palmeira P (Port.) 53 D5
Leça do Bailio P (Port.) 53 D5
Leceia P (Lis.) 126 C3
Leceñes E (Ast.) 6 D4
Lécera E (Zar.) 86 C1
Leces E (Ast.) 7 C4
Lecina E (Hues.) 47 C3
Leciñana de Mena E (Bur.) 22 B2
Leciñana de Tobalina E (Bur.) 22 C4
Leciñena E (Zar.) 66 C1
Lecrín E (Gr.) 182 A2
Lechago E (Te.) 85 C3
Lechón E (Zar.) 85 C2
Lechuza, La E (Las P.) 191 C3
Ledanca E (Gua.) 83 A3
Ledaña E (Cu.) 123 A5
Ledesma E (A Co.) 14 C3
Ledesma E (Sa.) 78 A2
Ledesma de la Cogolla E (La R.) 43 B3
Ledesma de Soria E (So.) 64 A3
Ledia → Liédena E (Na.) 25 C5
Ledigos E (Pa.) 40 A2
Ledoño E (A Co.) 2 C4
Ledrada E (Sa.) 98 C1
Ledrado E (So.) 43 D5
Leganés E (Mad.) 101 C2
Leganiel E (Cu.) 103 A4
Legarda E (Na.) 24 D5
Legaria E (Na.) 24 A5
Legazpi E (Gui.) 23 D2
Legorreta E (Gui.) 24 B2
Légua P (Port.) 54 D5
Leguatiano E (Ál.) 23 B3
Leião P (Lis.) 126 C3
Leiguarda E (Ast.) 5 D4
Leiloio E (A Co.) 2 A4
Leintz-Gatzaga/
Salinas de Léniz E (Gui.) 23 C3
Leioa E (Viz.) 10 D5
Leira E (A Co.) 14 C1
Leira E (Our.) 36 C1
Leiradas P (Br.) 55 A3
Leirado E (Po.) 34 B3
Leiria P (Lei.) 111 B1
Leiro E (A Co.) 2 D4
Leiro E (A Co.) 2 D5
Leiro E (Our.) 34 D1
Leirós P (V. R.) 55 C4
Leirosa P (Co.) 93 B3
Leitões P (Br.) 54 B3
Leitões P (Co.) 93 C1
Leitza E (Na.) 24 C2
Leiva E (La R.) 42 D1
Leiva E (Mu.) 171 D3
Lekaroz E (Na.) 25 A2
Lekeitio E (Viz.) 11 C5
Lekunberri E (Na.) 24 C3
Lema E (A Co.) 14 D2
Lema E (A Co.) 2 A4
Lemaio E (A Co.) 2 A4
Lemede P (Co.) 93 D1
Lemenhe P (Br.) 54 A3
Lemoa E (Viz.) 23 B1
Lemoiz E (Viz.) 11 A4
Lemorieta E (Viz.) 23 B1
Lences de Bureba E (Bur.) 22 A5
Lendínez E (J.) 167 A1
Lendo E (A Co.) 2 B4
Lendoiro E (A Co.) 2 C4
Lente P (Port.) 53 D4
Lentegí E (Gr.) 181 D3
Lentiscais P (C. B.) 113 C1
Lentiscal, El E (Cád.) 186 C5
Lentisqueira P (Co.) 93 C1
Leomil P (Guar.) 76 C5

Luzón

Leomil P (Vis.) 75 B2
León E (Le.) 18 D5
Leoz E (Na.) 25 A5
Lepe E (Huel.) 175 D2
Lérez E (Po.) 34 A1
Lerga E (Na.) 45 B1
Lérida → Lleida E (Ll.) 68 C3
Lerín E (Na.) 44 C2
Lerma E (Bur.) 41 C5
Lermilla E (Bur.) 42 A1
Leroño E (A Co.) 14 A3
Lés E (Ll.) 28 C4
Lesaka E (Na.) 24 D1
Lesende E (A Co.) 13 D3
Lesón E (A Co.) 13 C4
Lesta E (A Co.) 14 B1
Lestedo E (A Co.) 14 B3
Lestrove E (A Co.) 14 A4
Letea E (Gui.) 24 A1
Letur E (Alb.) 154 B2
Letux E (Zar.) 66 B5
Levegada P (San.) 112 B2
Lever P (Port.) 74 A1
Levide P (Vis.) 74 C4
Levinco E (Ast.) 18 D1
Levira P (Ave.) 94 A1
Levirinho P (Port.) 74 A1
Lexo E (Lu.) 16 B3
Leza E (Ál.) 43 C1
Leza de Río Leza E (La R.) 43 D3
Lezama E (Ál.) 22 D2
Lezama E (Viz.) 11 A5
Lezana de Mena E (Bur.) 22 B2
Lezaun E (Na.) 24 B4
Lezírias P (Guar.) 75 D3
Lezo E (Gui.) 12 C5
Lezuza E (Alb.) 137 D3
Liáns E (A Co.) 2 C4
Liaño E (Can.) 9 C4
Libardón E (Ast.) 7 B4
Liber E (Lu.) 16 C3
Librán E (Le.) 17 B4
Libreros E (Cád.) 186 B3
Librilla E (Mu.) 155 C5
Librilleras, Las E (Mu.) 171 C3
Libros E (Te.) 105 D4
Liceia P (Co.) 93 C2
Liceras E (So.) 62 C5
Lidón E (Te.) 85 D4
Liédena/Ledia E (Na.) 25 C5
Liegos E (Le.) 19 C2
Lieiro E (Lu.) 4 A1
Liencres E (Can.) 9 C4
Liendo E (Can.) 10 B4
Lieres E (Ast.) 6 D4
Liérganes E (Can.) 9 D5
Lierta E (Hues.) 46 D3
Liesa E (Hues.) 47 B4
Liétor E (Alb.) 154 C1
Ligares P (Bra.) 76 C1
Ligonde E (Lu.) 15 B3
Ligos E (So.) 62 B4
Ligüerre de Ara E (Hues.) 47 C1
Ligüerzana E (Pa.) 20 C4
Líjar E (Alm.) 170 B5
Líjar, lugar E (Cád.) 179 A3
Lijó P (Br.) 54 A2
Lijóu E (Ast.) 4 D5
Likoa E (Viz.) 11 C5
Lilela P (V. R.) 56 A3
Lillo E (To.) 120 B2
Lillo del Bierzo E (Le.) 17 B4
Limeira P (San.) 112 A3
Limés E (Ast.) 17 B1
Limianos de Sanabria E (Zam.) 37 A4
Límits, els E (Gi.) 52 A1
Limodre E (A Co.) 2 D3
Limões P (V. R.) 55 B3
Limones E (Gr.) 167 C4
Limpias E (Can.) 10 B5
Linaio E (A Co.) 13 D3
Linarejos E (Zam.) 37 B5
Linarejos, lugar E (J.) 151 D4
Linares E (Ast.) 6 D5
Linares E (Bur.) 21 D3
Linares E (Can.) 8 B5
Linares E (J.) 151 D4
Linares de Bricia E (Bur.) 21 C4
Linares de la Sierra E (Huel.) 146 D5
Linares de Mora E (Te.) 106 D2
Linares de Riofrío E (Sa.) 78 A5
Linares del Acebo E (Ast.) 17 C1
Linás de Broto E (Hues.) 27 B5
Lincora E (Lu.) 15 C5
Linda-a-Pastora P (Lis.) 126 C3
Linda-a-Velha P (Lis.) 126 C3
Lindín E (Lu.) 4 B4
Lindoso P (V. C.) 34 C5
Línea de la Concepción, La E (Cád.) 187 A4
Linejo E (Sa.) 78 A3
Linhaceira P (San.) 112 A2
Linhares P (Bra.) 55 D5
Linhares P (Guar.) 75 D5
Linhares P (V. C.) 34 A5
Linhó P (Lis.) 126 B3
Linyola E (Ll.) 69 A2
Liñares E (Lu.) 16 C4
Liñares E (Our.) 34 C1
Lira E (A Co.) 13 B3
Lira E (Po.) 34 B3
Lires E (A Co.) 13 A1
Liri E (Hues.) 48 B1
Lírios P (Co.) 93 D1
Lisboa P (Lis.) 126 D3
Lisboinha P (Lei.) 94 A5
Litago E (Zar.) 64 D1
Liteiros P (San.) 111 D3
Litera E (Hues.) 48 C4
Litera E (Hues.) 68 B3
Litos E (Zam.) 38 A5
Lituénigo E (Zar.) 64 D1
Livramento P (Aç.) 109 B5
Livramento P (Lis.) 126 B3
Lixa do Alvão P (V. R.) 55 B3
Lizarra → Estella E (Na.) 24 B5
Lizarraga E (Na.) 24 B4
Lizartza E (Gui.) 24 B2
Lizaso E (Na.) 24 D3
Lizoain E (Na.) 25 B4
Loarre E (Hues.) 46 C3
Lobagueira P (Lis.) 110 D5
Lobanes E (Our.) 35 A1
Lobão P (Ave.) 74 A2
Lobão da Beira P (Vis.) 74 D5
Lobás E (Our.) 35 B5
Lobatos P (Co.) 94 D4
Lobatos e Lobatinhos P (Co.) 94 D4
Lobeira E (Our.) 34 D4
Lobeiros P (Lei.) 111 A3
Lobelhe do Mato P (Vis.) 75 A5
Lobera de la Vega E (Pa.) 40 A1
Lobera de Onsella E (Zar.) 46 A1
Lobeznos E (Zam.) 37 A4
Lobillo, El, lugar E (C. R.) 136 D2
Lobios E (Lu.) 35 D1
Lobios E (Our.) 34 D5
Lobo Morto P (San.) 111 A3
Lobón E (Bad.) 130 D3
Lobos, Los E (Alm.) 171 A5
Lobosillo E (Mu.) 172 B2
Lobras E (Gr.) 182 C3
Lóbrega E (Gr.) 153 D5
Lobres E (Gr.) 182 A4
Lobrigos P (V. R.) 55 B5
Locaiba E (Alm.) 170 B4
Lodares E (So.) 83 D1
Lodares P (Port.) 54 B5
Lodares de Osma E (So.) 62 D3
Lodares del Monte E (So.) 63 C4
Lodões P (Bra.) 56 B5
Lodosa E (Na.) 44 B2
Lodoselo E (Our.) 35 C4
Lodoso E (Bur.) 41 C2
Loeches E (Mad.) 102 B2
Loentia E (Lu.) 16 A1
Logares E (Lu.) 4 C5
Logoaça P (Bra.) 76 D1
Logrezana E (Ast.) 6 C3
Logroño E (La R.) 43 D2
Logrosán E (Các.) 116 D5
Loiba E (A Co.) 3 C1
Loimil E (Po.) 14 C4
Loiola E (Gui.) 24 A1
Loira E (A Co.) 3 A2
Lois E (Le.) 19 C3
Lois E (Po.) 13 D5
Loivo P (V. C.) 33 D5
Loivos da Ribeira P (Port.) 75 A1
Loivos do Monte P (Port.) 54 D5
Loja E (Gr.) 181 A1
Lojilla E (Gr.) 167 B4
Loma Cabrera E (Alm.) 184 A3
Loma de Marcos E (Gr.) 167 A4
Loma de María Ángela E (J.) 153 A4
Loma de Montija E (Bur.) 22 A2
Loma de Ucieza E (Pa.) 40 B2
Loma Somera E (Can.) 21 B4
Loma, La E (Gua.) 84 A3
Loma, La E (Mu.) 172 A2
Lomar P (Br.) 54 B3
Lomas E (Pa.) 40 B3
Lomas de Villamediana E (Bur.) 21 C3
Lomas del Gállego, Las E (Zar.) 66 B1
Lomas del Saliente E (Các.) 98 D4
Lomas, Las E (Cád.) 186 B3
Lomas, Las E (Mál.) 180 A4
Lomas, Las E (Mu.) 172 B2
Lomba E (A Co.) 13 C4
Lomba P (Ave.) 74 C3
Lomba P (Co.) 94 D2
Lomba P (Guar.) 96 A1
Lomba P (Port.) 54 D5
Lomba P (Port.) 74 B1
Lomba da Fazenda P (Aç.) 109 D4
Lomba da Maia P (Aç.) 109 C4
Lomba de Alveite P (Co.) 94 C3
Lomba do Poço Frio P (Co.) 93 C2
Lombada P (Co.) 94 B2
Lombador P (Be.) 160 C2
Lombardos P (Be.) 161 B2
Lombo P (Bra.) 56 D4
Lombos P (Fa.) 173 D2
Lomero E (Huel.) 162 B1
Lomilla E (Pa.) 20 D4
Lominchar E (To.) 101 B4
Lomitos, Los E (Las P.) 191 C2
Lomo Blanco E (Las P.) 191 D2
Lomo de Mena E (S.Cruz T.) 196 A3
Lomo del Balo E (S.Cruz T.) 194 B2
Lomo del Cementerio E (Las P.) 191 D3
Lomo del Centro E (S.Cruz T.) 193 C3
Lomo El Sabinal E (Las P.) 191 D2
Lomo Magullo E (Las P.) 191 C3
Lomo Oscuro E (S.Cruz T.) 193 C3
Lomoquiebre E (Las P.) 191 A4
Lomoviejo E (Vall.) 79 D1
Lon E (Can.) 20 B1
Longares E (Zar.) 65 D4
Longás E (Zar.) 46 A1
Longomel P (Por.) 112 C4
Longos P (Br.) 54 B3
Longos Vales P (V. C.) 34 B4
Longra P (Vis.) 75 C1
Longroiva P (Guar.) 76 A2
Longuera-Toscal E (S.Cruz T.) 195 D2
Loña do Monte E (Our.) 35 C2
Loñoa E (Our.) 35 B2
Lope Amargo E (Cór.) 166 B1
Lopera E (J.) 150 D5
Loporzano E (Hues.) 47 A4
Lora de Estepa E (Sev.) 165 D5
Lora del Río E (Sev.) 164 D2
Loranca de Tajuña E (Gua.) 102 D2
Loranca del Campo E (Cu.) 103 B4
Lorbé E (A Co.) 2 D3
Lorbés E (Zar.) 26 A5
Lorca E (Mu.) 171 A2
Lorca/Lorka E (Na.) 24 C5
Lorcha/Orxa, l' E (Ali.) 141 B3
Lordelo E (Our.) 34 D3
Lordelo P (Br.) 54 B4
Lordelo P (Port.) 54 B5
Lordelo P (Port.) 74 D1
Lordelo P (V. C.) 34 A4
Lordelo P (V. R.) 55 B4
Lordemão P (Co.) 94 A2
Lordosa P (Vis.) 75 A4
Loredo E (Ast.) 6 C5
Loredo E (Can.) 9 D4
Lorenzana E (Le.) 18 D5
Lores E (Pa.) 20 C3
Lores E (Po.) 33 D1
Loreto E (Gr.) 181 B1
Loriana E (Ast.) 6 B4
Loriga P (Guar.) 95 B2
Lorigas, Las E (Mu.) 154 C3
Loriguilla E (Val.) 124 D3
Lorka → Lorca E (Na.) 24 C5
Loroñe E (Ast.) 7 C4
Loroño E (A Co.) 13 C1
Lorquí E (Mu.) 155 D4
Lorvão P (Co.) 94 B2
Losa del Obispo E (Val.) 124 B2
Losa, La E (Cu.) 122 B4
Losa, La E (Seg.) 81 A4
Losacino E (Zam.) 58 A2
Losacio E (Zam.) 58 A2
Losada E (Le.) 17 C5
Losana de Pirón E (Seg.) 81 B2
Losanglis E (Hues.) 46 C3
Losar de la Vera E (Các.) 98 C4
Losar del Barco, El E (Áv.) 98 D2
Loscorrales E (Hues.) 46 C3
Loscos E (Te.) 86 A2
Losilla E (Zam.) 58 B2
Losilla y San Adrián, La E (Le.) 19 B4
Losilla, La E (Alm.) 170 C3
Losilla, La E (So.) 64 A1
Lotão P (Fa.) 161 A3
Loubite P (Fa.) 173 D2
Loulé P (Fa.) 174 C2
Loumão P (Vis.) 74 D4
Lourdes E (A Co.) 14 D1
Loure P (Ave.) 74 A4
Loureda E (A Co.) 2 B4
Loureda E (A Co.) 14 C3
Loureda P (V. C.) 34 B5
Louredo E (Lu.) 15 C5
Louredo E (Our.) 35 A1
Louredo E (Po.) 34 A2
Louredo P (Ave.) 74 A2
Louredo P (Br.) 54 D2
Louredo P (Br.) 54 C2
Louredo P (Port.) 54 D5
Louredo P (Port.) 54 B5
Louredo P (V. R.) 55 A5
Louredo P (Vis.) 74 D1
Loureira P (Br.) 54 B2
Loureira P (Lei.) 112 A1
Loureira P (Lei.) 93 D5
Loureira P (Lei.) 111 C1
Loureiro E (Our.) 34 D1
Loureiro E (Our.) 35 A1
Loureiro E (Po.) 34 B1
Loureiro E (Po.) 14 C5
Loureiro P (Ave.) 74 A3
Loureiro P (Lis.) 126 D2
Loureiro P (V. R.) 55 A5
Loureiro de Silgueiros P (Vis.) 74 D5
Loureiros E (A Co.) 2 A5
Lourel P (Lis.) 126 B2
Lourenços P (Co.) 93 D4
Lourenzá E (Lu.) 4 B3
Loures P (Lis.) 126 D2
Loureses E (Our.) 35 B4
Loureza E (Po.) 33 D4
Louriçal P (Lei.) 93 C4
Louriçal do Campo P (C. B.) 95 C4
Louriceira P (C. B.) 112 C2
Louriceira P (Lei.) 94 C4
Louriceira P (San.) 111 C3
Louriceira P (San.) 111 B4
Louriceira de Cima P (Lis.) 126 D1
Lourido E (A Co.) 2 D2
Lourido E (Ast.) 4 C4
Lourido E (Po.) 34 B2
Lourinhã P (Lis.) 110 C4
Lourinha de Baixo P (Vis.) 94 B1
Lourinha de Cima P (Vis.) 94 B1
Lourinhal P (Vis.) 94 B1
Lourizán E (Po.) 34 A1
Lourizela P (Ave.) 74 B4
Louro E (A Co.) 13 B3
Louro E (Po.) 14 A4
Louro P (Br.) 54 A3
Lourosa P (Ave.) 74 A2
Lourosa P (Co.) 94 D2
Lourosa P (Vis.) 74 C5
Lousa P (Bra.) 76 B1
Lousa P (C. B.) 95 D5
Lousa P (C. B.) 112 C2
Lousã P (Co.) 94 B3
Lousa P (Lis.) 126 C2
Lousa P (Vis.) 74 C4
Lousada E (Lu.) 15 D3
Lousada E (Lu.) 3 C3
Lousada E (Lu.) 16 C5
Lousada E (Lu.) 16 A4
Lousada P (Ave.) 74 A1
Lousada P (Port.) 54 C4
Lousado P (Br.) 54 A4
Lousame E (A Co.) 13 D3
Louzara E (Lu.) 16 B4
Lovelhe P (V. C.) 33 D4
Lovingos E (Seg.) 60 D4
Loxo E (A Co.) 14 C3
Loza E (Ast.) 5 A3
Lozoya E (Mad.) 81 C3
Lozoyuela E (Mad.) 81 D3
Lúa E (Lu.) 16 B1
Luanco → Lluanco E (Ast.) 6 C2
Luaña E (A Co.) 13 D3
Luarca E (Ast.) 5 B3
Lubia E (So.) 63 C3
Lubián E (Zam.) 36 D4
Lubre E (A Co.) 2 D4
Lubrín E (Alm.) 170 C5
Lucainena E (Alm.) 183 A2
Lucainena de las Torres E (Alm.) 184 B2
Lúcar E (Alm.) 170 A4
Lucena E (Cór.) 166 C4
Lucena de Jalón E (Zar.) 65 C3
Lucena del Cid/Llucena E (Cas.) 107 B4
Lucena del Puerto E (Huel.) 162 D4
Luceni E (Zar.) 65 C1
Lucenza E (Our.) 35 C5
Luces E (Ast.) 7 B3
Luci E (A Co.) 14 B3
Luciana E (C. R.) 134 D2
Lucillo de Somoza E (Le.) 37 D2
Lucillos E (To.) 100 B5
Lucín E (A Co.) 13 C2
Luco de Bordón E (Te.) 87 B4
Luco de Jiloca E (Te.) 85 C2
Ludares P (V. R.) 55 C5
Ludeiros E (Our.) 34 D5
Ludiente E (Cas.) 107 A4
Lué E (Ast.) 7 B3
Luelmo E (Zam.) 57 D4
Luesia E (Zar.) 46 A2
Luesma E (Zar.) 85 D1
Lufrei P (Port.) 54 D5
Lugán E (Le.) 19 B4
Lugar de Abajo E (Ast.) 6 B5
Lugar de Arriba E (Ast.) 6 B5
Lugar de Casillas o Alquerías E (Mu.) 156 A4
Lugar de Don Juan → Palmar, El E (Mu.) 156 A5
Lugar de Maria Martins P (C. B.) 96 B4
Lugar Nuevo E (Zar.) 84 D1
Lugar Nuevo de Fenollet/Llocnou d'en Fenollet E (Val.) 141 A2
Lugar Nuevo de la Corona/Llocnou de la Corona E (Val.) 125 A4
Lugar Nuevo, El E (Alb.) 153 D1
Lugarejos E (Las P.) 191 B2
Lugás E (Ast.) 7 A4
Lugo E (Ast.) 6 C4
Lugo E (Lu.) 15 D2
Lugo de Llanera E (Ast.) 6 C4
Lugones E (Ast.) 6 C4
Lugros E (Gr.) 168 C5
Lugueros E (Le.) 19 A3
Luía E (A Co.) 3 C1
Luintra E (Our.) 35 C1
Luiña E (Ast.) 17 A3
Luisiana, La E (Sev.) 165 B3
Lújar E (Gr.) 182 B4
Lukiao E (Ál.) 23 A3
Lumajo E (Le.) 17 D2
Lumbier/Irunberri E (Na.) 25 C5
Lumbrales E (Sa.) 76 D3
Lumbreras E (La R.) 43 C4
Lumeras E (Le.) 17 A4
Lumiar P (Lis.) 126 C3
Lumiares P (Vis.) 75 B1
Lumías E (So.) 63 A5
Lumpiaque E (Zar.) 65 C3
Luna E (Zar.) 46 A4
Luneda E (Po.) 34 C3
Luou E (A Co.) 14 A3
Lupiana E (Gua.) 82 D5
Lupiñén E (Hues.) 46 C4
Lupión E (J.) 152 A5
Luque E (Cór.) 166 D3
Luquin E (Na.) 44 B1
Lurda, La E (Sa.) 79 A3
Lurdes E (Bar.) 71 A3
Lusa, La, lugar E (Bur.) 21 D1
Lusinde P (Vis.) 75 B4
Luso P (Ave.) 94 B1
Lustosa P (Port.) 54 B4
Luxaondo E (Ál.) 22 D2
Luyego de Somoza E (Le.) 37 D2
Luz P (Aç.) 109 A1
Luz P (Év.) 145 C2
Luz P (Fa.) 173 B2
Luz P (Fa.) 175 A3
Luz, La E (S.Cruz T.) 196 B1
Luz, La E (S.Cruz T.) 195 D2
Luzaga E (Gua.) 83 D3
Luzaide/Valcarlos E (Na.) 25 C2
Luzás E (Hues.) 48 C4
Luzelos P (Guar.) 76 B3
Luzianes-Gare P (Be.) 159 D2
Luzim P (Port.) 54 C5
Luzmela E (Can.) 9 A5
Luzón E (Gua.) 84 A2

Llabià

LL

Llabià E (Gi.) 52 C 4
Llac del Cigne, El E (Gi.) 52 A 5
Llacuna, la E (Bar.) 70 A 3
Lladó E (Gi.) 52 A 2
Lladorre E (Ll.) 29 C 5
Lladrós E (Ll.) 29 C 5
Lladurs E (Ll.) 50 A 4
Llafranc E (Gi.) 52 C 5
Llagosta, la E (Bar.) 71 A 3
Llagostera E (Gi.) 52 A 5
Llama E (Le.) 19 B 4
Llamas de Cabrera E (Le.) 37 B 2
Llamas de la Ribera E (Le.) 18 C 5
Llamas de Laciana E (Le.) 17 D 3
Llamas de Rueda E (Le.) 19 C 5
Llambilles E (Gi.) 52 A 5
Llamero E (Ast.) 6 B 4
Llames Alto E (Ast.) 7 A 4
Llamosos, Los E (So.) 63 C 3
Llanars E (Gi.) 51 B 2
Llánaves de la Reina E (Le.) 20 A 2
Llançà E (Gi.) 52 C 1
Llanera E (Ll.) 50 A 5
Llanera de Ranes E (Val.) 140 D 2
Llanes E (Ast.) 8 A 4
Llangréu/Langreo E (Ast.) 6 D5
Llanillo E (Bur.) 21 B 5
Llanillos, Los E (S.Cruz T.) 194 B 4
Llanito, El E (S.Cruz T.) 193 C 3
Llano E (Ast.) 17 B 1
Llano Campos E (S.Cruz T.) 194 C 1
Llano de Bureba E (Bur.) 22 A 5
Llano de Con E (Ast.) 7 D 5
Llano de Don Antonio E (Alm.) 184 D 2
Llano de la Mata, lugar E (J.) 152 C 3
Llano de los Olleres E (Alm.) 170 B 4
Llano de Olmedo E (Vall.) 60 B 5
Llano del Beal E (Mu.) 172 C 2
Llano del Espino E (Alm.) 170 B 4
Llano del Moro E (S.Cruz T.) 196 B 2
Llano Espinar E (Cór.) 166 B 3
Llano Grande E (S.Cruz T.) 193 C 2
Llano Negro E (S.Cruz T.) 193 B 2
Llano, El E (Ast.) 4 C 4
Llano, El E (Mu.) 155 D 4
Llanos E (Ast.) 18 D 2
Llanos E (Can.) 9 C 5
Llanos de Alba E (Le.) 18 D 4
Llanos de Antequera E (Mál.) 180 B 2
Llanos de Aridane, Los E (S.Cruz T.) 193 B 3
Llanos de Don Juan E (Cór.) 166 C 4
Llanos de la Concepción E (Las P.) 190 A 2
Llanos de Tormes, Los E (Áv.) 98 D 2
Llanos de Valdeón, Los E (Le.) 19 D 1
Llanos de Vícar E (Alm.) 183 C 4
Llanos del Caudillo E (C. R.) 136 B 1
Llanos del Mayor, Los E (Alm.) 170 D 5
Llanos del Sotillo E (J.) 151 A 4
Llanos, Los E (Alb.) 138 D 3
Llanos, Los E (Alm.) 170 C 4
Llanos, Los E (Cór.) 165 C 1
Llanos, Los E (Cór.) 166 B 3
Llanos, Los E (Gr.) 181 B 1
Llanos, Los E (J.) 153 B 2
Llanos, Los E (Mad.) 81 B 5
Llanos, Los E (Mál.) 187 C 2
Llanos, Los → Mellizas, Las E (Mál.) 180 A 3
Llantones E (Ast.) 6 D 3
Llantrales E (Ast.) 6 A 4
Llaos, Los E (Can.) 8 D 4
Llardecans E (Ll.) 68 C 4
Llatazos E (Can.) 10 B 4
Llaurí E (Val.) 141 B 1
Llavorre E (Ll.) 29 B 5
Llavorsí E (Ll.) 49 C 1
Llazos, Los E (Pa.) 20 C 3
Lledó E (Te.) 88 A 3
Lleida/Lérida E (Ll.) 68 C 3
Llen E (Sa.) 78 B 4
Llera E (Bad.) 147 D 1
Llera de Lorio E (Ast.) 19 A 1
Llerana E (Can.) 9 C 5
Llerena E (Bad.) 147 D 3
Llerona E (Bar.) 71 B 2
Llers E (Gi.) 52 A 2
Llert E (Hues.) 48 B 2
Lles de Cerdanya E (Ll.) 50 B 2
Llesp E (Ll.) 48 D 1
Llessui E (Ll.) 49 B 1
Llíber E (Ali.) 141 D 4
Lliçà d'Amunt E (Bar.) 71 A 2
Lliçà de Vall E (Bar.) 71 A 2
Lligallo de Gànguil, el E (Ta.) 88 D 4
Lligallo del Roig, el E (Ta.) 88 D 4
Llimiana E (Ll.) 49 A 4
Llinars (Castellar del Riu) E (Bar.) 50 B 3
Llinars del Vallès E (Bar.) 71 B 2
Llindars E (Ll.) 69 D 2
Lliors E (Gi.) 51 C 5
Llíria E (Val.) 124 D 2
Llívia E (Gi.) 50 C 1
Llívia E (Ll.) 68 C 2
Llivis, els E (Cas.) 87 C 5
Lloar, el E (Ta.) 88 D 1
Llobera E (Ll.) 49 D 5
Llocnou de la Corona/ Lugar nuevo de la Corona E (Val.) 125 A4
Llocnou de Sant Jeroni E (Val.) 141 B 3
Llocnou d'en Fenollet → Lugar Nuevo de Fenollet E (Val.) 141 A 2
Llodio/Laudio E (Ál.) 22 D 2
Llofriu E (Gi.) 52 C 4
Llombai E (Val.) 124 D 5
Llombards, Es E (Bal.) 92 B 5
Llombera E (Le.) 18 D 4
Llorà E (Gi.) 51 D 4
Llorac E (Ta.) 69 D 3
Lloredo E (Can.) 9 A 5
Llorenç del Penedès E (Ta.) 70 A 5
Llorengoz E (Bur.) 22 D 3
Lloret de Mar E (Gi.) 72 A 1
Lloret de Vistalegre E (Bal.) 92 A 3
Llosa de Camacho/ Llosa de Camatxo, la E (Ali.) 141 D 4
Llosa de Camatxo, la → Llosa de Camacho E (Ali.) 141 D 4
Llosa de Ranes, la E (Val.) 140 D 2
Llosa, la E (Cas.) 125 B 1
Llosa, la E (Ta.) 89 B 1
Lloseta E (Bal.) 91 D 2
Llosses, les E (Gi.) 50 D 3
Lluanco/Luanco E (Ast.) 6 C2
Llubí E (Bal.) 92 A 2
Lluc E (Bal.) 91 D 2
Lluçà E (Bar.) 50 D 4
Lluçars E (Ll.) 49 B 5
Llucena → Lucena del Cid E (Cas.) 107 B 4
Llucmaçanes E (Bal.) 90 D 3
Llucmajor E (Bal.) 92 A 4
Llumes E (Zar.) 84 D 1
Llutxent E (Val.) 141 B 3

M

Mabegondo E (A Co.) 2 D 5
Maçã P (Set.) 126 D 5
Macael E (Alm.) 170 A 5
Maçainhas de Baixo P (Guar.) 75 D 5
Maçaira P (Bra.) 56 B 1
Maçal do Chão P (Guar.) 76 A 4
Maçanet de Cabrenys E (Gi.) 51 D 1
Maçanet de la Selva E (Gi.) 72 A 1
Maçanet Residencial Parc E (Gi.) 71 D 1
Macanhas P (C. B.) 96 A 1
Mação P (San.) 112 D 2
Macarca P (Lei.) 110 D 2
Maçãs P (Bra.) 36 D 5
Maçãs de Caminho P (Lei.) 94 A 5
Maças de Dona Maria P (Lei.) 94 A 5
Macastre E (Val.) 124 C 4
Macayo E (S.Cruz T.) 194 B 1
Maceda E (A Co.) 15 A 2
Maceda E (Our.) 35 C 2
Maceda P (Ave.) 73 D 2
Macedo de Cavaleiros P (Bra.) 56 C 3
Macedo do Mato P (Bra.) 56 D 3
Macedo do Peso P (Bra.) 57 A 4
Maceira E (Po.) 34 C 2
Maceira P (Guar.) 95 B 1
Maceira P (Guar.) 75 D 4
Maceira P (Lei.) 111 B 1
Maceira P (Lis.) 126 C 1
Maceirinha P (Lei.) 111 B 1
Macenda E (A Co.) 13 D 4
Macendo E (Our.) 35 A 2
Macieira P (Ave.) 74 B 3
Macieira P (C. B.) 94 C 5
Macieira P (Vis.) 94 B 1
Macieira P (Vis.) 75 D 2
Macieira P (Vis.) 94 B 1
Macieira P (Vis.) 74 D 3
Macieira da Maia P (Port.) 53 D 4
Macieira de Alcôba P (Ave.) 74 B 4
Macieira de Rates P (Br.) 53 D 3
Macieira de Sarnes P (Ave.) 74 A 2
Macieira do Loureiro P (Ave.) 74 A 3
Macinhata de Seixa P (Ave.) 74 A 3
Macinhata do Vouga P (Ave.) 74 A 4
Macisvenda E (Mu.) 156 A 3
Maçoida P (Ave.) 74 B 4
Maçores P (Bra.) 76 C 1
Maços P (V. R.) 55 D 2
Macotera E (Sa.) 79 B 4
Maçussa P (Lis.) 111 B 5
Machacón E (Sa.) 78 D 3
Machados P (Be.) 145 C 3
Machados P (Fa.) 174 D 2
Macharaviaya E (Mál.) 180 D 4
Machede P (Év.) 129 A 5
Mácher E (Las P.) 192 B 4
Machero, El, lugar E (Alb.) 155 B 2
Machico P (Ma.) 110 C 2
Machio P (Co.) 94 D 4
Machio de Baixo P (Co.) 94 D 4
Machorras, Las, lugar E (Bur.) 21 D 2
Madail P (Ave.) 74 A 3
Madalena P (Aç.) 109 B 3
Madalena P (Port.) 73 D 1
Madalena P (Port.) 54 B 5
Madalena P (San.) 112 A 2
Madalena do Mar P (Ma.) 110 A 2
Madanela, A E (Our.) 35 C 5
Madanela, A E (Po.) 14 A 5
Madarcos E (Mad.) 82 A 2
Madeirã P (C. B.) 94 C 4
Madeirã P (San.) 112 A 3
Maderal, El E (Zam.) 58 C 5
Maderne E (Lu.) 16 C 1
Maderuelo E (Seg.) 62 A 4
Madorra P (V. C.) 53 D 1
Madrelagua E (Las P.) 191 C 2
Madremanya E (Gi.) 52 B 4
Madrid E (Mad.) 101 D 2
Madrid de las Caderechas E (Bur.) 22 A 4
Madridanos E (Zam.) 58 D 4
Madridejos E (To.) 120 A 4
Madrigal E (Gua.) 83 A 1
Madrigal de la Vera E (Các.) 99 A 4
Madrigal de las Altas Torres E (Áv.) 79 C 2
Madrigal del Monte E (Bur.) 41 D 4
Madrigalejo E (Các.) 132 C 1
Madrigalejo del Monte E (Bur.) 41 D 4
Madriguera E (Seg.) 62 B 5
Madrigueras E (Alb.) 122 D 5
Madrigueras E (Cád.) 178 D 3
Madriles, Los E (Mu.) 155 A 3
Madriñán E (Po.) 14 D 4
Madrona E (Seg.) 81 A 3
Madroñal E (Cór.) 150 C 4
Madroñal E (Sa.) 97 D 1
Madroñera E (Các.) 116 B 4
Madroño, El E (Alb.) 138 B 4
Madroño, El E (Sev.) 163 A 2
Madruédano E (So.) 62 D 5
Madureira P (Ave.) 74 A 5
Maella E (Zar.) 87 D 1
Maello E (Áv.) 80 C 4
Mafet E (Ll.) 69 B 1
Mafra P (Lis.) 126 C 1
Mafrade P (Fa.) 161 A 4
Magacela E (Bad.) 132 B 3
Magalha P (V. R.) 55 C 5
Magalofes E (A Co.) 2 D 3
Magallón E (Zar.) 65 B 1
Magalluf E (Bal.) 91 B 4
Magán E (Po.) 14 A 4
Magán E (To.) 101 B 5
Magaña E (So.) 64 B 1
Magariños E (Po.) 14 A 4
Magaz de Abajo E (Le.) 17 A 5
Magaz de Arriba E (Le.) 17 A 5
Magaz de Cepeda E (Le.) 38 A 1
Magaz de Pisuerga E (Pa.) 40 C 5
Magazos E (Áv.) 80 A 2
Magazos E (Lu.) 3 D 2
Magdalena E (Po.) 14 C 5
Magdalena E (Viz.) 11 D 5
Magdalena, La E (Can.) 10 B 5
Magdalena, La E (Sa.) 98 D 1
Magoito P (Fa.) 161 B 4
Magoito P (Lis.) 126 B 2
Magraners, els E (Ll.) 68 C 3
Magrelos P (Port.) 74 C 1
Magueija P (Vis.) 75 A 1
Máguez E (Las P.) 192 D 3
Maguilla E (Bad.) 148 A 2
Mahamud E (Bur.) 41 B 4
Mahide E (Zam.) 57 C 1
Mahón → Maó E (Bal.) 90 D 2
Mahora E (Alb.) 139 A 1
Maia P (Aç.) 109 C 4
Maia P (Aç.) 109 D 5
Maia P (Port.) 53 D 5
Maia → Amaiur E (Na.) 25 B 1
Maià de Montcal E (Gi.) 51 D 2
Maiados P (Vis.) 75 B 5
Maials E (Ll.) 68 C 4
Maianca E (A Co.) 2 C 4
Maians E (Bar.) 70 B 2
Maicas E (Te.) 86 B 3
Maillo, El E (Sa.) 77 D 5
Mainar E (Zar.) 85 C 1
Mainetes, Los, lugar E (Alb.) 139 B 5
Maior E (Lu.) 4 B 4
Maiorca P (Co.) 93 C 3
Maiorga P (Lei.) 111 A 2
Maiorga P (San.) 112 B 3
Maire de Castroponce E (Zam.) 38 C 4
Mairena E (Gr.) 182 D 2
Mairena del Alcor E (Sev.) 164 B 4
Mairena del Aljarafe E (Sev.) 163 D 4
Mairos P (V. R.) 56 A 1
Maitino E (Ali.) 156 D 3
Majada, La E (Mu.) 171 C 2
Majadahonda E (Mad.) 101 C 1
Majadales, Los E (Sev.) 164 C 2
Majadas E (Các.) 98 B 5
Majadas, Las E (Cu.) 104 C 3
Majadilla, La E (Las P.) 191 D 3
Majaelrayo E (Gua.) 82 B 2
Maján E (So.) 64 A 4
Majaneque E (Cór.) 165 D 1
Majanicho E (Las P.) 190 B 1
Majones E (Hues.) 26 B 5
Majúa, La E (Le.) 18 A 3
Majuges E (Sa.) 77 B 2
Mal Pas-Bonaire E (Bal.) 92 B 1
Mala E (Las P.) 192 D 3
Mala P (Ave.) 94 A 1
Malacuera E (Gua.) 83 A 4
Málaga E (Mál.) 180 C 4
Málaga del Fresno E (Gua.) 82 C 4
Malagón E (C. R.) 135 C 1
Malaguilla E (Gua.) 82 C 4
Malahá, La E (Gr.) 181 D 1
Malanquilla E (Zar.) 64 C 3
Malaqueijo P (San.) 111 B 4
Malarranha P (Év.) 128 D 2
Malásia P (Lei.) 110 D 3
Malavenda P (Co.) 93 D 4
Malcata P (Guar.) 96 B 2
Malcocinado E (Bad.) 148 B 4
Malcocinado E (Cád.) 186 B 3
Maldà E (Ll.) 69 B 3
Maldonado E (Alb.) 139 B 1
Maleján E (Zar.) 65 A 1
Malfeitoso P (Vis.) 74 C 3
Malgrat de Mar E (Bar.) 72 A 2
Malhada P (C. B.) 112 B 1
Malhada P (Vis.) 75 A 3
Malhada Chã P (Co.) 95 A 3
Malhada do Cervo P (C. B.) 95 B 5
Malhada do Peres P (Fa.) 175 A 2
Malhada Sorda P (Guar.) 76 C 5
Malhada Velha P (C. B.) 95 B 4
Malhada Velha P (Co.) 94 B 4
Malhadal P (C. B.) 112 D 1
Malhadas P (Bra.) 57 C 3
Malhadas P (Lei.) 94 A 4
Malhadas da Serra P (Co.) 94 D 3
Malhadinha P (Be.) 143 B 5
Malhadinhas P (San.) 127 B 1
Malhão P (Fa.) 174 A 2
Malhão P (Fa.) 175 A 2
Malhão P (Fa.) 160 B 4
Malhou P (San.) 111 C 3
Maliaño E (Can.) 9 C 4
Malillos E (Le.) 39 A 2
Malillos E (Zam.) 58 A 4
Maljoga P (C. B.) 112 D 1
Malnombre E (Las P.) 189 C 5
Malón E (Zar.) 45 A 5
Malpaís E (S.Cruz T.) 196 B 3
Malpaíses (Abajo) E (S.Cruz T.) 193 C 3
Malpaíses (Arriba) E (S.Cruz T.) 193 C 3
Malpartida E (Sa.) 79 B 4
Malpartida P (Guar.) 76 C 4
Malpartida de Cáceres E (Các.) 115 A 4
Malpartida de Corneja E (Áv.) 99 A 1
Malpartida de la Serena E (Bad.) 132 C 4
Malpartida de Plasencia E (Các.) 97 D 5
Malpesa, lugar E (Cu.) 103 D 5
Malpica de Arba E (Zar.) 45 D 3
Malpica de Bergantiños E (A Co.) 1 D 4
Malpica de Tajo E (To.) 118 B 1
Malpica do Tejo P (C. B.) 113 D 2
Malpique P (C. B.) 95 D 2
Malpique P (San.) 112 B 3
Malta P (Bra.) 56 C 3
Malta P (Guar.) 76 B 4
Malta P (Port.) 53 D 4
Maluenda E (Zar.) 65 A 5
Malva E (Zam.) 58 D 2
Malvas E (Po.) 33 D 4
Malveira P (Lis.) 126 C 1
Malveira da Serra P (Lis.) 126 B 3
Malla E (Bar.) 51 A 5
Malla, la E (Val.) 125 A 3
Mallabia E (Viz.) 23 C 1
Malladas E (Các.) 96 D 4
Malladina, La, lugar E (Le.) 17 B 5
Mallecina E (Ast.) 5 D 4
Mallén E (Zar.) 65 B 1
Malleza E (Ast.) 5 D 3
Mallo de Luna E (Le.) 18 B 3
Mallol, El E (Gi.) 51 B 3
Mallón E (A Co.) 13 D 1
Mallou E (A Co.) 13 B 3
Mamarrosa P (Ave.) 73 D 5
Mamblas E (Áv.) 79 C 2
Mambrilla de Castrejón E (Bur.) 61 B 3
Mambrillas de Lara E (Bur.) 42 A 4
Mami, El E (Alm.) 184 A 3
Mamola, La E (Gr.) 182 C 4
Mamolar E (Bur.) 62 B 1
Mámoles E (Zam.) 57 C 4
Mamouros P (Vis.) 75 A 3
Manacor E (Bal.) 92 C 3
Manadas P (Aç.) 109 C 3
Managarai E (Ál.) 22 D 2
Manantiales, Los E (Mad.) 101 B 2
Mancebas P (Lis.) 126 C 2
Mancelos P (Port.) 54 C 5
Mancenlle E (Po.) 34 A 1
Mancera de Abajo E (Sa.) 79 B 3
Mancera de Arriba E (Áv.) 79 B 4
Manceras E (Sa.) 77 C 1
Manciles E (Bur.) 41 B 2
Mancor de la Vall E (Bal.) 91 D 2
Mançores P (Vis.) 74 B 5
Mancha Blanca E (Las P.) 192 B 4
Mancha Real E (J.) 168 A 1
Mancha, La E (S.Cruz T.) 195 C 2
Manchas, Las E (S.Cruz T.) 195 C 3
Manchas, Las E (S.Cruz T.) 193 B 3
Mancheño E (Alm.) 154 B 5
Manchica, A E (Our.) 35 A 3
Manchita E (Bad.) 131 D 3
Manchones E (Zar.) 85 B 1
Mandaio E (A Co.) 2 D 5
Mandayona E (Gua.) 83 B 3
Mandiá E (A Co.) 2 D 2
Mandín E (Our.) 55 D 1
Manduas E (Po.) 14 C 4
Maneje E (Las P.) 192 C 4
Manga del Mar Menor, La E (Mu.) 172 D 1
Manganeses de la Lampreana E (Zam.) 58 C 2
Manganeses de la Polvorosa E (Zam.) 38 C 5
Mangide P (Guar.) 76 C 4
Mangualde P (Vis.) 75 B 5
Mangualde da Serra P (Guar.) 95 B 1
Manhente P (Br.) 54 A 2
Manhouce P (Vis.) 74 C 3
Manhufe P (Port.) 54 C 5
Manhuncelos P (Port.) 74 C 1
Manigoto P (Guar.) 76 B 4
Manilva E (Mál.) 187 B 3
Manín E (Our.) 34 D 5
Manique de Cima P (Lis.) 126 B 3
Manique do Intendente P (Lis.) 111 B 4
Manises E (Val.) 125 A 3
Manjabálago E (Áv.) 79 C 5
Manjarrés E (La R.) 43 B 2
Manjirón E (Mad.) 81 D 3
Manjoeira P (Lis.) 126 D 2
Manjoya E (Ast.) 6 C 4
Manlleu E (Bar.) 51 B 4
Manosalva E (Cór.) 166 D 2
Manquillos E (Pa.) 40 B 4

Maxial

Manresa E (Bar.) 70 C 1
Mansilla de Burgos E (Bur.) 41 C 2
Mansilla de la Sierra E (La R.) 43 A 4
Mansilla de las Mulas E (Le.) 39 A 1
Mansilla del Páramo E (Le.) 38 C 2
Mansilla Mayor E (Le.) 39 A 1
Mansores P (Ave.) 74 B 2
Manta Rota P (Fa.) 175 B 2
Mántaras E (A Co.) 3 A 4
Manteigas P (Guar.) 95 C 1
Mantiel E (Gua.) 83 B 5
Mantinos E (Pa.) 20 A 4
Manuel E (Val.) 141 A 2
Manuel Galo P (Be.) 160 D 2
Manyanet E (Ll.) 49 A 1
Manzalvos E (Our.) 36 C 5
Manzanal de Arriba E (Zam.) 37 C 5
Manzanal
de los Infantes E (Zam.) 37 C 4
Manzanal del Barco E (Zam.) 58 B 3
Manzanal del Puerto E (Le.) 17 D 5
Manzanares E (C. R.) 136 B 2
Manzanares de Rioja E (La R.) 43 A 2
Manzanares el Real E (Mad.) 81 C 4
Manzaneda E (Ast.) 6 C 5
Manzaneda E (Le.) 37 C 3
Manzaneda E (Our.) 36 B 2
Manzaneda de Torío E (Le.) 19 A 4
Manzanedillo E (Bur.) 21 D 3
Manzanedo E (Bur.) 21 D 3
Manzanedo de Valdueza E (Le.) 37 B 1
Manzaneque E (To.) 119 C 3
Manzanera E (Te.) 106 B 4
Manzaneruela E (Cu.) 105 C 5
Manzanete E (Cád.) 186 B 4
Manzanil E (Gr.) 181 A 1
Manzanilla E (Huel.) 163 B 4
Manzanillo E (Vall.) 61 A 3
Manzanillo, lugar E (Gr.) 168 A 3
Manzano, El E (Huel.) 146 C 5
Manzano, El E (Sa.) 77 C 1
Mañaria E (Viz.) 23 B 2
Mañeru E (Na.) 24 C 5
Mañicas, Las, lugar E (Alm.) 184 B 2
Mañón E (A Co.) 3 C 2
Mañueta →
Baños de Ebro E (Ál.) 43 B 1
Mao E (Lu.) 16 A 4
Maó/Mahón E (Bal.) 90 D 2
Maoño E (Can.) 9 C 4
Maqueda E (To.) 100 C 4
Mar E (Ast.) 7 A 3
Mar P (Br.) 53 D 2
Mar e Guerra P (Fa.) 174 C 3
Mara E (Zar.) 65 B 5
Maracena E (Gr.) 181 D 1
Maragota P (Fa.) 175 A 3
Maranchón E (Gua.) 84 A 2
Maranhão P (Por.) 128 C 1
Marantes E (A Co.) 14 B 2
Maranyà E (Gi.) 52 B 3
Maraña E (Le.) 19 C 2
Marañón E (Na.) 23 D 5
Marañón, lugar E (C. R.) 120 C 5
Marañosa, La E (Mad.) 101 D 3
Marateca P (Set.) 127 C 4
Maravillas, Las E (Bal.) 91 D 4
Marazoleja E (Seg.) 80 D 3
Marazovel E (So.) 63 B 5
Marazuela E (Seg.) 80 C 3
Marbella E (Mál.) 188 A 2
Marbella Este E (Mál.) 188 A 2
Marçà E (Ta.) 89 A 1
Marcaláin/Markalain E (Na.) 24 D 3
Marcelinos E (Alm.) 170 C 4
Marcelle E (A Co.) 14 A 2
Marcelle E (Lu.) 35 D 1
Marcén E (Hues.) 47 A 5
Marcenado E (Ast.) 6 D 4
Marcilla E (Na.) 44 D 3
Marcilla de Campos E (Pa.) 40 C 3
Marco de Canaveses P (Port.) 54 C 5
Marco, El E (Bad.) 114 A 5
Marcón E (Po.) 34 A 1
Marcos, Los E (Val.) 123 C 4
Marchagaz E (Các.) 97 C 3
Marchal E (Gr.) 168 C 5
Marchal
de Araoz, El, lugar E (Alm.) 183 D 3
Marchal del Abogado E (Alm.) 169 D 5
Marchal, El E (Alm.) 170 A 4
Marchal, El E (Alm.) 170 B 5
Marchal, El E (Alm.) 170 C 5
Marchalejo, lugar E (Gr.) 168 C 5
Marchamalo E (Gua.) 82 C 5
Marchamona, lugar E (Mál.) 181 A 2
Marchante E (Alm.) 184 A 2
Marchena E (Gr.) 182 A 2
Marchena E (J.) 153 D 3
Marchena E (Sev.) 164 D 4
Mardos, Los E (Alb.) 139 B 5
Mareco P (Vis.) 75 C 4
Marecos P (Port.) 54 B 5
Marei E (Lu.) 16 A 3
Marentes E (Ast.) 16 D 2
Mareny Blau E (Val.) 125 B 5
Mareny de Barraquetes E (Val.) 125 B 5
Mareo de Arriba E (Ast.) 6 D 3
Marés P (Lis.) 111 A 5
Margalef E (Ta.) 68 D 5
Marganell E (Bar.) 70 C 2
Margaride E (Po.) 14 C 4
Margem P (Por.) 112 D 4
Margen, El E (Alm.) 170 B 3
Margen, El E (Gr.) 169 D 2
Margolles E (Ast.) 7 C 4
Margudgued E (Hues.) 47 D 2
María E (Alm.) 170 B 2
María Aparicio E (Cór.) 166 C 1
María de Huerva E (Zar.) 66 A 3
Maria de la Salut E (Bal.) 92 B 3
Maria Gomes P (Co.) 94 D 4
María Jiménez E (S. Cruz T.) 196 C 2
Maria Vinagre P (Fa.) 159 B 3
Marialba de la Ribera E (Le.) 38 D 1
Marialva P (Guar.) 76 A 3
Mariana E (Cu.) 104 B 4
Marianaia P (San.) 112 A 2
Marianas P (Co.) 93 C 2
Marianos P (San.) 111 D 5
Maribáñez E (Sev.) 178 A 1
Marigenta E (Huel.) 163 A 2
Marigutiérrez, lugar E (Alb.) 138 A 2
Marimínguez E (Alb.) 139 B 1
Marin E (Gui.) 23 C 3
Marín E (Po.) 34 A 1
Marina Manrera E (Bal.) 92 B 1
Marina, La E (Ali.) 156 D 3
Marinaleda E (Sev.) 165 C 4
Marinas E (Ast.) 6 B 4
Marinas, Las E (Alm.) 183 C 4
Marines E (Val.) 124 D 2
Marines, les E (Ali.) 142 A 3
Marines, Los E (Huel.) 146 D 5
Marines, Los E (Mál.) 180 D 3
Marinha P (Ave.) 73 D 3
Marinha P (Lei.) 94 B 5
Marinha P (Lei.) 111 B 2
Marinha da Guia P (Lei.) 93 C 4
Marinha das Ondas P (Co.) 93 B 4
Marinha Grande P (Lei.) 111 B 1
Marinhais P (San.) 127 C 1
Marinhão P (Br.) 54 D 3
Marinhas P (Br.) 53 D 2
Mariña, A E (A Co.) 2 D 3
Maripérez, lugar E (Alb.) 138 A 2
Marismillas E (Sev.) 177 D 2
Maritenda P (Fa.) 174 B 2
Mariz E (Lu.) 15 B 5
Mariz E (Lu.) 15 B 1
Mariz P (Br.) 53 D 3
Marjaliza E (To.) 119 B 3
Markalain → Marcaláin E (Na.) 24 D 3
Markina-Xemein E (Viz.) 11 C 5
Marlín E (Áv.) 79 D 4
Marlofa E (Zar.) 65 D 2
Marmelal P (C. B.) 113 A 2
Marmelar P (Be.) 145 A 3
Marmeleira P (San.) 111 B 4
Marmeleira P (Vis.) 94 B 1
Marmeleiro P (C. B.) 112 C 1
Marmeleiro P (Fa.) 161 C 3
Marmeleiro P (Guar.) 96 B 1
Marmeleiro P (San.) 112 A 2
Marmelete P (Fa.) 159 B 4
Marmelos P (Bra.) 56 B 4
Marmelos P (Év.) 129 C 5
Marmellar de Abajo E (Bur.) 41 C 2
Marmellar de Arriba E (Bur.) 41 C 2
Mármol, El E (J.) 152 A 4
Marmolejo E (J.) 150 D 4
Marne E (Le.) 39 A 1
Maro E (Mál.) 181 C 4
Maroñas E (A Co.) 13 C 2
Maroteras E (J.) 151 A 4
Marpequeña E (Las P.) 191 D 3
Marques P (Lei.) 112 A 1
Marquès, el E (Gi.) 71 D 1
Marqués, El, lugar E (Alm.) 170 C 2
Marquesado, El E (Cád.) 185 D 2
Márquiz de Alba E (Zam.) 58 A 2
Marracos E (Zar.) 46 B 4
Marrancos P (Br.) 54 A 2
Marratxí E (Bal.) 91 D 3
Marrazes P (Lei.) 111 B 1
Marrón E (Can.) 10 B 5
Marroquina, La E (Cád.) 185 D 1
Marroquín-
Encina Hermosa E (J.) 167 B 3
Marrozos E (A Co.) 14 B 3
Marruas P (San.) 111 D 3
Marrube E (Lu.) 15 C 5
Marrubio E (Le.) 37 B 2
Marrubio E (Our.) 35 D 2
Marrupe E (To.) 100 A 4
Martagina, lugar E (Mál.) 187 B 3
Marteleira P (Lis.) 110 C 4
Martiago E (Sa.) 97 B 1
Martialay E (So.) 63 D 2
Martiherrero E (Áv.) 80 A 5
Martilandrán E (Các.) 97 C 2
Martillán E (Sa.) 77 A 4
Martillué E (Hues.) 46 D 1
Martim P (Br.) 54 A 3
Martim P (V. R.) 55 D 4
Martim Afonso P (Lis.) 126 D 1
Martim Longo P (Fa.) 161 A 3
Martimporra (Bimenes) E (Ast.) 6 D 5
Martín E (Gr.) 169 B 1
Martín E (Lu.) 15 D 5
Martín E (Lu.) 16 B 1
Martín de la Jara E (Sev.) 179 C 1
Martín de Yeltes E (Sa.) 77 C 4
Martín del Río E (Te.) 86 B 4
Martín González E (Cór.) 166 C 5
Martín Malo E (J.) 151 D 3
Martín Miguel E (Seg.) 80 D 3
Martín Muñoz
de la Dehesa E (Seg.) 80 A 2
Martín Muñoz
de las Posadas E (Seg.) 80 B 2
Martinamor E (Sa.) 78 D 4
Martinchel P (San.) 112 B 2
Martindegi E (Gui.) 12 C 5
Martinet E (Ll.) 50 B 2
Martinete, El E (Alm.) 170 D 5
Martinete, El E (Cór.) 166 C 4
Martínez E (Áv.) 79 A 5
Martínez
del Puerto, Los E (Mu.) 156 B 5
Martínez, Los E (Ali.) 156 C 4
Martingança P (Lei.) 111 A 1
Martinhanes P (Be.) 160 D 2
Martins Joanes P (Lis.) 110 D 5
Martiñán E (Our.) 35 A 4
Martioda E (Ál.) 23 B 4
Martorell E (Bar.) 70 D 3
Martorelles E (Bar.) 71 A 3
Martos E (J.) 167 B 2
Maruanas E (Cór.) 150 B 5
Marugán E (Seg.) 80 C 3
Maruri E (Viz.) 11 A 4
Marvão P (Co.) 93 D 1
Marvão P (Por.) 113 D 4
Marvila P (Lei.) 94 B 5
Marvila P (San.) 112 A 4
Marxuquera Alta E (Val.) 141 C 2
Marxuquera Baixa E (Val.) 141 B 2
Marzà E (Gi.) 52 B 2
Marzagán E (Las P.) 191 D 2
Marzagão P (Bra.) 56 A 5
Marzales E (Vall.) 59 C 3
Marzán E (Le.) 18 A 4
Marzán E (Lu.) 4 B 2
Marzaniella E (Ast.) 6 B 3
Marzoa E (A Co.) 14 C 2
Mas Bo E (Bar.) 71 A 2
Mas Carpa E (Ta.) 89 C 1
Mas de Barberans E (Ta.) 88 B 4
Mas de Calaf E (Cas.) 107 D 3
Mas de la Correntilla E (Cas.) 107 C 4
Mas de las Matas E (Te.) 87 B 3
Mas del Jutge, el →
Masía del Juez E (Val.) 124 D 4
Mas del Lleó E (Ll.) 68 B 2
Mas del Olmo E (Val.) 105 D 4
Mas dels Frares E (Cas.) 107 D 4
Mas d'en Bosc, El E (Ta.) 89 B 1
Mas d'en Queixa E (Cas.) 107 D 3
Mas d'en Ramona E (Cas.) 107 D 2
Mas d'en Rieres E (Cas.) 108 A 2
Mas d'en Serra E (Bar.) 70 C 5
Mas d'en Toni →
Masía de Toni E (Cas.) 107 B 2
Mas Flacià, el E (Gi.) 72 A 1
Mas Mates E (Gi.) 52 C 2
Mas Planoi, el E (Bar.) 70 C 2
Mas Rovira E (Bar.) 70 D 4
Masa E (Bur.) 21 D 5
Masada del
Masagarejo, lugar E (Cu.) 105 B 4
Masalavés/Massalavés E (Val.) 141 A 1
Masarac E (Gi.) 52 B 1
Masarrochos/Massarojos E (Val.) 125 A 3
Masca E (S. Cruz T.) 195 B 3
Mascaraque E (To.) 119 C 2
Mascarell E (Cas.) 125 C 1
Mascarenhas P (Bra.) 56 B 3
Mascotelos P (Br.) 54 B 3
Masdache E (Las P.) 192 C 4
Masdenverge E (Ta.) 88 C 4
Masegosa E (Cu.) 104 C 1
Masegoso E (Alb.) 138 A 4
Masegoso E (Te.) 105 B 3
Masegoso de Tajuña E (Gua.) 83 B 4
Masella E (Gi.) 50 C 2
Maset, el E (Bar.) 70 C 3
Masía de Brusca, La/
Masia d'en Brusca E (Cas.) 107 D 2
Masía de Dolç, lugar E (Cas.) 107 B 1
Masía de Toni/
Mas d'en Toni E (Cas.) 107 B 2
Masía del Juez/
Mas del Jutge, el E (Val.) 124 D 4
Masia d'en Brusca →
Masía de Brusca, La E (Cas.) 107 D 2
Maside E (Lu.) 16 A 4
Maside E (Our.) 35 A 1
Masies de Dalt E (Gi.) 52 B 2
Masies de Roda, les E (Bar.) 51 B 4
Masies de Voltregà, les E (Bar.) 51 A 4
Masllorenç E (Ta.) 69 D 5
Masma E (Lu.) 4 B 3
Masmullar E (Mál.) 180 D 3
Masnou, el E (Bar.) 71 B 3
Masó, la E (Ta.) 69 C 5
Masos de Pals, els E (Gi.) 52 C 4
Masos de Vespella, els E (Ta.) 69 D 5
Maspalomas E (Las P.) 191 C 4
Maspujols E (Ta.) 89 B 1
Masquefa E (Bar.) 70 C 3
Masriudoms E (Ta.) 89 A 2
Masroig, el E (Ta.) 88 D 1
Massalavés →
Masalavés E (Val.) 141 A 1
Massalcoreig E (Ll.) 68 B 4
Massalfassar E (Val.) 125 B 3
Massamá P (Lis.) 126 C 3
Massamagrell E (Val.) 125 B 3
Massana, la A 29 D 5
Massanassa E (Val.) 125 A 4
Massanes E (Gi.) 71 D 1
Massarojos →
Masarrochos E (Val.) 125 A 3
Massoteres E (Ll.) 69 D 1
Masueco E (Sa.) 77 A 1
Masvidal E (Gi.) 51 B 5
Mata E (Bur.) 41 D 1
Mata E (Gi.) 52 A 3
Mata P (C. B.) 95 D 5
Mata P (Co.) 94 A 3
Mata P (Guar.) 75 D 4
Mata P (Lei.) 93 C 5
Mata P (Lis.) 126 D 1
Mata P (Lis.) 126 D 1
Mata P (San.) 93 D 5
Mata P (San.) 111 D 2
Mata Bejid E (J.) 168 A 2
Mata da Rainha P (C. B.) 95 D 4
Mata de Alcántara E (Các.) 114 C 2
Mata de Armuña, La E (Sa.) 78 C 2
Mata de Bérbula, La E (Le.) 19 A 4
Mata de Cuéllar E (Seg.) 60 C 4
Mata de Curueño, La E (Le.) 19 A 4
Mata de la Riba, La E (Le.) 19 B 4
Mata de Ledesma, La E (Sa.) 78 A 2
Mata de Lobos P (Guar.) 76 C 3
Mata de los
Olmos, La E (Te.) 86 D 3
Mata de
Monteagudo, La E (Le.) 19 C 4
Mata de Morella, la E (Cas.) 87 B 5
Mata de Pinyana, la E (Ll.) 68 C 2
Mata de Quintanar E (Seg.) 81 A 2
Mata del Páramo, La E (Le.) 38 C 2
Mata do Duque P (San.) 127 C 2
Mata do Rei P (San.) 111 B 3
Mata Mourisca P (Lei.) 93 C 4
Mata, La E (Ali.) 156 D 4
Mata, La E (Ast.) 6 A 4
Mata, La E (Cád.) 177 B 5
Mata, La E (Seg.) 81 C 2
Mata, La E (To.) 100 C 5
Matabuena E (Seg.) 81 C 2
Matacães P (Lis.) 110 C 5
Matachana E (Le.) 17 C 5
Matadeón
de los Oteros E (Le.) 39 A 2
Matadepera E (Bar.) 70 D 2
Mataduços P (Ave.) 73 D 4
Mataelpino E (Mad.) 81 B 4
Matagorda E (Alm.) 183 B 4
Matalascañas →
Torre de la Higuera E (Huel.) 177 A 2
Matalavilla E (Le.) 17 C 3
Matalebreras E (So.) 64 B 1
Matalobos del Páramo E (Le.) 38 C 2
Mataluenga E (Le.) 18 C 5
Matallana de Torío E (Le.) 19 A 3
Matallana
de Valmadrigal E (Le.) 39 B 2
Matamá E (Our.) 35 D 4
Matamá E (Po.) 33 D 3
Matamala E (Sa.) 78 D 3
Matamala E (Seg.) 81 C 2
Matamala de Almazán E (So.) 63 C 4
Matamorisca E (Pa.) 20 D 4
Matamorosa E (Can.) 21 A 3
Matança P (Guar.) 75 C 4
Matancinha P (Vis.) 75 A 1
Matanegra, lugar E (Bad.) 147 C 2
Matanza
de Acentejo, La E (S. Cruz T.) 196 A 2
Matanza de los Oteros E (Le.) 39 A 3
Matanza de Soria E (So.) 62 C 3
Matanza, La E (Mu.) 156 A 4
Matanza, La, lugar E (Alb.) 154 D 1
Matanza, La, lugar E (Alm.) 184 B 2
Mataotero E (Le.) 17 C 3
Mataporquera E (Can.) 21 A 4
Matapozuelos E (Vall.) 60 A 4
Mataró E (Bar.) 71 C 3
Matarredonda E (Sev.) 165 D 4
Matarrosa del Sil E (Le.) 17 B 4
Matarrubia E (Gua.) 82 B 3
Matarrubia E (Mad.) 81 A 5
Matas P (Co.) 93 C 4
Matas P (Lis.) 110 C 4
Matas, Las E (Mad.) 101 B 1
Matas, Las E (Sev.) 164 D 5
Matasejún E (So.) 44 A 5
Matea, La E (J.) 153 C 4
Matela P (Bra.) 57 A 3
Matela P (Vis.) 75 C 4
Matellanes E (Zam.) 57 C 2
Mateos, Los E (Mu.) 172 B 2
Matet E (Cas.) 107 A 5
Mateus P (V. R.) 55 B 5
Matidero, lugar E (Hues.) 47 C 2
Matienzo E (Can.) 10 A 5
Matienzo E (Viz.) 22 B 1
Matilla de Arzón E (Zam.) 38 D 4
Matilla de los Caños E (Vall.) 59 D 3
Matilla de los
Caños del Río E (Sa.) 78 A 3
Matilla la Seca E (Zam.) 58 D 3
Matilla, La E (Las P.) 190 B 2
Matilla, La E (Seg.) 81 C 1
Matillas E (Gua.) 83 A 3
Matío E (A Co.) 1 C 5
Mato P (V. C.) 54 A 2
Mato de Miranda P (San.) 111 D 4
Mato Santo Espírito P (Fa.) 175 A 2
Mato Serrão P (Fa.) 173 D 2
Matoeira P (Lei.) 110 D 3
Matorral, El E (Las P.) 190 B 3
Matorral, El E (Las P.) 191 D 4
Matos P (Co.) 93 B 3
Matos P (Lei.) 93 B 5
Matos P (Port.) 53 D 5
Matos P (San.) 112 A 1
Matos P (San.) 112 A 3
Matos P (Vis.) 74 C 1
Matos da Ranha P (Lei.) 93 C 5
Matosinhos P (Port.) 53 D 5
Matosinhos P (V. R.) 55 D 2
Matosos P (Lei.) 93 D 4
Matreros, Los E (Alm.) 170 D 5
Matueca de Torío E (Le.) 19 A 4
Matute E (La R.) 43 A 3
Matute de Almazán E (So.) 63 C 4
Maureles P (Port.) 54 C 5
Maus E (Our.) 35 C 3
Maxiais P (C. B.) 113 C 1
Maxial P (C. B.) 95 A 4

Maxial

Maxial P (Lis.) 110 D5
Maxial P (San.) 112 B2
Maxial de Além P (San.) 112 B2
Maxieira P (San.) 111 C2
Maya, La E (Sa.) 78 C5
Mayalde E (Zam.) 58 B5
Mayordomo, El E (Alm.) 184 C1
Mayorga E (Vall.) 39 B4
Maza E (Ast.) 7 A5
Mazagatos E (Seg.) 62 B4
Mazagón E (Huel.) 176 C3
Mazaleón E (Te.) 87 D2
Mazalinos E (Áv.) 98 C2
Mazalvete E (So.) 64 A2
Mazaneda E (Ast.) 6 C2
Mazarambroz E (To.) 119 B2
Mazarefes P (V. C.) 53 D1
Mazarete E (Gua.) 84 B2
Mazaricos E (A Co.) 13 C2
Mazariegos E (Pa.) 40 A5
Mazarrón E (Mu.) 171 D3
Mazarulleque E (Alm.) 184 B3
Mazarulleque E (Cu.) 103 B4
Mazas, Las E (Ast.) 6 B5
Mazaterón E (So.) 64 B4
Mazedo P (V. C.) 34 B4
Mazes P (Vis.) 75 A2
Mazmela E (Gui.) 23 C3
Mazouco P (Bra.) 76 D1
Mazueco E (Bur.) 42 A4
Mazuecos E (Gua.) 102 D3
Mazuecos
de Valdeginate E (Pa.) 40 A4
Mazuela E (Bur.) 41 B4
Mazuelo de Muñó E (Bur.) 41 C3
Mazuza E (Mu.) 154 B3
Meã P (Vis.) 75 B4
Meã P (Vis.) 74 D2
Meabia E (Po.) 14 C4
Meadela P (V. C.) 53 C1
Mealha P (Fa.) 160 D4
Mealhada P (Ave.) 94 A1
Meanes E (Cas.) 107 C3
Meangos E (A Co.) 2 D5
Meáns E (A Co.) 13 C1
Meaño E (Po.) 33 D1
Meãs P (Co.) 95 A3
Meãs do Campo P (Co.) 93 D2
Meca P (Lis.) 111 A5
Mecerreyes E (Bur.) 42 A4
Mecina Alfahar E (Gr.) 182 D2
Mecina Bombarón E (Gr.) 182 D2
Mecina Fondales E (Gr.) 182 C3
Mecina Tedel E (Gr.) 182 D3
Meco E (Mad.) 102 B1
Meco P (Co.) 93 D2
Meda E (Lu.) 16 A2
Meda E (Lu.) 35 D1
Meda P (Guar.) 76 A2
Meda de Mouros P (Co.) 94 D2
Médano, El E (S.Cruz T.) 196 A5
Medas P (Port.) 74 B1
Medeiros E (Our.) 35 D5
Medeiros P (V. R.) 55 B1
Medelim P (C. B.) 96 A4
Medelo P (Br.) 54 C3
Medellín E (Bad.) 132 A2
Meder E (Po.) 34 B3
Mederos E (Las P.) 191 A3
Mediana de Aragón E (Zar.) 66 C4
Mediana de Voltoya E (Áv.) 80 B5
Medianías, Las E (Las P.) 191 D3
Medida, La E (S.Cruz T.) 196 B3
Medín E (A Co.) 14 D2
Medina Azahara E (Cór.) 149 D5
Medina de las Torres E (Bad.) 147 B2
Medina de Pomar E (Bur.) 22 A3
Medina de Rioseco E (Vall.) 59 C1
Medina del Campo E (Vall.) 59 D5
Medinaceli E (So.) 83 D1
Medina-Sidonia E (Cád.) 186 B2
Medinilla E (Áv.) 98 C1
Medinilla de la Dehesa E (Bur.) 41 C3
Medinyà E (Gi.) 52 A4
Mediona E (Bar.) 70 B3
Medranda E (Gua.) 83 A3
Medrano E (La R.) 43 C2
Medroa P (San.) 112 B2
Medrões P (V. R.) 55 A5
Médulas, Las E (Le.) 37 A1
Megeces E (Vall.) 60 B4
Megide P (Port.) 73 D1
Megina E (Gua.) 84 D5
Mei P (V. C.) 34 B5
Meia Praia P (Fa.) 173 B2
Meia Via P (San.) 111 D3
Meia Viana P (Fa.) 159 C4
Meijinhos P (Vis.) 75 A1
Meilán E (Lu.) 15 D2
Meilán E (Lu.) 4 B4
Meimão P (C. B.) 96 B2
Meimoa P (C. B.) 96 A3
Meinedo P (Port.) 54 C5
Meios P (Guar.) 95 D1
Meira E (Lu.) 4 B5
Meira E (Po.) 33 D2
Meira E (Po.) 14 A4
Meirama E (A Co.) 2 C5
Meiraos E (Lu.) 16 B5
Meirás E (A Co.) 2 D2
Meirás E (A Co.) 2 D4
Meire E (A Co.) 15 A3
Meirinhas P (Lei.) 93 C5
Meirinhos P (Bra.) 56 D5
Meirol E (Po.) 34 B3
Meis E (Po.) 14 A5
Meis E (Po.) 13 D5
Meixedo P (Bra.) 56 D1
Meixedo P (V. C.) 53 D1
Meixedo P (V. R.) 55 B1
Meixedo P (Vis.) 75 B1
Meixide P (V. R.) 55 C1
Meixo E (Our.) 35 A2
Meixomil P (Port.) 54 B4
Méizara E (Le.) 38 C2
Mejorada E (To.) 99 D5
Mejorada del Campo E (Mad.) 102 A2
Mejorito, El E (Sa.) 77 C5
Mela, La E (Alm.) 184 C1
Melcões P (Vis.) 75 A1
Meleças P (Lis.) 126 C2
Melegís E (Gr.) 182 A3
Melendreros E (Ast.) 7 A5
Meles P (Bra.) 56 C2
Melezna E (Le.) 16 D5
Melgaço P (V. C.) 34 C3
Melgar de Abajo E (Vall.) 39 C3
Melgar de Arriba E (Vall.) 39 C3
Melgar de Fernamental E (Bur.) 40 D2
Melgar de Tera E (Zam.) 38 A5
Melgar de Yuso E (Pa.) 40 D3
Melgosa E (Bur.) 42 A1
Melgosa, La E (Cu.) 104 B5
Melhe P (V. R.) 55 B3
Meliana E (Val.) 125 B3
Melias E (Our.) 35 B1
Melicena E (Gr.) 182 C4
Mélida E (Na.) 45 A2
Mélida E (Vall.) 61 A3
Melide E (A Co.) 15 A2
Melides P (Set.) 143 B3
Meligioso P (Vis.) 94 B1
Melilla E (Mel.) 188 D5
Melo P (Guar.) 75 C5
Melón E (Our.) 34 C2
Meloxo E (Po.) 13 C5
Melque de Cercos E (Seg.) 80 C2
Melres P (Port.) 74 B1
Melriça P (Co.) 93 D4
Melroeira P (Lis.) 126 C1
Mellanes E (Zam.) 57 D2
Mellizas, Las/Llanos, Los E (Mál.) 180 A3
Membibre de la Hoz E (Seg.) 61 A4
Membribe de la Sierra E (Sa.) 78 B5
Membrilla E (C. R.) 136 B2
Membrillar E (Pa.) 40 B1
Membrillera E (Gua.) 82 D3
Membrillo Alto E (Huel.) 162 D2
Membrillo, El E (To.) 117 D1
Membrío E (Các.) 114 B3
Mem-Moniz P (Fa.) 174 A2
Memoria P (Lei.) 93 D5
Memória P (Lei.) 93 C5
Menàrguens E (Ll.) 68 D2
Menas, Las E (Alm.) 169 D5
Menas, Los E (Alm.) 170 C4
Menasalbas E (To.) 118 D3
Menaza E (Pa.) 21 A4
Mendalvo P (Lei.) 111 A2
Mendaro E (Gui.) 23 D1
Mendata E (Viz.) 11 B5
Mendatza → Mendaza E (Na.) 24 A5
Mendavia E (Na.) 44 A2
Mendaza/Mendatza E (Na.) 24 A5
Mendeika E (Viz.) 22 D2
Mendes P (Lei.) 93 C5
Mendexa E (Viz.) 11 C5
Mendi → Ormaola E (Gui.) 23 D1
Mendieta E (Mu.) 171 B2
Mendieta E (Viz.) 11 B5
Mendiga P (Lei.) 111 B2
Mendigorría E (Na.) 24 D5
Mendiola E (Ál.) 23 B4
Mendiola E (Viz.) 23 C2
Mendiondo E (Viz.) 11 A5
Mendo Gordo P (Guar.) 75 D3
Mendoza E (Ál.) 23 B4
Menduíña E (Po.) 33 D2
Meneses de Campos E (Pa.) 39 D5
Mengabril E (Bad.) 132 A2
Mengamuñoz E (Áv.) 99 C1
Mengíbar E (J.) 151 C5
Menoita P (Guar.) 76 A5
Menores, Los E (S.Cruz T.) 195 C4
Mens E (A Co.) 1 D4
Mentera-Barruelo E (Can.) 10 A5
Mentrestido P (V. C.) 33 D5
Méntrida E (To.) 101 A3
Menuza, lugar E (Zar.) 67 A5
Meñaka E (Viz.) 11 A5
Meñakabarrena E (Viz.) 11 A5
Meotz → Meoz E (Na.) 25 C4
Meoz/Meotz E (Na.) 25 C4
Mequinenza E (Zar.) 68 A4
Mera de Boixo E (A Co.) 3 B2
Mera de Riba E (A Co.) 3 B2
Meranges E (Gi.) 50 B1
Merás E (Ast.) 5 C3
Merca, A E (Our.) 35 A3
Mercadal, Es E (Bal.) 90 C2
Mercadillo E (Áv.) 79 A5
Mercador P (Fa.) 161 A4
Merceana P (Lis.) 110 D5
Mercês P (Lis.) 126 B3
Mercurín E (A Co.) 14 C1
Merea E (Ll.) 49 B4
Meredo E (Ast.) 4 D4
Merelim (São Paio) P (Br.) 54 B2
Mereludi E (Viz.) 11 C5
Merelle E (A Co.) 14 C1
Mérida E (Bad.) 131 B3
Meridãos P (Vis.) 74 D2
Merille E (Lu.) 3 D2
Merlães P (Ave.) 74 B3
Merlán E (Lu.) 15 B2
Merlán E (Lu.) 15 C5
Merli E (Hues.) 48 B2
Meroños, Los E (Mu.) 172 C1
Mértola P (Be.) 161 A2
Merufe P (V. C.) 34 B4
Meruge P (Co.) 95 A1
Merza E (Po.) 14 C3
Mesa Roldán, La E (Alm.) 184 D2
Mesa, La E (Ast.) 5 A5
Mesa, La E (J.) 151 D3
Mesão Frio P (V. R.) 75 A1
Mesas de Asta E (Cád.) 177 C3
Mesas de Ibor E (Các.) 116 D2
Mesas del Guadalora E (Cór.) 165 A1
Mesas, Las E (Cu.) 121 B4
Mesas, Las E (Las P.) 191 C2
Mesegal E (Các.) 97 C2
Mesegar de Corneja E (Áv.) 99 A1
Mesegar de Tajo E (To.) 100 B5
Mesego E (Po.) 14 B4
Mesía E (A Co.) 14 D1
Mesiego E (Our.) 34 D1
Mesillo E (Mu.) 171 B2
Mesón do Vento E (A Co.) 2 C5
Mesones E (Alb.) 154 A1
Mesones E (Gua.) 82 B4
Mesones de Isuela E (Zar.) 65 A3
Mesonfrío E (Lu.) 15 C4
Mespelerreka →
Regatol, El E (Viz.) 10 D5
Mesquida, Sa E (Bal.) 90 D2
Mesquinhata P (Port.) 74 D1
Mesquita P (Be.) 161 B2
Mesquita P (Fa.) 174 A2
Mesquitela P (Guar.) 75 C5
Mesquitela P (Guar.) 76 C5
Mesquitela P (Vis.) 75 B5
Messegães P (V. C.) 34 B4
Messejana P (Be.) 144 A5
Messines de Baixo P (Fa.) 160 A4
Mesta, La E (Alb.) 137 D5
Mestanza E (C. R.) 135 A5
Mestas E (Ast.) 7 D4
Mestas E (Ast.) 7 B5
Mestas de Con E (Ast.) 7 D5
Mestas, Las E (Các.) 97 D1
Mestras P (Lei.) 111 A3
Metauten E (Na.) 24 B5
Mexilhoeira
da Carregação P (Fa.) 173 C2
Mexilhoeira Grande P (Fa.) 173 C2
Mezalocha E (Zar.) 65 D4
Mezio P (Vis.) 75 A2
Mezonzo E (A Co.) 14 D1
Mezquetillas E (So.) 83 C1
Mezquita de Jarque E (Te.) 86 B4
Mezquita de Loscos E (Te.) 86 A2
Mezquita, A E (Our.) 36 C4
Mezquitilla, La E (Sev.) 179 B2
Miajadas E (Các.) 132 A1
Miamán E (Our.) 35 C3
Miami Platja E (Ta.) 89 A2
Mian E (Ast.) 7 C5
Miànegues E (Gi.) 51 D3
Mianos E (Zar.) 46 A1
Micereces de Tera E (Zam.) 38 B5
Micieces de Ojeda E (Pa.) 20 C5
Mido P (Guar.) 76 C5
Midões P (Br.) 54 A3
Midões P (Co.) 94 D1
Midões P (V. R.) 56 A3
Miedes de Aragón E (Zar.) 65 B5
Miedes de Atienza E (Gua.) 82 D1
Miedo, El, lugar E (Mu.) 140 A4
Mieldes E (Ast.) 5 C5
Miengo E (Can.) 9 B4
Miera E (Can.) 9 D5
Mieres E (Ast.) 6 C5
Mieres E (Ast.) 6 C4
Mieres E (Gi.) 51 D3
Mierla, La E (Gua.) 82 C3
Mieza E (Sa.) 77 A1
Migjorn Gran, Es E (Bal.) 90 B2
Miguel Esteban E (To.) 120 D3
Miguel Ibáñez E (Seg.) 80 D2
Migueláñez E (Seg.) 80 D2
Miguelturra E (C. R.) 135 B3
Mijala E (Bur.) 22 D3
Mijangos E (Bur.) 22 B4
Mijares E (Áv.) 99 D3
Mijarojos E (Can.) 9 B5
Mijas E (Mál.) 180 B5
Milà, el E (Ta.) 69 C5
Milagres P (Lei.) 93 C5
Milagro E (Na.) 44 D3
Milagros E (Bur.) 61 D3
Milano, El E (Sa.) 77 A1
Milanos E (Gr.) 167 B5
Milanos E (Gr.) 167 A5
Mileu P (Vis.) 75 C2
Milhais P (Bra.) 56 A4
Milhão P (Bra.) 57 A1
Milharado P (Lis.) 126 C1
Milhazes P (Br.) 53 D3
Milheiro P (Guar.) 76 B3
Milheirós P (C. B.) 94 C5
Milheirós P (San.) 112 A1
Milheirós de Poiares P (Ave.) 74 A2
Milhundos P (Port.) 54 C5
Milmanda E (Our.) 35 A3
Milmarcos E (Gua.) 84 C2
Milreu P (C. B.) 112 C2
Milla de Tera E (Zam.) 37 D5
Milla del Páramo, La E (Le.) 38 C1
Milla del Río, La E (Le.) 38 B1
Milladoiro E (A Co.) 14 B3
Millana E (Gua.) 103 C1
Millana, La E (Mál.) 179 D4
Millanes E (Các.) 116 C1
Millarada E (Po.) 34 A2
Millarada, A E (Po.) 14 C5
Millares E (Val.) 124 C5
Millarouso E (Our.) 36 C2
Millena E (Ali.) 141 B4
Miller E (J.) 153 D3
Milles de la Polvorosa E (Zam.) 38 C5
Mimbral, El E (Cád.) 178 B5
Mimetiz (Zalla) E (Viz.) 22 C1
Mimosa P (Set.) 143 D4
Mina Antolín, lugar E (Cór.) 149 A2
Mina Caridad, lugar E (Sev.) 163 C3
Mina da Juliana P (Be.) 144 B5
Mina de Aparis P (Be.) 146 A3
Mina de
São Domingos P (Be.) 161 B1
Mina do Bugalho P (Év.) 129 D4
Mina, La E (Cór.) 166 A4
Mina, lugar E (Huel.) 162 D1
Minas da Panasqueira P (C. B.) 95 A3
Minas de Cala E (Huel.) 147 B5
Minas de Louzal P (Set.) 143 D3
Minas de Riotinto E (Huel.) 163 A2
Minas de Santa
Quiteria E (To.) 117 C4
Minas de São João P (V. R.) 55 A3
Minas del Castillo
de las Guardas E (Sev.) 163 B2
Minas del Horcajo E (C. R.) 150 C1
Minas del Marquesado E (Gr.) 182 D1
Minas Diógenes, lugar E (C. R.) 151 A1
Minas, Las E (Alb.) 155 A2
Minateda-Horca E (Alb.) 155 A1
Minaya E (Alb.) 122 A5
Minde P (San.) 111 C2
Mindelo P (Port.) 53 D4
Minglanilla E (Cu.) 123 A3
Mingogil E (Alb.) 155 A1
Mingorría E (Áv.) 80 B4
Minhocal P (Guar.) 75 D4
Minhotães P (Br.) 54 A3
Miñagón E (Ast.) 5 A4
Miñambres
de la Valduerna E (Le.) 38 B3
Miñana E (So.) 64 B4
Miñanes E (Pa.) 40 B2
Miñao Goien E (Ál.) 23 B3
Miñarzo E (A Co.) 13 B3
Miño E (A Co.) 2 D4
Miño de Medinaceli E (So.) 83 C1
Miño de San Esteban E (So.) 62 B4
Miñón E (Bur.) 22 A3
Miñón E (Bur.) 41 C2
Miñosa, La E (Gua.) 83 A1
Miñosa, La E (So.) 63 C4
Miñotos E (Lu.) 3 D2
Miñu E (Ast.) 5 B4
Mioma P (Vis.) 75 B4
Miomães P (Vis.) 74 D1
Mioño E (Can.) 10 C5
Miou E (Ast.) 4 C3
Mira E (A Co.) 14 A1
Mira E (Cu.) 123 B2
Mira P (Co.) 93 C1
Mira de Aire P (Lei.) 111 C2
Mirabel E (Các.) 115 C1
Mirabel E (Các.) 98 B5
Mirabueno E (Gua.) 83 B3
Miradeses P (Bra.) 56 A3
Mirador
del Montseny, El E (Bar.) 71 B1
Mirador, El E (Bar.) 70 D4
Mirador, El E (Mu.) 172 C1
Miraelrío E (J.) 152 A4
Miraflor E (Ali.) 141 D3
Miraflor E (Las P.) 191 C2
Miraflores E (Cád.) 177 B4
Miraflores E (Mad.) 101 C3
Miraflores de la Sierra E (Mad.) 81 C4
Mirafuentes E (Na.) 24 A5
Miragaia P (Lis.) 110 C4
Miralcamp E (Ll.) 69 A3
Miralrío E (Gua.) 83 A3
Miralsot E (Hues.) 68 A3
Miramar E (Val.) 141 C2
Mirambel E (Te.) 87 A5
Mirambell E (Bar.) 70 A1
Miranda E (Ast.) 6 B3
Miranda E (Lu.) 16 A2
Miranda E (Mu.) 172 B2
Miranda E (S.Cruz T.) 193 C3
Miranda P (V. C.) 34 A5
Miranda de Arga E (Na.) 44 D1
Miranda de Azán E (Sa.) 78 C3
Miranda de Duero E (So.) 63 D3
Miranda de Ebro E (Bur.) 23 A5
Miranda del Castañar E (Sa.) 98 A1
Miranda
del Rey, lugar E (J.) 151 D2
Miranda do Corvo P (Co.) 94 B3
Miranda do Douro P (Bra.) 57 C3
Miranda, La E (Ast.) 6 C3
Mirandela P (Bra.) 56 B3
Mirandilla E (Bad.) 131 C2
Mirantes, lugar E (Le.) 18 C3
Mira-sol E (Bar.) 70 D3
Miraval E (Mad.) 82 A5
Miravalles E (Ast.) 7 A3
Miraveche E (Bur.) 22 C5
Miravet E (Ta.) 88 C2
Miravete de la Sierra E (Te.) 86 C5
Miro P (Co.) 94 B2
Mirón E (Po.) 34 A1
Mirón, El E (Áv.) 99 A1
Mironcillo E (Áv.) 99 D1
Mirones E (Can.) 9 D5
Mirones, Los E (C. R.) 135 D5
Mirueña
de los Infanzones E (Áv.) 79 C4
Mislata E (Val.) 125 A4
Miudes E (Ast.) 5 A3

Monterrubio de la Serena

Miuzela P (Guar.) 96 B1
Mixós E (Our.) 35 D5
Miyares E (Ast.) 7 B4
Mizala E (Alm.) 184 C2
Mizarela P (Guar.) 75 D5
Mizquitillas, lugar E (Alb.) 139 A4
Mó Grande P (Lei.) 94 C5
Moal E (Ast.) 17 B2
Moalde E (Po.) 14 C4
Moanes E (Ast.) 5 B3
Moaña E (Po.) 33 D2
Moar E (A Co.) 14 C2
Moarves de Ojeda E (Pa.) 20 C5
Moçamedes P (Vis.) 74 D4
Mocanal E (S.Cruz T.) 194 C4
Moçarria P (San.) 111 B4
Mocejón E (To.) 101 B5
Mocifas da Nazaré P (Co.) 93 D4
Mociños E (Our.) 34 D3
Moclín E (Gr.) 167 C5
Moclinejo E (Mál.) 180 D4
Mochales E (Gua.) 84 C2
Mochicle, lugar E (Cád.) 177 C5
Mochos, Los E (Cór.) 165 D1
Mochuelos, Los E (J.) 152 D2
Modelos P (Port.) 54 B5
Modino E (Le.) 19 C4
Modivas P (Port.) 53 D4
Modúbar de la Cuesta E (Bur.) 41 D3
Modúbar de la Emparedada E (Bur.) 41 D3
Modúbar de San Cebrián E (Bur.) 42 A3
Moeche E (A Co.) 3 A2
Moeche E (A Co.) 3 B2
Mões P (Vis.) 75 A3
Mofreita P (Bra.) 36 D5
Mogadouro P (Bra.) 57 A5
Mogán E (Las P.) 191 B4
Mogão Cimeiro P (San.) 112 C2
Mogarraz E (Sa.) 98 A1
Mogatar E (Zam.) 58 B5
Mogente/Moixent E (Val.) 140 C3
Mogino, lugar E (J.) 152 C3
Mogo de Malta P (Bra.) 56 A5
Mogofores P (Ave.) 94 A1
Mogón E (J.) 152 D4
Mogor E (A Co.) 3 C1
Mogor E (Po.) 33 D1
Mogro E (Can.) 9 B4
Mogueirães P (Vis.) 74 C4
Moguer E (Huel.) 176 C2
Moharras, lugar E (Alb.) 137 D1
Moheda, La E (Các.) 97 A4
Moheda-Portales E (Mál.) 180 C3
Mohedas de Granadilla E (Các.) 97 D3
Mohedas de la Jara E (To.) 117 B3
Mohedas, Las E (Alb.) 138 A5
Mohernando E (Gua.) 82 C4
Mohorte E (Cu.) 104 B5
Moi E (Po.) 15 A5
Moià E (Bar.) 70 D1
Moia E (Lu.) 16 D3
Moialde E (Our.) 36 A5
Moimenta E (A Co.) 13 D4
Moimenta P (Bra.) 36 C5
Moimenta P (Vis.) 74 C1
Moimenta da Beira P (Vis.) 75 C2
Moimenta da Serra P (Guar.) 95 B1
Moimenta de Maceira Dão P (Vis.) 75 A5
Moimentinha P (Guar.) 76 A4
Moinhos P (Co.) 94 B3
Moinhos P (Co.) 94 B2
Moinhos de Carvide P (Lei.) 93 B5
Moinhos de Vento P (Be.) 160 B2
Moita P (Ave.) 74 B4
Moita P (Ave.) 94 A1
Moita P (Guar.) 96 A2
Moita P (Lei.) 94 B4
Moita P (Lei.) 111 A1
Moita P (Lei.) 111 A3
Moita P (San.) 111 C1
Moita P (Set.) 127 A4
Moita P (Vis.) 75 A3
Moita da Roda P (Lei.) 93 B5
Moita da Serra P (Co.) 94 C2
Moita do Açôr P (Lei.) 111 B2
Moita do Boi P (Lei.) 93 C4
Moita do Martinho P (Lei.) 111 C2
Moita do Norte P (San.) 112 A3
Moitalina P (Lei.) 111 B2
Moitas P (C. B.) 113 A1
Moitas Venda P (San.) 111 C3
Moixent → Mogente E (Val.) 140 C3
Moja E (Bar.) 70 B4
Mojácar E (Alm.) 184 D1
Mojácar Playa E (Alm.) 184 D4
Mojados E (Vall.) 60 B4
Mojares E (Gua.) 83 C2
Mojón, El E (Mu.) 156 B4
Mojonar, El E (Alm.) 170 B2
Mojonera, La E (Alm.) 183 C4
Molacillos E (Zam.) 58 C3
Moladão P (Co.) 94 C2
Molar, El E (J.) 152 C5
Molar, El E (Mad.) 82 A4
Molar, el E (Ta.) 88 D1
Molares E (Huel.) 146 C5
Molares P (Br.) 54 D4
Molares, Los E (Sev.) 178 B1
Molata, La E (Mu.) 171 D1
Moldes E (Le.) 16 C5
Moldes P (Ave.) 74 C2
Moldones E (Zam.) 57 B1
Moledo P (Lis.) 110 C4
Moledo P (V. C.) 33 C5
Moledo P (Vis.) 75 A3
Molelos P (Vis.) 74 C5
Molezuelas de la Carballeda E (Zam.) 37 D4
Molianos P (Lei.) 111 B2
Molina → Cañada del Salobral, lugar E (Alb.) 138 C4
Molina de Aragón E (Gua.) 84 C4
Molina de Segura E (Mu.) 155 D4
Molina de Ubierna, La E (Bur.) 41 D1
Molina del Portillo del Busto, La E (Bur.) 22 C5
Molina, La E (Gi.) 50 C2
Molinaferrera E (Le.) 37 C2
Molinar, El E (Alb.) 138 B5
Molinàs E (Gi.) 52 B1
Molinas, Los E (Alm.) 170 C5
Molinaseca E (Le.) 37 B1
Molinell, El E (Cas.) 107 C2
Molineras, Las E (Gr.) 169 C4
Molinicos E (Alb.) 154 A1
Molinilla E (Ál.) 22 D4
Molinillo E (Sa.) 98 A1
Molinillo, El E (C. R.) 118 D4
Molinillo, El E (Gr.) 168 B5
Molinillo, El E (Mu.) 171 B2
Molinillo, lugar E (Mad.) 101 A2
Molinito, El E (S.Cruz T.) 194 C2
Molino de la Hoz-Nuevo Club de Golf E (Mad.) 101 B1
Molino de Viento, El E (Las P.) 191 A4
Molinos E (Te.) 87 A4
Molinos de Duero E (So.) 63 B1
Molinos de Papel E (Cu.) 104 B4
Molinos de Razón E (So.) 43 C5
Molinos Marfagones E (Mu.) 172 B2
Molinos, Los E (Gr.) 167 B5
Molinos, Los E (Las P.) 191 A3
Molinos, Los E (Mad.) 81 A5
Molinos, Los, lugar E (Bad.) 147 D3
Molinos-Sijuela, Los E (Mál.) 179 B4
Molins E (Ali.) 156 B4
Molins de Rei E (Bar.) 70 D4
Molpeceres E (Vall.) 61 A3
Molsosa, la E (Ll.) 70 A1
Molta dos Ferreiros P (Lis.) 110 C4
Molvízar E (Gr.) 182 A4
Molledo E (Can.) 21 B2
Molledo, El E (S.Cruz T.) 195 C3
Mollerussa E (Ll.) 69 A2
Mollet de Peralada E (Gi.) 52 B1
Mollet del Vallès E (Bar.) 71 A3
Mollina E (Mál.) 180 A1
Molló E (Gi.) 51 B2
Momán E (Lu.) 3 B4
Momán E (Lu.) 4 A5
Mombeja P (Be.) 144 C4
Mombeltrán E (Áv.) 99 C3
Momblona E (So.) 63 D4
Mombuey E (Zam.) 37 C5
Momediano E (Bur.) 22 B3
Monachil E (Gr.) 182 A1
Monasterio E (Gua.) 82 D3
Monasterio E (So.) 63 B3
Monasterio de la Sierra E (Bur.) 42 C5
Monasterio de Rodilla E (Bur.) 42 A2
Monasterio de Vega E (Vall.) 39 C3
Monasterioguren E (Ál.) 23 B4
Monasterios, Los E (Val.) 125 B2
Moncabril E (Zam.) 37 A4
Moncada/Montcada de l'Horta E (Val.) 125 A3
Moncalvillo E (Bur.) 42 C5
Moncalvillo del Huete E (Cu.) 103 B3
Monção P (V. C.) 34 B4
Moncarapacho P (Fa.) 174 D3
Moncayo, lugar E (Gr.) 153 C5
Monclova, La E (Sev.) 165 A3
Moncofa E (Cas.) 125 C1
Monchique P (Fa.) 159 C4
Monda E (Mál.) 179 D5
Mondariz E (Po.) 34 B2
Mondariz-Balneario E (Po.) 34 B2
Mondéjar E (Gua.) 102 D3
Mondim da Beira P (Vis.) 75 B2
Mondim de Basto P (V. R.) 55 A4
Mondim de Cima P (Vis.) 75 B2
Mondoñedo E (Lu.) 4 A3
Mondoñedo E (Lu.) 4 B2
Mondragón → Arrasate E (Gui.) 23 C2
Mondreganes E (Le.) 19 D5
Mondrões P (V. R.) 55 B5
Mondrón E (Mál.) 180 D3
Mondújar E (Gr.) 182 A2
Monegrillo E (Zar.) 67 A3
Moneixas E (Po.) 14 D4
Monells E (Gi.) 52 B4
Moneo E (Bur.) 22 A3
Mones E (Ast.) 7 B4
Monesma E (Hues.) 47 D5
Monesma de Benabarre E (Hues.) 48 C3
Monesterio E (Bad.) 147 B4
Moneva E (Zar.) 86 B1
Monfarracinos E (Zam.) 58 C3
Monfebres P (V. R.) 55 D4
Monfero E (A Co.) 3 A4
Monfirre P (Lis.) 126 C2
Monflorite E (Hues.) 47 A4
Monforte P (Co.) 94 A3
Monforte P (Por.) 129 C1
Monforte da Beira P (C. B.) 113 D1
Monforte de la Sierra E (Sa.) 97 D1
Monforte de Lemos E (Lu.) 35 D1
Monforte de Moyuela E (Te.) 86 A2
Monforte del Cid E (Ali.) 156 C2
Monfortinho P (C. B.) 96 C4
Monga E (Ast.) 7 A4
Mongay, lugar E (Hues.) 48 C4
Monistrol d'Anoia E (Bar.) 70 C3
Monistrol de Calders E (Bar.) 70 D1
Monistrol de Montserrat E (Bar.) 70 C2
Monjas, Las E (Sev.) 164 D5
Monjas, Las E (Val.) 123 C4
Monjos, Los E (Alm.) 183 B1
Monleón E (Sa.) 78 B5
Monleras E (Sa.) 77 D1
Monnars E (Ta.) 89 D1
Monóvar/Monòver E (Ali.) 156 C1
Monòver → Monóvar E (Ali.) 156 C1
Monreal de Ariza E (Zar.) 64 B5
Monreal del Campo E (Te.) 85 C4
Monreal del Llano E (Cu.) 121 B3
Monreal/Elo E (Na.) 25 B5
Monroy E (Các.) 115 C2
Monroyo E (Te.) 87 C4
Monsagro E (Sa.) 97 C1
Monsalupe E (Áv.) 80 A4
Monsanto P (C. B.) 96 B4
Monsanto P (San.) 111 C3
Monsaraz P (Év.) 145 C1
Monsarros P (Ave.) 94 A1
Monseiro E (Lu.) 16 A4
Monserrat/Montserrat Alcalà E (Val.) 124 D4
Monsul P (Br.) 54 C2
Mont de Roda E (Hues.) 48 B3
Monta, La E (Sev.) 164 B3
Montaberner/Montaverner E (Val.) 141 A3
Montagut E (Gi.) 51 C2
Montagut E (Ll.) 68 C3
Montalbà E (Cas.) 107 D3
Montalbán E (Te.) 86 B4
Montalbán de Córdoba E (Cór.) 166 A3
Montalbanejo E (Cu.) 121 D2
Montalbanes, Los E (Gr.) 168 A4
Montalbo E (Cu.) 121 B1
Montalegre P (V. R.) 55 B1
Montalvão P (Por.) 113 C2
Montalviche E (Alm.) 170 C2
Montalvo P (San.) 112 B3
Montalvo Primero E (Sa.) 78 C3
Montalvos E (Alb.) 138 C1
Montamarta E (Zam.) 58 B2
Montán E (Cas.) 106 D4
Montan de Tost E (Ll.) 49 D3
Montánchez E (Các.) 115 D5
Montanejos E (Cas.) 106 D4
Montanisell E (Ll.) 49 C3
Montanúy E (Hues.) 48 C1
Montaña Alta E (Las P.) 191 B2
Montaña Blanca E (Las P.) 192 C4
Montaña la Data E (Las P.) 191 B4
Montaña los Vélez E (Las P.) 191 D3
Montaña San Gregorio E (Las P.) 191 C2
Montaña Tenisca E (S.Cruz T.) 193 B3
Montaña, La E (Ast.) 5 B3
Montaña, La E (S.Cruz T.) 193 C3
Montañana E (Bur.) 22 D5
Montañana E (Hues.) 48 C3
Montañana E (Zar.) 66 B2
Montaña-Zamora E (S.Cruz T.) 195 D3
Montañeta, La E (Las P.) 191 C2
Montañeta, La E (S.Cruz T.) 195 C3
Montañetas, Las E (S.Cruz T.) 195 D3
Montaos E (A Co.) 14 C1
Montarecos P (Por.) 113 D5
Montargil P (Por.) 128 B1
Montaria P (V. C.) 53 D1
Montarrón E (Gua.) 82 C3
Montaverner → Montaberner E (Val.) 141 A3
Montaves E (So.) 44 A5
Montbarbat E (Gi.) 72 A1
Montblanc E (Ta.) 69 C4
Montbrió del Camp E (Ta.) 89 B1
Montcada de l'Horta → Moncada E (Val.) 125 A3
Montcada i Reixac E (Bar.) 71 A3
Montcal E (Gi.) 52 A4
Montclar E (Bar.) 50 B4
Montclar E (Ll.) 69 B1
Monte E (A Co.) 3 A2
Monte E (A Co.) 15 A2
Monte E (Can.) 9 D5
Monte E (Can.) 9 C4
Monte E (Lu.) 35 D1
Monte E (Lu.) 4 A2
Monte E (Po.) 13 D5
Monte E (Po.) 34 A3
Monte P (Ave.) 73 D3
Monte P (Br.) 54 C3
Monte P (Br.) 54 C1
Monte P (Ma.) 110 B2
Monte P (Set.) 127 C5
Monte Agudo P (Fa.) 175 A2
Monte Alcedo E (Val.) 124 D3
Monte Alto E (Cór.) 165 D2
Monte Blanco E (Cas.) 107 B5
Monte Bom P (Lis.) 126 B1
Monte Brito P (Fa.) 174 B2
Monte Carvalho P (Por.) 113 C4
Monte Claro P (Por.) 113 A3
Monte Córdova P (Port.) 54 B4
Monte da Agolada de Cima P (San.) 127 D1
Monte da Apariça P (Be.) 144 D3
Monte da Batalha P (Set.) 143 C1
Monte da Caiada P (Be.) 160 D2
Monte da Corda P (Fa.) 159 B4
Monte da Corte Negra P (Be.) 144 C4
Monte da Charneca P (Fa.) 174 A2
Monte da Estrada P (Be.) 159 C1
Monte da Pedra P (Por.) 113 A4
Monte da Velha P (Guar.) 76 C5
Monte da Velha P (Por.) 113 B5
Monte das Flores P (Év.) 128 C5
Monte das Mestras P (Be.) 160 C3
Monte das Obras P (Set.) 143 D1
Monte das Viúvas P (Be.) 160 C3
Monte de Batres E (Mad.) 101 B3
Monte de Breña E (S.Cruz T.) 193 C3
Monte de Lobos P (Vis.) 94 B1
Monte de Luna E (S.Cruz T.) 193 C4
Monte de Matallana E (Vall.) 59 D1
Monte de Negas P (Be.) 160 D3
Monte de Palma P (Set.) 127 C5
Monte de Pueblo E (S.Cruz T.) 193 C3
Monte de San Lorenzo E (Vall.) 59 C2
Monte do Fialho P (Be.) 160 D3
Monte do Guerreiro P (Be.) 160 D1
Monte do Nicolau P (Év.) 127 C4
Monte do Torrao P (Por.) 112 D4
Monte do Trigo P (Év.) 145 A1
Monte dos Alhos P (Set.) 143 D5
Monte dos Mestres P (Be.) 160 C2
Monte dos Pereiros P (Por.) 112 D4
Monte Fidalgo P (C. B.) 113 C2
Monte Francisco P (Fa.) 175 C2
Monte Frio P (Co.) 94 D2
Monte Galego P (San.) 112 C3
Monte Gato P (Be.) 160 D2
Monte Gordo P (Fa.) 175 C2
Monte Judeu P (Fa.) 173 B2
Monte Julia E (Hues.) 68 A2
Monte la Reina E (Zam.) 58 D3
Monte Lentiscal E (Las P.) 191 C2
Monte Lope-Álvarez E (J.) 167 A2
Monte Margarida P (Guar.) 96 B1
Monte Negro P (Fa.) 174 C3
Monte Novo P (Fa.) 159 A4
Monte Novo P (Guar.) 96 A1
Monte Novo P (Set.) 127 C5
Monte Novo do Sul P (Set.) 143 B1
Monte Orenes, lugar E (Cu.) 121 D5
Monte Perobolso P (Guar.) 76 C5
Monte Real P (Lei.) 93 B5
Monte Redondo P (Lei.) 93 B5
Monte Redondo P (Lis.) 110 C5
Monte Redondo P (V. C.) 34 B5
Monte Robledal E (Mad.) 102 C3
Monte Vasco P (Guar.) 96 A1
Monte Vedat/Vedat de Torrent, el E (Val.) 125 A4
Monte Velho P (Por.) 112 D4
Monte, El o Guargacho E (S.Cruz T.) 195 D4
Monte, El, lugar E (Alb.) 138 C2
Monteagudo E (A Co.) 2 B4
Monteagudo E (Mu.) 156 A4
Monteagudo E (Na.) 44 D5
Monteagudo de las Salinas E (Cu.) 122 C1
Monteagudo de las Vicarías E (So.) 64 B5
Monteagudo del Castillo E (Te.) 106 B1
Montealegre E (Le.) 17 D5
Montealegre de Campos E (Vall.) 59 D1
Montealegre del Castillo E (Alb.) 139 C4
Monteana E (Ast.) 6 C3
Montearagón E (To.) 100 B5
Montecelo E (Po.) 33 D1
Montecillo E (Can.) 21 B4
Monteclaro-La Cabaña E (Mad.) 101 C2
Montecorto E (Mál.) 179 A3
Montecote E (Cád.) 186 A3
Montecubeiro E (Lu.) 16 A1
Montederramo E (Our.) 35 D2
Montedor P (V. C.) 53 C1
Montefrío E (Gr.) 167 B5
Montefurado E (Lu.) 36 B2
Monte-Gil E (Sev.) 178 D1
Montegil P (Lis.) 110 D5
Montehermoso E (Các.) 97 C4
Monteira P (Co.) 94 C3
Monteiras P (Vis.) 75 A2
Monteiros P (Guar.) 76 B5
Montejaque E (Mál.) 179 A4
Montejícar E (Gr.) 168 A3
Montejo E (Sa.) 78 C5
Montejo de Arévalo E (Seg.) 80 B1
Montejo de Bricia E (Bur.) 21 C3
Montejo de Cebas E (Bur.) 22 C4
Montejo de la Sierra E (Mad.) 82 A2
Montejo de la Vega de la Serrezuela E (Seg.) 61 D3
Montejo de Tiermes E (So.) 62 C5
Montejos del Camino E (Le.) 38 C1
Montelavar P (Lis.) 126 B2
Montelo P (San.) 111 C2
Montelongo E (Our.) 35 A4
Monteluz E (Gr.) 167 D5
Montellà E (Ll.) 50 B2
Montellano E (Sev.) 178 C2
Montemaior E (A Co.) 2 B5
Montemayor E (Cór.) 166 A2
Montemayor de Pililla E (Vall.) 60 C4
Montemayor del Río E (Sa.) 98 B2
Montemolín E (Bad.) 147 C3
Montemor-o-Novo P (Év.) 128 B4
Montemor-o-Velho P (Co.) 93 C3
Montemuro P (Lis.) 126 C2
Montenegrelo P (V. R.) 55 C3
Montenegro E (Gr.) 182 D2
Montenegro de Ágreda E (So.) 64 B1
Montenegro de Cameros E (So.) 43 B4
Monte-Palacio E (Sev.) 164 D5
Monterde E (Zar.) 84 D1
Monterde de Albarracín E (Te.) 105 B1
Monterrei E (Our.) 35 D5
Monterroso E (Lu.) 15 B3
Monterrubio E (Seg.) 80 D4
Monterrubio de Armuña E (Sa.) 78 C2
Monterrubio de la Demanda E (Bur.) 42 D4
Monterrubio de la Serena E (Bad.) 132 D5

Monterrubio de la Sierra

Monterrubio de la Sierra E (Sa.) 78 C 4
Montes E (Our.) 35 C 5
Montes E (Po.) 14 B 5
Montes P (Lei.) 111 A 2
Montes Altos P (Be.) 161 C 2
Montes Claros E (Cór.) 166 D 5
Montes da Senhora P (C. B.) 113 A 1
Montes de Alvor P (Fa.) 173 C 2
Montes de Cima P (Fa.) 159 C 4
Montes de Mora E (To.) 119 A 4
Montes de San Benito E (Huel.) 162 A 2
Montes de Sebares E (Ast.) 7 B 5
Montes Grandes P (Fa.) 173 D 2
Montes Juntos P (Év.) 129 C 5
Montes Novos P (Fa.) 160 D 4
Montes Velhos P (Be.) 144 B 4
Montesa E (Hues.) 47 D 4
Montesa E (Val.) 140 D 2
Montesclaros E (To.) 99 D 4
Monteseiro E (Lu.) 16 D 1
Montesinos, Los E (Ali.) 156 C 4
Montesquiu E (Bar.) 51 A 3
Montesusín E (Hues.) 67 A 1
Montevil P (Set.) 143 C 1
Montezinho P (Bra.) 36 D 5
Montfalcó Murallat E (Ll.) 69 D 2
Montferrer de Segre E (Ll.) 49 D 2
Montferri E (Ta.) 69 D 5
Montgai E (Ll.) 69 A 1
Montgat E (Bar.) 71 B 3
Montgons, els E (Ta.) 89 C 1
Montiano E (Bur.) 22 C 2
Montico, El E (Ast.) 6 C 3
Montico, El E (Vall.) 59 D 3
Montichelvo/Montitxelvo E (Val.) 141 B 3
Montiel E (C. R.) 137 A 5
Montiela, La E (Cór.) 165 D 3
Montijo E (Bad.) 130 D 3
Montijo P (Set.) 127 A 3
Montijos P (Lei.) 93 B 5
Montilla E (Cór.) 166 B 3
Montillana E (Gr.) 167 D 3
Montim P (Br.) 54 D 3
Montinho P (C. B.) 113 A 2
Montinho P (Por.) 128 D 1
Montinho da Conveniência P (Fa.) 175 B 2
Montinhos da Luz P (Fa.) 173 B 2
Montinhos dos Pegos P (San.) 127 D 2
Montinhoso P (Set.) 127 A 4
Montiró E (Gi.) 52 B 3
Montitxelvo → Montichelvo E (Val.) 141 B 3
Montizón E (J.) 152 D 2
Montjoi E (Gi.) 52 C 2
Montjuïc E (Bar.) 71 A 2
Montjuïc E (Gi.) 52 A 4
Montmagastre E (Ll.) 49 B 5
Montmajor E (Bar.) 50 B 4
Montmaneu E (Bar.) 69 D 2
Montmeló E (Bar.) 71 B 3
Montmesa E (Hues.) 46 C 4
Montnegre E (Bar.) 71 D 2
Montnegre E (Gi.) 52 B 4
Montoito P (Év.) 129 B 5
Montoliu de Lleida E (Ll.) 68 C 3
Montoliu de Segarra E (Ll.) 69 C 3
Montón E (Zar.) 85 B 1
Montorio E (Bur.) 41 C 1
Montornès de Segarra E (Ll.) 69 C 2
Montornès del Vallès E (Bar.) 71 B 3
Montoro E (Cór.) 150 C 4
Montoro de Mezquita E (Te.) 86 D 5
Montoros, Los E (Gr.) 182 D 3
Montoto de Ojeda E (Pa.) 20 C 4
Montouro P (Co.) 73 D 5
Montouto E (A Co.) 13 D 1
Montouto E (A Co.) 2 C 5
Montouto E (Lu.) 3 D 3
Montouto P (Bra.) 36 C 5
Montoxo E (A Co.) 3 B 2
Montpol E (Ll.) 49 D 4
Mont-ral E (Ta.) 69 B 5
Mont-ras E (Gi.) 52 C 5
Montroi → Montroy E (Val.) 124 D 5
Mont-roig E (Gi.) 52 A 5
Mont-roig del Camp E (Ta.) 89 B 1
Montrondo E (Le.) 17 D 3
Montroy/Montroi E (Val.) 124 D 5
Montseny E (Bar.) 71 B 1
Montserrat Alcalà → Monserrat E (Val.) 124 D 4
Montuenga E (Bur.) 41 D 4
Montuenga E (Seg.) 80 B 2
Montuenga de Soria E (So.) 84 A 1
Montuïri E (Bal.) 92 A 3
Monturque E (Cór.) 166 B 3
Monumenta E (Zam.) 57 D 4
Monzalbarba E (Zar.) 66 A 2
Monzo E (A Co.) 14 B 1
Monzón E (Hues.) 47 D 5
Monzón de Campos E (Pa.) 40 C 4
Moñux E (So.) 63 D 4
Mopagán, El E (Mál.) 180 A 3
Mora E (To.) 119 C 2
Mora P (Bra.) 57 B 4
Mora P (Év.) 128 B 2
Mora de Luna E (Le.) 18 C 4
Mora de Montañana, La, lugar E (Hues.) 48 C 3
Mora de Rubielos E (Te.) 106 C 3
Mora de Santa Quiteria E (Alb.) 139 B 5
Móra d'Ebre E (Ta.) 88 D 1
Móra la Nova E (Ta.) 88 D 1
Móra, La E (Gi.) 52 B 3
Moradillo de Roa E (Bur.) 61 C 3
Moradillo de Sedano E (Bur.) 21 D 5
Moraime E (A Co.) 13 B 1
Morais P (Bra.) 56 D 3
Moral de Calatrava E (C. R.) 135 D 4
Moral de Castro E (Sa.) 77 D 3
Moral de Hornuez E (Seg.) 61 D 4
Moral de la Reina E (Vall.) 39 C 5
Moral de Sayago E (Zam.) 58 A 4
Moral del Condado E (Le.) 19 A 5
Moral, El E (Mu.) 154 B 5
Moraleda de Zafayona E (Gr.) 181 B 1
Moraleja E (Các.) 96 D 4
Moraleja de Coca E (Seg.) 80 B 2
Moraleja de Cuéllar E (Seg.) 61 A 4
Moraleja de Enmedio E (Mad.) 101 C 3
Moraleja de las Panaderas E (Vall.) 60 A 5
Moraleja de Matacabras E (Áv.) 79 D 2
Moraleja de Sayago E (Zam.) 78 A 1
Moraleja del Vino E (Zam.) 58 C 4
Moraleja, La E (Mad.) 101 D 1
Moralejo y La Junquera, El E (Mu.) 154 B 5
Morales E (So.) 63 A 4
Morales de Campos E (Vall.) 59 C 1
Morales de Rey E (Zam.) 38 C 4
Morales de Toro E (Zam.) 59 B 3
Morales de Valverde E (Zam.) 38 B 5
Morales del Arcediano E (Le.) 38 A 2
Morales del Vino E (Zam.) 58 C 4
Morales, Los E (Cór.) 149 D 5
Morales, Los E (Gr.) 181 B 2
Morales-Santa María, Los E (Mál.) 179 B 4
Moralet, El E (Ali.) 156 D 1
Moralina E (Zam.) 57 D 4
Moralita, La E (Sa.) 77 C 3
Moralzarzal E (Mad.) 81 B 5
Moranchel E (Gua.) 83 B 4
Morás E (Lu.) 4 A 1
Morasverdes E (Sa.) 77 C 5
Morata E (Mu.) 171 C 3
Morata de Jalón E (Zar.) 65 B 4
Morata de Jiloca E (Zar.) 85 A 1
Morata de Tajuña E (Mad.) 102 A 3
Moratalla E (Mu.) 154 D 3
Moratilla de los Meleros E (Gua.) 103 A 1
Moratinos E (Pa.) 39 D 2
Moratón E (Alm.) 184 A 1
Moratones E (Zam.) 38 B 4
Morcillo E (Các.) 97 B 4
Morcillos, Los, lugar E (Alb.) 137 D 1
Morcín E (Ast.) 6 B 5
Morcuera E (So.) 62 C 4
Moreanes P (Be.) 161 B 2
Moreda E (Ast.) 18 C 1
Moreda E (Gr.) 168 B 4
Moreda E (Lu.) 15 D 5
Moreda-Moreta E (Ál.) 43 D 1
Moredo P (Bra.) 56 D 2
Moreira E (Po.) 34 B 3
Moreira E (Po.) 34 A 2
Moreira E (Po.) 14 B 4
Moreira P (Guar.) 75 C 4
Moreira P (Port.) 74 B 1
Moreira P (Port.) 53 D 5
Moreira P (V. C.) 34 B 4
Moreira P (V. R.) 55 C 4
Moreira P (Vis.) 75 A 5
Moreira de Cónegos P (Br.) 54 B 4
Moreira de Geraz do Lima P (V. C.) 53 D 1
Moreira de Rei P (Guar.) 76 A 3
Moreira do Castelo P (Br.) 54 D 4
Moreira do Lima P (V. C.) 54 A 1
Moreira do Rei P (Br.) 54 D 3
Moreira Nova E (Po.) 14 B 4
Moreira Pequena P (San.) 111 D 2
Moreiras E (Our.) 34 D 1
Moreiras E (Our.) 35 A 2
Moreiras P (V. R.) 55 D 2
Moreiras Grandes P (San.) 111 D 2
Morel P (Vis.) 74 D 3
Morelena P (Lis.) 126 C 2
Morelinho P (Lis.) 126 B 2
Morell, el E (Ta.) 89 C 1
Morella E (Cas.) 87 C 5
Morellana E (Cór.) 166 D 3
Morenilla E (Gua.) 85 A 4
Morenos P (Fa.) 175 A 2
Morenos, Los E (Cór.) 148 D 3
Morenos, Los, lugar E (Gr.) 182 C 3
Morente E (Cór.) 150 C 5
Morentin E (Na.) 44 B 1
Morera de Montsant, la E (Ta.) 69 A 5
Morera, La E (Bad.) 130 D 5
Moreruela de los Infanzones E (Zam.) 58 C 3
Moreruela de Tábara E (Zam.) 58 B 1
Morés E (Zar.) 65 A 4
Moreta → Moreda E (Ál.) 43 D 1
Morga E (Viz.) 11 B 5
Morgade E (Our.) 35 C 4
Morgade P (V. R.) 55 B 1
Morganisças P (Lei.) 93 B 4
Morgovejo E (Le.) 19 D 4
Moriana E (Bur.) 22 D 5
Moricoste E (Alb.) 138 C 5
Moriles E (Cór.) 166 B 4
Morilla E (Can.) 21 D 1
Morilla E (Hues.) 47 C 5
Morilla de los Oteros E (Le.) 39 A 2
Morille E (Sa.) 78 C 4
Morillejo E (Gua.) 83 D 5
Morillo de Liena E (Hues.) 48 B 2
Morillo de Monclús E (Hues.) 48 A 2
Moriñigo E (Sa.) 79 A 3
Moriones (Ezprogui) E (Na.) 45 B 1
Moriscos E (Sa.) 78 D 2
Morla de la Valdería E (Le.) 37 D 3
Morlán E (A Co.) 14 B 2
Mormentelos E (Our.) 36 B 3
Morón de Almazán E (So.) 63 D 4
Morón de la Frontera E (Sev.) 178 D 1
Morones, Los E (Gr.) 182 C 3
Moronta E (Sa.) 77 B 2
Moropeche E (Alb.) 153 D 2
Moros E (Zar.) 64 D 5
Morote, lugar E (Alb.) 154 A 2
Morquintian E (A Co.) 13 B 1
Morraça P (Co.) 93 D 2
Morrano E (Hues.) 47 B 3
Morreira P (Br.) 54 B 3
Morriondo E (Le.) 18 B 5
Morro del Jable E (Las P.) 189 C 5
Morro, El E (Alm.) 170 D 5
Morros P (Co.) 93 C 2
Mortágua P (Vis.) 94 C 1
Mortazer P (Vis.) 74 C 5
Mortera E (Can.) 9 B 4
Mortera, La E (Ast.) 5 D 3
Mortera, La E (Ast.) 5 B 4
Mos E (Lu.) 15 D 1
Mos E (Po.) 34 A 3
Mós P (Br.) 54 B 1
Mós P (Bra.) 76 C 1
Mós P (Bra.) 56 D 2
Mós P (Guar.) 76 A 1
Mós P (Vis.) 74 D 2
Mosarejos E (So.) 62 D 4
Moscardón E (Te.) 105 B 2
Moscari E (Bal.) 92 A 2
Moscas del Páramo E (Le.) 38 C 3
Moscavide P (Lis.) 126 D 3
Moscoso E (Po.) 34 B 2
Moscoso P (V. R.) 55 A 2
Mosende E (Po.) 34 A 3
Moslares de la Vega E (Pa.) 40 B 2
Mosqueroles E (Bar.) 71 C 1
Mosqueruela E (Te.) 107 A 2
Mosteirinho P (Vis.) 74 D 3
Mosteirinho P (Vis.) 74 B 5
Mosteiro E (Lu.) 15 D 3
Mosteiro E (Lu.) 16 C 2
Mosteiro E (Lu.) 15 D 1
Mosteiro E (Our.) 35 A 3
Mosteiro E (Po.) 34 B 2
Mosteiro P (Ave.) 74 A 2
Mosteiro P (Be.) 161 A 1
Mosteiro P (Br.) 54 D 2
Mosteiro P (Bra.) 56 B 2
Mosteiro P (C. B.) 112 C 1
Mosteiro P (C. B.) 94 D 5
Mosteiro P (Guar.) 75 C 4
Mosteiro P (Lei.) 94 C 4
Mosteiró P (Port.) 53 D 4
Mosteiro P (Vis.) 74 D 3
Mosteiro (Meis) E (Po.) 14 A 5
Mosteiro de Cima P (V. R.) 55 D 2
Mosteiro de Fráguas P (Vis.) 74 D 5
Mosteiro Fundeiro P (C. B.) 94 D 5
Mosteiros P (Aç.) 109 A 4
Mosteiros P (Lei.) 110 D 3
Mosteiros P (Por.) 113 D 5
Mosteiros P (San.) 111 B 3
Mostoirinho P (Vis.) 74 D 4
Móstoles E (Mad.) 101 C 2
Mota P (Ave.) 74 A 2
Mota de Altarejos E (Cu.) 122 A 1
Mota del Cuervo E (Cu.) 121 A 4
Mota del Marqués E (Vall.) 59 B 3
Mota Grande P (Lis.) 126 C 2
Motilla del Palancar E (Cu.) 122 C 3
Motilleja E (Alb.) 138 D 1
Motos E (Gua.) 85 A 5
Motril E (Gr.) 182 A 4
Motrinos P (Év.) 145 C 1
Moucide E (Lu.) 4 A 2
Mouçós P (V. R.) 55 B 4
Mougán E (Lu.) 15 D 3
Mougás E (Po.) 33 C 4
Mougueiras de Cima P (C. B.) 95 A 5
Moumis P (Vis.) 75 A 1
Mouquim P (Ave.) 74 A 4
Moura P (Be.) 145 C 3
Moura da Serra P (Co.) 95 A 2
Moura de Carvalhal P (Vis.) 75 A 4
Moura Morta P (V. R.) 55 A 5
Moura Morta P (Vis.) 75 A 2
Mourão P (Bra.) 56 A 5
Mourão P (Év.) 145 C 1
Mouraria P (Lei.) 110 D 3
Mouratos P (Lei.) 111 B 1
Mouraz P (Vis.) 94 D 1
Mourdo P (Ave.) 73 D 3
Moure P (Br.) 54 A 2
Moure P (Br.) 54 A 3
Moure P (Br.) 54 B 2
Moure P (Port.) 54 C 4
Moure de Madalena P (Vis.) 75 A 4
Mourela E (A Co.) 3 A 3
Mourelo P (C. B.) 95 B 4
Mourelos P (Co.) 94 A 2
Mourelos P (Vis.) 74 D 1
Mourence E (Lu.) 3 C 4
Mourentán E (Po.) 34 C 3
Mourentáns E (A Co.) 14 A 2
Mourilhe P (V. R.) 55 B 1
Mourilhe P (Vis.) 75 B 5
Mourisca E (Our.) 36 C 3
Mourisca do Vouga P (Ave.) 74 A 4
Mouriscados E (Po.) 34 B 3
Mouriscas P (San.) 112 C 3
Mouriscas-Sado P (Set.) 127 B 5
Mourisco E (Our.) 35 C 2
Mourisia P (Co.) 95 A 2
Mouriz P (Port.) 54 B 5
Mourolinho P (San.) 112 B 1
Mouronho P (Co.) 94 D 2
Mouruás E (Our.) 36 A 2
Moutedo P (Ave.) 74 B 4
Movera E (Zar.) 66 B 3
Moveros E (Zam.) 57 D 2
Movilla, lugar E (Bur.) 42 B 1
Moya E (Las P.) 191 C 2
Moyuela E (Zar.) 86 B 1
Mozaga E (Las P.) 192 C 4
Mozar E (Zam.) 38 C 5
Mozárbez E (Sa.) 78 C 3
Mozares E (Bur.) 22 A 3
Mozelos P (Ave.) 74 A 1
Mozelos P (Vis.) 74 D 4
Mozoncillo E (Seg.) 81 A 1
Mozoncillo de Juarros E (Bur.) 42 A 3
Mozoncillo de Oca E (Bur.) 42 B 2
Mozóndiga E (Le.) 38 C 1
Mozos de Cea E (Le.) 39 D 1
Mozota E (Zar.) 66 A 4
Múceres P (Vis.) 74 C 5
Mucientes E (Vall.) 60 A 2
Mucifal P (Lis.) 126 B 2
Mudá E (Pa.) 20 D 3
Mudamiento, El E (Ali.) 156 C 4
Mudapelos E (Sev.) 164 A 2
Mudarra, La E (Vall.) 59 D 2
Mudrián E (Seg.) 80 D 1
Muduex E (Gua.) 83 A 4
Muel E (Zar.) 65 D 4
Muela E (Các.) 97 C 2
Muela, La E (Cád.) 178 D 3
Muela, La E (Cád.) 186 A 3
Muela, La E (J.) 153 D 3
Muela, La E (So.) 63 B 3
Muela, La E (Zar.) 65 D 3
Muelas de los Caballeros E (Zam.) 37 C 4
Muelas del Pan E (Zam.) 58 A 3
Muelle María-Isabel E (C. R.) 135 A 5
Muergas E (Bur.) 23 A 5
Mués E (Na.) 44 A 1
Muez (Guesálaz) E (Na.) 24 C 4
Muga de Alba E (Zam.) 58 A 2
Muga de Sayago E (Zam.) 57 D 4
Mugardos E (A Co.) 2 D 3
Mugares E (Our.) 35 A 2
Muge P (San.) 111 C 5
Mugiro (Larraun) E (Na.) 24 C 3
Mugueimes E (Our.) 35 A 5
Muimenta E (Lu.) 4 A 5
Muimenta E (Po.) 15 A 4
Muiña E (A Co.) 14 C 3
Muiño E (A Co.) 13 C 1
Muiños E (A Co.) 13 B 1
Muiños E (Our.) 35 A 5
Muixacre E (Cas.) 107 C 1
Mula E (Mu.) 155 B 4
Mulería, La E (Alm.) 171 A 5
Mullidar E (Alb.) 138 D 5
Muna P (Vis.) 74 C 5
Muncó E (Ast.) 6 D 4
Mundaka E (Viz.) 11 B 4
Mundão P (Vis.) 75 A 4
Mundilla E (Bur.) 21 B 5
Mundín E (A Co.) 3 B 2
Munébrega E (Zar.) 84 D 1
Munera E (Alb.) 137 D 2
Mungia E (Viz.) 11 A 5
Múnia, la E (Bar.) 70 B 4
Muniain de la Solana E (Na.) 24 B 5
Muniesa E (Te.) 86 B 2
Muniferral E (A Co.) 3 A 5
Munilla E (La R.) 44 A 4
Munitibar E (Viz.) 11 C 5
Muntanyola E (Bar.) 51 A 5
Muntells, els E (Ta.) 88 D 4
Muntsaratz E (Viz.) 23 C 2
Muñana E (Áv.) 79 C 5
Muñás E (Ast.) 5 C 3
Muñeca E (Pa.) 20 A 4
Muñecas E (So.) 62 C 2
Muñera E (Ast.) 7 A 5
Muñez E (Áv.) 79 C 5
Muñico E (Áv.) 79 C 4
Muñique E (Las P.) 192 C 3
Muñó E (Ast.) 6 D 4
Muñochas E (Áv.) 79 D 5
Muñogalindo E (Áv.) 79 D 5
Muñogrande E (Áv.) 79 D 4
Muñomer del Peco E (Áv.) 79 D 3
Muñón Cimero E (Ast.) 18 C 1
Muñón Fondero E (Ast.) 18 C 1
Muñopedro E (Seg.) 80 C 3
Muñopepe E (Áv.) 80 A 5
Muñosancho E (Áv.) 79 C 3
Muñotello E (Áv.) 99 C 1
Muñoveros E (Seg.) 81 B 1
Muñoyerro E (Áv.) 79 D 4
Muñoz E (Sa.) 77 D 4
Mura E (Bar.) 70 D 2
Murada, La E (Ali.) 156 B 3
Muradás E (Our.) 34 C 1
Muradelle E (Lu.) 15 B 5
Muras E (Lu.) 3 C 3
Murça P (Guar.) 76 A 1
Murça P (V. R.) 55 D 4
Murcia E (Mu.) 156 A 5
Murçós P (Bra.) 56 C 2
Murchante E (Na.) 45 A 5
Murchas E (Gr.) 182 A 2
Murches P (Lis.) 126 B 3
Murero E (Zar.) 85 B 1
Mures E (J.) 167 C 4
Murganheira P (Co.) 94 C 2
Murgeira P (Lis.) 126 C 1
Murgia → Murguía E (Ál.) 23 A 3

Murguía/Murgia E (Ál.) 23 A3
Murias E (Ast.) 6 A4
Murias E (Ast.) 18 D1
Murias E (Zam.) 37 A4
Múrias P (Bra.) 56 B3
Murias de Paredes E (Le.) 17 D3
Murias de Pedredo E (Le.) 37 D2
Murias de Ponjos E (Le.) 18 A4
Murias de Rechivaldo E (Le.) 38 A1
Murias, Las E (Le.) 18 A3
Muriedas E (Can.) 9 C4
Muriel E (Gua.) 82 C3
Muriel E (Vall.) 79 D1
Muriel de la Fuente E (So.) 63 A2
Muriel Viejo E (So.) 63 A2
Murieta E (Na.) 24 B5
Murillo de Gállego E (Zar.) 46 B2
Murillo de Río Leza E (La R.) 43 D2
Murillo el Cuende E (Na.) 45 A2
Murillo el Fruto E (Na.) 45 B2
Murita E (Bur.) 22 D3
Murla E (Ali.) 141 D4
Muro E (Bal.) 92 B2
Muro P (Port.) 54 A4
Muro de Ágreda E (So.) 64 C1
Muro de Aguas E (La R.) 44 B4
Muro de Alcoy/
Muro del Comtat E (Ali.) 141 A4
Muro del Comtat →
Muro de Alcoy E (Ali.) 141 A4
Muro en Cameros E (La R.) 43 C3
Muros E (A Co.) 13 B3
Muros de Nalón E (Ast.) 6 A3
Murta P (San.) 111 D4
Murta P (Set.) 143 B1
Murtal P (Lei.) 94 A5
Murtal P (Lis.) 126 B3
Murtal P (San.) 111 C1
Murtas E (Gr.) 182 D3
Murtas, Las E (Mu.) 154 D3
Murtede P (Co.) 94 A1
Murteira P (Ave.) 74 A2
Murteira P (C. B.) 112 D1
Murteira P (Lis.) 126 C2
Murteira P (Lis.) 110 D4
Murteira P (San.) 111 B3
Murteirinha P (C. B.) 113 A1
Murtinheira P (Co.) 93 B2
Murtosa P (Ave.) 73 D3
Murua E (Ál.) 23 B3
Murual P (San.) 111 B3
Murueta E (Viz.) 11 B5
Muruzábal E (Na.) 24 D5
Museros E (Val.) 125 B3
Musitu E (Ál.) 23 D4
Mustio, El E (Huel.) 146 A5
Mutiloa E (Gui.) 24 A2
Mutriku E (Gui.) 11 D5
Mutxamel E (Ali.) 157 C1
Muxa E (Lu.) 15 D2
Muxagata P (Guar.) 75 D4
Muxagata P (Guar.) 76 B2
Muxía E (A Co.) 1 B5
Muxika E (Viz.) 11 B5
Muxueira, A E (Lu.) 4 B4
Muyo, El E (Seg.) 62 B5

N

Nabainhos P (Guar.) 75 C5
Nabais P (Guar.) 75 C5
Nabais P (San.) 111 C4
Nabaridas →
Navaridas E (Ál.) 43 C1
Nabarniz E (Viz.) 11 C5
Nabaskoze →
Navascués E (Na.) 25 D5
Nabaz E (Na.) 12 D5
Nabo P (Bra.) 56 B5
Nacimiento E (Alm.) 183 C1
Nacimiento, El E (Cór.) 166 C4
Nachá E (Hues.) 48 B5
Nadadouro P (Lei.) 110 D3
Nadrupe P (Lis.) 110 C4
Nafarros P (Lis.) 126 B2
Nafría de Ucero E (So.) 62 D2
Nafría la Llana E (So.) 63 B3
Nagore (Artze) E (Na.) 25 B4
Nagosa P (Vis.) 75 C2
Nagozelo do Douro P (Vis.) 55 D5
Naharros E (Cu.) 103 C4
Naharros E (Gua.) 83 A1
Nájara E (Cád.) 186 B3
Nájera E (La R.) 43 B2
Nalda E (La R.) 43 C3
Nalec E (Ll.) 69 B3
Nambroca E (To.) 119 B1
Namorados P (Be.) 161 A2
Namorados P (Be.) 160 C1
Nanclares de la Oca/
Langraiz Oka E (Ál.) 23 A4
Nandufe P (Vis.) 74 D5
Nantes E (Po.) 33 D1
Nantes P (V. R.) 55 D1
Nantón E (A Co.) 14 A2
Nantón E (A Co.) 1 D5
Nàquera E (Val.) 125 A2
Narahio E (A Co.) 3 A3
Naranjeros, Los E (S. Cruz T.) 196 B2
Naraval E (Ast.) 5 B4
Narayola E (Le.) 17 A5
Narbarte E (Na.) 25 A2
Narboneta E (Cu.) 123 B2
Naredo de Fenar E (Le.) 19 A4
Narejos, Los E (Mu.) 172 C1
Narganes E (Ast.) 8 C5
Narila E (Gr.) 182 C2
Nariz P (Ave.) 73 D5
Narla E (Lu.) 15 C1
Narón E (A Co.) 2 D3
Narrillos
de San Leonardo E (Áv.) 80 A5
Narrillos del Álamo E (Áv.) 78 D5
Narrillos del Rebollar E (Áv.) 79 D5
Narros E (So.) 64 A1
Narros de Cuéllar E (Seg.) 60 C5
Narros de Matalayegua E (Sa.) 78 A4
Narros de Saldueña E (Áv.) 79 D3
Narros del Castillo E (Áv.) 79 C3
Narros del Puerto E (Áv.) 99 C1
Narros, Los E (Áv.) 98 C2
Narzana E (Ast.) 6 D4
Nates E (Can.) 10 A4
Natxitua E (Viz.) 11 C4
Nava E (Ast.) 7 A4
Nava E (Cór.) 150 C4
Nava Campaña E (Alb.) 155 A1
Nava de Abajo E (Alb.) 138 D5
Nava de Arévalo E (Áv.) 80 A3
Nava de Arriba E (Alb.) 138 C5
Nava de Béjar E (Sa.) 98 C1
Nava de Francia E (Sa.) 97 D1
Nava de Jadraque, La E (Gua.) 82 C2
Nava de la Asunción E (Seg.) 80 C1
Nava de los Caballeros E (Le.) 19 B5
Nava de Mena E (Bur.) 22 C2
Nava de Ricomalillo, La E (To.) 117 C2
Nava de Roa E (Bur.) 61 B3
Nava de San Pedro E (J.) 169 A1
Nava de Santiago, La E (Bad.) 131 A1
Nava de Santullán E (Pa.) 20 D4
Nava de Sotrobal E (Sa.) 79 B3
Nava del Barco E (Áv.) 98 D2
Nava del Rey E (Vall.) 59 C5
Nava y Lapa, La E (Cád.) 178 D3
Nava, La E (Ast.) 6 D5
Nava, La E (Bad.) 132 D4
Nava, La E (Huel.) 146 C4
Nava, La E (J.) 167 A1
Nava, La, lugar E (Sev.) 148 C4
Navabellida E (So.) 44 A5
Navabuena E (Vall.) 59 D2
Navacarros E (Sa.) 98 C2
Navacepeda de Tormes E (Áv.) 99 B2
Navacepedilla
de Corneja E (Áv.) 99 B1
Navacerrada E (C. R.) 134 C4
Navacerrada E (Mad.) 81 B4
Navaconcejo E (Các.) 98 B3
Navadijos E (Áv.) 99 C2
Navaescurial E (Áv.) 99 B1
Navafría E (Le.) 19 A5
Navafría E (Seg.) 81 C2
Navagallega E (Sa.) 78 B4
Navahermosa E (Huel.) 162 C3
Navahermosa E (Huel.) 146 D5
Navahermosa E (Mál.) 179 D1
Navahermosa E (To.) 118 C3
Navahombela E (Sa.) 78 D5
Navahonda E (Sa.) 78 C3
Navahondilla E (Áv.) 100 C2
Navais P (Port.) 53 D3
Navajas E (Cas.) 124 D1
Navajeda E (Can.) 9 D5
Navajún E (La R.) 44 B5
Naval E (Hues.) 47 D3
Navalacruz E (Áv.) 99 D2
Navalafuente E (Mad.) 81 D4
Navalagamella E (Mad.) 101 A1
Navalagrulla E (Sev.) 165 C2
Navalajarra E (C. R.) 118 C5
Navalcaballo E (So.) 63 C2
Navalcán E (To.) 99 C4
Navalcarnero E (Mad.) 101 B3
Navalcuervo E (Cór.) 149 A3
Navalengua E (Alb.) 138 B4
Navaleno E (So.) 62 D1
Navales E (Sa.) 78 D4
Navalespino E (Mad.) 80 D5
Navalguijo E (Áv.) 98 D3
Navalho P (Bra.) 56 A4
Navalilla E (Seg.) 61 B5
Navalmahillo E (Áv.) 99 A2
Navalmanzano E (Seg.) 80 D1
Navalmedio de Morales E (C. R.) 134 B3
Navalmoral E (Áv.) 100 A1
Navalmoral de Béjar E (Sa.) 98 B2
Navalmoral de la Mata E (Các.) 98 D5
Navalmoralejo E (To.) 117 B2
Navalmorales, Los E (To.) 118 B2
Navalón E (Cu.) 104 A4
Navalón E (Val.) 140 B3
Navalonguilla E (Áv.) 98 D3
Navalosa E (Áv.) 99 D2
Navalperal de Pinares E (Áv.) 80 C5
Navalperal de Tormes E (Áv.) 99 A2
Navalpino E (C. R.) 134 B1
Navalpotro E (Gua.) 83 C3
Navalrincón E (C. R.) 134 C1
Navalsauz E (Áv.) 99 C2
Navaltoril E (To.) 117 D3
Navalucillos, Los E (To.) 118 B2
Navaluenga E (Áv.) 100 A2
Navalvillar de Ibor E (Các.) 116 D3
Navalvillar de Pela E (Bad.) 132 D1
Navallera E (Mad.) 81 C5
Navamediana E (Áv.) 99 A2
Navamojada E (Áv.) 98 D2
Navamorales E (Sa.) 98 D1
Navamorcuende E (To.) 100 A4
Navamorisca E (Áv.) 98 D2
Navamuñana E (Áv.) 99 A2
Navamures E (Áv.) 98 D2
Navandrinal E (Áv.) 99 D1
Navapalos, lugar E (So.) 62 D4
Navaquesera E (Áv.) 99 D2
Navarcles E (Bar.) 70 C1
Navardún E (Zar.) 45 D1
Navares E (Mu.) 154 C4
Navares de Ayuso E (Seg.) 61 D5
Navares de Enmedio E (Seg.) 61 D5
Navares de las Cuevas E (Seg.) 61 C4
Navares y Tejares E (Mál.) 179 B4
Navaridas/Nabaridas E (Ál.) 43 C1
Navarredonda E (Mad.) 101 B1
Navarredonda E (Mad.) 81 D3
Navarredonda E (Sev.) 179 C2
Navarredonda
de Gredos E (Áv.) 99 B2
Navarredonda
de la Rinconada E (Sa.) 78 A5
Navarredonda
de Salvatierra E (Sa.) 78 C5
Navarredondilla E (Áv.) 100 A1
Navarrés E (Val.) 140 C1
Navarrete E (La R.) 43 C2
Navarrete del Río E (Te.) 85 C3
Navarrevisca E (Áv.) 99 D2
Navarro E (Ast.) 6 B3
Navarros, Los E (Alm.) 183 C1
Navàs E (Bar.) 50 C5
Navás E (Po.) 33 D3
Navas de Bureba E (Bur.) 22 B5
Navas de Estena E (C. R.) 118 B4
Navas de Jadraque, Las E (Gua.) 82 D2
Navas de Jorquera E (Alb.) 123 A5
Navas de
la Concepción, Las E (Sev.) 148 D5
Navas de Oro E (Seg.) 80 C1
Navas de Riofrío E (Seg.) 81 A3
Navas de San Antonio E (Seg.) 80 D4
Navas de San Juan E (J.) 152 B3
Navas de Selpillar E (Cór.) 166 B4
Navas de Tolosa E (J.) 151 D3
Navas del Madroño E (Các.) 114 D2
Navas del Marqués, Las E (Áv.) 80 D5
Navas del Pinar E (Bur.) 62 C1
Navas del Rey E (Mad.) 100 D2
Navas, Las E (Cór.) 167 A4
Navascués/Nabaskoze E (Na.) 25 D5
Navasequilla E (Áv.) 99 A2
Navasequilla E (Cór.) 166 D4
Navasfrías E (Sa.) 96 D2
Navata E (Gi.) 52 A2
Navatalgordo E (Áv.) 99 D2
Navatejares E (Áv.) 98 D2
Navatejera E (Le.) 18 D5
Navatrasierra E (Các.) 117 B3
Navayuncosa E (Mad.) 101 A3
Navazuela, La E (Alb.) 138 B5
Nave P (Fa.) 159 C4
Nave P (Guar.) 96 C1
Nave de Haver P (Guar.) 96 D1
Nave do Barão P (Fa.) 174 B2
Nave Fria P (Por.) 113 D5
Nave Redonda P (Be.) 159 D3
Nave Redonda P (Guar.) 76 C3
Navelgas E (Ast.) 5 B4
Naveros de Pisuerga E (Pa.) 40 D1
Naveros, Los E (Cád.) 186 A3
Navès E (Ll.) 50 A4
Naves P (Guar.) 76 C5
Navezuelas E (Các.) 116 D3
Navia E (Ast.) 5 A3
Navia E (Po.) 33 D2
Navia de Suarna E (Lu.) 16 C2
Navianos de Alba E (Zam.) 58 B2
Navianos de la Vega E (Le.) 38 B3
Navianos de Valverde E (Zam.) 38 B5
Naviego E (Ast.) 17 B2
Navillas, Las E (To.) 118 C3
Navió P (V. C.) 54 A1
Nazar E (Na.) 24 A5
Nazaré P (Lei.) 111 A2
Nazaret E (Las P.) 192 C4
Nebra E (A Co.) 13 C4
Nebreda E (Bur.) 41 D5
Nechite E (Gr.) 182 D2
Neda E (A Co.) 2 D3
Negales E (Ast.) 6 D4
Negradas E (Lu.) 3 D1
Negrais P (Lis.) 126 C2
Negrales, Los E (Mad.) 81 B5
Negras, Las E (Alm.) 184 C3
Negreda P (Bra.) 56 C2
Negredo E (Gua.) 83 A2
Negreira E (A Co.) 14 A2
Negreiros E (Po.) 14 C4
Negrelos (São Mamede) P (Port.) 54 B4
Negrilla de Palencia E (Sa.) 78 D2
Negrillos E (Sa.) 78 A4
Negrões P (V. R.) 55 B1
Negros E (Po.) 34 A2
Negrote P (Co.) 93 C3
Negueira de Muñiz E (Lu.) 16 D1
Neguillas E (So.) 63 D4
Neila E (Bur.) 42 D5
Neila de San Miguel E (Áv.) 98 C2
Neiro E (Lu.) 16 C1
Neiva P (V. C.) 53 D2
Nelas P (Vis.) 75 A5
Nelas P (Vis.) 75 A4
Nembra E (Ast.) 18 D1
Nembro E (Ast.) 6 C2
Nemenzo E (A Co.) 14 B2
Nemeño E (A Co.) 1 D4
Nepas E (So.) 63 D4
Nerga E (Po.) 33 D2
Nerín E (Hues.) 47 C1
Nerja E (Mál.) 181 C4
Nerpio E (Alb.) 154 A4
Nerva E (Huel.) 163 A2
Nesperal P (C. B.) 94 C5
Nespereira E (Po.) 34 A2
Nespereira P (Br.) 54 B3
Nespereira P (Guar.) 75 C5
Nespereira P (Port.) 54 B5
Nespereira P (Vis.) 74 C2
Nespereira P (Vis.) 75 A4
Nespereira P (Vis.) 74 C4
Nesperido P (Vis.) 75 A4
Nestar E (Pa.) 21 A4
Nestares E (Can.) 21 A3
Nestares E (La R.) 43 C3
Nete E (Lu.) 3 C5
Nétoma E (A Co.) 2 A4
Netos P (Lei.) 93 D4
Neves, As E (A Co.) 3 A3
Neves, As E (A Co.) 3 C2
Neves, As E (Po.) 34 B3
Nevogilde P (Br.) 54 B2
Nevogilde P (Port.) 54 B5
Nidáguila E (Bur.) 21 C5
Niebla E (Huel.) 162 D4
Nieles E (Gr.) 182 C3
Niembro E (Ast.) 8 A4
Nietos Viejos, Los E (Mu.) 172 D2
Nietos, Los E (Alm.) 184 B3
Nietos, Los E (Mu.) 172 D2
Nieva E (Ast.) 6 B3
Nieva E (Our.) 34 C2
Nieva E (Seg.) 80 C2
Nieva de Cameros E (La R.) 43 B3
Nieves, Las E (Cád.) 177 C5
Nieves, Las E (S. Cruz T.) 193 C3
Nieves, Las E (To.) 119 B1
Nigoi E (Po.) 14 B4
Nigrán E (Po.) 33 D3
Nigueiroá E (Our.) 35 A4
Nigueiroá E (Our.) 35 B3
Nigüelas E (Gr.) 182 A2
Nigüella E (Zar.) 65 B3
Niharra E (Áv.) 79 D5
Níjar E (Alm.) 184 B2
Nine P (Br.) 54 A3
Ninho do Açor P (C. B.) 95 C4
Niño, El E (Mu.) 155 B4
Niñodaguia E (Our.) 35 C5
Niñodaguia E (Our.) 35 C2
Niñóns E (A Co.) 1 D4
Nisa P (Por.) 113 B3
Nistal E (Le.) 38 A2
Nívar E (Gr.) 168 A5
Niveiro E (A Co.) 14 A1
Noain (Elorz) E (Na.) 25 A4
Noal E (A Co.) 13 C4
Noalejo E (J.) 167 D3
Noales E (Hues.) 48 C1
Noalla E (Our.) 35 B2
Noalla E (Po.) 33 D1
Noblejas E (To.) 102 A5
Nobrijo P (Ave.) 74 A3
Noceco E (Bur.) 22 A2
Noceda E (Ast.) 6 A5
Noceda E (Le.) 17 C4
Noceda E (Lu.) 16 D4
Noceda E (Lu.) 16 B5
Noceda E (Lu.) 16 C4
Noceda E (Po.) 14 D4
Noceda de Rengos E (Ast.) 17 B2
Nocedo E (Bur.) 21 D5
Nocedo de Curueño E (Le.) 19 A3
Nocedo do Val E (Our.) 35 D4
Nocelo da Pena E (Our.) 35 C4
Nocina E (Can.) 10 B4
Nocito E (Hues.) 47 A2
Noche E (Lu.) 3 C5
Nódalo E (So.) 63 B2
Nodar E (Lu.) 15 B1
Nodeirinho P (Lei.) 94 B5
Noez E (To.) 119 A2
Nofuentes E (Bur.) 22 B4
Nogais, As E (Lu.) 16 C4
Nogal E (Áv.) 99 A2
Nogal de las Huertas E (Pa.) 40 B2
Nogales E (Bad.) 130 C5
Nogales de Pisuerga E (Pa.) 20 D5
Nogales, Los E (Mál.) 180 B3
Nogalte E (Alm.) 170 D3
Nogarejas E (Le.) 38 A3
Nograles E (So.) 62 D5
Nograro E (Ál.) 22 D4
Nogueira E (A Co.) 15 A2
Nogueira E (Po.) 14 A5
Nogueira E (Po.) 34 A3
Nogueira P (Bra.) 56 D1
Nogueira P (Co.) 94 D3
Nogueira P (Port.) 54 A5
Nogueira P (V. C.) 33 D4
Nogueira P (V. C.) 53 D1
Nogueira P (V. R.) 55 B5
Nogueira P (V. R.) 55 C1
Nogueira P (Vis.) 74 C4
Nogueira P (Vis.) 75 A3
Nogueira da Montanha P (V. R.) 55 D2
Nogueira
da Regedoura P (Ave.) 73 D1
Nogueira de Miño E (Lu.) 15 C5
Nogueira do Cravo P (Ave.) 74 A2
Nogueira do Cravo P (Co.) 95 A2
Nogueira, A E (Po.) 34 A2
Nogueiras P (Co.) 93 D1
Nogueirido E (A Co.) 3 B2
Nogueirido E (Po.) 13 D4
Nogueiro E (Our.) 35 A3
Nogueirón E (Ast.) 16 D1
Nogueiros P (Lei.) 94 A5
Noguera
de Albarracín E (Te.) 105 A1
Noguera, La E (Alb.) 138 C5
Nogueras E (Te.) 86 A1
Nogueras, Las E (Mu.) 154 B3
Nogueras, Las E (Val.) 124 A3

Palmou

Palmou	E	(Po.)	14	D 4
Palo	E	(Hues.)	48	A 2
Palo Blanco-Llanadas	E	(S.Cruz T.)	195	D 2
Palol de Revardit	E	(Gi.)	52	A 4
Palol d'Onyar	E	(Gi.)	52	A 4
Palomar	E	(Cór.)	166	A 4
Palomar	E	(Val.)	141	A 3
Palomar de Arroyos	E	(Te.)	86	C 4
Palomar, El	E	(Cád.)	177	C 5
Palomar, El	E	(Sev.)	164	C 4
Palomar, El, lugar	E	(J.)	152	D 5
Palomares	E	(Alm.)	171	A 5
Palomares	E	(Sa.)	98	C 2
Palomares de Alba	E	(Sa.)	78	D 3
Palomares del Campo	E	(Cu.)	103	C 5
Palomares del Río	E	(Sev.)	163	D 4
Palomas	E	(Bad.)	131	C 4
Palomeque	E	(To.)	101	B 4
Palomera	E	(Cu.)	104	B 4
Palomeras, Las, lugar	E	(J.)	151	C 5
Palomero	E	(Các.)	97	C 3
Palos de la Frontera	E	(Huel.)	176	B 2
Palouet	E	(Ll.)	69	D 1
Pals	E	(Gi.)	52	C 4
Palvarinho	P	(C. B.)	95	C 5
Pallarés	E	(Bad.)	147	C 4
Pallaresos, els	E	(Ta.)	89	D 1
Pallargues, les	E	(Ll.)	69	C 1
Pallaruelo de Monegros	E	(Hues.)	67	B 2
Pallejà	E	(Bar.)	70	D 4
Pallerols	E	(Ll.)	49	C 4
Pallide	E	(Le.)	19	C 3
Pampaneira	E	(Gr.)	182	B 3
Pampanico	E	(Alm.)	183	B 4
Pampilhosa	P	(Ave.)	94	A 1
Pampilhosa da Serra	P	(Co.)	94	D 4
Pampliega	E	(Bur.)	41	B 4
Pamplona/Iruña	E	(Na.)	25	A 4
Panadella, La	E	(Bar.)	69	D 2
Panaverde	E	(Our.)	35	C 4
Pancar	E	(Ast.)	8	A 4
Panças	P	(San.)	127	A 3
Pancenteo	E	(Po.)	33	C 5
Pancorbo	E	(Bur.)	22	D 5
Pancrudo	E	(Te.)	86	A 4
Panches	E	(A Co.)	13	B 3
Panchorra	P	(Vis.)	74	D 2
Pandillo	E	(Can.)	21	D 2
Pando	E	(Can.)	9	C 5
Pando	E	(Viz.)	10	C 5
Pandorado	E	(Le.)	18	B 4
Panes	E	(Ast.)	8	B 5
Paniza	E	(Zar.)	65	D 5
Panóias	P	(Be.)	160	A 1
Panoias	P	(Br.)	54	B 2
Panoias de Baixo	P	(Guar.)	96	A 1
Panoias de Cima	P	(Guar.)	96	A 1
Panque	P	(Br.)	54	A 2
Pantano de Buendía	E	(Cu.)	103	B 2
Pantano de Cíjara	E	(Các.)	117	C 4
Pantano de Gabriel y Galán	E	(Các.)	97	D 3
Pantano de los Bermejales	E	(Gr.)	181	C 2
Pantano de Navabuena	E	(Các.)	98	A 5
Pantano del Rumblar, lugar	E	(J.)	151	C 4
Pantano Peñarroya, lugar	E	(C. R.)	136	D 2
Panticosa	E	(Hues.)	27	A 5
Pantín	E	(A Co.)	3	A 2
Pantiñobre	E	(A Co.)	14	D 3
Pantoja	E	(To.)	101	C 5
Pantón	E	(Lu.)	35	C 1
Panxón	E	(Po.)	33	D 3
Panzano	E	(Hues.)	47	B 3
Pañeda Nueva	E	(Ast.)	6	D 4
Pão Duro	P	(Fa.)	161	A 3
Pao, O	E	(Our.)	34	D 3
Paones	E	(So.)	63	A 4
Papagovas	P	(Lis.)	110	C 4
Papalús	E	(Gi.)	72	A 1
Papatrigo	E	(Áv.)	79	D 3
Papel, El	E	(J.)	167	C 3
Papiol, el	E	(Bar.)	70	D 3
Papizios	P	(Vis.)	94	D 1
Papucín	E	(A Co.)	14	D 1
Para	E	(Bur.)	22	A 2
Paracuellos	E	(Cu.)	122	D 2
Paracuellos de Jarama	E	(Mad.)	102	A 1
Paracuellos de Jiloca	E	(Zar.)	65	A 5
Paracuellos de la Ribera	E	(Zar.)	65	A 4
Parada	E	(A Co.)	13	C 4
Parada	E	(A Co.)	2	D 5
Parada	E	(A Co.)	14	B 1
Parada	E	(Lu.)	15	D 2
Parada	E	(Our.)	35	A 1
Parada	E	(Our.)	35	B 2
Parada	E	(Po.)	33	D 3
Parada	E	(Po.)	14	D 5
Parada	E	(Po.)	15	A 4
Parada	E	(Po.)	34	B 3
Parada	E	(Po.)	34	A 1
Parada	P	(Ave.)	74	B 3
Parada	P	(Bra.)	56	C 5
Parada	P	(Bra.)	57	A 2
Parada	P	(Co.)	94	C 2
Parada	P	(Guar.)	76	B 5
Parada	P	(Port.)	53	D 4
Parada	P	(V. C.)	34	C 5
Parada	P	(V. C.)	34	B 4
Parada	P	(V. C.)	34	A 5
Parada	P	(V. C.)	34	B 5
Parada	P	(Vis.)	94	D 1
Parada	P	(Vis.)	74	B 4
Parada da Serra	E	(Our.)	36	A 4
Parada de Achas	E	(Po.)	34	C 3
Parada de Arriba	E	(Sa.)	78	B 2
Parada de Atei	P	(V. R.)	55	A 3
Parada de Baixo	P	(Ave.)	73	D 5
Parada de Bouro	P	(Br.)	54	C 2
Parada de Cima	P	(Co.)	93	D 1
Parada de Cunhos	P	(V. R.)	55	B 5
Parada de Ester	P	(Vis.)	74	D 2
Parada de Gatim	P	(Br.)	54	A 2
Parada de Gonta	P	(Vis.)	74	D 5
Parada de Labiote	E	(Our.)	34	D 1
Parada de Monteiros	P	(V. R.)	55	B 3
Parada de Pinhão	P	(V. R.)	55	C 4
Parada de Ribeira	E	(Our.)	35	B 4
Parada de Rubiales	E	(Sa.)	79	A 1
Parada de Sil	E	(Our.)	35	D 2
Parada de Soto	E	(Le.)	16	D 5
Parada do Bispo	P	(Vis.)	75	B 1
Parada do Monte	P	(V. C.)	34	C 4
Paradança	P	(V. R.)	55	A 4
Paradas	E	(Sev.)	164	D 5
Paradaseca	E	(Le.)	17	A 5
Paradaseca	E	(Our.)	36	A 2
Paradavella	E	(Lu.)	16	B 2
Paradela	E	(A Co.)	15	A 2
Paradela	E	(Lu.)	16	C 2
Paradela	E	(Lu.)	15	D 3
Paradela	E	(Lu.)	15	D 4
Paradela	E	(Our.)	36	B 2
Paradela	E	(Our.)	36	C 3
Paradela	E	(Po.)	13	D 5
Paradela	E	(Po.)	14	B 4
Paradela	E	(Po.)	14	A 4
Paradela	P	(Ave.)	74	A 5
Paradela	P	(Br.)	53	D 3
Paradela	P	(Bra.)	55	D 5
Paradela	P	(Bra.)	57	D 3
Paradela	P	(Bra.)	56	D 5
Paradela	P	(Bra.)	56	B 3
Paradela	P	(Co.)	94	C 2
Paradela	P	(V. C.)	34	C 5
Paradela	P	(V. R.)	55	D 2
Paradela	P	(V. R.)	56	A 1
Paradela	P	(V. R.)	55	A 1
Paradela	P	(Vis.)	75	C 1
Paradela	P	(Vis.)	74	C 2
Paradela de Lorvão	P	(Co.)	94	B 2
Paradela del Río	E	(Le.)	36	D 1
Paradela do Monte	P	(V. R.)	55	A 5
Paradelha de Guiães	P	(V. R.)	55	C 5
Paradelhas do Vouga	P	(Ave.)	74	B 4
Paradilla de Gordón	E	(Le.)	18	C 3
Paradilla de la Sobarriba	E	(Le.)	39	A 1
Paradinas	E	(Seg.)	80	C 2
Paradinas de Abajo	E	(Sa.)	77	B 4
Paradinas de San Juan	E	(Sa.)	79	B 2
Paradinha	P	(Vis.)	75	A 4
Paradinha	P	(Vis.)	75	C 2
Paradinha de Besteiros	P	(Bra.)	56	D 3
Paradinha Nova	P	(Bra.)	57	A 3
Paradinha Velha	P	(Bra.)	57	A 2
Parador de las Hortichuelas, El	E	(Alm.)	183	C 3
Paraduca	P	(Ave.)	74	B 3
Paraduça	P	(Vis.)	75	A 3
Paraduça	P	(Vis.)	75	B 2
Parafita	P	(V. R.)	55	C 4
Parafita	P	(V. R.)	55	B 1
Paraisal	P	(Guar.)	76	C 5
Paraíso	P	(Ave.)	74	B 1
Paralacuesta	E	(Bur.)	22	A 3
Parambos	P	(Bra.)	55	D 5
Paramio	P	(Bra.)	36	D 5
Paramios	E	(Ast.)	4	C 4
Páramo de Boedo	E	(Pa.)	40	C 1
Páramo del Arroyo	E	(Bur.)	41	C 2
Páramo del Sil	E	(Le.)	17	C 4
Páramo, O	E	(Lu.)	15	D 3
Páramos	E	(A Co.)	14	A 2
Páramos	E	(Po.)	34	A 4
Páramos	P	(Ave.)	73	D 2
Parandones	E	(Le.)	17	A 5
Paranhos	P	(Br.)	54	B 2
Paranhos	P	(V. R.)	55	D 2
Paranhos da Beira	P	(Guar.)	95	A 1
Paranza, La	E	(Ast.)	6	C 4
Paraños	E	(Po.)	34	B 3
Parata, La	E	(Alm.)	170	C 4
Parauta	E	(Mál.)	179	B 5
Paraya, La	E	(Ast.)	18	D 2
Parbayón	E	(Can.)	9	C 4
Parceiros	P	(Lei.)	111	B 1
Parceiros da Igreja	P	(San.)	111	C 3
Parcelas de Porsiver	E	(Sev.)	163	D 4
Parcelas, Las	E	(Sa.)	78	C 3
Parcent	E	(Ali.)	141	D 4
Parchal	P	(Fa.)	173	C 2
Parchite	E	(Mál.)	179	B 3
Pardais	P	(Év.)	129	C 4
Pardal, El	E	(Alb.)	154	A 1
Pardales, Los, lugar	E	(Alb.)	138	A 3
Pardamaza	E	(Le.)	17	C 4
Pardavé	E	(Le.)	19	A 4
Pardeconde	E	(Our.)	35	C 2
Pardelhas	P	(Ave.)	73	D 3
Pardelhas	P	(V. R.)	55	A 4
Pardellas	E	(Lu.)	15	C 2
Pardemarín	E	(Po.)	14	B 4
Parderrubias	E	(Our.)	35	A 3
Parderrubias	E	(Po.)	34	A 3
Pardieiros	P	(Vis.)	74	D 5
Pardilhó	P	(Ave.)	73	D 3
Pardilla	E	(Bur.)	61	D 3
Pardilla, La	E	(Las P.)	191	D 3
Pardinella	E	(Hues.)	48	C 2
Pardines	E	(Gi.)	51	A 2
Pardiñas	E	(Lu.)	3	B 5
Pardo	P	(Por.)	113	B 2
Pardo, El	E	(Alm.)	183	A 4
Pardos	E	(Gua.)	84	C 3
Pared, La	E	(Alb.)	139	D 1
Paredazos, Los, lugar	E	(Alb.)	138	A 2
Parede	P	(Lis.)	126	B 3
Paredes	E	(Ast.)	5	C 3
Paredes	E	(Cu.)	103	A 4
Paredes	E	(Our.)	34	D 1
Paredes	E	(Our.)	35	D 2
Paredes	E	(Our.)	35	C 4
Paredes	E	(Po.)	34	B 4
Paredes	E	(Po.)	34	A 1
Paredes	P	(Bra.)	57	A 2
Paredes	P	(Port.)	54	B 5
Paredes	P	(Port.)	74	B 1
Paredes	P	(V. R.)	55	A 1
Paredes	P	(Vis.)	74	C 3
Paredes	P	(Vis.)	74	B 5
Paredes da Beira	P	(Vis.)	75	D 1
Paredes de Coura	P	(V. C.)	34	A 5
Paredes de Escalona	E	(To.)	100	C 3
Paredes de Gravo	P	(Vis.)	74	B 4
Paredes de Monte	E	(Pa.)	40	B 5
Paredes de Nava	E	(Pa.)	40	B 4
Paredes de Sigüenza	E	(Gua.)	83	B 1
Paredes de Viadores	P	(Port.)	74	C 1
Paredes Secas	P	(Br.)	54	B 2
Paredes Velhas	P	(Vis.)	74	C 4
Paredes, Las	E	(S.Cruz T.)	193	C 2
Paredesroyas	E	(So.)	64	A 3
Pareisas	E	(Our.)	36	A 2
Pareizo	E	(Po.)	14	D 4
Pareja	E	(Gua.)	103	C 1
Paresotas	E	(Bur.)	22	B 3
Paretdelgada	E	(Ta.)	69	C 5
Paretón	E	(Mu.)	171	C 2
Parets del Vallès	E	(Bar.)	71	A 2
Parizes	P	(Fa.)	174	D 2
Parla	E	(Mad.)	101	C 3
Parlavà	E	(Gi.)	52	B 4
Parlero	E	(Ast.)	5	B 4
Parque Alcosa	E	(Sev.)	164	A 4
Parque Coimbra	E	(Mad.)	101	B 3
Parque del Cubillas	E	(Gr.)	167	D 5
Parque Robledo	E	(Seg.)	81	A 3
Parra de las Vegas, La	E	(Cu.)	122	A 1
Parra, La	E	(Alm.)	182	D 4
Parra, La	E	(Áv.)	99	C 3
Parra, La	E	(Bad.)	130	D 5
Parra, La	E	(Mu.)	155	B 3
Parracheira	P	(Lei.)	111	C 1
Parral, El	E	(Áv.)	79	C 4
Parralejo, El	E	(J.)	153	C 3
Parralejos, Los	E	(Cád.)	186	A 3
Parras de Castellote, Las	E	(Te.)	87	B 4
Parras de Martín, Las	E	(Te.)	86	B 4
Parreira	P	(San.)	112	A 5
Parres	E	(Ast.)	8	A 4
Parrilla, La	E	(Vall.)	60	B 3
Parrillas	E	(To.)	99	C 4
Parrilla-Zamarra	E	(Mál.)	180	C 1
Parrizoso, El	E	(J.)	167	D 2
Parroquia de la Matanza	E	(Ali.)	156	A 4
Partaloa	E	(Alm.)	170	B 4
Parte	E	(Lu.)	15	D 5
Parte de Bureba, La	E	(Bur.)	22	B 5
Parte de Sotoscueva, La	E	(Bur.)	21	D 2
Parteira	P	(Fa.)	175	A 3
Partida	P	(C. B.)	95	B 4
Partidor, El	E	(Mu.)	156	A 3
Partidores, Los, lugar	E	(Alb.)	138	B 3
Partovia	E	(Our.)	34	D 1
Parzán	E	(Hues.)	27	D 5
Pas de la Casa	A		30	B 5
Pas de Vallgornera	E	(Bal.)	92	A 5
Pasada de Granadillo	E	(Mál.)	181	A 3
Pasai Antxo	E	(Gui.)	12	C 5
Pasai San Pedro	E	(Gui.)	12	C 5
Pasaia	E	(Gui.)	12	C 5
Pasarela	E	(A Co.)	1	C 5
Pasarelos	E	(A Co.)	14	C 2
Pasariegos	E	(Zam.)	57	D 5
Pasarilla del Rebollar	E	(Áv.)	79	C 5
Pasarón de la Vera	E	(Các.)	98	B 4
Pasaxe	E	(Po.)	33	C 5
Pascoal	P	(Vis.)	75	A 4
Pascualarina	E	(Sa.)	77	A 5
Pascualcobo	E	(Áv.)	79	B 5
Pascuales	E	(Seg.)	80	C 2
Pascuales, Los	E	(J.)	153	A 2
Pascualgrande	E	(Áv.)	79	D 3
Paso de Abajo	E	(S.Cruz T.)	193	B 3
Paso, El	E	(S.Cruz T.)	193	B 3
Passanant	E	(Ta.)	69	C 3
Passarela	P	(Guar.)	75	B 5
Passó	P	(Br.)	54	B 1
Passo	P	(Vis.)	75	B 2
Passos	P	(Br.)	54	C 3
Passos	P	(Bra.)	56	A 3
Passos	P	(Bra.)	36	B 5
Passos	P	(V. R.)	55	C 5
Passos	P	(Vis.)	74	C 3
Passos	P	(Vis.)	74	D 5
Pasteral, El	E	(Gi.)	51	D 4
Pastor	E	(A Co.)	14	D 2
Pastor, El, lugar	E	(Alb.)	122	B 5
Pastores	E	(Sa.)	97	B 1
Pastoria	P	(V. R.)	55	C 1
Pastoriza	E	(A Co.)	2	B 4
Pastoriza, A	E	(Lu.)	4	A 4
Pastrana	E	(Cád.)	177	B 4
Pastrana	E	(Gua.)	103	A 2
Pastriz	E	(Zar.)	66	B 3
Patacão	P	(Fa.)	174	C 3
Pataias	P	(Lei.)	111	A 1
Patalavaca	E	(Las P.)	191	B 4
Paterna	E	(Val.)	125	A 3
Paterna de Rivera	E	(Cád.)	186	B 1
Paterna del Campo	E	(Huel.)	163	B 4
Paterna del Madera	E	(Alb.)	138	A 5
Paterna del Río	E	(Alm.)	183	A 2
Paterna, lugar	E	(Cór.)	165	B 1
Pátio do Azinhal	P	(Év.)	128	C 4
Patio, El	E	(Alm.)	182	D 4
Patojos, Los	E	(Mu.)	172	B 2
Patones de Abajo	E	(Mad.)	82	A 4
Patones de Arriba	E	(Mad.)	82	A 3
Patrás	E	(Huel.)	162	D 1
Patria	E	(Cád.)	186	A 3
Patrite, lugar	E	(Cád.)	186	C 2
Patruena	E	(Mu.)	155	C 4
Pau	E	(Gi.)	52	C 2
Paul	E	(Bur.)	21	A 5
Paul	P	(C. B.)	95	B 3
Paúl	P	(Lis.)	110	C 5
Paúl	P	(San.)	112	B 3
Paúl	P	(San.)	127	D 1
Paúl do Mar	P	(Ma.)	109	D 1
Paúl, La	E	(Hues.)	46	B 5
Paula	P	(Lis.)	110	D 5
Paulenca	E	(Alm.)	183	D 2
Paulenca	E	(Gr.)	168	D 5
Paúles	E	(Alb.)	153	D 2
Paúles de Lara	E	(Bur.)	42	A 4
Paúles de Sarsa	E	(Hues.)	47	C 3
Paúles del Agua	E	(Bur.)	41	C 5
Paulo	E	(Cas.)	107	C 2
Paüls	E	(Ta.)	88	B 3
Paus	P	(Ave.)	74	A 4
Paus	P	(Vis.)	75	A 1
Pavia	P	(Év.)	128	C 2
Pavías	E	(Cas.)	107	A 5
Pavos, Los	E	(Mu.)	171	C 1
Pavos, Los, lugar	E	(Cu.)	122	A 5
Paxumal	E	(Ast.)	6	D 5
Paymogo	E	(Huel.)	161	D 1
Payo de Ojeda	E	(Pa.)	20	C 5
Payo, El	E	(Sa.)	96	D 2
Payueta	E	(Ál.)	23	B 5
Paz	E	(Lu.)	15	D 1
Paz, La	E	(Cór.)	165	D 2
Paz, La	E	(Gr.)	167	C 5
Pazos	E	(A Co.)	1	D 5
Pazos	E	(A Co.)	1	D 4
Pazos	E	(Our.)	35	D 5
Pazos	E	(Our.)	35	C 3
Pazos	E	(Po.)	34	B 1
Pazos de Abeleda	E	(Our.)	35	C 3
Pazos de Arenteiro	E	(Our.)	34	D 1
Pazos de Borbén	E	(Po.)	34	A 2
Pazos de Reis	E	(Po.)	34	A 4
Pazuengos	E	(La R.)	43	A 3
Pé da Pedreira	P	(San.)	111	B 3
Pé da Serra	P	(Lei.)	94	A 5
Pe da Serra	P	(San.)	127	D 1
Pé da Serra	P	(San.)	111	A 3
Pé de Cão	P	(San.)	111	D 2
Peal de Becerro	E	(J.)	152	C 5
Peces, les	E	(Ta.)	70	A 5
Pechão	P	(Fa.)	174	D 3
Pechina	E	(Alm.)	169	D 5
Pechina	E	(Alm.)	183	D 3
Pechins	P	(Lei.)	94	A 5
Pechos, Los	E	(Cór.)	166	D 5
Pedações	P	(Ave.)	74	A 4
Pederneira	P	(San.)	111	D 1
Pedernoso, El	E	(Cu.)	121	B 4
Pedintal	P	(C. B.)	94	D 5
Pedome	P	(Br.)	54	B 3
Pedornes	E	(Po.)	33	C 4
Pedra	E	(A Co.)	3	B 1
Pedra	E	(A Co.)	1	D 5
Pedra Furada	P	(Br.)	53	D 3
Pedra Furada	P	(Por.)	128	B 1
Pedraça	P	(Br.)	55	A 3
Pedrafigueira	E	(A Co.)	13	B 3
Pedrafita	E	(Lu.)	15	C 1
Pedrafita de Camporredondo	E	(Lu.)	16	B 2
Pedrafita do Cebreiro	E	(Lu.)	16	C 4
Pedraído	P	(Br.)	54	D 3
Pedraires	P	(Vis.)	94	C 1
Pedraja de Portillo, La	E	(Vall.)	60	B 4
Pedraja de San Esteban	E	(So.)	62	C 3
Pedrajas de San Esteban	E	(Vall.)	60	B 5
Pedralba	E	(Val.)	124	C 3
Pedralba de la Pradería	E	(Zam.)	37	A 4
Pedralhos	P	(Lei.)	111	A 2
Pedralva	P	(Ave.)	94	A 1
Pedralva	P	(Br.)	54	B 2
Pedralva	P	(Fa.)	173	A 2
Pedrario	P	(V. R.)	55	C 1
Pedras Ásperas	P	(Co.)	93	C 2
Pedras d'el-Rei	P	(Fa.)	175	A 3
Pedraza	E	(Lu.)	15	B 3
Pedraza	E	(Seg.)	81	C 2
Pedraza	E	(So.)	63	D 1
Pedraza de Alba	E	(Sa.)	79	A 4
Pedraza de Campos	E	(Pa.)	40	A 5
Pedrazo	E	(Las P.)	191	B 4
Pedre	E	(A Co.)	3	A 3
Pedre	E	(Po.)	14	B 5
Pedreda	E	(Lu.)	15	D 2
Pedredo	E	(Can.)	21	B 1
Pedregais	P	(Br.)	54	B 1
Pedregal	E	(Le.)	18	C 5
Pedregal, El	E	(Ast.)	5	C 4
Pedregal, El	E	(Gua.)	85	A 4
Pedreguer	E	(Ali.)	141	D 4
Pedreira	E	(A Co.)	2	D 2
Pedreira	P	(Aç.)	109	D 4
Pedreira	P	(Ave.)	73	D 5
Pedreira	P	(Co.)	94	B 3

Peuso

Peuso P (Ave.) 74 C 2
Peva P (Guar.) 76 C 4
Peva P (Vis.) 75 B 3
Pexeirós E (Our.) 35 B 5
Peza, La E (Gr.) 168 C 5
Pezuela de las Torres E (Mad.) 102 C 2
Pi E (Ll.) 50 B 2
Pi de Sant Just, El E (Ll.) 50 A 5
Pia Furada P (Lei.) 93 D 4
Piantón E (Ast.) 4 C 3
Pias E (Lu.) 15 D 2
Pías E (Po.) 34 B 3
Pías E (Zam.) 36 C 4
Pias P (Be.) 145 B 4
Pias P (Év.) 129 B 5
Pias P (San.) 112 A 1
Pias P (V. C.) 34 B 4
Piasca E (Can.) 20 B 2
Pica P (Lei.) 94 C 4
Pica, La E (Huel.) 146 C 5
Picadas, Las, lugar E (Mad.) 100 D 2
Picadoiro P (Co.) 94 C 2
Picamilho P (Lei.) 111 B 1
Picamoixons E (Ta.) 69 C 5
Picanceira P (Lis.) 126 B 1
Picanya E (Val.) 125 A 4
Picão P (Vis.) 75 A 2
Piçarras P (Be.) 160 B 1
Piçarras P (Év.) 127 C 4
Picassent E (Val.) 125 A 4
Picazo E (Gua.) 83 B 5
Picazo, El E (Cu.) 122 B 4
Picena E (Gr.) 183 A 2
Pico P (Br.) 54 B 1
Pico da Pedra P (Aç.) 109 B 4
Pico de Regalados P (Br.) 54 B 1
Picões P (Bra.) 56 C 5
Picoitos P (Be.) 161 B 2
Picón E (C. R.) 135 A 2
Piconcillo E (Cór.) 148 D 3
Picones E (Sa.) 77 B 2
Picoña E (Po.) 34 A 3
Picota E (A Co.) 13 C 2
Picota P (Fa.) 174 B 2
Picote P (Bra.) 57 C 4
Picoteira Monte P (C. B.) 113 A 2
Picoto P (Ave.) 73 D 5
Picoto P (Lei.) 93 B 5
Picotos E (A Co.) 13 D 1
Picouto E (Our.) 35 A 3
Pido E (Can.) 20 A 2
Pidre E (Po.) 34 A 1
Piedade P (Aç.) 109 C 3
Piedade P (Ave.) 74 A 5
Piedeloro E (Ast.) 6 C 3
Piedra Amarilla, La E (Alm.) 170 B 4
Piedra de la Sal, lugar E (Sev.) 164 C 2
Piedra, La E (Bur.) 21 C 5
Piedrabuena E (C. R.) 134 D 2
Piedraceda E (Ast.) 18 C 1
Piedraescrita E (To.) 118 A 3
Piedrafita E (Le.) 18 D 2
Piedrafita de Babia E (Le.) 17 D 3
Piedrafita de Jaca E (Hues.) 27 A 5
Piedrahita E (Áv.) 99 A 1
Piedrahita E (Can.) 10 A 4
Piedrahita E (Te.) 85 D 2
Piedrahita de Castro E (Zam.) 58 C 2
Piedralá E (C. R.) 119 A 5
Piedralaves E (Áv.) 100 A 2
Piedralba E (Le.) 38 A 2
Piedramillera E (Na.) 24 A 5
Piedras Albas E (Các.) 114 C 1
Piedras Albas E (Le.) 37 C 2
Piedras Blancas E (Ast.) 6 B 3
Piedras
Blancas, Las, lugar E (Alm.) 183 C 1
Piedrasluengas E (Pa.) 20 C 2
Piedratajada E (Zar.) 46 B 4
Piedros, Los E (Cór.) 166 B 4
Piera E (Bar.) 70 B 3
Piérnigas E (Bur.) 42 B 1
Pieros E (Le.) 17 A 5
Pigara E (Lu.) 3 C 5
Pigeiros P (Ave.) 74 A 2
Pil·lari, Es E (Bal.) 91 D 4
Pilado P (Lei.) 93 B 5
Pilancón E (Alm.) 169 C 4
Pilar de Jaravía E (Alm.) 171 B 4
Pilar de la Horadada E (Ali.) 172 C 1
Pilar de la Mola E (Bal.) 90 D 5
Pilar, El E (Alm.) 184 C 1
Pilarejo E (Mál.) 181 A 3
Pilas E (Sev.) 163 B 4
Pilas de Algaida E (Gr.) 181 A 2
Pilas Dedil E (Gr.) 181 A 2
Piles E (Val.) 141 C 2
Piles, les E (Ta.) 69 D 3
Piloñeta E (Ast.) 7 A 4
Piloño E (Po.) 14 C 3
Pilzán E (Hues.) 48 B 4
Pillarno E (Ast.) 6 B 3
Pimiango E (Ast.) 8 C 4
Pina E (Bal.) 92 A 3
Pina de Ebro E (Zar.) 66 D 4
Pina de Montalgrao E (Cas.) 106 C 5
Pinar de Antequera E (Vall.) 60 A 3
Pinar de
Campoverde, El E (Ali.) 156 C 5
Pinar de la
Vidriera, lugar E (Gr.) 153 C 4
Pinar de Simancas E (Vall.) 60 A 3
Pinar, El E (S. Cruz T.) 194 C 5
Pinar, El E (S. Cruz T.) 193 B 2
Pinar, El E (Ta.) 89 B 1
Pinar, El E (Vall.) 60 A 3
Pinarejo E (Cu.) 121 D 3
Pinarejos E (Seg.) 80 D 1
Pinarnegrillo E (Seg.) 81 A 1
Pindelo P (Ave.) 74 A 2
Pindelo P (Vis.) 74 C 2
Pindelo P (Vis.) 74 D 5
Pindelo dos Milagres P (Vis.) 74 D 3
Pindo P (Vis.) 75 B 4
Pindo, O E (A Co.) 13 B 2
Pineda de Bages E (Bar.) 70 C 1
Pineda de Gigüela E (Cu.) 103 C 4
Pineda de la Sierra E (Bur.) 42 B 3
Pineda de Mar E (Bar.) 71 D 2
Pineda, La E (Bar.) 70 A 1
Pineda, La E (Ta.) 89 C 1
Pinedas E (Sa.) 98 A 1
Pinedas, Las E (Cór.) 165 D 2
Pineda-Trasmonte E (Bur.) 61 D 1
Pinedillo E (Bur.) 41 C 5
Pinedo E (Val.) 125 B 4
Pinela P (Bra.) 56 D 2
Pinelo P (Bra.) 57 B 2
Pinell de Brai, el E (Ta.) 88 C 2
Pinell de Solsonès E (Ll.) 49 D 5
Pinet E (Val.) 141 B 2
Pinhal P (Lei.) 110 D 3
Pinhal P (San.) 111 D 1
Pinhal do Douro P (Bra.) 76 A 1
Pinhal do Norte P (Bra.) 56 A 5
Pinhal Novo P (Set.) 127 A 4
Pinhanços P (Guar.) 95 B 1
Pinhão P (V. R.) 55 C 5
Pinhão Cele P (V. R.) 55 C 4
Pinheirinho P (Vis.) 94 C 1
Pinheirinhos P (Set.) 126 C 5
Pinheiro P (Ave.) 74 A 4
Pinheiro P (Br.) 54 D 2
Pinheiro P (Co.) 93 D 3
Pinheiro P (Fa.) 175 A 3
Pinheiro P (Guar.) 75 C 3
Pinheiro P (Port.) 74 B 1
Pinheiro P (Set.) 127 B 5
Pinheiro P (Vis.) 94 B 1
Pinheiro P (Vis.) 74 D 2
Pinheiro da Bemposta P (Ave.) 74 A 3
Pinheiro da Cõja P (Co.) 94 D 2
Pinheiro da Cruz P (Set.) 143 B 2
Pinheiro de Ázere P (Vis.) 94 C 1
Pinheiro de Lafões P (Vis.) 74 C 4
Pinheiro de Loures P (Lis.) 126 C 2
Pinheiro Grande P (San.) 112 A 3
Pinheiro Novo P (Bra.) 36 B 5
Pinheiros P (Lei.) 93 C 5
Pinheiros P (Lei.) 111 B 1
Pinheiros P (San.) 112 A 1
Pinheiros P (Set.) 126 D 4
Pinheiros P (V. C.) 34 B 4
Pinheiros P (Vis.) 75 C 1
Pinhel P (Guar.) 76 B 4
Pinho P (V. R.) 55 C 2
Pinho P (Vis.) 74 D 3
Pinhovelo P (Bra.) 56 C 3
Pinilla E (Alb.) 154 A 1
Pinilla E (Alb.) 139 B 4
Pinilla E (Mu.) 154 C 5
Pinilla Ambroz E (Seg.) 80 D 2
Pinilla de Fermoselle E (Zam.) 57 C 4
Pinilla de Jadraque E (Gua.) 83 A 2
Pinilla de la Valdería E (Le.) 38 A 3
Pinilla de
los Barruecos E (Bur.) 62 B 1
Pinilla de los Moros E (Bur.) 42 B 5
Pinilla de Molina E (Gua.) 84 C 5
Pinilla de Toro E (Zam.) 59 A 3
Pinilla del Campo E (So.) 64 B 2
Pinilla del Olmo E (So.) 63 C 5
Pinilla del Valle E (Mad.) 81 C 3
Pinilla, La E (Mu.) 171 D 2
Pinilla, lugar E (Alb.) 137 C 4
Pinilla-Trasmonte E (Bur.) 61 D 1
Pinillo, El E (Las P.) 191 A 3
Pinillos E (La R.) 43 C 4
Pinillos de Esgueva E (Bur.) 61 C 1
Pinillos de Polendos E (Seg.) 81 A 2
Pino E (Lu.) 3 D 5
Pino E (Zam.) 57 D 3
Pino Alto E (S. Cruz T.) 196 A 3
Pino de Bureba E (Bur.) 22 B 5
Pino de Tormes, El E (Sa.) 78 B 2
Pino de Viduerna E (Pa.) 20 B 4
Pino del Río E (Pa.) 20 A 5
Pino do Val E (A Co.) 13 C 2
Pino Santo E (Las P.) 191 C 2
Pino, El E (Ast.) 19 A 2
Pino, El E (Các.) 113 D 4
Pino, O E (A Co.) 14 C 2
Pinofranqueado E (Các.) 97 C 2
Pinos E (Le.) 18 B 3
Pinós E (Ll.) 70 A 1
Pinos del Valle E (Gr.) 182 A 3
Pinos Genil E (Gr.) 182 A 1
Pinos Puente E (Gr.) 167 D 5
Pinós, el → Pinoso E (Ali.) 156 A 2
Pinoso/Pinós, el E (Ali.) 156 A 2
Pinseque E (Zar.) 65 D 2
Pinsoro E (Zar.) 45 C 4
Pintado P (San.) 112 A 1
Pintainhos P (San.) 111 D 3
Pintano E (Zar.) 46 A 1
Pintás E (Our.) 35 B 5
Pinténs E (Po.) 33 D 2
Pinto E (Mad.) 101 D 3
Pintueles E (Ast.) 7 B 4
Pinya, La E (Gi.) 51 B 3
Pinzio P (Guar.) 76 B 5
Pinzón E (Sev.) 177 D 1
Piña de Campos E (Pa.) 40 C 3
Piña de Esgueva E (Vall.) 60 C 2
Piñar E (Gr.) 168 B 4
Piñas, Las E (Cád.) 186 C 4
Piñeira E (Lu.) 35 D 1
Piñeira E (Lu.) 15 D 4
Piñeira E (Lu.) 4 C 3
Piñeira E (Lu.) 16 B 1
Piñeira de Arcos E (Our.) 35 B 3
Piñeiro E (A Co.) 3 A 1
Piñeiro E (A Co.) 1 D 5
Piñeiro E (A Co.) 14 A 2
Piñeiro E (A Co.) 14 B 1
Piñeiro E (A Co.) 2 D 3
Piñeiro E (A Co.) 14 B 3
Piñeiro E (Lu.) 15 C 5
Piñeiro E (Lu.) 16 A 2
Piñeiro E (Po.) 33 D 2
Piñeiro E (Po.) 33 D 4
Piñeiro E (Po.) 33 D 1
Piñeiro E (Po.) 14 C 4
Piñeiro E (Po.) 14 A 4
Piñeiros E (A Co.) 2 D 3
Piñel de Abajo E (Vall.) 61 A 2
Piñel de Arriba E (Vall.) 61 A 2
Piñera E (Ast.) 5 B 3
Piñera E (Ast.) 6 C 3
Piñera E (Ast.) 4 D 3
Piñera, La E (Ast.) 6 B 5
Piñera, La E (Ast.) 6 C 3
Piñeres E (Ast.) 18 D 1
Piñero, El E (Zam.) 58 D 5
Piñor E (Our.) 35 A 1
Piñuécar E (Mad.) 81 D 2
Piñuel E (Zam.) 58 A 5
Piñuelas, Los E (Mu.) 172 B 2
Pío de Sajambre E (Le.) 19 D 2
Piódão P (Co.) 95 A 2
Piornal E (Các.) 98 B 4
Piornedo E (Le.) 18 D 2
Piornedo E (Our.) 36 A 4
Pioz E (Gua.) 102 C 1
Pipa P (Lis.) 126 D 1
Pipaón E (Ál.) 43 B 1
Pipaona E (La R.) 44 A 3
Piquera de
San Esteban E (So.) 62 C 4
Piqueras E (Gua.) 84 D 5
Piqueras del Castillo E (Cu.) 122 B 2
Piquillo, El, lugar E (Mad.) 100 C 3
Piquín E (Lu.) 4 B 5
Pira E (Ta.) 69 C 4
Piracés E (Hues.) 47 A 5
Pisão P (Co.) 94 D 2
Pisão P (Co.) 94 A 2
Pisão P (Por.) 113 B 5
Pisão P (Por.) 128 D 1
Pisão P (Vis.) 74 C 3
Pisão P (Vis.) 75 A 5
Piscifactoría E (Gua.) 83 C 3
Pisões P (Be.) 145 A 4
Pisões P (C. B.) 112 D 1
Pisões P (Lei.) 94 C 4
Pisões P (Lei.) 111 A 1
Pisões P (V. R.) 55 A 1
Pisón de Castrejón E (Pa.) 20 B 4
Pisoria P (C. B.) 95 A 4
Pisueña E (Can.) 21 D 1
Pita P (San.) 128 A 1
Pitarque E (Te.) 86 D 5
Piteira E (Our.) 35 A 1
Pitiegua E (Sa.) 78 D 2
Pitillas E (Na.) 45 A 2
Pitões das Júnias P (V. R.) 35 A 5
Pitres E (Gr.) 182 B 3
Piúgos E (Lu.) 15 D 2
Pixeiros E (Our.) 36 B 4
Pizarra E (Mál.) 180 A 4
Pizarral E (Sa.) 78 C 5
Pizarrera, La E (Mad.) 101 A 1
Pizarro E (Các.) 132 B 1
Pla d'Amunt E (Gi.) 51 D 4
Pla d'Avall E (Gi.) 51 D 4
Pla de Baix E (Gi.) 52 A 4
Pla de la Font, el E (Ll.) 68 B 2
Pla de la Vallonga E (Ali.) 156 D 2
Pla de Manlleu, el E (Ta.) 70 A 4
Pla de na Tesa, Es E (Bal.) 91 C 3
Pla de Sant Josep E (Ali.) 156 C 3
Pla de Sant Tirs, el E (Ll.) 49 D 2
Pla de Santa Maria, el E (Ta.) 69 D 4
Pla del Castell, el E (Bar.) 70 C 3
Pla del Penedès, el E (Bar.) 70 B 4
Pla del Remei, El E (Bar.) 71 C 1
Pla del Temple E (Bar.) 71 C 1
Pla, El E (Bar.) 71 C 2
Pla, El E (Bar.) 71 B 2
Pla, El E (Bar.) 70 A 2
Pla, el E (Cas.) 107 C 3
Placa, La E (Le.) 37 B 1
Placencia de las
Armas → Soraluze E (Gui.) 23 D 1
Plademont E (Gi.) 51 D 4
Pladevall E (Gi.) 51 C 3
Pladevall E (Gi.) 51 D 4
Plan E (Hues.) 28 A 5
Plan, El E (Mu.) 172 B 2
Plana del Pont Nou, La E (Bar.) 70 C 1
Plana, la E (Ta.) 89 C 1
Planas, Las E (Te.) 87 B 4
Planassa, La E (Bar.) 70 D 3
Planes E (Ali.) 141 B 4
Planes d'Hostoles, les E (Gi.) 51 C 4
Planes, les E (Bar.) 71 A 4
Planoles E (Gi.) 50 D 2
Plans, els E (Ali.) 157 D 1
Plasencia E (Các.) 97 D 4
Plasencia de Jalón E (Zar.) 65 C 2
Plasencia del Monte E (Hues.) 46 C 3
Plasenzuela E (Các.) 115 D 4
Platera, La E (J.) 153 B 3
Platja → Playa E (Val.) 141 C 3
Platja d'Alcúdia E (Bal.) 92 B 1
Platja d'Aro E (Gi.) 52 C 5
Platja de Calafell, La E (Ta.) 70 A 5
Platja del Francàs, La E (Ta.) 90 A 1
Platja, la → Playa, La E (Cas.) 108 A 4
Platosa, La, lugar E (Sev.) 165 A 4
Playa Blanca E (Las P.) 192 A 5
Playa de Arinaga E (Las P.) 191 D 4
Playa
de las Américas E (S. Cruz T.) 195 C 5
Playa de Melenara E (Las P.) 191 D 3
Playa de Mogán, La E (Las P.) 191 A 4
Playa de San Juan E (S. Cruz T.) 195 C 4
Playa de San Nicolás E (Las P.) 191 A 3
Playa de Santiago E (S. Cruz T.) 194 C 2
Playa del Inglés E (Las P.) 191 C 4
Playa del Matorral E (Las P.) 189 C 5
Playa del Sol-Villacana E (Mál.) 187 D 2
Playa Honda E (Las P.) 192 C 4
Playa Muchavista E (Ali.) 157 D 1
Playa, La/Platja, la E (Cas.) 108 A 4
Playa/Platja E (Val.) 141 C 3
Playas de Chacón E (Zar.) 67 C 5
Playitas, Las E (Las P.) 190 A 4
Plaza, La (Teverga) E (Ast.) 18 A 1
Pleitas E (Zar.) 65 D 2
Plenas E (Zar.) 86 A 2
Plentzia E (Viz.) 11 A 4
Pliego E (Mu.) 155 B 5
Plines E (Gr.) 181 A 1
Plou E (Te.) 86 B 2
Pó P (Lei.) 110 C 4
Poago E (Ast.) 6 C 3
Poal, El E (Bar.) 70 C 1
Poal, el E (Ll.) 69 A 2
Pobar E (So.) 64 A 1
Pobeña E (Viz.) 10 C 5
Pobes E (Ál.) 23 A 4
Pobla de
Benifassà, la →
Puebla de Benifasar E (Cas.) 88 A 5
Pobla de Cérvoles, la E (Ll.) 69 A 4
Pobla de Claramunt, la E (Bar.) 70 B 3
Pobla de Farnals, la E (Val.) 125 B 3
Pobla de Lillet, la E (Bar.) 50 C 2
Pobla de Mafumet, la E (Ta.) 89 C 1
Pobla de Massaluca, la E (Ta.) 88 B 1
Pobla de Montornès, la E (Ta.) 89 D 1
Pobla de Segur, la E (Ll.) 49 A 3
Pobla de Vallbona, la E (Val.) 124 D 3
Pobla del Duc, la E (Val.) 141 A 3
Pobla Llarga, la E (Val.) 141 A 1
Pobla Tornesa, la E (Cas.) 107 D 4
Pobla, Sa E (Bal.) 92 A 2
Población de Arreba E (Bur.) 21 C 3
Población de Arroyo E (Pa.) 39 D 2
Población de Campos E (Pa.) 40 C 3
Población de Cerrato E (Pa.) 60 C 2
Población de Soto E (Pa.) 40 B 2
Poblachuela, La, lugar E (C. R.) 135 B 3
Poblado C.N.V E (Bad.) 117 B 5
Poblado de Alfonso XIII E (Sev.) 177 D 1
Poblado de Potasas E (Na.) 25 A 5
Poblado del Iara E (J.) 151 C 5
Poblado Permanente
de Hidroeléctrica
Española E (Các.) 114 C 1
Poblado San Julián E (J.) 150 D 5
Poblados Marítimos/
Port de Borriana, el E (Cas.) 125 C 1
Pobladura de Aliste E (Zam.) 57 C 1
Pobladura de Fontecha E (Le.) 38 C 2
Pobladura de la Sierra E (Le.) 37 C 2
Pobladura de la Tercia E (Le.) 18 C 3
Pobladura
de las Regueras E (Le.) 17 D 5
Pobladura de Luna E (Le.) 18 B 3
Pobladura
de Pelayo García E (Le.) 38 C 3
Pobladura de Somoza E (Le.) 17 A 5
Pobladura de Sotiedra E (Vall.) 59 B 2
Pobladura
de Valderaduey E (Zam.) 58 D 2
Pobladura de Yuso E (Le.) 38 A 3
Pobladura
del Bernesga E (Le.) 18 D 5
Pobladura del Valle E (Zam.) 38 C 4
Poblenou →
Pueblo Nuevo E (Val.) 125 A 3
Poblenou
de Benitatxell, el →
Benitachell E (Ali.) 142 A 4
Poblenou del Delta, El E (Ta.) 88 D 5
Poblenou, El E (Gi.) 52 A 2
Pobles, les E (Ta.) 89 B 2
Pobles, les E (Ta.) 69 D 4
Poble-sec, El E (Bar.) 51 A 4
Poble-sec, El E (Ll.) 49 D 2
Poblet E (Ta.) 69 B 4
Poblete E (C. R.) 135 B 3
Poblets, els E (Ali.) 141 D 3
Pobo de Dueñas, El E (Gua.) 85 A 4
Pobo, El E (Te.) 106 B 1
Poboleda E (Ta.) 69 A 5
Pobra de Brollón, A/
Puebla del Brollón E (Lu.) 16 A 5
Pobra de Burón, A E (Lu.) 16 C 1
Pobra de San Xulián
(Láncara) E (Lu.) 16 A 3
Pobra de Trives, A E (Our.) 36 B 2
Pobra do Caramiñal/
Puebla del Caramiñal E (A Co.) 13 C 4
Pocariça P (Co.) 93 D 1
Pocariça P (Lis.) 110 D 5
Poceirão P (Set.) 127 B 4
Pocicas-Galeras, Las E (Alm.) 170 B 4
Pocico, El E (Alm.) 170 C 5
Pocico, El E (Gr.) 169 A 5
Pocicos, Los E (Alb.) 138 C 4
Pocinho P (Fa.) 175 B 2
Pocinho P (Guar.) 76 B 1

Pozo de los Frailes

Place			Page	Grid
Poço	P	(Ave.)	94	A1
Poço da Chainça	P	(Lei.)	111	B2
Poço do Canto	P	(Guar.)	76	A2
Poço Longo	P	(Fa.)	174	D3
Poço Velho	P	(Guar.)	76	D5
Podame	P	(V. C.)	34	B4
Podence	P	(Bra.)	56	C3
Podentes	E	(Our.)	35	A3
Podentes	P	(Co.)	94	A3
Podes	E	(Ast.)	6	B2
Poiares	P	(Bra.)	76	D2
Poiares	P	(V. C.)	54	A2
Poiares	P	(V. R.)	55	B5
Poio	E	(Po.)	34	A1
Poios	P	(Lei.)	93	D4
Pol	E	(Lu.)	16	A1
Pol	E	(Our.)	35	A1
Pola de Allande	E	(Ast.)	5	B5
Pola de Gordón, La	E	(Le.)	18	D4
Pola de Laviana	E	(Ast.)	6	D5
Pola de Lena	E	(Ast.)	18	C1
Pola de Siero	E	(Ast.)	6	D4
Pola de Somiedo	E	(Ast.)	17	D2
Pola del Pino	E	(Ast.)	19	A2
Polaciones	E	(Can.)	20	C2
Polán	E	(To.)	119	A1
Polanco	E	(Can.)	9	B4
Polavieja	E	(Ast.)	5	B3
Polentinos	E	(Pa.)	20	C3
Poleñino	E	(Hues.)	67	A1
Polícar	E	(Gr.)	168	C5
Polientes	E	(Can.)	21	B4
Polígono de Santa María de Benquerencia	E	(To.)	119	B1
Polígono Residencial de Arinaga	E	(Las P.)	191	D4
Polinyà	E	(Bar.)	71	A3
Polinyà de Xúquer	E	(Val.)	141	B1
Polop	E	(Ali.)	141	C5
Polopos	E	(Alm.)	184	C2
Polopos	E	(Gr.)	182	C4
Poloria	E	(Gr.)	168	A4
Polvacera, La	E	(S. Cruz T.)	193	C3
Polvoredo	E	(Le.)	19	C2
Polvorosa	P	(Por.)	113	A4
Pollença	E	(Bal.)	92	A1
Pollos	E	(Vall.)	59	C4
Pomaluengo	E	(Can.)	9	B5
Pomar de Cinca	E	(Hues.)	67	D1
Pomar de Valdivia	E	(Pa.)	21	A4
Pomarão	P	(Be.)	161	B2
Pomares	P	(Co.)	95	A2
Pomares	P	(Guar.)	76	B5
Pombal	P	(Bra.)	55	D5
Pombal	P	(Bra.)	56	C4
Pombal	P	(Lei.)	93	D4
Pombalinho	P	(Co.)	94	A4
Pombalinho	P	(San.)	111	D4
Pombar	E	(Our.)	35	D2
Pombaria	P	(Lei.)	94	A5
Pombas	P	(C. B.)	94	C5
Pombeira	P	(San.)	112	B1
Pombeiras	P	(Co.)	94	C2
Pombeiro	E	(Lu.)	35	C1
Pombeiro da Beira	P	(Co.)	94	C2
Pombeiro de Ribavizela	P	(Port.)	54	C4
Pombeiros	P	(Be.)	144	C5
Pombriego	E	(Le.)	37	A1
Pomer	E	(Zar.)	64	D3
Pompajuela, lugar	E	(To.)	117	D1
Poncebos	E	(Ast.)	8	A5
Pondras	P	(V. R.)	55	A2
Ponferrada	E	(Le.)	37	B1
Ponjos	E	(Le.)	18	A4
Pont d'Armentera, el	E	(Ta.)	69	D4
Pont de Bar, el	E	(Ll.)	50	A2
Pont de Claverol, el	E	(Ll.)	49	A3
Pont de Molins	E	(Gi.)	52	A2
Pont de Suert, el	E	(Ll.)	48	D2
Pont de Vilomara, el	E	(Bar.)	70	C2
Pont del Príncep, El	E	(Gi.)	52	B2
Pont Major, El	E	(Gi.)	52	A4
Ponta	P	(Ma.)	109	B1
Ponta Delgada	P	(Aç.)	109	B5
Ponta Delgada	P	(Aç.)	109	A2
Ponta Delgada	P	(Ma.)	110	B1
Ponta do Pargo	P	(Ma.)	109	D1
Ponta do Sol	P	(Ma.)	110	A2
Ponta Garça	P	(Aç.)	109	C5
Ponte	E	(Ast.)	5	C4
Ponte	E	(Lu.)	4	A5
Ponte	E	(Po.)	14	D4
Ponte	P	(Br.)	54	B3
Ponte	P	(Br.)	54	B1
Ponte Beluso	E	(A Co.)	13	D4
Ponte da Barca	P	(V. C.)	54	B1
Ponte da Bica	P	(San.)	111	A3
Ponte da Mucela	P	(Co.)	94	C2
Ponte de Fajão	P	(Co.)	94	D3
Ponte de Fora	P	(Vis.)	74	C4
Ponte de Lima	P	(V. C.)	54	A1
Ponte de Olo	P	(V. R.)	55	A4
Ponte de Sôr	P	(Por.)	112	C5
Ponte de Sótão	P	(Co.)	94	C3
Ponte de Telhe	P	(Ave.)	74	C2
Ponte de Vagos	P	(Ave.)	73	D5
Ponte do Abade	P	(Vis.)	75	C3
Ponte do Ave	P	(Port.)	53	D4
Ponte do Celeiro	P	(San.)	111	C4
Ponte do Porto	E	(A Co.)	1	B5
Ponte do Reguengo	P	(San.)	111	B5
Ponte do Rol	P	(Lis.)	110	C5
Ponte Nafonso, A	E	(A Co.)	13	D3
Ponte Nefonso	E	(A Co.)	13	D3
Ponte Noalla	E	(Our.)	35	B2
Ponte Sampaio	E	(Po.)	34	A1
Ponte Ulla	E	(A Co.)	14	C3
Ponte Valga	E	(Po.)	14	A4
Ponte Veiga	E	(Our.)	34	D1
Ponte Velha	P	(Co.)	94	B3
Ponte, A	E	(Our.)	36	D3
Ponteareas	E	(Po.)	34	B3
Ponte-Caldelas	E	(Po.)	34	B1
Ponteceso	E	(A Co.)	1	D4
Pontecesures	E	(Po.)	14	A4
Pontedeume	E	(A Co.)	2	D3
Pontedeva	E	(Our.)	34	D3
Pontedo	E	(Le.)	18	D3
Ponteira	P	(V. R.)	55	A1
Pontejos	E	(Can.)	9	C4
Pontejos	E	(Zam.)	58	C4
Pontellas	E	(A Co.)	2	D4
Pontellas	E	(Po.)	34	A3
Pontenova, A	E	(Lu.)	4	B4
Pontepedra, A	E	(A Co.)	14	B1
Pontes	P	(Set.)	127	B5
Pontes de García Rodríguez, As/ Puentes de García Rodríguez	E	(A Co.)	3	B3
Pontevedra	E	(Po.)	34	A1
Pontevel	P	(San.)	111	B5
Pontica	E	(Ast.)	6	D3
Ponticella	E	(Ast.)	5	A4
Pontido	P	(V. R.)	55	B3
Pontils	E	(Ta.)	69	D3
Pontón Alto	E	(J.)	153	B4
Pontón, El	E	(Val.)	124	A4
Pontón, El	E	(Viz.)	22	D1
Pontones	E	(Can.)	9	D4
Pontones	E	(J.)	153	B4
Pontons	E	(Bar.)	70	A4
Pontós	E	(Gi.)	52	A3
Ponts	E	(Ll.)	49	C5
Ponzano	E	(Hues.)	47	C4
Poo	E	(Ast.)	8	A4
Pópulo	P	(V. R.)	55	D4
Porciones	E	(Sa.)	77	C4
Porcuna	E	(J.)	167	A1
Porches	P	(Fa.)	173	D2
Poreño	E	(Ast.)	7	A4
Porís de Abona	E	(S. Cruz T.)	196	A4
Porley	E	(Ast.)	17	C1
Porqueira	E	(Our.)	35	B4
Porquera de los Infantes	E	(Pa.)	21	A4
Porquera de Santullán	E	(Pa.)	20	D3
Porquera del Butrón	E	(Bur.)	21	D4
Porqueres	E	(Gi.)	51	D3
Porqueriza	E	(Sa.)	78	A2
Porquerizas, lugar	E	(Cád.)	186	B2
Porqueros	E	(Le.)	18	A5
Porrais	P	(Bra.)	56	D4
Porrais	P	(V. R.)	55	D4
Porreiras	P	(V. C.)	34	A4
Porrera	E	(Ta.)	89	A1
Porreres	E	(Bal.)	92	B4
Porrinheiro	P	(Vis.)	74	D5
Porriño, O	E	(Po.)	34	A3
Porrosa, La	E	(J.)	152	D2
Porrosillo, El	E	(J.)	152	A3
Porrúa	E	(Ast.)	8	A4
Port	E	(Ali.)	142	A4
Port d'Alcúdia, Es	E	(Bal.)	92	B1
Port de Borriana, el → Poblados Marítimos	E	(Cas.)	125	C1
Port de la Selva, el	E	(Gi.)	52	C1
Port de Pollença	E	(Bal.)	92	B1
Port de Sagunt, el → Puerto, El	E	(Val.)	125	B2
Port, El	E	(Bal.)	91	C2
Port, El	E	(Gi.)	52	C1
Port, Es	E	(Bal.)	91	C2
Port, Es	E	(Bal.)	91	A4
Porta	E	(A Co.)	15	A2
Porta	E	(Val.)	125	A4
Porta Coeli	E	(Val.)	125	A2
Portagem	P	(Por.)	113	D4
Portaje	E	(Các.)	97	A5
Portal, El	E	(Cád.)	177	C5
Portalegre	P	(Por.)	113	C4
Portales, Los	E	(Las P.)	191	C2
Portalrubio	E	(Te.)	86	A4
Portalrubio de Guadamajud	E	(Cu.)	103	C3
Portals Nous	E	(Bal.)	91	C4
Portazgo, El	E	(Cór.)	166	D4
Portbou	E	(Gi.)	52	C1
Portel	P	(Év.)	145	A2
Portela	E	(A Co.)	14	A3
Portela	E	(A Co.)	14	D2
Portela	E	(Po.)	34	A2
Portela	E	(Po.)	15	B4
Portela	E	(Po.)	34	A3
Portela	E	(Po.)	33	D2
Portela	E	(Po.)	14	A5
Portela	E	(Po.)	14	B4
Portela	P	(Ave.)	74	A2
Portela	P	(Br.)	54	B3
Portela	P	(Bra.)	56	D1
Portela	P	(C. B.)	94	C5
Portela	P	(Co.)	93	D2
Portela	P	(Lei.)	94	B5
Portela	P	(Lei.)	110	D4
Portela	P	(Lis.)	110	D5
Portela	P	(San.)	112	A3
Portela	P	(San.)	112	B2
Portela	P	(V. C.)	34	B5
Portela	P	(V. C.)	34	B4
Portela	P	(V. R.)	55	B5
Portela da Teira	P	(San.)	111	B3
Portela das Cabras	P	(Br.)	54	A2
Portela de Aguiar	E	(Le.)	36	D1
Portela de Portomourisco	E	(Our.)	36	B2
Portela de São Caetano	P	(Lei.)	94	A5
Portela de Valcarce, La	E	(Le.)	16	D5
Portela de Vila Verde	P	(San.)	112	A1
Portela do Fojo	P	(Co.)	94	C4
Portela Susã	P	(V. C.)	53	D1
Portela, A	E	(Our.)	36	C1
Portelárbol	E	(So.)	63	D1
Portelas	P	(Fa.)	173	B2
Portelas	P	(Lei.)	93	C4
Portelas	P	(San.)	112	C3
Portelas, Las	E	(S. Cruz T.)	195	B3
Portelinha	P	(Set.)	143	C5
Portelinha	P	(V. C.)	34	D4
Portelo	P	(Bra.)	37	A5
Portelrubio	E	(So.)	63	D1
Portell de Morella	E	(Cas.)	107	B1
Portella, la	E	(Ll.)	68	C2
Portellada, La	E	(Te.)	87	D3
Portera, La	E	(Val.)	124	A4
Portezuelo	E	(Các.)	115	B1
Portezuelo, El	E	(S. Cruz T.)	196	B1
Portilla	E	(Ál.)	23	A5
Portilla	E	(Cu.)	104	B3
Portilla de la Reina	E	(Le.)	20	A2
Portilla, La	E	(Alm.)	170	D5
Portillejo	E	(Pa.)	40	B1
Portillo	E	(Sa.)	78	D4
Portillo	E	(Vall.)	60	B4
Portillo de Soria	E	(So.)	64	B3
Portillo de Toledo	E	(To.)	100	D4
Portimão	P	(Fa.)	173	C2
Portinatx	E	(Bal.)	89	D3
Portinha	P	(San.)	112	B1
Portinho da Arrábida	P	(Set.)	127	A5
Portlligat, lugar	E	(Gi.)	52	D2
Portman	E	(Mu.)	172	C3
Porto	E	(A Co.)	2	D3
Porto	E	(Our.)	35	C3
Porto	E	(Zam.)	36	D3
Porto	P	(Port.)	53	D5
Porto Alto	P	(San.)	127	A2
Porto Brandão	P	(Set.)	126	C3
Porto Carreiro	P	(Co.)	94	D3
Porto Carvalhoso	P	(Fa.)	174	D2
Porto Colom	E	(Bal.)	92	C4
Porto Covo	P	(Set.)	143	A5
Porto Cristo	E	(Bal.)	92	D3
Porto da Carne	P	(Guar.)	76	A5
Porto da Cruz	P	(Ma.)	110	C1
Porto da Espada	P	(Por.)	113	D4
Porto da Luz	P	(Lis.)	127	A1
Porto de Bares	E	(A Co.)	3	D1
Porto de Espasante	E	(A Co.)	3	C1
Porto de Lagos	P	(Fa.)	173	C2
Porto de Mendo	P	(San.)	112	A2
Porto de Mós	P	(Lei.)	111	B2
Porto de Muge	P	(San.)	111	B5
Porto de Ovelha	P	(Guar.)	76	C5
Porto de Santa Cruz	E	(A Co.)	2	C4
Porto do Barqueiro	E	(A Co.)	3	C1
Porto do Carro	P	(Co.)	94	A2
Porto do Carro	P	(Lei.)	111	B1
Porto do Son	E	(A Co.)	13	C4
Porto Formoso	P	(Aç.)	109	C4
Porto Liceia	P	(Co.)	93	C2
Porto Moniz	P	(Ma.)	109	D1
Porto Novo	P	(Ave.)	74	B2
Porto Novo	P	(Lis.)	110	C5
Porto Petro	E	(Bal.)	92	C5
Porto Salvo	P	(Lis.)	126	C3
Porto Santo	P	(Ma.)	109	C1
Porto Velho	P	(San.)	112	A1
Portobravo (Lousame)	E	(A Co.)	13	D3
Portocarrero	E	(Alm.)	183	D1
Pòrtol	E	(Bal.)	91	D3
Portomar	P	(Co.)	73	C5
Portomarín	E	(Lu.)	15	C3
Portomeiro	E	(A Co.)	14	A2
Portomouro	E	(A Co.)	14	A2
Portonovo	E	(Po.)	33	D1
Portos dos Fusos	P	(C. B.)	94	B5
Portosín	E	(A Co.)	13	C3
Portua	E	(Gui.)	12	D4
Portugalete	E	(A Co.)	13	B3
Portugalete	E	(Viz.)	10	D5
Pórtugos	E	(Gr.)	182	C2
Portunhos	P	(Co.)	93	D2
Portús, El	E	(Mu.)	172	B3
Portuzelo	P	(V. C.)	53	D1
Porvenir de la Industria	E	(Cór.)	149	A2
Porvorais	P	(Co.)	94	C3
Porzomillos	E	(A Co.)	2	D4
Porzuna	E	(C. R.)	135	A1
Posada	E	(Ast.)	5	C5
Posada	E	(Ast.)	8	A4
Posada de la Valduerna	E	(Le.)	38	A2
Posada de Llanera	E	(Ast.)	6	C4
Posada de Valdeón	E	(Le.)	19	D1
Posada del Bierzo	E	(Le.)	37	A1
Posadas	E	(Cór.)	165	C1
Posadas Ricas	E	(J.)	151	D5
Posadilla	E	(Cór.)	149	A3
Posadilla de la Vega	E	(Le.)	38	B2
Posmarcos	E	(A Co.)	13	C4
Possacos	P	(V. R.)	56	A2
Possanco	P	(Set.)	143	B1
Posto Fiscal do Caia	P	(Por.)	130	B3
Potes	E	(Can.)	20	B1
Potiche	E	(Alb.)	138	B5
Potries	E	(Val.)	141	C3
Pouca Pena	P	(Co.)	93	D3
Poulo	E	(A Co.)	14	C1
Poulo	E	(Our.)	34	D3
Pousa	E	(Our.)	35	D5
Pousa	P	(Br.)	54	A2
Pousa Foles	P	(Co.)	94	A3
Pousada	E	(Lu.)	16	B3
Pousada	E	(Lu.)	4	A5
Pousada	E	(Lu.)	16	B2
Pousada	E	(Lu.)	4	B3
Pousada	E	(Po.)	14	C5
Pousada	E	(Po.)	34	A2
Pousada	P	(Br.)	54	B2
Pousada	P	(Port.)	74	D1
Pousada de Saramagos	P	(Br.)	54	B3
Pousadas	P	(Co.)	94	A3
Pousadas	P	(V. R.)	55	A5
Pousadas	P	(Vis.)	74	C5
Pousadas	P	(Vis.)	75	B4
Pousade	P	(Guar.)	76	B5
Pousadela	P	(Vis.)	75	B3
Pousadouros	P	(Co.)	94	D2
Pousaflores	P	(C. B.)	95	B5
Pousaflores	P	(Lei.)	94	A5
Pousafoles do Bispo	P	(Guar.)	96	A1
Pousos	P	(Lei.)	111	C1
Pousos	P	(San.)	111	D2
Poutena	P	(Ave.)	93	D1
Poutomillos	E	(Lu.)	15	C2
Poveda	E	(Áv.)	99	C1
Poveda de la Obispalía	E	(Cu.)	103	D5
Poveda de la Sierra	E	(Gua.)	84	B5
Poveda de las Cintas	E	(Sa.)	79	B2
Póveda de Soria, La	E	(So.)	43	C5
Poveda, La, lugar	E	(Mad.)	100	D3
Povedilla	E	(Alb.)	137	C4
Póvoa	P	(Bra.)	57	C3
Póvoa	P	(Bra.)	56	B5
Póvoa	P	(C. B.)	112	C1
Póvoa	P	(Co.)	94	A4
Póvoa	P	(Co.)	94	B3
Póvoa	P	(Co.)	94	C3
Póvoa	P	(Lei.)	111	A2
Póvoa	P	(Port.)	73	D1
Povoa	P	(San.)	111	C3
Póvoa	P	(San.)	112	A1
Póvoa	P	(Vis.)	75	A1
Póvoa	P	(Vis.)	75	A3
Póvoa	P	(Vis.)	75	B3
Póvoa da Catarina	P	(Vis.)	74	D5
Póvoa da Galega	P	(Lis.)	126	C2
Póvoa da Isenta	P	(San.)	111	B5
Póvoa da Palhaça	P	(C. B.)	95	D3
Póvoa da Pégada	P	(Vis.)	74	D5
Póvoa da Rainha	P	(Guar.)	75	B5
Povoa da Ribeira Sardeira	P	(C. B.)	94	C5
Póvoa das Chãs	P	(Ave.)	74	B3
Póvoa das Leiras	P	(Vis.)	74	C3
Póvoa de Abraveia	P	(Co.)	94	B3
Póvoa de Agrações	P	(V. R.)	55	D2
Póvoa de Atalaia	P	(C. B.)	95	C4
Póvoa de Cebeçais	P	(Vis.)	74	D4
Póvoa de Cervães	P	(Vis.)	75	B5
Póvoa de Lanhoso	P	(Br.)	54	C2
Póvoa de Lila	P	(V. R.)	56	A3
Póvoa de Luzianes	P	(Vis.)	75	A5
Póvoa de Midões	P	(Co.)	94	D1
Póvoa de Mós	P	(San.)	111	C3
Póvoa de Pegas	P	(Co.)	94	A3
Póvoa de Penafirma	P	(Lis.)	110	C5
Póvoa de Penela	P	(Vis.)	75	D1
Póvoa de Rio de Moinhos	P	(C. B.)	95	C5
Póvoa de Santa Cristina	P	(Co.)	93	D2
Póvoa de Santa Iria	P	(Lis.)	126	D2
Póvoa de Santarém	P	(San.)	111	C4
Póvoa de Santo Adrião	P	(Lis.)	126	D2
Póvoa de Santo António	P	(Vis.)	74	D5
Póvoa de São Cosme	P	(Co.)	95	A1
Póvoa de São Miguel	P	(Be.)	145	C2
Póvoa de Tres	P	(San.)	111	B4
Póvoa de Varzim	P	(Port.)	53	D4
Póvoa d'El-Rei	P	(Guar.)	76	A4
Póvoa do Arcediago	P	(Vis.)	74	D5
Póvoa do Concelho	P	(Guar.)	76	A4
Póvoa do Conde	P	(San.)	111	B4
Povoa do Forno	P	(Ave.)	73	D5
Póvoa do Manique	P	(Lis.)	111	B5
Povoa do Pereiro	P	(Ave.)	94	A1
Póvoa do Valado	P	(Ave.)	73	D5
Póvoa dos Mosqueiros	P	(Vis.)	94	C1
Póvoa dos Sobrinhos	P	(Vis.)	75	A4
Póvoa e Meadas	P	(Por.)	113	C3
Póvoa Nova	P	(Guar.)	95	B1
Póvoa Velha	P	(Guar.)	95	B1
Povoação	P	(Aç.)	109	D5
Póvoada Alagoa	P	(Vis.)	74	D5
Póvoas	P	(San.)	111	B3
Povolide	P	(Vis.)	75	A4
Poyales del Hoyo	E	(Áv.)	99	B3
Poyata, La	E	(Cór.)	167	A4
Poyatos	E	(Cu.)	104	B2
Poyo del Cid, El	E	(Te.)	85	C3
Poyo, El	E	(Zam.)	57	C1
Poyos, Los, lugar	E	(Alb.)	153	D4
Poza de la Sal	E	(Bur.)	22	A5
Poza de la Vega	E	(Pa.)	40	A1
Pozal de Gallinas	E	(Vall.)	60	A5
Pozáldez	E	(Vall.)	59	D5
Pozalmuro	E	(So.)	64	B2
Pozán de Vero	E	(Hues.)	47	C4
Pozanco	E	(Áv.)	80	B4
Pozancos	E	(Gua.)	83	B2
Pozo Alcón	E	(J.)	169	A2
Pozo Aledo	E	(Mu.)	172	C1
Pozo Bueno	E	(Alb.)	139	A4
Pozo Cano, lugar	E	(Alb.)	154	D1
Pozo de Abajo, lugar	E	(Alb.)	153	C1
Pozo de Almoguera	E	(Gua.)	102	D2
Pozo de Guadalajara	E	(Gua.)	102	C1
Pozo de la Higuera	E	(Mu.)	171	A4
Pozo de la Peña	E	(Alb.)	139	A3
Pozo de la Rueda, lugar	E	(Gr.)	170	A2
Pozo de la Serna	E	(C. R.)	136	C4
Pozo de los Frailes	E	(Alm.)	184	C4

Pozo de Urama

Pozo de Urama E (Pa.) 39 D3
Pozo del Camino E (Huel.) 175 D2
Pozo del Capitán, lugar E (Alm.) 184 C3
Pozo del Esparto, El E (Alm.) 171 B5
Pozo del Lobo E (Alm.) 169 D4
Pozo Estrecho E (Mu.) 172 B2
Pozo Iglesias E (Gr.) 169 D3
Pozo Izquierdo E (Las P.) 191 D4
Pozoamargo E (Cu.) 122 B5
Pozoantiguo E (Zam.) 59 A3
Pozoblanco E (Cór.) 149 D2
Pozo-Cañada E (Alb.) 139 A4
Pozohondo E (Alb.) 138 C4
Pozo-Lorente E (Alb.) 139 B2
Pozondón E (Te.) 105 B1
Pozorrubio E (Cu.) 121 A1
Pozos E (Le.) 37 C3
Pozos de Hinojo E (Sa.) 77 B3
Pozos de Mondar E (Sa.) 78 A2
Pozoseco E (Cu.) 122 C4
Pozuel de Ariza E (Zar.) 64 B5
Pozuel del Campo E (Te.) 85 B4
Pozuelo E (Alb.) 138 B4
Pozuelo de Alarcón E (Mad.) 101 C2
Pozuelo de Aragón E (Zar.) 65 B2
Pozuelo de Calatrava E (C. R.) 135 C3
Pozuelo de la Orden E (Vall.) 59 B1
Pozuelo de Tábara E (Zam.) 58 B1
Pozuelo de Vidriales E (Zam.) 38 B5
Pozuelo de Zarzón E (Các.) 97 B3
Pozuelo del Páramo E (Le.) 38 C4
Pozuelo del Rey E (Mad.) 102 B2
Pozuelo, El E (Alb.) 154 B1
Pozuelo, El E (Cu.) 84 A5
Pozuelo, El E (Gr.) 182 D4
Pozuelo, El E (Huel.) 162 D2
Pozuelos
de Calatrava, Los E (C. R.) 135 A3
Pozuelos del Rey E (Pa.) 39 D3
Pracais P (Co.) 94 D3
Prada E (Ast.) 5 B5
Prada E (Our.) 36 C2
Prada P (Bra.) 56 C1
Prada de la Sierra E (Le.) 37 C1
Prada de Valdeón E (Le.) 19 D1
Prada, La E (Bur.) 22 C4
Pradales E (Seg.) 61 D4
Prádanos de Bureba E (Bur.) 42 B1
Prádanos de Ojeda E (Pa.) 20 D5
Prádanos del Tozo E (Bur.) 21 B5
Pradeda E (Lu.) 15 C3
Pradejón E (La R.) 44 B3
Pradela E (Le.) 16 D5
Pradell E (Ll.) 69 B1
Pradell E (Ta.) 89 A1
Prádena E (Seg.) 81 D1
Prádena de Atienza E (Gua.) 82 D1
Prádena del Rincón E (Mad.) 82 A2
Pradera
de Navalhorno, La E (Seg.) 81 B3
Prades E (Ta.) 69 B5
Pradilla E (Gua.) 84 D4
Pradilla E (Le.) 17 B5
Pradilla de Ebro E (Zar.) 65 C1
Pradillo E (La R.) 43 B4
Prado E (Ast.) 7 C4
Prado E (Our.) 35 A2
Prado E (Our.) 35 A5
Prado E (Our.) 35 D3
Prado E (Po.) 14 D4
Prado E (Zam.) 39 A5
Prado P (Guar.) 75 C4
Prado P (San.) 111 B3
Prado P (V. C.) 34 C3
Prado de la Guzpeña E (Le.) 19 D4
Prado de Somosaguas E (Mad.) 101 C2
Prado del Rey E (Cád.) 178 C4
Prado Negro E (Gr.) 168 B5
Prado, El E (Alm.) 170 C4
Pradoalvar E (Our.) 36 A3
Pradocabalos E (Our.) 36 B4
Pradochano E (Các.) 97 C5
Prado-Gatão P (Bra.) 57 B4
Pradolongo E (Our.) 36 C3
Pradoluengo E (Bur.) 42 C3
Pradomao E (Our.) 35 D2
Pradorramisquedo E (Our.) 36 C3
Pradorredondo, lugar E (Alb.) 138 A3
Pradorrey E (Le.) 38 A1
Prados E (Seg.) 80 D4
Prados P (Guar.) 75 D5
Prados P (Guar.) 76 A4
Prados Redondos E (Gua.) 84 D4
Prados, Los E (Cór.) 167 A4
Prados, Los E (Mu.) 154 D4
Pradosegar E (Áv.) 99 C1
Pragal P (Set.) 126 C3
Prágdena E (Cór.) 166 C1
Prahua E (Ast.) 6 A3
Praia P (Aç.) 109 A1
Praia da Barra P (Ave.) 73 C4
Praia da Vieira P (Lei.) 93 A5
Praia da Vitoria P (Aç.) 109 A5
Praia das Maçãs P (Lis.) 126 B2
Praia de Faro P (Fa.) 174 C3
Praia de Mira P (Co.) 73 C5
Praia do Norte P (Aç.) 109 A3
Praia do Ribatejo P (San.) 112 A3
Praia Grande P (Lis.) 126 A2
Praias do Sado P (Set.) 127 B5
Prainha P (Aç.) 109 C3
Prat de Comte E (Ta.) 88 B2
Prat de Llobregat, el E (Bar.) 71 A4
Pratdip E (Ta.) 89 A2
Prats de Cerdanya E (Ll.) 50 C2
Prats de Lluçanès E (Bar.) 50 D4
Prats de Rei, els E (Bar.) 70 A2
Pravia E (Ast.) 6 A3
Prazeres P (Ma.) 109 D1
Prazeres P (Por.) 129 C2
Prazins P (Br.) 54 B3
Preguiças P (Fa.) 161 A4
Preixana E (Ll.) 69 B2
Preixens E (Ll.) 69 B1
Préjano E (La R.) 44 A4
Prelo E (Ast.) 5 A4
Premià de Dalt E (Bar.) 71 B3
Premià de Mar E (Bar.) 71 B3
Prendones E (Ast.) 4 D3
Presa P (Co.) 93 C1
Presa P (Co.) 93 D3
Presa P (Port.) 73 D1
Presa P (San.) 112 C2
Presa, La E (Huel.) 146 C5
Presaras E (A Co.) 15 A1
Presas P (Ave.) 74 B3
Presencio E (Bur.) 41 C4
Preses, les E (Gi.) 51 C3
Presillas E (Bur.) 21 C4
Presillas, Las E (Can.) 9 B5
Presno E (Ast.) 4 D3
Presqueira E (Po.) 14 C5
Préstimo P (Ave.) 74 B4
Pretarouca P (Vis.) 75 A1
Prevediños E (A Co.) 14 C3
Prexigueiros E (Our.) 34 D2
Pría E (Ast.) 7 D4
Priandi E (Ast.) 7 A4
Priaranza
de la Valduerna E (Le.) 37 D2
Priaranza del Bierzo E (Le.) 37 A1
Priego E (Cu.) 104 A2
Priego de Córdoba E (Cór.) 167 A4
Primajas E (Le.) 19 C3
Primera del Río/
Fábrica de Giner, la E (Cas.) 87 C5
Príncipe Alfonso E (Ce.) 188 B5
Priorat de la Bisbal, El E (Ta.) 70 A5
Priorato, El E (Sev.) 164 D2
Priorio E (Ast.) 6 B4
Prioro E (Le.) 19 D3
Proaza E (Ast.) 6 B5
Probaos E (A Co.) 2 D5
Proença-a-Nova P (C. B.) 112 D1
Proença-a-Velha P (C. B.) 96 A4
Proendos E (Lu.) 35 D1
Proente E (Our.) 35 B3
Progo E (Our.) 36 A5
Progreso E (Po.) 14 A4
Promediano E (Bur.) 22 C4
Prova P (Guar.) 75 D3
Provença P (Set.) 143 B4
Provencio, El E (Cu.) 121 C4
Provesende P (Ave.) 74 B2
Provesende P (V. R.) 55 C5
Providência, La E (Val.) 125 A3
Prozelo P (V. C.) 34 B5
Pruit E (Bar.) 51 C4
Prullans E (Ll.) 50 B2
Pruna E (Sev.) 179 B2
Pruneda E (Ast.) 7 A4
Pruvia E (Ast.) 6 C4
Púbol E (Gi.) 52 B4
Pucariça P (San.) 112 B3
Puçol E (Val.) 125 B2
Pudenza E (A Co.) 13 C1
Puebla E (A Co.) 14 D1
Puebla de Albortón E (Zar.) 66 B5
Puebla de Alcocer E (Bad.) 133 A2
Puebla de Alcollarín E (Bad.) 132 B1
Puebla de Alfindén, La E (Zar.) 66 B3
Puebla de Almenara E (Cu.) 121 A1
Puebla
de Almoradiel, La E (To.) 120 C3
Puebla de Arenoso E (Cas.) 106 D4
Puebla de Arganzón, La E (Bur.) 23 A4
Puebla de Argeme E (Các.) 97 B5
Puebla de Azaba E (Sa.) 96 D1
Puebla de Beleña E (Gua.) 82 C3
Puebla de Benifasar/
Pobla de Benifassà, la E (Cas.) 88 A5
Puebla de Castro, La E (Hues.) 48 A4
Puebla de Cazalla, La E (Sev.) 165 A5
Puebla
de Don Fadrique E (Gr.) 153 D5
Puebla de Don Rodrigo E (C. R.) 134 B2
Puebla de Eca E (So.) 63 D5
Puebla de Fantova, La E (Hues.) 48 B3
Puebla de Guzmán E (Huel.) 161 D2
Puebla de Híjar, La E (Te.) 87 A1
Puebla de la Calzada E (Bad.) 130 D3
Puebla de la Parrilla E (Cór.) 165 B1
Puebla de la Reina E (Bad.) 131 D4
Puebla de la Sierra E (Mad.) 82 A2
Puebla de Lillo E (Le.) 19 B2
Puebla
de los Infantes, La E (Sev.) 165 A1
Puebla
de Montalbán, La E (To.) 118 C1
Puebla de Mula, La E (Mu.) 155 C4
Puebla de Obando E (Bad.) 130 D1
Puebla de Parga E (Lu.) 3 B5
Puebla de Pedraza E (Seg.) 81 B1
Puebla de Roda, La E (Hues.) 48 B2
Puebla de San Medel E (Sa.) 98 C1
Puebla de San Miguel E (Val.) 105 D4
Puebla de Sanabria E (Zam.) 37 A4
Puebla
de Sancho Pérez E (Bad.) 147 B1
Puebla de Soto E (Mu.) 155 D5
Puebla de Valdavia, La E (Pa.) 20 B5
Puebla de Valverde, La E (Te.) 106 B3
Puebla de Vallés E (Gua.) 82 B3
Puebla de Vícar E (Alm.) 183 C4
Puebla de Yeltes E (Sa.) 77 D5
Puebla del Brollón →
Pobra de Brollón, A E (Lu.) 16 A5
Puebla del Caramiñal →
Pobra do Caramiñal E (A Co.) 13 C4
Puebla del Maestre E (Bad.) 147 D4
Puebla del Mon, La E (Hues.) 48 A4
Puebla del Príncipe E (C. R.) 137 A5
Puebla del Prior E (Bad.) 131 C5
Puebla del Río, La E (Sev.) 163 D5
Puebla del Salvador E (Cu.) 123 A3
Puebla, La E (Mu.) 172 C2
Pueblanueva, La E (To.) 100 A5
Pueblica de Campeán E (Zam.) 58 B4
Pueblica de Valverde E (Zam.) 38 B5
Pueblo Blanco E (Alm.) 184 C3
Pueblo Nuevo/
Poblenou E (Val.) 125 A3
Pueblo, El E (Ast.) 6 C2
Pueblonuevo
de Miramontes E (Các.) 99 A4
Pueblonuevo
del Bullaque E (C. R.) 118 D5
Pueblonuevo
del Guadiana E (Bad.) 130 C2
Puelles E (Ast.) 7 A4
Puelles, les E (Ll.) 69 B1
Puendeluna E (Zar.) 46 B4
Puente Abajo, lugar E (Gr.) 169 B3
Puente Almuhey E (Le.) 19 D4
Puente Arriba E (Gr.) 169 C2
Puente Botero E (Mu.) 171 A2
Puente Carrera E (Huel.) 175 C2
Puente de Alba E (Le.) 18 D4
Puente
de Domingo Flórez E (Le.) 36 D2
Puente de Don Juan E (Cu.) 122 B5
Puente de Génave E (J.) 153 B2
Puente de la Sierra E (J.) 167 D2
Puente de Montañana E (Hues.) 48 C4
Puente de Órbigo E (Le.) 38 B1
Puente
de Sabiñánigo, El E (Hues.) 47 A1
Puente de Salia E (Mál.) 181 A3
Puente de San Miguel E (Can.) 9 B4
Puente de Vadillos E (Cu.) 104 B1
Puente
del Arzobispo, El E (To.) 117 B1
Puente del Congosto E (Sa.) 98 D1
Puente del Obispo E (J.) 152 A5
Puente del Rey E (Le.) 17 A5
Puente del Río E (Alm.) 183 A4
Puente
Duero-Esparragal E (Vall.) 60 A3
Puente Genil E (Cór.) 166 A4
Puente
la Reina de Jaca E (Hues.) 46 B1
Puente la Reina/Gares E (Na.) 24 D5
Puente Madre E (La R.) 43 D2
Puente Mayorga E (Cád.) 187 A4
Puente Nuevo E (J.) 167 D1
Puente Pasico E (Mu.) 171 A2
Puente Romano E (Cád.) 187 A4
Puente Tocinos E (Mu.) 156 A5
Puente Viesgo E (Can.) 9 B5
Puente, El E (Can.) 10 B5
Puente, El E (Zam.) 37 A4
Puente-Arenas E (Bur.) 22 A4
Puentedey E (Bur.) 21 D3
Puentedura E (Bur.) 42 A5
Puentelarra E (Ál.) 22 D5
Puentenansa E (Can.) 20 D1
Puentes de García
Rodríguez →
Pontes de García
Rodríguez, As E (A Co.) 3 B3
Puenticiella E (Ast.) 17 B1
Puercas E (Zam.) 57 D2
Puerta de Segura, La E (J.) 153 B2
Puerta, La E (Gua.) 83 C5
Puertas E (Ast.) 8 B4
Puertas E (Sa.) 77 C1
Puertas, Las, lugar E (Gr.) 167 C4
Puertecico, El E (Alm.) 170 D3
Puertillo, El E (Las P.) 191 C2
Puertito de Güímar E (S. Cruz T.) 196 B3
Puerto E (Ast.) 6 B5
Puerto E (S. Cruz T.) 193 B3
Puerto Adentro E (Mu.) 171 A3
Puerto Alegre E (Cór.) 166 A4
Puerto Alto E (J.) 167 D2
Puerto Castilla E (Áv.) 98 C3
Puerto de Béjar E (Sa.) 98 B2
Puerto de la Cruz E (S. Cruz T.) 196 A2
Puerto de la Encina E (Sev.) 179 B1
Puerto de la Estaca E (S. Cruz T.) 194 C4
Puerto de la Laja E (Huel.) 161 B3
Puerto de la Madera E (S. Cruz T.) 196 B1
Puerto de las Nieves E (Las P.) 191 B2
Puerto de Mazarrón E (Mu.) 171 D3
Puerto de San Vicente E (To.) 117 B3
Puerto de Santa Cruz E (Các.) 116 A5
Puerto
de Santa María, El E (Cád.) 177 C5
Puerto de Santiago E (S. Cruz T.) 195 B3
Puerto de Sardina E (Las P.) 191 B2
Puerto de Vega E (Ast.) 5 B3
Puerto del Carmen E (Las P.) 192 B5
Puerto del Rosario E (Las P.) 190 B2
Puerto Gil E (Huel.) 147 A5
Puerto Hondo E (Mu.) 154 A4
Puerto Hurraco E (Bad.) 132 C5
Puerto Lajas E (Las P.) 190 B2
Puerto Lápice E (C. R.) 120 A5
Puerto Lope E (Gr.) 167 C5
Puerto Lumbreras E (Mu.) 171 A3
Puerto Moral E (Huel.) 147 A5
Puerto Naos E (S. Cruz T.) 193 B3
Puerto Real E (Cád.) 185 D1
Puerto Rey E (Alm.) 184 D4
Puerto Rico E (Las P.) 191 B4
Puerto Seguro E (Sa.) 76 D3
Puerto Serrano E (Cád.) 178 C3
Puerto, El E (Alm.) 183 C4
Puerto, El E (Huel.) 146 B4
Puerto, El/
Port de Sagunt, el E (Val.) 125 B2
Puértolas E (Hues.) 47 D1
Puertollano E (C. R.) 135 A5
Puertomingalvo E (Te.) 107 A3
Puertos, Los, lugar E (Alb.) 139 A5
Pueyo E (Na.) 45 A1
Pueyo de Araguás, El E (Hues.) 47 D2
Pueyo de Fañanás E (Hues.) 47 A4
Pueyo de Jaca, El E (Hues.) 27 A5
Pueyo de Morcat, El E (Hues.) 47 C2
Pueyo de Santa Cruz E (Hues.) 67 D1
Puga E (Our.) 35 A2
Puibolea E (Hues.) 46 D3
Puig E (Val.) 125 B3
Puig d'en Valls E (Bal.) 89 D4
Puig des Dofí, lugar E (Bal.) 89 C4
Puigcerdà E (Gi.) 50 C1
Puigdàlber E (Bar.) 70 B4
Puiggròs E (Ll.) 69 A3
Puigmoltó E (Bar.) 70 C5
Puigmoreno E (Te.) 87 B1
Puigpardines E (Gi.) 51 B3
Puigpelat E (Ta.) 69 D5
Puigpunyent E (Bal.) 91 B3
Puig-reig E (Bar.) 50 C5
Puigventós E (Gi.) 52 B4
Puigverd d'Agramunt E (Ll.) 69 B1
Puigverd de Lleida E (Ll.) 68 D3
Puilatos, lugar E (Zar.) 66 C1
Pujaire E (Alm.) 184 B3
Pujalt E (Bar.) 69 D2
Pujayo E (Can.) 21 B2
Pujerra E (Mál.) 179 B5
Pujols, Es E (Bal.) 90 C5
Pulgar E (To.) 119 A2
Pulgara E (Mu.) 171 B2
Pulgosa, La E (Alb.) 138 D2
Pulianas E (Gr.) 168 A5
Pulianillas E (Gr.) 168 A5
Pulido, El E (Cád.) 186 C4
Pulpí E (Alm.) 171 A4
Pulpillo, El, lugar E (Mu.) 139 D4
Pulpite E (Gr.) 169 D3
Pullas, Las E (Mu.) 155 D4
Pumalverde E (Can.) 9 A5
Pumarabule E (Ast.) 6 D4
Pumarejo de Tera E (Zam.) 38 A5
Pumares, Los E (Can.) 9 D5
Pumarín E (Ast.) 6 D5
Pungalvaz P (San.) 111 D2
Punta Blanca E (Bal.) 90 A4
Punta Brava E (S. Cruz T.) 195 D2
Punta Caimán E (Huel.) 175 C2
Punta Calera E (Mu.) 172 C1
Punta del Hidalgo E (S. Cruz T.) 196 B1
Punta Jandía E (Las P.) 189 B5
Punta Mujeres E (Las P.) 192 D3
Punta Prima E (Ali.) 156 D5
Punta Umbría E (Huel.) 176 B2
Punta, La E (S. Cruz T.) 193 B3
Puntagorda E (S. Cruz T.) 193 B2
Puntal E (Alm.) 184 C1
Puntal, El E (Alm.) 170 A4
Puntal, El E (Mu.) 156 A4
Puntalón E (Gr.) 182 A4
Puntallana E (S. Cruz T.) 193 C2
Puntarrón E (Mu.) 171 C2
Puntas, Las E (S. Cruz T.) 194 C4
Punxín E (Our.) 35 A2
Puol E (Ali.) 156 C3
Puras E (Vall.) 80 B1
Puras de Villafranca E (Bur.) 42 C2
Purchena E (Alm.) 170 A4
Purchil E (Gr.) 181 D1
Purroy E (Zar.) 65 A4
Purroy de la Solana E (Hues.) 48 B4
Purujosa E (Zar.) 64 D2
Purullena E (Gr.) 168 C5
Pusmazán E (Our.) 36 D2
Pussos P (Lei.) 94 A5
Puyarruego E (Hues.) 47 D1

Q

Quadra P (Bra.) 36 C5
Quadra, La E (Viz.) 22 D1
Quadrazais P (Guar.) 96 B2
Quar, la E (Bar.) 50 D4
Quart E (Gi.) 52 A4
Quart de les Valls E (Val.) 125 B2
Quart de Poblet E (Val.) 125 A4
Quarta-Feira P (Guar.) 96 A2
Quarteira P (Fa.) 174 B3
Quartell E (Val.) 125 B2
Quartos de Àquem P (C. B.) 94 D4
Quatretonda E (Val.) 141 A2
Quatretondeta E (Ali.) 141 B4
Quatrim P (Fa.) 174 D3
Quatrim do Sul P (Fa.) 174 D3
Quatro Lagoas P (Co.) 94 A4
Quebrada P (San.) 112 D2
Quebradas P (Lis.) 111 A4
Quebradas, Las, lugar E (Alb.) 153 D3
Quecedo de Valdivieso E (Bur.) 22 A4
Queguas E (Our.) 34 D4
Queijada P (V. C.) 54 A1
Queijas P (Lis.) 126 C3
Queimada P (Vis.) 75 B1
Queimadela P (Br.) 54 C3
Queimadela P (Vis.) 75 B1
Queirã P (Vis.) 74 D4
Queirela P (Vis.) 74 D4
Queiriga P (Vis.) 75 B3

Rozuelas, Las

Rigueira E (Lu.) 4 A2
Rigüelo, El E (Sev.) 166 A5
Rihonor de Castilla E (Zam.) 37 A5
Rilvas P (Set.) 127 A3
Rilleira E (Lu.) 4 B3
Rillo E (Te.) 86 A4
Rillo de Gallo E (Gua.) 84 C3
Rimor E (Le.) 37 A1
Rincón de Ballesteros E (Các.) 115 B5
Rincón de la Casa Grande E (Mu.) 171 C3
Rincón de la Victoria E (Mál.) 180 D4
Rincón de las Coles E (Mu.) 171 A2
Rincón de Los Reinas E (Gr.) 181 A2
Rincón de Olivedo o Casas, Las E (La R.) 44 C5
Rincón de San Ildefonso E (J.) 151 B4
Rincón de Soto E (La R.) 44 C3
Rincón de Turca E (Gr.) 167 A4
Rincón del Moro E (Alb.) 138 D5
Rincón del Obispo E (Các.) 97 A5
Rincón del Sastre E (Mu.) 154 B3
Rincón, El E (Các.) 97 C5
Rincón, El E (Las P.) 191 B3
Rincón, El E (Las P.) 191 C3
Rincón, El, lugar E (Alb.) 137 B2
Rincón, El, lugar E (Alm.) 171 A4
Rinconada de la Sierra, La E (Sa.) 78 A5
Rinconada, La E (Áv.) 100 B2
Rinconada, La E (Sev.) 164 A3
Rinconada, La E (To.) 118 C1
Rinconadas, Las E (Cu.) 105 D5
Rinconcillo, El E (Cór.) 165 D2
Rinconeda E (Can.) 9 B4
Rincones E (Cád.) 177 B4
Rinchoa P (Lis.) 126 C3
Riner E (Ll.) 50 A5
Rinlo E (Lu.) 4 C3
Río E (Mál.) 180 D3
Rio, O E (Our.) 35 B1
Rio E (Po.) 15 A4
Río, El E (S.Cruz T.) 196 A4
Río Bermuza E (Mál.) 181 A3
Rio Bom P (V. R.) 55 D3
Rio Cabrão P (V. C.) 34 A5
Rio Caldo P (Br.) 54 C2
Río Claro, El E (Alm.) 170 C2
Río Chico, El E (Alm.) 183 A3
Río de Baza E (Gr.) 169 C3
Rio de Couros P (San.) 111 D1
Rio de Fornos P (Bra.) 56 C1
Rio de Frades P (Ave.) 74 C3
Rio de Galinhas P (Co.) 94 A3
Rio de Galinhas P (Port.) 54 D5
Río de la Sía E (Bur.) 22 A2
Rio de Loba P (Vis.) 75 A4
Río de Losa E (Bur.) 22 C3
Rio de Mel P (Co.) 95 A2
Rio de Mel P (Guar.) 75 D3
Rio de Mel P (Vis.) 75 A3
Rio de Moinhos P (Be.) 144 A5
Rio de Moinhos P (Év.) 129 B3
Rio de Moinhos P (Guar.) 75 D3
Rio de Moinhos P (Port.) 74 C1
Rio de Moinhos P (San.) 112 B3
Rio de Moinhos P (Set.) 144 A2
Rio de Moinhos P (V. C.) 34 B5
Rio de Moinhos P (Vis.) 75 B4
Rio de Mouro P (Lis.) 126 B3
Rio de Onor P (Bra.) 37 A5
Rio Douro P (Br.) 55 A3
Rio Frio P (Bra.) 57 A2
Rio Frio P (Set.) 127 A4
Rio Frio P (V. C.) 34 B5
Río Grande, El E (Alm.) 183 A3
Río Guadarrama E (Mad.) 101 B3
Río Madera E (Alb.) 138 A5
Rio Maior P (San.) 111 A4
Rio Mau P (Br.) 54 A1
Rio Meão P (Ave.) 73 D2
Río Mencal, lugar E (Alb.) 138 A5
Río Real E (Mál.) 188 A2
Río San Pedro E (Cád.) 185 C1
Río Seco E (Gr.) 181 D4
Rio Seco P (Fa.) 175 B2
Rio Tinto P (Ave.) 73 D5
Rio Tinto P (Br.) 53 D3
Rio Tinto P (Port.) 54 A5
Rio Torto P (Guar.) 75 B5
Rio Torto P (V. R.) 56 A3
Río Trueba E (Bur.) 21 D2
Rio Vide P (Co.) 94 B3
Rioaveso E (Lu.) 3 D5
Riobarba E (Lu.) 3 D2
Riobó E (A Co.) 1 D5
Riobó E (Our.) 35 D3
Riobó E (Po.) 14 C4
Riocabado E (Áv.) 80 A4
Riocaldo E (Our.) 34 D5
Riocaliente E (Ast.) 7 D4
Riocavado de la Sierra E (Bur.) 42 C4
Riocerezo E (Bur.) 42 A2
Rioconejos E (Zam.) 37 B4
Riocorvo E (Can.) 9 B5
Riodades P (Vis.) 75 C2
Riodeva E (Te.) 105 D4
Riofrío E (Áv.) 100 A1
Riofrío E (Cór.) 166 B3
Riofrío E (Gr.) 181 A1
Riofrío E (Le.) 18 B5
Riofrío E (Seg.) 81 A3
Riofrío de Aliste E (Zam.) 57 D1
Riofrío de Riaza E (Seg.) 82 A1
Riofrío del Llano E (Gua.) 83 A1
Riogordo E (Mál.) 180 D3
Rioja E (Alm.) 183 D2
Riola E (Val.) 141 B1
Riolago E (Le.) 18 A3
Riolobos E (Các.) 97 C5
Riomalo de Arriba E (Các.) 97 C1
Riomanzanas E (Zam.) 37 B5
Riomao E (Our.) 36 C2
Riomuíños E (Our.) 34 D3
Rionegro del Puente E (Zam.) 37 D5
Riópar E (Alb.) 153 D1
Riópar Viejo E (Alb.) 153 D1
Rioparaíso E (Bur.) 41 B1
Río-Quintanilla E (Bur.) 22 A5
Riós E (Our.) 36 A5
Rios Frios P (Co.) 94 A2
Ríos, Los E (J.) 151 D3
Riosa E (Ast.) 6 B5
Riosalido E (Gua.) 83 B1
Riosapero E (Can.) 9 C5
Rioscuro E (Le.) 17 D3
Rioseco E (Ast.) 19 A1
Rioseco E (Bur.) 21 D3
Rioseco E (Our.) 35 B5
Rioseco de Soria E (So.) 63 A3
Rioseco de Tapia E (Le.) 18 C4
Riosequillo E (Le.) 39 D2
Riosequino de Torío E (Le.) 18 D5
Rioseras E (Bur.) 41 D2
Riosmenudos de la Peña E (Pa.) 20 B4
Riotorto E (Lu.) 4 B4
Rioturbio E (Ast.) 6 C5
Ripa (Odieta) E (Na.) 25 A3
Ripoll E (Gi.) 51 A3
Ripollet E (Bar.) 71 A3
Risco E (Bad.) 133 B3
Risco Blanco E (Las P.) 191 C3
Risco, El E (Las P.) 191 B2
Riu de Cerdanya E (Ll.) 50 C2
Riudarenes E (Gi.) 51 D5
Riudaura E (Gi.) 51 B3
Riudecanyes E (Ta.) 89 B1
Riudecols E (Ta.) 89 B1
Riudellots de la Creu E (Gi.) 52 A4
Riudellots de la Selva E (Gi.) 52 A5
Riudoms E (Ta.) 89 B1
Riumors E (Gi.) 52 B2
Riu-rau E (Val.) 141 A2
Rivas E (Zar.) 45 D4
Rivas-Vaciamadrid E (Mad.) 102 A2
Rivera E (Mál.) 180 A4
Rivera de Corneja E (Áv.) 99 B1
Rivera de la Oliva E (Cád.) 186 A4
Rivera del Alberche E (To.) 100 C3
Rivera Oveja E (Các.) 97 C2
Rivero E (Can.) 9 B5
Rivero de Posadas E (Cór.) 165 B1
Rivilla de Barajas E (Áv.) 79 C3
Rixoán E (Lu.) 16 B1
Roa E (Bur.) 61 B2
Roales E (Zam.) 58 C3
Roales de Campos E (Vall.) 39 A5
Roás E (Lu.) 3 D5
Robla, La E (Le.) 18 D4
Robladillo E (Vall.) 59 D3
Robladillo de Ucieza E (Pa.) 40 B2
Robleda E (Sa.) 97 A2
Robleda E (Zam.) 37 B4
Robledal, El E (Mad.) 102 B2
Robledillo E (Áv.) 99 D1
Robledillo E (To.) 117 D3
Robledillo de Gata E (Các.) 97 B2
Robledillo de la Jara E (Mad.) 82 A3
Robledillo de la Vera E (Các.) 98 C4
Robledillo de Mohernando E (Gua.) 82 C4
Robledillo de Trujillo E (Các.) 116 A5
Robledino de la Valduerna E (Le.) 38 A2
Robledo E (Alb.) 137 D4
Robledo E (Ast.) 6 C4
Robledo E (Các.) 97 C2
Robledo E (Các.) 97 C1
Robledo E (Our.) 36 D2
Robledo E (Zam.) 37 B5
Robledo de Babia E (Le.) 18 A3
Robledo de Caldas E (Le.) 18 B3
Robledo de Corpes E (Gua.) 83 A2
Robledo de Chavela E (Mad.) 100 D1
Robledo de Fenar E (Le.) 19 A4
Robledo de la Valcueva E (Le.) 19 A4
Robledo de la Valdoncina E (Le.) 38 C1
Robledo de la Valduerna E (Le.) 38 A2
Robledo de las Traviesas E (Le.) 17 C4
Robledo de Omaña E (Le.) 18 B4
Robledo de Torío E (Le.) 18 D5
Robledo del Buey E (To.) 118 A3
Robledo del Mazo E (To.) 117 D3
Robledo Hermoso E (Sa.) 77 B1
Robledo, El E (C. R.) 134 D1
Robledo, El E (J.) 153 B3
Robledollano E (Các.) 116 D3
Robledondo E (Mad.) 100 D1
Robles de Laciana E (Le.) 17 D3
Robles, Los E (Mad.) 101 B1
Robliza E (Sa.) 97 A1
Robliza de Cojos E (Sa.) 78 A3
Robra E (Lu.) 15 D1
Robredo de las Pueblas E (Bur.) 21 C3
Robredo de Losa, lugar E (Bur.) 22 C3
Robredo-Sobresierra E (Bur.) 41 D1
Robredo-Temiño E (Bur.) 42 A2
Robregordo E (Mad.) 81 D2
Robres E (Hues.) 66 D1
Robres del Castillo E (La R.) 44 A3
Robriguero E (Ast.) 8 B5
Roca de la Sierra, La E (Bad.) 130 D1
Roca del Vallès, la E (Bar.) 71 B2
Rocabruna E (Gi.) 51 B2
Rocafiguera E (Gi.) 51 A3
Rocafort E (Bar.) 70 D1
Rocafort E (Val.) 125 A3
Rocafort de Queralt E (Ta.) 69 C3
Rocafort de Vallbona E (Ll.) 69 B3
Rocallaura E (Ll.) 69 C3
Rocamondo P (Guar.) 76 A5
Rocamora E (Bar.) 69 D2
Rocas E (Our.) 35 C2
Rocas del Jimenado, Los E (Mu.) 172 B1
Rocas do Vouga P (Ave.) 74 B3
Rociana E (Las P.) 191 C3
Rociana del Condado E (Huel.) 162 D4
Rocío, El E (Huel.) 177 A1
Rocha E (Po.) 34 A3
Rocha P (Fa.) 160 B4
Rocha P (V. C.) 53 D1
Rocha Nova P (Co.) 94 B2
Rochaforte P (Lis.) 111 A4
Rochas E (Po.) 33 D3
Rochas de Baixo P (C. B.) 95 B4
Rochas de Cima P (C. B.) 95 B4
Roche E (Cád.) 185 D3
Roche E (Mu.) 172 C2
Rochel P (Co.) 94 C3
Rochoso P (Guar.) 96 B1
Roda E (Mu.) 172 C1
Roda P (Vis.) 74 D4
Roda P (Vis.) 75 A5
Roda Cimeira P (Co.) 94 C4
Roda de Andalucía, La E (Sev.) 166 A5
Roda de Barà E (Ta.) 70 A5
Roda de Eresma E (Seg.) 81 A2
Roda de Isábena E (Hues.) 48 B3
Roda de Ter E (Bar.) 51 B4
Roda Fundeira P (Co.) 94 C4
Roda Grande P (San.) 112 A3
Roda Pequena P (San.) 112 A3
Roda, La E (Alb.) 138 B1
Roda, La E (Ast.) 4 D3
Rodalquilar E (Alm.) 184 C3
Rodanillo E (Le.) 17 C5
Rodasviejas E (Sa.) 77 D3
Rodeios P (C. B.) 113 B1
Rodeiro E (A Co.) 3 A5
Rodeiro E (Po.) 15 A4
Rodellar E (Hues.) 47 C3
Rodén E (Zar.) 66 C4
Ródenas E (Te.) 85 B5
Rodeos, Los E (S.Cruz T.) 196 B2
Roderos E (Le.) 39 A1
Rodezno E (La R.) 43 A1
Rodicol E (Le.) 18 A4
Rodiezmo de la Tercia E (Le.) 18 D3
Rodilana E (Vall.) 59 D5
Rodillazo E (Le.) 19 A3
Rodís E (A Co.) 2 B5
Rodís E (Po.) 15 A4
Rodo E (A Co.) 2 A4
Rodo E (Po.) 14 A5
Rodonella, La E (Bar.) 50 C3
Rodonyà E (Ta.) 69 D5
Rodrigas E (Lu.) 4 B4
Rodrigatos de la Obispalía E (Le.) 37 D1
Rodriguillo E (Ali.) 156 A2
Roelos de Sayago E (Zam.) 57 D5
Roge P (Ave.) 74 B3
Rogil P (Fa.) 159 B3
Roimil E (Lu.) 15 B1
Roios P (Bra.) 56 B5
Rois E (A Co.) 14 A3
Roiz E (Can.) 8 D5
Rojadillo-Boluaga E (Viz.) 10 C5
Rojales E (Ali.) 156 C4
Rojão Grande P (Vis.) 94 C1
Rojas E (Bur.) 42 A1
Rojas, Los E (Alm.) 183 C1
Rola P (C. B.) 112 C1
Roldán E (Mu.) 172 B1
Roliça P (Lei.) 110 D4
Rollamienta E (So.) 63 C1
Rollán E (Sa.) 78 B2
Roma E (Our.) 35 B2
Román E (Lu.) 3 D4
Romana, la E (Ali.) 156 B2
Romancos E (Gua.) 83 A5
Romanes, Los E (Mál.) 181 A3
Romangordo E (Các.) 116 C2
Romaní, El E (Val.) 125 A5
Romanillos de Atienza E (Gua.) 63 A5
Romanillos de Medinaceli E (So.) 83 C1
Romanones E (Gua.) 102 D1
Romanos E (Zar.) 85 C1
Romanzado E (Na.) 25 C5
Romão P (Lei.) 94 C5
Romarigães P (V. C.) 34 A5
Romariz E (Lu.) 4 A4
Romariz E (Our.) 36 A5
Romariz P (Ave.) 74 A2
Romãs P (Vis.) 75 B4
Romeán E (Lu.) 16 A2
Romeira P (San.) 111 C4
Romeiras P (Fa.) 159 B4
Romelle E (A Co.) 13 C1
Romeral E (Mu.) 155 D4
Romeral, El E (Mál.) 180 B4
Romeral, El E (To.) 120 A2
Romeralejo, El E (Mu.) 154 A4
Romero, El E (Cád.) 178 B5
Romeros, Los E (Huel.) 146 C5
Romeu P (Bra.) 56 B3
Romezal P (Ave.) 74 B3
Romilla E (Gr.) 181 C1
Romilla la Nueva E (Gr.) 181 C1
Rompecilha P (Vis.) 74 D3
Rompido, El E (Huel.) 176 A2
Roncal/Erronkari E (Na.) 26 A4
Roncão P (Set.) 143 C3
Roncesvalles → Orreaga E (Na.) 25 C3
Ronda E (Mál.) 179 B4
Ronda, La E (Ast.) 4 D4
Rondiella E (Ast.) 6 C4
Ronfe P (Br.) 54 B3
Roní E (Ll.) 49 B1
Ronquillo, El E (Sev.) 163 C1
Roo E (A Co.) 13 D3
Ropera, La E (J.) 151 A4
Roperuelos del Páramo E (Le.) 38 C3
Roque P (Guar.) 76 B4
Roque del Faro E (S.Cruz T.) 193 B2
Roque Negro E (S.Cruz T.) 196 C1
Roque, El E (S.Cruz T.) 193 B2
Roque, El E (S.Cruz T.) 195 D4
Roqueiro P (C. B.) 95 A4
Roques de Lleó E (Cas.) 107 C2
Roques, les E (Ta.) 69 D3
Roqueta, La E (Gi.) 52 C4
Roquetas de Mar E (Alm.) 183 C4
Roquetes E (Ta.) 88 C3
Roquetes, les E (Bar.) 70 C5
Róquez, El E (Alm.) 170 B3
Roriz P (Br.) 54 A2
Roriz P (Port.) 54 B4
Roriz P (V. R.) 56 A1
Roriz P (Vis.) 75 B4
Rorrao do Lameiro P (Ave.) 73 D3
Ros E (Bur.) 41 C1
Rosa de las Piedras E (S.Cruz T.) 194 B1
Rosa, La E (S.Cruz T.) 193 C3
Rosa, La E (S.Cruz T.) 193 B3
Rosais P (Aç.) 109 C2
Rosal de la Frontera E (Huel.) 145 D4
Rosal, O E (Our.) 35 D5
Rosalejo E (Các.) 98 D5
Rosalejo E (Mál.) 179 B4
Rosales E (Bur.) 22 B3
Rosales, Los E (J.) 167 C3
Rosales, Los E (J.) 168 D1
Rosales, Los E (Mad.) 81 B5
Rosales, Los E (Sev.) 164 B2
Rosário P (Be.) 160 C2
Rosário P (Év.) 129 C4
Rosário P (Set.) 126 D3
Rosario, El E (S.Cruz T.) 196 B2
Rosas, Las E (Las P.) 191 D3
Rosas, Las E (S.Cruz T.) 196 B2
Rosas, Las E (S.Cruz T.) 194 B1
Rosas, Las E (Sev.) 179 A1
Roscales de la Peña E (Pa.) 20 B4
Rosell E (Gi.) 72 A1
Rosem P (Port.) 54 C5
Roses E (Gi.) 52 C2
Rosildos, els E (Cas.) 107 C2
Rosinos de la Requejada E (Zam.) 37 B4
Rosinos de Vidriales E (Zam.) 38 A4
Rosío E (Bur.) 22 B3
Rosmaninhal P (C. B.) 114 B1
Rosmaninhal P (San.) 112 D3
Rosmarinhal P (Por.) 112 C4
Rossão P (Vis.) 75 A2
Rossas P (Ave.) 74 B2
Rossas P (Br.) 54 D2
Rossas P (Vis.) 75 A1
Rossas P (Vis.) 75 B1
Rossell E (Cas.) 88 A5
Rosselló E (Ll.) 68 C2
Rossio ao Sul do Tejo P (San.) 112 B3
Rota E (Cád.) 177 B5
Rotglà i Corbera → Rotglà i Corbera E (Val.) 140 D2
Rotglà i Corbera/Rotglà i Corbera E (Val.) 140 D2
Rótova E (Val.) 141 B3
Rotura E (Các.) 116 D3
Roturas E (Vall.) 61 A3
Rouças P (V. C.) 34 C5
Roupar E (Lu.) 3 C3
Rourell, el E (Ta.) 69 C5
Roussa P (Lei.) 93 C4
Roussada P (Lis.) 126 C1
Roussas P (V. C.) 34 C3
Routar P (Vis.) 74 D4
Rouzós E (Our.) 35 A1
Rovés E (Ast.) 6 C3
Roxal, O E (A Co.) 3 A3
Roxo P (Co.) 94 B2
Royo del Serval E (Gr.) 169 A4
Royo, El E (So.) 63 B1
Royo, El, lugar E (Alb.) 138 C5
Royo-Odrea E (Alb.) 154 B1
Royos, Los E (Mu.) 154 C5
Royuela E (Te.) 105 B2
Royuela de Río Franco E (Bur.) 41 B5
Rozabales E (Lu.) 36 A1
Rozadas E (Ast.) 6 D5
Rozadas E (Ast.) 4 D3
Rozadas E (Ast.) 7 A4
Rozadío E (Can.) 20 D1
Rozados E (Po.) 14 C4
Rozalén del Monte E (Cu.) 103 B5
Rozas E (Bur.) 21 D2
Rozas E (Can.) 22 A1
Rozas, Las E (Ast.) 7 C4
Rozas, Las E (Mál.) 180 D3
Rozas de Madrid, Las E (Mad.) 101 C1
Rozas de Puerto Real E (Mad.) 100 C3
Rozas de Valdearroyo, Las E (Can.) 21 B3
Rozuelas, Las E (Gr.) 181 A1

Rozuelas, Las

Rozuelas, Las E (Gr.) 181 B 1
Rozuelo E (Le.) 17 C 5
Rúa E (Lu.) 4 A 2
Rua P (Vis.) 75 C 2
Rúa, A E (A Co.) 14 C 2
Rúa, A E (Our.) 36 C 2
Ruanes E (Các.) 116 A 5
Rubalcaba E (Can.) 9 D 5
Rubayo E (Can.) 9 D 4
Rubena E (Bur.) 42 A 2
Rubí E (Bar.) 70 D 3
Rubí de Bracamonte E (Vall.) 79 D 1
Rubiá E (Our.) 36 C 1
Rubia, La E (So.) 63 D 1
Rubiaco E (Các.) 97 C 2
Rubiães P (V. C.) 34 A 5
Rubiais E (Our.) 36 C 3
Rubiales E (Bad.) 148 A 2
Rubiales E (Te.) 105 C 3
Rubián E (Lu.) 15 D 5
Rubiano E (Ast.) 6 A 5
Rubiáns E (Po.) 13 D 5
Rubiás dos Mistos E (Our.) 35 B 5
Rubielos Altos E (Cu.) 122 C 4
Rubielos Bajos E (Cu.) 122 C 4
Rubielos de la Cérida E (Te.) 85 D 4
Rubielos de Mora E (Te.) 106 C 3
Rubillón E (Our.) 34 C 1
Rubín E (Po.) 14 B 4
Rubió E (Bar.) 70 A 2
Rubió E (Ll.) 49 A 5
Rubio, El E (Sev.) 165 C 4
Rubios, Los E (Bad.) 148 C 3
Rubite E (Gr.) 182 B 3
Rubite E (Mál.) 181 A 3
Rublacedo de Abajo E (Bur.) 42 A 1
Rublacedo de Arriba E (Bur.) 42 A 1
Rucandio E (Bur.) 22 A 5
Rucandio E (Can.) 9 D 5
Rucayo E (Le.) 19 B 3
Rudilla E (Te.) 86 A 2
Ruecas E (Bad.) 132 A 2
Rueda E (Vall.) 59 D 4
Rueda de Jalón E (Zar.) 65 C 3
Rueda de la Sierra E (Gua.) 84 D 3
Rueda de Pisuerga E (Pa.) 20 C 4
Rueda del Almirante E (Le.) 39 B 1
Ruente E (Can.) 8 D 5
Ruesca E (Zar.) 65 B 5
Ruescas E (Alm.) 184 B 3
Ruesga E (Pa.) 20 C 4
Rufrancos E (Bur.) 22 C 4
Rugat E (Val.) 141 B 3
Ruge Água P (Lei.) 93 D 5
Ruguilla E (Gua.) 83 C 4
Ruices, Los E (Val.) 123 D 4
Ruidera E (C. R.) 137 A 2
Ruiforco de Torío E (Le.) 19 A 4
Ruigómez E (S. Cruz T.) 195 C 3
Ruilhe P (Br.) 54 A 3
Ruiloba E (Can.) 9 A 4
Ruini, El E (Alm.) 183 D 3
Ruiseñada E (Can.) 8 D 4
Ruivães P (Br.) 54 D 3
Ruivães P (Br.) 54 B 4
Ruivães P (Br.) 54 D 2
Ruivais P (Vis.) 74 D 1
Ruivaqueira P (Lei.) 93 B 5
Ruivos P (Guar.) 96 B 1
Ruivos P (V. C.) 54 B 1
Runa P (Lis.) 126 C 1
Runes E (Mu.) 155 C 3
Rupelo E (Bur.) 42 B 4
Rupià E (Gi.) 52 B 4
Rupit E (Bar.) 51 C 4
Rus E (A Co.) 2 A 5
Rus E (J.) 152 A 4
Rute E (Cór.) 166 C 5
Ruvina P (Guar.) 96 B 1
Ruyales del Agua E (Bur.) 41 C 5
Ruyales del Páramo E (Bur.) 41 C 1

S

Sa E (Lu.) 16 A 5
Sa E (Po.) 15 A 4
Sa E (Po.) 15 A 5
Sa E (Po.) 33 D 3
Sá P (V. C.) 34 C 4
Sá P (V. C.) 34 B 5
Sa de Arriba E (A Co.) 3 B 3
Saa E (Lu.) 15 D 2
Saa E (Lu.) 15 D 3
Saavedra E (Lu.) 15 D 1
Sabaceda E (A Co.) 14 A 1
Sabacheira P (San.) 111 D 1
Sabadell E (Bar.) 71 A 3
Sabadelle E (Lu.) 15 C 4
Sabadelle E (Lu.) 15 C 5
Sabadelle E (Our.) 35 B 2
Sabadim P (V. C.) 34 B 5
Sabardes E (A Co.) 13 C 3
Sabariego E (J.) 167 B 3
Sabarigo E (Po.) 33 D 2
Sabaris P (Ave.) 74 B 1
Sabariz E (Our.) 34 D 4
Sabariz P (Br.) 54 B 2
Sabaxáns E (A Co.) 14 A 3
Sabaxáns E (Po.) 34 B 2
Sabayés E (Hues.) 46 D 3
Sabero E (Le.) 19 C 4
Sabina Alta E (S. Cruz T.) 196 A 3
Sabina, La E (S. Cruz T.) 193 C 3
Sabinal E (Mál.) 180 A 3
Sabinar, El E (Mu.) 154 B 3
Sabinar, El E (Zar.) 45 C 4
Sabinar, El, lugar E (Alm.) 170 B 1
Sabinares, lugar E (Alb.) 137 B 3
Sabinita, La E (S. Cruz T.) 195 C 4
Sabinita, La E (S. Cruz T.) 196 A 4
Sabinosa E (S. Cruz T.) 194 B 4
Sabiñán E (Zar.) 65 A 4
Sabiñánigo E (Hues.) 47 A 1
Sabiote E (J.) 152 B 4
Sabóia P (Be.) 159 D 2
Sabouga P (Co.) 94 C 2
Sabrexo E (Po.) 14 D 3
Sabrosa P (V. R.) 55 C 5
Sabroso P (V. R.) 55 B 5
Sabroso P (V. R.) 55 C 2
Sabucedo E (Our.) 35 B 4
Sabucedo de Montes E (Our.) 35 A 2
Sabugal P (Guar.) 96 B 2
Sabugo P (Lis.) 126 C 2
Sabugosa P (Vis.) 74 D 5
Sabugueira E (A Co.) 14 B 2
Sabugueiro P (Co.) 93 D 4
Sabugueiro P (Év.) 128 B 3
Sabugueiro P (Guar.) 95 B 1
Sabuzedo P (V. R.) 35 B 5
Sacañet E (Cas.) 124 C 1
Sacavém P (Lis.) 126 D 2
Sacecorbo E (Gua.) 83 D 4
Saceda E (Le.) 37 B 2
Saceda E (Our.) 35 C 5
Saceda del Río E (Cu.) 103 C 3
Saceda-Trasierra E (Cu.) 103 A 4
Sacedón E (Gua.) 103 B 1
Sacedoncillo E (Cu.) 104 A 3
Saceruela E (C. R.) 134 B 3
Sacões P (Co.) 94 C 3
Sacorelhe P (Vis.) 74 D 4
Sacramenia E (Seg.) 61 B 4
Sacramento E (Sev.) 178 A 2
Sada E (A Co.) 2 D 4
Sada de Sangüesa E (Na.) 45 B 1
Sádaba E (Zar.) 45 C 3
Sadernes E (Gi.) 51 C 2
Sado P (Set.) 127 B 5
Saelices E (Cu.) 103 B 5
Saelices de la Sal E (Gua.) 84 A 3
Saelices de Mayorga E (Vall.) 39 B 3
Saelices de Sabero E (Le.) 19 C 4
Saelices del Payuelo E (Le.) 39 B 1
Saelices del Río E (Le.) 39 D 1
Saelices el Chico E (Sa.) 77 A 5
Safara P (Be.) 145 D 3
Safres P (V. R.) 55 D 5
Safurdão P (Guar.) 76 B 5
Sagallos E (Zam.) 37 C 5
Saganta E (Hues.) 48 B 5
Sagarras Bajas E (Hues.) 48 C 4
Sagàs E (Bar.) 50 C 4
Sagides E (So.) 84 A 1
Sago P (V. C.) 34 B 4
Sagos E (Sa.) 78 A 3
Sagra E (Ali.) 141 D 3
Sagrada, La E (Sa.) 77 D 4
Sagrajas E (Bad.) 130 B 2
Sagres P (Fa.) 173 A 5
Sagunt → Sagunto E (Val.) 125 B 2
Sagunto/Sagunt E (Val.) 125 B 2
Sahagún E (Le.) 39 C 2
Sahechores de Rueda E (Le.) 19 B 5
Sahelicejos E (Sa.) 77 D 2
Sahúco, El, lugar E (Alb.) 138 B 4
Sahugo, El E (Sa.) 97 A 1
Sahún E (Hues.) 28 B 5
Saiar E (Po.) 14 A 5
Saide P (Ave.) 94 B 1
Saidres E (Po.) 14 D 4
Saigos E (Na.) 25 B 3
Sail P (Co.) 94 C 2
Saimes P (Vis.) 74 C 1
Saínza de Abaixo E (Our.) 35 B 4
Sairo P (San.) 127 D 1
Saja E (Can.) 20 D 2
Sajazarra E (La R.) 42 D 1
Sala, La E (Gi.) 52 B 4
Salada, La E (Sev.) 165 D 5
Saladar y Leche E (Alm.) 184 C 2
Saladar, El E (Ali.) 156 C 4
Saladavieja E (Mál.) 187 C 2
Saladillo E (Mu.) 171 D 2
Saladillo-Benamara E (Mál.) 187 D 2
Salado E (Mu.) 156 A 3
Salado, El E (Cór.) 167 A 4
Salamanca E (Sa.) 78 C 2
Salamir E (Ast.) 5 D 3
Salamón E (Le.) 19 C 3
Salamonde E (Our.) 35 A 1
Salamonde P (Br.) 54 D 2
Salão Frio P (Por.) 113 C 4
Salar E (Gr.) 181 A 1
Salar, El E (Mu.) 156 A 4
Salardú E (Ll.) 29 A 4
Salares E (Mál.) 181 B 3
Salas E (Ast.) 5 D 4
Salas Altas E (Hues.) 47 D 4
Salas Bajas E (Hues.) 47 D 4
Salas de Bureba E (Bur.) 22 A 5
Salas de la Ribera E (Le.) 36 D 1
Salas de los Barrios E (Le.) 37 B 1
Salas de los Infantes E (Bur.) 42 B 5
Salàs de Pallars E (Ll.) 49 A 3
Salas, Las E (Le.) 19 C 3
Salas-Contraviesa E (Gr.) 182 C 3
Salavessa P (Por.) 113 B 2
Salazar E (Bur.) 21 D 3
Salazar de Amaya E (Bur.) 21 A 5
Salazares, Los E (Mu.) 172 B 2
Salce E (Le.) 18 A 4
Salcé E (Zam.) 57 D 5
Salceda E (A Co.) 14 C 2
Salceda E (Po.) 34 A 3
Salceda de Caselas E (Po.) 34 A 3
Salceda, La E (Seg.) 81 B 2
Salcedilla, lugar E (Bur.) 21 D 2
Salcedillo E (Pa.) 20 D 3
Salcedillo E (Te.) 86 A 3
Salcedo E (Ál.) 22 D 5
Salcedo E (Ast.) 5 A 3
Salcedo E (Can.) 21 B 4
Salcedo E (Lu.) 16 A 5
Salcedo E (Po.) 34 A 1
Salces E (Can.) 21 A 3
Salcidos E (Po.) 33 C 5
Saldanha P (Bra.) 57 B 4
Saldaña E (Pa.) 40 A 1
Saldaña de Ayllón E (Seg.) 62 B 5
Saldaña de Burgos E (Bur.) 41 D 3
Saldeana E (Sa.) 77 A 2
Saldes E (Bar.) 50 B 3
Saldías E (Na.) 24 D 2
Saldón E (Te.) 105 B 2
Saldonha P (Bra.) 56 D 4
Salduero E (So.) 63 B 1
Salelles E (Bar.) 70 C 2
Salem E (Val.) 141 B 3
Salema P (Fa.) 173 A 3
Saler, El E (Val.) 125 B 4
Saleres E (Gr.) 182 A 3
Sales de Llierca E (Gi.) 51 D 2
Salgueira E (Our.) 35 D 5
Salgueira E (Po.) 33 D 1
Salgueira P (Ave.) 74 B 3
Salgueira de Baixo P (San.) 111 D 1
Salgueira de Cima P (Lei.) 93 D 5
Salgueira do Meio P (San.) 111 D 1
Salgueirais P (Guar.) 75 D 5
Salgueiral P (Ave.) 73 D 2
Salgueiral P (Ave.) 74 A 4
Salgueiral P (Guar.) 76 B 5
Salgueiral P (San.) 111 D 5
Salgueiro E (Po.) 33 D 3
Salgueiro P (Ave.) 74 B 4
Salgueiro P (Ave.) 73 D 5
Salgueiro P (C. B.) 95 D 3
Salgueiro P (Lei.) 110 D 4
Salgueiro do Campo P (C. B.) 95 B 5
Salgueiros E (A Co.) 13 B 1
Salgueiros E (Po.) 14 C 3
Salgueiros P (Ave.) 74 B 3
Salgueiros P (Bra.) 36 C 5
Salguerinha P (San.) 127 D 2
Salicos P (Fa.) 173 D 2
Saliente Alto E (Alm.) 170 B 3
Salientes E (Le.) 17 D 3
Salillas E (Hues.) 47 B 5
Salillas de Jalón E (Zar.) 65 C 3
Salina, La E (J.) 167 B 3
Salinas E (Ali.) 156 B 1
Salinas E (Ast.) 6 B 3
Salinas (Tella-Sin) E (Hues.) 27 D 5
Salinas de Añana → Añana-Gesaltza E (Ál.) 22 D 4
Salinas de Hoz E (Hues.) 47 D 4
Salinas de Jaca E (Hues.) 46 B 2
Salinas de Léniz → Leintz-Gatzaga E (Gui.) 23 C 3
Salinas de Medinaceli E (So.) 83 D 1
Salinas de Oro/Jaitz E (Na.) 24 C 4
Salinas de Pinilla, lugar E (Alb.) 137 C 3
Salinas de Pisuerga E (Pa.) 20 D 4
Salinas de Rosío E (Bur.) 22 B 3
Salinas de Trillo E (Hues.) 48 A 3
Salinas del Manzano E (Cu.) 105 B 4
Salinas, Las E (Vall.) 59 D 5
Salines, Ses E (Bal.) 90 C 1
Salines, Ses E (Bal.) 92 B 5
Salines, Ses, lugar E (Bal.) 90 C 2
Salinillas de Burandón → Gatzaga Burandon E (Ál.) 23 A 5
Salinillas de Bureba E (Bur.) 42 B 1
Salionç E (Gi.) 72 B 1
Salir P (Fa.) 174 C 2
Salir de Matos P (Lei.) 110 D 3
Salir do Porto P (Lei.) 110 D 2
Salitja E (Gi.) 52 A 5
Salmerón E (Gua.) 103 D 1
Salmeroncillos de Abajo E (Cu.) 103 C 1
Salmoral E (Sa.) 79 B 4
Salo E (Bar.) 70 B 1
Salobral E (Áv.) 80 A 5
Salobral, El E (Alb.) 138 C 3
Salobralejo E (Áv.) 79 D 5
Salobrales, Los E (Mu.) 171 A 3
Salobre E (Alb.) 137 C 5
Salobreña E (Gr.) 182 A 4
Salom E (Gi.) 52 B 5
Salomó E (Ta.) 69 D 5
Salorino E (Các.) 114 B 3
Salou E (Ta.) 89 C 1
Salreu P (Ave.) 74 A 3
Salsas P (Bra.) 56 D 2
Salselas P (Bra.) 56 D 3
Salt E (Gi.) 52 A 4
Saltador Bajo, El E (Alm.) 184 D 2
Saltador, El E (Alm.) 170 D 4
Saltadouro P (Ave.) 73 D 3
Salteras E (Sev.) 163 D 4
Salto E (A Co.) 1 C 5
Salto E (Po.) 15 B 4
Salto P (V. R.) 55 A 2
Salto de Aldeadávila E (Sa.) 77 A 1
Salto de Bolarque E (Gua.) 103 A 2
Salto de Castro E (Zam.) 57 D 3
Salto de Saucelle E (Sa.) 76 D 2
Salto de Villalba E (Cu.) 104 B 3
Salto del Negro E (Mál.) 181 A 3
Salto del Negro, El E (Las P.) 191 D 2
Salto, El E (S. Cruz T.) 195 D 4
Saludes de Castroponce E (Le.) 38 C 4
Salut, La E (Bar.) 71 A 3
Salvacañete E (Cu.) 105 B 4
Salvada P (Be.) 144 D 4
Salvadiós E (Áv.) 79 C 3
Salvador P (C. B.) 96 B 4
Salvador P (San.) 112 A 5
Salvador de Zapardiel E (Vall.) 79 D 1
Salvador do Monte P (Port.) 54 D 5
Salvadorinho P (San.) 112 B 3
Salvadoriquez E (Sa.) 78 C 3
Salvaleón E (Bad.) 130 C 5
Salvariz P (Vis.) 75 A 2
Salvaterra de Magos P (San.) 127 B 1
Salvaterra de Miño E (Po.) 34 B 3
Salvaterra do Extremo P (C. B.) 96 C 5
Salvatierra → Agurain E (Ál.) 23 D 4
Salvatierra de Esca E (Zar.) 26 A 5
Salvatierra de los Barros E (Bad.) 146 D 1
Salvatierra de Santiago E (Các.) 115 D 5
Salvatierra de Tormes E (Sa.) 78 C 5
Salzadella, la E (Cas.) 108 A 1
Salzedas P (Vis.) 75 B 1
Sallent E (Bar.) 70 C 1
Sallent de Gállego E (Hues.) 27 A 4
Sama E (Ast.) 6 D 5
Samaiões P (V. R.) 55 D 2
Samaniego E (Ál.) 43 B 1
Sámano E (Can.) 10 C 5
Samão P (Br.) 55 A 2
Samardã P (V. R.) 55 B 4
Samarugo E (Lu.) 3 D 4
Sambade P (Bra.) 56 C 4
Sambado P (C. B.) 94 B 5
Sambellín E (Sa.) 78 D 4
Samboal E (Seg.) 80 C 1
Sameice P (Guar.) 95 A 1
Sameiro P (Guar.) 95 C 1
Samel P (Ave.) 93 D 1
Sames E (Ast.) 7 C 5
Samiano E (Bur.) 23 B 5
Samieira E (Po.) 33 D 1
Samil P (Bra.) 56 D 1
Samir de los Caños E (Zam.) 57 D 2
Samitier E (Hues.) 47 D 3
Samodães P (Vis.) 75 A 1
Samoedo E (A Co.) 2 D 4
Samões P (Bra.) 56 B 5
Samora Correia P (San.) 127 B 2
Samorinha P (Bra.) 56 A 5
Samos E (Lu.) 16 A 4
Samouco P (Set.) 127 A 3
Sampaio P (Bra.) 56 B 5
Sampaio P (Bra.) 57 A 4
Sampaio P (Co.) 93 B 3
Sampaio P (Set.) 126 D 5
Samper E (Hues.) 48 A 2
Samper de Calanda E (Te.) 87 A 1
Samper del Salz E (Zar.) 86 B 1
Samuel P (Co.) 93 C 3
San Adrián E (Na.) 44 C 3
San Adrián de Juarros E (Bur.) 42 A 3
San Adrián del Valle E (Le.) 38 C 4
San Agustín E (Alm.) 183 C 4
San Agustín E (Las P.) 191 C 4
San Agustín E (S. Cruz T.) 195 D 2
San Agustín E (Te.) 106 C 4
San Agustín de Guadalix E (Mad.) 81 D 5
San Agustín del Pozo E (Zam.) 58 D 1
San Amaro E (Our.) 34 D 1
San Ambrosio E (Cád.) 186 A 4
San Andrés E (Ast.) 6 B 5
San Andrés E (Can.) 21 B 1
San Andrés E (Las P.) 191 C 2
San Andrés E (S. Cruz T.) 196 C 1
San Andrés E (S. Cruz T.) 194 C 4
San Andrés E (S. Cruz T.) 193 C 2
San Andrés de Agues E (Ast.) 19 A 1
San Andrés de la Regla E (Pa.) 39 D 1
San Andrés de las Puentes E (Le.) 37 C 1
San Andrés de Montejos E (Le.) 17 B 5
San Andrés de San Pedro E (So.) 44 A 5
San Andrés de Soria E (So.) 43 D 5
San Andrés de Teixido E (A Co.) 3 B 1
San Andrés del Congosto E (Gua.) 82 D 3
San Andrés del Rabanedo E (Le.) 18 D 5
San Andrés del Rey E (Gua.) 83 A 5
San Antolín (Ibias) E (Ast.) 16 D 2
San Antón E (Sev.) 165 C 3
San Antoniño (Barro) E (Po.) 14 A 5
San Antonio E (Ast.) 7 B 4
San Antonio E (Cór.) 150 B 5
San Antonio E (Gr.) 182 D 1
San Antonio E (Our.) 35 B 5
San Antonio E (S. Cruz T.) 193 C 3
San Antonio E (S. Cruz T.) 196 A 2
San Antonio E (Val.) 123 D 3
San Antonio Abad E (Mu.) 172 B 2
San Antonio de Benagéber E (Val.) 125 A 3
San Antonio del Fontanar, lugar E (Sev.) 179 A 1
San Asensio E (La R.) 43 B 1
San Bartolomé E (Ali.) 156 B 4
San Bartolomé E (Ast.) 6 A 4
San Bartolomé E (Las P.) 192 C 4
San Bartolomé de Béjar E (Áv.) 98 C 2
San Bartolomé de Corneja E (Áv.) 99 A 1
San Bartolomé de la Torre E (Huel.) 162 A 3
San Bartolomé de las Abiertas E (To.) 118 A 1

Santibáñez del Toral

Santibáñez del Toral E (Le.) 17 C5
Santibáñez del Val E (Bur.) 42 A5
Santibáñez el Alto E (Các.) 97 A3
Santibáñez el Bajo E (Các.) 97 C3
Santibáñez-Zarzaguda E (Bur.) 41 C1
Santigoso E (Our.) 36 C2
Santillán de la Vega E (Pa.) 40 B2
Santillana E (Alm.) 183 C1
Santillana de Campos E (Pa.) 40 D2
Santillana del Mar E (Can.) 9 A4
Santinha P (C. B.) 94 D5
Santiorxo E (Lu.) 35 D1
Santiponce E (Sev.) 163 D4
Santiso E (A Co.) 15 A3
Santiso E (Po.) 14 D4
Santisteban del Puerto E (J.) 152 C3
Santiurde de Reinosa E (Can.) 21 A2
Santiurde de Toranzo E (Can.) 21 B1
Santiuste E (Gua.) 83 A2
Santiuste de San Juan Bautista E (Seg.) 80 B1
Santiz E (Sa.) 78 B1
Santo Adrião P (Vis.) 75 C1
Santo Aleixo P (Por.) 129 C2
Santo Aleixo P (Vis.) 75 B1
Santo Aleixo da Restauração P (Be.) 146 A4
Santo Aleixo de Além-Tâmega P (V. R.) 55 B3
Santo Amador P (Be.) 145 D3
Santo Amaro P (Ave.) 74 A3
Santo Amaro P (Guar.) 76 B1
Santo Amaro P (Por.) 129 B2
Santo André P (Ave.) 73 D5
Santo André P (Ave.) 74 A3
Santo André P (Bra.) 56 D5
Santo André P (Set.) 126 D4
Santo André P (Set.) 143 B3
Santo André P (V. C.) 34 B4
Santo André P (V. R.) 35 C5
Santo André das Tojeiras P (C. B.) 113 B1
Santo Ángel E (Mu.) 156 A5
Santo Antão P (Aç.) 109 D3
Santo Antão do Tojal P (Lis.) 126 D2
Santo António P (Aç.) 109 B3
Santo António P (Aç.) 109 A4
Santo António P (Ma.) 110 B2
Santo António da Charneca P (Set.) 126 D4
Santo António da Serra P (Ma.) 110 C2
Santo António das Areias P (Por.) 113 D4
Santo António de Monforte P (V. R.) 55 D1
Santo António dos Cavaleiros P (Lis.) 126 D2
Santo Domingo E (Alm.) 183 B4
Santo Domingo E (Bad.) 130 A5
Santo Domingo E (Cór.) 149 D5
Santo Domingo E (Mad.) 82 A5
Santo Domingo E (S.Cruz T.) 195 D2
Santo Domingo de Herguijuela E (Sa.) 78 B5
Santo Domingo de la Calzada E (La R.) 43 A2
Santo Domingo de las Posadas E (Áv.) 80 B4
Santo Domingo de Moya E (Cu.) 105 C5
Santo Domingo de Pirón E (Seg.) 81 B2
Santo Domingo de Silos E (Bur.) 42 B5
Santo Domingo-Caudilla E (To.) 100 D5
Santo Emilião P (Br.) 54 C3
Santo Espírito P (Aç.) 109 D5
Santo Estêvão P (Év.) 129 B2
Santo Estêvão P (Fa.) 175 A3
Santo Estêvão P (Guar.) 96 A2
Santo Estêvão P (San.) 127 B2
Santo Estêvão P (V. R.) 55 D1
Santo Estêvão das Gales P (Lis.) 126 C2
Santo Estevo E (Lu.) 3 D5
Santo Isidoro P (Lis.) 126 B1
Santo Isidoro P (Port.) 54 C5
Santo Isidro P (Co.) 93 C3
Santo Isidro de Pegões P (Set.) 127 C4
Santo Pítar, lugar E (Mál.) 180 D4
Santo Quintino P (Lis.) 126 D1
Santo Tirso P (Port.) 54 A4
Santo Tomás de las Ollas E (Le.) 37 B1
Santo Tomé E (J.) 152 D4
Santo Tomé E (Our.) 35 A2
Santo Tomé de Rozados E (Sa.) 78 C3
Santo Tomé de Zabarcos E (Áv.) 79 D4
Santo Tomé del Puerto E (Seg.) 82 A1
Santo Varão P (Co.) 93 D2
Santocildes E (Bur.) 22 B4
Santolea, lugar E (Te.) 87 A4
Santomera E (Mu.) 156 A4
Santonge, lugar E (Alm.) 170 B1
Santoña E (Can.) 10 A4
Santopétar E (Alm.) 170 C4
Santorcaz E (Mad.) 102 C1
Santorens E (Hues.) 48 D2
Santos P (San.) 111 C3
Santos de la Humosa, Los E (Mad.) 102 C1
Santos de Maimona, Los E (Bad.) 147 B1
Santos Evos P (Vis.) 75 A4
Santos, Los E (Alm.) 169 C5
Santos, Los E (Cór.) 166 C4
Santos, Los E (Sa.) 98 B1
Santos, Los E (Val.) 105 C4
Santoseso E (Ast.) 6 A3
Santotís E (Bur.) 22 B4
Santotis E (Can.) 20 D1
Santovenia E (Le.) 18 B4
Santovenia E (Zam.) 58 C1
Santovenia de la Valdoncina E (Le.) 38 D1
Santovenia de Oca E (Bur.) 42 A2
Santovenia de Pisuerga E (Vall.) 60 B2
Santovenia del Monte E (Le.) 19 A5
Santoyo E (Pa.) 40 D3
Santpedor E (Bar.) 70 C1
Santulhão P (Bra.) 57 A3
Santullán E (Can.) 10 C5
Santullano E (Ast.) 6 B4
Santurce → Santurtzi E (Viz.) 10 D5
Santurde E (Ál.) 23 B5
Santurde E (Bur.) 22 A3
Santurde de Rioja E (La R.) 42 D2
Santurdejo E (La R.) 43 A2
Santurtzi/Santurce E (Viz.) 10 D5
Sanxenxo E (Po.) 33 D1
Sanxián E (Po.) 33 C4
Sanzadornín E (Ast.) 6 B3
Sanzoles E (Zam.) 58 D4
São António dos Olivais P (Co.) 94 A2
São Amaro da Bouça P (Co.) 93 C2
São Barnabé P (Be.) 160 B4
São Bartolomeu P (Ave.) 74 B2
São Bartolomeu P (Fa.) 175 B2
São Bartolomeu P (Por.) 112 D4
São Bartolomeu da Serra P (Set.) 143 C4
São Bartolomeu de Galegos P (Lis.) 110 C4
São Bartolomeu de Messines P (Fa.) 160 A4
São Bartolomeu de Via Glória P (Be.) 161 A2
São Bartolomeu do Outeiro P (Év.) 144 D1
São Benardino P (Lei.) 110 C4
São Bento P (Lei.) 111 B2
São Bento de Ana Loura P (Év.) 129 C2
São Bento do Ameixial P (Év.) 129 B3
São Bento do Cortiço P (Év.) 129 B2
São Bento do Mato P (Év.) 129 A4
São Brás de Alportel P (Fa.) 174 D2
São Brás dos Matos P (Év.) 129 D4
São Brás e São Lourenço P (Por.) 129 D3
São Brissos P (Be.) 144 C3
São Brissos P (Év.) 128 B5
São Caetano P (Co.) 93 C1
São Catarina P (San.) 112 A2
São Cibrão P (V. R.) 55 C5
São Cipriano P (Vis.) 74 D4
São Cipriano P (Vis.) 74 D1
São Clemente P (Lei.) 111 A3
São Cosmado P (Guar.) 95 C1
São Cosmado P (Vis.) 75 C1
São Cosmado P (Vis.) 74 D4
São Cosme e São Damião P (V. C.) 34 B5
São Cristóvão P (Év.) 128 A5
São Cristóvão de Lafões P (Vis.) 74 C3
São Cristóvão de Nogueira P (Vis.) 74 C1
São Cristóvão do Douro P (V. R.) 55 C5
São Domingos P (C. B.) 95 B5
São Domingos P (San.) 111 C4
São Domingos P (Set.) 143 C4
São Domingos de Ana Loura P (Év.) 129 C3
São Domingos de Rana P (Lis.) 126 B3
São Facundo P (San.) 112 C4
São Félix P (Vis.) 74 D3
São Félix da Marinha P (Port.) 73 D1
São Fernando P (San.) 111 C4
São Francisco P (Set.) 127 A3
São Francisco da Serra P (Set.) 143 B3
São Gemil P (Vis.) 74 D5
São Gens P (Br.) 54 D3
São Gens P (Co.) 94 B4
São Geraldo P (Év.) 128 B3
São Gião P (Co.) 95 A2
São Gonçalo P (Ma.) 110 B2
São Gregório P (Év.) 128 D3
São Gregório P (Lei.) 110 D3
São Jacinto P (Ave.) 73 C4
São Joanico P (Bra.) 57 B3
São Joaninho P (Vis.) 75 A2
São Joaninho P (Vis.) 94 C1
São João P (Aç.) 109 B3
São João da Boavista P (Co.) 94 D2
São João da Corveira P (V. R.) 55 D2
São João da Fresta P (Vis.) 75 C4
São João da Madeira P (Ave.) 74 A2
São João da Pesqueira P (Vis.) 75 D1
São João da Ribeira P (Lei.) 93 C4
São João da Ribeira P (San.) 111 B4
São João da Serra P (Vis.) 74 C3
São João da Talha P (Lis.) 126 D2
São João das Lampas P (Lis.) 126 B2
São João de Areias P (Vis.) 94 D1
São João de Fontoura P (Vis.) 75 A1
São João de Loure P (Ave.) 74 A4
São João de Lourosa P (Vis.) 75 A5
São João de Negrilhos P (Be.) 144 B4
São João de Rei P (Br.) 54 C2
São João de Tarouca P (Vis.) 75 B2
São João de Ver P (Ave.) 74 A2
São João do Campo P (Co.) 94 A2
São João do Deserto P (Be.) 144 B5
São João do Estoril P (Lis.) 126 B3
São João do Monte P (Vis.) 74 C5
São João do Peso P (C. B.) 112 C1
São João dos Caldeireiros P (Be.) 161 A2
São João dos Montes P (Lis.) 126 D2
São Jomil P (Bra.) 56 B1
São Jorge P (Ave.) 74 A2
São Jorge P (Co.) 93 C2
São Jorge P (Lei.) 111 B2
São Jorge P (Ma.) 64 C4
São Jorge P (V. C.) 34 B5
São Jorge da Beira P (C. B.) 95 A3
São José da Lamarosa P (San.) 127 D1
São José das Matas P (San.) 113 A3
São Julião P (Lis.) 126 B1
São Julião P (Por.) 113 D4
São Julião P (Port.) 74 B1
São Julião P (V. C.) 34 A4
São Julião de Montenegro P (V. R.) 55 D1
São Julião de Palácios P (Bra.) 57 A1
São Julião do Tojal P (Lis.) 126 D2
São Lourenço P (San.) 111 D2
São Lourenço P (Set.) 126 D5
São Lourenço P (V. R.) 55 D1
São Lourenço de Mamporcão P (Év.) 129 B2
São Lourenço de Ribapinhão P (V. R.) 55 C4
São Lourenço do Bairro P (Ave.) 94 A1
São Lourenço do Douro P (Port.) 74 C1
São Luís P (Be.) 159 C1
São Macário P (San.) 112 B3
São Mamede P (Co.) 94 B2
São Mamede P (Lei.) 110 D4
São Mamede P (Lei.) 111 C2
São Mamede de Infesta P (Port.) 53 D5
São Mamede de Ribatua P (V. R.) 55 D5
São Mamede do Sádão P (Set.) 144 A3
São Manços P (Év.) 145 A1
São Marcos P (Ave.) 74 A4
São Marcos P (Fa.) 175 A2
São Marcos da Ataboeira P (Be.) 160 D1
São Marcos da Serra P (Fa.) 159 D3
São Martinho P (Ave.) 74 A5
São Martinho P (C. B.) 95 B3
São Martinho P (Guar.) 95 B1
São Martinho P (Ma.) 110 B2
São Martinho P (Vis.) 75 B3
São Martinho P (Vis.) 74 D4
São Martinho (Bougado) P (Port.) 54 A4
São Martinho da Cortiça P (Co.) 94 C2
São Martinho da Gândara P (Ave.) 73 D3
São Martinho das Amoreiras P (Be.) 159 D1
São Martinho das Chãs P (Vis.) 75 B1
São Martinho das Moitas P (Vis.) 74 D3
São Martinho de Angueira P (Bra.) 57 C2
São Martinho de Antas P (V. R.) 55 C5
São Martinho de Árvore P (Co.) 93 D2
São Martinho de Mouros P (Vis.) 75 A1
São Martinho de Sardoura P (Ave.) 74 B1
São Martinho do Peso P (Bra.) 57 A4
São Martinho do Porto P (Lei.) 110 D2
São Mateus P (Aç.) 109 B3
São Mateus P (Aç.) 109 A5
São Matias P (Be.) 144 D3
São Matias P (Por.) 113 B2
São Miguel P (Vis.) 94 C1
São Miguel (Prado) P (Br.) 54 B2
São Miguel de Acha P (C. B.) 95 D4
São Miguel de Machede P (Év.) 129 A4
São Miguel de Poiares P (Co.) 94 C2
São Miguel de Vila Boa P (Vis.) 75 B4
São Miguel do Jarmelo P (Guar.) 76 A5
São Miguel do Mato P (Ave.) 74 B2
São Miguel do Mato P (Vis.) 74 D4
São Miguel do Outeiro P (Vis.) 74 D5
São Miguel do Pinheiro P (Be.) 160 D2
São Miguel do Rio Torto P (San.) 112 B3
São Paio P (Co.) 94 C2
São Paio P (Guar.) 75 C5
São Paio P (V. C.) 34 C4
São Paio (Jolda) P (V. C.) 54 A1
São Paio de Gramaços P (Co.) 95 A2
São Paio de Oleiros P (Ave.) 74 A2
São Pedro P (V. R.) 55 A1
São Pedro da Cadeira P (Lis.) 110 B5
São Pedro da Cova P (Port.) 54 A5
São Pedro da Torre P (V. C.) 34 A4
São Pedro de Agostém P (V. R.) 55 D2
São Pedro de Alva P (Co.) 94 C2
São Pedro de France P (Vis.) 75 B4
São Pedro de Muel P (Lei.) 111 A1
São Pedro de Pomares P (Be.) 145 A3
São Pedro de Rio Seco P (Guar.) 76 D4
São Pedro de Sarracenos P (Bra.) 57 A1
São Pedro de Solis P (Be.) 160 D3
São Pedro de Tomar P (San.) 112 A2
São Pedro de Vale do Conde P (Bra.) 56 A4
São Pedro de Veiga de Lila P (V. R.) 56 A3
São Pedro do Corval P (Év.) 145 C1
São Pedro do Esteval P (C. B.) 113 A2
São Pedro do Jarmelo P (Guar.) 76 B5
São Pedro do Sul P (Vis.) 74 D3
São Pedro Fins P (Port.) 54 A5
São Pedro Velho P (Bra.) 56 B2
São Romão P (Év.) 129 D3
São Romão P (Fa.) 174 C2
São Romão P (Guar.) 95 B1
São Romão P (Set.) 144 A2
São Romão P (Vis.) 75 B1
São Romão de Aregos P (Vis.) 74 D1
São Roque P (Aç.) 109 B5
São Roque P (Ave.) 74 B3
São Roque P (Ma.) 110 B1
São Roque do Pico P (Aç.) 109 B3
São Salvador P (Bra.) 56 B4
São Salvador P (Vis.) 75 A4
São Salvador da Aramenha P (Por.) 113 D4
São Saturnino P (Por.) 129 B1
São Sebastião P (Aç.) 109 A5
São Sebastiao P (Co.) 94 A4
São Sebastião P (San.) 111 D2
São Sebastião da Feira P (Co.) 95 A2
São Sebastião da Giesteira P (Év.) 128 B5
São Sebastião dos Carros P (Be.) 161 A2
São Silvestre P (Co.) 93 D2
São Simão P (Por.) 113 B2
São Simão P (San.) 112 B2
São Simão P (San.) 112 A2
São Simão P (Set.) 127 A5
São Simão de Litém P (Lei.) 93 D5
São Teotónio P (Be.) 159 B2
São Tiaguinho P (Vis.) 74 C4
São Tomé do Castelo P (V. R.) 55 C4
São Torcato P (Br.) 54 C3
São Torcato P (San.) 127 D2
São Vicente P (Be.) 144 B3
São Vicente P (Ma.) 110 A1
São Vicente P (V. R.) 56 A1
São Vicente da Beira P (C. B.) 95 C4
São Vicente de Ferreira P (Aç.) 109 B4
São Vicente de Lafões P (Vis.) 74 C4
São Vicente de Pereira Jusã P (Ave.) 74 A2
São Vicente do Paúl P (San.) 111 C4
São Vicente do Pigeiro P (Év.) 145 A1
São Vicente e Ventosa P (Por.) 129 D2
Saornil de Voltoya E (Áv.) 80 B4
Sapardos P (V. C.) 33 D5
Sapataria P (Lis.) 126 C1
Sapateira P (Lei.) 94 C4
Sapeira P (C. B.) 94 C5
Sapeira P (Fa.) 159 D4
Sapelos P (V. R.) 55 C1
Sapiãos P (V. R.) 55 C2
Sapos P (Be.) 161 B2
Sapos P (Be.) 161 A2
Sapos, Los E (Alm.) 169 D5
Sar E (Lu.) 3 D4
Sar E (Po.) 33 D2
Sarandón E (A Co.) 14 B3
Sarandóns E (A Co.) 2 C5
Sarasa E (Na.) 24 D4
Saraso E (Bur.) 23 B5
Saravillo E (Hues.) 48 A1
Sardás E (Hues.) 47 A1
Sardeiras de Baixo P (C. B.) 94 D5
Sardeiras de Cima P (C. B.) 94 D5
Sardina E (Las P.) 191 C4
Sardinero, El, lugar E (Sev.) 164 C2
Sardiñeiro de Abaixo E (A Co.) 13 A2
Sardoal P (San.) 112 B2
Sardoma E (Po.) 33 D2
Sardón de Duero E (Vall.) 60 C3
Sardón de los Frailes E (Sa.) 77 C1
Sardonedo E (Le.) 38 B1
Sargaçais P (Guar.) 75 C3
Sargaçal P (Fa.) 173 B2
Sargadelos E (Lu.) 4 A2
Sarge P (Lis.) 110 C5
Sargentes de la Lora E (Bur.) 21 C4
Sarguilla, La E (Alb.) 138 C5
Sariego E (Ast.) 6 D4
Sariegos del Bernesga E (Le.) 18 D5
Sarilhos Grandes P (Set.) 127 A4
Sarilhos Pequenos P (Set.) 127 A3
Sariñena E (Hues.) 67 B1
Sarnadas P (Fa.) 160 B4
Sarnadas P (Lei.) 94 C4
Sarnadas de Ródão P (C. B.) 113 B1
Sarnadas de São Simão P (C. B.) 95 A5
Sarnadela P (Co.) 94 C2
Sarnadinha P (C. B.) 113 B1
Sarnadinha P (Vis.) 74 C3
Saro E (Can.) 21 C1
Sarón E (Can.) 9 C5
Sarracín E (Bur.) 41 D3
Sarracín de Aliste E (Zam.) 57 D1
Sarral E (Ta.) 69 C4
Sarraquinhos P (V. R.) 55 C1
Sarratella E (Cas.) 107 D2
Sarrazola P (Ave.) 73 D4
Sarreaus E (Our.) 35 C4
Sarria E (Ál.) 23 A3
Sarria E (Lu.) 16 A4
Sarrià de Ter E (Gi.) 52 A4
Sarriés/Sarzo E (Na.) 25 D4
Sarrión E (Te.) 106 B4
Sarroca de Bellera E (Ll.) 49 A2
Sarroca de Lleida E (Ll.) 68 C4

Name		Prov.	Page	Grid
Sarsamarcuello	E	(Hues.)	46	C 3
Sartaguda	E	(Na.)	44	B 2
Sartajada	E	(To.)	100	A 3
Sartalejo	E	(Các.)	97	C 4
Sartenilla	E	(Alm.)	184	A 2
Sarvisé	E	(Hues.)	47	B 1
Sarzeda	P	(Bra.)	56	D 2
Sarzeda	P	(Lei.)	94	A 5
Sarzeda	P	(Vis.)	75	D 3
Sarzedas	P	(C. B.)	95	B 5
Sarzedas de São Pedro	P	(Lei.)	94	B 4
Sarzedas do Vasco	P	(Lei.)	94	B 4
Sarzedela	P	(Lei.)	94	A 4
Sarzedinha	P	(C. B.)	112	D 1
Sarzedo	P	(C. B.)	95	D 2
Sarzedo	P	(Co.)	94	C 2
Sarzedo	P	(Port.)	73	D 1
Sarzedo	P	(Vis.)	75	B 2
Sarzo → Sarriés	E	(Na.)	25	D 4
Sas de Penelas	E	(Our.)	36	A 2
Sas do Monte	E	(Our.)	35	D 2
Sasa del Abadiado	E	(Hues.)	47	A 4
Sasamón	E	(Bur.)	41	B 2
Sasdónigas	E	(Lu.)	4	A 4
Sáseta	E	(Bur.)	23	C 5
Sástago	E	(Zar.)	67	A 5
Sátão	P	(Vis.)	75	B 4
Saúca	E	(Gua.)	83	C 2
Sauceda	E	(Các.)	97	C 2
Sauceda, La	E	(Mál.)	186	D 1
Saucedilla	E	(Các.)	116	C 1
Saucedilla	E	(Mál.)	180	B 4
Saucedilla, La	E	(Gr.)	167	A 5
Saucejo, El	E	(Sev.)	179	B 2
Saucelle	E	(Sa.)	76	D 2
Sauces, Los	E	(Áv.)	98	D 2
Sauces, Los	E	(S.Cruz T.)	193	C 2
Saucillo	E	(Las P.)	191	B 2
Saúco, El	E	(Gr.)	169	D 3
Saudim	P	(Port.)	74	A 1
Saulons d'en Déu, els	E	(Bar.)	71	A 2
Saulons-Finca Ribó, els	E	(Bar.)	71	A 2
Sauquillo de Alcázar	E	(So.)	64	B 3
Sauquillo de Boñices	E	(So.)	63	D 3
Sauquillo de Cabezas	E	(Seg.)	81	A 1
Sauquillo de Paredes	E	(So.)	62	D 5
Saus	E	(Gi.)	52	B 3
Sauzal	E	(S.Cruz T.)	196	A 2
Savallà del Comtat	E	(Ta.)	69	D 3
Savina, Sa	E	(Bal.)	90	C 5
Sax	E	(Ali.)	156	C 1
Sayalonga	E	(Mál.)	181	B 4
Sayatón	E	(Gua.)	103	A 2
Sazes da Beira	P	(Guar.)	95	B 2
Sazes do Lorvão	P	(Co.)	94	B 2
Scala-Dei	E	(Ta.)	69	A 5
Seadur	E	(Our.)	36	B 2
Seaia	E	(A Co.)	1	D 4
Seana	E	(Ast.)	6	C 5
Seana	E	(Ll.)	69	B 2
Seara	E	(Lu.)	16	C 5
Seara	E	(Lu.)	4	B 3
Seara	E	(Po.)	34	A 1
Seara	P	(Br.)	54	C 1
Seara	P	(V. C.)	54	A 1
Seara	P	(V. R.)	55	A 2
Seara Velha	P	(V. R.)	55	C 1
Seara, A	E	(Our.)	35	A 2
Seares	E	(Ast.)	4	C 3
Seavia	E	(A Co.)	2	A 5
Sebadelhe	P	(Guar.)	76	A 2
Sebadelhe da Serra	P	(Guar.)	75	D 3
Sebal Grande	P	(Co.)	94	A 3
Sebarga	E	(Ast.)	7	C 5
Sebolido	P	(Port.)	74	B 1
Sebúlcor	E	(Seg.)	61	C 5
Seca, La	E	(Le.)	18	D 4
Seca, La	E	(So.)	63	B 3
Seca, La	E	(Vall.)	59	D 4
Secadero	E	(Mál.)	187	B 3
Secadura	E	(Can.)	10	A 5
Secar de la Real, Es	E	(Bal.)	91	C 3
Secarejo	E	(Le.)	18	C 5
Secarias	P	(Co.)	94	D 2
Secastilla	E	(Hues.)	48	A 3
Seceda	E	(Lu.)	16	B 5
Secerigo	P	(V. R.)	55	B 2
Secorio	P	(San.)	111	B 4
Secos de Porma	E	(Le.)	19	A 5
Secuita, la	E	(Ta.)	69	D 5
Seda	P	(Por.)	113	A 5
Sedano	E	(Bur.)	21	D 5
Sedas	P	(Be.)	161	B 2
Sedaví	E	(Val.)	125	A 4
Sedella	E	(Mál.)	181	B 3
Sedes	E	(A Co.)	3	A 2
Sedielos	P	(V. R.)	55	A 5
Sediles	E	(Zar.)	65	B 5
Sedó	E	(Ll.)	69	C 1
Segadães	P	(Ave.)	74	A 4
Segade	P	(Co.)	94	B 3
Segán	E	(Lu.)	15	C 4
Segart	E	(Val.)	125	A 2
Sege	E	(Alb.)	154	A 2
Segodim	P	(Lei.)	93	B 5
Segões	P	(Vis.)	75	B 3
Segorbe	E	(Cas.)	125	A 1
Segovia	E	(Seg.)	81	A 3
Segoviela	E	(So.)	63	D 1
Segoyuela de los Cornejos	E	(Sa.)	78	A 5
Segude	P	(V. C.)	34	B 4
Segueró	E	(Gi.)	51	D 2
Segunda del Río/ Hostalnou, l'	E	(Cas.)	87	C 5
Segur de Calafell	E	(Ta.)	70	B 5
Segura	E	(Gui.)	24	A 3
Segura	P	(C. B.)	114	B 1
Segura de la Sierra	E	(J.)	153	C 2
Segura de León	E	(Bad.)	147	A 3
Segura de los Baños	E	(Te.)	86	A 3
Segura de Toro	E	(Các.)	98	A 3
Segurilla	E	(To.)	99	D 5
Seia	P	(Guar.)	95	B 1
Seiça	P	(San.)	111	D 1
Seidões	P	(Br.)	54	D 4
Seira	E	(A Co.)	14	A 3
Seira	E	(Hues.)	48	B 1
Seiró	E	(Our.)	35	C 3
Seirós	P	(V. R.)	55	B 2
Seixadas	E	(Our.)	35	A 2
Seixal	P	(Lis.)	126	B 1
Seixal	P	(Lis.)	110	C 4
Seixal	P	(Lis.)	126	B 2
Seixal	P	(Ma.)	110	A 1
Seixal	P	(Set.)	126	D 4
Seixas	E	(A Co.)	3	B 2
Seixas	E	(A Co.)	1	D 4
Seixas	P	(Bra.)	36	B 5
Seixas	P	(Co.)	95	A 1
Seixas	P	(Guar.)	76	A 1
Seixas	P	(V. C.)	33	D 5
Seixezelo	P	(Ave.)	74	A 1
Seixido	E	(Po.)	34	C 1
Seixo	P	(Ave.)	74	A 3
Seixo	P	(C. B.)	94	C 5
Seixo	P	(Co.)	73	C 5
Seixo	P	(Co.)	94	B 1
Seixo	P	(Lei.)	93	C 4
Seixo	P	(V. R.)	55	D 2
Seixo	P	(Vis.)	75	D 2
Seixo, O	E	(Po.)	33	D 1
Seixo Amarelo	P	(Guar.)	95	D 1
Seixo da Beira	P	(Co.)	95	A 1
Seixo de Ansiães	P	(Bra.)	56	A 5
Seixo de Gatões	P	(Co.)	93	C 2
Seixo de Manhoses	P	(Bra.)	56	B 5
Seixo do Côa	P	(Guar.)	96	B 1
Seixo, O (Tomiño)	E	(Po.)	33	D 4
Seixos Alvos	P	(Co.)	94	D 1
Seixosmil	E	(Lu.)	4	B 5
Sejães	P	(Vis.)	74	C 3
Sejas de Aliste	E	(Zam.)	57	B 2
Sel de la Carrera	E	(Can.)	21	C 2
Sela	E	(Po.)	34	C 3
Sela de Nunyes → Cela de Núñez	E	(Ali.)	141	A 4
Selas	E	(Gua.)	84	B 3
Selaya	E	(Can.)	21	C 1
Selgua	E	(Hues.)	47	D 5
Selim	P	(V. C.)	34	B 5
Selmes	P	(Be.)	145	A 3
Selores	P	(Bra.)	56	A 5
Selorio	E	(Ast.)	7	B 3
Selva	E	(Bal.)	92	A 2
Selva de Mar, la	E	(Gi.)	52	C 1
Selva del Camp, la	E	(Ta.)	69	C 5
Selva, La	E	(Gi.)	52	A 5
Selva, La	E	(Ll.)	50	B 4
Sella	E	(Ali.)	141	B 5
Sellaño	E	(Ast.)	7	C 5
Sellent	E	(Val.)	140	D 2
Sello	E	(Po.)	14	D 4
Sellón	E	(Ast.)	7	A 5
Semblana	P	(Be.)	160	C 2
Semideiro	P	(San.)	112	B 4
Semillas	E	(Gua.)	82	C 2
Semineira	P	(Lis.)	126	C 2
Semitela	P	(Vis.)	75	C 2
Sempere	E	(Val.)	141	A 3
Sena	E	(Hues.)	67	C 2
Sena de Luna	E	(Le.)	18	B 3
Senan	E	(Ta.)	69	B 3
Senande	E	(A Co.)	13	B 1
Sencelles	E	(Bal.)	92	A 3
Sendadiano	E	(Ál.)	23	A 3
Sendas	P	(Bra.)	56	D 3
Sendelle	E	(A Co.)	14	D 2
Sendim	P	(Bra.)	57	B 4
Sendim	P	(Port.)	54	C 4
Sendim	P	(V. R.)	35	B 5
Sendim	P	(Vis.)	75	C 1
Sendim da Ribeira	P	(Bra.)	56	C 5
Sendim da Serra	P	(Bra.)	56	C 5
Sendín	E	(Ast.)	6	B 4
Senegüé	E	(Hues.)	47	A 1
Senés	E	(Alm.)	184	A 1
Senés de Alcubierre	E	(Hues.)	66	D 1
Senhora da Graça de Padrões	P	(Be.)	160	C 2
Senhora da Hora	P	(Port.)	53	D 5
Senhorim	P	(Vis.)	75	A 5
Sénia, la	E	(Ta.)	88	A 5
Senija	E	(Ali.)	141	D 4
Senín	E	(Po.)	14	A 4
Seno	E	(Te.)	87	A 4
Senouras	P	(Guar.)	76	C 5
Senra	E	(A Co.)	14	C 2
Senterada	E	(Ll.)	49	A 2
Sentieiras	P	(San.)	112	B 3
Sentinela	P	(Fa.)	161	B 4
Sentiu de Sió, la	E	(Ll.)	69	A 1
Sentmenat	E	(Bar.)	71	A 2
Senyera	E	(Val.)	141	A 2
Senz	E	(Hues.)	48	A 2
Seña	E	(Can.)	10	B 4
Señoráns	E	(A Co.)	1	C 5
Señuela	E	(So.)	63	D 5
Seoane	E	(Lu.)	15	D 5
Seoane	E	(Lu.)	16	B 5
Seoane	E	(Our.)	35	A 1
Seoane Vello	E	(Our.)	35	D 2
Sepins	P	(Co.)	94	A 1
Sepulcro Hilario	E	(Sa.)	77	D 4
Sepúlveda	E	(Sa.)	77	C 4
Sepúlveda	E	(Seg.)	61	C 5
Sequeade	P	(Br.)	54	A 3
Sequeira	P	(Br.)	54	A 3
Sequeiro	E	(A Co.)	2	D 2
Sequeiro	P	(Br.)	54	B 1
Sequeiró	P	(Port.)	54	B 4
Sequeiros	E	(Lu.)	36	B 1
Sequeiros	E	(Po.)	34	A 2
Sequeiros	E	(Po.)	14	A 5
Sequeiros	P	(Bra.)	76	B 1
Sequeiros	P	(Guar.)	75	C 3
Sequeiros	P	(Guar.)	76	A 2
Sequeiros	P	(Vis.)	74	D 2
Sequera de Fresno	E	(Seg.)	62	A 5
Sequera de Haza, La	E	(Bur.)	61	C 3
Sequeros	E	(Sa.)	98	A 1
Ser	E	(A Co.)	13	D 2
Serandinas	E	(Ast.)	5	A 3
Serantellos	E	(A Co.)	2	D 3
Serantes	E	(A Co.)	13	C 3
Serantes	E	(A Co.)	2	C 3
Serantes	E	(A Co.)	2	D 3
Serantes	E	(Ast.)	4	D 3
Serantes	E	(Our.)	34	D 1
Serantes	E	(Po.)	13	D 5
Serapicos	P	(Bra.)	57	B 2
Serapicos	P	(Bra.)	56	D 2
Serapicos	P	(V. R.)	55	D 3
Serapicos	P	(V. R.)	55	D 2
Serdedelo	P	(V. C.)	54	A 1
Serena, La	E	(Alm.)	184	D 1
Serés	E	(Lu.)	16	A 2
Sergude	E	(A Co.)	14	B 3
Sergudo	P	(Co.)	94	D 2
Serín	E	(Ast.)	6	C 3
Serinyà	E	(Gi.)	51	D 3
Serinyà	E	(Gi.)	52	A 5
Sermonde	P	(Port.)	74	A 1
Serna del Monte, La	E	(Mad.)	81	D 2
Serna, La	E	(Can.)	21	B 4
Serna, La	E	(Pa.)	40	B 2
Sernada	P	(Bra.)	36	B 5
Sernada	P	(Vis.)	75	A 4
Sernadinha	P	(Co.)	94	B 3
Sernancelhe	P	(Vis.)	75	C 3
Sernande	P	(Port.)	74	A 1
Sernande	P	(Port.)	54	C 4
Seró	E	(Ll.)	49	B 5
Seroa	P	(Port.)	54	B 5
Seroiro	E	(Ast.)	17	A 2
Serois	E	(Our.)	35	B 5
Serón	E	(Alm.)	169	D 5
Serón de Nágima	E	(So.)	64	A 4
Seròs	E	(Ll.)	68	B 4
Serpa	P	(Be.)	145	A 4
Serpins	P	(Co.)	94	C 3
Serra	E	(Val.)	125	A 2
Serra	P	(San.)	112	C 2
Serra	P	(San.)	112	B 2
Serra da Boa Viagem	P	(Co.)	93	B 2
Serra da Pescaria	P	(Lei.)	110	D 2
Serra da Vila	P	(Lis.)	126	C 1
Serra d'Almos, la	E	(Ta.)	88	D 1
Serra de Água	P	(Ma.)	110	A 2
Serra de Daró	E	(Gi.)	52	C 4
Serra de Dentro	P	(Ma.)	109	C 1
Serra de Jancanes	P	(Co.)	94	A 3
Serra de Outes, A (Outes)	E	(A Co.)	13	C 3
Serra de Santo António	P	(San.)	111	C 2
Serra de São Bento	P	(Co.)	93	C 3
Serra de São Domingos	P	(C. B.)	94	C 5
Serra d'El-Rei	P	(Lei.)	110	C 4
Serra d'en Galceran, la → Sierra Engarcerán	E	(Cas.)	107	D 3
Serra do Bouro	P	(Lei.)	110	D 3
Serra dos Mangues	P	(Lei.)	110	D 2
Serra Morena	E	(Bal.)	90	D 2
Serracines	E	(Mad.)	82	B 5
Serrada	E	(Vall.)	59	D 4
Serrada de la Fuente	E	(Mad.)	82	A 3
Serrada, La	E	(Áv.)	80	A 5
Serradelo	P	(Ave.)	74	B 1
Serradell	E	(Ll.)	49	A 3
Serradilla	E	(Các.)	115	D 1
Serradilla del Arroyo	E	(Sa.)	97	C 1
Serradilla del Llano	E	(Sa.)	97	C 1
Serraduy	E	(Hues.)	48	C 2
Serralva	P	(Ave.)	74	A 2
Serramo	E	(A Co.)	13	C 1
Serranillo	E	(Sa.)	77	A 4
Serranillos	E	(Áv.)	99	D 2
Serranillos del Valle	E	(Mad.)	101	B 3
Serranillos Playa	E	(To.)	100	A 5
Serrano	E	(Cád.)	177	C 5
Serranos	P	(Lei.)	110	D 4
Serrapio	E	(Ast.)	18	D 1
Serrasqueira	P	(C. B.)	113	B 1
Serrat de Castellnou, El	E	(Bar.)	70	C 1
Serrate	E	(Hues.)	48	B 2
Serrateix	E	(Bar.)	50	B 5
Serrato	E	(Mál.)	179	C 3
Serrazes	P	(Vis.)	74	C 3
Serrazina	P	(Co.)	93	D 3
Serrejón	E	(Các.)	116	B 1
Serreleis	P	(V. C.)	53	D 1
Serres	E	(Gi.)	72	A 1
Serreta	P	(Aç.)	109	A 5
Serro Ventoso	P	(Co.)	93	C 3
Serro Ventoso	P	(Lei.)	111	B 2
Sertã	P	(C. B.)	94	C 5
Serval, El	E	(Gr.)	167	A 4
Servoi	E	(Our.)	36	A 4
Serzedelo	P	(Br.)	54	C 2
Sesa	E	(Hues.)	47	B 5
Sésamo	E	(Le.)	17	A 4
Seseña	E	(To.)	101	D 4
Seseña Nuevo	E	(To.)	101	D 4
Sesimbra	P	(Set.)	126	D 5
Sesma	E	(Na.)	44	B 2
Sesmarias	P	(C. B.)	112	C 1
Sesmarias	P	(Fa.)	174	A 3
Sesmarias	P	(San.)	112	B 2
Sesmarias do Pato	P	(Set.)	127	A 4
Sesmo	P	(C. B.)	95	A 5
Sesnández de Tábara	E	(Zam.)	58	A 1
Sestao	E	(Viz.)	10	D 5
Sestrica	E	(Zar.)	65	A 4
Sesué	E	(Hues.)	48	B 1
Setados	E	(Po.)	34	B 4
Setcases	E	(Gi.)	51	A 1
Sete	P	(Be.)	160	C 2
Sete Casas	P	(Lis.)	126	C 2
Sete Cidades	P	(Aç.)	109	A 4
Sete Sobreiras	P	(Por.)	112	C 4
Setecoros	E	(Po.)	14	A 4
Setefilla	E	(Sev.)	164	D 2
Setenil de las Bodegas	E	(Cád.)	179	B 3
Setién	E	(Can.)	9	D 4
Setienes	E	(Ast.)	5	B 3
Setil	P	(San.)	111	B 5
Setiles	E	(Gua.)	85	A 4
Setúbal	P	(Set.)	127	A 5
Seu d'Urgell, la	E	(Ll.)	49	D 2
Seva	E	(Bar.)	51	B 5
Sevares	E	(Ast.)	7	B 4
Sever	E	(Our.)	36	C 4
Sever	P	(V. R.)	55	B 5
Sever	P	(Vis.)	75	B 2
Sever do Vouga	P	(Ave.)	74	B 3
Sevilha	P	(Co.)	94	D 1
Sevilla	E	(Sev.)	164	A 4
Sevilla la Nueva	E	(Mad.)	101	B 2
Sevillana, La	E	(Cór.)	149	A 5
Sevillanos, Los, lugar	E	(Gr.)	182	C 3
Sevilleja de la Jara	E	(To.)	117	C 3
Sexmiro	E	(Sa.)	76	D 4
Sexmo	E	(Mál.)	180	B 4
Sezelhe	P	(V. R.)	55	A 1
Sezulfe	P	(Bra.)	56	C 3
Sezures	P	(Br.)	54	A 3
Sezures	P	(Vis.)	75	B 4
Siabal	E	(Our.)	35	B 2
Siador	E	(Po.)	14	C 4
Sidamon	E	(Ll.)	69	A 2
Sidrós	P	(V. R.)	54	D 1
Sienes	E	(Gua.)	83	B 1
Sieres	E	(Ast.)	7	B 4
Siero de la Reina	E	(Le.)	19	D 3
Sierpe, La	E	(Cád.)	178	B 4
Sierpe, La	E	(Sa.)	78	B 5
Sierra	E	(Alb.)	139	A 5
Sierra	E	(Ast.)	5	C 5
Sierra	E	(Mál.)	179	A 5
Sierra	E	(Viz.)	22	B 1
Sierra de Fuentes	E	(Các.)	115	C 4
Sierra de Ibio	E	(Can.)	9	A 5
Sierra de Luna	E	(Zar.)	46	A 5
Sierra de María Ángela	E	(J.)	153	A 4
Sierra de Ojete	E	(Gr.)	167	A 5
Sierra de San Cristóbal	E	(Cád.)	177	C 5
Sierra de Yeguas	E	(Mál.)	179	D 1
Sierra Elvira	E	(Gr.)	167	D 5
Sierra Engarcerán/ Serra d'en Galceran, la	E	(Cas.)	107	D 3
Sierra Menera	E	(Te.)	85	B 5
Sierra Nevada	E	(Gr.)	182	B 1
Sierra, La	E	(Alb.)	154	B 3
Sierra, La	E	(Ast.)	6	C 4
Sierra, La	E	(Mál.)	179	A 5
Sierra, La o Buenavista	E	(Cór.)	166	B 3
Sierrapando	E	(Can.)	9	B 5
Sierro	E	(Alm.)	170	A 5
Sieso de Huesca	E	(Hues.)	47	B 4
Siesta	E	(Bal.)	89	D 4
Siétamo	E	(Hues.)	47	A 4
Siete Aguas	E	(Val.)	124	B 4
Siete Iglesias de Trabancos	E	(Vall.)	59	B 5
Siete Puertas	E	(Las P.)	191	C 2
Sieteiglesias de Tormes	E	(Sa.)	78	D 4
Sietes	E	(Ast.)	7	B 4
Sigarrosa	P	(V. R.)	55	B 4
Sigeres	E	(Áv.)	79	D 4
Sigrás	E	(A Co.)	2	C 4
Sigüeiro	E	(A Co.)	14	B 2
Sigüenza	E	(Gua.)	83	C 2
Siguero	E	(Seg.)	81	D 1
Sigueruelo	E	(Seg.)	81	D 1
Sigüés	E	(Zar.)	26	A 5
Sigüeya	E	(Le.)	37	A 2
Sileras	E	(Cór.)	167	B 4
Siles	E	(J.)	153	C 2
Silillos	E	(Cór.)	165	B 2
Silió	E	(Can.)	21	B 2
Silos, Los	E	(Alm.)	170	D 5
Silos, Los	E	(S.Cruz T.)	195	C 2
Sils	E	(Gi.)	52	A 5
Silva	E	(A Co.)	13	C 3
Silva	E	(A Co.)	2	B 5
Silva	E	(Lu.)	16	A 1
Silva	P	(Br.)	54	A 2
Silva	P	(Bra.)	57	B 3
Silva	P	(V. C.)	33	D 4
Silva	P	(V. R.)	55	D 3
Silvã de Cima	P	(Vis.)	75	B 4
Silva Escura	P	(Ave.)	74	B 3
Silva Escura	P	(Port.)	54	A 5
Silva, La	E	(Le.)	17	D 5
Silvalde	P	(Ave.)	73	D 1
Silván	E	(Le.)	37	A 2
Silvares	P	(C. B.)	95	B 3
Silvares	P	(Vis.)	75	A 3

Silvares

Silvares P (Vis.) 74 B4
Silvares P (Vis.) 74 C4
Silvarrei E (Lu.) 15 D1
Silveira P (Ave.) 74 A5
Silveira P (Ave.) 74 B4
Silveira P (C. B.) 113 A2
Silveira P (Fa.) 160 A4
Silveira P (Lis.) 110 B5
Silveiras P (Év.) 128 A4
Silveirinho P (Co.) 94 C2
Silveiros P (Br.) 54 A3
Silvela E (Lu.) 15 B2
Silves P (Fa.) 173 D2
Silvosa P (C. B.) 95 B4
Silvoso E (Po.) 34 A1
Silla E (Val.) 125 A4
Sillar Baja E (Gr.) 168 B5
Silleda E (Po.) 14 C4
Sillero, lugar E (J.) 152 D4
Sillobre E (A Co.) 3 A3
Simancas E (Vall.) 60 A3
Simarro, El E (Cu.) 122 A5
Simat de la Valldigna E (Val.) 141 B2
Simões P (Be.) 161 A2
Simões P (Co.) 93 D4
Sin E (Hues.) 28 A5
Sinarcas E (Val.) 123 D2
Sinde P (Co.) 94 D2
Sindrán E (Lu.) 36 A1
Sines P (Set.) 143 A4
Sineu E (Bal.) 92 A3
Singla E (Mu.) 154 C4
Singra E (Te.) 85 C5
Sinlabajos E (Áv.) 80 A2
Sinovas E (Bur.) 61 D2
Sinterra P (San.) 111 B4
Sintra P (Lis.) 126 B3
Sintrão P (Guar.) 75 D3
Sinués E (Hues.) 26 C5
Siñeriz E (Ast.) 5 B3
Sionlla de Abaixo E (A Co.) 14 B2
Sipán E (Hues.) 47 A4
Sipote P (C. B.) 112 D1
Siresa E (Hues.) 26 B4
Siruela E (Bad.) 133 C2
Sirves E (A Co.) 13 C5
Sísamo E (A Co.) 2 A5
Sisamón E (Zar.) 84 C1
Sisante E (Cu.) 122 A4
Siscar, El E (Mu.) 156 A4
Sismaria P (Lei.) 93 B5
Sisoi E (Lu.) 15 D1
Sispony A 49 D1
Sisquer E (Ll.) 49 D3
Sistallo E (Lu.) 3 D5
Sistelo P (V. C.) 34 B4
Sisto E (A Co.) 1 D5
Sisto E (A Co.) 14 A3
Sitges E (Bar.) 70 C5
Sitrama de Tera E (Zam.) 38 B5
Siurana E (Gi.) 52 B2
Siurana E (Ta.) 69 A5
Soajo P (V. C.) 34 C5
Soalhães P (Port.) 54 D5
Soalheira P (C. B.) 114 A2
Soalheira P (C. B.) 95 C4
Soalheira P (Fa.) 174 B2
Soandres E (A Co.) 2 B5
Soaserra E (A Co.) 3 A3
Sobarzo E (Can.) 9 C5
Sober E (Lu.) 35 D1
Sobrada E (Lu.) 15 D1
Sobrada E (Po.) 33 D4
Sobradelo E (Our.) 36 D2
Sobradelo E (Our.) 35 C3
Sobradelo P (Ave.) 74 A3
Sobradelo P (V. R.) 55 C2
Sobradelo da Goma P (Br.) 54 C2
Sobradiel E (Zar.) 66 A2
Sobradillo E (Sa.) 76 D3
Sobradillo de Palomares E (Zam.) 58 B4
Sobradillo, El E (S. Cruz T.) 196 B2
Sobradinho P (Fa.) 160 B4
Sobrado E (A Co.) 15 A2
Sobrado E (Ast.) 5 B4
Sobrado E (Le.) 36 D1
Sobrado E (Lu.) 16 A3
Sobrado P (Port.) 54 A5
Sobrado (Gomesende) E (Our.) 34 D3
Sobrados P (V. R.) 55 C5
Sobrainho dos Baios P (C. B.) 95 A5
Sobral E (Our.) 35 B1
Sobral E (Po.) 34 A2
Sobral E (Po.) 34 A1
Sobral P (Ave.) 73 D2
Sobral P (C. B.) 94 D4
Sobral P (Co.) 94 C2
Sobral P (Co.) 94 D4
Sobral P (Lei.) 110 D4
Sobral P (Lis.) 110 C4
Sobral P (San.) 111 D2
Sobral P (San.) 111 C4
Sobral P (Vis.) 74 D3
Sobral P (Vis.) 94 C1
Sobral Basto P (San.) 112 B2
Sobral da Abelheira P (Lis.) 126 C1
Sobral da Adiça P (Be.) 145 D4
Sobral da Lagoa P (Lei.) 110 D3
Sobral da Serra P (Guar.) 76 A5
Sobral de Baixo P (Co.) 93 D4
Sobral de Monte Agraço P (Lis.) 126 D1
Sobral de Papízios P (Vis.) 94 D1
Sobral de São Miguel P (C. B.) 95 B3
Sobral do Campo P (C. B.) 95 C4
Sobral Gordo P (Co.) 95 A2
Sobral Magro P (Co.) 95 A2
Sobral Pichorro P (Guar.) 75 D4
Sobral Volado P (Co.) 94 D4
Sobralinho P (Lis.) 127 A2
Sobrão P (Port.) 54 B4
Sobrecastiello E (Ast.) 19 B1
Sobreda P (Ave.) 74 A1
Sobreda P (Bra.) 56 D3
Sobreda P (Co.) 95 A1
Sobreda P (Set.) 126 C4
Sobreda P (Vis.) 74 D2
Sobredo E (Po.) 34 A3
Sobredo P (V. R.) 55 D4
Sobrefoz E (Ast.) 19 C1
Sobreganade E (Our.) 35 B4
Sobreira P (Ave.) 74 B5
Sobreira P (Co.) 94 C2
Sobreira P (Guar.) 96 A1
Sobreira P (Lei.) 111 B2
Sobreira P (Lis.) 126 D2
Sobreira P (Port.) 54 B5
Sobreira P (V. R.) 56 A4
Sobreira P (Vis.) 74 B4
Sobreira Formosa P (C. B.) 113 A1
Sobreiro P (Lei.) 94 C5
Sobreiro P (Lis.) 126 B1
Sobreiro Curvo P (Lis.) 110 C5
Sobreiro de Baixo P (Bra.) 56 C1
Sobreiro de Cima P (Bra.) 56 B1
Sobreiros P (Ave.) 74 A4
Sobreiros P (Lis.) 126 D1
Sobrelapeña E (Can.) 20 C1
Sobremunt E (Bar.) 51 A4
Sobrena P (Lis.) 111 A4
Sobreposta P (Br.) 54 B2
Sobretâmega P (Port.) 54 C5
Sobrón E (Ál.) 22 D4
Sobrosa P (Port.) 54 B5
Socorro, El E (S. Cruz T.) 196 B3
Socorro, El E (S. Cruz T.) 196 B1
Socovos E (Alb.) 154 C2
Socuéllamos E (C. R.) 121 B5
Sodeto E (Hues.) 67 B1
Sodupe E (Viz.) 22 D1
Soeima P (Bra.) 56 C4
Soeira P (Bra.) 56 C1
Soeirinho P (Co.) 94 D3
Soengas P (Br.) 54 C2
Soesto E (A Co.) 1 C5
Sofán E (A Co.) 2 A5
Sofuentes E (Zar.) 45 C2
Sogo E (Zam.) 58 A4
Sogueire P (Vis.) 74 C1
Soguillo del Páramo E (Le.) 38 C3
Soianda P (San.) 112 A1
Soito P (Guar.) 96 C2
Sojuela E (La R.) 43 C2
Sol i Vista E (Ta.) 89 B1
Solán de Cabras E (Cu.) 104 B1
Solana E (Các.) 116 D4
Solana de Ávila E (Áv.) 98 C2
Solana de Fenar E (Le.) 18 D4
Solana de los Barros E (Bad.) 131 A4
Solana de Padilla E (J.) 153 B4
Solana de Pontes, La, lugar E (Alm.) 170 C1
Solana de Rioalmar E (Áv.) 79 C4
Solana de Torralba E (J.) 152 C5
Solana del Pino E (C. R.) 151 A1
Solana, La E (Alb.) 138 C4
Solana, La E (Alm.) 170 B3
Solana, La E (C. R.) 136 C3
Solana, La E (Las P.) 191 C3
Solanas de Valdelucio E (Bur.) 21 B5
Solanas del Valle E (Sev.) 148 A5
Solanell E (Ll.) 49 C1
Solanilla E (Alb.) 137 C5
Solanilla del Tamaral E (C. R.) 151 B1
Solanillo, El E (Alm.) 183 C4
Solanillos del Extremo E (Gua.) 83 B4
Solano E (Mál.) 180 D3
Solarana E (Bur.) 41 D5
Solares E (Can.) 9 D4
Solarte-Gallete E (Viz.) 11 C5
Soldeu A 30 A5
Soledad, La E (Sev.) 164 B4
Soler, El E (Hues.) 48 B3
Solera E (J.) 168 B2
Solera de Gabaldón E (Cu.) 122 C2
Soleràs, el E (Ll.) 68 D4
Solerche E (Cór.) 166 D5
Soleres, Los E (Alm.) 171 A4
Solete Alto E (Cád.) 177 C4
Soliedra E (So.) 63 D4
Solís E (Ast.) 6 C3
Solius E (Gi.) 52 B5
Solivella E (Ta.) 69 C4
Solivent E (Gi.) 51 D4
Solórzano E (Can.) 10 A4
Solosancho E (Áv.) 99 D1
Solposta P (Ave.) 73 D4
Solsona E (Ll.) 50 A4
Soltaria P (Lis.) 110 B5
Solvay E (Ast.) 6 D4
Solveira E (Our.) 35 C4
Solveira E (Our.) 35 A3
Solveira E (Our.) 35 B2
Solveira P (V. R.) 55 C1
Solymar E (Ta.) 88 C5
Sollana E (Val.) 125 A5
Sollano-Llantada E (Viz.) 22 C1
Solle E (Le.) 19 B3
Sóller E (Bal.) 91 C2
Somado E (Ast.) 6 A3
Somaén E (So.) 84 A1
Somahoz E (Can.) 21 B1
Somanes E (Hues.) 46 C1
Somarriba E (Can.) 9 C5
Sombrera, La E (S. Cruz T.) 196 A4
Somo E (Can.) 9 D4
Somolinos E (Gua.) 82 D1
Somontín E (Alm.) 170 A4
Somosierra E (Mad.) 82 A1
Somoza E (Po.) 14 B4
Somozas, As E (A Co.) 3 B2
Son E (Ll.) 29 B5
Son Bou E (Bal.) 90 C2
Son Carrió E (Bal.) 92 C3
Son de Abaixo E (A Co.) 14 B2
Son Fe E (Bal.) 92 B1
Son Ferrer E (Bal.) 91 B4
Son Ferriol E (Bal.) 91 C3
Son Macià E (Bal.) 92 C4
Son Mesquida E (Bal.) 92 B4
Son Morell E (Bal.) 90 A2
Son Moro E (Bal.) 92 D3
Son Morro, lugar E (Bal.) 90 A2
Son Negre E (Bal.) 92 B4
Son Prohens E (Bal.) 92 C4
Son Roca-Son Ximelis E (Bal.) 91 C3
Son Sardina E (Bal.) 91 C3
Son Serra de Marina E (Bal.) 92 C2
Son Servera E (Bal.) 92 D3
Son Valls E (Bal.) 92 B4
Son Xoriguer E (Bal.) 90 A2
Soncillo E (Bur.) 21 C3
Sondica E (Viz.) 11 A5
Sonega P (Set.) 143 B5
Soneja E (Cas.) 125 A1
Sonim P (V. R.) 56 A2
Sonneland E (Las P.) 191 B4
Sonseca E (To.) 119 B2
Soñar E (Lu.) 15 D2
Soñeiro E (A Co.) 2 D4
Sóo E (Las P.) 192 C3
Sopeira E (Hues.) 48 D2
Sopelana E (Viz.) 10 D4
Sopenilla E (Can.) 9 B5
Sopeña E (Can.) 20 D1
Sopeña de Curueño E (Le.) 19 A4
Sopeñano E (Bur.) 22 B2
Sopo P (V. C.) 33 D5
Soportújar E (Gr.) 182 B3
Sopuerta E (Viz.) 10 C5
Sora E (Bar.) 51 A3
Sorabilla E (Gui.) 24 B1
Soraluze/Placencia de las Armas E (Gui.) 23 D1
Sorauren E (Na.) 25 A4
Sorbas E (Alm.) 184 C1
Sorbeda del Sil E (Le.) 17 B4
Sorda, Sa E (Bal.) 92 A5
Sordillos E (Bur.) 41 A2
Sorgaçosa P (Co.) 95 A2
Soria E (So.) 63 D2
Soriguera E (Ll.) 49 B2
Sorihuela E (Sa.) 98 C1
Sorihuela del Guadalimar E (J.) 152 D3
Sorita → Zorita del Maestrazgo E (Cas.) 87 B4
Sorlada/Suruslada E (Na.) 44 A1
Sorna E (A Co.) 13 B1
Sorpe E (Ll.) 29 B5
Sorriba E (Le.) 19 C4
Sorribas E (A Co.) 14 A3
Sorribas E (Le.) 17 A5
Sorribes E (Ll.) 49 D3
Sorribos de Alba E (Le.) 18 D4
Sorrizo E (A Co.) 2 B4
Sort E (Ll.) 49 B1
Sortelha P (Guar.) 96 A2
Sortelhão P (Guar.) 96 A1
Sortes P (Bra.) 56 D2
Sorval P (Guar.) 76 A3
Sorvilán E (Gr.) 182 C4
Sorzano E (La R.) 43 C2
Sos E (Hues.) 48 B1
Sos del Rey Católico E (Zar.) 45 C1
Sosa P (Ave.) 73 D5
Sosas de Laciana E (Le.) 17 D3
Sosas del Cumbral E (Le.) 18 A4
Soscaño E (Viz.) 22 B1
Soses E (Ll.) 68 B3
Sot de Chera E (Val.) 124 B3
Sot de Ferrer E (Cas.) 125 A1
Sota de Valderrueda, La E (Le.) 19 D4
Sota, La E (Can.) 21 C2
Sotalvo E (Áv.) 99 D1
Sotelo E (Le.) 16 D5
Sotés E (La R.) 43 C2
Sotiel Coronada E (Huel.) 162 C2
Sotiello E (Ast.) 6 C3
Sotillo E (Seg.) 81 D1
Sotillo de Boedo E (Pa.) 40 C1
Sotillo de la Adrada E (Áv.) 100 B3
Sotillo de la Ribera E (Bur.) 61 C2
Sotillo de las Palomas E (To.) 99 D4
Sotillo del Rincón E (So.) 63 C1
Sotillo, El E (C. R.) 135 B1
Sotillo, El E (Gua.) 83 C3
Sotillos de Sabero E (Le.) 19 C4
Soto E (Ast.) 6 B4
Soto E (Ast.) 18 D1
Soto E (Ast.) 19 B1
Soto E (Can.) 21 A2
Soto de Aldovea E (Mad.) 102 A2
Soto de Cangas E (Ast.) 7 C5
Soto de Cerrato E (Pa.) 40 C5
Soto de la Barca E (Ast.) 5 C5
Soto de la Marina E (Can.) 9 C4
Soto de la Vega E (Le.) 38 B2
Soto de los Infantes E (Ast.) 5 D4
Soto de Luiña E (Ast.) 5 D3
Soto de Ribera E (Ast.) 6 C5
Soto de Sajambre E (Le.) 19 D1
Soto de San Esteban E (So.) 62 B3
Soto de Valdeón E (Le.) 19 D2
Soto del Barco E (Ast.) 6 A3
Soto del Real E (Mad.) 81 C4
Soto del Rey E (Ast.) 6 C5
Soto en Cameros E (La R.) 43 D3
Soto y Amío E (Le.) 18 B4
Soto, El E (Áv.) 99 A1
Soto, El E (Cád.) 186 B3
Soto, El E (Hues.) 47 D2
Soto, El E (Mad.) 101 D1
Sotobañado y Priorato E (Pa.) 40 C1
Sotoca E (Cu.) 104 A4
Sotoca de Tajo E (Gua.) 83 C4
Sotodosos E (Gua.) 83 D3
Sotogordo E (Cór.) 166 A4
Sotogordo E (J.) 151 D5
Sotopalacios E (Bur.) 41 D2
Sotoparada E (Le.) 16 D5
Sotos E (Cu.) 104 B3
Sotos del Burgo E (So.) 62 D3
Sotosalbos E (Seg.) 81 B2
Sotoserrano E (Sa.) 98 A1
Sotovellanos E (Bur.) 40 D1
Sotragero E (Bur.) 41 D2
Sotres E (Ast.) 20 A1
Sotresgudo E (Bur.) 41 A1
Sotrondio (San Martín del Rey Aurelio) E (Ast.) 6 D5
Sotuélamos E (Alb.) 137 C2
Soudes P (Fa.) 161 B4
Soudos P (San.) 111 D2
Soure P (Co.) 93 D3
Sourões P (San.) 111 B3
Souropires P (Guar.) 76 B4
Sousa P (Port.) 54 C4
Sousel P (Por.) 129 A2
Sousela P (Port.) 54 B4
Souselas P (Co.) 94 A2
Souselo P (Vis.) 74 C1
Soutadoiro E (Our.) 36 D2
Soutaria P (San.) 111 D1
Soutelinho P (V. R.) 55 C2
Soutelinho P (V. R.) 55 C5
Soutelinho da Raia P (V. R.) 55 C1
Soutelinho do Amésio P (V. R.) 55 B4
Souteliño E (Our.) 35 D4
Soutelo E (A Co.) 14 C1
Soutelo E (Po.) 14 C5
Soutelo P (Ave.) 74 A3
Soutelo P (Ave.) 74 A4
Soutelo P (Ave.) 74 B4
Soutelo P (Br.) 54 B2
Soutelo P (Br.) 54 C2
Soutelo P (Bra.) 56 D4
Soutelo P (Bra.) 36 D5
Soutelo P (Co.) 94 B2
Soutelo P (V. R.) 55 A5
Soutelo P (V. R.) 55 D1
Soutelo P (Vis.) 74 D2
Soutelo P (Vis.) 75 A3
Soutelo de Aguiar P (V. R.) 55 C3
Soutelo do Douro P (Vis.) 55 D5
Soutelo Mourisco P (Bra.) 56 C2
Soutelo Verde E (Our.) 35 D4
Soutilha P (Bra.) 56 B2
Souto E (Our.) 34 D2
Souto E (Po.) 14 B5
Souto E (Po.) 14 B4
Souto P (Ave.) 74 A2
Souto P (Br.) 54 B1
Souto P (San.) 112 B2
Souto P (V. C.) 34 B5
Souto P (V. C.) 54 A1
Souto P (Vis.) 75 D2
Souto P (Vis.) 74 D3
Souto (São Salvador) P (Br.) 54 C3
Souto (Toques) E (A Co.) 15 A2
Souto Bom P (Vis.) 74 C4
Souto Cico P (Lei.) 111 C1
Souto da Carpalhosa P (Lei.) 93 B5
Souto da Casa P (C. B.) 95 C3
Souto da Ruiva P (Co.) 95 A2
Souto da Velha P (Bra.) 56 C5
Souto de Aguiar da Beira P (Guar.) 75 C3
Souto de Lafões P (Vis.) 74 C4
Souto do Brejo P (Co.) 95 A4
Souto Maior P (Guar.) 75 D3
Souto Maior P (V. R.) 55 C5
Souto Mau P (Ave.) 74 B3
Soutochao E (Our.) 36 B5
Soutolongo E (Po.) 14 D5
Soutomaior E (Our.) 35 B3
Soutomaior E (Po.) 34 A2
Soutomel E (Our.) 35 A3
Soutopenedo E (Our.) 35 B2
Soutordei E (Lu.) 36 A1
Soutos P (Lei.) 111 C1
Soutosa P (Vis.) 75 B3
Soutullo E (A Co.) 2 B4
Suances E (Can.) 9 B4
Suares E (Ast.) 6 D4
Suarna E (Lu.) 16 C1
Subilana Gasteiz E (Ál.) 23 B4
Subportela P (V. C.) 53 D1
Subserra P (Lis.) 126 D2
Suçães P (Bra.) 56 A3
Sucastro E (Lu.) 15 B4
Sucina E (Mu.) 156 B5
Sucs E (Ll.) 68 B2
Sudanell E (Ll.) 68 C3
Sueca E (Val.) 141 B1
Sueiros E (A Co.) 2 C4
Suellacabras E (So.) 64 A1
Suera → Sueras E (Cas.) 107 B5
Sueras/Suera E (Cas.) 107 B5
Sueros de Cepeda E (Le.) 18 A5
Suertes E (Le.) 17 A3
Suesa E (Can.) 9 D4

Tírvia

Tírvia E (Ll.) 49 C1
Tiscamanita E (Las P.) 190 A3
Tíscar-Don Pedro E (J.) 169 A1
Titaguas E (Val.) 124 A1
Titulcia E (Mad.) 102 A4
Tiurana E (Ll.) 49 C5
Tivenys E (Ta.) 88 C3
Tivissa E (Ta.) 88 D2
Tó P (Bra.) 57 B5
Toba E (A Co.) 13 B2
Toba de Valdivielso E (Bur.) 22 A4
Toba, La E (Gua.) 82 D2
Toba, La E (J.) 153 C3
Tobalinilla E (Bur.) 22 C4
Tobar E (Bur.) 41 B1
Tobar, El E (Cu.) 104 B1
Tobarra E (Alb.) 139 A5
Tobaruela-La Tortilla E (J.) 151 D4
Tobed E (Zar.) 65 B5
Tobera E (Bur.) 22 B5
Tobes E (Bur.) 42 A1
Tobía E (La R.) 43 A3
Tobillos E (Gua.) 84 B3
Toboso, El E (To.) 120 D3
Tocina E (Sev.) 164 B2
Tocón E (Gr.) 167 B5
Tocón E (Gr.) 168 B5
Tocha P (Co.) 93 C1
Todolella E (Cas.) 87 B5
Todoque E (S.Cruz T.) 193 B3
Todosaires E (Cór.) 167 A3
Toedo E (Po.) 14 B4
Toén E (Our.) 35 A2
Tões P (Vis.) 75 B1
Toga E (Cas.) 107 A4
Togilde P (Ave.) 74 A3
Toirán E (Lu.) 16 A3
Toiriz E (Lu.) 15 D5
Toiriz E (Po.) 14 D3
Toito P (Guar.) 76 B5
Tojeira P (Lis.) 126 B2
Tojeira P (San.) 112 C2
Tojeiras P (C. B.) 113 B1
Tojeiras de Baixo P (San.) 112 B4
Tojeiro P (Co.) 93 C2
Tojera, La E (Bad.) 113 D5
Tójo P (Co.) 95 A3
Tojos, Los E (Can.) 20 D2
Tol E (Ast.) 4 D3
Tola E (Zam.) 57 C2
Tola P (Co.) 94 A4
Tolbaños E (Áv.) 80 B4
Tolbaños de Abajo E (Bur.) 42 C4
Tolbaños de Arriba E (Bur.) 42 D4
Toldanos E (Le.) 39 A1
Toledillo E (So.) 63 C2
Toledo E (To.) 119 B1
Toledo P (Lis.) 110 C5
Tolibia de Arriba E (Le.) 19 A3
Tolilla E (Zam.) 57 D2
Tolinas E (Ast.) 6 A5
Tolivia E (Ast.) 18 D1
Tolocirio E (Seg.) 80 B1
Tolosa E (Alb.) 139 C1
Tolosa E (Gui.) 24 B2
Tolosa P (Por.) 113 A3
Tolox E (Mál.) 179 D4
Tolva E (Hues.) 48 C4
Tollos E (Ali.) 141 B4
Tom P (Por.) 112 D4
Tomadias P (Guar.) 76 B2
Tomar P (San.) 112 A2
Tomareis P (San.) 111 D1
Tomares E (Sev.) 163 D4
Tombrio de Abajo E (Le.) 17 B4
Tombrio de Arriba E (Le.) 17 B4
Tomellosa E (Gua.) 83 A5
Tomelloso E (C. R.) 136 D1
Tomeza E (Po.) 34 A1
Tomillares, Los E (Mál.) 180 B5
Tomiño E (Po.) 33 D4
Tona E (Bar.) 51 A5
Tonda P (Vis.) 74 D5
Tondela P (Vis.) 74 D5
Tondos E (Cu.) 104 A4
Tonín de Arbás E (Le.) 18 D2
Tonosa E (Alm.) 170 C3
Toñanes E (Can.) 9 A4
Topares E (Alm.) 170 B1
Topas E (Sa.) 78 C1
Topo P (Aç.) 109 D3
Toques E (A Co.) 15 A2
Tor E (Gi.) 52 B3
Tor E (Lu.) 15 D5
Tor E (Ll.) 29 D5
Torà E (Ll.) 69 D1
Toral de Fondo E (Le.) 38 B2
Toral de los Guzmanes E (Le.) 38 D3
Toral de los Vados E (Le.) 37 A1
Toral de Merayo E (Le.) 37 B1
Torás E (Cas.) 106 C5
Torazo E (Ast.) 7 A4
Torbeo E (Lu.) 36 A1
Torbiscal, El E (Sev.) 178 A1
Torcela E (Our.) 15 A5
Tordea E (Lu.) 16 A2
Tordehúmos E (Vall.) 59 C1
Tordelalosa E (Sa.) 78 B3
Tordelpalo E (Gua.) 84 D4
Tordelrábano E (Gua.) 83 B1
Tordellego E (Gua.) 85 A5
Tordelloso E (Gua.) 83 A1
Tordera E (Bar.) 71 D1
Tordesalas E (So.) 64 B3
Tordesilos E (Gua.) 85 A5
Tordesillas E (Vall.) 59 D4
Tordillos E (Sa.) 79 A3
Tordoia E (A Co.) 14 B1
Tordómar E (Bur.) 41 C5
Tordueles E (Bur.) 41 D5
Torea E (A Co.) 13 C3
Torelló E (Bar.) 51 A4
Toreno E (Le.) 17 B4
Torerera, lugar E (Huel.) 162 B2
Torés E (Lu.) 16 B4
Torete E (Gua.) 84 B4
Torgal P (Lei.) 94 C4
Torgueda P (V. R.) 55 B5
Torija E (Gua.) 82 D4
Toril E (Các.) 98 B5
Toril E (Mál.) 181 A3
Toril E (Te.) 105 B3
Torilonte de la Peña E (Pa.) 20 B4
Torís → Turís E (Val.) 124 C4
Torla E (Hues.) 27 B5
Torlengua E (So.) 64 B4
Tormaleo E (Ast.) 17 A3
Tormantos E (La R.) 42 D1
Torme E (Bur.) 22 A3
Tormellas E (Áv.) 98 D2
Tormillo, El E (Hues.) 67 C1
Tormo, El E (Cas.) 107 A4
Tormón E (Te.) 105 C3
Tormos E (Ali.) 141 D3
Torms, els E (Ll.) 68 D4
Tornabous E (Ll.) 69 B2
Tornada P (Lei.) 110 D3
Tornadijo E (Bur.) 41 D4
Tornadizo, El E (Sa.) 98 B1
Tornadizos E (Sa.) 78 B4
Tornadizos de Arévalo E (Áv.) 80 A2
Tornadizos de Ávila E (Áv.) 80 B5
Tornafort E (Ll.) 49 B2
Tornavacas E (Các.) 98 C3
Torneira Vilarinho P (Lei.) 93 C4
Torneiro P (Fa.) 161 B3
Torneiros E (Lu.) 4 A5
Torneiros E (Our.) 34 D4
Torneiros E (Our.) 35 B3
Torneiros E (Po.) 34 A3
Torneros de Jamuz E (Le.) 37 D3
Torneros de la Valdería E (Le.) 37 D3
Torneros del Bernesga E (Le.) 38 D1
Torno E (Our.) 34 D5
Torno P (Co.) 94 B4
Torno P (Port.) 54 C4
Torno, El E (C. R.) 118 D5
Torno, El E (Các.) 98 A4
Torno, El E (Cád.) 177 D5
Tornón E (Ast.) 7 A3
Tornos E (Te.) 85 B3
Toro E (Zam.) 59 A3
Toro, El E (Bal.) 91 B4
Toro, El E (Cas.) 106 C5
Toronjil E (Cád.) 178 B3
Toroyes E (Ast.) 7 B3
Torquemada E (Pa.) 40 D5
Torrados P (Port.) 54 C4
Torralba E (Cu.) 104 A3
Torralba de Aragón E (Hues.) 46 D5
Torralba de Calatrava E (C. R.) 135 C2
Torralba de los Frailes E (Zar.) 85 A2
Torralba
de los Sisones E (Te.) 85 B3
Torralba de Oropesa E (To.) 99 B5
Torralba de Ribota E (Zar.) 65 A4
Torralba del Burgo E (So.) 63 A3
Torralba del Moral E (So.) 83 C1
Torralba del Pinar E (Cas.) 107 A5
Torralba del Río E (Na.) 43 D1
Torralba, lugar E (Gr.) 169 C1
Torralbilla E (Zar.) 85 C1
Torrano → Dorrao E (Na.) 24 B4
Torraño E (So.) 62 B4
Torrão P (Set.) 144 A2
Torraos, Los E (Mu.) 155 D4
Torre E (Lu.) 3 C5
Torre E (Lu.) 15 D3
Torre P (C. B.) 95 C4
Torre P (C. B.) 96 B5
Torre P (Co.) 94 D1
Torre P (Fa.) 173 B2
Torre P (Fa.) 173 C2
Torre P (Guar.) 96 B2
Torre P (Lei.) 111 C1
Torre P (Lis.) 126 B3
Torre P (San.) 112 A1
Torre P (Set.) 143 B1
Torre P (V. C.) 53 D1
Torre P (Vis.) 74 C1
Torre Baixa, la E (Bar.) 70 B3
Torre Cimeira P (Por.) 112 D3
Torre
Clemente de Abajo E (Sa.) 78 D5
Torre da Marinha P (Set.) 126 D4
Torre das Vargens P (Por.) 112 D4
Torre de Arcas E (Te.) 87 C4
Torre de Babia E (Le.) 18 A3
Torre de Benagalbón E (Mál.) 180 D4
Torre de Besoeira P (Lis.) 126 C2
Torre de Cabdella, la E (Ll.) 49 A1
Torre de Claramunt, la E (Bar.) 70 B3
Torre de Coelheiros P (Év.) 144 D1
Torre de Don Miguel E (Các.) 97 A3
Torre de Dona Chama P (Bra.) 56 B2
Torre de Esgueva E (Vall.) 61 A2
Torre de Esteban
Hambrán, La E (To.) 100 D4
Torre de
Fontaubella, la E (Ta.) 89 A1
Torre de Juan Abad E (C. R.) 136 D5
Torre de la Higuera
o Matalascañas E (Huel.) 177 A2
Torre de la Horadada E (Ali.) 156 C5
Torre de la Reina E (Sev.) 163 D3
Torre de las Arcas E (Te.) 86 C3
Torre de Les
Maçanes, la →
Torremanzanas E (Ali.) 141 A5
Torre de l'Espanyol, la E (Ta.) 88 C1
Torre de los Molinos E (Pa.) 40 B3
Torre de Matella, la E (Cas.) 107 C3
Torre
de Miguel Sesmero E (Bad.) 130 C5
Torre de Moncorvo P (Bra.) 76 B1
Torre de Natal P (Fa.) 174 D3
Torre de Obato E (Hues.) 48 A3
Torre de Peñafiel E (Vall.) 61 A3
Torre de Santa María E (Các.) 115 D5
Torre de
Valdealmendras E (Gua.) 83 B1
Torre de Vale de Todos P (Lei.) 94 A4
Torre de Vilela P (Co.) 94 A2
Torre del Bierzo E (Le.) 17 D5
Torre del Burgo E (Gua.) 82 D4
Torre del Compte E (Te.) 87 D3
Torre del Mar E (Mál.) 181 A4
Torre del Puerto E (Cór.) 166 C3
Torre del Rico E (Mu.) 156 A2
Torre del Valle, La E (Zam.) 38 C4
Torre dels
Domenges, la →
Torre Endomenech E (Cas.) 107 D3
Torre d'En Besora, la E (Cas.) 107 C2
Torre d'en Lloris, la →
Torre Lloris E (Val.) 141 A2
Torre do Bispo P (San.) 111 C4
Torre do Pinhão P (V. R.) 55 C4
Torre do Terranho P (Guar.) 75 D3
Torre d'Oristà, La E (Bar.) 50 D5
Torre en Cameros E (La R.) 43 C3
Torre Endomenech/
Torre
dels Domenges, la E (Cas.) 107 D3
Torre Fundeira P (Por.) 112 D3
Torre la Ribera E (Hues.) 48 B2
Torre los Negros E (Te.) 85 D3
Torre Lloris/Torre
d'en Lloris, la E (Val.) 141 A2
Torre Melgarejo E (Cád.) 177 D4
Torre Molina E (Mu.) 156 A5
Torre Portela P (Br.) 54 B2
Torre Saura E (Bal.) 90 A2
Torre Trencada E (Bal.) 90 A2
Torre Uchea E (Alb.) 155 A1
Torre Vã P (Be.) 143 D5
Torre Val de San Pedro E (Seg.) 81 C2
Torre y El Charco, La E (Mu.) 171 B2
Torre Zapata E (Sa.) 78 C4
Torre, A E (Our.) 34 D3
Torre, La E (Áv.) 79 D5
Torre, La E (Val.) 123 D2
Torre, Sa E (Bal.) 91 D4
Torreadrada E (Seg.) 61 C4
Torreagüera E (Mu.) 156 A5
Torre-Alháquime E (Cád.) 179 B3
Torrealta E (Mu.) 155 D4
Torrealvilla E (Mu.) 171 A1
Torreandaluz E (So.) 63 A3
Torrearévalo E (So.) 43 D5
Torrebaja E (Val.) 105 D4
Torrebarrio E (Le.) 18 B2
Torrebeleña E (Gua.) 82 C3
Torrebesses E (Ll.) 68 C4
Torreblacos E (So.) 63 A3
Torreblanca E (Bar.) 70 C2
Torreblanca E (Cas.) 108 A3
Torreblanca
de los Caños E (Sev.) 164 A4
Torreblascopedro E (J.) 151 D5
Torrebonica E (Bar.) 70 D3
Torrecaballeros E (Seg.) 81 B3
Torrecampo E (Cór.) 150 A1
Torre-Cardela E (Gr.) 168 B3
Torrecera E (Cád.) 178 A5
Torrecica, La E (Alb.) 138 D2
Torrecilla E (Cór.) 150 C4
Torrecilla E (Cu.) 104 A3
Torrecilla de Alcañiz E (Te.) 87 C3
Torrecilla
de la Abadesa E (Vall.) 59 C4
Torrecilla de la Jara E (To.) 118 A2
Torrecilla de la Orden E (Vall.) 79 B1
Torrecilla de la Torre E (Vall.) 59 C2
Torrecilla
de los Ángeles E (Các.) 97 B3
Torrecilla de Valmadrid E (Zar.) 66 B4
Torrecilla del Ducado E (Gua.) 83 C1
Torrecilla del Monte E (Bur.) 41 D4
Torrecilla del Pinar E (Seg.) 61 B5
Torrecilla
del Pinar, lugar E (Gua.) 84 B4
Torrecilla del Rebollar E (Te.) 86 A3
Torrecilla del Valle E (Vall.) 59 C5
Torrecilla en Cameros E (La R.) 43 C3
Torrecilla
sobre Alesanco E (La R.) 43 A2
Torrecillas de la Tiesa E (Các.) 116 B3
Torrecillas, lugar E (Cór.) 166 A4
Torrecitores E (Bur.) 41 C5
Torreciudad E (Hues.) 48 A3
Torrecuadrada
de los Valles E (Gua.) 83 C3
Torrecuadrada
de Molina E (Gua.) 84 D4
Torrecuadradilla E (Gua.) 83 C4
Torrecuevas E (Gr.) 181 D4
Torrechiva E (Cas.) 107 A4
Torredeita P (Vis.) 74 D4
Torredelcampo E (J.) 167 C1
Torredembarra E (Ta.) 89 D1
Torredondo E (Seg.) 81 A3
Torredonjimeno E (J.) 167 B1
Torrefarrera E (Ll.) 68 C2
Torrefeta E (Ll.) 69 C1
Torreforta E (Ta.) 89 C1
Torrefrades E (Zam.) 58 A5
Torrefresneda E (Bad.) 131 D2
Torregalindo E (Bur.) 61 C3
Torregamones E (Zam.) 57 D4
Torregrossa E (Ll.) 69 A3
Torreguadiaro E (Cád.) 187 B3
Torregutiérrez E (Seg.) 60 D4
Torrehermosa E (Zar.) 84 B1
Torreiglesias E (Seg.) 81 B2
Torreira P (Ave.) 73 D3
Torrejón de Alba E (Sa.) 78 D4
Torrejón de Ardoz E (Mad.) 102 A1
Torrejón de la Calzada E (Mad.) 101 C3
Torrejón de Velasco E (Mad.) 101 C3
Torrejón del Rey E (Gua.) 82 B5
Torrejón el Rubio E (Các.) 116 A1
Torrejoncillo E (Các.) 97 B5
Torrejoncillo del Rey E (Cu.) 103 C5
Torrelacárcel E (Te.) 85 C5
Torrelaguna E (Mad.) 82 A4
Torrelameu E (Ll.) 68 D2
Torrelapaja E (Zar.) 64 C3
Torrelara E (Bur.) 42 A4
Torrelavega E (Can.) 9 B5
Torrelavit E (Bar.) 70 B3
Torrelengua E (Cu.) 121 A1
Torrelobatón E (Vall.) 59 C3
Torrelodones E (Mad.) 101 B1
Torrella E (Val.) 140 D2
Torrellano E (Ali.) 156 D2
Torrellas E (Zar.) 64 D1
Torrelles de Foix E (Bar.) 70 A4
Torrelles de Llobregat E (Bar.) 70 D4
Torremanzanas/
Torre de
Les Maçanes, la E (Ali.) 141 A5
Torremayor E (Bad.) 131 A3
Torremejía E (Bad.) 131 B3
Torremendo E (Ali.) 156 C5
Torremenga E (Các.) 98 B4
Torremocha E (Các.) 115 C4
Torremocha de Ayllón E (So.) 62 C4
Torremocha
de Jadraque E (Gua.) 83 A2
Torremocha de Jarama E (Mad.) 82 A4
Torremocha de Jiloca E (Te.) 85 C5
Torremocha del Campo E (Gua.) 83 C3
Torremocha del Pinar E (Gua.) 84 B3
Torremochuela E (Gua.) 84 D4
Torremolinos E (Mál.) 180 B5
Torremontalbo E (La R.) 43 B1
Torremormojón E (Pa.) 40 A5
Torrent E (Gi.) 52 C4
Torrent E (Val.) 125 A4
Torrentbò E (Bar.) 71 C2
Torrente de Cinca E (Hues.) 68 A4
Torrentes, Los E (Alm.) 170 C3
Torrenueva E (C. R.) 136 B5
Torrenueva E (Gr.) 182 A4
Torreón
de Fique, lugar E (J.) 152 A5
Torreorgaz E (Các.) 115 C4
Torre-Pacheco E (Mu.) 172 B1
Torrepadierne E (Bur.) 41 B3
Torrepadre E (Bur.) 41 B5
Torre-Pedro E (Alb.) 154 A1
Torreperogil E (J.) 152 B4
Torrequebradilla E (J.) 151 D5
Torrequemada E (Các.) 115 C4
Torres E (A Co.) 3 A4
Torres E (Ali.) 158 A1
Torres E (Can.) 9 B5
Torres E (J.) 168 A1
Torres E (Zar.) 65 A5
Torres P (Ave.) 93 D1
Torres P (Guar.) 76 A4
Torres Cabrera E (Cór.) 166 A1
Torres de Abajo E (Bur.) 21 C3
Torres de Albánchez E (J.) 153 B2
Torres de Albarracín E (Te.) 105 B2
Torres de Alcanadre E (Hues.) 47 B5
Torres de Aliste, Las E (Zam.) 57 C1
Torres de Arriba, lugar E (Bur.) 21 C3
Torres de Barbués E (Hues.) 46 D5
Torres de Berrellén E (Zar.) 65 D2
Torres de Cotillas, Las E (Mu.) 155 D4
Torres de la Alameda E (Mad.) 102 B2
Torres de Montes E (Hues.) 47 B4
Torres de Sanui, les E (Ll.) 68 C2
Torres de Segre E (Ll.) 68 C3
Torres del Carrizal E (Zam.) 58 C3
Torres del Obispo E (Hues.) 48 B4
Torres del Río E (Na.) 44 A1
Torres Novas P (San.) 111 D3
Torres Torres E (Val.) 125 A2
Torres Vedras P (Lis.) 110 C5
Torres, Las E (Las P.) 191 D2
Torres, Las E (Sa.) 78 C3
Torres, Las, lugar E (Gr.) 167 D5
Torres, Los, lugar E (Cu.) 121 D5
Torresandino E (Bur.) 61 B1
Torresaviñán, La E (Gua.) 83 C3
Torrescárcela E (Vall.) 60 D4
Torre-serona E (Ll.) 68 C2
Torresmenudas E (Sa.) 78 B1
Torrestío E (Le.) 18 A2
Torresuso E (So.) 62 C5
Torret E (Bal.) 90 D3
Torreta, La E (Alm.) 170 C4
Torreta, la E (Bar.) 71 B2
Torretartajo E (So.) 63 D1
Torrevelilla E (Te.) 87 C3
Torrevicente E (So.) 63 A5
Torrevieja E (Ali.) 156 D5
Torrico E (To.) 117 B1
Torrijas E (Te.) 106 A5
Torrijo de la Cañada E (Zar.) 64 C4
Torrijo del Campo E (Te.) 85 C4
Torrijos E (To.) 100 D5

Uriona/Villabuena de Álava

Torroella de Baix E (Bar.) 70 C 1
Torroella de Fluvià E (Gi.) 52 B 3
Torroella de Montgrí E (Gi.) 52 C 4
Torroja del Priorat E (Ta.) 69 A 5
Torroña E (Po.) 33 C 4
Torroso E (Po.) 34 A 3
Torrox E (Mál.) 181 B 4
Torrox-Costa E (Mál.) 181 B 4
Torrozelo P (Guar.) 95 A 1
Torrubia E (Gua.) 84 C 3
Torrubia de Soria E (So.) 64 B 3
Torrubia del Campo E (Cu.) 120 D 1
Torrubia del Castillo E (Cu.) 122 A 2
Torrubia-Valenzuela E (J.) 151 D 4
Tortajada E (Te.) 106 A 2
Tortellà E (Gi.) 51 D 2
Tortilla, La, lugar E (J.) 151 D 4
Tórtola E (Cu.) 104 B 5
Tórtola de Henares E (Gua.) 82 C 5
Tórtoles E (Áv.) 99 B 1
Tórtoles E (Zar.) 64 D 1
Tórtoles de Esgueva E (Bur.) 61 B 1
Tortonda E (Gua.) 83 C 3
Tortoreos E (Po.) 34 B 3
Tortosa E (Ta.) 88 C 3
Tortozendo P (C. B.) 95 C 2
Tortuera E (Gua.) 84 D 3
Tortuero E (Gua.) 82 B 3
Torviscal, El E (Bad.) 132 B 1
Torvizcón E (Gr.) 182 C 3
Tosalet, El E (Cas.) 107 B 5
Tosalnou/Tossalnou E (Val.) 141 A 2
Tosantos E (Bur.) 42 C 2
Toscana Nueva E (Gr.) 170 A 1
Toscón, El E (Las P.) 191 C 2
Tosende E (Our.) 35 B 5
Toses E (Gi.) 50 D 2
Tosos E (Zar.) 66 A 5
Tossa de Mar E (Gi.) 72 B 1
Tossalnou → Tosalnou E (Val.) 141 A 2
Tosta E (Ál.) 22 D 4
Tostão P (C. B.) 113 B 1
Totalán E (Mál.) 180 D 4
Totana E (Mu.) 171 C 1
Totanés E (To.) 118 D 2
Totenique P (Be.) 159 D 2
Totero E (Can.) 9 C 5
Toto E (Las P.) 190 A 3
Toubres P (V. R.) 55 D 3
Touça P (Guar.) 76 A 2
Toucinhos P (San.) 111 D 2
Tougues P (Port.) 53 D 4
Touguinha P (Port.) 53 D 4
Touguinhó P (Port.) 53 D 4
Toulões P (C. B.) 96 B 5
Tourais P (Guar.) 95 B 1
Toural, O (Vilalboa) E (Po.) 34 A 1
Tourém P (V. R.) 35 A 5
Tourencinho P (V. R.) 55 B 4
Touria P (Lei.) 111 C 1
Tourigo P (Vis.) 74 C 5
Touriñán E (A Co.) 13 A 1
Touro E (A Co.) 14 C 3
Touro P (Vis.) 75 B 3
Tourón E (Po.) 34 B 1
Tous E (Val.) 140 D 1
Toutón E (Po.) 34 B 2
Toutosa P (Port.) 54 C 5
Touville E (Lu.) 16 A 3
Touza E (Lu.) 3 C 3
Touza E (Our.) 35 B 2
Touza E (Our.) 35 A 1
Tox E (Ast.) 5 B 3
Toxal E (Our.) 35 B 4
Toxibo E (Lu.) 15 C 3
Toxofal de Baixo P (Lis.) 110 C 4
Toxofal de Cima P (Lis.) 110 C 4
Toxosoutos E (A Co.) 13 D 3
Toya E (J.) 168 D 1
Tozalmoro E (So.) 64 A 2
Tózar E (Gr.) 167 C 4
Tozo E (Ast.) 7 A 5
Traba E (A Co.) 1 C 5
Trabada E (Lu.) 4 B 3
Trabadelo E (Le.) 16 D 5
Trabalhia P (Lei.) 110 D 3
Trabalhias P (Lei.) 110 D 3
Trabanca E (Sa.) 57 C 5
Trabancas E (Po.) 15 A 4
Trabanca-Sardiñeira E (Po.) 13 D 4
Trabazos E (Zam.) 57 B 2
Trabe E (A Co.) 1 D 4
Trado E (Our.) 34 D 3
Trafaria P (Set.) 126 C 3
Tragacete E (Cu.) 104 D 2
Tragove E (Po.) 13 D 5
Traguntía E (Sa.) 77 C 2
Traíd E (Gua.) 84 D 5
Traiguera E (Cas.) 108 A 1
Trajano E (Sev.) 178 A 1
Trajouce P (Lis.) 126 B 3
Tralhariz P (Bra.) 55 D 5
Tramacastiel E (Te.) 105 D 3
Tramacastilla E (Te.) 105 A 2
Tramacastilla de Tena E (Hues.) 27 A 5
Tramaced E (Hues.) 47 A 5
Tramaga P (Por.) 112 C 5
Tramagal P (San.) 112 B 3
Tranancas P (V. R.) 56 A 1
Tranco E (J.) 153 B 3
Trancoso P (Guar.) 75 D 4
Trancoso de Baixo P (Lis.) 126 D 1
Trancoso de Cima P (Lis.) 126 D 1
Trancozelos P (Vis.) 75 B 4
Trandeiras P (Br.) 54 B 3
Tranquera, La E (Zar.) 84 D 1
Traña-Matiena E (Viz.) 23 C 1
Trapa E (Ast.) 6 C 5
Trápaga E (Viz.) 10 D 5
Trapiche E (Las P.) 191 C 2
Trapiche E (Mál.) 181 A 3
Trás de Figueiró P (Lei.) 94 A 4
Trás do Outeiro P (Lei.) 110 D 3
Trasalba E (Our.) 35 A 2
Trasancos E (A Co.) 2 D 2
Trasanquelos E (A Co.) 2 D 5
Trascastro E (Ast.) 17 C 2
Trascastro E (Le.) 17 B 3
Trasestrada E (Our.) 36 A 5
Trashaedo E (Bur.) 21 B 5
Trasierra E (Bad.) 147 D 3
Trasierra E (Can.) 9 A 4
Traslasierra E (Huel.) 162 D 1
Traslaviña E (Viz.) 22 C 1
Trasmañó E (Po.) 34 A 2
Trasmiras E (Our.) 35 C 4
Trasmontaña E (Las P.) 191 C 2
Trasmonte E (A Co.) 14 B 2
Trasmonte E (Ast.) 6 B 4
Trasmoz E (Zar.) 64 D 1
Trasmulas E (Gr.) 181 C 1
Trasobares E (Zar.) 65 A 3
Trasona E (Ast.) 6 C 3
Tras-os-Matas P (Lei.) 93 D 5
Traspando E (Ast.) 6 D 4
Trasparga E (Lu.) 3 B 5
Traspielas E (Po.) 34 B 2
Traspinedo E (Vall.) 60 C 3
Trasponte E (Ál.) 23 B 4
Trasvassos P (Br.) 54 C 2
Trasvía E (Can.) 8 D 4
Travanca P (Ave.) 74 A 3
Travanca P (Ave.) 74 A 2
Travanca P (Bra.) 56 C 3
Travanca P (Bra.) 57 B 4
Travanca P (Co.) 94 C 2
Travanca P (Port.) 54 C 5
Travanca P (Vis.) 75 B 1
Travanca P (Vis.) 74 C 1
Travanca de Lagos P (Co.) 95 A 1
Travanca de Tavares P (Vis.) 75 B 4
Travanca do Mondego P (Co.) 94 C 2
Travanca do Monte P (Port.) 54 D 5
Travancinha P (Guar.) 95 A 1
Travanco P (Bra.) 36 C 5
Travasso P (Ave.) 94 A 1
Travassô P (Ave.) 74 A 4
Travasso P (Br.) 55 A 2
Travassos P (Br.) 54 B 2
Travassos P (Br.) 54 C 3
Travassos P (Port.) 74 C 1
Travassos P (V. R.) 55 A 4
Travassos P (V. R.) 55 A 1
Travassos P (Vis.) 74 D 1
Travassos P (Vis.) 74 C 4
Travassos P (Vis.) 75 A 4
Travassós de Baixo P (Vis.) 75 A 4
Travassós de Cima P (Vis.) 75 A 4
Travassos de Chã P (V. R.) 55 B 1
Traveira P (Co.) 94 A 3
Travesas E (A Co.) 13 D 1
Trazo E (A Co.) 14 B 2
Trebuesto E (Can.) 10 B 5
Trebujena E (Cád.) 177 C 3
Treceño E (Can.) 8 D 5
Tredós E (Ll.) 29 A 4
Trefacio E (Zam.) 37 A 4
Tregosa P (Br.) 53 D 2
Tregurà de Dalt E (Gi.) 51 A 2
Treinta, Los, lugar E (Alm.) 170 B 2
Treixedo P (Vis.) 94 C 1
Trelle E (Our.) 35 A 2
Trelles E (Ast.) 5 A 3
Tremaya E (Pa.) 20 C 3
Tremedal E (Áv.) 98 C 2
Tremedal de Tormes E (Sa.) 77 D 2
Tremellos, Los E (Bur.) 41 C 1
Tremês P (San.) 111 B 4
Tremoa P (Co.) 94 A 3
Tremoceira P (Lei.) 111 B 2
Tremor de Abajo E (Le.) 17 D 5
Tremor de Arriba E (Le.) 17 D 4
Tremp E (Ll.) 49 A 3
Treos E (A Co.) 13 C 1
Tres Alquerías E (Bal.) 90 A 2
Tres Barrios E (Las P.) 191 C 2
Tres Cales, les E (Ta.) 89 A 3
Tres Cantos E (Mad.) 81 D 5
Três Figos P (Fa.) 159 B 4
Tresaldeas E (Po.) 14 B 5
Tresali E (Ast.) 7 A 4
Trescasas E (Seg.) 81 B 3
Tresjuncos E (Cu.) 121 B 2
Tresmundes P (V. R.) 55 D 2
Tresouras P (Port.) 75 A 1
Trespaderne E (Bur.) 22 B 4
Tresviso E (Can.) 8 B 5
Treto E (Can.) 10 A 4
Treumal E (Gi.) 52 C 5
Trévago E (So.) 64 B 1
Trevejo E (Các.) 96 D 3
Trevélez E (Gr.) 182 C 2
Treviana E (La R.) 42 D 1
Trevías E (Ast.) 5 C 3
Treviño E (Bur.) 23 B 5
Trevões P (Vis.) 75 D 1
Trez E (Our.) 35 D 4
Trezoi P (Vis.) 94 B 1
Triabá E (Lu.) 3 D 5
Triacastela E (Lu.) 16 B 4
Triana E (Mál.) 181 A 3
Triana E (S.Cruz T.) 193 B 3
Tribaldos E (Cu.) 103 A 5
Tricias, Las E (S.Cruz T.) 193 B 2
Tricio E (La R.) 43 B 2
Trigaches P (Be.) 144 C 3
Trigais P (C. B.) 95 B 2
Trigais P (Guar.) 96 A 2
Trigueros E (Huel.) 162 C 4
Trigueros del Valle E (Vall.) 60 B 1
Trijueque E (Gua.) 82 D 4
Trillo E (Gua.) 83 C 5
Trincheto, El E (C. R.) 135 A 1
Trindade P (Be.) 144 C 5
Trindade P (Bra.) 56 B 4
Trinidad, La, lugar E (Gr.) 169 A 5
Trinta P (Guar.) 95 D 1
Triñanes E (A Co.) 13 D 4
Triollo E (Pa.) 20 B 3
Triongo E (Ast.) 7 C 4
Triós E (Our.) 35 C 2
Triquivijate E (Las P.) 190 A 3
Triste E (Hues.) 46 C 2
Triufé E (Zam.) 37 B 4
Trobajo del Camino E (Le.) 18 D 5
Trobajo del Cerecedo E (Le.) 38 D 1
Trobal, El E (Sev.) 178 A 1
Trobika E (Viz.) 11 A 5
Trobo E (Lu.) 3 D 5
Trobo, O E (Lu.) 4 C 5
Trofa P (Ave.) 74 A 4
Trofa P (Port.) 54 A 4
Trogal P (V. C.) 53 D 1
Tróia P (Set.) 127 A 5
Tronceda E (Our.) 36 A 1
Troncedo E (Hues.) 48 A 2
Tronco P (V. R.) 56 A 1
Tronchón E (Te.) 87 A 5
Trones E (Ast.) 17 B 1
Tropeço P (Ave.) 74 B 2
Troporiz P (V. C.) 34 A 4
Trouxemil P (Co.) 94 A 2
Troviscais P (Be.) 159 C 1
Troviscal P (Ave.) 73 D 5
Troviscal P (C. B.) 94 D 5
Troviscal P (Lei.) 94 B 4
Troviscoso P (V. C.) 53 C 1
Troyanas E (Las P.) 191 C 2
Trubia E (Ast.) 6 B 4
Trucios E (Viz.) 10 C 5
Truchas E (Le.) 37 C 3
Truchillas E (Le.) 37 B 3
Truébano E (Le.) 18 B 3
Trujillanos E (Bad.) 131 C 2
Trujillo E (Các.) 116 A 4
Trujillo-Cabeza Sordo E (Sev.) 164 B 5
Trujillos E (Gr.) 167 C 4
Truta de Baixo P (Vis.) 74 B 5
Trutas P (C. B.) 112 B 1
Trutas P (Lei.) 93 B 5
Trute P (V. C.) 34 B 4
Tubaral P (San.) 112 C 3
Tubilla del Agua E (Bur.) 21 C 5
Tubilla del Lago E (Bur.) 62 A 2
Tuda, La E (Zam.) 58 B 4
Tudanca E (Can.) 20 D 2
Tudela E (Na.) 45 A 5
Tudela de Agüeria E (Ast.) 6 C 5
Tudela de Duero E (Vall.) 60 B 3
Tudela de Segre E (Ll.) 69 B 1
Tudela Veguín E (Ast.) 6 C 4
Tudelilla E (La R.) 44 B 3
Tudera E (Zam.) 57 D 4
Tudons, Es E (Bal.) 90 A 2
Tuéjar E (Val.) 124 A 2
Tuelas, Los E (Mu.) 171 C 2
Tuernes el Pequeño E (Ast.) 6 B 4
Tuero E (Ast.) 7 A 3
Tufiones E (A Co.) 1 B 5
Tui E (Po.) 34 A 4
Tuias P (Port.) 54 C 5
Tuilla E (Ast.) 6 D 5
Tuineje E (Las P.) 190 A 4
Tuixén E (Ll.) 50 A 3
Tuizelo P (Bra.) 36 C 5
Tujena E (Huel.) 163 B 3
Tulebras E (Na.) 45 A 5
Tulha Nova P (Vis.) 74 D 2
Tulha Velha P (Vis.) 74 D 2
Tumbalejo, El E (Huel.) 162 D 3
Tuna, Sa E (Gi.) 52 D 4
Tunes P (Fa.) 174 A 2
Tuña E (Ast.) 5 C 5
Turces E (A Co.) 14 D 3
Turcia E (Le.) 38 B 1
Turcifal P (Lis.) 126 C 1
Turégano E (Seg.) 81 B 1
Turieno E (Can.) 20 B 1
Turienzo Castañero E (Le.) 17 C 5
Turís/Torís E (Val.) 124 C 4
Turiso E (Ál.) 23 A 4
Turiz P (Br.) 54 B 2
Turleque E (To.) 119 D 3
Turmiel E (Gua.) 84 B 2
Turó, el E (Bar.) 71 A 2
Turón E (Ast.) 18 C 1
Turón E (Gr.) 182 D 3
Turquel P (Lei.) 111 A 3
Turquía E (Val.) 123 D 3
Turra de Alba E (Sa.) 79 A 4
Turre E (Alm.) 184 D 1
Turrilla E (Alb.) 154 A 3
Turrillas E (Alm.) 184 B 2
Turro, El E (Gr.) 181 B 1
Tus E (Alb.) 153 D 2
Tuta E (Sa.) 78 A 2
Txabarri E (Viz.) 22 D 1
Txarama E (Gui.) 24 B 2
Txipio E (Viz.) 11 A 4

U

Úbeda E (J.) 152 B 5
Ubeda E (Lu.) 4 A 4
Ubera E (Gui.) 23 D 2
Ubiarco E (Can.) 9 A 4
Ubidea E (Viz.) 23 B 2
Ubiergo E (Hues.) 48 A 4
Ubierna E (Bur.) 41 D 1
Ubrique E (Cád.) 178 D 4
Ucanha P (Vis.) 75 B 1
Ucar/Ukar E (Na.) 24 D 5
Uceda E (Gua.) 82 A 4
Ucenda E (Mu.) 155 A 5
Ucero E (So.) 62 D 2
Uces, Las E (Sa.) 77 B 1
Ucieda E (Can.) 21 A 1
Ucio E (Ast.) 7 C 4
Uclés E (Cu.) 103 A 5
Uclías E (Gr.) 169 C 5
Ucha P (Br.) 54 A 2
Udalla E (Can.) 10 A 5
Uestra, S' E (Bal.) 90 D 3
Ufones E (Zam.) 57 C 2
Uga E (Las P.) 192 B 4
Ugaldetxo E (Gui.) 12 C 5
Ugao-Miraballes E (Viz.) 23 A 1
Ugarana (Dima) E (Viz.) 23 B 2
Ugarte E (Viz.) 23 B 2
Ugarte E (Viz.) 11 A 4
Ugarte (Muxika) E (Viz.) 11 B 5
Ugejar E (Mu.) 171 C 3
Ugena E (To.) 101 C 4
Ugeraga E (Viz.) 10 D 4
Ugíjar E (Gr.) 182 D 2
Uharte → Huarte E (Na.) 25 A 4
Uharte-Arakil E (Na.) 24 C 3
Uitzi E (Na.) 24 C 2
Ujados E (Gua.) 82 D 1
Ujo E (Ast.) 18 C 1
Ujué E (Na.) 45 B 1
Ukar → Ucar E (Na.) 24 D 5
Ulea E (Mu.) 155 C 4
Uleila del Campo E (Alm.) 184 B 1
Ulibarri E (Na.) 24 A 5
Ulme P (San.) 112 A 4
Ulmeiro P (Lei.) 111 C 1
Ulqueira P (Lis.) 126 A 3
Ultramort E (Gi.) 52 B 4
Ullà E (Gi.) 52 C 4
Ullastrell E (Bar.) 70 D 3
Ullastret E (Gi.) 52 C 4
Ulldecona E (Ta.) 88 B 5
Ulldemolins E (Ta.) 69 A 5
Uma E (Po.) 34 B 3
Umbrete E (Sev.) 163 C 4
Umbria P (Fa.) 175 A 2
Umbría de Arriba, La E (Alm.) 170 A 3
Umbría de Fresnedas E (C. R.) 135 D 5
Umbría, La E (Huel.) 147 A 5
Umbrías E (Áv.) 98 C 2
Unanu E (Na.) 24 B 4
Uncastillo E (Zar.) 45 D 2
Unciti/Untziti E (Na.) 25 B 4
Undués de Lerda E (Zar.) 45 D 1
Undués-Pintano E (Zar.) 45 D 1
Undurraga E (Viz.) 23 B 2
Ungilde E (Zam.) 37 A 4
Unhais da Serra P (C. B.) 95 B 2
Unhais-o-Velho P (Co.) 95 A 3
Unhão P (Port.) 54 C 4
Unhos P (Lis.) 126 D 2
Unión de Campos, La E (Vall.) 39 B 4
Unión de los Tres Ejércitos, La E (La R.) 43 D 2
Unión, La E (Mu.) 172 C 2
Untes E (Our.) 35 A 2
Untziti → Unciti E (Na.) 25 B 4
Unzué E (Na.) 25 A 5
Uña E (Cu.) 104 C 3
Uña de Quintana E (Zam.) 37 D 4
Uña, La E (Le.) 19 C 2
Ura E (Bur.) 42 A 5
Urarte E (Ál.) 23 C 5
Urbanización El Dique E (Zar.) 67 C 5
Urbanización El Peña El Zorongo E (Zar.) 66 B 2
urbanización La Veleta E (Ali.) 156 D 5
Urbanización Playa de las Américas E (S.Cruz T.) 195 C 5
Urbanización Roquetas de Mar E (Alm.) 183 C 4
Urbanizaciones Noroeste E (Mad.) 101 B 2
Urbasako benta → Venta de Urbasa E (Na.) 24 A 4
Úrbel del Castillo E (Bur.) 21 C 5
Urbi E (Viz.) 23 A 1
Urbiés E (Ast.) 18 D 1
Urbilla-Urberuaga E (Viz.) 11 C 5
Urbina E (Ál.) 23 B 3
Urbiola E (Na.) 44 B 1
Urbiso E (Ál.) 23 D 5
Úrcal E (Alm.) 170 D 4
Urda E (To.) 119 D 4
Urdax → Urdazubi E (Na.) 25 A 1
Urdazubi/Urdax E (Na.) 25 A 1
Urdiain E (Na.) 24 B 4
Urdiales del Páramo E (Le.) 38 C 2
Urdilde E (A Co.) 14 A 3
Urdimalas E (Các.) 116 A 1
Urdués E (Hues.) 26 B 5
Urduliz E (Viz.) 10 D 4
Urduña-Orduña E (Viz.) 22 D 3
Uresarantze Auzoa E (Viz.) 11 A 4
Urgeiriça P (Vis.) 75 A 5
Urgueira P (Co.) 94 C 2
Urgueira P (Guar.) 96 B 2
Uribarri-Dibina E (Ál.) 23 B 4
Uribarri-Harana E (Ál.) 23 D 4
Uribe E (Viz.) 23 B 2
Uriona/Villabuena de Álava E (Ál.) 43 B 1

Urizaharra → Peñacerrada

Urizaharra → Peñacerrada E (Ál.) 23 B5
Urjariça P (Lei.) 94 A4
Urkillaga E (Gui.) 24 A3
Urkizaur-Alde E (Viz.) 11 A4
Urkizu E (Viz.) 23 B1
Urnieta E (Gui.) 24 B1
Urones de Castroponce E (Vall.) 39 B4
Urqueira P (San.) 111 D1
Urra P (Por.) 113 C5
Urrácal E (Alm.) 170 A4
Urraca-Miguel E (Áv.) 80 B5
Urraul Alto E (Na.) 25 C4
Urraul Bajo E (Na.) 25 C5
Urrea de Gaén E (Te.) 86 D1
Urrea de Jalón E (Zar.) 65 C2
Urrestilla E (Gui.) 24 A2
Urretxu E (Gui.) 23 D2
Urrez E (Bur.) 42 B3
Urriés E (Zar.) 45 D1
Urrô P (Ave.) 74 B2
Urrô P (Port.) 54 B5
Urrós E (Our.) 35 B3
Urros P (Bra.) 76 C1
Urrós P (Bra.) 57 B5
Urrotz E (Na.) 24 D2
Urrotz → Urroz E (Na.) 25 B4
Urroz/Urrotz E (Na.) 25 B4
Urrutias, Los E (Mu.) 172 C2
Urteta E (Gui.) 12 A5
Urturi E (Ál.) 23 C5
Urueña E (Vall.) 59 B2
Urueñas E (Seg.) 61 C5
Uruñuela E (La R.) 43 B2
Urús E (Gi.) 50 C2
Urxal E (Po.) 33 D3
Urz, La E (Le.) 18 B4
Urzainki → Urzainqui E (Na.) 26 A4
Urzainqui/Urzainki E (Na.) 26 A4
Urzelina P (Aç.) 109 C3
Usagre E (Bad.) 147 C2
Usall E (Gi.) 51 D3
Usanos E (Gua.) 82 B5
Usansolo E (Viz.) 23 A1
Uscarrés E (Na.) 25 D4
Used E (Zar.) 85 A2
Useras/Useres, les E (Cas.) 107 C3
Useres, les → Useras E (Cas.) 107 C3
Usón E (Hues.) 47 B5
Usseira P (Lei.) 110 D4
Ustés E (Na.) 25 D4
Usurbil E (Gui.) 12 B5
Utande E (Gua.) 83 A4
Utebo E (Zar.) 66 A2
Uterga E (Na.) 24 D5
Utiaca E (Las P.) 191 C3
Utiel E (Val.) 123 D3
Utrera E (Sev.) 164 B5
Utrera, La E (Le.) 18 B5
Utrilla E (So.) 64 A5
Utrillas E (Te.) 86 B4
Uva P (Bra.) 57 B3
Uxanuri → Genevilla E (Na.) 23 D5
Uxes E (A Co.) 2 C4
Uznayo E (Can.) 20 D2
Uzquiza, lugar E (Bur.) 42 B3
Uztarroz E (Na.) 26 A3

V

Vacalar P (Vis.) 75 B1
Vacar, El E (Cór.) 149 D4
Vacaría E (Po.) 34 A3
Vacarisses E (Bar.) 70 C2
Vacariza E (A Co.) 13 D4
Vade (São Tomé) P (V. C.) 54 B1
Vadillo E (So.) 62 D2
Vadillo Castril E (J.) 153 A5
Vadillo de la Guareña E (Zam.) 59 A5
Vadillo de la Sierra E (Áv.) 79 C5
Vadillo, El E (Cór.) 166 D5
Vadima, La E (Sa.) 78 A1
Vado E (Pa.) 20 C4
Vado, El E (Bur.) 22 A3
Vadocondes E (Bur.) 62 A3
Vadofresno E (Cór.) 166 C5
Vadohornillo E (J.) 167 B2
Vados de Torralba E (J.) 151 D5
Vage Fresca P (San.) 127 C1
Vagos P (Ave.) 73 D5
Vaiamonte P (Por.) 129 C1
Vainazo, El E (Mu.) 171 A2
Vairão P (Port.) 53 D4
Vais P (Co.) 93 B2
Vajol, la E (Gi.) 52 A1
Val E (A Co.) 2 D2
Val E (A Co.) 2 D3
Val E (Po.) 15 A3
Val de Algoso P (Bra.) 57 B3
Val de San García E (Gua.) 83 C4
Val de San Lorenzo E (Le.) 38 A2
Val de San Martín E (Zar.) 85 B2
Val de San Román E (Le.) 38 A2
Val de Santa María E (Zam.) 37 D5
Val do Dubra E (A Co.) 14 A1
Val, O E (Our.) 36 C1
Vala do Carregado P (Lis.) 127 A1
Valacloche E (Te.) 106 A3
Valada P (San.) 127 B1
Valadares E (A Co.) 13 C2
Valadares E (Po.) 33 D3
Valadares P (Port.) 73 D1
Valadares P (Port.) 74 D1
Valadares P (V. C.) 53 D1
Valadares P (V. C.) 34 B4
Valadares P (Vis.) 74 C3
Valadas P (C. B.) 112 B1
Valado de Frades P (Lei.) 111 A2
Valados P (Fa.) 174 C3
Valadouro E (Lu.) 4 A2
Valareña E (Zar.) 45 C4
Valas P (Be.) 159 B2
Valboa E (Po.) 33 D1
Valbom P (Guar.) 76 B4
Valbom P (Port.) 54 A5
Valbom P (Vis.) 74 C1
Valbom (São Pedro) P (Br.) 54 B1
Valbom dos Figos P (Bra.) 56 B3
Valbona E (Te.) 106 B3
Valbonilla E (Bur.) 41 A4
Valbuena E (Sa.) 98 B2
Valbuena de Duero E (Vall.) 60 D3
Valbuena de la Encomienda E (Le.) 18 A5
Valbuena de Pisuerga E (Pa.) 40 D4
Valcabado E (Zam.) 58 C3
Valcarca E (Hues.) 68 A1
Valcárceres, Los E (Bur.) 21 B5
Valcarlos → Luzaide E (Na.) 25 C2
Valcarria E (Lu.) 3 D2
Valcavado de Roa E (Bur.) 61 B2
Valcavado del Páramo E (Le.) 38 C3
Valcerto P (Bra.) 57 A4
Valcova P (Ave.) 74 A1
Valcueva-Palazuelo, La E (Le.) 19 A4
Valchillón E (Cór.) 165 D1
Valdanzo E (So.) 62 B3
Valdanzuelo E (So.) 62 B4
Valdaracete E (Mad.) 102 C3
Valdarachas E (Gua.) 102 C1
Valdastillas E (Các.) 98 B4
Valdavida E (Le.) 39 D1
Valdeajos E (Bur.) 21 C5
Valdealbín E (So.) 62 C2
Valdealcón E (Le.) 19 B5
Valdealgorfa E (Te.) 87 C2
Valdealiso E (Le.) 19 B5
Valdealvillo E (So.) 63 A3
Valdeancheta, lugar E (Gua.) 82 D3
Valdeande E (Bur.) 62 A1
Valdearcos E (Le.) 39 A1
Valdearcos de la Vega E (Vall.) 61 B3
Valdearenas E (Gua.) 82 D4
Valdearnedo E (Bur.) 42 A1
Valdeavellano E (Gua.) 82 D5
Valdeavellano de Tera E (So.) 63 C1
Valdeavellano de Ucero E (So.) 62 D2
Valdeavero E (Mad.) 82 B5
Valdeaveruelo E (Gua.) 82 B5
Valdeazogues E (C. R.) 134 C4
Valdeazores E (To.) 118 A4
Valdebárzana E (Ast.) 7 A4
Valdebótoa E (Bad.) 130 B2
Valdecaballeros E (Bad.) 117 B5
Valdecabras E (Cu.) 104 C4
Valdecabrillas E (Cu.) 103 D4
Valdecañas E (Cu.) 104 A3
Valdecañas de Cerrato E (Pa.) 41 A5
Valdecañas de Tajo E (Các.) 116 C1
Valdecarros E (Sa.) 79 A4
Valdecasa E (Áv.) 79 C5
Valdecastillo E (Le.) 19 B3
Valdecazorla E (J.) 152 C5
Valdecebro E (Te.) 106 A2
Valdecilla E (Can.) 9 D4
Valdecolmenas de Abajo E (Cu.) 103 D4
Valdecolmenas de Arriba E (Cu.) 103 D4
Valdeconcha E (Gua.) 103 A2
Valdeconejos E (Te.) 86 B4
Valdecuenca E (Te.) 105 C3
Valdecuna E (Ast.) 18 C1
Valdefinjas E (Zam.) 59 A4
Valdeflores E (Sev.) 163 B1
Valdefrancos E (Le.) 37 B1
Valdefresno E (Le.) 19 A5
Valdefuentes E (Các.) 115 D5
Valdefuentes de Sangusín E (Sa.) 98 B1
Valdefuentes del Páramo E (Le.) 38 B2
Valdeganga E (Alb.) 139 A1
Valdeganga de Cuenca E (Cu.) 104 B5
Valdegas P (V. R.) 55 C2
Valdegeña E (So.) 64 A1
Valdegovía E (Ál.) 22 D4
Valdegrudas E (Gua.) 82 D5
Valdehierro E (C. R.) 119 B5
Valdehijaderos E (Sa.) 98 B2
Valdehorna E (Zar.) 85 B2
Valdehornillos E (Bad.) 132 A2
Valdehuesa E (Le.) 19 B3
Valdehúncar E (Các.) 116 D1
Valdeiglesias E (Gr.) 181 A2
Valdeinfierno E (Cór.) 148 C3
Valdeíñigos E (Các.) 98 B5
Valdelacalzada E (Bad.) 130 D3
Valdelacasa E (Sa.) 98 B1
Valdelacasa de Tajo E (Các.) 117 A2
Valdelafuente E (Le.) 39 A1
Valdelageve E (Sa.) 98 A2
Valdelagrana E (Cád.) 177 C5
Valdelagua E (Gua.) 83 B5
Valdelagua E (Mad.) 81 D5
Valdelagua E (Sa.) 78 C3
Valdelagua del Cerro E (So.) 64 B1
Valdelaguna E (Mad.) 102 B4
Valdelaloba E (Le.) 17 B5
Valdelama E (Sa.) 77 D3
Valdelamatanza E (Sa.) 98 A2
Valdelamusa E (Huel.) 162 C1
Valdelaras de Abajo E (Alb.) 138 B3
Valdelaras de Arriba E (Alb.) 138 A3
Valdelarco E (Huel.) 146 D5
Valdelateja E (Bur.) 21 C4
Valdelcubo E (Gua.) 83 B1
Valdelinares E (So.) 62 D2
Valdelinares E (Te.) 106 D2
Valdelosa E (Sa.) 78 B1
Valdeltormo E (Te.) 87 D2
Valdemadera E (La R.) 44 B5
Valdemaluque E (So.) 62 D3
Valdemanco E (Mad.) 81 D3
Valdemanco del Esteras E (C. R.) 133 D3
Valdemanzanos, lugar E (Gr.) 168 D3
Valdemaqueda E (Mad.) 100 D1
Valdemarín E (J.) 153 B2
Valdemeca E (Cu.) 104 D3
Valdemierque E (Sa.) 78 D4
Valdemora E (Ast.) 6 A3
Valdemora E (Le.) 39 A3
Valdemorales E (Các.) 115 D5
Valdemorilla E (Le.) 39 B3
Valdemorillo E (Mad.) 101 A1
Valdemorillo de la Sierra E (Cu.) 104 D5
Valdemoro E (Mad.) 101 D3
Valdemoro del Rey E (Cu.) 103 C3
Valdemoro-Sierra E (Cu.) 104 D4
Valdenarros E (So.) 62 D3
Valdencín E (Các.) 97 B5
Valdenebro E (So.) 62 D3
Valdenebro de los Valles E (Vall.) 59 D1
Valdenoceda E (Bur.) 21 D4
Valdenoches E (Gua.) 82 D5
Valdenuño Fernández E (Gua.) 82 B4
Valdeobispo E (Các.) 97 C4
Valdeolivas E (Cu.) 103 D1
Valdeolmillos E (Pa.) 40 C5
Valdeolmos E (Mad.) 82 A5
Valdepares E (Ast.) 4 D3
Valdepeñas E (C. R.) 136 B4
Valdepeñas de Jaén E (J.) 167 C3
Valdepeñas de la Sierra E (Gua.) 82 B3
Valdeperdices E (Zam.) 58 B3
Valdepiélago E (Le.) 19 A3
Valdepiélagos E (Mad.) 82 A4
Valdepinillos E (Gua.) 82 C1
Valdepolo E (Le.) 39 B1
Valdeprado E (So.) 64 B1
Valdeprados E (Seg.) 80 D4
Valderas E (Le.) 39 A4
Valderas E (Sa.) 78 A2
Valderias E (Bur.) 21 C4
Valderrábano E (Pa.) 40 B1
Valderrama E (Bur.) 22 C5
Valderrebollo E (Gua.) 83 B4
Valderrey E (Le.) 38 A2
Valderrey E (Mad.) 82 A5
Valderrobres E (Te.) 87 D3
Valderrodilla E (So.) 63 A3
Valderrodrigo E (Sa.) 77 B2
Valderromán E (So.) 62 C5
Valderrubio E (Gr.) 167 C5
Valderrueda E (Le.) 19 D4
Valderrueda E (So.) 63 B3
Valdés E (Mál.) 180 D4
Valdesalor E (Các.) 115 B4
Valdesamario E (Le.) 18 B4
Valdesandinas E (Le.) 38 B2
Valdesangil E (Sa.) 98 B2
Valdesaz E (Gua.) 83 A4
Valdesaz de los Oteros E (Le.) 39 A3
Valdescapa de Cea E (Le.) 39 D1
Valdescobela E (Sa.) 78 D3
Valdescorriel E (Zam.) 38 D5
Valdesimonte E (Seg.) 81 C1
Valdesogo de Arriba E (Le.) 39 A1
Valdesoto E (Ast.) 6 D4
Valdesotos E (Gua.) 82 B3
Valdespina E (Pa.) 40 C4
Valdespino E (Le.) 38 A2
Valdespino E (Zam.) 37 A4
Valdespino Cerón E (Le.) 39 A3
Valdespino de Vaca E (Le.) 39 C3
Valdestillas E (Vall.) 60 A4
Valdetablas E (Mad.) 101 A2
Valdetorres E (Bad.) 131 D3
Valdetorres de Jarama E (Mad.) 82 A5
Valdevacas E (Seg.) 81 B1
Valdevacas de Montejo E (Seg.) 61 D4
Valdevarnés E (Seg.) 62 A4
Valdeverdeja E (To.) 117 B1
Valdevez P (Vis.) 75 B1
Valdeviejas E (Le.) 38 A1
Valdevimbre E (Le.) 38 D2
Valdezate E (Bur.) 61 B3
Valdezorras E (Sev.) 164 A4
Valdezufre E (Huel.) 147 A5
Valdició E (Can.) 21 D1
Valdigem P (Vis.) 75 B1
Valdilecha E (Mad.) 102 B3
Valdín E (Our.) 36 C3
Valdío E (Mu.) 171 A3
Valdivia E (Bad.) 132 B2
Valdoré E (Le.) 19 C4
Valdorros E (Bur.) 41 D4
Valdosende P (Br.) 54 C2
Valdoviño E (A Co.) 3 A2
Valdreu P (Br.) 54 B1
Valdujo P (Guar.) 76 A3
Valdunciel E (Sa.) 78 C2
Valdunquillo E (Vall.) 39 B5
Valduvieco E (Le.) 19 B5
Vale P (Ave.) 74 A2
Vale P (Lei.) 93 D5
Vale P (V. C.) 34 B5
Vale P (Vis.) 74 C5
Vale (São Cosme) P (Br.) 54 A3
Vale (São Martinho) P (Br.) 54 A3
Vale Abrigoso P (Vis.) 75 A2
Vale Alto P (San.) 111 C2
Vale Beijinha P (Be.) 159 B1
Vale Benfeito P (Bra.) 56 C3
Vale Benfeito P (Lis.) 110 D5
Vale Covo P (Fa.) 174 B2
Vale Covo P (Lei.) 110 D4
Vale da Amoreira P (Guar.) 95 D1
Vale da Bezerra P (C. B.) 113 A2
Vale da Cerdeira P (C. B.) 95 A3
Vale da Feiteira P (Por.) 113 A4
Vale da Galega P (C. B.) 94 C5
Vale da Madeira P (Por.) 112 D4
Vale da Madre P (Bra.) 57 A4
Vale da Mua P (San.) 112 D2
Vale da Mula P (Guar.) 76 D4
Vale da Parra P (Fa.) 174 A3
Vale da Pedra P (San.) 111 B5
Vale da Pena P (Bra.) 57 B2
Vale da Pinta P (San.) 111 B5
Vale da Porca P (Bra.) 56 C3
Vale da Rasca P (Set.) 127 A5
Vale da Rosa P (Fa.) 160 C4
Vale da Rosa P (San.) 111 B4
Vale da Senhora da Póvoa P (C. B.) 96 A2
Vale da Silva P (Co.) 94 B3
Vale da Telha P (Fa.) 159 A4
Vale da Torre P (C. B.) 95 D4
Vale da Trave P (San.) 111 B3
Vale da Urra P (San.) 112 C1
Vale da Ursa P (C. B.) 113 A1
Vale da Ursa P (Fa.) 174 A3
Vale da Vila P (Fa.) 173 D2
Vale da Vila P (Set.) 127 A4
Vale da Vila P (Vis.) 75 D1
Vale das Custas P (Év.) 128 A3
Vale das Éguas P (Guar.) 96 B1
Vale das Fontes P (Bra.) 56 B2
Vale das Moitas P (Lei.) 93 C5
Vale de Açor P (Be.) 144 D5
Vale de Açor P (Por.) 112 D5
Vale de Açor P (San.) 112 B2
Vale de Afonsinho P (Guar.) 76 B3
Vale de Água P (Co.) 94 A2
Vale de Água P (Set.) 143 C4
Vale de Anta P (V. R.) 55 D1
Vale de Arco P (Por.) 112 D4
Vale de Asnes P (Bra.) 56 B3
Vale de Avim P (Ave.) 94 A1
Vale de Azares P (Guar.) 75 D5
Vale de Barreiras P (Lei.) 111 C2
Vale de Boi P (Ave.) 94 A1
Vale de Boi P (Fa.) 173 A2
Vale de Bordalo P (Por.) 112 D4
Vale de Bouro P (Br.) 54 D3
Vale de Cambra P (Ave.) 74 B3
Vale de Casas P (V. R.) 56 A2
Vale de Cavalos P (Por.) 113 D5
Vale de Cavalos P (San.) 111 D4
Vale de Coelha P (Guar.) 76 D4
Vale de Colmeias P (Co.) 94 B3
Vale de Cortiças P (San.) 112 B3
Vale de Cunho P (V. R.) 55 D4
Vale de Ebros P (Fa.) 175 B2
Vale de Égua P (V. R.) 55 D3
Vale de Éguas P (Fa.) 174 C3
Vale de Espinho P (Guar.) 96 C2
Vale de Estrela P (Guar.) 96 A1
Vale de Ferro P (Be.) 159 C1
Vale de Figueira P (Be.) 159 B2
Vale de Figueira P (Lis.) 126 D2
Vale de Figueira P (San.) 111 C4
Vale de Figueira P (Vis.) 75 C1
Vale de Figueira P (Vis.) 75 D1
Vale de Gaviões P (Por.) 112 D4
Vale de Gouvinhas P (Bra.) 56 B2
Vale de Guizo P (Set.) 143 D2
Vale de Janeiro P (Bra.) 56 B1
Vale de Judeus P (Set.) 127 B4
Vale de Junco P (Por.) 112 D3
Vale de Lagoa P (Bra.) 56 C3
Vale de Lama P (San.) 111 D5
Vale de Lobos P (Lis.) 126 C2
Vale de Lousas P (Fa.) 173 D2
Vale de Maceira P (Lei.) 110 D2
Vale de Madeira P (Guar.) 76 B4
Vale de Madeiros P (Vis.) 95 A1
Vale de Marinhas P (San.) 111 B4
Vale de Mendiz P (V. R.) 55 C5
Vale de Milhaços P (Set.) 126 C4
Vale de Mira P (Bra.) 57 C4
Vale de Moura P (Év.) 128 D5
Vale de Nogeira P (Bra.) 56 D2
Vale de Nogueira P (Co.) 94 B3
Vale de Nogueiras P (V. R.) 55 B5
Vale de Óbidos P (San.) 111 A4
Vale de Odre P (Fa.) 160 D4
Vale de Pedras P (Co.) 93 C4
Vale de Pedro Dias P (San.) 112 D3
Vale de Pereiras P (Co.) 94 D4
Vale de Pinheiro P (Fa.) 161 B4
Vale de Porco P (Bra.) 57 A5
Vale de Pradinhos P (Bra.) 56 C3
Vale de Prados P (Bra.) 56 B2
Vale de Prados P (Bra.) 56 C3
Vale de Prazeres P (C. B.) 95 D3
Vale de Reis P (Set.) 143 D1
Vale de Remígio P (Vis.) 94 B1
Vale de Rocins P (Be.) 144 D5
Vale de Sancha P (Bra.) 56 B4
Vale de Santarém P (San.) 111 C5
Vale de Santiago P (Be.) 159 D1
Vale de São Domingos P (San.) 112 D2
Vale de São Joao P (Por.) 112 D3

Vegacervera

Vale de Soutos P (C. B.) 94 D5
Vale de Tábuas P (Lei.) 94 B5
Vale de Telhas P (Bra.) 56 A2
Vale de Todos P (Lei.) 94 A4
Vale de Torno P (Bra.) 56 A5
Vale de Vaíde P (Co.) 94 B3
Vale de Vargo P (Be.) 145 C4
Vale de Zebrinho P (San.) 112 C3
Vale Direito P (Port.) 54 A5
Vale do Barco P (San.) 111 B4
Vale do Calvo P (San.) 111 D2
Vale do Carro P (San.) 111 B3
Vale do Carvão P (San.) 111 D3
Vale do Coelheiro P (C. B.) 113 A1
Vale do Couço P (Vis.) 94 C1
Vale do Grou P (San.) 112 D2
Vale do Homem P (C. B.) 113 B1
Vale do Mouro P (Guar.) 76 A4
Vale do Paraíso P (Lei.) 110 D2
Vale do Paraíso P (Lis.) 111 B5
Vale do Pereiro P (Év.) 128 D3
Vale do Peso P (Por.) 113 B4
Vale do Poço P (Be.) 161 B1
Vale do Poço P (San.) 112 A1
Vale do Porco P (Vis.) 74 C5
Vale do Porvo P (Guar.) 76 A2
Vale do Rio P (Lei.) 94 B5
Vale do Seixo P (Guar.) 76 A3
Vale do Vilão P (Por.) 112 C5
Vale d'Urso P (C. B.) 95 C4
Vale Feitoso P (C. B.) 96 B4
Vale Figueira P (Fa.) 160 A4
Vale Flor P (Guar.) 76 A3
Vale Flores P (Set.) 126 C4
Vale Florido P (Lei.) 94 A4
Vale Florido P (San.) 111 B3
Vale Fontes de Cima P (Fa.) 160 A4
Vale Formoso P (C. B.) 95 D1
Vale Formoso P (Fa.) 174 C3
Vale Formoso P (San.) 112 C2
Vale Francos P (Lis.) 110 D4
Vale Frechoso P (Bra.) 56 B4
Vale Fuzeiros P (Fa.) 160 A4
Vale Godinho P (C. B.) 112 C1
Vale Grande P (Ave.) 74 A5
Vale Grande P (Co.) 95 A3
Vale Judeu P (Fa.) 174 B3
Vale Longo P (Guar.) 96 B1
Vale Maior P (Ave.) 74 A4
Vale Mansos P (San.) 127 D1
Vale Mourisco P (Guar.) 96 B1
Vale Pereiro P (Bra.) 56 C4
Vale Perneto P (Lei.) 94 A5
Vale Porco P (C. B.) 94 C5
Vale Salgueiro P (Bra.) 56 A2
Vale Salgueiro P (Lei.) 111 B1
Vale Santiago P (San.) 112 D2
Vale Serrão P (Co.) 94 D4
Vale Torrado P (Por.) 128 B1
Vale Travesso P (San.) 111 D1
Vale Verde P (C. B.) 95 C3
Vale Verde P (Guar.) 76 C4
Vale Zebro P (San.) 127 C1
Válega P (Ave.) 73 D3
Valeixe E (Po.) 34 C3
Valença P (V. C.) 34 A4
Valença do Douro P (Vis.) 75 C1
Valencia E (A Co.) 1 D5
Valencia E (Val.) 125 A4
València d'Àneu E (Ll.) 29 B5
Valencia de Alcántara E (Các.) 113 D4
Valencia de Don Juan E (Le.) 38 D3
Valencia de la Encomienda E (Sa.) 78 C1
Valencia de las Torres E (Bad.) 147 D1
Valencia del Mombuey E (Bad.) 146 A2
Valencia del Ventoso E (Bad.) 147 A2
Valencina de la Concepción E (Sev.) 163 D4
Valenoso E (Pa.) 40 B1
Valentín E (Mu.) 155 A3
Valentins, els E (Ta.) 88 B5
Valenzuela E (Cór.) 166 D1
Valenzuela E (Gr.) 181 B1
Valenzuela de Calatrava E (C. R.) 135 C3
Valenzuela y Llanadas E (Cór.) 166 D5
Valenzuela, lugar E (J.) 151 D4
Valer E (Zam.) 57 D2
Valera de Abajo E (Cu.) 122 B2
Valera, lugar E (Bad.) 146 D3
Valeria E (Cu.) 122 B1
Valero E (Sa.) 98 A1
Valero, El, lugar E (Alb.) 138 B4
Vales E (Lu.) 15 D5
Vales E (Our.) 15 A5
Vales P (Bra.) 56 C4
Vales P (C. B.) 113 A1
Vales P (Fa.) 159 A4
Vales P (V. R.) 56 A3
Vales P (V. R.) 55 D3
Vales de Cardigos P (San.) 112 D1
Vales de Pero Viseu P (C. B.) 95 D3
Vales Mortos P (Be.) 145 B5
Valezim P (Guar.) 95 B2
Valfarta E (Hues.) 67 B3
Valfermoso de Tajuña E (Gua.) 83 A5
Valfonda de Santa Ana E (Hues.) 46 D5
Valgañón E (La R.) 42 D3
Valgoma, La E (Le.) 17 A5
Valhascos P (San.) 112 C3
Valhelhas P (Guar.) 95 D1
Valhelhas P (San.) 111 D2
Valhermoso E (Gua.) 84 C4
Valhermoso de la Fuente E (Cu.) 122 C3
Valinho P (V. C.) 33 D5
Valiñas E (Po.) 14 A5
Valiño E (Lu.) 4 A3
Valjunquera E (Te.) 87 D3
Valmadrid E (Zar.) 66 B4
Valmala E (Bur.) 42 C3
Valmartino E (Le.) 19 C4
Valmojado E (To.) 101 A3
Valmuel E (Te.) 87 B1
Valões P (Br.) 54 B1
Valonga E (Hues.) 68 A2
Valonga E (Lu.) 16 B1
Valongo E (Our.) 34 D3
Valongo P (C. B.) 112 C1
Valongo P (Fa.) 175 B2
Valongo P (Lei.) 93 C5
Valongo P (Lei.) 94 C4
Valongo P (Lis.) 110 C5
Valongo P (Por.) 112 D5
Valongo P (Port.) 54 A5
Valongo das Meadas P (Bra.) 56 A3
Valongo de Milhais P (V. R.) 55 D4
Valongo do Vouga P (Ave.) 74 A4
Valongo dos Azeites P (Vis.) 75 D1
Válor E (Gr.) 182 D2
Valoria de Aguilar E (Pa.) 20 D4
Valoria del Alcor E (Pa.) 60 A1
Valoria la Buena E (Vall.) 60 C1
Valoura P (V. R.) 55 C3
Valpaços P (Bra.) 56 B1
Valpaços P (V. R.) 56 A2
Valpalmas E (Zar.) 46 B4
Valparaíso E (Zam.) 37 C5
Valparaíso de Abajo E (Cu.) 103 C4
Valparaíso de Arriba E (Cu.) 103 C4
Valpedre P (Port.) 74 B1
Valporquero de Rueda E (Le.) 19 B4
Valporquero de Torío E (Le.) 18 D3
Valpuesta E (Bur.) 22 C4
Valrío E (Các.) 97 B4
Valsaín E (Seg.) 81 B3
Valsalabroso E (Sa.) 77 B1
Valsalada E (Hues.) 46 C5
Valsalobre E (Cu.) 84 B5
Valsalobre E (Gua.) 84 C4
Valseca E (Seg.) 81 A2
Valseco E (Le.) 17 C4
Valsemana E (Le.) 18 C4
Valsendero E (Las P.) 191 C2
Valsequillo E (Cór.) 149 A1
Valsequillo E (Las P.) 191 C3
Valsera E (Ast.) 6 B4
Valsurbio, lugar E (Pa.) 20 B4
Valtablado del Río E (Gua.) 83 D5
Valtajeros E (So.) 64 A1
Valtiendas E (Seg.) 61 B4
Valtierra E (Na.) 45 A4
Valtierra de Albacastro E (Bur.) 21 A5
Valtierra de Riopisuerga E (Bur.) 40 D2
Valtocado-Alquería E (Mál.) 180 A5
Valtorres E (Zar.) 64 D5
Valtueña E (So.) 64 A4
Valtuille de Abajo E (Le.) 17 A5
Valtuille de Arriba E (Le.) 17 A5
Valuengo E (Bad.) 146 C2
Valujera E (Bur.) 22 B4
Valvenedizo E (So.) 62 D5
Valverda E (Ali.) 156 D3
Valverde E (C. R.) 135 A3
Valverde E (La R.) 44 C5
Valverde E (S. Cruz T.) 194 C4
Valverde E (So.) 64 C1
Valverde E (Te.) 85 D3
Valverde P (Bra.) 56 C4
Valverde P (Bra.) 56 D5
Valverde P (C. B.) 95 C3
Valverde P (Év.) 128 C5
Valverde P (Fa.) 173 B2
Valverde P (Guar.) 75 C3
Valverde P (Lis.) 126 B2
Valverde P (San.) 127 D1
Valverde P (San.) 111 B3
Valverde P (V. R.) 56 A2
Valverde P (Vis.) 75 B2
Valverde de Alcalá E (Mad.) 102 B2
Valverde de Burguillos E (Bad.) 147 A2
Valverde de Campos E (Vall.) 59 C1
Valverde de Curueño E (Le.) 19 A3
Valverde de Gonzaliáñez E (Sa.) 78 D5
Valverde de Júcar E (Cu.) 122 A2
Valverde de la Sierra E (Le.) 20 A3
Valverde de la Vera E (Các.) 98 D4
Valverde de la Virgen E (Le.) 38 C1
Valverde de Leganés E (Bad.) 130 B4
Valverde de los Ajos E (So.) 63 A3
Valverde de los Arroyos E (Gua.) 82 C2
Valverde de Llerena E (Bad.) 148 A3
Valverde de Mérida E (Bad.) 131 C3
Valverde de Valdelacasa E (Sa.) 98 B1
Valverde del Camino E (Huel.) 162 C2
Valverde del Fresno E (Các.) 96 C3
Valverde del Majano E (Seg.) 80 D3
Valverde-Enrique E (Le.) 39 B3
Valverdejo E (Cu.) 122 C3
Valverdes E (Mál.) 181 A3
Valverde-Villarmarín E (Le.) 16 D4
Valverdón E (Sa.) 78 C2
Valverzoso E (Pa.) 20 D3
Valvieja E (Seg.) 62 B5
Vall d'Alba E (Cas.) 107 C3
Vall d'Alcalà, La E (Ali.) 141 B4
Vall de Almonacid E (Cas.) 107 A5
Vall de Bianya, la E (Gi.) 51 C3
Vall de Ebo/ Vall d'Ebo, la E (Ali.) 141 C3
Vall de Gallinera E (Ali.) 141 C3
Vall de Laguar, la E (Ali.) 141 C4
Vall de Santa Creu, La E (Gi.) 52 C1
Vall d'Ebo, la → Vall de Ebo E (Ali.) 141 C3
Vall del Sol E (Bar.) 70 D4
Vall d'Uixó, la E (Cas.) 125 B1
Vall Suau-Can Feliu E (Bar.) 70 D3
Vall, la E (Bar.) 71 D2
Vallada E (Val.) 140 C3
Valladolid E (Vall.) 60 A2
Valladolises E (Mu.) 172 A1
Vallanca E (Val.) 105 C4
Vallarta de Bureba E (Bur.) 42 C1
Vallat E (Cas.) 107 B4
Vallbona d'Anoia E (Bar.) 70 B3
Vallbona de les Monges E (Ll.) 69 B3
Vallcanera E (Gi.) 51 D5
Vallcarca E (Bar.) 70 C5
Vallcebre E (Bar.) 50 C3
Vallclara E (Ta.) 69 B4
Valldavià E (Gi.) 52 B3
Valldemossa E (Bal.) 91 C2
Valldoreix E (Bar.) 70 D3
Valle E (Ast.) 7 B5
Valle E (Can.) 10 A5
Valle Abajo E (S. Cruz T.) 194 B1
Valle de Abdalajís E (Mál.) 180 A3
Valle de Agaete E (Las P.) 191 B2
Valle de Cabuérniga E (Can.) 20 D1
Valle de Cerrato E (Pa.) 60 D1
Valle de Escombreras E (Mu.) 172 C3
Valle de Finolledo E (Le.) 17 A4
Valle de Guerra E (S. Cruz T.) 196 B1
Valle de Jinámar E (Las P.) 191 D2
Valle de la Serena E (Bad.) 132 B4
Valle de la Valduerna E (Le.) 38 A2
Valle de las Casas E (Le.) 19 C4
Valle de las Nueve E (Las P.) 191 D3
Valle de Mansilla E (Le.) 39 B1
Valle de Matamoros E (Bad.) 146 C1
Valle de San Agustín, El E (Ast.) 4 D3
Valle de San Lorenzo E (S. Cruz T.) 195 D4
Valle de San Roque de Valsequillo E (Las P.) 191 C3
Valle de Santa Ana E (Bad.) 146 C1
Valle de Santa Inés E (Las P.) 190 A3
Valle de Tabladillo E (Seg.) 61 C5
Valle de Vegacervera E (Le.) 18 D3
Valle Hermoso Bajo, lugar E (Cád.) 179 B2
Valle Tahodio E (S. Cruz T.) 196 C2
Valle, El E (Alm.) 169 D5
Valle, El E (Ast.) 6 C3
Valle, El E (Huel.) 163 B4
Valle, El E (Le.) 17 C5
Vallebrón E (Las P.) 190 B2
Vallecillo E (Le.) 39 B2
Vallecillo, El E (Te.) 105 A3
Vallegera E (Bur.) 41 A4
Vallehermoso E (S. Cruz T.) 194 B1
Vallehondo E (Áv.) 98 D2
Vallejas E (Cád.) 178 B4
Vallejera de Riofrío E (Sa.) 98 C2
Vallejimeno E (Bur.) 42 C4
Vallejo E (Bur.) 21 D4
Vallejo de Mena E (Bur.) 22 B2
Vallejo de Orbó E (Pa.) 20 D4
Vallelado E (Seg.) 60 C4
Vallequemado E (Gr.) 167 C4
Valleruela de Pedraza E (Seg.) 81 C1
Valleruela de Sepúlveda E (Seg.) 81 C1
Valles E (Ast.) 7 B4
Vallés E (Val.) 140 D2
Valles de Ortega E (Las P.) 190 A3
Valles de Palenzuela E (Bur.) 41 A4
Valles de Valdavia E (Pa.) 40 B1
Valles, Los E (Las P.) 192 D3
Valles, Los E (S. Cruz T.) 196 B2
Vallesa de la Guareña E (Zam.) 79 A1
Valleseco E (Las P.) 191 C2
Valleta, La E (Gi.) 52 C1
Vallfogona de Balaguer E (Ll.) 68 D1
Vallfogona de Ripollès E (Gi.) 51 B3
Vallfogona de Riucorb E (Ta.) 69 C3
Vallgorguina E (Bar.) 71 C2
Vallibona E (Cas.) 87 D5
Vallín, El E (Ast.) 5 B3
Vallina, La E (Ast.) 6 C4
Vallirana E (Bar.) 70 D4
Vallivana E (Cas.) 107 D1
Vall-llobrega E (Gi.) 52 C5
Vallmanya E (Ll.) 70 A1
Vallmoll E (Ta.) 69 C5
Valloria E (So.) 43 D5
Vallpineda E (Bar.) 70 C5
Vallromanes E (Bar.) 71 B3
Valls E (Ta.) 69 C5
Vallserrat E (Bar.) 70 C3
Valluerca E (Ál.) 22 C3
Valluércanes E (Bur.) 42 C1
Vallunquera E (Bur.) 41 A3
Vallverd E (Ll.) 69 A2
Vallvidrera E (Bar.) 71 A4
Vandellòs E (Ta.) 89 A2
Vandoma P (Port.) 54 B5
Vanidodes E (Le.) 38 A1
Vañes E (Pa.) 20 C3
Vaqueira E (Ll.) 29 A4
Vaqueiros P (Fa.) 161 A3
Vaqueiros P (San.) 111 C3
Vara de Rey E (Cu.) 122 A4
Varadero, El E (Gr.) 182 A4
Varadouro P (Aç.) 109 A3
Varatojo P (Lis.) 110 C5
Varche P (Por.) 129 D3
Vardemilho P (Ave.) 73 D4
Varea E (La R.) 43 D2
Varela P (San.) 112 B1
Varelas E (A Co.) 15 A3
Vargas E (Can.) 9 B5
Vargas E (Las P.) 191 D3
Vargas, Los, lugar E (Gr.) 182 C3
Varge P (Bra.) 57 A1
Vargem P (Por.) 113 C4
Vargens P (Be.) 161 A3
Varges P (V. R.) 55 D4
Vargos P (San.) 111 D2
Variaça P (Ave.) 94 A1
Variz P (Bra.) 57 A4
Várzea P (Ave.) 74 B2
Várzea P (Br.) 54 A3
Várzea P (Lei.) 94 B5
Várzea P (Port.) 54 D5
Várzea P (Port.) 54 C4
Várzea P (San.) 111 C4
Várzea P (Vis.) 74 D3
Várzea P (Vis.) 74 D4
Várzea P (Vis.) 74 C5
Várzea P (Vis.) 75 A3
Várzea Cova P (Br.) 54 D3
Várzea da Ovelha e Aliviada P (Port.) 54 D5
Várzea da Serra P (Vis.) 75 A2
Várzea de Abrunhais P (Vis.) 75 B1
Várzea de Meruge P (Guar.) 95 A1
Várzea de Tavares P (Vis.) 75 C5
Várzea de Trevões P (Vis.) 75 D1
Várzea do Douro P (Ave.) 74 B1
Várzea dos Cavaleiros P (C. B.) 112 D1
Várzeas P (Lei.) 93 B5
Varziela P (Co.) 93 D1
Varziela P (Port.) 54 C4
Varzielas P (Vis.) 74 C5
Vascão P (Fa.) 161 B3
Vasco Esteves de Baixo P (Guar.) 95 B2
Vasco Esteves de Cima P (Guar.) 95 B2
Vasco Rodrigues P (Be.) 161 A2
Vascões P (V. C.) 34 A5
Vasconha P (Vis.) 74 D4
Vascoveiro P (Guar.) 76 B4
Vassal P (V. R.) 56 A2
Vau P (Fa.) 173 C2
Vau P (Lei.) 110 C3
Veade P (Br.) 55 A4
Veciana E (Bar.) 70 A2
Vecilla, La E (Le.) 19 A4
Vecilla de la Polvorosa E (Zam.) 38 C4
Vecilla de la Vega E (Le.) 38 B2
Vecilla de Trasmonte E (Zam.) 38 C5
Vecindad de Enfrente E (Las P.) 191 B2
Vecindario E (Las P.) 191 D4
Vecinos E (Sa.) 78 B4
Vedat de Torrent, el → Monte Vedat E (Val.) 125 A4
Vedor P (Por.) 130 A2
Vedra E (A Co.) 14 B3
Vedra E (A Co.) 14 B3
Vega E (Ast.) 5 B3
Vega E (Ast.) 6 D3
Vega E (Ast.) 18 D1
Vega E (Ast.) 7 C4
Vega E (Can.) 21 C1
Vega E (Mál.) 179 A5
Vega de Almanza, La E (Le.) 19 D5
Vega de Antoñán E (Le.) 38 B1
Vega de Bur E (Pa.) 20 C4
Vega de Caballeros E (Le.) 18 C4
Vega de Doña Olimpa E (Pa.) 40 B1
Vega de Enmedio E (Las P.) 191 C2
Vega de Espinareda E (Le.) 17 A4
Vega de Gordón E (Le.) 18 D3
Vega de Infanzones E (Le.) 38 D1
Vega de las Mercedes E (S. Cruz T.) 196 B1
Vega de los Árboles E (Le.) 39 B1
Vega de Magaz E (Le.) 38 A1
Vega de Mesillas E (Các.) 98 C5
Vega de Nuez E (Zam.) 57 B1
Vega de Pas E (Can.) 21 C2
Vega de Poja E (Ast.) 6 D4
Vega de Rengos E (Ast.) 17 B2
Vega de Río Palmas E (Las P.) 190 A3
Vega de Robledo, La E (Le.) 18 B3
Vega de Ruiponce E (Vall.) 39 C4
Vega de San Mateo E (Las P.) 191 C3
Vega de Santa Lucía E (Cór.) 165 A2
Vega de Santa María E (Áv.) 80 B4
Vega de Santa María, La E (J.) 152 A5
Vega de Tera E (Zam.) 38 A5
Vega de Tirados E (Sa.) 78 B2
Vega de Valcarce E (Le.) 16 D5
Vega de Valdetronco E (Vall.) 59 C3
Vega de Viejos E (Le.) 17 D3
Vega de Villalobos E (Zam.) 39 A5
Vega de Yeres E (Le.) 37 A2
Vega del Castillo E (Zam.) 37 C4
Vega del Ciego E (Ast.) 18 C1
Vega del Codorno E (Cu.) 104 C2
Vega del Rey E (Ast.) 18 C2
Vega Malilla, lugar E (Mál.) 180 A3
Vega Santa María E (Mál.) 180 A4
Vega Sicilia E (Vall.) 60 D3
Vega, La E (Ast.) 18 C1
Vega, La E (Ast.) 6 B5
Vega, La E (Bad.) 114 A5
Vega, La E (Can.) 20 B2
Vega, La E (Gr.) 169 B4
Vega, La E (S. Cruz T.) 195 C3
Vega, La E (Sev.) 163 D5
Vega, La E (Val.) 140 A2
Vega, La (Riosa) E (Ast.) 6 B5
Vega, La (Sariego) E (Ast.) 6 D4
Vegacebrón E (Ast.) 5 D3
Vegacerneja E (Le.) 19 D2
Vegacervera E (Le.) 18 D3

Vegadeo

Vegadeo E (Ast.) 4 C3
Vegafría E (Seg.) 61 A4
Vegalatrave E (Zam.) 58 A2
Vegallera E (Alb.) 154 A1
Veganzones E (Seg.) 81 B1
Vegaquemada E (Le.) 19 B4
Vegas Altas E (Bad.) 132 C1
Vegas de Almenara E (Sev.) 165 A2
Vegas de Coria E (Các.) 97 D2
Vegas de Domingo Rey E (Sa.) 97 B1
Vegas de Matute E (Seg.) 80 D4
Vegas de Triana E (J.) 151 A4
Vegas del Condado E (Le.) 19 A5
Vegas y San Antonio, Las E (To.) 100 A5
Vegas, Las E (Ast.) 18 C1
Vegas, Las E (Ast.) 6 B3
Vegas, Las, lugar E (Bur.) 22 A2
Vegaviana E (Các.) 96 D4
Vegia P (Ave.) 73 D5
Veguellina E (Le.) 17 A4
Veguellina de Fondo E (Le.) 38 B2
Veguellina de Órbigo E (Le.) 38 B2
Veguellina, La E (Le.) 18 A5
Vegueta, La E (Las P.) 192 C4
Veguilla E (Can.) 22 A1
Veguillas de la Sierra E (Te.) 105 C4
Veguillas, Las E (Sa.) 78 B4
Veguina, La E (Ast.) 18 C1
Veguiña, La E (Ast.) 4 D3
Veiga E (A Co.) 2 C4
Veiga E (Lu.) 16 A3
Veiga das Meás E (Our.) 36 A5
Veiga de Brañas E (Lu.) 16 C5
Veiga de Lila P (V. R.) 56 A3
Veiga de Logares, A E (Lu.) 4 C5
Veiga de Nostre E (Our.) 36 A4
Veiga, A E (Lu.) 4 A2
Veiga, A E (Our.) 35 A3
Veiga, A E (Our.) 36 C3
Veigamuíños E (Our.) 36 C1
Veigas E (Ast.) 4 C4
Veigas P (Bra.) 57 B1
Veïnat d'Avall, El E (Gi.) 51 D5
Veïnat de Baix, El E (Gi.) 52 A5
Veïnat de Melianta E (Gi.) 52 A3
Veiros P (Ave.) 73 D3
Veiros P (Év.) 129 C2
Vejer de la Frontera E (Cád.) 186 A3
Vejorís E (Can.) 21 C1
Vela P (Guar.) 95 D1
Velada E (To.) 99 C5
Velamazán E (So.) 63 B4
Velas P (Aç.) 109 C3
Velascálvaro E (Vall.) 79 D1
Velayos E (Áv.) 80 B4
Veldedo E (Le.) 37 D1
Velefique E (Alm.) 184 A1
Velerín, El E (Mál.) 187 C2
Vélez de Benaudalla E (Gr.) 182 A3
Vélez-Blanco E (Alm.) 170 C2
Vélez-Málaga E (Mál.) 181 A4
Vélez-Rubio E (Alm.) 170 C2
Velhas P (Fa.) 161 A3
Velhoco E (S.Cruz T.) 193 C3
Velilla E (Vall.) 59 C3
Velilla de Cinca E (Hues.) 68 A3
Velilla de Ebro E (Zar.) 67 A5
Velilla de Jiloca E (Zar.) 65 A5
Velilla de la Peña E (Pa.) 20 B4
Velilla de la Reina E (Le.) 38 C1
Velilla de la Sierra E (So.) 63 D1
Velilla de los Ajos E (So.) 64 A4
Velilla de Medinaceli E (So.) 83 D1
Velilla de San Antonio E (Mad.) 102 A2
Velilla de San Esteban E (So.) 62 B3
Velilla de Valderaduey E (Le.) 39 D1
Velilla del Río Carrión E (Pa.) 20 A4
Velilla, La E (Seg.) 81 C1
Velillas E (Hues.) 47 B4
Velillas del Duque E (Pa.) 40 B1
Velilla-Taramay E (Gr.) 181 D4
Velosa P (Guar.) 76 A4
Velouzás E (A Co.) 2 D4
Velle E (Our.) 35 B2
Vellés, La E (Sa.) 78 D2
Vellisca E (Cu.) 103 A4
Velliza E (Vall.) 59 D3
Vellón, El E (Mad.) 82 A4
Vellosillo E (Seg.) 81 D1
Venade P (V. C.) 33 C5
Venade P (V. C.) 34 A4
Vences E (Our.) 35 D5
Vencillón E (Hues.) 68 A2
Venda P (Év.) 129 C5
Venda da Costa P (Lei.) 111 A3
Venda da Lamarosa P (San.) 127 D1
Venda da Luísa P (Co.) 93 D3
Venda da Serra P (Co.) 94 C2
Venda da Serra P (San.) 112 B1
Venda do Cepo P (Guar.) 75 D4
Venda do Freixo P (Lis.) 111 A4
Venda do Pinheiro P (Lis.) 126 C2
Venda do Preto P (Lei.) 94 A5
Venda Nova P (Co.) 94 B2
Venda Nova P (Co.) 94 A1
Venda Nova P (Co.) 93 D4
Venda Nova P (Fa.) 173 D2
Venda Nova P (San.) 112 A2
Venda Nova P (San.) 112 D2
Venda Nova P (V. R.) 55 A2
Venda Seca P (Lis.) 126 C3
Vendada P (Guar.) 76 B4
Vendas de Galizes P (Co.) 95 A2
Vendas Novas P (Év.) 127 D4
Vendinha P (Év.) 145 A1
Vendo de Azeitão P (Set.) 127 A5
Vendón E (Ast.) 6 B3
Vendrell, el E (Ta.) 70 A5
Venialbo E (Zam.) 58 D4
Venta Baja E (Mál.) 181 A3
Venta de Agramaderos E (J.) 167 B4
Venta de Ballerías E (Hues.) 67 B1
Venta de Baños E (Pa.) 60 C1
Venta de Curro Fal E (Sev.) 163 C1
Venta de la Leche E (Gr.) 180 D2
Venta de los Santos E (J.) 152 D2
Venta de Pollos E (Vall.) 59 C4
Venta de San Antonio-Estación E (Cas.) 108 A3
Venta de Urbasa/Urbasako benta E (Na.) 24 A4
Venta del Aire E (Te.) 106 C4
Venta del Coronel E (Mu.) 171 A2
Venta del Charco E (Cór.) 150 D3
Venta del Fraile E (Gr.) 181 D2
Venta del Moro E (Val.) 123 C4
Venta del Peral E (Gr.) 169 C3
Venta del Rayo E (Gr.) 181 A1
Venta del Rey, lugar E (Hues.) 68 A3
Venta del Viso, La E (Alm.) 183 C4
Venta Gaspar E (Alm.) 184 A3
Venta la Vega, lugar E (Alb.) 139 D3
Venta las Ranas E (Ast.) 7 A3
Venta Micena E (Gr.) 170 A2
Venta Nueva E (Alm.) 183 A4
Venta Nueva E (Ast.) 17 B2
Venta Nueva E (Gr.) 181 B1
Venta Quemada E (Gr.) 169 D3
Venta Ratonera E (Alm.) 183 B1
Venta Santa Bárbara E (Gr.) 181 A1
Venta Valero E (Cór.) 167 B4
Venta Vieja, lugar E (Alb.) 138 A1
Ventalló E (Gi.) 52 B3
Ventanas, Las E (Mu.) 155 B3
Ventanilla E (Pa.) 20 C4
Ventarique E (Mu.) 171 B2
Ventas Blancas E (La R.) 44 A2
Ventas con Peña Aguilera, Las E (To.) 118 D3
Ventas da Barreira E (Our.) 36 A5
Ventas de Albares, Las E (Le.) 17 C5
Ventas de Alcolea E (Alb.) 121 D5
Ventas de Arriba E (Huel.) 162 D1
Ventas de Garriel E (Sa.) 78 A5
Ventas de Geria E (Vall.) 59 D3
Ventas de Huelma E (Gr.) 181 C2
Ventas de Muniesa E (Te.) 86 C1
Ventas de Retamosa, Las E (To.) 101 A4
Ventas de San Julián, Las E (To.) 99 A5
Ventas de Zafarraya E (Gr.) 181 A2
Ventas del Carrizal E (J.) 167 B3
Ventas del Poyo E (Val.) 124 D4
Ventas Nuevas E (Cád.) 179 A3
Ventas, Las E (J.) 167 B2
Ventilla, La E (Cór.) 165 C2
Ventilla, La → Villayuda E (Bur.) 41 D3
Ventillas E (C. R.) 150 D1
Ventín E (Po.) 34 B2
Ventorrillo, El E (Gr.) 181 D1
Ventorro de la Paloma E (Sa.) 78 C3
Ventorro de Balerma E (Cór.) 166 D5
Ventorros de La Laguna E (Gr.) 180 D1
Ventorros de San José E (Gr.) 167 A5
Ventosa E (Ast.) 6 B3
Ventosa E (Gua.) 84 C4
Ventosa E (La R.) 43 C2
Ventosa E (Po.) 15 A4
Ventosa P (Br.) 54 C2
Ventosa P (Co.) 94 B2
Ventosa P (Lis.) 126 C1
Ventosa P (Lis.) 110 D5
Ventosa P (San.) 112 C2
Ventosa P (Vis.) 74 C4
Ventosa de Fuentepinilla E (So.) 63 B3
Ventosa de la Cuesta E (Vall.) 60 A4
Ventosa de la Sierra E (So.) 63 D1
Ventosa de Pisuerga E (Pa.) 40 D1
Ventosa de San Pedro E (So.) 44 A5
Ventosa del Río Almar E (Sa.) 79 A3
Ventosa do Bairro P (Ave.) 94 A1
Ventosa, La E (Cu.) 103 D3
Ventosela E (Our.) 34 D2
Ventosela E (Po.) 34 A2
Ventoses, les E (Ll.) 69 B1
Ventosilla E (Bur.) 61 C2
Ventosilla E (J.) 151 C5
Ventosilla E (Seg.) 81 D1
Ventosilla de la Tercia E (Le.) 18 D3
Ventosilla de San Juan E (So.) 63 D2
Ventozelo P (Bra.) 57 A5
Ventrosa E (La R.) 43 A4
Venturada E (Mad.) 81 D4
Ver P (Ave.) 74 B2
Vera E (Alm.) 170 D5
Vera Cruz P (Év.) 145 A2
Vera de Bidasoa → Bera E (Na.) 12 D5
Vera de Erque E (S.Cruz T.) 195 C4
Vera de Moncayo E (Zar.) 65 A1
Vera, La E (S.Cruz T.) 195 D2
Vera-Carril, La E (S.Cruz T.) 196 A2
Veracruz E (J.) 152 C4
Verada Bajamar E (S.Cruz T.) 193 C2
Verada de las Lomadas E (S.Cruz T.) 193 C2
Veral E (Lu.) 15 D2
Verba P (Ave.) 73 D5
Verdegàs E (Ali.) 156 D1
Verdejo E (Las P.) 191 B2
Verdelhos P (C. B.) 95 C1
Verdelhos P (San.) 111 C4
Verdelpino de Huete E (Cu.) 103 C4
Verdeña E (Pa.) 20 C3
Verdera E (Ast.) 7 A4
Verdiago E (Le.) 19 C4
Verdiales E (Mál.) 180 C4
Verdicio E (Ast.) 6 C2
Verdoejo P (V. C.) 34 A4
Verdú E (Ll.) 69 C2
Verducido E (Po.) 34 A1
Verdugal P (Guar.) 76 A5
Verea E (Our.) 35 A4
Vereda, La E (Mu.) 155 D5
Veredas E (C. R.) 134 C5
Veredas E (Huel.) 146 C5
Veredo E (Our.) 35 B2
Vergaño E (Pa.) 20 C3
Vergara E (Las P.) 191 B2
Verge de Gràcia, la → Virgen de Gracia E (Cas.) 107 C5
Verger, el E (Ali.) 141 D3
Verges E (Gi.) 52 B3
Vergilios P (Fa.) 174 D3
Verguizas E (So.) 43 D5
Verim P (Br.) 54 C2
Verín E (Our.) 35 D5
Veriña E (Ast.) 6 C3
Verís E (A Co.) 3 A4
Vermelha P (Lis.) 110 D4
Vermelho P (Lei.) 94 B4
Vermelhos P (Fa.) 160 C4
Vermil P (Br.) 54 B3
Vermilhas P (Vis.) 74 C4
Vermiosa P (Guar.) 76 C3
Vermoil P (Lei.) 93 C5
Vermoim P (Br.) 54 B3
Verride P (Co.) 93 C3
Vertavillo E (Pa.) 60 D1
Vertientes, Las E (Gr.) 170 A3
Vesgas, Las E (Bur.) 22 B5
Vespella E (Bar.) 51 A4
Vessadas P (Ave.) 73 D3
Vestiaria P (Lei.) 111 A2
Vetaherrado E (Sev.) 178 A2
Vezdemarbán E (Zam.) 59 A2
Via Rara P (Lis.) 126 D2
Viabaño E (Ast.) 7 C4
Viabrea E (Gi.) 71 C1
Viacamp E (Hues.) 48 C4
Viade de Baixo P (V. R.) 55 A1
Vialonga P (Lis.) 126 D2
Vialonga P (San.) 112 B2
Viana E (Lu.) 15 B5
Viana E (Na.) 43 D1
Viana de Cega E (Vall.) 60 A3
Viana de Duero E (So.) 63 D4
Viana de Jadraque E (Gua.) 83 B2
Viana de Mondéjar E (Gua.) 83 C5
Viana do Alentejo P (Év.) 144 C1
Viana do Bolo E (Our.) 36 B3
Viana do Castelo P (V. C.) 53 C1
Viandar de la Vera E (Các.) 98 D4
Vianos E (Alb.) 137 D5
Viaño Pequeno E (A Co.) 14 B1
Viar, El E (Sev.) 164 A3
Viariz P (Port.) 55 A5
Viascón E (Po.) 14 B5
Viatodos P (Br.) 54 A3
Viator E (Alm.) 184 A3
Vibaño E (Ast.) 8 A4
Viboli E (Ast.) 19 C1
Vic E (Bar.) 51 A5
Vicácaro E (S.Cruz T.) 195 D4
Vícar E (Alm.) 183 C3
Vicedo, O E (Lu.) 3 D1
Vicentes P (Be.) 161 B2
Vicentes P (Fa.) 161 B3
Vicentes P (Lei.) 93 D5
Vicentinhos P (San.) 127 D1
Viceso E (A Co.) 13 D3
Vicién E (Hues.) 46 D4
Vicinte E (Lu.) 15 C1
Vicolozano, lugar E (Áv.) 80 B5
Vicorto E (Alb.) 154 C1
Victoria de Acentejo, La E (S.Cruz T.) 196 A2
Victoria, La E (Cór.) 165 D2
Vid de Bureba, La E (Bur.) 22 B5
Vid de Ojeda, La E (Pa.) 20 D5
Vid, La E (Bur.) 62 A3
Vid, La E (Le.) 18 D3
Vidago P (V. R.) 55 C2
Vidais P (Lei.) 111 A3
Vidal E (Lu.) 4 C3
Vidal, El E (Gi.) 71 C1
Vidanes E (Le.) 19 C4
Vidángoz/Bidankoze E (Na.) 26 A4
Vidaurreta/Bidaurreta E (Na.) 24 C4
Vidayanes E (Zam.) 58 D1
Vide E (Our.) 35 C3
Vide E (Po.) 34 B3
Vide P (Ave.) 74 B4
Vide P (Guar.) 95 A2
Vide de Alba E (Zam.) 58 A2
Vide Entre Vinhas P (Guar.) 75 D5
Videferre E (Our.) 55 C1
Videmala E (Zam.) 58 A3
Videmonte P (Guar.) 75 D5
Vidiagal P (Vis.) 75 D1
Vidiago E (Ast.) 8 B4
Vidigal P (Lei.) 111 C1
Vidigueira P (Be.) 144 D2
Vidiola, La E (Sa.) 77 B1
Vidrà E (Gi.) 51 B3
Vidreres E (Gi.) 72 A1
Vidrieros E (Pa.) 20 B3
Vidual P (Co.) 94 B3
Vidual P (Co.) 95 A3
Vidueiros E (Po.) 15 A5
Viduerna de la Peña E (Pa.) 20 A4
Vidural, El E (Ast.) 5 B3
Viegas P (San.) 111 B3
Viego E (Le.) 19 C3
Vieira de Leiria P (Lei.) 93 B5
Vieira do Minho P (Br.) 54 D2
Vieirinhos P (Lei.) 93 C4
Vieiro E (Lu.) 3 D2
Vieiro P (Bra.) 56 A4
Viejos, Los E (Huel.) 146 B5
Vielha E (Ll.) 28 D4
Viella E (Ast.) 6 C4
Vierlas E (Zar.) 65 A1
Viérnoles E (Can.) 9 B5
Viescas E (Ast.) 6 B3
Viforcos E (Le.) 37 D1
Vigaña E (Ast.) 5 D5
Vigo E (A Co.) 3 A4
Vigo E (Lu.) 3 D2
Vigo E (Po.) 33 D2
Vigo E (Zam.) 37 A4
Vigo, El E (Bur.) 22 B2
Viguera E (La R.) 43 C3
Vil de Matos P (Co.) 94 A2
Vil de Moinhos P (Vis.) 74 D4
Vil de Souto P (Vis.) 74 D4
Vilá E (Our.) 35 B4
Vila (Lobeira) E (Our.) 34 D4
Vila Alva P (Be.) 144 D2
Vila Azeda P (Be.) 144 D4
Vila Boa P (Br.) 54 A2
Vila Boa P (Bra.) 56 A4
Vila Boa P (Guar.) 96 B2
Vila Boa P (V. C.) 34 B5
Vila Boa P (Vis.) 75 B4
Vila Boa P (Vis.) 75 B3
Vila Boa P (Vis.) 75 A3
Vila Boa de Baixo P (Vis.) 74 D1
Vila Boa de Cima P (Vis.) 74 D1
Vila Boa de Ousilhão P (Bra.) 56 C1
Vila Boa de Quires P (Port.) 54 C5
Vila Boa do Bispo P (Port.) 74 C1
Vila Boa do Mondego P (Guar.) 75 D5
Vila Boim P (Por.) 129 D3
Vila Caiz P (Port.) 54 D5
Vila Corça P (Vis.) 75 B4
Vila Cortês da Serra P (Guar.) 75 C5
Vila Cortês do Mondego P (Guar.) 76 A5
Vila Cova P (Ave.) 74 C2
Vila Cova P (Ave.) 74 B3
Vila Cova P (Br.) 53 D2
Vila Cova P (Br.) 54 C3
Vila Cova P (Port.) 74 A1
Vila Cova P (Port.) 54 C5
Vila Cova P (V. R.) 55 A4
Vila Cova à Coelheira P (Vis.) 75 A3
Vila Cova à Colheira P (Guar.) 95 B1
Vila Cova da Lixa P (Port.) 54 D4
Vila Cova de Alva P (Co.) 94 D2
Vila Cova de Perrinho P (Ave.) 74 B2
Vila Cova do Covelo P (Vis.) 75 C4
Vila Chã P (Ave.) 74 B3
Vila Chã P (Br.) 53 D2
Vila Chã P (Co.) 94 D1
Vila Chã P (Guar.) 75 C4
Vila Chã P (Guar.) 95 B1
Vila Chã P (Lis.) 110 D5
Vila Chã P (Port.) 53 D4
Vila Chã P (Set.) 126 D4
Vila Chã P (V. C.) 54 B1
Vila Chã P (V. R.) 55 D4
Vila Chã P (V. R.) 55 A4
Vila Chã P (Vis.) 74 C2
Vila Chã P (Vis.) 74 B4
Vila Chã (Santiago) P (V. C.) 54 C1
Vila Chã (São João Baptista) P (V. C.) 54 B1
Vila Chã da Beira P (Vis.) 75 B2
Vila Chã de Braciosa P (Bra.) 57 C4
Vila Chã de Ourique P (San.) 111 B5
Vila Chã de Sá P (Vis.) 74 D5
Vila Chã de São Roque P (Ave.) 74 A2
Vila Chã do Monte P (Vis.) 75 B2
Vila Chão do Marão P (Port.) 54 D4
Vila da Ponte P (V. R.) 55 A1
Vila da Ponte P (Vis.) 75 C2
Vila de Ala P (Bra.) 57 A5
Vila de Area E (A Co.) 2 D2
Vila de Baixo E (Po.) 14 B5
Vila de Barba P (Vis.) 94 C1
Vila de Bares E (A Co.) 3 D1
Vila de Cruces E (Po.) 14 D3
Vila de Frades P (Be.) 144 D2
Vila de Frades P (Bra.) 57 B2
Vila de Mouros E (Lu.) 15 D4
Vila de Punhe P (V. C.) 53 D2
Vila de Rei P (C. B.) 112 C1
Vila de Rei P (Lis.) 126 D2
Vila de Riba E (Po.) 14 B5
Vila de Um Santo P (Vis.) 75 A3
Vila Dianteira P (Vis.) 94 C1
Vila do Abade E (A Co.) 14 A1
Vila do Bispo P (Fa.) 173 A2
Vila do Conde P (Port.) 53 D4
Vila do Conde P (V. R.) 55 C2
Vila do Mato P (Co.) 94 D1
Vila do Paço P (San.) 111 D2
Vila do Porto P (Aç.) 109 D5
Vila do Touro P (Guar.) 96 B1
Vila dos Sinos P (Bra.) 57 A5
Vila Facaia P (Lei.) 94 B4
Vila Facaia P (Lis.) 110 C5
Vila Fernando P (Guar.) 96 A1
Vila Fernando P (Por.) 129 D2
Vila Flor P (Bra.) 56 B5
Vila Fonche P (V. C.) 34 B5

Vilela

Name	Country	Province	Page	Grid
Vila Franca	P	(V. C.)	53	D1
Vila Franca da Beira	P	(Co.)	95	A1
Vila Franca da Serra	P	(Guar.)	75	C5
Vila Franca das Naves	P	(Guar.)	76	A4
Vila Franca de Xira	P	(Lis.)	127	A1
Vila Franca do Campo	P	(Aç.)	109	C5
Vila Franca do Deão	P	(Guar.)	76	A4
Vila Franca do Rosário	P	(Lis.)	126	C1
Vila Fria	P	(Ave.)	74	B3
Vila Fria	P	(Br.)	54	C4
Vila Fria	P	(V. C.)	53	D1
Vila Garcia	P	(Guar.)	96	A1
Vila Garcia	P	(Guar.)	76	A3
Vila Garcia	P	(Port.)	54	D4
Vila Gosendo	P	(Vis.)	94	C1
Vila Grande	E	(Lu.)	15	D1
Vila Joiosa, la → Villajoyosa	E	(Ali.)	158	A1
Vila Jusã	P	(Vis.)	74	D5
Vila Longa	P	(Vis.)	75	C4
Vila Maior	P	(Ave.)	74	A1
Vila Maior	P	(Vis.)	74	D3
Vila Marim	P	(V. R.)	55	B4
Vila Marim	P	(V. R.)	55	A5
Vila Meã	P	(Bra.)	57	B1
Vila Meã	P	(V. C.)	33	D4
Vila Mea	P	(V. R.)	55	C3
Vila Mea	P	(Vis.)	94	C1
Vila Meã	P	(Vis.)	75	B1
Vila Mendo de Tavares	P	(Vis.)	75	C5
Vila Moinhos	P	(Vis.)	94	C1
Vila Moreira	P	(San.)	111	C3
Vila Mou	P	(V. C.)	53	D1
Vila Nogueira de Azeitão	P	(Set.)	126	D5
Vila Nova	P	(Bra.)	56	C4
Vila Nova	P	(Bra.)	56	D1
Vila Nova	P	(Co.)	94	B2
Vila Nova	P	(Co.)	93	D2
Vila Nova	P	(Co.)	94	B4
Vila Nova	P	(Co.)	94	A3
Vila Nova	P	(Lei.)	94	A4
Vila Nova	P	(Lei.)	111	A3
Vila Nova	P	(Port.)	53	D4
Vila Nova	P	(Set.)	126	C4
Vila Nova	P	(V. R.)	55	D2
Vila Nova	P	(Vis.)	74	D4
Vila Nova	P	(Vis.)	94	C1
Vila Nova da Barca	P	(Co.)	93	D3
Vila Nova da Baronia	P	(Be.)	144	C2
Vila Nova da Barquinha	P	(San.)	112	A3
Vila Nova da Rainha	P	(Lis.)	127	A1
Vila Nova da Rainha	P	(Vis.)	94	C1
Vila Nova de Anços	P	(Co.)	93	D3
Vila Nova de Anha	P	(V. C.)	53	D1
Vila Nova de Cacela	P	(Fa.)	175	B2
Vila Nova de Cerveira	P	(V. C.)	33	D4
Vila Nova de Corvo	P	(Aç.)	109	A2
Vila Nova de Famalicão	P	(Br.)	54	A3
Vila Nova de Foz Côa	P	(Guar.)	76	B1
Vila Nova de Fusos	P	(Ave.)	74	A4
Vila Nova de Gaia	P	(Port.)	53	D5
Vila Nova de Milfontes	P	(Be.)	159	B1
Vila Nova de Monsarros	P	(Ave.)	94	A1
Vila Nova de Muía	P	(V. C.)	54	B1
Vila Nova de Oliveirinha	P	(Co.)	95	A1
Vila Nova de Ourém	P	(San.)	111	D1
Vila Nova de Paiva	P	(Vis.)	75	B3
Vila Nova de Poiares	P	(Co.)	94	B2
Vila Nova de São Bento	P	(Be.)	145	C5
Vila Nova de Souto d'El Rei	P	(Vis.)	75	B1
Vila Nova de Tazem	P	(Guar.)	75	B5
Vila Nova do Ceira	P	(Co.)	94	C3
Vila Nova do Coito	P	(San.)	111	B4
Vila Nova do São Pedro	P	(Lis.)	111	B5
Vila Novinha	P	(Guar.)	75	D3
Vila Nune	P	(Br.)	55	A3
Vila Pequena	P	(V. R.)	55	B2
Vila Pouca	P	(Co.)	94	A3
Vila Pouca	P	(Lis.)	126	C1
Vila Pouca	P	(Vis.)	75	B1
Vila Pouca	P	(Vis.)	94	B1
Vila Pouca	P	(Vis.)	94	C1
Vila Pouca	P	(Vis.)	75	A2
Vila Pouca da Beira	P	(Co.)	94	D2
Vila Pouca de Aguiar	P	(V. R.)	55	C3
Vila Praia de Âncora	P	(V. C.)	33	C5
Vila Real	P	(V. R.)	55	B4
Vila Real de Santo António	P	(Fa.)	175	C2
Vila Ruiva	P	(Be.)	144	C2
Vila Ruiva	P	(Guar.)	75	C5
Vila Ruiva	P	(Vis.)	75	B5
Vila Seca	P	(Br.)	53	D3
Vila Seca	P	(Co.)	94	A3
Vila Seca	P	(Co.)	94	D1
Vila Seca	P	(Lis.)	110	D5
Vila Seca	P	(V. R.)	55	B5
Vila Seca	P	(Vis.)	75	B1
Vila Soeiro	P	(Guar.)	75	D5
Vila Soeiro do Chão	P	(Guar.)	75	C5
Vila Velha de Ródão	P	(C. B.)	113	B2
Vila Vella, la → Villavieja	E	(Cas.)	125	C1
Vila Verde	P	(Br.)	54	B2
Vila Verde	P	(Bra.)	56	B4
Vila Verde	P	(Bra.)	56	C1
Vila Verde	P	(Co.)	93	D2
Vila Verde	P	(Co.)	93	C3
Vila Verde	P	(Guar.)	95	A1
Vila Verde	P	(Lis.)	126	B2
Vila Verde	P	(Port.)	54	C4
Vila Verde	P	(V. C.)	33	D5
Vila Verde	P	(V. R.)	55	C4
Vila Verde	P	(V. R.)	55	C2
Vila Verde da Raia	P	(V. R.)	55	D1
Vila Verde de Ficalho	P	(Be.)	145	C4
Vila Verde de Mato	P	(Lei.)	110	D4
Vila Verde dos Francos	P	(Lis.)	110	D5
Vila Viçosa	P	(Ave.)	74	C2
Vila Viçosa	P	(Év.)	129	C3
Vila Viçosa	P	(Vis.)	74	D1
Vilabella	E	(Ta.)	69	D5
Vilabertran	E	(Gi.)	52	B2
Vilablareix	E	(Gi.)	52	A4
Vilaboa	E	(A Co.)	3	A2
Vilaboa	E	(A Co.)	2	C4
Vilaboa	E	(Lu.)	4	B4
Vilabol	E	(Lu.)	16	C2
Vilac	E	(Ll.)	28	D4
Vilaça	P	(Br.)	54	A3
Vilacaiz	E	(Lu.)	15	C4
Vilacoba	E	(A Co.)	2	D5
Vilacoba	E	(A Co.)	13	D3
Vilachá	E	(A Co.)	3	A4
Vilachá	E	(Lu.)	16	A2
Vilachá	E	(Lu.)	36	A1
Vilachá	E	(Lu.)	3	D1
Vilachá	E	(Our.)	34	D1
Vilachán	E	(Po.)	33	D4
Vilada	E	(Bar.)	50	C3
Viladamat	E	(Gi.)	52	B3
Viladasens	E	(Gi.)	52	B3
Viladavil	E	(A Co.)	14	D2
Viladecans	E	(Bar.)	70	D4
Viladecavalls	E	(Bar.)	70	D3
Vilademuls	E	(Gi.)	52	A3
Viladesuso	E	(Po.)	33	C4
Viladomiu	E	(Bar.)	50	C5
Viladomiu Nou	E	(Bar.)	50	C4
Viladomiu Vell	E	(Bar.)	50	C4
Viladordis	E	(Bar.)	70	C1
Viladrau	E	(Gi.)	51	B5
Vilaesteva	E	(Lu.)	15	C4
Vilaestrofe	E	(Lu.)	4	A2
Vilafamés	E	(Cas.)	107	C4
Vilafant	E	(Gi.)	52	B2
Vilafiz	E	(Lu.)	15	C2
Vilafiz	E	(Lu.)	16	A3
Vilaflor	E	(S. Cruz T.)	195	D4
Vilaformán	E	(Lu.)	4	B4
Vilafortuny	E	(Ta.)	89	B1
Vilafranca de Bonany	E	(Bal.)	92	B3
Vilafranca del Maestrat → Villafranca del Cid	E	(Cas.)	107	B1
Vilafranca del Penedès	E	(Bar.)	70	B4
Vilafreser	E	(Gi.)	52	A3
Vilafruns	E	(Bar.)	50	C5
Vilagarcía de Arousa	E	(Po.)	13	D5
Vilagrassa	E	(Ll.)	69	B2
Vilagromar	E	(Lu.)	4	A5
Vilaimil	E	(Lu.)	4	B4
Vilajoan	E	(Gi.)	52	B3
Vilajuïga	E	(Gi.)	52	B2
Vilalba	E	(Lu.)	3	C4
Vilalba dels Arcs	E	(Ta.)	88	B1
Vilalba Sasserra	E	(Bar.)	71	C2
Vilalboa	E	(Po.)	34	A1
Vilalén	E	(Po.)	14	B5
Vilalonga	E	(Po.)	33	D1
Vilalvite	E	(Lu.)	15	C2
Vilalle	E	(Lu.)	16	B2
Vilalleons	E	(Bar.)	51	B5
Vilaller	E	(Ll.)	48	D1
Vilallonga	E	(Gi.)	51	C3
Vilallonga de Ter	E	(Gi.)	51	B2
Vilallonga del Camp	E	(Ta.)	69	C5
Vilamacolum	E	(Gi.)	52	B2
Vilamaior	E	(A Co.)	14	A1
Vilamaior	E	(A Co.)	14	C1
Vilamaior	E	(Lu.)	16	C1
Vilamaior da Boullosa	E	(Our.)	35	B5
Vilamaior de Negral	E	(Lu.)	15	C2
Vilamaior do Val	E	(Our.)	35	D5
Vilamalla	E	(Gi.)	52	B2
Vilamane	E	(Lu.)	16	C3
Vilamaniscle	E	(Gi.)	52	B1
Vilamar	E	(Lu.)	4	B3
Vilamar	P	(Co.)	93	D1
Vilamarí	E	(Gi.)	52	A3
Vilamarín	E	(Our.)	35	B1
Vilamarxant	E	(Val.)	124	D3
Vilameán	E	(Po.)	33	D4
Vilameán (Nigrán)	E	(Po.)	33	D3
Vilameñe	E	(Lu.)	15	C4
Vilamolat de Mur	E	(Ll.)	48	D4
Vilamor	E	(Lu.)	16	B5
Vilamor	E	(Lu.)	4	B3
Vilamòs	E	(Ll.)	28	C4
Vilamoura	P	(Fa.)	174	B3
Vilamoure	E	(Our.)	35	A1
Vilanant	E	(Gi.)	52	A2
Vilandriz	E	(Lu.)	4	C3
Vilanova	E	(A Co.)	2	D4
Vilanova	E	(A Co.)	1	D4
Vilanova	E	(Lu.)	15	B3
Vilanova	E	(Lu.)	4	B3
Vilanova	E	(Our.)	35	A3
Vilanova	E	(Our.)	36	D3
Vilanova	E	(Our.)	36	C1
Vilanova	E	(Our.)	35	B2
Vilanova	E	(Po.)	14	D5
Vilanova	E	(Po.)	33	D2
Vilanova d'Alcolea	E	(Cas.)	107	D3
Vilanova de Arousa	E	(Po.)	13	D5
Vilanova de Bellpuig	E	(Ll.)	69	A2
Vilanova de la Barca	E	(Ll.)	68	D2
Vilanova de la Muga	E	(Gi.)	52	B2
Vilanova de la Sal	E	(Ll.)	68	D1
Vilanova de l'Aguda	E	(Ll.)	49	C5
Vilanova de Meià	E	(Ll.)	49	B5
Vilanova de Prades	E	(Ta.)	69	A4
Vilanova de Sau	E	(Bar.)	51	B5
Vilanova de Segrià	E	(Ll.)	68	C2
Vilanova del Camí	E	(Bar.)	70	B3
Vilanova del Vallès	E	(Bar.)	71	B2
Vilanova d'Escornalbou	E	(Ta.)	89	A1
Vilanova d'Espoia	E	(Bar.)	70	B3
Vilanova i la Geltrú	E	(Bar.)	70	B5
Vilanustre	E	(A Co.)	13	D4
Vilaosende	E	(Lu.)	4	C3
Vilapedre	E	(Lu.)	3	D4
Vilapedre	E	(Lu.)	16	A3
Vilaperdius	E	(Ta.)	69	D3
Vilaplana	E	(Ta.)	69	B5
Vilapol	E	(Lu.)	4	A1
Vilaquinte	E	(Lu.)	16	D3
Vilaquinte	E	(Lu.)	35	B1
Vilar	E	(A Co.)	1	C5
Vilar	E	(A Co.)	14	A3
Vilar	E	(A Co.)	13	D2
Vilar	E	(A Co.)	14	C3
Vilar	E	(A Co.)	2	D3
Vilar	E	(Our.)	34	D3
Vilar	E	(Our.)	36	A3
Vilar	E	(Our.)	36	A4
Vilar	E	(Our.)	35	A5
Vilar	E	(Our.)	35	B2
Vilar	E	(Our.)	35	B4
Vilar	E	(Po.)	34	B2
Vilar	E	(Po.)	34	A2
Vilar	E	(Po.)	34	C3
Vilar	E	(Po.)	14	B5
Vilar	E	(Po.)	14	A4
Vilar	P	(Ave.)	74	B3
Vilar	P	(Br.)	54	C3
Vilar	P	(Br.)	54	C1
Vilar	P	(Co.)	94	B2
Vilar	P	(Lei.)	94	C4
Vilar	P	(Lis.)	110	D5
Vilar	P	(Port.)	74	B1
Vilar	P	(V. R.)	55	B2
Vilar	P	(Vis.)	75	C2
Vilar Barroco	P	(C. B.)	95	A4
Vilar Chão	P	(Br.)	54	D2
Vilar Chão	P	(Bra.)	56	D5
Vilar Chão	P	(C. B.)	112	C2
Vilar da Lapa	P	(San.)	112	D2
Vilar da Luz	P	(Port.)	54	A4
Vilar da Mó	P	(Por.)	112	D2
Vilar da Veiga	P	(Br.)	54	C1
Vilar das Almas	P	(V. C.)	54	A2
Vilar de Amargo	P	(Guar.)	76	C2
Vilar de Andorinho	P	(Port.)	74	A1
Vilar de Barrio	E	(Our.)	35	C3
Vilar de Besteiros	P	(Vis.)	74	D5
Vilar de Boi	P	(C. B.)	113	B2
Vilar de Canes	E	(Cas.)	107	C2
Vilar de Cas	E	(Lu.)	16	A2
Vilar de Céltigos	E	(A Co.)	13	D1
Vilar de Cerreda	E	(Our.)	35	C1
Vilar de Cervos	E	(Our.)	36	A5
Vilar de Condes	E	(Our.)	34	D2
Vilar de Cunhas	P	(Br.)	55	A3
Vilar de Donas	E	(Lu.)	15	B3
Vilar de Ferreiros	P	(V. R.)	55	A4
Vilar de Figos	P	(Br.)	53	D3
Vilar de Flores	E	(Our.)	35	B3
Vilar de Lebres	E	(Our.)	35	C4
Vilar de Lomba	P	(Bra.)	56	B1
Vilar de Lor	E	(Lu.)	36	A1
Vilar de Maçada	P	(V. R.)	55	C4
Vilar de Mouros	E	(Lu.)	4	B5
Vilar de Mouros	P	(V. C.)	33	D5
Vilar de Murteda	P	(V. C.)	53	D1
Vilar de Nantes	P	(V. R.)	55	D2
Vilar de Ordem	P	(Vis.)	75	A4
Vilar de Ossos	P	(Bra.)	36	C5
Vilar de Perdizes	P	(V. R.)	35	C5
Vilar de Peregrinos	P	(Bra.)	56	C1
Vilar de Rei	E	(Our.)	35	C4
Vilar de Rei	P	(Bra.)	57	A5
Vilar de Santiago	E	(Lu.)	4	B4
Vilar de Santos	E	(Our.)	35	B4
Vilar de Sarria	E	(Lu.)	16	A4
Vilar de Suento	P	(V. C.)	34	C5
Vilar de Vacas	E	(Our.)	35	A3
Vilar do Monte	P	(Br.)	53	D2
Vilar do Monte	P	(Bra.)	56	C3
Vilar do Monte	P	(V. C.)	34	A5
Vilar do Monte	P	(Vis.)	75	A3
Vilar do Paraíso	P	(Port.)	73	D1
Vilar do Peso	P	(Vis.)	74	D1
Vilar do Torno e Alentém	P	(Port.)	54	C4
Vilar Formoso	P	(Guar.)	76	D5
Vilar Maior	P	(Guar.)	96	C1
Vilar Ruivo	P	(C. B.)	112	B1
Vilar Seco	P	(Bra.)	57	C3
Vilar Seco	P	(Bra.)	56	D4
Vilar Seco	P	(Vis.)	75	A5
Vilar Seco de Lomba	P	(Bra.)	36	B5
Vilar Torpim	P	(Guar.)	76	C3
Vilar, el	E	(Gi.)	50	C1
Vilaranda	P	(V. R.)	55	D2
Vilarandelo	P	(V. R.)	56	A2
Vilarbacu	E	(Lu.)	16	B5
Vilarbuxán	E	(Lu.)	15	D4
Vilarchán	E	(Po.)	34	A1
Vilarchao	E	(Our.)	35	B1
Vilardevós	E	(Our.)	36	A5
Vila-Real → Villarreal	E	(Cas.)	107	C5
Vilarelho	P	(V. R.)	55	C3
Vilarelho da Raia	P	(V. R.)	55	D1
Vilarelhos	P	(Bra.)	56	C4
Vilarello	E	(Lu.)	16	C4
Vilarello	E	(Our.)	56	A1
Vilarente	E	(Lu.)	4	A4
Vilares	E	(Lu.)	3	B5
Vilares	P	(Bra.)	56	B2
Vilares	P	(Guar.)	76	A4
Vilares	P	(V. R.)	55	C4
Vilares de Vilariça	P	(Bra.)	56	C4
Vilariça	P	(Bra.)	57	A4
Vilarig	E	(Gi.)	52	A2
Vilarinha	P	(Fa.)	173	A2
Vilarinho	P	(Ave.)	74	B4
Vilarinho	P	(Ave.)	74	B3
Vilarinho	P	(Br.)	54	B1
Vilarinho	P	(C. B.)	95	A4
Vilarinho	P	(Co.)	94	B3
Vilarinho	P	(Co.)	94	C2
Vilarinho	P	(Port.)	74	B1
Vilarinho	P	(Port.)	53	D4
Vilarinho	P	(Port.)	54	B4
Vilarinho	P	(V. C.)	33	C5
Vilarinho	P	(V. R.)	55	A4
Vilarinho	P	(Vis.)	75	B2
Vilarinho	P	(Vis.)	74	C3
Vilarinho	P	(Vis.)	74	C1
Vilarinho da Castanheira	P	(Bra.)	56	A5
Vilarinho das Azenhas	P	(Bra.)	56	A4
Vilarinho das Cambas	P	(Br.)	54	A4
Vilarinho das Paranheiras	P	(V. R.)	55	C2
Vilarinho de Agrochão	P	(Bra.)	56	C2
Vilarinho de Cotas	P	(V. R.)	55	C5
Vilarinho de Samardã	P	(V. R.)	55	B4
Vilarinho de São Luís	P	(Ave.)	74	A3
Vilarinho de São Romão	P	(V. R.)	55	C5
Vilarinho dos Freires	P	(V. R.)	55	B5
Vilarinho dos Galegos	P	(Bra.)	57	A5
Vilarinho Seco	P	(V. R.)	55	B2
Vilarinhodo Souto	P	(V. C.)	34	C5
Vilariño	E	(A Co.)	15	A1
Vilariño	E	(Lu.)	16	A2
Vilariño	E	(Our.)	34	D4
Vilariño	E	(Our.)	35	B2
Vilariño	E	(Po.)	14	C5
Vilariño	E	(Po.)	15	A4
Vilariño	E	(Po.)	33	D2
Vilariño	E	(Po.)	34	A1
Vilariño	E	(Po.)	13	D5
Vilariño das Poldras	E	(Our.)	35	B4
Vilariño das Touzas	E	(Our.)	36	A5
Vilariño de Conso	E	(Our.)	36	B3
Vilarmaior	E	(A Co.)	3	A4
Vilarmosteiro	E	(Lu.)	15	D3
Vilarnadal	E	(Gi.)	52	B1
Vilarnaz	E	(Our.)	35	B1
Vila-rodona	E	(Ta.)	69	D5
Vila-roja	E	(Gi.)	52	A4
Vilaronte	E	(Lu.)	4	B3
Vilarouco	P	(Vis.)	75	D1
Vilarraso	E	(A Co.)	3	A5
Vilarreme	E	(Lu.)	15	C5
Vilarrodís	E	(A Co.)	2	B4
Vilarromà	E	(Gi.)	52	C5
Vilarromariz	E	(A Co.)	14	C2
Vilarrube	E	(A Co.)	3	A2
Vilarrubín	E	(Our.)	35	B1
Vilartolí	E	(Gi.)	52	B1
Vilas	E	(Po.)	33	D3
Vilas Boas	P	(Bra.)	56	B4
Vilas del Turbón	E	(Hues.)	48	B2
Vila-sacra	E	(Gi.)	52	B2
Vila-sana	E	(Ll.)	69	A2
Vilasantar	E	(A Co.)	14	D1
Vilasante	E	(Lu.)	15	C5
Vilaseca	E	(Our.)	35	C4
Vila-seca	E	(Ta.)	89	C1
Vilaseco	E	(Our.)	36	C4
Vilasinde	E	(Lu.)	4	A2
Vilasobroso	E	(Po.)	34	B3
Vilasouto	E	(Lu.)	16	A5
Vilaspasantes	E	(Lu.)	16	C4
Vilassar de Dalt	E	(Bar.)	71	B3
Vilassar de Mar	E	(Bar.)	71	B3
Vilastose	E	(A Co.)	13	B1
Vilatenim	E	(Gi.)	52	B2
Vilatuxe	E	(Our.)	35	C2
Vilatuxe	E	(Po.)	14	D5
Vilaür	E	(Gi.)	52	B3
Vilaúxe	E	(Lu.)	15	C5
Vilavedelle	E	(Ast.)	4	C3
Vilavella	E	(A Co.)	3	B3
Vilavella	E	(Our.)	36	C4
Vilavenut	E	(Gi.)	52	A3
Vilaverd	E	(Ta.)	69	C4
Vilaverde	E	(A Co.)	1	D4
Vilavidal	E	(Our.)	34	D3
Vilaxoán	E	(Po.)	13	D5
Vilaza	E	(Our.)	35	D5
Vilaza	E	(Po.)	33	D3
Vilches	E	(J.)	152	A3
Vildé	E	(So.)	62	D4
Vile	P	(V. C.)	33	C5
Vilecha	E	(Le.)	38	D1
Vileiriz	E	(Lu.)	15	D3
Vilela	E	(A Co.)	2	A4
Vilela	E	(Le.)	17	A5
Vilela	E	(Lu.)	15	C4
Vilela	E	(Lu.)	4	C3
Vilela	E	(Po.)	33	D2
Vilela	P	(Br.)	55	A3
Vilela	P	(Br.)	54	D3
Vilela	P	(Br.)	54	C2
Vilela	P	(Co.)	95	A2
Vilela	P	(Port.)	54	B5

Vinhós

Name				
Villanueva de los Montes	E	(Bur.)	22	B 5
Villanueva de los Nabos	E	(Pa.)	40	B 2
Villanueva de los Pavones	E	(Sa.)	79	A 2
Villanueva de Odra	E	(Bur.)	41	A 1
Villanueva de Omaña	E	(Le.)	18	A 4
Villanueva de Oscos	E	(Ast.)	4	D 4
Villanueva de Perales	E	(Mad.)	101	A 2
Villanueva de Pontedo	E	(Le.)	18	D 3
Villanueva de Puerta	E	(Bur.)	41	B 1
Villanueva de San Carlos	E	(C. R.)	135	B 5
Villanueva de San Juan	E	(Sev.)	179	B 2
Villanueva de San Mancio	E	(Vall.)	59	D 1
Villanueva de Sigena	E	(Hues.)	67	C 2
Villanueva de Tapia	E	(Mál.)	180	D 1
Villanueva de Teba	E	(Bur.)	22	C 5
Villanueva de Valdueza	E	(Le.)	37	B 1
Villanueva de Valrojo	E	(Zam.)	37	D 5
Villanueva de Viver	E	(Cas.)	106	D 4
Villanueva de Zamajón	E	(So.)	64	A 3
Villanueva del Aceral	E	(Áv.)	79	D 2
Villanueva del Árbol	E	(Le.)	18	D 5
Villanueva del Ariscal	E	(Sev.)	163	C 4
Villanueva del Arzobispo	E	(J.)	152	D 3
Villanueva del Campillo	E	(Áv.)	79	B 5
Villanueva del Campo	E	(Zam.)	39	A 5
Villanueva del Carnero	E	(Le.)	38	D 1
Villanueva del Condado	E	(Le.)	19	A 5
Villanueva del Conde	E	(Sa.)	98	A 1
Villanueva del Duque	E	(Cór.)	149	C 2
Villanueva del Fresno	E	(Bad.)	146	A 1
Villanueva del Monte	E	(Pa.)	40	B 1
Villanueva del Pardillo	E	(Mad.)	101	B 1
Villanueva del Rebollar	E	(Pa.)	40	A 3
Villanueva del Rebollar de la Sierra	E	(Te.)	86	A 3
Villanueva del Rey	E	(Cór.)	149	B 3
Villanueva del Rey	E	(Sev.)	165	B 3
Villanueva del Río	E	(Sev.)	164	C 2
Villanueva del Río Segura	E	(Mu.)	155	C 4
Villanueva del Río y Minas	E	(Sev.)	164	B 2
Villanueva del Rosario	E	(Mál.)	180	C 2
Villanueva del Trabuco	E	(Mál.)	180	D 2
Villanueva la Blanca	E	(Bur.)	22	A 3
Villanueva Río Ubierna	E	(Bur.)	41	D 2
Villanueva Tobera	E	(Bur.)	23	B 5
Villanueva-Carrales	E	(Bur.)	21	C 3
Villanueva-Matamala	E	(Bur.)	41	C 3
Villanueva-Soportilla	E	(Bur.)	22	D 5
Villanuño de Valdavia	E	(Pa.)	40	C 1
Villaño	E	(Bur.)	22	C 3
Villaobispo	E	(Zam.)	38	B 4
Villaobispo de las Regueras	E	(Le.)	18	D 5
Villaobispo de Otero	E	(Le.)	38	A 1
Villaoril	E	(Ast.)	5	B 3
Villaornate	E	(Le.)	38	D 4
Villapadierna	E	(Le.)	19	C 5
Villapalacios	E	(Alb.)	137	C 5
Villapañada	E	(Ast.)	6	A 4
Villapardillo	E	(J.)	152	A 5
Villapeceñil	E	(Le.)	39	D 2
Villapedre	E	(Ast.)	5	B 3
Villapendi	E	(Ast.)	18	C 1
Villapérez	E	(Ast.)	6	C 4
Villapodambre	E	(Le.)	18	C 4
Villapresente	E	(Can.)	9	A 4
Villaprovedo	E	(Pa.)	40	C 1
Villaproviano	E	(Pa.)	40	B 2
Villapún	E	(Pa.)	40	A 1
Villaquejida	E	(Le.)	38	D 4
Villaquilambre	E	(Le.)	18	D 5
Villaquirán de la Puebla	E	(Bur.)	41	A 3
Villaquirán de los Infantes	E	(Bur.)	41	B 3
Villar	E	(Can.)	22	A 1
Villar	E	(Cór.)	165	C 2
Villar	E	(Vall.)	60	A 3
Villar de Acero	E	(Le.)	17	A 4
Villar de Argañán	E	(Sa.)	76	D 4
Villar de Arnedo, El	E	(La R.)	44	B 3
Villar de Cantos	E	(Cu.)	122	A 4
Villar de Cañas	E	(Cu.)	121	C 2
Villar de Ciervo	E	(Sa.)	76	D 4
Villar de Ciervos	E	(Le.)	37	D 1
Villar de Cobeta	E	(Gua.)	84	A 4
Villar de Corneja	E	(Áv.)	99	A 1
Villar de Cuevas	E	(J.)	167	C 1
Villar de Chinchilla	E	(Alb.)	139	B 3
Villar de Domingo García	E	(Cu.)	104	A 3
Villar de Fallaves	E	(Zam.)	39	A 5
Villar de Farfón	E	(Zam.)	37	D 5
Villar de Gallimazo	E	(Sa.)	79	B 3
Villar de Golfer	E	(Le.)	37	D 2
Villar de Huergo	E	(Ast.)	7	B 4
Villar de la Cuesta	E	(Ast.)	7	B 4
Villar de la Encina	E	(Cu.)	121	C 3
Villar de la Yegua	E	(Sa.)	76	D 4
Villar de las Traviesas	E	(Le.)	17	C 4
Villar de los Álamos	E	(Sa.)	78	A 3
Villar de los Barrios	E	(Le.)	37	B 1
Villar de los Navarros	E	(Zar.)	86	A 1
Villar de los Pisones	E	(Zam.)	37	B 4
Villar de Maya	E	(So.)	43	D 4
Villar de Mazarife	E	(Le.)	38	C 1
Villar de Olalla	E	(Cu.)	104	A 5
Villar de Otero	E	(Le.)	17	A 4
Villar de Peralonso	E	(Sa.)	77	D 2
Villar de Plasencia	E	(Các.)	98	A 4
Villar de Rena	E	(Bad.)	132	B 1
Villar de Samaniego	E	(Sa.)	77	B 1
Villar de Santiago, El	E	(Le.)	17	D 3
Villar de Sobrepeña	E	(Seg.)	61	C 5
Villar de Torre	E	(La R.)	43	A 2
Villar del Águila	E	(Cu.)	103	C 5
Villar del Ala	E	(So.)	63	C 1
Villar del Arzobispo	E	(Val.)	124	B 2
Villar del Buey	E	(Zam.)	57	D 5
Villar del Campo	E	(So.)	64	B 2
Villar del Cobo	E	(Te.)	105	A 2
Villar del Horno	E	(Cu.)	103	D 4
Villar del Humo	E	(Cu.)	123	A 1
Villar del Infantado	E	(Cu.)	103	D 1
Villar del Maestre	E	(Cu.)	103	D 4
Villar del Monte	E	(Le.)	37	C 3
Villar del Olmo	E	(Mad.)	102	C 2
Villar del Pedroso	E	(Các.)	117	B 2
Villar del Pozo	E	(C. R.)	135	B 3
Villar del Rey	E	(Bad.)	130	C 1
Villar del Río	E	(So.)	43	D 5
Villar del Salz	E	(Te.)	85	B 5
Villar del Saz de Arcas	E	(Cu.)	104	B 5
Villar del Saz de Navalón	E	(Cu.)	103	D 4
Villar del Yermo	E	(Le.)	38	C 2
Villar, El	E	(C. R.)	135	A 5
Villar, El	E	(Huel.)	162	D 1
Villaralbo	E	(Zam.)	58	C 4
Villaralto	E	(Cór.)	149	C 1
Villarcayo	E	(Bur.)	22	A 3
Villardeciervos	E	(Zam.)	37	C 5
Villardefrades	E	(Vall.)	59	B 2
Villardeveyo	E	(Ast.)	6	C 3
Villardiegua de la Ribera	E	(Zam.)	57	D 3
Villárdiga	E	(Zam.)	59	A 1
Villardompardo	E	(J.)	167	B 1
Villardondiego	E	(Zam.)	59	A 3
Villarejo	E	(Alb.)	138	C 5
Villarejo	E	(Áv.)	99	D 1
Villarejo	E	(La R.)	43	A 2
Villarejo	E	(Sa.)	97	B 1
Villarejo (Santo Tomé del Puerto)	E	(Seg.)	82	A 1
Villarejo de Fuentes	E	(Cu.)	121	B 1
Villarejo de la Peñuela	E	(Cu.)	103	D 4
Villarejo de la Sierra	E	(Zam.)	37	B 4
Villarejo de los Olmos, El	E	(Te.)	85	D 3
Villarejo de Medina	E	(Gua.)	84	A 3
Villarejo de Montalbán	E	(To.)	118	B 2
Villarejo de Órbigo	E	(Le.)	38	B 2
Villarejo de Salvanés	E	(Mad.)	102	B 4
Villarejo del Espartal	E	(Cu.)	103	D 3
Villarejo del Valle	E	(Áv.)	99	C 3
Villarejo Seco	E	(Cu.)	103	D 5
Villarejo, El	E	(Te.)	105	B 3
Villarejo-Periesteban	E	(Cu.)	121	D 1
Villarejo-Sobrehuerta	E	(Cu.)	103	D 5
Villarén de Valdivia	E	(Pa.)	21	A 4
Villarente	E	(Le.)	39	A 1
Villares	E	(Alb.)	154	C 1
Villares de Jadraque	E	(Gua.)	82	D 2
Villares de la Reina	E	(Sa.)	78	C 2
Villares de Órbigo	E	(Le.)	38	B 1
Villares de Soria, Los	E	(So.)	63	D 1
Villares de Yeltes	E	(Sa.)	77	B 3
Villares del Saz	E	(Cu.)	121	C 1
Villares, Los	E	(Cór.)	166	D 4
Villares, Los	E	(Gr.)	168	B 4
Villares, Los	E	(J.)	167	C 2
Villares, Los	E	(J.)	151	B 4
Villares, Los	E	(J.)	167	B 1
Villares, Los	E	(Mad.)	102	A 3
Villargordo	E	(J.)	151	C 5
Villargordo	E	(Sa.)	77	C 2
Villargordo	E	(Sev.)	163	B 2
Villargordo del Cabriel	E	(Val.)	123	B 3
Villargusán	E	(Le.)	18	B 2
Villaricos	E	(Alm.)	171	A 5
Villariezo	E	(Bur.)	41	D 3
Villarín	E	(Ast.)	4	D 4
Villarín de Riello	E	(Le.)	18	B 4
Villarino	E	(Le.)	37	B 3
Villarino de Cebal	E	(Zam.)	57	C 1
Villarino de los Aires	E	(Sa.)	57	B 5
Villarino de Manzanas	E	(Zam.)	57	B 1
Villarino Tras la Sierra	E	(Zam.)	57	B 2
Villariño del Sil	E	(Le.)	17	C 3
Villariños-Castañoso	E	(Le.)	16	D 4
Villarluengo	E	(Te.)	86	D 5
Villarmayor	E	(Sa.)	78	A 2
Villarmentero de Campos	E	(Pa.)	40	C 3
Villarmentero de Esgueva	E	(Vall.)	60	B 2
Villarmeriel	E	(Le.)	18	A 5
Villarmero	E	(Bur.)	41	D 2
Villarmuerto	E	(Sa.)	77	C 2
Villarnera de la Vega	E	(Le.)	38	B 2
Villarpedre	E	(Ast.)	16	D 1
Villarquemado	E	(Te.)	105	C 1
Villarquille	E	(Ast.)	4	D 5
Villarrabé	E	(Pa.)	40	A 2
Villarrabines	E	(Le.)	38	D 4
Villarramiel	E	(Pa.)	39	D 5
Villarrapa	E	(Zar.)	65	D 2
Villarrasa	E	(Huel.)	162	D 4
Villarraso	E	(So.)	64	A 1
Villarreal	E	(Bad.)	129	D 4
Villarreal de Huerva	E	(Zar.)	85	C 1
Villarreal de la Canal	E	(Hues.)	26	A 5
Villarreal de San Carlos	E	(Các.)	116	A 1
Villarreal/Vila-Real	E	(Cas.)	107	C 5
Villarriba	E	(Ast.)	7	A 4
Villarrín de Campos	E	(Zam.)	58	D 1
Villarrín del Páramo	E	(Le.)	38	C 2
Villarroañe	E	(Le.)	39	A 1
Villarrobejo	E	(Pa.)	40	A 1
Villarrobledo	E	(Alb.)	121	C 5
Villarrodrigo	E	(J.)	153	C 1
Villarrodrigo de la Vega	E	(Pa.)	40	A 1
Villarrodrigo de las Regueras	E	(Le.)	18	D 5
Villarrodrigo de Ordás	E	(Le.)	18	C 5
Villarroya	E	(La R.)	44	B 4
Villarroya de la Sierra	E	(Zar.)	64	D 4
Villarroya de los Pinares	E	(Te.)	106	C 1
Villarroya del Campo	E	(Zar.)	85	C 1
Villarrubia	E	(Cór.)	165	D 1
Villarrubia de los Ojos	E	(C. R.)	135	D 1
Villarrubia de Santiago	E	(To.)	102	B 5
Villarrubín	E	(Le.)	16	C 5
Villarrubio	E	(Cu.)	103	A 5
Villarrué	E	(Hues.)	48	C 1
Villarta	E	(Cu.)	123	A 4
Villarta de los Montes	E	(Bad.)	133	D 1
Villarta de San Juan	E	(C. R.)	120	A 5
Villarta-Quintana	E	(La R.)	42	D 2
Villartoso	E	(So.)	43	D 5
Villas Nuevas, Las, lugar	E	(Alb.)	138	B 2
Villas, Las/Villes, les	E	(Cas.)	107	D 4
Villasabariego	E	(Le.)	39	A 1
Villasabariego de Ucieza	E	(Pa.)	40	B 2
Villasana de Mena	E	(Bur.)	22	C 2
Villasandino	E	(Bur.)	41	A 2
Villasante de Montija	E	(Bur.)	22	A 2
Villasarracino	E	(Pa.)	40	C 2
Villasayas	E	(So.)	63	C 5
Villasbuenas	E	(Sa.)	77	A 2
Villasbuenas de Gata	E	(Các.)	97	A 3
Villasdardo	E	(Sa.)	77	D 2
Villaseca	E	(Cu.)	104	A 2
Villaseca	E	(Seg.)	61	C 5
Villaseca de Arciel	E	(So.)	64	B 3
Villaseca de Henares	E	(Gua.)	83	B 3
Villaseca de la Sagra	E	(To.)	101	B 5
Villaseca de la Sobarriba	E	(Le.)	39	A 1
Villaseca de Laciana	E	(Le.)	17	D 3
Villaseca de Uceda	E	(Gua.)	82	B 4
Villaseca, lugar	E	(Cór.)	165	C 1
Villasecino	E	(Le.)	18	A 3
Villaseco de los Gamitos	E	(Sa.)	77	D 2
Villaseco de los Reyes	E	(Sa.)	77	D 1
Villaseco del Pan	E	(Zam.)	58	A 4
Villaselán	E	(Le.)	39	C 1
Villaselva	E	(Sa.)	78	B 2
Villasequilla	E	(To.)	119	D 1
Villasevil	E	(Can.)	21	B 1
Villasexmir	E	(Vall.)	59	C 3
Villasidro	E	(Bur.)	41	A 2
Villasila de Valdavia	E	(Pa.)	40	B 1
Villasilos	E	(Bur.)	41	A 3
Villasimpliz	E	(Le.)	18	D 3
Villasinde	E	(Le.)	16	D 5
Villasinta de Torío	E	(Le.)	18	D 5
Villasopliz	E	(Bur.)	21	D 3
Villasrubias	E	(Sa.)	97	A 2
Villastar	E	(Te.)	105	D 3
Villasumil	E	(Le.)	17	A 4
Villasur	E	(Pa.)	40	B 1
Villasur de Herreros	E	(Bur.)	42	B 3
Villasuso	E	(Can.)	21	A 1
Villasuso	E	(Can.)	21	B 1
Villasuso de Mena	E	(Bur.)	22	B 2
Villate	E	(Bur.)	22	B 3
Villatobas	E	(To.)	120	B 1
Villatomil	E	(Bur.)	22	A 3
Villatoquite	E	(Pa.)	40	A 3
Villatoro	E	(Áv.)	99	C 1
Villatoro	E	(Bur.)	41	D 2
Villatoya	E	(Alb.)	123	C 5
Villatresmil	E	(Ast.)	5	C 4
Villatuelda	E	(Bur.)	61	C 1
Villatuerta	E	(Na.)	24	C 5
Villaturde	E	(Pa.)	40	B 2
Villaturiel	E	(Le.)	39	A 1
Villaumbrales	E	(Pa.)	40	B 4
Villaute	E	(Bur.)	41	B 1
Villava/Atarrabia	E	(Na.)	25	A 4
Villavaliente	E	(Alb.)	139	B 1
Villavante	E	(Le.)	38	B 1
Villavaquerín	E	(Vall.)	60	C 3
Villavedeo	E	(Bur.)	22	B 4
Villavedón	E	(Bur.)	41	A 1
Villavega de Aguilar	E	(Pa.)	20	D 4
Villavega de Ojeda	E	(Pa.)	20	C 5
Villavelasco de Valderaduey	E	(Le.)	39	D 1
Villavelayo	E	(La R.)	42	D 4
Villavellid	E	(Vall.)	59	B 2
Villavendimio	E	(Zam.)	59	A 3
Villavente	E	(Le.)	19	A 5
Villaventín	E	(Bur.)	22	B 3
Villaverde	E	(Las P.)	190	B 1
Villaverde de Abajo	E	(Le.)	18	D 5
Villaverde de Arcayos	E	(Le.)	19	C 5
Villaverde de Arriba	E	(Le.)	18	D 5
Villaverde de Guadalimar	E	(Alb.)	153	C 1
Villaverde de Guareña	E	(Sa.)	78	D 2
Villaverde de Íscar	E	(Seg.)	60	B 5
Villaverde de la Abadía	E	(Le.)	37	A 1
Villaverde de la Peña	E	(Pa.)	20	B 4
Villaverde de los Cestos	E	(Le.)	17	C 5
Villaverde de Medina	E	(Vall.)	59	C 5
Villaverde de Montejo	E	(Seg.)	61	D 4
Villaverde de Pontones	E	(Can.)	9	D 4
Villaverde de Rioja	E	(La R.)	43	A 3
Villaverde de Sandoval	E	(Le.)	39	A 1
Villaverde de Trucios	E	(Can.)	22	C 1
Villaverde del Ducado	E	(Gua.)	83	C 2
Villaverde del Monte	E	(Bur.)	41	C 4
Villaverde del Monte	E	(So.)	63	B 1
Villaverde del Río	E	(Sev.)	164	A 2
Villaverde la Chiquita	E	(Le.)	39	C 1
Villaverde y Pasaconsol	E	(Cu.)	122	A 2
Villaverde, lugar	E	(Alb.)	137	D 4
Villaverde-Mogina	E	(Bur.)	41	B 4
Villaverde-Peñahorada	E	(Bur.)	41	D 2
Villavés	E	(Bur.)	21	D 3
Villaveta	E	(Bur.)	41	A 3
Villaveta	E	(Na.)	25	B 4
Villaveza de Valverde	E	(Zam.)	38	B 5
Villaveza del Agua	E	(Zam.)	38	C 5
Villavicencio de los Caballeros	E	(Vall.)	39	B 4
Villaviciosa	E	(Ast.)	7	A 3
Villaviciosa	E	(Áv.)	99	D 1
Villaviciosa de Córdoba	E	(Cór.)	149	C 4
Villaviciosa de la Ribera	E	(Le.)	18	B 5
Villaviciosa de Odón	E	(Mad.)	101	B 2
Villaviciosa de Tajuña	E	(Gua.)	83	A 4
Villavidel	E	(Le.)	38	D 2
Villavieja de Muñó	E	(Bur.)	41	C 3
Villavieja de Yeltes	E	(Sa.)	77	B 3
Villavieja del Cerro	E	(Vall.)	59	C 3
Villavieja del Lozoya	E	(Mad.)	81	D 2
Villavieja/Vila Vella, la	E	(Cas.)	125	C 1
Villaviudas	E	(Pa.)	40	D 5
Villayandre	E	(Le.)	19	C 3
Villayerno Morquillas	E	(Bur.)	41	D 2
Villayo	E	(Ast.)	6	B 3
Villayón	E	(Ast.)	5	A 3
Villayuda o Ventilla, La	E	(Bur.)	41	D 3
Villayuso	E	(Can.)	21	B 1
Villayuste	E	(Le.)	18	B 4
Villazala	E	(Le.)	38	B 2
Villazanzo de Valderaduey	E	(Le.)	39	D 1
Villazón	E	(Ast.)	5	D 4
Villazopeque	E	(Bur.)	41	B 4
Villegas	E	(Bur.)	41	B 2
Villeguillo	E	(Seg.)	80	B 1
Villel	E	(Te.)	105	D 3
Villel de Mesa	E	(Gua.)	84	C 2
Villela	E	(Bur.)	20	D 5
Villemar	E	(Pa.)	39	D 3
Villena	E	(Ali.)	140	B 5
Villerías de Campos	E	(Pa.)	40	A 5
Villes, les → Villas, Las	E	(Cas.)	107	D 4
Villeza	E	(Le.)	39	B 2
Villibañe	E	(Le.)	38	D 2
Villiguer	E	(Le.)	39	A 1
Villimar	E	(Bur.)	41	D 2
Villimer	E	(Le.)	39	A 1
Villodas → Billoda	E	(Ál.)	23	B 4
Villodre	E	(Pa.)	40	D 3
Villodrigo	E	(Pa.)	41	A 4
Villoldo	E	(Pa.)	40	B 3
Villomar	E	(Le.)	39	A 1
Villora	E	(Cu.)	123	A 2
Villorejo	E	(Bur.)	41	B 2
Villores	E	(Cas.)	87	B 5
Villoria	E	(Ast.)	18	D 1
Villoria	E	(Sa.)	79	A 2
Villoria de Órbigo	E	(Le.)	38	B 2
Villorobe, lugar	E	(Bur.)	42	B 3
Villorquite del Páramo	E	(Pa.)	40	A 1
Villoruebo	E	(Bur.)	42	A 4
Villoruela	E	(Sa.)	79	A 2
Villosilla de la Vega	E	(Pa.)	40	A 1
Villoslada	E	(Seg.)	80	C 3
Villoslada de Cameros	E	(La R.)	43	B 4
Villota del Duque	E	(Pa.)	40	B 1
Villota del Páramo	E	(Pa.)	40	A 1
Villotilla	E	(Pa.)	40	B 2
Villovela de Esgueva	E	(Bur.)	61	B 1
Villovela de Pirón	E	(Seg.)	81	A 2
Villoviado	E	(Bur.)	41	D 5
Villovieco	E	(Pa.)	40	C 3
Villusto	E	(Bur.)	41	B 1
Vimbodí	E	(Ta.)	69	B 4
Vime de Sanabria	E	(Zam.)	37	B 4
Vimeiro	P	(Lei.)	111	A 3
Vimeiro	P	(Lis.)	110	C 5
Vimianzo	E	(A Co.)	1	C 5
Vimieira	P	(Ave.)	94	A 1
Vimieiro	P	(Év.)	128	D 3
Vimieiro	P	(Vis.)	94	C 1
Vimioso	P	(Bra.)	57	B 3
Vinaceite	E	(Te.)	66	D 5
Vinaderos	E	(Áv.)	80	A 2
Vinaixa	E	(Ll.)	69	B 4
Vinalesa	E	(Val.)	125	A 3
Vinallop	E	(Ta.)	88	C 4
Vinaròs	E	(Cas.)	108	C 1
Vincios	E	(Po.)	33	D 3
Vindel	E	(Cu.)	103	D 1
Vinebre	E	(Ta.)	88	C 1
Vinha da Rainha	P	(Co.)	93	C 3
Vinha Velha	P	(San.)	112	C 2
Vinhais	P	(Bra.)	56	C 1
Vinhal	P	(Vis.)	74	D 5
Vinhas	P	(Bra.)	56	D 3
Vinheiros	P	(Port.)	54	D 5
Vinhó	P	(Co.)	94	D 2
Vinhó	P	(Guar.)	95	B 1
Vinhós	P	(Br.)	54	C 3

Vinhós

Vinhós P (V. R.) 55 A5
Viniegra de Abajo E (La R.) 43 A4
Viniegra de Arriba E (La R.) 43 A4
Vinseiro E (Po.) 14 B4
Vinuesa E (So.) 63 B1
Vinyoles d'Orís E (Bar.) 51 A4
Vinyols i els Arcs E (Ta.) 89 B1
Viña E (A Co.) 3 A4
Viña E (Our.) 35 A1
Viñales E (Le.) 17 C5
Viñas E (A Co.) 2 D4
Viñas E (Zam.) 57 B1
Viñas, Las E (Gr.) 169 A4
Viñas-Viejas, lugar E (Cu.) 121 B1
Viñayo E (Le.) 18 C4
Viñegra de la Sierra E (Áv.) 79 C5
Viñegra de Moraña E (Áv.) 79 D3
Viños E (A Co.) 14 D3
Viñuela E (C. R.) 134 C4
Viñuela E (Mál.) 181 A3
Viñuela de Sayago E (Zam.) 58 A5
Viñuela, La E (Gr.) 167 B4
Viñuela, La, lugar E (Alb.) 153 D4
Viñuela, La, lugar E (Sev.) 148 C5
Viñuelas E (Gua.) 82 B4
Vio E (Hues.) 47 C1
Viobes E (Ast.) 7 A4
Vioño E (Can.) 9 B5
Viquejos E (Mu.) 171 C3
Viradouro P (Be.) 159 D3
Virela P (Vis.) 74 C3
Virgen de Begoña E (Gr.) 182 D1
Virgen de Gracia/ Verge de Gràcia, la E (Cas.) 107 C5
Virgen de la Cabeza E (J.) 151 A3
Virgen del Camino, La E (Le.) 38 D1
Virgen del Carmen E (Mu.) 155 D4
Virgen del Oro E (Mu.) 155 C3
Virgen, La E (Can.) 9 A5
Virreina, La E (Bar.) 71 B3
Virtelo P (V. C.) 34 C4
Virtudes P (Lis.) 127 B1
Virtudes, Las E (Ali.) 140 B5
Virtus E (Bur.) 21 C3
Visalibons E (Hues.) 48 C2
Visantoña E (A Co.) 14 C1
Visantoña E (A Co.) 14 D3
Viseu P (Vis.) 75 A4
Visiedo E (Te.) 85 D5
Viso E (Po.) 34 A2
Viso P (V. C.) 33 C5
Viso de San Juan, El E (To.) 101 B4
Viso del Alcor, El E (Sev.) 164 B4
Viso del Marqués E (C. R.) 151 D1
Viso dos Eidos E (Po.) 33 C4
Viso, El E (Alb.) 123 D5
Viso, El E (Alm.) 184 B3
Viso, El E (Cór.) 149 C1
Vistabella E (Zar.) 85 D1
Vistabella del Maestrat → Vistabella del Maestrazgo E (Cas.) 107 B3
Vistabella del Maestrazgo/Vistabella del Maestrat E (Cas.) 107 B3
Vistahermosa E (Cád.) 177 B5
Vistahermosa E (Sa.) 78 C3
Vistasierra E (Mad.) 81 D4
Visuña E (Lu.) 16 C5
Visvique E (Las P.) 191 C2
Vita E (Áv.) 79 C4
Vite E (Mu.) 155 C3
Vites E (J.) 153 D3
Vitigudino E (Sa.) 77 B2
Vitoria-Gasteiz E (Ál.) 23 B4
Vitorinha P (Ave.) 73 D4
Vitorino das Donas P (V. C.) 54 A1
Vitorino dos Piães P (V. C.) 54 A1
Vitre E (A Co.) 14 D1
Viu E (Hues.) 48 A1
Viu, lugar E (Hues.) 27 B5
Vivancos, Los E (Mu.) 172 A2
Vivar de Fuentidueña E (Seg.) 61 B4
Vivar del Cid E (Bur.) 41 D2
Vivares E (Bad.) 132 A1
Viveda E (Can.) 9 B4
Viveiro E (Lu.) 3 D2
Viveiro P (V. R.) 55 B2
Vivel del Río Martín E (Te.) 86 A3
Vivenzo E (Our.) 34 C2
Viver E (Cas.) 106 D5
Viver de la Sierra E (Zar.) 65 A4
Vivero E (Le.) 17 D3
Viveros E (Alb.) 137 C4
Vivinera E (Zam.) 57 C2
Vizcable E (Alb.) 154 A3
Vizcaínos E (Bur.) 42 C4
Vizela P (Br.) 54 C4
Vizmanos E (So.) 43 D5
Víznar E (Gr.) 168 A5
Vizoño E (A Co.) 2 C5
Vodra P (Guar.) 95 B1
Volta do Vale P (San.) 128 A2
Voltans de Montornès E (Cas.) 107 D4
Vouzela P (Vis.) 74 C4
Vozmediano E (Le.) 19 B3
Vozmediano E (So.) 64 C1
Voznuevo E (Le.) 19 B4
Vreia de Bornes P (V. R.) 55 C3
Vreia de Jales P (V. R.) 55 C4
Vueltas E (S. Cruz T.) 194 B2
Vulpellac E (Gi.) 52 B4

W

Wamba E (Vall.) 59 D2

X

Xàbia → Jávea E (Ali.) 142 A4
Xabier → Javier E (Na.) 45 C1
Xaló → Jalón E (Ali.) 141 D4
Xallas E (A Co.) 13 D2
Xanceda E (A Co.) 14 D1
Xanza E (Po.) 14 A4
Xara, la → Jara, La E (Ali.) 141 D3
Xares E (Our.) 36 D3
Xartinho P (San.) 111 B3
Xàtiva E (Val.) 141 A2
Xavestre E (A Co.) 14 B2
Xaviña E (A Co.) 1 B5
Xendive E (Our.) 34 D5
Xendive E (Our.) 34 D1
Xeraco E (Val.) 141 C2
Xerdiz E (Lu.) 3 D2
Xeresa E (Val.) 141 C2
Xermade E (Lu.) 3 C4
Xermar E (Lu.) 3 D5
Xert → Chert E (Cas.) 108 A1
Xerta E (Ta.) 88 C3
Xesta E (Po.) 34 B1
Xesta E (Po.) 14 D5
Xesteda E (A Co.) 14 B1
Xesteira E (Po.) 34 B1
Xestosa E (Our.) 35 A2
Xestoso E (A Co.) 3 B4
Xestoso E (Po.) 14 C4
Xeve E (Po.) 34 A1
Xiá E (Lu.) 15 B2
Xián E (Lu.) 15 C4
Xilxes → Chilches E (Cas.) 125 C1
Ximeno P (Fa.) 160 C4
Xinorlet, el E (Ali.) 156 B1
Xinzo E (Po.) 34 A3
Xinzo E (Po.) 14 B5
Xinzo da Costa E (Our.) 35 D3
Xinzo de Limia/ Ginzo de Limia E (Our.) 35 C4
Xinzo de Teixugueiras E (Our.) 35 A2
Xirivella E (Val.) 125 A4
Xirles → Chirles E (Ali.) 141 C5
Xironda E (Our.) 35 C5
Xisto P (V. C.) 53 D2
Xiva de Morella → Chiva de Morella E (Cas.) 87 C5
Xixón → Gijón E (Ast.) 6 D3
Xixona → Jijona E (Ali.) 141 A5
Xobre E (A Co.) 13 C5
Xodos → Chodos E (Cas.) 107 B3
Xoez E (A Co.) 2 C3
Xornes E (A Co.) 1 D4
Xove E (Lu.) 4 A1
Xuances E (Lu.) 3 D1
Xubia E (A Co.) 3 A2
Xubín E (Our.) 34 D2
Xudán E (Lu.) 4 B4
Xunqueira de Ambía E (Our.) 35 B3
Xunqueira de Espadanedo E (Our.) 35 C2
Xuño E (A Co.) 13 C4
Xustáns E (Po.) 34 A1
Xustás E (Lu.) 4 A5

Y

Yaiza E (Las P.) 192 B4
Yanguas E (So.) 43 D4
Yanguas de Eresma E (Seg.) 80 D2
Yáñez, lugar E (C. R.) 137 A5
Yátor E (Gr.) 182 D2
Yátova E (Val.) 124 C4
Yeba E (Hues.) 47 C1
Yébenes, Los E (To.) 119 C3
Yebes E (Gua.) 102 D1
Yebra E (Gua.) 102 D2
Yebra de Basa E (Hues.) 47 A1
Yecla E (Mu.) 140 A5
Yecla de Yeltes E (Sa.) 77 B2
Yécora/Iekora E (Ál.) 43 D1
Yéchar E (Mu.) 155 C4
Yedra, La E (J.) 152 A4
Yegen E (Gr.) 182 D2
Yegua Alta, La E (Alm.) 170 B3
Yegua Baja, La E (Alm.) 170 B3
Yeguarizas E (Alb.) 154 A1
Yela E (Gua.) 83 B4
Yélamos de Abajo E (Gua.) 83 A5
Yélamos de Arriba E (Gua.) 83 A5
Yelbes E (Bad.) 131 D2
Yeles E (To.) 101 C4
Yelo E (So.) 83 C1
Yémeda E (Cu.) 123 A2
Yepes E (To.) 119 D1
Yéqueda E (Hues.) 46 D4
Yera E (Can.) 21 D2
Yernes E (Ast.) 6 A5
Yesa, La E (Val.) 124 B1
Yesa/Esa E (Na.) 25 C5
Yeseras, Las E (Gr.) 169 C4
Yésero E (Hues.) 27 A5
Yesos, Los E (Alm.) 184 A1
Yesos, Los E (Gr.) 182 C4
Yéspola E (Hues.) 47 A2
Yeste E (Alb.) 154 A2
Yetas E (Alb.) 154 A3
Yudego E (Bur.) 41 B2
Yugo, El E (Cád.) 178 A3
Yugueros E (Le.) 19 C4
Yuncler E (To.) 101 B5
Yuncillos E (To.) 101 B5
Yuncos E (To.) 101 C4
Yunquera E (Mál.) 179 D4
Yunquera de Henares E (Gua.) 82 C4
Yunquera, La E (Alb.) 138 A3
Yunta, La E (Gua.) 85 A3

Z

Zabal, lugar E (Cád.) 187 A4
Zabala-Belendiz E (Viz.) 11 B5
Zabaloetxe E (Viz.) 11 A5
Zabalza E (Na.) 25 C4
Zabalza E (Na.) 24 D4
Zacos E (Le.) 38 A1
Zael E (Bur.) 41 C4
Zaén de Abajo E (Mu.) 154 B3
Zaén de Arriba E (Mu.) 154 B3
Zafara E (Zam.) 57 D4
Zafarraya E (Gr.) 181 A2
Zafra E (Bad.) 147 B1
Zafra de Záncara E (Cu.) 121 C1
Zafra-Magón, lugar E (Cád.) 179 A2
Zafrilla E (Cu.) 105 A3
Zafrón E (Sa.) 78 A2
Zafroncino E (Sa.) 78 A2
Zagra E (Gr.) 167 A5
Zagrilla E (Cór.) 166 D3
Zagrilla Alta, lugar E (Cór.) 166 D3
Zahán, El E (J.) 167 A1
Zahara E (Cád.) 178 D3
Zahara de los Atunes E (Cád.) 186 B4
Zahínos E (Bad.) 146 B2
Zahora E (Cád.) 186 A4
Zahora, La E (Gr.) 181 C1
Zaida, La E (Zar.) 67 A5
Zaidín E (Hues.) 68 A3
Zalain Zoko E (Na.) 12 D5
Zalamea de la Serena E (Bad.) 132 C5
Zalamea la Real E (Huel.) 162 D2
Zalamillas E (Le.) 39 A3
Zalba E (Na.) 25 B4
Zaldibar E (Viz.) 23 C1
Zaldibia E (Gui.) 24 B2
Zaldundo E (Bur.) 42 A3
Zalduondo E (Ál.) 23 D4
Zalea E (Mál.) 180 A4
Zalla E (Viz.) 22 C1
Zamáns E (Po.) 33 D3
Zamarra E (Sa.) 97 B1
Zamarramala E (Seg.) 81 A3
Zamayón E (Sa.) 78 B1
Zambra E (Cór.) 166 C4
Zambrana E (Ál.) 23 A5
Zambrocinos del Páramo E (Le.) 38 C3
Zambujal P (Co.) 93 D2
Zambujal P (Co.) 94 A4
Zambujal P (Fa.) 161 A4
Zambujal P (Lei.) 94 A5
Zambujal P (Lei.) 111 A3
Zambujal P (Lis.) 126 B1
Zambujal P (Lis.) 126 D2
Zambujal P (San.) 111 D2
Zambujal P (Set.) 127 B4
Zambujal de Cima P (Set.) 126 D5
Zambujeira P (Be.) 159 C1
Zambujeira P (Lei.) 111 A3
Zambujeira do Mar P (Be.) 159 B2
Zambujeiro P (Co.) 93 D2
Zambujeiro P (Lis.) 110 C4
Zamora E (Zam.) 58 C4
Zamora, lugar E (J.) 168 B3
Zamoranos E (Cór.) 167 A3
Zamudio E (Viz.) 11 A5
Zancarrones, Los E (Mu.) 155 C5
Zanfoga E (Lu.) 16 C5
Zangandez E (Bur.) 22 C5
Zangoza → Sangüesa E (Na.) 45 C1
Zaorejas E (Gua.) 84 A4
Zapardiel de la Cañada E (Áv.) 79 A5
Zapardiel de la Ribera E (Áv.) 99 A2
Zapatera, La E (Bad.) 131 C3
Zapillo, El, lugar E (Huel.) 162 D3
Zárabes E (So.) 64 A3
Zaragoza E (Zar.) 66 B3
Zaramillo E (Viz.) 22 D1
Zarandona E (Mu.) 156 A5
Zarapicos E (Sa.) 78 B2
Zaratamo E (Viz.) 23 A1
Zaratán E (Sa.) 78 B2
Zaratán E (Vall.) 60 A3
Zarate E (Ál.) 23 B3
Zarautz E (Gui.) 12 A5
Zarcilla de Ramos E (Mu.) 170 D1
Zarikiegi E (Na.) 24 D4
Zarra E (Val.) 140 A1
Zarrantz E (Na.) 24 D3
Zarratón E (La R.) 43 A1
Zarza de Granadilla E (Các.) 98 A3
Zarza de Montánchez E (Các.) 115 D5
Zarza de Pumareda, La E (Sa.) 77 A1
Zarza de Tajo E (Cu.) 102 C5
Zarza la Mayor E (Các.) 96 C5
Zarza, La E (Alb.) 138 B4
Zarza, La E (Áv.) 98 C2
Zarza, La E (Bad.) 131 C3
Zarza, La E (Huel.) 162 C1
Zarza, La E (Mu.) 156 A2
Zarza, La E (Mu.) 155 C5
Zarza, La E (S. Cruz T.) 196 A3
Zarza, La E (Vall.) 60 A5
Zarza-Capilla E (Bad.) 133 B4
Zarzadilla de Totana E (Mu.) 171 A1
Zarzalejo E (Mad.) 101 A1
Zarzalico E (Mu.) 170 D2
Zarzosa E (La R.) 43 D4
Zarzosa de Riopisuerga E (Bur.) 40 D1
Zarzoso, El, lugar E (Cu.) 104 A5
Zarzuela E (Cu.) 104 B3
Zarzuela de Jadraque E (Gua.) 82 D2
Zarzuela del Monte E (Seg.) 80 D4
Zarzuela del Pinar E (Seg.) 81 A1
Zarzuela, La E (Cád.) 186 B4
Zas E (A Co.) 13 D1
Zas de Rei E (A Co.) 15 A2
Zava P (Bra.) 57 A5
Zayas de Báscones E (So.) 62 C2
Zayas de Torre E (So.) 62 B3
Zayuelas E (So.) 62 C2
Zazuar E (Bur.) 62 A2
Zeanuri E (Viz.) 23 B2
Zeberio E (Viz.) 23 A2
Zebral P (V. R.) 55 C1
Zebras P (C. B.) 95 D4
Zebras P (V. R.) 55 D3
Zebreira P (C. B.) 96 B5
Zebreiros P (Port.) 74 A1
Zebrinho P (San.) 127 D1
Zebros P (San.) 127 D1
Zedes P (Bra.) 56 A5
Zegama E (Gui.) 24 A3
Zeive P (Bra.) 36 D5
Zelaieta E (Viz.) 11 B5
Zeligeta → Celigueta E (Na.) 25 B5
Zeneta E (Mu.) 156 B4
Zerain E (Gui.) 24 A3
Zestafe E (Ál.) 23 B3
Zestoa/Cestona E (Gui.) 24 A1
Zia E (Na.) 25 A1
Zibreira P (Lis.) 126 D1
Zibreira P (San.) 111 D3
Zierbena E (Viz.) 10 D5
Ziga E (Na.) 25 A2
Zimão P (V. R.) 55 C3
Zimbreira P (San.) 113 A2
Ziordia E (Na.) 24 A4
Zirauki → Cirauqui E (Na.) 24 C5
Ziriano E (Ál.) 23 B3
Ziritza → Ciriza E (Na.) 24 D4
Zizur Nagusia → Cizur Mayor E (Na.) 24 D4
Zizurkil E (Gui.) 24 B1
Zobra E (Po.) 14 D5
Zocas, Las E (S. Cruz T.) 195 D5
Zocueca E (J.) 151 C4
Zoilos, Los E (Alm.) 169 D4
Zóio P (Bra.) 56 C1
Zoma, La E (Te.) 86 D4
Zomas, Las E (Cu.) 104 C5
Zona Costera E (Ta.) 90 A1
Zona de los Príncipes E (Huel.) 176 B2
Zônho P (Vis.) 75 A3
Zorelle E (Our.) 35 C2
Zorio E (Alb.) 137 D5
Zorita E (Các.) 116 C5
Zorita E (Sa.) 78 A1
Zorita E (Sa.) 78 C2
Zorita de la Frontera E (Sa.) 79 B2
Zorita de la Loma E (Vall.) 39 D3
Zorita de los Canes E (Gua.) 103 A2
Zorita del Maestrazgo/ Sorita E (Cas.) 87 B4
Zorita del Páramo E (Pa.) 40 D1
Zorraquín E (La R.) 42 D3
Zorreras, Las E (Mad.) 81 A5
Zorrillos, Los E (Cád.) 186 D5
Zotes del Páramo E (Le.) 38 C3
Zouparria P (Co.) 93 D2
Zuares del Páramo E (Le.) 38 C2
Zuazo de Cuartango/ Zuhatzu Koartango E (Ál.) 23 A4
Zuazo de Vitoria E (Ál.) 23 B4
Zubia, La E (Gr.) 182 A1
Zubiaur-Alde E (Viz.) 11 A4
Zubieta E (Na.) 24 D2
Zubiete E (Viz.) 22 D1
Zubillaga E (Ál.) 22 D5
Zubillaga E (Gui.) 23 D2
Zubiri E (Na.) 25 B3
Zucaina E (Cas.) 107 A4
Zudaire (Améscoa Baja) E (Na.) 24 B4
Zuera E (Zar.) 66 B1
Zufre E (Huel.) 163 B1
Zugarramurdi E (Na.) 25 A1
Zugaztieta → Arboleda, La E (Viz.) 10 D5
Zuhatza E (Ál.) 22 D2
Zuhatzu Koartango → Zuazo de Cuartango E (Ál.) 23 A4
Zuheros E (Cór.) 166 D3
Zujaira E (Gr.) 167 C5
Zújar E (Gr.) 169 B3
Zulema E (Alb.) 123 C5
Zulema E (Mad.) 102 B2
Zumacal E (Las P.) 191 C2
Zumaia E (Gui.) 12 A5
Zumarraga E (Gui.) 23 D2
Zumel E (Bur.) 41 C2
Zuñeda E (Bur.) 42 C1
Zúñiga y la Juncosa E (Mu.) 171 A1
Zúñiga/Eztuniga E (Na.) 24 A5
Zurbao E (Ál.) 23 C4
Zurbarán E (Bad.) 132 B2
Zureda E (Ast.) 18 C2
Zurgena E (Alm.) 170 C5
Zurita E (Can.) 9 B5
Zurita E (Hues.) 48 B5
Zuzones E (Bur.) 62 A3